제2판

질적연구방법론 III
Writing

김영천 지음

아카데미프레스

서문

Preface

2010년에 출간된 이 책은 필자의 질적연구방법론 시리즈 그 세 번째 책이다. 시리즈 제1권은 2006년에 『Bricoleur』라는 이름으로, 시리즈 제2권은 『Methods』로 2013년 하반기에 출간될 예정이다. 질적연구방법론이 시리즈로 출간되었지만 각 책이 독립적인 주제를 다루고 있다는 점에서 개별적인 연구서적으로 간주해도 무방하다. 시리즈 제3권인 『Writing』은 책 이름이 나타내는 것처럼 질적연구에서 글을 어떻게 쓸 것인가에 대한 전반적인 내용을 다루고 있다. 책이 소개하고 있는 내용은 사회과학에서의 글쓰기 전통, 좋은 질적연구 글쓰기 방법, 새로운 글쓰기 양식, 그리고 우리나라에서의 새로운 글쓰기 작품 등 글쓰기와 관련된 다양한 이슈들이다. 원고를 쓸 때 초기에는 질적 글쓰기라는 주제만을 중심으로 글을 써 내려갔지만 작업이 진행되는 동안 방향이 변경되어 내용과 깊이가 더욱 심화되었다. 그래서 최종 원고는 처음과는 다르게 다소 방대한 형태로 변화되었다.

책의 구성은 교육학/사회과학에서의 글쓰기 문제를 탐구주제로서 상정하고 그에 관련된 여러 가지 세부적인 주제들을 계속 연결시키면서 소개하는 방법으로 이루어져 있다. 질적 글쓰기의 서구적 현황에서부터 질적 글쓰기의 가장 최근 동향인 포스트모던 질적연구까지 다소 연구의 동향이라는 맥락이 중심축을 이루고 있는데, 구체적으로 살펴보면 다음과 같다. 첫째, 사회과학/교육학/질적연구 분야에서 가장 일반적이면서 안전하고 인정되고 있는 글쓰기 방식으로서 APA 글쓰기 교본과 양식을 소개하였다. 둘째, 이러한 전통적인 글쓰기 방법이 탈실증주의 연구 패러다임의 도래로 인하여 인식과 위상이 변화하고 있으며 탈실증주의적 글쓰기에 대한 연구와 실천이 도처에서 일어나고 있다는 점을 소개하였다. 물론 이 과정에서 질적연구를 하는 데 있어서 이러한 APA 글쓰기 지침의 문제점들이 무엇인지에 대하여 논의하였다. 그 다음으로 질적연구 분야의 새로운 글쓰기 형식으로서 학술적+개인적 글쓰기 방법, 문학적 글쓰기 방법을 소개하였다. 나아가 포스트모더니즘이 질적연구의 글쓰기에 어떤 방식으로 영향을 끼치고 어떠한 새로운 텍스트를 만들어 냈는지를 작품을 통하여 소개하였다. 그 다음으로는 우리나라에서 새로운 글쓰기 방법을 시도한 몇 개의 작품을 우리나라의 새로운 연구자들을 위하여 선정하여 설명해 주었다. 마지막으로 이 책의 저자인 필자는 글쓰기에 대하여 어떤 생각과 기법을 가지고 글을 쓰는지를 독자들에게 솔직하게 고백하였고, 더 넓게는 우리나라에서 양적연구에 저항하는 글쓰기 문화를 만들기 위하여 지난 15년 동안 어떠한 학술적 활동을 해왔는지를 보여주는 개인적 이야기로 마무리하였다.

'질적 글쓰기' 라는 또 다른 새로운 탐구주제를 소개한 이 책을 몇 년간 써 오면서 필자가 느낀 한 가지는 이 분야에 대한 우리 학자들의 새로운 계몽된 인식이 필요하다는 점이다. 이에 우리의 교육연구자들이 기존과는 다른 글쓰기에 대한 더 새로운 표현 기법과 아이디어에 노출되어야 하며 대학원에서 훈련받아야 하고 참신한 상상력을 바탕으로 새로운 양식으로 연구 내용을 표현할 수 있는 능력을 갖추어야 한다는 것이다. 구미의 질적연구의 새로운 학술서적이나 학술지를 읽어 본다면 필자가 의도하는 바가 무엇인지를 바로 알 수 있을 것이다. 질적 글쓰기는 단순히 기술적인 기교의 문제가 아니라 세상을 다르게 바라보는 방법이며, 자신의 숨겨진 감성과 창의성을 찾아가는 의미 창조의 과정이라는 점을 알기를 바란다. 앞으로 우리나라의 교육연구자들, 그리고 특히 질적연구자들이 어떻게 더 창의적으로 그리고 다르게 교육현상을 기술하고 생각하고 표현할 것인가에 대하여 생각해 주기를 바라는 마음뿐이다. 과거에 진실로 받아들였던 명제나 규칙이 항상 진실로서 받아들여지지는 않는다는 점을 명심할 필요가 있다.

질적 글쓰기와 관련한 몇 개의 개론서와 번역서를 제외하면 우리나라에서는 황무지에 해당하는 이 분야에서 첫 출판된 이 책이 이 분야를 공부할 연구자들에게 더 많은 지식과 자극을 주어서 새로운 아이디어들을 생성하고 그 결과로 이 연구 분야가 구미처럼 우리나라에서도 질적연구 분야의 가장 매력적인 탐구주제로 자리 잡기를 바라마지 않는다. 그리고 더 바란다면 누군가가 이 책에서 필자가 소개한 내용에 자극받아서 기존의 학자들(서구의 학자들)이 시도하지 않은 새로운 형태의 질적 글쓰기를 실험하고 이론화할 수 있기를 기대한다. 그리고 항상 나의 연구가 그래왔던 것처럼 질적연구의 저변 확산을 연구 목적으로 삼아 온 나의 학술적 인생이 이 책을 통하여 더욱 기여할 수 있기를 바란다.

이 책을 위하여 필자가 필요로 하는 학술 자료를 제공해 준 국/내외의 연구자들에게 진심으로 감사드린다. 필자의 대학원 제자들에서부터 박사과정 심사학생들, 그리고 대학의 연구자들은 필자가 요청한 자료를 기꺼이 제공해 주고 써주었다. 그들의 생생한 경험 이야기 덕분에 이 책이 더욱 의미 있는 저서가 될 수 있었다. 아울러 필자의 지도 아래 대학원에서 교육과정과 질적연구를 공부하고 있는 김지인 조교는 이 책의 편집을 담당하여 책을 매끄럽게 만드는 데 기여하였고 부족하거나 첨삭이 필요한 여러 초교나 내용을 책임지고 정리하는 역할을 해주었다. 아마도 김지인 조교의 도움이 없었다면 책의 출간이 다소 늦어졌을 것이다. 2008년 이 책의 한 부분을 쓰기 위하여 필자와 김지인 조교 그리고 또 다른 학생과 함께 LG 아트센터에서 감상한 매튜 본의 '백조의 호수' 는 이 책의 크로스오버의 한 예로서 소개되어 있다.

마지막으로 이 책의 아이디어를 발아시키고 질적연구에서의 표현의 문제를 탐구주제로 인식하도록 필자를 훈련시켜 준 미국 오하이오 주립대학교의 지도교수인 Dr. Patti Lather, 그리고 Department of Sociology의 Dr. Laurel Richardson에게 진심으로 감사드린다. 그분들의 수업에서 배운 내용과 여러 가지 정보는 이 책을 쓰는 밑거름이 되었고 책을 쓸 수 있는 자신감과 방향감을 가질 수 있게 해주었다.

프롤로그

Prologue

글을 잘 쓰지 못하였던 필자가 글쓰기에 대한 글을 쓸 것으로는 30살이 넘기 전까지는 생각해 본 적이 없었다. 대학 졸업 때까지 글쓰기에 대한 훈련을 받은 적도 없었다. 글쓰기는 항상 두려움의 대상이었고 암기를 위한 목적이었다. 그러나 질적연구를 전공하면서 그리고 삶에 대하여 연구하기 시작하면서부터 글을 쓰는 것이 연구의 중요한 한 부분이 되었다. 나아가 질적연구로 유명한 오하이오 주립대학교 교육학과에서의 훈련 덕분에 나이 30이 넘어서 처음으로 미래 언젠가는 글쓰기에 대하여 글을 써야 할 거라는 예정되지 않은 약속을 하였다. 그리고 어느덧 20년이 흘렀다.

그러나 문학을 전공한 적이 없고 언어교육을 전공하지 않은 연구자로서 글쓰기에 대하여 글을 쓰는 것은 나 자신에게도 부끄러움을 갖게 만들며 독자들에게도 미안함을 금하지 않을 수 없다. 이 책을 쓰면서 참으로 부족하다는 생각을 하였고 다

시 태어날 수 있다면 더 좋은 훈련을 받아서 글을 더 잘 쓰고 싶었다. 그러나 다행인 것은 오랫동안 글쓰기 작업을 하면서 작가들이 경험하는 창작의 세계를 접하고 글쓰기에 대한 생각이나 감정이 다소 부드러워졌고 가까워졌다는 것이다.

이러한 글쓰기에 대한 모든 부족한 이력을 뒤로하고 2010년에 글쓰기에 대한 책을 출판하게 되었다. 책을 출판한 이유는 필자가 가장 좋아하는 은유 '방법론과 희망' 이 의미하는 것처럼 이 책이 우리나라 질적연구의 글쓰기 분야에 실제적으로 기여할 수 있기를 바랐기 때문이다. 그리고 그러한 기대는 질적연구 글쓰기가 질적연구 분야를 포함한 인문/사회과학 분야의 모든 영역의 새로운 표현 방법으로서 대두하고 이론화되고 있다는 현실 인식에 기초하고 있다. 질적연구자로서 이 주제에 대한 책을 우리나라에 소개하는 것이 바로 나의 연구의 한 여정이며 가장 중요한 연구 목적 중의 하나라고 생각하면서 책을 마무리하려고 하였다. 이 책을 통하여 우리나라의 질적연구자들이 우리의 사회/문화/교육/삶/심리/건강 등의 모든 분야에서 새로운 형태의 표현과 방법론을 사용한 글쓰기 작품을 생산해 낼 수 있기를 바란다. 필자의 책 『네 학교 이야기』의 뒷표지에 기명되어 있는 〈반성의 텍스트〉, 〈비판의 텍스트〉, 〈계몽의 텍스트〉라는 표현이 시사하는 것처럼 앞으로의 질적연구가 우리의 현실과 미래를 더욱 각성된 의식으로 생각해 볼 수 있는 이야기들을 담아낼 수 있기를 기대하였다.

토마스 하디는 순결을 잃은 테스의 삶을 죽음으로 이끌어 갔고, 아서 밀러는 『세일즈맨의 죽음』에서 경제공황 속의 실직한 아버지를 자살하게 만들었다. 브론테는 『폭풍의 언덕』에서 두 젊은 남녀의 사랑을 이루어질 수 없게 비극적으로 만들어 버렸다. 그러나 톨스토이는 『부활』을 통하여 우리의 욕망과 그 욕망이 부른 처참한 결과를 우리가 어떻게 참회할 수 있는지를 우리에게 알게 해 주었고 마르케스는 『백년간의 고독』을 통하여 제국주의 속의 식민지 삶이 어떻게 역사적으로 피폐해질 수 있는지를 100년의 가족사를 통하여 상세하게 느끼게 해주었다. 모리슨은 파란 눈이 더 이상 가장 아름다운 눈이 되어서는 안 된다는 점을 우리에게 이야기하고 있다.

나는 역사적으로 우리에게 남겨진 훌륭한 글쓰기 작품을 읽을 때마다 그 작품들이 우리를 감동시키는 것은 그 이야기들이 우리가 알지 못하였던 것을 알도록 경험하게 해 주고, 우리가 느끼지 못하였던/잊어버렸던 감정을 회복시키며, 우리가 상상하지 못하였던 것을 상상하게 하고, 그리하여 우리로 하여금 넘을 수 없었던 경계를 넘게 만드는 용기와 탈주의 욕망을 불러일으켰기 때문이 아닌가 생각한다. 더 나아가 우리가 잊고 살고 있는 죄의식과 인간에 대한 배려에 대하여 생각하게 해 주기 때문이라고 생각한다. 우리는 그러한 작품들을 읽으면서 자신을 반성하고, 보다 나은 사회가 어떤 것인지에 대하여 생각해 보고, 진실한 것, 역사와 진보, 도덕적 삶에 대하여 보다 나은 사색을 하게 된다.

그런 점에서 필자가 존경하는 훌륭한 창작가들은 일생을 통하여 몇 개 안 되는 작품을 남기고 인생을 떠났다. 그렇지만 그들의 작품은 그들 생애의 최고의 수작이며 모든 에너지와 열의를 바친 고통스러운 역작이었다. 그 작품들은 모두 나와 다른 사람들은 어떻게 살고 있으며, 또한 우리는 어떻게 살고 있으며, 더 나아가 그러한 삶을 통하여 우리는 누구이고 어떻게 살아야 하는가를 조용한 목소리로 느끼게 해준 삶의 모습들이었다. 때문에 그들이 한두 개의 작품을 내놓고 이 세상을 떠났지만 그들의 작품은 더 많이 읽히고 대중에게 더 많이 사랑받고 있다.

우리 질적연구자들도 그들과 같이 그런 고매하고 가치롭고 삶을 변화시키는 글을 써야 한다는 생각을 오랫동안 해왔다. 그 이유는 바로 우리가 미래를 알 수 없고 모든 기준과 관념이 혼란속으로 빠져 들어가고 있는 시대에 살고 있기 때문이다. 인터넷, 육체, 혼종, 종교, 테크놀로지, 문화, 인종, 교육, 역사, 다이아스포라, 가상세계, 사이보그 등 우리는 기존에 경험해 보지 못한 새로운 삶의 세계 속에서 살고 있으며 그러한 세계에 대하여 별로 알고 있지 않다. 그리고 우리가 알고 있는 지식 역시 진실인지 아니면 진실이 아닌지 판단하기가 어렵다. 그러한 도전은 보이지 않는 위험처럼 우리의 삶에 다가오고 있고 미래의 삶에 깊은 영향을 끼치고 있다.

그럼에도 불구하고 우리는 그러한 위험과 문제, 형상이 무엇인지에 대하여 생각하지도, 기록하지도, 나아가 연구하지 않으며 기존의 이야기들을 반복하며 글을 쓰고 있는 듯하다. 그러한 세계들을 묘사하고 기술하고 분석해 놓은 심층적인 실제 자료를 찾아 읽기가 힘들다. 그리고 그러한 부족의 상황은 교육 분야에서 더욱 심각하다. 2000년이 지난 현재까지 모든 교육/과학의 분야에서 대부분의 연구들은 오직 교실 속에서의 프로그램의 효과와 검증만을 이야기하고 있고 현장의 세계와 경험을 조각 조각 내어 전달하고 있다. 그리고 그러한 조각 난 정보는 우리에게 실제와는 다른, 현실과는 다른 또 다른 포장된 세계를 진실로 받아들이라고 요구한다. 그러나 아무리 잘 만들어진 통계분석의 자료일지라도 자세히 읽어보면 그 답들은 추상적일 뿐 우리의 삶과 문화, 우리의 고민에 대하여 진정한 답을 제공해 주지 못하는 것 같다. 오히려 더 많은 질문과 회의감을 불러일으킨다.

이렇게 무엇에 대한 정답/객관성/진실이 보장되지 않는 이 힘든 아포리아의 상황에서 우리는 어떻게 써야 하고 무엇을 써야 하며 기존과는 어떻게 다르게 써야

할까? 그리고 가장 중요하게 누구를 위하여 써야 할까? 그 해답으로서 우리의 글쓰기는 더 이상 우리의 고통스럽고 혼란스러운 현실을 외면한 채, 자신의 고매한 사유를 자랑하는 자기 만족적인 혼자만의 철학적 독백이 되어서는 안 되며, 숫자를 통하여 현실을 또 다른 불편한 진실로 만드는 추상적 세계로 도배해서도 안 될 것이다. 나아가 제1세계 학자들의 글쓰기와 생각을 모방하고 그대로 모사하는 추종자의 글쓰기가 되어서는 더욱더 안 될 것이다.

이에 필자가 지난 20년 동안 해온 글쓰기의 한계에서 벗어나 더 넓고 현명한 교육학/교육과정 연구자들도 식민화된 연구문화속의 글쓰기를 재현하기보다는 한국적/토착적인 교육학 지식을 만들어 낼 수 있는 글쓰기와 연구를 하기를 기대한다. 필자가 그러한 기대를 하는 이유는 필자의 마음과 몸이 너무 서구화되어 필자가 꿈꾸어 왔던 탈식민적/한국적 교육과정 이야기를 만들어 낼 수 없을 것 같은 두려움이 있기 때문이다. 그리고 그러한 두려움은 아마도 사실일 것임에 틀림없다. 필자의 역할은 우리나라의 교육학/교육과정의 탐구 영역에 토착적 연구문화와 탐구의 중요성을 강조하는 것일 뿐이다. 그 이유는 필자의 의식과 생각과 언어가 너무 서구화되어서 보아야 할 것을 보지 못하고 들어야 할 것을 듣지 못할 것이기 때문이다. 필자는 문제에 대한 답을 찾기 위하여 먼저 서구의 문헌과 자료부터 찾는 식민적 학문활동에 더 익숙해져 있으며 더 편안함을 느끼고 있다. 그러한 점에서 필자가 앉아 있는 부산 해운대 바닷가의 멀리 떠 있는 뭉개구름처럼 그리고 필자가 듣고 있는 노래처럼 다음의 교육연구자들은 더 맑은 영혼과 정신을 가진 한국 연구자로 거듭나기를 희망한다.

한국사람

(노래 김 완제, 하모니카 전 제덕)

나의 어머니 눈물 푸르른 강물이 되어
마른 대지를 적셔 흐를 때
푸른 들판에 내 몸 뉘어 쉬겠네
나는 이 땅 위에 살겠네

나의 아버지 웃음 저 바다 파도가 되어
하얀 갈매기와 함께 춤추며 갈 때
나도 따라서 춤을 추며 가겠네
나는 이 바다에 살겠네

나의 모든 추억이 눈물처럼 저물어가도
나 후회 없이 그대와 사랑을 하리
아름다운 날들이 가뭇없이 사라져도
저 산 저 바다는 영원히

아이 울음소리가 빈 뜰에 너울져 가고
나의 서러움이 눈물로 젖서
빈 뜰 가득히 꽃들 만발할 때에
우리 영원히 사랑해

필자가 가장 좋아하는 풍경 하나가 생각난다. 가파른 언덕의 넓은 들판에 홀로 서 있는 한 그루의 큰 느티나무. 몇 십 년, 아니 몇 백 년이 되었을 그 나무를 누가 갖다 심었는지, 그 씨앗은 어디에서 날아와 이 외로운 들판에서 용맹스럽게 자랐는지 항상 궁금하다. 무엇보다 이 나무에 대한 필자의 가장 큰 경이로움은 그 나무가 보여주는 담대함과 용기, 그리고 인내심에 있다. 넓은 파란 하늘을 뒤로한 채, 뭉개구름이 널리 흘러가고 있고 끝이 없는 들판 그 위에서 홀로 서 있는 그 나무. 필자는 다음 질적연구자들이 써야 할 글쓰기 작업은, 그 나무가 우리에게 주는 것처럼, 역사와 희망과 계몽 그리고 삶의 통찰력을 제공해 줄 수 있는 그런 이야기들을 담고 있어야 한다고 말하고 싶다.

스케치: 이용학(부산대학교 대학원 교육학과 박사과정)

차례

Contents

제1부

사회과학과 질적 글쓰기

제1장

탐구주제로서 질적 글쓰기

1. 질적연구에서 글쓰기 연구의 최근 동향
2. 양적 글쓰기의 문제점
3. 질적연구에 적합한 글쓰기에 대한 탐구
4. 탈장르적 글쓰기
5. 포스트모더니즘적 글쓰기
6. 맺음말
7. 참고문헌

> 질적연구자들은 자신들의 연구를 어떻게 쓸 것인가와 관련하여 매우 놀랍게도 다양한 선택을 할 수 있는 상황에 있다(Gilgun, 2005, p.261).

> 우리는 우리의 작품이 누구에게 유용하고, 통찰력을 주고, 의미를 줄 것인가에 대한 생각보다는 우리가 다른 과학자들에게 어떻게 평가받을 것인지에 더 신경을 써 왔다. 즉, 우리 교육연구자들은 과학적 엄밀함(rigor)에 지나친 관심을 두느라 탐구의 또 다른 중요한 측면인 상상력과 창의성과 같은 탐구의 자질을 상실해 버린 경향이 있다. 그 결과, 우리는 글쓰기에서 주관성을 최대한 배제하고 보편성과 객관적 이미지 생산에 주력함으로써 우리가 구사할 수 있었던 표현에서 창의력과 에너지를 생성하지 못하였다(Bochner, 2002, p.259).

질적연구에서 글쓰기는 연구의 과정과 경험을 하나의 결과로 구체화한다는 점에서 연구자의 가장 중요한 능력이면서 연구의 성패를 결정하는 중요한 과정이다. 그렇기 때문에 많은 질적연구자들이 질적연구를 글쓰기 작업으로 규정하려는 노력이 진지하게 이루어지고 있다. 아울러 최근에 와서는 질적연구 작업과 수집한 자료를 어떻게 해야만 효과적이며 호소력 있는 연구결과로 변환시킬 수 있을 것인가에 대하여 많은 이론과 조언 그리고 방법이 제시되고 있다. 이렇게 글쓰기가 중요해진 이유는 연구작업을 잘 하는 기술과 그 경험과 자료를 글이라는 매체를 통하여 재현하는 능력이 다르기 때문이다. 특히 글쓰기는 주어진 자료를 아무런 사유나 고민이 없이 단순하게 나열하는 것이 아니라 연구의 목적에 맞게 독자의 감흥을 불러일으키면서 설득해 가는 과정이기 때문에 그러한 목적을 달성하는 데에는 단순히 교육연구자로서 글을 쓸 수 있는 기법 이상의 작가로서 또는 창작가로서 글을 쓸 수 있는 능력이 필요하다.

이에 이 책의 전체 내용이 그러한 목적을 달성시킬 수 있는 구체적인 아이디어를 담고 있지만 제1장에서는 질적연구에서 '글쓰기'에 대한 논의가 어디에서 시작되었으며 어떻게 전개되고 있는지에 대한 학술적 담론의 내용을 개괄적으로 소개하는 작업을 시도하고자 한다. 이를 통하여 글쓰기가 질적연구에서 왜 중요하고 어떤 탐구적 노력이 시도되어 왔는지를 이해할 수 있는 지식을 제공해 줄 것으로 기대한다.

1. 질적연구에서 글쓰기 연구의 최근 동향

글쓰기는 1980년대 이래로 질적연구 탐구의 대표적인 연구 주제 중의 하나로 부상하였다. Denzin과 Lincoln(1994)은 질적연구의 역사적 발달 시기에 대한 설명에서 장르의 혼합 시기(blurred genre, 1970-1980년대 말), 표현의 위기 시기(crisis of representation, 1990년대)라는 시기를 설명하고 있는데, 이 두 시기 모두 글쓰기와 표현의 문제와 밀접하게 관련되어 있다. 이 시기의 다양한 주제로는 과학적 객관성, 재현의 문제, 다양한 표현의 장르, 재현에 대한 포스트모던적 접근 등이 있으며, 이것들은 서로 상관없어 보일지 몰라도 그 내면에는 글쓰기를 통한 질적연구가 기존의 실증주의적 연구 패러다임의 전통적인 핵심 개념(실재, 객관성, 진실, 이론, 타당도, 주관성, 전달 매체로서의 언어 등)에 대하여 새로운 문제를 제기하거나 새로운 방향을 제시하고 있다는 점에서 글쓰기와 밀접한 관계를 가지고 있다. 특히, 탈장르, 간학문적 탐구, 해체적 탐구 등의 새로운 문화적 사상이 질적연구자에게 단순히 어떻게 글을 쓸 것인가에 대한 기법의 문제에 집중하기보다는 어떻게 과거와는 다르게 쓸 것인가 그리고 새로운 대안적 방법의 글쓰기에는 어떤 것이 있는지에 대한 전통에 대한 저항적 글쓰기 문화를 생성하였다는 점에서 글쓰기는 인문/사회과학 연구 분야에서 새로운 연구 문제로 부상하게 되었다(Bidwell & Miller, 1995; Connelly & Clandinin, 1990; Ellis & Bochner, 1996; Gambell, 1995; Golden-Biddle & Locke, 1997; Stoddard, 1991; Tierney & Lincoln, 1994, 1997; Van Maanen, 1995; Vaz, 1997; Weiland, 1994).

이러한 분위기 속에서 질적연구 분야에서는 글쓰기에 대한 다양한 차원에서의 창의적 대화가 이루어졌고 그 결과로서 과거에 상상하기 어려웠던 글쓰기에 대한 새로운 입장, 관점, 주장, 기법, 생각의 공간이 마련되기 시작하였다. 물론 이러한 연구의 대표적 결과 중의 하나는 "왜 인문/사회과학연구에서 양적 글쓰기만을 정설로 받아들이고 그것에 준하여 글을 써야 하는가?"에 대한 저항적인 질문이 새로운 탐구 주제로 발전한 것이라고 하겠다. 그리하여 단순히 양적연구에 대비되는 차원에서 질적 글쓰기의 기법을 논의하는 방어적 차원에서가 아니라 양적연구 문화에서 배제된/상상하지 못하였던/도외시되었던 글쓰기의 담론과 이론을 연구자들이 차용하고 질적 글쓰기에 접목하려는 창의적인 노력과 상상력을 발휘하는 적극적인 연구 자세가 형성되었다. 그리하여 다른 학문 분야에서 사용되는 표현의 방법을 질적 글쓰기에 이용할 수 있는 가능성과 그 기여점은 무엇인가와 같은 새로운 연구 질문이 만들어지고 그에 대한 설득적인 주장과 답변이 학술지를 가득 채웠다.

1990년대 이후의 질적연구를 읽다 보면 연구자들이 질적연구에 대한 방법적 이론화와 함께 텍스트 생산에서 얼마나 글쓰기에 심혈을 기울이고 있는지를 잘 느낄 수가 있다. 마치 좋은 질적연구 작품을 새로운 표현 형식을 적용한 작품이라는 인상에 기초하여 만든 것처럼. 그런 결과로서 질적연구에서의 글쓰기와 새로운 양식에 대한 인정은 Schwandt(2001)의 저서 『질적연구 사전』에도 잘 나타나 있다.

질적연구에서 글쓰기가 질적연구의 핵심 연구 주제로 전면부에 부상하면서 질적연구의 학술 활동 내에서 다양한 변화가 감지되고 있다. 첫째, 글쓰기에 관련된 전문서적의 출판이 증가하기 시작하였다. 이 분야의 대표적인 출판사인 SAGE를 포함하여 여러 출판사에서 질적 글쓰기와 관련된 서적을 계속 출판하고 있다. 다른 출판사들 역시 질적연구에서 어떻게 글을 써야 하는가에 대한 책들을 출판하여 이 분야의 시장성을 입증하고 있다. 그 예로서 LeftCoast Press는 기존의 글쓰기와는 다른 형태의 사회과학 글쓰기를 시도하는 새로운 형태의 서적 출판을 계획하고 있다.

> 우리 출판사에서 기획하는 일련의 문화기술적 내러티브 작품은 살아 있는 경험에 대한 참신하고 획기적인 형식을 시도하고 있다. 예를 들면 자서전적 문화기술지, 문학적, 시적, 예술적, 시각적, 공연적, 비판적, 다차원적, 대화적, 공동적인 글쓰기 방법들이다. 우리 출판사는 구체적 장면을 묘사할 수 있는; 그리고 장면, 대화, 성격, 복잡한 행위를 표현할 수 있는 행위 문학방법을 활용하는; 연구와 글쓰기 과정에 대한 저자의 비판적인 반성을 포함시킬 수 있는 방식의 글쓰기 방법의 확산에 깊은 관심을 가지고 있다(웹사이트: http://www.lcost-press.com).

둘째, 학술지에서 질적 글쓰기를 주제로 한 연구논문들이 비중 있게 다루어지고 있다. 가장 선구자적인 논문인 Richardson의 「Writing as method」(Handbook of Qualitative Research)를 시작으로 하여 여러 핸드북과 전문학술지(QSE, Qualitative Inquiry, International Journal of Qualitative Studies in Arts, Harvard Educational Review, Anthropology and Education Quarterly, Educational Researcher)에서 글쓰기와 표현에 대한 주제를 다룬 글을 찾기란 더 이상 어렵지 않다. 특히 질적연구 전문 학술지인 *Qualitative Research*의 2008년 9월호와 *Qualitative Inquiry*의 2003년 특별호, 2008년 10월호는 최근 유행하고 있는 새로운 형태의 질적 글쓰기 현황을 잘 나타내 주는 논문들로 구성되어 있다. 아울러 Wilson(1995)의 논문은 대학교 작문 강좌에서 방향에 대한 전환을 다루고 있다는 점에서 흥미롭다. 그에 따르면 대학교에서 강의되는 대부분의 '과학적 글쓰기/논문' 강좌에서 '과학적 글쓰기'를 매우 협소하고 단순한 의미에서의 실증적 글쓰기로 규정하고 가르친다고 비판하면서 다른 형식의 다양한 표현 형태의 글쓰기들이 '과학적 논문 글쓰기'의 형태로 가르쳐져야 한다고 주장하였다.

전문서적의 출판과 함께 질적연구의 개론서에서 글쓰기와 보고서 작성을 어떻게 할 것인지에 대한 논의들이 과거에 비하여 더 비중 있게 다루어지고 있다. 과거의 서적들에서는 연구방법 중심으로 글이 전개되었지만 최근의 개론서적에서는 질적연구에서 글쓰기가 어떻게 이루어져야 하며 어떤 방법들이 있는지에 대하여 세심하게 소개하고 있다. 물론 이 과정에서 좋은 글쓰기를 소개해 놓은 서적들을 발견하는 것은 어렵지 않다.

셋째, 질적연구자들이 자신의 연구작업의 결과를 저서나 결과보고서로 출판할 때 과거와는 달리 내용에 못지않게 스타일과 형식에 치중한다는 점이다. 과거의 질적연구 작품이 단순히 내용 전달에 그쳤다고 한다면 최근의 연구서적은 연구결과를 과거의 방식과 비슷하게 제시하는 것이 아니라 다양하고 새로운 표현 기법을 활용하여 새로운 텍스트를 개척하고자 노력한다. 이에 내러티브 탐구, 전기적 연구, 자서전적 기법, 문학적 기법, 해체적 기법을 활용한 연구자료의 제시와 표현을 연구자의 또 다른 중요한 성취로 증명하려 하고 있고 그 결과로서 과거에는 찾아보기 힘들었던 형태의 새로운 글쓰기 작품을 흔히 볼 수 있다.

이 주제에 대한 학술적 관심이 높아지고 배우려는 욕구가 강해지면서 학술대회에서 이 주제를 다룬 발표와 워크숍은 매우 인기가 높다. 매년 열리는 AERA 연차 학술대회나, Congress of Qualitative Inquiry 국제 학술대회에서는 대안적인 글쓰기 방법을 가르치는 워크숍이 개설되고 있다. 이 분야의 지도적인 학자들인 Larurel Richardson, Yvonna Lincoln, Ellis와 Bochner 등이 진행하는 실험적 글쓰기 워크숍은 참가자들의 주목을 받고 있다. 그리고 이러한 학술적 관여와 흥미는 앞으로 지속될 것으로 생각한다. 아마도 이러한 강좌를 들으면서 더 이상 과거의 전통적인 글쓰기 방식이 아닌 새로운 글쓰기 방식을 배우고 쓰려고 하는 연구자들은 Susan Finley가 비유한 것처럼 교육연구자가 좋은 글을 쓰고 질적연구 작품을 새롭게 표현하기 위해서는 예술가 또는 문학가가 되어야 하는 것이 아닌지에 대하여 생각하게 될 것으로 보인다.

넷째, 질적연구에서 글쓰기 자체를 주제로 한 논문들이 계속적으로 출간되고 있다. 글쓰기를 주제로 한 논문은 범주가 다양하여 이 책에서 모두 나열할 수는 없지만 전통적 양적 글쓰기를 공격한 논문, 대안적 글쓰기의 이론을 설파한 논문, 실제로 대안적 글쓰기 방법을 활용하여 질적 자료를 작품으로 승화시킨 논문, 질적연구에서의 글쓰기에 대한 새로운 이론화를 역사적으로 정리한 논문 등 그 영역과 방향이 매우 다양하다(Foley, 2002; Gilgun, 2005; Nicol, 2008; Richardson, 2000). 그리고 이러한 주제를 다룬 논문들을 특집호로 학술지에 출판하거나 아니면 연구서적에 수록하는 것은 이제 일반적인 일이 되었다. 따라서 탐구방법으로서 글쓰기 또는 연구방법으로서 글쓰기에 대한 연구가 한창이며 일련의 연구자들이 이 주제 자체를 가지고 질적연구의 특정한 전문 연구자로서 자신들의 위상을 확고히 굳혀가고 있다. 그리고 그러한 글쓰기의 이론화에 대한 이론적/방법론적/실제적 아이디어를 다룬 논문들은 질적연구자들에게 자신들의 작품을 어떻게 표현하고 만들 것인가에 대하여 구체적 수준에서 새로운 아이디어를 제시해 주는 가교역할을 하고 있다. 즉, 이러한 논문들에서 소개된 새로운 형태의 글쓰기 방법에 고무받아 질적연구자들이 새로운 형태의 글쓰기를 시도한 질적연구 작품들을 출간하게 되는 것이다.

질적 글쓰기에 대한 이러한 서구에서의 관심에 비교할 만한 수준은 아직 아니지만, 최근에 와서 우리나라에서도 그 관심이 싹트고 있다. 이미 김영천(2006)이 저서에서 Van Maanen의 글쓰기 전략에 대하여 소개함으로써 전통적 3인칭 글쓰기 중심의 표현 방법 이외에 다른 방법들이 인류학과 사회과학에서 사용되고 있다는 점을 알려 주었다. 이외에도 Richardson의 글쓰기 전략이나 그 외 학자들의 글쓰기 이론들을 소개함으로써 글쓰기가 과거와는 어떻게 다르게 논의되고 있는지를 한국의 독자들에게 알려 주었다. 구체적으로는 이러한 실험적 글쓰기 방법들이 실제 글쓰기 작업에 영향을 끼치고 있기도 하다. 그 예로서 허창수는 「교육과정연구」(2006)에 게재한 글에서 전통과는 다른 방식의 구조와 스타일을 가진 논문을 출판하였다. 또한 김영천과 이희용은 서구의 질적연구 내에서 수행되고 있는 문학적 글쓰기 현황에 대한 글을 발표하였고 그러한 공부에 기초하여 2009년에 다양한 문학적 형식의 글쓰기가 가미된 제7차 교육과정 현장 비판서적인 『한 여름 밤의 꿈: 제7차 교육과정 환상과 추락의 내러티브』를 출간하였다. 또한 글쓰기 이론으로 유명한 Richardson의 대표 저서인 『Writing Strategies』가 2009년에 우리말로 번역되어 『글쓰기 전략』이라는 제목으로 출간되었다.

이에 구미의 질적연구 글쓰기에 대한 연구 문화의 새로운 지도를 이해할 필요가 있다는 점에서 이 책에서는 질적연구 글쓰기에 대한 전체적인 청사진을 제공하고자 한다. 그리하여 이 책의 제목 『질적연구방법론 3: Writing』이 나타내는 것처럼 질적연구자가 좋은 글쓰기를 하기 위하여 알아야 하는 지식과 이론, 그리고 최신의 동향에 대하여 공부할 수 있기를 바란다. 필자가 여러 강연과 주위 학자들과의 대화에서 밝혔던 것처럼, 우리나라의 질적연구 분야에서의 필자의 역할은 미래의 한국 질적연구자들이 훌륭하게 성장하는 데 필요한 질적연구의 지식을 전반적이고 포괄적으로 배우게 하는 데 그 의의를 두고 있다. 따라서 이 책의 목적 역시 다음의 새로운 후배 학자들이 이 분야의 특정한 주제의 대가나 전문가로 성장하는 데 필요한 기초적/필수적 지식과 통찰력을 제공해 주는 데 있다고 하겠다. 따라서 이 책의 읽기를 통하여 우리나라의 질적연구자들이 질적 글쓰기와 관련된 최근의 이슈와 필수 지식에 대하여 많이 알기를 기대해 본다. 질적연구를 할수록 더 절실히 느끼는 것이지만 좋은 질적연구에서는 현장 작업에 충실함과 함께 그 결과를 어떻게 좋은 그릇에 담느냐는 형식의 문제가 중요하다. 그러한 점에서 글쓰기는 좋은 질적연구자가 되는 데 요구되는 지식의 절반을 도야하는 데 밑거름이 될 것이다.

이에 이 책의 서론인 제1장 '탐구주제로서 질적 글쓰기'에서는 이러한 인식에서 출발하여 질적연구 분야에서 일어나고 있는 글쓰기에 대한 최근까지의 연구 내용과 이슈, 쟁점에 대하여 간략하게 소개하고자 한다. 비록 간략하게 소개하고 있지만 지난 20년 동안의 질적 글쓰기에 대한 전반적인 탐구의 동향과 흐름을 논의하고 있다는 점에서 이 책의 목차에서 다루고 있는 핵심 내용을 이해하는 데 선행조직자 내용으로서 사용될 수 있을 것이다. 아울러 제2장부터는 글쓰기와 관련된 다양한 주제들이 한 장마다 한 개씩 다루어질 것이기 때문에 좀 더 전문적이고 체계적인 내용을 공부할 수 있을 것이다.

2. 양적 글쓰기의 문제점

> 횟집에서 사용하는 저울이 모두 잘못되었다는 보도를 한 이후에 포항과 통영 일대의 모든 횟집에서 저울이 사라졌다. 대신에 마리로 계산하여 가격을 정한다고 한다. 왜 그러느냐고 상인에게 물었더니 그 보도 이후에 정확한 새 저울을 갖다 놓아도 소비자들이 저울을 전혀 믿지 않기 때문이라고 한다. 그래서 대부분의 횟집에서 가장 정확한 무게를 재는 도구인 저울이 사라져 버렸다(2009년 9월 23일 불만제로 프로그램에서).

질적연구에서의 글쓰기 탐구에 관심을 갖기 시작한 연구자들은 첫 번째 탐구 내용으로 양적연구에서 사용되는 글쓰기 방법이 과연 질적연구에도 사용될 수 있는가였다. 이러한 질문은 연구 패러다임이 달라지면 인식론, 방법론, 존재론이 다 달라진다는 점에서 당연하다고 하겠다. 그러나 지난 100년 동안 양적연구 글쓰기가 인문/사회과학 분야에서 가장 적합한 글쓰기 방식으로 통용되어 왔기 때문에 글쓰기 문제에 대해 문제를 제기하고 답을 찾는 노력은 쉽지 않았다. 그럼에도 불구하고 실증주의와 탈실증주의 연구 패러다임에서 추구하는 연구의 목적이 근본적으로 다르다는 점에서 표현의 문제와 방법 이슈가 열외가 될 수는 없었다. 아울러 이미 실증주의 글쓰기 방법과 문화에 저항하고 대안적인 글쓰기 방법을 주장하여 온 교육학/교육과정 분야의 역사적 전통이 있었기 때문에 이러한 질문은 한편으로는 새로운 것이면서도 다른 한편으로는 그 역사적 고리를 갖고 있는 것이기도 하였다(Jackson, 1968; Eisner, 1997). 그 예로서 Jackson은 『아동의 교실생활』을 통하여 서술적 방법에 의한 교육과정 연구를 이미 1968년에 제창하였고 교육학 연구에서의 과학적 연구, 공학적 접근에 가장 반대한 질적연구자였다. 이외에도 우리에게는 낯선 Waller의 1932년 『Sociology of Teaching』, 그리고 Sarason의 『Cultures of Change』 같은 1970년대 이전의 교육학 연구 작품들은 비계량적 표현방법을 통하여 학교의 수업과 문화를 알리는 역할을 하였다. 이 두 권의 책은 '교육학 100대 연구서적' 에 선정되기까지 하였다.

질적 글쓰기에 대한 이러한 개인적 차원에서의 노력은 학자 개인의 취향에 따라 계속되었지만 1980년대 교육학 분야에 방법론 패러다임의 전쟁이 일어나면서 집단적인 주제로 발전하기에 이르렀다. 그리고 그러한 관심은 서서히 불타오르다가 1980년대 중반부터 오늘에 이르기까지 새로운 탐구 이슈로 정착되기에 이르렀다. 그 과정에서 구체적으로 양적 글쓰기가 왜 문제가 되는지, 질적연구에서 양적 글쓰기를 수용할 수 없는 이유는 무엇인지에 대하여 체계적이고 분석적으로 연구하는 학자들이 늘어나게 되었다. 동시에 양적 글쓰기 문제를 비판하는 논문들과 책들이 출판되면서부터 이 분야는 질적연구자들의 새로운 학술적 관심을 받기 시작한 것이다. 그 결과 양적 글쓰기의 문제점과 질적 글쓰기의 새로운 방향을 모색하려는 연구논문과 주장이 일련의 학자들에 의하여 질적연구의 새로운 연구 지형도로 자리 잡게 되었다. 그리고 양적 글쓰기와 방법에 대한 패러다임 차원에서의 의문과 비판은 지난 1970년 이후로 교육학에서 가장 뜨거운 쟁점 중의 하나였다. 그리고 그러한 논쟁의 결과, 복잡한 교육현상을 단 한 가지의 양적 방법으로 이해하는 것은 너무나 위험한 것이며 객관적인 방법론을 잘 쓰고 나면 현실과 실제가 개선될 것이라는 진보에 대한 신념이 너무나 잘못된 것이라는 의식이 형성되었다(Schoonmaker, 2009, xiii).

양적연구 방법론 자체에 대한 비평과 비판을 시도한 학자들의 학술적 업적을 이 책에 모두 제시하는 것은 불가능하다. 그리고 그러한 글쓰기는 아마도 질적연구의 목적이나 의의를 설명하는 개론서에서 다루는 것이 더 적절하다고 생각한다. 이에 이 책에서는 변화하는 교육학 연구 패러다임의 문화 속에서 질적 글쓰기가 양적 글쓰기의 실제와 다르게 왜 새로운 연구 주제와 방법론 주제로 다루어져야 하는지에 대한 이론적 탐색을 시도한 학자들의 업적을 중심으로 살펴보고자 한다.

첫째, Zeller와 Farmer(1999)는 교육학 분야에서 많은 연구자들이 아무런 의문 없이 사용하고 있는 양적 글쓰기가 어떤 점에서 적절하지 않는가를 잘 분석해 주었다. 이들에 따르면 교육학과 사회과학 분야의 학자들이 사용하고 있는 글쓰기 방법은 미국심리학회(APA)에서 제정한 APA 글쓰기 교본(Writing Style)이 정한 규칙에 의거하고 있다고 지적하였다. 그런데 이 교본의 문제점의 하나는 철저히 양적연구 패러다임의 세계관에 근거하여 만들어졌기 때문에 글쓰기의 특징이 행동적/실증적/과학적 표현 중심이라는 점이다. 다르게 표현한다면 이 교본에 기초하여 글을 쓴다면 모든 연구 현상과 연구 세계에 대한 묘사와 설명은 철저히 실증주의 세계관에 근거하여 이루어져야 하며 그 이외의 다른 패러다임에서 추구하는 표현 방법들이 사용될 가능성은 없다는 것이다. 이러한 실증주의적 글쓰기의 영향력은 막강하여 AERA Annual Conference(미국 교육학 연차 학술대회) 논문 제출 과정, 대부분의 교육학 학술 논문 게재 투고 과정에서 APA 교본에 기초한 논문지침 작성과 글쓰기를 공식적으로 요구하고 있다.

APA 글쓰기 교본의 영향력은 구미를 넘어 전 세계에까지 확대되었는데 우리나라 역시 예외는 아니다. 우리나라의 대부분의 교육학 연구기관에서, 교육연구법 강좌에서 그리고 글쓰기 지도 수업에서 강사들은 이 교본을 중심으로 글을 쓰는 법에 대하여 강의하고 있는 실정이다. 따라서 이 방법이 아닌 다른 방법의 글쓰기를 가르치는 것은 상상하기 어렵고 그러한 글쓰기는 비전문가 또는 일반인만이 할 수 있는 선택이라고 믿게 만든다. 이 영향력은 단순히 연구방법론 수업에만 국한되어 있지 않다. 대학원의 지도교수와 지도학생 사이의 논문지도 과정에서 학위논문 계획서 제출과 발표, 학위논문 졸업을 위한 심사와 발표에서 대다수의 심사위원들이 이 교본에 기초하여 학생들을 지도하고 조언하며 심지어는 나무라기까지 한다. 이 교본은 개정 때마다 한국판으로 출판되었고 이번에는 제5판이 강진령(1997)에 의하여 번역되었다.

실증주의적 글쓰기를 비판한 두 번째 학자로는 Bazerman(1987)을 들 수 있다. 미네소타 대학교의 언어와 수사학과 교수인 그는 우리의 학술적 글쓰기의 지도적 지침서로 읽히고 있는 APA 교본이 과연 어떤 점에서 문제가 있는지를 선구적으로 분석하였다. 그 결과 APA 교본에 숨겨져 있는 두 개의 이데올로기를 규명해 냈다. 첫째, APA 교본은 처방적 수사(prescriptive rhetoric)로 가득 차 있다는 점이다. 용어가 의미하는 것처럼, 처방적 수사는 글을 쓸 때 어떻게 써야 하는지에 대한 규칙을 미리 엄격하게 정해 놓은 것을 뜻한다. 따라서 연구자는 그 규칙에 따라 글을 써야 하며 그렇지 않게 글을 썼을 경우 그 글은 과학적이지 않고, 전문적이지 않으며, 학술적이지 않은 것으로 평가된다는 믿음이 내포해 있다. 오직 연구자가 글을 학술지에 게재하고 연구자로서 인정을 받으려면 APA 교본이 정해 놓은 규칙을 따라 글을 써야 하고 그 글을 쓰는 대표적인 순서는 '1. 제목, 2. 요약, 3. 서론, 4. 연구방법, 5. 결과, 6. 제언, 7. 참고문헌' 으로 이어져야 한다.

그런데 글을 어떻게 써야 하는가에 대하여 이렇게 사전에 약속을 하고 규칙에 따라 글을 쓰도록 하는 약속은 연구자로 하여금 무엇을 글에 담고 무엇을 글에 담지 말아야 하는지에 대한 판단에 대한 자율성을 박탈하는 문제점이 있다. 즉, 주제와 관련하여 연구자가 쓰고 싶은 내용, 그리고 그 어떤 것을 쓰려고 하는 상상력과 창의적 생각이 모두 통제된 채로 저자는 규칙에 따라서 써야 할 내용만을 쓰기 때문에 저자는 써야 할 내용과 범위에 대한 결정권을 가질 수가 없는 것이다. 앞에서 소개한 서론에서 참고문헌으로 이어지는 이러한 APA 글쓰기 순서는 한편으로는 저자에게 어떻게 글을 써야 하는지에 대한 효과적인(경제적인) 방식을 제공해 줄지는 몰라도 연구자가 발휘할 수 있는 글쓰기 작업에 대한 고차원적인 창조작업을 사전에 차단한다는 측면에서 부정적 역할을 한다고 하겠다. 언어예술이라고 불리는 글쓰기가 인간의 다양한 상상력과 복잡한 사유의 공간임에도 불구하고 주어진 규칙과 순서의 틀에 글을 담아야 하는 경우에 글쓰기는 하나의 기계적 표현의 공간이 되며 특별히 고민하고 창조적인 표현방법을 탐색할 필요를 느끼지 못하게 하는 사유의 습관을 길러낼 뿐이다.

Bazerman(1988)이 규명한 APA 교본의 둘째 이데올로기이자 글쓰기 특징은 오직 실증주의적 글쓰기 방법만을 합법적인 표현 방식으로 공식화하고 있다는 점이다. 때문에 실증주의적 글쓰기 기법이 아닌 방법이나 표현의 문화는 이 교본을 공부하는 동안 그리고 공부하고 난 후에 적절하지 않은 방식 또는 전문적이지 않은 방식으로서 간주하게 하는 세계관을 양산시킨다는 점이다. 따라서 연구자들은 자신이 글을 쓸 때, 실증주의 연구 이데올로기에서 강조하거나 올바르다고 규정하는 표현 방법만을 유념한 채 글을 쓸 수밖에 없고 그러는 과정에서 실증적이지 않은 표현과 글쓰기 기법에 대해서는 부정적인 것, 열등한 것, 과학적이지 않은 것으로 인식하는 편견을 낳게 된다. 이에 연구자는 글을 쓸 때, 실증주의적 패러다임에 부합하는 용어, 방법, 개념, 표현만을 찾아 쓰도록 은연중 길들여지고 있는 것이다. 그리고 그 결과 양적연구 방법론에서 연구의 과학성과 객관성을 보장하는 방법으로서 강조하는 연구의 실재들(단일 실재, 법칙의 발견, 가설과 연구결과 간의 밀접한 유대관계, 조작적 정의, 실험, 인과관계, 연구결과로서 가설의 검증, 객관적 연구도구와 방법의 실행, 숫자에 의한 연구결과의 표현 등)이 글쓰기의 가장 핵심적인 내용으로 간주된다. Bazerman은 이러한 연구 문화 속에 숨겨져 있는 실증주의 글쓰기의 규칙은 다음과 같다고 하였다.

(1) 3인칭 관점의 글쓰기
(2) 수학적 모델에 기초한 정확성의 강조
(3) 은유 사용의 금지
(4) 표현적 언어 사용 금지
(4) 실험적, 경험적 증거를 통한 연구결과의 제시
(5) 능동태보다는 수동태의 선호
(6) 자료와 결과 사이의 인과관계의 강조
(7) 연구제목의 비과학적 표현의 금지

Vipond(1996)는 이 두 학자들의 비평에 기초하여 APA 교본의 이데올로기 측면을 주체와 타자의 측면에서 분석하였다. 그에 따르면 앞에서 소개한 이러한 실증주의적 연구 이데올로기의 영향으로 인하여 교육연구자들은 교육연구에 대한 이해에 있어서 제한적이고 편협한 지식을 획득하기 시작하였다고 비판하였다. 즉, APA 교본이 양적연구만을 의미 있는 것으로 강조함으로써 양적연구 이외의 다른 형식의 글쓰기 형식과 방법을 배제하고 배타적인 것으로 인식하는 연구 문화를 양산시켰다는 것이다. 그에 따르면 APA 문체는 양적 경험적 연구에는 특권을 주었지만 질적 방법, 참여연구, 이론작업, 사례연구, 서술적 연구, 자서전적 연구와 같은 글쓰기의 방법과 이론을 과소평가하고 있다고 주장한다. 결국, APA의 글쓰기 교본은 과학이라는 영역을 매우 단순화된 개념으로만 정의 내림으로써 과학적 언어가 아닌 다른 형태의 언어와 표현을 적대적이고 대립적인 것으로 배치시켰다고 비난하였다.

Krieger는 이러한 Vipond와 앞에서 소개한 학자들의 주장을 단적으로 지지하는 한 예로서 '나' 라는 개념이 연구에서 어떻게 사용되고 있는지를 논의하였다. Krieger에 따르면 사회과학 연구가 연구자인 '나' 에 의하여 이루어졌음에도 불구하고 '나' 인 연구자의 존재와 나에 의하여 이루어진 개인적인 연구경험과 감정은 실제 연구의 표현과 글쓰기에서 다루어질 수 없으며 불필요한 것으로 간주되고 있다고 하였다. 우리가 가지고 있는 신적인 존재로서 '연구자' 의 절대적 이미지를 강화시키기 위하여 연구를 실행한 특정한 한 연구자인 '나' 는 연구작업과 표현에서 '나' 라는 단어를 사용하면서 연구에 대하여 이야기를 전개해 나가지 못하는 것이다. '연구자' 를 중심으로 한 3인칭 글쓰기는 의도한 것처럼 연구에서 나타날 수 있는/개입되어 있는 다양한 문제점들(오류들, 불분명함, 연구작업의 딜레마, 결론 내리기 힘듦 등)이 없었다는 이미지를 독자에게 심어 주며 결국 그 연구는 완벽하게 이루어졌다는 신화적 신념을 독자에게 심어 주는 것이다.

Gilgun(2005)은 이와 관련하여 사회학과 교육학 분야에서 '나' 를 중심으로 하는 글쓰기는 오랜 전통을 가지고 있다는 점을 역사적 고찰을 통해 찾아내었다. 그에 따르면 Small(1916)이 미국에서의 첫 사회학연구 50년에 대한 에세이를 쓰면서 처음으로 1인칭을 사용하였고 그 이후 시카고 사회학과에 속하는 연구자들이 현장연구를 기술하면서 연구자의 현장에 대한 경험을 1인칭으로 기술하는 작업을 해왔다고 하였다. 그리고 역사적으로 가장 대표적인 1인칭 시점의 학술 작품은 생애사연구로 유명한 미국 남부 마을에서의 카스트와 계급을 연구한 Dillard(1990)라고 소개하였다. Gilgun은 이러한 1인칭 시점 글쓰기의 전통이 최근 질적연구의 새로운 동향으로 떠오르고 있다고 강조하면서 Foley(2002), Hooks(1990), Haraway(1988), Clifford와 Geertz(1986), Mullen과 Finley(2003), Lather와 Smithies(1997) 등의 글쓰기 이론에서 1인칭 글쓰기, 자기 반성적 글쓰기, 포스트모던 해체적 글쓰기가 어떻게 확산되고 있는지를 상세하게 소개하였다. 나아가 양적연구에서 강조하는 과학적 중립성, 보편적 진실, 연구자의 무관여 같은 개념의 부적절성을 지적하면서 오히려 '나'라는 용어의 사용과 '나의 경험'을 직접적으로 인용하는 것은 연구자의 목소리와 우리가 연구하는 연구참여자의 목소리가 같은 것이 아니라 상호 관련된 것이라는 점을 인정하는 한 가지 방법이라고 지적하였다. 그리고 자신의 강한 입장을 드러내는 방법으로서 Haraway(1988)는 "연구자들은 익명의 3인칭 시점을 사용하여 말함으로써 신적인 이미지를 전달하는 것과 같은 기교를 부리지 말 것을 경고하고 대신에 연구자들은 자신의 글쓰기 작업에 명백하게 자신들의 존재를 드러내도록 해야 한다"고 강조하였다.

Richardson은 또 다른 관점에서 실증주의적 글쓰기가 갖는 문제점을 지적하였다. 그녀는 양적연구에서 과학적이며 객관적이라고 믿고서 사용되는 용어와 표현이 과연 과학적인 것인가에 대하여 문제 삼고 있다. 그녀에 따르면 양적 글쓰기에서 사용되는 글쓰기의 기법과 표현 역시 APA 글쓰기 교본이 주장하는 것처럼 명료하고 관찰 가능하고 객관적인 실재를 드러내는 용어들이 아니라 다른 언어들처럼 불분명하고 모호하고 불명료한 개념이라고 지적하고 있다. 그 예로서 객관성을 담보하기 위하여 연구자들이 연구논문에서 사용하는 용어인 가설, 조작, 실험, 연구방법, 통제, 인과관계, 변인, 이론, 일반화 등과 같은 개념 역시 하나의 은유(metaphor)에 해당할 뿐이라는 점이다. 왜냐하면 포스트모더니즘의 관점에서 이 용어들에 대한 의미를 추적해 가면 우리는 그 어떤 명확한 의미를 찾을 수 없는 딜레마에 빠지기 때문이다.

이런 점에서 Richardson은 우리가 과학이라고 하면서 차용하는 연구 언어와 표현이 진정으로 객관성과 절대성, 정확성을 전달해 주는 표현이라는 데 동의하지 않는다. 모든 인문과학과 사회과학, 심지어 자연과학까지 모든 학문(science)에서 사용하고 있는 연구 개념과 조작적 용어, 과학적 표현은 우리가 문학에서 사용하는 은유와 큰 차이가 없는 개념이라고 주장한다. 과학적 연구에서 사용하는 모든 용어와 개념은 사실 따지고 보면 하나의 수사에 불과할 수 있다고 주장한다. 특정한 언어의 의미를 우리가 계속 찾아가 보면 그 어떤 명료하고 구체적인 의미도 남지 않는 상태로 남게 되고 그러한 상태는 표현의 불가능성과 불완전성을 강조하는 포스트모더니즘의 입장에 도달한다는 것이다. 그러한 점에서 과학주의의 이상이 가장 잘 나타나 있는 양적 글쓰기의 '조작적 정의'는 그것의 설명을 아무리 관찰 가능한 용어와 표현으로 한다고 할지라도 그 개념은 계속적으로 불확실하게 남아 있으며 모든 독자들에게 명료한 의미를 제공해 줄 수 없다고 강조한다.

3. 질적연구에 적합한 글쓰기에 대한 탐구

일련의 학자들이 교육학의 대표적 글쓰기로서 실증주의적 글쓰기가 갖는 문제점들을 파헤치는 데 치중하였다면 다른 일련의 학자들은 그러한 비판을 넘어서 질적연구에 맞는 글쓰기가 어떤 것인가에 대하여 연구하기 시작하였다. 그들은 탐구의 영역으로서 질적 글쓰기(qualitative writing), 질적 보고서(qualitative report), 질적연구에서의 글쓰기 전략(writing strategies in qualitative research) 등을 개척하고 이 영역들에 대한 심도 있는 연구를 계속하였다. 그리하여 이 주제들에 대한 논문과 책이 출판되기 시작하였고, 미래의 질적연구자들을 위한 글쓰기 훈련 강좌의 개설 및 워크숍의 제공, 나아가 학술대회에서의 공식적 토론 등이 질적연구의 한 분야로서 자리 잡게 되었다. 그러한 이유 때문에 질적 글쓰기에 대한 학술서적들이 출판되어 연구자들의 다양한 궁금증과 질문에 대하여 선진적인 아이디어를 전달해 주고 있다(Bogdan & Biklen, 1982; Wolcott, 1990; Patton, 1991). 이에 질적으로 글을 쓰는 것은 어떤 것인지를 이해하기 위한 한 가지 방법으로서 이 주제를 전문적으로 다룬 서적과 학술논문들을 세심하게 읽는다면 자신의 글을 쓰는 데 직접적인 도움을 받을 것이라고 생각한다(Caulley, 2008; Rodriguez, 2006; Sandelowski, 1998).

질적 글쓰기에 대한 전형이 무엇인가에 대해서는 학자마다 의견이 다르고 질적연구 아래 존재하는 다양한 지적 전통에 따라 차이가 나지만 어떤 점을 유념하면서 글을 써야 하는가에 대해서는 많은 논문과 서적에서 공통적으로 소개하는 내용이 있다. 이에 이 절에서는 이러한 공통의 내용을 제시한 학자들의 관점을 소개함으로써 질적 글쓰기가 갖는 특징 또는 질적연구에서 글을 쓸 때 무엇을 유념하면서 글을 써야 하는가에 대하여 알아보고자 한다. 다양한 주장 중에서 질적 글쓰기의 방향과 목적이 무엇인지에 대하여 명료하면서 간결한 답을 제시한 학자로는 Geertz를 들 수가 있다. Geertz는 『Local Knowledge』에서 질적 글쓰기의 한 가지 주요한 특징을 심층적 기술이라고 강조하였다. 그는 심층적 기술을 연구참여자의 내부세계와 그들의 관점을 이해하는 묘사방법이라고 정의하면서 이 기술을 통하여 외부자인 연구자가 내부자인 연구참여자의 원주민적 관점(Native point of view)을 획득할 수 있다고 하였다.

둘째, Eisner의 글쓰기 기법 역시 질적 글쓰기란 무엇인가를 이해하는 데 도움이 된다. 그의 질적연구와 표현방법에 대한 학술적 담론이 매우 심도 있고 오랫동안 진행되었기 때문에 이 절에서 그의 모든 이론을 다 소개할 수는 없다. 때문에 가장 좋은 방법은 그가 썼던 논문을 잘 읽고 이해하는 길이 될 것이다. 그리고 그(1996)가 질적연구에서 얼마나 혁명적인 글쓰기의 세계를 구체화하려고 노력하였는지는 AERA에서 있었던 Howard Gardner와의 논쟁 '소설양식 글쓰기를 한 박사 논문이 교육학 박사학위 논문으로 인정될 수 있는가' 에서 찾을 수 있다. 아울러 그의 이러한 철학적 입장은 다음 글에 잘 나타나 있다.

> 연구에 대한 나의 기본적인 전제는 연구의 궁극적인 기능은 인간의 이해를 확장시키는 것이어야 하며 그러한 점에서 과학은 연구의 한 가지 종류일 뿐이다. 그래서 인간의 이해를 확장시키는 데 도움을 줄 수 있는 다른 형태의 연구양식인 내러티브 표현양식이나 소설적 기법 등은 교육학연구에서의 연구목적을 달성하는 데 적합한 글쓰기 양식이라고 생각한다(1996, pp.403-409).

그는 제자인 Barone과 함께 단순히 질적연구의 글쓰기에 대한 필요성뿐만 아니라 구체적으로 질적 글쓰기의 한 방법으로서 예술적 글쓰기 기법을 처음으로 이론화한 개척자에 속한다. 2000년 이후에는 AERA에서도 특별 연구집단(SIG)의 한 분야인 Arts-based Educational Research가 널리 질적연구자들의 공식적 학술적 공간이 되었지만 그가 처음으로 주창한 1980년대에는 거의 불모지에 해당할 뿐이었다. Eisner와 Barone이 개념화한 예술적 글쓰기의 특징을 살펴보면 다음과 같다.

(1) 표현적 언어(expressive language)의 사용
(2) 감정이입을 고취시키는 표현
(3) 수사학적 전략
(4) 은유적 표현
(5) 연구참여자가 일상생활에서 사용하는 일상적이고 세속적인 언어와 용어의 사용

(6) 문학적 언어의 사용

이 두 학자들의 이론화 외에도 질적 글쓰기의 특징을 개념화하고자 노력한 학자는 많다. 필자의 지식 범주 아래서 이들의 주장을 정리해 보면 다음과 같다.

질적 글쓰기의 특징을 개념화한 학자와 그 방법

학자	질적 글쓰기 방법
Glesne	표현이 날아가는 느낌이 들도록 경쾌하게 쓰기
Van Maanen	인상적으로 쓰기
Ely	1인칭 시점의 글쓰기
Ely	은유적 표현을 중심으로 쓰기
Bullough, Clandinin, Goodson	내러티브적 글쓰기
Behar, Van Maanen, Rabinow	현장작업이 드러나는 글쓰기
Sara Lightfoot	초상화적 글쓰기
Cahnman, Ellis and Bochner, Richardson	문학적 글쓰기
Caulley	극적인 방법과 요약적인 방법, 그리고 한 장면 글쓰기, 사실적 디테일에 대한 사용, 설명하지 말고 보여줄 것, 능동태를 사용할 것, 대화의 핵심 인용

질적 글쓰기에 대한 이러한 학술적 탐구는 최근에 와서 학위논문에서의 글쓰기에 대한 탐구로 이어지고 있다. 연구 패러다임의 특징이 다른 만큼 양적 글쓰기와는 다른 질적 글쓰기를 한 학위논문을 작성해야 한다는 공감대가 형성되고 있다. 그리고 그러한 공감대는 질적연구를 전문적으로 가르치고 지도하는 교수들에게 인식되어, 교수들은 학생들에게 과거와는 다른 방식으로 학생들의 학위논문을 질적 글쓰기를 통하여 작성할 것을 요구하고 있다. 즉, 학술적 차원에서의 연구 패러다임의 변화가 기관(연구대학들)에서의 훈련의 변화로 나타나고 있는 것이다. 이에 학위 연구자들은 대학기관에서 마련해 놓은 글쓰기의 외형적 구조를 유지하되 나름대로 자신의 논문을 질적인 것으로 만들기 위한 노력을 하고 있다. 그리고 그러한 노력은 장(chapter)에 대한 새로운 명칭의 사용, 장의 순서에 대한 변화, 연구결과 제시에 있어서 다양한 형태의 장 제시, 서론에서의 다소 개방적이고 1인칭적인 표현의 사용, 연구목적과 필요성에 있어서 연구자의 개인적 배경 관련시키기, 예술

적이고 문학적이며 쉽게 읽힐 수 있는 형태의 글쓰기 스타일의 활용 등이 그 대표적인 예라고 하겠다. 다양한 형태의 학위논문의 계획서 양식의 예들이 발표되고 새로운 형식의 글쓰기를 시도한 논문들이 여러 대학들에서 출판되고 있어서 이 탐구영역은 마치 새로운 글쓰기 방식을 학위논문에 최초로 접목시키려고 하는 경쟁의 각축장처럼 보인다.

이러한 창조와 개척의 상황 속에서 이 분야의 연구자들에게 학위논문의 계획서 작성과 최종 논문 작성을 위하여 어떻게 글을 써야 하는가에 대한 방법적 지식을 제공해 주는 책들로서 널리 읽히는 참고문헌은 다음과 같다.

논문 작성을 소개한 저자와 신간 서적

Sandelowski and Barroso(2003), Studies in Art Education.
Locke, Spirduso and Silverman(2000), Proposals that work: A guide for planning dissertations and grant proposals.
Nash(2004), Liberating scholarly writing.
Norris(2006), The qualitative doctoral research proposal.
Bloomber, L. D., and Volpe, M.(2008), Completing your qualitative dissertation.
Biklen, S., and Casella, R.(2007), A practical guide to the qualitative dissertation.
Meloy, J.(2001), Writing the qualitative dissertation: Understanding by doing.
Kilbourn(2006), The qualitative doctoral research proposal.
Woolds(2006), Successful writing for qualitative researchers.
Golden-Biddle and Locke(2007), Composing qualitative research.
Piantanida and Gorman(2009), The qualitative dissertation.

4. 탈장르적 글쓰기

질적연구에서의 새로운 글쓰기를 모색하고자 하였던 연구자들의 노력은 1980년대의 장르의 혼합시기를 맞이하여 새로운 전기를 마련하게 되었다(Clifford and Marcus, 1986; Geertz, 1988). Clifford와 Marcus에 의하여 명명된 장르의 혼합 개념은 장르 간의 경계가 허물어지면서 다른 학문의 이론과 방법론을 차용하여 연구를 표현하는 새로운 연구 동향을 의미한다. 특히 이 연구 문화에서 표현의 새로운 이론화가 주로 인문학(특히 문학) 분야의 아이디어를 차용하는 것이기 때문에 질적연구에서의 문학적 시대(literary turn)라고 하기도 한다. Clifford와 Marcus(1986)는 『글쓰기 문화』라는 책을 통하여 질적연구에서의 표현과 글쓰기에 대한 다양한 형식의 새로운 표현양식이 기존의 질적연구 분야가 아닌 다른 학문 분야에서 차용되고 혼합되어 사용되는 현상이 나타나고 있는 역사적 현상을 잘 설명해 주었다. Geertz는 인문/사회과학 분야에서 일어나는 이러한 경계의 혼합 연구 문화의 시대를 다음과 같이 잘 비유하였다.

> 물리적 현상의 이해를 위하여 공학의 analogy들이 더 많이 사용되고 있는 것처럼, 사회학적 이해를 위하여 인문학에서 도출된 analogy들이 더욱 중요하게 이용되고 있다. 1970년대 이래로 사회과학자들의 연구관심이 법칙 증명과 가설 이론화에서 벗어나 사례와 해석에 대한 관심 쪽으로 나아가면서 인문학의 다양한 이론들과 방법들이 사회과학의 탐구에 더 많이 차용되고 있다(1983).

이러한 탈장르적 글쓰기 연구 문화는 질적연구에 있어서 새로운 글쓰기의 세계를 창조하는 데 기여하게 되었다. 그 예로서 Poewe(1996)는 탈장르적 글쓰기의 연구 동향은 질적연구 분야에 널리 확산되기 시작하였으며 연구자들을 새로운 표현의 세계로 초대하고 있다고 평가하였다. 즉, 학문 간의 경계라는 학문들 사이의 폐쇄적 소통 문화를 벗어나 다른 학문/영역/탐구 분야에서 이용되고 있는 탐구방법/표현방법/글쓰기 방법을 연구하여 이러한 방법을 질적연구자들이 연구의 세계와 결과의 표현에 접목시키려는 움직임이 하나의 연구 문화로 성장한 것이라고 하겠다. 그리고 그러한 영향의 결과는 Denzin(1997, p.xviii)이 강조한 것처럼 연구자들이 자신과 타인의 경험을 묘사하는 데 있어서 기존의 방법 이외에도 다양한 표현방법이 있다는 사실을 알게 된 것이라고 하였다.

그 결과로서 이 분야의 연구자들은 새로운 표현의 이론과 방법의 개척을 위하여 다음과 같은 질문들을 제기하고 답을 찾고자 하였다(Rodrigez, 2006): (1) 인류학/사회학/교육학이 아닌(내가 몸담고 있는 학문 분야가 아닌) 학문 분야에서 찾을 수 있는 새로운 표현 기법이 존재하는가? (2) 그 기법은 내가 사용해 왔던 기법에 비하여 어떤 점에서 장점과 효과를 가질 수 있는가? (3) 그 표현 방법을 차용한다면 나의 연구에 어떻게 접목시켜 연구작품을 만들 수 있을까? 질적연구자들은 이러한 질문에 대한 답을 구하는 과정 속에서 과거와는 다른 새로운 형식의 글쓰기 기법과 관점을 이론화하는 데 성공하였다. 그리고 그 결과로서 과거의 양적 글쓰기 기법을 벗어난 다양한 형태의 인문학적 글쓰기, 예술적 글쓰기, 대안적 글쓰기가 질적연구에 새로운 글쓰기 방법으로 대두하기에 이르렀다. 그 예로서 문학, 미술, 신문학,

사진, 방송, 일상적 일기, 공연 등의 다른 장르에서 사용되는 표현의 방법과 아이디어가 질적 글쓰기의 새로운 방법으로서 소개되고 공유되고 토론되고 나아가 작품 생산으로 이어지게 된 것이다. 이러한 새로운 연구 문화를 반영하는 듯, 구미의 많은 질적연구 선도 대학들에서 비전통적인 글쓰기 기법을 활용한 박사학위 논문들이 출간되고 있고 이미 많은 탈장르적 질적연구 작품들이 대학들의 질적연구 수업에서 모범적인 예로서 읽혀지고 가르쳐지고 학습되고 있다.

이 분야에 대한 새로운 탈장르적 글쓰기 작품을 모두 소개하는 것은 불가능하다는 점을 지적하면서 이 글에서는 탈장르적 글쓰기의 대표적 형태로서 문학적 글쓰기 작품에 대하여 소개하고자 한다. 이 주제에 대한 서구 학자들의 많은 글들이 있기 때문에 이 주제에 대한 이론적 이해는 그렇게 어렵지 않을 것으로 생각한다. 아울러 김영천과 이희용(2008)의 글은 이 분야의 동향을 이해하는 데 도움을 줄 것이다. 이에 이 분야에 대한 전체적인 이해를 돕기 위하여 필자는 탈장르적 글쓰기의 전형으로서 문학적 글쓰기를 시도한 대표적 작품을 정리해 보았다. 이 작품들 외에도 다른 좋은 작품들이 많다는 점을 인정하면서 더 많은 참고문헌의 리뷰가 도움이 될 것으로 추측한다. 다음 표는 탈장르적 글쓰기 문화로서 한 핵심적 영역을 구축하고 있는 문학적 글쓰기의 영역과 그 대표 작품을 정리한 것이다.

문학적 글쓰기의 영역과 작품

글쓰기 영역	정의	대표 작품
시적 글쓰기	시의 특성과 양식을 사용하여 질적 자료를 변환하여 독자들의 능동적인 의미구성과 가능성의 공간을 열어 두는 글쓰기 양식	Austin(1996), Leggo(2007), Richardson(1992, 1997), Sullivan(2000)
소설적 글쓰기	소설에서 사용하는 표현기법들을 사용하여 극적 구성과 긴장을 불러일으키는 글쓰기 양식	Dunlop(1999), Graham(1996), Wilson(2002)
연극적 글쓰기	질적 자료를 연극의 대본 형식으로 표현하여 극적인 구성과 현장을 생생하게 전달하는 글쓰기 양식	Brown(1998), Harber(1995), Richardson(1997)
자서전적 글쓰기	연구자가 글쓰기의 주인공이 되어(화자가 되어) 자신의 삶을 전기적으로 써 내려가는 글쓰기 양식	Ellis & Bochner(1996), Loevinger(2002), Millon(2002)
공연적 글쓰기	질적연구의 표현과 발표를 공연을 통하여 전달하고 이를 통해 독자와의 직접적인 상호작용을 목적으로 하는 글쓰기 양식	Lopez & Scheurich(1998)

5. 포스트모더니즘적 글쓰기

> 우리는 복잡한 텍스트의 시대에 살고 있다. '포스트 문화기술지' 라고 불리는 이러한 텍스트는 텍스트와 분석을 어떻게 구성해야 할 것인가에 대한 질문에 대하여 개방성, 불완전성 그리고 불확실성을 전제로 하고 있다(Marcus, 1994, p.157).

사회과학 연구의 네 번째 연구 패러다임으로 등장한 포스트모더니즘 역시 질적연구자의 글쓰기에 심오한 영향을 끼쳤다. 그리고 과거와는 다른 형식의 질적 글쓰기 이론과 작품 생산의 문화를 만들어 냈다. 이러한 영향으로 인하여 최근의 질적연구에서 포스트모던적 글쓰기 작품과 연구작업은 새로운 연구 문화로서 그 자리를 점차 확대시키고 있다(Lather, 1986a, 1986b). 포스트모더니즘의 질적연구의 글쓰기 연구에 어떻게 영향을 끼쳤는가는 또 다른 연구주제로 다루어야 하겠지만 포스트모더니즘의 전제로 하고 있는 몇 가지의 입장들(단일 실재의 거부, 객관성에 대한 의심, 인간의 합리적 사유에 대한 부인, 실재의 전달매체로서 언어에 대한 불확실성 등)은 질적연구자로 하여금 자신의 연구경험과 결과를 과연 진실한 것으로 그리고 객관적인 것이라고 강조하면서 독자에게 이야기할 수 있을 것인가에 대하여 질문하게 만들었다. 나아가 모더니즘의 주장과 달리 우리의 사유와 합리성이 완전한 것이 아니라 주관적이며 문화적으로 영향을 받는다고 한다면 우리가 경험한 연구세계에 대하여 과연 우리가 글쓰기를 정말로 객관적으로 수행할 수 있을 것인가에 대하여 의문시하게 만들었다.

나아가 그러한 객관성과 합리성이 보장되지 않는 것이라고 한다면 우리는 우리의 연구를 기술하고 글쓰기를 할 때 어떠한 세계관과 태도를 가져야 하느냐에 대하여 연구자에게 심각하게 생각하도록 만들었다(Atkinson, 1990; Bazerman, 1987; Backer, 1986; Gusfield, 1976; Hammersely & Atkinson, 1983; Mulkay, 1985). 이에 이들은 이러한 문제의식으로부터 질적연구에서 글쓰기를 할 때 고민해야 하는 질문들로서 다음과 같은 이슈들을 제기하게 되었다(Holge-Hazelton & Krojer, J. 2008; St. Pierre, 1997; St. Pierre & Pillow, 2000).

(1) 객관적인 존재가 아닌 연구자가 과연 객관적인 글을 쓸 수 있는가?
(2) 다양한 실재가 존재하고 단일한 실재가 존재하지 않는 이 세상에서 어떤 특정한 주장이나 결론을 하나의 진실로서 독자에게 제시하는 것이 타당한 것인가? 그렇다면 그 선정된 주장을 제외한 나머지 주장들은 진실이 아닌 것인가?
(3) 연구자가 사용하는 언어는 연구자가 경험한 세계와 참여자의 세계를 그대로

> 드러낼 만큼 선명한 것인가? 언어는 실재(reality)를 재현할 수 있는 완전한 거울인가? 언어가 불분명하고 불명료한 존재라고 한다면 우리는 연구세계를 어떻게 정확하게 표현하였다고 주장할 수 있을 것인가?

그 결과로서 1990년대 후반부터 2000년대에 이르러 질적연구자들은 앞에서 제기한 질문들에 답하는 과정에서 새로운 형태의 글쓰기 기법을 창조해 내기 시작하였다. 그리고 그러한 연구 문화를 포스트모던 질적연구 또는 포스트모던 문화기술지라고 명명하였고 새로운 학자들이 이 분야의 확산을 위하여 활동하고 있다. 그 대표적인 학자들은 다음과 같다: Patti Lather, Elizabeth St. Pierre와 Wanda Pillow, Margery Wolfe, Paul Rabinow. 이들의 연구세계를 모두 다 이 글에서 소개하기는 불가능하지만 글쓰기 기법과 관련하여 대표적으로 떠오르고 있는 방법으로는 다음 세 가지 방법이 있다: (1) 자기 반성적 글쓰기, (2) 참여적 글쓰기, (3) 다층적 글쓰기. 다음 세 가지 글쓰기 방법을 개략적으로 소개하면 다음과 같다.

포스트모던적 글쓰기 방법의 종류

종류	개념
자기 반성적 글쓰기	연구자가 연구세계를 기술하는 데 있어서 연구자가 가진 문화적 위치성과 권력이 공식적, 암묵적으로 어떻게 영향을 끼쳤는지를 해체하는 글쓰기. 연구자가 가진 주관성에 대한 적극적인 해체와 노출 그리고 그러한 해체를 통한 연구자료와 연구결과의 제시에서의 문제점 발견과 딜레마의 규명.
참여적 글쓰기	연구자 홀로 하게 되는 질적연구의 표현과 글쓰기에서 나타나는 주관적인 영향을 최소화시키기 위하여 연구참여자가 글쓰기에 공동저자로서 참여하는 글쓰기. 한 주제에 대하여 연구자는 어떻게 생각하고 연구참여자는 어떻게 생각하는지를 모두 한 텍스트에 제시.
다층적 글쓰기	연구자가 연구자료를 통하여 어떻게 의미 있는 해석과 결론에 도달하였는지를 독자가 이해할 수 있도록 연구과정에 수집하였던 다양한 자료를 주제별로 정리하여 제시하는 글쓰기.

6. 맺음말

이 책의 서론으로서 이 장에서는 질적연구에서의 글쓰기 기법에 대한 논의가 어떻게 전개되어 왔는지를 주제별로 정리해 보았다. 그리하여 크게 질적연구에서의 글쓰기 연구영역을 다음 네 가지로 규명하고 각 영역에 대하여 소개하였다: (1) 양적 글쓰기의 문제점, (2) 질적 글쓰기의 특징, (3) 탈장르적 글쓰기, (4) 포스트모던적 글쓰기. 각 주제들이 모두 방대하고 매우 독립적인 탐구가 필요한 주제이기 때문에 각 주제들에 대한 탐구와 공부가 더욱 필요하다고 생각한다. 그러한 점에서 이 책의 후반부에 가서는 각 주제에 대한 상세한 설명과 예들이 제시될 것이다. 그러나 이에 대한 읽기와 함께 이 주제들이 모두 방법론적 패러다임의 문제와 깊은 관계에 있기 때문에 사회과학 연구방법론의 다양한 패러다임에 대한 심오한 탐구가 전제되어야 한다고 생각한다. 아울러 새로운 글쓰기 기법에 대한 탐색과 개방적인 태도를 위해서는 우리나라의 연구자들이 서구의 연구자들과 학자들이 거쳤던 길을 가야 할 뿐만 아니라 그들이 가지 않았던 길/갈 수 없었던 길에 대한 호기심과 도전의식, 창조적 실천 능력을 갖추어야 한다고 생각한다.

7. 참고문헌

강진령(역). (2005). APA 논문작성법(제5판). 서울 양서원.

허창수(2008). 나의 삶, 자기개발, 그리고 통합교육과정. 교육과정 연구, 26(4), 199-228.

Bazerman, C. (1987). Codifying the social scientific style: The APA publication manual as a behavioral rhetoric. In J. Nelson, A, Megill, & D. McCloskey (Eds.). *The rhetoric of the human science: Language and argument in scholarship and public affairs*(pp.125-144). Madison: Universit of Wisconsin Press.

Bazerman, C. (1988). Shaping written knowledge: The genre and activity of the experimental articles in science. WI: University of Wisconsin Press.

Biklen, S., & Casella, R. (2007). *A practical guide to the qualitative dissertation*. NY: Teachers College Press.

Bloomber, L. D., & Volpe, M. (2008). *Completing your qualitative dissertation*. CA: Sage.

Bogdan & Biklen(1982). *Qualitative research for education*. Boston: Allyn and Bacon.

Boudreau, D. (2002). The drama of data. 2008, Nov. http://researchmag.asu.edu/stories/ethnotheatre.html.

Caulley, D. (2008). Making qualitative research reports less boring: The techniques of writing creative nonfiction. *Qualitative Inquiry*, 14(3), 424-449.

Cho, J., & Trent, A. (2009). Validity criteria for performance-related qualitative work: Toward reflexive, evaluative, and coconstructive framework for performance in/as qualitative inquiry. *Qualitative Inquiry*, 15(6), 1013-1041.

Clough, P. (1997). Autotelecommuniation and autoethnography: A reading of

Carolyn Ellis' Final Negotiations. *The Sociological Quarterly*, 38, 95-110.

Denzin, N. K. & Lincoln, Y. S. (Eds.). (1994). *Handbook of qualitative research*. Thousand Oaks, CA: Sage.

Dillard, A. (1990). The writing life. NY: HarperPerennial.

Diversi, M. (1998). Glimpses of street lif: Representing lived experience through short stories. *Qualitative Inquiry*, 4, 131-147.

Donmoyer, R., & Yennie-Donmoyer. (1995). Data as drama: Reflections on the use of readers theater as a mode of qualitative data display. *Qualitative Inquiry*, 1, 402-428.

Eisner, E. (1997). The promise and perils of alternative forms of data representation. *Educational Researcher*. August-September, 4-10.

Ellis, C. (2004). The ethnogragphic I: CA: AltaMira Press.

Ellis, C., & Bochner, A. P. (2006). Analyzing analytic autoethngraphy. *Journal of Contemporary Ethnography*, 35(4), 429-449.

Ely, M. (2007). In-forming re-presentations. In J. Clandinin(Ed.) *Handbook of Narrative Inquiry*. CA: Sage.

Finley, S., & Knowles, G. (1995). Researcher as artist/artist as researcher. *Qualitative Inquiry*, 1, 110-141.

Finley, S., & Knowles, G. (1995). Researcher as artist/artist as researcher. *Qualitative Inquiry*, 1, 110-142.

Fox, K. (1996). Silent voice: A subversive reading of child sexual abuse. In C. Ellis & A. Bochner, (Eds.) *Composing ethnography: Alternative forms of qualitative writing*. (pp.330-356). CA: AltaMira Press.

Geertz, C. (1973). *The interpretation of cultures*. NY: Basic Books.

Geertz, C. (1983). *Local knowledge*. NY: Basic Books.

Geertz, C. (1988). *Works and lives: the anthrpologist as author*. Stanford: Stanford University Press.

Gergen, K., & Gerngen, M. (1991). From theory to reflexivity in research practice. In F. Steiner (Ed.) *Method and reflexivity: Knowing as systematic social construction*. (pp.76-95). London: Sage.

Gilgun, J. (2005). "Grab" and good science: Writing up the results of qualitative research. *Qualitative Health Research*, 15(2), 256-262.

Glesne, C. (1997). That rare feeling: Re-presenting research through poetic transcription. *Qualitative Inquiry*, 3(2), 202-221.

Haraway, D. (1988). Situated knowledge. *Feminist Studies*, 14, 575-599.

Jackson, P. (1968). Life in classrooms. NY: Holt, Rinehart and Winston, Inc.

Jewett, L. (2008). *A delicate dance: Autoethnography, curriculum, and the semblance of intimacy*. New York: Peter Lang.

Kilbourn, B. (2001). The qualitative doctoral research proposal. *Teachers College Record*, 108(4), 529-576.

Lather. P. (1986a). Issues of Validity in Openly ideological Research. *Interchange*, 17(4), pp. 63-84.

Lather. P. (1986b). Research as praxis, *Harvard Educational Review*, 56(3), pp. 257-277.

Lopez, G., Guajardon, M., & Scheurich, J. (1998). Windows/vebtabbas: A post-modern re-Presentation of children in migrancy. *Educational Administraction Quarterly*, 34(3), 397-426.

Marcus, G. E. (1994). What comes(just) after "Post"? The case of ethnography. In N. K. Denzin & Y. S. Lincoln (Eds.). *The handbook of qualitative research*(pp.563-74). CA: Sage.

Marcus. G. E., & Fisher. M. M. (1988). *Anthropology as cultural critique: An exper-amntal moment in the human sciences*. Chicago: University of Chicago Press.

Markham, A. (1998). *Life online, researching real expereince in virtual space*. CA: Sage.

Meloy, J. (2001). *Writing the qualitative dissertation: Understanding by doing*. Lawrence Erlbaum

Mullen, C. A., & Finley, S. (2003). (Eds.). Arts-based approaches to qualitative inuuiry <special issue>. *Qualitative Inquiry*, 9(2).

Myerhoff. B., & Ruby. J. (1982). Introduction, In J. Ruby. (Ed.). *A Crank in the mirror*. Philadelphia University Press, pp. 1-39.

Namenwirth. M. (1986). Science through a feminist prism, In R. Bleir. (Ed.) Feminist approach to science(pp. 18-41), New York: Pergamon.

Nash, R. (2004). *Liberating scholarly writing: The power of personal narrative*. NY.: Teachers College Press.

Nicol, J. (2008). Creating vocative texts. *The Qualitative Report*, 13(3), 316-333.

Park, H. (2009). Writing in Korean and living in USA. *Qualitative Inquiry*, 15(6), 1103-1124.

Patton, M. (1991). Qualitative evaluation and reseach methods. Newbury Park: Sage.

Piantandida, M., & Garman, M. (2009). *The qualitative dissertation*. CA: Corwin Press.

Poewe, K. (1996). Writing culture and writing fieldwork: The proliferation of experimental and experiential ethnographies. *Ethnos*, 3-4, pp. 177-206.

Richardson, L. (2000). Writing: A method of inquiry. In N. K. Denzin., & Y. S. Lincoln. (Eds.). Handbook of qualitative research (pp. 923-948). London: Sage.

Rinehart, R. (1998). Fictioinal methods in ethnography: Believability, specks of glass, and Chekhov, *Qualitative Inquiry*, 4, 200-224.

Rodrigez, K. (2006). Experience with poetry, pedagogy and participant observation: Writing with students in a study abroad program. *International Journal of Education and the Arts*. 7(1).

Saks, A. L.(1996). Viewpoint: Should novel count as dissertation in education. *Research in the Teaching of English*, 30(4), 403-427.

Said. E. (1979). *Orientalism*, New York: Vintage Books.

Sandelowski, M. (1998). Writing a good read: Strategies for re-presenting qualitative data. *Research in Nursing and Health*, 21, pp.375-382.

Schoonmaker, F. (2009). Foreword. In M. Piantandida & N. Garman, *The qualitative dissertation*. CA: Corwin Press.

Schwandt, T. (2001). *Dictionary of Qualitative Inquiry*. Sage.

Travisano, R. (1998). On becoming Italina American: an autobiography of an ethnic identity. *Qualitative Inquiry*, 4, 540-563.

Tyler, S. (1986). Post-modern ethnography: From document to the occult document. In J. Clifford & G. Marcus(Eds.). *Writing culture: the poetics and politics of ethnography*(pp.122-140). Berkeley: University of California Press.

Visweswaran, K. (1994). *Fictions of Feminist ethnography*. MI: University of Minnesota Press.

Wasserfall. R. (1993). Reflexivity, Feminism, and Difference. *Qualitative Sociology*, 16(1), pp. 23-41.

Wax. M. (1982). Research reciprocity rather than informed consent in fieldwork, In J. Sieber. (Ed.) *The ethics of social research fieldwork, regulation and publication*, NY: Springer-verlag.

Wax. R. (1971). *Doing Fieldwork.* Chicago: The University of Chicago Press.

Wilson, M. (1995). Research, expressivism, and silence. *JAC*. 15(2).

Witherell, C. & Noddings, N. (1991). (Eds.). *Stories lives tell: Narrative and dialogue in education*. NY: Teachers College Press.

Wolcott. H. F. (1990). *Writing up Qualitative Research*. Newbery Park: Sage.

Zeller, N. & Farmr(1999). Catchy, clever titles are not acceptable: Style, APA, and qualitative reporting. *International Journal of Qualitative Studies in Education*, 12(1), 3-9.

제2장

APA Writing Style: 과학적인 학술적 글쓰기

1. APA 양식과 지침서의 구조
2. 논문작성
3. 효과적인 글쓰기 방법
4. APA 편집 양식
5. 참고문헌 목록
6. 맺음말
7. 참고문헌

이 장에서는 인문/사회과학자가 자신의 연구결과를 공식적으로 출간하는 데 있어서 지켜야 할 글쓰기 규칙에 대하여 설명하고자 한다. 우리는 학부와 대학원을 통하여 비공식적으로 논문과 책을 어떻게 써야 하는가에 대하여 간접적으로 들은 적은 있으나 그 구체적 지침에 대하여 배운 적은 없을 것이다. 이 장에서 다룰 APA 논문작성법 자료는 연구자가 양적연구자이든 질적연구자이든지 간에 자신의 연구를 공식화하여 논문으로, 책으로 또는 보고서로 출간하는 데 있어서 어떤 글쓰기를 해야 하고 지켜야 하는지를 이해시켜 주는 글쓰기 길잡이 역할을 한다. 그러한 점에서 구미의 대학과 대학원의 많은 수업들에서 강사들은 학생들이 보고서나 연구논문을 제출하는 경우에 이 지침에 따라서 글을 쓸 것을 요구하고 있다.

특히 교육학을 전공하는 연구자들은 다양한 논문작성법(APA 스타일, MLA 스타일, 시카고(Chicago) 매뉴얼 스타일, 튜라비안(Turabian) 스타일, ACS 스타일, 밴쿠버 스타일(ICMJE)) 중에서 APA 양식을 주로 쓰는 경향이 있기 때문에 이 글쓰기 규칙에 대하여 알아두는 것이 필요하다. 미국을 포함한 전 세계의 인문/사회과학 분야의 학자들이 자신의 생각을 이 글쓰기 규칙에 근거하여 표현하고 있는 것이다. 이에 이 장에서는 APA 양식의 주요 내용이 무엇이며 교육연구자에게 어떠한 글쓰기를 하도록 하고 있으며 무엇을 배워야 하는지에 대하여 구체적으로 살펴보고자 한다. 그리고 그러한 글쓰기 규칙이 여러 가지 장점에도 불구하고 최근에 질적연구자들에 의하여 비판받고 있다는 점을 생각하면서 어떠한 내용이 문제가 될 수 있는지를 생각해 볼 필요가 있을 것이다.

이 장에서는 2001년 출판된 『Publication Manual of American Psychological Association』(제5판)과 강진령(2001)의 『APA 논문작성법』을 중심으로 APA 글쓰기의 규칙과 문화에 대하여 살펴본다. 하지만 APA 양식의 구체적이고 세부적인 지침을 소개하는 것은 아니다. 이 장은 인문/사회과학에서 논문작성에 관한 전반적인 이해를 돕는 것을 목적으로 하기 때문이다. 이에 이 장에서는 APA 글쓰기 양식을 필자의 개인적인 의도에 따라 다섯 가지 영역으로 나누어 설명하였다. 따라서 APA 양식과 관련한 구체적이고 세부적인 지침에 관해서는 앞서 소개한 두 책을 필요에 따라 참고하여야 할 것이다.

1. APA 양식과 지침서의 구조

이 절에서는 APA 양식이 무엇인지, 그리고 APA 양식을 소개하고 있는 지침서의 구조는 어떠한지를 살펴볼 것이다. 이를 위해 먼저 APA 양식을 소개하고 APA 양식의 발달 과정을 제시하였다. 다음으로 APA 지침서의 구조를 제시하였다. APA 지침서에 대한 전체 구조는 논문 계획서, 작성, 출판, 투고, 효과적인 글쓰기 방식과 같은 논문작성의 전체적인 요소들로 구성되어 있다. 이러한 점에서 지침서의 구조를 살펴보는 것은 독자들로 하여금 논문작성과 글쓰기에 관한 전반적인 이해와 큰 그림을 그릴 수 있도록 도울 것이다.

(1) APA 출판 편람

APA style, 즉 APA 양식은 교육학이나 심리학 분야에서 사용하는 논문작성을 위한 글쓰기 양식이다. APA 양식이 만들어질 당시에는 논문작성을 위한 통일된 논문작성 양식이 존재하지 않았다. 이에 미국심리학회 편집위원회에서는 논문을 준비하는 사람들에게 도움을 주기 위해 통일된 논문작성 양식으로 『출판 편람(Publication Manual)』을 규정하였는데, 이것이 바로 APA 양식이다. 이 양식은 출판에서부터 원고의 제출과 준비에 이르기까지 논문을 작성하는 데 필요한 요건을 상세하게 기술하고 있어, 논문을 처음 작성하려고 하는 연구자들에게 좋은 지침이 되고 있다.

이러한 APA 출판 편람은 1944년 초판이 발행된 이래 시대적 요구와 변화에 따라 총 네 차례의 개정을 거쳐 2001년 다섯 번째 개정판을 발행하였다. 그 규모의 측면에서 살펴보면, 논문 작성자들을 위한 통일된 논문작성 양식을 제시하였던 초기에는 200여 편의 논문이 4개의 APA 저널을 통해 출판되었다. 하지만 오늘날에는 24개의 주요 저널의 편집위원들이 매년 거의 6,000편에 달하는 논문 원고를 검토하고 있다. 만일 APA 논문작성법이 없었다면 이러한 방대한 양의 논문을 효과적으로 검토할 수 없었을 뿐만 아니라 명쾌한 의사소통을 하는 데도 많은 제약과 어려움이 있었을 것이다. 초판부터 제5판이 출판되기까지 APA 양식의 발달과정을 간략하게 소개하면 다음과 같다.

APA 양식의 태동

APA 양식은 1928년 관계자들이 모임을 가진 이후 약 16년간의 노력 끝에 논문작성을 위한 지침서가 완성되었다. 즉, 16년간의 노력 끝에 1944년 미국심리학회 편집위원회(Board of Editors)가 공식으로 인정한 32쪽 분량의 지침서가 만들어지게 된 것이다. *Psychological Bulletin*에 실린 이 지침은 처음 연구보고서를 작성하고자 하는 연구자들을 돕는 것을 그 목적으로 삼았다. 그 이후, 1952년에 미국심리학회 편집위원회는 기존의 지침서를 60쪽 분량으로 늘린 증보판을 출판하였고, 처음으로 『출판 편람(Publication Manual)』이라는 제목을 붙였다. 이 개정판이 미국심리학회에서 공인한 저널 양식의 효시이다.

제2판

1974년 미국심리학회 출판통신국이 주축이 되어 제2판 지침서를 출판하였다. 제2판의 APA 양식은 미국심리학회 관련 저널 외에 200개가 넘는 다른 저널에서 전제적 혹은 부분적으로 채택·사용되었다.

제3판

1978년 지침서에 대한 독자들의 개정 요청으로 미국심리학회는 다시 제3판을 준비하게 되었다. 그리고 제2판에서 가장 혼동되는 부분, 가장 유용한 부분, 특별히 개정이 필요한 부분, 원고 준비에 도움이 될 수 있는 정보, 논문 작성자들이 가지고 있던 의문에 대한 답변을 담아 1982년에 제3판을 출판하였다.

제4판

1991년에 준비하기 시작한 제4판은 제3판의 미약한 부분을 재구성하고, 다소 혼란을 야기하던 양식과 규정을 명확하게 수정하였다.

제5판

제5판은 제4판이 출판된 지 7년 만인 2001년에 출판되었다. 이 기간 동안 정보통신과 온라인 분야에서 눈부신 발전이 있었으며, 이에 제5판에서는 전자문서와 온라인상의 자료, 시청각 자료에 대한 새로운 지침을 예를 들어 설명하였다. 개정된 내용을 통해 빠르게 변화해 가는 시대상을 반영하고, 더욱 효율적인 논문작성을 위한 방법을 제시하려고 했다는 특징을 가지고 있다.

(2) 지침서(제5판)의 구성

지침서의 각 장은 다른 많은 종류의 정보를 제공하며, 논문 원고 준비의 첫 단계부터 출판에 이르기까지 중요한 요소들을 순서에 따라 배열하고 있다. 각 장은 독립적으로 되어 있으나, 제1장부터 차례로 APA 양식에 준한 논문작성법을 자세히 설명하고 있다. 지침서를 효율적으로 활용하기 위해서는 논문을 작성하기 전에 일단 지침서를 처음부터 끝까지 읽어 보아 지침서에 익숙해진 다음, 논문을 작성하면서 그때그때 필요에 따라 부분별로 참고한다.

지침서(제5판)의 구성

차례	제목	내용
제1장	논문의 구성과 조직	이 장은 논문의 조직과 구성에 관한 지침을 제공한다. 논문에 들어가야 하는 구성 항목(논문제목, 초록, 서론, 연구방법, 연구결과, 논의, 참고문헌, 부록)에 대한 자세한 설명과 안내를 제공한다.
제2장	아이디어의 표현과 편견을 내포한 용어 사용에 관한 지침	이 장에서는 인간의 사고를 표현하고 조직하는 데 있어 적절한 언어 사용의 중요성을 강조하고 효율적인 의사소통을 위한 간결하고 명확한 언어 선택과 사용에 관한 지침을 제공하고 있다. 그리고 성, 인종, 윤리와 같은 편견을 내포한 용어를 명확하게 사용할 수 있는 지침에 대하여 설명하고 있다.
제3장	APA 편집양식	이 장은 APA 학술지 편집양식의 기술적인 측면에 관하여 안내하고 있다. 편집양식의 기술적인 측면은 다음과 같다. 표제, 구두점, 철자, 대문자 표기, 이탤릭체, 생략, 직접 인용, 통계 · 수학적 자료처리, 소제목, 표, 예시, 그림, 간접인용, 각주 · 주.
제4장	참고문헌 작성	이 장은 정기 간행물이나 단행본, 학회지와 같은 참고문헌을 표기하는 방법에 관하여 풍부한 예를 들어 설명하고 있다. 5판에는 시대 요구에 맞추어 전자매체에서 참고한 문헌들을 표기하는 방법이 업데이트되었다.
제5장	저널 논문 외의 자료 작성법	이 장은 논문 작성과 관련한 워드 프로세서 양식에 대한 지침을 제공한다. 출판을 위해서 논문에 들어가야 하는 요소들(제목, 초록, 본문, 참고문헌, 부록, 인용문, 표, 그림)에 대한 작성양식(글자크기, 글자체, 들여쓰기)을 제공한다.
제6장	출판을 위한 문서 양식과 샘플 논문	이 장은 석 · 박사 학위논문, 간단한 보고서, 소책자, 구두발표 자료와 같이 학술적 논문이 아닌 다른 간단한 보고서를 작성하는 방법을 소개하고 있다. 학위논문을 저널논문으로 출판할 수 있게 준비하는 방법 또한 안내되어 있다.
제7장	원고 채택과 제작	저자들에게 채택된 원고를 제작하기 위한 준비지침을 제공한다. 또한 정리된 원고와 조판된 논문 교정쇄를 검토하는 방법도 설명되어 있다. 그리고 원고의 전자처리와 관련한 입력 방법은 예시와 함께 설명되어 있다.
제8장	미국심리학회 저널 프로그램	모든 APA 저널들에게 적용되는 일반 정책들에 대한 논의, 그리고 저자 자격(authorship)과 출판에 적용되는 APA의 윤리 원칙에 대한 논의를 안내하고 있다. 또한 편집상의 검토 과정과 제출된 원고를 관리하는 방법에 대해 설명하고 있다.
제9장	서지목록 (Bibliography)	출판 편람의 역사에 관한 저작물과 추가적인 문헌 자료에 대해 주석이 첨부된 참고문헌들을 수록하고 있다.

(계속)

지침서(제5판)의 구성

차례	제목	내용
부록	부록 A/B	각 저자들이 출판을 위한 원고의 제출과 채택된 원고들을 전자 형태로 제작하기 위한 송부와 관련된 기준에 잘 부합하고 있는가의 여부를 검토해야 하는 점검목록이다.
	부록 C	저자로서의 자격과 출판과 관련될 수 있는 모든 절을 포함하는 APA 윤리 기준에서 발췌한 것이다.
	부록 D	관보(Blue Book)를 사용한 법적 자료에 대한 참고문헌의 예를 포함하고 있다.
	부록 E	저자가 저널 편집자에게 심사용 원고를 제출할 때 포함시켜야 할 정보의 종류를 예시하는 견본 첨부서한이다.

2. 논문작성

이 절에서는 논문작성을 위해 원고의 내용과 조직을 어떻게 해야 하는지 살펴볼 것이다. 앞 절에서 논문계획서, 투고, 출판과 같은 논문 원고 이외의 전반적인 요소와 방법을 소개하였다면 이 절에서는 이러한 외부적 요소를 제외한 논문 원고 그 자체에 대한 작성방법과 절차를 소개할 것이다. 이 절을 통해 논문의 원고에 반드시 들어가야 하는 요소와 절차를 이해할 수 있으며, 각 요소나 절차에서 논문을 쓸 때 유의해야 하는 지침을 알 수 있을 것이다. 이것은 실제 원고가 어떻게 작성되는지를 보여줄 뿐만 아니라 그 논문의 수준이나 질을 평가하는 지침을 제공해 준다는 점에서 중요하다.

(1) 원고를 작성하기 전에 고려해야 하는 사항

원고의 내용과 조직은 과학적 탐구에 필요한 논리적 사고를 반영한다. 따라서 저널 출판을 위해 원고를 준비하는 과정은 개인 연구를 하는 데 없어서는 안 될 중요한 부분이다. 일반적으로 출판 원고를 작성하기 전에 반드시 고려해야 할 사항은 다음 다섯 가지로 알려져 있다. 첫째, 연구의 질에 관한 논의이다. 이 논의는 자신의 연구가 연구로서의 가치를 지니는지 논문이나 책으로 출간될 수 있는지에 대한 내용을 다루고 있다. 둘째, 연구의 기여 여부에 대한 논의이다. 이 논의는 누가 저자로서의 업적을 인정받고 책임을 져야 하는지에 대한 내용을 다루고 있다. 셋째, 논문의 전형적인 유형에 대한 논의이다. 이 논의는 논문을 작성하는 일반적인 형식을 보여주고, 논문을 어떻게 조직하는 것이 가장 효과적인가를 알려준다. 넷째, 논문의 세부적인 표현 양식에 대한 논의이다. 이 논의는 수집한 자료를 제시하는 방법과 형식에 대해 알려준다. 일관성 있는 내용 제시와 형식은 논문을 쉽게 이해하고 받아들일 수 있도록 돕는다는 점에서 중요하다. 다섯째, 논문 내용과 조직의 반성에 대한 논의이다. 연구자는 스스로에게 '논문 내용을 잘 제시하고 있는가' 라는 질문을 던짐으로써, 자신의 저작물이 얼마나 철저하고, 독창적이며, 명료하게 작성되었는지를 판단하게 된다. 이것은 또한 동일한 전통하에 있는 다른 연구자들과의 의사소통에 도움을 준다. 이 절에서는 이 다섯 가지 사항들을 '내용의 질' 과 '원고의 구성 요소' 두 가지 측면에서 살펴볼 것이다.

(2) 내용의 질

연구자는 APA 양식에 따라 보고서를 작성하기에 앞서 잠재적 저자로서 연구의 질을 비판적으로 검토해 보아야 한다. 이것은 연구자가 자신의 연구가 출판해도 좋을 만큼 의의가 있는지, 어떤 결함이 존재하는 것은 아닌지에 대해 스스로 질문해 보아야 한다는 것을 의미한다. 왜냐하면 아무리 훌륭한 글이라 하더라도 설계된 연구와 방법이 잘못된 연구는 논문으로 채택될 수 없기 때문이다. 따라서 논문 작성자는 논문 심사위원들이나 편집위원들에게 제출할 논문을 연구 설계, 보고 내용, 내용 평가, 이 세 가지 영역에서 검토해 보아야 한다. 이러한 점검을 위해 제5판에서는 다음과 같은 질문들을 사용할 것을 제안하였다.

연구 설계와 보고(Designing and Reporting Research)

- 실제로는 한 편의 논문 주제를 중복된 내용의 여러 가지 논문으로 나누어 놓은 것은 아닌가?
- 두 변인 간의 유의한 상관이 별 의미가 없음에도 불구하고 단지 단순 상관에 관해 기록하고 있지는 않은가?
- 반복된 연구들이 이론적 또는 경험적 토대를 반박하지 않는데도 연구자 자신의 논문은 부정적 결과에 관하여 기록하고 있지는 않은가?
- 연구의 구체적 조작(연구 설계와 분석과 관련된 것들을 포함해서)과 연구 결과에 대한 연구자의 해석과 논의가 적합하지 않은 것은 아닌가? (예를 들면, 요구되는 수준의 통계적 검증을 보고하지 않은 경우)
- 효과 크기를 보고하였는가?
- 미묘하지만 연구에 있어서 중요한 부분을 차지하는 주요 변인들에 대한 통제가 적절히 이루어졌는가?
- 연구 문제에 관한 철저한 검토가 이루어졌는가? 즉, 연구 결과의 일반화 가능성을 제한하고 있는 요인에 대해 지속적으로 탐색하는 연구와 선행연구에서 경미한 변화가 있었다고 보고하는 연구를 끊임없이 출판하는 것 사이에는 큰 차이가 있다.

내용 평가(Evaluating Content)

- 연구 문제는 연구를 수행할 만큼 가치 있고, 의미 있으며, 독창적이고도 중요한 것인가?
- 검사도구 또는 측정도구는 만족할 만한 신뢰도와 타당도를 보여주고 있는가?
- 측정 결과는 조사하려는 변인들과 명확하게 관련이 있는가?
- 연구 설계는 충분하고도 명확하게 가설을 검증하는가?
- 연구 대상은 모집단(population)에 대해 일반화할 수 있을 정도로 대표성이 있는가?
- 연구 대상의 처치에 있어서 윤리기준을 준수하였는가? 예컨대 연구 목적을 달성하는 데 급급해서 연구 대상에 대한 속임수는 없었는가?
- 연구 결과를 출판하는 것이 의미 있을 정도로 선행연구에 비해 많이 진전되었는가?

(3) 원고의 구성요소

심리학에서 주로 출판된 저널 기사들은 경험적인 연구 보고서(reports of empirical studies)인 경우가 많다. 독창적인 연구에 관한 보고서인 경험적인 연구 보고서는 전형적으로 연구과정에 있어서 단계를 나타내는 구분된 절(sections)과 다음과 같은 일련의 단계, 요소로 구성된다.

서 론 (introduction)	연구방법 (method)	연구 결과 (results)	논의 (discussion)
연구 중인 문제의 제기 및 연구 목적의 진술	연구 수행에 사용된 연구 방법 기술	발견된 결과에 관한 보고	연구 결과의 해석, 논의 및 시사점

연구 보고서 작성 단계

이러한 일련의 단계들은 실제 논문의 중요한 부분이자 구성요소이다. 이러한 일련 단계에 따라 연구자들은 APA 양식에서 제시하는 규정에 따라 논문을 작성하게 된다. 이러한 일련의 단계를 포함한 실제 논문의 구성요소와 방식은 아래 표와 같다.

연구 보고서의 구성요소(Parts of Manuscript)

제목 페이지(Title Page)

제목(Title): 주제를 간명하게 진술하고 조사할 논제나 주요 변인, 그리고 그것들 사이의 관계를 분명하게 포함하여 논문 내용을 함축적으로 제시해야 한다.

저자명과 소속 기관명(Author's name and institutional affiliation): 원고마다 두 부분, 즉 저자명과 연구가 실시된 기관명으로 구성된 필자란(byline)이 포함된다.

출판을 위한 난외 표제(Running head for publication): 난외 표제는 독자들이 원고를 확인할 수 있도록 출판물의 각 페이지 위에 축약된 제목이다.

초록(Abstract)
초록은 논문 내용을 간단하게 이해할 수 있도록 논문의 전체 내용 중 독자들에게 꼭 알려야 할 부분만을 추려서 축약해 놓은 요약본이다. 잘 작성된 논문 초록은 다음과 같은 특징이 있다.

- 정확하다(Accurate).
- 자기 포함적이다(Self-contained).
- 간결하고 구체적이다(Concise and specific).

서론(Introduction)
논문의 본문은 연구하고 있는 구체적인 문제를 제시하고 연구의 필요성과 연구 전략을 간결하고도 충분히 기술해야 한다.

- 문제를 소개한다(Introduce the problem).
- 연구의 배경을 발전시킨다(Develop the background).
- 연구의 목적과 근거를 밝힌다(State the purpose and rationale).

연구 방법(Method)
연구 방법에 관한 부분에서는 연구가 어떻게 수행되었는가에 대해 상세하게 기술함으로써 독자로 하여금 연구 방법의 적절성과 연구 결과의 타당성 및 신뢰성을 평가할 수 있도록 해준다.

- 하위 절을 확인한다(Identify subsections).
- 연구 대상(Participants or subjects).
- 실험 도구(Apparatus).
- 연구 절차(Procedure).

연구 결과(Results)
연구 결과 부분은 수집된 자료와 자료의 통계적 처치의 요약으로 구성되며 연구의 주요 결과나 발견사항을 간략하게 기술한 후 결론을 정당화할 수 있도록 해당 자료를 상세히 보고한다. 연구 결과 부분에서 결과의 해석이나 시사점에 관한 논의를 하는 것은 적절하지 않다.

- 표와 그림(Tables and figures).
- 통계자료 제시(Statistical presentation).
- 정보 제공에 적절한 통계(Informationally adequate statistics).
- 통계적 검증력(Statistical power).
- 통계적 유의도(Statistical significance).
- 효과 크기와 관련성 강도(Effect size strength of relationship).

논의(Discussion)
논의 부분에서는 연구의 실제적이고 이론적인 시사점들을 확신시키고, 연구를 향상시키는 방향을

(계속)

제시하며, 새로운 연구에 대한 제안 등을 포함한다.

중다 실험(Multiple Experiments)
만일 한 연구자가 한 논문에서 몇 가지 실험들을 통합하고 있다면 각각의 실험에 관한 방법과 결과들을 독립적으로 기술해야 한다.

참고문헌(References)
논문 내의 자료가 연구 결과의 해석과 결론을 지지하는 것처럼, 참고문헌의 인용은 논문 전체에 관한 진술을 증명해 주는 역할을 한다. 따라서 논문 내에서 인용된 모든 인용 출처는 반드시 참고문헌 목록에 명시되어야 한다.

부록(Appendix)
부록에는 독자들이 그 연구를 이해, 평가, 복제하는 데 도움이 된다고 판단되나 특정 자료에 관한 기술이 너무 상세하고 산만하고 논문의 틀에 부적절한 경우에 도움이 되는 부분이다.

저자 주(Author's notes)
저자 주는 (a) 각 연구자의 소속을 밝혀주고, (b) 재정적인 지원의 출처를 밝혀주며, (c) 동료들의 연구에 대한 전문적인 기여나 개인적인 지원에 대해 감사함을 표하고, (d) 논문에 대한 추가적인 정보를 위해 누구에게 연락해야 하는지에 대해 설명한다.

3. 효과적인 글쓰기 방법

이 절에서는 효과적인 글쓰기 방법에 대하여 소개하고자 한다. 앞의 두 절이 논문의 구조와 형식에 대한 기술이었다면, 이 절은 효과적인 글쓰기 방법에 관한 소개이다. 글을 잘 쓰는 것은 일종의 특수한 기술이며 솜씨이다. 논문 작성자는 자신의 생각(ideas)을 질서정연하게 제시하고, 자기 자신을 매끄럽고 정확하게 표현함으로써 명확하게 의사를 전달할 수 있다. 이 절에서는 설명적인 글쓰기(expository writing)를 위한 몇 가지 일반 원칙을 제시하고, 올바른 문법의 사용이 어떻게 명확한 의사소통을 촉진할 수 있는지를 보여주며, 글쓰기 양식을 평가하고 증진시키기 위한 방안을 제안한다.

(1) 글쓰기 양식(Writing Style)

『APA 출판 편람』은 명확한 의사소통을 촉진하기 위해 글쓰기 양식의 필수요건을 다음과 같이 제안하고 있다.

아이디어의 질서정연한 제시(Orderly Presentation of Ideas)

논문을 작성한다는 것은 단순히 연구자가 수행한 연구 결과를 보고하는 것에 그치는 것이 아니라 연구자 자신이 선택한 논문 주제에 대한 지식을 언어, 즉 글이라는 매개체를 통해 재구성한다는 의미를 담고 있다. 따라서 논문 작성 시 무엇보다 먼저 고려해야 할 점은 논문의 처음부터 끝까지 연속성(consistency)을 유지하는 것이다. 논문의 서문에서부터 결론에 이르기까지 주제에 관한 연계성을 유지하여 논리적으로 일관된 생각이 이어지는 것은 학문적인 주장을 펴는 데 매우 중요하며, 다양한 구두점을 사용하여 논문 작성자의 여러 아이디어 사이의 관계를 보여 주거나, 접속사 또는 대명사와 같이 연결해 주는 역할을 하는 말들을 적절하게 사용함으로써 논문 원고의 연속성을 유지할 수 있다.

표현의 유연성(Smoothness of Expression)

학술적 또는 과학적인 글에서의 유연성은 창의적 또는 창작적인 글쓰기에서의 유연성과는 다소 차이가 있다. 여기에서 말하는 유연성이란 글이 통일성 있고 일관되면서 그 전개가 부드럽고 매끄러운 것을 의미한다. 논문에서의 글쓰기는 논문의 시제를 일관성 있게 사용한다거나 용어의 반복을 피하고 동의어, 유사어 또는 대명사 등을 적절히 사용하여 명확하고 논리적인 의사표현을 전개할 수 있어야 한다.

표현의 경제성(Economy of Expression)

논문을 효율적이고 경제적으로 작성하기 위해서는 꼭 필요한 말만 하겠다는 점을 염두에 두어야 한다. 불필요한 말이나 중복되는 표현(redundancy), 장황한 표현(wordiness), 불필요하게 사용하는 어려운 전문용어(jargon), 그리고 종잡을 수 없는 표현을 없애고 필요한 내용만을 기술함으로써 효율적인 의사소통이 될 수 있도록 해야 한다.

정확성과 명료성(Precision and Clarity)

논문 작성자가 나타내고자 하는 바를 정확하게 전달할 수 있는 단어를 선택하고 간결한 표현을 사용해야 한다. 좋은 문장 구조와 올바른 단어를 선택함으로써 읽는 이의 애매모호함을 줄이거나 없앨 수 있다.

글쓰기 스타일 개선 전략(Strategies to Improve Writing Style)

저자들은 자신들의 생각을 종이에 옮기는 데 다양한 전략을 사용한다. 전문적이고 효과적인 의사소통을 달성하기 위해 다음과 같은 세 가지 접근법을 제안하고 있다.

첫째, 개요(outline)를 토대로 작성해 나가는 전략이다. 이는 연구 자체의 논리성을 유지하는 데 도움을 준다. 개요는 주제를 명확히 하고, 주제와 관련된 세부 사항을 정의하며, 글의 체계를 갖추게 하고 논제에서 벗어나지 않도록 바로잡아 주며, 누락된 내용이 없도록 해주는 역할을 한다.

둘째, 초고(first draft)를 잠시 제쳐 놓았다가 일정한 시간이 지난 다음 다시 읽어본다. 한동안 밀어 놓았다가 다시 큰 소리로 읽어보면 신선한 감을 느끼며 이전에 간과했던 오류를 발견하게 되기도 한다.

셋째, 동료에게 초안에 대한 비평을 들어본다. 이미 출판을 해본 경험이 있거나 연구자의 원고에 대해 잘 모르는 동료라면 비판적으로 검토해 줄 수 있을 것이다.

이러한 전략들을 통해 논문을 좀 더 정확하고 철저하며 명확한 의사소통이 가능한 글로 다듬을 수 있을 것이다.

(2) 편견을 내포한 용어 사용에 관한 지침 (Guidelines to Reduce Bias in Language)

하나의 조직체로서의 APA는 과학과 개인 및 집단에 대해서 공정하게 대하고자 노력한다. 이에 APA 출판물의 저자들로 하여금 글을 쓰는 데 있어서 인간의 가치를 깎아내리는 태도와 사람들에 대한 잘못된 기본 가정을 피해야 한다는 규정을 마련하고 있다. 그러므로 논문 작성자는 성별, 성적 지향성(sexual orientation), 인종이나 민족에 따른 집단, 장애나 연령을 근거로 이루어진 편견을 암시하는 표현을 피해야 한다. 정확하고 편견 없는 의사소통이라는 목적 달성을 위해 (1) 구체적으로 기술한다, (2) 함부로 별칭을 붙이지 않는다, (3) 참여를 인정한다는 지침을 제안하고 있다.

구체적으로 기술하기

한 사람이나 여러 사람들을 언급할 때 정확하고 명료하며 편견이 없는 단어를 선택해야 한다. 특히, 인종이나 민족 집단을 기술할 때 자칫 부주의해서 부정적인 어감을 주는 명칭을 사용하지 않도록 적절히 구체적이고도 민감해야 한다. 예를 들어, 연구 대상자들을 아시아계 미국인(Asian American)이나 에스파니아계 미국인(Hispanic American)이라고 기술하기보다는 국적이나 출신 지역에 따라 기술하는 것이 바람직하다(중국계 미국인(Chinese American), 멕시코계 미국인(Mexican Americans)). 만약 성적 지향성이 논의 대상이라면 어떤 사람들은 'gay' 라는 용어를 남자(men)와 여자(women)를 의미하는 것으로 해석하는 반면 또 다른 사람들은 단지 남성만을 포함하는 용어로 해석한다는 것을 알아야 한다. 이를 명확하게 표현하기 위해서 요즈음은 남성 동성애자(gay men)와 여성 동성애자(lesbians)란 용어가 많이 쓰인다(강진령, 1997, pp.187-188).

명칭에 세심한 주의 기울이기

한 사람이나 여러 사람들을 언급할 때 부정적인 명칭이나 특정 명칭을 붙이는 것을 삼가야 한다. 예를 들어, 정신분열증 환자(the schizophrenics)와 같은 명칭은 자칫 연구 대상자들에 대한 부정적인 인식을 심어줄 수 있으며, 연구 대상자들이 그러한 상태에 있는 것으로 보이게 만들 수 있다. 따라서 이런 경우 정신분열증으로 진단받은 사람들(people diagnosed with schizophrenia)로 표현하는 것이 바람직하다.

연구 참여자 인정하기

연구 참여자를 인정하는 용어나 문형을 사용해야 한다. 비인격적인 용어나 수동태 문장은 연구자의 주관과 선입관에 의해 연구가 이루어진 것으로 보이게 한다. 따라서 비인격적인 용어인 '피험자(subjects)' 보다는 연구 참여자(participant), 학생들(students), 아동들(children)과 같은 용어를 사용하는 것이 좋다. 그리고 수동태 문장보다는 능동태 문장을 사용하는 것이 바람직하다.

4. APA 편집 양식

이 절에서는 구두점이나 인용문, 글자크기, 글씨체와 같은 편집 양식에 관하여 살펴볼 것이다. 이것은 글쓰기와 관련한 통일된 양식이기 때문에 이러한 통일된 양식에 따라 논문을 작성하는 것은 읽는 사람들로 하여금 전문적인 느낌을 줄 뿐만 아니라 쉽고 정확하게 논문의 내용을 파악하고 이해할 수 있도록 돕는다는 장점을 가지고 있다. APA 편집 양식은 인쇄된 단어를 명쾌하고 일관성 있게 제시할 수 있도록 정해 놓은 규칙이나 지침을 말한다. 구두점과 약자, 표의 구성, 제목의 선택, 참고문헌의 인용, 그리고 수, 미터법, 통계 및 수학적 원고, 표, 그림, 각주와 주, 부록, 본문에서의 참고문헌 인용 등에 관한 사항을 제안하여 원고의 다른 많은 부분들이 일관성 있게 사용되도록 하기 위한 것이다.

(1) 구두점(Punctuation)

마침표(Period)

완전한 문장을 끝내기 위해서 끝부분에 마침표를 사용한다.

쉼표(Comma)

3개 이상 되는 일련의 항목들 사이에, 서술적 용법의 절을 구분하는 경우, 접속사로 연결된 두 개의 독립절을 분리하는 경우 쉼표를 사용한다.

세미콜론(Semicolon)

접속사로 연결되지 않은 두 개의 독립절을 분리할 때, 쉼표들을 포함하고 있는 요소들을 분리할 때 세미콜론을 사용한다.

콜론(Colon)

앞에 제시된 생각을 예시하거나 확대하거나 부연 설명하는 마지막 구나 절 사이에서, 비율을 표시할 때(예를 들면, 남성 대 여성의 비율은 1:5로 나타났다), 참고문헌에서 출판사 소재지와 출판사 사이에(예를 들면, 서울: 양서원) 콜론을 사용한다.

대시(Dash)

계속되는 한 문장 안에서 갑자기 끊음을 나타내고자 하는 경우에 사용한다.

따옴표(Quotation Marks)

원자료로부터 직접 인용된 내용, 단어나 구가 풍자적인 논평 · 은어 · 새롭게 만들어진 표현으로 소개되는 경우, 단어나 구가 처음으로 사용될 때 인용부호를 사용한다. 또한 정기간행물이나 서적의 기사(article)나 장(chapter)의 제목이 본문에서 언급될 때 이를 구분하려는 경우 등에도 따옴표를 사용한다.

소괄호(Parentheses)

구조적으로 독립된 요소들을 두드러지게 할 때, 본문에서 간접 인용한 참고문헌을 두드러지게 할 때(예를 들면, 나문경(2005)에 의하면), 약자를 소개할 때(예를 들면, 한국방송공사(KBS)), 문장이나 단락 내에서 일련의 항목들을 확인하는 문자들을 두드러지게 할 때 등에 소괄호를 사용한다.

중괄호(Brackets)

이미 소괄호 안에 있는 소괄호로 묶어야 할 자료를 에워싸고자 할 때, 원저자 외에 다른 사람의 직접 인용에 삽입된 자료를 에워싸고자 할 때 중괄호를 사용한다.

사선(Slash)

하이픈을 넣은 복합어가 사용되는 관계를 명확히 하고자 할 때, 분자와 분모를 분리할 때, 숫자 뒤에 측정 단위를 구분하는 ~당(per)을 나타낼 때(예를 들면, 7.4mg/kg), 본문에서 재출판된 저작물을 간접 인용할 때(예를 들면, Freud(1923/1961)) 사선을 사용한다.

(2) 직접 인용(Quotations)

논문 작성자는 반드시 인용의 출처를 밝힘으로써 다른 저자의 지적 재산권의 침해를 방지하게 될 뿐만 아니라, 독자들로 하여금 관심 있는 정보의 출처를 읽고 있는 논문의 끝부분에 있는 가나다순과 알파벳순으로 정리된 참고문헌에서 쉽게 찾아보게 할 수 있다. 여기서는 다른 저자의 연구물이나 문헌 등의 내용을 직접 혹은 간접적으로 인용할 경우 어떤 규칙이 있는가에 대한 예를 들어 설명하고자 한다.

자료원의 직접 인용

다른 저자의 연구물, 논문 작성자가 과거에 발표한 연구물, 검사 항목에서 추출한 내용, 그리고 주제에 대한 축어적인 지시문들로부터 글자 그대로 옮겨 놓은 인용방식을 '직접 인용' 이라고 한다.

짧은 내용(40단어 미만)을 직접 인용한 경우에는 본문에 포함시켜서 큰따옴표(double quotation marks)로 인용된 부분의 양끝을 묶는다.

> 연구자는 "선행연구에서 입증되었던 '피그말리온 효과' 가 교사들이 이러한 방식으로 행동했을 때 나타났다" (Johnson, 1997, p.276)고 주장했지만, 그는 어떤 행동들이 연구되었는지는 분명하게 밝히지 않았다.

40단어 이상의 내용을 직접 인용하는 경우에는 자유설정 블록 인용(free-standing block quotation)으로 나타내되, 따옴표는 생략한다.

> Miele(1993)은 다음과 같은 점을 발견하였다.
>
> 선행연구에서 입증되었던 '플라시보 효과' 가 이러한 방식으로 행동이 조사되었을 때 사라지게 되었다. 더욱이, 그 행동은 다시 보이지 않았으며 [이탤릭체 첨가할 것]... 지인짜[원문 그대로] 약물을 나누어 주었을 때조차도 나타나지 않았다. 이로써 선행연구들은 연구 결과를 플라시보 효과의 영향으로 돌리기에는 확실히 무리가 있었다. (p.276)

정확성(Accuracy)

직접 인용은 정확해야 한다. 심지어 원자료의 내용이 잘못되었다 하더라도 그 단어나 철자, 구두점까지도 정확하게 옮겨야 한다. 만약 원자료에 잘못된 철자나 구두점, 문법이 독자들을 혼란시킬 염려가 있다면 인용에 있어서 잘못된 부분 바로 뒤에 중괄호를 치고 이탤릭체로 'sic' 라는 단어를 삽입한다.

큰따옴표와 작은따옴표(Double or Single Quotation Marks)

본문에서 다른 사람의 연구물이나 문헌 내용을 직접 인용할 때는 큰따옴표를 인용된 부분의 양 끝에 붙인다. 원자료에서 이미 큰따옴표 안에 있는 내용을 눈에 잘 띄게 인용하기 위해서는 작은따옴표를 사용한다.

40단어 이상의 내용을 직접 인용할 경우에는 블록 인용을 하되 인용된 부분의 앞뒤에는 어떤 인용 부호도 붙이지 않는다.

기타 구두점과 함께 따옴표를 사용할 경우, 마침표와 쉼표는 따옴표 안, 즉 닫는 작은따옴표나 큰따옴표 바로 앞에서 찍는다.

자료원의 변환

한 문장 내에서 원자료의 내용 일부가 생략되었다는 사실을 알려주기 위해서는 세 개의 띄어쓰기한 생략점(. . .)을 사용하며, 두 문장 사이에서 생략되었다는 점을 나타내려면 네 개의 생략점을 사용한다. 첫 번째 점은 인용된 첫 문장의 끝부문의 마침표를 나타내고, 나머지 띄어쓰기한 세 개의 생략점들이 붙여지는 것이다.

원저자 이외의 다른 사람에 의해 삽입되는 인용 내용을 나타내기 위해서는 소괄호를 사용하지 않고 중괄호를 사용한다.

인용한 내용의 단어나 단어를 두 개 이상 강조하고 싶다면, 강조하고자 하는 단어나 단어들을 이탤릭체로 한다. 이탤릭체로 표시한 단어 바로 다음에는 'italics added(추가된 이탤릭체)' 라고 쓰고 중괄호로 묶는다. 즉, [italics added]라고 기입한다.

인용 출처의 제시(Citation of Sources)

저자의 말을 재진술하든 직접적으로 인용하든 간에 반드시 출처를 밝힘으로써 저자의 공(credit)을 인정해야 한다. 본문에서의 직접 인용을 위해 제시된 정보는 원자료가 인쇄물인지 전자 형태인지에 따라 달라질 것인데 인쇄물의 경우라면 본문의 괄호 안에 저자, 연도, 쪽수를 제시해야 한다. 참고문헌란에도 인용한 문헌의 기재사항을 기재한다. 전자 형태의 많은 자료는 쪽수를 제공하지 않으므로 문단 번호가 보이면 쪽수 대신 문단 번호를 사용한다.

재인용(Citations Within Quotations)

인용하고 있는 원자료 내에 포함된 인용에 대해 언급을 생략해서는 안 된다. 다만 언급된 저작물을 참고문헌 목록에 포함시킬 필요는 없다.

인용 허가(Permission to Quote)

길이에 상관없이 직접 인용한 것은 괄호 안에 쪽수를 반드시 기재하여야 한다. 만일 출판하기 위한 논문에 저작권이 설정된 저작물(copyrighted work)의 내용을 인용하고자 한다면 저작권자로부터 서면 승인이 필요하다.

(3) 본문에서의 참고문헌 인용(Reference Citations in Text)

연구에서 사용된 저작물을 저자와 연도별로 인용함으로써 본문 내용 전반에 대한 근거를 남겨야 한다. 이러한 인용 양식을 통해 독자들에게 출처를 밝혀 논문의 끝부분에 가나다순 또는 알파벳순으로 수록된 참고문헌 목록에서 정보의 출처를 찾을 수 있게 한다. 본문에서의 참고문헌 인용은 다음 예들을 따른다.

형태	본문의 일부로 인용되는 경우 Citations in Text(Direct Quote & Paraphrase)
저자 1~2인의 단독연구	저자의 이름이 본문의 일부로 표기되는 경우에는 출판연도만 소괄호 속에 인용한다. 그렇지 않은 경우, 저자명과 출판연도를 쉼표로 분리해서 소괄호 안에 기입한다. 예 Walker(2000) compared reaction times 김현동(2004)은 아동의 지적 발달과정을 In a recent study of reaction times (Walker, 2001) 아동의 지적 발달과정에 관한 최근 연구(김현동, 2004)에서
3~5인의 저자	참고문헌이 본문에 처음으로 인용될 때 모든 저자의 이름을 기입하며 다음 인용부터는 '등' 또는 '외'를 써서 나타내고, 소괄호 안에 출판연도를 기입한다. 예 첫 번째 인용 Wasserstein, Zappulla, Rosen, Germstman, and Rock(1994) found 이 결과는 이준흠, 이신혁, 신덕진, 정윤철(1997)에 의하여 이후부터의 인용 Wasserstein et al. (1994) found 이준흠 등(1997)은
6인 이상의 저자	첫 번째 저자의 성만 인용하고(한국인 저자인 경우에는 이름을 기입함), 'et al.'을 붙이고(이탤릭체로 표기하지 않고 'al' 다음에 마침표를 붙임), 첫 번째 인용과 그 후의 인용에 대해 연도를 기입한다. 예 Kosslyn, Koenig, Barrett, et al. (1996) 본문에 여러 저자의 인용을 나타낼 때에는 and 접속사(국문 논문인 경우에는 '와' 또는 '과')로 저자명을 연결한다.

(계속)

형태	본문의 일부로 인용되는 경우 Citations in Text(Direct Quote & Paraphrase)
6인 이상의 저자	예 as Nightlinger and Littlewood(1993) demonstrated as has been shown(Joreskog & Sorbom, 1998) 김석준과 강현석(2001)이 주장한 것처럼 최근의 연구(강민홍, 박석재, 2000)에서 입증된 것처럼
저자로서의 단체	저자명으로 기입되는 단체명(예를 들면 회사, 학회, 협회, 정부기관, 공부모임 등)은 본문에 인용될 때마다 전체 이름을 풀어서 기입한다. 때에 따라서는 두 번째 인용부터 약자를 사용할 수 있다. 예 참고문헌 목록에 인용하는 경우 National Institute of Mental Health. (1999). 한국과학기술연구원. (2005). 본문에서 처음으로 인용될 때 (National Institute of Mental Health [NIMH], 1999) (한국과학기술원[과기원], 2005) 추후 인용하는 경우 (NIMH, 1999) (과기원, 2005)
저자가 없거나 익명 저자의 연구	저자가 없는 저작물을 인용할 경우에는 저자명 대신 참고문헌란에 수록된 처음 두세 단어(보통 제목)와 연도를 적는다. 논문의 장(chapter)의 제목 양 끝에는 큰따옴표를 붙이고, 정기간행물이나 책의 제목은 이탤릭체로 한다. 익명으로 된 저작물의 경우에는 익명(Anonymous)이라고 적고, 바로 뒤에 쉼표를 찍고 연도를 적는다. 예 on free care("Study Finds", 1982) *the book College Bound Seniors* (1979) (Anonymous, 2001) (익명, 2005)
동일한 성을 가진 저자들	영문으로 표기되고 동일한 성을 가진 2인 이상 저자들의 저작물을 본문에서 인용할 경우, 비록 출판연도가 다르더라도 불필요한 혼동을 피하기 위해서 인용을 할 때마다 저자들 이름의 머리글자를 기입해야 한다. 예 R. D. Luce(1959) and P.A. Luce(1986) also found A. D. Baker(2000)와 M. H. Baker(2000)는

(계속)

형태	**본문의 일부로 인용되는 경우** Citations in Text(Direct Quote & Paraphrase)
동일한 소괄호 내의 2편 이상의 저작물	하나의 괄호 안에 둘 이상의 저작물을 배열할 때는 참고문헌 배열순서와 동일하게 입력한다. 동일 저자에 의해 작성된 두 편 이상의 저작물은 연도순으로 배열한다. 예 Past research(Edeline & Weinberger, 1991, 1993) 선행연구들(강진령, 2001, 2005) 동일한 출판연도의 저작물을 동시에 인용하는 경우 되풀이되는 출판연도 바로 뒤에 a, b, c 따위의 어미를 첨부하여 구분한다. 예 Several studies(Johnson, 1991a, 1991b, 1991c, ; Singh, 1983, in press-a, in press-b) 여러 연구들(정형직, 2000a, 2000b, 근간)은 같은 괄호 안에 인용되지만 서로 다른 저자에 의해 쓰인 둘 이상의 연구들은 첫 번째 저자명의 가나다순 또는 알파벳순으로 배열한다. 예 Several studies(Balda, 1980; Kamil, 1988; Pepperberg & Funk, 1990) 최근의 연구들(이창빈, 2000; 최성흠, 2004)은
출처의 특정 부분	출처 자료의 특정 부분을 인용하기 위해서는 본문의 적절한 부분에 페이지와 장(章), 그림, 표 또는 방정식을 삽입하고, 반드시 인용 출처의 해당 쪽수를 명시해야 한다. 예 (Cheek & Buss, 1981, p.332) (Simamura, 1989, chap.3) (임준혁, 1997, p.200)
사적인 통신문	서신, 메모, 전자통신(예를 들어 이메일 또는 기록되지 않은 논의 집단 또는 전자 게시판), 개인면담, 전화상의 대화 등의 사적인 통신문인 경우 통신자의 성뿐만 아니라 머리글자, 그리고 가급적 정확한 날짜를 제시한다. 예 T. K. Lutes(personal communication, April 18, 2001) (V. G. Nguyen, personal communication, September 28, 1998)
소괄호가 붙여진 자료의 인용	괄호 안에 자료를 인용할 때는 날짜를 구분하기 위해 중괄호를 사용하지 않고 쉼표를 사용한다. 예 (see Table 2 of Hashtroudi, Chrosniak, & Schwartz, 1991, for complete data) (이기형, 남정민, 2005, 표 3 참조)

5. 참고문헌 목록

이 절에서는 논문에서 중요한 한 부분을 차지하는 참고문헌에 대한 작성 방식을 소개하였다. 논문의 마지막에 들어가는 참고문헌은 단순해 보이면서도 의외로 많은 손작업이 필요한 부분이다. 하지만 참고문헌은 논문의 신뢰도와 타당도를 높여준다는 점에서 정확하게 기입하는 것이 중요하다. 이 책에서는 참고문헌 정리와 관련한 중요한 작성 방식을 다루었다.

참고문헌은 일반적으로 정기간행물, 서적, 기술적인 저널, 회의나 심포지엄의 회보, 석・박사 논문, 미발행물과 발행 부수가 제한된 출판물, 평론집과 면접, 그리고 시청각 매체와 전자 매체 등으로 분류할 수 있다. 저널이나 학위논문의 끝부분에 수록되는 이와 같은 참고문헌의 목록은 그 논문의 전거(典據), 즉 인용 자료에 대한 증거를 제시하는 역할을 하고 각 자료를 검색하고 인출하는 데 필요한 정보를 제공한다. 따라서 저자는 참고문헌을 엄정하게 선정해야 하고 연구와 논문 작성에서 사용된 자료만을 참고문헌 목록에 포함시켜야 한다.

『APA 출판 편람』에서는 정기간행물이나 서적, 기술과 저널 같이 가장 일반적인 참고문헌을 중심으로 저자, 출판연도, 제목, 그리고 출판과 관련된 정보 등과 같은 참고문헌의 요소들을 설명해 놓았다. 본문에서 참고한 자료의 출처를 참고문헌란에 수록하는 몇 가지 기본적인 규칙은 다음과 같다.

- 참고문헌은 새 페이지로 시작한다.
- 영문으로 표기할 경우, 참고문헌이 하나일 때는 Reference, 둘 이상일 경우에는 References라고 쓰는데, 대・소문자로 가운데 정렬해서 페이지 상단에 입력한다.
- 각 참고문헌의 첫 줄을 단락이 새로 시작할 때처럼 5칸 또는 7칸(워드 프로세서 Tab 한 번)씩 내어쓰기를 한다. 즉 각 목록의 첫 줄은 왼쪽 끝에 정렬하고 두 번째 이하 줄은 다섯 칸을 들여쓴다.
- 저자명은 가나다순・알파벳순으로 정렬한다. 한국인인 경우, 첫 번째 저자의 성(姓)과 이름(名)에 따라 가나다순으로 배열하고 서양인 저자명의 경우에는 첫 번째 저자명의 성(姓, surname)을 기준으로 알파벳순으로 배열한다.

참고문헌을 순서대로 기입하는 데 있어서 가장 공통적인 유형의 주요 요소들을 포함한 일반 형식(General Forms)과 구체적인 예는 다음과 같다.

참고문헌의 일반 형식과 예

정기간행물(Periodical)
저자명, 저자명, 저자명. (1994). 논문의 제목. 정기간행물의 이름, 권(호수), 페이지.
예 Author, A. A., Author, B. B., & Author, C. C. (1994). Title of article. Title of Periodical, xx, xxx-xxx.

비정기간행물(Nonperiodical)
저자명. (1994). 서적 제목. 출판사 소재지: 출판사명.
예 Author, A. A. (1994). Title of work. Location: Publisher.

비정기간행물의 일부(Part of a nonperiodical)
비정기간행물에는 서적(books), 보고서(reports), 소책자(brochures), 특정 소논문(monographs), 편람(manuals), 시청각 매체(audiovisual media) 등과 같이 독자적으로 출판된 것들이 해당된다.

저자명, 저자명. (1994). 인용된 장(chapter)의 제목. 편집자명, 편집자명. (편.), 서적 제목 (pp. xxx-xxx). 출판사 소재지: 출판사.
예 Author, A. A., Author, B. B. (1994). Title of chapter. In A. Edtor, B. Editor, & C. editior (Eds.), Title of works (pp.xxx-xxx). Location: Publisher.

온라인 정기간행물(Online periodical)
저자명, 저자명, 저자명. (2000). 기사의 제목. 정기간행물의 이름, 권(호수), 페이지. 수정된 월일, 연도, 출처.
예 Author, A. A., Author, B. B., & Author, C. C. (2000). Title of article. Title of Periodical, xx, xxx-xxx. Retrieved month day, year, from source.

온라인 문서(Online document)
저자명. (1994). 문서 제목. 인출된 월일, 연도, 출처.
예 Author, A. A. (1994). Title of works. Retrieved month day, year, from source.

6. 맺음말

지금까지 사회과학 연구에서 가장 일반적으로 사용되는 글쓰기 양식인 APA 글쓰기 양식을 살펴보았다. 기타 APA 양식을 관리하는 수, 미터법, 통계 및 수학적 원고, 표와 그림, 각주와 주, 부록 등의 사용에 관한 규칙과 상세한 예를 확인하고자 하는 경우에는 APA 양식에 관한 대표적인 해설서인 『APA 논문작성법』(강진령 편저, 2001)을 직접 참고하기 바란다.

또한 우리나라와 미국을 비롯한 전 세계 여러 국가의 대학, 대학원, 학회에서는 교육학이나 심리학 관련 분야의 학위논문이나 학회나 저널지에 제출되는 논문에 대해 APA 양식을 따르도록 요구하고 있으나 전문 학술지가 아닌 대학이나 대학원에 제출되는 학위 청구논문의 경우, 대학 또는 대학원의 요구조건들이 APA 양식과 다소 차이가 있다면 기관별 세부적인 요구사항에 따라야 할 것이다.

이러한 형식들은 글을 쓰는 연구자의 기본적인 소양을 평가할 수 있는 기준이 될 수 있다는 점에서 하나하나 꼼꼼하게 형식에 맞추어 기술하는 것이 필요하다.

7. 참고문헌

강진령(역). (2005). APA 논문작성법. 서울: 양서원.

김남석 · 김기진 · 김수경 · 방대옥 · 오동근 · 이승희(2002). 주 · 참고문헌 어떻게 작성할 것인가. 대구: 도서출판 태일사.

김상현(2004). 영어로 논문쓰기. 서울: 넥서스.

이명실(역). (2005). 논문과 리포트 잘 쓰는 법. 서울: 들린아침.

American Psychological Association. (2001). *Publication Manual of the American Psychological Association*(5th ed.). Washington, DC: American Psychological Association.

제3장

탈경계, 혼종, 그리고 포스트모던 시대의 글쓰기: 질적연구 글쓰기 워크숍 1

'탈경계, 혼종, 그리고 포스트모던 시대의 글쓰기: 질적연구 글쓰기 워크숍 1'은 질적연구자의 글쓰기에 대한 상상력과 감수성을 증진시킬 목적으로 필자가 계획한 워밍업 연습이다. 이 책에는 두 개의 워크숍이 있는데 첫 번째는 '크로스오버'에 대하여 두 번째는 이미지 '전쟁'에 대하여 다루고 있다. 그 중 첫 번째 주제인 이미지와 크로스오버 워크숍은 기존의 이미지가 표현의 경계 넘기를 통하여 어떻게 다른 이미지로 변화되고 새로운 이미지를 형성하는가를 이해하기 위한 것이다. 이에 필자가 알고 있는 지식의 범주 아래서 크로스오버를 통하여 기존의 특정한 이미지가 어떻게 새롭고 다르게 변경되는지를 여러 가지 작품들의 사례를 통하여 알아보고자 하였다. 그리고 그러한 분석의 핵심에는 경계 넘기의 표현작업은 우리가 특정한 대상에 부여하였던/가지고 있었던 이미지가 그 어떠한 새롭고 다채로우며 기대하지 않은 반응과 감동 그리고 느낌을 불러일으키는지를 이해시키기 위한 것이다. 이에 이 장에서 소개된 다양한 창작활동과 예술 영역에서의 크로스오버적인 주제를 새롭게 인식함으로써 우리가 사용하고 있는 글쓰기의 기법과 문화에 대한 새로운 경계 넘기를 통하여 우리는 과거와는 다른 형식, 느낌, 구조를 갖춘 글쓰기 기법과 글쓰기 문화를 만들어 나갈 수 있다는 점을 알리려고 하였다.

(1) Dior Homme: 스키니 패션

2000년대 들어 남성패션계에는 스키니진에 대한 관심과 인기가 급속도로 퍼져 나갔다. 국내에서도 2006년부터 '빅뱅'을 비롯한 일부 연예인들이 이러한 스키니진을 선보이면서, 스키니진은 국내 청소년과 연예인들 사이에서 선풍적인 인기를 끄는 아이템이 되었다. 그리고 지금도 수많은 남성들이 이 스키니진을 입기 위해 힘쓰고 있다. 이러한 스키니 패션의 선풍적인 인기의 중심에는 Dior Homme가 있었다. 그리고 이러한 디자인의 중심에는 에디 슬리먼이 있었다.

Dior Homme의 수석 디자이너였던 에디 슬리먼(2001~2007)은 남성복에 스키니 패션이라는 새로운 숨결을 불어넣었다. 에디 슬리먼의 패션 주제는 바로 "남자들도 다이어트를 하라! 그리고 Dior Homme를 입어라!!" 였다. 기존의 남성패션이 남성성을 강조하기 위해 큰 키에 우람한 체격을 강조하는 굵직한 선을 강조하였다면 Dior Homme는 여성복이라고 해도 무방할 정도의 섬세하고 가느다란 선을 강조하였다. 이것은 기존의 남성성에 대한 고정관념을 완전히 깨버린 것으로 남자에게서 여성성을 찾는 계기가 되었다. 그리고 이러한 여성성에 대한 이미지는 기존의 남성복의 틀을 깨고 심지어 레깅스 수준에 가까운 바지와 지방이라고는 찾아볼 수 없는 마른 남성들을 위한 재킷과 수트를 선보이게 하였다. 그리고 "마른 남자도 아름다울 수 있다"라는 명언까지 남기게 되었다. 기존 남성복에 대한 관념과 이미지를 완전히 깨고 여성복에 비해 다양하지 못했던 남성복에 선택의 폭과 다양성을 넓힌 에디 슬리먼의 통찰력에 감탄하지 않을 수 없다. 한 번 생각해 보라. 그의 이러한 디자인이 얼마나 파격적인 것인가를. 남성이 여성처럼 보이는 옷을 입는다는 것이 과거에는 상상조차 할 수 있는 일이었겠는가?

(2) Prada: 항공천의 활용

Prada는 명품가방이라고 하면 가죽을 꼽던 기존의 이미지를 '항공천' 이라는 새로운 이미지로 변화시켰다. Prada 하면 가장 먼저 떠오르는 말은 '항공천' 일 것이다. 그만큼 항공천으로 만든 프라다 가방은 누구나 하나쯤은 가지고 싶어하는 아이템이자 프라다를 상징하는 하나의 아이콘이 되었다. 1945년 이탈리아 밀라노에서 태어난 프라다는 1978년 대학을 졸업하고 할아버지가 운영하던 가죽사업을 물려받게 된다. 그녀는 사업을 물려받자마자 가방의 소재가 왜 꼭 가죽이어야만 하는지에 대한 의문을 품고 값싸고 대량으로 생산이 가능하던 항공천을 가방의 소재로 끌어들이게 된다. 이것은 커다란 센세이션을 불러일으켰고 1985년 전 세계적으로 선풍적인 인기를 끌게 되었다. 1999년부터 한국에서는 나일론 소재로 된 소위 말하는 짝퉁 프라다 가방이 선풍적인 인기를 끌었었다. 아마도 이 글을 읽고 있는 독자들 역시 이 짝퉁 프라다 가방을 한 번쯤 구입해본 경험이 있을 것이다. 이처럼 나일론 소재로 만든 토드백은 어느 옷에나 잘 어울리는 실용적인 아이템이 되었고 현재도 새로운 패션 트렌드를 형성하며 그 인기를 이어가고 있다. 또한 이러한 나일론 소재는 가방에만 머무르지 않고 나일론 점퍼, 나일론 지갑, 나일론 바지 등을 선보이며 패션계의 유행을 상관하지 않고 그 명맥을 당당히 유지해 나가고 있다.

이처럼 프라다의 항공천이 성공할 수 있었던 이유는 기존의 명품 가방에 대한 통념과 이미지를 과감하게 탈피했기 때문이다. 사실 항공천이란 공장에서 찍어내는 화학섬유로 가격도 싸고 대량으로 생산이 가능한 천이다. 따라서 기존의 명품가방의 소재인 가죽처럼 구하기 힘든 재료도 아니며 손으로 가공해야 하는 재료도 아니었다. 다시 말해 가죽 제품처럼 가공하기가 힘들며 구하기도 힘든 희귀 아이템이 아니었다. 그것은 단지 생산하기 편하며 얼마든지 대량생산이 가능한 값싼 제품일 뿐이었다. 따라서 그 어느 누구도 항공천이 명품 가방의 소재가 될 수 있을 것이라고는 생각하지 않았다. 하지만 아무도 명품의 소재가 되지 않을 것이라고 생각했던 항공천의 도입은 성공적이었다. 기존의 가죽가방들은 흠집이 나기 쉽고 보관이 힘들기 때문에 좋은 상태를 유지하는 것이 어렵고 또한 활동하기에 불편할 정도로 무거웠다. 하지만 항공천은 내구성이 좋고 가벼워서 활동하기도 편하며 함부로 사용해도 흠집이 나지 않아 보관이나 보존하기도 좋았다. 이러한 장점 때문에 꼭 프라다가 성공한 것은 아니지만 항공천이라는 새로운 이미지로의 변형은 획기적이라고 할 수 있다.

(3) 페이지의 '미안해요'

1999년 발매된 페이지의 2집에 수록된 곡인 '미안해요'는 성악과 대중가요를 접목하여 새로운 장르를 개척한 음악이다. 특히 '미안해요'가 나오기 이전에는 이러한 실험적인 음악이 없었던지라 발매 당시 큰 반향을 불러일으켰을 뿐만 아니라 각종 순위 차트에서도 상위권에 랭크되었다. 성악과 가요는 장르를 뛰어넘더라도 서로 어울리지 않을뿐더러 각자가 추구하는 음악성도 다르다. 마치 물과 기름이 섞이지 못하듯이 성악과 가요 또한 섞일 수 없을 것처럼 보인다. 하지만 '미안해요'는 남자 테너의 호소력 짙은 목소리와 여자 가수의 애절한 목소리가 잘 어우러져 더욱 애절하고 애틋한 감정을 불러일으킨다.

(4) 서태지와 아이들의 '하여가'

1993년에 발매된 서태지와 아이들의 2집 '하여가' 역시 페이지의 '미안해요'와 같이 성격이 다른 음악을 접목시켜 많은 인기를 누린 음악이다. 힙합과 한국 고유 민속 악기 그리고 락까지 곁들여 세 가지 음악의 장르를 뛰어넘은 음악으로 평가를 받고 있다. 노래 초반에는 강한 전자기타 반주와 드럼이 연주되고 곧이어 랩이 이어진다. 그리고 음악의 후반부에는 한국 민속악기인 태평소가 연주되면서 후렴구가 이어진다. 처음 이 앨범이 발매되었을 당시 국내 음악평론가 사이에서조차도 큰 이슈가 되었던 음악이다. '하여가' 는 힙합과 민속악기라는 어찌 보면 종자부터 다른 음악이 한데 어우러져 신명과 한의 이미지를 완성해 내었고, 음악이라는 장르에서 크로스오버적인 시도가 어떻게 이루어질 수 있는지를 잘 보여 주었다.

(5) 철저하게 서구화되어 버린 한국인에 대한 자화상 'Komerican Blues'

신해철이 각 파트의 당대 최고의 실력가들과 함께 만든 프로젝트 형식의 그룹 N.EX.T. 그 팀의 이름을 풀어서 쓰면 'New Experience Team' 으로 그룹의 본래 이름에서도 알 수 있듯 락이라는 음악의 테두리에서 할 수 있는 새로운 시도를 했던 그룹이다. 물론 이러한 다양한 시도로 인해 어찌 보면 넥스트만의 음악이라는 정체성과 관련 색깔을 만들어 내지는 못하는 한계를 보이기는 했지만 당시 그 어떤 밴드도 하지 못했던 수많은 새로운 시도를 했던 에너지가 넘치는 밴드였다. 또한 당시 락의 최고 인텔리 집단만이 할 수 있다는 프로그레시브 메탈에서부터 펑크, 하드 락, 정통메탈 등 가리지 않고 모든 장르를 적절히 시도했던 그룹이다.

이 곡은 N.EX.T의 세 번째 앨범인 'The World' 에 수록된 곡으로 메탈과 락을 접목한 크로스오버적인 시도를 한 곡이다. 물론 앞서 소개한 페이지의 '미안해요' 나 서태지와 아이들의 '하여가' 역시 국악과 대중음악의 크로스오버를 시도한 노래이다. 하지만 이 두 곡이 피상적 수준에서 두 장르를 섞는 수준이었다면 'Komerican Blues' 는 내면적인 부분에 해당하는 의식적인 부분을 파고드는 크로스오버적인 시도가 이루어진 작품이다. 즉, 장르만의 혼종이 아닌 철학적인 부분에서의 의미까지 갖추고 있다는 점에서 진정한 의미에서의 크로스오버적인 시도가 이루어진 곡으로 평할 수 있다.(이후에 신해철의 이러한 시도가 더욱 구체적으로 이루어진 앨범으로 'The Machine' 이 있다.) 다시 말해, 이 곡은 단순히 국악과 락의 접목이라는 크로스오버적인 시도를 넘어 크로스오버가 담고 있어야 하는 시대적이고 철학적인 사유가 담겨 있는 곡이다. 이 곡은 국악과 락의 접목이라는 시도를 통해 어떠한 시대적, 철학적 사유를 담고 있으며, 그러한 철학적 사유가 어떻게 음악으로 표현되어야 하는지를 보여준다.

제목에서도 알 수 있듯이 'Komerican Blues' 는 철저하게 서구사회에 물들어 버린 한국인들에 대한 냉소적 비판이 담겨 있는 노래이다. Komerican이 Korean(한국인)과 American(미국인)이라는 단어의 합성을 통해 만들어졌다는 것에서 알 수 있듯이, 서구의 것에 식민화되어 버린 현대의 한국인들을 풍자하고 있는 노래이다. 근대화의 물결과 함께 한국 사회는 자연히 서구의 것을 받아들이고 편리한 서구문명의 혜택을 누리게 된다. 그리고 그러한 서구문명의 도입 속에 우리는 우리가 의식하지도 못하는 사이에 서구적인 것이 최고이며 외제라는 말만 들어도 좋은 것, 최고라는 인식이 머릿속 깊이 박히게 되었다. 언제부터인지 외제 물건이라고 하면 그 제품의 질이나 성능에 관계없이 무조건적으로 좋은 것으로 받아들이며, 미국이라는 나라에 대한 인식 조사에 의하면 미국이라는 나라를 정의와 자유의 상징으로 인식하고 있으며, 어쩌면 우리의 머리는 뼛속까지 철저하게 서구적인 것에 물들어 버렸는지도 모른다. 이러한 서구화되어 버린 한국인을 서구의 음악인 메탈과 한국의 음악인 국악과의 접목을 통해 풍자하고 있는 것이다.

(6) 전자 바이올리스트 바네사 메이

크로스오버는 사회, 문화, 예술 등 다양한 분야에서 활발하게 이루어지고 있는 현상이다. 그 중 음악계에서 크로스오버의 가장 대표적인 주자를 꼽으라면 단연 바네사 메이(Vanessa Mae)일 것이다. 1995년 그녀가 발표한 'The Violin Player'는 당시 클래식과 현대음악에 커다란 충격을 안겨 주었다. 그녀의 첫 번째 테크노 어코스틱 퓨전 앨범으로 알려진 이 앨범을 통해 그녀는 아주 빠르고 흥겹게 연주되는 바이올린과 드럼 비트를 선보였다. 그리고 클래식 연주자라고는 상상할 수 없는 파격적인 의상과 무대 퍼포먼스를 강렬한 음악과 함께 선보였다. '성을 내세운 상업주의'라는 비난도 있을 만큼 현란한 무대와 관능적인 의상, Pop, Rock, Classic을 'Techno-Acoustic Fusion(테크노-어코스틱 퓨전)'으로 엮어내는 장르의 파괴 등으로 파격적인 음악세계를 선보인 바네사는 나이젤 케네디와 함께 '클래식계의 파격과 이단자'라는 평가도 받고 있다.

(7) 최강의 파이터에 대한 자존심과 긍지를 건 한 판 승부 Pride

Pride는 격투를 위한 최소한의 경기 규칙만을 가지고 최고의 격투가를 가리는 이종종합격투시합을 말한다. 즉, 세계의 수많은 격투가들이 격투를 위한 최소한의 경기규칙을 제외하고는 최대한 자유로운 환경 속에서 최강자가 누구인지를 가리는 이종종합격투시합을 말한다. Pride의 기원은 브라질에서 탄생한 '발리투도' (포르투갈어로 '모든지 가능하다' 라는 의미)라는 시합형식이다. 전 세계의 격투 팬들은 세상에서 가장 강한 격투가가 누구인지 알고 싶어했고, 그런 격투 팬들의 꿈을 실현시켜 준 것이 발리투도였다. 이러한 발리투도는 전 세계로 퍼져 나가 현재는 MMA(Mixed Material Arts)로 통칭되고 있으며 Pride는 MMA의 격투 스포츠 중 가장 권위 있는 시합을 말한다. 격투가들은 어떠한 제약도 없이 오직 실력만으로 링 위에서 자신이 강자임을 증명해야 하는 것이다. 그래서 세계 최강이라는 자부심과 긍지를 가진 수많은 파이터들이 Pride에 자신의 Pride를 건 한판 승부를 펼치는 것이다. 그리고 어떠한 제약도 없이 오직 실력으로만 이루어지는 격투이기에 그 파이터의 배경은 복싱에서 유도, 태권도, 레슬링, 심지어 최근에는 씨름의 이력을 가지고 있는 파이터들까지 등장하여 이 시합에 참가하고 있다.

(프라이드 홈페이지 내용을 재구성)

종합 격투기인 프라이드를 크로스오버에 넣은 이유는 프라이드의 탈종목과 탈규칙성 때문이다. 프라이드의 경우 기존의 격투 시합이 특정 종목(예를 들면 태권도 시합, 권투 시합, 유도 시합 등)의 기술을 사용해야 하는 것과는 달리 격투를 위해서라면 어떤 종목의 기술을 사용하든 상관이 없다. 이것은 탈장르적인 성격으로, 이에 프라이드에서는 복싱, 유도, 태권도, 레슬링과 같은 다양한 이력을 가진 파이터들이 시합을 펼친다. 심지어 최근에는 최홍만과 같은 씨름을 배경으로 한 파이터들까지 등장하고 있다. 이것은 기존의 격투 시합이 가진 장르의 경계를 허문 크로스오버적인 현상으로 볼 수 있다. 그리고 프라이드에서는 이러한 현상이 한 파이터 내에서도 일어나는데, 지금은 한 파이터가 다양한 종목의 기술들을 습득하여 시합에서 사용한다. 예를 들어 크로캅은 복싱과 무에타이 기술을 자유롭게 사용하는 파이터이다.

그리고 프라이드에 대한 또 하나의 특징은 탈규칙성이다. 기존의 격투 시합은 시합에서 지켜야 하는 규칙이 많이 있다. 규칙이란 무술의 예로서 격투가들의 안전을 지키는 최소한의 수단이지만 한편으로는 격투가들의 자유로운 싸움을 제약하기도 한다. 하지만 프라이드에서는 상대방의 생명을 위협하는 몇 가지 제약 외에는 어떠한 규칙이나 룰이 존재하지 않는다. 이것은 파이터들의 능력을 최대한으로 발휘할 수 있는 환경을 만들어 주기 위해 과감하게 일절의 제약을 없앤 것이다. 이러한 탈규칙성 역시 기존의 격투의 경계를 허문 크로스오버적인 시도라고 할 수 있다.

이러한 프라이드에 대해 보다 깊이 이해하기 위해 탈경계에 대한 이야기를 넘어 몇 가지 이야기를 보충하고자 한다. 이를 위해 이종종합격투라는 용어와 격투에 관한 인간의 욕구에 대한 이해가 필요하다.

먼저 '이종' 이라는 단어의 의미와 그 속에 담겨져 있는 인간의 욕구에 대하여 알아보자. '이종격투기' 의 의미는 세상에서 가장 강한 무술이 무엇인지 겨루는 시합을 말한다. 쉽게 이야기하면 태권도, 유도, 씨름, 레슬링, 복싱과 같은 격투기 중 어떤 격투 기술이 가장 강한지를 겨루는 것이다. 이것은 '태권도 선수와 유도 선수 자신의 격투 기술로 시합을 한다면 누가 이길까' 라는 궁금증에서 시작된 것이다. 아니 궁극적으로 태권도와 유도 중 어떤 격투 기술이 더 강한 무술인지를 알고 싶어하는 인간의 욕망에서 시작되었다. 어린 시절 로봇 만화 영화를 보며 친구들과 태권V와 마징가 중 어떤 로봇이 더 강한지에 대하여 논쟁을 벌인 기억이 난다. 아마 이 책을 읽고 있는 많은 독자들도 이와 같은 경험을 해 본 적이 있을 것이다. 격투의 세계에서도 마찬가지이다. 사람들이 이 세상에 존재하는 수많은 무술 중 어떤 무술이 가장 강한 무술인지를 알고 싶어하는 것은 인간의 근원적인 욕구인 것이다. 이러한 의문에 대한 해소를 위해 탈종목적 시도를 한 것이 프라이드인 것이다.

프라이드와 관련된 또 하나의 용어는 '종합격투기' 이다. '종합격투기' 는 격투가들이 링 위에서 하나의 격투 기술로만 싸우는 것이 아니라 자신의 단점을 보완하기 위해 다양한 기술을 사용하는 격투기를 말한다. 즉, 앞서 이야기한 '이종격투기' 가 유도 선수와 태권도 선수의 싸움이라는 지극히 제한된 형식의 싸움이었다면 '종합격투기' 는 링 위에 있는 파이터가 유도, 태권도, 복싱, 레슬링과 같은 무술을 모두 사용할 수 있는 격투기를 말한다. 이처럼 프라이드는 격투의 장르나 종목을 넘어 세계 최강이 누구인지를 가리는 격투 시합인 것이다. 즉, 단순한 어떤 격투 기술이 궁극의 기술이냐가 아니라 최강의 파이터가 누구인지를 가리는 것이다. '종합격투기' 에 담긴 인간의 욕구는 '지구상에서 가장 강한 자는 누구인가?' 라는 질문에 잘 나타난다. 이러한 질문에 대한 관심은 인류의 역사와 함께 존재한 인간이 가지는 가장 원초적인 흥미와 관심이라고 할 수 있다. 절대적인 힘에 대한 동경, 강해지고 싶은 인간의 욕구를 반영한 수많은 무협소설과 만화들이 끊임없이 오늘도 만들어지고 출판되고 있다. 하지만 무협소설이나 만화에 나오는 절대 무공을 가진 주인공은 현실이 아니라 가상세계의 가공의 인물이다. 우리는 실제 세계에서 가장 강한 힘을 가진 남자가 누구인지 알고 싶어한다. 그래서 사람들은 전설의 파이터인

최배달이나 조선 주먹의 황제였던 김두한에 대한 무용담에 끊임없이 관심을 가지고 이야기를 만들어 내는지도 모른다. 프라이드는 그러한 인간의 욕구를 현실 세계에서 이루도록 만들어 준 것이다. 즉, 전 세계의 수많은 격투 팬들은 격투의 종류나 종목 그리고 경기 규칙에 제약 없이 세계 최강자를 가리고 싶어했다. 즉, 이 세상에서 가장 싸움을 잘하는 사람이 누구인지 알고 싶었던 것이다.

프라이드는 세계 최고의 격투가를 가리기 위해 파이터들의 자존심과 긍지를 건 링 위의 승부인 것이다. 그리고 이러한 자존심을 위해 기존의 격투 경기와는 달리 모든 장르와 종류의 격투가 혼합된 형태의 격투 시합이 이루어진 것이다.

(8) 비보이를 사랑한 발레리나

비보이를 사랑한 발레리나(이하 비발)는 뉴욕 브로드웨이에서도 커다란 이슈를 만들어 내고, 영국 에딘버러 페스티발에서도 2050개의 참가작품 중 최고의 작품으로 선정될 만큼 많은 관심과 사랑을 받고 있는 뮤지컬이다. 제목에서도 알 수 있듯이 이 작품은 품위와 격식이 있는 발레리나와 길거리의 춤인 비보이와의 만남을 그린 작품이다. 극중에서 발레리나는 특권층을 의미하고 비보이는 대중과 소외된 계층을 의미한다. 줄거리를 살펴보면, 발레리나는 첫눈에 비보이에게 마음을 사로잡히게 되고, 그런 자신의 정체성에 대해 생각하게 된다. 발레리나는 자신이 특권층이기 이전에 일반대중이라는 사실을 깨닫게 된다. 하지만 대중이 되기를 원한 발레리나는 오히려 대중에게 역차별을 받는다. 결국 발레리나는 자신의 특권을 포기하고 대중 속으로 들어감으로써 자신이 염원하던 사랑을 이룬다는 내용이다(비발의 홈페이지에서 인용).

이 작품은 춤의 영역에서 서로 어울릴 것 같지 않은 발레와 비보이라는 소재를 접목시킨 크로스오버적인 작품이라고 할 수 있다.

(9) 백조의 호수에서 백조는 여자가 아니라 남자였다

지그프리드 왕자와 백조의 여왕 오데뜨의 비극적이면서도 아름다운 사랑 이야기로 잘 알려진 차이코프스키의 '백조의 호수'. 그런데 언제부터인가 인터넷에서 '백조의 호수'라는 단어로 검색을 하면 차이코프스키의 '백조의 호수'라는 단어보다 매튜 본의 '백조의 호수'라는 단어를 더 쉽게 발견할 수 있게 되었다. 그리고 공연이 가장 왕성한 12월, 영국에서는 언제부터인가 크리스마스에 '호두까기 인형' 대신 매튜 본의 '백조의 호수'를 본다는 말이 생길 정도로 매튜 본의 '백조의 호수'는 이 시대의 새로운 고전이 되었다. 매튜 본의 '백조의 호수'가 이처럼 이 시대의 새로운 고전으로 평가받을 수 있었던 가장 큰 이유는 기존의 '백조의 호수'가 가지고 있는 이미지를 완전히 뒤집어 엎었기 때문이다. 매튜 본은 '백조의 호수'라는 똑같은 소재를 사용하면서도 기존의 이미지와는 완전히 다른 이미지를 사용하여 전혀 다른 '백조의 호수'를 만들어 낸 것이다. 이러한 기존의 이미지에 대한 재창조와 재구성 역시 이미지 변형의 대표적인 사례이다. 따라서 그가 사용한 이미지의 변형에 대해 살펴보는 것은 질적 글쓰기와 관련하여 독자들에게 창의적 상상력과 감수성을 불러일으켜 줄 것이다. 이 절에서 필자는 그가 기존의 이미지를 어떻게 새로운 이미지로 변형시켰는지 외부적인 측면과 내부적인 측면에서 논의해 볼 것이다. 그리고 이러한 이미지 변형 기저에 있는 생각을 본질적 예술의 측면에서 이야기해 보고자 한다.

외부적인 변형: 고전이라는 껍질을 깨고

> 차이코프스키는 이 곡에 맞춰 춤을 추게 하기 위해 '백조의 호수'를 썼다. 그리고 실제로 나로 하여금 춤을 추고 싶게끔 만든다. 그러나 도대체 왜 이 음악에 맞춰 항상 같은 스텝으로만 춤을 추어야만 하는가? 누가 그래야 한다고 말하는

> 가? 내가 '백조의 호수' 를 다시 창조해낸 이유는 차이코프스키의 음악이 단지 박물관에 보존되고 있는 작품이 아니라 현재까지도 끊임없이 예술가들에게 영감을 불어넣는 살아있는 것이라는 걸 보여주고 싶어서였다. 나의 '백조의 호수' 는 현대 동시대의 관객들에게 전달하고 그들을 흥분시키며 감동시키기 위한 것이다.
>
> — 안무가 매튜 본

창조란 새로운 것이 아니다. 우리 주변에 있는 사물이나 역사가 만들어 온 인간의 사상, 관념, 문화로부터 기존과 다른 시각에서 의미와 가치를 찾는 것이다. 매튜 본의 '백조의 호수' 도 이와 다르지 않다. 매튜 본이 차이코프스키의 '백조의 호수' 를 재창조하기 위해서 선택한 것은 고전이라는 형식적 껍질의 파괴였다. 위의 인터뷰에서 알 수 있듯이 차이코프스키가 작곡한 '백조의 호수' 는 클래식 음악이고 오로지 발레를 위해서 작곡된 음악이라는 고정된 관념으로부터의 탈피가 바로 창조의 시발점이었다. 매튜 본은 차이코프스키가 작곡한 '백조의 호수' 가 춤을 추고 싶게끔 만드는 음악이지 꼭 발레를 위해서만 만들어진 음악이 아니라고 생각하였다. 그래서 그는 음악에 맞는 새로운 춤과 율동을 가진 공연을 만들어야겠다고 생각한 것이다. 그는 이를 위해 먼저 기존의 '백조의 호수' 가 가지고 있던 외형적인 틀을 파괴해야만 했다. 이러한 형식적인 틀을 파괴하기 위해 그가 사용한 기술적인 요소는 크게 두 가지로 꼽을 수 있다. 첫 번째는 뮤지컬로의 장르 변환이며, 두 번째는 안무를 발레가 아닌 현대 무용과 댄스로 구성하였다는 점이다.

장르의 전환: 발레에서 뮤지컬로

매튜 본은 '백조의 호수' 를 재창조하기 위해 과감하게 발레라는 장르를 뮤지컬이라는 장르로 옮겨 오는 작업을 시도하였다. 클래식과 현대 음악이라고 하면 서로 교차할 수 없는 극과 극이라는 느낌이 드는데, 이와 마찬가지로 발레와 뮤지컬은 얼핏 보기엔 전혀 상반되고 이질적일 것 같은 장르들이다. 하지만 매튜 본은 기존의 '백조의 호수' 를 발레와는 완전히 이질적 느낌이 드는 뮤지컬이라는 장르로 바꾸어 버렸다. 그래야만 클래식이라는 정형화되고 틀에 박힌 이미지에서 벗어날 수 있기 때문이었을 것이다. 그래서 그는 그러한 굴레에서 벗어나기 위한 몸부림으로 먼저 가장 큰 틀(frame)이라고 할 수 있는 장르의 변화를 시도한 것이다. 물론 이러한 뮤지컬로의 변화가 가능했던 이유는 이 두 장르가 종합예술이라는 공통분모를 가지고 있었기 때문이다. 오페라나 발레, 뮤지컬과 같은 무대 예술은 그 시대의 음악과 춤과 무대장치 그리고 과학기술이 결합되어 만들어지는 종합예술이다. 따라서 뮤지컬이라는 장르의 선택은 어떻게 보면 매튜 본에게 있어서 당연한 것이었는지도 모른다. 과거에는 종합예술이 오페라나 발레와 같은 공연이었다면 현대의 종합예술은 뮤지컬이기 때문이다.

형식적 소재의 전환: 발레를 넘어 현대 무용으로

'백조의 호수'가 현대적 고전으로 재창조되는 데 있어 또 하나의 중요한 형식적 변화는 현대 무용의 도입이라는 점이다. 도입부의 인터뷰에서 느낄 수 있듯이 매튜 본은 차이코프스키의 '백조의 호수'라는 곡이 춤을 위한 곡이지 단순히 발레를 위한 곡이라고 생각하지 않았다. 그래서 그는 발레 대신에 현대 무용을 사용하여 음악의 이미지를 재현하였다. 그는 차이코프스키의 '백조의 호수'라는 곡을 발레에만 국한시키지 않고 춤이라는 보다 본질적이고 넓은 시각에서 바라본 것이다. 발레라는 틀을 깨고 현대 무용을 도입한 것은 분명 새로운 이미지를 형성하는 데 결정적인 역할을 하였다.

이미지의 변형: 부드러움의 이미지에서 힘의 이미지로

> 백조 역에 남성 무용수들을 기용한다는 아이디어는 그저 본능적으로 떠오른 것이었는데 내겐 완벽하게 느껴졌다. 발레리나는 물을 가로질러 미끄러지듯 나아가는 새의 고귀한 아름다움을 성공적으로 대변해 줄 수 있다. 하지만 백조가 지닌 힘, 아름다움과 거대한 날개 폭은 하얀 튜튜를 입은 발레리나보다는 남성 무용수의 근육을 연상시켰다. 나는 한 필름에서 백조가 자기 새끼를 보호하기 위해 작은 낚싯배를 공격하는 정말 무서운 장면을 보게 되었는데, 이것을 통해 백조에 대한 새로운 이미지를 알게 되었다. 이 경험 이후 우리는 백조들의 보다 더 폭력적인 천성을 무대 위로 끌어내고자 했다. 특히 음악이 압도적이고 극적으로 연주되는 4막에서는 더욱 이 점을 강하게 표현하고 싶었다.
>
> — 안무가 매튜 본

매튜 본의 '백조의 호수'가 가지는 가장 큰 변형은 백조의 이미지 변화이다. 기존의 차이코프스키의 '백조의 호수'는 백조의 이미지를 고귀함과 아름다움에 그 초점을 두고 있었다. 하지만 매튜 본의 '백조의 호수'는 백조의 이미지를 백조가 지닌 힘과 공격성, 그리고 날개의 웅장함에 그 초점을 맞추고 있다. 즉, 그는 기존의 백조의 호수가 가지고 있던 백조에 대한 아름다움과 부드러움의 이미지를 역동적이고 강렬한 힘의 이미지로 변화시켰다. 이것이 매튜 본의 '백조의 호수'가 기존의 수많은 백조의 호수를 모방한 아류작과는 다른 점이며, 고전의 현대적 재창조라는 평가와 찬사를 받도록 한 가장 핵심적인 변화이며 아이디어이다.

위의 인터뷰에서도 알 수 있듯이 한 필름에서 백조가 새끼를 보호하기 위해 낚싯배를 공격하는 장면이 이러한 기존의 백조에 대한 이미지를 변형하는 데 결정적인 영향을 미쳤던 것이 틀림없다. 그리고 지금까지 백조를 아름답고 고귀하다고만 생각하고 있던 고정관념을 완전히 부수는 결정적인 계기가 되었다는 것을 알 수 있다. 그리고 날개를 펼친 백조의 날개에서 본 아름다움은 거대함과 웅장함으로 다가왔다. 실제 그는 이런 백조의 모습에서 남성 무용수들의 근육을 연상했다고 말하고 있다. 그래서 그는 기존의 백조에 대한 고정관념과 이미지를 버리고 백조의 공격적인 본성과 이미지를 무대 위에 옮기고자 한 것이다.

그리고 이러한 매튜 본의 생각은 적중한 것이었다. "특히 음악이 압도적이고 극적으로 연주되는 4막에서는 더욱 이 점을 강하게 표현하고 싶었다."는 그의 인터뷰에서도 알 수 있듯이 실제 차이코프스키의 음악을 들어 보면 4막은 매우 압도적이고 극적으로 연주되고 있다. 이것은 분명 백조의 이러한 웅장함과 강한 힘의 이미지와 너무나도 잘 조화되는 것이 아닐 수 없다. 다음 악보에서도 알 수 있듯이 차이코프스키의 '백조의 호수'는 웅장함과 힘을 가지고 있다.

〈Swan Lake 테마 8마디 악보〉

위에 제시한 악보는 백조의 호수에 나타난 이러한 웅장한 힘을 잘 보여준다. 마지막 여섯 곡의 테마가 되는 이 네 마디는 왕자와 백조의 이루지 못한 사랑을 웅장하면서도 강한 선율을 통해 전개하고 있다. 이러한 음악에서 느껴지는 힘의 이미지는 분명 매튜 본이 기존의 백조의 호수를 재해석하는 데 큰 힘을 실어 주었음에 틀림없다.

그리고 부드러움이 아닌 강인한 선과 힘이라는 이러한 이미지의 변화는 여자 무용수가 아닌 남자 무용수들을 출연시키는 파격적인 선택을 만들어 내었다. 그리고 발레 대신에 힘과 역동성을 표현할 수 있는 현대 무용의 사용이 가능하도록 만들었다. 그리고 줄거리 역시 왕자의 사랑을 기다리는 수동적 자세의 백조로 그리기보다 왕자를 보호하려는 적극적인 백조의 모습으로 탈바꿈시켰다. 이와 같은 변화들은 매튜 본의 '백조의 호수'가 단순한 장르의 전환이나 모방 수준에 그치지 않고 완벽하게 하나의 새로운 예술 작품으로서 '백조의 호수'를 재탄생시키는 결정적인 원동력이 되었다. 정말 아무것도 아닌 것처럼 보이는, 한편으로는 단순하게 느껴지는 생각의 변화이지만 이러한 변화가 얼마나 창의적이 될 수 있는지를 이 작품은 잘 보여준다.

표현의 자유와 예술적 본질의 추구

매튜 본은 뮤지컬이라는 장르의 변화, 현대 무용의 도입과 같은 형식적 변화를 통해 '백조의 호수'를 재해석하였다. 그렇다면 매튜 본이 시도한 형식적 변화의 기저에는 어떠한 의식들이 있었는지 그리고 백조의 웅장함과 힘의 이미지에 초점을 두는 것이 가지는 궁극적인 지향점이 무엇인지 살펴보자.

우선 뮤지컬이라는 장르로의 변화가 가능했던 것은 이 두 장르가 종합예술이라는 공통분모를 가지고 있었기 때문이다. 오페라나 발레, 뮤지컬과 같은 무대 예술은 그 시대의 음악과 춤과 무대장치 그리고 과학기술이 결합되어 만들어지는 종합예술이다. 따라서 뮤지컬이라는 장르의 선택은 어떻게 보면 매튜 본에게 있어서 당연한 것이었는지도 모른다. 음악, 미술, 무용과 같은 각 장르에서 현대문명이 만들어 놓은 기술의 종합체가 뮤지컬이라고 할 수 있기 때문이다. 그는 고전의 현대적 재창조가 필요하다고 생각한 것이다. 즉, 기존의 백조의 호수가 과거의 기술과 음악, 문화의 총체였다면, 시간이 흐른 지금의 기술과 음악, 문화로 표현된 백조의 호수를 만들어 내야 한다고 생각한 것이다.

먼저 고전의 현대적 재창조라는 과제를 해결하기 위해서이다. 발레나 뮤지컬은 시대가 만들어낸 종합예술이라고 할 수 있다. 현대 기계문명이 나타나기 전에 종합예술이란 음악에서는 현악기와 관악기에 의해 이루어진 클래식 음악, 춤은 전통 궁중 무용(발레)을 통해 구성될 수밖에 없었다. 하지만 기계문명이 발달하고 악기에 있어서도 디지털적인 요소들을 사용한 전자 악기가 만들어지고 춤에 있어서도 형식과 틀에서 벗어난 인간 본연의 감정과 모습을 드러내고자 하는 현대 무용이 등장하게 되었다. 인간이 만들어낸 이러한 문명의 이기들은 뮤지컬이라는 새로운 형태의 무대예술, 종합예술을 만들어 내었다. 고전과 형식과 권위를 중시하는 사람들은 그래서 뮤지컬을 천박하고 저속한 문화로 여기지만 뮤지컬을 시대가 만들어낸 새로운 종합예술 형태로 보는 것이 맞을 것이다. 매튜 본이 '백조의 호수'를 재창조한다는 것은 고전을 현대적인 것으로 만드는 것이었다.

두 번째는 형식과 틀에서 벗어난 보다 자연스러운 춤을 만들어 내고 싶은 예술적 본능 때문이다. 인터뷰 내용에서도 알 수 있듯 차이코프스키가 만들어 놓은 춤곡을 기존의 형식과 틀에서 벗어난 형태로 표현하고 싶었기 때문이다. 문명의 이기가 만들어 놓은 새로운 형태의 종합예술인 뮤지컬. 그리고 이러한 뮤지컬은 그 등장 배경에서 알 수 있듯이 기존의 형식과 기교를 중시하는 오페라나 발레와는 달리

틀에 박히지 않은 자유로움 속에서 인간 본연의 감정을 담아낼 수 있는 훌륭한 매체이다. 바로 이러한 틀에서 벗어날 수 있는 무대예술이라는 점이 바로 매튜 본이 '백조의 호수'를 뮤지컬로 바꾼 이유일 것이다. 이렇게 '백조의 호수'는 현대적인 종합예술인 뮤지컬로 재탄생하게 된 것이다.

이러한 고정된 시각을 벗어 던짐으로써 차이코프스키의 '백조의 호수'는 가장 현대적인 고전으로 다시 태어나게 되었다.

기존의 이미지	변형된 이미지	궁극점 (Product)
발레 공연	뮤지컬 공연	- 표현의 자유와 예술의 본질 추구 - 고전의 현대적 재창조
발레	현대 무용	
고귀함과 아름다움의 이미지	웅장함과 힘의 이미지	

(10) 만화: 곤(Gon)

곤은 그림만으로 작가의 메시지를 전달한다는 점에서 일반적인 만화의 범주를 뛰어넘고 있다. 곤에는 에피소드의 제목 이외에 그 어떠한 글도 적혀 있지 않다. 오직 그림만으로 작가는 자신의 생각을 표현하고 있다. 그래서 이 글만 읽으면 작가의 생각이 잘 전달될 수 있을지 의문이 생길 수도 있다. 하지만 곤은 그림 한 컷 한 컷을 동물도감보다 더 사실적이고 디테일하게 묘사하여 이러한 우려를 한방에 보내버린다. 그리고 동물도감처럼 딱딱하고 지루한 그림 컷이 아니라 살아 있으면서도 흥미롭고 재미있는 만화의 특징도 잃지 않는다. 그래서 곤은 그림만으로 이루어진 만화이지만 다른 그 어떤 만화보다 자극적이고 강한 메시지를 전달한다. 그래서 곤을 보고 있으면 즐겁고 유쾌해진다.

곤이라는 작품은 독특한 캐릭터의 설정과 사실적인 일러스트레이션만으로 만화 이상의 의미를 전달한다. 분명 말풍선과 지문이 없지만 그것들을 가진 다른 만화들을 뛰어넘는 이미지 변형은 획기적이라고 할 수 있다. 이 작품을 한 번 보게 된다면 필자의 이야기에 공감할 수 있을 것이다. 말풍선과 지문이 없다고 해서 이 작품의 스토리나 메시지가 굴절되는 것은 아니다. 오히려 그림만으로 메시지가 120% 전달되는 사례이다. 또한 이 작품의 그림체는 사실적인 묘사의 극점에 이르러 있다. 물

GON
SCHIACCIA
UN PISOLO

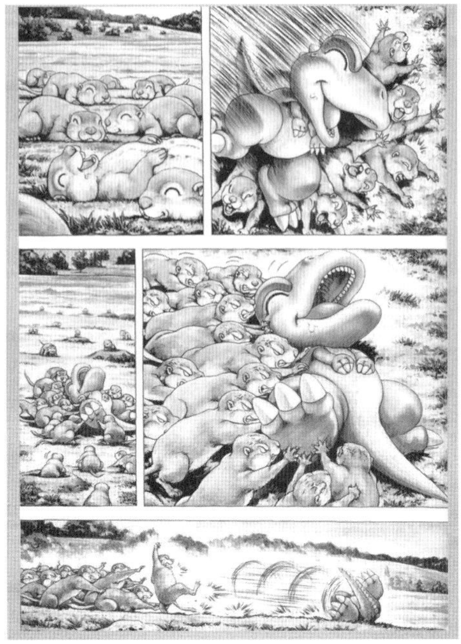

론 일러스트레이션 전문가이거나 사진처럼 모사하는 실력이 있더라도 그것을 좋은 만화라고 보지는 않는다. 하지만 이 작품이 놀라운 것은 컷마다 일러스트레이션으로 구성되지만 그 칸 사이에 재미와 웃음을 포함하고 있기 때문일 것이다.

(11) 문학, 사진과 사진의 경계를 허문 소피 칼: 현실과 허구 사이

> 현대 예술의 새로운 흐름을 주도하고 있는 소피 칼은 프랑스 여류 사진가, 설치 미술가이자 개념 미술가이다. 그녀의 작품은 사진 이미지와 그 이미지에 맞는 상상적 글쓰기라는 새로운 형식을 통해 표현된다. 그래서 사진과 이미지로 이루어진 소피 칼의 작품은 '사진-소설' 이라는 새로운 형식의 글쓰기 방법을 만들어 낸다.
>
> — 미국 위키피디아

위키피디아에 소개되어 있는 것처럼 소피 칼(Sophie Calle)은 사진과 상상적 글쓰기를 융합시켜 '사진-소설' 이라는 새로운 형식의 글쓰기 방법을 만들어낸 작가이다. 이것은 사진을 제시하고 이 사진에 대한 생각을 글로 적는다는 점에서 텍스트 중심으로 이루어진 기존의 글쓰기와 다른 특징을 보여준다. 물론 기존의 글쓰기나 소설에도 사진이 함께 제시되는 경우가 있다. 하지만 이러한 기존의 글쓰기들은 텍스트가 중심이며, 사진의 사용은 텍스트의 내용에 부합하는 것들로 이루어져 있다. 하지만 소피 칼은 사진을 먼저 제시하며, 이 사진에 대한 자신의 상상과 생각을 글로 적는다. 이것은 텍스트가 중심이던 기존의 글쓰기 방식과는 전혀 다른 새로운 방식의 글쓰기 방법이며, 사진과 소설이라는 두 장르의 경계가 허물어진 새로운 형태의 글쓰기 방법이다. 그리고 사진과 소설이라는 두 장르의 융합이라는 점에서 글쓰기 방법에서 나타난 크로스오버적인 시도로 평가할 수 있다.

그녀는 기존의 글쓰기가 글이라는 텍스트 중심으로 이루어진 것에 반해 사진을 제시하고 이 사진에 글을 적는 독특한 방식을 사용한 작가이다. 그리고 설령 기존의 소설에서 사진이 실려 있다고 해도 이것은 텍스트의 내용에 맞는 사진을 선택하여 실은 것이지, 사진이나 이미지를 먼저 제시하고 그 이미지를 보고 자신의 상상적 글쓰기를 하는 방식을 취하진 않는다. 즉, 글과 텍스트 중심이던 기존의 글쓰기 방식이 아니라 이미지가 먼저이며 자신의 글은 이러한 이미지에서 떠오르는 생각으로 채워지게 된다. 그러다 보니 자연스럽게 기존의 소설이 가지는 인과관계나 필연성은 이 작품에서 중요한 것이 아니다. 사진에 따라 상상적으로 글을 쓰고 제시하고 있을 뿐이다. 이것은 기존의 글쓰기가 가지고 있던 형식의 파괴이며, 사진과

텍스트라는 두 장르의 경계가 무너진 사례라고 할 수 있다.

그녀가 현대예술에서 주목을 받게 된 것은 '사진-소설' 이라는 새로운 형식의 글쓰기를 만들어 냈기 때문만은 아니다. '사진-소설' 이라는 새로운 형식의 글쓰기를 통해 진실과 허구의 경계를 허물어 버렸기 때문이다. 그녀의 이야기들은 진실이며 동시에 허구이다. 즉, 사진에 담겨 있는 이미지는 분명 현실의 장면이며 사실이다. 하지만 그 이미지에 붙여진 상상의 글은 진실인지 허구인지 알 수 없다. 이미지와 결합된 글은 진실일 수도 있으며 허구일 수도 있는 것이다. 그리고 이러한 글들이 진실인지 허구인지 알 수 없기 때문에, 현실을 그대로 옮겨 놓은 사진 이미지마저 허구로 만들어 버린다. 따라서 그녀의 작품에서 진실과 허구를 판별해 내는 것은 중요하지 않다. "진짜 이야기를 하면서 거짓 이야기를 즐기게 만드는 것, 혹은 거짓 이야기를 진짜처럼 속게 만드는 것", 진실과 허구의 경계를 모호하게 하여 함께 놀이를 즐기는 것이 소피 칼이 만들어낸 새로운 형태의 글쓰기 방법인 것이다.

그래서 그녀는 '일상' 과 '우연' 이라는 소재를 많이 사용한다. 현실과 허구의 경계를 허물어 버리는 독특한 형식의 글쓰기 방식을 가지고 있는 그녀이기에 '일상' 과 '우연' 은 상상력을 자극하는 훌륭한 소재인 것이다. 필연이나 인과관계는 중요한 것이 아니다. 현실에서 일어나는 일상과 삶은 필연과 인과관계와는 상관없이 그녀의 상상력에 의해 재가공되기 때문이다.

이러한 그녀의 글쓰기 방식이 처음 나타난 것은 1979년에 발표한 『베니스의 추적』을 통해서다. 그녀는 우연히 만난 한 남자의 일상을 카메라로 추적한 후, 그 사진의 이미지와 글을 결합한 새로운 작품을 시도한다. 그리고 이듬해 파리 비엔날레에 27명의 남성이 자신의 침대에서 잠자는 풍경을 담은 『잠자는 사람들』이라는 작품을 전시함으로써 유명해진다. 이 작품에서도 27명의 남성들은 어떤 의미나 이유 없이 그저 소피 칼의 침대 위에 누워 자고 있는 일상의 모습을 보여준다. 그리고 소피 칼은 그 모습을 사진으로 담은 후 상상적 글쓰기를 하여 작품을 만들었다. 그녀의 우연과 일상을 사용한 작품 만들기는 여기에서 그치지 않는다. 이후 『미행』이라는 작품에서는 사설탐정을 고용하여 자신을 미행하게 하고 그 사진을 구성하여 작품을 만들어 낸다. 이 작품에서 그녀는 타인의 시선에 자신을 노출시킴으로써 자신의 존재를 주체에서 객체로 전환시켜 스스로를 타인처럼 느끼게 만들었다. 즉, 그녀가 타인에게 자신을 드러내는 행위, 이를 위해서 고의로 연출하는 어떤 행위가 곧 작품이 되는 것이다. 또 『호텔』에서는 호텔 여종업원으로 일하며 손님이 빠져나간 객실의 모습을 찍고 이야기를 만들어 냈다. 그리고 『전화번호 수첩』에서는 그녀의 상상력의 극치를 보여준다. 우연히 길에서 주운 전화번호 수첩의 주인을 추적하기 위해 수첩에 적힌 인물들을 만나 사진을 찍고 인터뷰한 다음 작품을 만들어 내는 그녀의 참신함에 놀라지 않을 수 없다. 그리고 한국에서 출판되는 『진실된 이야기』 사진 속의 지극히 평범한 혹은 아무것도 아닌 대상에 글을 덧붙임으로써 이야기가 가득 찬 대상으로 변모시킨다.

소피 칼은 일상과 우연에서 포착한 이미지를 상상의 글로 만들어 내는 작업을 통해 글과 이미지, 현실과 허구가 혼합된 형태의 새로운 상상력의 세계를 보여주고 있다. 그리고 소피 칼이 보여주는 새로운 방식의 이야기하기는 이미지가 범람하는 이 시대에 예술적 아이디어와 상상력을 어떻게 만들어 낼 수 있는지를 보여준다. (네이버 소피 칼의 책 소개 페이지에서 내용 참조 및 일부 그대로 인용)

아래에서 필자가 가장 인상 깊게 보았던 소피 칼의 2007년 베네치안비엔날레 출품작 『잘 지내』라는 작품을 통해 소피 칼의 현실과 허구의 경계를 허무는 상상력을 마음껏 느껴보길 바란다. 소피 칼의 이 작품은 실연 메일을 분석한 것이다. 소피 칼은 사귀는 남자친구로부터 '헤어지자' 라는 메일을 받는다. 소피 칼은 내용을 복사해서 107명의 친구, 동료 아티스트, 지인들에게 보내 꼼꼼히 검토해 주길 요구했다. 그리고 실연의 내용이 담긴 메일을 읽은 107명의 사람들의 사진과 얘기를 담아 전시하였다. 편지 내용을 점자로 만들기도 하고 편지를 받은 문법 교사는 그 남자의 편지를 철저하게 잘근잘근 씹듯이 교정과 교열을 하여 딸기 밭을 만들어 버린다. 전시장 안의 사진과 글들은 모아졌다 흩어졌다를 반복하며 실연을 통보한 남자를 생각하게 한다. 소피 칼의 메시지를 받은 서로 다른 공간에서 서로 다른 직업을 가진 107명의 여자들은 서로 다른 감정을 가지면서 같이 아파하고 울며 분노하면서 메일로 실연을 통보받는 순간의 혼란과 사고의 무질서를 107명의 의도된 사람들과 함께 나눈다. 남자친구의 메일은 감정적으로 찢겨지기도 하고, 팽겨쳐지기도 한다. 이성적으로 분석되고 가공됨으로써 질서와 자아를 찾아가게 된다.

(12) 필로티: 새로운 건축적 자유 필로티

필로티는 프랑스의 건축가 르 코르뷔지에(Le Corbusier)가 20세기 초에 제창한 새로운 건축 방식이다. 건물을 지면보다 높이 받치는 기둥이라는 필로티의 사전적 정의에서 알 수 있듯, 필로티는 건축물을 벽이 아닌 기둥을 사용하여 들어 올림으로써 지상에서 분리시켜 새로운 공간을 만들어 내는 건축 방식이다. 이것은 건축물은 지상과 맞닿아 있어야 한다는 기존의 관념에서 벗어난 것이며, 이러한 필로티가 만들어 낸 새로운 공간은 벽으로부터의 해방을 의미한다. 또한 이러한 지상으로부터의 분리와 벽으로부터의 해방은 오래된 기존 건축물의 질서와의 결별을 통한 건축적 자유로의 전환을 의미한다.

건축에 대한 기존의 오래된 질서와 관념은 건축물은 지상과 맞닿은 공간이어야 한다는 것이었다. 또한 전통적인 건축의 질서와 관념에서 벽이란 외부와 내부를 구분지어 주는 경계이자 건축물을 지탱하는 기둥으로서의 의미를 지니고 있었다. 하지만 포스트모더니즘이 가지는 해체주의에 대한 욕구는 기존의 건축 질서와 구조에 변화를 가져왔다. 그리고 외부와 내부를 구분하는 건축을 넘어 인간과의 조화, 개방이라는 보다 자유로운 개념의 건축정신을 가져왔다. 르 코르뷔지에는 『건축을 향하여』라는 그의 저서를 통해 이러한 건축의 정신을 잘 드러내었다. 그는 건축물이 땅위를 걷는 인간의 보행을 방해해서는 안 된다고 생각하여 필로티 개념을 만들어 냈다. 즉, 인간의 보행을 가로막는 장애물을 최소화하기 위해 각 건물을 기둥만 남기고 지상 위로 띄우는 방안을 제안하였다.

이러한 르 코르뷔지에의 건축에 대한 새로운 이미지 변화는 실용적인 측면에서도 많은 장점을 가지고 있다. 필로티에 의해 만들어진 공간은 인간의 보행을 방해하지 않고 주차장이나 주민들의 휴식공간과 같은 새로운 용도로 사용하게 된다. 뿐만 아니라 1층이 존재하지 않기 때문에 거주공간의 프라이버시를 확보하면서 개방적인 시야와 조망을 제공해 주게 된다. 이처럼 필로티는 단순히 지면으로부터 떨어져 생활한다는 의미를 넘어 새로운 공간의 활용을 가능하게 해주었으며, 많은 장점을 제공해 주었다.

이처럼 필로티라는 새로운 구조 형식의 발견은 벽이 더 이상 집을 지탱하는 단

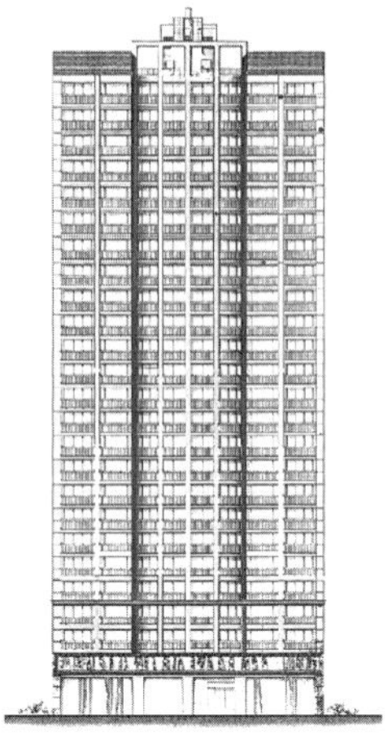

단한 껍질이 아니며 단순히 집을 싸주는 껍질로 되돌아 가도록 만들어 주었다. 그리고 벽 대신 가늘고 가벼운 기둥들로 집을 지탱함으로써 보다 넓고 자유로운 내부 공간을 확보하고 건물의 외관에서도 새로운 형태와 미를 표현할 수 있게 되었다. 필로티는 오랜 시간 인간이 넘어설 수 없던 한계를 벗어나 아주 가볍고 경쾌한 자유를 구가하는 인간 정신의 건축적 표현이다. 필로티는 기존 질서와의 결별을 의미하며, 벽으로부터의 해방을 의미하며, 또한 새로운 건축적 자유를 의미하는 것이다.

(13) 프랑크 게리와 자하 하디드: 기능주의의 초월과 자유로운 형태로 전환된 건축 디자인

프랑크 게리(Frank Owen Ghery)와 자하 하디드(Zaha Hadid)는 포스트모더니즘과 관련된 대표적인 건축가들이다. 그들은 모더니즘과 기능주의적 논리와 규칙을 깨뜨리고 건축디자인 개념에 자유로운 형태 전환을 가져온 건축가들이다. 그들은 기존의 모더니즘적 디자인들이 일정한 질서와 규칙을 추구하는 데 반하여 무질서와 비규칙성을 추구한다. 그리고 기존의 건축물들이 대칭성과 안정성을 추구하는 데 반해 비대칭적이고 불안정한 구조를 사용하여 새로운 형태의 건축물을 만들어 내고 있다. 이것은 기존의 기능주의적 사고와 관점이 실용성과 효율성을 추구하는 데 반해 해체주의적 관점이 형태나 구조의 아름다움을 위해서는 이러한 실용성과 효율성을 과감하게 버리는 데서 찾을 수 있다. 이러한 기존의 건축물에 대한 이미지의 변화는 말이나 글로 설명을 듣는 것보다 아래에 제시되어 있는 사진을 통해 더 감각적으로 느낄 수 있을 것이다. 건축에서 일어난 이미지의 변형에 대해서는 설명보다 아래 다음 사진을 보면 모두들 감각적으로 느낄 수 있을 것이다.

아래 그림에서 알 수 있듯이 프랑크 게리나 자하 하디드는 진부적인 모더니즘

〈기존의 동대문 운동장〉

〈자하 하디드의 동대문 운동장의 새로운 설계〉

형태를 파괴하고 멀어지며 비대칭적이고 비리듬성과 불확실성을 추구한다. 따라서 그들의 건축물은 일반적으로 우리가 생각하는 건축물과는 눈에 띄게 다른 몇 가지 특성이 있다. 외형적으로 기능적 배치에 중심을 둔 과거의 것들을 과감히 무시하고 대부분이 사선이나 곡선으로 기울어지고 비틀어지고 휘어지고 겹쳐지는 등의 구성을 통해 이루어진다. 이것은 안정적으로 보이는 것이 아니라 매우 불안정한 것으로 보이고 균형에 있어서도 비대칭적이며 불균형적이다.

실제로 프랑크 게리의 대표적인 건축물인 빌바오(Bilbao) 구겐하임 미술관은 Bilbao Effect(빌바오 영향)라 일컬어지며 망해버린 스페인의 공업도시 빌바오를 연간 150만 명의 관광객이 찾는 명소로 변화시켰다. 이 건물은 여러 개의 긴 조각으로 해체되어 다시 조합된 형태이고 그 표면은 물고기 비늘처럼 티타늄 판들로 덮여 있어 볼 때마다 다른 빛을 드러낸다. 또 어느 방향에서 보든지 새로운 모습이 역동적으로 나타나며 보는 각도에 따라 거대한 선박, 헤엄치는 물고기 형상, 피어나는 꽃 등 다양한 모습을 찾을 수 있는 시각적 대상으로 존재하고 있다. 이런 형태의 왜곡, 단편화, 중첩은 신선한 충격으로 건축물의 기능적인 부분보다 심미적 매력이 우리에게 더욱 영향력이 큼을 보여준다.

자하 하디드는 프랑크 게리보다 더 진보적인 형태를 추구한다. 그녀가 2010년에 완공시킬 우리나라 동대문 운동장 공원도 역시 기존의 전통적인 동대문 운동장이 가지고 있던 이미지를 과감하게 파괴한 모습을 보여준다. 마치 UFO가 서울 도심에 내려앉은 듯한 외관과 액체의 흐름을 연상시키는 건축물과 공원 형태를 통해 유기적이고 통합적인 공간으로서의 건축물이 완성될 것이다. 이러한 공간적 유연성과 바닥조경면의 연속적 면은 공원과 월드디자인 플라자를 하나로 연결하면서 연속적 풍경을 만들어 낼 것이다.

(14) 피카소의 '시녀들'

크로스오버와 관련한 또 하나의 사례로 피카소의 '시녀들' 이 있다. 피카소는 사실주의 그림의 대표 작품으로 잘 알려진 벨라스케스의 '시녀들' 을 자신만의 방식과 시각으로 새롭게 재해석하였다. 왼쪽의 그림은 17세기 사실주의의 대표적인 화가 벨라스케스의 '시녀들' 이라는 작품이고, 오른쪽은 입체파의 거장 피카소가 그 작품을 새롭게 재해석하여 그린 '시녀들' 이다. 피카소는 거장들의 고전들을 연구하면서 그들의 그림을 자신만의 방식으로 새롭게 해석해야겠다는 생각을 가지고 있었다. 그리고 이러한 그의 생각은 미술의 신화라고 불리는 벨라스케스의 '시녀들' 을 기존의 이미지와는 전혀 다른 매우 독창적인 방식으로 재탄생시킨다. 다음 그림

〈벨라스케스의 시녀들〉

〈피카소의 시녀들〉

에서도 느낄 수 있듯이 미술의 신화라고 불리는 벨라스케스의 '시녀들'은 피카소에 의해 매우 대담하면서도 독창적인 방식으로 재탄생되었다.

먼저 그들의 화풍이 사실주의와 입체파라는 것에서 알 수 있듯, 사실적으로 묘사되어 있는 벨라스케스의 '시녀들'과 사물들의 형태와 원근감을 무시하는 피카소의 '시녀들'은 뚜렷한 차이를 보인다. 이것은 입체파의 특징과 맥을 같이하는 것이다. 입체파는 사물의 본질은 외부에 있는 것이 아니라 내부에 있다고 생각하고 사물에 고정된 형태는 존재하지 않는다고 생각한다. 그리고 같은 사물에 대해서도 주변 환경, 바라보는 시점, 그리고 사람의 마음속 관점에 따라 다양하게 나타난다고 본다. 그래서 입체파는 형태의 해체에 관심이 많으며, 원근감을 무시하고, 분할한 형태를 평면위에 다시 구성한다. 입체파에서는 사물을 보이는 그대로 표현하지 않는다. 피카소는 이러한 사실주의가 아닌 큐비즘이라는 새로운 관점으로 사실주의의 백미라고 불리는 벨라스케스의 '시녀들'을 대담하고도 독창적으로 재해석하였다.

피카소의 '시녀들'에서 인상적인 표현을 살펴보면, 먼저 게르니카와 마찬가지로 회색빛으로 표현되었다. 그 중 가장 밝은 흰색으로 그려져 있는 마르가리타 공주는 얼굴은 정면, 시선은 오른쪽, 코의 방향은 왼쪽을 향하고 있다. 이것은 입체파가 사물을 바라보는 대표적인 표현 방법이다. 그리고 왼쪽에 있는 마리아 어거스티나 사르미엔토는 선만으로 표현되었는데 영감을 주는 선만을 캐치한 그의 감각이 엿보이는 부분이다. 그리고 그림을 그리고 있는 베라스케스의 모습은 추상적으로 표현되어 있다. 그의 얼굴은 두 개로 갈라져 마치 서로를 바라보고 있는 것처럼 표현되어 있다. 그리고 몸은 마치 연기처럼 피어나는 듯한 이미지로 형상화하였다. 마지막으로 그림의 최하단에 있는 개와 소년은 윤곽선만으로 그려져 있다. 세부적인 묘사 없이 단순히 사물에서 보이는 윤곽만으로 대상을 표현한 피카소의 재치가 놀라울 따름이다.

피카소는 그림을 바라보는 새로운 시각을 가지고 기존의 그림이 가지고 있던 형태를 완전히 분해하고 파괴했다. 그리고 그 결과로 피카소의 시선에 비쳐진 완전히 새로운 '시녀들' 을 완성해 냈다.

제4장

사회학자로서 글쓰기: Howard Becker의 조언

1. 글쓰기 시작 단계에서의 지침
2. 글을 쓰는 과정에서 참고할 수 있는 지침
3. 퇴고와 편집 단계에서 참고할 수 있는 지침
4. 참고문헌

아마도 사회과학 분야의 학자가 되려고 하는 학생들과 연구자들은 학위과정에서 사회학자인 Howard Becker가 쓴 『사회과학자의 글쓰기』라는 책을 읽게 될 것이다. 우리나라의 경우에는 글쓰기에 대한 강좌가 개설되어 있지 않지만 필자가 알고 있는 북아메리카의 경우, 교육학을 포함한 인문학과 사회과학 분야에서 Howard Becker의 『Writing for social scientists』는 대학원의 연구방법 강좌와 학위논문 작성 코스, 글쓰기 코스의 고전으로 읽히고 있다. 필자의 경우 미국에서 공부하는 동안 이 책을 대강 읽었지만 본서를 집필할 무렵에 이 책의 내용을 한 장(chpater)으로 요약하여 할애하기로 마음을 먹고 자세하게 읽기 시작하였다. 다시 이 책을 읽으면서 왜 이 책이 글쓰기 분야의 고전이 되었는지를 몸소 알 수가 있었다. 왜냐하면 필자가 글을 쓰면서 경험한 내용, 글쓰기와 관련되어 고민하였던 부분을 저자 역시 잘 드러내 주고 그 해결방법을 잘 소개해 놓았기 때문이다. 책 전체의 내용은 크게 다음 세 단계로 구분되어 있다(1. 글쓰기 시작 단계에서 참고할 수 있는 지침, 2. 글을 쓰는 과정에서 참고할 수 있는 지침, 3. 퇴고와 편집 단계에서 참고할 수 있는 지침). 이에 이 장에서는 그러한 구조를 기초로 하여 질적 글쓰기를 하는 데 참고할 내용이 무엇인지를 Howard Becker의 경험과 조언에 따라 생각해 보고 실천해 보기 바란다.

책의 전체 구조를 개요하면 다음과 같다.

글쓰기 시작 단계

- 개요를 작성하라.
- 본론을 먼저 쓴 후에 서론을 써라.
- 구체적이고 명확하게 서론을 써라.
- 일단 생각나는 문장을 쓰기 시작하라.
- 무계획적인 초고를 작성하라.

글을 쓰는 단계

- 글을 조직하라.
- 평범한 등장인물을 선택하여 평이한 용어로 서술하라.
- 문헌을 적절히 사용하라.
- 컴퓨터를 잘 활용하라.
- 글쓰기를 그만 끝내라.

퇴고와 편집 단계

- 수동태 대신 능동태를 사용하라.

- 간결한 단어를 사용하라.
- 반복을 피하라.
- 논점을 구조적으로 강화시켜라.
- 추상적 용어보다 구체적 예시를 먼저 사용하라.
- '진부한' 은유를 피하고 '의미 있는' 은유를 사용하라.

1. 글쓰기 시작 단계에서의 지침

이 절에서는 Howard Becker가 지적한 글쓰기 시작 단계에서 겪는 어려움과 그것에 대처하여 글쓰기를 시작할 수 있는 몇 가지 지침을 소개하고자 한다. 매우 흔히 나타나는 글쓰기의 어려움은 두 가지 태도에서 비롯한다. 하나는 글의 시작에 관한 것이고, 다른 하나는 '어떤 방식으로 글을 조직화하는가'에 관한 것이다. 이 문제를 위한 유일한 해결책은 없다. 이는 활용할 수 있는 해결책에 도달할 수 없다는 뜻이 아니라, 단지 이미 존재하고 있다고 생각되는 단 하나의 완벽한 해결책을 찾아내는 것이 불가능하다는 것을 의미한다.

대부분의 저술가, 심지어 전문저술가조차도 글을 시작하는 데 어려움을 겪는다. 그들은 쓸 때마다 매번 새로운 방식으로 불만족스러운 것이 발견되기 때문에 첫 문장이나 첫 단락을 가지고 씨름하면서 서두를 계속해서 다시 작성한다. 단 하나의 올바른 방법이 존재한다고 믿기 때문이다. 글을 시작하는 올바른 방법을 찾기만 한다면, 그 밖의 모든 문제는 저절로 해결되고, 그들 앞에 숨어 있는 다른 모든 두려운 문제들도 사라질 것으로 생각한다. 그러나 글을 쓰는 단 하나의 올바른 방법은 없다. 다음은 필자가 글쓰기 시작 단계에서 추천하는 지침을 도식으로 나타낸 것이다.

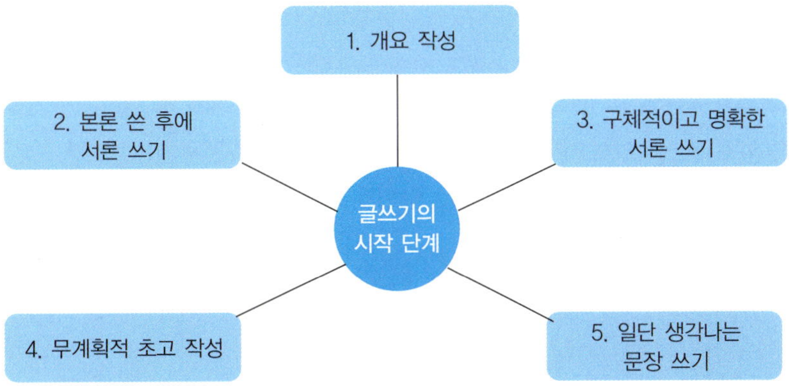

(1) 개요를 작성하라

개요는 아마 글을 쓰는 이가 어디로 가는가를 보여주고, 모든 함축된 의미를 파악하도록 도움을 주며, 모든 함정을 피할 수 있도록 해주고, 올바른 결론에 도달할 수 있도록 해준다. 개요는 글을 쓰는 단 하나의 올바른 방법을 찾아주지 않을지라도, 글을 시작하는 데 도움을 줄 수 있다. 하지만 그렇게 되기 위해서는 반드시 개요가 쓰고자 하는 실제 논문의 분석틀이 될 정도로 세부적이어야 한다. 즉 이것은 논문작성이 약간 다른 형태—개요 작성—라고 생각하면 될 정도로 자세하고 구체적인 것이 좋다.

(2) 본론을 먼저 쓴 후에 서론을 써라

서론은 앞으로 연구자가 무엇을 어떤 방향으로 쓸 것인지에 대해 소개하는 부분이다. 아직 아무것도 쓰여진 것이 없는 상태에서 무엇이 어떤 방향으로 진행될 것이라고 쓰는 것은 상당히 까다로운 일이다. 그렇기 때문에 이미 수집한 자료를 이용하여 본론을 어느 정도 작성하고 난 후에 서론을 쓴다면 보다 쉽게 글의 시작을 열 수 있을 것이다. 이에 대해 Everett Hughes는 "서론은 글을 소개하기로 되어 있다. 아직 쓰지 않은 것을 어떻게 소개할 수 있단 말인가? 당신은 소개할 것이 무엇인지 모른다. 소개할 것을 먼저 쓴 다음에야 소개할 수 있다."고 말했다. 만일 그렇다면 여러 개의 다양한 서론을 쓸 수 있다는 사실을 발견할 수 있다. 각각의 서론은 어떤 면에서 각기 올바른 것이며, 자신의 생각을 약간씩 다르게 변형시킨 것이다. 즉 내가 말하고자 하는 것을 진술하기 위해 단 하나의 올바른 방법을 찾을 필요가 없다. 그 대신, 내가 말하고자 하는 것이 무엇인지를 알아야 한다. 모든 것을 말한 후에 서문을 훨씬 더 쉽게 작성할 수 있고, 처음 글을 시작할 때보다 내가 의미하는 바를 훨씬 더 잘 알 수 있다. 만일 논문의 본론을 끝낸 후에 서론을 쓴다면, 단 하나의 올바른 방법에 대한 문제로부터 압박을 훨씬 덜 받을 것이다.

(3) 구체적이고 명확하게 서론을 써라

구체적이고 명확한 서론이란 논의가 어떤 방향으로 진행되며 그것이 무엇을 뜻하는지, 결론이 명확하게 드러난 서론을 의미한다. 사실 많은 사회과학자들은 애매모호한 글로 시작하는 것이 사실상 잘하는 일이라고 생각한다. 탐정소설에서 실마리를 하나씩 풀어 나가듯이 사회과학자들이 증거가 되는 항목을 하나씩 풀어 나가는 것처럼 사회과학자들은 증거가 되는 항목을 한 번에 하나씩 보여 줌으로써 주장과 증거를 한꺼번에 요약해 주는 드라마틱한 결론 단락을 의기양양하게 제시할 때까지 독자의 관심이 지속되기를 바란다. 사회과학자들이 그렇게 하는 것은 모든 증거를 제시하기 전에 결론을 내리는 것을 금하는 과학적 신중함 때문일지도 모른다. 연구자들은 흔히 이런 방식으로 조사연구의 결과를 보고한다. 예를 들면, 계급과 인종적 편견이 직접적으로 관계되어 있음을 표를 통해 보여준다. 그리고 그 다음 표에서 그러한 관계는 교육 수준이 동일한 경우에만 참이라는 사실을 보여준다. 여러 개의 표들이 계속해서 연령이나 민족의 영향을 보여 주는데, 이런 방식은 문제를 더욱더 복잡하게 만든다. 이처럼 항목에 의한 분석을 장황하게 보여준 후, 그러한 분석을 통해 정당화하고자 하는 결론이 최종적으로 나타난다.

그러나 사회과학적 논문이나 글은 독자에게 논의가 어떤 방향으로 진행되고 모든 자료가 최종적으로 설명할 것은 무엇인가를 먼저 말해 주어야 한다. 많은 연구자들이 다음과 같은 이유로 이런 방식을 사용하는 데 대해 조심스러워한다. "만약 초반부에 결말을 밝혀 버린다면, 아무도 그 다음 부분을 읽지 않을 것이다." 하지만 과학적인 논문이 이 말을 정당화시킬 만큼 충분히 스릴 넘치는 주제를 다루는 경우는 거의 없다. 만일 연구자가 비밀을 노출시키는 단락을 첫머리에 집어 넣는다면, 논문의 각 부분이 결론에 도달하는 과정에 있어 어떤 공헌을 하는가를 첫머리 단락과 결부시켜 명백하게 진술할 수 있다.

(4) 일단 생각나는 문장을 쓰기 시작하라

저자는 글쓰기의 시작이 어렵다면 일단 생각나는 문장을 쓰기 시작하라는 제법 강력한 조언을 했다. 그것은 굳이 '처음' 부터 시작하지 않아도 된다는 의미이다. 본론의 한 부분에 대해 퍼뜩 떠오르는 생각이 있다면 그 생각을 주저 없이 써 내려가라는 의미인 것이다. 이제 위와 같은 조언을 토대로 (처음이 아닌) 다른 곳에서 글을 시작한다고 가정해 보자. 만약 첫머리에서 시작하지 않는다면, 어디서 시작해야 하는가? 처음에 무엇을 써야 하는가? 어떤 문장은 첫 문장만큼이나 나를 괴롭히지 않을까? 아무튼 모든 문장은 본질적으로 전반적인 논의를 포함하거나, 최소한 함축해야 하지 않을까? 물론 그럴 수 있다. 그러나 모든 문장은 수정되고, 퇴고되고, 삭제되고, 부인될 수 있다는 점을 명심해야 한다. 그렇다면 연구자는 어떤 것이든 쓸 수 있다. 어떤 문장도 해가 되지 않는다.

일단 문장을 써 보는 것이 전혀 해가 되지 않는다는 사실을 실제로 시도해 봄으로써 알게 되면, 개요, 메모, 자료, 책이나 그 밖의 도움이 되는 다른 것들에 관계없이 소고에서 떠오르는 것은 무엇이든 간에 적거나 타이핑하는 작업을 할 수 있게 된다. 이러한 작업의 목적은 연구자가 말하고 싶어하는 것, 논문의 주제나 프로젝트에 대한 초기작업을 통해서 얻은 결과가 무엇인지를 발견하는 것이다.

만일 이러한 방식으로 '자유로운 글쓰기'를 하게 된다면 몇 가지 흥미로운 사실을 발견할 수 있을 것이다. 자유롭게 글을 쓰라는 지침에 따라 머릿속에 떠오르는 대로 적어 내려간다면, 연구자가 두려워하던 당황스러운 다양한 선택을 하지 않아도 된다는 사실을 알게 될 것이다. 무언가를 써 놓은 종이를 보고, 대부분의 내용이 몇 개 되지 않는 주제에 대해 약간씩 다르게 표현하고 있다는 사실을 발견할 수 있다. 자신이 쓰고자 하는 것이 무엇인지를 알고, 다른 판의 원고들을 비교해 본다면, 그 차이가 얼마나 사소한가를 쉽사리 파악할 수 있을 것이다.

(5) 무계획적인 초고를 작성하라

저자가 말한 무계획적인 초고란 앞서 말했던 일단 생각나는 문장을 쓰기 시작한 후 그 글의 조각들을 이어 붙여 완벽하지 않은 초고를 완성하라는 의미이다. 그것은 결코 단 한 번에 완벽한 글을 쓸 수 없으며 글의 조직 또한 완벽할 수 없으니 수집한 자료를 통해 일단 한 편의 초고를 완성하고 난 후의 문제는 퇴고에 맡기자는 뜻이다. 즉, '무계획적'이라는 말은 개요를 따르지 않는다는 의미가 아니라 개요와 계획에 '어긋날 수도 있는' 완벽하지 않은 초고를 만들어낸 후에 연구자의 의도와 목적대로 글을 다듬어 나가라는 의미이며 그것은 글쓰기의 진행을 도와주며 훨씬 완성도가 높은 글이 나올 수 있도록 도와준다.

타자기 앞에 앉아 어디서부터 시작할까 생각하고 있을 때, 머릿속을 스쳐 지나가는 무수한 생각을 모두 타이핑할 수는 없다. 아무도 그렇게 할 수 없다. 이러한 혼돈의 두려움은 거의 모든 연구자에게 나타난다. 처음에는 이러한 혼돈이 떠올라 괴롭고, 두 번째에는 다른 아이디어가 머릿속에 떠오른다. 네 번째 것쯤을 생각할 때에는 이미 첫 번째 생각이 사라져 버린다. 아마도 다섯 번째 생각은 처음 생각과 동일할지도 모른다.

어떤 주제에 대해 알고 있는 모든 것을 평가하고, 정교화하고, 연관시키려는 시도는 우리가 기억하여 작업할 수 있는 용량을 쉽게 뛰어넘을 수 있다. 하나의 단순한 문장을 구성하는 시도에서조차 똑같은 결과를 초래할 수 있다. 왜냐하면 우리는 하나의 단순한 문장이 제공하는 문법적, 구문론적 대안, 그리고 어조, 뉘앙스, 리듬에 대하여 모든 가능성을 가지고 마술을 부리려고 하기 때문이다. 따라서 문장 구성은 짧은 기억력에 너무 많은 짐을 지우도록 위협하는 인지 활동(Flower, 1979: 36)이라고 할 수 있다.

바로 이것이 글을 쓰기 시작할 때 자신이 쓰려고 하는 것에 대해 계속해서 준비하고 생각하기보다는 일단 초고를 쓰는 것이 더 중요한 이유이다. Joseph Williams는 일관성을 목표로 삼는 첫 번째 원고를 위해 단어 기록장을 준비해 두라고 제안한다. 이러한 제안은 자유로운 글쓰기가 좀 더 잘 조직화된 글을 쓰기 위해 절대로 잘못해서는 안 되는 것들에 대한 작업노트를 산출한다는 사실을 강조하기 위한 것이다. 연구자는 사고(思考)에 물질적인 형상을 부여할 필요가 있다. 즉 사고를 종이에 적어둘 필요가 있다는 것이다. 글로 쓰여진 생각은 없어지지도 않고, 그 형태가 바뀌지도 않으며, 나중에 떠오른 다른 생각과 비교할 수도 있다. 떠오르는 생각을 글로 적어 나란히 놓고 비교해 보면, 연구자가 얼마나 적은 수의 생각을 갖고 있는지를 알 수 있다.

이런 방식으로 글을 쓴다면, 초고를 마무리할 즈음에 이르러서는 대개 연구자의 마음속에 있는 것이 무엇인지를 발견하게 된다. 마지막 단락은 서론에 반드시 포함되어야 할 내용이 무엇인지를 알려준다. 그러면 연구자는 되돌아가서 그 내용을 적어 넣고, 새로이 발견한 시각을 바탕으로 다른 단락들을 조금씩 고치면 된다.

2. 글을 쓰는 과정에서 참고할 수 있는 지침

Howard Becker는 저서의 전 부분을 통해 글을 쓰는 과정에서 참고할 수 있는 조언들을 언급했다. 이 절에서는 그가 언급한 사회과학적 글을 쓰는 과정에서의 실용적인 지침을 정리해 보았다: (1) 글의 조직, (2) 등장인물의 탐구, (3) 문헌의 효율적인 활용, (4) 컴퓨터의 효율적인 활용, (5) 글쓰기 끝내기.

다음은 이러한 조언을 간추린 것이다. 이것을 통해 그의 조언이 매우 실용적이며 직접적이라는 사실을 확인할 수 있다.

글의 조직

- 미완의 부분을 논리적으로 전개시켜라.
- 해결하기 어려운 문제에 대해 설명하라.

적절한 등장인물의 사용

- 평범한 등장인물을 선택하라.
- 고상한 용어 대신 평범한 용어를 사용하라.

문헌의 효율적인 활용

- 자신이 말하고자 하는 바를 이미 논의된 것과 연계시킴으로써 새로운 무엇인가를 진술하라.
- 글쓰기에 유용한 '기본단위' 를 찾아라.

컴퓨터의 효율적인 활용

- 육체적인 탈진을 막아라.
- 글을 쓰면서 생각하라.
- 자잘한 일을 줄여라.

글쓰기 끝내기

- 글쓰기를 과감하게 끝내고 퇴고의 단계로 들어가라.

(1) 글을 조직하라

어떻게 글을 시작할 것인가에 대한 문제만큼이나 해결하기 어려운 문제는 연구자가 말해야 하는 내용을 어떻게 조직화할 것인가 하는 문제이다. 연구자들은 흔히 자신의 자료를 어떻게 조직화해야 할지, 이것을 먼저 언급해야 할지 저것을 먼저 언급해야 할지, 또는 조직화 원리로 이 개념을 사용해야 할지 저 개념을 사용해야 할지 모르겠다고 불평한다. 연구자들은 글을 조직하는 다양한 방법들 가운데 단 하나만이 옳다는 생각을 갖고 있기 때문에, 글의 조직화에 관한 문제로 인해 난관에 봉착하게 되는 것이다.

미완의 부분을 논리적으로 전개시켜라

저자는 글을 조직하는 과정에서 미완의 부분을 찾고 그것을 논리적으로 전개시키는 일이 중요하다고 강조하였다. 여기서 미완의 부분이란 글의 조직에 반드시 포함되어야 하지만 연구자가 아직 발견을 못했거나 그 부분의 필요성을 인식하여 발견했다 하더라도 아직 쓰여지지 않은 글의 한 부분이라고 할 수 있다.

연구자가 수집한 자료들을 최종적으로 어떻게 짜맞추든지 간에, 수집하고 작성된 자료는 사용할 수 있다. 여러 가지 방식 중 어느 방식을 사용하든지 간에 연구자는 연구자가 의도한 동일한 결과물을 기록할 것이고(비록 순서가 다를지라도), 필연적으로 동일한 결론에 도달할 것이다(각 방식에서 사용한 용어와 강조점은 달라질 수 있다). 문제는 어떤 방식을 선택하든지 간에, 연구자가 아직 언급하지 않았거나 설명하지 않은 무엇인가에 대해 연구자는 이야기하거나 이야기하고 싶어한다는 것이다. 즉 연구자들은 글을 시작하면서, 글의 최소단위들, 다시 말해 최종 결론이 도출된 미완의 부분이 무엇인지조차 알지 못하며 그런 최소단위들을 짜맞출 수 있는 다른 방법에 대해서도 그다지 많이 알지 못하는 것이다.

가장 먼저 해야 할 일은 이러한 미완의 부분을 찾는 일이다. 개요는 이 일에 도움을 줄 수 있다. 그러나 개요를 가지고 글을 시작하면 도움을 받지 못할 수도 있다. 개요에 의존하여 시작하는 대신에, 모든 것을 적어 가면서, 가능한 한 빨리 아이디어를 토해내는 방식으로 글을 쓰기 시작한다면, 미완의 부분을 찾아낼 수 있을 것이다. 이러한 미완의 부분은 모든 수준의 일반적인 진술에 틀림없이 존재한다. 일단 미완의 부분이 있다면 연구자는 그 부분들이 얼마나 본질적으로 다른지, 그 부분들이 어떻게 일반적인 것에서 구체적인 것에까지 분포되어 있으며, 그 부분들과 연구자의 화제를 생각하는 방식이 얼마나 접목되어 있지 않은지 등을 알 수 있다. 이제 연구자는 미완의 부분들을 정리해서, 최소한 독자들이 합리적인 논의라고 인식할 수 있도록 미완의 부분들을 논리적으로 전개시켜야 한다.

사람들은 이 문제를 다양한 방식으로 해결한다. 이때 가장 유용한 원칙은 '가장 쉬운 것부터 하라' 는 것이다. 가장 쉬운 부분부터 쓰고, 논문들을 분류하는 것과 같은 단순한 허드렛 일들을 먼저 하는 것이다. 여기에 자료를 조직화하는 방법을 발견할 수 있는 한 가지 쉬운 방법이 있다. 이 방법의 가장 큰 이점은 어려운 정신 노동을 좀 더 손쉬운 육체 노동으로 전환시켜 주어 일을 쉽게 만들어 주는 데 있다.

우선 써 온 것에 관해 메모를 하고, 각각의 생각을 카드에 적는 것부터 시작하라. 원고에 적혀 있는 어떤 생각도 없애 버리지 마라. 그런 생각은, 그 순간에는 어떻게 사용해야 할지 알 수 없을지라도, 여러 가지로 유용하다. 이제 그 카드 뭉치를 파일(pile)별로 분류하라. 함께 묶을 수 있을 것처럼 보이는 카드들은 같은 파일에 집어 넣어라. 그러나 당분간은 그 카드들의 공통점이 무엇인지를 너무 세심하게 찾으려고 하지 마라. 다만 직감에 따르라. 파일들을 모두 모아 놓은 다음 각 파일의 모든 카드 내용을 요약하는 카드를 만들어 각 파일 맨 앞에 놓아라. 맨 앞에 놓인 요약카드의 내용은 각 파일의 모든 카드에 적혀 있는 구체적인 내용을 일반화시킨 것이다. 이제 연구자는 처음으로 자신이 해놓은 작업에 대해 비평을 시작할 수 있다. 만약 연구자가 파일의 모든 카드 내용을 포괄하는 진술을 생각해 낼 수 없다면, 내용이 잘 맞지 않는 카드들은 골라내고, 골라낸 카드들을 가지고 새로운 파일과 새로운 파일에 대한 요약카드를 만들어라. 그러고 나서 일반화된 카드들은 탁자나 마룻바닥에 늘어놓거나, 벽에 핀으로 꽂아 두어라. 카드들을 일정 순서대로 또는 무작위로 늘어놓아라. 아마 연구자는 한 생각이 다른 생각을 이끌어 내는 일련의 순서를 만들 수 있을 것이다. 연구자는 한 세로줄에서 어떤 카드를 다른 카드 밑에 놓을 수 있을 것이다. 이것은 좀 더 일반적인 진술과 구체적인 사례 또는 하위 논의와의 관계를 물리적으로 나타내는 작업이라고 할 수 있다.

곧 연구자는 글을 구성하는 데 있어 한 가지 이상의 방법이 존재하지만, 그다지 많지는 않다는 사실을 알게 될 것이다. 그 방법들은 모두 동일하지 않다. 왜냐하면 각 방법은 연구자의 분석에서 각기 다른 부분을 강조하기 때문이다.

해결하기 어려운 문제에 대해 설명하라

조직의 문제를 약간 다른 방식으로 흥미롭게 다룰 수 있는 방법이 한 가지 더 있다. 해결 불가능한 것을 해결하려고 시도하는 대신에, 그것에 관해 이야기하는 것이 그 방법이다. 연구자는 해결하기 어려운 것이 무엇이든지 간에 그것이 왜 문제가 되는지를, 연구자가 생각하는 해결 방식이 무엇인지를, 왜 덜 완벽한 해결책을 선택했는지를, 그리고 이 모든 것이 의미하는 바가 무엇인지를 독자에게 설명할 수 있다. 이것이 의미하는 바는 흥미롭다. 왜냐하면 만약 연구자가 수행하고 있는 연구에서 흥미로운 딜레마를 구체화시키지 않았다면, 해결 불가능한 문제가 제기되지도 않았을 것이기 때문이다.

그러한 해결 불가능한 문제들이 사라지기를 기대하는 대신에 그것에 관해 이야기하면, 단지 글쓰기의 문제뿐만 아니라 모든 종류의 과학적 문제들이 해결된다. 예를 들어, 겉으로 보기에 아무런 연관이 없는 실험자의 행위가 실험변수들과는 독립적으로 실험결과에 영향을 미친다는 사실을 Rosenthal과 그의 동료들이 보여주었을 때 실험 사회심리학자들은 당황했다. 그러나 그들은 당황할 필요가 없었다. Rosenthal이 보여 주었듯이, 심리학자들은 실험상황을 완벽하게 통제할 수 있다는 환상을 깨버린 대신, 소집단의 사회적 영향력과 같은 새롭고 흥미로운 연구 분야를 개척했다. 이는 해결 불가능한 문제를 무시하기보다는 그것에 관해 이야기함으로써 얻은 결과이다.

이는 글쓰기에서도 마찬가지이다. 어떤 것을 말하는 단 하나의 올바른 방법을 발견할 수 없을 때, 그것을 발견할 수 없었던 이유를 이야기하라. 해결 불가능해 보이는 문제에 대해 글을 써라. 그리고 그것을 연구자의 분석의 초점으로 삼아라. 그렇게 함으로써, 자신의 연구 내용과 연관된 커다란 주제뿐만 아니라 또 다른 저서를 쓸 수 있는 방법도 찾을 수 있을 것이다. 연구자가 겪고 있는 어려움을 독자에게 털어 놓으려면, 연구자도 해결하기 어려운 문제가 있었으며, 항상 올바른 방법을 알고 결함 없이 문제를 해결하는 완벽한 사람이 아니라는 사실을 인정할 필요가 있다. 그런 완벽한 사람은 존재하지 않기 때문에, 고백하는 일이 어렵다고는 생각하지 않는다. 그러나 일부의 사람들은 고백하고 싶어하지 않는다. 치료방법은 고백을 시도해 보고, 고백하는 것이 해가 되지 않는다는 사실을 스스로에게 증명해 보이는 것이다.

(2) 적절한 등장인물을 사용하라

등장인물(persona)은 사람들이 '고상한' 글쓰기, 또는 그와 비슷한 유형의 글쓰기에 대해서 생각하거나 말할 때 사용하는 주체라는 개념으로 Howard Becker가 언급한 용어이다. 지식인 또는 학자라는 직업은 지능과 지식의 측면에서 동료와 타인에게 똑똑해 보이고 싶게 만든다. 그러나 똑똑한 것만으로 국한되지 않는다. 그들은 또한 자신이 세상의 모든 것에 대해 박식하고 세련되면서도 소박하고, 전문적인 사람으로 보이길 원하므로 글의 세세한 부분에서 이러한 것을 대부분 암시하고자 한다. 그런 사람으로 간주됨으로써 자신의 말이 신뢰받을 수 있기를 희망한다. 그것을 위해 연구자들은 자신의 연구를 설명하는 글의 주체로서 고상한 등장인물을 선택하게 되며 어떤 등장인물을 선택하느냐에 따라 글의 문체가 달라진다. 그러나 고상한 글쓰기에 초점을 둔 권위 있는 등장인물과 평범한 용어를 사용하는 등장인물 중에서 어느 것이 독자에게 더 호소력이 큰지는 생각해 보아야 할 문제이다.

평범한 등장인물을 선택하여 평이한 용어로 서술하라

많은 학문적인 등장인물은 일반적으로 저술가를 권위 있어 보이게 만든다. 그 이유는 등장인물이 저술가가 말하고 있는 것이 무엇이든 간에 궁극적인 결단을 내릴 자격을 부여하기 때문이다. 이러한 등장인물을 채택하는 연구자는 일반인의 평범한 실수를 고쳐주고, 결과를 전혀 상상할 수 없는 미묘한 국제적 상황에서 발생한 일을 독자에게 명확하게 말해주며, '우리 과학자' 또는 '우리 사회학자'는 평범한 사람들이 잘못 알고 있는 것을 알고 있다고 설명해 주기를 좋아한다.

그러나 Will Rogers의 방식은 다르다. 연구자는 일반 사람과 전혀 다를 바가 없는 극히 평범한 사람들을 나타낸다. 연구자는 다른 사람이 알지 못하는 것을 조금 더 알 수도 있지만, 그것은 전혀 특별한 것이 아니다. "저런! 만약 당신도 내가 본 것을 봤더라면, 나와 같은 생각을 했을 것입니다. 내가 그런 생각을 할 수 있었던 것은 단지 시간이 있었고, 또 그곳에 있어야 할 일이 있었기 때문입니다. 당신이 그러한 생각을 할 수 없다거나 하지 못한다는 것은 절대로 아닙니다. 하지만 그것에 대해 말해 보겠습니다." 이와 같은 것이다.

그러한 저술가는 자신이 말하는 바가 옳다는 것을 독자에게 설득시키기 위해서 다른 사람들과 유사한 평이한 말을 사용한다. 연구자는 형식에 덜 구애받는 글을 쓰며, 인칭 대명사를 선호하고, 연구자는 알지만 독자는 모르는 것 대신에 연구자와 독자 모두가 공통적으로 아는 것에 호소한다. 이때의 문체는 연구자가 되고자 하거나 저술가로 인정받고자 하는 사람의 목소리이다.

반면 권위주의자들은 명령조로 말한다. '우리는 반드시 ~을 인식해야만 한다',

'우리는 ~을 무시할 수 없다' 고 말한다. 그들은 비인칭으로 말하고, 1인칭을 사용하기보다는 일을 수행하는 '어떤 사람' 에 관해서 이야기한다. 권위주의자들이 수동태를 사용하는 까닭은 자신들의 주장이 전혀 개인적인 측면에 의존하는 것이 아니며, 그 반대로 자신의 독특한 지식에 의해 현실이 그만큼 접근 가능해진다는 점을 보여주기 위함이다. Latour와 Woolgar(1979)는 실험실 과학자들이 습관적으로 전형적인 권위적 문체를 사용함으로써 자신들의 결과를 산출한 평범한 인간 행위의 흔적을 은폐한다는 사실을 보여 주었다.

그러나 권위적인 등장인물을 선택하기에 앞서 '평범한' 표현에 대해 많은 예술청중(art audience)이 보이는 태도를 공유해 보아야 한다.

예술적 혁신자는 종종 일상생활의 행위와 물건들을 이용하여, 그들이 지나친 형식주의, 사상의 빈곤함, 그리고 소재의 난해함을 타파하려고 노력한다. Paul Taylor와 Brenda Way 같은 안무가는 고전 발레나 전통적 현대무용의 형식적인 동작 대신 달리고, 뛰고, 뒹구는 동작을 보편적인 춤 동작으로 사용한다. 그러나 덜 몰입된 관객은 혁신자가 비예술적인 것과 예술적인 것을 구별하여 대치시킨 전통적인 형식적 요소들을 열심히 찾는다. 그런 관객은 사람들이 달리고, 뛰고, 뒹구는 것을 보기 위해 발레를 보러 가지 않는다. 그런 동작은 어디에서나 볼 수 있다. 그 대신 그들은 '진짜 춤' 임을 나타내는 어렵고 난해한 형식적인 동작을 하는 사람을 보러 간다. 따라서 평범한 소재를 예술적으로 보는—즉 달리고, 뛰고, 뒹구는 동작을 단지 그 자체로 보는 것이 아니라, 소재를 다른 언어로 표현하는 요소라고 보는—능력은 진지한 관객과 잘 사회화된 교양 있는 사람들을 구별시켜 준다. 재미있는 것은 이러한 소재들이, 비록 그것이 예술적인 소재가 아닐지라도, 후자에게도 매우 잘 알려져 있다는 것이다(Becker, 1986: 49-50).

연구자도 이와 비슷하다. 그들은 평이한 용어를 알고 있지만 어렵게 얻은 지식을 표현하기 위해 평이한 용어를 사용하는 것을 원하지 않는다. 자신의 연구가 다른 사람들과 다르게 보이기를 원하기 때문에 학술지에서 많이 쓰이는 최악의 문체를 보고 따라하며, 그러한 문체의 남용이 평범한 사람들의 말과 자신들의 글을 구별시켜 준다고 믿는다. 이러한 글은 다음 세대가 나쁜 습관을 학습하는 원자료가 된다. 분명히 권위 있는 등장인물의 문체가 더 고상하고 평범한 사람들의 말과는 구별된다. 그러나 평이한 말이 훨씬 간결하고 명료하다. 그러므로 연구자의 글을 읽는 독자, 예술 청중을 생각할 때 어떤 등장인물을 선택해야 하는가는 이미 자명하다.

(3) 문헌을 적절히 사용하라

연구자들은 논문을 쓸 때 문헌을 효과적으로 사용함으로써 기존의 연구 결과와 자신의 연구를 접목시킬 수 있을 뿐만 아니라 자신의 독창성 또한 입증할 수 있다. 때문에 문헌의 사용은 연구자들이 두려워할 문제가 아니라 효율적으로 사용해야 할 부분인 것이다. 여기서는 문헌을 효율적으로 사용할 수 있는 방법에 대해 정리해 보았다.

대부분의 연구자들은 논문을 쓸 때 실질적인 이유로 인해 이론을 선택할 때 노심초사한다. 그들은 주제와 관련된 '문헌' 을 반드시 다루어야만 한다. 연구자들은 대학원에서 문헌을 두려워하도록 학습된다. 또한 연구자들은 어떤 문제를 논함에 있어, 자신보다 앞서 그 주제를 다루었던 모든 사람들을 어떤 식으로든 언급하지 않으면 안 된다는 사실을 배운다. 어느 누구도 자신이 조심스럽게 발전시켜 온 생각이 누군가에 의해 이미 문자화되어 있으며, 자신이 반드시 읽어야 하는 자료로 존재하고 있는 것을 발견하고 싶어하지 않는다. 연구자들은 온 세상에, 그리고 모든 비평가들에게 어느 누구도 전에 생각하지 못했던 아이디어를 자신이 발견했다는 사실을 보여주고 싶어한다.

자신의 독창성을 입증하는 가장 좋은 방법은 이미 문헌에서 탐구되어 왔던 전통적인 사고에 자신의 아이디어를 접목시키는 것이다. 자신의 연구에 상당히 잘 알려진 대가를 끌어들인다. 이는 자신이 이미 완수된 어떤 일을 되풀이하고 있는 것은 아니라는 사실을 확신하는 데 도움이 된다. 만약 어떤 사람이 베버, 뒤르켕, 맑스, 미드 등을 '사용한다' 면, 해석하는 사람들은 그를 앞서간다. 해석가들은 다루어질 영역을 구획하고, 진짜로 논의되어야 할 문제가 무엇인지를 명확히 파악하여 그와 관련하여 누구의 어떤 연구를 고려해야 하는가를 규정한다.

문헌을 이용하는 효율적인 방법이 있는가? 물론이다. 학자는 자신이 말하고자 하는 바를 이미 논의된 것과 연계시킴으로써 반드시 새로운 무언가를 진술해야 하며, 그 진술은 반드시 사람들이 논점을 이해할 수 있게끔 이루어져야 한다. 또 다른 방법은 문헌의 효율적인 사용을 위해서 독서를 통해 유용한 '기본단위' 들을 찾아 놓는 것이다.

문헌의 효율적인 사용에 대한 논의를 순수예술가들의 작업에 빗대어 표현할 수 있다. 학자들은 소위 순수예술가들처럼 다른 사람과 격리된 채로 타인의 도움 없이 작업을 수행할 수 있다. 순수예술가들은 해당분야의 전통적인 방법을 전혀 참고하지 않고 그림이나 조형물을 만들어 낸다. 이런 방식으로 작업하는 예술가들은 대개 매우 특이한 작품을 만들어 내며 그 작품은 표준적인 작업 방식이 강요하는 구속으로부터 자유롭다. 조직적인 구속으로부터 이 같은 자유는 때로는 순수예술가들로 하여금 기존의 예술세계로부터 존경받는 작품을 생산하게 하며, 심지어는 예술세계의 전통을 새로이 형성할 수 있는 작품을 만들어 낼 수 있는 기회를 제공한다. 순수예술가가 보여주는 구속과 기회의 변증법은 박사학위논문, 일반논문, 책 등을 집필할 때 우리 모두에게 영향을 미친다. 그 변증법은 다음의 두 가지 질문을 제기한다. 연구자는 어떻게 문헌을 효율적으로 사용할 수 있는가? 혹은 문헌은 어떻게 유입되어 최고의 작품을 만드는 것을 방해하는가?

말하고자 하는 바를 이미 논의된 것과 연계시켜서 새롭게 진술하라

학자는 아주 사소한 것일지라도 새로운 무엇인가를 진술해야만 한다. 비록 경험과학이 동일한 결과를 재생산하는 생각에 입에 발린 칭찬을 하지만, 그런 칭찬은 빈말에 지나지 않는다. 동시에, 연구가 독창적일수록, 그 연구에 관심을 가지는 사람의 수는 점점 더 줄어들 것이다. 모든 사람들이 관심을 갖는 것은 학자들이 수년간 연구하고 문자화시킨 주제들이다. 여기에는 두 가지 이유가 있다. 하나는 이런 주제들이 매우 중요하고 지속적인 일반 관심사이기 때문이고, 다른 하나는 이런 주제들이 너무 오랫동안 연구되다 보니 Kuhn(1962)이 정상과학이라고 밝힌 일종의 과학적 수수께끼를 창조해낸 까닭이다. 이상적인 학문적 공헌은 독자로 하여금 "이거 매우 흥미롭군"이라고 말하게 만드는 것이다. 연구자들은 이런 방식으로 자신의 글을 문헌과 연계시키고, 불가능해 보이지만 기존 이론의 맥락 내에서 자신의 결과를 정립하는 방법을 배워야 한다(Davis, 1971: Polya, 1954 참조).

자신의 글을 문헌과 연계시키는 것을 나무로 테이블을 만드는 목공에 작업과 비교해볼 수 있다. 먼저 테이블을 설계하고, 나무를 잘라서 테이블의 여러 부분을 만들어야 한다. 다행히도 혼자서 모든 부분을 만들어 낼 필요는 없다. 어떤 부분들은 목재상에서도 구할 수 있는 표준 크기와 모양—예를 들면, 크기 2×4—이다. 또 어떤 부분들은—서랍 손잡이와 둥근 모양으로 만들어진 테이블 다리들처럼—다른 사람에 의해 이미 설계되어 만들어진 것이다. 우리가 할 일은 목재상에서 구할 수 있는 것들을 분간해서 구입한 다음, 그것들을 우리가 잘라서 만든 부분과 끼워 맞추기만 하면 되는 것이다. 이것이 바로 문헌을 사용하는 가장 좋은 방법이다. 우리는 테이블 대신, 논의를 창출하고 싶어한다. 우리는 아마도 자신이 수집한 새로운 자료나 정보에 근거하여 논의의 일부분을 직접 만들어 왔을 것이다. 그러나 모든 부분을 만들어 낼 필요는 없다. 다른 사람들도 우리의 과제 또는 그에 관련된 과제를 연구하고 있고, 우리가 필요로 하는 몇몇 부분들도 완성시켜 놓았다. 우리는 그런 부분들을 적합한 자리에 끼워 넣기만 하면 된다. 목공에에서처럼 논의를 형성시킬 때에도 다른 데서 구할 수 있는 게 분명한 부분들을 끼워넣을 자리를 남겨두면 된다. 즉 만약 다른 부분을 구해서 사용할 수 있다는 사실을 알기만 한다면, 그렇게 한다. 바로 이것이 문헌에 대해 알고 있는 것이 좋은 한 가지 이유이다. 문헌을 알고 있으면 구할 수 있는 부분이 어떤 것인지를 알 수 있고 이미 존재하는 것을 새롭게 만드느라 시간낭비를 하지 않아도 된다.

이런 방식으로 작업하는 것이 표절이거나 비독창적인 것인가? 표절이라거나 비독창적이라는 낙인에 대한 두려움이 우리로 하여금 기를 쓰고 새로운 개념을 만들어 내도록 하지만, 그렇지 않다. 만약 어떤 생각이 내가 만들고 있는 테이블에 유용하다면 그것을 사용할 수 있다. 내가 만든 테이블의 일부분이 조립식 부품들로 만들어져 있다 하더라도, 그것은 여전히 나의 테이블, 나의 작품이기 때문이다.

글쓰기에 유용한 '기본단위'를 찾아라

'기본단위' 들은 미래의 논의에서 쓸 만하다 싶은 조립식 부품에 해당한다. 미래의 논의에는 어떤 특정한 이론적 부분이 필요하고, 그것을 어디에서 찾아야 하는지 잘 알고 있어야 한다. 그러한 기본단위는 반드시 필요하며 그것 없이는 아무 것도 이룰 수 없다는 사실을 알아야 한다. 이를 위해서는 지금 당장은 사용하지 않지만 언젠가는 꼭 사용하게 될 것 같은 기본단위들을 수집해 놓는 것이 좋다. 그런 기본단위들을 기억하고 있다가 관찰을 하거나 글을 쓸 때 적용할 준비를 하면 좋을 것이다. 물론 그런 생각들을 기억하고 있다면 기본단위들을 사용하기가 좀 더 용이할 것이다.

(4) 컴퓨터를 잘 활용하라

워드프로세서는 거의 모든 사람들에게 글을 더 수월하게 쓸 수 있게 해준다. 특히 육체적 탈진 문제에 있어서 글을 쓰는 것이 훨씬 쉬워진 것이라 생각한다. 때문에 최근에 글을 쓰는 작업은 컴퓨터를 사용하지 않고는 거의 불가능하다. 컴퓨터를 사용하기 전에는 글을 어떻게 썼을까 의아할 정도로 글쓰기 작업이 훨씬 수월해진 것이다. 워드프로세서를 접하기 전에는 글쓰기에 대해 어려움이 많았던 이들에게 워드프로세서는 글쓰기를 한층 수월하게 해준다. 워드프로세서 없이도 쉽게 글을 쓸 수 있었던 사람에게도 마찬가지다. 컴퓨터를 잘 활용하면 여러 가지 면에서, 특히 육체적인 면에서 글쓰기가 수월해진다. 또한 글을 쓰면서 생각하는 것이 쉬워지며 자잘한 일들을 손쉽게 해결할 수 있다.

육체의 탈진을 막아라

글쓰기가 육체적으로 힘든 작업이라는 사실은 눈 치우기나 빨래 널기와 같은 종류의 육체적 힘겨움을 말하는 것이 아니다. 그러나 그것은 탈진 또는 무력감에 빠져들게 할 만큼 힘든 일이다. 모든 저자는 수정이 필요한 문장을 발견했다가 원고에 더 이상 그 문장을 고쳐 적을 공간이 없다 싶으면 그냥 넘어가 버린다. 오려내고 붙이는 일은 더 귀찮다. 글쓰기로 인해 육체적으로 그리고 정신적으로 기진맥진해질 것을 떠올리다 보면 가끔은 퇴고하고 싶은 부분도 그냥 넘어가는 경우가 있다.

컴퓨터로 글을 쓰면 이러한 무력감은 제거된다. 퇴고를 할 때에도 더 이상 원고에 사선을 긋고 새 종이에 다시 쓰지 않아도 된다. 그 대신 마음에 들지 않은 부분을 '삭제' 하고 고쳐 쓸 내용을 '삽입' 하면 된다. 단락을 옮기고 싶을 때도 오려서 다른 종이에 붙일 필요가 없다. 대신 블록을 설정하고 '오려두기' 를 한 다음 끼워 넣어야 할 자리에 '붙이기' 를 하면 된다. 새로 옮긴 자리가 마음에 들지 않으면 다시 원래 자리에 갖다놓을 수도 있다. 어떤 단어나 구절을 전체적으로 바꾸기로 했다면 '찾아바꾸기' 를 이용하면 된다. 워드프로세서 프로그램은 순식간에, 하나도 빠뜨리지 않고 바꾸어 준다. 또 워드프로세서 프로그램의 독특한 기능은 '문서 분량' 이다. 명령어를 입력하기만 하면 얼마나 많은 양의 글자가 쓰여졌는지를 알 수 있다.

그리고 컴퓨터를 이용해 글을 씀으로써 같은 문서의 여러 판을 쉽게 만들어 낼 수 있다. 만약 그 판들이 종이에 쓰여져 있다면 아마 서류철에 넣어 두고는 잊어버리고 말 것이다. 어느 날 무언가가 갑자기 필요하게 되었을 때, 그 판들 중 어느 하나가 딱 들어맞는 것이라는 생각이 떠오르면 그것을 찾아 대충 훑어보는 것만으로도 원하는 바로 그 문서인지를 판단할 수 있다.

글을 쓰면서 생각하라

글을 쓰면서 생각하는 것이 수월해진다는 것은 글을 쓰면서 글의 구조를 살피고 나중에 사용할 수 있는 생각을 보관하는 대신 그 적절한 곳을 찾아 바로 삽입시킬 수 있다는 것을 의미한다. 생각과 실행이 동시에 이루어질 수 있다는 것이다. 예를 들어 앞서 말한 바와 같이 머릿속에 무슨 생각이 떠오르든지 간에 일부러 체계를 잡지 않고 마구잡이로 초고를 쓴다고 가정해 보자. 그러한 검열을 받지 않은 생각의 흐름에서 드러나는 것을 보면서 논의하고자 하는 주된 테마를 발견할 수 있을 것이다. 두 번째 초고에서는 어느 정도 논리적인 틀하에 그러한 주제들을 묶어 나가는 작업을 한다. 그런 다음 세 번째 초고에 이르러서야 단어들을 삭제하고, 문장들을 합치고, 생각을 재구성하는 작업을 하는데, 그 과정에서 논의하고자 하는 것을 좀 더 명료하게 진술할 수 있는 생각을 얻는다. 이런 방식으로 일을 하다 보면 원고는 엉망진창이 되고 수없이 오려내고 붙이는 작업을 해야 하는 것이다. 이렇게 해서 마지막 초고에 이르기까지는 수개월이 걸린다. 컴퓨터를 사용하면 시간은 훨씬 적게 걸린다. '자르기', '붙이기' 등의 작업을 하는 동안 생각의 흐름은 육체적인 번거로움에 의해 끊기지 않는다. 컴퓨터를 사용하기 이전에는 세 번째나 네 번째 초고였을 수준의 결과물을 지금은 첫 원고를 '출력' 할 즈음이면 얻을 수 있다.

자잘한 일을 줄여라

사회학자들은 읽은 것을 간단히 메모하거나, 수첩에 무언가를 적어 놓거나, 결과물을 요약한다. 또한 자료를 어떻게 체계화할 것인가를 생각해 놓거나 참고문헌 목록을 작성하며, 이것저것을 메모하여 다양한 형태의 데이터를 보유한다. 학자라면 누구나 이런 종이쪽지들을 체계적으로 정리할 시스템이 필요한데, '파일 매니저' 또는 '데이터베이스' 라는 이름의 컴퓨터 프로그램이 그와 유사한 일을 한다. 불행히도 이런 프로그램을 가장 많이 사용하는 사람들은 장사하는 사람들이다. 그들은 고객, 재고량, 주문, 비용에 대한 기록을 남기기 위해 이 프로그램들을 사용한다. 그 대신 학자는 더 유연한 것, 매우 유사한 자료를 다루기 위해 고안되지 않은 것, 그처럼 재정적인 관심에 맞추어지지 않은 것, 우편번호별로 주소록을 분류하기보다는 잠정적인 생각들을 배열하는 데 유용한 것을 필요로 한다. 그런 프로그램은 분명 존재한다. 그러나 산더미 같은 유사 프로그램들 가운데서 자신에게 꼭 맞는 것을 찾아야 하며 그러한 프로그램의 사용법을 알아야 한다.

(5) 글쓰기를 그만 끝내라

글쓰기를 계속하다 보면 어느 순간 계속해서 다른 부분들을 첨가하고 또 첨가하는 과정을 되풀이하게 된다. 그만 끝내라는 의미는 그 과정을 어느 순간에서인가 과감하게 끝내고 수정과 퇴고의 작업으로 넘어가라는 것이다. 많은 사람들은 시간을 많이 투자한 작품이 적은 시간을 투자한 작품보다 반드시 더 좋을 것이라고 가정한다. 한 화제에 대해 일 년 동안 심사숙고하면 좀 더 훌륭한 아이디어와 심오한 지식을 창출할 수 있을 것이라 믿고 더 많은 시간을 투자하면 글을 다듬어서 개선된 사고를 정확하고 우아하게 표현할 수 있을 것이라 생각한다. 물론 그런 작업은 도움이 될 것이다.

그러나 사실상 투자된 시간과 작품의 질을 동등시하는 것은 경험적으로 잘못된 것이다. 미술 교사는 학생에게 맨 처음에 떠오른 좋은 생각이 혼동 속에 묻히지 못하게 하기 위해 그림에 계속해서 덧칠을 하지 않도록 한다. 독자가 글이 전달하고

자 하는 사고보다 글을 더 매끄럽게 다듬는 노력에 더 반응을 보인다고 생각하는 한, 연구자는 형용사 또는 단어 배열 등에 법석을 떨면서 죽을 때까지 걱정할 수밖에 없다. 더 많이 일한다고 해서 더 좋은 작품이 나오는 것은 아니다. 오히려 작품에 대해 더 많이 생각하면 생각할수록 불필요한 생각과 부적합한 수식어가 더 많이 붙을 수 있다. 그리고 필요 없는 연관성까지 만들 수 있다. '더 많이 일할수록 좋다'는 '더 적게 일할수록 더 좋다'와 마찬가지로 사실이 아니다. 글쓰기가 글을 다듬고 생각하는 작업을 필요로 한다는 것은 맞는 말이다. 그러나 얼마나 많이 필요로 하는가? 이에 대한 대답은 고정된 태도가 아닌 실용적 태도에서 찾아야 한다.

3. 퇴고와 편집 단계에서 참고할 수 있는 지침

연구자들이 글쓰기를 마치고 나서 반드시 거쳐야 하는 과정이 바로 편집과 퇴고이다. 많은 연구자들은 퇴고한 문장을 다시 퇴고하고 세 번, 네 번씩이나 다시 퇴고하는 이유를 처음에는 납득하지 못한다. 그러나 연구자들은 매번의 변화가 다른 변화에 관한 길을 열어 놓고 불필요한 단어와 구들을 삭제하면 문장의 의미를 좀 더 쉽게 이해할 수 있으며, 좀 더 간결하고 정확한 말로 표현할 수 있다는 사실을 알아야 한다. 많은 연구자들이 그런 사소한 단어들을 삭제하는 것이 과연 결과에 영향을 미칠까에 대해 의아해하지만 퇴고를 하다 보면 그 과정이 그들이 두려워하는 만큼 그렇게 오래 걸리지 않는다는 사실과, 명백히 잘못된 부분을 신속하게 지적할 수 있고, 정말로 풀기 어려운 몇 개의 문제에 대해서만 걱정할 필요가 있다는 사실을 알게 될 것이다.

그러나 퇴고에는 일정한 규칙이 없다. 수학공식을 적용하여 문제를 풀듯 일정한 규칙에 의해 퇴고를 할 수 없다. 그렇다면 어떻게 해야 할까? 여기서 나는 귀로 편집할 것을 권한다. 귀로 편집하라니, 무슨 말인가? 그것은 연구자나 독자 모두에게 '듣기 좋은' 또는 '보기 좋은' 말을 사용하여 편집하고 퇴고하라는 의미이다. 이때 발견법을 이용한다. 발견법은 어느 정도 정확한 것 같으면서도 모호한 특성을 지닌다.

퇴고에는 일정한 규칙이 없으나 도움이 될 수 있는 몇 가지 지침은 존재한다. 그것은 결코 독창적인 것이 아니다. 여러 세대에 걸쳐 영어교사, 편집자, 그리고 저자들이 지침을 발견하고 재발견했으며, 학생들에게 가르쳤고 저술가들에게 추천했다. 이러한 지침은 글을 성공적으로 퇴고하는 데 필요한 표준양식의 습득방안이 아니다. 주목할 만한 점은 이러한 지침이 세부사항이 아니라 주의를 환기시키기 위한 깨달음이라는 것이다. 연구자들은 교정을 할 때, 마치 단어 하나하나를 신중하게 선택하기로 작정이라도 한듯 모든 단어를 검토해야 하며, 첫 번째 원고는 별로 신경 쓰지 않으면서 빨리 작성할 수 있다. 나중에 고치게 될 것임을 알기 때문이다. 세심한 주의를 기울일 때 문제는 저절로 해결되기 시작한다. 그 지침은 다음과 같다.

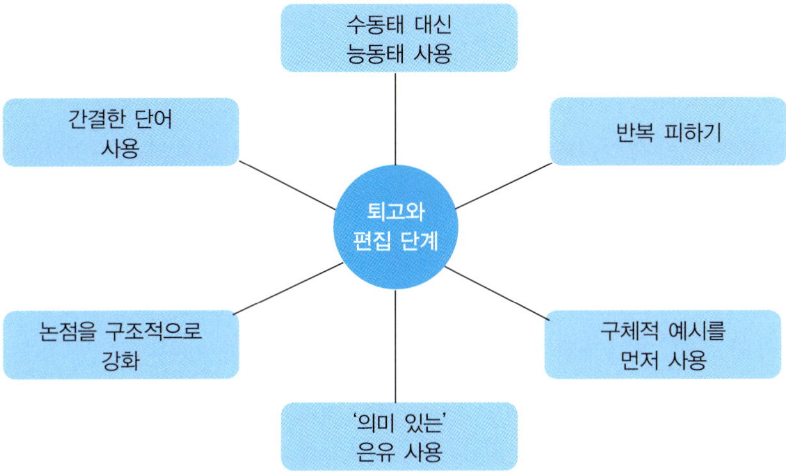

(1) 수동태 대신 능동태를 사용하라

모든 작문교재들은 가능한 한 수동태 동사를 능동태로 바꾸어 쓰라고 권한다. 능동태와 수동태 사이의 문법적 차이보다 더 문제가 되는 것은, 중요한 행동을 동사에 포함시키고 연구자가 말하려고 하는 줄거리 속의 중요한 인물을 동사의 아래에 숨기는 단순한 행위이다. 그러나 문법적 구분에 주의하면 올바른 글을 쓸 수 있다. 능동태 동사는 대부분의 경우 글을 쓰는 사람으로 하여금 어떤 일을 행한 사람을 지명하도록 강요한다. 우리는 수동태 동사가 제시하는 것처럼 사상(事象)이 단지 스스로 발생했다고 생각하지 않는다. 그 이유는 일상생활에서 사람들이 사상을 행하고 발생하도록 하기 때문이다. 행위자를 지명하는 문장은 사회생활에 대한 우리의 표현을 신뢰할 수 있게 해준다. '범죄자에게 형이 선고되었다' 는 문구는 판결을 내린 판사를 숨긴다. 이러한 수동태 문구는 범죄자의 운명이 그 사람을 구금시키는 데 있어 함께 행동한 사람들에 의한 결과라기보다는, 인간의 차원을 넘어선 어떤 힘의 작용에 의한 것처럼 보이게 만든다. 이러한 것은 우연이 아니다. 거의 모든 사회이론의 견해는 우리가 사회생활을 형성시키는 행동을 한다는 것이다.

(2) 간결한 단어를 사용하라

연구자는 평범해 보이는 것을 좀 색다르게 말하고 싶을 때 종종 단어나 문구를 끼워 넣거나 불필요한 단어들을 사용한다. 그러나 명백하게 자신의 뜻을 전달하고자 할 때에는 복잡한 단어를 사용하거나 불필요한 단어를 삽입하기보다는 간결한 단어를 사용함으로써 독자들의 이해를 도와야 한다.

연구자는 자신의 주장이 틀릴 가능성이 있다는 사실을 알고 있다고 지적하고 싶어한다. 연구자들은 이를 통해 겸손함을 과시할 수 있으며, 자신의 주장이 정말로 틀린 경우에는 빠져나갈 도피구도 마련할 수 있다. 때때로 연구자들은 그들이 하고 싶은 말을 실제로 하기 전에 비록 그것이 당연히 주목할 만한 것일지라도 즉각적으로 본론에 들어가는 대신 독자가 동의하지 않을 수도 있다는 점을 명백하게 밝히고 싶어한다. 연구자들은 또한 불필요한 단어들을 사용한다. 어떤 것을 평이하게 진술하면, 사회과학자만이 할 수 있는 심오한 진술이 아니라 누구나 할 수 있는 진술처럼 들릴 것이라고 생각하기 때문이다. 연구자들이 불필요한 단어나 구를 삽입하는 또 다른 이유는 문장의 리듬 또는 구조가 그것을 요구하는 것처럼 보이거나, 논의에서 무언가가 빠졌다는 사실을 연구자 자신에게 상기시키고 싶어하기 때문이다. 그래서 조건문을 만들고 싶어한다. 그러나 직관적으로 인과관계가 존재한다고 느끼기는 하지만 그것을 밝혀내지는 못한다. 그래서 조건문 형태를 만들고 내용이 형태상 만족스러운 것처럼 보이길 바란다. 혹은 습관적으로 조건문을 만든다. 연구자는 어법과 형태에 애착을 가진다.

불필요한 단어는 문장에서 어떤 역할도 하지 않는다. 불필요한 단어는 논쟁을 진척시키지 않고, 중요한 수식어를 진술하지도 않으며 세세한 부분들을 억지로 첨가시킨다. 불필요한 단어나 구는 간단한 실험을 통해 찾아낼 수 있다. 초고를 검토할 때, 각각의 단어나 구를 삭제하면 어떻게 되는지를 살펴봄으로써 각 단어나 구의 필요성을 점검한다. 만약 의미가 변하지 않으면, 그것을 빼버린다. 삭제는 종종 연구자가 그 문장에서 진정으로 의미하고자 했던 바가 무엇인지를 보여주고 진짜 필요한 말을 집어넣을 수 있게 해준다.

(3) 반복을 피하라

때로 연구자들은 독자의 이해를 돕기 위해 그들이 사용한 애매한 용어를 설명하고자 같은 단어와 구들을 반복해서 사용하는 경우가 있다. 연구자들은 글을 명료하게 쓰려고 노력하지만, 오히려 그러한 노력 때문에 글은 불가하고 애매모호해진다. 학자들은 모호한 대명사와 애매한 문구가 그들의 논점을 흐릴 수 있다는 사실을 안다.

그래서 혼란의 가능성이 존재한다고 생각되면 단어와 구들을 반복해서 사용한다. 그런 반복사용은 독자를 혼란시키지는 않더라도 대개 따분하게 만든다. 고등학교 시절에 배운 '대명사가 많은 문장에서 동일한 단어를 반복하지 말아라'와 같은 기계적인 규칙을 말하는 것이 아니다. 단어를 반복해야 할 때도 있지만 그렇게 하지 않고도 동일한 결과를 얻을 수 있을 때는 똑같은 말을 되풀이하지 않는 것이 좋다.

(4) 논점을 구조적으로 강화시켜라

한 문장이 전달하는 사고는 대개 논리적인 구조를 갖고 있으며, 논의할 사상들 사이의 연계성을 진술하거나 함축한다. 연구자는 어떤 것이 다른 어떤 것과 비슷하거나 사실상 다른 어떤 것이라고 말하고 싶어한다. 물론 연계성을 진술할 수 있다. 그러나 연구자는 논점을 구조적으로 강화시킴으로써 훨씬 더 명료하게 할 수 있다.

구조는 문장의 요소들을 배열하는 방식으로, 문장의 요소들 간의 관계를 가리킨다. 연구자는 문장의 요소들을 배열함으로써 문장이 내포하고 있는 사고를 강화시킬 수 있다. 그 결과, 문장의 구문은 또한 논거를 만들거나, 최소한 독자가 문장을 이해하는 데 방해되지 않도록 한다. 예를 들어, 종속적인 사고는 문장의 종속적인 위치에 놓을 수 있다. 만약 종속적인 사고를 중요한 위치에 둔다면, 독자는 종속적인 사고를 중요하게 생각할 것이다. 또한 문장 속의 모든 사고를 등위절로 한꺼번에 연결하여 문법적으로 동등하게 만든다면, 독자는 모든 사고를 똑같이 중요하게 생각할 것이다. 이러한 현상은 세 가지 사상(事象)을 논할 것이라고 말한 뒤, 첫째, 둘째, 셋째와 같은 식으로 번호를 매기거나 단지 차례대로 쭉 나열할 때 발생한다. 대개 사상들을 단순히 나열하는 대신, 사상들이 어떻게 연결되는가를 보여 줌으로써 논점을 좀 더 강하게 부각시킬 수 있다.

(5) 추상적 용어보다 구체적 예시를 사용하라

사회과학자들은 연구결과의 일반성을 밝히기 위해서, 혹은 구체적인 예시가 잘 생각나지 않을 때 추상적 용어들을 많이 사용한다. 그러나 그 이전에 구체적인 예시를 먼저 사용하여 연구 결과가 독자들에게 더욱 생생하게 다가가도록 하는 것이 중요하다.

학자들이 선호하는 추상적인 단어들은 실재를 대신하지 못한다. 추상적인 단어는 본래 그 자체만으로는 아무것도 의미하는 바가 없고, 다만 구체적인 사고가 필요한 부분을 표시할 뿐이다. 또한 연구자는 자신의 사고가 일반적으로 적용되는 것임을 보여주기 위해 추상적인 개념을 사용한다. 자신의 발견이 오로지 시카고 지역의 학교 교사나 워싱턴에 있는 정신병원에만 해당되는 것으로 사람들이 생각하는 것을 원하지 않기 때문이다. 연구가 수행된 곳에서 발견한 것이 세계 어디서나, 그리고 역사 속에서 언제나 유사한 상황하에서라면 적용될 수 있다는 사실을 독자에게 이해시키고 싶어한다. 이것은 잘못이 아니다. 연구결과의 일반성을 밝히는 것이 사회학 연구의 주된 목표이다. 그러나 연구의 구체적이고 세세한 부분을 먼저 기술하고 나서, 그런 연구가 속하는 부류의 연구가 무엇이고, 속할 가능성이 있는 연구에는 어떤 것이 있는지를 자세히 보여주는 것이 독자에게 연구결과의 일반성에 대한 확신을 심어주는 최고의 방법이다. 구체적인 예가 없다면 일반적인 아이디어는 큰 의미가 없다. 작문 지침서들은 글을 구체적으로 쓰라고 충고한다. 그렇게 하면, 글의 내용이 독자에게 더욱 생생하게 전달되며, 기억에 오래 남기 때문이다.

하지만 추상적인 개념의 골격을 세우기 위해 구체적인 세부사항을 사용할 때에는 신중하게 적절한 예를 선택해야 한다. 독자가 기억하는 예는 일반적인 논의에서 명백하게 언급되지 않은 생각을 하게 하고, 일반적 논의에 대한 연구자의 해석을 왜곡시킬 수 있다.

(6) '진부한' 은유를 피하고 '의미 있는' 은유를 사용하라

연구자는 편집을 할 때 나쁜 은유와 훌륭한 은유를 구별하여 나쁜 은유는 거의 모두 삭제하는 것이 좋다. 이 두 가지 유형의 은유의 차이점은 그것들이 사용될 때 나타나는 진지함과 주의력에 있다. '진부한' 은유는 그것을 쓰는 당사자나 읽는 독자의 마음속에 더 이상 살아 있지 않다. 그러나 의미 있는 은유는 여전히 생생히 기억된다. 좋은 은유는 읽는 이로 하여금 글이 다루고 있는 사상의 새로운 측면을 발견하고, 그런 측면이 피상적으로 아주 달라 보이는 것 속에서는 어떻게 나타나는지를 보여준다.

은유를 사용하는 것은 진지한 이론적 훈련이다. 이 훈련과정에서 두 개의 다른 경험적 현상이 동일한 일반적 유형에 속하고, 일반적 유형은 항상 이론을 함축한다고 주장한다. 그러나 은유는 주의력을 끌 정도로 충분히 참신한 경우에만 제구실을 한다. 만약 은유가 진부한 상투적 어구가 될 정도로 반복적으로 사용된다면, 독자들은 신선한 느낌을 받을 수 없다.

모든 진부한 은유는 한순간만 유효하다. 오래된 은유일수록 단순한 반복으로 인해 오히려 은유가 지닌 힘을 상실하여, 원고에서 자리만 차지할 뿐 평이한 비은유적인 진술보다도 도움이 안 된다. 은유는 또한 잘못 사용하면 질이 떨어진다. 현상을 잘 모르거나 이해하지 못하는 사람들과 자신이 말하고자 하는 것을 잘 모르는 사람들은 단어의 의미를 잘못 파악하여 부정확하게 사용한다.

연구자는 이러한 은유를 회피할 수 없다. 그러나 그러한 은유를 알게 되면 은유의 깊은 의미를 적절하게 사용할 수 있다. 만약 연구자가 글의 주장에 담긴 부대적 의미와 아이디어를 전달하는 표현이나 은유를 무시한다면 독자는 연구자의 주장을 신뢰하지 않을 것이다.

4. 참고문헌

Becker, S. H. (1986). *Writing for Social Scientist*. University of Chicago.

Flower, L. (1997). *Problem Solving Strategies for Writing in College and Community*. Wadsworth Publishing.

Hughes, C. E. (1984). *The Sociological Eye: Selected Papers*. Transaction.

Kuhn, S. T. (1962). *The Structure of Scientific Revolution*. University of Chicago.

Latour, B., & Woolgar, S. (1979). *Laboratory Life: The construction of scientific facts*. Sage Publication.

제5장

나를 활용한 학술적+개인적 글쓰기 방법: SPN

1. 학술적 개인적 글쓰기의 개념
2. 학술적 개인적 글쓰기 가이드라인 열 가지
3. 학술적 개인적 글쓰기의 예: 엘리베이터에서 생긴 일
4. 참고문헌

최근 질적연구의 새로운 방법으로 대두한 것이 '학술적 개인적 글쓰기' 이다. '학술적(scholarly)' 과 '개인적(personal)' 이라는 두 개의 단어가 조합된 용어이다. 학술적으로 글을 쓰는 데 개인적 이야기를 첨가하거나 소개한다는 의미로 이해하면 무난하다. 그러나 연구자로서 글을 쓴다고 할 때는 우리가 대부분 학술적 영역에서 활동하기 때문에 '학술적' 이라는 단어는 의문이 들지 않지만 그 다음의 단어 '개인적' 이라는 단어는 우리가 알고 있는 과학적 글쓰기, 또는 객관적 글쓰기에서 요구되는 요소가 아니라는 점에서 다소 이상하다고 느낄 것이다. 그러나 그러한 이상함이 질적연구에서는 새로움과 참신함으로 간주되고 있는 실정이다.

물론 Nash가 그의 책을 통하여 대중화시키고 있는 학술적 개인적 내러티브(Scholarly Personal Narrative, SPN)가 새로운 질적 글쓰기의 새로운 동향이라고 할 수 있지만 실증주의 패러다임을 벗어나 연구자인 주체, 'I' 를 언제부턴가 학술지나 논문에 자유롭게 쓰기 시작한 것은 이미 개인적 글쓰기를 많은 연구자들이 하고 있다는 것을 입증하는 것이다. 그런 점에서 Nash를 사회과학 글쓰기의 새로운 풍토를 하나의 새로운 영역으로서 체계화시킨 학자라고 간주할 수 있을 것이다. 이에 이 장에서는 '학술적 글쓰기를 해방시킨다' 는 어구가 제목에 포함된 Nash의 책 『Liberating Scholarly Writing: The Power of Personal Narrative』의 전체 내용을 중심으로 SPN이 다루고 있는 글쓰기의 목적과 특징, 방법에 대하여 살펴볼 것이다.

1. 학술적 개인적 글쓰기의 개념

학술적 개인적 내러티브 글쓰기란 '자신의 삶을 드러내는' 솔직한 자기 고백이다. 그것은 자신이나 다른 사람들 모두를 위해 연구자인 저자가 자신의 언어로 자신의 목소리를 표현하는 글쓰기를 뜻한다. 아울러 자신의 목소리를 드러내는 과정에서 자신의 목소리의 의미나 특징을 찾아내기도 한다. 따라서 자신의 목소리를 쓰는 과정에서 자신의 목소리를 들을 수 있는 좋은 발견의 기회가 된다. 그리고 역으로 자신의 목소리를 찾게 되면 어떻게 글을 써야 할지에 대한 주제나 내용에 대하여 보다 자신감을 가지게 된다. 이야기할 거리가 생기는 것이다. 이러한 개인적 글쓰기의 학술적 전통은 갑자기 시작된 것이 아니라 심리학자, 인류학자, 철학자들에 의하여 시도되어 왔다(Behar, 1996; Bruner, 1990, 2002; Egan, 1986; Rorty, 1989; Tompkin, 1996). 즉, 많은 연구들에서 연구자나 저자의 개인적인 이야기들이 널이 이용되어 온 것이다. 일종의 자서전적 내러티브(autobiographical-narrative)라고 불린다.

그러나 모든 사람이 자신의 이야기를 가지고 있고 삶과 경험의 역사를 가지고 있음에도 불구하고(자신만의 독창적인 이야기를 지니고 있음에도 불구하고) SPN 글쓰기에 대한 두려움을 갖고 있다. 그리고 그러한 두려움은 크게 세 가지 특징을 갖는다(Nash, 2004: 52-56).

(1) 첫째, 자신의 개인적 이야기를 하는 것은 글의 배경과 의도, 맥락을 이해시키는 효과적인 글쓰기 방법임에도 불구하고 사람들은 그러한 방법이 기존의 '엄밀함' 으로 특징지어지는 학술적 글쓰기에는 적합하지 않을 것이라고 우려한다.

(2) SPN 탐구자들은 자신들이 무엇인가에 대해 쓸 만한 가치가 있는 어떤 것들을 가지고 있다고 생각지 않는다. 예컨대, '나의 평범한 일상적인 삶이 뭐 그리 흥미롭겠는가?' 라고 하는 것은 그들이 자신들의 이야기를 엄밀하게 사용하지 않고 있음을 시사하는 메시지이다(Nash, 2004: 54-55). 하지만 Rhodes가 "만약 당신이 열정을 가진 당신의 이야기를 말한다면, 많은 이들이 들을 것이다. 당신의 이야기는 우리들의 범위를 확장할 것이다" (Rhodes, 1995: 2)라고 말하듯이, 모든 이야기는 가르칠 만한 가능성을 가지고 있다. 자신의 이야기가 가치 있다는 점을 깨닫게 된다면, 누구나 SPN 저자들을 위한 보다 중요한 어떤 일을 시작할 수 있을 것이다.

(3) SPN을 이해하고 배웠다고 하여 그 개념을 자신의 글쓰기로 잘 옮길 수 있을까 하는 적용 문제를 걱정한다. 왜냐하면 오랫동안 교육을 통하여 원고의 전형적인 모습을 배워왔고, 또 글로 써온 우리들로서는 SPN 글쓰기의 동향을 배웠다고 해서 성공적으로 글쓰기를 하기가 쉽지 않기 때문이다. 그래서 '폐쇄적인 관점' 으로 글을 쓰기가 쉽다. 이러한 우려와 관련하여 SPN을 할 때 저자들은 '평범한 이야기' 가 갖는 특별함과 가치에 대하여 중요하게 인식해야 한다.

2. 학술적 개인적 글쓰기 가이드라인 열 가지

그러나 앞에서 설명한 것처럼 인식과 행동에는 차이가 있고 전통적 글쓰기를 오직 유일한 표현 방법으로 훈련을 받은 사람들에게 SPN 글쓰기는 어려울 것이다. 그러한 점에서 다음에 소개하는 효과적인 SPN 글쓰기 전략은 이러한 목적을 달성하기 위한 효과적인 방법이 될 수 있다.

(1) 글 전체의 구조와 형식을 설정하라

이 지침은 개인적 글쓰기라고 하여 일정한 형식 없이 마음대로 글을 쓰면 안 된다는 것을 의미한다. 학술적 개인적 글쓰기에서 '학술적' 이라는 의미가 존재하는 만큼, 자유롭게 자신의 이야기를 펼치되 적정한 형식, 즉 SPN에 적합한 글의 구조와 연결고리를 갖춤으로써, 글을 쓰기 위한 최소한의 장치를 마련해야 한다는 것이다. SPN에 있어서 글의 구조(construct)는 여러 순차적인 방법으로 수집된 자료들을 통합하는 중요한 주제이자 메시지를 설정해야 한다는 것이다. 많은 학생들은 SPN 글쓰기를 하면서 다음과 같은 종류의 불평을 한다. "SPN 글쓰기를 잘 하고 싶지만 할 수 없다. 나는 보트 위에서 무수한 원을 그리고 있는 것 같은 곤경에 빠져 있다." 그러나 이러한 불평을 하는 이유는 학생인 저자가 자신이 쓸 글에서 글의 구조가 무엇인지를 먼저 생각하지 않기 때문이다. 체계를 설정하지 않고 글을 쓰는 것은 무지한 것이다. 다음에 제시된 예는 SPN의 구조를 설정하는 데 도움이 되는 질문들이다.

> SPN 글쓰기에 대한 생각을 시작할 때 당신 자신에게 물어야 하는 구조에 관한 질문들이다. "지금 당신의 삶에서 중요한 것은 무엇인가, 다른 사람들에게 당신의 삶을 통해 말하고자 하는 것이 무엇인가, 지난 몇 년간 당신의 삶 속에서 배운 중요한 교훈은 무엇인가, 결혼이나 부모의 역할 등과 같은 일을 시작하려는 사람들에게 줄 수 있는 간단한 조언은 무엇인가, 당신의 삶에 의미를 주는 것은 무엇인가, 사랑하는 사람을 떠나 보내야 했던 당신의 특별한 기억은 무엇인가? 당신의 장례식에서 찬사 속에 기억되기를 바라는가? 이러한 단순한 질문들 즉, '환기시키는 질문들' 은 작가가 될 사람들에게 그들의 특별한 시각을 이끌어 내기 위해서 물어지곤 하는데, 이러한 것은 잠재적으로 무한하다. 일반적인 것이라고 여겨지는 것도 작가들에게는 독자들을 이끌어 중점적인 목표가 된다. (Nash, 2004, p.57)

이에 구조가 SPN 글쓰기를 위한 개념상의 안내 역할을 하여 독자들로 하여금 당신 이야기의 주제나 메시지가 무엇인가를 알게 하는 것이라면 자극(hook)은 독자들이 당신의 이야기 속으로 이끌게 하는 동기장치이다. 즉, 독자들이 당신의 이야기에 흥미를 느낄 수 있는 표현들을 마련해야 한다. 예를 들어 락 음악에서 청중의 흥미를 이끄는 것은 반복적인 음절이고, 이를 통해 청중의 즉각적인 반응을 이끌어 낸다. 그리고 그것들을 기억하게 한다. 엘비스 프레슬리나 비틀즈의 음악 모두는 이러한 기억할 만한 흥밋거리를 가지고 있다. 그 예로서 SPN 글쓰기에서 기억할 만한 인물이나 이야기가 독자들을 열중하게 만드는 단서가 될 수 있다. 아니면 아주 중요한 결정적 사건, 또는 매우 단순한 한 문장 역시 그러한 역할을 할 수 있다. 무엇을 사용하는가는 모두 SPN 글쓰기를 하는 당신의 목적과 관련이 있다.

(2) 실증적 방법과 개인적 방법을 균형 있게 사용하라

이 지침은 SPN이 학술적 글쓰기라고 해서 실증적 방법만을 주장해서도, 개인적 글쓰기라고 하여 개인적 표현만을 주장해서도 안 된다는 것이다. SPN 글쓰기는 학술적인 동시에 개인적인 즉 철학적인 글쓰기이다. 그렇기 때문에 실증적인 방법과 철학적인 방법을 균형 있게 활용하는 것이 중요하다. 즉, 학술적인 의미에 치중해 오직 독자로서의 길만을 강조하지 말아야 하며 자신의 이야기만을 너무 많이 써서도 안 된다. 각 개인이 이야기하는 구체적인 예와 세부적 상황들은 매력적이고 확실하다는 장점이 있다. 하지만 SPN 글쓰기에서 그러한 예들과 개인적 글쓰기가 중요한 때는 그러한 이야기가 균형을 가질 때이다. 개인적인 것이 일반적인 것이 되는 느낌, 나의 이유가 상대방의 이유가 되는 그런 경우이다. 주장과 개별적 사항 사이의 연결이 강해야 하며 끈끈해야 한다. 그 예로서 처음에는 당신 자신의 인간성 혹은 인간성의 부족에 대해 써라. 운이 좋다면 당신은 다른 사람의 인간성에 대해 중요한 어떤 말을 할 수 있을 것이다. 이 지침과 관련하여 Nash는 다음과 같이 조언하였다.

> 당신 글의 매력은 무엇인가? SPN 글쓰기는 크게 생각하되 지엽적으로 써야 한다. 또한 밖에서 안으로보다 안에서 밖으로 시작되어야 한다. SPN 글쓰기는 지엽적이면서도 전체적인데, 이는 독자들이 비교하면서 혹은 대조하면서 읽을 수 있도록 한다. 여기서의 핵심은 부분에서 전체를 그리고 다시 돌아가는 과정들이 되풀이되는 것이다. 이러한 과정들이 때로는 미묘할 수도, 때로는 분명할 수도 있다. 그렇지만 SPN 글쓰기를 할 때는 언제나 특수한 것과 일반적인 것이라는 두 요소 사이를 오가야 한다. (Nash, 2004, p.59)

다음은 이 지침을 설명하기 위한 짧은 단락의 실제 글쓰기 예시이다.

> 내 생각에, Dave의 석사논문의 전체적인 강점은 이론과 실천을 혼합하고, 추상적인 것과 실제적인 것을 예술적으로 결합하는 능력이다. 독자들이 자신의 개인적인 결점들을 보고 낄낄거릴 수 있도록 하였다. 바로 이러한 그의 탁월한 글쓰기 전략(자신의 약점을 드러내는 솔직담백한 글쓰기)은 독자들을 매료시키기에 충분하였다. Dave는 우리에게 "당신의 독특한 표현법으로 글을 써라.

> 당신 자신을 조롱하라. 그리고 당신이 사람이라는 점을 독자들에게 부각시켜라. 그러면 당신은 독자들의 공감을 불러일으킬 것이며, 그들의 신뢰를 받을 수 있다. (Nash, 2004, p.102)

(3) 독자들의 관심을 주변 세상으로 확장시켜라

이는 SPN이 개인적 글쓰기라고 하여 독자들이 단지 저자의 개인적 이야기에만 집중하고 공감하게 만들지 말아야 한다는 것이다. 즉, 독자들이 저자의 개인적 이야기를 읽음으로써, 독자를 둘러싸고 있는 세상에 관심을 가지고 주변을 성찰할 수 있는 기회를 마련해 줘야 한다는 것을 의미한다. SPN은 단지 개인적인 저자의 글을 읽고 공감하는 것만이 목적이 아니다. 독자들은 저자의 이야기를 통해서 자신의 삶에 적용할 수 있는 더욱 적합하고 넓은 삶의 함의를 찾아야 한다. 저자는 독자들이 끌리도록 자신의 삶에 대한 호소력 깊은 이야기를 하겠지만, 단지 그것으로 만족해서는 안 된다. 독자들은 저자의 개인적인 이야기를 좀 더 넓은 의미에서 교육적, 사회적, 문화적, 정치적 이슈들과 연결하기 위한 도구로 사용해야 한다. 거창하게 들릴 수 있겠지만 역설적이게도 저자 자신의 내부를 성찰하는 과정을 통해, 오히려 독자들은 저자와는 다른 방식으로 세상을 바라보는, 즉 자신을 둘러싼 세계를 성찰할 수 있는 기회를 가질 것이다. 다음의 두 글을 통해서, 독자의 관심을 주변으로 확장시키기 위한 실제적 글쓰기 전략을 살펴보자.

> 정치적인 성향의 몇몇의 SPN 저자들은 그들 사회 주변의 부정의, 오해, 무지 등을 비판적으로 또는 분석적으로 바라본다. 물론 몇몇의 독자들은 이들의 비판에 동의하지 못할 것이다. 왜냐하면 그들은 비판적으로 이야기하는 것을 선호하는 세계에 살고 있기 때문이다. 그렇지만 학문적인 통합의 관점에서, 당신은 당신의 이야기의 진짜 세계의 함의을 더 넓혀 발전시켜야 한다. 이는 관련 있을 때마다 사회적 비평을 구성하는 것을 수반한다. 또한 이는 사회적 행동 진술, 윤리강령, 정치적인 논평 또는 교육정책을 발전시키는 것을 수반한다. (Nash, 2004, p.60)

> Doug는 독실한 기독교인이며 주 교육부의 고위관료이다. 그는 25년간 두 명의 주인들에게 봉사하는 삶을 살았다. 그러나 하나의 주인인 국가는 결코 다른 주인(예수)을 알려고 하지 않았다. 그의 박사학위논문 디펜스에서, 그는 자신의 기독교적인 신앙심을 대중에게 드러내었다. 이러한 사건은 나와 그에게 드라마틱한 순간이었으며, 그 날 그 방에 있었던 사람들도 모두 마찬가지였다. 마침

내 그는 공적인 토론장에서 자신의 종교적 신념을 목격할 수 있었다. 그는 완전히 진실해졌다. 우리는 곧이어 깊은 대화로 빠져들었다. 나는 정중하고 명확한 말로 SPN이 단순히 자기 자신에 대하여 이야기하는 것 그 이상이라고 말하였다: 확실히, 그는 훌륭한 이야기꾼이 틀림없었다. 그러나 SPN 글쓰기에서의 이야기는 보편적이어야 한다. SPN은 보다 큰 의미를 전달해야 할 필요가 있다. 그 의미는 독자들에게 더욱 의미 있는 목적을 전달한다. SPN은 구조화된 인터뷰나 통계적인 분석을 요구하지 않지만, 증거가 수반된 텍스트와 학문적인 참고문헌들을 필요로 한다. 하나의 SPN은 저자들에게 광범위한 문화기술지적 연구를 요구하지 않지만 심층적인 자기 탐구를 요구한다. 게다가 SPN 저자들은 광범위한 이론적 배경과 더불어 계속적인 자기반성이 필요하다. (Nash, 2004, p.127)

(4) 광범위한 배경지식을 활용하라

이 지침은 SPN 글쓰기를 하는 데 당신의 풍부한 배경지식을 활용하라는 것이다. 만약 당신이 안내하고 근거로 제시한 배경지식이 독자들이 보기에 형편없는 것이 아닐까 하고 걱정이 된다면, 학술적으로 이야기를 풀어낼 수 있도록 훈련되어야 한다는 것을 의미한다. 당신보다 더 현명하고, 당신보다 자신의 통찰을 더 잘 표현하는 사람들에게 움츠러들지 마라. 당신은 체계화된 교육 혹은 개인적인 흥미를 통해서 여러 학술적인 가르침(disciplines)들에 대해 충분히 알고 있을 것이다. 당신은 이야기를 할 때마다 더 많은 지식의 구조로부터 지식을 풍부하게 이끌어 내는 것에 대해 두려워할 필요가 없다. 또한 학문의 경계를 가로지르는 것이 당신의 이야기를 확장하고 풍부하게 할 수 있다고 생각하고, 여러 학문 분야의 경계를 가로지르도록 하라. 당신이 지적으로 알고 있는 것은 단지 당신의 개인적인 이야기를 강화할 뿐이다. 왜냐하면 당신의 지식은 당신의 개인적인 이야기 속에서 통합되기 때문이다. 당신이 알지 못하는 것은 단지 당신의 이야기를 조금 더 약하게 만들 뿐이다. 당신의 지식을 적절히 보여주는 것에 두려움을 갖지 마라. 그렇지만 독자들이 당신이 어리석다고 느끼게는 하지 마라. 독자를 압도하거나 실망시키는 것, 그 사이에 행복한 중도가 있다. 그리고 이는 독자들이 당신의 이야기를 계속적으로 읽게 만드는 것과 관계있다. 왜냐하면 당신의 생각들이 독자들에게 유용하기 때문이다. SPN 글쓰기를 할 때, 자신의 배경지식을 활용하기를 주저하는 사람들에게 적절한 조언이 있어 여기에 소개하고자 한다.

독자들이 계속적으로 당신의 이야기에 관심을 기울이게 하기 위해서는 당신의

> 배경지식을 사용하거나, 몇몇 새로운 지식을 알게 해야 한다. 이야기와 관련된 학술적인 연습은 개인적인 내러티브 저자에게 학술적으로 특별한 신뢰를 형성할 수 있도록 한다. 연습은 이야기를 조직하고 깊이 있게 하고 향상시키는 데 영향을 준다. 그들은 지적이고 일관성 있으며 지속성이 있는 이야기를 창조하기 위한 개념적인 유대를 제공한다. 당신이 SPN을 쓸 때 학술적인 연습과 관련하여 자신에게 물어야 할 질문은 다음과 같다. 당신 자신과 다른 사람에 대해 당신이 이야기할 때 연습에 기반한 지식을 퍼뜨리는가? 만약 맞다고 대답할 수 있다면 당신은 아주 잘하는 것이다. (Nash, 2004, p.61)

다음은 앞선 조언을 적절히 반영한 훌륭한 글쓰기의 예시이다.

> Lou는 인간에 대한 배경지식과 리더십 이론, 교육학적 지식을 해박히 알고 있었으며 이것들은 그의 통찰들을 심오하고 깊이 있게 해 주었다. 그러나 이러한 이론들은 독자들을 겁먹게 하지 않았다. 그의 참고문헌들은 항상 굉장히 풍부했으며 적절하였다. 그의 학위논문을 읽는 일은 버링톤의 커피숍에서 삶의 기초적인, 근본적인 문제에 대하여 이야기하는 것과 비슷했다. 게다가 Lou는 SPN의 신선한 이해를 바탕으로 글쓰기를 하였다. 그의 박사학위 논문을 통해 볼 때, 그는 간학문적인 글쓰기를 하였다. 그의 논문은 철학, 종교, 고전, 리더십 이론, 교육학적 지식을 반영하였다. 그리고 그는 학위논문에서 라틴어와 이탈리아어 등을 효과적으로 나타내었다. (Nash, 2004, p.119)

(5) 긴장과 갈등의 서사 구조를 가진 이야기를 써라

이는 첫 번째 지침과 어느 정도 유사한 면이 있다. 당신은 개인적인 이야기를 자유롭게 쓸 수 있지만, 이런 이야기들은 독자들의 흥미를 이끌어 내고 독자에게 감동을 줄 수 있는 일정한 장치가 필요하다는 것이다. 즉, 긴장과 갈등을 가진 이야기를 써야 한다는 것이다. 퓰리처상을 수상한 McCullough는 "본질적으로 흥미가 없는 세계에는 어떤 것도 존재하지 않는다. 따라서 모든 사람들은 어떤 세계를 언어로 설명하거나, 그 세계를 이야기로 꾸미려고 한다"라고 말했다(McCullough, 2003: 163). 따라서 SPN은 대부분 흥미가 있고, 다른 사람들을 설득하며, 감동을 주고, 가르치며, 기쁨을 줄 때에라야 읽을 가치가 있다. 적어도 당신의 글쓰기는 독자들의 마음에 강한 울림을 만들어 내야 한다. 이를 위하여 당신의 이야기에는 줄거리와 특색 있는 인물, 긴장, 절정, 대단원, 의미 있는 교훈이 포함되어야 하고 이를 위하여 매우 열심히 작업해야 한다. 가능할 때마다 극적인 긴장을 더할 수 있도록 시도하라. 독자들이 추측하도록 만들어라. 다음에 제시된 세 가지의 짧은 이야기들은 극적인 서사 구조를 가진 좋은 글쓰기의 예시들이다.

> David는 부모의 이혼, 고통, 양아버지로부터의 계속적인 추행으로 인한 트라우마, 마약복용, 자신의 이혼, 자살시도 등 그의 유년기의 고통에 대해 이야기했다. 그의 내러티브는 긴장과 불행, 분투로 가득 찬 속이 뒤틀리는 삶의 연대기였다. 그의 SPN 글쓰기의 힘은 다양한 보조적인 이야기들을 제시하는 것뿐만 아니라 중요한 이야기를 서술하는 능력이다. 그야말로 나의 가슴을 감동시킨다. (Nash, 2004, p.83)

> Lou의 논문주제는 효율적인 공교육을 위해 리더들이 겸비해야 할 동정, 에토스, 정신의 세 가지 중요한 점에 대한 것이었다. 또 다른 중요한 주제는 '수업 내러티브' 에 대한 신념이었다. 그는 수업 내러티브가 '홀리스틱 교육 리더' 를 양성하기 위한 강력한 도구라고 생각하였다. 그리고 그의 개인적인 이야기에서 '가족', '신뢰', 운명' 은 그 자신의 성장에서 대단히 중요했다. 그는 자신의 삶 속에서 수많은 '결정적 사건' 을 검토함으로써 드라마틱한 이야기 구조를 만들어 내었다. (Nash, 2004, p.123)

> Lou는 그의 이야기 스타일로 되돌아가는 창의적인 에필로그로 그의 논문을 마무리하였다. 그는 '실제 사건에 기반한 상상 캐릭터들의 이야기' 시리즈를 사실적인 주요 인물들을 통해 이야기했다. 그 중 하나는 9/11이 발생한 실제 장소를 방문하여 '가슴이 쓰라린' 부모들과 학교 그리고 지역 사회와의 만남에 대한 학교장의 응답이었다. Lou는 그의 글 마지막에서 SPN 글쓰기 중 교장, 영감을 주는 교육 지도자, 관리자, 교육부 관료들의 '다자간대화' 에서 배운 것에 대해서 이야기를 썼다. 이러한 창의적인 글쓰기 도구들은 Lou가 논문을 개성 있고 극적인 형태로 요약하고 결론 내리는 데 도움을 주었다. (Nash, 2004, p.124)

(6) 때론 지극히 주관적인 열정을 가져라

이 지침은 SPN 글쓰기를 할 때 저자는 무조건 '객관적' 이어야 한다는 입장에서 벗어나서, 자신의 입장을 충분히 반영하여 표현하거나, 심지어는 자신의 이야기를 위해 싸울 열정이 필요하다는 것을 의미한다. 하지만 너무 공격적이어서는 안 된다. 왜냐하면 기질적으로 독자들은 공격적이지 않기 때문이다. 어떤 것에 대해 강한 확신을 가지고 분명한 입장을 가져야 한다. 저자로서 자신의 목소리를 명확하고 특별하고 강력한 방식으로 표현해야 한다. '객관적' 이어야 한다는 전통적인 학문적 성향에서 벗어나야 한다. 가끔은 무심하거나 열정적이지 않아도 괜찮다. 그러나 열정적이고 흥미로운 것 또한 괜찮다. 심지어는 반어적이고 슬퍼도 괜찮다. 대부분의 삶은 복잡하고 역설적이다. 이것이 우리를 지루하게 만들 수도, 달랠 수도, 화나게 할 수도, 가끔은 우리를 진저리나게 할 수도 있다.

그러므로 언제나 진실하도록 노력하라. 당신이 의미하는 바를 말하고 당신이 말하는 것을 믿어라. 그렇지만 당신이 쓰는 모든 문장들과 당신이 주장하는 모든 진실과 당신이 말하는 모든 이야기들이 반드시 옳은 것만은 아니라는 것을 인지하라. 이 같은 과정은 당신을 겸손하게 만들 것이다. 그리고 당신이 모든 분야의 전문가처럼 보이지 않기 때문에 독자들은 당신이 가진 것에 대해 흥미를 지속적으로 느끼게 할 것이다. 퓰리처 상을 수상한 Annie Dillard 역시 이 지침과 관련한 SPN 글쓰기 전략에 있어 다음과 같은 조언을 남겼다.

> SPN 글쓰기에 대해 내가 알고 있는 것들 중의 하나는 다음과 같다. 나중을 위해 좋아 보이는 것들을 비축하지 마라. 당신이 배운 것을 유지하려는 충동은 단지 부끄러운 것이 아니고 오히려 파괴적인 것이다. 당신이 자유롭고 충분히 그리고 열정적으로 주지 못하는 것들은 당신에게서 잊혀질 것이다. 당신의 안전막을 걷고 열정을 찾아라.

다음은 SPN을 통해 자신의 열정을 잘 드러낸 좋은 글쓰기의 예를 소개하고자 한다.

> 나의 개인적인 이야기가 계속되고, 이야기 여행이 계속됨에 따라 나는 Natalie Goldberg의 조언을 기억하고자 한다. "당신이 사랑하는 것을 신뢰하라. 그리고 계속하라. 그것은 당신이 가고자 하는 곳으로 데려다줄 것이다. 그리고 안전에 대해 너무 많이 걱정하지 마라. 당신이 원하는 것을 시작할 때 더욱 안전해질 것이다." 나는 이것이 나의 논문의 마지막 단락이라는 것을 안다. 마음이 아프고 목이 메이는 것을 느낀다. 글쓰기는 멋진 선물과 같은 것이다. 글을 쓰면 쓸수록, 나는 조금 더 멀리 날아간다. 나의 논문은 더 먼 비행을 위한 좋은 발사대이다. 끝은 진정한 시작이다. (Nash, 2004, p.112)

(7) 독자들의 변화를 야기하라

이 지침은 독자들이 세상을 다른 시선으로 볼 수 있게 이야기해야 한다는 것이다. 즉 독자들이 당신의 이야기를 통해 당신의 관점에 동의하고 이 관점에 따라서만 세상을 바라보게 할 것이 아니라, 독자들이 각자의 방식으로 세상을 바라볼 수 있어야 한다는 사실을 받아들이도록 해야 한다는 것이다. 독자가 당신에게 동의 또는 동의하지 않음을 확인하는 데 많은 관심을 두지 마라. 대신 "당신은 어떤 것이라도 거기서 얻을 수 있을 것이다" 와 같은 잠정적인 목표를 둬라.

독자들에게서 얻을 수 있는 더욱 희망적인 반응은 아마도 "내가 정말로 당신이 어디서 왔는지 이해하게 되었기 때문에, 당신과 좀 더 말하고 싶고 당신의 이야기를 좀 더 읽고 싶어요." 와 같이 말하는 것일 것이다. 물론 누군가가 당신의 이야기 속에 있는 지혜가 너무 강렬해서 몰입할 수밖에 없었다고 말해도 좋을 것이다. 그러나 더욱 멋진 칭찬은 "당신의 작품은 정말로 나를 변하게 했어요. 당신이 나의 삶을 바꾸었어요" 와 같이 누군가가 말하는 것이다. 그러나 당신은 독자가 따르는 것보다 더 나은 무엇인가를 바란다면 그것은 잘못되었다. "당신은 나를 더욱 깊게 생각하게 만들었어요. 나는 절대적으로 당신에게 동의하지 않지만, 나에게 흥미를 주었어요. 당신과 내가 다르지만, 나는 당신이 세상을 바라보는 것과 당신의 개인적인 주제들에 대해서 이해해요." 와 같은 응답이 바람직할 것이다. 독자들의 변화를 야기하는 좋은 글쓰기의 예를 실제적으로 경험하기 위해서는 다음 이야기를 잘 참고할 필요가 있겠다.

> Patti는 그녀의 논문을 통해 알 수 있듯이 글쓰기에 소질이 있었다. 그의 글에는 독자들을 이끌기 위한 레퍼토리가 있었다. 예를 들어, 그녀는 "Todd와 식료품점" 이라는 짧은 이야기를 표현했다. Todd는 Patti가 십년 전부터 가르치던 곳인 교화소에 수감되어 있었고, 최근에 그녀는 지역 식료품점에서 우연히 그를 만났다. 이 우연한 만남에서 Todd는 Patti에게 지난 십년 동안 그의 삶이 얼마나 많이 바뀌었는지에 대해 말해 주었다. "더 이상 약을 먹거나 술을 먹지 않아요." 그리고 그는 결혼도 하였다. 그가 이 모든 것을 말하는 것은 중요하다고 그녀는 생각했다. 왜냐하면 그녀는 감옥에 있는 동안 그에게 읽고 쓰는 것을 가르친 사람이기 때문이다. 이 과정을 통해 그는 검정고시를 통과할 수 있었다. Todd와의 만남에 대해서 생각한 지 이틀 뒤에, 나는 Todd가 나의 삶을 바꾸었다는 점을 깨달았다. 감옥 내 배움 센터에서 살인자와 강간범, 아동 성추행범, 도둑들, 약물중독자, 방화범들을 가르치고 있는 나 자신을 돌아보았었다. 감옥 내의 교육장에서 나는 교육자가 되는 것의 힘과 중요성을 느꼈다. 나는 내가 삶을 변화시킬 수 있는 힘과 특권을 가졌다고 배워왔다. 나는 그들의 삶을 성공적으로 만들었고, 동시에 그들도 나의 삶을 성공적으로 만들었다. (Nash, 2004, p.111)

(8) 끊임없이 글을 다듬어라

이 지침은 SPN은 저자가 자신의 삶을 끊임없이 성찰하고 세상과 소통하면서 글을 써야 한다는 특성과 관계있다. 이 같은 특성 때문에 SPN은 처음부터 완벽한 글쓰기가 가능하지 않다. 즉, 불완전하게 기술된 초기의 글들을 계속적으로 다듬고 수정해 나가는 과정을 통해 보다 완성도 높은 글을 기대할 수 있다는 것이다. 기술적으로 글을 쓰는 것은 투지와 결단력을 요구한다. 이는 종이에 무언가를 채우기 위한 초기의 분투이자 노력이다. 그것은 불완전한 초기의 아이디어들을 즐겁고 유쾌한 문장과 문단으로 번역해 나가는 힘들고 고된 작업이기도 하다. 또한 뒤죽박죽인 자료들을 매끄럽고 일관성 있고 흥미로운 내러티브로 조직하는 방식을 찾는 것이기도 하다.

따라서 우리 연구자들 대부분은 초안을 다듬는 작업을 많이 하게 된다. 정리된 글쓰기는 머리와 손 또는 가슴으로 시작되지 않는다. 그것은 수정작업과 함께 시작된다. 머리와 손과 가슴이 자극되기 전에 반드시 컴퓨터 앞에 있어야 한다. 그러고 나면 곧 자신의 '조악한 초고(shifty first draft)' 를 완성하게 된다. 초고가 완성되면 글쓰기의 예술에 착수하게 될 것이다. 그런데 이 과정은 필연적으로 글쓰기의 기능을 보완하게 된다. 이것은 끊임없이 다듬는 과정이고, 작은 부분까지도 수정하고 조정하는 과정이다. 자신의 초고를 지속적으로 다듬고 수정해야 하는 것이다. 그 과정에서 다시 쓰고, 삭제하고, 그리고 다시 원상태로 복구해야 한다. 그렇게 해서 자신의 소리는 음악이 되고 질서와 조화가 있는 우주가 될 것이다. 이 지침과 관련하여 SPN 글쓰기 과정이 끊임없는 반성과 수정의 과정임을 잘 보여주는 글쓰기의 예를 제시하고자 한다.

> Dave의 석사학위 논문주제는 한 명의 교사로서 '의미를 추구하는' 것에 대한 확장적인 개인적 반성이었다. Dave의 중심적인 연구목적은 포스트모던 관점의 교육에 있어서 '진리' 의 개념을 재검토하는 것이었다. Dave는 논문을 쓰기 시작하면서 그에게 일어나는 일들에 대하여 더 깊이 있게 생각하기 시작했고, '최종적인 진리' 를 갖기 위해 끊임없이 고민하고 글을 써갔다. 그는 마침내 포스트모던 교육의 전문가가 되었다. 그는 많은 교육자, 많은 수준의 교육적 진실에 대하여 '왜 그럴까' 하고 의문을 품었다. 어떻게 그들은 확신에 차 있는 것일까? 그는 교수에 있어 작은 진리를 찾고자 했다. 그는 포스트모던이라는 현미경을 통하여 대문자 '진리' 에 대하여 교육적, 철학적, 정치적, 종교적 검토를 하였다. 논문의 내용들이 다소 추상적으로 들릴지라도, Dave의 포스트모던적 탐구는 항상 그 자신의 구체적인 교수와 삶의 경험에 근거하였다. Dave는 자신

> 의 논문을 쓰는 과정을 통해 진정한 자아를 찾고자 노력하였다. 그는 쾌락주의에 빠져 대학시절을 보냈다. 그러나 점차적으로 그는 강렬한 성찰의 시기를 경험하였고, 삶의 의미에 대하여 모든 존재론적 질문을 하기 시작하였다. 특별히 그는 사회가 요구하는 '정상적' 인 행위에 대하여 고민하였다. 그는 버몬트 주의 대안 교사 자격증을 따는 데 실패한 이후, 교수적 직업의 기준에 따라 '정상적인' 교육학의 의미에 대하여 심각하게 고민하게 되었다. 그의 장황한 이야기에 등장하는 교수기준과 관료적인 자격위원회는 그에게 있어서 우스꽝스러웠으며 슬픈 경험이었다. 그는 위원회의 심문을 받는 동안 굴욕감과 인간적 모멸감을 맛보았다고 말하였다. Dave는 그의 내러티브에서 중심적인 주인공이었다. (Nash, 2004, p.102)

(9) 적절한 인용을 사용하라

이는 SPN에서 적절한 암시의 활용이 글을 더욱 풍부하게 만들 수 있다는 것을 의미한다. 너무 지나치지도 너무 적지도 않게 인용하는 방법을 통해, 당신의 이야기를 더욱 풍부하게 만들 수 있다는 것이다. 너무 많은 근거자료를 인용하는 것은 당신이 말하고자 하는 것에 대해 잘 알지 못한다는 것을 의미한다. 또 너무 적게 인용하는 것은 당신이 말하고자 하는 것에 관해 다른 사람들이 말하는 것에 대한 배경지식이 없다는 것을 의미한다. 적당한 텍스트는 실제적인 맥락을 제공하고, 글쓰기를 깊게 하며, 그것이 함축하고 있는 것을 확장하고, 그 텍스트가 주는 통찰력을 토대에 둘 수 있으며, 무엇보다 자신의 사고에 대한 다른 사람들의 공헌을 명백하게 알리는 것이다.

이제까지 어떤 작가도 독립된 하나의 섬은 아니었다. 어떤 작가든 항상 다른 사람의 도움을 필요로 해왔다. 조금 확장하자면 글쓰기는 다른 사람의 생각을 단지 당신만이 살고 이야기했던 개인적인 내러티브의 틀 안에서 순환시키는 것이다. 만약 당신이 당신 자신에 대해 진실하다면, 당신이 일생 동안 할 수 있는 것들에 대해 쓸 아이디어가 한두 개보다 많지 않다고 말할 수 있을 것이다. 창조성과 양식, 통찰을 가지고 인용을 시도하라. 동시에 당신의 순환된 주제 모티브를 향상시키고 수정할 수 있는 다른 사람의 지혜를 살펴라. 불필요한 인용자료는 글쓰기를 저급하게 만들 수 있다. 당신의 현명함을 과시하기 위해서 모든 방면의 전문가들의 불필요한 인용으로 원고를 채우지 마라. 대신 당신의 생각을 표현하고 다른 사람의 생각을 적절히 언급하여 균형을 맞춰라. 너무 학술적인 연구는 누군가의 학술적인 수준을 보여주는 목적 외에는 의미가 없다. Robert의 짧은 이야기를 통해 SPN 글쓰기에 적절한 인용의 쓰임에 대해 생각해 보자.

> 박사과정의 친구가 어느 날 저녁 늦게 다소 문제성이 있는 이메일을 보내서 다음과 같은 질문을 하였다. "Robert, 글쓰기를 배우는 가장 좋은 방법은 무엇인가요? SPN을 누구에게 배울 수 있을까요? 가만히 앉아서 글쓰기 매뉴얼을 보았는데 어떤 것도 떠오르지 않았어요." 나는 거들먹거리는 대신에 내가 글을 쓰는 도중 특별히 보면서 언제나 놀라워했던 Annie Dillard의 근거자료를 그녀와 함께 나누었다. 그것은 매우 효과적인 인용이었다. 왜냐하면 이 학생은 훌륭한 논문을 썼기 때문이다. (Nash, 2004, p.66)

(10) 명료한 언어를 사용하라

이 지침은 SPN 글쓰기에 있어 명료하지 않은 언어의 사용은 당신의 아이디어가 얼마나 훌륭한지와 관계없이, 단지 당신 글의 부족함만을 드러내게 된다는 것을 의미한다. 즉, SPN 글쓰기에서는 자신의 아이디어를 효과적이고 타당하게 뒷받침할 수 있는 명료하고도 확실한 언어를 사용해야 한다. 자신의 아이디어가 언제나 박식하고 과학적으로 뒷받침되는 것은 아니다. 하지만 언어를 다소 단순하게 즉, 소박하지 않으나 참신하고 정직하며 개인적이고 솔직하게 표현한다면, 글은 더욱 명료하게 되어 목표에 더 가까이 다가갈 수 있을 것이다. 강력하고 유창하며 우아하고 설득적인 언어는 글의 여러 단점들을 감출 수 있다. SPN에 있어 명료한 언어를 사용하기 위해서는 다음에 제시된 Margaret Atwook의 이야기를 참조할 필요가 있다.

> Margaret Atwook는 저자들이 원고를 쓰기 전에 아래의 세 질문에 답할 수 있어야 한다고 했다. 누구를 위해 쓰는가? 왜 쓰는가? 그것의 출처는 어디인가? Atwood에 따르면 이 간단한 질문에 주목하는 것을 통해 당신은 독자들을 주목시킬 수 있는 명료한 언어를 사용할 수 있다. 그녀는 계속해서 말한다. "글쓰기는 무지, 바람 혹은 알고자 하는 욕구, 그리고 어두움을 밝은 빛으로 가지고 오는 것과 관련이 있다" 독자와 당신의 무지를 밝히기 위해 간단하고 명백하며 직접적인 언어를 사용해야 하는 것이다. 내 생각에 Atwood는 어떻게 SPN의 틀을 잡는지에 대해 말하고 있는 것 같다. 원고의 틀을 작성하는 것은 모든 저자들의 책, 논문이나 이론, 혹은 에세이에서 최소한의 방향, 논점, 조직, 명확성을 얻기 위한 필수불가결한 전제조건이다. 글을 쓰기 위해서 다음의 것들에 대해 명확히 할 필요가 있다. 내가 충분히 말하고자 하는 것이 무엇인가? 내가 묻는 중심 생각은 무엇인가? 나의 주된 독자는 누구인가? (Nash, 2004, p.67)

3. 학술적 개인적 글쓰기의 예: 엘리베이터에서 생긴 일

다음 글은 필자의 저서 『아빠는 죽어도 학원은 죽지 않는다』의 제1장을 발췌한 것이다. 이 장의 주제인 SPN에 정확히 일치하지는 않지만 학원교육이라는 학술적 주제를 독자들에게 더 잘 이해시키고 그러한 주제가 연구자인 필자에게 어떤 개인적인 의미가 있는지를 잘 드러내기 위하여 연구자의 개인적인 일상적 삶의 경험인 엘리베이터를 활용하였다. 전 세계의 다른 나라들과 달리 주거의 약 60~70%에 달하는 우리나라의 대표적인 주거 공간인 엘리베이터는 대부분의 사람들에게 가장 일상적이면서 가장 특징적인 삶의 공간이 되어 있다.

이에 필자는 이 엘리베이터에서 만난 우리나라 아이들과의 대화를 책의 서문에 제시함으로써 독자들에게 연구자뿐만 아니라 한국의 많은 학부모들과 교육자들에게 무겁지 않으면서 그러나 사실적으로는 매우 심각한 주제인 '한국의 학원교육'의 학술적 이슈를 부각시키고자 노력하였다. Nash가 주장한 SPN의 구성요소인, 독자들의 관심 환기, 저자의 배경지식의 활용, 탐구 주제에 대한 연구자의 열정, 텍스트 내에서의 갈등구조 등이 여러 부분에서 잘 포함되어 있으니 유의하여 읽어보기 바란다.

제1장: 엘리베이터에서 생긴 일

차가운 바람이 불어 오는 2월의 날씨. 아직까지 겨울이다. 아침 7시경. 아파트는 고요하다. 두꺼운 코트에 목도리 그리고 가방 하나. 어제처럼 나는 내가 근무하는 대학교로 출근하기 위하여 아파트 문을 나선다. 그리고 계단에서 문을 잠근다. 문에는 어제처럼, 지난 달처럼, 그리고 지난 몇 년처럼 오늘도 여지 없이 전단지들이 붙어 있다. 전단지의 색깔도 가지가지. 자기를 읽어 달란 듯이 현란한 색상으로 만들어져 있다. 녹즙, 에어로빅이나 요가, 생수기 전단지 등 다양한 광고지가 많지만 그 중에서도 가장 많은 양을 차지하는 것은 학원광고 전단지이다. 오늘은 어떤 새로운 학원이 생겼고 누가 서울에서 초청되어서 이 곳 진주에 학원을 세웠나, 어떤 새로운 학습법을 개발한 프랜차이즈 학원이 생겼나 궁금하지만 자세히 읽지는 않고 전단지들을 떼어낸다. 하루의 첫 일과는 이렇게 시작된다.

내가 사는 아파트는 7층. 엘리베이터 버튼을 누른다. 7층에 도착한 엘리베이터. 엘리베이터 안에는 아무도 없다. 그러나 그 좁은 공간에는 학원을 알리는 광고판들이 여기저기 부착되어 있다. 소음을 내며 내려가는 엘리베이터. 6층에서 멈춘다. 6층에는 두 아들을 두고 있는 부부가 산다. 그 중에서 둘째 아들인 초등학교 5학년 아이가 내 옆으로 들어선다. "안녕하세요"라고 인사한다. 남자아이. 씩씩하다. 인사를 잘해서 가끔씩 용돈을 주었더니 이제는 만나기만 하면 인사를 꾸벅한다. 밤톨 머리를 한 이 아이는 어머니 심부름을 잘하고 집에 아들 둘이만 있어서 그런지 딸 노릇을 한단다. 가끔씩 두부 사오기, 양념 사오기 등 여러 가지 헤드렛 일을 잘한다. 엘리베이터가 1층에 도착하자 인사하고 빨리 달려 나간다. 왜 그러냐고 물었더니 학원차를 타야 한단다.

아파트 107동을 빠져나와 약 100m 걸으면 대로변이 나온다. 진주에서 가장 넓은 도로이다. 아파트 안을 빠져 나와서 그런지 바람이 매우 매섭다. 거리는 추위 외에도 안개가 가득하다. 아침 일찍인데도 여기 저기 학생들이 대로변에서 무엇인가를 기다리고 있는 듯하다. 대부분 고등학생들이다. 학교를 가는 것은 아닌 것 같고 아마도 학원을 가는 듯하다. 어떤 아이는 단어장을 공부하고 있고 어떤 아이는 멍하니 서 있다. 요새 고등학생들은 무섭다고 하니까 모여 있는 아이들 옆으로 얌전히 지나서 한참을 걸으면 건널목이 나온다.

건널목에서 유치원 아이들, 초등학교 아이들, 고등학교 아이들, 그리고 출근하는 아버지들 등 많은 사람들이 불빛이 바뀌기만을 기다리고 있다. 날씨가 추워서 그런지 어서 신호등이 바뀌기만을 바라는 눈치다. 조금 전 지나쳐 온 고등학생들 무리. 그들이 약간 내 마음을 무겁게 만든다. 항상 신경이 쓰인다. 우리 때는 저렇게까지는 아니었는데. 아침 7시에 학교가 아닌 학원으로 가는 아이들. 저렇게 공부해야 할까? 밥은 먹었을까? 뭐 그래도 젊으니까 그리고 건강하니까 잘 이겨내겠지 하는 생각으로 그들을 잊는다.

아이들로 가득 찬 건널목은 빨간불이다. 그리고 도로의 차들 역시 파란불을 기다리고 있다. 여러 개의 큰 차들이 눈에 들어온다. 크게 쓰여진 글씨, 강렬한 노란색, 아이의 미래를 책임진다는 문구까지. 몇 대의 학원 차들이 신호등이 바뀌기만을 기다리고 있다. 영어학원, 수학학원, 논술학원 차들. 학원 차에는 강사들의 사진과 학력까지 밝힌 전단지가 붙어 있다. 어떤 영어학원 차는 외국의 잘생긴 남자 또는 백인 여자들을 모델로 광고하고 있다. 그리고 영어로 아침 인사를 적어 놓았다.

그 차 안에는 내가 살고 있는 아파트의 아이들 그리고 다른 지역의 아파트 아이들이 타고 있다. 항상 그랬던 것처럼 파란불로 바뀌기 전까지 학원에는 누가 타 있나 구경을 하게 된다. 어린 초등학교 아이들을 태운 학원 차이다. 그리고 한 명의 어린 애가 나를 쳐다본다. 순진무구한 그 얼굴. 전형적인 몽고족의 코를 가진 깨끗한 피부의 아이. 손으로 무슨 사인을 보내는 듯하면서 나를 보고 웃는다. 그리고 앞자리에 앉아 있는 아이까지 끌어들여 나에 대하여 무슨 이야기를 하는 듯하다. 무슨 이야기를 하였을까? 외면하는 대신에 그 착한 아이에게 웃어 주었다. 그러기를 잠시. 학원 차는 신호등이 바뀌어 출발한다. 건널목에 남겨진 나. 그리고 떠나버린 아이들.

하루의 일과가 끝나는 오후 3시경. 연구실 문을 나와 집으로 향한다. 다소 날씨가 포근해졌지만 여전히 쌀쌀하다. 교문을 지나는데 학교 옆에 있는 교대부설 초등학교 역시 수업이 모두 끝났는지 아이들이 집으로 향하고 있다. 아마도 하루에서 가장 즐거운 순간일 것이다. 내가 그랬던 것처럼 이 아이들 역시 집으로 돌아가면 어머니들이 반겨주고 맛있는 간식을 줄 것이다. 우리와는 다르지만 만화책을 읽거나 아니면 스타크래프트를 하겠지. 나는 초등학교 시절에는 학교가 파하면 친구들과 함께 들판으로 그리고 산으로 놀러 다녔다. 특히 새를 좋아하는 나는 산비둘기를 잡는다고 수많은 산을 올라 다녔다. 집 뒤편에 흑산이라는 작은 동산이 있었는데 때로는 그 흑산에 올라가 친구들과 팀을 나누어 전쟁놀이를 하였다. 겨울에는 불을 피워 군고구마를 만들어 먹기도 하였고 어둠이 짙게 깔린 밤까지 재미있게 놀았다. 너무 늦은 날은 어머니가 직접 산에까지 올라와 소리치면서 밥 먹으러 가자고 끌고 내려가곤 하였다.

잠깐 이런 생각이 들다가 앞을 쳐다보니 아이들은 교문 앞에서 무엇인가를 기다리는 듯하였고 어떤 아이들은 차를 타고 있다. 학교가 끝나고 난 다음 이들이 가야 하는 다음 장소는 바로 학원인 듯하다. 아이들은 자신이 타야 할 차들을 발견하였는지 서로 안녕하면서 각자의 학원으로 향한다. 학원 차들로 가득 차 버린 교문 앞은 경비 아저씨의 소리에도 아랑곳하지 않고 차들로 엉망이 된다. 여기저기서 학원에서 온 선생님들의 아이 찾는 목소리가 들리고 모든 아이들을 태운 학원 차는 다른 차들을 뒤로한 채 교문 앞을 벗어난다. 그 차들은 약 한 시간 늦게 끝나는 고학년 학생들을 위하여 다시 이 학교 교문으로 올 것이다.

시끄러운 교문을 벗어난 나는 건널목을 지나 내가 사는 아파트로 걸어간다. 107동의 현관에 들어서자 포근함이 느껴진다. 엘리베이터 버튼을 누르고 1층에서 기다리고 있는 사이 누군가 뒤에 있는 듯하다. 6층의 첫째 아들이다. 몇 년 사이에 키가 부쩍 커버린 느낌이다. 이번 3월에 중학교에 갈 예정이다. "학교 끝났으니까 뭐하니?" 라고 물었다. 그러자 학원에 간다고 한다. 몇 개 다니냐고 물었더니 5개를 다닌단다. 3~4시 수학학원, 4~5시 영어학원, 5~6시 논술학원. "저녁은 언제 먹니" 하였더니 중간에 분식집에서 먹거나 아니면 학원 수업 모두 마치고 집에 와서 먹는단다. 그때까지 밥 먹지 않으면 배고프지 않느냐고 물었더니 배고프지 않다고 답한다. "피곤하니?" 라고 물었더니 피곤하지 않단다. "재미있니?" 라고 물었더니 재미있단다. 모두 내가 기대했던 답과는 반대의 답들이다.

오후 3시 30분경. 자꾸 늘어나는 뱃살을 빼기 위하여 최근에 약 한 시간 정도 걷기를 규칙적으로 한다. 운동복으로 갈아입고 아파트 문을 나온다. 7층 엘리베이터를 기다리는데 앞 집의 문이 열리면서 한 여학생이 나를 따른다. 이제 중학교 1학년이 된 여학생. 지난 몇 년을 피아노 친다고 하여 피아노 소리로 나를 너무나 괴롭힌 그 장본인이다. 윗층에 사는 노인부부의 손자는 주말이면 와서 밤마다 피리를 불어서 나를 괴롭혔고 이 여학생은 피아노 소리로 나를 괴롭혔다. 그러나 교육자라는 신분 때문에 불평 한 번 하지 않았고 노 할머니가 언젠가 엘리베이터에서 "너무 시끄럽죠?" 라고 물었을 때 아이들은 "떠들면서 크잖아요" 라고 대답할 수밖에 없었다.

그런데 언제부턴지 피아노 소리가 사라졌다. 옆집이 이사 갔나 했더니 바로 이 여학생이 중학교 들어가면서부터 피아노를 그만 치기로 한 것이었다. 쇼팽의 즉흥환상곡까지 쳤던 그 여학생이었기에 "너 피아노 잘 치던데 계속 치지" 라고 했더니 어머니가 이제는 학교 공부해야 한다고 피아노를 치지 말라고 하였단다. "그래 요새는 그럼 무슨 공부를 하는데 그리고 어디 가니?" 물었더니 학원에 간단다. 학생은 대로변으로 그리고 나는 강변 쪽으로 발길을 옮겼다.

한 시간 정도의 걷기를 한 후 아파트에 도착한 시간은 약 4시 45분. 엘리베이터를 기다리는 나의 뒤로 어떤 젊은 여자가 섰다. 주민은 아닌 듯하였지만 가끔씩 만난다. 항상 정체가 궁금하였다. 아니나 다를까 내가 내리는 7층에서 내린다. 도대체 누구일까 나는 한동안 그 여자의 존재에 대하여 궁금하였는데 최근에 밖에서 들리는 소리를 통하여 그 여자의 존재를 알 수 있었다. 중학교 1학년 여학생의 어머니가 아파트 문을 열고 "선생님 잘 가세요" 라고 하는 말을 들었다. 바로 그 중학생의 아래 동생인 여자 아이의 학습지 선생님이었다. 아마도 일주일에 한 번 정도 와서 지도해 주고 과외를 하는 방문과외를 하는 듯하였다.

저녁 7시 30분경. 걷기 운동을 한 탓인지 몸이 나른하다. 저녁까지 먹은 터에 몸은 무거울 대로 무거워졌다. 소파에 몸을 던진 나는 요새 인기 있는 가정주부의 외도를 다룬 연속극을 기다리고 있다. 요새는 작가들이 시청자들의 기대수준을 이해한 듯이 복잡한 플롯과 뛰어난 연기력을 가진 연속극을 만든다. 특히 밤에 갈 데가 없는 이 곳 진주에서 언제부터인지 나는 저녁 8시부터 드라마, 코미디, 외국 수사물 그리고 10시경에 시작하는 미니시리즈를 끝으로 하루를 마감하는 버릇이 생겼다.

8시 드라마가 끝나고 다른 드라마가 시작할 무렵 TV는 여러 가지 학원광고 또는 학습지광고를 내보낸다. 어떤 광고는 유명한 가수와 연예인이 노래를 부르면서 학원의 장점을 강조한다. '앞서 가니까' 라는 용어를 참 잘 선택하였다는 생각이 든다. 학부모에게 인상적일 것이다. 다른 광고는 학교수업에서 자식이 가질 수 있는 문제를 해결해 줄 수 있는 전략을 광고의 핵심으로 부각시킨다. '풀 수 있을 때까지 풀게 만든다' 1:1지도를 통하여. 그럼 학교에서는 학생이 풀 수 있을 때까지 가르치지 않는다는 말인가? 어떤 광고는 더욱 가관이다. 치과에서 이를 잘못 뺀 어머니는 그 고통은 문제 되지 않는듯이 '상위권 엄마의 행복감'을 육체적 고통과 비교하여 아드레날린처럼 고통의 해결제로 제시하고 있다. 도파민 생성을 통제하는 것일까. Prozac 아니면 Ecstasy 효과가 있는 것일까?

재미있는 8시대의 연속극이 끝나면 9시 뉴스가 시작된다. 한 교육부 정책가가 나와서 이번 겨울 대입시험의 난이도를 잘 조정하여 학부모들이 사교육으로 고통받지 않도록 하겠다는 약속을 하는 이야기가 나온다. 대학의 수능시험 난이도 실패로 인하여 한국교육과정평가원의 원장이 바뀐 게 엊그제였다. 다음 뉴스는 아파트 뉴스이고 그 다음 뉴스는 양극화 해소 뉴스이다. 그리고 성형의 부작용을 알리는 뉴스에다가 박지성 영국 활동 뉴스이다. 그리고 9시 뉴스 마지막에 나온 학원 가기 싫어서 자살한 초등학교 아이 이야기가 나를 슬프게 한다.

9시 뉴스가 끝나면 스포츠 뉴스에 이어 내가 좋아하는 미니시리즈가 시작된다. 한류를 이끌어낸 많은 미니시리즈들. 요일별로 선택하여 볼 수 있는 장점이 있다. 특히 슬픈 사랑의 내용은 연약한 내 마음을 자극하여 눈물을 흘리게 한다. 아울러 감정을 통제하면 남자는 오래 못 산다는 최근 남성학 이론에 따라서 슬프면 혼자 몰래 많이 울기로 마음먹었다. 미니시리즈가 끝났다. 침대로 가려고 하니 마침 라면 광고가 나온다. 때로는 올리브유로 튀긴 치킨, 피자, 보쌈 광고도 나온다. 30분 정도 참다가 옷을 대강 갈아입고 슈퍼마켓으로 간다. 육체적 욕망에 나의 정신적 인내력은 굴복한 것이다. 아파트 문을 열고 엘리베이터를 탄다. 어두운 계단에 있다가 전등이 있는 엘리베이터가 열리면 참으로 반갑다. 다행히도 사람이라도 있으면 무서움이 덜하다. 이번에는 내 키 176보다 더 큰 고등학교 2학년 학생이 타고 있다. 13층의 큰 아들이다. 어디 가는지 알지만 물었다. "네. 학원 가요"라고 대답한다. "가면 언제 오는데" 하였더니 1시나 1시 30분에 온단다. "그래 공부 열심히 하거라" 하면서 등을 토닥거려 주었다.

공복감이 사라진 11시 이후. 잠이 쏟아져 온다. TV를 켜둔 채 소파에서 쓰러져 자다가 안방에 있는 침대로 간다. 아까 그 애는 집에 왔을까. 아, 그래도 나는 이렇게 편하게 잠을 잘 수 있으니 참으로 행복하다는 생각을 한다. 그리고 안방으로 들어간다. 그러나 그 애를 생각하니 잠이 깨는 듯하다. 집에 잘 왔을까? 얼마나 피곤할까? 학원에서 이렇게 늦게까지 배우면 효과가 있을까? 그 애 부모님들은 아직까지 자고 있지 않을 텐데. 학교등록금, 학원비, 얼마나 많은 돈이 들까? 문득 지난 번 회식에서 우리 과 교수가 한 말이 생각난다. 한번은 아들한테 학원에 갈래 아니면 오늘 그 학원비로 갈비 먹을까 하고 선택하게 하였다고 한다. 그때는 그냥 웃어 넘겼지만 앞 집의 세 딸의 학원비, 두 고등학교 학생들의 학원비가 얼마나 많을까. 내가 괜히 걱정이 된다. 그러나 무엇보다 이 아이들은 학원에서 무엇을 배우는 것일까? 많이 배울까? 배울 필요가 있는 내용을 배울까? 별 희한한 교육학적 질문들이 나를 괴롭힌다.

그리고 가장 마지막으로 서구의 저명한 미래학자들이 한국 교육에 대하여 내린 "한국 사회는 자식들의 교육을 위하여 교사, 학부모, 학생들이 피를 흘리고 있으나 그 희생으로 얻는 것은 별로 없다"는 신랄한 비평이 생각난다. 한국인이 아니니까 할 수 있는 말들이지만 맞는 말이라고 생각한다. 그리고 교육정책가들이 매번 사교육경감, 학원교육의 감소와 학교교육의 정상화를 외치지만 왜 실현되지 않을까? 왜 학부모들은 학교교육을 신뢰할 수 없다고 이야기하는 것일까? 그리고 한국의 가장 중요한 뜨거운 감자인 학원교육에 대하여 우리나라의 교육학자들은 왜 이 주제에 대하여 연구하지 않는 것일까? 이론만 이야기하고 현실에서의 고통과 문제들을 외면하는 교육학연구는 무슨 존재가치가 있을까? 나를 괴롭히는 문제들이 나의 잠을 방해한다.

그러나 이러한 고민에도 불구하고 잠을 잘 수 있는 이유는 그 고통스러웠던 10대의 중학교와 고등학교 때의 공부를 벗어나 이제 더 이상 학원에 다닐 필요가 없는 나이 든 40대 후반의 아저씨가 되었기 때문이다.

4. 참고문헌

Robert J, Nash. (2004). *Liberating Scholarly Writing: The Power of Personal Narrative*. Teacher College & Columbia University. New York and London.

제6장

경험을 글로 나타내는 효과적인 전략: St. Martin의 조언

질적연구가 인간의 경험을 드러내는 연구라는 점에서 경험을 어떻게 글로 옮길 것인가는 질적 글쓰기의 한 가지 중요한 핵심에 해당한다. 잘 생각해 보면 연구에서 만난 사람들, 그 이야기들, 현장경험들, 참여관찰의 사실들, 이 모든 것들이 경험이고 사라져 버린 사건들에 대한 기억이다. 그리고 우리는 그러한 기억을 가지고 와서 연구실, 또는 카페에서 글을 쓴다. 따라서 좋은 글은 자신이 경험한 기억과 사건을 어떻게 재구성하고 효과적으로 배열할 것인가의 문제로 귀결된다. 그렇다면 우리는 기억을 표현하려고 할 때, 어떤 구성요소들이 들어가야 할 것인가에 대해 궁금해질 것이다. 이와 관련하여 St. Martin의 『기억을 글로 나타내는 효과적인 전략』은 우리 질적연구자들이 유념해야 하는 글쓰기 지식이 아닌가 생각한다.

이에 그의 방대한 책 『The St. Martin' s Guide to Writing』의 내용 중에서 우리 질적연구자들이 알아야 하는 관련 부분만을 발췌하여 정리하였다. 특히 그가 그 책에서 제시한 네 개의 좋은 예들은 우리의 기억과 경험을 훌륭한 작가들이 어떻게 표현하였는지를 구체적으로 보여 준다는 점에서 우리에게 안내적인 역할을 하고 있다. 때로는 습작과 모방의 작업이 기초를 다지고 새로운 창의적 글을 만드는 과정이 된다는 점에서 St. Martin의 조언을 공부하는 것 역시 질적연구자의 훈련의 한 과정이 될 것이다.

1. 기억을 구성하는 세 가지 요소

이 책의 저자는 우리가 경험한 사건과 기억을 구조화하는 효과적인 구성요소로서 다음 세 가지를 강조하고 있다: (1) 탄탄한 스토리, (2) 중요한 장면과 인물에 대한 세밀한 소개, (3) 사건의 중요성에 대한 증거들. 그리고 각 요소들이 훌륭한 작품들에서 어떻게 구체적으로 나타나 있는지를 잘 이해시키기 위하여 네 개의 작품을 예로 제시하고 있다. 그러한 예를 소개하기 이전에 저자가 설명하고 있는 자신의 경험과 기억을 구성하는 글쓰기의 세 가지 요소를 살펴보면 다음과 같다.

(1) 탄탄한 이야기

작가가 기억하는 사건들 중에서 독자가 이해할 수 있고 독자의 기억에도 오랫동안 남을 수 있는 이야기이다. 이야기는 흥분과 긴장감이 충분히 조성되어 있어야 하며, 글쓴이는 우리가 무슨 일이 일어날지 알기를 원한다는 것이다. '나' 와 '우리' 중심으로 글이 이어져야 한다.

(2) 중요한 장면과 인물에 대한 세밀한 소개

사건과 관련된 특정 물건을 자세하게 묘사하는 것뿐만 아니라, 등장하는 주요 인물의 외모를 자세하게 표현한다. 행동이나 대화를 통해서 인물의 성격이나 특징을 보여줄 수도 있다. 일반적이고 단편적인 것 대신에, 우리를 실제 장면으로 끌어들이고 우리가 사람들에 관해 듣게 해준다. 우리에게 보여줄 것을 조심스럽게 선택해서, 그들은 그들의 삶에서 일어난 사건의 중요성을 증명한다.

(3) 사건이 중요하다는 증거

왜 이 사건이 작가에게 그리고 독자에게 중요한지를 적절히 드러내야 한다. 이 시점에서 작가 자신의 개인적 감정이 드러나야 한다. 그러나 작가는 사건과 적절한 거리를 유지할 필요가 있다.

2. 효과적인 기억의 표현 전략을 사용한 대표 작품

다음 네 개의 작품에는 위에서 저자가 설명하고 있는 효과적인 기억의 표현 전략들이 잘 나타나 있다. 그가 대학에서 글쓰기를 가르치고 있는 교수라는 점에서 많은 모범적 텍스트들 중에서 가장 이해하기 쉽고 설득적인 예를 선택하였을 것으로 생각한다. 따라서 우리의 질적 현장작업에서 연구자 자신의 개인적 경험과 사건에 대한 기억들을 어떻게 잘 표현할 것인가의 실제적 문제를 접하게 될 때 이 절의 소개 내용들이 도움이 될 것으로 추측한다.

(1) Kate Simon의 'Bronx Primitive'

첫 번째 에세이는 Kate Simon의 자서전이다. Simon은 세계 1차대전이 끝난 직후, 그러니까 Simon이 네 살 때 폴란드에서 미국으로 건너왔다. 에세이에 적힌 사건은 그녀가 열 살 때 일어났다고 설명되어 있다. 때는 1920년대, 그 사건은 그녀가 자란 뉴욕시티 주변인 Bronx에서 일어났다. 이 글을 읽으면서 Simon이 자신에 대해 무엇을 말하고자 하는지 스스로에게 질문해 보자.

JIMMY AND DEATH

Lafontaine Avenue로 이사를 갔던 당시 남동생은 5살이었는데 그때 가장 친한 친구였던 Jimmy Petrides는 여위었었고 마치 태어날 때 누군가가 심혈을 기울여 만들어 놓은 것처럼 깔끔한 얼굴을 가지고 있었다. Jimmy의 얇은 눈썹 라인과 가는 코, 그리고 그의 눈의 하단 라인도 곧게 뻗어있었다. 다른 남자아이들과 마찬가지로 Jimmy도 소리를 지르며 골목을 뛰어다녔다. 하지만 비도 오고 추운 어느 날, Jimmy가 남동생과 함께 상자로 기차를 만들거나 야구공 카드를 가지고 놀기 위해 우리 집에 왔을 때 그는 조용하고 수줍음이 많았다. 그들은 우리 건물—우리 집보다 두 층 아래—에 살았지만 우리는 그의 가족에 대해서는 거의 몰랐다. 그의 아버지는 모자와 종이봉투를 가지고 아침마다 El로 가서 밤늦게서야 돌아오는 수많은 익명의 사람들 중 한 명이었다.

Jimmy에게는 8살 때부터 학교에 데리고 다니던 어린 여동생이 있었다. 여동생의 피부색은 어두운 황금색이었고 Jimmy의 손을 꼭 잡고 어느 누구와도 이야기하지 않으려 했다. 학교에서 돌아오면 여동생은 계속 자기 집에 있었다. 그래서 우리는 그녀가 꽤 성장한 후에도 골목에서 그녀를 거의 볼 수 없었다. 그녀의 어머니 또한 거의 볼 수 없었다. 그녀는 마당에 있는 나무처럼 조용하게 혼자 있었다. 블록 안에 다른 그리스인 가족들이 있었을지도 모르지만 우리 건물에서 그리스인 가족은 Jimmy의 가족뿐이었다. 그리고 그녀는 이웃들과 대화할 수 있을 만큼의 영어 단어를 알지 못했다. 그럼에도 불구하고 이사 온 그 가족들은 쇼핑 정보, 의료 정보, 서로의 아이들을 돌보는 것, 주방 정보의 교환을 위해 어쩔 수 없이 이웃들과 소통했다.

Petrides 부인은 우리 블록의 최고 요리사인 부인들로부터 요리 정보를 받았다—Jimmy는 먹을 것이 못된다고 하였지만. 나의 어머니는 Jimmy에게 방과 후에 있는 영어 강의에 자신과 함께 영어를 배우러 다니지 않겠느냐고 어머니께 여쭤 보라며 방과 후에 열리기 때문에 오후 세시에는 집으로 돌아올 수 있다고 설명하였다. 그가 말하길, "우리 어머니는 가지 않을 거에요. 어머니는 낯을 많이 가려요."라고 했다. 그 블록에는 Petrides 부인같이 남편과 아이들이 어디론가 가버렸을 때 말할 사람이 없는, 어디서 치즈와 그리스 오일을 살 수 있는지도 알려줄 사람이 없는 부인이 많았다. 그녀는 Jimmy의 긴 눈썹과 곧게 뻗은 코를 가지고 있었고 높은 아치를 그리는 눈은 곧게 고정되어 있었다. 키가 크고 날씬했던 그녀의 모래빛깔 머리카락은 머리 뒤쪽으로 땋아져 있었다. 그녀는 동화에 나오는 배에 서 있는 강하고도 외로운 숙녀 같았다.

어머니와 다른 부인들은 만약에 Petrides 부인이 Jimmy가 아플 때 Jimmy를 봐달라고 집으로 불렀다면, 또는 그를 병원으로 데려다 달라고 요청했었다면 Jimmy는 죽지 않았을 수도 있었다고 이야기했다. 우리는 그가 죽은 이유를 끝내 알지 못했다. 꼬마들은 형의 죽음에 대해 들었지만 이야기하지는 못했다. 그 사실은 말을 하기에는 너무 무서운 이야기였기 때문이다. Jimmy가 아프다는 것은 남동생으로부터 처음 들었다. 그는 10월의 비 오는 날 쉼없이 떠돌아다녔고 어머니가 스토브 위의 연기 나는 솥에 귀저기를 삶으려고 할 때, 아파서 낮잠을 자고 있는 어린 여동생을 깨웠으며 나의 새로 산 연필과 이동식 캡 지우개를 숨겼다. 어머니는 Jimmy의 집에 가서 놀거나 Jimmy를 데리고 와서 놀라고 하셨다. 남동생은 Jimmy가 아파서 학교에 오지 않았다고 했다. 다음날도 그 다음날도 Jimmy가 학교에 왔냐는 질문에 남동생은 "아니요."라고 말했다. 날씨가 맑아져도 그는 아래로 내려가는 것을 거절했다. 그는 박스와 실타래를 조금 갖고 돌아다니다가, 책을 조금 읽다가, 아기와 함께 잠깐 색칠놀이를 하다가 했지만 피곤한 할아버지처럼 근심어려 했다.

집 전체가 조용했다. 그녀는 말을 많이 하지 않았다. Tobie Herman만이 시끄럽게 계단을 오르내렸다. 어머니는 Jimmy가 죽은 것을 알았던 것 같다. 나는 내가 아무리 놀려도, 아버지가 때려도 울지 않던 남동생이 울면서 집에 뛰어 들어오기 전까지 아무것도 몰랐다. 그의 얼굴은 일그러졌고 눈물은 스웨터로 떨어지고 있었으며 그의 주먹은 싸울 때처럼 꽉 쥐고 휘두르고 있었고 발은 동동 구르고 있었다. 여전히 떨면서 울고 있었지만 그를 조금 진정시키자 Petrides 부인이 공장에서 돌아와서 자신에게 다가와서는 Jimmy가 죽었다고, 우리는 이제 Jimmy를 볼 수 없다고 말했다고 했다. 그는 "볼 수 없다고요? 이제 Jimmy를 다시는 볼 수 없다는 말인가요? 다시는요?"라며 바닥을 굴렀고 주먹을 허공에 휘두르며 다시 울음을 터뜨리기 시작했다. 나는 그를 위로하고 싶었지만 뭐라고 말해야 할지 몰랐다. 어머니는 큰 문제를 겪고 있는 아홉 살의 그를 무릎에 안아올렸다.

그날 밤 아버지가 돌아오셨을 때 동생은 여전히 떨고 있었고 아기와 함께 인형을 안고 누워 있었다. 동생은 대답을 하지 않았고 그것은 그녀를 울게 만들었다. 그날 밤 동생은 아무것도 먹지 않았고 깊게 잠들었으며 가끔 떨었다. 다음날 아침 골목과 학교는 조용했다. 강당에서, 운동장에서, 계단에서, 화장실에서, 속삭여지던 Jimmy의 사망 소식은 빨간 벽돌 건물로 전체가 싸여진 장례식 화환과 같았다. 골목의 삶은 사라졌다. 공도, 조각물도, 보도의 줄넘기도, 느티볼도, 싸움도, 노래도. 장례식 날은 학교에 가지 않는 토요일이었던 것 같다.

우리는 책을 도서관에 반납하고 다른 책을 일찍 그리고 빨리 집어 들고 집으로와 무엇을 기다리는지도 모르는 채 깨끗이 하고 기다렸다. 우리는 영화나 뉴스에서 장례식을 본 적이 있었다. 하지만 그것은 나이가 많은 사람들의 장례식이었다. 어린 소년의 장례식이 아닌, 우리 골목에서 일어난 장례식이 아닌,

우리는 계산대 안쪽에 붐비는 소리를 들으며 현관 입구에 앉아있었다. 안쪽 문은 열려있었고 두 명의 남자가 편지 우편함이 있는 작은 홀로 다가와서 길고 검은 상자를 옮겼다. 남동생은 숨이 막혀 했고 나는 무슨 일이 일어나는지 지켜보며 동생을 진정시켰다. 그 상자가 검은 코트를 입고 있는 Petrides씨와 검은 베일을 쓰고 있는 부인에게 전해졌을 때 그녀의 검은 코트가 떨어졌다. 그들 뒤로 몇 명의 검은 옷을 입은 사람들이 있었는데 Petrides가의 어린 소녀의 손을 잡고 있는 여성도 검은 스카프를 감고 있었다. 그 상자는 천천히 현관 입구 계단으로 날라졌고 그 뒤를 가족들이 따랐다. 그리고 180번지 골목으로 향했다. 나는 남동생에게 장례식장은 조용하니까 시끄럽게 하면 안 된다고 말하며 길가의 Petrides 부인을 보고 뛰어갔다. 그녀는 울지 않았지만 그녀도 그녀를 꼭 빼닮았던 아들과 함께 죽을 것 같았다.

가족들이 검은 상자를 따르며 천천히 걷고 있을 때, 아이들과 내 남동생은 갑자기 울기 시작했고 더 많은 울음들이 내 주변에서, 뒤에서 터져 나왔고 점점 더 커졌다.

나는 왜 그들이 모두 울었는지 이해할 수 없었다. 물론 나의 남동생에게 Jimmy는 그의 가장 친한 친구였고 그는 세상 누구보다도, 부모님보다도 그를 더 좋아했다. 다른 소년들도 그를 좋아했다. 그는 싸우기보다는 양보하는 착한 소년이었다. 하지만 그들과 같이 놀지 않았던 소녀들은 왜 울었던 것일까? 그 죽음에 대해 내가 몰랐던, 그들이 알고 있었던 것은 무엇이었을까? 그들은 무엇을 보고 있었을까? 그들의 감정은 어땠을까? 그들처럼 나도 죽은 사람들은 땅 속에 들어가서 흙으로 덮인다는 것을 알고 있었다. 그의 숨이 막힐까봐, 어둠속에서 그가 눈을 떴을 때 혼자 있고, 소리를 질렀는데 아무도 들을 사람이 없을까봐 그들은 그렇게 울었을까? 아마도 그렇다면 그는 정말로 죽은 것이다. 죽음에 대해 놀람이라는 것은 무엇일까? 기독교 소년에게는 그것은 천사가 된다는 것이다. 그는 신이 벌거벗은 아기를 안은 금발의 숙녀를 바람이 불고 구름 많은 저녁에 그를 데려오기 위해 보내주기 전까지 얼마나 오래 그 어둠 속에 혼자 서있어야 하는 것일까?

우리가 18번가에 도착했을 때, 어머니는 우리의 손을 잡고 말했다. 어머니는 그리스 교회 안으로 들여보내 주지 않을 것 같으니까 그만 울고 집으로 돌아가라고 말했다. 우리는 음식을 먹었고, 잠을 잤고, 학교에 갔고, 아무것도 묻지 않았다. 어떤 사람들은 Petrides 가족이 그리스로 돌아갔다고 했고 어떤 사람들은 안정을 취하기 위해 사촌들이 있는 시골로 갔다고 했다. 우리는 그 가족에 대해 더 이상 관심을 갖지 않았다. 아무도 Jimmy에 대해 말하지 않았다. 우리는 그의 이름에 관한 흔적도 없앴다.

Simon은 당황스럽고 고통스러우며 끔찍하기조차 한 어린 시절의 사건에 대해 적었다. Simon이 어른이 된 그녀의 관점으로 그 사건에 대해 직접적으로 해석하지 않았다는 것에 주목하자. 대신에 그녀는 그 당시 혼란과 질문들 그리고 두려움에 대해 기억하려고 노력했다. 그녀는 모든 사람들의 표정과 말, 움직임에 대해 상기하려고 노력했다. 그녀가 Jimmy와 남동생이 어떻게 함께 놀았는지, Jimmy가 죽었다는 것을 알았을 때 남동생이 당황스러움과 슬픔을 어떻게 표현했는지, 어떻게 장례식 장의 행렬을 상기했는지 보라. 그녀는 무슨 일이 벌어졌는지를 명백히 보았기 때문에 우리는 그 당시 사람들의 감정을 추론할 수 있다. 한 사람의 죽음과 몇몇의 다른 반응들에 대한 그녀의 설명은 우리로 하여금 죽음에 대한 아이들의 당황스러움과 두려움이라는 보편적인 경험에 완전히 참여하게끔 한다.

자서전의 작가들은 말하는 것 대신에 보여주는 것으로, 보편적인 것 대신에 특별한 것으로써 그들에 대한 무언가를 공개한다. 그와 동시에 우리의 경험을 투영시킨다. 기억된 사건에 대한 글을 읽으면서 특정적으로 이름 붙여진 특징들 또는 사건의 상황에 있는 물건들, 특징, 물건, 사람들에 대한 묘사, 사람들의 움직임과 대화, 상호작용을 보여줌으로써 당신은 같은 결과를 성취할 수 있을 것이다. 작가는 구체적으로 표현하여 그것을 성공적으로 성취하였다.

Simon의 에세이는 사건에 대한 글쓰기에서의 감정적 거리의 필요성에 대한 중요한 질문을 하게 한다. 그녀는 그녀와 다른 아이들은 그가 죽고 나서 그들이 할 수 있는 한 빨리 Jimmy의 이름을 기억에서 사라지게 했다고 말했다. 하지만 몇 십 년이 지나 그녀가 60이 되었을 때도 그녀는 여전히 많은 특정 행동들과 감정들을 상기할 수 있었다. 어떻게 단단히 잊었던 사건에 대해 오랜 세월이 지난 뒤에 기억을 할 수 있었을까? 우리는 감정적 거리의 개념으로 그것을 설명할 수 있다. 어릴 때 Simon은 끔찍한 두려움과 걱정 없이 그녀의 삶을 살아야 했기 때문에 Jimmy의 죽음을 잊을 수 있었다. 그러나 어른이 되어서는 더 이상 자기 자신을 감정적으로 보호할 필요가 없기 때문에 완전히 기억할 수 있었다. 시간은 그녀에게 무슨 일이 일어났는지 볼 수 있는, 그녀의 삶에서 그것이 왜 중요한지 이해할 수 있게 하는 감정적 거리를 주었다.

감정적 거리는 시간의 거리와 함께 온다. 몇몇의 사건에서 며칠밖에 필요치 않지만 다른 사람들에게는 감정적 거리가 몇 년이 지나도 존재하지 않을지도 모른다. 쓰고자 하는 사건을 정할 때 그것으로부터의 감정적 거리를 신중하게 고려하라. 당신이 감정적 거리를 갖지 못한 사건에 대해 쓰는 것은 위험할지도 모른다. 그것을 포커스로 가져오는 것에 어려움을 겪을 뿐만 아니라 그것의 자서전적 의미를 완전히 이해할 수 없을지도 모른다. 감정적 거리는 하나의 관점으로 당신의 삶에서 일어난 사건에 대해 쓰게 한다. 반영적으로, 통찰력 있게, 균형 있게, 때때로 유머러스하고 역설적이기까지 한다.

이 부분에서 Simon이 무엇을 했든 그녀는 좋은 이야기를 만든다. 그녀는 이야기를 시간 순으로 적고 먼저 무슨 일이 일어났는지 상세히 말하고 그 다음 무슨 일이 일어났는지, 이야기의 행위가 완료될 때까지 적었다. 첫 번째 문장에서 그녀는 Jimmy와 그의 가족들을 소개했다. 그녀의 진짜 이야기는 그녀의 남동생이 Jimmy가 아프다고 말하는 두 번째 문장에서부터 시작했다. 이야기는 간단하고 Simon은 장면과 감정에 대해 많은 정보를 말해주기 위해 이야기는 천천히 진행되었다. 예를 들어 이야기의 흐름이 6번째 문단과 7번째 문단에서 어떻게 멈췄는지를 보고 그런 다음 8번째 문단에서 어떻게 갑자기 다시 이야기를 진행했는지 보라.

(2) Russell Baker의 'Growing up'

다음 이야기의 작가는 당황과 두려움이 아닌 자신의 신체적 평등과 용기에 대한 자신감—그가 해군비행 학생일 때 곡예시험을 통과할 때의—을 드러낸다. 그리고 이 글에서 우리가 들을 수 있는 그의 목소리는 조금 다르다. Simon의 이야기가 제법 진지했다면 Russell Baker의 이야기는 유머러스하고 자기 비하적이다.

SMOOTH AND EASY

Baker는 뉴욕타임지로 전국적인 네트워크를 소유한 칼럼니스트다. 이번 섹션에서 퓰리처 상을 탔던 그의 성장기 때, 2차 세계 대전 말기, 그러니까 그가 20대 초반일 때의 사건에 대해 기록했다. 이 글을 읽을 때, 그가 그에 대해 말하고자 하는 바에 주목하자.

오래전에 나는 어떠한 비행기도 제어하지 않고 비행하고 비행했다. 그것은 비행기와 나의 계속되는 힘 겨루기였고, 보통 비행기가 승리하였다. 나는 야생마를 길들이는 초심자의 마음으로 모든 비행에 참여했다. 내가 해군 비행기조종사들이 지시를 받는 Memphis에 있는 해군 비행기지에 도착했을 무렵, 나의 비행 경력은 아무것도 아니었다. 우리는 해군들이 일명 '노란색의 위험'이라고 부르는, 어떤 실수도 용납하지 않는 조종석이 열린 복엽 비행기로 비행했다. 지시관은 앞 조종석에 탑승했고 학생들은 뒤에 탑승했다. 하지만 그들은 조종하지 않았다. 그들은 용기 있는 사람들이었다. 많은 사람들이 태평양에서 돌아왔고 그들은 그들의 운명을 미시시피 강위에서 내 손에 맡겼고, 슬픔으로 고개를 저으며 돌아왔다.

"이것은 차를 모는 것과 같다. Baker." 우리가 착륙하려고 했던 농장에서 내가 연기를 내며 그 젊은 소위를 거의 죽일 뻔 했던 날, 그가 나에게 말했다. "클러치를 사용할 때 어떻게 해야 하는지 알고 있지? 정말 부드럽게, 마음은 편하게."

나는 클러치를 어떻게 사용하는지 아무것도 몰랐지만 감히 그렇게 말하지 못했다. "맞습니다." 나는 말했다. "부드럽게, 마음은 편하게."

곡예의 단계가 롤, 루프, 돌기 등 점점 더 높아졌다. 구름들은 내 밑으로 정신없이 회전했고, 땅과 강은 내 위로 돌고 돌았다. 가장 젊었던 해군 조종사는 내가 하늘에서 보내는 재앙과 같은 보통의 날이 끝나자 옆으로 다가왔다. 그는 말했다. "Baker, 그것은 소녀의 가슴을 만지는 것과 같다. 너는 더 부드러워져야 한다."

나는 또 감히 그에게 나는 한 번도 소녀의 가슴을 만져본 적이 없다고 말할 수 없었다.

피할 수 없는 지각의 격변은 나의 곡예비행 단계의 끝에 있는 확인비행 때 다가왔다. 그것은 한 시간 정도 이후라고 추측되었는데 하늘에서 20분 뒤의 일이었다. 시험관은 말했다. "좋아. 들어가." 그리고 나에게 "down"이라고 말했다. 그것은 비행하기에 부적당하다는 의미였다. 나는 알고 있었고 나의 동료들도 알고 있었다. "down"이 용서되는 길은 다른 시험관들에게 두 번의 성공적인 확인비행을 하는 것밖에 없음을. 만약 할 수 없다면 나는 끝나는 것이다.

나는 살아남기를 바라지 않았다. 토요일에 월요일 비행 스케줄을 확인하면서 내가 T.L.Smith라는 이름을 가진 조종사와 재시험을 봐야 한다고 게시된 것을 본 것이다. 그것은 마치 나의 사망기사를 보는 것 같았다. T.L.Smith는 하늘에서의 사소한 실수로도 사관생들을 처리해 버린다고 소문난, 유명한 완벽주의자였다. 그의 이니셜인 T.L.은 그와 비행하는 누구든지 예상할 수 있게 "Total Loss"라고 불렀다. 침대로 다가온 친구는 나를 불쌍히 여기며 비행에서 퇴출당하는 것보다는 나쁘지 않다고 야유했다. 나의 가장 친한 친구 두 명은 내가 힘내기를 기원하며 행복한 주말을 함께 보내주기 위해 Memphis에 데려갔다. 하지만 그것은 Total Loss와 함께하는 나의 월요일 만남에 대해 주말 내내 생각하게 하는 가장 좋은 자리였다. 즉, 사형수를 위한 마지막 파티였다.

우리는 Peabody 호텔에서 방을 잡고 버번 세 병을 샀다. 나는 그 전에 두세 번밖에 위스키를 맛본 적이 없었고 딱히 좋아하지도 않았다. 하지만 나의 어둠

속에서 그것은 내가 한 번도 알지 못했던 위안을 주었다. 나는 그 위안을 더 원했다. 나의 꿈은 죽었다. 주말은 꿈 같은 에피소드의 뒤범벅 속에서 빨리 지나갔다. 그 후에 나는 식당에서 뚱뚱한 남자를 펀치로 위협한 일이 막연히 기억났지만 왜 그랬는지는 생각나지 않았다. 몇몇의 기억에서는 호텔 복도에서 선원 갱단 사이에 있었고 소방용 호스로 현관에 물 뿌리는 것을 멈추라고 말하고 있었다. 또 다른 기억에서는 Peabody 호텔이 아닌 다른 호텔방의 피아노 의자처럼 보이는 곳에 옷을 차려입고 앉아 있었고 처음 보는 여자가 나를 보고 웃으며 속옷을 벗고 있었다.

그것은 기겁하는 일이었다. 왜냐하면 어떤 여자도 내 앞에서 속옷을 벗은 적이 없었기 때문이다. 그녀는 어디서 왔을까? 우리는 그 이상한 방에서 무엇을 하려고 했을까? "나는 당신이 원하는 것을 알지만, 내기를 걸 거야." 그녀는 말했다.

"뭐?"

"이거야." 그녀는 말하며 팬티를 벗었고 침대에 등을 기대며 누웠다. 그녀는 유혹했다. 나는 가만히 서 있다가 붕괴되는 모래처럼 바닥에 쓰러졌고 한 시간 뒤에 바닥에서 일어났다. 그녀는 가버렸다.

나는 일요일 저녁에 숙취와 함께 돌아왔다. 나는 Total Loss Smith의 손으로 환영받아야 했지만 월요일 아침에 일어났을 때, 육체적 고통은 없었다. 그곳에는 부자연스러운, 형체가 없는 커다란 안정적인 느낌이 있었다. 세상은 보통보다 천천히 돌아가고 있었다. 이렇게 기분 나쁘게 안정된 상태에서는 아무것도, Total Loss Smith도, 나의 비행하는 날들의 마지막조차도 문제될 것이 없어 보였다.

비행 라인에서 우리가 만났을 때, Total Loss Smith는 다른 사람들의 말대로 잔인해 보였다. 매우 차가웠다. 우리는 양모로 줄이 새겨진 무거운 가죽 비행옷을 입었고 그의 얼굴은 가죽보다 더 험악했다. 그는 나의 아버지보다 나이가 더 많아 보였다. 한 번도 웃음 지어 본 적 없는 눈가에는 주름이 잡혀있었다. 입술은 영화의 킬러처럼 얇았다. 나는 내 소개를 했고 그의 인사는 내가 생각한 것과 같았다. "해결해 보자." 그는 말했다.

우리는 말없이 비행장으로 걸어갔다. 비행장에서—Total Loss는 앞에 앉았고 나는 뒷 자석에 앉았다—나는 그가 나에게 말할 수는 있지만, 나는 대답할 수 없는 통신튜브를 연결했다. 여전히 아무 말 없이 매트에 끌고 갔고 조종석 체크를 통과하고 매그니토 테스트를 끝냈다.

"5000피트 상공으로 가서 roll을 실행해라." 이륙을 시작으로 그는 으르렁거렸다.

내가 기분이 나쁜 느낌을 가지기 전에 바퀴는 매트를 벗어났다. 그것은 힘의 느낌이었다. 내가 비행기에 발을 디딘 이래로 처음으로 완벽한 정통을 느꼈다. 나는 이륙했다는 것을 느낄 수 있었다. 그것은 완벽한 이륙이었다. 이륙에 대해 생각하지도 않은 채 나는 변환기를 자동적으로 바꾸는 행동을 할 수 있었다. 올라갈 때 나는 자신감으로 벅찼다. 숙취의 잔여물이 이전에 항상 나를 패배하게 만들었던 긴장감으로부터 나를 해방시켰다. 전에, 비행기는 항상 자기 멋대로였다. 하지만 지금 비행기는 나의 손과 발처럼, 사소한 변덕에도 복종하는 나의 일부분인 것 같았다. 정확히 5000피트 상공으로 올라가서 느린 롤을 시작했다. 먼저 속도를 얻기 위해 얕은 다이브, 스틱을 천천히 잡아당겼다.

"완벽해." Total Loss가 말했다. "다른 것을 해봐."

낙제가 아니었다. 주말의 버번과 아침에 비행 라인에 도착했었을 때, 그 사이 어딘가 나는 비행사가 되어있었다. 두 번째 낮은 롤도 처음처럼 완벽했다.

"스냅 롤을 보여줘." Total Loss가 말했다.

나는 어떤 교육자도 나에게 한 번도 보여준 적 없는 좋은 스냅 롤을 보여줬다.

"좋아, 나에게 고리를 주고 Split-s와 고도를 복구시키고 limmelman을 보여줘."

나는 우아한 아크를 반복했고 고도를 5000피트에서 낮추었고, 그에게 Edddie Rickenbacker가 부러워할 만한 Immelman을 보여주었다.

"너 저번 주에 테스트에서 잘못한 사람 맞니?" 그가 물었다. 나는 대답을 할 수 없었기 때문에 어깨를 으쓱했고 그는 후방 거울로 나를 볼 수 있었다.

"너의 falling leaf를 보여줘." 그가 말했다.

몇몇의 교육자조차도 falling leaf를 하는 데는 어려움을 느낀다. 비행기를 정확하게 그것의 stalling 포인트로 가져가야 했고 그곳에서 나는 내 인생의 falling leaves를 다 한 듯했다.

"좋아." Total Loss가 으르렁거렸다. "들어가자." 비행 라인으로 들어와서 내가 비행기에 들어가라는 사인을 기다렸던 준비실로 들어갔다. 내가 거기 도착했을 때, 그는 나의 원래 교육자와 이야기하며 서있었다. 그의 대화는 조종사들의 대화가 항상 그렇듯 손으로 모든 것이 표현되고 있었다. falling leaf 모션까지 끝내고 나서 그는 나의 교육자의 가슴에 손가락을 짚으며 내가 들을 수 없는 무언가를 말했다. 그러고는 터벅터벅 걸어 나갔다. 내가 제정신일 때에만 함께 비행을 했던 나의 교육자는 턱을 낮추며 나에게 다가왔다.

> "Smith는 니가 그의 삶에서 한 번도 본 적 없는 가장 좋은 check flight를 보여줬다고 말했어. 거기서 그에게 무슨 짓을 한 거야?"
>
> "추측하건대 아마도 저는 갑자기 비행을 배운 것 같습니다." 나는 말했다. 숙취에 대해서는 말하지 않고, 나는 버번이 그보다 더 좋은 선생님이라는 것을 그가 알지 못했으면 했다.
>
> 그 이후에 나는 T.L.Smith가 자주 준비실을 왔다 갔다 하는 것을 보았고, 그는 현명할 뿐만 아니라 최고라고 생각했다.

Baker는 시간 순으로, 자서전적 의미로 빠른 스토리를 이야기했다. 이 글에는 많은 사람들이 있었지만 Total Loss만이 묘사되었고 그는 아주 간단하게 묘사되었다. 비행교육자와 Baker의 친구들, 호텔 룸의 여자는 언급만 되어 있을 뿐 묘사되지는 않았다. Baker는 다양한 장면에서 아주 조금만 묘사를 했다. 대조적으로 Simon은 사람들과 장면을 세밀하게 묘사했고 결과적으로 그녀의 이야기는 천천히 흘러갔다. 테스트를 받을 때, 조종석에서의 중요한 시점에 관한 것에서만 Baker는 그의 움직임과 비행기의 모습에 대해 천천히 서술했다.

Baker가 쓴 글의 특징은 그는 아주 진지하게 그의 실패도, 성공도 성취하지 않았다는 것이다. 곡예비행 테스트에서 낙제한 것에 화가 났음에도 불구하고 그는 그것에 대해 쓰는 사람으로서의 관점을 정확히 가지고 있다. 그는 보았고 각각의 사건에서 유머를 인식했다. 자신이 위험에 빠뜨린 교육자에 대해 미안함을 느꼈을 뿐만 아니라 호텔 룸을 빠져나오면서 자기 스스로에 대해 웃을 수도 있었다. 그의 이야기에서 그는 실제 사건으로부터 적절한 거리를 유지할 수 있었다.

이 사건으로부터의 Baker의 거리는 4년 정도의 시간이다. 그것은 확실히 감정의 거리이기도 했다. 거의 대부분의 자서전 작가들은 그들이 묘사하는 중요한 사건들로부터 조금의 거리를 유지하려고 노력한다. Baker처럼, 그들은 그것을 유머로써 유지한다. 고통스러운 또는 당황스러운 사건은 자주 이 방법만으로 접근할 수 있다. 또한 독자들은 그들 스스로를 유머와 역설로서 표현하는 자서전 작가들을 믿는 경향이 있다.

(3) George Orwell의 'A Hanging'

다음 섹션에서 영국인 작가 조지 오웰은 거의 모든 사람들이 본 적 없는 사건—교수형에 의한 한 남자의 죽음—을 묘사한다. 이 글을 쓴 1931년에 오웰은 자신이 영국의 식민지였던 미얀마의 공무원이었던 1920년대의 사건을 상기했다. 그는 이 무서운 사건을 극적으로 세밀하게 표현했을 뿐만 아니라 그 당시 상황과 몇몇의 사람들에 대해서도 세밀하게 표현하였다. 이 글을 읽을 때, 그의 교수형에 대한 반영이 우리에게 무엇을 말하고자 하는지 스스로에게 물어보자.

A HANGING

부마의 비 오는 푸석푸석한 아침이었다. 노란색 아연 도금을 한 것 같은 병약한 빛이 감옥의 마당에 있는 높은 벽을 비스듬히 비추었다. 우리는 작은 동물 우리 같은 사형수 감방 밖에서 기다리고 있었다. 가로세로가 각각 10피트 정도로 보이는 각각의 감방은 널빤지 침대와 물 주전자를 제외하고는 꽤 공개되어 있었다. 몇몇은 안쪽에서 조용히 그들의 담요로 둘러싸여 웅크리고 있었는데 그들은 다음 주 또는 그 다음 주 안에 사형될 사형수들이었다.

누군가가 한 수감자를 그의 감방 밖으로 데리고 나왔다. 그는 힌두인으로 머리를 흔들며 막연히 눈물을 흘렸다. 그는 영화 속의 웃긴 남자처럼 몸에 비해 너무 크고 두껍게 삐져나온 콧수염을 가지고 있었다. 여섯 명의 키가 큰 인도인 간수들이 그를 인도했고 교수대로 갈 준비를 시켰다. 다른 사람들이 그에게 수갑을 채우고 있을 동안 그 중 두 명은 라이플 부대와 서서 총검을 바로잡고 있었다. 체인을 그의 수갑에 감고 그것을 그들의 벨트에 고정시켰다. 그리고 채찍질당한 그의 팔을 그 옆에 묶었다. 그 남자는 아직 살아서 물로 돌아가려고 발버둥치는 잡힌 물고기 같았다. 하지만 그는 밧줄로 그의 팔을 고분고분하게 묶이면서 저항하지 않고 서있었다. 마치 무슨 일이 일어날지 모르는 것처럼.

쓸쓸하고 습한 공기 속에서 8시 나팔종이 먼 막사에서 울렸다. 우리들 반대편에 서 있던 감옥의 감독관은 막대기로 자갈을 가지고 놀다가 소리가 나는 쪽으로 얼굴을 들었다. 그는 회색 칫솔 같은 콧수염과 거친 목소리를 가진 군대의 의사였다.

"하느님을 위해 서둘러라, 프랑시스."

그는 민감하게 말했다.

"그 남자는 지금 죽어야 한다. 아직 준비가 안 되었나?"

군대의 우두머리인 프랑시스가 그의 검은 손을 흔들며 말했다.

"모든 것이 완벽하게 준비되었습니다. 사형수가 기다리고 있습니다. 진행합니다." "빨리 전진하라. 수감자들은 이 작업이 끝날 때까지 아침을 먹지 못한다."

우리는 교수대에 도착했다. 두 명의 간수들이 사형수의 양쪽으로 행진했다. 두 명의 다른 간수들은 그의 팔과 어깨를 움켜쥐고 행진했다. 10야드 정도 갔을 때 갑자기 아무 명령과 경고도 없이 행진이 멈추었다. 공포스러운 뭔가가 마당에 나타났다.

그것은 아주 많은 사람들을 한꺼번에 찾은 것에 대해 기뻐하면서 크게 짖으며 우리 사이를 뛰어다녔고 온 몸을 흔들며 우리 주변을 돌아다녔다. 그것은 크고, 반은 에어 데일 테이어 종이고, 반은 파리아 종인 것 같은 알 수 없는 개였다. 그 개가 우리 주변에서 날뛰고 있을 때 아무도 그 개를 멈추게 하지 못하였고 그것은 감옥수들끼리 부딪치게 만들었고 감옥수의 얼굴을 핥으려고 뛰어다녔다. 그 개를 잡기가 너무 어려워 모두들 깜짝 놀라 서있었다.

"누가 저 피비린내 나는 짐승을 데리고 왔어?"

감독이 화가 나서 말했다.

"누가 그것 좀 잡아!"

간수들은 수감자들을 간수해야 했기 때문에 어색하게 개를 잡으려고 했고 개들은 그들을 피하며 모든 것을 놀이의 일부라고 생각하는 듯 날뛰었다. 어느 한 유럽인 교도관이 돌을 던져 그 개를 맞추려고 했지만 개는 그 돌을 피하며 우리에게 다시 돌아왔다. 개 짖는 소리가 온 감옥을 울렸다. 두 명의 간수에게 잡혀있던 사형수는 이것이 마치 교수형의 한 형식인 것처럼 아무 관심 없는 눈으로 보고 있었다.

그 개를 잡은 것은 몇 분 뒤였다. 우리는 손수건으로 개의 목걸이를 묶어 움직임을 제어했고 그 개는 여전히 긴장을 풀지 못하고 끙끙거렸다.

이것은 교수대에서 40야드 떨어진 곳에서 벌어진 일이다. 나는 벗은 갈색 등의 사형수가 내 앞을 지나가는 것을 보았다. 그는 묶인 팔로 어색하게 걸었지만 꽤 안정적이었다. 그의 걸음걸이마다 그의 머리 가죽에 붙은 머리카락들은 위아래로 움직였고 그의 발은 젖은 자갈에 발자국을 남겼다. 그의 양 어깨를 간수들이 잡고 있었기 때문에 그의 걸음걸이는 물웅덩이를 피하기 위해 약간씩 옆으로 갔다.

그 당시까지 나는 몸이 파괴된다는 것이 무엇을 의미하는지 몰랐지만 궁금했다. 내가 사형수가 물웅덩이를 피하려고 하는 것을 보았을 때, 삶을 끊는다는 것은 말할 수 없을 정도로 잘못된 것이라고 생각했다. 적어도 우리가 살아있을 때 이 남자는 죽지 않을 것이다. 창자는 음식을 소화시키고 있고 피부는 새로운 세포로 교체되고 있으며, 손톱은 자라고 있고 조직이 형성되고 있는 것처럼 그의 몸에 있는 모든 기관들은 일을 하고 있는 것이다. 모두 엄숙하지만 멍청한 짓을 하고 있는 동안 열심히 일하고 있는 것이다. 그가 교수형을 당하려고 서 있을 때도, 떨어질 때도, 그의 손톱은 여전히 자라고 있을 것이다. 그의 눈은 노란 자갈과 회색 벽을 보고, 그의 뇌는 여전히 기억했고, 예상했고, 물웅덩이에 관한 것이라도 생각할 것이다. 그와 우리는 같은 세상을 함께 걷고, 보고, 듣고, 느끼고 이해하는 인간의 일부이다. 2분 뒤면 갑자기 툭 끊어짐과 동시에 우리들 중 한 사람이 사라지는 것이다. 하나의 마음이, 하나의 세계가 사라진다는 것이다.

교수대는 주 운동장과 분리된 작은 마당에 있었다. 그리고 키가 크고 가시투성이인 잡초들로 뒤덮여 있었다. 그것은 꺽대기가 판자로 덮여 있고 그 위에 두 개의 빔과 크로스 바에 줄이 매달려 있는 오두막의 같은 벽돌 건축물이었다. 감옥의 흰색 유니폼을 입고 있는 회색 머리카락의 죄수인 사형집행인은 기계 옆에서 기다리고 있었다. 그는 우리가 들어가자 노예근성으로 굽실거리며 우리에게 인사했다. 프랑시스의 명령으로 죄수를 더 꽉 잡고 있던 간수들은 그를 교수대에 밀어 넣고 사닥다리에 올라가게 했다. 그러자 사형집행인은 올라가서 줄을 죄수의 목에 고정시켰다.

우리는 5야드 떨어져 서있었다. 간수들은 교수대 주변으로 원을 만들었다. 그러고 나자 올가미가 고정되었을 때 사형수는 울며 기도하기 시작했다.

"Ram! Ram! Ram! Ram!"

이것은 크게 반복되었는데 기도자나 도움을 요청하는 것처럼 긴급하고 두려운 음성이 아니라 침착하고 리드미컬했으며 마치 종을 치는 것 같았다. 개가 짖는 소리로 답했다. 교수대 옆에 서있던 사형집행인이 가루 가방 같은 작은 하얀 목화가방을 꺼내서 사형수의 얼굴에 씌웠다. 하지만 천에 감싸진 기도소리는 여전히 계속해서 지속되었다.

"Ram! Ram! Ram! Ram! Ram!"

사형집행인은 내려와서 레벨을 잡고 섰다. 몇 분이 흐르는 듯했다. 침착하고 천에 감싸진 사형수의 울음은 흔들림 없이 계속되고 있었다.

"Ram! Ram! Ram!"

감독관은 천천히 그의 막대기로 땅을 파고 있었다. 아마도 그는 사형수의 50 또는 100번째 울음을 세고 있었던 것 같다. 모두들 얼굴색이 변했다. 그 인도 사람은 좋지 않은 커피처럼 회색빛이 되었고 한두 개의 총이 떨렸다. 우리는 모두 똑같은 생각을 하고 있었다. '오, 그를 빨리 죽여, 빨리 끝났으면 좋겠어. 이 지긋지긋한 소리 좀 멈춰'

갑자기 그는 마음을 다잡았다. 고개를 들면서 막대기를 빠르게 휘둘렀다. "Chalo!" 그는 사납게 소리쳤다. 흔들리는 소리가 있었고 죽음의 침묵이 있었다. 사형수는 사라졌고 밧줄은 베베 꼬아졌다. 나는 개를 풀어주었다. 개는 갑자기 교수대로 달려갔다. 하지만 개는 짖는 것을 멈추고 운동장의 코너로 물러

가서 잡초 속에서 겁을 먹고 있었다. 우리는 사형수의 모습을 보기 위해 교수대로 다가갔다. 그는 돌처럼 죽어 발가락이 곧게 바닥을 향하고 있었고 아주 천천히 돌아가고 있었다.

감독관은 팔을 뻗어 사형수의 갈색 등을 찔러보았고 그것은 약간 흔들렸다.

"좋아."

감독관이 말했다. 그는 교수대 아래로부터 나와서 숨을 깊이 내쉬었다. 진지한 표정이 갑자기 사라지고 그는 손목시계를 쳐다보았다.

"8시 8분이야. 오늘 아침의 일이 끝났어. 감사합니다. 주여."

죄수들은 총을 해제하고 돌아갔다. 정신을 차린 개도 그들 뒤를 따라갔다. 우리는 교수대가 있는 운동장을 나와서 감옥 중앙 운동장에 있는 사형수들이 기다리고 있는 저주받은 방을 지났다.

간수들의 명령에 따라 수감자들은 벌써 아침을 받고 있었다. 그들은 긴 줄에 웅크리고 앉아있었고 얇고 작은 금속 잔을 가지고 있었다. 간수들은 국자로 밥을 퍼주고 있었다. 그것은 사형 뒤의 꽤 검소하고 즐거운 장면이었다. 이제 일이 끝났다는 거대한 안도가 다가왔다. 노래를 부르고 뛰고 울부짖고 싶은 충동을 느꼈다. 모두들 홍겹게 떠들기 시작했다.

유럽 소년이 내 뒤로 걸어와서는 알고 있다는 미소를 지으며 우리가 걸어온 길을 향해 고개를 끄덕였다. "당신은 우리의 친구(죽은 사람을 뜻했다)가 해고당했을 때 그 친구가 놀라서 자기 방의 바닥에 소변을 누었다는 것을 아십니까? 친절한 사람은 나의 담배 중의 하나를 가져갔죠. 나의 새로운 은색 케이스를 보고 찬양하지 않나요? Boxwallah에서 가져온 2루피 8아나짜리인 품위 있는 유럽피언 스타일이죠." 몇몇 사람들이 웃었다. 무엇 때문에 웃었는지는 아무도 알지 못했다.

프랑시스는 수다스럽게 이야기하며 감독관 주변에서 걷고 있었다. "모든 것이 만족스럽게 지나갔습니다. 모든 것이 끝났어요. 아! 의사가 교수대 밑에서 사형수의 다리를 잡아 당겨 사망을 확인해야 하는 경우를 알고 있었어요. 아주 불합리하죠."

"안됐군."

감독관이 말했다.

"감당할 수 없게 될 때가 가장 안 좋죠. 생각하건대 한 남자는 그를 끌어내려고 할 때 그의 감방의 바를 잡고 버텼어요. 힘겹게 일을 수행했을 거예요. 그를 끌어내는 데 6명의 간수가 필요했고 다리를 하나씩 세 번이나 밀었죠. 우리는 그를 설득했죠. '친구, 네가 우리에게 주고 있는 모든 고통과 트러블을 생각해봐' 하지만 그는 듣지 않았죠. 아주 말썽이었어요."

난 내가 꽤 크게 웃었다는 것을 알아차렸다. 모두들 웃었다. 감독조차도 히죽히죽 웃었다.

"모두들 나와 술을 마시는 것이 좋겠군."

그가 꽤 온화하게 말했다.

"차에 위스키가 한 병 있다. 모두 같이 마시자."

우리는 길을 따라 감옥의 두 개의 큰 통로를 통해 갔다. 우리는 다시 웃기 시작했다. 그 시점에서 프랑시스의 일화는 특히 웃겼다. 우리는 모두 함께 현지인과 유럽인들처럼 술을 마셨고 우호적이었다. 그 죽은 남자는 수백 마일 넘게 가버렸다.

Simon과 Baker처럼 Orwell도 몇 년 전에 일어난 사건에 대해 기록했다. 세 작가 모두 사건들로부터 많은 시간의 거리가 있었고 감정적 거리도 마찬가지였다. 그 사건이 그에게 어떤 기쁨도 줄 수 없었을 것이라고 추측할 수 있었음에도 불구하고 Orwell이 어떻게 그 사건에 참여했는지에 주목하라. 그는 삶을 파괴하는 것이 얼마나 잘못되었는지에 대한 생각을 기억한다. 하지만 그는 그에게 할당된 파괴자의 한 사람으로서의 역할을 수행하는 데 주저하지 않았다.

Orwell은 억지스러운 이야기를 했다. 그의 이야기의 흐름은 빨랐지만 Baker보다 상황과 사람들에 대한 많은 묘사를 했다. 감옥, 교수대, 수감수, 개에 대한 Orwell의 묘사를 통해서 우리는 개인적으로 그 사건이 그에게 가지는 중요성을 이해할 수 있다.

(4) Jean Brandt의 'Calling Home'

다음 에세이는 대학교 1학년인 Jean Brandt에 의해 쓰여졌다. 그녀는 크리스마스 쇼핑 여행에서의 예상치 못한 사건에 대해 쓰고 있다. 읽으면서 작가가 이야기의 한 인물로서 자신에 대해 무엇을 말하고 있는지 스스로에게 질문해 보자.

CALLING HOME

우리가 차에 끼여 탈 때 나는 굉장한 하루가 될 것이라는 것을 알고 있었다. 나의 할머니가 휴일을 맞아 방문하셨고 할머니와 나는 오빠와 언니인 Louis와 Susan을 따라 마지막 크리스마스 쇼핑을 위해 준비하였다. 쇼핑몰로 향하는 길에 우리는 크리스마스 캐럴을 부르고 떠들고, 웃었다. 크리스마스가 이틀밖에 남지 않았기 때문에 우리는 크리스마스 휴가에 푹 빠져있었다. 나는 정신이 맑아지는 것과 기쁨을 느꼈다. 나는 쇼핑을, 특히 크리스마스 쇼핑을 좋아한다.

쇼핑센터는 우리 같은 광란의 최후 몇 분의 쇼핑객들로 붐비고 있었다. 우리는 먼저 내가 제일 좋아하는 General Store로 갔다. 거기에는 아무도 필요로 하지 않지만 사게 되는 대부분의 물건들과 장식용 용구들이 있었다. 나는 그 당시 열세 살이었고 단추와 달력, 포스터 같은 물건들이 나의 눈길을 끌었다. 이날도 다르지 않았다. 내가 갖고 싶어했던 물건은 75센트 정도인 스누피 단추였다. 스누피는 최신의 것이었다. 하지만 쇼핑은 나를 위해서가 아니라 다른 사람들에게 줄 선물을 위한 것이었으므로 어떻게 해야 할지 몰라 하고 있었다. 나는 언니의 의견을 듣기 위해 언니를 찾았다. 나는 쇼핑몰의 뒤쪽으로 군중들을 밀며 Susan을 찾아갔다. 언니에게 내가 그 단추를 사도 될지를 물었고 언니는 그것은 귀엽고 가지고 싶다면 사라고 했다.

내가 스누피 진열대로 갔을 때, 나는 계산대의 줄을 살펴보았다. 나는 1달러도 안 되는 물건을 사기 위해 삼십분이나 기다리기가 싫었다. 나는 단추를 찾았던 곳으로 돌아갔다. 나는 그것을 제 자리에 넣는 대신에 주변을 둘러보고 아무도 못 보았다고 확신했고 그 단추를 내 스웨터 셔츠의 주머니 속에 넣었다. 나는 잠깐 동안 주저했지만 벌써 그 물건은 내 주머니 속에 있었고 돌이킬 수 없었다. 나는 그 전에 한 번도 무엇인가를 훔친 적이 없었다. 몇 분 뒤 언니가 나에게 다가와 물었다. "그 단추를 살지 말지 결정했어?" "아니, 아직." 나는 내 목소리가 떨리지 않기를 바랐다. 우리가 출구로 향했을 때 나의 심장은 뛰기 시작했다. 나는 그 쇼핑몰을 나가고 싶었다. 조금만 더 가면 나는 안전해질 것이다. 우리가 문턱을 넘었을 때, 나는 안도의 한숨을 내쉬었다. 나는 집으로 안전하게 돌아왔다. 나는 내가 얼마나 소심했는지 생각했고 나의 성취에 자부심을 가졌다.

어떤 예상치 못한 것이 나를 놀라게 했다. 나는 배지 같은 것이 빛나는 평상복을 입은 중년의 남자를 보았다. 그는 나의 빈 주머니에 대해 물었다. 이 남자는 어디서 나타난 거지? 어떻게 안 걸까? 나는 정말 아무도 나를 본 사람이 없다고 확신했었다. 나는 패닉의 가장자리에서 내 스스로에게 내가 해야 할 것은 그의 단추를 돌려주고 죄송하다고 말하고 나의 길을 가는 것뿐이라고 말했다. 결국 그것은 75센트밖에 안 하는 단추였다.

다음 단계를 나는 알고 있었다. 그는 두려워하고 있는 어린이가 아니라 마치 전문 털이범을 붙잡은 것처럼 경찰에 전화를 해서 이야기할 것이고 나를 체포해서 감옥에 던져 넣겠지. 나는 그가 말하는 것을 믿을 수가 없었다.

"Jean, 무슨 일이니?"

언니의 목소리가 압박감을 조금 덜어주었다. 그녀는 항상 나를 문제에서 꺼내려고 노력했다. 이번에도 그랬다.

"실례합니다. 이 어린 소녀와 무슨 관계가 있으십니까?"

"네, 내 여동생이에요. 문제가 뭐죠?"

"음, 제가 단지 좀도둑으로 동생을 잡았고 경찰에 전화를 해야 할지 고민하고 있어요."

"애가 뭘 훔쳤는데요?"

"단추요."

"단추요? 지금 당신이 열세 살짜리를 단추를 훔쳤다고 체포하는 건가요?"

"죄송합니다. 하지만 그녀는 법을 어겼어요."

남자는 쇼핑몰에 있는 관리소에 우리를 데려가서 경찰이 도착할 때까지 기다리게 했다. Susan은 할머니와 오빠를 찾았고 여전히 놀래서 아무 말도 하지 않았다. 감옥에 가는 것은 감옥 자체가 아니라 앞으로 나의 부모님과 마주쳐야 하기 때문에 더 두려웠다. 십분도 되지 않아서 두 명의 경찰관이 도착했다. 그들은 경찰소로 혼자 이동해야 한다고 말했다. 그러고 나서 나에게 수갑을 채워 쇼핑몰에서 데리고 나갔다. 나는 외롭고 두려웠다. 나는 언니와 함께 있었지만 지금은 이 지독한 시련을 마주하기 위해 스스로 용기를 내야 했다.

경찰들이 쇼핑몰에서 나를 데리고 나왔을 때, 나는 나를 향해 있는 수백 개의 눈들을 느꼈다. 나의 얼굴은 붉어졌고 땀을 흘렸다. 이제 모든 사람들이 내가 범죄자라는 것을 알게 되었다. 그 눈 속에서 나는 비행청소년이었고, 그 길에서 나를 데리고 간 경찰들에게 감사함을 느꼈다. 가장 안 좋은 것은 나의 할머니마저 나에 대해 똑같은 생각을 하고 있으면 어쩌지 하는 생각이었다. 그 당시의 굴욕은 압도적이었다. 나는 모두에게 웃음거리가 되어 공개된 Hester Prynne 같은 기분을 느꼈다.

그 쇼핑몰에서의 짧은 거리가 몇 시간이 걸린 것처럼 느껴졌다. 하지만 순찰차에 도착하자 시간은 빠르게 흘렀다. 나는 내 권리를 읽었고, 질문을 받았다. 우리는 몇 분 동안 경찰서에 있었다. 모든 것은 내 범죄에 대해 내가 양심의 가책을 느낄 겨를도 없이 순식간에 지나갔다. 대신에 나에게 일어난 일이 마치 영화 속 같았다. 당황스러웠지만 조사되는 것은 어찌됐든 흥미로웠다. 내가 보았던 모든 영화나 텔레비전에서 보았던 일들이 나의 삶에 들어왔다. 내가 좋아하는 것들이었다. 왜 범죄자들은 항상 놀랐고 후회하는 것처럼 묘사되는 것일까? 나는 재미있었다. 나는 두려울 것이 없다고 생각했다. 나에게 전화를 하라고 하기 전까지는. 집으로 전화를 할 때 나는 떨렸다. 나의 부모님께, 특히 엄마에게 뭐라고 말해야 할지 몰랐다.

"아빠, 저에요."

"우리 모두 너의 전화를 기다리고 있었다."

"언니가 무슨 일이 일어났는지 말했나요?"

"응. 하지만 엄마에게는 말하지 않았어. 내 생각엔 어디에 있는지, 무슨 일을 했는지, 네가 말을 해야 할 듯 싶구나."

"엄마는 제가 어디에 있는지 모르신다는 말씀이세요?"

"그래. 네가 직접 엄마에게 설명했으면 좋겠구나."

엄마에게 전화를 바꿔주는 동안 잠깐의 시간이 주어졌다. 처음에는 거의 눈물을 흘릴 뻔했다. 내가 그 멍청한 단추를 훔친 적이 없었으면 했다. 너무 부끄러워 경찰관 중 한 명에게 전화를 바꿔주고 싶었지만 선택의 여지가 없었다.

"Jean, 어디니?"

"저는 음… 감옥이에요."

"왜? 뭐 때문에?"

"도둑질 때문에요."

"말도 안 돼. Jean, 왜? 왜 그랬니?"

"모르겠어요. 이유는 없어요. 그냥 그랬어요."

"이해할 수 없구나. 뭘 훔쳤니? 왜 그랬니? 너에게는 돈이 있었잖아."

"알아요. 하지만 그냥 그랬어요. 이유를 설명할 수가 없어요. 엄마, 죄송해요."

"죄송하다는 걸로 충분하지 않은 것 같구나. 너에게 정말 실망했다."

전화를 끊고 오랫동안 텅 빈 감옥에 앉아 부모님이 나를 데리러 오길 기다리면서 여전히 실망이라는 단어는 뚜렷하게 들렸고 엄마의 목소리에 나는 상처를 받았다. 울었다. 내가 끔찍한 인간처럼 느껴졌다. 엄마와 마주치기보다 감옥에 남아있는 게 나았다. 나를 그 시간과 마주치게 할, 지나가는 몇 분 몇 분이 두려웠다. 나를 꺼내주기 위해 경찰관이 왔을 때, 정말로 나가기 싫어서 망설였다. 우리는 구속을 조사하기 위한 양식에 사인을 해야 할 책상 앞으로 갔다. 나는 몇 미터 밖의 부모님을 보았고 심장이 뛰었다. 커다란 매듭이 뱃속에 있는 것 같았다. 나는 눈물과 싸웠다.

차로 돌아가는 동안 우리는 아무 말이 없었다. 나는 꾸짖음을 예상하며 천천히 뒷자석에 앉았다. 거친 목소리를 예상하면서 아빠 맞은편에서 들리는 목소리에 안심하였다.

"나는 너를 벌하지 않을 거야. 이유를 말해 줄게. 네가 한 일도 잘못이지만 내가 생각하기에 그 경찰관의 행동이 더 잘못된 거야. 열세 살짜리를 가둔 것은 변명의 여지가 없어. 네가 한 일을 묵과하는 것이 아니라 벌써 그만큼의 벌을 받았다고 생각하기 때문이야."

아빠의 눈과 엄마의 눈을 차례로 보았을 때, 이 지독한 시련이 끝났다는 것을 알았다. 절대 잊을 수 없는 경험이었지만 이 사건은 다시는 언급되지 않았다.

3. 참고문헌

Axelrod, R. B. and Cooper, C. R. (1985). *The Saint Martin' s guide to writing*. NY: St. Martin' s Press.

제7장

질적 글쓰기를 매력적으로 만드는 방법: 네 학자의 조언

1. Elliott 외의 『심리학에서의 질적 논문 글쓰기 가이드라인』
2. 창의적인 논픽션으로서 질적연구 보고서 쓰기 방법
3. Goodall의 내러티브적 글쓰기 가이드
4. 참고문헌

양적연구와는 달리 다양한 지적 전통과 영역을 가지고 있는 질적연구에서 효과적인 글쓰기 전략을 규명하는 일은 다소 어렵다. 그럼에도 불구하고 질적연구를 하는 사람이라고 하면 그 구체적인 가이드라인이나 지침을 찾고 싶어하는 사람이 있을 것은 당연하다. 그리고 다행히도 그러한 요구에 부응할 수 있는 몇 가지 기준이나 전략을 논의한 학자들이 있다는 것은 이러한 요구에 답을 하는 데 있어서 바람직한 일이다. 필자의 여러 글에서 강조한 것처럼 질적연구에서 어떻게 글을 써야 하는지는 연구자의 지적 전통이나 방법적 전통, 또는 해당 연구자가 다니는 대학교의 교수들의 취향, 그리고 질적연구의 상상의 공간을 어느 정도 허락받을 수 있는가 하는 학풍이나 지도교수의 지원 등 다양한 맥락이 한 편의 논문이나 글을 쓰는 데 영향을 끼친다.

그럼에도 불구하고 일련의 학자들은 좋은 질적연구를 만드는 데 있어서 알아야 하는 질적 글쓰기의 규칙들에 대한 수용가능한 수준에서의 예나 방침을 제시하고 있다. 이에 필자는 그러한 예들 중에서 이 분야의 학자들에게 도움을 줄 수 있는 '일반적 전략'이라고 명명하고 세 학자의 개념화를 제시한다. 첫째, Elliot, 둘째, Cauley, 셋째, Goodall의 개념화이다. 각 학자들은 질적연구 글쓰기 분야에서 상당한 연구를 한 학자로서 자신들의 풍부한 경험과 지식에 기초하여 좋은 질적 글쓰기를 위한 실제적 차원에서의 지침들을 제시하고 있다는 점에서 교육적이다. 각 학자들이 주장하는 바는 다르지만 나름대로 일반적이라고 할 수 있는 몇 개의 공통 요소가 있다는 점을 상기하면서 글을 읽으면 도움이 될 것이다.

1. Elliott 외의『심리학에서의 질적 논문 글쓰기 가이드라인』

Robert Elliott 외는 질적연구에서의 글쓰기에 대한 구체적인 전략들을 다음과 같이 일곱 가지로 제시하였다. 그의 그러한 전략은 특히 그의 글 제목에서 나타내고 있는 것처럼 질적연구가 새롭게 부상하고 있는 심리학 영역에서 강조되고 있다는 점에서 중요하다. 심리학은 실증주의와 양적연구 패러다임이 오랫동안 강하게 영향을 끼쳤던 연구 분야이지만 최근에 와서 임상심리학, 발달심리학, 상담심리학 등의 영역에서 질적연구가 활발히 이루어지고 있다. 그러한 배경 속에서 Elliott는 미래 질적연구자들의 글쓰기 훈련을 위하여 이러한 가이드라인에 대한 소개가 필요하였을 것으로 생각한다. 그는 질적 글쓰기를 잘해야 하는 이유를 다음과 같이 설명하고 있다.

(1) 질적 연구의 타당성을 높이는 것을 돕는다.
(2) 질적 연구물에 대한 더욱 정밀한 과학적 검토를 가능하게 한다.
(3) 연구의 설계과정과 집필과정을 더욱 반성적으로 검토하도록 돕는다.
(4) 연구의 새롭고 뛰어난 점을 잘 정의하고 설명할 수 있도록 한다.

이러한 목적 달성을 염두에 두면서 Elliott는 질적연구자가 고려할 수 있는 글쓰기 기준을 다음 일곱 가지로 제시하였다.*

(1) 개인의 관점을 드러내라.
(2) 연구대상에 대한 기본적인 정보를 제공하라.
(3) 구체적인 사례를 제시하라.
(4) 신뢰성를 확보하라.
(5) 내용들을 체계화시켜 제시하라.
(6) 일반적인 vs 구체적인 연구 실행을 진행하라.
(7) 연구의 원자료를 제공하라.

(1) 개인의 관점을 드러내라

개인적 관점을 드러내는 것은 연구자가 연구를 실행하면서 여러 측면에서 작용하게 되는 연구의 이론적인 배경과 연구자의 가치관/철학을 글쓰기에 드러내는 것을 의미한다. 이 전략은 질적연구 글쓰기가 하나의 현상에 대한 연구자의 해석과정이 개입되고 이러한 과정 속에서 연구자의 주관성이 개입될 여지가 크기 때문에, 이를 노출시키면서 그리하여 연구의 배경을 독자에게 알려 준다는 점에서 또 다른 객관적 탐구의 한 가지 전략이 될 수 있다. 연구자가 가지고 있는 한 개인의 관점을 제시하고 설명하는 것은 연구 전반에 위치하고 있는 이론이나 방법론에 대한 선호도나 위치성에 대한 관점뿐만 아니라 연구 과정에서 새롭게 만나게 되는 현장이나 자료 등으로 인해 초기에 설정하였던 연구문제들이 어떻게 변화되어 가는지도 상세하게 나타낼 필요가 있다.

이러한 과정을 연구자의 '점진적 주관성'이라 일컫는데, 이는 연구를 진행하면서 현장의 특징과 변화 혹은 예상하지 못했던 상황을 반영하여 연구가 구체적으로 그리고 유용하게 진행되어 왔음을 독자들에게 설명하는 도구가 된다. 이들을 상세

---

* Elliott, R. et al. (1995). Evolving guidelines for publication of qualitative research studies in psychology and related fields. British Journal of Clinical Psychology (1999), 38, 215-229.

히 밝힘으로써, 독자들은 여러 가능성들을 고려하여 연구자의 수집 자료와 이로 인해 도출된 결론을 해석하는 데 도움을 받는다. 그러한 점에서 다음 연구는 독자들을 충분히 설득시키지 못하고 있다.

예 아동 성 학대를 치유하는 과정에 대한 질적연구(Hutchinson, C. H. & McDaniel, S. A., 1986)

해당 연구에서 연구자는 연구의 바탕이 된 이론적인 배경은 밝히지만, 연구자 그들 자신이 누구인지, 그리고 연구에서 무엇을 밝히고자 하는지에 대한 언급이 전혀 없다. 이 연구에는 '객관성' 을 강화하기 위해 그들 자신에 대해 알리는 과정이 없다. 때문에 독자들이 연구자가 연구를 진행하고 해석하여 내린 연구 결론을 이해하기 위해서는 행간을 읽어야 하는 불편함을 감수해야 한다.

(2) 연구대상에 대한 기본 정보를 제공하라

이 전략은 연구자가 독자들을 위하여 연구되었던 대상(참여자)이 누구였는지를 자세하게 소개하는 것을 뜻한다. 질적연구자들은 독자들이 연구와 관련된 상황과 인물들에 대해 알 수 있도록 연구 참여자들이 누구인지, 그리고 그들의 생활 환경이 어떤지를 설명한다.

예 사회적 소외 경험에 대한 현상학적인 질적연구(Giorgi, A., 1970)

연구자들은 청소년들이 그들의 신체적인 외모, 행동, 말투 등에 의해 소외를 얼마나 많이 받았는지, 그리고 얼마나 심각한지를 다룬 질적연구에서 연구자는 참여자들의 나이, 성별, 민족성, 사회계층 등의 기본적인 자료도 제공하여 독자들의 종합적인 이해를 돕는다.

(3) 구체적 사례를 제시하라

아마도 연구의 결과를 연구에 생소한 독자들에게 쉽게 이해시킬 수 있는 최적의 방법은 예나 사례를 드는 것일 것이다. 우리가 타인과 이야기할 때, 아니면 어떤 개념을 설명할 때 가장 많이 사용하는 방법이기도 하다. 연구자들은 연구에 이용된 분석과정과 이를 통해 발전된 연구에 대한 이해·해석을 설명하기 위해, 주제 또는 주요 연구 항목들에 대한 구체적인 사례를 제공한다. 사례를 제시함으로써 독자들은 연구자들의 해석과 연구 원자료 간의 적절성을 평가할 수 있으며, 연구자가 연구 과정에서 선택적으로 판단하고 해석한 부분에 대해 공감할 수 있다.

예 알츠하이머 병에 걸린 나이 든 환자들을 돌보는 가족에 대한 질적 연구(Mishler, G., 1990)

연구자는 가족원들이 그들의 아픈 부모와 배우자를 돌보는 과정을 단순하게 나열만 시켜 놓았다. 더욱이 연구자가 연구 과정 혹은 특정 주제에 대한 의미 있는 해석을 표현하는 경우에도 이와 관련된 어떤 구체화된 사례도 제시하지 않았다. 결론적으로 독자들은 연구자가 말하고자 하는 바를, 연구자가 의도하는 만큼 정확히 인지하지 못한다. 왜냐하면 연구에 대한 이해를 도출하는 데 사용한 어떤 구체적인 종류의 정보도 제공받지 못했기 때문이다.

(4) 신뢰성을 확보하라

어떤 수행된 연구에서 그 연구가 얼마나 믿을 만한 것인가에 대한 부분이 바로 신뢰성과 관련된다. 질적연구에서는 양적연구와 같이 자료에 대한 객관성으로 신뢰성을 판단하지 못하기 때문에, 신뢰성을 확보하는 것 역시 중요한 의미를 가진다. 질적연구자들은 신뢰로운 자료를 얻기 위해 여러 방법을 사용할 것이다. 충분한 기간의 집중적인 관찰을 통해 대상에 대한 심도 깊은 연구를 진행하는 것, 연구 결과의 검증절차를 위해서 동료 연구자의 조언을 듣는 것, 연구에 직접 참여한 참여자들에게 연구 결론에 대한 의견을 들어보는 것, 하나의 현상에 대한 두 개 또는 더 많은 종류의 질적 접근들의 결론을 비교하는 것, 두 가지 이상의 연구 방법을 사용하는 것 등이 질적연구의 신뢰성을 높이기 위한 노력에 해당한다.

예 섭식 장애 환자에 대한 질적연구(Kirk, J. & Miller, M., 1986)

연구의 결과를 연구 참여자에게 읽게 하고 그 결론에 대하여 어떻게 생각하는지를 물었다. 멤버 체크 과정을 거쳤다. 연구 결론을 이들과 함께 일하는 동료들에게 살펴보도록 하였다. 이들은 연구 대상과 함께 생활하며 누구보다도 연구 대상에 대해 잘 알고 있기 때문에, 연구 결론의 타당성을 평가함으로써 연구자의 주관성에 의한 일방적인 해석이 되지 않도록 도와주는 역할을 한다. 또한 분석한 내용이 연구자의 주관적인 해석에 치우친 경우 일부 수정과 삭제를 제안하는 과정을 통해서 더욱 신뢰성 있는 연구가 될 수 있도록 한다.

예 거식증으로 진단받은 8명의 여자 환자들을 대상으로 거식증 문제에 대한 분석적인 연구(Lincoln, Y. & Guba, E. G., 1985)

연구자는 담화 전략을 사용해 식사를 거부하는 것을 정당화하는 환자들이 사용하는 해석학적인 레퍼토리를 확인했다. 하지만 연구자는 스스로 음식을 먹도록 돕는 것이 더 좋다고 결론내린 그의 분석에 대한 신뢰성을 높이기 위한 어떤 과정도 제시하지 않는다. 연구자는 제시한 사례와 이에 대한 결론에 대해 연구의 신뢰성을 높일 만한 어떠한 도구도 사용하지 않은 채 제시하여, 독자들이 연구의 결론이 믿을 만한 것이라고 생각하기에는 어려움이 있다.

(5) 내용을 체계화시켜 제시하라

일반적으로 연구자들은 자신의 목적에 따라서 의미 있는 현상들과 주제에 대해 연구를 진행하고 그 자료를 토대로 해석하고 결론을 내린다. 하지만 연구자의 이러한 의도와 달리, 독자들은 관련 지식의 부족이라든지 연구자의 글쓰기 패턴에 익숙하지 않는 등 여러 이유로, 연구과정에 대한 연구자의 이해를 살펴보고 해석하는 데 어려움을 느낀다. 그렇기 때문에 연구 내용들을 독자들이 쉽게 읽을 수 있도록 내용들을 유의미하게 분류하고 체계화하는 과정이 필요하다.

이때 연구자는 연구 내용에 대한 이해를, 원자료의 의미를 보존하면서 일관성 있게 표현한다. 또한 자료에 기초한 서술적 해석과 인식의 틀, 질적 글쓰기 전략의 하부구조를 서로 맞춰 가는 체계화 과정을 거치게 된다. 연구자들은 연구 내용 간에 일시적인 것과 연속적인 것, 논리적인 것과 지배적인 관계들을 서술하는 방법을 이용해, 분석결과에 대한 통합적인 요약을 제시한다. 유사한 목록들은 이들 관계를 잘 표현해 주는 방식으로 묶인다. 또한 적용한 모형에 대한 구술적인 서술을 제시하고, 독자들의 기억에 오래 남도록 연구 내용의 '핵심 목록' 또는 '구조적인 틀'도 제공한다.

예 머리 부상을 입은 경험에 대한 질적연구(Wertz, F. J., 1986)

연구자들은 연구 내용을 독자들의 이해가 쉽도록 유사한 그룹으로 묶거나 하부 영역으로 세분화하여 제시하지 않았다. 대신에 단지 23개의 목록으로 단순히 나열하였다. 독자들은 여러 측면과 수준의 추상화로 혼합된 내용들을 이해하는 데 어려움을 느낀다.

(6) 일반적인 vs 구체적인 연구 실행을 진행하라

일반적인 질적연구는 여러 사례에 일반화하기 위한 연구가 아닌, 익숙하지 않은 특정 현상 혹은 연구 대상의 생활세계의 이해를 목적으로 한다. 그렇기 때문에 연구자는 연구 결과를 기술할 때 특정한 현상에 대한 결론이 다른 연구에 일반화될 수 있다거나 또는 포괄적인 적용력을 가졌다고 강조해서는 안 된다는 것이 설명하고

자 하는 글쓰기 전략이다. 구체적인 사례를 이해하는 것이 목적이 될 때, 연구자는 독자들이 새로운 현상이나 세계에 대해 충분히 이해할 수 있도록 자료나 주제 등을 조직적이고 종합적으로 설명한다. 하지만 해당 연구의 결과가 다른 사례에 일반화되어 확대·적용되지 않도록 독자들에게 충분한 안내를 한다.

예 남성과 여성 이민자 25명에 대한 내러티브 연구(Kvale, S., 1996)

연구자는 연구 참여자 중 10명에게는 심층 분석을 수행하고, 나머지 사람들에게는 심층적이지 않은 분석을 하였다. 이 중에서 연구자들은 남성 이민자의 경험에 대한 보다 섬세한 설명을 하는데, 언어와의 사투, 직장차별, 종말적인 위기, 가족 분쟁, 정신적인 고통 등의 주제들이 여기에 포함된다. 하지만 연구자는 이러한 분석을 다른 일반 이민자의 경험으로 확대하여 일반화시키는 데는 문제가 있을 것으로 강조하고 있다.

(7) 연구의 원자료를 제공하라

연구자는 때로는 자신이 수집한 원자료를 그대로 제시함으로써 독자들에게 자신이 연구 주제를 정확하게 표현하였는지 아니면 연구자가 현장에 대하여 이해를 잘하였는지를 판단하게끔 도와줄 수 있다. 독자들은 연구자가 제시한 원자료를 참고하여, 연구자들의 연구 자료를 분석하고 해석하여 이해 혹은 해석한 부분에 대해 공감한다.

예 폐경기 경험에 대한 질적연구(Mishler, G., 1990)

연구자는 전체적인 서술과 자료를 제공함과 동시에 독자들은 연구자들이 면담대상들의 경험을 심층적으로 알기 위해 어떻게 했는지, 그녀의 경험뿐만 아니라 그녀 동료들의 설명하기 어려운 경험들을 언어로 다루기 위해 얼마나 노력했는지에 대해 알 수 있도록 그들이 연구에 사용하고 얻은 연구의 원자료를 함께 제시하였다. 면담에 대한 전사자료, 현장 노트, 관찰 노트, 연구자의 반성적 일지 등의 원자료 제공을 통해서 독자들은 연구자의 연구에 신뢰를 가지고 공감하게 된다.

2. 창의적인 논픽션으로서 질적연구 보고서 쓰기 방법

창의적인 논픽션은 사실들을 사용해서 이야기를 말하지만, 설득력 있는 질과 감정적인 활기를 위해서 허구적(픽션) 기법들을 사용한다. 단순히 사실들을 전달하기 위한 것이 아니라 그 주제에 대한 보다 심도 깊은 이해를 할 수 있도록 자극시키려고 한다. 때문에 창의적인 논픽션을 만들기 위해서는 첫째 양심적인 연구자로서의 능력과 아울러 이야기하는 사람으로서의 기술이 요구된다(Cheney, 2001, p.1). 창의적인 논픽션 작가가 되기 위해서는 사실을 이해하고 인용들을 사용하여 보고하는 것뿐만 아니라 그것들의 숨겨져 있는 의미들을 발견하고 그 의미들을 흥미롭고 자극적이고 새로운 사실들을 알려주는 것처럼 극화시킬 수 있어야 한다.

Caulley의 이 글은 질적 글쓰기를 창의적인 글로 인정하고서 어떻게 허구적이지 않은 사실적인 창의적 글을 만들 것인가에 대한 일련의 지침들을 제공하고 있다. 일반적인 사실적 글쓰기에 비하여 창의적 글쓰기는 소설이나 문학 창작의 과정에서 많이 적용되는 글쓰기로서 재미있으며 매력적이고 독자들을 계속 텍스트에 몰입하게 만드는 역할을 한다. 우리가 탐정소설이나 연애소설에 한번 빠지면 신문이나 논문과는 다르게 하룻밤을 세워 가면서 글을 읽는 것과 비슷하다. 때문에 창의적인 글을 만들기 위하여 연구자와 저자는 다양한 형식의 글쓰기 방법과 자료들을 활용하는 경향이 있다. 내용을 놓치지 않으면서(즉, 과학적 사실을 기초로 하여 글을 쓰되) 생동감이 있고 지루하지 않고 읽고 싶어하는 내용을 만들어야 하는 것이다. 질적 텍스트를 이 두 개의 목적을 모두 달성하는 문서로 만들기 위하여 Caulley는 다음과 같은 지침들을 제안하고 있다.*

(1) 지루하지 않고 드라마틱한 글을 써라

창의적 논픽션의 글쓰기 방법이 갖는 첫 번째 장점은 지루하지 않은 글을 쓸 수 있다는 점이다. 그리고 이러한 글쓰기는 드라마틱한 글쓰기 방법들에 의하여 가능해진다. 드라마틱한 글쓰기는 현장과 장면을 그대로 보여주고 묘사해 주는 글쓰기인데 이 방법은 우리가 일반적으로 글을 쓰는 방식인 말해주는(tell) 방식의 글쓰기와는 다르다. 말해주는 방식은 어떤 대상이나 주제에 대하여 연구자나 저자가 요약하여 대신 설명하고 말해주는 방식으로서 그 표현의 과정에서 원래의 느낌이나 맥락, 대화 등이 삭제되거나 변경되거나 압축될 가능성이 높다. 저자는 현장에서 멀리 떨어져 있으면서 현장에서 무슨 일이 일어났는가에 대한 묘사나 설명을 관찰자로서 그리고 신문기자처럼 객관적으로 쓰려고 노력한다. 그리고 가장 대표적인 글쓰기

---

* Caulley. D. (2006). Using Creative Nonfiction to Make Qualitive Evaluation Reports Less Boring. International Conference, Australia September 4-7, Austrailia. 2.

방향은 일어난 사건의 내용을 압축적으로 요약하는 데 초점을 둔다. 즉 생생하게 묘사하는 방법을 뜻한다. 이 글쓰기 방법은 일반적으로 독자에게 소개할 주제나 현상 또는 인물들에 대하여 설명하거나 요약하는 방법(말하기)이 아니라 직접 보여주는(show) 글쓰기를 하는 것이다. 따라서 일반 작가나 기자들이 하는 요약이나 종합적 측면에서 사건을 설명하기보다는 특정한 순간에 일어나는 일들의 장면을 묘사하는 것을 뜻한다. 요약적 글쓰기는 원경촬영(롱샷)으로 비유되고 드라마틱한 방법은 근접촬영(클로즈 업)으로 비유될 수 있다.

예 부패하고 타락한 켄터키더비 경마

나는 자정 즈음에 비행기에서 내렸다. 터미널로 향하는 어두운 활주로를 걸을 때 말하는 이는 아무도 없었다. 그곳의 대기는 증기탕을 돌아다니는 것과 같이 답답하고 뜨거웠다. 안쪽에서는 사람들이 서로 껴안고 악수를 하고 있었다. 환한 미소와 환호성이 여기저기서 터져 나왔다.

"맙소사! 이 자식! 반갑다 짜식! 진짜 반갑다.… 정말!"

냉방이 되는 휴게실에서 휴스턴에서 온 한 남자를 만났다. 그의 이름은 다른 무언가였지만 그는 자기를 짐보라 부르라고 했다. 그는 즐기려고 켄터키를 방문했다.

"난 정말 어떤 것이든지 즐길 준비가 되어 있어. 정말 무엇이든지. 근데 뭐 마실거야?"

이에 나는 얼음에 마가리타를 주문했지만 그는 듣지 않았다.

"아니 도대체 어떤 놈이 켄터기더비 경마에서 그 따위 것을 마신다는 거야? 왜 그래 정말?"

그는 바텐더에게 미소를 띠며 윙크를 했다.

"젠장 이 녀석 좀 가르쳐야겠어. 괜찮은 위스키 한 잔 줘봐."

나는 움츠러들었고 바텐더는 말했다.

"오케이, 얼음에 올드 피츠 더블 샷."

그는 고개를 끄덕였다.

"이봐."

그는 내가 듣고 있는지 확인하기 위해 내 팔을 가볍게 두드렸다.

"난 켄터키더비에 오는 군중들을 알아. 내가 매년 이곳을 오면서 알게 된 한 가지를 알려주지. 여긴 니가 그들에게 게이 같은 느낌을 풍길 수 있는 그런 곳이 아니야. 어떻든 간에 공공장소에서는 안돼. 너가 그런다면 젠장 아마도 그들은 당장 널 던져버리고 때려서 기절시킨 후 니가 가진 모든 걸 가져갈 걸."

나는 그에게 고마워하며 담뱃갑 속으로 말보로 담배 한 개비를 넣었다.
(월간 스캘란, 1970. 6)

이 글에 비하여 다음 글은 드라마틱하지만 전체적으로 요약적인 글쓰기를 하고 있다.

예 베트남 전쟁에서의 하룻밤

나무들 위로 3~4킬로미터 떨어진 곳에서 일어나는 박격포의 폭발, 폭격의 불꽃과 뿌연 연기를 볼 수 있다. 캐롤 막사와 록파일 지역으로부터 비무장지대를 따라 더 동쪽으로 위치한 지원기지의 중화기들은 수상한 움직임을 보이는 월맹군 부대나 월맹군의 로켓과 박격포를 겨누었다. 가끔씩 월맹군의 탄약보급창고 위로 떨어지는 포격에 2차 폭발이 일어나는 걸 아마도 총 서너 번 본 것 같다. 밤에 일어나는 포격의 불빛은 아름다웠다. 심지어 밤에는 우리 기지로 날아들어오는 포격마저도 아름다웠다. 그것은 아름다우면서 매우 끔찍했다. 나는 팬텀 전투기 조종사가 자신을 죽이기 위해 자신의 전투기로 날아오는 지대공미사일이 얼마나 아름다워 보이는지 말하던 것을 기억했고 네가 밤에 헬리콥터로 비행하는 동안 아치를 그리며 천천히 그리고 우아하게 너를 향해 다가오는 아름다운 50구경 예광탄이 너를 해치지 않을 하나의 꿈이 될 수 있는지를 기억했다. 그것은 너로 하여금 완전한 고요함과 죽음 위에 존재함을 느끼게 할 수 있다. 하지만 그것은 결코 오래가지 않는다. 한 발이라도 헬리콥터에 맞는다면 너는 입술을 깨물고 겁에 질려 있던 너로 돌아갈 것이다. 그리고 너는 본인 자신이 어디에 있었는지 알게 된다.

(2) 장면 묘사적 글을 써라

장면(scene) 묘사는 창의적 논픽션의 핵심에 해당한다. 이 글쓰기를 하면 삶, 움직임, 행위에 대하여 높은 수준의 실재적 표현이 가능해진다. 전통적 질적연구에서 이야기와 주장이 과학적으로 만들어졌다는 이미지를 만들어 내기 위하여 자료의 표현 방법에서 사실과 인용이 활용된다. 그리고 그 중요한 목적은 엄밀함과 정확성, 과학성에 두고 있다. 이에 비하여 창의적 논픽션 글쓰기에서는 이러한 방법들이 중요하기는 하지만 이와 비슷하게 중요한 것은 인용이나 사실의 제공만큼 장면들의 구성이다. 왜냐하면 장면은 글을 읽는 독자의 마음에 관능적인 이미지들을 창조해 내기 때문이다. 독자들이 장면을 읽고 나아가는 동안에 자신들의 앞에서 그 행위들이 전개되고 있다는 느낌을 갖게 만든다. 과거의 연구 사실과 역사가 독자 앞에 펼쳐지는 것이다. 그리하여 독자들은 장면의 한 부분이 된다. 독자들은 그 대화를 듣게 되며, 동작들을 보게 되며, 인물의 행위들을 따라하게 된다. 이러한 분위기와 달리 요약적 글쓰기 방법에서는 독자들이 마치 교실에 있는 교수의 강의를 듣는 학생처럼 대화와 행위에 참여하기 어렵다. 그에 비하여 독자들은 장면을 생각하게 되면 그 장면을 느끼고 냄새 맡고 듣고 믿는다. 잠깐동안은 그 안에 있었던 것처럼. 이에 Miller와 Paola(2004)는 장면의 중요성에 대하여 다음과 같이 이야기한다. "장면은 영화처럼 어떤 행동이 우리 앞에서 펼쳐지게 하고 이를 통하여 대화, 묘사, 관점, 특이성, 구체적인 세부사항 등이 드러나게 된다."

Russel Baker(1982)는 장면 묘사 글쓰기 방법을 통하여 기존의 재미없는 요약적 텍스트가 얼마나 재미있게 변화될 수 있는지를 잘 보여주고 있다.

예

요약적 글쓰기

그는 삼촌 Irvey와 달리, 삼촌 Tom의 욕실에서 수돗물이 있다는 사실에 감동을 받았다. 그는 화장실 변기로 물이 빠려 들어가는 것을 듣는 것이 즐거웠다. 화장실 변기 옆의 그 휴지는 몽고메리 시청 카날로그의 것과는 조금도 낡지 않은 것이다.(p.56)

장면 묘사적 글쓰기

층계의 끝에는 배관시스템의 기적이 있다. 화장실과 함께 완벽히 혼자가 되기 위해 나는 문을 닫고 욕조의 매끄러운 에나멜을 지나 반짝이는 세면대의 수도 손잡이를 따라 손가락을 움직였다. 은색 변기 손잡이를 살짝 누른 것만으로도 몇 갤런의 물이 변기를 통해 내려갈 수 있었고 이러한 하얀 변기의 위엄은 나를 부러움으로 가득 채웠다. 변기 옆에는 부드러운 두루마리 휴지가 놓여 있었다. 고급 세면도구가 Irvey 삼촌의 구멍 두 개인 화장실과 몽고메리 와드 카탈로그인 사람에겐 너무 부유해 나올 수 없는 럭셔리함이 있었다. 나는 나를 찾는 사람들의 방해가 없는 한 변기를 빤히 쳐다보다 변기 손잡이를 누르고 거친 물결이 변기 속으로 빨려 들어가면서 쏴 하는 웅장한 소리와 함께 사라지는 최고의 순간을 음미했다. 그것은 브런스윅 여행의 완벽한 결말이었다.

예 가게의 묘사: MAYA ANGELOU

국자를 뺀 반 파운드의 밀가루를 저울에 달고 얇은 종이가방에 담는 일은 나에게는 간단한 모험과도 같았다. 나는 은으로 만들어진 것 같아 보이는 국자에 밀가루사료, 곡물, 설탕이나 옥수수를 담아 어떻게 하면 저울의 8온스나 1파운드 정도의 눈금을 가리킬지 하는 측정의 눈을 길렀다. 내가 아주 정확할 때는 우리 고마운 손님들은 이렇게 감탄하곤 했다. "Henderson 아주머니는 확실히 똑똑한 손자들을 두었구나." 내가 만약 호의를 베풀지 않을 땐 매의 눈을 가진 여자들은 "좀 더 넣어주렴, 아가야. 가게의 이익을 조금만 덜어주려 노력하지 않을래?"

그러고 나서 나는 조용하지만 지속적으로 나를 벌주었다. 모든 잘못된 판단들에 대한 벌은 내가 Bailey를 제외하고 세상에서 가장 좋아하는 달콤한 초콜릿인 은색 포장지로 덮인 키세스를 먹지 않는 것이었다. 그리고 아마도, 파인애플 통조림이었다. 파인애플에 대한 내 집착은 거의 나를 미치게 만들었다. 나는 내가 자라서 나 스스로 한 통을 다 살 수 있는 날을 꿈꾸곤 했다.

시럽이 잔뜩 발라져 있는 금색 파인애플 링은 외제 통에 담겨 일년내내 우리 선반에 올라와 있었지만 우리는 크리스마스 동안에만 맛볼 수 있었다. 할머니는 거의 까만색인 과일 케이크를 만들기 위해 주스를 사용하곤 하셨다. 그러고 나서 그녀는 재료가 풍부한 앞뒤가 바뀐 케이크를 만들기 위해 파인애플을 담을 검게 그을린 탄 자국으로 둘러싸인 쇠로 만들어진 팬을 일렬로 늘어 놓으셨다. Bailey와 나는 각각 한 조각씩 받았고 나는 그것을 몇 시간을 들고 다니면서 조각조각 잘라서 내 손에 향기만 남아있을 정도까지 먹곤 했다. 나는 이렇게 생각하고 싶다. 파인애플을 향한 내 열망이 너무 신성해서 파인애플 캔을 훔쳐서 정원에 나가 혼자 먹는 것이 가능함에도 불구하고 내가 스스로 그것을 하도록 허락하지 않았다. 하지만 나를 노출시키는 이 향기에 대한 가능성을 재어보았지만 시도하려는 생각을 가지지 않았다고 확신한다.

내가 Arkansas로 영원히 가기 전인 열세 살까지는 그 가게는 내가 제일 있기 좋아하는 장소였다. 혼자 있는 텅텅 빈 아침에는 그곳은 낯선 사람으로부터 온 개봉하지 않은 선물 같았다. 앞문을 여는 것은 뜻밖의 선물의 리본을 푸는 것과 같았다. 빛이 부드럽게 들어와 스스로 고등어, 연어, 담배, 실 뭉치 등을 비추었다. 햇살은 돼지기름 통에도 비춰져서 정오쯤에 그것은 묽은 수프같이 변해있었다. 내가 오후에 가게를 들어갈 때마다 나는 피곤한 느낌을 받았다. 나는 혼자 가게의 일이 반은 이루어져서 느껴지는 느린 맥박을 들을 수 있었다. 하지만 저녁때쯤, 많은 사람들이 들어왔다 나가고, 그 사람들이 계산서에 대해서 논쟁하고, 그들의 이웃들에 대해 농담하고, 그저 인사를 하러 들르고 난 후에는 마법의 아침에 대한 약속이 돌아왔고, 가족들의 삶의 물결을 씻으며 펴져갔다.

할머니는 크리스피 크래커의 박스를 열고 가게 뒤쪽에 고기 덩어리를 진열했다. 나는 양파를 얇게 썰었고, Bailey는 정어리 두세 캔을 따서 기름과 어선의 물을 바닥으로 떨어뜨렸다. 그것은 아주 멋졌다. 혼자처럼 느껴지는 저녁에는 삼촌 Willie는 고통을 암시하는 더듬거림 또는 떨림이나 지표를 주지 않으셨다. 언약의 하나님이 아이들과 흑인들과 불구자들과 만든 하루의 막바지의 평화가 아직 효과가 있다는 보장 같았다.

예 농장의 묘사: MARK TWAIN

내 삼촌 존의 농장은 소년에게는 천국과 같은 장소였다. 그 집은 부엌과 연결된 넓은 바닥이 있는 이중 통나무 집이었다. 여름에는 그늘지고 상쾌한 바닥의 가운데에 테이블과 호화로운 음식이 있었는데, 그것을 생각하는 것은 지금도 나를 울게 한다. 튀긴 통닭, 구운 돼지, 야생이나 길들여진 칠면조, 오리, 거위, 갓 잡은 사슴, 다람쥐, 토끼, 꿩, 자고새, 뇌조, 비스킷, 팬케이크, 메밀 팬케이크, 통밀 빵, 롤 케이크, 옥수수 빵, 옥수수 이삭을 삶은 것, 옥수수 콩 요리, 흰 강낭콩, 껍질 콩, 토마토, 완두콩, 감자, 고구마, 버터밀크, 달콤한 우유, 굳은 우유, 수박, 머스크멜론, 캔털루프 멜론—모두 정원에서 얻은 신선한 것들이었고, 사과파이, 복숭아 파이, 호박파이, 사과 경단, 복숭아 코블러—나머지는 기억나지 않는다.

그 농가는 매우 넓은 마당 가운데 있었고 마당은 세 면이 울타리로 둘러싸여 있었으며 그 뒷면에는 끝이 뾰족한 말뚝이 박혀 있었다. 이 반대편에는 훈제장이 있었고, 말뚝 너머에는 과수원이 있었고, 과수원 뒤에는 흑인구역과 담배밭이 있었다. 앞마당은 한 끝을 짧게 자른 통나무로 만들어진 계단으로 드나들 수 있었고, 어떤 문도 기억나지 않는다. 앞마당의 모퉁이에는 12그루의 높은 히코리 나무와 검은 호두나무가 있었고 열매를 줍는 시기에는 부자들이 모이곤 했다.

조금 밑에는 집 나란히 울타리 담장을 등지고 작은 통나무 오두막집이 있었다. 그리고 그곳엔 날렵하게 떨어진 숲이 우거진 언덕이 있었고, 헛간, 옥수수 창고, 마굿간, 담배건조장을 지나 자갈투성이의 바닥을 따라 굽어지고 안팎으로 이곳저곳으로 뛰노는 맑은 시내에는 튀어나와 있는 나뭇잎과 덩굴 그림자가 깊게 보였는데 이곳은 결혼식으로 신성한 장소였고, 또 출입이 금지된 탓에 우리가 더 많이 갔었던 수영장이 있었다. 우리는 크리스찬 아이들이었기 때문에 선악과에 대한 교훈을 빨리 배웠다.

모든 흑인들은 우리의 친구였고 그 흑인들 중 우리 또래의 아이들은 '실제로' 다 동료였다. 내가 쓰는 이 '실제로' 라는 말은 수정하기 위해 쓴 구절이다.(수정할 수 있다.) 우리는 동료였지만 또 아직 동료가 아니기도 했다. 두 무리가 의식하고 있고 완전한 융합을 불가능하게 한 피부 색깔과 겪어 온 배경은 우리들 사이에 미묘한 선을 끼워 넣었다.

학창시절에는 나는 노예에 대한 증오감이 없었다. 나는 그것이 잘못됐다는 것에 대한 인식이 없었다. 아무도 내 귀에 대고 취조하는 사람이 없었다. 지역 신문도 그것에 대해 아무런 말도 하지 않았다. 지역 설교단은 신께서 인정했다고 가르쳐 주었고 그것이 신성하지 않다고 의심하는 사람은 그의 마음을 다잡기 위해 성경을 보는 일밖에 할 수 없었다. 그리고 그 성경의 텍스트는 그 일을 확실히 매듭짓기 위해 우리에게 읽혀졌다. 만약에 노예들 자신이 스스로 노예를 싫어한다 해도 그들은 현명하게도 아무 말도 하지 않았다. Hannibal에서 우리는 학대받는 노예를 보곤 했지만 농장에서는 결코 그렇지 않았다.

하지만 내 소년 시절에 이 일을 건드는, 내게 있어 좋은 의미로 일어났었고, 내 기억에 명료하거나 날카롭지 않고 선명하지 않은 그림자 없는 그저 천천히 떠도는 몇 년 중 한 작은 사건이 있었다. 우리는 하니발의 누군가로부터 고용한 작은 노예 소년이 있었다. 그는 Maryland의 동쪽 해안 출신이고 그의 가족과 친구들로부터 떨어져 미국 대륙으로 건너와 팔리게 되었다. 그는 쾌활했고 순진하고 예의발랐으며, 또 아마도 유사이래 가장 시끄러운 생명체였을 것이다. 하루 종일 그는 노래를 불렀고 휘파람을 부르고 소리를 지르고 함성을 질렀으며 항상 웃었다. 그것은 나로 하여금 미치게 했고 파괴적이었으며 견딜 수 없는 것이었다. 결국 어느 날 나는 성질을 참지 못하고 화가 나서 엄마에게 Sandy가 한 시간 동안 조금도 쉬지 않고 노래를 부르고 있으며 나는 그것을 견딜 수 없었고 또 없을 것 같다고 말하며 엄마에게 그를 입 다물게 해달라고 빌었다. 그런데 엄마의 눈에서는 눈물이 나왔고 입술은 떨렸으며 이와 같은 말을 했다.

"불쌍한 것. 그가 노래를 부를 땐 그건 그는 과거를 기억하지 않는다는 것을 보여주는 것이고 그건 나를 편안하게 해. 하지만 그가 조용할 땐 그가 생각하고 있다는 것이 두려워지고 나는 그것을 참을 수 없단다. 그는 다시는 그의 어머니를 볼 수 없어. 만약 그가 노래를 할 수 있다면 나는 그것을 방해하지 않을 거란다. 오히려 감사하게 여길 뿐이지. 네가 나이를 먹으면 나를 이해하게 될 거야. 그리고는 저 친구가 없는 어린아이의 소음은 너를 기쁘게 하겠지."

그것은 간단한 연설이었고 작은 단어들로 만들어졌지만 그 연설은 집까지 왔고, Sandy의 소음이 더 이상 내게 아무 문제도 되지 않도록 만들었다. 엄마는 결코 큰 단어들을 사용하지 않았다. 엄마는 작은 것을 효과적인 것으로 만드는 선천적인 재능이 있었다.

나는 아직도 아주 정확하게 농장을 그려볼 수 있다. 나는 그것의 모든 소유물들과 세부적인 것까지도 볼 수 있다. 그 집의 거실, 한쪽 모퉁이에 있던 바퀴달린 침대와 다른 쪽의 물레―높고 낮은 소리를 내던, 멀리서 들려오던 내게 있어 어떤 소리보다 더 애절한, 그리고 향수병에 걸리게 만들고 의기소침하게 만들며 내 주변 공기를 떠돌아다니는 죽음의 영혼으로 채운―겨울 밤 번쩍이는 수액이 멈춘 그러나 낭비한 것이 아니라 우리가 벗겨서 먹었던 히코리 나무가 쌓여져 있던 넓은 벽난로, 게으른 고양이가 흩뿌려 놓았던 바닥 돌, 기둥에 기대어 눈을 깜빡이던 졸려 하던 개들, 뜨개질을 하며 한 굴뚝 모퉁이에 있던 내 숙모, 옥수수 숫대로 담배 피시던 다른 한쪽의 삼촌, 희미하게 춤추는 혓바닥 같은 불꽃들을 희미하게 비추는 매끈하고 카페트 없는, 천천히 여유롭게 죽어가며 터지는 석탄들이 만드는 검은 주근깨가 생긴 오크나무 바닥, 대여섯 명의 아이들이 뛰어 놀던 황혼의 배경, 사용하지 않지만 자신 있게 기다리고 있는 여기저기의 쪼개진 바닥의 의자, 락커, 요람, 추운 아침 바닥 돌을 차지하고 미루던 아이들의 셔츠와 슈미즈 드레스로의 파고듦. 그들은 차마 그 편안한 자리를 떠나 집과 부엌 사이 철 대야가 놓여있어 씻곤 했던 바람이 많이 부는 그 바닥에 갈 수 없었다.

앞 담장을 따라 여름의 먼지가 이는 시골길은 뱀에게 아주 좋은 장소였다. 그들은 그 안에 누워 햇볕을 쬐기를 좋아했다. 그것이 방울뱀이거나 독사라면 우리는 그것을 죽였다. 그것이 흑사거나 레이서거나 전설적인 후프 뱀의 새끼에 속하거나 하면 우리는 부끄럼 없이 놓아주었다. 그것이 집 뱀이거나 가터뱀이라면 우리는 그것을 집으로 가져와 숙모 Patsy의 일 바구니에 놀라기를 바라며 넣어놓곤 했다. 왜냐하면 숙모는 뱀에 대한 편견을 가지고 있었기 때문인데 숙모가 바구니를 무릎에 올려놓을 때마다 뱀들은 그것을 타고 올라가 그녀를 놀라게 했다.

나는 내가 12살이나 13살까지는 매년의 한 부분을 농장에서 보내곤 했다. 내 사촌들과 이끌었던 삶은 매력으로 가득 찼고 그래서 아직도 그 기억이 남아있다. 나는 근엄한 황혼과 깊은 숲의 신비로움, 땅 냄새, 희미한 야생화 냄새, 비에 적셔진 나뭇잎의 광택, 바람이 나무를 스칠 때 나는 달가닥거리는 아주 좋은 소리, 멀리서 들려오는 딱따구리의 나무 찧는 소리, 숲 저 멀리서 들려오는 꿩이 내는 아주 작은 드럼소리, 잔디밭을 총총거리는 당황하는 야생동물을 흘낏 본 잠깐의 기억. 나는 모든 것을 다 회상할 수 있고, 그 때의 것처럼 생생하게 만들 수 있으며 그 때처럼 신성했던 것으로 다시 떠올릴 수 있다.

(3) 사실적인 세부사항을 사용하라

사실적인 세부사항들과 삶의 세부사항들을 제공하는 것은 독자들의 감정에 호소하게 된다는 점에서 질적연구에서 중요하다. 세부적인 것이란 명확하고 구체적인 것인데 보여지고, 들려지고, 냄새로 맡아지고, 맛으로 느껴지는 방법처럼 감각과 관련이 깊다. 이러한 세부적 묘사는 우리가 알고 있는 대작가들인 호머, 단테, 셰익스피어 등의 글에서 아주 잘 구현되고 나타나는데 이러한 세부사항의 묘사 능력이 그들을 일반 작가와 구별해 주는 한 가지 기준이 된다. 때문에 질적연구자들은 현장관찰을 하거나 연구 참여자들과의 면담에서 그들이 하는 말들을 세심하게 듣고 기록할 필요가 있다. 그들이 하는 말, 표현, 설명은 그 현장과 경험을 가장 잘 드러낼 수 있는 구체적 증거이기 때문이다. 그리고 이러한 세부 사항들을 중심으로 글이 만들어지면 독자에게 다양한 감정을 만들어 내고 그 글이 과연 진실인가, 진정성이 있는가, 권위가 있는가, 사실적인가를 평가하는 데 중요한 역할을 한다.

예 The Pine Barrens

부엌으로 가는 출입구 근처 등받이가 수직인 의자에 검은 장발 머리를 한 젊은 남자가 앉아 있었다. 그는 세월의 흔적을 느낄 수 있는 빨간색 가죽의 챙 달린 모자를 쓰고 있었다. 그는 거친 조직 느낌의 셔츠를 입고 있었고 셔츠의 V 라인을 따라 난 구멍들은 가죽 끈으로 묶여 있었다. 또한 캔버스 소재의 바지와 함께 장화를 신고 있었다. 그는 팔짱을 끼고 다리를 쭉 편 채 한 다리를 다른 다리 위에 올려놓았다. 그는 그 의자에 앉아 마치 그의 발끝을 총의 가늠자로 여기고 바닥에 있는 어떠한 목표물을 보는 것처럼 그의 발 너머로 주의 깊게 무언가를 쳐다보았다. 나는 들어가면서 그에게 인사를 했지만 그는 쳐다보지 않은 채 고개를 끄덕였다. 그는 길고 반듯한 콧날과 어쩌면 수척해 보일 수도 있는 짙게 그을린 얼굴에 툭 튀어나온 광대뼈를 가지고 있었다. 나는 그가 수줍어하는 건지 아니면 냉담한 건지 알 수가 없었다.

(4) 설명하지 말고 보여주어라

창의적인 논픽션 글쓰기에서 중요한 방법은 말하지 말고 보여주기이다. 이는 저자가 어떤 대상이나 주제에 대하여 제3자로서 설명을 하거나 아니면 자신의 관점이나 입장에서 재해석하여 글을 쓰는 방법을 말한다. 이 방법에 비하여 보여주는 글쓰기는 저자의 요약이나 해석 또는 가감 없이 있는 그대로를 제시해 주는 글쓰기이다. 다음은 그러한 방법을 잘 드러낸 예이다.

예

설명하는 글쓰기

여자인 Debbie는 아주 완고하고 완전히 독립적인 사람으로 항상 그녀의 부모님들이 그녀를 순응하게 하려는 노력에도 불구하고 그녀는 자기 마음대로 하였다. 그녀의 아버지는 의류회사 간부로서 그의 가족들이 모두 럭셔리하고 편안하게 할 수 있는 여유가 있었다. 그러나 Debbie는 그녀 가족들의 풍요로움에 무관심했다.(p.76)

보여주는 글쓰기

Debbi

어느 날 데비는 율리시즈 복사본 한 권을 집으로 가져왔다. 그녀의 어머니인 스트럼 부인은 그 책을 '불결한 것' 이라 부르며 일광욕실 건너로 던져버렸다. 데비는 마루에 무릎을 꿇고 그녀가 교체한 책갈피를 줍고 있었다.

"아니, 그렇지 않아." 그녀는 말했다.

"넌 아직 성숙하지 않아서 내가 간섭해야 해!" 그녀의 어머니는 데비에게 다시 한 번 알려주었다.

그녀의 아버지인 스트럼 씨는 기대 의류기업인 레디웨이의 주식중개인을 관리하는 일을 했다. 그는 본인의 수입뿐 아니라 회사경비로 가족들이 누리는 것을 뿌듯해했다. 지난 여름 가족들은 벨기에에 있는 미국 공동묘지와 겐트성의 고문실을 관광했고 그는 가족들의 벨기에 여행을 회사에 해명했다. 하지만 이런 것에 전혀 감사해하지 않는 데비는 호텔에서 몸을 웅크린 채 여행의 나머지 시간을 몇몇 시인들의 시를 묶은 다 낡은 복사본 시집과 함께 보냈다.

이 글에서뿐만 아니라 다른 창작과정에서 보여주기와 말해주기의 차이점과 그 효과에 대한 논의가 한창이라는 점에서 저자는 Caulley의 글에 이 분야의 대표적인 글쓰기를 논의한 학자의 글을 첨부한다. 이 글에서에서 좋은 글, 인상적인 소설이 갖추어야 하는 가장 중요한 요소로서 저자가 말하는 대신에 보여주는 글을 쓰라는 교훈이다. 그러한 요령은 Planery O' Conner의 "소설 쓰기는 어떤 것을 말해주는 일이라기보다는 보여주는 일이다" 이거나 『앵무새 죽이기』에서 화자 스카우트가 아버지 애티커스 핀치를 좋은 사람이라고 말하는 부분은 없다. 그러나 소설을 읽는 내내 우리는 그가 좋은 사람이라는 것을 알게 되는 것과 비슷하다.

다음의 예 역시 보여주기와 말해주기의 차이점을 잘 드러내고 있다.

1. 모든 이들이 즐거운 시간을 보냈다.

2. 늙은이들은 조그마한 아이들과 춤을 추고 있었다. 어린 소년들은 누나나 여동생들과 춤을 추었고, 흥겨움을 표현하는 몸짓에 눈살을 찌푸리는 교회 여신도들도 발끝으로 톡톡 장단을 맞추었다. 누군가 사탕수수 술 한 병을 펀치에 부어버렸기 때문에, 흑맥주보다 더 독한 음료는 절대 마시지 않는 여자들은 물론 한 잔하려고 슬그머니 뒷문으로 빠져나가던 남자들도 취해서 비틀거렸다. 한 꼬마가 빅터 축음기 옆에 서서 손잡이를 돌리며 버트 윌리엄스의 「날 위해 한 잔만 남겨주오」 노래소리에 미소 짓고 있었다.

1번은 간결한 한 문장으로 된 글이며, 2번은 토니 모리슨의 소설 『술라』의 한 문단이다. 여기서 독자로서 앞의 두 묘사 중 어떤 것이 더 마음에 와 닿는가? 분명히 후자를 선택할 것이다. 지나친 간결함은 작가와 독자를 만족시키지 못한다. 평범한 독자라면 작가의 노력과 정성이 담긴 글을 더 좋아하기 마련이다. 보여주기와 말해주기의 차이는 단순히 길이에만 있는 것은 아니다. 보여주기를 하면 독자가 이미지에 대해 듣기보다는 느낄 수 있는 것이다. 말해주기가 보고서를 읽는 것이라면 보여주기는 직접 겪고 느낀 감정을 느낀 것이라는 차이가 있다. 첫 번째 예문은 말해주고 있으며, 두 번째 예문은 보여주고 있다. 모리슨의 글에 등장하는 모든 인물들이 즐거운 시간을 보내고 있음을 알 수 있다. 그들이 즐거워하는 것을 우리가 볼 수 있기 때문이다. 말해주기보다 보여주기는 작가로서 당신이 부려야만 하는 마술의 일부분이며 사실 그것이 가장 핵심적인 부분이다. 독자가 당신의 이야기나 소설을 꼼꼼히 다 읽고 나서 그 안의 인물과 배경, 상황이 모두 대단히 자연스러워서 필연적일 수밖에 없었다는 느낌을 안고 책을 덮을 수 있어야 한다. 바느질로 비유한다면, 당신이 많은 이미지들을 이을 때 그 이음새가 절대로 도드라지지 않게 꿰매야 하는 것이다.

이것을 성공적으로 해내는 가장 효과적인 방법은 독자가 이미지에 대해 듣기보다는 경험하도록 만드는 것이다. 단순히 보고받기보다는 그 이미지를 느낄 수 있어야 한다. 일본의 히로시마에 원자폭탄이 투하된 사건을 다룬 이부세 마스지의 소설 『검은 비』에는 '도시는 폭탄의 폭발로 엄청난 피해를 입었다.' 라는 문장은 보이지 않는다. 그러나 다음과 같은 문단은 볼 수 있다.

예 소설 『검은 비』

불에 탄 피해 지역으로 들어서자, 길바닥에 유리 조각이 햇빛에 반사되어 얼굴을 똑바로 들고 걸을 수가 없었다. 시체 썩는 냄새는 어제보다 조금 약해졌으나 집들이 무너져 기왓장이 산더미처럼 쌓인 곳에는 악취가 진동하고 파리들이 새까맣게 떼 지어 붙어 있었다. 거리를 정리하고 잔해를 치우던 구호반에는 후속부대가 보충된 듯했다. 색은 바랬지만 아직 땀과 오물로 얼룩지지 않은 구호복을 입은 사람들이 섞여 있었다.

작가 마스지는 폭발로 인한 피해를 소설 전반에 걸쳐 여러 디테일을 보여주어 독자에게 단단히 각인시킨다. 단도직입적으로 말해서 두 번째 예문이 엄청나게 더 좋은 글이다. 말해주기 대신에 보여주기 때문이 아니라, 보여주기와 말해주기 두 가지를 다 하고 있기 때문이다.

예 소설 『자비의 책』

말해주는 글쓰기

잠재적인 위험과 질책을 받을 가능성에도 불구하고 그가 소방관이 되기로 결정한 한 가지 이유는 소방복 때문이었다. 그의 어머니 또한 그 제복이 멋지다고 생각했다. 그러나 그의 아버지는 그의 결정에 전적으로 반대했다.

보여주는 글쓰기

그는 소방관에 관한 거라면 뭐든지 다 좋았다. 흥분, 위험, 영웅이 될 수 있는 기회, 푸른색 제복, 어두운 모직으로 된, 바지의 양쪽 가운데에 칼처럼 주름이 잡힌 바지, 에나멜가죽으로 만든 모자챙은 쓴 사람의 얼굴이 비칠 정도였다. "정말 멋지구나." 그의 어머니가 말했다. 그의 아버지의 눈에는 분노와 실망이 차올랐다. 그는 바닥에 침을 뱉었다.

(5) 대화를 그대로 인용하라

창의적인 논픽션 작가가 될 수 있는 또 다른 방법은 대화를 그대로 제시하는 길이다. 대화를 의역하는 것 또는 요약하여 설명하는 것보다는 사람들이 일상적인 삶에서 말하였던 그대로의 원문을 제공하는 방법은 창의적 논픽션을 만드는 또 다른 방법이다. 원문의 대화를 변형시키지 않고 그대로 재현하는 것은 참여자들의 행동과 특징들이 무엇인지를 더욱 현장감 있게 전달하는 데 효과적이다. 아울러 그 대화들을 읽는 독자들은 그 대화들이 일어나고 있는 현장에 자신이 있다는 생각을 할 수 있다. 이를 통하여 생생함, 실제감, 현장감이 살아난다.

예 '당일치기'라는 별명을 가진 한 미국 해병대 군인

'당일치기'는 베트남에서의 특파원은 거기에 있어야 한다고 당연히 생각했다. 그가 배웠을 때에는 나는 여기에 오라고 요청했고 그는 거의 복숭아들을 땅 위

에 놓게 하였다.

"음...음...주스는 1분 동안 달려있다."그는 말했다. "당신은 여기에 있지 않다는 것을 의미하느냐? 당신은 여기에 있지요? 나는 고개를 끄덕였다.

"글쎄, 그들은 너의 약간의 거친 빵에 대해서 지불을 할 것이다."

"당신은 내가 네에게 말했다면 의기소침했을 것이다."

그는 머리를 흔들었다.

"쓸데없는 소리 마" 메이휴는 말했다.

"당일치기 해병대는 그것을 사랑한다. 그는 지금 짧다. 그러나 그는 돌아오고 있으며, 당일치기 해병대가 아니냐?"

"제기랄, 엄마는 여기에 올 것이고 내가 오기 전에 투어를 끌 것이다."

4명 이상의 해병이 구덩이에 빠졌다.

"어디에 이반이 있는가?" 메이휴는 요구했다.

"너희들 중에서 이반을 아는가?" 그는 말했다.

박격포병 중의 한 명이 해외에서 왔다.

"이반은 베트남 다낭에 있다."그는 말했다. "그는 자그마한 관심을 다른 밤에 가졌다."

"지난 밤에?" 메이휴는 말했다. "이반은 상처를 입었는가?"

"그는 상처가 악화되었는가?" 해병은 말했다.

"그는 약간의 물건을 다리에서 꺼냈다. 아무것도 부서진 것이 없다. 그는 10일 이내에 돌아올 것이다."

"그렇게 나쁘지 않다. 그러면" 해병은 말했다.

"아니" 메이휴는 말했다. "그러나 10일에는, 안한 것보다는 낫다."

창의적인 논픽션 마무리하기

질적연구에서의 결말은 시작처럼 창의적이고 매력적이어야 한다. 그러한 결말은 독자들을 일련의 충격과 놀라움을 느끼게 해주는 그런 방식으로 일어나야 한다. 그래서 끝나지 않을 것 같았으나 갑자기 끝나버린, 언젠가는 끝날 것을 기대하였지만 바로 지금이 그 끝날 시간이 아니었다고 생각하게 할 만큼 예견되었지만 너무 갑작스런 안타까움을 불러일으키는 그런 사건이어야 한다. 이는 마치 한 연극배우가 연극무대에서 이야기를 하고 있는데 갑자기 불이 꺼지면서 연극무대의 커튼이 모두 가려지는 그러한 순간과 비슷하다. 우리는 그 사건의 갑작스러움에 약간 놀라면서도 그 기민함과 예기치 못함에 기쁨을 갖게 되기도 한다. 그러나 모든 것이 안타깝지만 저자가 이야기하려고 하는 많은 내용을 모두 안 상태여서 안도감을 느낀다.

그리고 그러한 결말은 전통적으로 우리가 사용하는 방법들(그래서 결론은, 이 주제와 관련하여 우리가 제안할 수 있는 세 가지 이유는 … 우리는 무엇을 어떻게 해야 한다. … 등) 대신에 미묘한 결말 글쓰기를 고려하는 것이 낫다. 이와 관련하여 고려할 수 있는 방법에는 다음과 같은 예들이 있다.

(1) 인사하지 않고 그냥 버스를 타고 돌아갔다.
(2) "글쎄. 그래 다음에 만나." 나는 말하였다. 그러자 그녀는 "아마도."라고 대답하였다.
(3) 아마도 그 일을 하게 되겠지.

이러한 방법 이외에도 다음과 같은 방법이 있다.

다른 저자의 글이나 말의 한 부분을 빌려오는 방법이다. 이 방법에는 다른 사람의 글의 끝부분을 인용하는 방법과 단순히 다른 사람의 글의 일부분을 빌려오는 방법이 있다.

다른 사람의 글의 끝을 인용하는 방법

창의적인 논픽션은 매력적인 사업이다. 이 사업은 글쓰기를 통해 세상의 진실을 알리려고 하며 이 글은 즉시 사실을 바탕으로 함과 동시에 문학적인 것이 된다. 창의적인 논픽션을 쓰기 위해서는 리포터의 진실을 파헤치려는 마음, 사진가의 디테일을 포착하는 눈, 역사가의 문서 감각, 시인의 언어에 대한 열정, 작가의 이야기를 풀어가는 감각, 탐정의 진실을 감지하는 능력, 여행사 직원의 여행 일정을 정리하는 능력, 현명하게 어느 정도 사전숙고하는 것, 위험을 감수할 수 있는 약간의 용기, 펜과 종이, 약간의 운을 필요로 한다. (Forche & Gerard, 2001, p.4)

단순한 인용으로 끝맺는 방법

저자는 설득, 묘사, 발현, 스토리텔링, 탐험의 가치들이 바로 자신이 글을 쓰는 이유라는 것을 기억해야 한다. 저자는 무언가 중요한 할 얘기가 있고 글의 관점에 핵심적인 초기의 직감은 지켜져야 함을 자기 자신에게 상기시켜야 한다. (Bloom, 1997, p.43-44)

추천하는 방법

그 주제와 관련하여 독자가 알아야 하는 내용을 담고 있는 자료나 책 또는 선언들을 제시하는 방법이다. 창의적인 논픽션을 쓰는 글의 결론의 한 방법으로는 이 분야의 대표적인 저서를 마지막 결론으로서 추천하는 방법이 있다.

3. Goodall의 내러티브적 글쓰기 가이드

이 글에서는 Goodall이 제시한 효과적인 질적 글쓰기의 전략에 대하여 살펴보고자 한다. 그는 다양한 질적연구의 글쓰기 방법 중에서 특히 내러티브적 글쓰기와 관련된 구체적인 제안을 하고 있다는 점에서 내러티브를 활용한 질적 글쓰기에 관심이 있는 독자들은 그의 가이드가 도움이 될 것으로 생각한다. 그는 그의 책, 『Writing Qualitative Inquiry』에서 내러티브적 질적 글쓰기의 전략으로서 '재현(Representation)', '성찰(Reflection)', '장면에서의 의미(Riting in scenes)', '연구(Research)', '글읽기(Reading)'의 다섯 가지 요소를 제시하고 있다. 이 글에서는 우선 '창의적 내러티브 글쓰기'의 의미를 살펴보고 이러한 글쓰기를 하기 위해 유념해야 할 전략을 살펴보겠다.

특히 그는 질적연구의 글쓰기 방식으로서 창의적 논픽션의 전략을 소개하고 있는데 그에 따르면 사회과학의 연구 결과를 작성하는 과정에서 기존의 객관적 정보 전달의 가치를 추구하는 정형적 글쓰기 방식을 탈피하여 시나 소설 같은 문학작품에 사용되는 수사적 기법들을 사용하여 독자에게 좀 더 다가갈 수 있는 텍스트 생산을 목표로 하는 글쓰기이다. 따라서 이러한 새로운 글쓰기는 1960년대 후반에서 1970년대 미국에서 일어난 신저널리즘 글쓰기와 그 맥락을 같이한다. 이에 기존의 객관성과 중립성이라는 준거에 의문을 던지며 상투적이고 틀에 박힌 르포르타주(Reportage)적 글쓰기에서 벗어나 대상을 좀 더 깊이 파고들어 심도 깊게 다루면서 문학의 글쓰기 형식을 빌어 독자에게 좀 더 다가가는 이야기를 만들고자 하는 장르적 목적과 유사하다. 그에 따르면 이러한 글쓰기를 한다면 질적연구에서는 '일반적으로 시나 소설의 저자들이 사용하는 장면, 대화, 밀착 묘사와 같은 이미지를 만들 수 있어서 보다 드라마틱하고 진실된 이야기의 구성이 가능하다. 이에 창의적 논픽션은 '허구(Fiction)'가 아닌 '현실(Nonfiction)'을 '문학'의 형식으로 전달함으로써 이전의 글들이 가질 수 없었던 힘, '독자의 공감', '감정이입' 등과 같은 힘을 강조할 수 있을 것이다.

(1) 저자의 생각과 위치를 드러내어 표현하라

Goodall이 제시한 첫 번째 전략은 글 속에 저자의 생각과 위치를 드러내어 독자들이 이를 알 수 있도록 하라는 것이다. 저자가 독자에게 전달하고자 하는 대상은 언제나 시간적으로 지나간 과거이다. 그렇기에 독자가 그 시간, 그 장소에서 그 사건을 직접 확인할 수 없다. 독자가 확인할 수 있는 것은 오직 저자에 의해 언어로 구성된 텍스트 속의 재현(representation)이다. 하지만 이때의 재현이란 동일한 사건의 복사물이 아니다. 물론 재현 안에 등장하는 사람들이나 사건들은 실재하는 것이지만 그 사건 혹은 인물은 저자에 의해 재구성된다. 그 과정에서 어떤 언어를 선정하고 사용하게 된다. 그리고 그러한 사용의 저변에는 그 사용에 대한 저자의 관점과 생각이 존재한다. 즉 저자의 생각과 관점은 재현과 글쓰기에 때로는 명시적으로 때로는 암시적으로 기명된다.

그러한 점에서 글쓴이가 명심해야 할 첫 번째 전략은 어떤 대상 묘사에 대한 자신의 생각 또는 개념이 무엇을 뜻하는 것인지를 확실히 드러내는 일 또는 그러한 대상(주제)에 대한 자신의 관점이 무엇이었는지를 숨기기보다는 명료하게 설명하는 것이다. 이 전략은 어떤 점에서는 더 정직하고 솔직하며 설득적인 역할을 한다. 특히 언어는 중립적이지 않고 다양한 의미를 포함하고 있기 때문에 저자가 자신이 선정한 언어의 의미가 무엇인지를 확실하게 설명하는 일은 독자의 이해에 중요한 기여를 한다. 그 예로서 '검다' 는 의미를 가진 여러 가지 단어가 존재한다. '검다' , '거무스름하다' , '새카맣다' 등은 모두 검은색을 표현하는 것이지만 그 뜻은 완전하게 같지 않은 것과 같다. 저자는 여러 후보 용어들 중에서 하나를 선택한다. 물론 이러한 선택 속에는 저자의 주관이 포함된다. 관점에 있어서도 마찬가지이다. 관점이란 우리가 어떠한 현실을 바라보고 판단하는 인식의 틀이다. 우리는 태어나고 자라고 교육받는 과정을 거치며 하나의 삶의 방식이나 인식의 방식을 터득한다. 그리고 관점은 이러한 과정을 통해 형성된다. 그러니 관점이라는 것은 소위 말하는 객관적인 어떤 것이 될 수 없다. 관점 속에는 저자의 과거를 통해서 형성된 가치관이 투영되어 있다. 그런 면에서 중립적인 화자는 존재하지 않으며 완전한 관점 역시 존재하지 않는다.

따라서 언어의 다의성과 저자의 숨겨진 선택적 관점의 특징을 고려한다면 언어와 관점에 의하여 야기될 수 있는 문제들을 해결하기 위한 방법으로서 '드러내기' 적 글쓰기가 요구된다고 하겠다. 이를 통하여 저자는 특정 언어의 사용에 관한 작가의 생각이나 참여자 혹은 그 밖의 텍스트를 구성하는 데 참여한 사람들의 생각을 텍스트 속에 포함시키거나 나아가 작가의 관점을 독자가 알 수 있도록 하는 내용을 텍스트에 포함시켜 드러냄으로써 독자들에게 그것과 관련된 정보를 알려주는 것이다.

그 예로서 저자는 '나는 보수적인 가치관을 가진 공립 초등학교 교사의 입장으로 이 글을 쓴다.' 와 같이 직접적으로 자신의 위치를 드러낼 수도 있고 혹은 '나의 아버지는 오랫동안 공무원의 길을 걸으셨고 어머니는 전업주부셨다. 나는 아버지의 영향을 많이 받고 성장하여 지금은 공립 초등학교의 교사로 근무하고 있는 중이다.' 처럼 작가의 관점을 독자가 짐작할 수 있는 내용을 텍스트에 포함시키는 방법도 있다. 이를 통해 독자는 언어의 의미와 저자의 위치를 알게 됨으로써 이와 관련된 관점을 알 수 있다. 그렇다면 이러한 전략이 실제 글쓰기에서 어떻게 나타날 수 있는지 예를 통해 살펴보자. 다음은 이러한 전략이 사용된 Robin M. Boylorn의 글의 도입부이다.

예 색맹(Colorblind)

한 밤이 아침으로 떨어진다.
낮별이 하루 안을 표류한다.
(중략)
그리고 다른 것들이 시작된다.
여기서, 이를 통해서
내가 서 있는 곳
내가 앉아있는 곳
내가 숨쉬는 곳
내가 들어가는 곳
여기,
색이 모든 것이다.
그것이 가치를 결정한다.
책임
숙명
나
그것이 나를 규정한다.
검은색
여성
소울 차일드이고
신비롭고
검은 눈에
아름다운
갈색 피부의 여자아이
힘없고
상처받기 쉽고
도움을 줄 수 없는

위에서 볼 수 있듯이 저자는 시의 형식을 통해 자신의 입장을 '드러내고' 있다. 우리는 위의 시를 통해 저자가 여성이고 흑인이며 미국에 살고 있다는 것을 알 수 있다. 독자의 입장에서 좀 더 나아가 본다면, 저자는 소위 말하는 흑인 문화 속에서 살아왔고 아직도 그 속에 있음을 알 수 있고 자신의 사회적 위치로 인해 상처받는 일이 많은 약자로서의 삶을 살아왔음을 짐작해 볼 수 있다. 그렇다면 이런 '드러내기' 전략을 통해서 우리는 저자가 왜 그러한 텍스트를 그러한 방식으로 만들어 냈는지, 저자와 텍스트의 숨겨진 일련의 연결고리를 이해하게 되며 그러한 이해는 텍스트와 텍스트의 결말이 왜 그렇게 나타났는지를 이해할 수 있는 좋은 배경 지식으로서 작용한다. 교사의 꾸지람에 이유를 말하는 학생의 행동은 보기에 따라 말대꾸로 보일 수도 있고 당당한 모습으로 보일 수도 있다. '누가' 보는가에 따라 '문제행동' 도 달라지며 그 행동의 의미도 달라질 수 있다.

(2) 호소적인 이야기를 구성하는 데 필요한 요소를 포함시켜라

두 번째로 제안하는 전략은 내러티브를 호소적으로 만드는 요소들을 포함시켜 좀 더 독자에게 다가갈 수 있는 텍스트를 구성하라는 것이다. 성공적인 내러티브 글쓰기를 위해서는 무엇보다 독자의 흥미를 끌 수 있는 이야기를 찾는 것이 중요하지만 그에 못지않게 이야기를 매력적으로 구성하여 독자를 이야기 속으로 끌어들이는 것도 중요하다. 그렇다면 그런 호소적인 이야기를 구성하는 요소들은 무엇인가. 여기에서는 크게 네 가지 요소를 소개하겠다.

첫째, '갈등(conflict)' 이다. 흥미를 끄는 이야기는 기본적으로 갈등구조를 통해 형성된다. '선과 악' , '주인공과 경쟁자' , '찾는 사람과 감추려는 사람' 등과 같은 갈등은 소설이나 영화 속에서 우리가 일상적으로 접할 수 있는 것이다. 우리는 이러한 이야기 속의 갈등을 통해 이야기 속에 빨려 들어가게 되고 손에 땀을 쥐고 이들의 대립을 지켜보게 된다. 둘째, 이야기와 예상되는 독자 사이의 '관련성(connection)' 이다. 독자들은 자신과 관련이 있는 이야기에 관심을 가진다. 자신과 닮은 주인공, 자신이 겪은 것과 비슷한 이야기, 심지어 자신이 생각하는 이상적인 이성이 등장하는 이야기조차 독자의 관심을 불러일으킨다. 우리는 이야기 속에 이러한 요소를 삽입함으로써 독자와 텍스트 사이의 '관련성' 을 확보하여 독자에게 좀 더 다가가는 텍스트를 구성할 수 있다. 셋째, 독자의 호기심을 지속적으로 유지할 수 있는 장치가 텍스트 속에 있어야 한다(continuing curiosity). 당연한 이야기겠지만 한두 장면의 흥미로운 사건으로 이야기 전체를 흥미롭게 유지할 수 없다. 독자는 그러한 장면을 찾아내기 위해 한 권의 책을 처음부터 끝까지 찬찬히 인내심을 가지고 살펴보지 않는다. 그렇다면 글 전체를 통하여 독자의 호기심을 지속적으로 붙잡고 있을 수 있는 문학적 장치가 필요하다. 마지막으로, 텍스트의 마지막 결론이 독자를 만족시킬 수 있어야 한다(climactic satisfaction). 아무리 좋은 글이라도 결말에서 이야기가 흐지부지되거나 혹은 결론이 독자를 만족시킬 수 없는 시시한 것이라면 그 텍스트 전체가 그러한 것이 되어 버린다. 그렇다면 다음 예에서 그러한 요소들을 찾아보기로 하자.

> Harrold Lloyd Goodall, Sr.는 1976년 3월 12일 밤 53세의 나이로 Virginia 혹은 Maryland에서 죽었다. 어머니는 그가 Maryland의 Hagerstown에 있는 그의 집 침대에서 죽었다고 말했지만 사회보장장애보험의 내용에는 그가 Virginia의 어딘가에서 죽었다는 듯이 나와 있었다.
>
> 나는 그가 집에서 죽었다는 것도 의심스러웠다.
>
> 어머니는 부검도 요청했었다고 말했다. 왜냐하면 그가 죽기 3일전 쯤 그가 독한 감기가 걸렸다고 말했고 며칠 쉬면 된다고 말한 적이 있기 때문이다. 제대군인관리국 병원에서 만난 한 의사가 그에게 그렇게 조언했다 한다. 하지만 어머니는 그 의사의 이름을 기억해내지 못했고 병원의 3월 기록에서도 그의 예약 기록을 찾을 수 없었다.
>
> 나는 그의 부검보고서도 보지 못했다. 일 년이 지나 그의 기일이 다가올 무렵 어머니는 당신이 정부로부터 들은 이야기를 해 주었다. 그것은 그가 폐에 생긴 '다중 출혈성 종양' 으로 사망했다는 것이다. 그때는 한창 뉴스에서 재향군인병으로 인해 몇몇의 재향군인들이 사망했다는 이야기가 나올 무렵이었다. 그리고 그 재향군인들 역시 폐에 다중 출혈성 종양이 있었다. 어머니는 정부에서도 아버지가 재향군인병으로 죽었다고 생각하고 있다고 말했다.
>
> 그것은 사실일 수도 아닐 수도 있다.
>
> 어머니는 그녀에게 이러한 정보를 주었던 정부의 편지를 한 번도 보여준 적이 없다. 어머니는 편지를 버렸다고 말했다. 만약 처음부터 그런 편지가 있었다면 그렇게 했을 것이라 생각한다. 하지만 1977년 3월 그때 아버지의 죽음보다 내가 쫓지 않았던 아버지의 삶과 관련된 진실에 대한 생각들이 나를 깨어나게 했다.
>
> 그는 비밀스런 삶을 살았다. 심지어 죽음도 그랬다. 그리고 어머니는 그의 비밀을 지켰다.

위의 이야기에는 아버지의 삶과 죽음의 진실에 대한 나와 어머니의 '갈등' 이 나타나 있다. 또한 '사랑하는 사람의 죽음' 이라는 요소는 이와 비슷한 일을 겪었을 독자들과 텍스트 사이의 연관성을 만들어 준다. 글 속에 등장하는 미스터리적인 요소들은 독자들의 호기심을 자극하며 글 전체에 걸쳐 그들을 붙잡아 둔다. 그렇다면 '만족스러운 결말' 이라는 요소를 어떻게 텍스트에 포함시켰는지 살펴보자. 다음은 이 글의 결론이다.

> 아버지와 어머니는 그 전에 내가 그들에게 주었던 것보다 더 나은 결말을 가지게 되었다. 내가 마침내 그들의 삶을 떠나보냈다고 생각했을 때, 내가 나 자신을 그들의 이야기로부터 자유롭게 하였다고 생각했을 때, 그때는 그들이 내게 준 거대한 선물을 알 수 없었다. 그 선물이란 역사를 매우 인간적인 측면에서 이해하는 것이었다.
>
> 그것이 없었다면 나는 그들의 이야기, 그들의 사랑, 조국, 비밀 그리고 가족에 대한 오래전부터 이어져온 이야기를 이곳으로 가져올 수 없었을 것이다.
>
> 우리는 자유로운 삶과 행복과 번영의 문화를 펼치는 민주적 형태의 자유롭고 열린 사회의 세계시민을 보여주어야 한다. 공포와 불공평한 국가를 이룩해선 안 된다. 우리가 이러한 가치들을 공공 외교의 캠페인 속에 포함시킬 수 없다면 우리는 실패할 것이다.
>
> 나의 아버지는 Gatsby가 옳았던 것으로 밝혀졌다고 말했다.
>
> 그것은 희망적이다. 하지만 그러한 결말은 아직 쓰이지 않았다.
>
> 아버지, 편히 잠드세요. 어머니, 편히 잠드세요.
>
> 내가 그들의 이야기들로부터 물려받은 것. 그 속에는 여전히 해야 할 많은 것들이 남아있다.

이 글의 마지막에서는 냉전과 현재 우리의 실생활의 연관성과 국제적 정치상황이 우리의 가정과 어떻게 연관되는지 일깨워 주며 우리의 국가와 우리의 삶이 어때야 하는지에 대한 시사점을 던지며 글을 마무리하고 있다.

(3) 글 전체를 체계화하는 틀을 만들어라(주제어 또는 중요 은유 생성)

세 번째 제안은 글의 도입부에서 '틀 만들기(framing)' 를 하라는 것이다. 틀 만들기란 텍스트 속의 이야기들을 하나의 큰 이야기로 묶을 수 있는 '틀' 을 구성하는 것이다. 우리가 알다시피, 영화 혹은 소설 속에는 여러 개의 작은 이야기들이 존재한다. 그럼에도 불구하고 우리가 그 이야기들의 묶음을 큰 하나의 이야기로 받아들일 수 있는 것은 그러한 이야기들이 '틀' 이 되는 하나의 큰 이야기 속에서 전개되고 있기 때문이다. '내러티브 글쓰기' 에 있어서도 이러한 '틀 만들기' 전략은 유효하다. 내러티브 글쓰기에서 '틀 만들기'는 하나의 큰 '틀' 안에서 이야기를 전개시킴으로써 독자가 단편적인 이야기가 아닌 하나의 큰 이야기를 쫓아갈 수 있게 도와주어 그들이 연구의 결과를 좀 더 잘 이해할 수 있도록 돕는다. 이러한 측면에서 '틀 만들기'는 글의 도입부에서 구체적으로 독자에게 전달되는 것이 효과적이다. 예를 들어 사회과학 논문 같은 경우는 그 논문의 초록에서부터 사용되어야 할 것이다.

그렇다면 여기서 이러한 '틀'로 사용될 수 있는 방법을 몇 가지 살펴보자. 우선, '한 단어 설명하기' 방식을 사용할 수 있다. 이 방법은 현재는 잘 사용하지 않아 일반 사람들에게는 조금 낯선 단어나 문장을 제시하고 이것을 설명하거나 그 역사적인 사용의 흐름을 쫓으며 이야기를 전개하는 것이다. 다음은 William Safire가 *The New York Times*에 연재하는 칼럼인 'On Language'에 소개된 'Hotting Up'이라는 글의 도입부이다.

> 그리고, 뜨거웠던 것들이 차가워졌다.(And the hotties are cool)
>
> The Financial Times의 첫 장의 머리기사는 놀라웠다. "머독은 말 그대로 Dow Jones사가 뜨겁게 달군 '베이징 고두(베이징에서 굽신거림)'를 부정했다.(Murdoch denies Beijing kowtow as Dow Jones rhetoric hots up.)"

위의 도입부에서 언급되는 단어는 'hotties'이다. 이후 Safire는 1923년 작가인 P. G. Wodehouse가 처음으로 ' hots up'을 사용한 것을 보여주고 여기서부터 현재까지 그것의 정치적 사용과 변화를 두서없이 따라 내려가며 이야기를 흥미롭게 이어간다. 그리고 'hotties'에 대해 설명하는데, 그는 'hotties'가 발을 데우기 위해 사용하는 붉은 고무로 만든 병과 관련 있다고 설명한다. 이것은 뜨거운 물을 채워서 사용하며 그 병의 고개가 숙여질 때마다(kowtow) 물이 흘러내린다. 이러한 설명이 'kowtow(고개를 조아림)'라는 단어를 또다시 사용한 것에 대한 변명하기에 급급한 Rupert Murdoch에 대한 암시임을 굳이 설명할 필요가 있을까? 이후 그는 생뚱맞게 'hotties'가 성과 관련된 신체적 매력을 표현하는 유일한 단어일지도 모른다고 이야기한다. 하지만 생뚱맞아 보이는 그의 설명은 이후 자연스럽게 힙합 가수인 Kool Moe Dee의 'hotties'에 대한 언급으로 이어진다. Kool Moe Dee는 그 단어를 오래된 흑인들의 비속어와 연관시켜 이야기하였다. 그에 말에 따르면 그 단어는 너무 진부한 비속어라서 백인들이나 '다 괜찮다'는 뜻으로 사용한다는 것이다. Safire는 이 속어를 잘 쓰는 영국인에게 수사적 표현을 덧붙이는 것으로 그의 논의를 마무리한다. 이러한 마무리는 겉으로 보기에는 Wodehouse에 대한 헌사처럼 보이지만 틀을 만드는 장치로서 그 뜻을 완전히 이해해 본다면 실제로 그것은

Dow John사를 인수하기 위한 시도가 좌절된 Rupert Murdock과 정치적으로 교묘하게 연관되어 있다. Safire의 세계에서 그것은 '다 괜찮다' 는 것을 의미한다.

둘째로 은유로서의 '이미지를 사용한 틀' 을 들 수 있다. 이것은 연구된 내러티브를 나타낼 수 있는 은유적 이미지를 제시하고 전체 내러티브를 이러한 은유적 이미지와 연계하여 전개하는 것이다. 이를 통해 독자는 전체의 내러티브를 저자가 제시한 은유적 이미지와 관련 지어 가면서 받아들일 수 있다. 다음은 9·11 사태 이후의 미국인의 삶에 대한 내러티브의 도입부이다.

> World Trade Center가 비행기에 부딪혀 물결치며 무너지는 뉴스가 나올 때, 나는 안경점에서 나의 안경을 잘 모르는 검안사에게 넘겨주고 난 후였다.
>
> 안경 없는 나는 거의 맹인이나 마찬가지이다. 안경이 없이는 시력이 20-800까지 떨어진다. 나는 지독한 난시가 있어서 거의 내 코앞에 있는 것밖에 보이지 않는다.
>
> 안경이 없으면 나의 심리적인 측면에서 변화가 생긴다. 잠깐이더라도 안경이 없으면 내 심리 상태는 그러한 상황에 맞추어진다.
>
> 나는 그러한 편집증적인 상황 속에서 상처받기 쉬운 나 자신을 인식한다. 어떤 것도 혹은 누구도 제대로 볼 수가 없다. 내가 볼 수 있는 것은 다양한 크기와 모양의 색깔을 띤 흐릿한 어떤 것에 불과하다. 안경이 있었다면 그것이 무엇인지 알 수 있겠지만 안경 없이는 단지 기하학적인 어떤 것에 불과했다. 그렇기 때문에 나는 내 안으로 빠져든다. 나의 6피트 2인치의 형태를 가능한 한 작은 장소로 밀어 넣는다. 마치 일촉즉발의 공격 앞에서 쬐어들 듯이.

위에서 제시된 은유적 이미지는 흐릿한 시야와 그로 인해 움츠러들게 되는 자신의 이미지이다. 이 '틀' 로 인해 독자는 9.11 이후의 미국인의 삶에 대한 내러티브를 흐릿한 시야와 움츠러듦과 관련해 생각하며 글을 읽을 수 있게 된다.

셋째로, 문학의 한 장르의 형식을 빌어 틀을 만들 수 있다. 다음의 예는 탐정 소설의 글쓰기 형식을 빌어 틀을 만든 『Canon Confidencial』의 도입부이다.

> 그녀의 이름은 Estelle였다. 나는 그녀가 내 사무실로 들어서서 그녀의 계율에 대해 이야기하기 시작할 때 문제를 알아챘어야 했다. 말 그대로 계율에 대해서 말이다.
>
> 나는 내 Lucky Strike를 비벼서 끄며 금발의 곱슬머리를 스프레이로 고정시킨 그녀를 힐끗 보았다. 아마 그녀의 거울 한 구석에는 Betty Grable의 사진이 있을 것이다. (중략) "내가 알아야 할 것만 말해줘. 예쁜이." 나는 책상위에 다

> 리를 올리고 내 머그잔 속에 있는 버번을 찰랑이며 들고 있었다.

위의 '틀' 은 독자로 하여금 홍미를 일으키는 동시에 이후 나타나는 내러티브에서 마치 탐정소설을 읽는 것과 같이 이야기의 플롯을 따라가게 된다.

마지막으로, 개인적인 경험을 사용하여 틀을 만들 수 있다. 이 방법은 위의 것들에 비해 상대적으로 오랫동안 검증되고 사용된 방법이다. Hemingway도 스페인 내전이나 2차 세계대전의 참상을 그려낸 글을 통해 이를 사용한 바 있다. 여기서는 발리문화에 대한 Greertz의 글을 살펴보자. 그는 발리의 불법 닭싸움을 목격하고 이를 해석하여 그 문화를 설명한 바 있다. 다음은 그와 관련된 텍스트의 도입부이다.

> 1958년 4월 초, 아내와 나는 연구를 위해 말라리아가 창궐하는 이질적인 발리의 한 마을에 도착하였다. 500여명의 주민이 살고 있는 작고 외진 마을이었다. 그 곳에는 그 곳만의 세계가 있었다. 우리는 그 세계로 비집고 들어가려는 전문가였고 발리사람들은 그들 스스로 자기들의 세계에 속하지 않은 사람이라 생각하는 사람들을 취급하는 방식으로 우리를 취급하였다. 우리는 그곳에 존재하지 않는 사람들이었고 우리는 누구도 아닌 보이지 않는 관찰자였다.

Greetz는 자신의 경험을 통해 이러한 '이방인' 구조라는 '틀' 을 만들어 순박한 관찰자의 입장에서 시작된 연구가 발리 남성들이 지위를 획득하는 방식을 보여주는 불법 닭싸움을 목격하기까지의 과정으로 이어지는 형식의 이야기를 구성하고 있다.

위의 방법 외에 다양하고 창의적인 '틀' 을 고려할 수 있겠지만 그러한 틀을 선택할 때 고려해야 할 것들이 있다. 그것은 연구 결과의 '독특함' , '홍미' , '독자' , '쟁점' 이다. '틀' 을 결정할 때는 이러한 것들이 '틀' 을 구성할 때 어떤 역할을 할 수 있는가를 고려하여 이러한 것을 부각시킬 수 있는 '틀' 을 선택하는 것이 필요하다. 마지막으로 사회과학 연구논문의 초록에 이러한 '틀' 을 사용하고자하는 연구자들을 위해 Bochner의 논문 초록을 살펴보며 논의를 정리하겠다.

> 아버지가 돌아가셨다는 이야기를 들었을 때, 나는 국제 커뮤니케이션 컨퍼런스에 참가하고 있던 중이었다. 그때 나는 두 개의 세계가 내 안에 존재하고 있음을 느꼈다. 학문적 세계와 개인적 세계. 이들은 서로 충돌하고 있었고 나는 이 둘 사이를 나누고 있는 거대한 간격에 직면했다. 나는 이 글에서, 나의 경험을 통해 고립을 조장하고 위험과 도전을 회피하게 만드는 대학과 학계의 규율 안에 존재하는 단절에 대한 이야기를 하고자 한다. 이 과정을 통해 학문적 사회

> 화의 힘의 구조가 가족의 그것만큼 견디기 힘든 것인지와 그러한 강요의 결과에 대한 질문을 던질 것이다. 나는 지속적인 삶의 경험들을 구성하는 데 이야기가 어떤 작용을 할 수 있는지 보여주기 위해 개인적 경험의 내러티브를 사용할 것이다. 그리고 언어를 통해 기억 속에서 의미가 지어지는 과정에 문제를 제기할 것이다. (후략)

(4) 이야기 속에 성찰을 포함시켜라

넷째로, 이야기 속에 성찰을 포함시키는 전략을 제안한다. 연구자의 임무는 사실 전달뿐 아니라 어떠한 사실을 연구하는 과정을 되돌아보고 이 과정을 통해 얻은 자신의 시사점이나 깨달음을 전달하는 것이다. 우리는 흔히 이것을 '성찰(reflection)' 혹은 '반성' 이라고 부른다. '성찰' 은 지나간 행동이나 사건, 혹은 결정에 대해 다시 한 번 사려 깊게 생각해 보는 과정이다. 연구자에게 있어 성찰은 연구를 진행시키는 도구이며 연구자 자신과의 끊임없는 대화이다. 연구자는 성찰을 통해서 탐구하며 성찰을 통해 자신의 탐구를 평가한다. 이러한 과정 속에서 연구자는 연구의 과정과 결과를 점검하고 자신이나 연구의 한계점, 혹은 연구 결과를 바라보는 다른 관점들을 발견할 수 있다. 이러한 성찰에는 개인적인 성찰과 인식론적인 성찰이 있다. 개인적인 성찰은 연구자가 자신의 가치, 경험, 흥미, 믿음, 정치적 입장, 삶의 다양한 목표, 사회적 신분 등 연구를 다듬는 과정에 대한 반성이 포함된다. 인식론적인 성찰은 연구자가 연구 문제를 어떻게 정의할 수 있는지, 연구 결과의 한계가 어떤지를 인식하게끔 한다.

또한 연구 과정을 통해 형성된 가정들을 반성하고 그러한 가정들의 암시에 대해 생각하게 한다. 연구 설계가 데이터와 연구 결과의 해석 방법에 대해 반성하게 하고 연구 문제가 다른 방식으로 연구될 수 있는지 생각하게 한다. 이러한 성찰은 내러티브 글쓰기에 있어서도 유효한 것이다. 성찰은 개인적인 관점의 구성에 대한 반성이나 관점의 인지적 기반을 확인하는 강력한 도구이다. 다음은 이러한 성찰을 주요한 글쓰기 전략으로 활용한 Parker의 『Becoming Manager: Or, the Werewolf Looks Anxiously in the Mirror Checking for Unusual Facial Hair』이다.

> 현재까지는 매니저 일을 수행하는 것에 대해 특별하고 진지한 성찰을 방법으로 하여 쓰인 글쓰기가 출판된 적이 없었다. 내가 의도한 것은 그것이다. 따라서 이 글은 내가 생각하는 나의 변화와 변화된 것처럼 보이는 다른 이들이 나를 대하는 태도에 대한 다소 끊어지는 단편적인 이야기의 순환 형식으로 이루어져 있다. 그렇게 이 글은 나에 대한 나의 주장과 내가 다른 사람을 묘사한 것에

> 대한 성찰을 시도하는 것이다. 나에게 있어서 가장 중요한 질문은 과연 매니저가 된 나 자신에 대해 이야기할 수 있느냐 하는 것이고 이것이 무엇을 의미하는지에 대해 질문하는 것이다.

그렇다면 이러한 성찰을 어떻게 글 속에 포함시켜야 할 것인가. 거기에는 두 가지 방법이 있다. 한 가지는 글 속에 포함시키는 것이고 다른 하나는 전체 글과 분리시켜 하나의 'Break' 로 구성하는 것이다. 위 Parker의 경우는 전자에 해당하는 것이라 할 수 있다. ' Break' 로서 사용할 경우 성찰은 독자를 한 이야기에서 다른 이야기로 이끌어 주는 쉼터의 역할을 하게 될 것이다. 이때 성찰은 '이러한 해석에는 내가 공립학교 교사로서 가졌던 생각들이 투영된 것일 수도 있다.' 와 같은 짧은 문장일 수 있다. 일단 성찰의 형식이 결정되면 독자들에게 그러한 성찰에 대한 주의를 어떻게 환기시킬 것인가에 대한 고민이 필요하다. 빈 줄을 사이에 두어 전체 글에서 분리시키거나 별표나 이탤릭체를 사용하는 것도 효과적일 수 있다.

(5) 풍부한 묘사를 통해 장면을 보여주어라

다섯 번째로 제안하는 전략은 장면을 보여주라는 것이다. 이 전략은 크게 두 가지 방법으로 구현될 수 있는데 첫째, 이야기하려 하지 말고 보여줄 것, 둘째, 평가하거나 분석하기 전에 먼저 보여줄 것을 의미한다. 즉, 맥락을 잘 알 수 있는 배경과 상황을 잘 드러내는 묘사를 해야 한다. Greetz의 유명한 예를 살펴보자. 어떤 이가 윙크를 했을 때 그 윙크의 의미가 무엇일까. 만약 단지 윙크한 사실만 알 수 있다면 우리는 그 윙크의 의미를 알지 못한다. 그것은 윙크를 보내는 것일 수도 있고 다른 이의 윙크에 대한 화답일 수도 있다. 단순한 시시덕거림일 수도 있고 비밀임을 알리는 신호일 수도 있다. 아니면 단순한 깜빡임일 수도 있고 전혀 의미가 없을 수도 있다. 저자가 '세세한 묘사' 를 통해 그 장면을 보여주지 못하면 우리는 그 행동의 의미를 전혀 알 수 없다. '세세한 묘사' 란 특별한 시간과 장소, 문화 안에서 의미가 어떻게 구성되는지 보여주는 것이다. 다음의 두 글을 비교해 보라.

> 아침 6시 반쯤, 두 명의 간호사가 들어왔다. 그들은 전날 저녁에 그랬듯이 욕창을 방지하기 위해 Leah를 돌아 눕혀야 한다고 말했다. 그들이 그녀를 옮기기 시작했을 때, Leah는 몹시 괴로워했다. 그녀는 눈을 크게 뜨곤 목을 쭉 내밀었다. 몸은 쭈그러들고 눈은 툭 튀어나온 채 목을 쭉 뺀 그녀의 모습은 사람처럼 보이지 않았다. 유령 같고 무엇인가 초현실적인 것 같다고 말하는 것이 더 어울릴 것이다. 그녀는 Steven Spielberg의 영화 속에 나오는 ET처럼 보였다.

나는 그녀의 손을 잡고 괜찮다고 말했다. 하지만 간호사들이 방을 나간 후에도 몸을 심하게 흔들었다. 그녀의 숨소리가 마치 높은 옥타브로 저음을 내는 듯한 소리로 드라마틱하게 변했다.

"무언가 이상해." 나는 말했다.

한 시간 전부터 와있던 친구인 Sylvia가 내가 Leah와 개인적인 시간을 가질 수 있도록 우리에게서 물러나 있었다. 나는 그녀의 머리를 쓰다듬으며 죽어가는 그녀를 잡고 있었다. 나는 그녀의 잘못이 아니라고 말했다. 나는 그녀가 무척 자랑스럽고 그녀가 그럴 만한 자격이 있다고 말했다. 그녀의 숨이 느려지고 헐떡거림이 잦아들었다. 그때까지 내가 볼 수 있었던 것은 그녀의 입과 목의 미세한 반사작용뿐이었다.

7시 몇 분쯤이 되자 Leah는 작은 헐떡거림을 마지막으로 완전히 멈추었다.

Sylvia가 다가와서 물었다. "떠났어?"

"잘 모르겠어." 내가 말했다. "이런 일은 처음이어서."

나는 맥박을 확인하려 Leah의 목에 손가락을 갖다대었다. 그러나 그녀의 목이 미세하게 떨리는 것이 느껴졌다. 우리는 몇 분 동안 더 평화롭게 그녀를 남겨두었다. 어쩌면 그녀는 내가 간호사를 부르러 가기 몇 분 전에 죽었는지도 모른다.

나는 간호사가 있는 곳으로 걸어가 도움을 요청했다.

"잠시만 기다리세요." 간호사가 종이에 무언가를 적으며 말했다.

"계속하세요." 내가 조용히 말했다. "아내는 방금 죽었고 어디가지도 않을 테니까요."

간호사가 볼펜을 떨어뜨리곤 나를 조심스럽게 바라보며 서 있었다.

"괜찮으세요?" 간호사가 물었다.

나는 괜찮다고 말했다. 그리고 나는 지난주부터 그녀가 언제든지 죽을 수 있다는 것을 알고 있었다고 말했다. 간호사는 Leah의 상태를 확인하고 의사를 불렀다.

두 간호사가 병원 침대 위의 Leah를 돌려 눕혔다. Leah가 심하게 몸을 흔들었다. Nick과 Sylvia는 무언가 다르다는 것을 알았다. Sylvia가 물러나 있었다. Leah가 죽었다. 그리고 Nick이 간호사에게 말했다.

전자는 장면에 대한 풍부한 묘사로 읽는 이에게 사실을 전달하기보다는 상황을 보여준다. 독자는 장면 속에서 맥락을 발견하고 어떠한 행동이나 사건의 의미를 그러한 맥락 속에서 판단할 수 있다. 반면 후자는 사실에 대해서만 말하고 있다. 사실은 있으나 맥락이 없다. 따라서 그러한 사실들의 의미 또한 알 수 없다. 전자에 비해 후자는 흥미롭지도 않고 어떠한 의미 있는 정보도 주지 않는다. 체험에 대한 탐구의 목적이 문화적인 이해를 추구하는 것이라면 '장면 속의 의미' 를 보여주어라.

(6) 많이 연구하고 글 읽는 습관을 길러라

마지막으로 제안하는 전략은 철저한 연구와 독서이다. 이는 직접적으로 글쓰기와 관련이 없는 것이나 좋은 글을 쓰기 위한 배경 지식이 된다는 점에서 마지막 전략으로 제시하였다. 형식이 독자를 끌어들이는 글의 형태를 말하는 것이라면 그 이전에 중요한 것은 흥미로운 내용을 찾는 것이다. 훌륭한 문화기술지는 크게 세 단계의 연구과정을 필요로 한다. 그것은 '들어가기', '나오기', '다시 들어가기' 이다. '들어가기' 는 적어도 일 년 혹은 그 이상의 기간 동안 연구를 수행하는 것을 말하고 '나오기' 는 연구에서 빠져나와 자신의 위치로 돌아오는 것을 말한다. 그 후 일정기간이 경과한 후 자신의 원래 관찰내용과 달라진 것은 없는지 확인하며 그 정확성을 확인하는 '다시 들어가기' 과정이 필요하다.

훌륭한 학자는 '저자' 이자 '독자' 이다. 이 둘은 따로 떼어서 이해할 수 없다. 저자는 독서를 통해 이익을 얻는다. 읽기 능력의 향상은 쓰기 능력의 향상을 가져오며 그렇지 못하다 하더라도 적어도 사고를 깨어나게 한다. 글을 선택함에 있어서도 광범위한 주제에 있어서 다양하게 선택해야 하고 글을 읽는 과정에서도 깊이 있는 글 읽기가 필요하다.

4. 참고문헌

김달용(역). (1996). 소설창작법(데이몬 나이트 저). 신구문화사.
김원일(1999). 당신도 소설을 쓸 수 있다. 문학사상사.
이호철(1998). 소설창작 강의. 정우사.
Goodall, H. (2008). Writing Qualitative Inquiry. Walnut Creek, CA.

제2부

다양한 글쓰기 방법

제8장

실재, 매체, 그리고 재현의 다양성: 질적연구 글쓰기 워크숍 2

'실재, 매체, 그리고 재현의 다양성: 질적연구 글쓰기 워크숍 2' 는 질적연구자의 글쓰기 능력에 대한 감수성을 강화시킬 목적으로 시도한 두 번째 글쓰기 워밍업 연습이다. 앞에서 소개한 첫 번째 워크숍인 '탈경계, 혼종, 그리고 포스트모던 시대의 글쓰기: 질적연구 글쓰기 워크숍 1' 에서는 실재(reality)에 대한 우리의 전통적인 관점과 지식이 새로운 경계 넘기를 통하여 어떻게 다르게 변화하고 파괴되는지를 보여주고자 하였다. 이번 두 번째 워크숍에서는 하나의 실재에 대하여 각기 다른 관점, 철학, 문화, 매체들은 어떻게 다르게 그 실재를 표현하고 묘사하고 있는지를 다루고자 한다. 이를 통하여 우리의 실재는 우리가 선택한 언어나 표상방법에 따라 어떻게 다른 모습과 이미지로 다르게 형상화될 수 있는지를 보여주고자 한다. 나아가 그러한 매체와 표현의 선택은 실재의 구성과 형상을 어떤 점에서 가능하게 하고 부각시키며 어떤 점에서 문제점을 가지고 있는지를 알아보고자 한다.

이에 각 작가들은 '전쟁' 이라는 대상을 어떻게 다르게 묘사하였는지를 살펴보기를 바란다. 나아가 여러분이 바로 그 대상을 구체화해야 하는 저자라고 한다면 어떤 매체로 그 대상을 새롭게 그리고 다르게 표현할 수 있는지를 고민해 주기 바란다. 이러한 매체 창조에 대한 읽기 작업은 현실의 이미지를 창조해야 하는 질적 연구자들에게 표현의 방법과 창의적인 묘사의 기법들에 대하여 심도 있게 생각해 볼 수 있는 기회를 제공해 줄 것이다.

1. 회화

흑백의 대조로 전쟁의 참상을 표현한 피카소의 '게르니카'

이 작품은 스페인의 소피아왕비 미술센터에 소장되어 있는 피카소(1993作)의 작품

'게르니카' 이다. 게르니카는 1973년 스페인내전 당시 프랑코를 지원하는 독일의 무차별 폭격으로 인해 폐허가 된 스페인 바스크 지방의 작은 도시를 말한다. 피카소가 이 그림을 그리게 된 것은 1937년 5월 1일 〈스 스와르〉지에 실린 스페인내전과 관련한 학살 사진 세 장 때문이었다. 이 사진은 4월 26일, 프랑코의 명령을 받은 독일 폭격기들이 게르니카라는 작은 마을을 무참히 공격한 장면을 담은 사진이었는데, 피카소는 이 사진을 보고 영감을 얻어 한 달반 만에 크기 349cm×779cm의 대작인 '게르니카' 를 완성하였다.

위의 그림에서 알 수 있듯이 죽어가는 아이의 모습, 불타고 있는 집, 깨진 동물의 머리, 고통으로 아비규환하는 동물들의 표정은 전쟁의 참혹성을 잘 보여준다. 그리고 이러한 참혹함을 강조하기 위해 살아있는 색감은 전혀 사용하지 않았다. 오직 흰색, 검정색, 회색과 같은 무채색만으로 게르니카에 일어난 비극을 표현하였다. 이러한 무채색의 대비는 삶과 죽음이라는 테마를 보다 극명하게 드러내 준다. 그리고 이 그림에는 전투기나 폭탄과 같은 전쟁에 관한 소재는 하나도 등장하지 않는다. 하지만 이것만으로도 이 그림은 전쟁의 참혹함을 알려주는 데 충분하다.

2. 트롯트와 국민음악

눈물 젖은 두만강

'눈물 젖은 두만강' 은 구한말 조국의 독립을 위해 만주에서 투신한 남편을 기다리는 한 여인의 애절한 사연을 노래한 곡이다. 실제 이 노래는 두만강 대안의 작은 도시인 투머(도문)시에 살고 있는 한 여인의 애절한 사연을 바탕으로 이시우가 곡을 붙인 노래이다. 구한말 조국 독립을 위해 생이별을 해야 했던 사연은 비단 이 여성만의 이야기가 아니었을 것이다. 이시우는 이러한 안타까운 사연을 가진 여성들의 애절한 사연을 바탕으로 당시 우리 민족이 겪고 있던 아픔을 노래로 만든 것이다.

이 노래를 보다 잘 이해하기 위해서는 그 공간적 배경인 두만강을 살펴볼 필요가 있다. 당시 두만강 나루는 산길을 찾아 만주로 떠나는 실향민과 의병활동을 위한 애국지사들로 붐비었고, 많은 기약 없는 이별들이 있었던 장소이다. 이 노래에서 두만강을 모티브로 잡은 이유는 여기에 있다. 바로 두만강은 시대적 상황이 만들어낸 생이별과 그로 인해 떠나간 사람들에 대한 기다림의 공간이기 때문이다. 1

절의 가사에서 알 수 있듯이 두만강 나루에서 뱃사공과 함께 만주로 떠난 님을 그리는 여인의 그리움이 잘 드러나 있다.

두만강 푸른 물에 노 젓는 뱃사공
흘러간 그 옛날에 내 님을 싣고
떠나간 그 배는 어데로 갔소
그리운 내 님이여
그리운 내 님이여
언제나 오려나

강물도 달밤이면 목메어 우는데
님 잃은 이 사람도 한숨을 지니
추억에 목메인 애달픈 하소
그리운 내 님이여
그리운 내 님이여
언제나 오려나

에레네가 된 순희

'에레네가 된 순희'는 1959년 손로원 작사, 한복남 작곡에 안다성이 부른 탱고풍의 슬프고 부드러운 노래이다. 이 곡의 주인공인 에레네는 한국전쟁 당시 우리나라에 주둔하게 된 미군들을 위한 카바레의 여종업원이다. 그 당시 우리나라는 UN의 참전으로 인해 나라는 지킬 수 있었지만, 미군들이 우리 삶 속에 깊숙이 들어오면서 여러 가지 사회적 폐단이 생겨났다. 그 중 하나로 미군들에게 몸을 팔아 생계를 꾸려 나가는 여성들이 생겨나게 되는데, 그들을 보고 사람들은 '양공주' 혹은 '양색시'라고 불렀다.

이 곡의 주인공인 에레네는 양공주를 대표하는 인물이다. 그녀는 이름조차 에레나로 달라져 오늘밤도 파티에서 춤을 춘다. 순희와 에레나는 이름은 다르지만 같은 여성으로 밤에 하는 일이 천양지차다. 석유불 등잔 밑에 실패 감으며 밤새우는 시집갈 19살을 꿈꾸던 그야말로 순박했던 순희는, 오늘밤도 카바레 파티에서 춤을 추는 에레나는 미군 부대 매춘부 '양공주'인 것이다. 신체 건강한 젊은 남자들인 미군들은 소비자로, 전쟁의 피폐로 호구지책이 필요한 한국 여성들은 공급의 대상이 되어 매춘부로 만나게 된 것이다. 윤락녀로 전락한 순희는 목이 메어 항구에서 울고 고향, 부모, 형제, 친구가 그리워 또 운다. 현재의 삶에 대한 자책과 설움과 이전의 자신의 모습으로 돌아가고 싶은 마음이 담겨 있는 이 노래는 양공주가 되어버린 그 시대 여성들의 애환을 절실히 표현해 우리의 가슴을 아프게 한다.

그날 밤 극장 앞에서 그 역전 카바레 앞에서
보았다는 그 소문이 들리는 순희
석유불 등잔 밑에 밤을 새면서
실패 감던 순희가 다홍치마 순희가
이름조차 에레네로 달라진 순희 순희
오늘밤도 파티에서 춤을 추더라.

그 빛깔 드레스에다 그 보석 귀걸이에다
목이 메어 항구에서 운다는 순희
시집갈 열아홉의 꿈을 꾸면서
노래하던 순희가 피난 왔던 순희가
말소리도 이상하게 달라진 순희 순희
오늘밤도 파티에서 웃고 있더라.

단장의 미아리 고개

'단장의 미아리 고개'는 반야월이 자신의 삶을 바탕으로 만든 노래이다. 1956년 서울 수복 직후(1·4 후퇴 후), 서울에 돌아온 반야월은 미처 서울을 탈출하지 못하고 병석에 누워 있던 부인과 재회한다. 하지만 그의 부인 옆에는 네 살박이 둘째 딸 수라의 모습이 보이지 않는다. 전쟁통에 잃어버린 둘째 딸, 전쟁 때문에 가슴에 묻어야 했던 둘째 딸을 생각하며 반야월은 이 노래를 만들었다.

이 노래 제목에 쓰인 '단장'이라는 단어에서 알 수 있듯이(단장은 마음이 몹시 슬퍼 창자가 끊어진다는 의미이다), 어린 자식을 잃은 반야월의 아버지로서 비통한 심정과 아픔을 느낄 수 있다. 반야월은 이러한 자신의 경험을 한 개인에만 머무르지 않고 한국전쟁을 겪고 있는 우리 민족의 슬픈 현실로 확대시킨다. 제목에 있는 '미아리 고개'가 이러한 반야월의 의도를 보여준다. 미아리 고개는 6·25 때 많은 저명인사, 애국지사들이 이곳을 통해 북으로 끌려가서 다시 못 돌아오게 된 고개이기 때문이다. 즉, 단장의 미아리 고개는 반야월의 개인적 경험과 민족적 슬픈 현실의 가사를 상징적으로 나타내고 있는 것이다. 이 곡은 6·25 동란으로 인한 헤어짐, 그리움, 기다림에 대한 민족적 통탄의 절규인 것이다.

미아리 눈물고개 님이 넘던 이별고개
화약연기 앞을 가려 눈 못 뜨고 헤매일 때
당신은 철사줄로 두 손 꽁꽁 묶인 채로
뒤돌아보고 또 뒤돌아보고 맨발로 절며 절며
끌려가신 이 고개 한 많은 미아리 고개

아빠를 그리다 어린 것은 잠이 들고
동지섣달 기나긴 밤 북풍 한설 몰아칠 때
당신은 감옥살이 그 얼마나 고생하오
십년이 가도 백년이 가도 살아만 돌아오소
울고 넘던 이 고개여 한 많은 미아리 고개

이별의 부산 정거장

호동아 작사, 박시춘 작곡, 남인수가 노래한 이별의 부산정거장은 1953년 국내에서 당시로는 상상도 못할 8mm 마그네틱 녹음 테이프를 사용하여 녹음한 첫 번째 곡으로 우리 가요사에 자리하고 있다. 1950년 민족상잔의 6·25가 발발한다. 부산은 3년 전쟁의 피난처가 되고 피난민들에게 단지 삶의 터전이 아닌 제2의 고향이 되었다. 힘들고 서럽던 시절 잊지 못할 추억과 애뜻한 사랑, 힘든 상황을 이겨내는 힘이기에 그랬을까?

제2의 고향이 된 부산에서 애절한 남녀의 로맨스가 피어난다. 하지만 전쟁이 끝나고 사랑했던 두 남녀는 이별을 맞게 된다. 고향으로 돌아가는 남자를 배웅하는 여성. 부산 정거장은 이러한 두 남녀의 이별 장소이다. 기차의 기적 소리와 함께 이별의 시간은 가까워 오며 그들이 함께했던 시간이 이 기적소리마저 슬프게 들리게 한다. 그래서 기적도 목이 메어 소리 높이 우는 것이다. 실제 기적 소리가 목이 메인 것이 아니라 울음으로 범벅이 된 두 남녀의 목이 메인 것일 것이다. 당시 부산 정거장은 이런 사연을 가진 사람들의 이별 장소였던 것이다.

보슬비가 소리도 없이 이별 슬픈 부산 정거장

잘 가세요 잘 있어요 눈물에 기적이 운다.
한 많은 피난살이 설움도 많아
그래도 잊지 못할 판잣집이여
경상도 사투리에 아가씨가 슬피 우네
이별의 부산 정거장

서울 가는 십이열차에 기대앉은 젊은 나그네
시름 없이 내다보는 창밖에 등불이 존다
쓰라린 피난살이 지나고 보니
그래도 끊지 못할 순정 때문에
기적도 목이 메어 소리 높이 우는구나
이별의 부산 정거장

가기 전에 떠나기 전에 하고 싶은 말 한마디를
유리창에 그려보는 그 마음 안타까워라
고향에 가시거든 잊지를 말고
한두 자 봄소식을 전해 주소서
몸부림치는 몸을 뿌리치고 떠나가는
이별의 부산 정거장

3. 군가

멋진 사나이

나라를 지키는 일은 남자들의 업이다. 이 군가는 이러한 남자의 업, 즉 국토수호가 멋진 사나이의 기준이라고 이야기하는 노래이다. 이것은 한국의 전통 종교인 불교 정신에서 온 것이다. 불교에서는 남자는 태어나면서 업으로 나라를 지켜야 하는 숙명을 가진 존재로 본다. 멋진 사나이는 이러한 남자로서의 숙명을 완수하는 것이 가장 영광스러운 일이라고 말하고 있다.

사나이로 태어나서 할 일도 많다만
너와 나 나라 지키는 영광에 살았다.
전투와 전투 속에 맺어진 전우야
산봉우리에 해가 뜨고 해가 질 적에

부모형제 나를 믿고 단잠을 이룬다.

전선을 간다

'전선을 간다' 는 전우애를 주제로 한 군가이다. 이 노래에서는 꿈을 이루지 못하고 죽은 전우들의 한을 통해 비장감을 만들어 내고 있다. 함께 생사를 나누며 동고동락했던 전우들, 그렇지만 결국 끝까지 함께하지 못한 전우들에 대한 기억과 생각은 전선으로 향하는 군인들의 비장감을 자아내고 있다. 이러한 표현은 가사에도 잘 드러나고 있다. 조국 해방과 승리를 보지 못한 전우들의 한 맺힌 목소리와 눈동자가 전선으로 향하는 군인들의 마음을 더욱 비장하게 만들고 있다. 특히 이러한 비극적 역사를 지켜보았던 자연도 할 말을 잃었다는 표현에서 그 비장감은 극에 달한다.

높은 산 깊은 골 적막한 산하
눈 내린 전선을 우리는 간다.
젊은 넋 숨져간 그 때 그 자리
상처입은 노송은 말을 잃었네
전우여 들리는가 그 성난 목소리
전우여 보이는가 한 맺힌 눈동자

멸공의 횃불

'멸공의 횃불' 은 조국 수호와 가족애를 주제로 한 군가이다. 사나이로 태어나 조국과 고향땅, 부모 형제의 평화를 지킨다는 조국수호에 대한 강한 의지를 꺼지지 않는 횃불에 비유하여 노래하고 있다.

아름다운 이 강산을 지키는 우리
사나이 기백으로 오늘을 산다.
포탄의 불바다를 무릅쓰면서
고향땅 부모 형제 평화를 위해
전우여 내 나라는 내가 지킨다.

멸공의 햇불아래 목숨을 건다.

최후의 5분

'최후의 5분' 은 일보도 후퇴할 수 없는 절박하고 긴장된 상황을 잘 표현하고 있다. 여기에서 한 발이라도 물러나면 모두가 쓰러지기 때문에 뼈를 깎는 고통이 있어도 지켜야만 하는 전장의 모습을 그리고 있는 것이다. 그리고 그러한 절박한 상황을 최후의 5분으로 표현하고 있다. 분명 길지 않은 시간인 5분이지만 그들에게는 목숨을 건 사투이기에 한없이 길게만 느껴지는 시간일 것이다. 짧지만 길게 느껴지는 이 최후의 5분 때문에 군인들의 절박하고 긴장된 모습이 너무나도 생생하게 다가오는 것이다.

숨막히는 고통도 뼈를 깎는 아픔도
승리의 순간까지 버티고 버텨라
우리가 밀려나면 모두가 쓰러져.
최후의 5분에 승리는 달렸다.
적군이 두 손 들고 항복할 때까지
최후의 5분이다. 끝까지 싸워라.

한이 맺힌 원한도 피가 끓는 분노도
사나이 가슴속에 새기고 새겨라.
우리가 물러나면 모든 것 빼앗겨
최후의 5분에 영광은 달렸다.
적군이 두 손 들고 항복할 때까지
최후의 5분이다. 끝까지 싸워라.

4. 대중음악

Metallica의 〈One〉

세계적인 스래쉬 메틀 밴드인 메탈리카의 4집 앨범 〈··· And Justice For All〉에 수

록된 One은 지뢰에 의해 식물인간이 되어 버린 한 병사의 이야기를 소재로 다룬 노래이다. 스래쉬 메틀이라는 장르의 한계를 뛰어넘고 그래미 어워드를 수상했을 정도로 이 곡은 발표되었을 당시 많은 사람들의 사랑을 받았다.

이 노래의 첫 장면에서 비행기 공습에 의해 폭탄이 투하되고 한 환자가 병원에 실려온다. 의사들이 모여 환자를 어떻게 다룰지 이야기를 한다. 그리고 전쟁에 의해 식물인간이 되어 병원에 누워 있는 한 병사가 나온다. 그 병사는 전쟁으로 인해 산소호흡기에 의존하여 숨을 쉬고 관을 통해 영양분을 공급받으며 생명을 유지하고 있다. 그는 이제 자신의 의지에 따라 살지도 죽지도 못하는 존재가 되었다. "I cannot see that there' s not much left of me. Nothing is real but pain now."라는 가사에서 알 수 있듯이 자신의 몸이 얼마나 남았는지 분간할 수 없지만 고통은 분명하게 느끼고 있다. 자신의 몸은 분간할 수 없지만 의식만은 선명하게 남아 자신이 처한 현실의 어둠과 고통을 느끼고 있다. 전쟁이 없었다면 행복하기만 했을 것 같은 아름다운 옛 기억이 병상에 누워있는 그를 괴롭힌다. 그리고 자신의 모든 것을 잃게 만든 폭탄 투하의 기억이 생생하게 되살아난다. 이 고통스러운 현실에서 벗어나고 싶어 목숨을 끊고 싶지만 보지도 듣지도 말하지도 못하기에 자신의 의지에 따라 그럴 수도 없다. 그래서 "Hold my breath as I wish for death. Oh, Please, God hel me."라는 가사처럼 그는 자신의 목숨을 끊을 수 있도록 도와 달라고 "신이여 도우소서"라고 외치는 것이다.

이 뮤직 비디오를 통해 메탈리카는 전쟁을 통해 한 인간의 행복한 삶이 어떻게 한순간에 사라지는지 그리고 불행한 운명을 지어주는지를 잘 보여주었다. 하지만 그들이 이 뮤직 비디오를 통해 전달하고자 하는 메시지는 전쟁의 참혹상이 아니다. 그들은 이 곡을 통해 전쟁의 참혹상을 전달하고 싶었다기보다 불합리한 사회와 권력의 억압에 의해 한 인간의 존엄성이 어떻게 침해당하는지를 말하고 있다. 전쟁은 개인의 의지와는 관련없는 권력을 가진 자들의 결정이기에 … 한 개인의 자유의지는 그러한 권력 앞에 철저하게 박탈된다. 이 앨범의 제목인 〈… And Justice For All〉에서 알 수 있듯이 모두를 위한 정의라고 부르짖고 있지만 그러한 정의는 어디에 존재하는가? 모두를 위한 정의라고 말하고 있지만 그 속에서 살아가고 있는 약자들의 삶은 얼마나 고통스러우며 힘든지를 말하고 싶었던 것이다. 누구나 누려야 하며 존중받아야 하는 행복한 삶과 인간의 존엄성은 거대한 사회 속에서 무참히 짓밟히고 고통스러운 것이다. 그래서 메탈리카는 "Now the world is gone. I' m just one"이라는 가사를 통해 마지막 남은 인간의 존엄성에 대한 외침을 표현하다. 이처럼 메탈리카는 전쟁이라는 이미지를 통해 거대한 사회라는 조직 속에서 억압받고 있는 힘없는 사람들의 존엄성을 드러내고 싶었던 것이다.

주석의 〈배수(倍數)의 진(陳)〉

이 곡은 전투를 앞둔 병사의 극도의 긴장감과 초조함, 공포를 너무나도 완벽하게 그려낸 수작이다. 그의 노래와 가사를 들으면 배수의 진에서 전투를 치러야 하는 병사의 감정과 의식을 그대로 따라갈 수 있다. 우선 그 상황의 설정부터 극한의 상황을 만들어 내고 있다. 불과 5킬로미터밖에 되지 않는 적군과 아군 간의 거리, 후퇴도 할 수 없는 배수의 진을 친 아군, 하늘과 땅만큼의 전력 차라는 설정은 절대로 이길 수 없지만 싸울 수밖에 없는 상황을 만들어 내고 있다. 그리고 칠흑 같은 어둠과 무겁고 싸늘한 공기 속에 밤 12시 째각째각 흐르는 시계를 공간과 시간적 배경으로 사용하여 극도의 초조함과 긴장감을 만들어 내고 있다. 그리고 선풍기의 전동 모터와 달빛에 반사된 군용부츠, 째각째각 시계 소리는 이러한 분위기를 보다 무겁게 만든다. 그리고 '앞에는 적, 뒤에는 강' 이라는 무시무시한 후렴을 통해 이러한 감정은 극으로 치닫는다.

이처럼 주석의 배수의 진은 극한의 상황과 그 속에 놓인 병사의 심리를 내면적 기법에 따라 그려내고 있다. 음악 또한 정적과 그 속을 흐르는 날카로운 사운드를 통해 적막감 속에 흐르는 날카로워진 신경과 극도의 긴장감과 공포감을 잘 표현해 주고 있다. 이 노래를 듣는다면 분명 당신은 배수의 진을 치고 전투를 앞둔 한 명의 병사가 될 것이다. 이 노래는 전투를 앞둔 병사의 내면의 심리를 정확하게 파악하고, 이를 음악으로 표현해낸 잘 알려지지 않은 최고의 곡이라고 말하고 싶다.

Verse 1

내 뺨을 어루만지는 싸늘한 공기
현재 시간은 해가 저문 밤 12시
등 뒤에 흐르는 땀 칠흑과 같은 밤
까딱 방심하다가는 순식간에 일패도지

아군식량의 지원은 저 뒷길로부터
적진과의 거리는 불과 5킬로미터
적막 속에서 긴장을 배가시키는
낡아빠진 선풍기의 전동모터
구름 한 점 없이 한적한 밤하늘에
새하얀 달빛에 반사되어
반짝반짝 광이 나는 군용부츠의
투박한 코끝을 묵묵히 바라보면 그 순간
팔목의 시계는(째깍째깍) 바로 그 순간
멀리서 들려오는 광음 그리고 소음 이제는 행운을 빌며
마지막 전투를 시작할 때가 온 것 같군

Chorus x 2
앞에는 적 뒤에는 강
앞에는 적 뒤에는 강
앞에는 적 뒤에는 강
앞에는 적 무조건 싸워

Verse 2
깊이 빨아 뿜는 담배 연기
또 화약의 짙은 향기
저 멀리서부터 진동해오는 적의 소름 끼치는 움직임
적군이 숨죽인 가운데 미리 정찰중이던
이름 모를 한 병사가
핏덩이로 곤죽이 되어버린 하반신을
—마치 토핑이 된 피자와 같았다— 질질 끌고 오던
그 모습을 보고 이제 바로 내 코
앞으로 다가올 비극적 참사는 당연지사
내 볼을 스친 7.62mm NATO
이제 무용지물이 되어버린 구닥다리 레이더
상대적으로 형편없이 열악한 또 조악한
빌어먹을 아군의 무기고
이제 모든 잡념을 버리고
냉정하게 생각을 해봐

적군과의 병력 차는 하늘과 땅 차
아군의 생존율은 절대 0할
절대로 승리를 논하지 못할 상황
이제 선택할 수 있는 길은 단 한 가지

Verse 3
이곳이 바로 최후의 마지노 선
마치 도미노와 같이 쓰러지는 아군을 보며
12쌍의 뇌세포를 통해 전달되는 극도의 공포
계속해서 불을 뿜는 철포
애초부터 체급이 맞지 않은 미스매치
어느새 젖어버린 옷들과 내 이마에 맺힌
끈적한 액체를 통해 비로소 뼈저리게
심각한 예상이 됐었던 패배
허나 포기라는 이름의 나약한 뒷걸음은 최고의 죄악
더 이상 잃을 것이 없는 지금

5. 사진

이 사진은 베트남 전쟁의 포탄을 피해 달아나고 있는 아이들의 모습을 담고 있다. 지친 모습으로 울면서 달아나고 있는 아이, 실오라기 하나 걸치지 못한 채 벌거벗은 채로 달아나고 있는 소녀의 앙상하게 뼈만 남은 모습, 동생을 잃어 버릴까봐 동

〈전쟁으로 고아가 되어 버린 소녀〉

〈6 · 25의 참상〉

생의 손을 꼭 붙잡고 달아나는 누이의 모습, 공포와 두려움으로 계속해서 뒤를 돌아보며 달아나고 있는 아이의 모습. 이 모습들은 전쟁의 공포와 비극을 우리에게 전해 준다.

위의 두 사진은 한국 전쟁 당시의 우리 민족의 비극과 슬픔을 잘 보여주는 사진이다. 왼쪽의 사진은 이념이 다른 분단된 국가에서 사상으로 의심받고 죽은 주검들과 그 앞에서 오열하는 여인들의 모습을 담고 있다. 혹시나 전쟁 중에 잃어버린 자신의 가족이 죽은 건 아닌지 살펴보고 있는 여인, 싸늘한 시체가 되어 버린 가족 앞에서 눈물을 흘리는 여인, 전쟁의 비극으로 싸늘한 주검이 되어 버린 이들의 모습이 생생하게 담겨 있다.

오른쪽 사진에는 전쟁 피난 속에서 가족들과 이별하게 된 소녀의 모습이 담겨 있다. 갑자스러운 전쟁 피난 속에 미처 부모를 따라 가지 못한 소녀, 집 앞에 앉아 울면서 가족들이 자신을 데리러 오기만을 기다리고 있는 모습이 담겨 있다. 전쟁이라는 상황 때문에 생이별을 해야만 했던 아이와 그렇게 아이를 두고 피난을 가야만 했던 가족들의 마음이 가슴 아프게 느껴지는 사진이다.

6. 영화

〈플래툰〉 적은 내부에 존재한다

플래툰은 베트남 전쟁을 소재로 올리버 스톤 감독이 만든 반전 영화이다. 올리버 스톤 감독은 전쟁이라는 소재를 통해 진짜 적은 베트남군이 아니라 인간성을 상실하는 자신들에게 있음을 이야기하고 있다. 전쟁이라는 극한의 상황을 상상해 보라. 살아남기 위해 매일 총을 겨누고 사람을 죽여야만 하는 상황에서 온전한 정신을 유지할 수 있는 사람은 없다. 그들은 자신들도 모르게 서서히 정신이 피폐해지고 미

쳐간다. 인간성이란 껍딱지에 싸서 버려야만 하는 초라한 것으로 느껴진다. 올리버 스톤 감독은 바로 이러한 극한의 상황에서 나타나는 인간성의 파멸이 가져오는 비극을 그리고 있다. 이 영화가 단순한 전쟁 영화가 아니라 훌륭한 작품으로 대접받고 있는 이유는 여기에 있다. 다른 전쟁 영화들(람보, 코만도 등)처럼 전쟁 영웅을 그린 것이 아니라 전쟁 속에 처해 있는 인간의 모습을 그리고 있기 때문이다. 그리고 미국인의 시각에서 월남전의 모습을 솔직하게 그려냈다는 점이다. 이러한 시도는 당시 베트남 전쟁을 다룬 다른 영화들이 편파적 시각에서 미국적 영웅주의를 그리던 것과는 달리 아메리칸 히어로에서 벗어나 자기 반성적이며 철학적인 새로운 시각을 제시한 것이다.

전투 소대라는 뜻의 '플래툰' 은 제25보병대에 새로 전입한 크리스라는 신병의 경험담을 통해 이야기를 이끌어 간다. 하지만 이 영화의 두 축이 되는 인물은 전쟁으로 인하여 인간성을 상실한 번즈 중사와 전쟁의 고통에서 힘들어하면서도 마지막 남은 인간성을 잃지 않으려는 엘리어스 중사이다. 감독은 이 대비되는 두 인물을 통해 영화의 주제를 끌어낸다.

먼저 사건이 고조되는 흐름을 살펴보면 다음과 같다. 수색작전 중 부비트랩에 대원들이 죽고 한 대원은 적에게 잡혀가 잔인하게 살해당하는 사건이 일어난다. 동료를 잃은 슬픔과 전쟁의 잔혹함에 분노를 느낀 대원들은 근처 마을로 쳐들어가 촌장을 심문한다. 그리고 심문 도중 번즈 중사는 촌장의 부인을 총으로 사살한다. 번즈 중사의 비인도주의적 행위에 엘리어스 중사는 화를 내고 이 사건은 주먹질을 하는 싸움으로 번지게 된다. 수색전에서 돌아온 엘리어스 중사는 중대장에게 번즈 중사의 행위에 대한 조사와 처벌을 요구한다. 이렇게 두 사람의 대립은 최고조에 달하게 된다. 그리고 다음날 전투 도중에 번즈 중사는 엘리어스 중사를 죽여 버린다. 번즈 중사가 엘리어스 중사를 죽인 것을 눈치 챈 크리스는 동료들과 함께 번즈를 처리하려고 한다. 하지만 이를 엿들은 번즈 중사는 엘리어스 중사를 죽인 것처럼 크리스를 전투 중에 살해하려 하지만 뜻을 이루지 못한다. 그리고 계속되는 격렬한 전투를 벌이는 도중 크리스는 사체 속에서 부상당한 번즈 중사를 발견한다. 크리스는 번즈 중사를 총으로 쏴 버리고 홀로 귀환한다.

이것이 '플래툰' 의 전체적인 사건의 흐름이다. 올리버 스톤 감독은 이러한 사건 전개를 통해 가장 무서운 적은 적군이 아니라 인간의 내부에 있는 인간성의 파괴라는 것을 보여준다. 바로 이것이 전쟁이 만들어 내는 가장 무서운 적일 것이다.

그리고 감독은 이러한 비극적 모습을 통해 인간 본연의 존엄성과 생명의 의미를 다시 한 번 생각해 보도록 만들어 준다. 그들은 적과 싸우는 것이 아니라 자신들과 싸우고 있었던 것이다. 이러한 감독의 메시지를 가장 잘 드러내 주는 주인공 크리스의 대사로 마무리한다.

> "이제 다시금 돌이켜보면 우린 적군과 싸우고 있었던 것이 아니라, 우리끼리 싸우고 있었습니다. 결국 적은 자신의 내부에 있었던 것이었습니다. 이제 나에게 전쟁은 끝이 났으나 남은 평생 동안 내 속에 남아있을 것입니다.
>
> 그리고 엘리어스도 반즈와 싸우며 평생 동안 내 영혼을 사로잡을 것입니다. 가끔씩 내가 그 둘을 아버지로 하여 태어난 아이 같은 느낌도 듭니다.
>
> 그러나 그야 어찌됐든 거기서 살아남은 자는 그 전쟁을 다시금 상기해야 할 의무가 있으며 우리가 배운 것을 남들에게 가르쳐 주고 우리의 남은 생명을 다 바쳐서 생명의 존귀함과 참의미를 발견해야 할 의무가 있는 것입니다."

〈소피의 선택(Sophie's choice)〉: 단 하나의 대안만이 존재하는 선택

'소피의 선택'은 전쟁 영화에 약방의 감초처럼 등장하는 2차 세계 대전 배경의 유태인 학살을 소재로 다루고 있다. 하지만 이 영화는 스필버그의 〈쉰들러 리스트〉나 다른 전쟁 영화들이 흔히 다루는 유태인 학살에 대한 비극성과 인간의 존엄성에 대한 메시지를 전달한 것과는 달리 나치시대의 잔혹성으로 인해 비극적 삶을 살아간 한 여성에 초점을 두고 있다. 그리고 쉰들러 리스트가 다큐멘터리 필름처럼 역사적 사실을 그대로 재현하였다면 소피의 선택은 전쟁이라는 상황이 한 인간의 삶을 얼마나 비극적으로 만들고 정신을 철저하게 파괴하는지 보여준다. 즉, 소피는 왜 아우슈비츠까지 끌려갔으며, 그곳에서 어떻게 살아갔으며, 왜 자살을 하려 했으며, 그 시대를 살아가며 어떠한 힘겨운 선택을 해야 했는지를 그려내고 있다.

제목에서 알 수 있듯이 이 영화는 '선택'이라는 화두를 통해 영화의 주제를 끊임없이 관객들에게 전달한다. 전쟁이라는 상황 속에서 소피는 살아남기 위해 끊임없이 선택을 한다. 하지만 살기 위해 그녀가 하는 선택은 그녀를 비극으로 몰아가는 선택들이다. 아니 전쟁이라는 상황 속에서 주어진 단 하나의 길에 대한 선택일 뿐이다. 아니 제목과는 달리 소피에게는 선택이란 존재하지 않았는지도 모른다. 전쟁이라는 상황 속에서 그것은 선택이 아니라 강요된 단 하나의 선택일 뿐인 것이다.

이러한 소피의 선택은 자신의 아이 중 한 명의 목숨만을 살릴 수 있는 아우슈비츠 수용소의 장면에서 극에 달한다. 아우슈비츠 수용소에 끌려온 소피가 두 아이 중 한 명만 살려 주겠다는 나치 장교의 요구에 따라 선택을 강요받는 장면은 이 영화의 주제가 가장 극명하게 드러나는 장면이다. 아들을 선택할 것이지 딸을 선택할 것인지는 중요하지 않다. 이미 그곳에는 옳은 선택도 그른 선택도 존재하지 않는다. 어느 것을 선택하든 그녀는 절대로 행복할 수 없다. 옳은 선택이란 있을 수 없는 것이다. 그 선택은 전쟁이라는 상황이 만들어 낸 극한의 상황에서 주어진 선택일 뿐 어떠한 희망도 존재하지 않는 선택이다. 잔혹한 선택을 해야 했던 아우슈비츠에서부터 그녀가 삶의 마침표를 찍게 되는 그 순간까지 단 한 번도 진정한 의미의 선택은 존재하지 않는다.

이 영화에서 이러한 소피의 선택이 더욱 비극적으로 느끼지는 것은 그 선택이 자신의 사상이나 의지와는 아무런 관련이 없는 전쟁이 만들어 내는 상황이기 때문이다. 반유태사상을 내세우던 아버지마저 독일군에게 처형을 당하는 장면에서 이미 자신의 사상과는 관련 없는 전쟁이라는 상황을 암시한다. 전쟁에 의해 강요되는 선택, 그로 인해 소피의 정신은 점점 파괴되어 간다. 결국 그녀는 단 한 번도 선택이라는 것을 해 보지 못한다. 그래서 마지막에 그녀는 자살을 선택한다. 이것만이 전쟁이라는 상황에서 비극적인 삶을 살아가는 그녀가 자신의 사상과 의지에 따라 선택한 유일하면서도 마지막 선택이 되며 이로써 이 영화는 끝이 난다.

7. 시

구상의 〈초토의 시〉

시인 구상은 동족상잔의 비극 6·25 경험과 관련하여 여덟 개의 연작시를 지었다. 여기서 소개하는 〈초토의 시〉는 이 여덟 개의 연작시 중 마지막에 해당하는 여덟 번째 작품이다. '적군의 묘지 앞에서' 라는 부제에서 알 수 있듯이 이 시는 적군의 묘지 앞에서 자신의 의지와는 상관없이 전쟁의 소용돌이 속에서 죽어간 사람들의 죽음을 애도하고 있다. 그리고 이념과 이데올로기라는 허상의 대립 때문에 동족에게 총을 겨누어야만 했던 우리 민족의 아픔을 노래하고 있다. 그리고 나아가 기독교적 윤리관에 바탕을 둔 사랑과 화해의 정신으로 민족 동질성의 회복과 평화통일에 대한 염원을 담고 있다.

초토의 시 8 —적군묘지 앞에서—

오호, 여기 줄지어 누워있는 넋들은
눈도 감지 못하였겠구나.

어제까지 너희의 목숨을 겨눠
방아쇠를 당기던 우리의 그 손으로
썩어 문드러진 살덩이와 뼈를 추려
그래도 양지바른 두메를 골라
고이 파묻어 떼마저 입혔거니
죽음은 이렇듯 미움보다도 사랑보다도
더욱 신비로운 것이로다.

이곳서 나와 너희의 넋들이
돌아가야 할 고향 땅은 30리면
가로막히고
무인 공산(無人空山)의 적막만이
천만 근 나의 가슴을 억누르는데

살아서는 너희가 나와
미움으로 맺혔건만
이제는 오히려 너희의
풀지 못한 원한이 나의
바램 속에 깃들어 있도다.

손에 닿을 듯한 봄 하늘에
구름은 무심히도
북으로 흘러가고
어디서 울려오는 포성(砲聲) 몇 발
나는 그만 이 은원(恩怨)의 무덤 앞에
목 놓아 버린다.

8. 소설

게오르규의 〈25시〉

25시(1949作)는 게오르규의 처녀작이자 자신을 세상에 알린 대표적인 작품이다. 게오르규는 25시를 통해 한 개인의 존엄성이 사회(이 작품에서는 전쟁)에 의해 어떻게 무시될 수 있는지를 고발하였다. 주인공인 요한 모리츠의 비극적이면서도 파란만장한 생을 통해 이 작품은 국가나 사회에 의해 한 개인의 존엄성이 어떻게 무시되고 박탈될 수 있는지를 보여준다. 그의 파란만장한 삶의 여정을 잠시나마 살펴보면 다음과 같다.

주인공인 요한 모리츠는 이데올로기가 무엇인지, 전쟁이 무엇인지 모르는 루마니아의 한 농부이다. 하지만 그의 아내 수산나의 미모는 그의 삶을 파란만장한 여정으로 이끈다. 요한 모리츠의 부인을 사모한 경찰서장은 그를 제거하기 위해 요한 모리츠를 유태인으로 몰아 수용소로 보낸다(물론 실제 그는 유태인이 아니다). 그는 수용소를 탈출하여 헝가리에 이른다. 이리저리 도움을 청하지만 아무도 그를 도와주지 않는다. 그러던 중 길거리에서 헝가리 경찰에게 붙잡혀 루마니아 간첩으로 오인을 받고 독일 노역지로 보내진다. 그곳에서 노역하던 모리츠는 한 대령의 눈에 띄어 순수한 게르만인의 혈통으로 국민적 영웅의 표본으로 뽑힌다(물론 그는 게르만인이 아니다). 하지만 이것도 잠시 연합군이 진주하면서 나치의 앞잡이로서 고문을 당하게 된다. 13년간의 수용소 생활 후 석방된 그는 아내 수산나와 재회한다. 하지만 수산나의 옆에는 자신의 아이가 아닌 다른 누군가의 아이가 함께 서있다. 수산나는 전쟁통에 소련병사들로부터 집단 폭행을 당하고, 아비 모르는 자식을 낳은 것이다.

이 작품의 줄거리에서 알 수 있듯이 요한 모리츠는 단 한 번도 요한 모리츠로 살아 본 적이 없다. 이 파란만장한 모리츠의 비극은 그가 한 번도 '요한 모리츠'로서 대접받지 못했다는 점에 있다. 그는 항상 유태인 · 루마니아인 · 동구인, 적성국가의 국민이라는 이유로 고문당했고 강제로 노동을 했다. 여기에 문제의 핵심이 있다. 모리츠의 비극은 국가, 사회, 이념, 이데올로기 등에 의해 인간 개개인의 존엄성이 무시되고 박탈되었기 때문에 나타난 것이다.

하근찬의 〈수난이대〉

수난이대(1957作)는 1957년 일제치하와 6 · 25 전쟁이라는 민족적 아픔을 상징적으로 드러낸 단편소설이다. 이 소설에는 아버지와 아들, 부자 두 명이 등장인물로 나온다. 아버지 박만도는 일제 강점기 때 강제 징용되어 외팔이가 된 인물이다. 아들

박진수는 한국전쟁 때 전장으로 나가 한쪽 다리를 잃은 인물이다. 이 두 인물은 각각 일제치하와 한국전쟁이라는 우리 민족의 비극적인 역사와 아픔을 대표하는 인물들이다. 비극적인 역사 앞에 아버지와 아들, 즉 한 가족의 이대가 수난을 겪은 것이다. 그래서 이 소설의 제목은 '수난이대' 이다.

하지만 이 작품이 큰 의미와 가치를 가지는 것은 단순히 이대에 걸친 우리 민족의 아픔을 묘사하는 데 그치지 않고, 화합과 화해를 통해 이러한 비극과 아픔을 극복하는 모습을 그려냈기 때문이다. 이러한 화합과 극복의 모습은 이 작품의 마지막에 상징적으로 묘사되어 있다. 고등어를 사서 집으로 돌아가는 만도와 진수는 외나무다리를 만나게 된다. 다리 한쪽이 없는 진수는 도저히 그 다리를 건널 수 없다. 머뭇거리던 아들을 바라보던 만도는 대뜸 등을 돌리며 자신에게 업히라고 한다. 아들은 아버지의 등에 업히고, 아들은 팔 한쪽이 없는 아버지를 대신해서 고등어를 들고 부자는 그 외나무다리를 건넌다. 그 광경을 우뚝 솟은 용머리재가 조용히 지켜보고 있다. 서로의 아픔을 딛고 함께 힘을 합쳐 외나무다리를 건너는 모습과 이 광경을 지켜보는 용머리재는 일제시대와 6·25라는 아픔을 겪으면서 몸과 마음이 모두 황폐해졌지만 힘을 합쳐 함께 이겨낼 수 있다는 메시지를 상징적으로 전달하는 장면이다.

9. 연극

차범석의 〈산불〉

차범석의 대표작인 산불은 1951년 겨울부터 이듬해 봄까지 소백산맥 줄기에 있는 촌락을 배경으로 하여, 6·25 전쟁의 단면을 사실적으로 재현하면서 이데올로기보다 우위에 선 사랑의 가치를 형상화한 작품이다. 이 작품은 사실주의 희곡의 전형적인 특성을 보여주기 때문에 해방 이후 리얼리즘 희곡의 최고봉이라는 평가를 받고 있다. 이 작품이 이렇게 높은 평가를 받는 이유는 민족의 최대 비극이었던 분단과 전쟁 속에 원초적인 인간의 욕구인 사랑을 자연스럽게 녹여 놓았기 때문이다. 즉, 시대적 상황의 한 단면을 밀도 있게 그렸으면서도 인간의 본능과 휴머니즘이 객관적으로 그려져 있는 것이다.

전쟁으로 인해 대부분의 남자들이 죽거나 끌려가고 여인네들만 남아 있는, 욕망의 진공 상태가 한 남자(규복)의 등장으로 깨지고 마침내 두 여인 사이에 욕망의 갈등이 빚어지고 갈등이 해소되려는 순간 남자가 죽게 된다는 구조를 가진 이 작품은 욕망의 삼각 갈등에 토대를 두고 있다는 점에서 다분히 멜로 드라마적 요소를 지니고 있다. 점례는 빨치산에서 탈출하여 마을로 흘러 들어온 규복을 몰래 숨겨주고 그와 사랑을 나누다가 사월에게 발각되자 협박에 못 이겨 그를 양보하면서 고통과 갈등을 겪는다. 그러나 이러한 멜로 드라마적 구성에도 불구하고 여인들의 욕망이 전쟁이라는 비극적 상황 속에서 과잉 억압되었다는 점을 감안하면, 이들의 욕망과 애정의 삼각 갈등은 그리 통속적이지 않고 자연스럽게 표현되어 있는 셈이다.

이 작품에 이러한 애욕의 갈등만이 두드러지게 나타난 것은 아니다. 오히려 근원적인 욕망을 차단하는 전쟁과 이데올로기의 폭압성이 더욱 두드러지게 나타난다. 그러한 극점을 보여주는 부분은 국군이 공비 토벌 작전의 일환으로 대나무 밭에 불을 질러 규복이 불타 죽게 되는 결말의 비극성이다.

이렇듯 산불은 6·25 전쟁의 한 단면을 압축하여 그리면서, 이데올로기보다 더 소중한 것이 사랑임을 역설한다고 볼 수 있다. 과부촌이 설정된 이유도 여기에 있다. 인간이 보편적으로 가지고 있는 성본능 앞에서 이데올로기는 한갓 허위에 불과한 것이다. 또한 유전적 요인(김노인의 노망과 그녀의 손녀인 귀덕은 전쟁 통에 정신 이상이 되었지만, 유전적 요인도 내재되어 있다)과 환경적 요인(6·25 전쟁)과 이데올로기의 대립, 한국적인 향토색에 의하여 전개되는 하층민의 실상을 과학적으로 그리면서 그 안에서 본능과 감정에 기인한 인간을 진솔하게 표출하였다는 점에서 사실주의 연극의 한 전형이 되고 있다.

제9장

사실적/전통적 글쓰기

1. 사실적 글쓰기의 개념과 특징
2. 사실적 글쓰기의 대표 작품
   (1) Bittner의 '모자 쓴 헤리, 일곱 시에 퇴근하는 조지, 스스로 프레드, 절대 외근하지 않는 영원한 불꽃 에드워드'
   (2) Correll의 '레즈비언 카페'
   (3) Tootle: 학교 교육과 운명의 우화
   (4) 김영천의 '네 학교 이야기'
   (5) 김영천 외의 '한 여름밤의 꿈'
   (6) 흑사병
3. 참고문헌

이 장에서는 질적연구의 가장 대표적인 글쓰기 방법인 사실적 글쓰기 방법에 대해 소개하고자 한다. 사실적 글쓰기는 우리가 글쓰기를 할 때 가장 일반적으로 사용하는 기법으로서 연구자가 3인칭 관찰자로서 현상을 묘사하고 설명하는 글쓰기 방법이다. 연구자가 관찰자 입장에서 현장과 멀리 떨어져서 사건과 상황을 기술한다는 점에서 가장 객관적인 글쓰기라고 평가받고 있다. 그러한 이유 때문에 Van Maanen의 글쓰기 기법의 소개에서 가장 먼저 소개되고 있다. 우리가 읽는 대부분의 신문기사, 잡지, 책 등에서 널리 활용되고 있으며 질적연구 초창기의 대부분의 작품들이 이 사실적 글쓰기 방법에 의하여 이루어졌다. 최근에는 이 방법에서 벗어나려는 여러 가지 글쓰기 기법들이 시도되고 있기는 하지만 질적연구자로서 가장 먼저 습득하고 적용할 수 있어야 하는 기법이다.

1. 사실적 글쓰기의 개념과 특징

사실적 글쓰기는 3인칭 관점의 객관적이고 중립적인 태도를 취하기 때문에 대부분의 사회과학 분야에서 가장 많이 사용되고 있는 글쓰기 방법이다. 사실적 글쓰기에서 연구자는 연구참여자의 세계를 3인칭 관점으로 소개하고 기술한다. 3인칭 관점은 연구자가 이야기에 직접 개입하지 않고 관찰자의 입장에서 참여자의 세계를 있는 그대로 기술하는 것이다. 이에 사실적 글쓰기는 객관적이며 중립적이고 탈가치적인 태도를 가진다. 그리고 연구자는 자신이 연구하는 세계에 대해 모든 것을 알고 있으며 독자들이 모르는 세계에 대해 자세하게 소개하는 형식을 취한다. 따라서 독자들은 연구자가 그리는 세계(연구자의 의도나 가치, 의미)로 쉽게 초대되는 경향이 있다. 이러한 특징 때문에 사실적 글쓰기는 과거 문화기술지에서부터 최근의 질적연구에 이르기까지 가장 보편적으로 사용되는 글쓰기 방법이며, 질적연구 외에도 여행자의 수기, 소설, 신문기사 등 대부분의 글쓰기에서 저자들이 가장 많이 의존하는 표현 방식이다.

Van Mannen은 사실적 글쓰기가 다른 글쓰기 방법들과는 확연히 구분되는 다음 네 가지 특징을 가진다고 보았다.

첫째, 저자는 완벽한 권위를 지닌다. 경험적 권위라고 비유되는 이 권위는 저자가 이야기를 주도하는 사람으로서 완벽한 지식과 체계적인 훈련을 받은 전문가임을 나타내는 것이다. 때문에 그러한 권위를 갖는 저자의 이야기는 독자들에 의하여 아무런 의심 없이 '정확한' 사실로서 간주되고 읽혀진다. 텍스트에 담겨 있는 저자의 목소리와 해석은 과학적인 것이며 의심받을 수 없는 신뢰로운 것이다.

둘째, 다큐멘터리 문체가 사용된다. 다큐멘터리 문체는 문화의 일상생활을 상세하고 때로는 정밀하게 그러나 철저히 세속적인 디테일을 강조하면서 내용을 전개해 나가는 문체이다. 문체에는 저자의 감정이 개입되지 않으며 건조하며 때로는 못 견딜 것 같은 무디고 둔한 느낌을 내포하고 있다. 한 문화의 전형적인 상동형의 이미지를 연출해 내는 데 목적을 두기 때문에 연구자는 전형적인 참여자의 행위, 사고유형 등을 기술하고 특정 참여자들의 행위나 말에 대한 기술은 극소화된다. 그 문화의 전형을 나타내는 이미지를 구축하는 데 자료가 사용된다.

셋째, 원주민의 관점이다. 원주민의 관점은 연구참여자의 생각과 내적 세계를 기술하는 것으로서 서술된 이야기들은 연구 문화 속의 참여자들의 기술과 설명을 담고 있다. 포괄적이고 편집된 인용문들은 연구참여자의 관점이 무엇인가를 나타내기 위하여 사용되어야 한다. 연구참여자의 삶의 실제를 기술하고 그들의 관점이 무엇인지를 묘사하는 것이 목적이기 때문에 그들의 행위나 의도를 설명하는 글쓰기가 주된 목적이 된다. 따라서 그 문화의 슬로건, 상투적 표현, 그리고 가장 일반적으로 듣는 구체적인 장면에서 사용되는 용어들의 사용과 함께 그 문화 구성원의 목소리들을 조합하여 기술하는 방법이 강조된다.

넷째, 해석의 전능이다. 해석적 전능은 저자가 자신이 연구한 문화를 설명하고 해석하는 데 있어서 전능한 힘을 갖고 있다는 것을 말한다. 저자는 텍스트에서 무엇이 진실이고 진실이 아닌가를 명료하게 구분시킬 수 있는 권리를 가지고 있다. 이에 Malinowski는 "그들을 묘사하거나 그들을 창조할 자는 나다" (Stocking, 1983: 101에 인용되어 있음)라고 하였다. 저자가 연구 문화를 전지전능하게 해석하고 결과를 내리는 이러한 입장은 최근의 문화기술지에서 거의 사라졌지만 초기 문화기술지 연구에서는 가장 빈번하게 나타나는 특징이기도 하다.

2. 사실적 글쓰기의 대표 작품

이 절에서는 사실적 글쓰기의 전형을 이해시켜 줄 수 있는 다섯 개의 글쓰기 예를 제시하고자 한다. 다음에 제시되어 있는 작품들은 엄밀하게는 사실적 글쓰기가 아닌 다른 질적연구의 지적 전통을 따른 작품들이다. 하지만 질적연구가 관찰과 면담이라는 사실적 자료를 바탕으로 이루어지는 글쓰기라는 점과 앞서 살펴본 사실적 글쓰기의 특징과 관점에 초점을 맞추어 이러한 특징을 잘 보여주는 작품들을 선정한 것이다.

(1) Bittner의 '모자 쓴 헤리, 일곱 시에 퇴근하는 조지, 스스로 프레드, 절대 외근하지 않는 영원한 불꽃 에드워드'

이 작품은 Bittner(1970: 27)가 경찰의 업무와 활동, 책임에 대해 기술한 질적연구 작품이다. Bittner는 경찰의 업무와 책임이 법적 조례나 규칙에 의해 움직이기보다 암묵적인 '상호적 관용'에 의해 결정된다는 것을 이 연구를 통해 밝혀냈다. 그리고 이러한 암묵적인 상호적 관용이 어떻게 해석되며 이해되고 있는지를 기술하였다. 이러한 연구의 기술을 위해 Bittner는 3인칭 관점에서 경찰조직의 구조와 업무를 객관적인 시각에서 그리고 있다. 그리고 사실적 글쓰기 방법을 사용하여 경찰의 업무와 구조는 어떻게 이루어져 있으며, 이들의 업무와 활동이 어떠한 암묵적인 관용에 의해 이루어지고 있는지를 있는 그대로 기술하고 있다.

> 미국 경찰청의 일급 책임자 중에는 순찰경사가 있다. 이들은 주로 남자이며, 경찰들이 맡은 임무와 구별된다. 경찰들이 도시와 시민들의 치안에 대한 책임이 있는 반면 이들은 경찰들의 업무와 행정에 대한 책임을 진다. 외관상 명확한 이러한 대비는 업무상의 어려움을 유발하는데, 왜냐하면 실제 어떤 사건이 발생하였을 때, 그 책임에 대한 구분이 모호하거나 기타 다른 요인들로 인해 그 책임을 명백하게 물을 수 없는 상황이 존재하기 때문이다. 무엇을 이 조직 내에서 감독, 리더십, 관리 또는 지도라고 할 수 있는지 여부는 결코 명확한 문제가 아니다. 그러나 업무를 수행하고, 전화를 받고, 예산을 기획 및 확대하고, 보고서를 쓰는 등 과다한 업무로 인해 모든 경찰들은 옷소매가 다 닳아 없어질 정도라고 말한다.
>
> 분명히 말할 수 있는 것은, 표면적으로 보이는 질서와는 달리 실제의 경찰사회는 혼돈과 불안이 그 구조를 지탱하고 있다는 사실이다. 이것은 눈에 보이지 않기 때문에 그 실체를 정확하게 무엇이라고 말하기는 힘들다. 그런 질서를 기술할 수 있는 방법은 경찰 구성원들의 일상적인 생활을 조사하고, 그들이 조직 서열, 신분 또는 기타 조직 관련 방법으로 그들과 대조되는 다른 사람들과의 관계를 어떻게 유지하는지에 주목하는 것이다. 공간적인 제약과 시간의 부족으로 인해 심층적인 분석과 논의는 불가능하겠지만, 이 글을 통해 내가 직접 '경찰서 경사'라고 명명한 조직역할과 관계된 몇 개 활동을 차근차근 살펴볼까 한다. 이것은 짧은 탐험이 될 것이며, 여기에서 나의 역할과 의도는 완벽한 논의나 결론을 도출해 내는 것이 아니라 그들의 생활을 조명해 보는 것이다.
>
> 경찰서 경사의 주요 임무는 경찰들의 업무를 관리 감독하는 것이다. 그들은 사고(accident) 중심의 경찰업무 세계에 연루되지 않는다. 일일업무에 대해 조

심스럽게 구성한 관점에서, 경찰서 경사는 이 직무를 '주어진 구역을 효과적으로 관할하기' 보다는 '효과적으로 집단을 경영하는 것' 이라고 생각한다. 한 경사는 "내 직무는 법적으로 볼 때 내가 그들에게 무엇을 하라고 말할 수 없기 때문에 조직원이 해야 할 일을 조정하는 것이다." 라고 말한다. 이 말에서 이 베테랑 경사가 말하고자 하는 것은 자신의 공식적 활동에 대한 도달시점에서의 해석이다. 그는 항상 상황에 따라 해석되는 경찰업무에 대해 비교적 초연한 특징을 나타내는 감독 스타일을 말하고 있다. 이 스타일은 다른 순찰 경사 또는 보다 엄격히 말해서 경찰의 그것보다는 경찰청의 비순찰 감독 및 행정지위 스타일에 더 가깝다. 경찰서 경사는 경찰과 시민과의 특정한 문제에 연루될 어떠한 가능성도 철저히 기피한다. 다시 말해서 행정적 역할만이 추구되고 행정적 역할만이 대개 행사된다.

물론 이것은 '어떠한 활동이 경찰서 경사의 행정적 구미를 만족시킬 수 있다고 말할 수 있는가' 라는 질문을 불러일으킨다. 경찰서 안과 밖에서의 경사의 공간 사용의 예로서 다음 활동을 생각해 보자.

계급장이 의미하는 것과 같이 경찰서 경사는 경찰서 내에 가장 빨리 배치시킬 수 있다. 경사가 거리에서 보내는 시간의 양은 대체로 그 경사가 거리에 있어야 할 적절한 이유로 어떤 것을 생각하고 있는가에 달려 있다. 이들 이유는 거의 몇 개 되지 않는다. 이들은 소위 중앙 통신소에서 보내는 '비상 hot' 호출 또는 '문제발생' 호출에 응답한다. 그러한 호출은 진행 중에 있는 그들의 책무의 준수와 분대활동과 관련된 모든 특정 사건에 대한 숙지는 물론, 현장의 경찰에게 서류작업 과제할당, 수사요원 소환, 관련 사무관에게 수색 또는 인터뷰 계획에 대한 조언, 그리고 아마 가장 빈번할 것으로 생각되는, 경찰들을 현장에서 철수하여 본대로 돌아가도록 권고하는 것과 같은 감독권을 행사하도록 하는 경우를 제공한다.

그 밖에 거리활동을 하는 경우로는 보고서가 서명을 받고 전달될 수 있도록 순찰 사무관의 요청으로 파견자를 통해 계획된 경찰과의 '대면', '활동 중' 에 있고 최소한 제도적으로 활동의 한 부분이라는 것을 분명하게 보여주기 위한 노력의 일환인 구역 '순회', 한 구역에 새로 배치된 인력을 구역 내 담당지역의 초반부 순찰에 데리고 다니면서 지도하기, 퍼레이드, 시민축하행사, 스포츠 경기와 같이 특수임무로 고정지역에 배치된 자 점검 등이 있다. 그러나 경찰서 경사의 모든 활동 중 그가 경찰서에 있지 않을 때 가장 두드러지고 인상적인 활동은 본질적으로 이러한 활동이 아니다. 가장 두드러진 것은 거리에서 마주치게 되는 어떠한 특정 경찰사고에도 연루되려고 하지 않는 그의 분명한 자세다.

경찰서 경사는 어떤 호출을 받고 제일 먼저 현장에 도착하는 것을 피하려고 조심한다. 거의 예외 없이 경찰의 일반규칙은 '첫 번째로 들어온 차가 그 사건을 담당한다' 는 것이다. 경찰서 경사는 관련 경찰이 스스로 합당하다고 생각하는 방식으로 호출을 처리하도록 경찰에게 주어진 자치권을 존중하고 준수한다. 그들은 스스로 '사건현장에서 현장을 지휘하고 있다' 는 생각을 하지 않으려고 노력하고, 부서의 행동규정이 지시하는 감독책임을 참조하는 방법으로 어떠한 특수한 거리 참석도 정당화하려고 애쓴다. 어떠한 법적 또는 유사법적 조치를 취해야 하는지에 대해 질문을 받으면 경사는 물론 답을 하겠지만 결국 그것은 '자신의 호출' 이고 그는 그가 옳다고 생각하는 것을 해야 한다는 뜻으로 질문하는 사무관에게 이해할 수 없다는 듯 어깨를 으쓱하면서 자신들의 대응에 항상 정당성을 부여할 것이다.

경찰서 경사가 실제 업무라고 생각하는 일은 경찰건물 즉, 경찰본부 또는 관할지서에서 일어난다. 이곳에서 경찰서 경사는 가장 편안함을 느끼고 이곳을 집처럼 생각한다. 이곳에서 그들은 다 알고 있다는 듯 회의적인 표정을 지으면서 가려 뽑아놓은 직원의 보고활동의 세부사항을 모니터링하면서 '라디오' 를 듣는다.

이곳에서 경찰서 경사는 '조직원' 에게 면담을 허락하고, 그들과 관계된 여러 가지 서류 즉, 체포보고서, 연장근무 진술서, 장비인출서 등에 서명한다. 여기서 근무 교대가 시작될 때마다 출석점호가 실시되는데, 이때 경찰서장은 작은 학생용 책상에 큰 덩치를 억지로 맞추어 몸을 반쯤 책상 밖으로 내놓거나 딱딱한 금속재 의자에 불편하게 앉아 있는, 지루한 표정이 역력한 피곤한 경찰을 관객으로 데려다 놓고 훈시를 한다. 훈시 내용은 대중에게 비쳐지는 자신들의 외모(머리 모양, 몸무게, 단정한 유니폼, 깨끗하게 세차한 순찰차, 근면한 태도), 게으름과 불량한 근무태도의 죄악성, 항상 그 이름이 알려지지 않는 경찰의 근무태만 행위(점심시간 불이행, 주류 구매, 경찰 권력의 남용), 또는 제출한 보고서의 정확한 문법 형식과 스펠링이 결여된 것에 관한 것들이다.

경찰서 경사는 또한 경찰서 자체의 영역에 대해 주장한다. 경찰이 용의자를 조사하고, 경찰 관할구역 주위에서 죄수를 안내하고, 증인에게 질문하고, 보고서를 쓰고 또는 다른 좁은 의미의 경찰업무에 관여하는 등의 일에 연루되지 않는 경우에 그들은 출석점호 후 퇴근도장을 찍을 때까지 경찰서에서 하는 일이 없다. 딱히 할 경찰 업무가 없으면서 경찰이 오랫동안 그것도 빈번히 경찰서를 들락거리는 것은 시간을 때우려는 의도로밖에 비쳐지지 않고 그런 경찰은 거리로 다시 내쫓긴다.

본질적으로 경찰서 경사는 가능하면 경찰업무를 구성하는 사건에 실제적 또는 업무적으로 개입하지 않는다. 일상적 경찰호출에 관여하는 것을 꺼리는 방법으로, 교묘한 방법을 통해 법적으로 책임을 져야 하는 경찰의 의사결정 과정에 참여하지 않는 것, 경찰과 시민 간의 대면에 대한 모든 책임을 경찰에게 전가하는 방법으로 이들 서장은 조직 내에서 사전에 정해진 역할을 구성한다. 중요한 것은 이것이 그들이 지탱하고 쉽게 합리화할 수 있는 역할이라는 것이다. 관료적이면서 때때로 의회조직이라는 인상을 심어주기 위해 경찰서 경사는 그들의 행위를 정당화할 수 있는 값진 자원을 수중에 가지고 있다. 그러한 감독자에게 조직은 구성원의 관례와 관계가 서열 간(그리고 전문성 간)의 책임(그리고 수월성)을 정의하는 규칙을 긴밀히 반영하기 위해 의도된 시스템이다.

경찰서 경사는 공식 규칙이 상황에 따라 달라지고 모호하고 명확한 경우가 거의 없다는 주장에 대해 정당성을 부여하기를 거부하는 방법으로 그들의 현장에의 헌신과 연루를 제한한다. 시민의 강도침입 주장에 대해 더 조사할 것인가에 대한 판단을 요구하는 사건이 일어나면 경찰서 경사는 그 결정을 하기 위해 신속하게 형사들을 집결시킨다. 그 일이 조사업무인지 아니면 순찰과 관계된 것인지 하는 문제는 협상을 통해 해결될 문제로 여겨지지 않는데, 그 이유는 경찰서 경사는 목적과 기능에 대한 공식성명을 발표하여 그 문제를 '그의 손을 벗어난' 문제로 정의할 것이기 때문이다.

이러한 감독 스타일에 대한 경찰의 반응은 대부분의 경우 조롱당한다. 경찰서 경사를 빗댄 별명 즉, 방관자 딕, 융통성 없는 브루베이커, 겁쟁이 맬로이가 의미하는 것처럼 경찰은 그 스타일을 업무관련 결정과 책임 있는 결정을 내려야 할 필요로부터 경사를 보호해 주는 일종의 술책으로 생각한다. 그것은 일종의 책임전가, 의무로부터의 도피, '쓰레기 같은 것에 집중하는 것' 으로 간주된다. 이러한 이유로 경찰서 경사는 종종 용기가 없는 것도 아닌데 소심한 자로 그려진다. 그들은 특정한 사건에 연루되는 것을 두려워하는 자로 간주되는데, 그 이유는 그들은 잘못된 결정을 내려 경찰들이 그들에게 가진 인자함을 가진 우수한 사무관으로서 적격이라는 이미지를 흐리는 것을 두려워하기 때문이다.

경찰이 그렇게 판단하기 위해서는 어떤 가정이 요구된다. 그중 가장 널리 퍼져 있는 것으로, 규칙대로 행동하고 '얌전하게 있으면' 경찰조직의 고위간부의 환호 또는 호의를 산다고 하는 믿음이다. 그러한 가정은 경찰이 그의 상관에게 느낄 수 있는 어떠한 개인적 감정도 조정하는데, 그 이유는 해석 가능한 동기에 근거해서 어떤 설명을 제공할 수 있기 때문이다. 모자 쓴 해리 또는 일곱 시만 되면 퇴근하는 조지와 같은 '교과서 인간' 은 인정을 받지 못할 경우 부하들이 나서서 감당할 수 있기 때문이다.

나는 결국 경찰서 경사는 그들의 상대자 즉, 그들 중 일부는 라디오 프리 레바논, 고지식한 딕, 하이빔 바비와 같은 이름으로 불리는, 지역경찰이 없었다면 알아볼 수 있는 타입으로 존재할 수 없다는 것을 지적할 수밖에 없다.

간단히 말해서 경찰서 경사가 무엇이든 간에 이들은 지역경찰과 다르다. 경찰은 스스로를 우선 그리고 무엇보다도 실제적인 경찰로서, 관리업무에 흥미가 없는 자로 생각하고 있다. 지역경찰에게 그가 착용하고 있는 줄무늬옷이 두드러지게 보이는 것은 신경 쓰이는 일인데, 그 이유는 경사가 된다는 것이 무엇을 의미하고 무엇을 수반하는지가 그에게 분명하지 않기 때문이다. 지역경찰은 여기에서 논하기에는 너무 많은 이유로 경찰로서의 경찰업무와 경사로서의 경찰업무 간의 차이를 거의 구별하지 못한다. 경험 많은 한 지역경찰은 이 문제를 다음과 같이 말하고 있다: “나는 내 사람 중 몇몇이 나를 욕하는 것을 잘 안다. 그러나 나는 그럴수록 더 직접 거리로 나가, 시에서 나에게 급여를 주면서 하도록 시킨 일 즉, 만일 그 일이 나쁜 사람을 본래의 자리로 돌려보내는 일이라면 그렇게 하려고 한다. 그것은 내가 그들이 문제를 일으키고 다녔다는 것을 알게 되었을 때 그들에게 아무런 말도 하지 않겠다는 뜻이 아니고 내가 그들의 보호자나 되는 것처럼 그들을 찾아다니지는 않겠다는 뜻이다.”

지역경찰의 높아진 위치의 아이러니는 그의 괴짜 정신에 있다. 그의 거리업무에 대한 직업적 관심에도 불구하고 그는 일정한 종류의 경찰업무만을, 그것도 어려운 일에 대해서만 개입할 수 있다고 생각한다. 더 이상 호출지로 파견되지 않는 거리 경사는 “남의 일을 가로챈다” “지나치게 감독한다” “여기저기 정탐하고 돌아다닌다” “다른 사람의 일에 쓸데없이 참견하고 다닌다” “자신의 일을 게을리 한다” “서류업무에는 신경을 안 쓴다” 그리고 심지어 “감독을 소홀히 한다”는 비난을 듣는 어두운 직업세계에서 생활하고 있다. 그러한 비난은 분명 극복할 수 있다 하더라도 비난의 수는 축소되어야 한다. 만약 그 비난이 퍼지면 경사의 명령 아래에 있으면서도 그 위에 있는 사무관은 그의 일상생활을 가장 불편한 것으로 만들 수 있다.

(2) Correll의 ‘레즈비언 카페’

‘레즈비언 카페(Lesbian Cafe)’는 Shelley J. Correll의 박사학위 논문이다. 그녀는 이 논문에서 자료 수집 방법으로 그 당시에는 다소 생소하였던 온라인 리서치를 선택하였다. 더 정확하게는 연구 참여자들과 게시판(BBS: bulletin board system)을 통해 의사소통하였다. 그래서 이 논문은 질적연구의 지적 전통에서 '인터넷 문화 기술지' 로 분류되고 있다. 이러한 온라인을 통한 방법은 레즈비언이라는 특성으로 인해 노출을 꺼리는 연구 참여자들과의 접촉을 용이하게 해주었을 뿐만 아니라 연구 참여자들이 자신들의 이야기를 적극적으로 진술하게 이야기할 수 있도록 해준 것으로 평가되고 있다. 이 작품 역시 온라인을 통해 수집한 자료를 사실적 글쓰기 방법으로 기술하고 있다.

레즈비언 카페의 모습

LC는 바와 매우 비슷하게 만들어져 있다. 오리지널 카페는 TJ라는 여성에 의해 만들어졌는데 그녀는 BBS 메뉴에 새로운 토픽을 만들었고 그녀는 이를 레즈비언 카페라고 불렀다. 오리지널 게시판에서 그녀는 그 바를 모든 사람들이 바로서 인식할 수 있게 꾸몄다. 그녀는 금방이라도 슬라이드 드링크를 제공할 것처럼 꾸밈과 동시에 출입이 자유로운 모임장소인 포켓볼 당구대를 설치하였다. 게다가 그녀는 따뜻한 난로와 뜨거운 물이 가득 담긴 욕조도 설치하여 지금까지 존재하는 어떤 레즈비언 바보다 멋있게 꾸몄다. TJ의 말에 의하면 여성들은 재빨리 카페를 찾고 또 그 카페를 사랑하게 된다고 한다. 나와 이메일로 면담을 하였던 초기의 단골손님 중 한 명이 나에게 말하길 '레즈비언' 이란 말보다 '레즈비언 카페' 라는 말에 끌려 처음 방문하게 되었다고 하였다. 그녀는 2개의 레즈비언 BBS를 발견하였는데 카페라는 이름의 BBS가 더 좋았다고 하였으며 여자들은 카페라는 말에 더욱 친근감을 가지는 것 같다고 하였다. 그녀 역시 환상적인 바에 황홀해졌다고 말했다. 초기의 단골손님이었던 그녀가 쓴 게시물에는 TJ가 처음으로 묘사하였던 것들에 대한 언급이 있었다. 사실은 처음 몇 주 동안의 새로운 게시물에는 바, 포켓볼 당구대, 뜨거운 욕조 또는 난로 등에 관한 언급이 있었다. 카페가 어느 정도 안정되었을 때 '입장(entering)' 이라는 의식이 포함되었다. 매번 손님들이 카페에 들어오고자 할 때마다 바텐더에게 특정한 음료 이름을 게시물에 띄우는 형식으로 주문하여야 입장이 가능하였다. 이러한 행위를 함으로써 그녀는 카페와 더욱 친근해졌다. 다음에 그녀는 바에서 특정한 위치에 자리할 수 있었다. 예를 들어 한 여성이 "불 옆에서 몸을 녹이고 싶어요." 라든지, "누구든 나랑 포켓볼 치지 않을래요?" 라고 글을 올리는 것이다. 왜 카페에 입장하려면 음료를 시켜야 하냐고 오래된 한 단골손님이 질문을 하자 그녀는 연설조의 어투로 "바에 오는 모든 사람들은 음료를 시키지 않나요?" 라고 대답하였다. 손님들에게 카페의 이용방법을 설명하기 위해 간략한 의식을 하는 것은 손님들이 실제의 바처럼 느낄 수 있게 하기 위함이다. 글을 올리는 방식으로서 음료를 주문하고, 포켓볼 당구대에 돈을 걸고, 난로 옆에서 친근한 대화를 나누는데 이렇게 현실감을 주는 방식은 나중에 서로간의 관계를 돈독히 할 수 있다.

누군가가 처음으로 LC에서 묘사한 것이 손님 간의 토론과정 중에 새로운 모습으로 생성되거나 사장된다. 예를 들어 어느 날 한 손님이 난로 옆 흔들의자에 앉아있다고 게시판에 글을 쓴다. 하지만 난로 옆 흔들의자는 이제껏 한 번도 이 카페에서 언급되지 않았던 것이다. 하지만 이 손님이 계속해서 그녀가 난로 옆 흔들의자에 앉아있다고 글을 쓰게 되면 다른 손님들도 그 의자는 '사라(Sara)'와 연관되어 있으며 하나의 장식물로 받아들이게 된다. 대화 중에 다른 손님은 그 흔들의자에 대해 "나는 사라가 어디 있는지도 모르겠고 흔들의자도 지난 몇 일간 비어 있었어"와 같은 글을 남기기도 한다. 녹색 콩자루 의자 역시 이와 비슷한 방식으로 생성되었고 일찍 입장한 사람들이 서로 차지하려고 하였다. 카페에 입장한 손님들은 게시물을 읽고 누가 녹색 콩자루 의자에 앉았는지를 판단하게 된다. 만약 이것이 비어 있다는 것을 알게 되면 손님 중 누군가가 게시판에 자기가 차지했다고 글을 올린 후 의자에 앉게 되는 것이다. "기다리는 모든 숙녀분들! 내가 콩자루를 차지했어. … 그런데 다들 어디 있니???" 그러나 수 주가 지나 아무도 콩자루 얘기를 하지 않게 되면 더 이상 콩자루는 존재하지 않게 된다. 대신 난로 옆에 눕는 자리가 생기게 된다. 내가 콩자루에 무슨 일이 생긴 거냐고 물으면 새로 들어온 수많은 손님들이 "여기서 콩자루를 본 적이 없는데요."라는 답글을 남기게 되지만 예전부터 방문했던 손님 중 한 명은 "그렇게 낡은 것은 이제 짜증나서 다락방에 처넣었어."라고 답변을 한다. 예전에는 한 번도 언급되지 않았던 다락방이 새로 등장하게 되었고 그런 답변은 다락방 청소에 관한 이야기를 하게 되는 계기가 된다. 분명하게도 손님들이 구두로 표현한 것은 현실적으로 재창조된다.

그것은 한때 BBS로 존재했었던 LC에서 약 한달간 흥미로운 게시물로 통하였고 많은 단골손님들에게는 이러한 것들이 당연한 것으로 여겨졌었다. 가끔씩 그들은 바에 음료를 시키지도 않고 특별한 표현도 하지 않은 채 게시물을 올렸다. 처음에 세팅된 대화방식에 대해선 아무도 관심을 가지지 않았고 미식축구나 정치적 사건 등의 게시물만 상당수 올라왔다. 그러나 만약 대화가 재미없어지면 누군가 즉시 음료를 마시거나 포켓볼을 즐기자고 하였다. 다시 말해 실제로 존재하는 구조 속에서 공통 관심사에 관해 서로 대화를 할 때 일반적인 현실감을 느낄 수 있다.

LC의 구조를 처음 구상할 때부터 실제의 바와 유사하게 만들려고 하였지만 실제의 바와는 다음과 같은 차이점이 존재하였다. 첫째, 이 카페는 일하러 가는 중에 정기적으로 들러서 커피를 마시려는 여성들에게 언제나 '영업 중' 이다. 즉 이 카페는 아침부터 영업을 할 수도 있고 바에서 커피를 주문할 수도 있다. 이른 시간부터 바에 있는 것처럼 느끼고 싶다면 술을 시킬 수도 있다. 왜 밤인 것처럼 하면 안돼나? 비슷한 말이지만, 파티가 꼭 밤에만 열릴 필요는 없지 않은가? 그래서 비록 이 바가 환상일지라도 손님들은 실제라고 우기려 한다.

게다가 대부분의 단골손님들은 인터뷰에서 지적했듯이 그들은 실제 바에는 많이 가보지 못했다고 한다. 그들이 사는 지역에는 바가 없기 때문인 경우도 많지만 '실제로 게임이 가능한' 그런 실제의 바의 모습을 좋아하지 않는 경우도 많다. 애틀랜타에서 만난 사람들과 얘기하면서 충격받은 점은 많은 사람들이 밤에 바에서 술을 마시는 것보다 아침에 커피와 함께 대화하기를 선호한다는 것이다. 정말로 그럴 것이 컴퓨터상에선 늦게까지 바에 있던 여성일지라도 실제의 바에서는 문 닫기 훨씬 이전에 집에 가려고 한다. 이러한 현상을 보고 의문이 되어 그 여성에게 물어보니 실제의 바는 편하지 않다고 하였다. 그 카페에서는 쉽게 친구를 사귀고 대화를 할 수 있으며 서로 놀 수 있다고 한 여성이 말했다. 그렇다면 왜 그 카페는 실제의 바와 비슷하게 만들었을까? 바는 레즈비언들이 다른 레즈비언들과 만날 수 있는 유일한 장소이기 때문이다. Krieger (1982), David, Kennedy, Michelson(1981)이 말한 대로 바는 오랫동안 레즈비언과 게이 커뮤니티의 중심이 되는 본부 역할을 해왔다.

카페 손님들은 구두로 묘사된 것을 바탕으로 카페의 형태를 조심스럽게 만들어 왔다. 그러한 구조는 공유된 현실감을 창조하고 상호작용하기 위해 제공된 주제들의 목표들을 위해 만들어졌다. 문화기술적인 관점에서 봤을 때 현실감의 본성은 교감보다는 중요하지 않다. 예를 들어 불 옆에 녹색 콩자루나 흔들의자가 공간을 차지하든지 말든지 간에 이것은 이 공간을 차지하는 손님들의 믿음보다 더 중요하지는 않다. 구성원들은 반드시 매일 하는 대화 속에서도 카페의 모습을 언급해야 한다. 만약 그 바의 모습이 논의되지 않으면 더 이상 손님들은 공통된 현실감을 공유할 수 없게 되고 카페도 존속할 수 없게 된다.

레즈비언 카페의 기능

LC의 첫 번째 기능은 커뮤니티가 부족한 지역에 사는 사람들 또는 주위에 이런 커뮤니티가 있기는 해도 여러 가지 이유로 인해 참여하지 못하는 사람들을 위한 레즈비언 커뮤니티로서의 기능이다. 내가 면담한 LC의 주 고객 중에는 대도시 출신도 있었지만 이들은 소수였고 대부분은 레즈비언 바, 서점, 커뮤니티 센터가 부족한 곳 출신이었다. 다른 기능은 대변하는 커뮤니티로서의 기능이다. 이 커뮤니티에서는 가족애를 느낄 수 있다. 이메일을 통해 면담한 한 손님은 “우리는 이곳에서 우리들끼리 뭐든지 할 수 있고 적응을 못할 것을 두려워하지 않는다.”라고 말했다.

정말로 그럴 것이 그 손님들은 강한 유대를 공유하고 있는 듯하였다. 이 카페의 개설자는 자녀양육권 소송에서 싸우고 있을 때 그 문제를 설명한 글을 게시판에 올렸다. 그녀는 수많은 답장을 받았고 그것으로 인해 힘을 낼 수 있었다. 변호사인 한 손님은 그녀에게 법적인 조언을 해주었고 치료사인 한 손님은 그녀에게 스트레스 해소법을 알려주었다. 그리고 사람들은 그녀에게 전화를 하였고 카드를 보냈다. 그녀는 이 카페가 “내가 경험한 가족 이상의 것”이라고 말했다.

이 카페는 주위의 다른 레즈비언들에게도 역시 커뮤니티로서의 장소가 된다. 이메일로 면담을 하였던 Paula는 다음과 같이 말했다. “나는 이 카페가 좋아요. 왜냐하면 나랑 똑같은 라이프스타일을 향유하는 다른 여성들과 만날 수 있고 나의 사랑을 Pam과 함께 공유할 수 있으니까요. 우리는 앨라바마에 사는 우리와 같은 레즈비언 커플 한 쌍을 알고 있어요. 저는 그곳도 이곳과 같은 장소가 되었으면 해요.”

전화로 면담을 한 한 여성의 말과 같이 카페에 모인 여성들 역시 주위의 다른 레즈비언들의 중요성에 대하여 얘기를 한다. “가족이나 친구들에게 걱정을 끼칠까봐 저는 매우 곧은 삶을 살아왔어요. LC는 가정의 따뜻함을 느낄 수 있는 유일한 장소입니다. 저에게 있어서 LC는 해방구예요. 이곳에서야 비로소 제가 처한 현실로부터 빠져나올 수 있죠.”

이러한 여성뿐만 아니라 스스로 레즈비언이라 밝히지 못했던 다른 레즈비언들에게 LC는 안전한 해방구이다. 실제의 바에 가는 것보다는 컴퓨터상의 바에 가는 것이 이들에게는 더 안전하다. 바에서 나오고 싶으면 스위치를 누르기만 하면 된다. 게다가 아직까지 커밍아웃하지 않은 레즈비언들도 이곳에서는 익명으로 레즈비언 라이프스타일을 들여다볼 수 있다. 게다가 Osborne(1993)이 말한 것처럼 인간의 성에 대한 또 다른 관점을 경험할 수 있다.

그리고 그 카페는 새로운 친구들을 만나고 기분전환을 할 장소를 제공한다. Super Bowl Party와 같은 주제가 있는 파티는 지속적으로 계획되고 있다. Super Bowl party를 구상하는 몇 주 동안 여성들은 그 게임에 돈을 걸었고 장식 또는 음료에 관한 의견을 게시판에 올렸다. 실제의 게임을 하는 동안 많은 여성들은 컴퓨터에 로그인을 한 후 게임, 심판, 응원, 불만 등에 관하여 토론을 한다. 응원은 Cap키를 연달아 치거나 어떤 경우는 키보드를 이용하여 미식축구, 헬멧, 그리고 그와 비슷한 것을 직접 그려 넣는 방식이다. 게임과 파티는 다음 몇 일간 그런 주제에 관하여 얘기하면서 계속되었다.

친구들과의 만남은 이 카페의 또 다른 중요한 기능이다. 이메일을 통해 면담을 한 한 손님은 "나는 한 달도 안 되는 기간 동안 이곳에서 사귄 친구들이 지금까지 어느 곳에서 만난 친구들보다 많았다."라고 말하였고 "그 바는 정말 환상적이야. 그러나 어느 곳에서 만난 친구들보다 더 현실적이었어."라고 덧붙였다. 그 여성들을 전화나 이메일을 통해 면담하는 과정은 매우 흥미로운 작업이었다. 그러나 이러한 환상을 나눔으로써 그들은 만나는 사람들에게서 어떤 현실을 느끼게 된다. 게다가 그 환상은 반복적인 즐거움을 준다. 그 카페에 방문하면 현실은 창조되지만 그 카페에서의 현실은 아마도 '최상의 현실'(Schutz, 1970)과는 다를 것이다. LC는 실제 바의 최상의 현실과 현실적인 요소의 영향을 받는다. 가령 우정은 LC에서 형성되지만 외부세계의 영향을 받게 된다. 현실과 환상의 흐릿한 경계선상에서는 Chayio(1993)가 말한 것처럼 현실 그 자체에 대해 다시 개념화할 필요가 있다.

아마도 카페의 가장 명확한 기능은 처음 방문한 사람들의 접근성일 것이다. 처음 이 카페에 방문한 손님들은 "모든 것이 재미있어."라고 말하기도 하지만 종종 다음과 같은 게시물에서처럼 의견을 말하기도 한다. Cunnie라는 한 여성은 예전부터 잔디를 깎았으나 지금은 짐을 싸서 도시로 나왔다고 한다. 나는 그들의 모습을 엿볼 수 있는 컴퓨터 스크린상에 올라온 두 개의 게시물을 소개한다.

Cunnie.... 네 말은 "너" 오늘 잔디를 깎았다는 거잖아... 최선을 다해서!! 어쨌든 그건 아니지... 헤헤... 재미있어... 나도 오늘밤에 도시로 가.... 말했듯이.... 거기서 보자!! 윙크~ 헤헤... 나도 여행을 떠나.... 그래서.... 여기 와서 내 "잔디" 좀 깎아줘...

Jannie... 여기 좀 정돈해 봐....〈〉...윙크!!

Jennie... 엉망으로 만들지 마, 내 혀끝에 키스하느니 여기 좀 정리해 봐 〈〉.... 어이쿠!

Darla...

이런 여성들은 서로 '커플'이기 때문에, 다른 사람들이 이 글을 읽고 심각하게 받아들이지 않게 하기 위해 조심해서 글을 올리게 된다. Jennie의 '헤헤'는 웃음을 형상화한 것이고, '윙크'는 종종 즐거운 태도를 표현한 것이다.

Cunnie가 Darla라고 부르는 것은 Jennie의 "엉망으로 만들지 마"와 함께 즐거운 의도를 나타내는 말이다. 그럼에도 불구하고 그들의 연애는 성적으로 묘사된다. 누구의 혀끝으로 잔디를 깍으라는 은유법을 이용하여 오랄섹스에 관한 농담을 주고받는다. 카페의 정규 고객들은 알아차릴 수 있지만 컴퓨터 전산망으로는 검열되지 않는다. 많은 경우 다양한 여성의 신체 부위를 은유법으로 표현함으로써 연애 행위를 하게 된다. 동굴들과 나무들은 생식기 부분을 말하는 것이며 산들은 가슴을 뜻한다. 〈〉와 같은 부호 역시 생식기 부위를 의미한다. 이러한 은유법 때문에 '피곤해'라는 글도 올라오지 않고 계속 성적인 대화를 할 수 있었다. 정말로 이러한 방법으로 연애를 할 수 있는 능력은 정회원과 신출내기의 차이이다.

다음의 글에서 볼 수 있듯이 어떤 연애는 심각한 느낌을 받기도 한다.

> Stacy....
>
> 글쎄, 사실은.... 난 좀 더 원하고 있어...마치....
> ... 널 안고 싶어....
> .... 여기 내 팔이 있어....
> .... 오랫동안 널 지켜줄 거야...
> * Brenda *
> 〈smile〉
>
> Brenda...
> 그거 재미있네요....〈smile〉
> 저 역시 똑같이 원하고 있어요...
> Stacey
>
> 〈kiss...........〉!

위 글에 사용된 말들이 덜 성적이면서도 더 로맨틱함을 알 수 있다. "널 안고 싶어... 여기 내 팔이 있어.... 오랫동안 널 지켜줄 거야." 최근 수주간 이 두 여성은 대부분의 시간을 대화를 나누는 데 썼다. 그들은 다른 게시물에서 주로 사용되는 즐거운 느낌의 "〈윙크〉" 대신 로맨틱한 분위기를 연출하는 "〈smile〉"이란 단어를 사용하였다. 〈kiss........〉에서처럼 과도하게 사용된 점들은 긴 키스를 의미한다. 단어들과 기호 등을 사용함으로써 매우 다른 분위기를 연출할 수 있었다.

마침내 카페는 게이와 레즈비언에 관한 전국의 뉴스를 레즈비언들에게 제공하는 정보 센터 역할을 하게 되었다. 예를 들어, 정부에서 군에 있는 게이들에 관한 정치적 논쟁을 하고 있는 동안 한 손님은 이 문제에 대해 가장 영향력 있는 정치가의 이름과 전화번호를 게시판에 올리기도 하였다. 그녀는 모든 이에게 "입대를 원하는 우리의 형제, 자매들의 권리를 보장해주세요.... 제발"

그 결과 이런 온라인상의 커뮤니티에서도 오프라인상의 커뮤니티와 같은 기능을 할 수 있게 되었다. 친구를 사귈 수도 있고 우정을 키울 수도 있다. 게다가 여과활동, 토론, 그리고 '우리들만의 장소' 등을 위한 장소를 제공하고 있다.

의사소통 수단의 효과

전자 매체를 통해 관계를 만드는 것은 자유롭고 제한적인 것 둘 다 가능하다. 어느 쪽이든 새로운 논쟁은 의사소통의 형태에서 독특하게 발생한다. 많은 카페의 회원들은 제공된 제한적인 매체의 자유로움을 설명한다. 한 응답자는 그녀가 신체적인 겉모습을 강조하는 것은 잘못된 것이라고 말했다: "나이, 인종과 같이 보이는 것들은 관계없고 실제적인 사람 됨을 만드는 생각과 믿음이 무엇인지 알고 있는 것이 더 중요하다."

부끄러움을 잘 타는 사람이 컴퓨터로 의사소통하는 것은 다른 누군가에 의해 '들리기' 전에 자신의 글을 수정할 수 있고 주의 깊게 만들 수 있어서 발을 들여놓기가 더 쉽다. 카페회원 중의 한 명인 Melanie는 이메일을 통해 면담을 하는 동안 말했다. "나처럼 부끄러움을 타는 사람들에게 이 카페는 보통 바보다 더 좋아요. 이런 방법으로 대화하는 것은 더 쉽죠. 이 곳 게임은 즐겁고 그냥 보통 평범한 바에요."

Melanie를 카페에서 관찰했을 때, 그녀는 부끄러움을 타지 않았다. 그녀는 그곳에 자주 와 있었고 꽤 들떠있었다. 실제로 많은 카페 회원들은 그녀가 부끄러움을 타지 않는 것 같다고 말했다. 그러나 한 사람은 Melanie가 매우 수줍음이 많다고 했다. 애틀랜타로 여행 온 한 손님이 어느 날 다른 사람들에게 말했다. "Melanie는 스스로 즐기는 것같이 보이지 않는군요." 또 다른 사람이 말했다. "모든 사람들이 많이 즐거워하기를 기대하고 있어요. Melanie를 제외하고 말이죠." 또 다른 여자가 말했다. "기억해 봐요. 그녀는 그때 부끄럽게 말했었죠. 나는 그녀를 기억해요. 전에 Melanie가 애틀랜타에 이틀 동안 들렀을 때 사람들과 함께 편안해지기 시작했어요. 그때 나는 그녀가 왜 사람들 앞에서 부끄러워하는지 물어보았어요. 그녀는 말했죠. '나는 사람들을 만나는 것이 결코 좋지가 않았어요. 컴퓨터와 말하는 것이 더 쉬웠죠. 나는 사람들이 무슨 생각을 하는지 걱정하지 않았어요. 아마 그들을 더 실제적으로 알지 못했기 때문이겠죠.'"

Goffmanian은 컴퓨터상의 관계가 더 쉬운 것은 앞서 있는 것과 같이 이상화된 것을 더 쉽게 조종할 수 있기 때문이라고 했다. 만약 사람들이 더욱 사교성이 풍부해지기를 바란다면 컴퓨터에서는 앞에 나서는 것을 더 쉽게 할 수 있을 것이다.

손님들은 또한 진지함 없이 장난삼아 연애하는 것의 좋은 점을 설명했다. 레즈비언 카페의 대부분의 여자들은 커플이었다. 그들의 파트너들은 컴퓨터상의 연애를 위협적으로 느끼지 않았다. 그러나 실제 바에서 그와 같은 행동의 연애를 한다는 것은 이해할 수 없었다.

컴퓨터는 또한 대화 매체로 제한될 수 있다. 초반에 얘기했던 것처럼 감정 전달에 한계가 있다. BBS 사용자들은 이를테면 (VBG) Very Big Grin 감정을 나타낼 수 있는 기호가 있는 총체적인 사전을 개발하였다. 이런 표시 없이 농담을 한다면 심각하거나 무례한 것으로 오해를 받을 수 있다. 예를 들어 Melanie가 어느 일요일 아침 흔들의자에 앉아 신문을 읽었다고 말했다. Lori는 대답했다. "흔들의자에 앉아 즐거운 시간을 갖는 것과 그런 코믹물로 너의 머리에 크게 부담이 되지 않는 것이야(VBG)."

윙크나 미소와 같은 보통 얼굴 표정 하나가 이름 뒤에 오는 것은 보통 확실히 주목을 끄는 것처럼 보인다. 윙크는 카페에서 즐겁고 들떠있는 분위기를 알리거나 두 사람 사이의 비밀을 공유하는 표시로 사용된다. 다른 어떤 사람이 웃음을 주는 상황에서 손님의 모습은 'heehee' 라고 하는 웃음소리를 나타낸다. 화가 나거나 뭔가 불만일 때 소리를 지름으로써 드러내는 것과 같다. 마치 모든 철자를 대문자로 쓰는 것처럼.

다른 감정들은 이를테면 'Katie....lonely' 손님의 이름 뒤에 '끝말' 과 함께 정해진다. 이 연구에 동의한 참여자의 감정 전달에서 노골적인 표현은 종종 적당하지 않았다. Jennifer와의 이메일 인터뷰에서 "나는 그 사람들에게 가까이 다가가거나 그들의 눈을 보며 이야기를 하고 싶었지만 나는 어떤 감정도 전달되지 않는 것을 느꼈어요." Paula는 Sharon으로부터 특별히 끈적끈적한 편지를 받고 나서 "나는 이런 환상을 더 이상 참을 수 없어요. 모니터에서 나와 당장 나에게로 와요. 난 당신을 원해요!" 라고 모든 철자를 대문자로 입력해 표현했다.

소수의 몇 사람은 컴퓨터를 통해 친밀한 관계를 맺어 보고자 한다. 그런 사람들에게는 매체의 제한이 존재하기도 한다. 한 여자는 인터뷰에서 말하기를 그녀는 Paula와 관계를 만들어 가고 있다고 했다. 그들은 서로를 만나야만 했다.

마지막의 제약은 성적인 내용이 풍부한 말들이었다. 많은 LC 손님들은 그들의 역할을 없애 버렸다고 불평했다. 그러나 은밀한 이메일은 검열을 받지 않았고 손님들은 종종 노골적으로 성적인 대화를 하고 이메일의 사생활을 보호하기 위해 '바를 탈퇴' 했다.

게다가 이메일상의 노골적인 성적 대화는 변화를 위한 정회원들에게 사용된다. 만약 손님이 다른 말하는 상대를 원하면 "이 방법은 실제로 있습니다."라고 그녀는 이메일로 호소할 것이다. 예를 들어 애틀랜타 여행 동안 몇몇 사람들은 논쟁을 일으켰다. 여행에서 집으로 돌아와서도 레즈비언 카페에서의 대화를 억눌렀다. 그러나 그곳에서 일은 어떤 재미도 느낄 수가 없다고 간단히 언급했다. 몇몇 정회원들은 나에게 말했다. 애틀랜타로 가지 않은 정회원들은 빠르게 'get the real scoop' 이라는 이메일로 시작한다. Goffmanian은 공공 게시판에서 레즈비언 커뮤니티는 예의를 갖추어야 하며 멤버들의 평가는 일관적이어야 한다고 했다. 다정하고 가족같이.

레즈비언 카페 손님의 유형

지금까지 이 논문은 레즈비언 카페에 자주 오는 정회원을 중심으로 하였다. 카페에서 손님의 중요한 구성은 정회원이다. 그들은 다른 멤버들보다 시각적으로 더 높고 많이 보인다. 왜냐하면 그들은 다른 손님들보다 더 빈번하게 글을 게시했기 때문이다. 실제적으로 카페에 보통 참석한 손님들의 4가지 유형은 정회원, 신출내기, 잠복형, 비난형이다.

이 네 집단의 사람들은 기본적으로 의사소통 패턴에 따라 구별할 수 있다. 정회원은 첫 번째로 논의된다. 왜냐하면 다른 손님의 두 가지 유형(신출내기와 잠복형)은 정회원이 되는 루트를 가지기 때문이다.

정회원(Regular)

정회원은 대화를 할 때 온화하다. 그들은 카페에서 글을 게시할 때의 규범을 잘 알아차리고 그것들을 위반하지 않는다. 예를 들어 정회원 유형은 강력하게 소리 지르지 않으며 소문자로 글을 쓴다. 그들은 사람들이 쓴 글에 거침없이 말하지 않는다. 정회원들은 다른 일반적인 유형에 속한 사람들을 알고 있다. 그리고 그들은 다른 사람들의 삶에 관해 자세히 많이 알고 있다. 그들은 인간적인 대화법에 관한 지식을 사용함으로써 로그온하여 다르게 나타난 것이 하나도 없을 때 아침 일찍 정회원에 의해 게시된 이 게시물을 보여준다.

....내 자신이 여기에 앉아서 말하는 것을 내가 좋아할까???? 평화로운 이 소리가 좋아 Mags lov... 너는 평화로움에 취해 있니? 히히.. 좋아 보이는 달콤한 P는 STILL 가게에 있어... Cunnie는 Cleveland 갔을 때 그녀를 회상해... sex를 회상하며.... 히히.... Kris는 커피의 VAT를 조금씩 마시며 평화로워... Kd는 머핀을 만들며 평화로워.. 그래서 다른 모든 것들이 좋아.... suiz lov.... 곧 침대에서 나갈 거야.. 그래서 나에게 말하는 모든 것들이 좋아... Carla

그들은 또한 인간적인 대화와 컴퓨터 키보드 위의 부호와 편지를 사용할 때 그림을 그리고, 때로는 강조하기 위해 대문자의 사용으로 감정을 표현하였다. 게다가 대부분의 정회원은 감정 표현에서 이름 끝에 말을 덧붙였다. 정회원은 또한 카페가 환상적인 바라는 사실을 잘 알고, 대화에서 따뜻한 욕조와 당구대가 있는 그런 바의 특징도 잘 알아보았고 따라서 환경을 잘 알고 있다고 설명했다. 일반적 유형에 속한 많은 사람들은 게시물 속 어떤 상품의 종류를 통해 개성을 개발한다. 예를 들면 한 정회원의 경우(앞의 게시물에서 Kris라 불리는) 커피 미식가가 만든 커피로 카페에서 하루를 시작했다. 매일 아침 그녀는 그날의 향기는 무엇인지 상황을 기록한 것을 게시했다. 다른 정회원 사람들은 커피와 함께 아침 대화를 위해 카페로 오는 그녀의 이야기를 기대했다.

정회원 손님들은 바 자체의 특징을 좋아하고 손님과 실제적인 것을 공유하는 그런 부분들을 중요시한다. 이러한 손님들은 다른 두 가지 유형을 포함한다. 신출내기형과 잠복형도 결국 정회원에 속한다.

신출내기(Newbies)

신출내기형은 대화가 미숙한 특징을 가지고 있다. 우연한 사건에 의해 카페 안에서 많은 실수를 하게 되고 그들이 알고 있는 것에 대해 확신하지 못한다. 종종 그들의 게시물은 현재의 대화에 적절하거나 타당하지 않았다. 신출내기인 누군가가 솔직히 말했다. "나는 여기에 새로 왔어요. 나는 어떻게 해야 하나요?" 정회원이 재빨리 반응했다. 카페는 다정한 장소이며 하고 싶은 어떤 얘기라도 할 수 있는 곳이라고 설명했다. 어떤 신출내기는 글을 비공개로 해버리는 실수를 한다. 이 게시물이 명확한 라벨 표시를 위반하였다는 것을 알 수 있다. 정회원들은 예의 바르게 질책할 것이고 그에 따른 매너를 말해 준다. "이곳에 오는 오직 몇몇 사람들은 큰소리를 치는 것이 필요하지 않습니다." 신출내기들은 본분을 지켜 부적절한 행동에 대해 사과를 해야 한다. 한 신출내기가 모든 비공개 유형의 글에 관해 정정했다. "비공개에 관한 것은 미안합니다... 만약 당신들도 이미 룰을 알고 있지 않았다면 게임을 하지 못했을 것이라고 생각합니다."

신출내기들이 알맞게 적용함으로써 성적으로 도발적인 글이나 술을 주문하는 것과 같이 정회원을 모방하는 행동을 하기 시작했다. 하지만 첫 번째 시도는 보통 서툴렀다. 예를 들어 신출내기의 성적 게시물은 장난삼아 미묘한 은유를 사용하고 어떻게 하는지 알지 못하며 때로는 너무 직접적이다. 신출내기가 하는 또 다른 일반적인 실수는 누군가 다른 주소를 성적으로 게시하거나 성적 대화에 초대받지 않았는데 그냥 뛰어드는 것이다. 신출내기는 그들의 이름 끝에 도표를 사용하는 방법이나 대문자 사용과 감정을 표현하는 기호를 사용해서 알아채지 못하게 한다.

정회원은 신출내기의 부적합한 행동은 언어적인 공격을 무시함으로써 정렬시킨다. 만약 신출내기의 게시물이 너무 성적이면 정회원들은 미심쩍게 생각한다. 이 행동은 만약 신출내기가 양성적인 이름을 가지고 있다면 특히 그렇게 보인다. 신출내기들의 의심되는 글을 처리하는 방법은 개인정보에 관한 질문을 공공 게시물을 통해 사용하도록 하는 것이다. 게다가 일반적 유형의 사람들은 그들의 의심스러운 부분을 공유하여 각각 비밀로 이메일을 보내고 접촉한다. 어떤 성적인 게시물을 만들 때 신출내기들은 무시당하게 될 것이다. 그녀의 글은 반응 없이 되돌아오게 될 것이다. 이러한 부정적인 제재는 중요하다. 왜냐하면 게시물의 룰을 신출내기에게 가르쳐야 하기 때문이다. 그러면 신출내기들은 제재와 질문에 대한 대답의 의심스러운 생각과 부적절한 행동에 대해 사과로 반응한다. 이러한 신출내기들은 아주 흥미롭다. 나는 그들이 받은 미심쩍은 행동에 대한 대응에 화가 나지 않느냐고 인터뷰했다. 신출내기들은 게시물을 계속해서 올림으로써 좀 더 세련되어지고 실수가 적어지고 더욱 흥미로운 대화에 적합해진다. 그녀들은 실수를 해 봄으로써 정확해지게 될 것이다. 그러나 더 예의 바르고 믿음이 생기고 알게 되면서 정회원이 되어 간다. 부정적인 제재를 받는 것, 계속적으로 더 세련된 방법으로 게시물을 다시 올리는 것, 이러한 과정은 신출내기들에게 카페의 룰에 관해 배우게 한다. 결국 자신감을 가지게 되고 자신만의 트레이드마크를 개발하고, 신뢰감 있는 새로운 수준이 정립되고 자신의 특성과 개성이 창조된다. 자신감을 얻게 된다면 정회원이 되어 리드하는 단계가 된다. 게시된 글의 수를 중심으로 신출내기 유형의 수는 카페 손님의 30퍼센트 정도이다.

잠복형(Lurkers)

잠복형은 매우 조용하게 대화를 한다. 그러나 그들은 매우 불확실한 태도를 가지고 있다. 잠복형이라 불리는 이유는 카페에서의 활동이 먼저 많은 시간 동안 관찰을 하면서 보내는 것이기 때문이다. 다시 말해 그들은 레즈비언 카페에 로그온하고 게시물을 읽지만 게시물에 대답하지 않는다. 몇몇 정회원은 말했다. 그들이 동시에 숨어 버리며 첫 번째 게시물을 올리기 전에 몇 주나 몇 달 동안은 숨은 상태이다. 그러나 많은 사람들은 의심할 여지가 없다. 숨는 것과 게시물을 올리지 않는 이러한 것들은 정회원이 처음 배울 때 관찰하는 기간을 사용하는 것에 포함되며 그들은 이런 기간을 원한다.

그들은 신출내기가 실수를 하고 그들이 받고 있는 부정적인 제재로부터 배운다고 본다. 그들은 정회원의 트레이드마크와 스타일을 주목한다. 오직 잠복기 후에 세련된 글을 올리게 될 것이고 자신감을 가지게 되며 레즈비언 카페에 관해 충분히 배우게 되는 것이다. 그녀의 첫 번째 게시물은 보잘것없었다. 한 잠복형 사람이 올린 글이다. "나는 보통 보기만 했어요. 그러나 나는 내 소개를 원해요." 이러한 유형의 게시물은 신출내기의 무모한 유형과는 다르다. 정회원은 말한다. 잠복형의 게시물은 대부분 항상 환영하거나 초대하는 것이다. 보통 정회원은 대화에 참여하여 잠복형에게 용기를 북돋아 준다. 그들은 "여기는 다정한 장소예요."라고 한다. 왜냐하면 잠복형은 첫 번째 게시물에서 정회원에게 예의 바르고 존경을 보였기 때문에 그녀들은 즉시 그들을 받아들였다. 게다가 그녀들은 신출내기들이 보인 실수들을 하지 않았고 카페의 구조와 규칙을 보면서 모두 배웠기 때문이었다. 그 이후 잠복에서 돌아온 몇몇 잠복형 사람들은 게시물에 초대되었다.

어떤 잠복형은 환영해 준 것에 고마워하고 다른 사람들은 카페의 분위기를 알아차리고 카페에서 친하게 지내는 방법을 이야기한다. 이렇게 예의 바른 대화를 앞뒤로 함으로써 잠복형은 그녀들의 법칙과 정회원을 알 수 있다. 매우 드물게 잠복형의 실수가 보이기도 한다. 한 잠복형은 조용하게 숨어서 결정을 내렸다. 그녀는 자신감을 가지고 좀 더 일찍 들어가서 활동했다. 이 상황 속에서 그녀의 동작은 신출내기보다 빨랐다. 왜냐하면 그녀는 잠복형 시기 동안 많은 생각을 가지게 되었다. 대신 그전에 매우 사려 깊은 매너를 가지고 있었다.

잠복형이 정회원이 될 때 게시물은 매우 흥미롭다. 그들은 보통 성적 이야기를 고도의 기호로 표현하는 것을 약속하지 않는 정회원이다.

카페에서 잠복형의 퍼센트는 결정하기 어렵다. 왜냐하면 많은 잠복형이 '레즈비언 카페' 를 통해 게시하지 않기 때문이다. 나의 관찰에서는 20% 정도의 사람을 발견했다. 그들은 명백하게 잠복형이다.

비난형(Bashers)

카페 손님의 마지막 그룹은 비난형이다. 카페에서 시간의 시기를 넘어 게시물을 올리는 사람의 수는 다르다. 카페에서 비난형의 수는 1% 이하로 보인다. 그들의 대화는 냉소적이다. 그러나 그들의 존재는 중요하다. 비난형은 레즈비언 카페 BBS로 로긴하고 들어와 레즈비언을 괴롭힌다. 어떤 비난형은 쉽게 구별할 수 있다. 그들은 남성의 이름을 사용하고 레즈비언에 관해 비난한다. 그러한 사람들은 "당신 같은 사람들 정말 매스꺼워!!"라고 표현한다. 다른 비난형은 여자 이름을 게시물 아래 적는다. 비난형이 쓴 이런 게시물의 매너는 신출내기들과 공통점이 있다. 다시 말해 그들의 게시물은 거북하다. 이러한 이유로 신출내기들은 첫 번째 게시물을 등록할 때 의심을 받고 제재를 받는다. 그러나 의심스러움에 대한 제재를 이해하고 나와 인터뷰를 한 이전의 신출내기들; 비난형들은 그렇지 않다. 비난형은 잔인한 게시물의 의심스러운 제재에 반응한다. 비난형의 언어적 공격에서 정회원과 신출내기들은 단결하거나 '불끈 화를 내었다'. 이러한 행동에 종종 비난형은 더 무례한 행동을 하였다. 이러한 투쟁은 단계적으로 확대되었고 정회원들은 비난형의 게시물을 무시하고 그들의 남자 손님들을 확신하고 있다는 것을 알 수 있다. "여자들... 그는 우리의 시간에 가치 있지 않아.. 슬며시 다가와 무시하고 그는 떠나 버릴 거야." 종종 비난형은 "꺼져버려."란 말 이전에 더욱 선동적인 글을 계속하여 게시했다. 한때 비난형은 게시물을 올리는 것을 그만두었다. 정회원은 카페를 지킨 것을 축하함으로써 두 정회원과 두 게시물 사이에 뒤따르는 글을 보여주었다. Susie가 말했다. Sylvia에게 "내가 너의 셔츠를 깨끗하게 해줄게... 내 코피가 엉망으로 만들어 버렸어...나를 도와줘서 고마워.." Sylvia는 대답했다. "응... 그런데 니가 만들었던 것은 그의 얼굴에 했던 것에 비하면 별것 아니야.."

결국 어떤 비난형은 겉모습이 건방진 카페에서 왔고 이런 레즈비언은 양성애자였다. 글에 따르면 Steve는 그의 지역적인 영역에서 양성애자인 여자로 명백하게 보였다. 그는 썼다. "나를 오하이오 지역의 양성애자 여자와 나의 여자친구에게 말해줄래요? 나는 어린애나 까불어 대는 사람이 아니에요. 우리는 단지 알고 싶을 뿐이에요." 레즈비언 카페의 손님은 두 가지 이유로 화가 나는 점을 발견했다. 첫째, 레즈비언 카페는 엄밀히 말하자면 여자를 위한 곳이다. 내가 관찰하는 동안 매일 손님은 카페의 게시물을 쓸 때 남자이름을 사용한다. 심지어는 다정하게 떠나라고 요청했다. 둘째, 카페의 손님들은 게시물을 등록한 그 지역의 사람들과 만나는 것이 허용되지 않았다. 한 여자는 말했다. "이곳은 그것보다 더욱 커요!" 한 일반적 유형의 사람이 Steave의 글을 보고 화가 나서 대문자를 사용해 글을 썼다. "안돼요!!!... 제발..... 레즈비언은 남자와 함께 잠자리를 가질 수 없어요... 당신은 잘못되었어요."

하루 이상을 카페에서 머문다. 그러나 그들의 출발 후에 며칠 동안 회자된다. 비난형은 또한 두드러지게 특별한 장소를 구성하고 접근하기 쉬운 공공 매체를 사용한다.

(3) Tootle: 학교 교육과 운명의 우화

이 작품은 기관차 'Tootle'의 이야기를 통해 교육에 관한 세 가지 논점을 밝힌 작품이다. 표면적으로 'Tootle'의 이야기는 단순하다. 투틀은 LOWER TRAIN-SWITCH의 어린 기관차이다. 그는 훌륭한 기차가 되는 것을 배우기 위해 다른 기관차들과 함께 학교에 간다. 성공에 대한 이상은 'TOOOOOOOT' 같은 큰 소리를 내는 매우 빠르고 큰 뉴욕 시카고 플라이어 같은 기차가 되는 것이다. 어린 기관차들은 좋은 기차가 되기 위해서 많은 규칙을 배워야 한다. 이 어린 기관차 투틀의 이야기를 통해 학교 교육이 가지는 다양한 논점을 드러내고 있다.

주제(Themes)

세 가지 일반적인 테마들은 이 텍스트를 읽으면서 명백해진다. 첫째, 이 이야기는 아이들에게 학교가 무엇을 위해 존재하는지를 말해준다; 학교는 규칙을 배우기 위해 존재하고 어른이 되기 위해 존재한다. 불복종은 쓴맛을 보게 된다. 둘째, 이 이야기는 어떤 규칙을 어기지 않는 캐릭터를 강조한다. 셋째, 이 이야기는 어른들의 초상과 세계를 제공해 준다. 즉 그것은 사회의 책임져야 할 일원이 되어야 함을 의미한다. 나는 일부 상세설명을 위해서 이론들을 도입하고 이러한 이론적 내용의 일부를 추출할 것이다. 의심할 바 없이 독자들은 내가 이해하지 못했던 다른 것들을 발견할 것이다.

규범

의심할 여지 없이 이 이야기의 핵심 내용은 규범의 중요성이다. 첫 번째 규범인 "무슨 일이 있어도 레일을 벗어나지 마라"는 것이 이 텍스트의 20페이지에 적어도 32번 인용되며 단독으로도 12번 나온다. 이야기의 서두에 인용된 인상에 남는 페이지는 발이 학생들에게 둘러싸여져 칠판에 크게 쓰여진 이 금지문들을 지적하는 것을 보여준다. 규범은 항상 대문자로 쓰이며 믿을 만한 진실의 모습을 알려준다. 게다가 그것들은 명확한 언어들이다. 규범은 인간 협의에 의해서가 아니라 절대적인 금지로서 표현된다. 그리고 이러한 규칙은 어디서나 정당화된다. 사실 그것은 규범이라 불리지 않고 오히려 교육이라고 불린다. 즉 그것은 기준이 아니라 사실이다. 확실하게 안전, 편의 그리고 이러한 규범에 기초가 되는 효과를 포함하는 이유들이 있다. 하지만 이 이야기는 어떠한 것도 토론하지 않는다. 반대로 규범은 상식으로서 언급된다. 즉 헤게모니로서 그것은 '물로' 라는 구문에 의해 선행된다. 왜냐하면 이 규범은 무슨 일이 있어도 레일 위에 머물러야 한다는 것과 빨간 깃발을 흔들면 멈추어야 한다는 것은 논의할 여지가 없고 규범을 어기지 않는 것이라고 가정한다. 그리고 그것은 의심할 여지 없지 따라야만 한다. 그것은 합리적인 설득에 의해서라기보다는 교화에 의해서 가르쳐진다. 따라서 아이들은 학교가 왜 존재하며 무엇을 배우는지에 관해 특별한 메시지를 받는다. 게다가 작가는 가르침의 전략을 드러낸다.

하지만 이 이야기에는 역설이 나오며 성공한 기관차는 레일에 머무를 때 완벽한 점수를 얻는다. 이러한 것은 규칙을 어기지 않은 캐릭터들이 가정되었음을 암시한다. 사실 두 종류의 규범들이 있는 것처럼 보인다; '빨간 깃발에서는 서시오' 와 같은 그리고 '적절한 소리를 내시오' 와 같은... 게다가 그 텍스트는 첫 번째 규범에 동기를 두고 있고 기관차가 그 두 번째 규범을 어길지 모르기 때문에 첫 번째 형태는 규범을 어기지 않는 것이고 두 번째 형태는 요구되지 않는다. 결국 이 이야기에서는 첫 번째 규칙을 설명하면서 두 번째 규칙을 은연중에 함께 설명한다. 모든 기관차가 빨간 깃발에서 멈추었기 때문에 기관차들은 100A+를 얻는다. 사실 투틀에게 "레일에 머물러 있는 것을 연습해라."라고 했을 때 그것은 기쁜 일이 아니라는 것이 명백하다. 즉 그것은 일종의 벌이다. 물론 레일에서 머물러 있는 것은 비유이다. 처음 대화하는 데 있어서 어린 기관차들이 예상하는 단순하고 일정한 방향의 성공한 길이 있다. 그리고 둘째로 개인적 욕망의 개의치 않는 복종은 성공의 열쇠이다. 게다가 그것은 규칙을 따르는 것으로서 작용한다. 이것들을 절대적으로 복종하고 수용하는 어린 기관차는 'Flyer' 가 될 수 있다. 즉 어른과 성장의 상징이다.

주체성과 역할

빌을 제외한 모든 캐릭터들이 무명이며 단지 그들의 직업에 의해 정체를 알 수 있다는 것은 이 이야기에서 인상적이다. 이런 특징은 그들의 관계 속에서 서로 서로에게 그들의 정체성을 알리라고 주장한 Louis Althusser의 요구를 잘 설명해 준다. 예를 들어 우두머리 Oilers는 첫 번째, 두 번째, 세 번째 보조하는 Oilers와 무한한 관계를 가지고 있다. 이것은 특히 투틀에게는 참된 것이다. 투틀은 단순히 의인화된 기관차가 아니다. 그는 한 명의 아이이다. 그는 베이비라 불리는데 어떠한 아이도 그렇게 불리는 것을 좋아하지 않는다. 그의 참된 이름이 우리에게 귀여움을 상기시킬지라도 그것은 그와 모든 어린 기관차들이 만들어 내는 헛소리이다. 그는 하나의 전형적인 어린 기관차이다. 투틀은 기관차들 사이에서 어떠한 긍정적인 동료그룹을 가지고 있지 않다. 해석들이 종종 그룹 속에 떼지어 있는 기관차들을 묘사하고 심지어 또 다른 기관차들과 이야기하는 것을 보여줄지라도 이 책의 어디에서나 다른 아기 기관차에 관심이 있다. 동료들 관계와 우정은 사실상 묵살된다; 그들이 어디서나 언급했듯이 그것(묵살되는 것)은 그들이 다루기 힘들기 때문이다. 고립된 투틀은 오로지 빌과 마을사람들의 승인 또는 거절에만 의존한다. 이러한 패턴의 한 가지 예외는 투틀이 말과 함께 레이싱하기 위해 레일을 벗어났을 때 발생한다. 그가 말과 함께 레이싱한 것은 아주 훌륭한 경험이라는 것을 알았다. 그 경주는 비겼고 투틀과 검정말은 둘 다 행복했다. 그들은 강둑에 서서 이야기했다. 그러나 그 텍스트는 우리에게 이러한 것이 위험한 것임을 말해준다. 투틀의 특별함은 이름이 지어준 모든 어린 기관차들 사이에 그가 혼자라는 사실에 의해 강조되었다. 투틀은 첫날부터 Finest Baby로 불렸고 Flyer가 될 수 있는 자질을 가졌다고 인정받았다. 이러한 투광효과는 그자 왜 규범을 어겼으며 Flyer가 될 수 있었는지를 설명해 준다. 빌은 투틀이 그의 교육체계를 받아들이게 하기 위한 지렛대 역할로서 Flyer를 이용했다. 결과적으로 투틀은 이러한 생각을 내면화했고 그것을 자신에게 적용시켰다. 이런 것들은 우리에게 'Engine-ness' 'Flyer-ness' 가 무엇인지에 대해 의문을 제기시킨다. 기관차가 되는 것은 두 가지의 행동을 설명한다. 즉 행동(특히 스피드)과 소리이다. 작은 기관차들은 빨리 달리는 것을 좋아하지만 소음을 낸다. 하지만 그들은 이러한 추진력을 조정하는 것과 올바른 길로 그들을 움직이게 하는 것을 배운다. Flyer는 매우 빨리 달릴 수 있고 빨간 깃발에서는 설 수도 있는 등의 기능을 할 수 있다. 투틀과 같은 어린 기관차들은 미성숙과 불완전으로 정의된다. 그는 작고 땅달막한 기관차이다. 그는 Tootle이지 Too가 될 수 없다. 그는 오래된 구형 기관차이지 현대판 기관차가 아니다. 게다가 투틀은 기계이지 인간이 아니다. 그는 Flyer가 될 수 있지만 빌 같은 'Mayer' 가 될 수 없다. 결국 투틀은 다음 세대의 기관차들에게 첫 번째 규칙인 레일에 머물러 있으라는 것을 전수해 줬을 때 그 자체가 조언이다. 그는 빌과 같은 선생님은 아니다. 또한 그렇게 될 수도 없다. 젊은 기관차들은 그들에게 맞는 역할이 있고 성공적으로 역할을 수행하려면 역할이 미리 정해지지 않아야 한다. 이런 사실을 수용하고 인정해야 성장할 수 있다.

학교

투틀은 학교란 무엇이며 무엇을 위해 존재하는지를 매우 명확히 묘사해 준다. 학교는 기술과 행동의 규범을 배우기 위해 가는 곳이다. 학교에서 우리는 관계를 형성하거나 지식, 이성, 자율성을 얻는 것을 배우는 것이 아니라 자질을 획득하는 것을 배운다. 게다가 가르침과 배움에 관한 특별한 개념이 여기 모형화되어 있다. 가르침은 반복성에 기초를 둔다. 즉 어떤 것에 대한 중요성의 이유를 설명하지 않고 그들이 중요하다는 것을 가능한 한 자주 강조함으로써 인용하고 있다. 배움이라는 것은 듣는 것과 기억하는 것을 의미한다. 이러한 배움은 마치 투틀이 레일을 벗어났을 때처럼 규범에 대한 기억이 부족하거나 잘못된 행동이 발생했을 때처럼 정량화되어 측정되고 비교될 수 있다. 기쁨의 자극을 주는 들판을 빨간 깃발이라는 징계의 자극과 연결지어 생각해 본다면 그 들판이 기쁨을 주는 것은 사라질 것이다. Crampton은 자신의 이야기에서 이러한 방법들을 나타냈을 뿐만 아니라 적극적으로 그것들을 사용하였다. 이 책은 가르침과 배움에 관한 책이다. 하지만 이것은 역시 반복성과 감정적 조종에 의존한 가르침 방책이다. 선생님인 빌은 친절하고 자애롭지만 그의 감정은 상황에 따라 다르다. 즉 이야기 속에서 'He will not be angry if...'는 그가 다른 상황에서는 화가 날 것이라는 것을 암시한다.

사실 이야기들은 주의 깊게 이러한 주장을 나열하고 있다. 다시 말해 빌은 어떤 상황하에는 화가 날 것이고 그런 환경하에서 어린 기관차들은 실패할 것이라고 주장한다. 이러한 일은 이 이야기에서 종종 발생한다. 즉 선생님의 개인적 판단은 학생들의 삶의 기회에 관한 예언으로 미묘하게 번역된다. 결국 학교는 황량한 장소처럼 보인다. 사람들은 자신의 일을 목표까지만 즐기고 능가하지는 않는다. 어떤 일에 있어서 즐거움이란 학교가 무엇을 위해 존재하는가가 아니다.

학교는 사람들이 그들의 수업에서 'works hard' 하는 장소이다. 행복해지기 위해 수업을 땡땡이 쳐야 하지만 이것의 결과는 엄중하다. 동료들로부터 고립되고 그들의 판단을 두려워하며 조건적인 감정에 의존하고 그와 그녀의 마음속에 목표와 함께 사람들의 경험을 끊임없이 형상화시키는 권위자의 승인에 의존한다. 이것이 Crampton이 독자들을 위해 그린 학교의 모습이다.

성인 시절

여기에 학교의 사례처럼 아이들이 향후의 경험으로부터 기대하는 이야기가 묘사되어 있다. 매우 이른 시기부터 불충분한 유년기가 성취된 성인시절과 함께 나란히 놓여 있다. 모든 어린 기관차들은 성장하길 원한다. 불행하게 Crampton에 따르면 성인시절에는 슬픔이 온다. 즉 책의 내용에서 성인 기관차는 길고 슬픈 소리를 내는 반면 어린 투틀은 순수한 작은 소리를 낸다. 그럼에도 불구하고 Flyer가 되는 것은 의심할 것 없이 어린 기관차보다 낫다. 그리고 이 이야기에서 성인들은 일반적으로 투틀보다 더 박식하고 현명하며 영리하다. 그들은 그의 경솔함을 감지할 수 있고 그의 지식 없이 그를 조정할 수 있다. 어른이라는 것은 좋다. 어른이 되는 길은 규범을 따르고 절제력을 얻으며 이기심을 버리는 길이다. 레일 너머의 행복은 문제가 있는 것이며 바보 같은 것이다. 투틀은 종종 유치한 투정을 부린다. 그런 감정은 없애야 한다. 예전에 언급했듯이 투틀은 아이 같은 우정을 추구하려 한다. Flyer의 삶은 고독이며 독립적이다. 어른은 우리가 슬픔을 받아들이고 심지어 가장 싫어하는 것도 받아들이는 것을 배울 것을 요구한다.

일, 학업(Work)

만약 어린이들이 어린아이 같은 기쁨과 행복을 포기한다면 그것은 성인 일에 대한 더욱더 성숙된 만족을 요구하는 것이다. 성인들의 일이란 자신들의 임무를 수행하기 위한 책임과 규범 등에 복종하는 것이다. 일은 다소 강조적이다. 즉 기관차들은 서두르는 것을 좋아하고 멈추는 것을 싫어한다. 'Engine-ness'의 두 가지 특성 즉 소리와 움직임은 표현되는 것이 허락되지만 조정될 수 있고 훈련된 매너로 표현되어야 한다. 투틀은 아직 그렇게 하지 못했다.

학교 수업에 있어서 실패와 성공은 개인적 문제이다. 이야기 속 캐릭터들은 직업에 의해 정의되고 각 개인은 특별한 임무에 보고할 의무가 있다. 다른 캐릭터들 사이에는 노동의 계급분류가 있다. 즉 빌은 계산을 하지 않는 Day Watchman보다 명백히 더 중요하다. 우두머리 Oiler는 첫째, 둘째, 셋째 Oiler보다 뛰어나다. Mayor는 명백히 좋은 권위자이다. 투틀에게 계략의 시간이 다가왔을 때 빌은 계획을 궁리했고 다양한 Oiler들은 열심히 수행했다. 망치질, 바느질 등 이러한 특수화와 배열은 투틀에 잘 언급되어 있다.

사회

명백하고 함축적인 방법으로 투틀은 무한한 사회의 모습을 표현한다.

첫째, 사회는 능력 위주의 사회이다. 즉 당신이 특별한 재주를 가지고 있다면 열심히 일하여 나아갈 수 있다. 기관차로서 특별한 촉망을 받고 있다고 판단된 투틀은 특별난 관심과 대우를 받았다. 즉 그는 규범들을 어김에도 불구하고 100A+를 얻었다. 왜냐하면 그는 실패하지 않기로 약속했기 때문이다. 마을 사람들도 투틀이 올바른 코스로 돌아오도록 도와주었다.

둘째, 사회 시스템은 레벨 시스템이다. 인간과 기관차들에게 특별한 권위와 특전의 위치가 있다. 전에 언급했듯이 이것은 빌, Mayor 그리고 다양한 기찻길의 기능사뿐만 아니라 뛰어난 Flyer 사이의 관계에서도 명백하다. 사실 투틀은 학교 교육과 일의 숙명에 관한 우화이다. 이것은 투틀이 모면하기 위한 겸허한 시초이지만 역시 그의 가능성에 제한으로 정의된다. 트랙은 투틀이 있어야 할 최종 종착지이지만 그것은 기회들을 제한했다. 만약 투틀이 적당한 기술을 가지고 있었다면 그는 능숙한 기관차가 되었을 수 있다. 아마 심지어 'Flyer' 까지도. 하지만 이러한 모든 것들은 능률을 효과적으로 만들지만 Flyer는 여전히 기차들을 당기고 있다. 이런 식으로 사회에서 일하는 학생들은 무한한 제한을 가진 경력 사다리에 직면한다. 학교는 학생들이 자신의 능력과 태도 등을 향상시키게 할 수 있는 다양한 트랙을 제공한다.

셋째, 투틀은 다른 것들에 대해 결정과 판단을 하려 한다. 사회는 책임 있는 권위자들이 결정을 내리고 그 밖의 모든 사람들이 규칙을 따르기 때문에 운영된다. 투틀이라는 책에 있는 선생님의 권위와 공공의 관리임원들은 의심되지 않는다. 두 가지 경우에 있어서 즉 투툴이 매우 큰 소리로 '투 툴' 소리를 내는 경우와 레일을 벗어나는 것.

Mayor는 스스로 그 분쟁을 해결하기 위해 개입한다. Mayor가 혼란에 빠졌을 때 우리는 문제가 정말로 심각하게 되었음을 알 수 있다. 운 좋게 분쟁은 기본적이지 않다. 모든 어려움은 일반적으로 받아들여진 가치라는 뼈대에 새로운 내용이 살로 붙으면서 생겨난다. 여기에 편견이 없어 보이는 한 인물 즉 Mayor가 있다. 투틀을 트랙으로 돌아오게 하려는 음모는 잘 의도되었다. 하지만 모든 인간이 투틀을 트랙으로 돌아오게 하기 위해 힘을 합친 것은 신기한 단결이다. 결국 그는 그들의 이익 추구를 위한 하인이다; 기차들은 인간의 편의와 향락을 위해 존재한다. 마을 사람들과 빌 그리고 Mayor는 투틀이 인간이 아닌 기관차라는 것을 상기해야만 한다. 즉 어린이가 아닌 아이이다; 결정을 만들어내는 자가 아니고 만들어진 결정에 따르는 자이다. 그들은 의심 없이 그가 그의 자리에서 말하는 것을 봐야만 한다. 그는 그 자신의 진로 또는 운명을 결정하는 것을 상상하지 않는다. 그것은 단지 투틀이 레일로 돌아왔을 때 사람들은 환호하며 그에게 'Tootle the Flyer' 라고 외쳤고 그러한 행동은 그에게 순응이라는 것을 알려 주었다. 해석, 감시, 음모, 조작에 따른 것은 분명하게 투틀에게 도움을 주는 열렬한 지지자이다.

이야기에 나오는 기계와 인간의 절대적인 차이점은 두 가지의 분리된 경우에 있어서 더욱더 날카롭게 부각된다. 아이로서 기관차는 판단과 결정을 하려하고 어른으로서 모든 인간을 조작하려고 한다. 그러나 단지 어른 기차가 됨으로써 독립과 존경을 얻을 수 있다. 반면에 일꾼으로서의 기관차는 모든 인간의 서비스 상태에 있으며 심지어 Flyer마저도 하급 부류에 남게 된다. 두 경우에 있어서 투틀의 인간에 대한 관계에 양분화된 캐릭터는 파급의 역할을 수행한다. 이러한 사실은 투틀이 이중의 속박에 직면하였음을 증명하는 것이다.

자연(Nature)

이 이야기는 분명히 자연을 뛰어넘는 과학 기술을 강조한다. 미광을 내도 기관차들은 칭찬을 받는다; 말, 나비, 접시꽃은 아무리 잘해 봐야 사소하고 모자란 것으로 간주되고 아무리 잘돼 봐야 기분풀이 정도로 간주된다. 하지만 이 이야기는 전원적인 목초지가 '위험한 존재'라는 것을 우리에게 확신시켜 주려는 어려운 임무를 수행한다. 물론 모든 해석들이 그의 순진한 행복을 보여준다. 목초지는 투틀에게 말을 포함한 다른 생물들과 놀 수 있는 기회를 제공한다. 잠재력을 가진 'Flyer'라는 라벨이 붙은 투틀은 말과의 경주에서 질까봐 두려워하지만 경주가 무승부로 끝났을 때 투틀은 그와 말이 함께 행복하다는 것을 깨닫는다. 경쟁은 재미있는 것이다. 목초지는 이야기의 가능성과 평등관계를 제공해 준다. 이것들은 원형기관차의 차고와 트랙, Flyer가 되려는 야망, 과학기술 가치의 세 가지를 나열하고 있다. 나(작가)는 투틀이 과학 문명 세계에서 성공하고 싶다면 목초지, 지구, 동물 등의 자연을 먼저 경험해 봐야 한다고 말하고 싶다.

죄

투틀이 트랙을 벗어난 것이 왜 나쁜가? 규범에 어긋나기 때문이다. 규범은 안전성, 효율성으로 정당화되지만 이 이야기엔 그것이 없다. 해설과 상징은 다양한 해석을 가능하게 한다. 투틀이 트랙을 벗어난 데에는 5개의 상세한 이유가 있다.

첫째, 그는 검은 말과 경주한다. 경주 자체는 무서운 것이 아니다. 투틀이 경쟁과 승리를 원하는 것은 좋다. 그것은 Flyer-ness의 상징이다. 불행히도 트랙 안의 급커브 길은 그의 욕망을 멈추게 하고 그는 쾌락과 규범에 대한 책임 사이에서 선택을 해야만 한다. 그는 쾌락을 선택하고 레일을 떠나 말과 경주한다.

숨 가쁜 경주는 끝나고 강기슭에서 쉬면서 그들은 이야기를 나눈다. 유혹에 몸을 맡기는 것은 위험한 일이다. 그러나 쾌락에 대한 갈망과 성관계에 대한 유치한 암시는 그러한 라벨이 붙는 것을 제외하면 부정적이지 않다. 그러한 규범들에 세뇌된 투틀은 자신의 잘못을 깨닫고 수업시간에 더 열심히 노력하지만, 삐걱대면서도 레일 위에 머물진 않는다.

둘째, 투틀은 미나리 밭을 보게 된다. 그는 사실 레일을 떠날 의도는 없었지만 집요한 바퀴의 리듬은 그를 가만히 놔두지 않는다. 말과의 질주를 성적인 교접으로, 바퀴리듬을 육체적 욕망으로 보든 그렇지 않든 간에 자기관용에 대한 유혹과 잠재된 성적 욕망의 상징적 에너지 부분에 대한 양심의 가책은 그럴듯해 보인다. 투틀의 신체적 본능은 이 모험의 다른 부분에서 다른 방식으로 다루어진다. 투틀은 그가 버터를 좋아하는가에 관계없이 미나리 밭을 자신의 탐조등 밑에 두고 보기를 원한다. 기관차는 버터를 먹지 않기 때문에 그가 턱이 없이 탐조등을 사용해야 하기 때문에 버터를 좋아한다는 그의 절규는 이상하다. 이는 넌즈시 투틀이 사람이 아니며 사람이 될 것이라는 환상에 불과한 것이다. 매번 투틀은 적절한 행동의 울타리를 넘었고 인간이나 어른처럼 행동했으며 웃기거나 무서운 행동 속에 일어난다.

셋째, 투틀은 빗물 통에게 말을 건넨다. 울려 퍼지는 소리는 그에게 새로운 힘과 성숙함을 주지만 역시 착각에 불과하다. 투틀은 Flyer처럼 소리낸다고 생각하지만 그는 아직 Flyer가 아니며 빌과 마을 사람들이 지명하기 전에는 Flyer가 될 수 없다. 사회적 관습과 판단으로부터 독립심을 기르는 것은 심리적으로 해방이 되는 것일지 모른다. 투틀은 스스로 결정을 내릴 준비가 안 되어 있다. 그가 어른에 대한 양분화되고 규범적인 관점들을 교육받을지라도 그는 이러한 것들을 결합력 있는 동일체로 합칠 수 없다.

넷째, 투틀은 나비들과 함께 놀고 그들처럼 날기를 희망한다. 그가 목초지를 향해 트랙을 벗어났을 때 그는 하늘을 향해 지구를 떠나는 꿈을 꾼다. 하지만 그는 그렇게 할 수 없었다.

이 이야기에서 이러한 네 가지의 모험은 놀라운 균형에 다다를 수 있는 그리고 책임감을 줄일 수 있는 진보적인 망상을 드러낸다. 투틀은 각각의 탈선과 함께 약간의 죄책감을 느끼며 책임감을 드러내지 않았다. 목초지 방문으로 인한 투틀의 기쁨은 매 순간 열심히 일을 수행하는 Oilers와 대조된다. 투틀이 트랙을 벗어난 일이 왜 나쁜가? 빌과 다른 사람들에 의해 형성된 투틀에 대한 규범은 무엇인가? 그가 강요당한 것은 그의 동료그룹을 선택하는 것이고 그는 빌과 모든 어른으로부터 독립하게 되었고 책임과 근면을 넘어선 기쁨과 모험을 선택했다. 이야기의 또 다른 모순은 그러한 경험에서 그에게 끊임없는 행복을 보여줄지라도 그것은 부적합성을 만들어 냈으며 독자들은 투틀이 규범에 순응하기를 원했다. 해설들은 그의 변명의 어리석음을 강조했다. 하지만 이러한 이미지들의 해석은 투틀이 과학과 자연, 아이와 어른 그리고 일과 놀이의 양분성을 결합한 것이라는 것을 독자들이 받아들이는 것에 의존한다. 여기에 투틀에게 무슨 일이 생겼는가와 독자들에게 무슨 일이 생겼는가에 대해 또 다른 일치가 존재한다. 파울 윌리스가 지적한 것처럼 학생들의 저항은 항상 부분적이며 모호하다. 독자들을 위해서 어떤 이득에 대한 상식은 투틀의 행동이 적당한 방법이라고 설명한다는 것을 확신하다. 물론 투틀은 레일로 돌아왔어야 했다. 무슨 일이 있었든지 간에.

(4) 김영천의 '네 학교 이야기'

사실적 글쓰기의 대표적인 한국 작품으로는 김영천(1997)의 『네 학교 이야기』를 꼽을 수 있다. 이 작품은 한국 초등학교의 교실 생활을 그린 질적연구 작품이다. 김영천은 이 작품에서 한국 초등학교에서 가르쳐지고 있는 잠재적 교육을 존경, 책임, 성구별 세 가지로 밝혀내었다. 그는 이 세 가지 잠재적 교육 요인을 밝히기 위해 네 개의 초등학교 현장에 들어가 참여관찰, 면담, 비디오 녹화 등의 자료를 수집하였고, 수집된 자료를 바탕으로 이 세 가지 요인을 규명하였다. 그는 이 작품의 글쓰기 방법으로 수집한 자료를 있는 그대로 제시하고, 제시된 자료에 대한 연구자의 해석을 기술하는 전형적인 질적연구 글쓰기 양식을 사용하였다. 이러한 글쓰기 방식은 수집한 자료를 제시하고 기술한다는 점에서 사실적 글쓰기로 볼 수 있다.

1. 존경

초등학교 교실에서 학생들이 바르게 생활하는 것과 관련하여 배워야 하는 첫 번째 내용은 존경의 가치이다. 연령을 기준으로 삼고 있는 우리 사회의 위계구조를 재생산하고 있는 이러한 존경의 가치는 학교에서 학생들의 일상적인 학습활동의 상당 부분을 차지한다. 학생들은 학교에 입학하면서부터 인사하는 법과 윗사람에게 말하는 법을 익혀 나감으로써 존경의 가치를 내면화하는 연습을 한다. 이러한 연습은 초등학교 1학년 때부터 시작된다.

여러분, 목을 90도로 구부려서 정중하게 선생님께 인사해 보세요. 또 여러분의 허리도 함께 90도 굽히세요. 인사할 때, 팔은 몸에 붙여야 해요. 움직여서도 안돼요. 그리고 "선생님께, 안녕하세요"라고 말해야 해요. 이해할 수 있겠죠? 좋아요, 그럼 함께 해볼까요(이 인사를 잘 따라하지 못하는 몇몇 학생들이 있다). 자, 그럼 다시 해봅시다(선생님은 1학년 학생들에게 20번 이상 인사연습을 시킨다).

(학교 1: 학교에서의 첫날: 1학년)
1학년 학생들은 윗사람에게 예절을 갖추고 인사하는 법을 배우는 데 상당한 시간을 보내며 이러한 인사동작을 잘 학습하지 못하는 학생들은 교사의 지속적인 관심과 질책의 대상이 된다. 인사를 제대로 하지 못하는 1학년 교실에서 선생님들은 학생들이 올바른 인사동작을 숙지하도록 돕는 데 상당한 시간을 소비하게 된다.

선생님: 준이야, 이리 나와 보렴.(준이가 교실 앞으로 나오자 선생님은 자신의 오른쪽 팔을 준이의 어깨에 놓는다.)
선생님: 여러분 준이가 인사하는 모습을 자세히 보세요. 그리고 준이가 인사하는 모습이 바른 자세인지 아닌지 살펴보세요.(준이가 학급 전체에게 인사를 한다.)
선생님: 여러분, 준이가 잘 했나요?
학생들: (매우 큰 목소리로 동시에) 아니오.
선생님: 준이의 자세에서 뭐가 잘못됐죠?
학생들: 준이의 팔이 몸에 완전히 붙지 않았어요. (학교 1: 1학년 5반)

인사하는 법이 초등학교 1학년에서 배워야 하는 중요한 교육과정으로 인정된다는 점을 상기할 때, 인사를 못하여 지적을 받는 만큼 인사동작을 잘한 학생은 칭찬을 받게 된다. 교사는 그러한 학생들의 이름을 호명하거나 물질적인 보상(예를 들면 사탕이나 상징적인 상)을 줌으로써 그러한 동작의 중요성을 강화시킨다. 올바른 인사법이 학생들에게 주지되면 이러한 인사예절은 학교생활에서의 일상적인 반복과 훈련을 통하여 연마된다.

학생들은 교문을 들어설 때부터 나설 때까지 인사예절을 학교생활에 있어 중요하고 또 명시적인 규칙으로 주지하며 지켜나간다. 따라서 급히 복도에서 뛰어가던 학생들이 제자리에 서서 지나가는 선생님에게 공손하게 인사하는 모습을 보는 것은 자연스러운 것처럼 보이며, 인사예절을 성공적으로 지키지 못하여 교사에게 질책당하는 것은 초등교실에서 빈번하게 발생하는 일로 여겨진다.

(공책에 선생님의 스탬프를 받은 학생이 자기 자리로 돌아가려 한다.)
선생님: 잠깐 거기에 서 보렴.

학생 : 네?

선생님: 뭔가 잊은 것 없니?

학생 : (선생님께 인사한다.)

선생님: 자리로 돌아가렴.(학생은 자기 자리로 돌아온다.) (학교 1: 4학년 교실)

교무실에 있었는데요. 뒤에서 제 이름을 부르는 소리가 들렸어요. 그래서 뒤돌아보았더니 작년 담임선생님께서 서 계셨어요. 선생님께서는 제가 선생님께 인사하지 않고 지나갔다고 하시면서 저를 꾸중하셨어요. 선생님의 목소리가 너무 커서 교무실에 있는 다른 선생님들도 다 들을 수 있을 정도였어요. 저는 선생님께 선생님을 보지 못했다고 말씀드렸지만 선생님께서는 제 말을 믿으려 하지 않으셨고 계속 꾸중하셨어요. 하도 화가 나기에 울어 버리고 말았어요. 선생님을 보지 못한 것은 사실이었는데 말이에요.(정희, 6학년)

학생이 존경의 가치와 관련하여 배우는 동시에 보여주어야 하는 행동표현은 연장자에게 예의 바르게 말하는 방법이다. 말하는 방법은 한국어의 특성과 관계가 깊다. 나이가 어린 사람은 그보다 나이가 많은 사람에게 존칭어를 사용하여 말을 해야 하는 것이다. 교사와 학생이라는 사회적인 관계 이전에, 연장자와 연소자로 자신들의 사회적 위치가 결정되는 초등학교 교실의 사회조직의 구조에서 학생들은 연장자인 교사와 언어의 상호작용을 통해 연장자에게 예의 바르게 말하는 방법을 연마한다.

이때 예의 바르게 말하는 방법은 크게 네 가지 형태로 나뉜다. 첫째, 자신의 이름이 불려질 때 '예'라고 대답할 것, 둘째, 선생님의 말씀을 주의 깊게 경청할 것, 셋째, 선생님이 말하는 도중에 절대로 말을 가로채지 말 것, 넷째, 선생님의 말과 질문에 대해서 이의를 제기하거나 '왜'라는 이유를 붙이지 말 것이다. 이 네 가지 사항 중에서 특히 세 번째와 네 번째 사항의 위반은 윗사람인 선생님의 권위와 존경에 대한 심각한 도전으로 간주되기 때문에 학생들은 이를 유념해야만 한다. 그렇지 못한 학생들의 경우, 건방지고 예의 없는 학생으로 교사에게 각인된다. 따라서 초등학교 저학년의 경우 선생님은 학생들이 자신의 생각을 존경의 태도로 표현하도록 돕는 데 많은 노력을 기울이며, 학생에 대한 평가의 상당한 양이 학생의 학업성적보다는 학생들이 교사와 언어의 상호작용 속에서 존경의 태도를 얼마나 적절하게 표현하였는가와 관계가 깊다. 이러한 존경의 표현에 대한 강조의 중요성은 학생이 과제를 성공적으로 수행했을지라도 그 과제가 존경의 방식으로 표현되지 못하면 교사의 부정적 평가가 뒤따른다는 사실을 보면 쉽게 이해할 수 있다.

다음의 상호작용 단편은 연장자인 교사와 언어의 상호작용 속에서 학생이 적절한 어휘를 선택하지 못함으로써 부정적으로 평가받는 상황을 잘 보여주고 있다. 학생은 자신의 생각을 표현함에 있어 '나'와 '저'라는 단어를 혼란스럽게 사용함으로써 교사에게 지적을 받게 되었다.

선생님: 너는 지난주에 뭘했니?
학생 : 나는 숙제를 했어요.
선생님: 다시 말해 봐.
학생 : 나는 숙제를 했어요.
선생님: 그렇게 말해서는 안돼. "저는 숙제를 했어요"라고 말해야지.

(학교 1: 1학년 5반)

2. 책임

바른 생활을 구성하는 두 번째 내용은 책임이었다. 초등학교의 교실에 붙어 있는 '책임감을 가지고 행동하자' 라든지 '우리의 책임을 완성하는 데 최선을 다하자' 라는 명시적인 표어를 통하여 책임이라는 가치는 초등학생의 교실생활과 학습에 중요한 부분으로 자리 잡고 있었다. 초등학생들에게 강조되는 책임은 크게 두 가지 종류의 것이다. 첫 번째 책임감은 학교수준에서 강조되는 학교의 규칙을 준수하는 것을 말하며 두 번째 책임감은 자신이 속한 교실에서 각각의 학생에게 부여된 공식적인 역할을 성실하게 담당하는 것이다. 이 두 가지 종류의 책임을 잘 성취하는 학생은 교사로부터 성실하고 착한 학생으로 인정받는 경향이 있었다.

먼저 학교수준에서 책임감을 다하는 것은 학교규칙을 잘 따르는 것을 말한다. 학교규칙은 주로 매주의 주훈을 통해 구체화되고 학생들에게 전달된다. 주훈은 학교의 모든 사람들(교장, 행정가, 교사, 학생들)이 그 주에 지키고 따라야 할 행동과 규범에 대한 직접적이고 구체적인 계획으로서 월요일의 애국조회를 통하여 학생들에게 공표된다. 학생들이 한 주 동안에 학교의 질서유지와 성공적인 공부를 위하여 지켜야 하는 생활계획으로서 주훈은 대부분 다음과 같은 내용으로 구성되어 있다.

1. 바른 태도와 자세로 공부하기
2. 쓰레기 버리지 않기
3. 줄 서기
4. 교실 내에서 조용히 하기
5. 복도와 계단에서 뛰지 않기

6. 명찰 달기
7. 숙제 잘하기
8. 화장실 깨끗이 사용하기
9. 학교 기물을 소중히 사용하기

주훈이 월요일 애국조회에서 발표되면 학생들의 계속적인 주의를 위하여 교실의 칠판 왼쪽에 판서해 놓으며 아침마다 몇몇 학생들을 호명하여 그 주의 주훈이 무엇인지를 상기시킨다. 이렇게 하는 이유는 주훈을 잘 실천한 학급이 학교 수준에서 성취도가 뛰어난 반으로서 평가받거나 상을 받기 때문이다. 오히려 학생들보다 담임 선생님이 주훈의 달성 정도에 더 큰 관심을 둔다. 이렇게 각 반이 한 주 동안 정해진 주훈을 위해서 노력한 후 토요일의 반성조회 시간에 가장 뛰어난 학급이 선정되어 상을 받는다.

이 주훈의 사용과 관련하여 어떤 관찰학교에서는 학생들의 행동관리와 교실관리를 위해 독특한 방식의 주훈을 실시하고 있었다. 이 학교에서는 모든 학생들이 자신들의 옷에 특별한 이름표를 달고 있었는데 앞면의 위쪽에는 학생의 학급과 이름이 적혀 있었고 뒷면에는 그 학교에서 특정기간 동안 강조하는 일곱 가지의 행동수칙이 기명되어 있었다(1. 줄서기, 2. 종이 던지지 않기, 3. 학교 앞 교통규칙 지키기, 4. 소음 내지 않기, 5. 장난치거나 때리지 않기, 6. 침 뱉지 않기, 7. 선생님께 바른 태도로 인사하기). 그리고 앞면의 아래에는 이렇게 기명된 일곱 가지의 행동수칙 가운데 본인이 잘 지키지 못하고 있는, 즉 개선해 나가야 하는 한두 가지의 행동수칙을 적어두고 있었다. 각 학생에게 자신의 이름표의 앞면 하단부에 있는 기재내용은 곧바로 특정기간 동안 개선해 나가야 하는 책임의 내용인 셈이었다.

책임의 두 번째 영역은 교실에서 각 학생에게 공식적으로 부여된 역할을 성공적으로 완수하는 것인데 각 개인에게 할당되는 책임의 내용은 크게 다음과 같다: 1인 1역, 부 활동(7개의 부서활동), 조 활동(한 집단의 활동), 임원 활동(관리자의 활동), 주번 활동(1주간 책임 학생의 활동). 이러한 공식적인 책임 가운데 학급에서 모든 학생들에게 가장 많이 반복적으로 부여되는 책임은 1인 1역이다. 1인 1역은 자신이 속한 교실을 보다 학습에 적절한 공간으로 만들기 위해서 각 구성원이 이 교실의 문제해결에 참여하고 노동력을 행사함으로써 실제적인 교실관리의 유지에 기여를 하게 된다. 아울러 1인 1역은 교사와 행정가의 관점에서는 학생들에게 책임감의 가치를 연습시킬 수 있는 훌륭한 교육적 경험으로 간주되고 있다.

1인 1역의 역할 부여는 대개 학기가 시작되는 3월에 학급회의를 통하여 정해진다. 주로 자신에게 관심이 있는 역할이 할당되기도 하지만, 몇몇 역할의 경우에는 심한 경쟁이 일어나게 된다. 그 이유는 특정 역할이 학생들로 하여금 교사에게 접근할 수 있는 기회를 많이 제공해 줄 수 있기 때문이다. 따라서 선생님의 책상을 닦는다든지 선생님의 심부름을 하는 역할은 많은 학생들에게 경쟁을 야기하는 역할이 된다.

1인 1역과 함께 교실의 모든 학생들은 '부' 의 구성원으로서 책임을 맡고 있다. 초등교실은 크게 (1) 총무부, (2) 학습부, (3) 새마을부, (4) 미화부, (5) 체육부, (6) 도덕부, (7) 봉사부의 7개 부로 나누어져 있다. 한 교실에서 같은 부에 속하는 학생들은 같은 책임을 갖게 되는데 각 부가 하는 일은 각 부의 명칭이 나타내는 것과 유사하다. 즉 체육부의 일원들은 체육시간이 시작되기 전에 체육교육에 필요한 기구들을 준비하며 미화부의 일원들은 교실의 장식과 학생들 작품전시에 신경을 쓴다. 1인 1역 및 부활동과 함께, 교실에서 특정 학생들은 나름대로의 독특한 역할을 부여받는다. 이 학생들은 학급의 공식적인 직위를 가지고 있는 학생들로서 '임원' 이라고 불린다. 초등교실에서 임원에 속하는 학생들로는 학급의 반장과 부반장, 회장과 부회장, 각 부의 장이다. 임원은 학급 학생들의 교실생활을 지도하고 통제하는 공식적인 권력을 부여받은 학생들로서, 교사와 일반학생들 사이에서 중개자의 역할을 수행한다.

이 임원 중 반장은 가장 주목받고 눈에 띄는 리더의 역할을 한다. 반장은 학급의 공식적인 대표로서 대의원회의에 참가하여, 가장 눈에 띄는 역할을 하며 수업의 시작과 끝에 선생님께 하는 인사를 이끈다. 이외에 선생님이 교실에 안 계실 때 학급의 질서를 유지하거나 학생들의 숙제에 점수를 매기거나 학생들의 이름을 부르는 것과 같은 선생님의 일을 돕기도 한다.

학급에서 반장 다음으로 가장 눈에 띄는 지위를 가진 학생은 '회장' 으로서 그의 가장 중요한 역할은 토요일에 실시되는 학급회의를 주재하는 것이다. 이 반장과 회장 다음에는 7개 부서의 장(부장)들이 있는데 토요일에 있는 학급회의에서 일주일 동안 자신이 속한 부에서 실천한 노력사항과 내용에 대하여 보고하고 평가하는 역할을 담당한다. 다음의 면담에서 면담참여자들은 교실에서 맡고 있는 임원의 역할이 무엇인지를 잘 설명해 주고 있다.

연구자: 안녕하세요? 여러분이 학급에서 하는 일이 무엇인지 말해 주겠어요?
학생 1: 아이들을 위해 열심히 일해요.
학생 2: 아이들을 위해 봉사해요.

1인 1역

역할	이름	역할	이름
창문(교실)	상훈 외	화초	은미
창문(복도)	윤희 외	대걸레질	은영 외
창틀	혁	왁스칠	필상 외
칠판 지우기	신규	쓰레기통	태영
칠판	진광	선생님 책상	한나
신문	희란	선생님 점심식사	해미
TV	상희	학습자료	성렬 외
우유 대금	지혜	운동기구	재우
컴퓨터	희경	적금	준영
연료	희상	신발장	구민
화장실 휴지	정훈	칠판 지우개	영기
책상 줄 맞추기	은정 외	거울	현지
우유 배달	정우 외	게시판	인순 외

(학교 1: 6학년 2반)

연구자: 잘 이해하지 못하겠는데, 봉사라면 무엇을 의미하는 거죠?

학생 3: 수업에 필요한 학습자료를 가져다주는 거요.

연구자: 어디서요?

학생 3: 과학실에서 과학시간에 쓸 암석 표본과 같은 거요.

학생 4: 칠판에 떠드는 아이들의 이름을 적어요. 교실 안과 복도에서 뛰고 소리를 내는 아이들요.

연구자: 왜요?

학생 4: 아이들이 시끄럽게 굴기 때문이죠. 칠판에 이름이 적힌 아이들은 선생님께서 교실에 들어오시게 되면 야단을 맞게 될 거에요. 때때로 걔들은 우리의 말을 듣지 않고 관심도 주지 않아요. 그래서 우리는 선생님께 그것을 알리지요.

학생 2: 우리는 때때로 어항을 살펴보거나 휴지통을 깨끗이 사용하는지 지켜보기도 해요.

학생 5: 내가 만일 한 아이에게 욕을 하는 아이를 봤다면, 나는 그 아이를 화장실로 데리고 가서 그 아이에게 입을 깨끗이 하라고 해요.

연구자: 왜?

학생 5: 그 아이의 입은 더러워졌어요. 그래서 깨끗하게 해야 하죠. 증인으로서 나는 그 애가 입을 깨끗이 하는지 확인해요.

연구자: 얼마나 많이?

학생 5: 그건 정도에 달려 있어요. 만일 아이들이 가볍게 욕을 한다면, 50번 씻어야 하고 심하게 욕을 한다면 150번 해야 해요.

연구자: 참 재미있는 말이구나. 그 밖에는?

학생 1: 아이들의 싸움을 말려요.

학생 3: 담임선생님이 수업시간에 들어오시지 않을 때, 아이들을 조용히 시켜요.

학생 4: 아이들이 청소하는 것도 감독해요.

학생 3: 수업을 위해 몇 가지 자료를 가져와야 해요. 가끔 수업에서 식물, 책, 악세사리 등이 필요한 경우에 담임선생님께서는 우리에게 학습자료를 가져오라고 하시지요. 내가 엄마께 말씀드리면 엄마는 나에게 그걸 사주세요.

학생 5: 때때로 선생님이 아이들 채점하는 것을 도와 드려요.

(학교 2: 4학년 5반)

반장, 회장 그리고 부장과 함께 초등교실의 다음 공식적 사회조직의 형식은 조장이다. 조장은 수업을 위하여 인위적으로 만들어진 학생들의 집단의 장으로서 그 집단의 수업활동과 관리에 책임을 맡는 학생을 일컫는 말이다. 수업을 하는 동안 몇몇의 학생들은 리더십을 보인다. 그들은 '조장'이라고 불린다. 조장은 크게 세 가지 책임을 담당하고 있다. (1) 과제물 걷기, (2) 조의 대표로 발표하기, (3) 수업과 쉬는 시간에 조내의 부진아를 돌보는 것이 그것이다. 어떤 학생이 조장이 되는가는 교실마다 다른데 공부를 잘하는 학생이 맡는 경우도 있고, 형평성의 원칙에 근거하여 각 조의 모든 구성원이 돌아가면서 역할을 맡는 경우도 있다. 다른 학급에서는 반 전체 학생들이 교대로 역할을 맡기도 한다.

책임과 관련하여 지금까지 설명한 사회조직들이 임원의 역할이었다면, 주번의 역할은 학생들이 차례대로 맡아야 하는 책임이라 할 수 있다. 주번활동은 1~2명의 학생들이 한 주를 기준으로 교실관리에 관계되는 일을 수행하는 것으로서, 어항의 물 갈기에서부터 떠드는 아이 이름 적기 등, 그 일의 종류는 매우 다양하다. 특히 주번활동이 학교수준에서 강조되는 경우 6학년 한 반의 모든

> 학생들은 한 주를 기준으로 하여 학교 전체의 질서유지를 위한 책임을 맡게 되는데 그들이 담당하게 되는 책임의 종류는 다음과 같다: 교문에서 학생들이 줄서는 것을 감독, 학교 앞에서 교통문제를 돌봄, 계단 · 복도에서 학생들의 행동을 체크, 복도에서 보행규칙을 준수하지 않은 학생들을 징계 · 처벌, 8시 40~50분 후에 학교에 도착한 학생들의 이름을 적고 주번교사에게 전달하기, 시끄러운 교실에 들어가서 조용히 시키기, 학생들이 쉬는 시간과 점심시간에 학교를 나가지 못하게 하기.

(5) 김영천 외의 '한 여름밤의 꿈'

7차 교육과정이 학교 현장에서 어떻게 적용되고 실행되는지를 연구한 『한 여름밤의 꿈』 역시 사실적 글쓰기의 대표적인 작품으로 꼽을 수 있다. 이 작품에는 총 여섯 개의 이야기가 실려 있는데, 이 여섯 작품 모두가 사실적 글쓰기 방법을 보여주는 것은 아니다. 실제 이 작품에서는 전통적인 글쓰기 방식이 아닌 다양하고 새로운 시도의 글쓰기 방식을 통해 한국 교실에서의 7차 교육과정의 실태를 적나라하게 드러내고 있다. 이것은 크로스오버 텍스트 만들기의 일환으로 문학적 텍스트의 일환에서 벗어나 실험적인 글쓰기 양식을 보여주려는 노력이다. 따라서 다음의 예에서는 이 책에 실린 여섯 개의 내러티브(학교 현장의 이야기) 중 사실적 글쓰기의 특징을 잘 보여주는 '문학중학교 이야기' 를 실었다.

> **학생들의 다양한 수준으로 인한 딜레마**
>
> 세련된 박 교사는 제7차 교육과정을 둘러싸고 있는 사회적 환경에 대해 진지한 어조로 언급을 하기 시작하였다. 다소 처음에는 어색하였지만 어느새 어색함은 온 데 간 데 없고 현장에 대한 날카로운 지적과 열기가 가득하였다. 그녀에 의한 사회적 환경이란 신자유주의를 지칭하는 것으로 신자유주의의 거침없는 물결이 구조조정, 효율성, 부가가치 창출과 같은 경제 담론을 확산시켰으며, 우리 사회의 판을 재구성하여 다양한 사회 영역의 변화를 이끌고 있다는 것이다. 이런 사회변동 속에서 교육부문 역시 변화의 맥락에서 예외일 수는 없었으며 시장주의 이데올로기 · 경제 논리에 터한 교육개혁과 교육제도의 도입이 우리 학교 교육 현장의 모습을 자연스럽게 수요자중심의 체제로 전환시키고 있다는 것이고 특별히 그 중심에 제7차 교육과정이 핵심적인 개념으로서 변화에 따른 많은 쟁점을 양산해내고 있다고 보고 있었다.
>
> 박 교사에 따르면 수준별 교육과정의 핵심적인 주장은 학습자의 다양한 특성에 맞는 맞춤식 교육이 이루어져야 함을 강조하고 있는 것이며, 학교현장이

다인수 학급으로 구성되어 있을지라도 다양한 학생들의 학습경험과 능력을 고려하여 공교육 내에서 학생들을 적절히 수준별로 분반하여 효과적으로 수업을 진행해야 함을 의미하는 것이 아닌가 하는 것이다. 맞는 말이며 이는 앞서 기술한 중학교 내 제7차 교육과정이 주창하는 내용과도 동일한 내용이다.

그러나 박 교사와 같이 현장에 있는 교사들로부터 전달되는 내용은 제7차 교육과정의 수준별 교육과정이 일선 학교에 도입된 2002년 이후로 오랜 시간이 경과했음에도 불구하고 여전히 정상 궤도에 진입하고 있지 못한 실정임을 보여주었으며, 교육과정의 실제 운영의 측면에서도 다양한 수준에서의 딜레마와 문제들을 겪고 있음을 알 수 있었다. 특별히 수준별 교육과정의 경우 교육에서의 '평등과 불평등' 과 같은 논쟁적인 내용과도 맞물려 있어 교육을 바라보는 수많은 입장과 철학에 의해서도 갈등을 빚고 있는 영역으로 인식되고 있음을 확인할 수 있었다.

문학중학교의 수준별 교육과정 운영을 살펴보면 수학, 영어와 같은 단계형 교과는 전 학년을 대상으로 수준별 교육과정을 실시하고 있었으며, 정규수업 시 학업성취 수준별 이동수업을 실시하되 학습 수요자가 원할 때는 실정에 맞게 반을 변경시켜 학습할 수 있는 개방적 과정으로 운영하고 있었다. 그리고 학급 편성은 심화반 · 기본반 2단계로 하되, 심화 · 기본 · 보충의 3단계 효과를 달성할 수 있는 연구참여학교의 특성이 반영된 교수 모형으로 추진하고자 하였다. 문학중학교의 수준별 교육과정 담당교사는 교재를 재구성하여 학업 성취 수준(심화반 · 기본반)에 맞는 교수-학습 활동을 전개하도록 정하고 있었다.

그러나 박 교사는 학생 개인의 능력에 맞는 수준별 교육과정을 학교 및 일선 교육 현장에 실제적으로 적용함에는 많은 어려움들이 존재하고 있다고 하였으며 자신이 근무하고 있는 문학중학교도 예외는 아님을 고백하였다. 즉, 수준별 교육과정이 학생들의 중간고사나 기말고사의 성적으로 결정되니 수준별로의 구분이 전혀 안 맞을 수는 없는데 박 교사가 생각하기에는 너무 다양한 아이들을 특정 수준으로 섞는다는 것이 문제가 되고 있다는 것이다. 이러한 측면에 대해 박 교사는 "현실에 거의 안 맞지요. 7차 교육과정이 수요자 중심이라고 그러잖아요. 수요자 중심이라고 그러는데 지금 우리 학교, 우리나라의 학교들이 평준화되어 있지 않습니까. 평준화되어 있기 때문에 그 학교 속에 인적 구성이 굉장히 다양하며 공부 잘하는 애들에서부터 공부 못하는 애들까지 그 많은 아이들에게 적합한 교육과정을 만든다는 것이 …… 어떻겠어요! 엄청나죠! 엄청난 일이 될 거에요. 고등학교는 어느 정도 크게 인문계, 실업계로 나뉘어 있어서 성적이라는 관점에서 보면 뭐 공통점이 있잖아요. 중학교 같은 경우는 그렇지 않습니다. 완전히 섞여 있잖아요. 완전히…….”라며 그녀의 생각을 강하게 전달하고 있었다.

이를 통해 문학중학교의 수준별 교육과정 적용에서의 가장 핵심적인 문제점은 학생들이 다양한 수준에 있다는 것임을 알 수 있었다. 이는 박 교사가 언급하였듯이 우리 교육정책의 큰 골자를 형성하고 있는 평준화 이념과 맞물려 있는데 본질적으로 평준화, 평등이라는 개념하에서 효과적인 수준별 교육과정 실행이 한계점을 가지고 있음을 시사하는 것이다.

이러한 맥락에서 고등학교 학생들—고등학교의 경우 일반계와 전문계로 구분되어 있기에—이 중학교 학생들보다 더욱 다양한 욕구와 특성 그리고 어느 정도 그 수준이 나누어져 있다고 보는 그녀의 생각이 어떤 의미에서는 맞다고도 할 수 있다. 고등학교에 비해 중학교의 경우 초등학교의 졸업 시기 즉 중학교 입학의 출발선에서부터 학생들 간의 현격한 차이를 줄이는 방안 없이 입학하고 그 다양한 학생들의 각각의 수준과 필요를 모두 충족하면서 수업을 진행한다는 것 그리고 적절하고 공정하게 학생들을 평가한다는 것이 현실적으로 가능한 일인가에 대한 의문을 던져주고 있는 것이 사실이기 때문이다.

박 교사는 계속해서 제7차 교육과정의 환상과 추락을 목소리, 표정, 분위기로 생생하게 전해주었다. 목소리는 점점 더 커졌으며, 표정은 점점 더 강렬하게, 분위기는 점점 더 진지하게 말이다.

그녀는 문학중학교의 교사와 학교 모두가 결론적으로 학생들의 다양한 개인차와 요구에 능동적, 효과적으로 대처하지 못하고 있음을 솔직히 인정하고 있었으며, 그것에 대해 내가 대접한 차의 종이컵을 만지작거리며 안타까워하였다. 그녀의 안타까움은 비단 자신의 학교로 인한 안타까움을 넘어 우리 현장의 모습에 대한 열정적인 교사의 마음으로 느껴졌다.

이러한 안타까운 상황은 실제적으로 문학중학교의 수준별 교육과정 운영자료들을 살펴보면 더욱더 명확하게 드러나게 되는데 문학중학교의 경우 학생들의 성적에 따라 수준별 분반을 상반과 하반으로 구분하여 진행을 하고 있었으며, 이는 열 개 반을 a와 b 두 개 반에 각각 다섯 개 반으로 구성하여 나타낼 수 있었다. 문학 중학교의 수준별 교육과정 분반을 살펴보면 학년 전체 10개 반을 심화반 5개 반, 기본반 5개 반으로 나누고, 그 가운데 다시 심화반을 심화와 기본으로, 기본반을 기본과 보충으로 나누고 있었다. 그리고 해당 분반의 구성비는 분반별 50%로 설정하고 있었으며 이러한 분반 기준은 학생들의 성적으로 시행하였다.

성적에 의해 학생들을 상하 집단으로 구성하기에 당연히 각 반에는 성적이 중간 수준에 있는 학생들이 많이 분포를 하게 되어 있다. 즉, 상반의 경우도 최상위 몇 명을 제외하고 대부분의 학생들이 중간 수준의 성적을 보이는 학생들로 구성됨을 의미하며, 하반의 경우도 마찬가지로 상반의 학생들보다 평균은 낮지만 상반의 중간 수준에 있는 학생들과 상당부분 실력이 유사한 층을 구성하고 있는 학생들이 포진을 하게 되는 것이며, 하반의 나머지 몇몇의 학생들이 기본 실력에 있어 현격하게 차이를 보이는 낮은 학생들이 구성을 하고 있는 상황을 연출하게 되는 것이다. 아래 그림은 문학중학교의 수준별 분반 운영 및 실태를 나타낸 것으로서 앞서 언급한 내용을 효과적으로 설명하여 주고 있다. 즉 수준별 분반의 상위반의 최상위 수준 학생, 수준별 분반의 하위반 최하위 수준 학생들의 상대적으로 적은 비율을 제외하고 나머지 대부분의 학생들은 중위 수준으로서 수준별 분반의 의미가 모호하거나 오히려 학생들에게 도움이 되지 않고 있는 형식적 수준의 행정으로 여겨지고 있었다. 이러한 실정이다 보니 중간 수준의 학생들에게는 수준별 수업 또한 의미를 상실하게 되었다. 이는 김천기(2001)가 우려한 불평등 재생산 체제로서의 수준별 교육과정이 형성되기도 전에 수준별 기능도 제대로 이루어지지 못한 실정임을 보여주는 것이다. 역설적이지만 불평등이라는 부적인 요소라도 창출할 수 있는 힘이 수준별 교육과정에는 없어 보였다.

박 교사는 이러한 결과가 자연스럽게 담당 교사가 해당 분반의 구성 특징에 맞게 수업전략과 방법을 진행하는 것이 아니라 중간 수준 집단에 맞추어 수업을 진행하게끔 만들고 있다는 것을 이야기해 주었다. 이러한 상황은 특별히 학업성취가 최상위 집단의 학생들 또는 최하위 집단의 학생들에게 있어서 그들

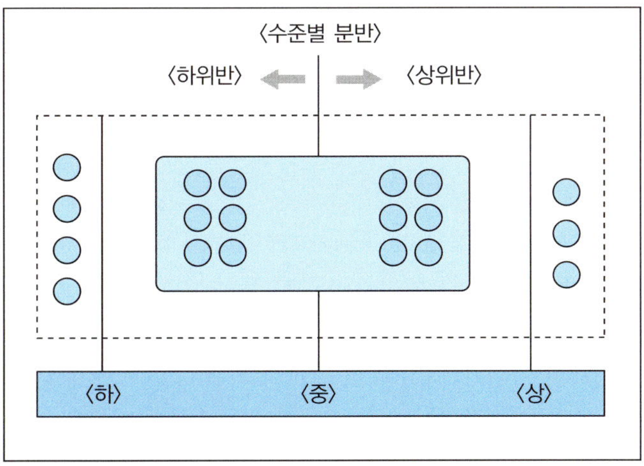

문학중학교의 수준별 분반 운영 및 실태

의 수업에 대한 집중도라든지 수업 및 학습과 관련된 요소에 대해 매력을 잃게 만드는 주요한 요인으로 작용하고 있었으며 오히려 학교 내의 효과적인 학습에 있어 역효과를 보이고 있다는 것이었다.

박 교사의 고백처럼 실제로 우리의 교육 체제는 평준화되어 있다. 그리고 그로 인해 다양한 수준의 학생들 즉, 상위와 하위의 수준 차이가 상상 이상으로 벌어져 있는 학생들의 상황은 좀 더 세분화되어 학생들의 수준에 적절하게 접근하는 방식을 필요로 하고 있었으며, 현재의 상반과 하반 식의 '러프(rough)' 한 수준별 교육과정의 적용은 그 자체가 한계를 가지고 있는 것이었다.

박 교사는 특정 성적의 점수를 기준으로 다양한 학생들의 수준을 배제한 채 분반을 추구하는 것은 '상반의 하위권 학생' 과 '하반의 상위권 학생' 의 수준 및 관계를 모호하게 만드는 주요한 원인임을 제시하고 있었으며, 교사들의 수업 전략과 구상에서도 어려움을 만들어내고 있는 것이라고 강력하게 주장하였다. 그리고 하반으로의 수준별 이동이 진행됨에도 하반 내 상위권과 하위권의 차이는 수준별 적용이 무색할 정도의 현격한 차이를 보여주고 있어 학생 간 다양한 수준의 차이는 수준별 교육과정이 제대로 정착할 수 없는 구조적인 문제를 야기시키고 있었다. 불가피하게 아이들은 적절한 수업을 받고 있지 못하며, 교사들도 수준별이 적용되었음에도 불구하고 여전히 어느 수준에 맞추어 수업을 전개하여야 할지 고민을 해야 하는 딜레마를 경험하고 있었다.

과연 누구의 책임인가? 학생과 교사를 포함하는 교육주체들의 고통과 고뇌는……. 한참 동안 박 교사와 나는 말을 잇지 못한 채 어색한 침묵의 시간을 보냈다. 둔탁하고 커다란 시계 소리가 들릴 뿐. 똑딱똑딱.

보충반은 더 쉽게 설명, 심화반은 더 빨리!: 수준별 수업진행의 고충

침묵의 시간이 자연스럽게 사라지고 박 교사와의 대화는 계속해서 이어졌다. 박 교사는 수준별 교육과정 적용의 어려움이 교수-학습 방법의 문제를 통해서도 제시되고 있다고 하였다. 즉, 그녀는 교사들이 수준별 이동 수업을 실시하는 상/하 혹은 상/중/하의 각기 다른 교재 개발과 교수법의 차이, 개별 지도법 등의 내용을 준비하는 것에도 어려움을 겪고 있다고 하였으며, 이 부분에 대하여 많은 동료들이 그 심각성을 인식하고 노력을 해야 할 필요성에 대해 공감을 하고는 있으나 그들이 겪는 학교의 과중한 업무와 학교 내 다양한 풍토로 인해 어려움을 겪고 있다고 하였다. 다음은 박 교사와 직접 나눈 대화 내용이다.

박 교사: 수준별 해봤자 그거 잘 안 되는 이유가 교재 연구를 따로 해야 돼요. 잘하는 애는 잘하는 애의 수준에 맞추어서 책이 따로 있어야 하고 못하는 애는

못하는 애에 맞추어서 책이 따로 있어야 돼요. 그래서 따로 교재 준비를 해야 되거든요. 그런데 교사들이 그렇게 하겠나. 그러니깐 있는 걸 가지고 '더 쉽게 설명' 하고 있는 걸 가지고 '더 빨리 나가고' 이런 차원이지…….

(2007년 4월 19일 연구참여 교사 개인면담)

박 교사: 상위층 애들이나 하위층 애들이 있다면 어느 정도는 거기에 맞는 교과 재원이 개발되어야 하잖아요. 하지만 그런 것이 개발이 제대로 안 되고, 또한 교과에 맞추어서 교과 학습법이 달라져야 하고, 그 다음에 개별화 지도가 되어야 하잖아요. 그런데 그게 안 되고 있는 것이 현실입니다. …… 이래저래 다 하려면 수업 못해요. 그래서 학원보다도 교사들이 시간이 없는 것이 교사들은 하루에 1~2시간은 공문을 처리하거든요. 무엇이든 간에. 그러다 보니 이래저래 안 되는 거지요. …… 보통 하루에 2시간 쉴 거에요. 그 2시간 쉬는데 1~2시간 공문을 처리하니깐. 이거 원.

(2007년 5월 7일 연구참여 교사 개인면담)

박 교사를 통해서 수준별 교육과정이 제대로 이루어져서 그 효과가 드러나기 위해서는 적절히 수준별 분반이 고려된 수준 있는 교수-학습 자료와 운영 지원 활동의 구체적인 내용이 수준별 교육과정의 성공과도 직결되어 있는 중요한 사항임을 알 수 있었다. 하지만 현장의 모습은 그러한 교수-학습 자료의 개발을 위한 움직임이 현장의 특수성으로 인해 구조적으로 제한을 받고 있었으며, 교과 협의회라든지 다양한 수준별 교수-학습을 촉진할 수 있는 채널이 교사들에게 존재할지라도 학교 내 풍토와 교사의 업무 및 인간 관계로 인해 실제적으로 수준별 교육과정 준비를 위한 효과적인 역할 수행을 하고 있지 못하였다. "수준별 수업 그거 해 봤자 안 됩니다" 였다.

또한 학생들도 수준별 수업을 그저 해당 반만 바꾼 형식적인 것으로 인식하고 있었으며, 수준별에 따른 학습 내용에는 큰 차이가 없다고 말해주었다. 학생들은 수준별 수업이 동일한 것을 좀 더 빨리 진도를 나가는 것뿐이지 그 과정에서의 차이는 없게 느껴진다고 고백하였다.

박 교사를 통해 이러한 문제들은 근본적으로 교사 수급과 직접적인 연관이 있음을 알 수 있었다. 문학중학교의 과목 교사 인원을 살펴보면 각 해당 과목의 교사들이 매우 부족한 것을 알 수 있다. 이는 문학중학교의 학생수를 감안한다면 배정된 교과목의 담당 교사의 수가 매우 부족한 것이었다. 교육인적자원부는 교원 운용의 탄력성을 제고하고, 희소 교과 담당 교원의 수급을 원활히 하여 교육과정의 정상적 운영과 학교 교육의 질 향상에 기여할 것을 목표로 2001년 교육여건개선추진계획 즉, 학급당 학생 수 감축을 위한 학교(급) 신·증설 및 제7차 교육과정 시행에 따른 적정 교원 배치를 위해 2002년 11,000명(초 2,540명, 중 1,590명, 고 6,840명), 2003년 12,600명(초 7,250명, 중 5,350명) 등 총 23,600명의 초·중등 교원을 발표하였지만 여전히 많은 어려움을 안고 있다(최호성, 2002).

한 학년에 배정된 교사의 수가 제한적인 상황에서 해당 교사는 자연스럽게 수업을 많이 맡을 수밖에 없게 되고, 수업 준비 시간 이외에도 다양한 활동을 진행하고 준비해야 되는 교사의 입장에서 시급한 사안 및 행정을 우선적으로 진행하는 것은 당연한 일 또는 자연스러운 학교의 문화가 되고 있음을 박 교사는 이야기해 주었다. 박 교사 또한 이러한 현실의 모습을 통해 그렇게 학교생활을 하고 있다고 고백하였다. 이러한 맥락은 적은 수의 교사가 과중한 업무를 진행하게 되고 그에 따른 업무는 해당 교사의 몫으로 할당되는 악순환에서 수준별 교육과정에 적합한 수준 있는 교재와 수업 전략이 산출되리란 것은 구조적으로 많은 어려움을 안고 있음을 보여주는 것이다. 그리고 그 내면에는 부족한 교원 수라는 구조적인 문제가 있으므로 악순환 과정을 더욱 고착화시키는 주요한 요인으로 작용하고 있는 것이었다. 박 교사의 얼굴이 일그러진다. 나의 얼굴도 함께 일그러졌다. 그리고 나는 다 식어버린 커피만 홀짝홀짝 삼켰다.

(6) 흑사병*

1348년부터 1350년에 걸친 3년간 적어도 유럽 인구의 4분의 1이 흑사병(black death)으로 알려진, 혹은 독일인은 'Great Dying'이라 일컫는 전염병으로 사망했다. 이것은 의심할 여지 없이 인류에게 닥친 가장 끔찍한 재앙이었다. 오늘날 우리는 사람이 전염병의 그림자 속에서 살아가는 끔찍한 상황에 대한 개념을 현실감 있게 받아들이지 못한다. 현 시대에도 전염병이 극동지역과 아프리카에 심각하게 창궐하고 있긴 하지만, 두 세기가 넘도록 전염병이란 인류에게 그다지 심각한 위협은 아니었다. 그러나 학자들은 전 세계적인 재앙의 고통 속 인간 행동의 역사적인 예로 Great Dying에 대한 연구를 계속하고 있다. 전염병의 위협이 거대한 인류멸종의 위협으로 대체되고 있는 오늘날, 14세기 재앙의 역사에 관한 관심이 예리하게 재개되고 있다. 학생들은 인구통계학적, 경제적, 심리적, 도덕적, 종교적인 새로운 시각으로 그것의 여러 가지 결과들을 살펴보고 있다.

*출처 미상

이제 전염병은 바실루스 균이라는 특정한 생물체에 의해 야기되는 뚜렷한 질병으로 인식된다. 전염병은 모두 굉장히 치명적인 세 가지 징후로 알 수 있는데, 폐렴, 서혜 임파선종, 패혈증이다. 이 질병은 주로 흑쥐, 얼룩다람쥐와 같은 특정한 설치류들로부터 벼룩을 통해 사람에게 전이된다. 또한 고열, 고통스러운 통증과 탈진을 유발하고 대개 5~6일 내에 죽음을 초래한다. '흑사병' 이라는 이름은 피부 출혈에 의한 검은 반점 때문에 지어진 것이다.

전염병은 6세기에 로마제국에, 북아프리카에는 그보다 이전에 발생했었지만, 그 이후 14세기까지 유럽에서는 비교적 드물었다. 어떤 역사가들은 십자군 전쟁 때 중동에서 돌아오던 원정대에 의해 서유럽에 흑쥐가 최초로 들어오게 되었다고 말한다. 이것은 그리 설득력이 없어 보이는데, 그 이유는 스위스의 선사시대 유적지에서 쥐의 유해가 발견되고, 중세 전반에 걸쳐 유럽의 집들에 쥐가 들끓었을 가능성이 매우 높기 때문이다.

아무튼, 14세기의 세계적인 유행병은 분명히 1348년 이탈리아의 항구에서 시작되었고, 아마도 흑해 항구의 상선에 의해 유입된 것으로 보인다. 그것은 점점 이탈리아를 가로질러 퍼져갔고 2년 후 스페인, 프랑스, 영국, 중유럽, 스칸디나비아를 휩쓸고 지나갔다. 그것은 느리지만 무자비하고 강렬하게 인구가 많고 비위생적인 도시들로 전진해갔고, 끔찍한 결과를 남겼다. 벼룩이 가장 많은 매년 늦여름 이 전염병은 최고조에 달했고, 겨울에 사그라졌다가 봄이 되면 다시 발생했다.

1348~1350년의 이 세계적인 전염병은 10년이나 그보다 적은 간격을 두고 계속 되풀이되어 일어났다. 런던에서는 15세기에 적어도 20번의 전염병 공격이 있었고, 베니스에서는 1348년과 1576년 사이에 흑사병이 23번이나 발생했다. 이 전염병은 발진티푸스, 매독, 그리고 16세기 전기에 영국뿐 아니라 유럽대륙에까지 몇 차례 피해를 입혔던 인플루엔자의 치명적인 형태인 'English Sweat' 의 심각한 발생에 빈번하게 동반된다.

13세기에서 17세기 후반에까지 전에도 그 후로도 없을 만큼 전염병이 들끓었다. 영국에서는 1665년 림프절 페스트의 급속한 확산으로 고통이 극에 달했는데, 이때 46만으로 추정되는 런던 인구의 10분의 1 가까이가 죽었다. 그 이후에 서유럽과 중유럽에서 이 전염병이 왔을 때만큼이나 기이하게 순식간에 사라졌다. 이러한 감소를 설명하기 위해 제기되었던 이론들은 전염병 발생에 관한 이론들과 같이 설득력이 없다. 예를 들어, 이른 18세기에 유럽에 시궁쥐들이 쇄도해 더 작은 흑쥐들을 모조리 죽여 이 질병을 사라지게 했다고 오랫동안 여겨졌다. 이것은 이유가 될 가능성이 거의 없어 보이는데, 그 전염병은 수십 년 전에 사그라지기 시작했고, 시궁쥐는 어떻게 해서든 흑쥐를 몰살시키려 하지 않았다. 아마도 해답은 벼룩, 바실루스 균이나 인간의 생활조건에서 일어난 어떤 것에서 발견될 가능성이 높은 듯하다.

하지만 이 글은 흑사병의 의학적인 측면이 아닌 사회적인 측면에 관한 것이다. 사망지수의 면에서 이 재앙의 규모를 설명하는 것으로 시작하겠다.

그 당시의 기록자가 전하듯, 사망자 수는 믿기 어려울 정도로 높아서 현대 학사들은 오랫동안 그것들을 의심했었다. 하지만 최근의 정밀하고 엄격하게 실시된 분석에 따르면 그 기록의 대다수는 대체로 사실이다. 1348년에서 1350년에 걸친 첫 번째 전염병에서 유럽 인구의 적어도 4분의 1이 죽었고 다음 50년 후 총 사망자 수가 인구의 3분의 1을 웃돌았다는 사실이 이제는 일반적으로 받아들여진다. 물론 질병의 발생 정도와 사망률은 장소마다 제각각이다. 플로렌스는 인구가 9만에서 4만 5천으로, 시에나는 4만 2천에서 만 5천으로 줄었고, 함부르크는 거의 3분의 2의 주민을 잃었다. 이 추정치는 이후 전염병을 담은 정확한 기록에 의해 사실임이 증명되었다. 예를 들어 베니스에서는 보건국이 1576년과 1577년의 심각한 전염병 공격의 희생자 수를 꼼꼼하게 세었는데, 약 16만으로 추정되는 총인구 중 46,721명이 사망하였다. 1720년 마르세유는 9만 인구 중 4만 명을 잃었고, 메시나에서는 1743년 주민의 약 절반이 사망하였다.

1348년에서 1374년의 기간 동안 영국의 총인구는 380만에서 210만으로 떨어졌다고 현재 추정된다. 백년전쟁으로 인해 많은 사람이 죽었던 프랑스에서는 인구하락이 훨씬 더 격심했다. 서유럽과 중유럽 전체적으로 사망자 수가 너무나 많아 1348년의 인구로 회복되는 데 거의 두 세기가 걸렸다. 흑사병은 인간이 전혀 알지 못했던 재앙이었다. 이 전염병으로 사망한 사람들의 80% 혹은 그 이상이 대개 극심한 고통 속에서 2, 3일 이내에 사망했다. 의료계 종사자들이 거의 속수무책이었고, 마을 당국자들이 실행한 조치들은 대체로 소용이 없었다. 자신들의 삶의 터전에서 거침없는 질병의 진전을 지켜볼 수밖에 없는, 계속해서 커지는 두려움을 상상하는 것은 힘들다.

그들은 다양한 방법으로 대응했다. 중세시대 거의 모든 사람들은 전염병을 인간의 죄에 대한 신의 벌이라고 해석했지만, 하느님이 악한 천사의 독화살 'venomous moleculae' 이나 지진이나 혜성에 의한 기운으로 응징하는가에 대한 논쟁이 있었다. 많은 사람들은 유대인을 비난했고, 우물에 독을 탔다든지 그렇지 않으면 사탄의 대리인처럼 행동했다고 고소했다. 질병에 맞서는 특별한 영향력이 있다고 여겨지는 성모, 성 세바스찬, 성 로흐나 60명의 성인들 중 누군가에게 보호를 갈구하며 사람들은 교회로 몰려 들었다. 거리에는 자신을 매질하며 고행하는 백년 된 집단의 멤버들이 서로를 채찍질하고 사람들에게 다가올 속죄의 날 전에 죄를 몰아내라고 경고하며 반나체로 행진하였다.

전염병이 발생하였을 때 인류의 고통과 반응들은 Boccaccio, Daniel Defoe, Alessandro Manzoni와 Albert Camus(그의 소설 『The Plague』에서)와 같은 작가들과, Raphael Holbein에서 시작해 Delacroix까지의 화가들에 의해 생생하게 묘사되었다. 흑사병 동안 플로렌스에서 문을 걸어 잠그고 흥청대며 놀거나 상스러운 이야기들로 정신을 딴 곳에 두려 애썼던 부유한 왕당파와 아가씨들에 대한 설명인 Boccaccio의 『데카메론』은 두렵고 임박한 재앙에 대한 인간의 특징적인 반응 중 하나를 그린 것이다.

모든 계급의 많은 사람들이 흥청거리며 노는 것과 음담패설에 빠져들었다. 14세기 흑사병에서 살아남은 종교개혁 신학자 John Wycliffe는 이 당시 무법과 타락의 충격을 기록했다. 그 때와 그 이후의 런던에서의 전염병에 관한 기록들이 전하기를 "모든 곳에서 술 마시고 고함치고 과도한 행동들을 한다. 어떤 집에서 당신은 죽음의 고통에서 고함치는 소리를 들을 것이고, 술 마시고 성적으로 문란하며 신을 모독하는 소리를 들을 것이다." 심지어 냉철한 Samuel Pepys조차 죽음의 그림자 아래서 아내와 마음껏 춤추며 흥청망청 즐겼다고 자신의 다이어리에서 인정하였다. 런던과 같은 옥스퍼드의 학술도시에도 선정적이고 방종한 행동이 넘쳐났다.

이 유행성 전염병의 발생은 거의 변함없이 범죄와 폭력의 물결의 신호가 되었다. Boccaccio가 적었듯이, 법적인 목사권위, 인간적으로나 신적으로나, 목사와 유언 집행자들의 권위부족으로 인해 어떤 면에서 완전히 사라지고 타락하였다. 죽음의 한가운데에서, 약탈과 강도는 마구 일어났다. 매장지의 패거리들은 사람이 죽은 집을 약탈하고 시체를 구덩이에 던지기 전에 값이 될 만한 모든 것을 가져갔다. 가끔 그들은 아픈 사람들을 살해하기까지 하였다.

위기가 어떤 사람들을 완전한 도덕적 타락으로 내몰았던 것처럼, 어쩌면 대다수일지도 모르는 사람들을 종교와 미신에 애처로울 정도로 매달리게 하였다. 시인 George Wither는 1625년 런던의 전염병 속에서 이 대조를 표현했다.

> 어떤 길에서는 사람들이 울면서 교회에 가득하고
> 어떤 길에서는 여관에 난폭한 취객들이 있다.
> 어떤 집에서는 찬송과 찬양이 울려 퍼지고
> 어떤 곳에서는 시끄럽고 난폭한 야단치는 소리가 들린다.

많은 사람들은 신의 자비에 스스로를 맡기고, 미래를 위해 교회에 기부하고 과도한 서원들을 하였다. 다른 사람들은 전염병의 시초라 하여 유대교인과 마녀들을 사냥했다. 흑사병은 마술에 대한 믿음의 놀라운 확산을 일으켰다. 학자와 신학자로 교육을 받을 시기에 John Calvin은 사탄의 종으로 행동하는 남자여자 마녀무리가 제네바에 전염병을 가져왔다고 확신했다. 악마를 숭배하는 사상은 자신을 매질하는 고행과 같이 강한 성적인 요소들을 갖고 있었다. 마녀라고 비난받은 여인은 악마와 성관계를 가졌고 남성을 성적으로 무기력하게 만든다고 믿어졌다. 정신분석적 측면에서 이 믿음은 엄청난 인구감소에 대한 무의식적 반응으로부터 흘러 나왔다고 보인다.

유대교인과 마녀들은 널리 퍼진 극심한 공포의 유일한 희생자가 아니었다. 사람들의 분노는 의사들에게도 미쳤다. 그들은 의사들을 전염병을 확인하는 것보다는 그것이 퍼져나가는 것을 독려하고 도운다고 비난받았다. Pare가 우리에게 전하기를, 그들 중 몇몇은 프랑스 길거리에서 돌로 맞았다. (19세기 의사들은 콜레라 전염병 동안 유사하게 희생양이 되었다. 몇 사람들은 가난한 사람들의 엄청난 수를 줄이기 위해 부유한 사람들의 명령으로 공공 상수도를 오염시켰다고 비난했다.)

많은 당대의 작가들에 의해 완전하고 상세하게 기록되어 있어서 우리는 유럽에 있었던 엄청난 전염병의 즉각적인 결과에 대한 꽤 정확한 지식을 가지고 있지만, 그 전염병의 장기적인 영향을 명시하기는 쉽지 않다. 이 전염병 중과 이후에 유럽의 역사에는 많은 다른 요소들이 개입되었기 때문이다. 그럼에도 불구하고, Great Dying이 역사에 엄청나고 지속적인 영향을 미쳤다는 데에는 의심할 여지가 없다.

경제적인 측면에서 유럽은 갑작스럽고 급격한 변화들로 인해 고통받았다. 1348년부터 1350년의 흑사병 이전에 유럽 대륙은 꽤 빠른 인구 성장, 영토 확장과 전반적인 번성으로 좋은 시절을 보냈다. 엄청난 유행병 이후에 유럽은 한 세기 혹은 그보다 더한 경제침체와 하락으로 긴 불황속으로 빠져들었다. 가장 심각한 혼란은 농업에서 발생했다.

짧은 기간 안에 마을과 도시들은 뚜렷한 번성을 누렸다. 전염병의 많은 생존자들은 친척들이 대규모로 떠나면서 갑자기 엄청난 양의 재물과 돈을 상속받게 되었다. 그들은 화려한 집들을 짓고 장인들을 양산하기 위해 돈을 쓰고 돈이 되는 일에 돈을 계속해서 퍼부었다. 이 신흥 부자들의 부를 공유하는 교회들과 다른 공공 기관들 또한 인상적이고 비싼 건축물들을 지었다.

한편 시골 지역은 사실상 붕괴되었다. 소도시들과 도시들에 식량을 보내는 더 적은 사람들로, 농부들은 그들의 곡물 상가의 큰 부분을 잃었다. 곡물 가격은 순식간에 떨어졌다. 농촌 인구도 순식간에 하락했다. 전염병으로 인해 이미 대폭 감소된 인구인데, 소도시들로의 인구이동으로 훨씬 더 감소하였고, 농부들은 더욱 가난해져 갔다. 법 혹은 때때로 무력으로 자기 땅의 소작농들을 보호하기 위한 영주들의 엄청난 노력에도 불구하고, 시골의 인구는 집단적으로 도시로 흘러갔다. 수천 개의 농촌과 마을이 버림받았다. 독일 중부에서는 모든 농촌의 70퍼센트가 흑사병 이후의 기간에 버려졌다. 수풀이 마구 우거진 이 버려진 농촌과 마을들 중 많은 곳은 최근 항공사진에 의해 위치가 확인되었다.

농장들은 황무지나 목초지가 되었다. 지대와 지가가 없어졌다. 작은 땅을 소유한 신사들은 가난해졌다. 14세기 시인 Petrarch의 말에 따르면, '어마어마하고 끔찍한 고독' 이 그 땅에 가득했다. 물론 장기적인 농업의 불황이 도시에도 불황을 가져왔다.

어떤 당국들은 유럽에서 흑사병 이전에 경제적인 침체기가 시작되었고 전염병은 이 조류를 그저 도드라지게만 했다고 믿는다. 이 의문은 분명 복잡하다. 그러나 전쟁과 다른 경제적인 힘들은 아마 유럽의 긴 불황의 한 요소로 작용했을 것이다. 그러나 결정적인 요소는 사람들을 죽이고 건강을 위협한 전염병의 반복된 공격일 것이라 여겨진다. 이 주제에 대한 현재의 합의는 인구변화가 경제변화의 주된 이유였다는 것이다. 물론 17세기, 18세기의 유럽 경제 부흥이 전염병이 사라지고 인구의 급격한 성장과 동시에 일어났다는 것은 의미 있게 고려되어야 한다.

전염병의 시련의 심리적인 영향은 적어도 경제적인 영향만큼이나 인상적이다. 네덜란드의 역사가 Johan Huizinga가 그의 연구 중세의 경고에서 한 세대 전에 훌륭하게 분석하였던 종말론적인 분위기가 온 유럽에 오랜 기간 퍼졌다. 예일 대학의 저명한 의술사학자 Arturo Castiglioni는 이렇게 적었다: "두려움이 이 시대의 국왕이었다." 사람들은 질병과 죽음 임박의 계속된 두려움 속에서 살고 일했다. "죽음 위에 새겨질 아무런 생각도 나는 들지 않았다." 라고 Michelangelo는 기록하였다.

이 시대의 많은 예술이 묘지에 대한 섬뜩한 관심과 질병의 징후와 시체의 부패에 관해 거의 병적인 수준의 관심을 반영했다. 셀 수 없이 많은 화가들이 예수의 고통과 마지막 심판, 지옥의 고문에 대해 세심하게 다루었다. 흑사병의 직접적인 영향을 받아 죽음의 향연을 묘사하는 목판화와 그림은 병자들을 주요 화제로 삼았다. 인정사정없는 사실주의로 이 그림들은 죽음을 군주와 소작인들, 어린이와 노인들, 사랑스러운 여인들과 못된 악한들, 순결한 아기와 노쇠한 늙은이들을 꽉 붙잡고 있는 끔찍하게 웃는 해골로 묘사한다.

절망의 분위기와 함께, 아마도 죽음의 존재에서 처절한 외침이었을지도 모르는 헐거워진 삶과 문란의 모습으로 거친 저항의 뚜렷한 경향이 있었다. 하지만 이 시대의 지배적인 특징은 음탕함이 아니라 인간의 죄를 응징하기 위해 신이 전염병으로 왔다는 확신으로부터 생긴 아주 강한 죄책감이었다. 『데카메론』을 쓰고 몇 년 후 Boccaccio는 회개와 혼란에 가까운 죄책감에 압도되어 버렸다. Martin Luther는 죄책감과 죽음에 대한 공포로 인해 격심하게 고통받았고, 전염병에 시달렸던 Calvin은 모든 전염병으로부터 도망 다녔다. 정말로, 모든 사회가 Freud가 말한 원시적 죄책감으로 고통받았고, 그들은 참회의 행진, 성지 순례와 열정적인 집회에 참여하였다.

70년 전에 영국교 성직자이자 역사가인 Francis Gasquet는 〈The Great Pestilence〉라는 연구에서 흑사병이 성직자들과 유럽의 맘에 들지 않는 전체적인 종교 생활을 청산함으로써 개신교 개혁의 무대를 열었다고 말하였다. 이것은 너무 단순한 이론이다. 한편, 중세의 막장에서 이 대재앙적인 전염병이 종교개혁의 강력한 힘이었을 것이라는 것을 부정하기는 힘들다. 교회의 실패와 전염병을 막으려는 기도의 실패, 위험에 직면하여 교구를 버린 성직자들의 일탈과 Great Dying 이후 종교 지도자들의 부족은 사람들로 하여금 새로운 종류의 리더십을 갈망하게 했다. 질병에 의한 전례 없는 시련에 깊은 영향을 받았기 때문에 Wycliffe, Zwingli, Luther, Calvin과 그 밖의 모든 종교개혁 지도자들이 신과 인간의 더욱 친밀한 관계를 지향하는 사람들이어야만 했다.

중세 후기의 전염병이 종교개혁을 설명하기에 충분하지는 않더라도, 넓게 퍼진 끔찍한 슬픔과 죽음의 신속함에 의한 인간 마음의 엄청난 혼란이 종교적 관점에서 본질적이고 오래 지속되는 변화를 가져왔다. 경제적인 영역뿐만 아니라 유럽의 도덕적이고 종교적인 생활에서도, 변화를 만드는 힘은 의심할 여지 없이 흑사병에 의해 강해졌고 부가된 자극을 제공했다.

3. 참고문헌

김영천(1997). 네 학교 이야기: 한국 초등학교의 교실생활과 수업. 서울: 문음사.

김영천 · 이희용 · 이현철 · 최준호(2009). 한 여름 밤의 꿈: 제7차 교육과정 환상과 추락의 내러티브. 서울: 아카데미프레스.

Bittner, E. (1970). *The Functions of the police in modern society*. Washington, DC: U.S. Government Printing Office.

Burbules, C. N. (1986). Tootle: A Parable of Schooling and Destiny. *Harvard Educational Review*, 56(3), 239-256.

Correll, J. S. (1995). The ethnography of an electronic bar: The lesbian cafe. *Journal of Contemporary Ethnography*, 24(3), 270-298.

Stocking, G. W. (Ed.). (1983). *Observers observed. Vol. 1 of History of Anthropology*. Madison: University of Wisconsin Press.

Van Maanen, J. (1998). *Tales of the field. Chicago*: University of Chicago Press.

Van Maanen, J. (Ed.). (1995). *Representation in Ethnography*. Thousand Oaks, CA: Sage.

제10장

현장작업적 글쓰기

1. 현장작업적 글쓰기의 개념과 특징
2. 현장작업적 글쓰기의 대표 작품
   (1) Shostak의 'Nisa'
   (2) Gottlieb의 'Choosing a Host'
   (3) Anderson의 'Jelly's Place'
3. 참고문헌

이 장에서는 질적연구의 가장 대표적인 글쓰기 방법인 현장작업적 글쓰기에 대하여 소개하고자 한다. 현장작업적 글쓰기는 사실적 글쓰기와 마찬가지로 연구자가 연구현장을 기술할 때 사용하는 가장 일반적인 글쓰기 방법이다. 이 방법이 사실적 글쓰기와 다른 점은 1인칭 시점에서 연구자가 직접 현장을 묘사하고 설명한다는 것이다. 이러한 특징 때문에 현장작업적 글쓰기는 사실적 글쓰기에 비해 다소 주관적이며 객관성이 떨어지지만 솔직하고 진솔한 목소리로 경험한 내용을 밀도 있게 전달할 수 있다는 점에서 널리 사용되고 있다. 고전 인류학 연구나 타 문화연구에서 연구자들이 자신들과는 달랐던 연구현장에서의 생생한 경험과 어려움을 묘사하면서 연구결과를 써 내려간 글쓰기가 바로 현장작업적 글쓰기 방식이다. 최근에 와서는 질적연구의 제3장 연구방법론에서 많이 사용되고 있으며 저명 문화인류학 연구나 지역 연구에서 많이 활용하고 있다. 이 장에서는 이러한 현장작업적 글쓰기의 특징과 의미에 대해 자세히 알아보고, 이 분야의 대표적인 작품들을 살펴보고자 한다.

1. 현장작업적 글쓰기의 개념과 특징

현장작업적 글쓰기는 연구자가 현장에 있으면서 경험한 내용이나 느낌을 중심으로 글을 써 내려가는 방식이다. '현장작업을 중심으로 한 글쓰기(fieldwork tale)' 또는 '현장작업에 대한 기억을 중심으로 한 글쓰기(fieldwork memoir)' 라고 불리기도 한다. 때로는 연구자가 자신이 직접 경험한 이야기를 독자에게 솔직하게 이야기한다는 점에서 '고백적 글쓰기' 라고 하기도 한다(Van Maanen). 자신의 경험에 대한 기억을 직접적으로 더듬어 가면서 쓰기 때문에 주체는 '나' 라는 용어가 된다. 이에 이 글쓰기 방식에서는 기존의 과학적/실증적 글쓰기에서 배타적으로 간주되었던 용어인 '나' 라는 용어가 자유롭게 사용되며 '나' 가 경험한 여러 가지 현장 이야기들을 기술해 나간다. '나' 를 중심으로 연구작업 내용을 기술하기 때문에 '현장작업의 오딧세이' 라고 불린다. 현장에 대한 서술에서 '나' 인 연구자의 관점을 중심으로 글을 쓰기 때문에 연구자의 이야기가 주된 내용이 되며 연구자가 경험한 다양한 이야기들과 인간적인 기억이 밀도 있게 묘사된다. 다른 글쓰기 양식에 비하여 현장작업에서 경험한 연구자의 주관성과 경험이 상대적으로 강조되기 때문에 3인칭의 사실적 글쓰기나 다른 과학적 글쓰기에 비하여 저자의 권위와 객관성, 중립성의 이미지는 상대적으로 약화된다.

현장작업적 글쓰기의 몇 가지 특징을 소개하면 다음과 같다(Van Maanen). 첫째, 개인화된 권위이다. 저자인 '나'가 글을 써 나가기 때문에 모든 글의 내용과 묘사의 정통성과 객관성은 '나'에 의하여 만들어진다. 사실적 글쓰기에서 어떤 사건에 대하여 "경찰은 X를 한다"라고 기술한다면 현장작업적 글쓰기에서 표현의 방법은 "나는 경찰이 X하는 것을 보았다"라는 식으로 만들어진다. 묘사의 신뢰성은 '나'의 글쓰기 기술에 따라 달라진다. 연구자인 '나'는 자신이 현장에서 연구참여자들과 어떻게 생활하고 연구를 어떻게 진행하였는지를 서술하는 방법을 많이 제공한다. 때문에 많은 연구에서 이 글쓰기 방법을 적용하면 연구결과에 대한 기술보다는 연구작업 자체에 대한 기술에 치중하는 문제점이 생긴다.

둘째, 연구자의 개인적인 감정이나 인식이 글쓰기에 강하게 반영된다. 즉, 현장작업자의 개인적인 편견, 성격의 결점, 또는 나쁜 습관들이 솔직하게 드러난다(보라, 나는 인간적 약점이 가득 차 있는 당신과 같다). 그러한 점에서 사실적 글쓰기에 나타나는 저자의 전지전능한 존재의 이미지는 사라지고 대신에 연구초기의 혼란, 의심, 어려움으로부터 합리적으로 일관성 있는 어떤 결과를 만들어 내려고 애쓰는 겸손하고 신중한 저자의 이미지가 그려진다. 연구자의 개인적인 미숙함, 딜레마, 현장문제의 해결 과정에 대한 시행착오 등이 잘 묘사되기 때문에 연구자는 전문적인 질적연구자의 이미지로서 독자에게 다가가기보다는 아마추어 연구자, 또는 새로운 문화를 배우려는 학습자로서 그려진다. 나아가 그 현장을 외부인에게 알리는 '그 문화에 대한 해설자' 또는 '통역자'로서 역할을 한다. 그들의 삶을 대변하는 작가로서 활약한다.

이 글쓰기 방식에서는 글의 전개가 현장의 경험을 중심으로 진행되기 때문에 연구자인 '나'를 자극시켰던 현장에서의 경험이 글쓰기 소재의 중요한 모티브와 동기가 된다. 연구자의 통찰을 자극시키는 정서적 반응, 특정한 사물을 바라보는 새로운 방법, 새롭게 보게 된 것, 그리고 기대하지 않은 사건을 기술하는 것이 이 현장작업적 글쓰기의 주된 구성요소가 된다. 그리고 그러한 소재들은 연구자인 '나'가 연구현장을 어떻게 이해했는가를 독자에게 설득적으로 설명해 주는 배경자료로서 읽힌다. 따라서 현장작업적 글쓰기에서 연구자는 발견에 대해 섬광을 기다리거나 무엇인가가 일어나기를 기다리며 단순히 서 있는 소극적이거나 평범한 인물이 아니다. 대신에 현장의 비밀을 찾아 캐내려고 하는 영리한 인물이다. 창의성과 인내력을 가지고서 현장연구에 대한 투쟁에서 승리하려고 하는 인간으로서 연구자의 이미지가 그려진다.

셋째, 글쓰기는 연구자의 관점으로 진행된다. 연구자가 자신의 현장경험을 자서전적으로 기술하는 것이 특징이기 때문에 연구결과는 현장작업자인 '나의 관점'에 기초하여 만들어진다. '나'는 현장에 대한 지식이 하나도 없다가 점차적으로 그 현장에 대하여 알게 되는 존재이다. 이에 무지한 현장작업자의 설명으로 시작하여 전혀 새로운 방법으로 그 문화를 바라보게 되는 현장작업자의 기술로 연구결과가 진술된다. 물론 그러한 기술이 내부자의 관점과 비슷하게 되어서 연구결과로 나타나기도 하겠지만 내부자의 특정한 견해와 외부자로서 객관적인 견해 사이의 간격을 잘 유지하는 것이 의미가 있다. 그러나 학습자로서 연구에 참여한 연구자의 경험과 해석이 독자에게 새로운 연구결과나 믿을 만한 결과로서 읽히기에는 한계가 있다. 왜냐하면 연구자는 문화의 외부인이거나 문외한이었기 때문이다. 이에 Van Maanen은 그러한 현장작업적 글쓰기의 한계를 해결하기 위한 방법으로서 저자인 연구자가 글쓰기에서 다음과 같은 전략을 구사해야 한다고 강조하였다. 첫째, 연구자인 '나' 가 연구참여자들에 의하여 어떤 사람으로 평가되었는지를 기술한다. '나' 가 그들에 의하여 성실하고 인정받는 연구자로서 평가받는다면 그러한 평가는 독자로 하여금 연구자에 대한 좋은 이미지를 갖도록 도와줄 것이다. 둘째, '나' 가 연구참여자와 공감과 관심을 깊게 형성하였다는 점을 기술한다. 셋째, '나' 가 수집한 자료들은 신뢰로운 것으로서 연구참여자 중에서 믿을 만한 사람들에게서 수집되었다는 것을 강조한다.

이 장에서는 현장작업적 글쓰기의 대표적 예시로 세 개의 작품을 소개한다.

2. 현장작업적 글쓰기의 대표 작품

이 절에서는 현장작업적 글쓰기의 대표적인 고전 세 작품을 소개하고자 한다. 이 세 작품들은 연구자적 관점에서 기술되는 현장작업적 글쓰기가 연구의 신뢰성에 어떻게 기여하는지, 어떻게 내부자적 관점에서 연구를 생동감 있게 기술하는지를 잘 보여준다. 또한 이러한 일인칭 시점을 통해 독자들이 연구에 등장하는 '나' 라는 인물이 보고, 듣고, 느낀 것을 어떻게 자신의 경험처럼 느낄 수 있는지를 보여준다.

(1) Shostak의 'Nisa'

'Nisa' 는 아직도 수렵과 채집으로 살아가는 원시 아프리카 부족 '!쿵(KUNG)' 의 사회 · 문화를 기술한 인류학의 대표적인 고전이다. 이 책의 저자인 Shostak은 당시 14년간의 학제 연구 '하바드 칼라하리 프로젝트' 에 참여하고 있었는데, 이 연구를 위해 그녀는 1969년부터 1971년까지 칼라하리 사막 도베 지역에 사는 !쿵족과 함께 지내며 그들의 삶을 조사하였다. 그리고 Nisa(가명)를 포함한 여성들과의 인터뷰를 바탕으로 !쿵족 사회 여성들의 역할에 대하여 조사하였다. 그리고 1975년 한 번 더 칼라하리를 방문하여 Nisa를 만나 인터뷰를 보충하고, 수집한 자료들을 10년에 걸쳐 정리하여 이 책 『Nisa』를 출판하였다. 이 책은 현재까지도 인류학을 공부하고자 하는 학생들이 반드시 읽어야 하는 인류학의 고전으로 꼽히는 작품이다.

이 작품은 크게 세 개의 파트로 이루어져 있다(프롤로그, 본문, 에필로그). 그 중 대부분을 차지하고 있는 본문은 Shostak과 Nisa 두 사람의 이야기로 이루어져 있다. Shostak은 연구자의 입장에서 !쿵족의 일상적인 삶을 기술하였고 Nisa는 자신의 경험을 생생하게 들려준다. 이러한 본문의 구조는 객관성과 진실성이라는 두 가지의 연구 효과를 가져다준다. 먼저 Shostak이 연구자의 입장에서 !쿵족의 일상과 문화를 기술하여 연구에 대한 과학적 객관성을 확보하였고, 이어서 이를 생생하게 보여주는 Nisa의 이야기를 실음으로써 연구의 신뢰성과 진실성을 확보하였다. 이것은 연구자의 객관적인 관점과 이러한 관점을 뒷받침해 줄 수 있는 실제 원주민의 증언을 통해 객관성과 진실성이라는 두 가지 효과를 얻을 수 있게 해주었다.

하지만 이러한 두 가지 입장에서 서술된 본문은 현장작업적 글쓰기 양식보다 사실적 글쓰기와 자서전적 글쓰기 양식에 더 가깝다. 전자는 3인칭의 시점에서 쿵족의 삶을 기술한다는 점에서 사실적 글쓰기의 양식이고 후자는 Nisa가 자신의 삶을 이야기하고 들려준다는 점에서 자서전적 글쓰기 양식으로 볼 수 있다. 그럼에도 불구하고 이 작품을 현장작업적 글쓰기 양식의 대표적인 작품으로 꼽은 것은 이 작품의 1/4을 차지하는 프롤로그와 에필로그 때문이다. 100쪽이 넘는 분량의 이 두 파트에서는 Shostak이 현장의 경험을 중심으로 연구에 대한 전반적인 이야기를 들려준다. 연구자의 경험을 들려준다는 점에서 이 두 부분은 현장적 글쓰기 양식을 잘 보여준다. 이에 프롤로그와 에필로그의 내용 중 일부를 발췌하였다.

프롤로그

두 번째 인터뷰에서는 아이들이 무엇을 하고 어떻게 노는지 물어보았다. 니사는 바우가 아이들의 성적인 장난에 대해 했던 이야기를 확인해 주었을뿐더러 자기가 며칠 전에 목격한 사건까지 들려주었다. 여섯 살 정도 된 사내아이가 자기 누이동생을 뒤에서 안고 오두막 벽에 기대선 채 서로 아랫도리를 비비고 있었던 것이다. 게다가 그 일은 처음이 아니었다. 니사는 전에도 그 아이들이 이불 밑에서 장난치는 것을 본 적이 있었다. 그때마다 아이들을 꾸짖으며, 그렇게 놀면 밑구멍이 쓰라리고 거기에서 고약한 냄새가 난다고 일러 주었다. 하지만 아이들의 부모에게 그 사실을 알리지는 않았다. 니사의 말마따나 어차피 그 나이 때에 애들은 분별력이 없을뿐더러, 어머니가 알면 필시 아이들을 때릴 것이기 때문이었다. 어린 여자아이가 성을 즐기는 법을 배우지 못한 채 어른이 되면, 정신이 올바로 발달하지 못해 요 근방에 사는 미친 헤레로 여자처럼 풀을 뜯어 먹으면서 이리저리 헤매고 다니게 된다고, 니사는 웃으면서 덧붙였다. 성인 여자들에게도 섹스는 필요하다. 니사의 주장은 여자가 섹스를 하지 못하면 마음이 황폐해져서 늘 화가 나 있게 된다는 것이었다.

니사와 나는 다음날도, 그 다음날도, 또 그 다음날도 이야기했다. 그녀는 자기의 어린 시절에 대해 이야기하기 시작했다. 처음에 남자아이들과 섹스하기를 거부했던 일, 동성애 파트너, 처음 '엄마 아빠 놀이'를 가르쳐 준 남자 친구, 차차 성의 즐거움에 눈뜨기 시작한 이야기들에 나는 넋을 잃고 빠져들었다. 완벽한 인터뷰였다. 그런데 마지막 날, 니사는 예전에 들었던 이야기들까지 의심하게 될 정도로 어리둥절한 이야기를 했다.

나는 니사에게 가장 어렸을 때의 기억을 말해 달라고 청했다. 그녀 말에 따르면, 아이들은 아주 어릴 때는 젖을 빨고 자는 일 말고는 아무것도 모른다. 걷고 말하면서부터 비로소 뭔가를 기억하기 시작한다. 니사의 가장 오래된 기억은 젖을 빨던 일이었다. 니사는 젖 빨기를 좋아했지만, 어머니가 남동생인 쿰사를 임신하면서부터 젖을 떼기 시작했다. 어린 니사에게는 청천벽력 같은 일이었다. 어머니 젖을 물려고 할 때마다 거기에는 쓴 약 같은 것이 발라져 있었고, 어린 니사는 그걸 다 씻어 낼 때까지 울고불고 떼를 썼다. 어머니는 이제 이 젖은 뱃속에서 자라고 있는 아기의 몫이기 때문에 니사가 계속 젖을 먹으면 아파서 죽게 될지도 모른다고 말했다. 아버지도 그녀를 크게 꾸짖었다. 니사는 떼를 쓰고 끊임없이 젖을 빨려고 하다가 혼이 나곤 했다. 니사는 불행했다.

여기까지는 이치에 맞았다. 전에 다른 여성들도 내게 비슷한 경험을 들려주었고, 남편도 마을에서 아이들이 젖 떼는 기간 중에 강한 심리적 저항을 겪는 것을 지켜본 적이 있었다.

하지만 이야기는 아직 더 남아 있다. 어느 날 니사는 어머니와 함께 식량을 구하러 나갔다. 마을에서 멀리 떨어지지 않은 곳에서, 어머니는 나무 그늘에 앉아 진통을 시작했다. 아기가 태어나자 어머니는 니사에게, 아기를 묻게 땅을 팔 막대기를 가져오라고 했다. 어머니는 니사가 너무 일찍 젖을 떼게 된 것을 걱정했다. 동생만 없으면 니사는 다시 젖을 먹을 수 있을 것이다. 하지만 동생이 죽기를 바라지 않았던 니사는 이제 젖을 더 먹고 싶지 않다며 울고불고했고, 옥신각신 끝에 어머니는 결국 아기를 거두어 젖을 먹이기로 했다. 니사는 아직까지도 그때 동생이 살 수 있었던 것은 자기 덕분이라고 믿고 있었다.

내가 잘못 이해했던 것일까? 니사가 증언한 당시만 해도 영아 살해는 여전히 이루어지고 있었지만, 거기에 어린 여자아이가, 게다가 막 출산을 목격한 직후에 연루되었을 리는 없었다. 나는 말했다. "다시 말해 주세요. 이번에는 좀 더 천천히 동생이 태어났을 때의 일을 말이에요." 하지만 다시 말한 내용도 기본적으로는 전과 똑같았다. 니사는 자기가 말한 내용을 직접 기억하는 것일까, 아니면 다른 사람이 해 준 이야기를 자기 기억이라고 착각하는 것일까? 그녀는 말했다. "내 두 눈으로 똑똑히 본 걸 기억해."

나는 그 이야기를 어떻게 받아들여야 할지 알 수 없었다. 어쩌면 다른 식으로 해석해야 하는 것일까? 어차피 그건 그녀가 '기억하는' 가장 오래된 일에 속한다. 그러니 어쩌면 동생에게 느낀 분노와 질투심을 다른 데로 돌리고자 그녀 자신이 만들어 낸 환상일지도 모른다. 아니면 어차피 니사가 반대할 걸 알고 어머니가 진지한 생각 없이 한번 꺼내 본 말일지도 모른다. 그러면 니사에게 동생을 위하는 마음이 생기지 않을까 해서 말이다. 좀더 그럴듯한 설명은 니사가 동생에게 샘을 그만 내도록 일부러 죄의식을 불러일으키려는 위협용 언사였다는 것이지만, 다른 설명들도 가능하다. 확실한 것은 니사가 자기가 한 이야기를 실제로 믿고 있다는 것뿐이다.

또다시 나는 니사를 의심하기 시작했다. 그 다음날 우리는 가우샤를 떠날 계획이었다. 물론 더 머물 수도 있었지만, 또다시 니사에 대한 양가 감정이 고개를 든 마당에 떠나게 된 것에 오히려 안도감이 느껴질 지경이었다. 여러 날이 흐른 뒤에야 나는 내가 니사를 헌신짝처럼 내버리고 우리 만남의 독특함을 부정했다는 것을 깨달았다. 하지만 그녀와 나눈 대화가 내게 유익했음은 의심할 여지가 없었다. 바우에 이어 니사와의 인터뷰 경험이 보태져 나는 좀 더 자신감이 생겼다. 나는 이제 다른 여성들을 상대로, 그들의 삶에 관해 더욱 친밀하고 속 깊은 질문을 해 보기로 했다.

!쿵족 아이들은 태어나서 첫 몇 년을 거의 그들의 어머니와 끊임없이 친밀하게 접하며 보낸다. !쿵족 아이들은 밤낮으로, 어머니의 가슴을 보통은 최소한 삼 년은 접하고 있고, 많은 시간 보살핌을 필요로 한다. 아이들은 밤에 어머니 옆에서 자고, 낮 동안은 어머니가 일을 가든지 놀러가든지 어머니와 살을 맞대고 업혀 있다.(이 위치가 놀아주기 좋아하는 나이 든 아이들에게 가장 적합한 높이이다.) 아이들이 업혀 있지 않을 때, 어머니는 아마 어르거나, 노래 불러주거나, 이야기하는 것으로 아이들을 즐겁게 해 줄 것이다. 만일 그들이 육체적으로 떨어져 있다면 그것은 대체로 아버지나 형제나 사촌들이나 조부모들이나 숙모나 삼촌 또는 가족의 친구들이 어머니가 옆에 앉아 있는 동안 아이들과 놀

아주는 짧은 시간이다. 어머니와 떨어지는 것은 이 년 반이 넘으면 더 빈번해지는데, 이때 아이들은 계속적으로 동네 아이들과의 놀이에 빠져든다. 그러나 어머니는 언제나 필요할 때마다 만날 수 있다.

또한 엄하지 않고, 자애롭고, 헌신적인 !쿵의 아버지들은 아이들과 매우 강한 상호접촉을 형성한다. 그럼에도 불구하고, 특히 아기 때에, 남자들은 여자들이 아이들과 함께 하는 시간보다 훨씬 적은 시간을 함께 한다. 예를 들어 화장실에 데리고 가는 것, 씻기고 목욕시키는 것, 코를 풀어주는 것과 같이 아이들의 돌봄에 있어서 달갑지 않은 임무들을 회피하려 한다.

또 아버지들은 울거나 성내는 아이의 해결을 어머니에게 넘겨버린다. 어머니처럼, 아버지들은 두려움을 일으키는 권위의 대상이 아니어서, 그들의 아이들과의 관계는 친밀하고, 애정을 가지고 배려하며, 육체적으로도 가깝다. 생활공간과 취침공간을 함께 하는 아이들은 부모들이 함께 할 때 쉽게 접할 수 있다. 아이들이 커가면서—특히 소년들의 경우—아버지들은 아이들과 더 많은 시간을 보낸다.

심각한 병에 걸리지 않았다면, 아기들의 안락하고 안전한 목가적 이야기의 첫 파괴는 젖 떼면서부터 시작되는데, 일반적으로 아이들이 세 살 정도 되고, 어머니가 다시 임신하였을 때이다. 대부분의 !쿵들은 산모가 아이들에게 수유하는 것이 위험하다고 믿는다. 그들은 모유는 태아의 것이며, 태어나지 않은 아이와 형제들에게 해가 된다고 말한다. 빨리 젖 떼기는 필수적인 것으로 생각하지만 젖 떼기는 아이들의 강한 저항에 부딪칠 뿐만 아니라, 사실상 젖을 떼는 데는 몇 달이 걸린다. 일반적인 방법으로는 불쾌한 맛을 보고 아이들이 빠는 것을 단념하리라는 생각에 쓴 뿌리(또는, 보다 일반적으로, 담배나무)를 젖꼭지에 바르기도 한다. 심리적인 압박도 작용하는데, 젖 떼기를 당한 한 여자는 다음과 같이 확실히 기억하고 있었다. "사람들은 내가 계속 젖을 먹는다면, 나중에 내 동생이 태어나서 나를 물고 때릴 것이라 말했다. 그들은 물론 내가 젖 먹는 것을 멈추게 하기 위해 한 말이다."

만일 아이들이 최근 젖 떼기를 했는데, 어머니가 유산했거나 사산했거나 또는 아이가 태어나서 곧 죽었다면, 아이는 다시 수유받을 수도 있다. 그러나 이런 상황은 정상적인 것으로 받아들여지지 않는다. 한 여자는 아기가 죽어 그의 어린 아들에게 다시 수유하는 것으로 그녀의 아들이 아플까봐 걱정한다. 이 마을의 다른 사람들은 그의 병이 그의 죽은 형제가 말해주는 그 어머니의 모유 때문이라고 생각한다. 이 압박의 시간동안 거절당하기 어려운 아이는 어머니에게 매달리고, 어머니는 비록 가슴에서부터 그를 떼어놓아야 한다고 생각하지만, 슬픔 때문에 그녀 스스로 그럴 수가 없다. 몇 주가 지난 후 어머니는 힘을 찾고, 곧 아들도 나아진다.

대부분의 아이들은 수유의 육체적이고 정서적인 안정 때문에, 쉽게 포기하지 못한다. 또한, 길들여지지 않은 야생의 동물들에게 우유를 대체할 다른 음식을 줄 때, 젖을 먹이는 단 한 가지의 대안은 조금 많은 양의 담쟁이 가지 음식을 먹이는 것이다. 그러나 이것은 모유의 매력과는 비교가 되지 않는다. 따라서 아이들은 이 기간동안 불행하게 되고 그들의 불만을 표현하기도 한다. 짜증은 전형적이고, 일반적으로 신경학적 고통이 명백하다. 어떤 사람이 기억하기를, "난 내 남동생이 태어난 후에도 젖을 먹길 원했지만, 우리 어머니는 거절했다. 나는 울었고 우리 할머니께서는 나를 다른 마을로 데리고 가셨다. 그래서 나는 젖 먹는 것을 잊어버렸다. 그러나 어찌됐든, 나는 왜 나를 어머니한테 데리고 가서 젖을 먹도록 하지 않았느냐고 물었다. 나는 큰 고통에 빠져 있었다."

서른 후반이나 마흔 초에 마지막으로 출산한 어느 어머니의 아이는 갑작스러운 젖 떼기의 고통을 받지 않았다. 만일 그 어머니가 다시 임신을 하지 않는다면, 그 아이는 다섯 살이나, 그보다 더 나이 먹어서까지 젖을 먹을 것이다. 그것은 다른 아이들에게서 받는 조롱 같은 사회적 압박이 계속 젖을 주는 것을 어렵게 할 때 멈출 것이다.

신생아가 태어났을 때 그보다 나이 많은 아이는 어머니 옆에서 자는 것을 포기해야만 한다. 아이가 잠시나마 부모의 사이에서 잘지라도, 나이를 더 먹은 그 아이는 결국 동생보다 멀리 떨어져 잘 것이다. 그러면 으레 화를 부모에게 표현하고 심지어 신생아에게까지 표현한다. 이건 분명히 4살 된 아이가 자기의 갓 난 동생을 안고 있겠다고 요청하는 상황이었고, 어머니는 마침내 갓난 아기를 보자기에서 풀어 그의 누나(4살짜리)의 팔에 안겨주었다. 그 소녀는 어머니가 옆에 서 있는 동안 아기에게 노래를 불러주고 칭찬을 해주면서 아기를 흔들었다. 그러나 그 다음엔 다른 아이들의 노는 소리가 들렸고 그 소녀는 갑자기 일어났다. 그리고 그녀의 작은 동생을 땅으로 떨어뜨렸다. 쳐다보지도 않고, 소녀는 아기의 울음과 어머니의 경고를 들으며 도망쳤다.

젖을 떼는 아이는 또한 매달리는 것도 '끊는다' . !쿵 아이들은 안겨 있는 것을 좋아한다. 그들은 어머니와 맞닿아 있는 것을 좋아하지 압박 속에서 걷는 것을 좋아하지 않는다. 어머니는 처음에는 타이르지만 나중에는 옆에서 혼자 걷도록 화를 내면서 강요를 한다. 아이들은 걷는 것을 거부하고 안아주기를 요구한다. 그렇지만 받아들여지지 않고 어머니가 걷는 속도가 빨라지면서 아이는 뒤에 처지게 된다. 사람들은 아이가 오랫동안 걷게 되면 아버지가 아이를 어깨에 올려주는 것으로 이 조절을 쉽게 한다. 그러나 여섯 살에서 일곱 살까지는 짧은 거리라도 아이는 스스로 걷고 더 이상 안아서 데려가지 않아도 된다고 생각한다.

부모들은 가장 어려울 때가 아이들을 한 가지 일로 심하게 때리지 않고, 또 다시 다른 일로 심하게 때리지 않아야 할 때라고 생각한다. 아버지는 더 많은 시간을 아이와 함께 보낼 것이고, 아니면 아이는 근처 마을의 조부모나 이모에게 잠시 맡겨진다. 하지만 부모들은 아이들에게 생후 첫 몇 년 동안 엄청나게 쏟아 부어주는 사랑이, 전형적으로 안전하고 감정적 스트레스의 시기를 다루는 능력이 있는 아이들로 성장시킬 수 있다는 것을 깨닫게 된다. 어머니와의 아주 친밀한 관계는 아이들에게 힘을 주는 것처럼 보인다. 아이는 평균 44개월 동안 절대적인 관심을 받고, 36개월 동안은 보살핌으로 음식과 편안함을 제공받는다. 그러다가 세 살이나 네 살이 되면 더 이상 어머니의 이런 관심을 받지 못하고 아이들의 거친 놀이는 어머니와의 갈등이 계속되도록 만든다. 형제가 출생한 후 몇 달간은, 많은 아이들은 신나게 잘 노는 것으로 보이고 아주 가끔 가족들에게 화난 것처럼 행동한다. 이런 것이 오래가기 전에 이런 어려운 일들은 자기가 나이 많은 형제로서의 역할을 하도록 하는 것으로 극복할 수 있다. 왜냐하면 3살과 5살 사이의 아이들은 이런 일들이 일어나면, 어머니 품과 매달리는 것으로부터 적어도 아기를 보호하려는 감정이 있기 때문이다. 어떤 어른들은 예전을 돌이켜보면, 이런 일들은 그들의 삶을 형성하는 데 영향을 받는다고 한다.

!쿵 경제는 분배에 기초를 하고 있고, 아이들은 유년시절부터 물건을 분배하도록 강요받았다. 아이가 처음 배우는 말 중에 na(“저에게 주세요”)와 ihn(“그의 것을 주라”)이 있다. 그러나 분배는 아이들이 배우기 어렵다. 특히 그들이 골내거나 좋아하지 않는 누군가와 분배되는 것이 예상될 때가 그렇다. 그리고 음식이나 소유물을 주거나 억제하는 것은 화와 질투와 분노나 마찬가지로 사랑을 표현하기 위한 강력한 방법이다.

네가 그것을 원할 때 또한 네가 무엇을 원하는지 아는 것이 간단하지도 않다. !쿵 아이들은 좀처럼 배고프지 않다. 음식이 부족할 때조차 아이들은 우선 대접을 받는다. 낭비하거나 부수는 것에 대해서 때로는 벌로서 음식을 주지 않는다. 많은 어른들은 아이들처럼 음식을 ‘훔쳤던’ 것을 회상한다. 이런 사건들은 그들이 어린 시절 겪었던 음식 공급에 대한 불안한 감정을 떠올리게 한다. 그들이 음식을 취할 때의 기쁨만큼, 두 감정이 이미 어린 시절에 존재한다.

!쿵 부모들은 아이들이 겉으로 화를 내는 것에 관대하다. 많은 청소년 범죄

는 '아이들이 분별을 가지고 있지 않다' 라거나 '그들에게 아직 이성이 없다' 같은 두드러진 이유에서 설명된다. 행동은 판단되고 비판된다. 꾸짖는 것은 흔하지 않다. 그러나 부모들은 기본적으로 아이들이 완전히 무책임하다고 믿는다. 사회적 압박과 집단의 가치에 맞게 아이들이 분별력을 가지고 행동하는 것을 배우면서 자라나는 것에 대해 부모들은 의심하지 않는다. 대부분 !쿵 어른들은 협조적이고, 관대하며, 열심히 일하고 다른 사람보다 이기주의자처럼 보이지 않는다. 적어도 그들에게는 이 이론이 분명히 맞다.

!쿵 사람들은 비록 아이들에게 훈련이 필요하다 말하지만, 그 노력은 미미하다. 훈련에 대한 어른들의 태도는 수행을 하기 위하여 강한 압박을 느끼는 아이, 특히 좀 더 나이 든 아이들에게는 늘 명확히 이해되지 않는다. 한 어린 소녀는 한 여인이 자신의 언어폭력에 대해 어떠한 반응도 보이지 않는 것은 그것에 대해 무감각하기 때문이라는 것을 깨달았다. "그 아이의 어머니는 그에게 아무것도 하지 않았어요." 그녀는 아이에게 소리조차 지르지 않는다. 그것이 바로 무감각한 어른들이다. 아이가 그들에게 무례하게 굴 때 그들은 그냥 거기에 앉아서 웃는다.

여전히 몇 년 동안은 부모와 아이들 사이의 갈등에 대해 종종 기억이 난다. 때리는 것과 때리는 것의 위협도 !쿵 어른들의 어렸을 적 기억에 대부분 존재한다. 그러나 관찰한 조사에 의하면 !쿵 부모들은 모든 나이의 아이들에게 매우 관대하다는 것을 보여준다. 그리고 물리적인 벌은 거의 발견되지 않았다. 물리적인 벌은 아이였을 때의 기억 속에 과장되고 생생하게 있음직하다. 그래서 때리는 것의 위협은 실제 사건의 회상이 고통이 될지 모른다. 기억은 매우 긴장한 것을 각색한 기억처럼 !쿵 가족들에게 존재한다.

조부모들(종종 다른 친척들)은 더 호의적으로 기억된다. 세대를 대체하는 것은 특별한 관계로 인식된다. 특히 아이가 할아버지로부터 '이름을 받은 아이' 일 때 더 그렇다. 개인적이고 궁극적인 주제와 부모와 같이 논의되지 않은 것은 조부와 함께 자유롭게 행해진다. 그리고 부모는 소비로 아이는 이자로 표현한다. 또한 노인은 젊은 성인보다 돈을 버는 경우가 덜하기 때문에 더 많은 시간을 손자들과 함께 논다. 아이들이 조부모나 다른 가까운 친척들하고 같이 살고 싶어하는 것도, 특히 부모와 갈등이 있는 동안에 그러는 것은 놀랍지 않다. 한 소녀는 이렇게 설명한다. "내가 어린 소녀였을 때 나는 몇 주 동안 가끔은 몇 달 동안 이모네 집에서 지냈다. 나는 이모와 살 때에는 울지 않았고 이모는 나의 제2의 어머니이다."

(2) Gottlieb의 'Choosing a Host'

'Choosing a Host'는 아프리카 원주민들에 대한 인류학적 연구들을 모아서 편집한 『Parallel Worlds: an anthropologist and a writer encounter Africa』에 실린 작품이다. 이 작품은 당시 인류학자로서 막 걸음마를 시작한 Alma Gottlieb와 남편이자 소설가인 Philip Graham이 13개월(1979~1980)동안 서아프리카 Côte d' Ivoire 열대우림에 살고 있는 Beng부족과 함께 지낸 경험을 그린 작품이다. 이 작품은 이전까지 활발하게 연구되어 왔던 아프리카의 부족 Baule족이 아닌 당시에는 커다란 주목을 받지 못했던 Beng족을 연구함으로써 새로운 연구를 개척하였다는 의의를 가지고 있다.

이 작품은 두 연구자(Alma와 Philip)가 현장에서 보고, 듣고, 느낀 경험을 각자의 시각에서 기술하고 들려준다. 그래서 이 책에서는 Alma의 이야기와 Philip의 이야기가 교차하여 나타난다. 이러한 협동적 글쓰기 방법은 인류학 연구에서 일반적으로 사용되지 않는 방법이지만, 연구자 개인의 편향되고 주관적인 시각을 보완해 준다는 장점을 가지고 있다. 또한 당시의 경험이 상호보완적인 시각에서 기술되기 때문에, 이야기(당시의 경험)를 생생하게 전달할 수 있는 장점이 있다. 특히 이 작품의 저자 중 한 명은 인류학자이고 한 명은 소설가이기 때문에 같은 문제나 경험에 대한 전혀 다른 시각과 관점의 두 이야기를 들려준다. 즉, Alma는 인류학자로서의 관점과 통찰력을 가지고 이야기를 전개하고 Philip은 소설가로서의 관점과 통찰력을 가지고 이야기를 전개해 나간다. 이러한 두 가지 입장에서의 이야기는 기존의 인류학적 연구 서적들이 가지지 못한 새로운 생명력과 힘을 불어넣어 주었다. Philip은 인류학을 연구하는 인류학자가 아니라 픽션을 만드는 소설가이기 때문에 Alma가 가진 인류학적 시각과는 다른 관점과 통찰력을 발휘하였다. 그리고 그의 이런 관점과 통찰력이 이 작품의 질과 가치를 높은 차원으로 승화시켜 주었다.

좀 더 살펴보면, Alma는 연구자의 시각에서 Beng 부족과의 경험을 객관적이고 분석적으로 기술한 반면 Philip은 소설가의 시각에서 각 상황에서 일어나는 인간내면의 심리와 갈등을 은유와 상징의 메타포로 기술하였다. 이것은 소설이 가지는 특성인 긴장과 갈등이라는 극적 긴장감을 반영한 것이다. 즉, Alma가 인류학자의 시각에서 현상을 분석하고 해석하여 학문적 객관성을 확보했다면 Philip은 소설가의 입장에서 그들의 삶을 상징과 은유를 통해 기술하여 섬세하고 감성적인 문학적 감수성을 확보하였다. 이것은 건조하고 딱딱해질 수 있는 연구에 따스하고 부드러운 생명력을 불어넣었다. 그리고 학문적인 시각과 통찰이 놓칠 수 있는 심층적 내면세계를 발견할 수 있게 해 주었다. 그래서 이 작품에는 다른 작품들과는 달리 연구자의 기쁨과 슬픔, 고통과 같은 인간적인 감정이 그대로 살아 숨쉬고 있다. 즉, 연구자로서의 이성적 고뇌가 아닌 한 인간으로서의 기쁨과 고통과 같은 감정이 그대로 녹아있는 작품이 되었다. 다음은 이 글의 이러한 특징을 잘 보여주는 서평이다.

> "이 긴장감 넘치고 심금을 울리는 아프리카 생활에 대한 기억은 인류학자인 Alma Gottlieb와 소설가인 Philip Graham이 Côte d' Ivoire 열대 우림의 외딴 마을에서 살아가면서 보고 느낀 경험을 만나게 해준다. 그들은 인류학에서는 일반적이지 않은 각기 다른 두 사람의 글을 통해 감동과 인간미 넘치고 따스한 유머가 흐르는 이야기를 들려준다. *Parallel Worlds*는 아프리카에 대한 인류학적 현장작업에서 유일무이한 시각의 작품이다."

Alma의 이야기: 짐을 풀며

비포장도로는 M' BAHIAKRO에서 빽빽하게 우거진 숲속까지 연결되어 있었다. Philip이 운전하는 동안에 나는 그 지역의 매우 큰 지도를 펼쳤다. Beng 부족이 사는 마을로 가는 길을 찾기 위해 펼쳐든 지도가 나의 무릎위에서 펄럭거렸다. 그 지도는 그 마을을 찾을 수 있을 만큼 정확했다. 트럭이 간신히 지나갈 정도로 좁고 구불구불한 도로는 짙은 초록의 늪지와 십자로 교차하고 있었고, 윙 소리를 내며 지나가던 트럭이 우리의 작은 르노를 덜컹거리게 했다. 나는 우리가 살게 될 마을이 어떤 곳인지 상상해 보았다. 하지만 이 지도가 보여주는 것은 단지 강, 시내, 주요 도로, 인도와 같은 정보뿐이었다. 나는 우리가 살게 될 그 곳의 보이지 않는 공간 즉 미지의 삶에 대한 지도가 필요했다.

나는 인류학자가 되려는 참이었다. 그렇다. 난 이 순간을 위해 몇 년간 공부해 왔다. 그렇지만 Beng에 관해 이용 가능한 정보가 없었기 때문에, 나는 내 기대가 곧 충족될 수 있을지 없을지 알 길이 없었다. 나는 내가 곧 보게 될 마을, 만나게 될 사람들과 연락을 취했으며 우리 미래에 대한 의문점과 나 자신의 실패—수줍음, 완고성—요인과 수많은 걱정거리에 대해 깊이 생각했다. 내가 과연 마을로부터 환영받고, 새로운 사람들과 친밀한 라포를 형성하고, 새로운 세계를 이해할 수 있을 것인가? 그리고 언어를 배우는 데는 얼마나 걸릴까? 여전히, 나는 흥분으로 떨렸다. 지금 나는 내가 살고 있는 세계와는 완전히 다른 삶과 방식으로 이루어진 그 세계에서 한 시간도 되지 않는 거리에 있다.

우리는 흙벽돌로 만들어진 정사각형의 단층 집들이 모여 있는 Baule 마을을 차로 지나쳐 갔다. 아기를 업고 있거나 아이들이 그들 주위에서 놀고 있는 동안 요리를 하고 있던 여자들은 단순한 무늬에 이제는 색깔이 바래져가는 긴 pagnes를 입고 있었다. 무리를 지어 얘기를 나누고 있는 남자들은 해진 오래된 청바지와 티셔츠를 입고 있었다. 나는 지도를 들여다보았다. Baule 촌의 끝을 지나면 첫 번째 Beng 마을이 나타나기 전에 10마일정도의 거대한 숲이 뻗어있었다. 아마도 우리가 도착하기까지 20분정도가 더 걸릴 것이다. 나는 우리가 지나고 있는 이 울창한 숲속을 바라다보고는 다시 지도의 구불구불한 선을 보고 숲을 보았다. 그러자 나는 Beng 사람들이 이 숲의 숨겨진 통로를 따라 걷고나 있지 않을까 궁금해졌다.

마침내 이곳이 Bangalo임을 나타내는 표지판이 나타났다–Beng의 첫 번째 마을! Philip은 차를 천천히 몰면서 말했다. "믿기지 않는데, 정말로 여기에 오게 되다니!"

그러나 무엇이 '여기' 인가? 우리 앞의 사각형 진흙벽돌의 건물들을 보는 순간, 우리는 비록 Beng 부족에 관한 충분한 지식이 없다 할지라도 Baule에서 봤던 건물과 똑같이 생겼다는 것을 한눈에 알 수 있었다. 나는 책을 통해 왕관을 뒤집어 놓은 모양의 초가 지붕을 가진 거대한 둥근 집에 대해 알고 있었다. 그리고 우리가 지나온 Baule 마을의 사람들과 전혀 다르지 않은 사람들에 대해서도. 나의 외국인의 눈으로는 미묘한 차이를 찾지 못하고 있음에 틀림없었다. 나는 결심했다. 지금은 이 사람들이 낯설게 느껴지지만 머지않아 그들에 대해 잘 알게 될 것이라고.

우리가 왼쪽으로 돌았을 때 지도에 표시된 교차로에 의해 두 갈래 길로 갈라진 두 번째 Beng 마을에 도착했다. 우리가 숲과 사바나가 섞인 길을 지나 1마일을 간 후에 길은 넓어졌고 양 옆은 진흙 벽돌집이 서 있는 도로가 나왔다. 우리는 Pascal이 태어난 Asagbe라는 마을에 있었다. Philip이 천천히 브레이크를 밟을 때 나의 심장 박동이 빨라지기 시작했다. 이 사람들이 바로 내가 공부하러 온 Beng 마을 사람–등에 아기를 업고 있는 몇몇의 젊은 여자들, 손으로 만든 고무총을 가지고 노는 소년, 머리에 터번을 두르고 있는 나이 든 여자, 청바지와 주름이 펴져 있는 셔츠를 입고 있는 두서너 명의 젊은 남자–들이었다. 그들이 우리에게 먼저 생기있는 어투로 말을 걸었다. 나는 지금껏 내가 알고 있었던 일반적인 어근으로 그 말들을 이해해보려고 했지만 아무것도 이해할 수 없었다. 순간 나는 과연 내가 이들의 언어를 이해하고, 문법이나 단어의 의미를 찾아낼 수 있을까 하는 생각이 들었다.

나는 Pascal이 우리에게 주었던 봉투를 보았다. 그 다음 위에 쓰여진 이름을 발음해 보았다–*M.KOUASSI Andre*. 몇몇 사람들이 길 건너를 가리켰고, 다른 몇몇 사람들은 우리를 진흙의 가로수 길로 천천히 데리고 가면서 차 옆에 계속 서 있었다. 그들은 긴 콘크리트 현관이 있는 회색의 시멘트 건물을 가리켰다.

한 잘생긴 남자가 우리 쪽으로 큰 걸음으로 다가왔다.

그 남자가 불어로 "*nous cherchons M.Kauassi Andre*"라고 한 것을 이해했는지 못했는지 확신하지 못한 채로 나는 주저하면서 "*bonjour*"라고 말했다. 그는 놀란 눈으로 조심스럽게 악수를 하며 "*C' est moi*"라고 인사를 했다. "아~" 하고 나는 말했다. "당신을 만나게 돼서 반가워요. 우리는 Abidjan에서 조카 Pascal을 보았어요. 그리고 그는 우리가 이곳에 도착하면 당신을 찾으라고 말했어요." Philip과 나는 우리를 소개하며, 나는 그에게 Pascal의 편지를 건네주었다.

Andre는 예상치 못한 방문객들에 대해 친척들의 설명을 들으면서 메모를 유심히 읽고 나서야 마침내 고개를 들어 우리를 바라보았다. "환영합니다. 환영합니다. 당신은 우리와 함께 머물 수 있어요. 나는 당신이 나의 집에서 편안하게 보내길 바래요." 기대치 않았던 환영에 순간 우리는 감사하다는 말도 잊은 채 멍해졌다. 마치 우리를 오래 기다린 사람처럼 이 생판 모르는 이방인이 안으로 우리를 데리고 들어갔다. 그때서야 나는 "감사합니다. 정말 감사합니다."하고 말했다. 그러나 주인이 우리에게 건네줬던 선물은 웬지 부적절하게 느껴졌다.

Andre는 우리 주위에 있던 사람들에게 Beng어로 몇 마디 말을 했다. 갑자기 한 무리의 아이들이 우리 쪽으로 달려와선 우리의 큰 여행가방과 타자기 가방들을 잡아당기기 시작했다. "괜찮아요. 우리 스스로 할 수 있어요." Philip은 저지했다. 그러나 Andre는 아이들을 조심스레 타이르고 있었다. 불안한 Philip과 나는 영어로 서로에게 속삭였다. 이것이 손님을 위한 일반적인 관습일까 아니면 특별한 대접일까 하고.

이제 막 여섯 살 된 한 소년이 팔에 두 개의 큰 맥주병들을 가지고 나타났다. 주인은 현관에 짙은 색깔의 나무 테이블에 놓인 의자 3개를 손으로 가리켰다. "어서 오세요."하고 그는 단호하게 말했고 우리는 의자에 앉았다. 병 옆에는 두 개의 컵이 있었고 Andre가 잔을 가득 채운 뒤 우리 앞에 놓았다.

"같이 한잔하세요"하고 Philip이 그에게 맥주를 권하였다.

"아니에요. 괜찮습니다. 그 맥주는 당신들을 위한 것입니다."하고 Andre가 단호하게 말했다. 그제서야 우리는 천천히 따뜻한 맥주를 들이키기 시작했다. 손을 흔들며 가능한 한 예의 바르게 보이려고 애쓰면서 가장자리가 촉촉히 젖어 있는 컵을 테이블에 놓았다. 한 아기가 울자 어머니는 살며시 아기를 다독거렸고 pagne로 만든 아기 포대속 어머니 등에 아기가 편안하게 누울 수 있도록 그녀의 손은 아이의 몸을 지탱하고 있었다. 아기는 울음을 그치고 조용해졌다.

놀랍게도 아기의 얼굴은 밝게 변하기 시작했다. 나는 이 장식품의 의미가 궁금했지만 그 곳 사람들이 우리를 골똘히 쳐다보기 시작했기 때문에 나는 감히 물어보지 못했다. 모여든 사람들이 무언가를 중얼거리며 낄낄대며 웃는 것은 그 민족만이 가진 관찰력임에 틀림없다고 생각했다. Philip과 나는 나중에 이들이 우리에 대한 첫인상을 굽신거림으로 여기지 않을까 하고 후회하였다.

우리가 술 잔을 비웠을 때 Andre는 자기 스스로 컵을 가득 채웠다. 그는 컵을 옆으로 살짝 기울였다. 그리고는 우리가 같이 하지 않은 것이 무례하기라도 했다는 듯이 의도적으로 몇 방울을 시멘트 바닥에 떨어뜨렸다. 그런 다음 Andre는 몇 초 동안 맥주를 들이켰다. 또 다른 실수: 우리가 맥주를 들이키기보다는 조금씩 홀짝홀짝 마셨다는 것. 내가 지금까지 갖고 있던 모든 예의 바른 행동들이 무례하게 비춰진 것은 아닐까 하는 생각이 엄습해 왔다. Beng 마을에서의 첫 몇 분은 나에게 극도의 긴장과 고통을 주었다. 그러나 여전히 나는 그 자리를 대체할 행동이 뭔지 몰라 당황하고 있었다. Andre는 맥주를 두 잔 더 따랐다. "같이 마시죠?" 하고 Philip이 다시 권하였다. 하지만 그는 "괜찮아요. 당신들이 하던 대로 하세요. 저는 알아서 마시겠어요."라고 대답했다.

술을 마시는 것에도 이 부족만의 관습이나 예의가 있을까? 나는 이미 내가 실수를 저지른 것 같아서 맥주를 들이키는 데 잠깐 주저하였다. 내가 한두 방울의 맥주를 현관 마당에 떨어뜨려야 하는가? 아니다. 나는 그것이 무엇을 의미하는지 알 때까지 기다리는 게 더 나았다. 그러나 언제 그렇게 해야만 할까? 우리는 아직 차안의 짐도 풀지 못했다. 지금부터 이미 우리의 현실이 되어 버린 이 세계의 일상의 의미를 풀기 위해 우리는 더 많이 애써야만 하는 것이다.

말없이 우리는 계속해서 맥주를 마시고, 마시고 또 마셨다. 확고한 금주가였던 나로서는 우리가 두 병의 엄청난 양의 맥주를 어떻게 다 마셨는지 상상조차 할 수 없었다. 나는 대화로 채워야 했던 빈 공간이 어색하게 느껴지기 시작했다. Andre는 우리가 우리 자신을 밝히기를 기다리고 있는 걸까 아니면 관습적으로 술을 마실 때 침묵하는 걸까?

마침내 병이 다 비었고 Andre는 침묵을 깨면서 나에게 나의 연구에 대하여 물었다. 내가 Beng 문화를 공부하기 위해서 여기 온 인류학과 학생이라고 말했을때 Andre는 고개를 끄덕였다. "나는 당신이 여기 와서 기뻐요. 당신은 일년 내내 우리와 함께 여기 있어도 돼요. 내 집에는 당신들이 머물 방과 공간이 있어요. 정말 환영합니다."

즉시 나는 내가 좀 더 명확하게 우리의 의도를 설명하지 않은 것을 후회했다. 나는 그에게 우리가 이미 사람들의 생활 모습을 쉽게 관찰할 수 있는 작은 마을에 정착하기로 하였다고 설명했다. 분명 Andre의 호의적인 제안은 매력적인 것이었다. 이런 낯선 곳에서 이런 호의로 우리를 맞아주는 사람들이 얼마나 있겠는가? 또 그곳에서 이런 호의를 가진 사람을 만날 수 있을지는 장담할 수 없기 때문이다. 하지만 우리의 결정은 여기보다 작은 마을에서 생활하는 것이었다.

"아! 알겠어요. 하지만 언제든지 생각나면 연락 줘요. 언제든지 내 집은 당신들에게 열려 있을 테니." Andre가 말했다. "그럼 이제 Pascal의 부모를 만나러 갑시다. 나의 아들이 길을 안내해 줄 거에요" 그는 짧은 셔츠를 잡아당기고 있는 배가 통통한 소년에게 고개를 끄덕였다. 그 아이의 강한 눈매와 부드럽고 얇은 피부가 아버지의 축소판임을 말해주고 있었다. Philip은 일어서서 나의 손을 잡았다. 우리는 첫 번째 Beng 마을을 지나서 걸어가고 있었다.

(중략)

배워두면 좋은 말이군—어서 드세요! 고분고분하게 Philip과 나는 앉았다. 그러나 나는 너무 실망해서 식사를 바로 시작할 수 없었다. 나는 가족들과 저녁을 같이 먹고 싶었으나 가족들은 뿔뿔이 흩어져 있었다. 부엌 옆의 열린 문 앞에는 Maat와 Marie가 아이들과 같이 땅에 쪼그리고 앉아 있었고 다른 두 무리는 따로 저녁을 먹기 시작했다. 나는 앞에 놓인 접시에서 김이 올라오는 것을 쳐다보았다. 그리곤 "여기서 우리끼리 지내야 할 것 같다."라며 Philip에게 투덜거렸다.

우리는 Andre가 어떻게 엄지와 검지를 사용해서 foutou를 작은 조각으로 잘라서 소스에 찍어 먹는지 보기 위해 슬쩍 곁눈질을 했다. 그 후 나도 시도를 해 보았으나 내 yam 조각은 곧바로 미끈미끈한 소스에 퐁당 빠졌다. 나는 그것을 아무도 보지 않기를 바라며 그것을 건져내려고 했다. 그러나 운이 나쁘게도 Andre는 내가 소스 속에 떨어뜨린 조각들과 씨름하고 있는 것을 보았다.

"소스가 좀 *vlong vlong* 하죠?" 그가 동정하듯 말했다.

"예, 참 *vlong vlong*하네요" 하고 대답하며 싱긋이 웃었다. Sloppery(진흙탕) —나의 첫날을 표현하기에 딱 맞는 말이었다. 지금까지, 하루 종일 있었던 우연한 만남과 사건이 모두 vlong vlong인 것만 같았다. 결국 나는 설익은 조각을 잡아서 입안에 넣었고 베리가 톡 하고 터질 때 그 쓴맛을 지울 수가 없었지만 나는 두꺼운 yam을 씹은 다음 꿀꺽 삼켰다.

"휴" 나는 Philip에게 조용히 경고했다. "그거 너무 매워."

"유." 그는 조심스럽게 말했다. 매운 음식을 좋아하지 않는 Phillip은 신경질적으로 "당신 말이 맞아."라고 말하며 헐떡거렸다. 혀가 타는 듯한 매운 음식을 한 입씩 먹을 때마다 우리의 눈에서는 눈물이 흐르고 코에서는 콧물이 나왔다. 물 한 잔만 먹으면 괜찮을 것 같았다. 나는 주위를 둘러보았다. '그런데 왜 아무도 물 마시지 않지' 하고 생각하며 한숨을 쉬고 나는 또다시 그 매운 루를 집었다. 한 입 베어 물 때마다 코를 훌쩍거리고 눈물로 얼룩졌다. 곧 Andre와 그의 친구들은 식사를 마치자 조롱박 가득히 있는 물을 찔끔찔끔 마셨다. 오! 드디어 물을 마실 수 있겠구나. 나는 물을 한 바가지 들이키고 싶은 마음에 급히 식사를 마쳤다.

저녁 식사 후 Maat는 나에게 "*Ta zro*"라고 말했다—가서 씻어라. 그녀가 통역해 주었다. 그리고 안마당을 가로질러 작고 지붕이 없는 흙벽돌 건물—문에는 알록달록한 *pagne*가 걸려있는—을 가리켰다. 이 작은 건물은 목욕장이었다. 나는 고마움을 느끼며 얼른 들어가 기다리고 있는 따뜻한 물 한 통을 발견했다. 그리고 희미하게 반짝이는 별들이 박혀있는 광대한 밤하늘 아래 나는 통 목욕의 즐거움을 만끽했다. 그러나 이 사치는 내 집주인 Maat의 먼 거리에서—아마도 숲 속 깊은 곳의 우물이나 시냇가에서—물을 나르는 노동의 대가였기에 나는 Philip에게 통에 남아있는 물을 아껴 쓰라고 당부했다. 그러고는 안뜰로 돌아오는 동안 나는 물 튀기는 소리를 들었다. Maat이 그 통의 물을 다 비워버린 것이다. 나는 Maat이 내가 방금 저지른 실수를 어떻게 해석할 것인지를 미안해하며 마음이 편치 않았다.

그날 밤 이후로 Philip과 나는 작은 손님방에 살게 되었다. 구석에는 짚으로 만든 매트리스와 여행가방, 카메라, 타자기, 책, 등유램프가 남은 자리를 차지하고 있었다.

"어떻게 생각해?" 나는 물었다.

"나도 모르겠어. 이건 불가항력이야." Philip은 한숨을 내쉬었다.

"너는 이것에 대해 쓸 수 있다고 생각해?"

"아마도" Philip은 대답했다.

갑자기 높은 톤의 동물 울음소리가 우리를 방해했다. 그 소리는 점점 희미해지다가 이번에는 더 깊고 크고 날카로운 비명이 우리 방을 가득 채우는 것 같았다.

"뭐지?" 나는 속삭였다.

"쉿 들어보자." Philip이 다시 속삭였다.

천천히 그 날카로운 소리는 물러가고 정적만이 흘렀다. 방은 다시 단지 4개의 벽으로 돌아왔고 더 이상 우리를 공포로 에워싸지 않았다.

"뭔지 몰라도 그게 다시 올까?" 내가 물었다.

"그럼 또 소리가 나겠지." Philip이 예민하게 말했다. 그리고 우리는 서로 껴안고 걱정 속에 잠이 들었다. 나의 근육은 아프고 내 마음은 흙벽돌장들, 얼굴이 밝게 칠해진 아기들, 몇 통의 야자와인의 이미지들로 가득 채워졌다. 아마도 어두운 방안에서 내 꿈은 그것들을 이해할 수 있었나보다.

＊＊＊

아침이 되자 우리는 밖으로 나가 가족들이 무리를 지어 흩어져 있는 것을 보았다. 불 위에 죽을 휘젓고 있는 어머니, 옆에서 빈둥거리는 아이들, 그리고 Philip은 커피를 큰 삼베가방에 옮기고 있었다. 우리는 어젯밤의 무시무시하고 기분 나쁜 소리를 집주인에게 물었다. 그가 입술을 오므리며 "모르겠는데."라고 말하자, Philip은 그 으르렁거림을 최대한 가깝게 흉내 내었다. 어린이들은 모두 쳐다보고는 킥킥 웃었다.

"아, 그거" Andre는 웃었다. "그건 *gbaya*라고 하는데 나무에 사는 작은 동물이라오. 그들은 과일과 나뭇잎만 먹지."

그럼 우리는 다람쥐 같은 것을 그토록 무서워했단 말인가. 내가 숲 속 나무 사이로 재빠르게 다니는 작은 털 덮인 생물을 생각할수록 어두운 그림자가 옅어지고 윤곽을 드러냈다.

우리는 아침나절을 이웃들을 만나며 보냈다. Andre나 Maat은 통역자로 도와주었다. 나는 그들의 노력에 매우 감사했으나 그들의 일할 시간을 빼앗고 있다는 생각에 매우 미안했다. 그러나 점심때쯤 나는 이중의 대화에 지쳐버렸다. 그 마을 사람들의 말이 어떤 막이 쳐져 걸러지는 것 같았다. 나는 말을 배울 필요가 있다고 느꼈다. 그러나 그때는 선생님 해줄 사람을 한 명밖에 알지 못했다. 그래서 점심을 먹고는 Andre에게 말했다.

"Pascal이 말을 잘 가르치는 젊은 청년이 있다고 하던데 아마도 내 연구에 도움을 줄 것 같습니다. 그의 이름은 Kona Kofi Jean입니다. 그를 압니까?"

"그렇소. 그는 Bongalo 마을에 살고 있소."

"그가 나와 같이 일할 것 같습니까?"

"그는 잘 할 것이오." Andre는 말했다. "우리는 그를 만나러 Bongalo를 가야 할 것 같네요." "Bongalo로 나도 함께 가겠소." Andre는 친절하게 제안했고, 우리는 차를 타고 떠날 준비를 했다.

Bongalo에 도착해 Andre가 우리를 마을로 데려가자 사람들은 호기심을 갖고 모여들었다. 작고 금방 쓰러질 듯한 집 앞에서 Andre는 재빨리 박수 세 번을 치고 "*kaw kaw kaw*"라고 말하며 들어갔다. Philip과 나도 좀 주저하며 따라했다. 그 작은 방에는 오래된 청바지와 줄무늬 셔츠를 입은 젊은 청년이 흙바닥에 쪼그리고 앉아있었다. 우리를 보자 그는 일어나 Beng의 Andre에게 인사를 했다. 그러고는 우리를 뚫어지게 보더니 우리가 만난 마을 사람들 중 가장 나은 프랑스어로 인사했다. Jean의 발은 우리가 Abidjam mardres에서 본 나무로 된 열려진 여행가방 위에 있었다. 그 가방 안에는 담배, 금색의 체인목걸이, 성냥갑, 사탕 몇 개, 학생들의 공책이 가지런히 정리되어 있었다.
Jean은 그 가방을 닫고 변명조로 그가 작은 사업의 일들을 정리하는 중이었다고 설명했다.

"앉으세요."라고 그는 나무 걸상을 건네며 말했다.

나는 "우선 *Kouakou Kouadio* Pascal의 인사를 전합니다."라고 시작했다. 곧 Jean은 우리의 손을 붙잡고 고마워했다. 그리고 Jean에게 나는 미국 대학의 학생이며 오랫동안 아프리카 문화를 동경해 왔고 Philip은 이제 그의 두 번째 책을 작업하는 작가라고 말했다.

"나는 항상 미국을 동경했어요." Jean이 대답했다. "나는 Voice of America' s french 방송을 라디오로 하루에 2번씩 듣고 있습니다."

나는 그의 문화에 대한 호기심에 기운을 얻어 "우리는 당신을 만나러 왔어요."라고 계속 말을 이었다. "왜냐하면 나는 당신 부족의 언어를 배우고 싶기 때문입니다. 나는 당신들의 종교 의식, 관습, 사람들의 일상 삶까지 연구하고 싶습니다. 우리는 연구하기 위해 곧 더 작은 마을들로 옮겨갈 겁니다."라고 덧붙였다.

갑자기 Jean은 자기 자리에서 벌떡 일어나더니 퉁명스럽게 말했다. "잠깐 실례해요." 나는 내가 뭔가 잘못 말했나 걱정이 되었다. Jean은 방을 뒤져 작은 종이 묶음을 찾아내었다.

"잠깐 이것들 좀 보실래요?" 그가 신경질적으로 물었다. "그것들은 내가 그린 겁니다."

나는 그 종이를 받아들고 감탄했다. 엷은 색깔의 연필들로, Jean의 현재 마을의 상세한 지도와 또 다른 그의 고향마을이 광장, 족장의 집, 주요 도로들로 채워져 있었다. 그는 Beng 마을의 모두를 지도로 다 그린 듯 보였다. "굉장한데!"라고 나는 Philip에게 건네주며 말했다. 그리고 Philip 또한 그 그림에 들어있는 Jean의 관찰력에 감탄했다.

나는 Jean에게 몇 가지 질문을 했다—그가 대답할 수 있는 프랑스어 수준까지. 그리고 우리는 말하면서 Jean의 찌푸린 눈썹과 걱정스러운 입가의 표정을 알아차렸다. 그는 우리에게 얼마 전에 이슬람으로 종교를 바꿨다고 말했다—그는 더 이상 술을 마시지 않고 하루에 4번씩 기도를 드린다고 하였다. 이것은 내가 전혀 예상치 못한 일이었다. "나는 유대인이에요." 조심스럽게 말하자, "아, 종교의 한 가지죠." Jean은 즉시 대답하곤 "나는 유대인들에 대해 커다란 존경심을 가지고 있습니다. 당신은 내가 처음으로 만난 유대인이군요."

"아, 네." 나는 Jean의 마음속에 내가 차지하고 있는 이국적인 면을 자극하며 말했다. 그러나 나는 또한 안심했다. 말하자면 Jean은 자격이 있어 보였다. 그는 인류학적인 상상력이 있었고 그의 프랑스어 수준은 높았다. 나는 기대를 갖고 계속 말을 이었다. "나는 나에게 부족의 언어를 가르쳐 줄 선생님으로서 번역가로서 연구보조자로서 함께 일할 사람이 필요합니다. 내가 Pascal씨와 얘기를 하다가 그가 당신을 추천해서 왔습니다. 하실 의향이 있으십니까?"

그는 잠시 멍하니 바라보더니 말을 더듬었다. "매우 영광입니다."

내가 정말로 Jean을 고용할 수 있을까 걱정하던 것은 다소 매우 쉽게 된 것처럼 보였다. 그러고는 Andre의 세심한 도움 속에 급료에 대한 얘기를 끄집어 내었다. 나는 Jean의 능력에 적합한 급료를 지불하고 싶었다. Andre는 차를 타고 오면서 관례상의 일용 노동자 급료의 두 배를 추천했고 나는 Jean에게 그것을 제안했다. Jean은 동의를 하고 말했다. "나는 내 일을 좀 정리하고 오늘밤은 몇몇 친척들과 Asagbe로 갑니다. 당신이 더 작은 마을을 찾는 즉시 당신과 함께 하겠습니다."

그날 저녁 이후로 Jean은 Andre 집에 같이 머물게 되었다. 아이들은 조용히 안뜰에서 그들의 어머니 근처에서 빈둥거리고 있었고 어머니들은 큰 대야에 저녁 설거지를 하고 있었다. 나는 Jean에게 그의 삶을 물었다.

"나는 학교를 사랑했어요. 공부도 열심히 했고 항상 반에서 1등을 했죠." 그가 이야기를 시작했다.

"그러나 아버지는 학업을 계속하는 걸 원치 않으셨고 농장 일을 돕길 원했죠." Jean의 얼굴은 씁쓸하게 일그러졌다. "나는 너무나 심한 두통에 시달렸죠. 너무나 심해 더 이상 공부를 할 수 없었습니다. 그래서 학교를 그만둬야 했습니다. 나는 항상 대학에 가길 원했지만 이제 다시는 갈 수 없겠죠." 그가 한숨을 쉬며 말했다. "그 후 제가 어떻게 마을의 아버지 농장으로 돌아올 수 있었겠습니까? 나는 거절했죠. 그러나 고등학교의 학위 없이는 도시에서 일을 할 수 없었어요. 그것이 바로 제가 상인이 된 이유죠."

"오 Jean, 정말 유감이군요." 나는 부드럽게 말했다.

"또한 아버지는 저를 위해 저와 결혼할 여자를 찾지 않았죠. 당신도 알다시피 우리 대부분은 정략결혼을 하거든요. 이것이 바로 내가 혼자 사는 이유입니다."

그가 나에게 얘기한 것을 곰곰이 생각해보니 나는 더 이상 Jean이 전통적인 마을 사람이 아니란 것을 깨달았다. 아마도 그를 나의 보조원으로 선택한 것은 피할 수 없는 인연이었는지도 모른다. 내가 그의 인생을 전환시킬 수 있다는 생각은 거만한 것인가. 나는 Jean이 우리의 공동 작업에서 얼마만큼의 기대를 가지고 있는지 궁금했다.

"나는 당신과 Philip의 얘기를 듣고 싶군요." Jean이 말했다.

우리는 우리 가족의 역사를 말했다—Philip은 영국 청교도이고 나는 동유럽이민자의 후손이다. 그러나 날이 저물어 몇몇 어린이들은 자러 가고 다른 아이들은 무릎에서 꾸벅꾸벅 졸고 있는 모습이 보여 다음날에 다시 시작하기로 했다

* * *

아침 늦게 bush 택시로 편지 한 통이 도착했다. Lisa가 M' bahikro 시장이 그의 친척장례식에서 돌아왔다고 알려준 것이다. 우리는 즉시 시내로 차를 몰고 갔다. 나는 차안에서 시장이 자신의 허가도 없이 마을로 들어가 있는 것에 화가 나 있지는 않을까 걱정이 되었다. 한편 Jean은 그의 낡은 옷이 정부 고위 관료자들과의 만남에 적절하지 못하다고 안달을 했다 .

시청은 녹색 여닫이 창문이 있는 길고 흰 빌딩이었다. 얼마 지나지 않아 비서가 복도 제일 끝의 문이 열려 있는 Monsieur Mori의 사무실을 가리켜 주었다. 그 방의 책상 뒤에는 강한 턱선을 지닌 큰 남자가 앉아 있었다. 나는 "안녕하세요? Mr. Monsieur" 인사를 하곤 우리 셋을 소개했다. 그리고 나의 날인받은 서류들을 보여주고 내 연구를 설명했다. "허가도 받지 않고 Asagbe로 간 것은 정말 죄송하게 생각합니다." "아 그건 괜찮습니다."라고 그는 온화하게 말했다. 그러곤 내 서류를 훑어보고는 "나는 인류학에 매우 큰 관심을 가지고 있습니다. 사실을 말하자면 위쪽의 북쪽에서 왔죠." 그가 책상에 몸을 기대며 말했다. "나는 Beng 사람들에 대해 거의 모릅니다. 당신은 아마 *Sous-prefecture*의 유권자들이 대부분 Baule 사람들이라는 것을 알 겁니다"

나는 고개를 끄덕였다. "그렇죠. 꽤 많은 인류학자들이 Baule 지방을 연구했죠. 그게 바로 제가 Beng 지방을 연구하는 이유죠. 그들의 문화를 연구한 사람은 아무도 없으니까요."

"아, 그것이 내가 왜 그들에 대해 잘 모르는지를 설명해 주는 군요." 그러곤 사장은 Jean을 보고 약간 엄격하게 말했다. "젊은이, 자네가 가장 중요한 역할을 하고 있네."

Jean은 똑바로 앉아 중얼거렸다. "예, 알겠습니다."
"이 학자들은 자네 부족들을 연구하러 미국에서 왔네. 아무도 연구하지 않았던 자네 부족을. 자네 일은 그녀가 모든 것을 정확하게 이해했는지 확인하는 것일세. 그녀에게 통역을 하는 것도 자네 일이야. 미국인들은 자네의 말을 통해서 자네의 부족을 판단하고 생각하게 될 걸세. 현명하게 말해야 하네. 자네의 조국이 자네에게 달려있어."

"알겠습니다. Mr. Monsieur." Jean은 그의 고개를 가볍게 끄덕이며 대답했다. Monsieur Mori는 잠깐 동안에 Jean의 마음에 애국심을 불러일으켰다. 나도 감동을 받았지만 한편으론 그에게 내 연구의 비중을 너무 많이 두지 않았나 억울하기도 했다. 그와의 만남이 금방 끝이 나고 차로 돌아가는 동안 Jean의 손은 떨리고 있었다. Sous-preft의 훈계는 강력하게 그를 뒤흔들어 놓았다.

Philip의 이야기: 'Thank you for your lie'

매일 아침 여자들의 절구 찧는 단조로운 소리와 공허한 메아리는 공기를 가르며 울려퍼진다. Alma와 나는 졸린 눈으로 현관에서 서성거리며 아침 목욕을 위한 물의 뜨거운 증기와 음식을 위한 불의 연기로 가득 찬 아침공기를 마시고 있었다. Maat와 Marie는 말린 야자 잎으로 만든 빗자루로 앞뜰의 흙먼지를 쓸고 있었다. 아침을 먹은 후 Jean의 도움으로 우리는 Beng의 인사 관습을 배우게 되었다. 두 사람이 각각 지나갈 때면 복잡한 인사가 시작된다. 심지어 20보 혹은 30보 떨어져도 그들은 길을 계속 가면서 인사를 주고받는다. 따라서 나는 그들과 완전히 멀어질 때까지 일어날 수 있는 모든 변수들에 대하여 계산해야만 했다. 그러나 작은 실수는 나의 자신감을 무너뜨렸고, 그리고 그 다음에 무엇을 이야기해야 하는지 불분명했다. 만약 내가 정확하게 대답하려고 할지라도 용기를 복돋워 주는 마을 사람들과 빠르게 잡담을 해버려서 나는 침묵을 지키거나 조용한 얼굴이 되었다.

우리가 Andre 앞의 의자에 앉았을 때 많은 사람들이 우리를 둘러쌌다. 우리는 무엇을 해야 할지 알지 못했다. 우리는 부끄러운 능력을 숨길 곳이 없었다. 때로는 계속되는 모든 사람들의 응시가 나를 지치게 했다. 나는 이런 나의 새로운 생활에 적응해야만 했다.

어느 날 Jean이 우리에게 Being 동사에 대해 질문했을 때, 나는 이해가 잘 되지 않는다는 것을 눈빛을 통해 전달하였다. Maat은 안뜰의 건너편에 서서 저녁 소스를 위한 모르타르안의 땅콩을 쳤다. 그들이 키우는 양과 닭은 이 땅콩을 얻기 위해 그 근처를 게걸스럽게 걸어 다니고 있었다. 아무도 보지 않을 때 그

닭은 땅콩을 향해 돌진했고 Maat은 적절한 시간에 차내어 닭이 약간의 약탈도 하지 못하도록 하였다.

나는 마을 사람들이 일터인 들판에서 자신의 집으로 돌아오는 것을 보았다. 남자들은 마체테(포르투갈의 소형 현악기)를 들고, 여자들은 장작이나 얌을 그들의 머리 위에 가득 지고 큰 대야를 옮기면서. 나는 우리를 지나서 혼자 수척하게 걷고 있는 회색머리의 마른 여인을 발견했다. 그녀는 오로지 앞만 보고 있었다.

"Alma, 봐!" 나는 속삭였다. 그녀는 나의 시선을 따라왔다. "Jean, 누구야?" 그녀가 물었다. 그는 그 여자를 응시하면서 빠르게 몸을 돌렸다. "모르겠어." 그가 말했다. "왜 그녀는 그녀의 머리에 돌을 이고 걸어오지?" "잘 모르겠어." 그가 반복했다. 약간의 호기심을 가지고 Alma가 Maat에게 돌아서서 물었다. "저 여자 아니?" "oui" Maat이 빠르게 보면서 간단하게 대답했다. "그녀는 아파." 그리고 나서 그녀는 나무 공이를 들어서 땅콩 절굿공이에 되돌려 놓았다. Maat이 이야기했던가? 부지런한가? 그 여자는 미쳤나? 혼란스러운 정적 속에 Alma와 나는 서로의 시선을 교환하고 그녀는 적어도 잠시 동안은 아무것도 묻지 않았다. 우리는 우리의 언어수업으로 돌아왔다. 그녀는 내가 그의 비협동적인 대답에 대해 실망한 만큼 실망했다.

점심식사 후에 Alma와 나는 손을 씻었다. 'Enini' ―맛있었습니다. 우리는 우리의 점심을 준비한 Mari에게 소리쳤다. 그 때 소리도 없이 소년이 Andre 쇼파에 나타났다. 나는 이 아이의 모습이 두려웠다. 우리는 이 마을에 온 이래로 처음으로 Andre 집에서 식사를 하는 것이었다. 두 주인이 우리를 맞이했다. 물론 Alma와 나는 거절할 수 없었다. 각자의 집에서 먹을 수 있는 것보다 더 많은 음식을 먹을 수 있었다. 그래서 우리는 그동안 풀지 못했던 식욕을 마음껏 풀었다.

Pascal의 어머니는 음식을 잘했지만 그녀의 며느리 Kla는 형편없이 음식을 만들었다. 결국엔 Kal의 것들이 우리에게 제공되었다. 우리는 한숨을 쉬었다. 마을 건너 여행까지 우리와 동행했던 Jean은 조용하고 고통스러운 얼굴을 하였다.

Bwadi Kouakou 집의 우리의 주인은 우리를 작은 진흙집으로 이끌었다. 그리고 우리는 그와 함께 안으로 들어가 입구에 앉았다. 또 다른 남자 손님들은 벌써 방을 잡아 놓고 있었고 서빙이 되기를 기다렸다. Jean은 그들과 함께했다. 그리고 Kla의 딸 중 한 명이 나타나서 foutou의 둥근 공으로 채워진 사발, 또 다른 것은 묽은 그린 소스로 채워진 사발을 우리 앞의 바닥에 놓았다.

식사는 망쳤다. 구린 냄새가 방에 가득 찼다. "이건 도저히 못 먹겠는데." 내가 Alma에게 속삭였다. "나도 알아." Alma가 그의 코를 찡긋하며 다시 속삭였다. "그렇지만 우리가 어떻게 그들의 호의를 모욕할 수 있겠어?" "*pable*—먹자." Bwadi Fouakou가 말했다. 그는 *foutou*를 손으로 조각내어 든 다음 고기의 큰 덩어리를 떼냈다. "이것은 어떤 종류의 고기입니까?" Alma가 물었다. "Antelope" 그가 씹으면서 고분고분하지 않게 대답했다. 나는 Alma에게 가서 중얼거리며 "아마도 그렇게 나쁘지 않은가봐." "그렇지만 악취가 못 견디게 하는 걸. 나의 가장 큰 충동은 가능한 한 빨리 방을 떠나는 거야. 아니면 가서 foutou를 확 잡아 엎어버리거나." 천천히 나는 그것을 내 입으로 가져왔다. 나는 눈을 감고 그것을 갑자기 넣어버렸다. 그리고 움찔하지 않으려고 노력했다. 나는 씹는 것을 계속하고 있었고 꿀꺽 삼키려고 하지 않았다. 그러나 나는 이러한 거의 명상적인 씹음으로 교묘하게 시간을 벌 수 없었다. 그래서 그 더러운 쓰레기를 꿀꺽꿀꺽 삼켜버렸다. Alma는 고기를 피했다. 그의 교모한 전술은 Bwadi Kouakou가 이야기할 때까지 계속됐다. "부끄러워하지 말고 고기를 좀 먹어라." 그의 입은 험상궂은 모양이 되었다. "이건 정말로 끔찍한 일이야." 그녀에 따르면, 나는 비슷한 행복한 어조로 대답했다. "맞아. 이건 아주 끔찍하게 안 좋아. 넘어올 것 같애." 우리는 Bwadi Kouakou에게 거짓말로 이야기하며 돌아섰다 "E nini" 다른 손님과 앉아있는 Jean은 절망적인 눈초리를 보내고 그의 머리를 굽혀 먹기를 계속했다. 왜 Bawdi Kouakou는 정중하게 먹고 있었을까? 아마도 그의 아내가 가지고 온 음식들을 들여보내기가 창피했을 것이다. 그리고 손님인 우리들도 당연히 우리의 주인으로서 받아들이기 어려웠다. 그래서 우리는 아무 일도 잘못되지 않은 것처럼 대단한 가식을 하면서 먹긴 하였지만 그 시간은 정말 고통스러웠다.

결국 foutou ball은 다 먹었다. "제발 이것으로 끝이기를." 나는 영어로 말했다. 갑자기 Kla의 딸이 나타나서 또 다른 대접을 가지고 왔다. 두 번째였다. "이런 젠장!" Alma가 놀라 숨을 헐떡거렸다. Bwadi Kouakou는 영어를 이해하지 못하겠지만 Alma의 목소리 톤은 너무나 선명했다. 순간 Alma는 부끄러워하면서 이 새로운 foutou ball을 집어들었다.

"더 드세요." 주인은 느려지는 우리를 재촉했다. 그러나 나는 충분했다. "*N kana*—배불러요." 나는 그에게 말했다. Alam도 똑같이 말했다.

그 길게만 느껴졌던 고통스런 시간이 지나고 Andre의 집으로 돌아왔을 때 Jean이 Bwadi Kouakou의 아내를 욕하면서 음식이 쓰레기였다고 조롱하였다.

"그런 식사는 누구도 먹지 못할 거야." 그가 주장했다. 우리 모두 고개를 끄덕였다. 그리고 Alma는 살며시 웃었다.

다음날 아침 나는 Alma의 신음소리에 즉시 일어났다. 나는 돌아서서 그녀가 그녀의 위장을 꽉 움켜잡는 것을 보았다. 어제 음식에 탈이 난 것임에 틀림없다. "그건 분명 손님 접대용이 아니라, 집에 남은 음식을 내놓은 걸 거야." 그녀가 소리쳤다. "아마도"라고 대답하며 나는 그녀의 이마를 짚어보았다. "그런데 나는 왜 아프지 않지?" 그녀는 대답이 없었다. 나는 의학책을 넘겼다. Alma와 유사한 증상을 가진 병은 너무나 많았다. 그러나 의사는 M' Bahiakro 가까이 있었다. Lisa가 전에 이야기해 준 게 생각났다. 나는 Alma에게 "내 생각에 지금 M' Bahiakro에 가야 할 것 같아." 내가 말했고 나는 그녀가 옷을 입는 것을 도와주었다.

나는 가능한 한 조심스럽게 차를 몰았다. 나는 큰 나무 중 하나의 아래에 주차를 했다. "저쪽으로 가보자." 나는 녹색 셔터의 밖에서 길게 줄 서있는 건물을 가리키면서 말했다. 우리는 줄의 끝에 섰는데 Alma의 몸이 고통으로 구부러졌다. 우리가 희미하게 빛나는 사무실로 들어갔을 때, 의사는 책상 뒤에 있었다. 의사의 어두운 얼굴은 우리와 인사를 나눌 때도 심각함으로 가득 차 있었다. 우리는 환자로서 왔지만 우리는 그의 바쁜 일상은 깨끗하게 부셔버렸고 그것은 풀기 까다로웠다.

Alma가 우리들에게 소개를 한 후 의사인 Yiallo는 그녀의 조사에 대한 그녀의 질문들을 비웃었다. 그리고 그는 우리에게 자신이 이 증상을 치료할 수 있는 유일한 의사라고 이야기했다. 그의 역할을 두 배나 하는 심지어 외과수술까지도 하는 수간호사가 있음에도 불구하고. 그는 우리가 따라 들을 수 없을 정도로 빠르게 말을 했다. 나는 그의 이러한 말의 속도가 많은 환자들을 가능한 한 많이 보기 위한 결과인지 궁금했다. 그러나 Alma는 환자였고 그는 곧 그녀에게 왜 왔는지 물었다.

Alma가 자신의 증상과 그녀의 망쳐버린 식사에 대해서 묘사했다. "아메바가 틀림없어." 그가 이야기했다. "정확하게 진단할 수 있는 기계가 없는 것이 유감이네요." 그가 한숨을 쉬며 말했다.

우리는 그에게 고맙다는 말을 하면서 자리에서 일어났다. 그 사이에 환자의 줄은 더 늘어나 있었다. 나는 의사 Yiallo가 이렇게 많은 환자를 하루만에 다 본다는 것에 대해 놀라움을 감추지 못했다. 그를 한 번 만나려면 얼마나 많은 시간을 기다려야 하는지 알 수 없었다.

***

나는 이제 음식을 먹는 데 제법 익숙해졌다. 세 손가락을 활모양으로 만들어 집게처럼 사용하여 건더기를 건져 먹었다. 그리고 나는 그것을 오카라소스에 집어넣고 게걸스럽게 먹었다. Alma가 아픈 것은 분명 몇몇의 이상한 벌레 때문일 것이다. 하지만 의사는 어떤 항생연고도 주지 않았다. 식사를 하고 나서 우리는 Andre 의자에 둘러앉았다. 우리가 함께 모여 이야기를 나누는 동안 Alma는 복통증상이 눈에 띄지 않게 조심스럽게 행동하였다.

Jean은 단어들을 펼쳐 놓고, 녹음을 강조하면서 수업을 시작하였다. Andre는 "음", "어" 그리고 "요"라고 하는 Jean의 말투에서 휴지기를 강조하였다. Alma와 나는 무엇을 말하는지 이해할 수 없었지만 호기심 가득한 표정으로 그의 가르침을 듣고 있었다. 그들은 Jean이 부드럽고 높은 목소리로 노래를 부를 때 갑자기 웃었다. 청중들은 그를 따라 그 멜로디를 반복하였다. 나는 그들의 화음이 부드럽게 잘 어울리는 것에 놀랐다. 그것은 그들이 그냥 듣는 이야기가 아닌 말하는 것이며 이 특별한 말하기는 분명히 즐거운 것이었다. 마침내 Jean이 말했다. "*E nyana*—끝났습니다." 그리고 나는 적어도 이것만은 알았기에 즐거웠다. 청중들은 박수갈채를 보내고 서로 노래를 불렀다. Jean은 열정적 호응에 감사했다.

그리고 그는 그들의 언어로 번역했다. "당신들의 거짓말에 감사합니다." "아닙니다. 이야기는 거짓말이 아닙니다." 나는 나의 이야기를 옹호하며 주장하였다. Jean과 Andre는 고개를 끄덕였다. 예의도 없고 동의도 없이. 그들의 존경에 조심하면서 나 역시 조용히 했다. 그러나 Alma와 나는 여기서 들었고 그것은 소설이 아니었다. "Jean" 나는 물었다. "너의 거짓말을 우리를 위해 번역해줄 수 있니?" 그는 약간 웃으며 대답했다. 꾸준히 커지는 청중들은 그가 말한 것처럼 참을성 있게 기다렸다. 그리고 Alma와 나는 우리 마음속의 청중과 연설자의 상호작용을 재연하였다. "여기 내 이야기 중 하나가 있습니다." 그가 말했다. 어머니와 살고 있는 남자가 있었습니다. 그 어머니는 여기 이 방에서 잠들었고 어린 남자는 저기 저 방에서 잠들었습니다." 그는 손가락으로 반대편을 가리키며 이야기했다. "그의 어머니는 그에게 몇 가지 충고를 했습니다. 만약 네가 예쁜 소녀를 만난다면 너에 대한 이야기들을 하게 될 거다. 그렇지만 그녀에게 너의 비밀을 모두 이야기하지 말아라. 그녀에게 모든 것을 보여주지 말아라. 그것은 좋지 않다." 그래서 그녀는 그에게 말했다. "그 젊은이는 사냥꾼이었는데, 보통 영양을 죽였어. 하루는, 이 영양들 중에 하나가 예쁘고 젊은 여인으로 변장을 했고, 그의 집에 왔지. 그들은 그의 방으로 갔고 사랑을 나눴지."

여기서 Jean은 침대가 흔들리는 소리를 크릉크릉크릉이라고 모방했고, 현관 앞에 모여든 마을 사람들은 웃기 시작했다. 그들이 그 전에 그랬던 것처럼. Jean은 멈췄던 이야기를 계속했다. "나중에, 그의 어머니는 그에게 말했어. '음, 전에 내가 너에게 했던 말을 잊지 않았지.' 그러나 그는 어머니의 말을 무시했고, 하루는 그가 실제로는 영양인 이 여인에게 말했지. 나는 사냥꾼이고, 난 특별히 영양을 잡는 것을 잘해요. 그날 밤 그들이 잠자리로 갔을 때, 그 영양 여인은 그의 눈알을 거칠게 뽑아버렸고, 그래서 그는 다시는 사냥을 못하게 되었습니다. 그녀는 그것들을 터번에 넣었고, 휙 재빨리 숲으로 사라졌습니다. 그곳에서 그녀는 그녀의 영양친구들을 찾았습니다. 그들은 lolondale 춤을 추는 가운데, 서로가 껴안고 있었습니다. 그리고 그녀는 다음과 같은 노래를 불렀습니다. 여기에 영양사냥꾼인 mamadou의 눈이 있다~" 다시금 Jean은 확실하고 부드러운 멜로디로 노래를 불렀고, 다시금 청중이 따라 불렀다. Jean은 그 가사를 풀이해 주었다. "춤추는 영양들이 소리치네. 그 눈을 나에게 주세요. 그것들로 제가 볼 수 있게요." 그는 계속했다. "좋아요. 그의 아들과 영양여인 사이에 일어난 일을 그의 어머니 또한 알고 있었습니다. 그래서 그녀는 즉시 영양에게 눈을 되찾기 위해 숲속으로 갔습니다. 그녀가 도착했을 때, 그녀의 아들의 눈은 주위에 던져졌고, 그것들은 이렇게 던져졌습니다." Jean은 건네는 동작을 취했다. "어머니-영양은 그가 춤추는 것에 함께했습니다. 그리고 곧 어머니는 아들의 눈 처음 한 개를 손에 받았고, 그러고 나서 다음 한 개도 받았습니다. 어머니는 그것들을 자신의 터번에 넣었고, 그것들을 아들에게 돌려주었습니다. 어머니가 말했습니다. '내가 전에 주의를 주었는데 넌 듣지 않았다. 앞으로 절대 절대로 이러지 말아라.' 예, 이제 끝났어요." Jean은 말했다.

그는 beng에서 그 이야기를 말할 수조차 없었다. 마을 사람들은 외쳤다-a oukwa. 나는 그들과 함께 하는 것을 자제했고, 여전히 Jean의 이야기의 메시지를 곰곰히 생각하고 있었다. 이 이야기는 마치 beng의 진실을 외부에 알리려는 나에 대한 경고처럼 들렸다. 그러나 이야기 시간은 끝나지 않았고, Andre가 이야기해야 할 때가 왔다. 여기에 저의 이야기 하나가 있습니다. 그는 beng에서 말했다. 그리고 지금 음과 요를 지지하는 사람은 Jean이었습니다. 그들은 서로 가깝게 기대었습니다. Andre는 그들이 마치 혼자였던 것처럼 말하였다. 그리고 다시 나는 열정적으로 말하는 사람이 있을 때 beng 언어의 리듬을 스스로 즐겼습니다. 어린 아이들은 Andre의 행동을 보면서 낄낄 웃었습니다. 그때 마을 사람들은 매우 기뻐하며 즐겼다. 나는 해석하는 것을 기다릴 수가 없었습니다. 청중들이 다시 한번 "a oukwa"라고 외쳤습니다. Andre는 우리에게 돌아서 불어로 이야기했습니다. "여기에 제 이야기 하나가 있어요. 왕인 것에 익숙한 모기에 관한 이야기입니다. 그러나 그는 그때 사람만큼 큰 배후를 가지고 있었습니다. 하루는 그와 그의 동료들이 길로 여행을 떠나기 시작했습니다. 귀가 무언가를 들었는데, 그는 발자국 소릴 들었습니다. 그는 숲에서 달아나고 있는 그들의 노예의 발자국 소리를 들었습니다. 그리고 눈이 그 노예를 보았습니다. 다리가 그를 따라잡았으며 손이 그를 붙잡았습니다. 이렇게." Andre는 손을 뻗어 그 보이지 않는 자를 잡았다.

"온몸의 부분들이 누가 정말로 그 노예를 잡았는지를 놓고 다투기 시작했습니다. 그들은 결국 그들이 다음과 같이 말하기 전까지 싸웠습니다. '그래, 모기가 우리의 왕이니까 그에게 결정을 내려달라고 하자.' 그들이 모기에게 도착해 그들의 논쟁을 이야기했을 때, 모기가 말했습니다. '누가 그를 봤나?' 눈이 말했습니다. '저입니다. 제가 봤습니다.' 모기가 말했습니다. '누가 발자국 소릴 들었나?' '저입니다. 제가 들었습니다.' 귀가 대답했습니다. 모기가 말했습니다. '누가 그를 따라잡았나' 다리가 목소릴 높였습니다. '저예요. 제가 그를 따라잡고, 팔이 붙잡았습니다.' 그러자 모기가 말했습니다. '그렇다면, 노예는 팔의 것이군.' '다른 부분들은 여전히 동의하지 않았습니다. 그리고 그들은 성나서 말했습니다. 왕은 당신이지만, 당신이 노예가 팔의 것이라고 말했으니, 당신은 쭈그러들고 작아질 거요.' 그러자 모기가 줄어들었습니다."

여기서 Andre가 입술을 오므리며 말했다. "kokloko!" —분명히 줄어드는 소리—그리고 그의 청중은 다시 기꺼이 소리쳤다.

"이제, 모기는 작아졌고, 그는 국사(나라의 일)와 전혀 어울리지 않았습니다. 그래서 그는 처음 노예의 소리를 들은 귀에게 사과하기로 마음을 먹었습니다. 모기는 다시 커지고 싶었습니다. 모기는 귓가에 날아가 그의 결심을 바꾸려고 하였습니다. 그러나 팔이 말했습니다. '그건 당신이 전에 한 말이 아냐. 꺼져. 그건 전에 네 결정이 아냐!' " Andre는 모기 소리에 당황한 사람들이 그러하듯 귀 주변에 대고 팔을 흔들었다. 모두가 기뻐서 빈정거렸다.

"누군가 모기가 다른 사람의 귀에서 윙윙거리는 걸 본다면, 팔이 그걸 쫓을 거다. E nyana"

"a oukwa" 군중들이 노래했다. 당신의 거짓말에 감사한다. 오늘 그들의 이야기에 감사를 표했지만, 이 이야기들의 내용은 썩 맘에 들지 않았다. 꼭 이곳을 연구하려는 나의 이야기 같아서이다. 만약 언젠가 내가 이 낯선 언어로 이야기하는 Beng 마을 사람들 사이에 한밤중에 서게 되지 않을까. 그리고 내가 어떤 이야기를 하게 될까—나 자신의 이야기, 또는 내가 여기서 배운 것을.

(3) Anderson의 'Jelly's Place'

'Jelly' s Place' 는 Elijah Anderson의 초기 연구 작품인 『A Place on the Corner』(1978)의 배경이 된 시카고 남부 빈민가에 있는 술집 이름이다. Elijah Anderson은 3년 동안 이 술집을 오가는 노동자와 실업자들과 시간을 보내며 그들을 관찰하였다. 그리고 그들과 주고받은 대화와 인터뷰, 이야기를 분석하여 노동자와 실업자들의 생활 패턴을 회화적으로 분석하였다. 그는 이 작품을 통해 노동자와 실업자들의 상호작용의 패턴이 어떻게 일어나는지, 그리고 작용은 어떻게 일어나며, 이러한 상호작용이 일어나게 되는 사회적 패턴을 발견하려고 하였다. 그 결과 그는 한 사람의 지위가 그 사람의 말과 행동에서 나타나는 친밀도와 밀접한 관련이 있다는 것을 밝혀내었다. 이 지위는 세 개의 완전히 별개의 영역으로 귀결되었는데, 그 세 가지는 Regulars(안정된 직업과 가정이 있는 남자), Wineheads(술을 마시고 즐기는 것에 관심이 있는 남자), Hoodlums(튼튼한 존재가 되는 것과 큰돈을 버는 것에 관심이 있는 남자)였다. 이 책은 최근 2003년에 25주년을 맞아 Paperback Edition으로 다시 출판되었다. 그의 이 책은 1973년 당시 시카고 남부 흑인 빈민지역 사람들의 생활을 생생하게 그려낸 현장작업과 기술의 대표적인 연구 작품이자 문화기술지 연구 작품이다. 특히 이 작품은 인종과 흑인에 대한 연구를 다룬 작품들 중 베스트셀러로 꼽히는 흑인과 계층 연구의 고전으로 자리 잡고 있다.

> Jelly의 주점에는 두 개의 전면 출입구가 있는데, 하나는 술집으로 통하고 나머지 하나는 술을 파는 상점으로 연결된다. 각각의 방은 구별되는 고유의 사회적인 특징을 가지고 있다. barroom은 공중적인 장소이다. 바 의자, 대리석으로 덮인 카운터를 갖추고 벽에는 거울이 있었는데, 거의 누구든 출입이 허용되고 자신의 의지로 들어간 사람은 지루하지 않았다. 이런 측면에서 barroom은 중립적인 사회영역이다. 하지만, Jelly' s의 이쪽에 모인 사람들은 다른 사람이 접근할 때 조심스럽게 내향적인 경향을 띠는데, 이쪽의 사람들이 서로를 알지 못하는 것이 주된 이유이다. 반대로 주류판매점은 보다 동등한 입장의 사람들이 들르는 곳이고, 표면적으로는 편안하고 자발적인 분위기로 보인다.
>
> 하나의 출입문이 두 개의 방을 나누고, 몇몇 사람들은 이리저리 움직이며, 일반적인 손님은 보통 주류판매점 안에서 흩어진다. barroom의 사회적인 공간은 일반손님과 방문자들로 나누어진다. 가끔 이 방문자들은 Jelly' s 주변에서 볼 수 있는 사람이지만, 아직 그들 자신을 그 환경에 두지는 않는다. 때때로 그들은 완전한 이방인들이다. 일반적으로 8, 9명인 손님에 비해 20명 정도가 자리할 때가 가끔 있을 수 있다. 일반적인 손님들은 공간을 함께 나누고 있음에도

방문자들 사이에 산재되어 있다. 그들은 서로를 알게 되는 경우가 드물다. 방문자들은 도착해서 술을 마시고 잠시 앉았다가 떠나는 식이다.

한편, 단골손님은 방문자를 무시하려 애쓴다.(방문자들은 단골손님을 주제넘는 사람으로 취급한다.) 그리고 이 두 그룹 사이에는 상당한 불신과 의심이 존재한다. barroom쪽의 낯선 방문자들은 대개 남부지방에서 다양한 음주장소를 물색하는 도중에 있다. 그들은 다른 곳으로 가는 중에 Jelly' s를 지나치고, 비교적 작은 사회적 연대를 가진다.

그들 대부분은 단골손님을 거의 알지 못하고 보통 Jelly' s도 전혀 알지 못한다.(그를 아는 사람들은 흔히 그가 그곳의 주인이라는 것만 안다.) 일반적으로 단골손님들은 행동측면('서두르는 면에서 끝내려고 노력하는 것' , '무엇인가 되려고 하는 것')에서 방문자를 주변인으로 인식한다. 즉, 그들은 만나게 되는 동안 그들과 적당한 거리를 유지하고 보려 하며, 우선권을 유지하려 한다.

단골손님에게 있어 대체로 방문자는 모르는 상태로 남는다. 이것은 두 그룹 간의 그 부분에 상당히 많은 불안감을 만들고 그들 사이의 불신을 유지하는 역할을 한다. 대다수의 방문자들이 이러한 정의를 존중하지만, 어떤 방문자들은 가끔 과감히 주류 판매구역으로 들어가서 어슬렁거리기 시작한다. 그는 보통 그곳에 머무르는 것에 지지받지 못한다. 그와 같은 사람이 들어오면 다른 사람들은 대개 대화를 멈추거나 적어도 그가 떠날 때까지 목소리를 낮춘다. 그를 침입자라 여기면서 그들의 눈은 그를 따라간다.

단골손님 사이에서 그는 주변인으로, Jelly' s의 손님 중 한 사람으로, 또는 심지어 단순한 손님으로 간주된다. 주류 판매구역이 그에게 가치가 없고 그와 유리되어 있으며 너무 위험하다는 것을 인식하게 되면서 방문자들은 대개 그의 용무를 마치고 barroom으로 돌아가거나 다른 장소로 향한다. 보편적으로 방문자들은 bar에 와서 잠깐 시간을 보내고 나서 떠난다.(Jelly' s의 단골손님에게 무언가 알 수 없는 느낌을 간직한 채.)

나는 Jelly' s에서 첫 번째 몇 주동안 방문자와 다른 사람들처럼 barroom에서 보냈다. 바로 전에 말한 이유 때문에 이쪽은 새로운 사람들에게는 가장 접근하기 쉬운 곳이었다. 그곳에는 이방인들이 모일 수 있었다. 그곳은 내가 비교적 눈에 띄지 않는 곳이었지만 다소 우호적이었다. Jelly' s를 알아가는 과정이 시작된 곳이었고, 나는 차츰 거기 있는 사람들과 화기애애하게 얘기할 자격을 얻었다. 원칙적으로 이것은 사람들을 알아가고 다소간 서로 그들의 관계 속에 포함되어 가는 것을 의미했다.(매일 사람들이 공유하고, 당연하게 여기는, 그들이 서로에게 가지는 사회적인 규칙과 기대인 상식에 익숙해지는 것)

가장 초기 만남 중 하나는 Clarence라는 젊은 남자였는데, 그는 단지 Jelly' s를 지나가는 방문자였다. 그는 나에게 직업을 물었고 나는 그에게 시카고대학 학생이라고 말해주었다. 그는 매우 놀란 것처럼 보였지만 의심의 눈초리를 보냈다.

"당신이 거기서 나갈 때면, 그들은 당신을 백인 남자로 취급했습니다." 그는 말했다.

그는 점잖게 웃고 있었고 진지했다. 그는 의심하면서도 내가 대학생이라는데 약간은 자랑스러워하는 것 같았다.

"마음에 드세요?" 그가 조심스럽게 물었다.

"좋아합니다." 내가 대답했다.

"당신은 거기서 꽤 멀지 않나요?" 그는 반신반의하면서 말했다.

"예. 하지만 나는 차가 있고, 술도 마시고 쉬려고 가끔 옵니다."라고 나는 말했다.

"예. 당신은 잠시 후에 백인들을 떠나야만 합니다. 나는 그게 어떤지 압니다. 어디 묵으세요?" 그가 말했다.

"53번 Harper가 근처에요." 라고 대답했다.

"좋은 곳이라고 알고 있어요. 그가 50대 때 돌아와 머물렀죠." 그가 말했다.

Clarence는 그러고 나서 우리 둘 다 알고 있는 점들을 언급했다. 그러한 점들로부터 우리는 쉽게 대화가 되었고, 웃고, 얘기하고 오가는 사람들을 보았다. Clarence는 내게 맥주 한 잔 사겠다고 했다. 나는 응했고 우리는 얘기를 계속했다. 전축은 나팔소리를 냈고 사람들은 계속 들락날락거렸으며, 소리치고 웃고 친구들을 만났다.

bar 여종업원인 Rose는 술을 파는 동안 웃고 얘기하는 것으로 보아 그녀의 일을 즐기는 것으로 보였다. 한 잔씩 마시고 나서 Clarence는 Rose를 불러, 내게는 Schlitz 맥주를 한 병 더, 자신은 진 토닉을 주문했다. 나는 몇 잔 값을 내가 내겠다고 했지만 그는 허락하지 않았다. 2시간 넘게 우리는 Jelly' s의 barroom에 있었고 사람들이 들락거리는 걸 보았으며, barroom에서 주류판매점으로 마음이 끌렸다. 사람들은 완전히 즐기고 있는 것처럼 보였다.

"Eli, 당신도 알다시피 가끔씩 나는 고등학교를 마치지 못하고 대학에 가지 못한 것을 후회합니다. 난 교육받지 못했어요. 당신은 좋은 기회를 잡았죠. 당신은 교육받고 있고, 당신을 위해 무언가를 하고 있지요. 빌어먹을, 당신은 가능한 한 모든 걸 얻으세요. 나처럼 되지 마세요. 빌어먹을, 난 당신의 위치에 있기를 바래요. 학교에 가고 모두 다. 하지만 난 당신에게 좀 다른 걸 얘기할까 합니다. 당신도 알다시피 너무 많은 교육은 좋지 않아요. 당신은 주변을 혼란스럽게 하고 머리가 텅 빌 수 있어요. 당신은 머리가 비지 않았죠? 안 그래요? 난 대학생 중 몇몇은 정말 미쳤다고 들었어요. 당신은 그렇게 되지 않길 바래요. 당신이 할 수 있는 동안 가능한 한 모든 걸 얻으세요. 그러나 생각 없이 지내진 말아요."

잠시 후 우리 대화는 이 주제에서 저 주제로 왔다 갔다 했고 나중에 나는 집에 가기로 마음먹었다. 그와 술 마시고 얘기해서 고맙다고 했고, 다음에 다시 만나면 한 잔 사겠다고 했다. 그는 얘기하는 것이 정말 재미있었다고 하며 신경쓰지 말라고 했다. 우리는 헤어져서 각자의 집으로 향했다.

barroom쪽에서 보낸 첫째 주 동안 그런 대화들을 자주 가졌다. 보통 대화 상대를 다시 보지 않았고 만약 그렇더라도 그 관계는 그 전의 그런 상태에서 진전되지는 않았다. 이쪽에서 나누어진 것과 다소 유사하게 대부분의 사람은 그들과 대응하는 부분들에 동의하거나 말을 들어주는 것 이상을 기대하는 것 같지는 않았다. 때때로 내가 만난 방문자들은 가끔 주위를 둘러보지만 그들이 모습을 드러냈을 때, 그들은 종종 Jelly' s의 중심부로부터 다소 분리되고 동떨어졌다.

4주간 Jelly' s에서의 현장관찰 후에 나는 45살의 수위인 Herman을 만났다. 그는 늘어진 군대작업 자켓과 푸른 가바단천으로 된 바지, 끝이 뾰족한 검은 신발을 신고 있었다. '안녕, 친구' 라고 써있는 배지가 달린 검은색 밴드의 모자를 쓰고 있었다. Herman은 갈색피부를 가진 작은 사람이었고 대략 키는 170센티미터 정도에 몸무게는 65킬로그램 정도였다.

우리 첫 만남에서 나는 Rose와 얘기하면서 20분정도 bar에 앉아있었고, Herman은 내 옆에 앉았고 대화에 끼었다. 이 첫 만남에서 Herman과 나는 내가 barroom을 방문하는 다른 방문자들과 얘기했던 것과 같은 방식으로 이야기했다. 물론 연구의 이 부분에서 나는 아직 Jelly' s의 다른 유형의 사람들 사이에 세심한 차이를 두기 시작하지 않았다(예를 들어 방문자의 바로 그 관념은 내게 나중에 다가왔다).

Herman은 위트가 있었고, 태평하게 보였지만 동시에 천천히 말했다. 그는 내게 빈민지역을 경험한 사람이라는 인상을 주었는데, 생산적이지 못한 barroom에서의 이전 만남 때문에 나는 처음에 다른 사람들처럼 다시 만나지 못할 사람으로 여겼다. 그러나 내가 안 것처럼 Herman은 단지 또 다른 방문자가 아니라 Jelly' s의 단골손님이었다. 초기 만남의 과정에서 Herman과 나는 짧게 얘기했지만, 대화가 아주 잘되었다. 다른 말을 하는 중에 그는 내가 그를 의식하지 않았음에도 전에 나를 봐왔었다고 했다. 이 대화를 하는 동안 그의 질문들은 내가 거기서 하고 있는 것들에 집중되었다.

그는 이것에 대해 절대 직접적으로 얘기하지는 않았지만, 몇몇 유도질문을 했다. 우선 그것을 화제로 끄집어내지 않고, 그는 몸짓과 언어들로 미묘하게 대화를 이끌어 갔다. 내가 누구냐는 말 대신 Herman은 "직업이 뭐예요, Eli?" 라고 물었다. 그는 내가 어떻게 시간을 보내고, 유급으로 고용되어 있는지 알고 싶어했다. 내가 발견한 바로는 Jelly' s 근처에서 누군가가 생계를 위해 일하는가 하는 것은 그의 정의에 중요한 단서라는 것이다. 대다수 사람들에게 이것은 그 환경에서 믿을 수 있는 사람인지 그 사람의 계급을 결정하는 데 도움을 준다.

내 신분에 대한 Herman의 질문에 대한 답변으로 나는 "전 시카고대학 대학원과정을 마친 학생입니다."라고 말했다.

"좋아." Herman은 다소 놀라면서 말했다.

"얼마나 오랫동안 있었지?"

그의 질문에 내가 답했을 때, 그는 이것을 나에 대해 점점 더 물어볼 자격들로 삼는 것 같았다. 그리고 나는 그의 질문들을 똑같이 할 수 있는 암시로 받아들였다. 이 자격으로 나는 그에 대해 더 많이 물었다. 이러한 정보교환이 이루어지는 동안 나는 나에 대한 그의 태도에서 주목할 만한 변화를 직시했다. 그는 점점 더 편안해했고 나를 신뢰하게 되었다. 그는 내 어깨를 툭툭 치면서 그의 말의 마침표를 찍으며 말할 때 좀 더 몸짓을 사용했다. 그는 매우 친근하고 상냥한 사람이었다. 그럴 때 나는 미소와 친근한 감탄사로 내 말에 마침표를 찍으며 주고받았다. 빈민가와 그 bar에서 친근한 학생은 두려움과 의심의 대상이 아니라 일반적으로 책을 보고 정직한 것으로 기대했다.

나에 대한 모든 정보로(내가 제공하려는 의도까지 포함해서), 그는 자신의 기준과 가치체계 내에서 나를 '안전한 사람' 으로 인정해 줄 수 있었다. 결과적으로 우리 사이에 어떤 믿음에 대한 기초가 생겼다. Herman은 나에게 자신에 대해 좀 더 말하면서, 자신이 수위이지만, 사람들이 수위에게 바랄 수 있는 것들과 대비되는 그가 스스로 높은 존경심을 가지고 있다고 답하면서, *"나는 사람들 사이의 사람이다."*라고 재빨리 덧붙였다.

그러고 나서 내게 그의 일과 그가 아침에 얼마나 일찍 일어나야 하는지 얘기했다. 좀 더 친밀한 대화 후에 우리는 좋은 사이로 헤어졌다. 우리는 함께 웃고 떠들며 두 시간 이상을 보냈다. 나는 전에 이런 종류의 정보교환을 해봤지만 이러한 특별한 만남으로부터 비일상적인 것을 기대하진 않았다.

다음날 Jelly' s에 갔을 때, 나는 Herman을 다시 만났고 barroom에 들어가서는 평소처럼 Rose와 다른 사람들에게 인사했다. 나는 bar의 의자에 앉아 내 스툴로부터 주류판매방에 있는 사람들의 행동을 지켜보았다. 그 방에서 사람들은 자발적인 즐거움(웃고, 떠들고, 서로 즐기고 편안해지는 것)에 빠져 있었다. 나에게 그 방은 매우 흥미롭게 보였지만, 단지 동일그룹을 위한 것으로 보였기에 내가 적당한 자리에 있지 않다는 것은 명확했다. 나는 다시금 주변인의 상태였던 것을 되뇌었다. barroom에 있는 동안 가끔 끌렸던 방문자와 몇몇 동일 그룹원 사이에서 나는 공간을 느꼈다.

주류판매점을 살폈을 때, 나는 Herman을 보았다. 손을 흔들어 그의 주의를 끌었고 그는 barroom에 있는 내게 왔다. 우리는 반갑게 악수하고 맥주를 마시며 친근하게 얘기했다. 그러나 이내 그는 주류판매 구역으로 돌아갔고, 그곳에는 그의 친구들이 더 있는 것 같았다. Herman은 그곳에 많은 친구들이 있었는데, 그들 중 상당수는 그와 내가 Jelly' s에서 이전에 만났던 많은 방문자들을 구분하는 중요한 요소 중 하나였다.

Jelly' s의 barroom쪽의 방문자와 대조적으로 주류판매 구역의 단골손님들은 자연발생적이고, 소란스럽고, 상호작용에서 비교적 그들 자신을 신뢰하는 경향이 있다. Herman과 나머지 사람들은 집에서도 서로 친밀했다. Herman은 사교성이 좋은 사람이었고 모든 사람들의 일에 관계되어 있는 것처럼 보였다. 이것을 인정함으로써 Jelly' s의 사회적인 세계로 들어가는 나의 입장권과 소수의 사람들이 그들과 알고 지내기 위해 그와의 접촉 없이 머무른다는 것에 대한 중요한 결론으로 이어지는 것으로 드러났다. 며칠 내에 그를 다시 만났기 때문에 명백하게 그는 나를 괜찮은 주변인으로 보았는데, Herman은 나를 그의 공간을 나누도록 초청했다.

다시 Herman이 주류판매방에 있는 사람들과 웃고 얘기하는 동안 나는 barroom에 앉아있었다. 내가 두 구역으로 나누어진 열린 출입로를 통해 그들을 보았을 때, 나는 막 떠날 즈음이었다. 나는 Herman과 인사하러 주류판매점을 지나치리라 마음먹었다. 동시에 그 방의 모습을 좀 더 가까이 보고 싶었다. 그 사람들에게 다가갔을 때, Herman이 "이봐, 내 친구 Eli야."라고 말하는 걸 들었다.

그러고 나서 그는 졸리는 그들 중 한 명에게 말했다.

"여긴 내가 말했던 사람이야. 이 친구는 박사과정에 있어."

이 순간 Herman은 내 손을 잡고 반갑게 맞아주었다. 나 역시 응대했다.

그 무리의 다른 사람들은 Herman이 소개한 나를 받아들이는 데 조심스럽고 다소 회의적인 것으로 보였다. 그러나 그들은 그와 내가 인사를 주고받는 동안 점잖고 수긍하는 자세로 조용히 있었다. 그 사람들은 우리를 훑어보면서 서로 이야기했다. 곧 Herman은 나를 그들에게 소개했다.

"이봐 Eli, 여긴 Jake, T.J, 그리고 이 사람은 잠꾸러기."

그들은 나를 알아보고 인사했으며, 나는 그들과 인사했다. Herman은 맥주잔을 들고 그가 참석할 크리스마스 파티에 대해 그 사람들에게 건배를 제안했다. 그는 그것을 특별히 의미 있게 하려고 다소 과장되고 특별한 것으로 묘사하면서 그 일을 강조했다. 그는 키스하고픈 여자와 이야기하고픈 지적인 사람과 얘기했다. Jake는 "깜둥이의 심술"이라고 말했고, 다른 대답들은 유사했지만, Herman은 계속했다. 말하는 중에 Herman은 나를 크리스마스 파티에 초대했다.

"Eli, 크리스마스 파티에 와줄래?"

"무슨 말이죠?" 나는 초대에 놀라서 물었다.

"직장에서 내일 크리스마스 파티가 있어. 가면 괜찮은 아가씨와 위스키도 있어." Herman이 말했다.

"물론이죠. 몇 시죠?"

"2시 30분에 봐. 좋아?"

"갈게요."라고 말했다.

그 무리의 사람들은 우리를 계속 훑어보았다. Herman은 나를 친구로, 내부 동료로 여기고 있었다.(그 무리에서 이미 내가 인정된 상태에도 불구하고) 확실히 Herman은 그 파티에 다른 사람은 초대하지 않았다. 무리의 다른 사람들은 그것을 기대하지 않았고, 그가 그렇게 말한다면 사실 놀랄 일이었다.

Herman의 증명이 있은 후에, 나는 무리의 다른 사람들이 나를 따뜻한 시선으로 보는 것을 느꼈다.(그들은 나를 좀 더 직접적으로 보았고, 좀 더 편안히 웃는 것으로 보였다) 나는 그 무리에 있는 것에 충분히 편안함을 느끼고 농담을 듣기 시작했다. 그러나 방문자로서의 상태를 보여주는 나의 과묵함으로 거기에 끼지는 않았다. 하지만, 나는 사람들과 웃고 이야기하며, 지난 4~5주 동안 종종 궁금하게 생각했던 사람들을 알고자 했다. 이들은 쭉 보아왔던 사람들인데 전에는 한 번도 '함께' 하는 것을 시도해보지 않았다.

잠시 후, 나는 Herman과 새 친구들에게 집에 가야겠다고 말했다.

나에게 그날 저녁은 주목할 만한 시간이었다. 그 날은 처음으로 Jelly's의 사회구조 내에 잘 연결되어 있는 사람에게 나를 소개한 날이었다(그곳에서 중요한 사회적인 버팀목인 누군가에 의해 실제적으로 후원을 입은 첫 날이었다).

중요하게 그날은 Jelly's의 주류판매점을 향한 나의 첫 번째 사회적인 시도였다(진정한 성취의). 나는 동일그룹 구성원들(Jelly's의 다른 이들이 중요하게 여기는)에 속하게 되었다. 그 모든 경험은 내가 거기 들어가는 진정한 시작을 의미했다. 그것은 Jelly's에서 공간의 느낌을 얻기 시작한 출발점이었다.

Herman이 나를 후원하고 파티에 초대했을 때, 나는 몇몇 쓸데없는 것들과 그에 대해 책임감을 느꼈다. 내가 공부한 바로는 내가 Herman에게 줄 수 있는 하나는 파티에서 그의 역할(그 속에서 그의 정체성)을 입증하는 것이었다. 파티 당일 그의 직장에 도착했을 때, 그가 수위로 일하는 빌딩을 보여주었다. 그는 자부심에 찬 눈으로 나를 이방 저방, 복도 이곳 저곳으로 이끌었다. 내게 구경시켜 줄 때, 그는 덧붙여 그곳에서는 다른 어느 누구도 허용되지 않아 이들에게 나를 "사촌"으로 소개시켜 주어야 한다고 했다. 나는 Herman이 말하지 않는다면 파티에서 만날 사람들이 여전히 의심스러워 할 사촌이 되는 데 동의했다.

그러나 이것은 Herman의 show였다. 그는 사장이었다. 사람들에게 소개시켜주기 전에 Herman은 조용히 내 어머니의 이름을 물었다. 나는 대답했고, 곧 그는 내게 그의 어머니 이름을 말했으며, 내내 이건 "단지 누군가가 우리를 믿지 못하는 경우"를 위한 것이라고 보장했다. 어머니의 이름을 교환했을 뿐인데 Herman과 나는 어떤 종류의 믿음을 증명했다. 그런 비밀스런 정보는 일반적으로 비밀보장 없이는 누구와 주고받는 것이 아니다. Herman이 조심스럽게 제안한 우리 이야기의 또 다른 중요한 점은 Jelly's에서 이러한 모험을 시도하는 사람들은 놀라운 변화를 기대한다는 것이다. 그러므로 그들은 "얼간이들과 함께 하는 것"(다시 말해 그들 때문에 확신시키고 준비해야 하는 것)에 대한 압박을 느낀다. Jelly's에서 이러한 얼간이들은 심각하게 자신의 정체성에 대한 비전을 가지려고 하는 사람들이다. 이러한 사람들에게는 적절한 묘사와 상세한 설명, 증거를 들어 반드시 준비된 '강한 질책'(그 자신에 대한 인상적인 진술)을 해야 한다.

Jelly's의 외부 공간, 예를 들어 그의 직장에서 Herman은 믿게 되기 위해, 중대하게 받아들여지기 위해, 그리고 'shot down'이나 'blown away'가 되는 것으로부터 그 자신을 보호할 목적으로 그 자신의 철학을 가진다. Jelly's 주변 거리에서 Herman의 경험에 바탕한 이런 철학은 크리스마스 파티에서의 우리의 '이야기'를 조심스럽게 준비하는 그에게 배경이 되었다.

파티에서 Herman은 나를 '시카고대학 박사과정에 있는' 사촌으로 소개했다. 그는 심지어 한 흑인비서에게 오랫동안 얘기했던 사촌이라고 말했다.

Herman은 파티에서는 단지 수위였다(다른 참석자는 전문직이나 사무직 종사자들이었다). 그와 나는 Jelly' s에서처럼 어떤 체계로부터의 단지 대리인들이었다. 그러나 Herman의 지시로 우리는 사람들 사이를 편안히 옮겨 다녔다. 매번 소개할 때마다 그는 '박사과정에 있는 사촌' 이라는 말로 자랑스런 표정을 지었다.

파티가 끝나고 떠나야 할 때, Herman은 내게 성취감과 자기 만족적인 느낌으로 말했다.

"나는 사람들 사이의 사람이야." 명백하게 그는 전체 쇼가 성공적이었다고 느꼈다. 내 차로 걸으면서 그는 반복해서 말했다.

"음, 나는 사람들 사이의 사람처럼 느껴. Eli, 나는 너를 처음 만났을 때 니가 점잖은 사람이란 걸 알았어. 이제 너는 내게 전혀 의무감을 느끼지 않아도 돼. 올 필요도 없고. 그러나 너는 왔어. 너는 나의 가장 좋은 친구야, 알아?"

Herman은 그의 쇼의 성공과 '직장' 사람들에게 좋은 인상을 심어준 것에 고무되었다. Jelly' s로 돌아가는 차안에서 Herman은 Jelly' s의 다른 사람보다 나를 그 파티에 초대한 이유에 대해 말해 주었다.

"나는 내 직업에 대해 말하는 그들 중 누구도 믿으려 하지 않아. 그들은 점잖은 사람과 지적인 사람이 어떻게 행동하는지 알지 못해. 그리고 가끔 나는 특별히 조금 높은 지위에 있다면 나 자신에 대해 그렇게 확신하지는 않아. 그 틀에 젖어 어리석게 행동할지도 모르지. 하하." 하지만 Herman은 내게 믿음을 가졌다. 그는 내가 점잖은 사람들과 지적인 사람들이 어떻게 행동하는지 안다고 확신했다.

결국 나는 '모든 교육' 을 받았다. 그러나 똑같이 중요한, 나는 돌아갈 수 있고 Jelly' s의 모든 사람들, 특별히 엉덩이가 큰 'Jelly' 그 자신의 '점잖은 사람들과 크리스마스 파티' 에서 우리가 어떻게 했던가에 대한 보고서를 쓸 수 있었다. 그는 차에서 내릴 때 그것을 하도록 상기시켜 주었다.

Jelly' s로 돌아왔을 때, Herman과 내가 파티에서 어떻게 했는지 동일그룹 사람들에게 얘기했다. 어떤 점에서는 그의 이야기에 대한 조사, 그가 그들에게 알리고자 했던 정체성으로 나는 Jelly' s에서 그와 더 친밀한 사이가 되었다. 이 모든 것은 거기에서 큰 반향을 가져왔고, 적어도 외부세계에서 이슈가 될 Herman의 순위는 조금 불안정해졌다.

그룹구성원들은 직장에서 Herman의 모험에 대한 나의 조사를 받아들이는 것 같았다. 그가 '파티하는 것' 을 말했을 때, 사람들은 들었고, 그가 나를 파티에 초대한 날 그것을 얕보지 않았다. 적어도 그의 얼굴에 시간적인 이유로 그 사람들은 이 일에 대해 '그를 무너뜨릴' 시도를 일시정지한 것처럼 보였다.

그 후에 Herman은 나를 그의 사촌이라 했고 다른 사람에게 그렇게 소개했다. 어떻게 보면 이것은 나의 수완이었지만 고의는 아니었다. 우리는 서로를 친한 친구로 대했고 그 사람들도 그렇게 받아들였다. Herman과 친하고 그의 이야기를 조사할수록 우리는 더 친밀해지는 것 같았다. 우리는 그들이 말하는 것처럼 '사촌관계' 로 가기 시작했다. 물론 그들 다수가 알고 있듯이 우리는 진짜 사촌이 아니었다. 아마 더 중요한 것은 Herman은 그들이 알고 있다는 것을 알았다. 이것은 사기에 해당하지 않는다. 오히려 가짜 사촌관계 기간은 우리가 친밀한 친구라는 걸 알리기 위해 Jelly' s 주변의 많은 사람들에 의해 그랬던 것처럼 Herman에 의해 되었다.

이러한 발전해가는 관계의 중요한 암시적인 측면의 하나는 그것의 보호성향과 관계가 있다. Herman과 나는 자주 함께 있었고 같이 Jelly' s를 나와 집에 가거나 영화를 보거나 다른 곳에 갔다. 동일그룹 사이에 암묵적인 규칙은 필요로 할 때(일반적인 사회문제에서, 특별히 물리적 싸움일 때) 서로 돕거나 '누구를 편드는 것' 에 함께 하는 것을 요구한다.

나와 Herman의 관계는 내게 그 그룹에서 어떤 함축적인 상태와 '조직내에서의 지위' 와 서로 연결된 위치, 그리고 Herman이 가진다고 여겨지는 순위를 주었다. 무언가 형성하기 위한 서로간의 의무와 기대의 결과 그룹 구성원들은 우리에게 서로 편드는 것을 기대했다. 이러한 발전에 대한 나의 인식의 성장은 Jelly' s 주류판매점 주위에서 나의 만족감에 기여했다. 그곳에 있는 권리를 천천히 확보한 때, 이 입장의 과정 동안 나는 점점 Herman의 후견과 지도력 아래에 있게 되었다.

그러나 왜 Herman이 친구관계에 기어이 나를 포함시켰는가? 그는 나에게 무슨 의미가 있었는가? Herman을 점점 더 알아갈수록 나는 그가 그를 빈민지역을 잘 아는 사람으로 여기고 있다는 걸 느낄 수 있었다. 어떤 사람이 그 거리 주변을 보는 방식에 대해 증명함으로써 얻게 되는 어느 정도 많은 존중감이 있다. 그리고 Herman은 '그 모두에 걸쳐' 자리한 사람으로 그 자신을 인식하고 표현한다.

시카고에서 나고 자란 Herman은 '그 거리들' 과 함께 한 기간에 그의 삶에서 호시절을 보냈다. 그는 '2차대전' 내내 있었고, '포주, 창녀, 마약중독자' 등 사이에 살았다. 그리고 그것 모두에 대해 얘기할 생존자였다. 그가 '그 거리' 에서 언제나 무언가 하면 Jelly' s 근처에서 이슈가 되었다. Herman은 이러한 다양한 개인적인 이력 때문에 Jelly' s의 단골손님을 구성하는 사람들로부터 어느 정도의 존중을 얻을 수 있다. 다른 단골들은 대체로 그에 대한 이런 정의에 동의하고 집단적으로 그것을 유지하려 애쓸 것이다. 동시에 Herman은 그 자신을 '점잖은 사람' 으로 보이고 싶어한다. 그러나 그는 그런 정체성이 Jelly's를 들르는 누구나에게 지속되기는 어려운 일이라는 걸 안다.

우리의 관계에서 나는 Herman에게 그 거리에서의 그의 정체성과 위치와 '점잖은' 사회에서의 것들(정체성과 위치)에 대한 일련의 조사결과를 제공했다. 특별히 내가 '교육받은 모두' 를 말하는 '점잖은' 사람들에 대한 것을 주었을 때, 나는 그를 찬찬히 되새겨 보았고, '품위' 에 대한 그 자신의 주장을 조사할 수 있었다. 물론 나는 그 거리에 대해 나에게 가르치는 것을 허락함으로써 거리의 용감함에 대한 Herman의 주장도 조사할 수 있었다.

그리고 이것은 내게 매우 중요했는데 내가 현장학습에서 살아남아 실행하려면 그 거리에 대한 지식이 필요했기 때문이다. 그의 보호아래 있음으로 해서 Herman은 그가 그 거리를 매우 잘 알고, 동시에 '점잖은' 친구들이 이슈가 될 때 누군가가 될 수 있다는 것을 보여줄 수 있었다.

이 모든 것은 연구의 시작에 확신했던 저자세, 단정적이지 않은 역할에 매우 적합했다. 나는 공격적인 행동(특별히 낯선 이로부터의)의 위협을 느낄 수도 있는 이들로부터의 다루기 힘든 변화를 막기 위해 이런 방식으로 행동했다. 그것은 주변인이 해야만 하는 강요되는 역할의 종류이다. 이러한 유형의 체계에서 합의된 사회적인 질서에 대한 정의를 붕괴시키지 않는다면.

3. 참고문헌

Anderson, E. (2003). Jelly's place: An ethnographic memoir. *Symbolic Interaction*, 26(2), 217-237.

Gottlieb, A., and Graham, P. (1994). *Parallel worlds: An anthropologist and a writer encounter Africa*. Chicago: University of Chicago Press.

Shostak, M. (2000). *Nisa: The life and worlds of a Kung woman*. MA: Harvard University Press.

Van Maanen, J. (Ed.). (1995). *Representation in Ethnography*. Thousand Oaks, CA: Sage.

Van Maanen, J. (1998). *Tales of the field*. Chicago: University of Chicago Press.

제11장

현상학적 글쓰기

1. 현상학적 글쓰기의 전략
2. 현상학적 글쓰기의 대표 작품
   (1) Anna Kirova의 '아이가 혼자라고 느낄 때'
   (2) Vangie Bergum의 '출산의 고통'
3. 참고문헌

질적연구의 대표적인 연구전통의 하나가 현상학이다. 이에 이 장에서는 현상학 방법을 활용하여 연구하는 학자들 또는 현상학적 연구를 하려는 연구자가 알아야 하는 글쓰기 방법으로서 현상학적 글쓰기 방법을 소개한다. 다양한 접근이 있겠지만 이 장에서는 현상학의 대가 중 한 사람인 van Maanen의 이론화와 이를 좀 더 구체적으로 전략화시킨 Nicole의 논의에 기초하여 현상학적 묘사와 표현의 전략들을 중심으로 살펴본다.

1. 현상학적 글쓰기의 전략

현상학적 탐구는 인간이 생활세계 속에서 경험하는 체험의 의미와 본질을 독자에게 드러내어 이를 통해 독자의 공감과 깊은 이해를 이끌어내는 것을 목적으로 한다. '체험' 이라는 것은 인간 경험의 총체를 말하며 여기에는 외적인 경험뿐 아니라 내적으로 겪게 되는 의식현상이 포함된다. 특히 현상학적 탐구에서는 인간의 내적인 의식현상에 더욱 초점을 맞춘다.

이렇게 보면 현상학적 탐구의 목적은 크게 두 가지라 할 수 있다. 현상을 드러내는 것과 이것을 통해 독자의 공감을 불러일으키는 것이 그것이다. 그렇기에 현상학적 글쓰기는 단순한 정보전달에 그치는 것이어서는 안 된다. 현상을 드러내고 독자의 공감을 얻는 것은 단순히 그것에 대한 정보를 제공한다고 해서 얻을 수 있는 것이 아니다. 예를 들어, 아프리카에서 영양실조로 죽어가는 아이들에 대한 정보를 아무리 자세히 알기 쉽게 전달한다고 해봐야 독자로부터 얻을 수 있는 반응은 '불쌍하다' 혹은 '심각하다' 정도일 것이다. 하지만 이런 아이들이 그러한 상황 속에서 겪는 체험을 심층적으로 살피고 그것들을 다양한 방법으로 드러내어 독자의 깊은 이해와 공감을 이끌어낼 때, 독자들은 아프리카 아이들의 체험에 공감하며 눈물을 흘릴 수 있는 것이다. '안다' 와 '이해한다' 는 이렇게 다른 것이다. 그렇기에 여타의 연구전통과 비교해서 현상학적 탐구에 있어 글쓰기는 탐구와 분리되어 있기보다는 탐구의 목적을 달성하기 위한 탐구 바로 그 자체이다.

van Maanen은 현상학적 글쓰기를 현상학적 탐구과정과 분리하여 생각할 수 없는 것으로 간주한다. 또한 글쓰기에 관한 그의 논의도 글쓰기 전략이라는 차원이 아닌 탐구의 과정으로서 글쓰기 작업에서 연구자가 유념해야 할 부분이나 연구 결과로서의 현상학적 글이 갖추어야 할 관념적인 논의가 중심이다. 하지만 이 글의 목적이 현상학적 글쓰기를 준비하는 연구자들에게 글쓰기에 관한 정보를 전달하는 것이니만큼 그의 논의 중 글쓰기 전략으로서 시사점을 줄 수 있는 내용을 글쓰기 전략이라는 개념을 중심으로 논의해 보겠다.

(1) 탐구 대상을 나타낼 수 있는 구체적인 문장 찾기

일반적으로 저자는 글을 쓰기 전 자신의 글을 포괄할 수 있는 주제를 찾는 게 필요하다. 그리고 이를 경구화하여 비교적 간단한 문장으로 표현한다. 경구화란 주제를 명료화하여 하나의 문장으로 나타내는 것을 말하며 이러한 경구화된 주제는 저자로 하여금 글쓰기를 좀 더 쉽게 할 수 있도록 도와주는 효과적인 도구가 된다. van Maanen은 글의 시작단계에서, 즉 데이터를 수집한 이후 연구자가 수행해야 할 과정으로 주제의 분석과 추출을 언급하고 있다. 물론 여기서도 주제 분석과 추출이 글쓰기의 전략이 아닌 현상학적 탐구의 과정으로 논의되고 있지만 글쓰기에 있어서도 유의미한 작업이기에 글쓰기를 위한 전략으로서 이를 다루려 한다.

그는 인간의 체험으로서의 경험을 몇몇의 문장으로 포착할 수 없으며 체험에 대한 '충분한 기술' 만이 주제를 드러낼 수 있음을 주지하고 있지만 문장형태의 주제 기술이 현상학적 기술을 수월하게 진행시키는 데 있어서 '고리' 나 '초점' 역할을 한다는 점을 인정하고 있다. 주제의 경구적인 진술이 '경험' 의 거미줄을 중심으로 '매듭' 의 역할을 할 수 있다는 것이다.

다시 말하면, 인간의 체험이라는 것은 개념적인 어구나 경구적인 구절로 나타낼 수 없고 오직 충분한 기술을 통해서만 드러낼 수 있지만 하나의 문장으로 표현된 주제는 이러한 현상학적인 기술을 수월케 하는 수단이 될 수 있다는 것이다. 그는 그러한 논의의 연장선상에서 매력적인 주제를 선정하기 위해 사용할 수 있는 전략을 몇 가지 소개하고 있는데 그것은 '전체론적 방법 혹은 경구적 방법', '선택법 혹은 집중 조명법', '세분법 혹은 추행법' 이다.

'전체론적 방법 혹은 경구적 방법' 은 우리가 일반적으로 많이 사용하는 방법으로 텍스트를 전체적으로 살피며 그 텍스트의 의미를 드러낼 수 있는 어구나 문장을 찾는 것이다. '선택법 혹은 집중조명법' 은 텍스트를 반복적으로 살펴보고 텍스트 속에 등장하는 어구들이나 문장들 중에 그 체험과 관련된 핵심적이고 본질적인 부분을 찾고 이를 통해 주제를 드러내는 문장을 찾는 방법이다. 마지막으로 '세분법 혹은 추행법' 은 텍스트 속의 문장을 잘게 쪼개어 문장 하나하나 속에서 나타나는 현상이 무엇인지를 살피고 이를 통해 주제를 찾는 방법이다.

그럼 여기서 이러한 van Maanen이 소개하는 방법들의 아이디어를 빌려 실제로 적용한 예를 들어 보겠다. 먼저 van Maanen이 제시하는 예를 살펴보고 이를 다른 글에 적용시켜 보도록 하자.

아래의 글은 아들의 학업에 관련된 성찰을 담은 어머니의 체험에 대한 기술이다.

> 얼마 전부터 나는 아들에게 너무 많은 것을 기대하고 있는 것은 아닌가 의문을 갖게 되었다. 내 아들은 공부 때문에 정신이 하나도 없고 너무나 지쳐 있고 제대로 생각할 수도 없는 상태에 있으며, 자기 반의 다른 아이들처럼 쉬면서 가족과 즐겨야 할 때도 숙제를 하느라고 몇 시간이고 보낸다. 아들은 선생님이 주신 과제를 잘못 읽은 바람에 전체를 다시 해야만 한다. 아들은 고릴라에 관한 보고서를 쓰기 위해 수없이 많은 생각을 하지만, 첫 문장이라도 쓰기 위해 그 생각들을 끌어 모을 능력은 없는 것처럼 보인다. 그래서 어제 나는 학교에 가서 로비의 기록부를 보았다. 나는 약간 죄책감을 느꼈다. 왜냐하면 특히 거기에 적혀 있는 숫자들은 한 인간에 대해 말해 주는 것이 거의 없었기 때문이다. 아들에 대한 나의 사랑과 희망은 물론 무조건적인 것이다. 그것들은 그 애의 성적이나 IQ와는 상관없다. 나는 그 숫자가 나에게 로비가 특별한 아이인지 아닌지를 알려 준다고 보지 않았다. 나는 숫자들이 내가 무엇을 해야 하는지, 즉 내가 숙제와 관련해 그 아이를 못살게 굴고, 괴롭히고, 구슬리고 하는 것이 옳은 일인지, "야, 이 게으른 놈아, 학교에서 빈둥거리며 놀지만 말고 얼마간이라도 숙제를 해라." 라고 말하는 것이 옳은 일인지, 아니면 아마 "물론 너무나 피곤해서 제대로 생각할 수 없겠지. 좀더 일찍 집에 와서 저녁 먹기 전에 숙제를 하도록 해라." 라고 말하는 것이 옳은 일인지를 알려 준다고 보았다.

위의 텍스트에 대해 van Maanen은 '전체론적 방법 혹은 경구적 방법' 을 사용하여 다음과 같은 성찰과 주제를 이끌어 낸다.

예 전체론적 방법 혹은 경구적 방법

텍스트를 읽으면서 우리는 자기 아이가 학교 공부에 문제가 있고 이러한 사실 때문에 아이가 잘되었으면 하는 희망에 먹구름이 끼는 것을 느낀 한 어머니를 본다. 어머니는 아이에게, 아이가 학교에서 하는 경험에, 아이의 능력이나 태도 등에 둔감하기를 원치 않는다. 다시 말해 어머니는 아이의 감정을 고려하면서도 아이에게 도움이 되는 방식으로 아이에게 무엇이라고 말해야 하는가 혹은 아이를 어떻게 다루어야 하는가를 알고 싶어한다. 아마 이러한 적극적인 민감성은 기민함이라는 개념을 가지고 적절하게 포착될 수 있을 것이다. 그리하여 우리는 다음과 같은 경구적인 정식을 시도한다.

"부모는 아이에게 가장 이익이 되는 쪽으로 기민하게 행동하는 법을 알 수 있어야 한다."

다음은 '선택법 혹은 집중 조명법' 이 적용된 예이다.

예 선택법 혹은 집중 조명법

"나는 이들에게 너무 많은 것을 기대하고 있는 것은 아닌가 의문을 갖게 되었다."

부모가 된다는 것은 아이에게 좋은 것과 나쁜 것을 식별한다는 것이다.

"아들에 대한 나의 사랑과 희망은 물론 무조건적인 것이다."

양육의 기본적인 경험은 희망이다.

"그것들이 나에게 어떻게 하라는 것인지를 알려 준다고 보았다."

부모는 언제나 어떻게 해야 할지를 알아야 한다.

다음은 '세분법 혹은 추행법' 이 적용된 예이다.

예 세분법 혹은 추행법

먼저 각 문장이나 문단을 주의 깊게 읽을 필요가 있다.

문장1. 얼마 전부터 나는 아들에게 너무 많은 것을 기대하고 있는 것은 아닌가 의문을 갖게 되었다.

문장2. 내 아들은 공부 때문에 정신이 하나도 없고 너무나 지쳐 있고 제대로 생각할 수도 없는 상태에 있으며, 자기 반의 다른 아이들처럼 쉬면서 가족과 즐겨야 할 때도 숙제를 하느라고 몇 시간이고 보낸다. 아들은 선생님이 주신 과제를 잘못 읽은 바람에 전체를 다시 해야만 한다. 아들은 고릴라에 관한 보고서를 쓰기 위해 수없이 많은 생각을 하지만, 첫 문장이라도 쓰기 위해 그 생각들을 끌어 모을 능력은 없는 것처럼 보인다.

문장3과 4. 그래서 어제 나는 학교에 가서 로비의 기록부를 보았다. 나는 약간 죄책감을 느꼈다. 왜냐하면 특히 거기에 적혀 있는 숫자들은 한 인간에 대해 말해 주는 것이 거의 없었기 때문이다.

문장5. 아들에 대한 나의 사랑과 희망은 물론 무조건적인 것이다. 그것들은 그 애의 성적이나 IQ와는 상관없다.

문장6. 나는 그 숫자가 나에게 로비가 특별한 아이인지 아닌지를 알려 준다고 보지 않았다. 나는 숫자들이 내가 무엇을 해야 하는지 알려 준다고 보았다.

문장7. 즉 내가 숙제와 관련해 그 아이를 못살게 굴고, 괴롭히고, 구슬리고 하는 것이 옳은 일인지, "야, 이 게으른 놈아, 학교에서 빈둥거리며 놀지만 말고 얼마간이라도 숙제를 해라."라고 말하는 것이 옳은 일인지, 아니면 아마 "물론 너무나 피곤해서 제대로 생각할 수 없겠지. 좀더 일찍 집에 와서 저녁 먹기 전에 숙제를 하도록 해라."라고 말하는 것이 옳은 일인지를.

이제 각 문장 혹은 문장 다발이 양육의 본성에 관해 알려주는 것이 무엇인지 알아보자.

문장1은 우리가 부모로서 어떻게 기대만이 아니라 그 기대에 대한 의심도 갖고 있는가를 보여준다.

문장2는 특수한 상황이나 사건들이 우리의 기대에 어떻게 의미를 부여하는가를 보여 준다.

문장3과 4는 우리가 아이를 다른 눈으로 보려 함으로써 우리의 기대를 어떻게 억누르려 하는지를 보여준다.

문장5는 우리가 품고 있는 특정한 기대의 저변에 좀 더 근본적인 희망의식이 깔려 있다는 것을 보여준다.

문장6은 우리가 어떻게 이 아이와 함께 생활해야 하는지를 알고 싶어하기 때문에 아이를 이해하고자 한다는 것을 보여준다.

문장7은 우리의 이해가 어떻게 아이에 대해 기민하게 행동을 할 가능성을 지향해야 하는가를 보여준다.

아래의 글은 Van Maanen의 실제 적용 예로서 학원에 대한 학생의 체험을 기술한 것이다.

학원에서는 자꾸 부른다. 수업이 없는 평일 저녁에도 공부하러 나오라고 부르고 주말에도 공부하러 나오라고 부른다. 특히 시험을 앞둔 시기에는 특히 더 부른다. 배치고사 때는 그러한 것이 절정이었다. 그런 학원의 부름에 신이 나서 달려가지 않는다. 가기 싫고 쉬고 싶지만 그러면 야단맞거나 싫은 소리를 듣기 때문에 억지로 나간다. 그렇게 자꾸 나가서 공부를 하다 보면 어느새 앉아서 공부하는 습관을 가지게 된다. 그전까지 나는 학교 수업시간이나 학원 수업시간 이외에 별로 공부한다는 생각을 하지 못했다. 특히 집에서 공부를 한다는 생각은 전혀 하지 못했다. 그런데 학원에서 자꾸 불러서 공부시키고 나도 또 학원에 나와서 공부하고 앉아있으니 자연스럽게 시간이 나면 공부를 해야 한다는 생각을 가지게 되었다. 이제는 시간이 남아도 노는 것이 아까워서 학원에 나와서 공부를 한다.

이렇게 이야기하면 공부를 스스로 알아서 해야지 꼭 학원에 가서 그렇게 억지로 시켜야만 공부를 하느냐고 말할 수도 있겠다. 우리 중에도 그렇게 생각하는 애들이 많다. 학교에서 자율학습시키는 것에 대해서도 학생들이 알아서 잘 할 수 있는데 꼭 이렇게까지 억지로 시켜야 하느냐고 불만을 가진다. 그런데 그런 아이들은 대부분 공부에 별 관심이 없는 애들이다. 솔직히 공부를 하려는 애들은 이런 것을 싫어하지 않는다. 오히려 좋아한다. 나도 그렇다. 강제적인 것도 필요하다. 용석이는 학원 들어와서 자습을 처음 해 봤다고 했다. 용석이 말에 따르면 일단 연필을 잡아야 뭐라도 한다는 거다. 그리고 자신에게 연필을 쥐어준 곳은 바로 S학원이라고 했다. 아무리 내가 공부하려는 마음을 먹는다고 해도 공부하는 것은 그렇게 쉽게 되지 않는다. 누군가의 도움이 필요하다. 이렇게 보면 공부하기 싫어하는 애들한테는 강제가 되는 거고 공부하려는 애들한테는 도움이 되는 거다. 스스로 무언가를 하는 것은 어른들도 힘든 걸로 알고 있다. 그런데 우리를 미성년자라면서 이러저러한 것들은 통제하면서 공부는 스스로 알아서 해야 한다고 하는 것은 너무 억지스럽다고 생각한다. 더군다나 나는 미성년자에다 남학생이다. 나에게 스스로 하라고 등을 미는 것은 고양이에게 생선을 지키라는 것과 같다. 그래도 끝까지 나쁘게 보는 사람이 있다면 이렇게 이야기하고 싶다. 나는 억지로 끌려서 공부하는 것이 아니라 나에게 무엇이 필요한지를 알고 스스로 그것을 선택했다고. 강제이면서도 자발적인 것이다.

위의 텍스트로부터 주제를 추출하는 세 가지 방법을 적용해 보면 다음과 같다.

예 전체론적 방법 혹은 경구적 방법

텍스트를 통해 우리는 학생들이 학원에서 자율학습이라 부르는 반강제적인 학습에 대한 학생들의 생각을 알 수 있다. 여기서 우리는 강제적으로 자율학습을 시작하였지만 점차로 그러한 학습이 습관화되어 가는 한 학생을 본다. 이 텍스트 속에서 학생은 자신의 의지부족 상태에 대해 너무 잘 알고 있으며 그렇기 때문에 누군가가 강제적으로 자신을 억제하여 주었으면 하는 희망을 가지고 있다는 것을 알게 된다. 그리고 겉으로 보기에는 억지로 하는 듯한 모습의 학원에서의 자율학습이 실제로는 학생 스스로가 선택한 이름 그대로의 '자율학습'이라는 것을 알게 된다. 여기까지의 통찰을 통해 우리는 다음과 같은 문장의 주제를 만들 수 있다.

"학생들은 자신에게 필요한 것을 잘 알고 있으며 원하는 것을 스스로 선택한다."

예 선택법 혹은 집중 조명법

"그렇게 자꾸 나가서 공부를 하다 보면 어느새 앉아서 공부하는 습관을 가지게 된다."

→ 강제적인 시작이 점차로 습관화된다.

"솔직히 공부를 하려는 애들은 이런 것을 싫어하지 않는다. 오히려 좋아한다. 나도 그렇다. 강제적인 것도 필요하다."

→ 학생은 자신에게 강제적으로 공부를 시키는 행위를 싫어하지 않는다.

"나는 억지로 끌려서 공부하는 것이 아니라 나에게 무엇이 필요한지를 알고 스스로 그것을 선택했다고. 강제이면서도 자발적인 것이다."

→ 학생은 자신에게 필요한 것을 스스로 선택한다.

예 세분법 혹은 추행법

1. 학원에서는 자꾸 부른다. 수업이 없는 평일 저녁에도 공부하러 나오라고 부르고 주말에도 공부하러 나오라고 부른다. 특히 시험을 앞둔 시기에는 특히 더 부른다. 배치고사 때는 그러한 것이 절정이었다.

   → 학원에서의 자율학습이 어떤 식으로 이루어지는지를 보여준다.

2. 그런 학원의 부름에 신이 나서 달려가지 않는다. 가기 싫고 쉬고 싶지만 그러면 야단맞고 싫은 소리를 듣기 때문에 억지로 나간다.

   → 자율학습에 대한 학생들의 표면적인 반응을 보여준다.

3. 그렇게 자꾸 나가서 공부를 하다 보면 어느새 앉아서 공부하는 습관을 가지게 된다. 그전까지 나는 학교 수업시간이나 학원 수업시간 이외에 별로 공부한다는 생각을 하지 못했다. 특히 집에서 공부를 한다는 생각은 전혀 하지 못했다. 그런데 학원에서 자꾸 불러서 공부시키고 나도 또 학원에 나와서 공부하고 앉아있으니 자연스럽게 시간이 나면 공부를 해야 한다는 생각을 가지게 되었다. 이제는 시간이 남아도 노는 것이 아까워서 학원에 나와서 공부를 한다.

   → 학원에서의 자율학습을 통해 변화하는 학생의 모습을 보여준다.

4. 이렇게 이야기하면 공부를 스스로 알아서 해야지 꼭 학원에 가서 그렇게 억

지로 시켜야만 공부를 하느냐고 말할 수도 있겠다. 우리 중에도 그렇게 생각하는 애들이 많다. 학교에서 자율학습시키는 것에 대해서도 학생들이 알아서 잘 할 수 있는데 꼭 이렇게까지 억지로 시켜야 하느냐고 불만을 가진다. 그런데 그런 아이들은 대부분 공부에 별 관심이 없는 애들이다.

→ 스스로 공부하기만을 강요하는 의견에 대한 학생들의 불만을 보여준다.

5. 솔직히 공부를 하려는 애들은 이런 것을 싫어하지 않는다. 오히려 좋아한다. 나도 그렇다. 강제적인 것도 필요하다. 용석이는 학원 들어와서 자습을 처음해 봤다고 했다. 용석이 말에 따르면 일단 연필을 잡아야 뭐라도 한다는 거다. 그리고 자신에게 연필을 쥐어준 곳은 바로 S학원이라고 했다. 아무리 내가 공부하려는 마음을 먹는다고 해도 공부하는 것은 그렇게 쉽게 되지 않는다.

   → 학생은 강제적인 공부가 필요함을 느끼고 있음을 보여준다.

6. 누군가의 도움이 필요하다. 이렇게 보면 공부하기 싫어하는 애들한테는 강제가 되는 거고 공부하려는 애들한테는 도움이 되는 거다.

   → 학생들이 자율학습을 강제로 받아들이는 것에는 차이가 있음을 보여준다.

7. 스스로 무언가를 하는 것은 어른들도 힘든 걸로 알고 있다. 그런데 우리를 미성년자라면서 이러저러한 것들은 통제하면서 공부는 스스로 알아서 해야 한다고 하는 것은 너무 억지스럽다고 생각한다. 더군다나 나는 미성년자에다 남학생이다. 나에게 스스로 하라고 등을 미는 것은 고양이에게 생선을 지키라는 것과 같다.

   → 스스로 공부하는 것의 어려움과 그것을 강조하는 것에 대한 비현실성을 보여준다.

8. 그래도 끝까지 나쁘게 보는 사람이 있다면 이렇게 이야기하고 싶다. 나는 억지로 끌려서 공부하는 것이 아니라 나에게 무엇이 필요한지를 알고 스스로 그것을 선택했다고. 강제이면서도 자발적인 것이다.

   → 자율학습에 참여하는 것이 억지로 하는 것이 아닌 자발적인 선택임을 보여준다.

van Maanen은 주제의 진술에 있어서도 좀 더 '현상학적인 민감성이 돋보이는 주제적 진술을 만들' 것을 추천하고 있다. 앞에서도 언급한 바와 같이 현상학적 글쓰기는 독자의 공감과 깊은 이해를 구해야 한다. 그렇기에 주제의 진술도 딱딱하고 객관적이거나 분석적인 정보를 전달하는 문장이기보다는 좀 더 미적이고 호소적일 필요가 있다. 그는 이러한 주제 기술의 아이디어의 원천으로서 문학 형식의 진술을 추천한다. 시적 표현이나 운율을 살리는 문장들이 그러한 예가 될 수 있을 것이다. 주제를 진술함에 있어서도 현상학적 글쓰기의 목적을 상기할 필요가 있다.

(2) 일화를 통해 주제 드러내기

van Maanen은 현상학적 글쓰기에서 일화나 이야기의 사용을 중요시한다. 우리는 어떠한 것에 대해 이해하고자 할 때 그것에 대한 설명이나 해석을 듣기보다 그것의 예를 확인할 때 그것을 더욱 잘 이해할 수 있다. 예를 들어 '출산' 이라는 체험에 대한 텍스트를 접할 때에도 출산의 고통과 기쁨에 대한 설명보다는 그 장면을 보거나 그러한 고통이나 기쁨을 보여줄 수 있는 사례를 접할 때 그러한 것을 직관적으로 이해하기가 더 쉽다. 현상학적 텍스트가 독자의 깊은 이해와 공감을 불러일으키기 위해서는 이렇게 독자에게 다가설 수 있고 그들의 공감을 불러일으킬 수 있는 예들의 충분한 제시를 통해 현상을 보여주는 것이 필요하다.

van Maanen은 현상학적 글쓰기에 있어 '일화' 가 '구체적' 이며 학자들이 보여주지 못하는 '삶과 이론적 명제' 와의 연관을 보여줄 수 있고 '가르침이나 주장' 을 설명할 수 있으며 '지혜', '통찰', '진리' 를 구체적으로 제시하며 '사례로 남을 수 있는 중요한 자료' 로서의 의미를 갖는다고 말한다. 이러한 일화적인 이야기의 사용은 독자의 '의지적인 관심' 을 끌어내고 '사고' 하게 하고 '감동이나 심적 변화' 를 일으킨다. 현상학적 설명은 '다수의 예들로 이루어진 하나의 예' 이며 바로 이러한 예가 주제와 관련된 일화이다. 현상학적 글쓰기는 주제를 드러내는 예들을 반복적으로 제시함으로써 독자들의 이해와 공감을 이끈다.

그러면 현상학적 텍스트에 나타난 일화들에 대한 구체적인 예들을 살펴보며 현상학적 글쓰기의 삽입된 구조로서 일화의 기술을 살펴보자. 아래의 예는 Schmidt의 새엄마가 되는 경험에 대한 연구 중 일부이다. 이러한 일화를 통해 우리는 새엄마가 된다는 경험 속에 존재하는 아이들과의 갈등, 소외 그리고 친엄마가 아님을 지속적으로 상기시켜 주는 아이들의 존재를 직관적으로 바라보게 된다.

예 Schmidt의 새엄마가 되는 경험에 대한 연구 중 일부

Robert는 종종 내가 그의 엄마가 아니라는 것을 일깨워준다. 나는 그에게 코트를 입히고 가볍게 그를 안는다. "아줌마는 우리 엄마가 아니에요." 나는 Robert의 아버지인 Dennis가 아들이 가장 좋아하는 음식이라고 일러준 스파게티 소스를 만드느라 오후를 보내었다. 저녁을 먹을 때 Robert가 말했다. "우리 엄마

는 이런 음식 안 만들어줬어." 나는 그를 돌봐주고 책을 읽어주겠다고 우겼다. Robert도 찬성했다. 그는 이야기를 좋아한다. 그는 나와 몸이 닿지 않으려고 경직된 채 내 옆에 앉아있었다. Growly Beat를 읽으며 내 목소리가 변할 때마다 그는 킥킥거렸고 나는 용기를 얻었다. 이야기가 끝나갈 무렵에는 그는 내 쪽으로 더욱 다가와 있었다. 그런데 그 순간은 그의 빈정거림으로 무너졌다. "우리 엄마가 훨씬 더 잘 읽어주는데. 나는 엄마가 좋아. 아줌마는 엄마가 아니에요."

내 양아이들과의 관계의 토대를 제공하는 맥락은 단절이다. 아이들과의 친밀함을 보여주는 순간이 우리의 단절을 드러내는 순간이다. 때때로 아침에 Robert와 James는 Dennis와 나의 침대로 기어오를 때가 있다. 그리고 내 기억 속에 그 순간은 우리의 동질감과 결속성이 강렬하게 느껴지는 순간이다. Dennis의 아이들이 같은 행동을 하는 바로 그때 우리 존재의 단절이 드러난다. 아이들은 우리들에게 반갑게 인사한다. "안녕, 아버지, 안녕 베르나 아줌마." 나는 Dennis와 나의 존재를 느낀다. Dennis와 그의 아이들의 존재를 느낀다. Dennis와 그의 과거를 느낀다. 하지만 Dennis와 나, 아이들이 함께인 '우리' 는 없다.

새엄마는 지속적으로 아이들의 뿌리에 관한, 즉 그들의 친엄마가 아니라는 사실을 상기한다. 그리고 친엄마처럼 되기 위해 노력하는 그들의 새엄마에게 그런 사실을 떠올리게 하는 것은 바로 아이들이다. 13살인 David는 그것을 간결하게 보여주었다. 새엄마가 "안녕, 나는 너의 새엄마야."라고 인사하자 David는 간결하게 대답했다. "지옥에나 가버려."

(3) 독자의 공감을 불러일으키는 호소적인 글 쓰기

현상학적 글쓰기의 목적은 정보의 전달이 아닌 독자의 공감을 불러일으키고 독자를 체험에 대한 심도 깊은 이해로 이끌어 독자의 변화를 불러일으키는 것이다. 그렇기 때문에 현상학적 글쓰기는 이성적이고 논리적이기보다는 독자에게 호소할 수 있는 예술적이고 문학적이며 시적인 글쓰기가 되어야 한다. Nicole이 제시하는 다음의 두 글을 살펴보자.

이 장에서는 만성질환을 가진 여성의 음악을 듣는 것에 대한 체험과 생생한 의미를 기술하는 데 초첨을 맞추었다. 이렇게 하는 이유는 독자들을 이러한 방식에 몰입하게 함으로써 그들이 가져본 적이 있거나 상상해 볼 수 있었던 음악을 듣는다는 현상을 그들이 인식하게 하기 위해서이다. 이 연구의 목적은 깊은 이해와 좀 더 의식적인 행동을 촉진하는 것이다.

> 이 장에서 나는 만성질환을 가진 여성이 음악을 듣는 체험에 초점을 맞추어 이를 보여주는 목소리와 침묵으로 이루어진 텍스트를 구성하였다. 내 목표는 당신이 당신의 삶 속의 현상을 듣고 당신이 듣는 것에 몰입하고 당신이 그러한 메아리의 동반자로서 남아 있을 수 있도록 돕는 것이다.

위의 두 가지 텍스트는 동일한 내용을 담고 있지만 서로 다른 글쓰기 방법을 사용하고 있다. 전자의 글쓰기는 분명하고 명확히 정보를 전달하며 간결하다. 반면 후자는 독자로부터 이미지를 상기시키고 강조하며 청각적이다. Nicole은 이러한 후자와 같은 글쓰기를 호소적인 글쓰기로 설명하고 있는데 그녀의 논의에 따르면 호소적인 글쓰기란 다른 양적연구 글쓰기에서 일반적으로 보이는 결과를 통보하는 최종적인 선언과 같은 글쓰기가 아니라 그것에 비해 사려 깊은 텍스트이며 독자에게 어떤 의미를 강요하는 것이 아닌 독자가 의미를 발견할 수 있도록 제안하는 글쓰기이다. 이런 호소적인 텍스트의 언어는 인지적인 측면을 넘어서 독자가 의미를 감각적으로 알 수 있게 도우며 이를 통해 그들을 즉각적이고 직관적인 앎으로 이끈다. 그리고 이러한 호소적인 텍스트의 목적은 독자와 텍스트를 연결하며 그들이 텍스트에 몰입하도록 하여 인간 체험의 깊은 본질을 환기할 수 있게 하는 것이다.

그렇다면 위와 같은 현상학적 텍스트를 구성하기 위한 구체적인 전략은 무엇일까? 이에 대해 van Maanen은 독자의 공감을 불러일으키는 고전적인 현상학적 텍스트들을 검토하여 그 텍스트 속에 공통적으로 드러나는 전략에 대해 논의한 바 있다. 그는 이 과정을 통해 '생활세계와 밀접한 글쓰기', '독자로 하여금 상황을 그려볼 수 있게 하는 글쓰기', '텍스트를 강조하는 글쓰기', '어조', '통찰을 북돋우는 글쓰기'를 그 전략으로 제시하고 있으며 Nicole은 이러한 van Maanen의 논의를 좀 더 구체화시켜 논의하였다. 여기서는 이러한 두 학자의 논의를 살피며 이에 따른 다양한 예들과 함께 현상학적 글쓰기 전략에 대해 좀 더 구체적으로 살펴보기로 하자. 예들은 만성질환에 시달리는 여인들이 음악을 듣는 것에 대한 Nicole의 연구, 강박증을 가진 사람들의 체험에 대한 Haase의 연구와 아이를 낳는 경험에 대한 Bergum의 연구에서 발췌하였다.

첫째, 생활세계와 밀접하게 관련된 글을 써라

현상학적 텍스트는 독자들이 살아가는 생활세계와 밀접한 관련이 있는 글쓰기를 통해 독자가 그 현상에 대한 경험적인 인식이 가능하도록 해야 한다. 그러기 위해서는 현상학적 텍스트 속에 드러나는 체험들이 독자가 살아가는 생활세계 속에서 드러나는 것이어야 한다. 다음의 예를 살펴보자. 이 예는 Linschoten의 불면증에 대한 현상학적 텍스트의 일부이다. 그는 잠드는 것과 불면증이 우리의 생활세계 속에서 일어나는 모습을 구체적으로 보여줌으로써 독자들로 하여금 이러한 구체적인 예와 우리 삶 속의 모습과의 연관성을 발견하게 한다. 이러한 생활세계 속의 구체적인 묘사는 독자를 생활세계 중심에 위치시킴으로써 우리 삶 속의 '잠들기'와의 관련성을 일깨우고 현상학적인 주의를 불러일으킨다.

예 Linschoten의 불면증에 대한 현상학적 텍스트의 일부

> 나는 어떻게 잠이 드는지를 알고 싶다.
> 몇 번이고 나는 나 자신을 베개로 짓누른다.
> 그리고 생각한다. "이제 집중해야겠어."
> 하지만 내가 그것에 대해 살펴보기 전에
> 벌써 아침이 되었다.
> 그러고는 나는 다시 한 번 깨어난다.
>
> 우리 모두는 잠을 자기 위해 모든 노력을 기울였지만 잠들지 못했던 그러한 날들에 대한 기억을 가지고 있다. 대조적으로 우리가 노력하면 할수록, 우리는 점점 또렷해졌다. 불면증은 우리의 침대로 뛰어 들어온다. 자세를 계속 바꾸고, 크게 숨쉬고, 눈을 질끈 감고, 건넌방의 재깍이는 시계소리를 멈추게 하고, 심장의 소리를 들으며 우리가 알고 있는 모든 방법을 동원해도 잠들 수 없다. 그리고 그렇게 무방비 상태로 남겨진 그 순간 우리는 잠이 든다.

Nicol은 이러한 구체적인 묘사는 일상속에서의 현상을 독자들이 분명하고 밀접하게 느낄 수 있게 하고 독자가 연구된 현상을 자기 자신의 경험으로 인식할 수 있게 돕는다고 말하며 이를 위한 구체적인 전략으로 따옴표를 사용하여 연구 참여자나 다른 이들의 진술을 그대로 전달하는 방법을 제안하고 있다. 다음은 만성질환을 가진 여성들의 음악을 듣는 것에 대한 경험을 보여주는 Nicole의 연구 중 일부이다. 우리는 아래의 예를 통해 단지 정보만을 전달받는 것이 아니라 음악을 감상하는 체험에 대한 행동적이며 감정적인 요소를 포함하는 묘사를 직접적으로 확인할 수 있다.

예 Nicole의 만성질환 여성들의 음악 감상 경험에 대한 연구

> Iris는 말했다. "돌아가면 말할 게요. 우리가 라디오를 듣고 나면, 같이 내 것을 들어요. 그렇게 하는 게 참 좋은 것 같아요. 내 말뜻은 우리가 취향이 같다는 거에요. 때로는 좀 웃기기도 해요. 왜냐하면 우리가 같은 테이프를 선택하기 때문

이지요. 그녀가 '이거 들어보자.' 라고 하면 제가 '나도 그렇게 말하려고 했는데.' 라고 말해요. 그래서 그런 게 정말 좋은 것 같아요. 왜냐하면 우리의 삶은 밀착되어 있고 너무나 비슷하기 때문이지요."

다른 예를 좀 더 살펴보자. 다음은 Dobson의 이메일 사용에 대한 연구 중 일부이다. Dobson의 글 또한 따옴표를 이용해서 내용을 그대로 전달하거나 그러한 경험에 대해 구체적으로 묘사함으로써 독자들이 더욱 쉽게 텍스트로 몰입할 수 있게 돕는다.

예 Dobson의 '전자 메일로 연락하고 지내기'

그들은 알 수 없는 입력가가 되어 타이핑으로 응답한다.

"brb phone don' t go I mean it blade don' t go"

"c-ya later"

"im back my bird is sitting on my shoulder"

위의 대화에서 이메일의 관용구는 언어가 최소한으로 되어 있다. 글쓴이는 구두점을 사용하지 않고, 대문자가 없고, 한두 음절의 몇 단어를 사용하고 있다. 그들이 답변을 계속할 수 있도록 하고 머리글자를 사용한다. brb는 be right back이다. 따라서 위의 말은 다음과 같이 번역할 수 있다.

"곧 돌아올게 내가 전화를 받을 수 있다. 가지 마라. 내 말은 블레이드 가지 마!"

작가는 또한 이모티콘으로 감정이나 느낌 같은 것을 표현하는데 '행복한:~)' , '아이러니 ;~)' 와 같은 것이다. 이런 방법으로 글쓰기 상황에서 지루한 감정을 없앤다. 패트와 같은 대학 연구자는 이를 인용하였는데 몇 명의 학생들은 이러한 약식언어를 사용하는 사람들을 괴짜들이라고 언급한다. "이것은 말하는 것과 같다." 라고 이야기하고 "당신은 정말 열중하는 것 같아 보인다. 시간이 정말 빨리 가지만 당신은 그것을 깨닫지 못하고 있다." 라고 말했다. 다른 의견으로는 "전자 메일은 냉동된 전화로 대화하는 것 같다." 같은 것이 있었다.

레오의 예를 들어보자. 그는 만난 적이 없는 동료에게 사적인 편지를 보내게 될 때 자신이 어색하게 느껴지는 것을 관찰할 수 있다. 하지만 이메일은 편안하게 보낸다. 어떻게 이메일이 우리에게 '편안한' 감정을 느끼게 해준다고 생각하는가? 1999년에 컴퓨터를 사용하기 시작한 72세의 켄에게서 한 가지 힌트를 얻을 수 있다.

"내가 편지를 쓸 때는 페이지를 빠진 곳 없이 가득 채웠어요. 페이지를 비워두는 것은 어떤 죄를 짓는 기분이었고 때로는 그 빈 공간을 채울 때 긴장감이 들기도 했지요. 아니면 두 번째 시트로 넘어가는 것을 방지하기 위해 여백에 라인을 남겼어요. 두 번째 시트를 시작하였다면 나는 이에 맞게 충분히 글을 넣어 빠진 곳이 없도록 하였어요. 나는 더 이상 이런 제약을 받지 않아요. 이메일은 완벽히 짧은 메모 같은 것이에요. 사실 나는 이것이 더 낫다고 봐요."

강박증과 함께하는 삶에 대한 Haase의 글에서도 위와 같은 점을 어렵지 않게 느낄 수 있다.

예 Haase의 '강박증과 함께 살기'

자신들이 미쳐간다는 느낌을 받은 사람들은 그들의 문제가 이름 지어질 때 안도의 기분을 느낀다.

"갑자기 모든 것이 설명될 때가 있어요. 나는 나 자신을 비난하지요."

"OCD의 진단으로 인해서 내가 놀랄 만큼 바뀔 때가 있었어요. 나는 나 자신을 다시 바라보기 시작했어요."

"나는 막 나의 강박증을 깨고 눈물을 흘렸어요."

"나는 처음으로 희망적임을 느꼈어요."

증상을 이름과 함께 확인하는 것은 지적으로 치료되는 경험과 같다. 갑자기 불확실의 세계에서 확실함의 세계로 들어오는 것이다. 진단은 아마 두려움과 의심을 걷어낼 것이다. 하지만 그것은 일차적인 것이고 아직 다른 단계가 남아있다.

브렌다는 수년 동안 운전을 해 왔다. 이제, 그녀는 좀 더 강박적인 행동을 보여준다. 최근에 이러한 행동은 더 심해졌고, 심각한 영향을 가져왔다.

"나는 오른쪽을 보고 하나, 둘, 셋 셉니다. 그리고 왼쪽을 보고 하나, 둘, 셋 셉니다. 나는 똑바로 세어야만 합니다. 좋아요. 오늘은 차고를 나오면서 어떠한 문제도 없었습니다. 나는 도로로 차를 몰면서 학교를 향해 갑니다. 도로 옆에 저건 뭐지? 저것을 내가 차로 치었나? 나는 차를 멈춥니다. 내 심장은 쿵쾅거립니다. 나는 차를 빙글빙글 둘러봅니다. 어디에도 시체의 흔적은 없습니다. 아마 시체가 차 밑에 있을 거야. 나는 무릎을 꿇고 하나, 둘, 셋 하며 오른쪽을 보고, 하나, 둘, 셋 하며 왼쪽을 봅니다. 내가 잘 세었나? 나는 의식을 한 번 더 합니다. 좋아. 나는 시체를 보지 못했습니다. 나는 차로 돌아가서 다시 운전합니다. 나는 매우 조심하면서 횡단보도를 봅니다. 나는 공포의 쿵 소리를 듣습니다. 나는 그것이 과속방지턱에서 나는 소리인 것을 압니다. 하지만 만일 내가 학생을 친 것이라면? 나는 그것을 확인하려 합니다. 나는 멈춰서 내립니다. 나는 차를

> 한 바퀴 돕니다. 아이는 가까스로 기어가서 운동장에 있을 거야. 나는 운동장에서 시체의 흔적을 찾아봅니다. 하지만 아무것도 발견되지 않습니다. 나는 차로 돌아와서 집으로 갑니다. 나는 오늘 가게에 가지 못했습니다. 가게에는 내일 가야겠습니다. 하루종일 죄책감과 공포의 느낌이 나를 사로잡았습니다. 나는 또 기도하고 기도합니다. 운전은 나에게 지옥 같은 것입니다."

둘째, 독자가 환기할 수 있는 텍스트를 구성하라

현상학적 텍스트는 체험을 독자들이 환기할 수 있게 해야 한다. 다시 말해, 현상학적 텍스트는 다양한 방법을 통해 체험을 현장감 있게 전달함으로써 독자로 하여금 그러한 체험에 대해 성찰할 수 있도록 해야 한다. 다양하고 감각적인 표현, 구체적인 묘사가 이를 위한 방법으로 사용될 수 있다. 이러한 방법은 체험을 실체화시키고 체험과 독자 사이의 거리감을 줄여주어 독자에게 그 체험을 환기시킨다. 그러한 예를 살펴보자. 다음은 Albert Camus의 『The Guest』의 한 부분이다. 이 글의 Daru는 죄수를 이웃마을까지 호송하는 임무를 맡고 그와 하룻밤을 같이 보내게 된다.

예 Camus의 'The Guest'

> 한밤이다. Daru는 아직 잠들지 못했다. 그는 나체로 잠자리에 들었다. 그는 보통 나체로 잠자리에 든다. 그런데 그때 그는 갑자기 자신이 아무것도 입지 않았다는 것을 깨닫게 되었다. 그는 수치스러움을 느꼈고 옷을 입고 다시 잠자리에 들고 싶은 마음이 생겼다. 그는 어깨를 한번 으쓱거렸다. 그는 어린아이가 아니다. 그리고 만약 그렇게 한다면 그는 자신의 적을 새벽 2시에 깨울 수도 있다.

그러다가 Daru는 자신이 호송하는 죄수가 자는 척하는 것이라는 느낌을 받는다. 그러면서 자신이 책상위에 놓아둔 권총을 떠올리게 되고 예민해지고 잠들 수 없게 된다. 이제 그는 가만히 누워서 그 죄수가 어떻게 하는지 관찰할 수밖에 없다.

> Daru는 움직이지 않았다. "그가 도망가고 있어." 그는 생각했다. "잘됐군. 성가신 일이 사라지겠는데." 그러곤 주의 깊게 귀를 귀울였다. 암탉이 우는 소리가 들리지 않았다. 죄수가 아직 문 아래로 내려가지 않았음이 분명하다. 희미한 물소리가 들렸다. 그리고 그는 죄수가 그때까지 문틀에 서 있는지, 조심스럽게 문을 닫았는지, 소리없이 자신의 침대로 돌아왔는지 알 수 없었다. Daru는 죄수에게서 등을 돌리고는 잠이 들었다. 얼마 후 그는 깊이 잠든 상태로 학교건물 주위의 수상한 발소리를 들은 것 같았다. "이건 꿈이야! 이건 꿈이야!" 그는 혼자 중얼거리며 잠들었다.

Camus는 독자에게 이러한 힘겨운 상황에서의 잠들기의 예를 생동감 있게 전해줌으로써 독자들로 하여금 그러한 경험을 환기하고 인지적 측면에서 '알게 되는' 것과 동시에 비인지적 측면에서 그러한 경험을 '느끼게' 해준다.

Nicole은 이러한 생동감 있는 텍스트는 생생하고 연상적인 단어를 사용하여 현상을 밝힘으로써 획득될 수 있다고 설명한다. 그녀에 따르면 이러한 생동감 있는 글쓰기는 독자의 체험을 환기시키고 자신을 돌아보며 성찰하도록 유도한다. 생동감 있는 글쓰기의 예들을 살펴보자. 아래의 예는 자발적이고 무의식중에 육체로부터 흘러나오는 눈물에 대한 진술이다. 이러한 경험에 대한 생동감 있는 묘사를 통해 독자는 음악과 흐르는 눈물과의 관계를 생생하게 느낄 수 있다.

예 Nicole의 연구

한 여성은 "매우 짜증 나는 주말을 보낸 우울한 저녁이었어요. 나는 TV에서 방영되는 'Let' s Sing Again' 을 틀었어요. 나는 내 영혼을 회복했어요. 나는 울었고, 기분이 좋아졌어요."라고 말했다.

다른 예를 더 살펴보자. 아래의 Dobson의 글은 독자로 하여금 장면을 상상하게 하고 그려보게 함으로써 독자가 그 상황을 환기할 수 있는 기회를 준다.

예 Dobson의 '전자 메일로 연락하고 지내기'

나는 그녀의 사무실이 크고 오래된 석조 건물로 되어 있고 납땜 유리로 되어 있다는 것을 알고 있다. 컴퓨터 근처의 창문은 납땜 유리 패널로 되어 있다. 나는 나의 친구가 그녀에게 쓰는 이메일을 모두 그 장소에서 쓴다는 것을 알고 있다. 내가 늦게까지 일을 할 때면 그녀를 통해서 메시지가 온다.(나는 도착한 이메일을 즉시 확인할 수 있도록 이메일 프로그램을 전면에 위치시킨다. 나는 강렬하게 그녀 사무실이라는 공간을 느낀다. 나는 그녀가 최근에 자기 책상에 앉아있었다는 것을 알고 있다. 그 시간의 차이를 계산하여 빛이 납땜 유리 패널에 비치는 모습을 상상해 본다. 나는 그녀의 메시지가 가장 최근의 그녀의 모습을 반영한다는 것을 알고 있고 그녀가 설명하는 순간의 소리와 모습을 묘사한다고 느낀다. 나는 종종 하루가 지나기 전에 서둘러 그녀에게 답신을 보내려고 한다.

셋째, 의미를 강조할 수 있는 적절한 강조의 기법을 사용하라

현상학적 글쓰기를 함에 있어서 의미의 가치에 따라 강조의 기법이 필요하다. 이러한 강조는 현상학적 의미가 텍스트 속에 더욱 강력하게 삽입될 수 있도록 만든다. 다시 말해, 특정한 의미를 가진 현상을 단조롭고 무의미하게 표현하기보다는 강조의 기법을 사용함으로써 그 현상의 의미를 더욱 각인시키고 텍스트 속에서 그 의미를 더욱더 잘 드러나게 만드는 것이다. 이러한 강조의 기법은 문학이나 시의 창작 기법에서 빌려올 수 있다. 두음법이나 운율을 살리는 표현, 반복, 다양한 심상(image)의 표현, 공감각적 표현이 사용될 수 있다. 예를 살펴보자. 다음의 예에서 Linschoten은 잠들기 위해 필요로 하는 '적막(silence)' 에 대해 이야기하고 있다. 그는 이 글에서 두 가지 적막에 대해 이야기하고 있으며 특히 의미 없는 적막을 강조하여 '고요한 적막(stilling silenc)' 이라 표현하고 있다. 이는 두음법(같은 음의 두음을 반복 사용하는 기법)을 사용하여 단순한 적막에 대비한 '고요한 적막' 의 의미를 강조하고 있는 것이다.

예 Linschoten의 불면증에 대한 현상학적 텍스트

잠들기 위해 우리가 필요로 하는 적막은 단순한 소음의 부재상태가 아니다. 그것은 의미 없는 적막, 고요한 적막(stilling silence)이다. 시계의 째깍임, 지루한 연설, 침대의 삐걱거림, 자동차나 전차의 소음, 심지어 주변의 대화 소리도 그것이 의미 없거나 가치 없는 것이라면 우리의 수면을 방해하지 못한다. 그러나 옆방에서 들리는 낮고 부드러운 대화나 지붕틈에서 떨어져 놀래키는 물방울 소리, 혹은 배우자의 고르지 못한 숨소리는 당신을 잠들지 못하게 한다. 왜냐하면 그런 것들은 우리에게 말을 걸고 우리는 그러한 그들의 호소에 대답을 해야 하기 때문이다.

이러한 강조의 기법으로 사용할 수 있는 또 다른 방법은 은유를 사용하는 것이다. 은유는 낯선 현상을 독자에게 친숙한 감각을 통해 전달하거나 독자의 감정적인 공감을 불러일으킴으로써 독자들이 현상에 더욱 공감할 수 있도록 도와준다. Nicole의 예를 살펴보자. 다음의 글에서 Nicole은 시적 반복과 은유를 통해 의미를 강조하고 있다. '포화' 라는 단어의 반복적 사용과 설명, 그리고 음악을 만족할 때까지 듣는 것에 '포화' 의 은유를 사용함으로써 그러한 경험의 의미를 강조하는 것이다.

예 Nicole의 연구

Jean은 자신이 '포화(statured)' 되었다고 느낄 때까지 Warner의 'Tristan und Isolde' 에 빠져들었다. 포화는 '또 다른 물질의 극대화된 양으로 결집됨' 을 의미하며 '가득 찬', '만족' 을 의미하는 'Satur' 에서 파생되었다. 음악을 포화되게 듣는다는 것은 무엇일까? 음악으로 가득 차는 것? 욕망이 멈출 때까지 듣는 것? 그녀는 답이 없었다. 그들은 원하는 것을 인식하였고 그것을 만족시킬 수

있었다. 그들은 그랬다. 그들의 육체적인 배고픔과 음악의 유혹은 때때로 가라앉았고 새로운 음악적 욕망과 허기가 그 자리를 대신했다. Former는 CD진열장을 모으는 것을 좋아했고 좋아하는 것에 대한 향수를 가졌다. 왜냐하면 변화하는 인간관계와는 달리 음악은 친근하게 머물러 있으며 아무것도 요구하지 않기 때문이다. 음악은 지속적이며 꾸준하고 안정적인 동반자이다. 특히 이러한 가치는 지속적이고 파괴적이며 예측할 수 없는 만성질환을 가진 현실 속에 처한 여성에 의해 부여되었다.

다른 예들을 살펴보자. Dobson은 다음의 글에서 '개인적' 인 것의 의미를 반복하여 설명하고 '공간' 의 은유를 사용하여 텍스트를 강조하고 있다.

예 Dobson의 '전자 메일로 연락하고 지내기'

보다 개인적으로 생각해 보면 '자신의' 라는 사전적 의미는 개인적인 것이 되는 것이다. 그러나 개인적인(personal)이라는 용어는 신체적 의미와 정신적 의미 모두에서 개인 정보의 개념을 같이 가져온다.(우리가 여행할 때를 예를 들면 우리는 '사유물' 을 가져간다. 이런 물건은 우리 몸을 보호한다.) 개인적인 글쓰기나 읽기를 하게 되면, 우리는 개인의 영역에서 육체적/정신적 부분을 관련지어야 하는 문제가 있다. 심지어 시끄러운 장소에 있다 하더라도, 공공의 장소에서 글을 읽고 쓰는 활동에서 개인적인 공간으로 들어가게 된다.

또한 다음의 예에서 Bergum은 파도의 은유를 사용하여 고통을 표현함으로써 텍스트를 강조하고 독자가 고통에 대한 심상적 감각을 가질 수 있게 도와줌으로써 독자의 깊은 이해에 호소하고 있다.

예 Bergum의 '출산의 고통'

'birth' 라는 단어의 어원을 조금 더 탐구해 본다면 '아이를 낳는다는 것' 은 물결, 큰 파도 혹은 뚫는다는 뜻을 가진 'bara' (오래된 스칸디나비아어)라는 단어에 뿌리를 두고 있다는 것을 알 수 있다. 'bore' 는 좁은 만에서 조수의 역류로 혹은 조수의 흐름이 충돌함으로 인해 발생하는 높고 위험한 파도를 의미한다. "파도는 종종 출산의 수축(산통)을 묘사하기 위한 은유로 사용된다." 조수와 함께 흘러 들어오는 각각의 파도처럼, 아기는 수축기의 파도에 의해 어머니의 두 팔로 인도된다. 하지만 이 파도 같은 것은 더 커진다. 바다의 파도만큼 우리는 출산의 고통의 파도를 맞을 수도 있다. 우리가 올라타는 고통에 의해, 고통에 붙잡히고 그것을 견디어 냄으로써, 혹은 우리를 오직 다시 바다로 끌어당기기 위해 우리는 해변으로 내던지는 고통의 힘에 의해 압도됨으로써 이루어진다. 조수 흐름의 충돌과 같은 출산의 수축은 아기가 출산로의 좁은 하류를 내려오는 과정에서 가장 고통스러운 시점이다. 파도의 은유는 우리에게 고통의 가고 오는 것에 대해 이야기해 준다. 고통이 극심해지다가 절정에 이르고 잦아들고 다음에 다가올 고통의 파도를 대비하기 위한 힘을 모아야 하는 순간.

넷째, 적절한 어조를 사용하여 독자를 텍스트로 끌어들이는 글을 써라

현상학적 텍스트에서의 어조는 다른 양적연구 보고서의 그것과는 달라야 한다. 어조란 텍스트가 독자에게 말을 하는 방식이다. 특정한 정보를 객관적으로 전달하려 하는 양적연구의 텍스트와 달리 현상학적 텍스트는 독자에게 다가가 그들의 공감을 불러일으키고 그들의 통찰을 이끌어 냄으로써 가져올 수 있는 변화를 추구한다. 그러기 위해 현상학적 텍스트는 독자들의 공감을 이끌어 낼 수 있는 방식으로 말을 걸어야 하고 이를 통해 말하고자 하는 깊은 의미를 독자가 머리가 아닌 가슴으로 받아들일 수 있도록 해야 한다. 독자에게 개인적으로 말을 거는 듯한 어조를 사용하거나 독자에게 질문을 던지는 방법은 이러한 어조를 가능하게 하는 방법이 될 수 있다. 그리고 이러한 어조는 독자들이 글 속으로 스며들 수 있도록 돕는다. 다음은 Linschoten이 인용한 Merleau-Ponty의 글이다. 이 글에서 우리는 우리가 탐구하는 경험에 대한 이해를 감각적으로 느낄 수 있게 만드는 현상학적인 어조를 확인할 수 있다. 현상학적 텍스트 속의 정보들은 현상학적 텍스트의 적합한 어조들과 함께 병행할 때 비로소 그 의미가 완전히 전달될 수 있다.

예 Linschoten이 인용한 Merleau-Ponty의 글

나는 무릎을 웅크린 채 왼편으로 침대에 누웠다. 나는 눈을 감고 천천히 숨을 쉬며 나의 계획들을 내 머릿속에서 밀어내고 있었다. 하지만 내 의지나 의식의 힘은 거기까지였다. 디오니소스 신화에 등장하는 신실한 신도처럼 신에게 기도했다. 나는 잠들었을 때의 숨소리나 자세를 흉내 내며 잠의 방문을 고대하고 있었다. … 드디어 잠이 다가왔다. 내가 잠에게 그것 자체에 대한 이러한 흉내를 제공하는 동안 그것이 다가왔다. 그리고 나는 내가 그렇게 되고자 노력했던 바로 그 상태가 될 수 있었다. 볼 수도 생각할 수도 없는 상태, 공간과 세계 속의 어느 한 지점에 고정된 상태.

Dobson은 독자에게 일대일로 말을 거는 듯한 어조를 통해 독자를 텍스트로 끌어들이고 있다.

예 Dobson의 '전자 메일로 연락하고 지내기'

> 나는 여행의 마지막에 나 자신에게 물어보았다. 전자 메일을 통한 나의 글을 쓰는 대화의 패턴이 변화된 점은 무엇인가? 몇 년간의 여행기간 동안 가족과 친구들과 한 개인적인 서신속에서 무엇이 최소한으로 유지되었는지, 많은 사람들과 여러 달 동안 연락을 유지하면서 교감을 했는지 말이다.
>
> 집으로 돌아가기 전에 나는 메일의 모든 임시저장 폴더를 삭제하려고 하였지만 망설여졌다. 이러한 커뮤니케이션 기록을 저장할 것인가? 이런 방법으로 편지를 던져버릴 것인가? 처음에 나는 모든 것을 하드디스크에 저장하기로 했지만 결국은 이런 규칙을 위반했다. 나는 일부를 인쇄했고 비즈니스와 개인적인 부분으로 그것들을 정리하였고 밝은 파란색의 폴더로 그것들을 오려붙였다. 이런 것들은 나의 여행에 대한 흥미로운 기록이 될 것으로 생각되어 안심이 되었다.

다음의 Haase의 글 또한 마치 독자에게 다가가 개인적으로 이야기하듯이 어조를 구성하여 저자와 독자 사이에 대화의 관계를 형성한다.

예 Haase의 '강박증과 함께 살기'

> 몇몇 강박증을 경험하지 않는 사람이 있을까? 모든 아이들은 '엄마가 등을 다치지 않게 하기 위해서' 길가의 위험한 곳을 피하려고 뛰어넘을 것이다. 또는 우리는 사다리 아래로 지나가는 대신 다른 길로 적절하게 건너갈 것이다. 만일 우리가 그 위험한 곳을 건든다면 무슨 일이 일어날까? 학교에서 돌아온 후 집에 오자마자 엄마가 등을 다치셔서 병원에 가신 것을 알았다면? 사다리 밑을 지나갔더니 정말 나쁜 일이 생겼다면? 아마 누군가 이런 질문을 했다면 우리는 웃거나 조금 당황할 것이다. 우리는 아직 이러한 이야기를 정말로 믿지는 않는다.

다섯째, 독자의 통찰을 일으킬 수 있게 글을 써라

현상학적 텍스트는 독자를 변화시킬 수 있는 힘을 가져야 한다. 이를 위한 현상학적 텍스트는 심도 깊은 의미를 통해 독자에게 변화를 호소해야 한다. 통찰이란 바로 그러한 변화를 독자들에게 불러일으키는 것이며 현상학적 텍스트는 이러한 통찰을 독자에게 제시할 수 있어야 한다. 이러한 통찰은 너무나 강력하고 충격적인 것이어서 독자들을 내면 깊은 곳에서부터 흔든다. 이것은 글의 한 부분에서 드러나는 것이 아니다. 글 전체를 통해 독자의 통찰을 도모하도록 해야 한다. 예를 살펴보

자. 다음에서 Linschoten이 Proust의 글을 인용하여 잠들지 못하는 것에 대한 통찰을 제시하고 있다.

> 나는 엄마를 보기 전까지 잠들 수 있는 가능성으로부터 나 자신을 떼어놓았다. 나는 잠자코 나 자신의 불운을 받아들여야 한다고 생각했고 이로 인해 내 심장은 점점 고통스럽게 뛰기 시작했다. 그러다 갑자기 모든 걱정이 고요해졌다. 강력한 약물이 효과를 내기 시작했을 때 고통이 사라지고 내 안에서 강력한 행복의 감정이 일어났다. 나는 엄마를 보지 않았음에도 잠들려는 시도를 하지 않겠다는 결심이 사라지는 것을 발견했다.
>
> 이 글에서 어린 Proust는 어머니가 그를 보러 오기를 간절히 원했기에 잠들 수 없었다. 그는 잠자기를 원했지만 잠들 수 없었다. 불면증처럼 그는 그 자신의 세계를 떠날 수 없었다. 어쩌면 엄마의 부재는 Proust의 불안의 감정을 재현했을 수도 있다. 그는 깨어있는 것에서 도망치기 위해 잠들기를 원했지만 그러한 욕망은 그를 깨어있게 했다. 어떤 것에 대해 반성한다는 것은 세계와의 대화에 몰두한다는 것과 같은 것이다. 반성하는 자는 잠들 수 없다.

다음의 예에서 Nicole은 만성질환을 겪고 있는 여성들에게 음악을 듣는다는 체험이 무엇을 의미하는지에 대한 통찰을 독자에게 전해준다.

예 Nicole의 연구

> 일찍이, 나는 여성들이 듣는 것이 무엇인지 그녀들의 귓가에 울리는 소리없는 소리가 무엇인지 궁금했다. 지금의 나는 그들이 그들에게 들리는 것과 가능성을 듣는다고 생각한다. 음악은 상호작용의 장과 초대의 확장을 가져온다. 여성은 어떤 '주어진 것' 이 그곳에 있는지 알기 위해 듣는다. 그러곤 그것을 받아들일지 말지를 결정한다. 음악은 보여지는 것이다. 어쩌면 음악이 그들을 보는 것일 수도 있다. 그들의 길고 지속적인 관계와 연관 때문에 그 상호작용의 시작과 끝을 떼어놓기란 힘들기 때문이다. 분명한 것은 이 연구 속의 여인들은 그들 일생에 걸쳐 음악의 동반자로 삼고 있고 병마의 동반자로 함께 살아오기 시작한 것은 최근의 일이라는 것이다. 병마는 음악을 현전하게 하고 초대하게 하고 그것을 더욱 잘 들리게 함으로써 그들과 음악과의 관계를 변화시켰다. 그리고 음악은 병마의 불협화음을 잘 울리게 하고 심지어 그것을 허용함으로써 그녀들과 병마와의 관계를 바꾸었다. 그리고 지금 그들은 음악과 병마의 동반자로 살고 있다.

다음 예에서 Dobson은 이메일로 편지를 주고받는 것에 대한 통찰을 보여준다.

예 Dobson의 '전자 메일로 연락하고 지내기'

아직 기술이 변하고 있고 typewriting, keyboarding, word processing 같은 새로운 단어들이 등장한다. 우리의 도구가 보다 정교하게 성장함에 따라 어떤 면에서는 손이 있음에도 불구하고 손의 도움이 완전히 없어지는데 이는 타자를 치는 활동을 통해서이다. 결국 쓰기라는 용어 자체가 없어진다. 우리는 이제 키보드라고 한다.

하지만 이러한 도구의 사용에 초점을 맞추는 변화는 작가를 중요하지 않게 생각하는 것보다는 낫다고 할 수 있다. 우리는 쉽게 '펜'으로 편지를 쓸 수도 있다. 그리고 아직 우리는 다양한 글쓰기 공간들에 관련을 짓고 있는지 다양하게 고려한다. 우리가 손으로 글을 작성하게 되면 우리의 몸은 완전히 그 과정에 참여한다. 우리는 종이 인쇄물의 표면에 우리의 펜으로 작성할 뿐만 아니라 우리의 손, 향기, 땀과 채취 같은 것과 함께한다. 작성을 완료하게 되면 편지를 접어 봉투에 넣어 비밀리에 감추고 우리가 쓴 그대로 놓게 된다. 결국 혀를 이용해 침을 묻혀 봉투에 우표를 붙인다. 우리가 이와 같은 방법으로 작성하여 편지를 보낼 때 우리의 개인적인 서명을 남긴다. 이런 구체적인 방법은 손으로 쓰는 의사소통 과정의 독특한 부분이다. 우리가 작성한 편지를 보낼 때 우리는 그것을 신뢰하고, 편지가 목적지에 도착했을 때, 우리의 친구나 연인은 같은 페이지를 보고 만지게 되고, 얼마 되지 않아 우리의 공간을 채우게 된다. 손으로 쓴 편지는 결과적으로 기념품이 될 수 있다. 그들이 집에 보관되어 있던 것을 발견할 때 소중함을 느끼게 될 것이다. 서신이 우리를 구분하는 거리가 있음에도 불구하고 매우 확실한 의미에서 '촉감으로' 남아 있다.

반대로 연구실에 있던 학생들의 신체적인 태도에 대해서 가장 분명한 점은 그들이 글쓰기 공간에서 자신을 멀리 떨어지게 한 점이다. 필요에 의해서 화면 앞에 앉아 있고, 결코 건드리지 않고, 그들의 몸은 키보드와 일정한 거리와 각도를 유지한다. 심지어 그들은 노트북을 사용하거나 다른 손을 이용한다. 글의 표현을 위해 전자장치를 이용하는 것이 허용되고, 숙소에 있던 작가들이 그랬던 것처럼 그들은 자신의 글을 스스로 포장하는 것이 어렵다. 한 학생은 컴퓨터 화면에 자신의 글이 소원해지는 기분을 적었다. "당신이 몇 시간동안 책을 읽었다면 책은 당신의 무기를 확장시켜 줄 것이다. 그러나 컴퓨터는 독립된 각각의 개체의 일종이다; 이것은 당신에게서 텍스트를 교묘하게 획득한 것과 같은 경우이다." 그의 관찰은 중요한 열쇠이다. 그것은 컴퓨터가 텍스트를 가지고

> 있다는 점이다. 우리는 전기적으로 편지를 보낼 때 물리적으로 만질 수 없다. 그리고 우리는 다시 이메일의 역설적인 측면에 직면하게 된다. 우리에게 '연락을 유지하는 것'은 시간적, 지적인 의미가 따라오고, 그것은 동시에 우리의 서신과 글쓰기를 포함하여 물질적인 감각을 벗어나게 한다.

2. 현상학적 글쓰기의 대표 작품

van Maanen은 현상학적 탐구 속에서의 현상학적 글쓰기의 중요성을 강조하면서도 현상학적 글쓰기를 정확이 어떤 것이라 규정하기 힘듦을 언급한다. 그럼에도 불구하고 그는 현상학적 글쓰기가 갖추어야 할 철학적인 요소로서 여섯 가지를 언급하고 있는데 그것은 끌어들이기(drawing), 들어가기(entering), 응시하기(gazing), 찾기(seeking), 접촉하기(touching), 가로지르기(Travering)이다.

현상학적 글쓰기에 있어서 '끌어들이기'란 의미를 텍스트 안으로 끌어들여 그 의미를 되살리고 동시에 저자와 독자를 텍스트 속으로 끌어들이는 것을 말한다. 글을 쓴다는 것은 단어들이 열어주는 텍스트의 공간에 '들어가는' 것이며 이런 측면에서 보면 글을 쓴다는 것과 글을 읽는다는 것은 글 속으로 들어간다는 측면에서 동일한 경험이다. 현상학적 글쓰기는 통찰력 있는 '응시'에 이르는 것을 목적으로 하며 현상학자는 의미를 '찾아' 다녀야 한다. 저자이자 연구자는 현상학적 응시와의 '접촉'으로 우리를 이끄는 현상학적인 텍스트를 구성해야 하며 글쓰기는 텍스트의 공간을 '가로지르는' 것이다.

현상학적 글쓰기의 이러한 요건들을 하나의 구체적인 사례들을 통해서 선명하게 보여준다는 것은 무척 어려운 일이다. 다만 여기서는 현상학적 글쓰기의 이러한 요소들이 스며 들어있는 글쓰기 결과물을 제시하여 현상학적 글쓰기를 하려 하는 연구자들이 위의 요소들을 확인할 수 있게 돕는 것으로 글을 마무리하려 한다.

아래의 글은 혼자 있는 경험에 대한 Kirova와 출산에 대한 Bergum의 연구이다. Kirova의 연구를 현상학적 글쓰기 예로 선정한 이유는 아이가 혼자 남겨지는 것에 대한 경험을 자신의 유년기의 경험을 통해 탁월하게 나타내고 있기 때문이다. 특히 이 연구에서 저자는 아이들이 일상속에서 외로움을 느끼는 경험을 매우 특별하게 소개하고 있는데 우리 연구자들에게 주는 시사점이 크다. 특히 독자와 일대일로 대화를 하는 듯한 어조를 전체적으로 사용함으로써 독자를 텍스트로 이끄는 힘이 뛰어나다. 다음으로 나오는 글은 출산 경험에 대한 Bergum의 글이다. Bergum은 이 작품을 통해 여성의 출산의 경험을 고통이라는 주제를 중심으로 드러내고 있으며 특히 고통이라는 주제를 드러내기 위한 현상학적 글쓰기 전략이 탁월하다. 이 연구에서 저자는 평범해 보이지만 실제로 대다수의 사람들이 경험해 보지 못하는 출산과 그 고통이라는 체험을 현상학적 묘사를 통해 탁월하게 드러내고 있다. 여기서는 이 두 현상학적 연구논문의 전체 내용 중 현상학적 묘사가 탁월한 부분을 중심으로 하여 글의 흐름과 주제를 파악할 수 있도록 내용을 발췌하였다.

(1) Anna Kirova의 '아이가 혼자라고 느낄 때'

당신은 모든 것을 혼자서 하게 될 때 외로움을 느낀다.

(중략)

> 나는 벽에 비친 나의 그림자를 보았다. 벌써 그렇게나 늦었나? 나는 책을 읽고 있었기 때문에 시간이 그렇게 되었는지 눈치 채지 못했다. 엄마는 벌써 집에 왔어야 했다. 엄마는 직장에서 결코 늦지 않는다. 만약 엄마가 … 아니, 아니, 그런 일은 있을 수 없다. 내가 책의 다음 페이지를 다 읽으면 엄마는 도착할 것이다. … 나는 책을 아주 빨리, 너무 빨리 읽었다. 그것은 아직 엄마가 집에 없기 때문이다. 나는 다른 페이지를 읽을 것이다. 내가 책의 이야기에서 읽어야 할 부분은 어디인가? 그건 중요하지 않다. 정말로 내게 중요한 것은 그 페이지를 다 읽었을 때 엄마가 여기 있어야 한다는 것이다. 나는 엄마를 보기 위해 창문에 가까이 가보았지만 길거리는 텅 비어 있었다.

(중략)

나는 이런 어린 시절의 경험에 대한 기억으로 다시 한 번 고독에 대한 두려운 기분을 느꼈다. 아니면 '고독(loneliness)' 은 잘못된 단어인가? 내가 정말 외로웠던 것인가? 단지 엄마가 보고 싶었나? 내가 갑자기 엄마를 잃을 수도 있다는 것에 대한 두려움인가? 아니면 집안의 공허함을 갑자기 느낀 것일까? 고독은 무엇인가?

외로운 시간

지금 나의 어린 시절의 기억을 떠올려 봄으로써 궁금한 점이 생겼다. 외로움은 스스로에 의한 경험인가? 그것은 어떤 상황으로 보인다. 그러나 나는 고독에 대한 생각에 빠져 있기 전에 오후 내내 혼자 있었다. 그래서 어떻게 나는 외로움이라는 것을 인식하게 되었을까? 벽에 비치는 나의 그림자를 보게 되었을 때 시작했을까? 자신의 그림자를 보는 것은 그렇게 이상한 경험이 아니다. 많은 아이들은 그림자놀이를 하는 것을 즐거움이 가득한 시간으로 생각한다. 예를 들면 그림자로 다른 모양을 만들어보는 것처럼 말이다. 그럼 어떻게 그림자를 보는 특정한 경험이 고독의 느낌이 나오게 하는 것일까? 분명한 점은 그림자 자체는 고독과 상관없다. 그리고 아직 그것이 되기 전이다.

그림자는 나에게 늦었다는 것을 보여주었다. 그리고 물론 나의 엄마도 늦었다. 그림자는 나에게 늦은 오후의 분위기가 바뀐 것을 알게 해주었다. 늦은 오후는 엄마가 집에 오는 시간을 의미한다. 만약 내가 시계의 시각을 말할 수 있었다면, 그림자는 단지 늦은 시간을 보여주긴 해도 아직 정말로 늦은 것은 아니라고 생각하게 되고, 아마도 나는 외롭다고 느끼지 않았을 것이다. 아마도 나의 그림자가 벽에 있었겠지만 엄마가 오기 전의 많은 날 동안 나는 그것을 눈치 채지 못했었다.

그러나 그것은 나의 시간 감각의 경험들이 나 자신의 고독이라는 기분에 사로잡혀 있어 보인다는 점에서 부인할 수 없다. 벽에 비친 그림자는 확인할 수 있는 것이다. 어린아이의 시간은 시계의 추상적인 움직임에 의해 측정되지 않는다. 시간은 집안의 일상적인 생활에서 느껴지는 본능적인 감각이다. Langeveld가 말하길 아이들의 시간은 구체적인 사건과 관련되어 있다. "나 배고파!" "아버지 아직 집에 없어요?" (1984, p.220). 그러므로 아이들이 아직 시간을 읽기 전에 그들이 살고 있는 시간은 추상적인 시간이 아니라 경험속의 살아 있는 시간이다.

(중략)

외로운 공간

"나는 외롭다고 느껴지면 그냥 소파에 앉아 있어요. TV도 보지 않아요. 나는 아무것도 하지 않고 있어요." 8살 아이는 내게 이렇게 말한다. 외로움이라는 감정은 아이에게 익숙한 집안 사물 세계와의 친밀한 관계를 방해한다. 친밀감은 가까움을 의미한다. Bollnow는 삶의 공간 안에서의 거리는 사람이 그 순간에 어떤 감정을 느끼느냐에 강하게 의존한다고 했다(1961, p.38). 그것은 상호 간의 관계가 존재한다는 것으로 보인다; 나는 친밀감이 부족할 때 외롭다고 느끼고, 이런 친밀감의 부족은 나의 전체 세계를 뒤덮는다. 아무것도 더 이상 중요하지 않다. 고독이 내 생활 전체를 가져간 것 같다.

고독은 우리가 물건들을 우리 가까이 가져오는 것을 막는다. 고독이 우리 주변의 것들에서 분리하거나 떼어 놓기 때문에 우리가 서로 가까워지려 하는 상호 간의 관계를 파괴한다. 내가 엄마를 기다리고 있을 때, 방안에 있는 물건들은 그대로 있고, 똑같은 장소에 아직 있으나 다른 의미에서 그것들은 변화했다. 그것들은 다른 것이 되었다. 하지만 무엇이 바뀐 것인가? 물건들? 아니면 내가 바뀐 것인가?

(중략)

고독의 '감정'

나는 어머니와 떨어지게 된 날을 생생하게 기억한다. 부모님의 이혼 후 나는 아버지 집에서 살게 되었다. 이것은 내가 다섯 살 때 어머니로부터 분리된 경험을 기억하는 방법이다.

> 아빠는 내 손을 잡았다. 그것에서 벗어나는 것은 소용없는 짓이다. 아빠는 덩치가 큰 사람이다. "너는 나와 함께 해야 해."라고 말했다. 아빠가 내 손을 잡고 있는 동안 생각할 수 있는 유일한 것은 의자에 남아 있는 엄마의 셔츠이다. 아버지가 집밖으로 데리고 나가기 전에 필사적으로 그것을 가지고 갔다.
>
> 아빠 집은 나를 위한 모든 것이 준비되어 있다. 새로운 장난감, 새로운 침대, 새로운 책상. 그러나 나는 필요 없다. 나는 모든 물건들을 눈물로 채워진 눈으로 바라본다. 나는 내 장난감과 책, 침대 방을 가지고 싶다. 제일 중요한 것은 엄마를 원한다! 나는 아직도 눈물로 젖어 있는 엄마의 셔츠 클러치를 가지고 있다.
>
> 아직 엄마 냄새가 난다!

그 후 수년이 지났지만 내가 엄마의 셔츠를 가지고 있었다는 것이 얼마나 중요한지 알게 되었다. 그것은 격한 고독의 감정을 완화시켜 주었다. 그것은 나의 삶을 가능하게 해주었다. 하지만 어떻게 셔츠가 나의 기분을 낯선 장소에서 편안하게 해줄 수 있을까? 무릇 그것은 단순히 셔츠가 아니었다. 내가 잘 시간에 베개 옆에 남아 있던 엄마의 셔츠이다. 그리고 그것은 나의 세계로 완전히 다가오는 엄마의 냄새이다. 이것은 나에게 잃어버린 원래 집과 접촉하게 되는 것을 도와주었다.

(중략)

고독의 '소리'

나는 다시 어린 시절 엄마가 직장에서 늦게 돌아왔을 때의 고독한 경험을 떠올린다. 나는 엄마를 기다리는 동안 다시금 침묵의 압박감을 느낀다. "엄마, 제발 빨리 와주세요." 나는 말했다. 그러나 나의 목소리는 낯선 사람의 목소리 같고 내 것처럼 느껴지지 않는다. 그것은 방안에서 침묵의 공허함을 벗어나는 데 도움을 줄 수 없다. 누구에게 말하는 것인가? 나의 엄마에게? 나 자신에게? 아니면 하느님에게? 나는 도움을 구하고 있다. 그러나 아무도 들어주거나 도와주는 사람이 없다. 나는 청중에게 나의 바람이 들리길 바라면서 이야기하고 있는가? 아니면 침묵을 깨기 위해서인가?

열 살의 소년인 벤은 빈 집에 혼자 있었던 자신의 침묵 경험에 대한 이야기를 했다.

(중략)

나는 친구집에서 집으로 돌아왔다. 시간은 오후 7시쯤이고 아직 어두워지기 전이다. 나는 집으로 들어갔고… 주위는 어두워졌다. 나는 어두운 공간을 좋아하지 않는다. 불을 켜고 식탁에 있는 메모를 보았다. 메모에는 "벤에게, 우리는 쇼핑몰에 간다. 오후 10시쯤 집에 도착할 거야. 사랑하는 엄마가."라고 적혀 있었다.

그것을 읽고 나는 뒤에 남겨진 기분이었다. 그들은 심지어 나에게 물어보지 않고 갔다. 나는 외롭고 무서웠다. 그리고 배도 고팠다. 나는 찬장으로 다가가서 치리오 봉지를 그릇에 부었다. 그리고 냉장고로 가서 우유팩을 들고 그릇에 어느 정도 부었다. 그리고 나는 다른 서랍으로 걸어가서 숟가락을 집었다.

(중략)

'몸을 통한 경험'으로서 고독

열 살짜리 여자아이는 다음과 같이 말했다. "대문이 닫히는 소리를 들었을 때, 심장이 멎는 것 같았다. 발자국 소리가 멈췄다. 웃음소리와 다른 행복한 소리들은 멈췄다. 고요함. 슬픔의 파도가 내 몸을 관통하는 것처럼 느껴졌다."

고독은 몸을 통한 경험인가? 우리가 외로움을 느낄 때 우리의 몸이 어떤 느낌을 받을까? "나는 춥다고 느껴요." 5학년짜리 소년 켄은 이렇게 말했다. "나도 춥다고 느낀단다."라고 나도 대답했다. 나는 정확하게 그 아이가 말한 것의 의미를 알고 있다. 그것은 싸늘한 겨울날 동안 학교에서 길을 걸어갈 때 느끼는 추위나 스키를 타기 위해 언덕을 올라가는 리프트에서 기다릴 때의 추위와는 다른 종류이다. 고독으로부터 느끼는 추위는 스웨터나 따뜻한 코트를 입고 보호할 수 있는 것이 아니다. 그것은 다른 종류의 차가움이다. 그럼에도 불구하고 내가 이것을 설명하는 것은 더 나은 단어나 좀 더 정확한 말을 찾을 수가 없기 때문이다.

내가 어렸을 적 엄마를 기다리고 있을 때, 갑자기 내 방이 추워질 때 난로에 가까이 붙어 있는 것이 얼마나 행운이었는지 깨달았다. 또한 나는 몸이 떨렸다. 그러나 방이 정말 추워졌는가? 나에게 지금 춥다고 느껴지는 것이 방안의 온도와는 상관없는 것처럼 보인다. 그것은 외부로부터 오는 것이 아니라 내부에서 오는 것이다.

(중략)

어둠속에 나 홀로

"내게 말을 해봐요 아줌마! 무서워요!" "왜, 그게 무슨 소용이지? 당신은 나를 볼 수 없어요." 아이는 대답했다. "누군가 말하게 되면 그것이 빛을 가져오게

되요." (Freud, 1973, p.407)

어둠속에 아이 혼자 있다는 것은 무엇일까? 내 열 살짜리 아들과 함께하는 시간 중 가장 어려운 시간은 불을 끄고 마지막 키스를 한 후 "굿 나잇"이라 말하고 방을 떠나는 순간이다. 이것은 우리 둘 사이에서 어떤 의식의 일종이다. 그는 나를 방에 다시 돌아오게 할 만한 좋은 이유를 들어 어떻게든 한 번 더 오게 한다. 그리고 포기하지 않는다.

(중략)

저녁 시간의 어둠은 아이들에게는 다른 것이다. 그 아이는 아마도 저녁 시간의 어둠에서 상실의 기분을 느끼기 때문이다. "밤이 우리의 증거들을 가져가고, 우리가 어디에 있는지 더 이상 모르게 된다." (Linschoten, 1987, p.93) 저녁 시간의 어둠은 아이들을 친밀한 세계에서 자신의 방으로 확실하게 떨어뜨려 놓는다. 그것은 부모의 존재로부터 아이 자신이 멀어지는 기분을 느끼게 하며, 아마도 그들을 위한 자신의 존재일 것이다. 아마도 유년기의 아이들은 우리가 다른 사람을 볼 수 없을 때 그들도 보지 못할 것이라고 믿는 것 같다. 이것은 결코 극복될 수 없다. 어둠은 아이들에게서 부모의 존재를 빼앗아 간다. 부모들이 아이가 잘 시간이 되어서 아이의 방에서 떠나가게 될 때, 그 아이에게 남아 있는 것은 취약함과 불완전한 자신이다. Merleau-Ponty는 "언제쯤(예를 들면), 그 아이는 우는 것처럼 보이는데 왜냐하면 누군가 사라지는 것(그것 때문에)에 그가 '불완전한 느낌'을 받는다." (1964, p.124)라고 말했다. 불완전한 느낌을 받는 것도 고독의 감정인가? 왜 다른 사람의 존재, 그 모든 것 중에서 부모가 아이들에게 그렇게 중요한 것인가? 부모는 자녀의 자아를 형성하는 것뿐만 아니라 보존하는 데에서 아주 중요한 역할을 한다. 그들의 존재는 '반성'과 자신에 대한 인식의 맥락을 제공한다. 그것은 아이 자신이 혼자 버려지지 않았음을 보증하는 역할을 한다. "엄마가 갑자기 오랜 기간의 시간동안 사라져 버리게 되면 자기를 구조화하는 과정에서 혼란스럽게 되고 외로움이 의식에 대한 자의식과 의지를 위태롭게 할 만큼 심각한 결과를 초래한다. 이것은 삶에 대한 갈망이다." (Mijuskovic, 1979, p.63)

그럼에도 불구하고 엄마는 아이들이 외로울 때 성장한다고 믿고 있다. 고독의 경험은 그들의 인식과 감성을 세상과 누군가, 그들 자신으로 확장한다. 아마도 고독의 경험을 가지고 있는 아이는 그들이 다른 사람에게 가치 있게 여겨질 필요를 느낀다. 하지만 단지 어떤 누군가를 위한 가치는 아니다. 아이들은 어른들처럼 그들을 위한 가치를 가지고 구체적인 어떤 이에게 의미를 가지게 되기를 바란다. 세상으로부터 고립된 감정은 우리의 사랑에 대한 바람과 그리움의 감정을 선명하게 한다.

우리는 고독 속에서 다른 사람이 우리에게 어떤 의미를 가지는지를 발견한다. 우리는 사랑의 의미를 발견한다. 아마도 진정한 외로움은 어떤 사람이 경험한 외로움이 경험의 변화로 되는 것이다. 아마도 외로움은 우리들이 인간이 되는 길이며, 외로움의 경험 속에 우리의 바람은 '함께 함' 으로써 실현될 뿐만 아니라 누군가를 '위한' 것으로부터 될 수 있다.

하지만 우리는, 어른으로서, 아이의 외로움을 완전히 이해하고 있는가? 우리가 아이들 눈으로 세상을 '볼 수' 있는가? 부모가 집으로 돌아오기를 기다릴 때나 멀리 간 것처럼 보일 때 아이들이 느끼는 절박한 고독을 우리가 느낄 수 있는가? 아마 모를지도 모른다. 어른들은 '나눌 수 없는 상황' (Merleau-Ponty, 1964, p.154)에서 다른 사람과 살지 않고, 아이들 또한 그렇다. 어쩌면 우리는 다른 사람과 진정한 관계를 형성하는 능력을 어느 정도 불가피하게 잃어버리게 된다. 하지만 아이들은 아직 이것을 잃지 않았다. 그들의 삶은 부모와 거의 공생하는 상태로 존재하고, 세상의 진실성과 대체할 수 없는 관계가 그들의 존재를 가능하게 한다. 그리고 어떤 방해물인, 이러한 관계에 초대받지 않은 변화, 불안정한 상태를 가져오는 것은, 완전한 세상이 손상되는 기분을 가지게 되며 고독한 감정을 느끼게 하는 가능성을 열어 놓는다.

(2) Vangie Bergum의 '출산의 고통'

> 출산은 예술이며 여성의 신비이다. 우리는 출산을 경외한다. 우리는 숨죽이고 조용히 아이의 탄생을 기다린다. 우리는 여성으로 태어나 어머니가 된다. 우리들의 어머니와 같은 어머니, 아이를 낳고 보살피는 어머니 같은 다른 여성들처럼 그리고 언젠가는 우리의 손자를 낳고 보살필 우리의 딸들처럼. 우리가 탄생을 대면할 때, 우리는 고통을 대면한다. 출산의 극심한 통증은 아이들이 세상으로 들어오게 하는 통로로서 우리 몸이 열리는 것과 함께 한다. 산통의 경험을 바라보는 것은 여성으로서의 우리의 본성을 이해하는 단서를 우리에게 제공한다. 우리 자신과 다른 이들과의 관계, 우리 아이들에 대한 애정, 인생의 사이클 속의 우리의 위치: 탄생, 죽음, 그리고 재탄생.

Rich(1976)가 말했다. "노동의 고통은 여성에게 있어 고유의 중요성을 가지고 있다. 그리고 여성의 다른 종류의 고통스러운 것들과의 관계—어머니로서나 단순하게 여성으로서—에 있어서도 그렇다." 출산의 고통은 우리 자신에 대해, 우리의 고통에 대해, 우리의 즐거움에 대해 무엇을 말해주는가? 그 고통을 당연히 받아들이는 여성들에 대한 진실을 품고 있는 출산의 고통에 무언가가 있는가? 그 고통을 견뎌내는 이에게? 그리고 그것을 견디는 사람들에게? 어떤 출산은 짧고 강렬하다. 어떤 것은 길고 사람을 기진맥진하게 만든다. 그리고 어떤 것은 의학적 도움을 필요로 하며 출산용 집게, 약물, 제왕절개수술을 필요로 한다. 고통 체험에 대해 살펴보는 것이 출산의 고통으로 인해 상처받는 극심한 고통 말고도 장엄함과 기쁨을 보여줄 수 있을까? 우리의 경험으로서의 고통에 대한 직접적인 평가는 이론적이고 실제적인 접근을 넘어서는 밝은 내적인 의미를 가져올 수도 있다. 여성이 경험하는 고통을 이해함으로써 우리는 고통을 분명히 인식하거나 그 핵심을 이해할 수 있을 것이다.

체험속에서 출산의 고통의 의미가 그 자체를 드러내는 방식으로 보여줄 수 있도록 우리는 우리의 가설을 버려야 한다. 고통이 직접적으로 그리고 근본적으로 자신을 드러내는 것처럼 그 자신을 보여주게 하기 위해, 그 경험 자체가 우리에게 말해주는 것을 듣기 위한 우리 자신을 조화시키기 위해 우리는 선개념으로부터 자유로워야 한다. 이러한 출산의 고통에 대한 가설, 이론, 설명은 다음의 것들을 포함한다.

1. 고통은 거부되는 것이라는 생각. 출산 교육자로서 우리들은 출산의 언어들로부터 '고통' 이라는 단어를 제외시킴으로써 여성들이 더 긍정적인 마음가짐을 가지며 그로 인해 더 쉽게 출산이라는 도전과 즐거움의 경험을 받아들인다고 생각한다. 우리들 중 몇몇은 다른 이들이 고통의 경험을 표현하기 위해 '급하게 들이닥침(rush)' 이나 '불쾌(discomfort)' 란 단어로 표현하는 것을 '수축' 이라고 말한다. 반면에 여성의 긍정적인 자세는 중요하다. 고통의 거부는 현실에서 출산을 못하는 경우를 만들기도 한다. 출산 고통의 거부속에서 거부되는 것은 무엇일까?
2. 고통을 줄여야 한다는 생각. 고통을 줄여야 한다는 믿음은 우리 사회속에 널리 펴져 있다: '처방전 없이 살 수 있는' 약들의 광고에서부터 '고통을 줄이기 위해 무언가를 해야 한다' 는 의학적 처방까지. 비록 우리가 인간의 고통을 줄여야 한다는 것에 동의하고 있을지라도 고통을 피하는 것이 주요하고 가치 있는 목적이라는 기대에서 잠시 물러서보자. Rich(1976)는 이러한 개념이 "고통에 대한 감각뿐만 아니라 우리들 자신에 대한 감각의 상실을 일으킬 수 있는 위험한" 개념이라 말하고 있다. 출산의 고통으로부터 여성을 구제하는 상황속에서 우리가 멀리 떠나보내는 것은 무엇인가?
3. 고통은 오직 나쁜 것이라는 가정. 출산의 고통은 출생의 일반적인 부산물이

다. 그리고 그 고통은 자궁경부의 팽창, 자궁의 수축과 팽창, 출산구, 음문, 회음부의 확대, 방광, 직장에 대한 압박, 고통에 민감한 골반의 구조 등에 기인한다. 이제 출산은 의학적 이벤트이다. 질병, 죽음과 관련된 분위기 속에서 일어나며 고통은 질병과 관련이 있다는 우리의 믿음을 지탱한다. 출산 고통의 경험은 일반적이며 삶과 연관된 것이다. 어떤 이는 고통의 정도를 암투병이나 관절염의 고통에 비교하기도 한다. 출산의 고통을 긍정적 경험으로 볼 수 있을까?

4. 고통을 설명할 수 있다는 가정. 고통을 신체적으로, 심리적으로, 사회적으로, 문화적으로 설명하는 이론들이 있다. 이러한 이론과 설명은 우리가 고통을 이해할 수 있도록 도와준다. 또한 이런 것들은 고통의 경험 전체에 대한 우리의 감각을 파편화한다. 출산의 고통의 핵심에 대한 탐구는 고통 체험의 원초적인 전체성을 알기 위한 시도이다. 이러한 경험적인 전체성의 본질은 무엇인가?

(중략)

산통

산통 속에 있는 누군가의 집안 초조한 기쁨이여!
생명을 주는 인내동안
아이들의 어머니가 그녀 스스로 밀어내기를!

여성들은 출산의 고통이 강력하고, 강렬하고, 압도적이며 경련과도 같으며 잡아 늘어지며 타들어 가는 것 같고, 압박적이며, 피곤하며 녹초가 되어 버리는 것이라 말한다.

나는 나 자신 속으로 움츠러들었어요. 아무 생각도 없었어요.
나는 신체적인 감각 속으로 빠져들었어요. 시간에 대한 감각도 없이, 혹은 내 주변에서 무슨일이 벌어지고 있는지 알지 못했지요.
나는 편안한 자세를 취하려고 노력했어요. 마음이 조급해지고, 화가 나고 그리고 몸을 흔들었어요.
나는 그 고통을 참아내지 못해 정신을 잃거나 죽을까봐 두려웠어요.
나는 소리를 질렀고 소리 지르고 무언가를 물어뜯고 싶었어요. 너무 아파서 울었어요.
나는 무엇을 해야 할지 나를 도와줄 누군가가 필요한지 알지 못했어요.
나는 내 속의 중심에 들어가서 나 자신에 대항해 싸웠어요.

견디기

'출생' 이라는 단어의 어원은 '운반하다' '아이를 낳다' 는 의미의 고대 스칸디나비아어인 'burhr' 혹은 'bher' 에서 유래되었다. 운반, 아이를 낳는 것, 용기(그릇)로의 여성의 몸(Newman, 1955)은 삶의 본질이다. 운반하는 용기로서의 여성의 삶의 본질은 비탄과 고통의 원천이면서 즐거움의 원천이다. 여성으로서 나는 이 몸이며, 나는 이 고통이며, 나는 이 즐거움이다. 이러한 상징은 출산의 경험 속에서 다양하게 이해된다. 우리들 신체로부터의 소외의 결과로서 다가오는 고통 혹은 고통에 대한 공포, 도움을 받을 수 없음에 대한 공포, 단절의 공포, 우리 행위에 대한 공포를 거부할 수 있을까? 한 여성은 말한다.

> 그 고통은 너무 강력하고 압도적이에요. 내가 그것을 다룰 수 없는 것이 두려웠어요. 내 걱정은 내가 어떻게 행동할지와 관련된 것이었어요.

인내하기: 견디기

birth, bher은 모두 인내의 측면에서 출산을 나타낸다. 아이를 낳는 것, 운반하는 것, 고통을 참아내는 것은 모두 출산 경험의 부분이다. 견디는 것은 대체로 자기 자신을 특별한 방식으로 운반하는 능력에 포함된다. 인내는 고통을 대면하는 지속적인 능력을 기술하며 괴로워하는 것은 체념을 암시한다.

우리가 고통(그것을 수행하고, 그 위에 오르는 것, 참아야 하는, 견뎌야 하는)을 견디는 방식은 고통 자체의 경험에 대한 우리들의 관계와 고통의 이유(아이들의 출생)에 달려있다. 고통과 우리와의 관계는 의도적인 것이다. 달리 말하면, 우리의 고통은 세계 속에서의 우리의 위치에 의해 경험된다. 힘과 지식의 여성으로 혹은 의사의 보살핌을 받는 여성으로, 그녀의 신체로부터 그리고 공포스러운 생각과 상상의 주제로부터 소외된 여성으로. 아이들을 부여받는 것이라기보다 문자 그대로 비유적으로 당당히 일어서서 적극적으로 우리의 아이들을 낳는 힘을 받아들인다면 우리는 그 고통을 거부하지 않고 수행할 것이다. 그 고통을 밀어내기보다 받아들였던 한 여성이 말했다.

> 호흡이 더 이상 힘들지 않았어요. 고통을 느끼는 동안 호흡은 이완된 상태에 머물러 있었어요.

우리는 우리의 경험되는 고통은 그것과의 관계에서 우리가 버티는 방식에 의해 권한을 부여받는다는 것을 발견했다.

오고 가는 고통의 파도와 관련하여 우리가 어디에 서 있어야 하는지를 아는 것은 그것에 대한 우리의 경험을 선택할 수 있는 기회를 준다. 우리가 시각을 바꾸면 그것은 고통이면서 즐거움일 수도 있다. 우리의 시각에 영향을 주는 요소는 배고픔, 피로, 공포, 분노이거나 우리 자신의 자아개념일 수도 있다. 이러한 것은 우리 입장의 차이를 만든다.

하는 것: 고통의 절규

노동, 출산의 노동은 고통의 절규 속에서 보인다. 규칙적이고, 강렬하며, 지속적인 수축은 우리의 에너지와 원천을 가져가 버린다. 피로의 고통과 함께 지치고, 기진맥진하고, 압도된다. 그러한 느낌은 '더 이상은 계속할 수 없어'와 같은 것이다. Chesler가 말했다.

> 너무 피곤해서 아무말도 할 수 없구나. 나는 내가 할 수 있는 모든 노력으로 밀어냈단다.
> 나는 난쟁이야. 나는 그것을 해낼 수 없을지도 몰라.
> 너를 낳는 것은 내 능력 이상의 것이었단다.

그 노동, 노력, 수고는 단지 자궁의 신체적인 것도 아니고 마음의 지적인 힘도 아니고 우리에게 우리의 모든 원천을 사용하기를 요구하는 우리 자신으로의 결속이다. 한 여성이 말했다. "George는 자기가 나의 많은 면을 봤지만 그러한 결단, 노동, 순수한 노력은 보지 못했대요." 이러한 압도적인 소진과 피로에도 불구하고 우리는 그 과정이 진행되고 있으며 곧 아기가 태어날 것을 알기 때문에 그 과정을 계속한다. 물론, 다른 선택도 없다.

일이란 무언가를 하는 것을 의미한다. 노동의 고통은 행동을 뜻한다. 그것은 우리가 무엇이 수행되어야 하는지 묻게 만든다. 끙끙거림, 비명 지르기, 걷기, 편안한 자세 찾기, 적극적인 이완, 호흡 패턴, 집중은 우리를 수동적인 괴로움의 상태로부터 벗어나게 한다. 출산의 고통의 절규는 이사야서 42장 14절에 언급된다. 읽어보면 "오랫동안 나는 평화로웠다. 나는 고요했고 나 자신을 억제했다. 이제 나는 출산하는 여성처럼 울부짖을 것이다. 나는 숨이 막히고 숨이 차다." 오스트레일리아의 Eingana 신화(대지구의 어머니로 언급되는 다산과 생명의 원천이자 존재의 형태)는 이러한 울부짖음의 단서를 제공한다.

> Eingana의 출산은 또한 Kunapappi 의식에서 '황소의 포효'에 의해 만들어지는 소리에 대한 설명이다. Eingana는 바닥에 이리저리 굴렀다. 그녀는 신음소리를 내며 소리 질렀다.… 큰 소음을 만들면서(Meltzer, 1981, p.11)

다음은 집에서 셋째 아이까지 출산한 한 여성의 말이다.

> 그 '소음'은 어디서 왔을까요? 나는 확신합니다. 놀랍네요. 황소의 울부짖음. 그것은 내가 느끼고 들은 것에 대한 완벽한 묘사네요.

"너는 좀 진정해야 될 필요가 있어." 같은 말은 개인적인 의심과 확신 상실을 일으킬 수 있다. 고통을 제거하기 위해 의학적 조치를 제공하는 것이 여성들에게 압도적이고 도움을 요청할 수 없으며 견뎌야 하는 경험을 대면하는 데 있어 유일한 해결책으로 여성들이 받아들이는 것이 가능한가? 의학적 조치를 제고하는 것은 우리가 그 고통을 견뎌낼 수 없다는 공포를 인정하는 것이다. 오직 견뎌내거나 의학적 처방을 받고 우리의 원시의 임무를 절제해야 한다. 이러한 언급은 그 일과 맞서기 위해 의학의 도움이 필요 없다는 말이 아니다.

지원은 요청 없이도 거기 있어야 한다. "나는 지원이 필요했다. 나는 내가 잘하고 있는지 아는 것이 필요했다." 지원은 등을 문질러 주거나 직접적인 조언, 물을 홀짝이는 것, 진정시켜 주는 손길, 격려의 말, 돌보아 주는 사람의 존재, 그리고 무엇이 벌어지고 있는지 모르는 것 같은 형태를 취할 수도 있다. 이러한 모든 행동은 우리가 '아기를 낳는 것이라면 무엇이든 할' 수 있게 도와준다.

(중략)

되기: 어머니

Phyllis Chesler(1979)는 "모성과 함께 태어난다는 것은 내가 알고 있는 것 중 가장 날카로운 고통이다."(p.281)라고 쓰고 있다. 출산의 고통과 함께 우리는 어머니가 된다. 고통은 유용한 어떤 것으로 변화할 수 있을까? Rich(1976)가 말하듯이 "우리를 우리 경험 한계를 넘어서게 하여 인상의 본질과 우리안의 가능성을 잡게 해주는 어떤 것"이다. 배워질 수 있는 것은 무엇인가? 한 여인은 주목한다.

> 나는 나 자신에 대해 좋게 느끼고 있다고 생각합니다. 출산은 내가 나 자신의 한계와 가능성을 받아들일 수 있게 도와주었어요. 나 자신을 받아들이는 것과 출산의 고통을 받아들이는 것은 동전의 양면 같은 거에요. 나는 더 생각해 보아야 할 필요가 있어요. 하지만 그것이 상당히 중요하다는 것을 알고 있지요.

출산의 고통을 경험하는 것은 우리 자신에 대한 지식의 가능성을 제공한다. 우리의 한계와 가능성에 대한 지식, 어머니로서 새로운 세계에 대한 지식, 탄생, 죽음, 부활 같은 인간 삶의 신비한 순환 안에서 우리 자리에 대한 지식을 알려준다. 우리가 아이들을 낳을 때 우리는 우리 자신을 낳는다. 우리는 어머니이다. 다른 어머니와 같은. 그리고 우리의 딸들은 우리의 뒤를 이을 것이다. Frans는 말한다.

Rose, the only other mother there I had something in common with her. I started to cry when she hugged me.

3. 참고문헌

신경림, 안규남 공역(1994). 체험연구. 동녘. Van Maanen, Max (1990). Researching Lived Experience. The University of Western Ontario, Canada.

Bergum, V. (2011). Birth Pain. Phenomenology online. from http://www.phenomenologyonline.com.

Dobson, T. (2002). Keeping in Touch by Electronic Mail. Writing in the dark. The University of Western Ontario, Canada.

Haase, M. (2002). Living with "Obsessive Compulsive Disorder". Writing in the dark. The University of Western Ontario, Canada.

Kirona, A. (2002). When a Child Feels Left Alone. Writing in the dark. The University of Western Ontario, Canada.

Nicole, J. (2008). Creating Vocative Texts. The Qualitative Report, 13(3), 316-333.

Schmidt, V. (2002). Being stepmother. Writing in the dark. The University of Western Ontario, Canada.

van Maanen, M. (1997). From meaning to method. Qualitative Health Research, 7(3), 354-369.

van Maanen, M. (2002). Writing Phenomenology. Writing in the dark. The University of Western Ontario, Canada.

van Maanen, M. (2011). Phenomenology online. from http://www.phenomenologyonline.com.

제12장

자서전적 글쓰기

자서전적 문화기술지는 용어가 나타내는 것처럼 자서전과 문화기술지의 두 단어가 결합된 말이다. 용어대로 그 의미를 풀어 쓰면 한 사람의 삶(자신의 삶)을 질적연구를 사용하여 연구하고 분석하는 방법을 뜻한다. 질적연구의 새로운 글쓰기 중에서 최근에 널리 쓰이는 방법 중의 하나로서 연구현장에서 연구자의 경험을, 또는 한 연구참여자의 경험을 자서전적 방법을 이용하여 이야기를 만드는 방법이다. 그러한 이유 때문에 전기, 생애사, 구술사, 자서전 등의 개념과 다소 혼용되어 사용되는 경향이 있다. 특정한 지역이나 문화나 주제를 대상으로 하는 질적연구의 경우, 다른 연구방법이나 글쓰기가 적합하겠지만 한 연구세계 내에서 특정한 한 연구참여자의 특별한 삶이나 경험을 역사적, 연대기적으로 묘사하고 이해할 필요가 있을 때에는 이 글쓰기가 적합하다. 최근에 와서 우리나라에서도 이러한 글쓰기가 시도되고 있으며 앞으로 더 많은 작품이 출판될 것으로 생각한다.

1. 자서전적 글쓰기의 개념과 목적

자서전적 문화기술지(autoethnography)는 자아의 특성을 드러내는 이야기나 연구자가 텍스트의 한 인물로서 포함되는 이야기를 언급할 때 사용하는 글쓰기 양식이다. 이 용어는 대략 20년 동안 유포되어 있었으며, 인류학자 Karl Heider가 1975년에 사람들의 행동에 관한 Dani의 기사를 언급하며 사용하였다. 그러나 보통 이 용어의 창시자는 David Hayano로 여겨진다. Hayano는 이 용어를 인류학자들이 그들 스스로 문화적 연구를 하는 것에 그 의미를 한정시켰다. 즉, 연구자 자신이 연구대상 집단의 한 일원이 되어 집단과의 긴밀한 라포르(rapport) 속에서 완전한 내부인, 즉, '토착인' 이 되는 것을 의미하였다(Heider, 1975; Haynano, 1979). 사회과학자들은 종종 이 용어를 자아의 특성을 드러내는 이야기를 할 때나 혹은 연구자가 텍스트의 한 인물로서 포함되는 이야기를 언급할 때 사용한다. 또한 문학이나 문화비평가들은 자의식의 상호작용을 연구하는 자서전이나 언어, 역사, 문화기술학적인 설명이 요구되는 자서전에 이 용어를 사용한다(Deck, 1990; Lionner, 1989; Pratt, 1994를 Ellis, 2004, p.38에서 재인용).

자서전적 문화기술지는 자서전(autobiography)과 유사한 면을 지니고 있다. 자서전이란 자신이 스스로 자신의 고유한 삶을 기록한 결과물이다(손승남, 2002, 112). 자서전의 그리스 어원인 '자기' (autos; self)와 '삶' (bios; life)의 '기록' (graphe; writing)이 말해주듯(Sidonie Smith, 1), 개인의 삶에 대한 기록으로, 사적인 일상을 표현하는 일기에서부터 회고록에 이르기까지 다양한 내용과 형식을 포괄한다. 자서전은 자아의 발견에 주력하는 성찰적 요소를 갖는다. 자서전의 작가는 자신의 내면에 들어가 자아의 존재를 확인할 수 있는 배타적이고 독자적인 권리를 가지므로, 다른 문학 장르보다 훨씬 고백적이고 방어적인 성격을 띠게 된다. 동시에 자서전 연구는 다양한 방법론적 또는 해석학적 접근을 통해 개인의 삶이 사회문화적 배경에서 어떻게 이해될 수 있는가를 관찰한다(최경도, 2008, pp.132-134). 따라서 자서전과 자서전적 문화기술지를 구분한다면, 자서전적 문화기술지는 문학 장르의 하나인 자서전을 연구 방법론으로 가져온 것으로 정의할 수 있다. 이러한 자서전적 문화기술지는 자서전적 글쓰기의 한 장르로, 우리에게 삶뿐만 아니라 문화까지 보여준다(Roth, 2000를 Settelmaier, 2007: 178에서 재인용). 즉, 개인을 문화와 연결시켜 다층의 복합적인 의식을 보여주는 것이다(Ellis & Bochner, 2000, p.739).

자서전적 문화기술자들은 처음에 문화기술지의 넓은 시각으로 개인의 경험에 둘러싸여 있는 사회문화적인 외적인 측면을 기술하는 데 초점을 맞춘다. 그러고 나서 그들은 문화적 해석에 저항하고, 굴절시키고, 문화기술을 통해 나타나는 상처입기 쉬운 자아를 노출시켜 내부의 모습을 기술한다(Deck, 1990; Neumann, 1996; Reed-Danahay, 1997를 Ellis, 2004, p.37에서 재인용). 또한 외부와 내부 세계를 자세히 관찰하며, 개인적인 것과 문화적인 것을 구별하기 어렵게 만든다(Ellis, 2004, p.38). 이것은 자신과 자신의 주제를 탐구하는 연구 방법이자 '앎'의 방식으로, 발견과 분석의 방법론인 것이다(Richardson, 1994, p.516). 그래서 자서전적 문화기술지는 보통 일인칭 화자의 목소리를 사용하여 여러 대안적인 형식들 즉, 단편적인 이야기, 시, 소설, 장편 소설, 수필, 연극 대본, 일지, 사회과학적 산문, 사진 등으로 표현된다(Ellis & Bochner, 2000; Ellis, 2004; Richardson, 2000).

그러나 이러한 개념 설정과 형태에도 불구하고 자서전적 문화기술지의 의미나 용도를 정확히 설정하는 것은 쉬운 일이 아니다. 즉, 최근 자서전적 문화기술지와 비슷한 상황에 처해 있는 용어들 즉, 개인적인 내러티브(Personal Narrative Group, 1989), 자아에 대한 내러티브(narratives of the self; Richardson, 1994b), 개인적인 경험 내러티브(personal experience narratives; Denzin, 1989), 자기-이야기(self-stories; Denzin, 1989), 일인칭 이야기(first-person accounts; Ellis, 1998a), 개인적 수필(personal essays; Krieger, 1991), 문화기술적 짧은 이야기(ethnographic short stories; Ellis, 1995d), 글쓰기-이야기(writing stories; Richardson, 1997), 자기-관찰(auto-observation; Adler & Adler, 1994), 개인적인 문화기술지(personal ethnography; Crawford, 1996), 문학적 이야기(literary tales; Van Maanen, 1988), 성찰적인 자서전(critical autobiography; Church, 1995), 자기-문

화기술지(self-ethnography; Van Maanen, 1995), 경험적인 텍스트(Denzin, 1997), 내러티브 자기문화기술지(narratives ethnography; Abulughod, 1993), 문화기술적 자서전(ethnic autobiography; Reed-Danahay, 1997) 등과의 관계 정립이 요구되기 때문이다. 더불어 이들을 전체적으로 아우를 수 있는 학문적 범위의 대항목 마련이 필요한 것이 현실이다(Ellis & Bochner, 2000, p.739).

이러한 용어의 정립과 관련하여 두드러진 개념적 정의로는 Richardson과 Denzin을 들 수 있다. Richardson(1994)은 자아에 대한 내러티브라는 용어를 사용하여 자서전적 문화기술지를 저자들이 그들만의 고유한 체험을 담아, 매우 개인적이고 마음에서 우러나오는 텍스트를 생산하는 글쓰기 형식이라고 정의했다. 또한 인상적인 회상, 강한 은유, 생생한 캐릭터, 색다른 어법, 설명의 자제 등은 독자들이 감정적으로 저자와 함께 그 사건을 '다시 살려낼' 수 있도록 초대하고, 다른 상황에도 적용된다는 것을 나타내는 역할을 한다고 말하였다. 결과적으로 정확성은 중요하지 않고, 자아에 대한 내러티브는 허구의 서술 기법을 사용했기 때문에 전통적인 문화기술지와는 다르게 해석된다는 것이다(Sparkes, 2000, p.42에서 재인용). 그리고 Denzin(1989)은 '개인적인 경험 내러티브'라는 용어를 사용하여 자서전을 자기 스스로 한 인물의 삶을 쓰거나 삶의 기억을 새기고 새롭게 창조해 내는 것이라고 정의하였다(Settelmaier, 2007, p.178에서 재인용).

하지만 이러한 현실 속에서도 자서전적 문화기술지는 여러 분야에서 오랫동안 통용되었다. 즉, 인류학, 사회학, 체육학, 심리학, 심리치료, 인간행동연구, 교육학, 문학, 사회과학, 스포츠 사회학, 국어교육, 수학교육, 과학교육 등에서 두루 사용되었다.

최근 자서전적 문화기술지가 사용된 주요 논문을 보면, Christine(2002), Denison(1999), Ellis(1999, 2000, 2001, 2004), Ellis와 A. Bochner(1996, 2000), Fernandez-Balboa(1998), Griffin(1998), Kaskisaari(1994), Kosonen(1993), Leggo(2007), Loevinger(2002), Messner와 Sabo(1994), Montgomery(2007), Ronai(1992, 1996), Ronald(2003), Settelmaier(2007), Silvennoinen(1993, 1994a, 1994b, 1999), Scott-Hoy(2000a, 2000b), Scott-Hoy, K와 Ellis(2007), Sparkes(1996, 2000, 2007), Sudwell(1998), Swan(1998, 1999), Theodore Millon(2002), Tiihonen(1994), Tinning(1998) 등이 있다. 이들 대부분은 자신의 삶을 진솔하게 제시하여 독자들로 하여금 작가의 삶과 자신의 삶을 비교하게 하고, 독자 스스로 자신의 삶을 반성하게 한다. 또한 독자를 객관적이면서도 구체화된 타인(작가)의 세계로 초대하여 인간과 세계에 대한 이해를 돕고 있다.

가령, Sparkes(1996)는 '치명적 결함: 연약한 자아의 이야기(The fatal flaw: A

narrative of the fragile body-self)' 에서 가족, 신체, 자아에 대한 경험을 다층적이면서도 객관적인 내러티브로 창조해 내었다(Coffey, 1999를 Sparkes, 2000, p.36에서 재인용). 즉, 텍스트에서 저자는 운동선수로서 고질적인 고통과 심각한 부상을 안고 살아온 자신의 몸부림에 대한 이야기를 화자 특유의 진솔함과 객관성으로 기술하고 있다. 특히 어느 한쪽에 치우치기보다는 개인적인 이야기와 사회학적 이야기가 조화롭게 기술되어 있다. 즉, 개인적인 부분은 자기 세계에 매몰되어 있지 않으며, 사회학적인 이야기 역시 메마르지 않게 기술되어 있다. 특히 강렬한 전기적 · 심동적 요소가 사회학적 요소를 부드럽게 이끌기도 하고 그 반대의 상황도 적절히 제시하고 있다. 이를 통해 진솔하면서도, 타당한 내러티브를 창조하였다.

Christine(2002) 역시 '아버지의 구두: 이야기 재구성의 치료적 가치(My father' s shoes: The therapeutic value of narrative reframing)' 에서 자신과 가족이 처했던 상황을 주관적이면서도 객관적으로 이야기하고 있다. 즉, 저자는 자신의 삶을 형성하고 자신의 힘과 가치를 재고하게 만드는 사건들을 중심으로 이야기를 주제별 혹은 연대기 순으로 재구성하고 있다. 또한 이러한 사건을 분석적으로 바라봄으로써 자신의 삶 속에 숨겨져 있던 고통, 불쾌감, 고민, 갈등을 객관화시켰으며, 그 고통을 보다 큰 틀에서 문맥화시키고 있다. 이를 통해 자신이 경험했던 부정적인 어린 시절을 부정하기보다는 그것에 맞서고 그러한 경험을 보다 큰 상황의 맥락 속에서 바라볼 수 있는 힘을 얻고 있다. 또한 이 속에서 가족과 자신의 정체성이나 존재 가치를 인식하고 자신이 그동안 지니고 있었던 아버지에 대한 증오와 자신의 상처를 치유 · 극복하고 있다.

또한 Ronald(2003)는 '자서전적 문화기술지로 학문적 여행자(The academic tourist an autoethnograpy)' 에서 에세이 형태의 자서전적 문화기술지를 사용함으로써 삶의 체험에 근거한 학문적 사회학(sociology of the academic life)을 표현하고 있다. 즉, 자신이 교수라는 직업을 통해 느끼고 깨달았던 여러 가지 생각 즉, 수업 계획, 강의, 강의 평가, 대학에서의 생활 및 관심사, 연구 등을 수필 형식의 솔직담백한 문체로 기술하고 있다. 특히 자유로운 형식과 고백적인 어투를 통해 독자들로 하여금 새로운 세계로의 몰입을 자연스럽게 유도하고 있다. 저자는 이 글에서 학자로서 그리고 인간으로서 자신의 삶의 모습을 있는 그대로 드러내고 있다. 또한 학문의 여행 가이드로서 글을 어떻게 써야 할 것인가의 문제를 기술함으로써 글쓰기 방법에 대한 고민을 학자 혹은 일반 독자들에게 넌즈시 던지고 있다.

Montgomery(2007) 역시 자서전적 문화기술지의 글쓰기 방법과 관련하여 '재를 떨치고: 자서전적 문화기술지(Out of the ashes: an autoethnography)' 에서 자신이 겪었던 근무지의 경험(수학 교육과정의 자료 작성 및 평가 설계)을 사건 중심의 단순 전기가 아닌 삶과 문화, 교육의 관계를 기술한 자서전적 문화기술지의 방법을 사용하고 있다. 특히 자신의 경험의 정당성과 일관성을 확보하기 위해 Ricoeur의 해석학적 순환(Boje, 2001)의 개념과 Van Maanen의 인류학적 이야기의 세 가지 장르를 사용하여 자서전적 글쓰기의 진실성을 확보했다는 점에서 큰 의의를 지닌다.

이러한 논문과 함께 '성격 평가 학회지(The Journal of Personality Assessment)' 2002년 특별호에서 새로운 연구 방법으로 자서전적 문화기술지를 소개하고 있다. 그중 대표작으로 Loevinger(2002)는 '타파주의자의 고백: 주변의 집에서(Confessions of an iconoclast: At home on the fringe)' 에서 자신이 상담 연구자가 되는 과정을 삶과 주변 여건의 변화를 중심으로 기술하고 있다. 즉, 한 사람의 성장과 환경의 상관관계를 이해하는 데 큰 시사점을 준다. 또한 연대기적 방법을 통해 자신의 삶과 성장 과정을 기술함으로써 독자로 하여금 저자의 인생이 어떠한 삶의 경로를 거쳤는지를 이해하고 그 삶을 들여다보는 데 도움을 준다. 이를 통해 독자들로 하여금 저자의 삶과 그의 선택을 이해하고, 저자를 통해 독자 스스로를 재인식하게 만든다.

2. 자서전적 문화기술지의 효과

> 나는 삶을 연구하고, 삶을 그리며, 삶에 대해 쓴다. 나는 연구자도, 엄마도 될 수 있다. 엄마가 연구자이고, 이야기를 들려주는 사람이기 때문이다. 엄마는 우리가 스스로 쓰는 이야기뿐 아니라 다른 사람들이 쓴 이야기도 들려준다. 우리는 자식들이 아플 때, 그들을 진정시키기 위해, 그들이 전에 맞서 보지 못한 상황을 그들이 대비할 수 있도록 도와주기 위해 그리고 세상에서 그들의 중요성과 가치에 대해 그들을 안심시키기 위해 이야기를 들려준다(Scott-Hoy, K & Ellis, 2007, p.137).

이 절에서는 자서전적 문화기술지가 가지는 효과에 대해서 살펴볼 것이다. Settelmaier(2007)에 의하면, 질적연구에서 자서전적 문화기술지를 사용하는 것은 자서전과 문화기술지의 결합이 개인의 실제적 지식(Connelly & Clandinin, 1998)과 교육학적 사고(Van Maanen, 1990)를 강화시켜 주기 때문이다(p.178, 재인용). 즉, 자서전적 문화기술지를 통해 저자는 자기 자신에 대한 이해를 좀 더 심층적으로 할 수 있다. 또한 독자들을 구체화된 저자의 삶으로 초대하여 자신의 삶을 이해할 수 있는 계기와 상황을 제시한다. 이 과정에서 독자들은 저자의 삶과 그의 고백적인 어투를 통해 그의 삶을 이해함은 물론, 그들 스스로 자신의 삶을 반성하고 자극을 받을 수도 있다. 이런 과정을 통해 서로가 세상의 의미 있는 것들을 이해할 수 있는 통로를 얻게 된다(Ellis, 1999, p.655). 더불어 개인의 행동 치료라는 유용한 결과를 얻을 수도 있다(Ellis, 1999, p.660). 즉, 자서전적 글쓰기의 주된 목적은 아니지만 일인칭 화자의 고백적 어투를 통해 저자는 물론 독자들에게 강한 영향력을 유발할 수 있다. 이를 통해 자신과 그들에게 이해심을 얻어낼 수 있다. 이러한 관계는 저자와 독자가 서로 동등해지는 과정으로 이들은 서로 더욱 친밀감을 느낄 수 있고 그 영향 관계 역시 강해질 수 있다(Gaitan, 2000, p.2). 이 과정에서 자기 자신에 대한 치유는 물론 독자의 심적 갈등이나 고민을 치유할 수 있다. 이처럼 자서전적 문화기술지가 가지는 효과를 이 절에서는 다음 두 가지로 제시하였다.

(1) 삶과 인간 그리고 사회 · 문화에 대한 이해

우리는 자서전적 문화기술지를 통해 삶의 다양성을 인식하게 되며, 그 속에 담겨 있는 화자의 고민과 그가 겪게 되는 시련 및 갈등 어린 삶을 이해하게 된다. 화자는 자기질문법(self-questioning)이나 감정적 회상(emotional recall)을 통해 자신이 소중하다고 생각하거나 가치 있다고 판단되는 사건을 중심으로 자신의 삶을 재구성한다. 이를 통해 자신의 삶을 반추하면서 삶의 의미와 가치를 발견함과 동시에 자신이 추구하는 삶의 방향이나 정체성을 확인하게 된다. 가령, Pelias(2003)는 대학에서 강의에 관한 전반적인 내용을 솔직하게 표현한다.

> 당신은 학생들을 기억할 수 있을 거라고 생각합니다. 비록 당신이 더 좋은 수업을 하기 위해 새로운 아이디어와 전략을 가지고 강의를 계획하지만 당신이 해왔던 강의처럼 대부분의 학생들을 잊어버리고 맙니다. 가끔은 당신이 더 좋은 강의를 위해 새로운 아이디어와 전략을 짜기도 하지만 대부분 이전에 사용하던 강의 내용을 조금 수정하거나 그대로 베낍니다. 그러면서도 그 강의를 계속할 수 있기를 또한 그런 열정을 가질 수 있기를 희망합니다. (중략) 당신은 종이 울리기 전까지 이제 15분 정도 남아 있다는 사실에 기뻐합니다. 그러면 마치 중요한 내용인양 마지막까지 여러 가지를 급하게 말합니다. 그러고 나서 당신은 강의실을 떠납니다.

이것은 화자가 삶을 반추하며, 자신의 삶을 '당신의 삶'으로 객관화시키고 있는 것이다. 이러한 표현을 통해 자신의 안일했던 강의를 반성함과 동시에 독자의 적극적인 반응과 이해를 유도하고 있다. 특히 이러한 경험은 Mykhalovskiy(1996)의 말처럼, "개인적 경험을 쓰는 것은 동시에 사회적 경험을 쓰는 것"(Mykhalovskiy, 1996, p.141를 Sparkes, 2000, p.31에서 재인용)이기 때문에 더 소중한 가치를 지닌다.

삶에 대한 이러한 고백은 그 고통과 함께 저자뿐 아니라 독자에게 고스란히 전달된다. 가령, Aliza Kolke(1996)가 암투병 환자로서 역경을 이겨내기 위해 고군분투했던 경험담, Carol Rambo Ronai(1996)의 정신적으로 지능 발달이 뒤처져 있는 어머니와 사는 것에 대한 처절한 이야기, 그녀의 고백, Lisa Tillman-Healy(1996)의 폭식증과 삶에 대한 전투, Kiesinger(2002)의 아버지와 관련한 어두운 추억 그리고 자신의 정체성을 찾아가는 이야기, Ellis(1995)의 폐기종으로 숨진 남편과의 9년 동안의 관계를 표현한 내용은 삶의 다양성 인식을 넘어 그들의 삶을 이해하게 되고 더 나아가 그들의 삶을 통해 자신의 삶을 돌아보게 한다. 특히 '인간이란 무엇인가?' '어떻게 살아가야 할 것인가?' 같은 철학적 질문에 대해 고민하게 된다.

또한 자서전적 문화기술지를 통해 우리는 인간과 삶, 인간과 사회 · 문화와의 관계를 이해할 수 있다. 즉, "인간은 자신이 직조한 의미의 건축물에 매달려 있는 거미"(Geertz, 1973, p.5)이며, 인간의 행위와 사고방식의 전체를 옭아매는 그물을 문화라고 할 때 자서전적 자료는 역사 안에서 인간이 짠 다양한 무늬와 색깔을 탐구하는 창구의 구실을 할 수 있으며(손승남, 2002, p.121), 인간과 사회 · 문화의 관계를 이해하는 좋은 통로를 제공해 준다. 특히 한 인간이 사회와 문화 속에서 자신이 겪었던 삶의 의미를 어떻게 규정하고 새롭게 구성해 나가는지를 통해 사회 · 문화 속에서 인간의 성장 과정과 그들의 삶을 이해하게 된다. 가령, Loevinger (2002)는 자신이 상담 연구자가 되는 과정을 사회 · 문화적인 환경과 관련하여 기술하고 있다.

예 Jane Loevinger(2002)의 상담 연구자가 되는 길

나는 1918년 미네소타, 폴 주에서 5명 중 셋째 아이로 태어났다. 우리는 전형적이고, 따뜻한 가족이 아니었다. 쾌활하고, 다소 경쟁적인 분위기와 성실성과 자존심이 있었지만, 명백한 애정은 아니었다. 우리는 특히 귀가했을 때나 외출할 때 그렇게 하는 것을 좋아하든지 말든지 부모님들을 안고 키스하도록 요구받은 적이 있다. 나는 애정을 보여주기 위한 형식상의 룰의 강요에 의해 소원하게 되었고 움츠러들었다.

대학

나는 어머니의 권유로 고등학교 상급생 때 학교를 나와서 미네소타 대학에 등록했다. 나는 신입생 때 대학과정을 심각하게 받아들이지 않았다. 대신에 미술사와 건축학 과정을 공부하였으며, 직업 상담이 UM에서의 전공이었다. 미네소타 대학은 그 분야에서는 최고였다. 하지만 이곳의 대학은 유태인이나 여자에 대한 부정적인 선입견을 지니고 있었다. 그래서 나는 다른 미네소타 학생들과 달리 동부나 시카고 쪽의 학교로 안 가고 버클리에 있는 대학에 지원했다.

버클리

최고의 교수진을 만나다. 청강할 기회를 얻다.

인터내셔날 하우스

나는 인터내셔날 하우스에서 살았으며, 그곳에서 훌륭한 교수진과 여러 동료 교사들을 만났다.

버클리에서의 심리학

지도교수인 Jean Walker Macfarlane의 임상 입문 수업과 에릭슨의 정신분석학을 공부했다. 이것은 엄청난 성과였다.

다년간의 전쟁

전쟁의 출현으로 삶은 급진적으로 변화했다. 전쟁에 관계된 의무를 위하여 많은 상급 교수진 멤버들이 워싱턴으로 불려갔다. 박사학위가 없어도, 나는 몇 년 동안 가르칠 수 있는 기회를 가졌다. 나는 스탠포드와 버클리에서 일시적인 직위를 제안받았다.

스탠포드에서 1년을 가르친 후 나는 다시 버클리로 돌아가서 학위논문을 준비하고 더 많은 강의를 했다.

나의 졸업논문의 완성

위의 작품처럼 자서전적 문화기술지는 자신에 대한 문화맥락적인 성찰을 통해 자신의 경험을 명료하고 의미 있게 만들어 준다. 그리고 그들이 겪었던 삶의 다양성과 사회·문화적 경험을 통해 우리들은 삶의 지식을 명료하게 만들 수 있으며(Roth & Bowen, 2000을 Settelmaier, 2007, p.177에서 재인용), 독자들로 하여금 자신들과 다른 인물의 삶을 통하여 자신을 재인식하게 만든다. 이러한 점에서 자서전적 문화기술지는 역설적 의미의 삶의 이론화를 가능하게 할 수 있다(최경도,

2008, p.140).

(2) 치료적 가치

자서전적 문화기술지는 자신에 대한 깊은 이해를 기초로, 다른 사람에 대한 그리고 그들의 삶과 사회에 대한 이해를 돕는다. 이러한 자신과 타인에 대한 이해는 현실에 대한 인식과 수용을 가능하게 해준다는 점에서 치료적 가치를 지닌다. 즉, 보다 명료하고 객관적으로 자신의 문제나 어려움을 인식하고, 이를 통해 자아성찰과 정체성을 발견하게 해준다. 자신의 현 상황과 문제에 대해 정확하게 아는 것은 이것을 극복하기 위한 출발점이기 때문이다. 따라서 자서전적 문화기술지는 자신의 이야기를 하면서 자아를 성찰하고 자아와 자신을 둘러싼 환경에 대해 깨닫게 해준다. Ellis(1999)의 경우, 유방암을 연구하는 학생(Sylvia)과의 대화에서 자서전적 문화기술지의 치료적 가치(therapeutic value)를 강조하였다. 비록 치료적 가치가 자서전적 문화기술지의 주된 목적은 아닐지라도 종종 유용한 결과로 나타난다는 것이다. 이러한 효과는 Kiesinger(2002)가 자서전적 문화기술지를 통해 아버지의 삶을 이해하고 자신의 정체성을 확인하는 과정에서 발견할 수 있다.

예 My father' s shoes: The therapeutic value of narrative reframing

치료, part one

『벨트 버클을 풀다』

아장아장 걸을 때, 나는 아빠가 유난히도 화를 잘 내고 무서운 사람이라는 것을 알기 시작했다.

아빠는 매우 엄격한 사람이다. 그는 벨트의 버클을 풀면서 나를 때리기 시작한다. 나는 그가 벨트 버클을 푸는 소리를 매우 싫어한다. 그는 바지의 고리로부터 그것을 잡아당겨, 나의 벌거벗은 어린 피부를 괴롭힐 수 있도록—팽팽하고 빳빳하게 만들려고 그것을 반으로 접는다.

때리는 것은 항상 같다. 그는 나를 팔로 안고 내 팬티를 잡아 내린다. 그리고 차갑고 검은 가죽으로 거칠게 고통을 주면서 내 살갗을 채찍으로 때린다. 아빠는 내 살빛이 장미처럼 분홍빛을 띨 때까지, 또는 엄마가 "됐어요! 그걸로 됐어요! 그만해요!" 라고 소리지를 때까지 계속해서 때린다.

그러고 나서 그는 나를 침대로 보낸다. 흐느끼면서 얼굴을 붉히고 흥분한 상태로, 나는 거기에 누워 기다린다. 나는 그의 무겁게 끌면서 걷는 발자국 소리와 부드럽게 내 방문을 여는 것을 기다린다. 나는 아빠가 방바닥을 쳐다보면서 내 침대의 모서리에 앉을 것이기 때문에 기다린다. 그리고 그가 "미안하다." 라고 말할 것이므로 기다린다. 또 그가 "나는 너를 사랑하기 때문에 너를 때린 것이란다."라고 말할 것이기 때문에 기다린다.

『반성』

사실, 나는 나의 학대에 관한 이야기가 더 건강한 존재를 경험하는 데 장애물이 되었는가에 대해 의구심을 가지기 시작했다. 비록 내가 내 경험을 토로하는 이야기를 가지고 있다고 생각했지만, 더 이상 나에게 도움이 되지 않는 이야기라고 느끼기 시작했다. 그 안에는 재미와 행복, 무엇보다도 평화에 대한 공간이 존재하지 않았다.

치료, Part Two

나는 아버지를 미워하는 것을 멈춘 그 순간을 명확히 기억한다. 내가 전에 정말 결코 알아차리지 못했던 아버지의 신발을 보았을 때, 증오는 멈추었다. 그의 운동화는 커다란 갈색 의자로 막힌 방의 구석에 있다. 그것은 찢어지고, 더럽고, 해어져 있다. 나는 바닥에 앉아 그것을 손에 쥔다. 나는 아버지의 길과 그가 다녀온 장소, 그가 갈 장소, 그의 의미와 목적에 대한 감정에 대해 생각해 본 적이 없다. 내가 손에 아버지의 신발을 들었을 때, 이 질문들이 생각났다.

3. 질적연구 분야에서 자서전적 문화기술지로 표현한 대표 작품

이 절에서는 자서전적 문화기술지에서 중요한 위치를 차지하고 있는 다섯 개의 작품을 소개하고자 한다. 여기에 소개되는 작품들은 교육학뿐만 아니라 다양한 사회과학 연구 영역에서 이루어진 것들로 매우 창의적인 형태로 구성되어 있다. 첫 번째와 두 번째 작품의 경우 자서전적 문화기술지의 전형적인 작품으로 사건 및 주제를 중심으로 한 연대기적 구성을 하고 있다. 이 두 작품은 자서전적 문화기술지 형식이면서 동시에 전기적 형식을 띠고 있는 작품이다. 세 번째 작품은 시를 통해 자서전적 문화기술지를 표현한 작품으로 연구자의 일방적인 진술을 넘어 독자들의 상상력을 자극하고 있다. 네 번째 작품은 연구자가 학생과 함께 경험한 일을 생애사적으로 기술하여 학교교육의 가치를 밝혀낸 작품이다. 그리고 다섯 번째 작품은 자서전적 문화기술지가 가지는 치료적 효과가 무엇인지를 보여주는 작품이다.

(1) Millon의 '축복받고 매혹적인 개인적 오디세이'

'축복받고 매혹적인 개인적 오디세이(A blessed and charmed personal odyssey)'는 '성격 평가 학회지(The Journal of Personality Assessment)'에 실린 Millon(2002)의 자서전이다. 이 작품은 자서전적 문화기술지 중 가장 보편적이며, 일반적인 글쓰기 형식을 지니고 있다. 즉, 저자는 도입문에서 자신이 글을 쓰는 이유를 명백히 제시하였으며, 자신의 삶에 뿌리가 되는 가족과 가정의 분위기를 소개하였다. 그리고 이어서 연대기적 구성 방식에 따라 학창 시절, 그리고 자신의 삶의 굵직한 전환기를 중심으로 자서전 글쓰기의 구조를 구성하였다. 그리고 자신이 가장 이야기하고 싶었던 주제를 직설적이거나 비유적으로 제시한다. 특히 학위 과정에서 겪었던 괴로움이나 갈등, 그 후 일어난 고민, 인생에서 겪게 되는 선택 문제, 연구 업적 등을 통시적인 관점에서 연대기적으로 드러낸다. 작품의 원문을 싣기 전에 그의 작품이 어떠한 연대기적 구조를 가지고 있는지 살펴보면 다음과 같다.

도입문

도입문에는 그가 자서전을 쓰게 된 이유와 심정을 기술하고 있다.

가족

이 절에서는 자신의 뿌리이자 근원인 그의 친척들과 인척들에 대한 소개를 하고 있다. 그리고 자신의 어린 시절 삶에 영향을 끼친 가족사에 대하여 소개하고, 이를 통해 조부모와 부모, 친인척들이 자신의 삶에 어떠한 영향을 끼쳤는지를 기술하고 있다.

학창시절(early school year, 1934~1945), 대학과 졸업

초등학교, 중학교, 고등학교, 대학교 생활 동안 겪은 다양한 경험과 정체성 개발 과정을 기술하고 있다.

펜실베이니아에서의 생활(1954~1970)

시간강사 시절과 연구의 안정적 기반을 다지게 된 ASH 병원장으로 역임한 시절의 이야기들이 기술되어 있다. ASH 병원장이 되어 병원을 발전시키고 자신의 연구의 안정적인 기반을 다진 여정이 기술되어 있다.

시카고에서(1969~1977)

시카고 일리노이 대학으로 옮겨가 메디컬 센터 NPI에 정신 분석학장으로 지내면서 왕성한 연구 활동을 하던 시기에 관한 글이다. 그가 자신의 연구를 어떻게 심화시키고 그 영역을 확장시켜 왔는지에 대한 여정이 기술되어 있다.

마이애미와 보스턴에서(1977~현재까지)

여기에는 그의 마지막 연구의 열정을 불태운 마이애미 대학과 보스턴 매사추세츠 General Hospital에서의 연구 활동이 기술되어 있다. 그가 자신의 연구를 어떻게 집대성하고 정리하고 있는지를 보여준다. 그리고 그간의 연구 여정에서 느낀 감정을 회고적으로 정리하고 있다.

위에서 알 수 있듯이 Millon은 학자로서의 여정을 연대기적 구성방식에 따라 기술하고 있다. 이것은 가장 전형적인 자서전적 문화기술지의 기술 방법이라고 할 수 있다. 다음으로는 구체적으로 그의 작품을 이해하기 위해 원문의 내용 중 '학창시절(early school year, 1934~1945), 대학과 졸업'과 '펜실베이니아에서의 생활(1954~1970)'의 전문을 실었다. 이것은 연대기적 구성방식에 따른 자서전적 글쓰기 양식의 구체적인 기술방식을 보여줄 것이다.

학창시절(early school year, 1934~1945)

걷는 것보다 말을 먼저 배운 나는 9개월 때부터 18개월 때까지 부모님이 새로운 방문객을 소개하면 높은 의자에 앉아 그들이 나를 위해 할 수 있는 것뿐만 아니라 해야 할 것을 말하곤 했다. 몇 년 동안 내가 쓰는 말은 이디시어였다. 그래서 나는 학교에 입학하자마자 이디시어를 사용하는 아이들에게 영어를 가르치는 특별수업을 받았고 몇 주후 영어를 잘할 수 있게 되었다. 그렇지만 mine과 같은 대부분의 강세는 10~20년 동안 고쳐지지 않았다. 내가 1학년 때 Zayde는 나에게 기초적인 계산뿐만 아니라 대수학과 기하학에 대한 흥미를 유발시켰다. 그리고 수학 이외의 모든 과목에서도 또래의 수준보다 높은 고등 교육을 시키고 가르치려고 노력하였다.

3학년 때 나는 뉴욕에 있는 맨해튼의 동북부에 위치한 초등학교에 입학할 것을 제의받았다. 그 초등학교는 Hunter College에서 제공하는 프로그램에 의해 운영되는 학교였다. 입학한 학교에서 나는 수학과 물리학에선 다른 학생들보다 월등한 실력을 가지고 있었다. 하지만 인문, 사회 과학에서는 대부분의 다른 학생들이 나보다 월등한 실력을 가지고 있었다. 하지만 이 학교에서의 생활은 만족스러운 것은 아니었다. 게다가, Hunter에서 브루클린에 있는 집까지 통학하는 것은 길고 지루했다. 그리고 아버지는 당시 8살인 내가 혼자 도시로 나가는 것이 걱정되어 매일 맨해튼 지하철 역까지 나를 택시를 태워 보냈는데 이것은 경제적으로 넉넉하지 않은 집안에서 꽤 부담이 되는 것이었다.

5학년이 되었을 때, 나는 브루클린으로 돌아왔다. 이때 나는 Maurice Sendak이라는 이름의 친구와 매우 즐거운 나날들을 보냈는데, 우리는 함께 교실 뒤 칠판에 붙어있는 큰 차트와 포스터에 그림을 그리곤 했다. 나는 수학적으로 재능이 있었지만 Maurice는 우리가 구하고자 하는 것(예를 들어, 델라웨어 주를 가로지르는 워싱턴, 게티스버그에서와 같은 시민전쟁)을 나보다 더 효과적으로 설명했다. 그리고 우리는 담임선생님인 아주 멋있고 섬세한 Greenspan 선생님과 5학년을 재미있게 보낼 수 있었다. 또한 이 시기에 이웃에서 유일한 아프리카계 미국인이며 우리 아파트 슈퍼의 조카인 Wally Robinson과 청각과 언어에 다소 심각한 장애를 겪고 있는 조용하고 똑똑한 Marvin Immelman과도 가까운 우정을 나누었다. 이 두 친구들은 보통 친구들에게 따돌림을 당하는 친구들이었다. 하지만 그런 것은 내가 그들과 친하게 지내는 데에 영향을 주지 않았다. 나와 Maurice에게 있어서 그 둘은 해리포터와 같은 책이나, 신비한 고전 소설과 공상과학 소설 같은 책을 함께 볼 수 있는 재미있고 사려 깊은 친구였다. 기쁘게도, Tata와 Zayde는 내가 Wally와 Marvin과 친하게 지내는 것을 허락하였을 뿐만 아니라, 그들에게 용기를 심어 주었다. 그 후 나는 10살 때부터 키가 급격히 크기 시작했다. 6학년 때 5′3″에서 6′4″까지 자랐으며 어머니는 놀라서 나를 수많은 호르몬 전문가에게 데리고 갔다. 여느 때와 같이 그것은 걱정할 일이 아니었다. 나의 성장은 1~2년 후 12살 때부터 6′4″의 키에 멈추었다. Tata와 Zyde 모두 겨우 키가 6피트이지만, 나는 Bar Mitzvah에서 다른 어떤 남자보다 키가 컸다.

중학교는 또 다른 흥미로운 경험이었다. 뉴욕의 RA(Rapid advance, 급진전) 프로그램에서 나는 높은 열의와 실력을 가진 친구들을 보고 아주 기뻤다. 특히 평생 가깝게 지낸 Izzy는 반에서 유태인 학교를 다닐 때부터 항상 1등이었고, 의과대학을 졸업할 때도 수석으로 졸업하였다. Izzy는 처음 학교에 입학했을 때부터 친하고 좋아하는 친구였다. 그는 내가 어렵고 심각한 공부 대신 스포츠나 미술, 음악과 노래에 빠지는 것을 막기 위해 애썼지만, 그 역시 이 분야에 상당한 흥미를 가지고 있었다. 그러나 Izzy는 어렸을 때부터 의사가 될 것을 강요받아 왔기 때문에 결국 30대 후반이 되어서야 인디애나 대학의 의과대학에서 심장혈관수술 전문의가 되었다.

고등학교는 대학교까지 이어질 자기 정체성을 개발하여 대학교까지 이어가는 시기로 나에게 두 가지 의심스러운 문제가 이 기간에 존재하였다. 첫째는 공부로부터 수많은 방심을 스스로 만들어냄에도 불구하고, 나는 1300명의 전교생 중 유일하게 모든 뉴욕 주 수학시험에서 100점을 받은 수학 천재로 남아있었다. 오만하게도, 나는 내가 졸업식에서 수학메달을 받는 것은 당연하다고 생각했다. 그러나 놀랍게도 그것은 Ed Murray라는 이름의 학생에게 주어졌다. 그를 30년 후 내가 마이애미 대학의 심리학과에 있을 때 우연히 만나게 되었다. 아주 기쁘게도 Ed는 거기서 28년을 함께 일하는 동안 내가 가장 좋아하고 가장 높이 평가하는 동료가 되었다.

다시 고등학교 생활로 돌아와서, 수학부의 회장인 Dr. Freilich는 나에게 내가 쓸데없는 곳에 재능을 소비하고 있고, 무책임하고, 미성숙하기 때문에 메달을 받을 수 없다고 엄하게 꾸짖었다. 그 이유는 나의 복잡하고 시시한 여자관계와 체육과 미술에 열중하는 과외활동에 있었다. 이런 문제시되는 부분에 있어서, 나는 유쾌한 친구들과 어울려 그 당시 유명한 가수의 목소리와 스타일을 따라하면서 신나고 재미있게 놀았다. 나의 특기는 Bing Crosby, Perry Como와 Danny Kaye를 흉내 내는 것이다. 후에 Vic Damone으로 다소 유명해진 Vito Farinola라는 이름의 사람도 흉내 낼 수 있었다. 이것이 나의 두 번째 문제였다. 나는 짧게나마 고등학교 때 연극이나 노래 쪽으로 직업을 가질 것을 생각해 보았지만 부모님과 Izzy는 그것은 반드시 실패할 노력이라고 단호히 말씀하셨다. 더 중요한 것은 그런 직업은 훌륭한 유태인이 되는 데 도움이 되지 않고 비웃음거리가 된다는 것이었다. 그래서 예술가가 되고 싶다는 생각은 부모뿐만 아니라 같은 생각을 가지고 있는 친척들에 의해 포기되었다. 유사하게, 수학선생님이 되어야겠다는 생각 역시 그 직업이 가지는 제한된 경제적 가능성 때문에 무시되었다. 그러나 아빠의 회계사로 일하는 먼 친척인 Lasser 형제가 크게 성공하자 그들은 회계사를 성공한 직업모델로 삼았다.

대학과 졸업

그래서 나는 회계학을 전공하기 위해 1945년 봄에 City College of New York(CCNY)에 입학했다. 첫 주에는 회계학수업에 흥미를 전혀 가지지 못했다. 회계학 쪽으로 직업적 목표가 희미해지자 다른 전공과목을 찾아다녔지만, 결국 나에게는 쓸데없는 것이었다. 그 당시 CCNY에서 유행하는 반공산주의적 사회주의에 빠져서, 나는 경제 분야에 대해 관심을 가지게 되었고, 오늘날 경제측정학이라고 불리는 것의 선봉인 '정확한 재정관리' 를 전공해 볼 것을 잠시 심각하게 생각했다. 그 후 철학과 물리학과를 배회하기도 했다. 우연히, 나는 심리학시험에서 인상 깊은 점수를 받았다. 심리학교사인 Max Smith는 Gardner Murphy 교수의 여러 강의를 듣게 함으로써 나의 전공을 심리학으로 바꾸게 하려고 애썼다. 그 강의는 감탄하지 않을 수 없었고, 심리학으로의 유혹은 성공적이었다. 나의 대학생활은 아주 재미있었고 개인적으로나 사회적으로, 지적으로 기분 좋게 하였다. 나는 사랑스러운 아내가 1948년 신입생으로

CCNY에 입학했을 때 그녀를 만났다. 우리는 거의 54년 정도를 함께 해왔다. 나는 Phil Teitelbaum, Shel Taylor, Bob Lifton, Elliot Valenstein, Zanwil Sperber, Wally Mandell, Hurb Spohn과 함께 Murphy, Joe Peatman, DanLehrmsn, Herb Birch, Kenneth Clark와 같은 유명한 교수의 강의에서 A를 받기 위해 경쟁하면서 우정을 쌓았다. 동시에 대학신문의 미술 편집장으로, 그 신문의 연보의 부주필로, 학생회의 부회장으로 일할 수 있었다.

졸업을 앞두고 아이오와 주립대학 대학원의 임상 심리과정에서 I. E Farber의 연구보조원으로 일할 제의를 받았다. 그러나 나는 뉴욕과 관련된 수많은 관계를 청산하는 것은 너무 어려운 일이라는 것을 알게 되었다. 그래서 그 제의를 거절하고 CCNY의 심리학 석사과정에 있기로 결정했다. 다행히도 나는 심리학과 사회학, 인류학과의 특별한 보조원자리를 제의받았고, Dan Lehrman을 위한 시간제 실험 연구 보조원으로, Kurt Goldstein을 위한 경호원과 고용운전사로, Dr. Stan Champman을 위한 채점 보조자와 이따금 사회학과 인류학강사로 근무하였다. 석사 과정 기간 중에서 Gardner Murphy와 New York' s Ethical Culture Society의 회장으로 'projective methods(주관을 반영하는 방법)' 라는 용어를 새로 만들어 낸 것으로 잘 알려진 Larry K. Frank와 함께 일한 시간이 가장 의미 있는 시간이었다. 몇 달 동안 나는 일요일 아침이면 Margaret Mead의 집에서 Murphy와 Frank와 모였다. 또한 몇 달 동안 Ernst Kris의 'creatively gifted' 조사 연구에서 정신 분석을 받은 것도 특별한 경험이었다. 게다가 나는 수업이 끝나면 뉴욕의 북서부에 있는 Goldstein 교수의 좋은 친구이자 이웃인 저명한 역사학자 Meyer Schaprio 교수를 소개받았다. 그는 평소 나의 우상이었으며, 종종 저녁에 이야기를 나누곤 했다.

석사과정이 끝나갈 무렵 봄에, 나는 하버드 대학으로부터 비교적 새로운 사회적 관계과정(Social Relations program)에 참가해달라는 제의를 받았다. 그 제의는 심리학과 사회학, 인류학이 혼합된 나의 독특한 전공 덕분이었다. 그 당시 내가 받았던 The Viking Fund 연구비는 내가 Gardner Murphy 교수의 좋은 친구인 Gordon Allport의 보조 연구원으로 일할 것을 의미했다. 그러나 나는 반대로 그 연구비가 요구하는 것은 아프리카의 더 좋은 여름에 대해 연구하는 일이라고 생각했기 때문에 그 기대는 전혀 흥미롭지 않았다. 몇 주 동안 심사숙고한 후, 연구비를 지원하겠다는 제의를 거절하고 뉴욕에 남아있기로 결정했다. 아마도 새로운 학교에서 공부하고 Greenwich Village에 사는 동안 사라져가는 나의 예술적 재능을 키울 기회나 적어도 테스트해 볼 수 있는 기회를 가질 수 있었기 때문이었을 것이다.

그러나 현실은 다르게 다가왔다. 1950년 6월 말에 미국은 한국 전쟁에 참전했다. 나는 곧 1-4징병자격의 남자들은 학생이 아니라면 군대에 지원할 수 있다는 것을 알았고 전쟁에 참전할 마음이 있었다. 그러나 부모님과 약혼녀는 내가 대학생 신분으로 돌아갈 것을 간청했다. 하지만 어디로? 그 당시 시립대학에는 박사과정이 없었다. 나는 독립기념일 후 일주일 동안 Allport를 찾아갔다. 친절하게도, 연구비는 이미 다른 곳에 주어졌지만, 다음해에 지원한다면 그는 최선을 다해보겠노라고 했다. 나는 CCNY에서 여름학기동안 Murphy와 심리학과의 임시회장으로 있는 Joe Barmack에게 연락해서 그들의 조수로 일하게 해달라고 부탁했다. 몇 주가 지난 뒤, 7월 말과 8월 초에 북서부에 있는 대학의 많은 심리학과 철학과정에 지원서와 편지를 썼다. 유일하게 인간과 사회(personality/social)에 관한 코네티컷 대학의학과과정에서 답이 왔고, 연구보조원으로 일할 것을 제의했다. 그것이 Murphy의 부탁이든 Uconn 대학원 학장의 조수로 있는 나의 사촌 Sylvia(Tookie) Bernstein의 도움이었든 간에, 그것은 Uconn의 제의를 얻어내는 데 큰 도움이 되었다. 여하튼 가족은 내가 9월 초에 Uconn으로 가게 되었을 때 비로소 안도의 한숨을 쉬었다.

Uconn에서의 나에 대한 대접과 나의 경력은 혼란스러운 축복이었다. 수많은 새로운 대학원생들은 보조연구원을 그들에게 쓸모없는 존재라고 생각했다. 나는 수업이 있기 일주일 전에 그들이 모두 갈망하고 있는 목표를 가지고 그곳에 왔다. 나는 학생들에게 열렬한 환영을 받지 못했다. 특히, 그중 한 학생은 하버드의 사회적 관계과정의 입학허가를 얻으려고 애쓰고 있었고, 또한 내가 그 과정의 제의를 어리석게 거절했다는 사실도 알고 있었다. 제의를 받았던 예일대학의 철학 수업을 무료로 청강할 수 있다는 사실을 학생들이 알게 되었을 때 문제는 더 심해졌다. 비록 내가 실험적이고 발전적인 학생들과 편하게 지내게 되었음에도 불구하고, Uconn 교수진이 그것을 허락해준 특별한 방침은 학과과정의 현실적인 동료와의 관계를 더 악화시켰다. 다행히도 2년 뒤에 CCNY 친구인 Shel Tayor가 Uconn의 인간과 사회과정에 들어왔고, Renee와 나는 결혼하였다. 그러고 나서 나는 모든 학구적인 노력을 '권위주의적 인간(authoritarian personality)' 에 관한 논문에 쏟아 부었다. 그 주제는 내가 예전부터 깊은 관심을 가지고 있었던 것이며 사회적 도덕성, 특히 나치의 유태인학살의 주범자들의 국가적 역할 같은 것에 대한 논의에 기인하는 것이었다. Larry Frank와 '환자로서의 사회(society as the patient)' 에 관해 논의했던 나의 뉴욕생활은 박사논문연구를 뒷받침하는 논지가 되었다.

1953년 10월 논문을 완성한 후, 나는 이중의식을 가진 평화주의자로서 예상하기 힘든 일이지만, 늦가을에 입대를 준비하였다. 그러나 한국전쟁은 종결되었다. 오히려 놀랍게도, 병역에 복무하게 되는 날이 왔을 때, 나는 마지막 신체검사에서 신체적 문제 때문에 4-F자격을 받아서 군입대를 거절당했다. 잠시 어리둥절하였지만 솔직히 기뻐하면서, 나는 Fort Dix(상설 주둔지)로 떠날 버스 근처에서 나와 작별인사를 하려고 기다리고 있는 Renee를 만나기 위해 병역센터의 문을 나섰다. 한 번에 말할 수 없어서, 우리는 부모님의 집까지 한 마디 말도 없이 버스를 타고 가서, 거기서 작별파티를 열었다.

주저하지 않고, 나는 그해 가을에 새로운 삶을 시작하였다. 나는 뉴욕 친구 덕분에 시간제로 일할 수 있는 몇 개의 기회를 찾을 수 있게 되었다. 나의 자격증명서에 의기양양하지 않고, 나는 다른 대학교수직을 찾는 힘든 일을 시작했다. 6개월간 찾아다니면서 가장 기억에 남는 것은 오클라호마 대학에서 심리학과의 학장으로 있는 M. O. Wilson 교수로부터 전보를 받은 것이다; 그는 토박이 뉴욕사람인 나와 아내에게 오클라호마 대학에서 교수직을 맡아 줄 것을 요청했다. 물론 나는 기꺼이 승낙했다. Wilson의 전보는 나의 길로 들어서는 제일 첫 번째 직업제의였다. 나는 곧 그의 제의를 기꺼이 받아들일 뿐만 아니라 오클라호마 교수진의 Muzafer Sherif 교수(그의 자동운동현상은 나의 논문에서 광범위하게 기술되었다)와 같이 일하게 되어서 매우 기쁘다는 내용의 편지를 썼다. 그러고 나서 Renee와 나는 답장을 기다렸다. 1~2주가 지나도록 우리는 계속 기다렸고, 결국 다른 제의가 들어왔을 때, 더 이상 기다리는 것을 포기했다. 7~8년 정도가 지난 뒤 세 아이들은 지하실에서 찾아낸 한 편지 위의 우표를 떼어 달라고 뛰어 올라왔다. 당황스럽고 조금은 분하게도, 그 편지는 M. O. Willson 교수의 주소가 쓰인 보내지지 않은 편지였다. 어찌된 일인지, Renee와 나는 오클라호마 대학에 편지를 부치지 않았던 것이다.

펜실베이니아에서의 생활(1954~1970)

1954년 4월 Swarthmore와 Lehigh에서 비슷한 직책에서 일할 기회가 찾아왔다. 그러나 이 두 보조교수직의 월급은 사실상 달랐다; 나는 Swarthmore에서 일하고 싶었지만, 월급으로 Swarthmore가 제시한 금액보다 900달러가 더 많은 4200달러를 제시한 Lehigh에서 일하기로 결정했다. Lehigh의 직책은 나에게 적격인 자리였다. 그 부서는 한 사회심리학자가 퇴임하고, 갑작스럽게 임상심리학자가 사직함으로써 두 명의 교수가 부족했다. 비록 처음에는 6개의 새로운 강의를 준비하는 데 조금 힘들었지만 이 두 과목에 대한 많은 지식을 가지고 있었기 때문에 나는 그럭저럭 잘 가르칠 수 있었다.

가르치는 것은 나의 존재 이유가 되었다. 선동하고 계발하는 온화한 힘인 가르치는 것에 대한 나의 열성 때문에 몇 년 동안 수많은 선택과정을 탐구했다. 가장 주목할 만한 것은 대학교 3, 4학년의 상위 2%에 해당하는 학생만 들을 수 있고, 1~2년 동안 네 분의 교수들만 강의해 온 '창조적 개념(Creative Concepts)' 이라고 불리는 수업과정을 강의할 기회가 찾아온 것이다. 미술과 과학과의 학장은 내가 어떤 것이든 가르칠 수 있다고 말했고, 나는 정말 그랬다. 우주창조론, 진화론, 자의식, 인류의 미래, 기타 등등과 같은 흥미롭고 매혹적인 주제에 관한 과목을 가르쳤고, 공학물리학, 경제측정학, 분자생물학과 같은 다양한 분야에서 재능 있는 학생들이 꽤 많이 있었다.

나의 거리낌 없는 과격한 베트남전 반대논쟁뿐만 아니라, 그 당시 임상의학자와 실험주의자 사이의 극심한 분열과 같은 정치운동에도 불구하고, 나는 훌륭한 출판기록 때문에 해고되지 않고, 지역사회의 정신적 건강의 지도자로서 캠퍼스에 간신히 남아있었다.

나의 펜실베이니아 생활에서는 대학교수로서 나의 지위에 버금가는 어떤 활동에 가장 중요한 특징이 있다. 내가 불규칙한 심리학을 가르칠 필요가 있었던 것은 Lehigh 첫해 때였다. 이 수업은 학생들을 그 지역의 Allentown 주립병원(ASH)에 데리고 가서 생생한 사례 프레젠테이션을 관찰하는 것을 가능하게 했다. 우리가 처음 ASH를 방문한 것은 1954년 10월 초였다. 첫 번째 방문은 병원을 견학하는 것이었다. 그 경험은 소름이 오싹 끼치는 것이었다. 30여 명의 학생들 중에서 반은 첫 번째나 두 번째 건물을 지나온 뒤 견학을 포기하였다. 서너 명은 병원식당에 잠시 머물렀을 때 메스꺼워 했다. 나 역시 많은 주립병원에 다녀봤지만 방문이 끝난 뒤 불쾌함을 느꼈다.

동시적으로, 그해 가을 선거운동이 진행되었다. 민주당 후보인 George Leader라는 이름을 가진 청년은 펜실베이니아의 시민들을 적절하게 치료하는 데에 있어서(특히 정신적인 병을) 전 공화당의 행정부의 실패에 대해 신문에 논평했다. 그는 전혀 모르고 있었다. 나는 그가 ASH의 병원 환경이 얼마나 열악하고 혐오스러운지 분명하게 알게 하기 위해 ASH를 방문할 것을 간청하는 5장의 편지를 빽빽하게 썼다. 일주일 후, 놀랍고 만족스럽게도 그의 매니저이자 전 상원의원인 Harry Shapiro라는 사람이 나에게 며칠 후에 Mr. Leader와 만나서 함께 ASH를 방문하자는 전화를 했다. 그리고 며칠 뒤, 정해졌던 시간과 날짜에 100명이 넘는 펜실베이니아의 기자와 사진사들을 데리고, 나는 Mr. Leader를 만나서 'asnack pit' 와 'cuckoo－nest' 라고 불리는 비참한 지하 감옥을 걸었다. Leader는 첫 번째 민주당 주지사로 선출되었다. 7월에 그의 취임

식이 있은 직후, Shapiro는 새로운 ASH의 이사로 임명하기 위해 나를 초대했다. 나는 새로운 이사회의 멤버들 중 정신적 건강 증명서를 유일하게 가지고 있었기 때문에 26살에 이사회의 회장으로 뽑혔다. 1955년에 2,100명의 환자를 수용하였고, 펜실베이니아에 있는 22개의 주립병원 중 몇 개의 건강 서비스 기준 평가에서 22위로 순위가 매겨진 이 병원은(동시에 펜실베이니아는 미국에서 48개의 주 중에서 47번째로 랭크되었다) 그 뒤 10년 후의 평가에서는 1위를 차지하게 되었고, 펜실베이니아는 전국적으로 3위에 랭크되었다. 15년동안 ASH에서 일하면서 부원을 급격히 늘리고 시설을 향상시켜 놓으면서 이 병원을 우리는 훌륭한 진료시설로 바꾸어 놓았다.

나는 일상적인 삶을 버리고 환자들을 관찰하고 탐구해야 했다. 나는 모든 주말과 밤 동안 병원 복을 입어야 하고, 민감하고 고질적인 병원의 감독 안에 나는 기꺼이 익명으로 환자들과 대화하는 모험을 감행했다. 병원에서 머물렀던 나의 마지막 밤에 있었던 자그마한 에피소드를 소개하겠다. 일요일 이른 아침에 나는 병원의 30개 이상의 병원 침대 중 한 개인 내 침대 볼트를 죄어버렸다. 내가 실제로 병원 당국의 사람이든지 정신과 교수든지 간에 식은땀이 나고 괴로워지기 시작했다. 문득 이런 생각이 들었다. 나는 단지 다른 사람들을 영리하게 속인 편집증 있는 미친 환자는 아닐까? 나는 그들이 그리스도이고 사제라고 주장하는 어떤 유사한 부속물로 변장시켜 만들었던 것인가? 나를 덮치는 두려움과 혼란을 막을 수 없어 Shattel 박사에게 급하게 전화를 걸었다. 그러고 나서야 나는 갑작스럽고 설명할 수 없는 망상에서 평온해졌다.

나는 병원 안을 돌아다니며 많은 것들을 배웠다. 그들은 내가 우리의 정신건강의 진단—그것의 진단 개념 과학적인 기초, 치료상의 접근과 같은—을 결정하는 데 대해 심사숙고해서 쓰도록 만들었다. 이 방문은 사실상 나의 첫 번째 전공 책—치료상의 접근과 이론상의 모델, 새로운 진단에 도움이 되는 도구의 발달을 이끄는 분야에서 '사상가'라 불리는 나의 심각한 직업이 시작된 텍스트인 『현대 정신 병리학』—의 실제적인 기초와 자극이 되었다.

나는 정돈되고 조리 있는 틀 구조 속의 『현대 정신 병리학』이 시작되는 서문에서 간단하게 이 책은 정신 병리학 분야의 이전과는 다른 사실과 이론을 모은 나의 학문적 시도라고 밝혔다. 그것은 모험과 희망처럼 나를 미래의 연구와 가르침, 더 효과적인 임상의 책임을 수행할 수 있게 하였다. 저자로서 그 일은 나를, 이 추정 속의 자만심과 자존심으로 주제넘은 생각을 하도록 강요한다는 것을 나는 조금은 알고 있었다. 나는 그 분야를 둘러싼 불분명함, 모순, 혼란스러움을 반복적으로 직면하게 되었고 오래되고 당황스러운 문제인 나 자신의 공식적인 소설 '정화' '해결책' 을 발견하였다. 간단히 말해 적당한 독학은 지적이고 용감한 행동이 될 수 있다. 나는 중요한 병원의 증후군을 얻을 수 있고 공동 작용할 수 있는 정신 분석학적이고 생물학적인 요소 둘 다를 섞는 새롭고 논리가 서는 이론상의 하나의 구조틀을 개발하기 위해 노력하기 시작했다. 몇몇 정신 병리학자가 행하였던 현대 이론의 언어 중에서 전통적인 정신 의학의 카테고리 속의 용어 대신에, 나는 개인적인 발달과 기능하는 것의 주요한 기초가 되도록 고려하는 새로운 분류의 개요를 연구하는 것을 추구했다. 내가 그때 언급했던 "적응성이 없는 생물 사회학적인 이론의 기능하는 것과 배우는 것"의 용어는 MP에서 정했다.

펜실베이니아 생활에서 우리와 함께하였던 애정이 있고 영원했던 친구들의 멋진 그룹에 대해 한 마디 해야겠다. 그들은 지금 70, 80대이며, 우리는 여전히 일 년에 한 번 만나거나 만나려고 애쓴다. 그들의 이름은 Flo와 Jack G., Norma F., Addi와 Howard A., Rose와 Tommy W., Viv와 Len R., Edie와 Josh E., Myra와 Jerry F., Dorothy와 Ferdi L., Naomi와 Sam G., Renee와 Eli S., Shirley와 Mike L., Sylvia와 Joe D 등이다. 그러나 이 소중한 애정과 따뜻함을 주었던 친구들을 두고, MP 텍스트가 알려지기 무섭게 몇 개 대학에서 지금 이 곳을 떠나 그들 학부에 참가해달라고 나에게 접근했다.

(2) Loevinger의 '인습타파주의자의 고백: 비주류의 안식처에서'

이 작품 역시 앞의 '축복받고 매혹적인 개인적 오디세이' 와 함께 '성격평가 학회지(Journal of Personality Assessment)' 에 실린 Jane Loevinger(2002)의 자서전이다. 2002년 당시 성격 평가 학회지는 새로운 연구 방법을 소개하기 위하여 자서전적 기술방법과 관련된 글들을 모은 특집호를 발행하였는데, 이 특집호에 Millon과 Loevinger의 글이 소개되었다. Loevinger은 '인습 타파주의자의 고백: 비주류의 안식처에서(Confessions of an iconoclast: At home on the fringe)' 에서 자신이 저명한 성격심리학자로 성장한 과정을 생애사적, 전기적 방법을 통하여 기술하였다. 또한 이 작품은 Millon의 '축복받고 매혹적인 개인적 오디세이' 와 마찬가지로 연대기적 방법을 사용하여 자신의 삶과 성장 과정을 기술하였는데, 이것은 독자로 하여금 연구 참여자가 어떠한 삶을 살았는지 이해할 수 있도록 도울 뿐만 아니라 연구 참여자의 삶을 심층적으로 들여다볼 수 있게 도와준다. 이처럼 자서전적 글쓰기에서 연대기적 구성 방식이 가장 일반적으로 사용되는 이유는 연구 참여자의 생애를 심층적으로 이해할 수 있도록 돕기 때문이다. 즉, 연대기적 구성 방식이 널리 사용되는 이유는 이 방식이 자료 분석과 기술에 있어 가장 기초적이고 전형적인 양식이면서 삶의 의미와 과정 그리고 참여자와 환경 사이의 관계를 드러내는 가장 효과적인 방법이기 때문이다. Loevinger의 이 작품 역시 이러한 연대기적 구성 방식을 사용한 자서전적 글쓰기의 특징을 아주 잘 보여주고 있다.

> 나는 1918년 미네소타, 폴 주에서 5명 중 셋째 아이로 태어났다. 변호사였던 나의 아버지, Gustavus Loevinger는 내가 고등학교에 있는 동안 1932년에 지방법원 판사로 임명되었다. 어머니는 타고난 아마추어 피아니스트였는데 때때로 여분의 시간에 학교에서 가르쳤다. 부모님 두 분 다 어머니가 없는 어린 시절을 보냈는데, 이것은 가족의 강제적인 분위기에 다소 공헌한 것 같았다. 내가 기억하는 유일한 조부모는 엄마가 싫어하는 계모였고, 그녀는 결코 가까운 가족의 일원이 되지 못했다.
>
> 아버지는 독일에서 태어나 8살 때 그의 아버지(나의 할아버지)와 이 나라로 왔다. 아버지의 어머니(나의 할머니)는 아버지가 태어난 후 얼마 안 있어 결핵으로 죽었다. 몇 명의 큰아버지들은 이미 그들 홀로 미국으로 갔다. 한 명은 Montana에, 한 명은 텍사스의 대목장에, 한 명은 Mitchell, South Dakota에, 그리고 한 명은 Mitchell 근처의 농장에 정착했다. 아버지와 할아버지는 아버지의 형인 조가 사는 Mitchell에 갔다. 아버지는 조의 아내와 우호적인 이웃에 의해서 길러졌다. 아버지는 고등학교 그리고 Dakota Wesleyan 대학을 졸업하고 미네소타 법학 대학원에 들어갔다. 아버지의 영어 실력은 매우 우수해서 영어를 가르치기에 충분할 정도이다.
>
> 다른 가족과 우리 가족이 구별되는 한 가지는 우리 이름의 스펠링이다. 독일 문자 ö자는 다양하고 상황에 따라 o나 e로 번역된다. 소년이었을 때 스스로 영어를 배운 아버지는 정확한 번역은 oe라는 것을 배웠다.
>
> 이모, 삼촌, 사촌들도 있지만, 그들을 좀처럼 만날 기회가 없었다. 나는 주로 몇 달 동안 우리와 함께 살러 온 사촌 루이스를 기억한다. 그녀의 가족은 농장에서 살아서 우리와 함께 지내는 것은 그녀가 나의 어머니를 돕는 동안 도시의 삶을 보는 기회를 주었고 나의 부모님들이 휴식을 취할 수 있는 기회를 주었다. 사촌 루이스는 나의 동생 루이스가 그녀의 어린 시절 별명인 Peter라는 애칭이 있을 정도로 우리와 함께 오래 살았다.
>
> 우리는 전형적이고, 따뜻한 가족이 아니었다. 쾌활하고, 다소 경쟁적인 분위기와 성실성과 자존심이 있었지만, 명백한 애정은 아니었다. 우리는 특히 귀가했을 때나 외출할 때 그렇게 하는 것을 좋아하든지 말든지 부모를 안고 키스

하도록 요구받은 적이 있다. 나는 애정을 보여주기 위한 형식상의 룰의 강요에 의해 소원하게 되었고 움츠러들었다.

어머니가 아버지보다 더 자연스러움을 가지고 있었다. 나는 어머니가 집 주위에서 재미로 춤을 춘 두 가지의 경우를 기억할 수 있다. 하나는 어머니의 작은 Steinway 그랜드 피아노가 배달되었을 때이다. 다른 하나는 어머니가 머리를 잘랐을 때이다. 어머니는 언제나 머리를 길게 길렀고 머리 위에 핀으로 큰 쪽을 지었다. 어머니의 새로운 스타일은 그때의 유행인 'boyish bob' 이었다. 아버지는 어머니가 느끼는 흥미만큼이나 실망하였다. 이런 것이 1920년대 여성의 자유에 대한 설명이다.

아버지는 대부분의 시간을 일하는 데 보냈는데, 기꺼이 집안일을 맡았다. 그것은 전통적인 가치였기 때문에, 여기서 언급하는 것은 거의 쓸모없다. 동료들인 Augusto Blasi와 Le Xuan Hy가 이태리와 베트남에서는 가족의 권위는 어머니에게 있지 않고, 아버지에게 있다고 말했다는 것을 제외하고는 우리는 다음 세대를 구원한 벤자민 스포크의 육아 철학의 기치에서 길러졌다. 부모님은 식사예절뿐만 아니라 우리가 먹어야 하는 음식에 대해서도 지배적이었다. 부모님은 그렇게 많이 벌을 주지 않으셨고 어머니는 아버지보다 더 너그러웠다. 심한 잘못을 하였을 때만 나는 아버지로부터 꾸중을 들었다.

나는 학교에서 월반을 해서 나이가 많은 아이들과 학교를 다녔고, 언제나 주변인이었다. 공공 도서관에서 시들을 읽으면서 고등학교 시절을 견디었다. 나는 자신을 시인이라고 생각하였다. 비록 내가 어떤 것을 출판하는 것에 실패해도(잡지사에서 내 작품들의 출판을 거절했다) 나는 결코 시에 대한 열정을 버리지 않았다.

대학

나는 어머니의 뜻에 따라 고등학교 상급생 때 학교를 나와서 미네소타 대학에 등록했다. 나는 신입생 때 대학과정을 심각하게 받아들이지 않았다. 대신에 미술사와 건축학 과정을 공부하였다. 다행히, Minnesota Daily가 최고의 답안이 되었다. 리포터의 대가인 에릭 Sevareid이다. 나는 그때 쓰기에 대한 많은 것을 배웠다. 좋은 편집자는 풋내기 신문 기자를 걱정하지 않는다.

나는 영어코스를 받지 않았다. 왜냐하면, 나의 사견으로 그것이 나의 스타일을 망칠 것이 두려웠다. 그 당시의 그 나라는 심각하지 않은 다른 학생들뿐만 아니라 나에게도 영향을 미치는 불황에 빠져들고 있었다.

나는 필수과목으로 과학을 수강해야 했지만, 나에게는 너무 비과학적인 것으로 보였으므로 심리학 코스를 듣기 시작했다. 직업상담이 UM에서의 전공이었다. 미네소타 대학은 그 분야에서는 최고였다. 그래서 나는 자신을 고객이라고 생각하기로 결심했다. 나의 상담원인 Jack Darly는 나에게는 심리학이 너무 수학적이라고 말했다. 그러나 나는 심리학적 미학에 도달하려 했는데, 그것은 도전이었다. 나는 즉시 삼각법의 코스에 등록했다. 한때 내가 벡터와 행렬 코스로 수학을 계속 공부할 때 거기에서 나는 멋진 선생님인 Dunham Jackson을 만났다. 나는 수학에 전혀 타고난 재능이 없었지만 수학에 전념했다. 또한 좋은 통계학 선생님을 만났는데 생물학자인 Alan E. Treloar이다. 나의 심리학 선생님들인 Florence Goodenough와 Donald G. Paterson은 모두 지능과 지능측정에 있어서의 개인의 차이를 강조했다. 이들은 유전주의로 설명하는 경향이 있었다.

정신측정학에서 석사학위를 따고 졸업한 나는 20살이었다. 나는 심리학과의 조교직을 거절했고 아동복지기관으로 들어갔다. 입법부가 기금을 줄이자 나는 해고되었다. Goodenough가 그녀의 학생들 중 한 명에게 왜 내가 해고되었는지 설명했다. "그녀는 너무 어리다. 너무 철저하다. 그리고 유태인이다." 다른 학생이 나의 친구 중 한 명이었기 때문에 5분 이내로 의사결정이 이루어졌다는 것을 알았다. 그녀는 Young Communist League의 일원이었는데 그곳은 그들이 내가 멤버가 되는 것을 원하지 않았지만, 나도 참여하고 싶은 생각이 들지 않는 곳이다.

심리학과의 학과장인 R.M.Elliot는 나에게 최고의 졸업생이라도 유태인 여자인 박사학위 졸업자에 대한 직업은 오직 미네소타의 시골에 있는 종교적인 학교라고 말했다. 대학은 유태인이나 여자는 받지 않는다. 그는 친절하게도 내가 작은 가게에서 점원으로 일하게 되는 것을 보고 싶지 않다고 말했다. 그래서 그는 내가 심리학자와 결혼하기를 추천했다. 적어도 그는 가망 없는 기대에도 웃을 수 있는 우아함을 가지고 있다.

내가 다른 학교로 막 떠나려고 했을 때 심리학의 상급 조교가 실제적인 직업을 가지게 되어서 나는 이번 해 말에 떠나는 것을 전제로 조교직을 제공받았다. 이맘때에 미국인 심리학협회가 미네소타에서 연례 모임을 가졌다. Edward Tolman의 선택의 관점에서의 쥐의 행동에 관한 연설은 그의 활발하고 매력적인 과학에의 접근을 보여주었다. 나는 그의 태도와 미네소타의 교수들의 태도가 달라서 그 순간 반해버렸다. 그래서, 나는 다른 미네소타 학생들과 달리 동부나 시카고 쪽의 학교로 안 가고 버클리에 있는 대학에 지원했다. 많은 중서부의 사람들은 캘리포니아를 꿈꾸지만 나는 시카고로 간다.

버클리

1939년 나는 버클리에서 다시 태어났다. 내가 도착했을 때쯤, 버클리 대학에 새로 부임한 훌륭한 교수들은 Erik Erikson, Else Frenkel Brunswik 그리고 Jerzy Neyman이었다. 운이 좋게도 나는 그 세 사람 모두를 알게 되었다. Neyman은 현대 통계학의 창설자 중의 한 명이었다. 나는 결코 그의 접근법을 마스터할 수 없었지만 그의 코스를 청강함으로써 통계학에서는 반에서 최고일 정도로 충분히 배웠다.

Else Frenkel-Brunswik는 그녀의 남편인 Egon Brunswik와 함께 하려고 왔다. 그는 이미 버클리의 교수단에 있다. Else는 미국으로 가기 위해서뿐만 아니라 목숨을 구하기 위해서 비엔나를 떠나야 했다. Else는 연구자로 일하기를 열망했지만 히틀러와 무솔리니의 그늘에서의 보통의 대부분의 주제는 진부해 보였다. 그래서 그녀는 독재적인 사람에 대한 연구를 하는 것을 선택했다.

졸업생 중에 많은 학생들이 그녀의 연구팀에 합류하였는데 Daniel Levinson, Donald Campbell, Milton Rokeach 그리고 Richard Cristie를 포함해서이다. Nevitt가 교수단에 합류했을 때 그는 연구팀의 일원이 되었다. 많은 사람과 함께 나는 빈번한 보고서를 위한 청취자의 일원이 되었다.

그 연구는 평범한 대학생들과 함께 집단으로 이루어졌는데, 노동자, 군인, 죄수, 다른 사람들의 참여집단을 이용함으로써 이루어졌다.

이 연구의 두드러진 성과 중의 하나는 성 심리 용어에서의 고전 프로이드의 이론을 넘어섰다는 것이다.

인터내셔날 하우스

버클리에 가는 것은 집을 떠나 생활한 나의 첫 번째 유학이었다. 나는 인터내셔날 하우스에서 살았는데, 그곳은 졸업생들과 외국인들의 기숙사와 같다. 나는 거기서 모든 종류의 사람들을 만났다. 나는 몇 명의 여성 심리학 학생들과 친구가 되었다. 많은 사람들이 물리 과학자였다. 방사능 실습실과 교수단 때문에 버클리는 물리학 과학자들에게 동경의 대상이었다. 나는 특별히 Robert Oppenheimer의 학생들과 박사과정을 마친 동료들을 알게 되었다.

Julian Schwinger는 대부분의 학생들이 잠자리에 들 때 아침을 먹으러 일어나곤 했다. 우리는 종종 늦은 밤에 레스토랑에 갔다. 전쟁 후에 그는 노벨상을 받았고 나는 그 이후로 그를 볼 수 없었다.

Robert Christy는 그 시기의 또 다른 친구이다. 그는 캐나다에서 왔다. 그와 나는 날씨가 맑은 캘리포니아에서 온 동료들 사이에서는 보기 힘들게 사이가 좋았다. 그는 'Oppie'가 학생들을 위해 열어준 커플파티에도 나를 데리고 갔다. 전쟁 후에 Christy가 Cal Tech의 교무처장이 되었다.

나는 화학에서의 박사과정을 마친 동료인 물리과학자 Sam Weissman과 친밀한 관계를 가졌다. 각자의 친구의 소개로 만나게 되었다. 그 후로 우리는 가까운 사이가 되었고 지금도 함께 일하고 있다. 이와 같이 더 이상의 자격인정이 필요 없는 과학자들과의 오랜 교제는 심리학에서의 자신의 연구와 방향에 자신감을 준다. 더 인본주의적인 관심과 접근을 가지고 있는 우리 쪽에 대해 'more scientific than thou'의 자세를 생각하는 행동주의적인 실험자들과 Clark Hull의 제자들에 대하여 나는 겁을 먹지 않았다.

버클리에서의 심리학

내가 버클리의 심리학과에 왔을 때 나는 따뜻한 환영을 느꼈다. 지도교수인 Jean Walker Macfarlane은 나를 그녀의 입문 임상 클래스와 어린이와 사회에 관한 에릭슨의 수업에 등록시켰다.

UM에서는 그것을 비과학적이라고 생각하여, 오직 하나의 강의에서만 정신분석학을 강의해왔었다. 졸업생 중 한 명이 나에게 "정신분석학은 그들이 우리에게 말한 것과 같지 않다. 프로이드를 읽었는데 정말 재미있더라"고 말했다. 그들은 자아, 초자아, 이드의 서로의 역할을 정하는 게임을 했다. 나는 때때로 자아였고, 종종 초자아였지만 이드는 결코 아니었다.

1930년대 미네소타에서 정신분석학에 대한 적대적인 태도와는 대조적으로 에릭슨의 코스는 정신분석학에의 입문이자, 엄청난 성과였다. 몇 가지 이유로 Macfarlane은 한 학기동안 에릭슨의 연구 조수로 나를 정했다. 버클리 안내 연구에서 사춘기 이전의 소녀들이 그의 사무실로 한 번에 오곤 했는데, 그는 그들에게 테이블에 있는 작은 몇 개의 장난감을 이용해서 영화의 흥미로운 장면을 그리게 요구했다. 그는 장면을 사진 찍고 그것을 스케치하고, 그리고 다음 소녀가 오기 전에 그것을 필기하곤 했다. 그는 나중에 그의 스케치와 사진으로부터 그것을 다시 구성할 수가 있었다.

그는 소녀들이 보통 누군가나 어떤 것을 평화롭고 민주적인 장면에 연상시킨다고 했다. 그것은 그가 하버드에서 전에 연구했던 젊은 남자의 반응과는 대조적이었다. 그들은 거의 언제나 자동차 사고의 장면을 구성해 냈다.

하루는 내가 왔을 때 구조가 여전히 서 있었고, 나는 그것이 소녀의 몸의 모델인 것처럼 보인다고 말했다. 에릭슨은 나에게 성가심을 표현했다. 나는 추측했다. 나의 해석에 대해서 걱정할 필요가 없다는 것을 확신했다는 것을. 그는 의자에 등을 기대고 큰 노란 스케치 패드를 앞에 두고 큰 문자를 썼다. "ICW." 그것은 우리가 있는 건물의 머리글자였다. 나는 그것을 가지고 가서 "I see double you"라고 했고 그의 폭발적인 분노에 대해 간접적인 사과를 했다. 얼핏 그는 규모나 양에 관심이 없다는 인상을 받았다. 나는 버클리에서 급진파로 분류되지 않았다. 다른 심리학 졸업생들은 나의 소박한 말에 대해서 놀렸다. 친구들 중 세 명이 가정을 가지고 있었고, 나에게 결혼하라고 강요하려고 했다. 그러나 나는 신경 쓰지 않았다.

다년간의 전쟁

전쟁의 출현으로 삶은 급진적으로 변화했다. 전쟁에 관계된 의무를 위하여 많은 상급 교수단 멤버들이 워싱턴으로 불려갔다. 박사학위가 없어도, 나는 몇 년 동안 가르칠 수 있는 기회를 가졌다. 나는 스탠포드와 버클리에서 2가지 이유 때문에 일시적인 직위를 제안받았다. 그것은 나는 다른 학생들보다 더 진지하게 통계학을 이수하고 가장 중요한 것은 내가 징병이 될 수 없다는 것이었다.

스탠포드에서 1년을 가르친 후 나는 다시 버클리로 돌아가서 학위논문을 준비하고 더 많은 강의를 했다. 한 수업에서는 강의 조교가 내 친구인 Betty Goldstein이었다. 우리는 아주 가까운 친구가 되었다. 우리는 어머니들 같은 삶은 절대 살기를 원하지 않았고 막연하게 좌파의 정치적 감정을 나누었다. 뛰어난 학생이었지만 Betty는 'real 세계' 를 향해 학교를 떠났다. 처음에는 노동에 대해 공부하다가 나중에는 여성용 잡지에 글을 썼다. 그리고 그녀는 곧 Carl Friedan과 결혼했다.

여성 잡지에서 그녀의 교외거주자 여성에 대한 불만에 대한 기사를 거절하고 그녀가 임신으로 직장에서 해고되었을 때 몇 개의 거절된 에세이들을 모아서 'The Feminine Mystique' 라는 제목의 책을 냈다. 그녀는 박사학위를 위해서 머문 우리 중 어떤 이보다 더 큰 영향력을 갖게 되었다.

1943년에 Oppie와 그의 학생들과 샘을 포함한 일군의 젊은 과학자들이 로스앤젤레스와 뉴멕시코에 국립 실험실을 설립하기 위해 버클리를 떠났다. 그곳은 연합군의 종전 노력을 앞당기기 위해 최근의 과학적 발견과 특히 핵물리학 연구를 하고 있었다.

나는 버클리에 남아서 논문준비와 강의를 계속했다. 심리학 이론으로서 정신분석학에 흥미를 느끼며, 나는 참여관찰자로서 미네소타에 있는 직업상의 카운슬러에게 의견을 물었다. 다행히 그 과정은 더욱 매력 있었고, 샌프란시스코에서의 결과는 풍성했다.

졸업논문의 완성

내가 학위를 가지지 않았을 때 내 일은 전도되어 있었다. 나보다 나이가 많은 학생들의 위원회는 앉아있고 나는 가르쳤다. 스탠포드에서 Jack Hilgard가 많은 도움이 되었는데 내가 무엇을 해야 할지 모르고 있을 때 코치해 주었다. 버클리에서 나는 좋은 지도교수를 찾지 못했었다. Robert Tryon은 심리학 교수였는데 그의 주제는 나의 논문분야인 정신측정학이었다. 내가 나의 학위논문을 준비할 때 그는 떠났다. 사실 내가 가르친 것은 그의 과정이었다. 더 중요하게도 우리는 정신측정학에 관련된 이슈에 관해서는 상반된 의견을 가졌다.

하지만, 거기에는 내가 열심히 배운 교수님들이 있었다. Else Brunswik는 아직도 공식적인 교수는 아니었지만 학생들에게 존경을 받았다. Jerzy Neyman은 교수였지만 심리학에서는 아니었다. Egon Brunswik는 나와 Ken Hammond와 Don Campbell을 포함한 몇 명의 학생들에게 아주 중요한 사람이었다. Egon은 심리학 역사에 대해 심오한 지식을 가지고 있었고 그것은 개연론의 그의 시스템이라는 말로 표현했다. 그는 심리학의 시스템으로서 정신분석학을 진지하게 다루었다. 졸업 언어 시험을 위해서 Egon은 교과서로 프로이드의 Clark를 정하였는데, 그것을 정하지 않았더라면 내가 다루지 못했을 정도로 난해했다. 그는 나를 위해 평범하지 않은 한 가지를 더 했다. 그는 내가 심리학에 공헌할 것이라는 자신감을 표현하기 위해, 심지어 내가 결혼하고 아이를 가졌을 때도 도와주었다.

정신측정학과 기질

나의 박사학위 논문의 주제는 능력 테스트의 구조와 평가이다. 그것은 정신측정학 이론, 테스트 신뢰도의 기본적인 개념의 비판에서 시작했다. 나는 테스트 신뢰도의 비순환적인 정의는 없다는 것을 증명했다. 이 논쟁은 내 입장에서는 이해를 하지 못하였다. 나에 관한 기사 중 하나가 악의적인 비평가로부터 그러한 책은 출판되지 않아야 한다고 다시 나왔다. 나에게는 옹호론자들과 비평가들이 많다. 그러나 전문적인 인습타파주의자의 역할은 인기를 얻기 위한 지름길이 아니다. 나는 더 이상 평론을 저술하지 않을 것이다. 내 관점은 그런 비평이고, 더 이상의 적들이 필요하지 않다.

내 이론의 많은 자료들은 내가 인용한 기사 '심리학 이론의 도구로서의 객관적인 테스트' 를 연구한 것이다. 그러나 많은 곳에서 출판을 거절당했다.

비록 나의 인습타파가 진실한 신앙인들에게 사랑받지 못하게 하지만, 그것은 개인적이고 전문적인 실수로부터 벗어날 수 있게 해주었다. 나와 연관하지 말라고 말한 Betty Friedan의 공산주의자 친구들은 내가 Trotzkyite라고 말했고, 그녀의 Trotzkyite 친구들은 내가 공산주의자라고 말했다. 나는 비록 특히 미네소타에서 그런 류의 친구들이 있었지만, 또 다른 모임에 참여하고픈 마음은 결코 없었다.

몇몇 진정으로 믿는 이들은 정신분석학의 주요 핵심은 카텍시스(심적 에너지가 어떤 대상에 집중하는 것) 이론에 있다고 생각하곤 했다. 나는 결코 카텍시스 개념을 받아들일 수 없었다. 왜냐하면 부분적으로 나는 그것을 내가 확실히 숙달한 유일한 언어인 표준영어로 번역할 수 없었고, 다른 한편으로는 만약에 내가 하루 동안에 영혼의 에너지를 포옹한다면 열역학의 권위자와는 같이 침대로 갈 수 없었기 때문이다(열역학과 영혼의 에너지 사이에 모순관계가 있음). 나는 아니었지만, 정신분석 치료학자로서 훈련을 받은 많은 사람들이 또한 카텍시스 이론에서 방향을 돌렸다. 그리고 그들은 몇몇의 분석가들에 의해 곧 추종되었다.

(3) Leggo의 '좌회전'

'좌회전(Left Turns)' 은 Carl Leggo(2007)가 교사로서의 자신의 삶을 그린 자서전적 시이다. 이 작품의 특징은 시를 통해 자서전적 글쓰기가 시도되었다는 점이다. 이 작품은 질적연구에서 시적 글쓰기가 가지는 가치와 효용에 대하여 논한 그의 논문 'Astonishing Slience: Knowing in Poetry' 의 마지막에 제시되어 있는데, 그는 이 논문을 통해 '질적연구에서 시적 글쓰기가 어떻게 이루어질 수 있는가' 에 대한 답의 일부로서 이 자서전적 시를 제시하였다. 즉, 그는 질적연구에서 시적 글쓰기가 어떻게 이루어질 수 있는지를 보여주기 위하여 자신의 삶을 연대기적 구성 방식에 따라 시로 표현한 것이다. 그의 이러한 시도는 질적연구에서 시적 글쓰기가 가지는 가치뿐만 아니라 자서전적 문화기술지가 시로도 표현될 수 있음을 보여주었다. 『축복받고 매혹적인 개인적 오디세이(A blessed and charmed personal odyssey)』와 같이 자서전적 · 연대기적 구조를 취하면서도 시라는 새로운 형식을 도입한 것이다. 또한 이 작품은 자신의 연구 과정을 시가 가지는 특징인 상징적 표현을 통해 제시함으로써 독자들이 그 가치와 의미를 스스로 찾고 생각할 수 있도록 하였다. 이것은 독자와의 상호작용 속에서 의미가 생성되고 구성되는 질적연구의 특징을 잘 드러내 주는 것이다.

Corner Brook, 1970, 1989

고등학교 교장 선생님은 내게 말씀하셨다.

너는 교사를 하거라라고.
나는 싫어요라고 말했다.
거의 이(二)십년이 사라져 갔다.
나는 내 옛 학교에 들러보았다.
교장 선생님은 은퇴하셨다. 오래전에.
나는 교사였다. 놀랍게도.

성(聖) 요한, 1970~1976
나는 결코 교사가 되고 싶지 않았다.
나는 우주 비행사가 되어서
천국을 보고 싶었고, 또는
시인이 되어 천국을 쓰고 싶었다.
나는 흥미로운 직업 목록을 보았다.
나는 편자공이 되어야 한다는 것을 알았다.
내가 말을 무서워했음에도 불구하고 말이다.

Robert의 팔, 1976~1978
가난했어도, 나는 교직(敎職)에 푹 빠졌다.
내 첫 해는 칠학년을 가르치는 것이었다.
사십칠 명의 학생들을.
나는 이방(異邦)의 세계에서 눈을 떴다.
작은 마을에 살고 있으며, 모든 이들이
모든 것에 대한 신(神)의 마음을 아는 곳에.
나는 그들과 동화되려 했다. 하지만 못했다. 나는 떠났다.

토론토, 1978~1979
더 큰 도시로, 혼자서 세상으로.
나는 목사가 되기로 했다. 그러나
신학교에서 생활한 지 두 달 뒤
묘지처럼, 부르심을 받았고, 지금은
목사는 정화(淨化)되어야 한다.
내가 불순하고 거칠며
세균으로 득실거릴 때. 그래서 나는 떠났다.

Stephenville, 1979~1985
한 마을에 있는 작은 학교를 향해서
해변에 있는, 작은 농장 근처에 있는
아마도, 부직(副職)이자 본직(本職)으로,
내가 동화하려고 하는 곳으로,
그러나 눈에서 나오는 열정으로 가르쳤다.
마음으로 가르쳤다.
학교 공청회가
나를 위험하다 할 때까지는.
그랬다. 나는 떠났다.

Fredericton, 1985~1987
그리고 떠났다.

Edmonton, 1987~1989
그리고 떠났다.

Corner Brook, 1989~1990
그리고 떠났다.

밴쿠버, 1990~현재
아직도 가르치며, 나는 돌았다.
원을 돌았고, 빙빙 돌았다.
내가 교사라는 것을 알기 위해.
학생들에게 편자를 박는 편자공이라는 것을 알기 위해.
그들을 쫓아내기 위해.
주의를 가지고 양면을 보기 위해.
좌회전을 돌기 전에.

(4) Barone의 '어떤 학생에게는 허상에 불과한 정규 교육이 되찾아야 할 학교의 의미: Billy Charles Barnett의 사례'

이 작품은 연구자인 Tom Barone이 흑인 청소년 Billy Charles Barnett의 삶을 통해 학교교육에 관한 연구자 자신의 가치관을 밝히고 있는 작품이다. 이 작품은 일반적인 자서전적 글쓰기와는 다른 특징을 가지고 있다. 일반적으로 자서전적 글쓰기 방법은 연대기적 · 일대기적 방식에 의해 자신을 성찰하고 의미를 드러내는데, 이 작품은 전 생애가 아닌 일부의 경험, 그리고 특정 분야(학교공교육)에 관한 자신의 생각과 가치를 드러낸 자서전적 글이다. 즉, Barone은 이 작품에서 Billy와의 면담과 경험을 통해 자신이 가지고 있는 공교육에 관한 가치와 의미를 성찰하고 있다. Barone은 이 작품에서 Billy를 연구하는 시간을 통해 자신이 가지고 있는 교육적 가치와 의미를 성찰하고 드러내고 있다. 이것은 자신의 삶에 대한 회고와 기억을 통해 자신을 성찰하고 의미를 찾게 된다는 점에서 자서전적 글쓰기의 특징에 부합하는 것이다. 즉, Barone은 Billy의 삶을 추적하는 자신의 연구 경험을 기술하고 이것을 통해 자신이 가지고 있는 교육에 대한 의미와 가치를 성찰하고 있는 것이다.

Tom Barone은 이 학생의 전기를 통해 학생들이 필요로 하는 실질적인 지식을 제공하지 못하는 학교교육에 대한 문제를 제기하고 학교의 의미를 재발견하고자 하였다. Billy Charles Barnett은 학교교육에 대해 배타적인 생각을 가지고 있으며 학교생활에 잘 적응하지 못하는 학생이다. 저자는 Billy Charles Barnett의 삶을 통하여 학교 생활에 잘 적응하지 못한 학생, 부적응 학생에 대한 학교의 정책 문제(일방적인 퇴학), 학교가 다루는 지식, 교사의 태도 등에 대해 기술하였다. 그리고 이러한 기술을 통해 학교가 어떤 역할을 해야 하는지에 대한 의미를 밝히고자 하였다.

> 먼저 나와 Billy Charles Barnett은 서로 다른 문화적 배경을 가진 사람이었다. 우리는 테네시 주의 북동부 주간(州間)고속도로를 따라 세워진 맥도날드에서 처음 만나게 되었다. 나와 마주 보고 앉은 사람이 Billy Charles Barnett이었는데, 그는 키가 멀쑥하게 크고, 어두운 색깔의 머리칼, 푸른 눈동자, 들창코, 전염성이 강한 웃음을 지닌 소년이었다. 그는 시골의 '혜택받지 못한' 학생들 중의 한 명이었으며, 15세 소년으로 교감에 의해 적어도 Dusty Hollow Middle School에 계속 남아 있을 수 있게 지명되어 있었다. 그리고 나, Tom Barone은 중년의 나이에, 도시에서 온 학회원이었고, 대학교에 일자리를 가지고 있어 결코 학교를 떠나지 않을 사람이었다.
>
> 나는 나와 비슷한 사람들—Billy Charles가 다니는 학교에 있는 선생님이나 행정가 등—의 말을 믿는 경향이 있었다. 그들이 말한 내용은 언덕 출신의 십대들이 '우둔하고' '말을 잘 못한다'는 것이었다. 이것은 우리가 할렘가의 소년 · 소녀들에게 가지는 일반적인 선입견이다. 그래서 나는 Billy Charles에게서 예리한 지성, 그가 살아온 세계에 대해 가지고 있는 지식, 그것을 나누려는 열정을 발견하자 놀랄 수밖에 없었다. 그것은 내가 그 아이들에 대해 잘못된 편견을 가지고 있었다는 것을 깨닫게 해주었다. 아울러 더욱 충격적인 것은 나의

커다란 무지에 대한 예기치 못한 자각이었다. 나는 집에서 차로 두 시간이 걸리는 반경 거리 안의 사람들이 세상을 살아가는 방식에 대해 무지했던 것이다. 그곳은 우리가 규정하고 세워 놓은 지배적인 문화가 지배하는 세계가 아니었다. 그곳에서는 지배적인 문화가 세계를 움직이는 원리로서 더 이상 받들어지지 않는다는 사실을 알지 못했던 것이다.

빨대로 소리를 내며 마시던 중간에 Billy Charles가 말했다.

"당신은 '낚시'를 어떻게 하는지 알아요? 당신이 뭔가를 낚으러 갈 때는 먼저 오래 된 항아리를 가져가야 합니다. 당신은 항아리를 헹구고, 뚜껑을 단단히 죄어야 되요. 그리고 부드럽고 강한 나일론 줄을 준비합니다. 그 다음에는 2인치짜리 낚시 바늘이 필요하고, 진짜 강한 3~4피트 정도의 줄도 필요합니다. 가장 좋은 미끼는 바로 반으로 자른 송어(bluegill: 미시시피 강 유역에 사는 식용어로 송어의 일종)입니다. 당신도 알다시피, 실제로는 송어에서 대가리 부분을 이용하도록 해야 합니다. 그것이 꼬리부분보다 더 좋거든요. 왜냐하면 항상 거북이는 물고기의 머리 부분을 먼저 노리기 때문입니다. 하지만 당신은 거북이 말고도 메기, 농어 같은 것들도 잡을 수 있습니다. 나는 전에 낚시로 7.5파운드 나가는 농어를 잡았던 적이 있어요. 그리고 항아리는 그냥 물속에 달아 놓습니다. 그러면 그것이 깨지지 않는 한 담아 놓은 것들이 빠져나갈 수 없으니까요. 나는 이런 방식으로 한 떼의 거북이들을 잡을 수 있습니다. 그 다음 나는 바다거북 수프를 만들어요. 당신은 바다거북 수프를 어떻게 만드는지 아나요?"

나는 자리에서 어색해하는 자신을 발견했다. 하지만 왜? 왜 내가 그런 부당하고 방어적인 느낌을 가져야 하는 걸까? 아니다. 나는—Billy Charles가 말하기 전까지는—시장에서 아메리카 너구리 모피가 올해 약세라서 내가 평균 사이즈의 잘 만들어진 옷을 위해 40달러 이상을 들일 필요가 없음을 예상하지 못했다. 그 주제는 교육과정 이론을 바탕으로 한 대학원 과정에서도 간단하게 다뤄지지 않는 것이었다. 게다가 E. D. Hirsch와 그의 공저자가 쓴 문화 용어 사전인 『What Every American Need to Know』에도 그런 항목은 들어있지 않았다. 그래서 나는 안심했다. 나는 잘 교육받은 사람일 뿐만 아니라 분명히 더 나은 미국인이다. 나는 이렇게 겨울 날씨답지 않게 온화한 1월의 오후에 치즈버거를 어적어적 씹어 먹고 있는 저 두 녀석들보다 훨씬 훌륭한 미국인이란 말이다.

내가 아메리카 너구리 모피의 가격에 대해서 아무것도 아는 게 없음에도 불구하고, 나는 Billy에 대해서는 그가 나에 대해 아는 것보다 더 잘 알고 있다. 예를 들어 나는 Billy가 7학년 과정을 마치는 데 2년을 소비했다는 것을 알고 있고, 또 그가 가능한 한 빨리 학교를 그만두어야겠다고 마음먹었던 수많은 상황들에 대해 얘기해왔음을 알고 있다. 그리고 그가 인생을 포기하는 것에 대한 어떤 환상 같은 것을 즐겨왔다는 사실 또한 잘 알고 있다.

마지막 항목은 물론 가장 골치 아픈 것이다. '구체적인 자살에 대한 관념화'는 학교 심리학자들에 의해 Billy Charles의 병적인 환상을 특징짓기 위해 사용되는 문구다. 내가 생각했던 전형적인 어려움에 처해 있는 학생에 대한 사례를 연구하기 위해 나는 안락하고 책이 가득한 사무실로부터 과감하게 밖으로 나왔고 나는 곧 내가 가지고 있던 진부한 원리들에 대해 다시 생각할 수밖에 없었다. 즉, 인생의 의미, 교육의 목적, 어떤 청년들이 교육받지 못하는 위험에 처할 수 있는 다양한 경우들 등에 대해 재고할 수밖에 없었다. 내가 말한 의미를 설명하기 위해, Billy Charles의 인생이야기의 축약버전을 이야기하겠다.

Billy Charles Barnett은 1974년 3월 28일, 테네시주 북쪽의 언덕에서 태어났다. Billy Charles가 두 살이 되었을 때 부모님은 이혼을 했고, 어머니가 그의 양육을 맡았다. 그의 아버지는 그 주의 다른 지역으로 옮겨갔다. 거기서 그는 몇 번의 결혼과 이혼을 반복했는데, 그 결혼생활에서 한 번도 양육권을 갖진 않았다. Billy가 여덟 살이 되었을 때 그의 아버지는 Dusty Hollow 근처로 돌아왔다. 그리고 Billy는 일 년에 몇 번 아버지를 찾아가기 시작했다. Billy가 열세 살, 7학년이 되자 사냥과 낚시광인 아버지와 보내는 시간이 점점 더 많아졌다. Billy는 편의점과 주유소, 책이 꽂혀 있는 교실과는 멀리 떨어져 깊은 숲 속에 자리한 '천국'과도 같은(그는 확실히 그렇게 생각하고 있다) 아버지의 집으로 들어가기로 결심했다.

Billy를 뒤흔들어 놓기 시작한 것과 관련된 부분은 대부분 열세 살 이전의 일들로 쉽게 기억되어 있었다. 그때 Billy는 자신이 누구인지에 대해 생각하기 시작했다. 이주해온 개척자로서 그 지역에 남아있는 남부 상류층의 개척자의 아들, 그리고 그의 손자, 증손자 혹은 고손자인 자신에 대해 생각하기 시작했다. 그렇게 이어져온 세대의 아들들은 아마 Billy가 암시했던 것을 느꼈을 것이다—문명은 그들의 삶의 형태를 왜곡시키기 시작했기에, 범하여지고 유리되었다. 그러나 오늘날까지도 숲은 전통적으로 가족의 생계를 책임져온 남자들에게 치명적이게 매력적이다.

그러한 남자들 중 몇몇(Billy의 계부도 그 중 한 사람이다)은 오직 주말에만 사냥과 낚시를 즐길 정도로 야외 활동에 큰 비중을 두지 않았다. 그러나 Billy는 그렇지 않았다. 적어도 남자라고 불릴 정도의 나이가 되고부터 Billy는 항상 야외로 나갔다. 몇 년 전 Billy는 낚시와 사냥에 (어머니의 표현을 빌리면) '집착'을 보이기 시작했는데, 가장 큰 이유는 아버지와 살기 위해서라고 어머니는 주장하고 있었다.

Billy에 의하면 그땐 정말 환상적인 시간들이었다. 그는 과거 기억 속에 있던 바로 그 아버지, 그에게 애팔래치아 산맥의 남자로 거듭나기 위한 황야의 길을 안내해줄 그런 아버지와 함께 한다는 사실에 황홀해했다.

Billy는 거의 매일 아버지이자 스승인 생부와 함께 야생의 세계로 나갔다. Billy는 즐겁게 야생에서만 익힐 수 있는 '진정한 교육'을 받았고, 생존에서 중요한 전통적인 기술(학교가 추구하는 모방에 불과한 기술인 수표책 쓰는 법이나 입사 원서를 쓰는 법과는 대조적인 기술)을 열정적으로 배웠다. 그는 그를 둘러싼 세계의 원리에 열중했다. 그리고 맑은 날도 흐린 날도, 일 년 이상을 이 황야의 학교에 결석하지 않았다. 심지어 선생(Billy의 아버지)이 그의 열정적인 학생에게 폭력을 행사한 후에도 결석하지 않았다. 적어도 한동안만큼은 구타가 시작된 후에도 공부는 계속되었다.

이른 여름 Billy의 생부는 한 낯선 여자와 그녀의 아홉 살 된 딸을 Billy에게 소개해 주었고, Billy와 아버지의 충돌도 시작되었다. 두 사람 분의 식사 준비를 하던 Billy에게 네 사람의 식사 준비는 부담스러웠다. Billy의 일은 한층 많아졌는데 새엄마가 한 일이라곤 아이스크림 먹으며 TV 보는 것이 다였던 것이다. Billy는 아버지의 관심을 다른 사람에게 빼앗기는 것에 대한 원망이 점점 더 깊게 뿌리박히기 시작했다. 이유가 어떠했든 긴장감은 더욱 팽배해졌고 Billy가 매 맞는 횟수도 늘어갔다. Billy의 아버지가 말채찍을 들었을 때에 그 가혹함과 긴장감은 극에 달했다.

아버지는 예민한 청소년기에 떠나는 것(나가는 것)을 꺼려하는 아들을 가혹하게 대했다—Billy의 새 가족이 플로리다로 휴가를 가기로 했을 때 발생한 마지막 학대 사건 전까지.

플로리다에서 Billy는 어머니께 점점 더 불행해지는 그의 삶에 대해 편지를 썼다. 아버지는 어떻게든지 그 편지를 가까스로 읽었고, Billy를 깨워서 침대로 머리를 처박고 방문을 쾅 닫고 가버렸다.

일전에 깊은 바다에 들어갔다가 우연히 귀상어를 마주쳤을 때의 짜릿한 기억도 두 번째 양육권의 이양을 막진 못했다. 이제 Billy는 생부의 얼굴을 떠올릴 때면 우울해졌다. 그래서 성년이 되기 직전에 Billy는 어머니에게로 갔는데, 거기엔 그가 도망치기엔 너무나 많은 장애물들이 산적해 있었다.

Billy는 야외 활동의 자유를 침해하는 학교에 대해 못 견뎌했다. 예를 들어, 그는 좀처럼 숙제를 하려 하지 않았다. 그런데다가 복잡한 부엌에서 어머니와 누이들이 함께 그의 숙제를 하는 모습은 종종 그 자신의 태만함에 대해 느끼게 함으로써 Billy를 더욱 괴롭히는 것이었다. 그래서 그는 침실에 더 깊이 틀어박혔는데, 당시 그 방은 이십 대 초반인 사촌 Carl과 Carl의 친구인 Teddy와 함께 쓰고 있었다.(Carl은 부모님의 일이 잘 풀릴 때까지 잠시 머무는 거라고 Billy의 계부가 말했다.) 밤새도록 Billy는 그 방에서 뭘 했을까? Billy는 선생님 중의 한 분이 내게 말해 준 것을 확인시켜 주었다. 내가 질문하자 그가 대답했다. "나는 침대로 기어가 거기서 죽어요." 그는 확실히 "나는 죽어요."라고 했다.

Billy가 갑갑함을 느껴서 자신만의 자유로운 공간을 인위적으로 만들어내기 위해 마약의 유혹에 빠져본 적도 있었을까? 한 번은 Billy가 암페타민(마약의 일종)을 사용하다가 어머니에게 발각된 적이 있다. 그는 즉각 경찰서로 송환되었는데, Billy에게 이 경험은 (그의 어머니가 생각하기에는) 잊을 수 없을 만큼 큰 충격이어서 그는 더 이상 마약에 손대지 않겠다고 맹세했다. 아마 그랬을 수도 있다. 하지만 그전에 겪었던, 더 큰 사건 때문에 Billy는 적어도 더 강력한 마약에 대해서만 두려움을 느끼게 되었던 것 같다. Billy가 말한 바에 의하면, 몇 년 전에 Billy는 친한 친구가 바로 옆에서 적량을 초과한 마약을 스스로 주사했다는 것이다. 이런 것들은 그에게 두려움을 불러일으키지 않았다. 그가 충격을 받은 기억은 바로 아홉 살이었을 때, 또래 아이들 여럿이서 지켜본, 북부 테네시에서 일어난 80년대 방식의 죽음이었다. 그러다 최근 Teddy의 여자친구가 똑같은 모습으로 죽었을 때, 그때 본 죽음의 기억이 되살아났다. 이 일 때문에 Billy는 우울해졌다. 나는 이러한 우울한 기억이 그의 '구체적인 자살에 대한 관념화' 와 관계가 있는지 궁금했지만 물어볼 용기가 나지 않았다.

Billy의 표현에 따르면, 그에게 상상은 하루하루의 '감금 상태' 에서 탈출할 수 있는 유일한 길이다. 그는 학교 버스를 타고 매일 아침 여덟시 십오분에 Dusty Hollow 중학교에 도착한다. 그리고 Billy가 가장 견디기 힘든 과목인 수학 시간에 Billy는 사라지고 없다. 상상의 세계로 떠나는 것이다. 단, 항상 걸어서다. 나뭇잎과 대지, 여우들과 주머니쥐를 떠올리며 언덕을 걷는다고 그가 말했다. Billy는 걷는 것이 좋다고 했는데, Billy를 만나기 전까지 나는 열다섯 살에 차를 몰고 싶어하지 않는 아이를 본 적이 없다. 정말로 자동차는 Billy의 관심 밖이었다. Billy는 "난 내가 가고 싶은 어디라도 걸어갈 수 있어요."라고 말했다.

Billy가 학교에 몸만이 아니라 마음도 함께 출석한 날은 얼마 되지 않았지만, 그 중에 사회 시간과 읽기 시간만큼은 예외였다. Billy는 사회 선생님을 제일 좋아했다. Billy를 가르치는 사회 선생님은 현명하고 창의적인 젊은 남자 선생님이었는데, 수업시간에 시뮬레이션 게임이나 영화, 학생들이 중심이 된 연구 과제를 도입하는 등 살아있는 수업을 이끌어 갔다.

Billy는 지금까지 열심히 책을 읽은 경험이 없기 때문에 그가 읽기 시간에 관심을 보이는 것이 조금 놀라울 수도 있다. 더구나 그의 집에는 백과사전과 사전은 있었지만 책은 거의 없었고 신문도 구독하지 않았다. 그리고 여가 시간에 독서를 하는 환경에서 자라지도 않았다. 그가 읽기 시간에 비교적 성공할 수 있었던 것은 그의 특별한 관심에 기인할 것이다. Billy는 대부분의 표준화된 시험에서 꽤 좋은 점수를 얻었지만 '특별 교육' 반에 배정되었다. 왜냐하면 그는 다른 수업 시간에 비협조적이어서 더 작은 그룹에서 다루기 쉬운 학생으로 여겨졌기 때문이다. 그는 읽기 선생님에게 욕을 하거나 불쾌한 행동을 하는 일이 점점 줄어들었다.

그럼에도 불구하고 가장 중요한 점은 학교가 Billy가 추구하는 세계와 일치하지 않는다는 것이다. 주중에 Billy는 학교에 꼼짝없이 갇혀 있어야만 했지만 가끔은 다른 시간과 공간을 꿈꾸곤 했다. 그리고 그가 꿈꾸는 것은 자신이 자유롭고, 매일이 그에게는 토요일처럼 신나는 날인 그런 상상이었다. 그의 상상은 즐거웠던 과거에 대한 향수로 넘쳐났다. 사냥할 때의 두근거림, 팬 위에서 익는 송어, 인자하게 많은 것들을 가르쳐주던 생부와의 기억 같은 것들 말이다. 하지만 생부의 성난 얼굴이나 다리를 절던 친구의 모습, 또는 산업혁명 이후 발명된 어떠한 것들 등 떠올리기 싫은 모든 것은 제외되었다. 하지만 Billy가 기억을 취사선택하는 행위는 이해할 만하며 희망적인 징후라고 나는 생각한다. 만약 그의 방어기제가 손상을 입었을 때 과거 사건의 무서운 환영이 그의 정신을 침입한다면 정규 교육보다 더 중요한 것들을 포기해야만 하는 위험에 처할 수도 있기 때문이다.

과연 Billy는 생계를 위해 돈을 버는 일에 대해서도 생각을 할까? Billy는 그의 장기인 덫 놓기, 사냥 등을 통해서도 생활에 필요한 것들을 충분히 얻을 수 있을 거라고 확신한다. Billy는 주장을 증명하기 위해 생부를 예로 든다. 아버지는 자연이 내려준 선물에 수입을 추가하기 위해 작은 가게에서 미끼를 파는 독특한 직업을 가졌다. 그러나 그 지역의 다른 사람들은 토지를 떠나 살아가는 것에 회의적이었는데, 계절이나 어획량에 따른 법적 제한이 엄중히 시행되었기 때문이다.

또한 Billy는 미래의 가족들이 그에게 능력 이상의 것을 요구할 수 있는 가능성에 대해 예상하고 있을까? Billy는 필요한 것 이상을 벌어야만 생계를 위해 일하는 데에 할당된 시간을 되찾을 수 있을 것이다. 그러나 여전히 Billy는 너무도 낭만적인 희망에 사로잡혀 있다. 그러나 개척적인 문화 속에 살아온 우리 세대조차도 요즘은 쉽게 모든 걸 포기하는 모습을 볼 때, 나는 Billy가 그의 길을 가길 희망한다. 아마도 방법은 있을 것이다. 예를 들어 Billy가 생계를 위해 가르치는 것이 비윤리적이라는 생각을 바꾸는 것은 어떠한가? 최근 Billy는 '덫, 올가미 만들기 교실' 을 열어 주말동안 가르친 대가로 100달러 넘게 벌었다. 그는 그것이 우등생이 보충수업을 받는 것처럼 쓸모없는 일이라고 생각했다. 그래서 나는 Billy가 자신의 학교를 세우거나 스스로 돈을 벌 생각을 해 본 적이 없는지 물었다.

싱긋 웃으면서 Billy는 "생계를 위해 말과 지식을 파는 것은 옳은 일이 아니에요"라고 말했다.

내가 Billy에게 그가 얘기한 '말하는 재주로 먹고사는 사람' 이 바로 그의 선생님이라고 지적하자, 그는 대답 대신 다시 한 번 싱긋 웃고 말았다. 그러나 Billy는 아직 젊다. 그러니 미래에 그가 엄격한 윤리 기준과 타협점을 찾을 수 있기를 기대해도 되지 않겠는가. 개척되지 않은 야생림에서 얻은 지혜가 담긴 귀중한 가슴을 열어서 주말에 수렵이나 낚시 등의 야외 운동을 좋아하는 사람에게 가르침으로써 돈을 버는 것은 실용적일 뿐만 아니라 명예로운 일이라고 나는 생각한다.

물론, Billy가 그러한 직업을 갖는다면 더 이상의 정식 교육은 필요하지 않을 것이다. 반면 좋은 인생으로 가는 길목에서 예상치 못한 장애물을 만나게 된다면, 학교가 바로 그것일 거라고 Billy는 믿고 있다. 이러한 사실은 모든 사람이 의무교육을 받는 것을 목표로 삼아 일하는 우리들에게 적잖은 파장을 불러일으킨다. 하지만 그 목표가 무슨 소용인가? 우리는 반에서 성적이 중간정도 되는 Billy를 그렇게 보듯이, 진부한 정식교육의 관점으로 봤을 때 그다지 내키지 않는 학생의 미래는 눈에 보듯 뻔하다고 생각한다. 하지만 Billy가 다니는 학교의 교감 선생님은 Billy가 그의 계부처럼 지게차를 몰며 야근도 하는 평범한 노동자가 될 수 있다고 말한다. 또한 시집이나 소설, 신문도 읽을 수 있을 거라고 한다.

그러므로 우리는 Billy가 학식을 가진 사람으로 변할 수 있다는 가능성에 대한 의심을 버리고 근본적인 우리의 생각을 들여다보아야 하겠다. 요즘 십대들은 우리가 생각하는 것과는 달리 노동자계급의 생활에 맞는 정신적 기능을 갖추기 위해 꼭 대학에 가야 한다고 생각하지 않는다. 말하자면 최소한의 기본적인 능력을 갖추는 것 말이다. 간혹 모든 미국인이 알고 있어야 하는 지배적 문화의 내용을 추가할 수도 있겠다. 예를 들면, 우리가 고등학교 직업 교육 과정에서 배우는 거래 기술과, 학교에서 배우는 행동 규범은 산업 현장에서 필요한 피고용인의 태도(인내, 민첩함, 근면, 지적 겸손)와 같을 것이다. 만약 대학에 가지 않은 사람들도 이러한 것들을 배운다면 우리 같은 납세자들은 복지료를 더 적게 내도 될 것이고, 고용인은 고용 지원자들의 교육을 위한 부담이 줄어들 것이다.

나는 현대 세계 경제의 틈에서 근근히 생계를 유지해 가는 Billy와 같은 학생들에 대해 자문해 보았다. Billy는 교육도 받았고, (시민들의 평균 독서량보다 더 많이 책을 읽지는 않았다.) 또한 Billy는 살아가는 데 필요한 최소한의 지식 이상을 갖고 있기도 하다. 그러나 우리가 고집스럽게 심어주려고 하는 가치가 성공적인 과업의 운영에 역효과만 내어서 결국 Billy의 경제 상태를 위태롭게 할 수도 있는 것인가? 이 문제에 대한 결정을 내리는 데 있어 중요한 것은 수동적인 자세와 정확함이란 말인가?

단도직입적으로 말해 그가 학교에 다니는 것이 더 위험하다는 말인가? 직업적인 성공을 넘어선 교육의 목적을 간과했을 때, 나는 그렇다고 생각했다. 나는 가져온 핀에 꽂힌 진열장 안의 나비들과 같이 엄격하게 줄 맞춘 책상에 앉아 있는 학생들에 대한 Maria Montessori의 생생한 은유를 보았다. 당시 나는 그걸 보고 핀을 뽑아서 Billy를 자유롭게 날려 보내주는, 불가능한 상상을 했다.

고등학교 졸업장을 숭배하는 세상에서 경제적인 삶을 영위하는 데 필요한 재능과 자금을 가진 잠재적 중퇴자인 또 다른 Billy들이 얼마나 많은가? 전통적인 지식의 관점에서 보면 많지 않을 것이다. 그리고 물론 가족의 재산을 물려받아 은막과 무대, 경기장을 누비며 활약할 미래의 주역들 또는 정직한 기업인이 될 인물 같은 예외도 있다. 그럼에도 불구하고 나는 Billy에 관해서는 그러한 경우를 상상할 수 없다.

Billy와 같은 예외적인 경우가 있다 해도 나는 여전히 교육의 희망을 버리고 싶지 않다. Billy의 사례를 통해 우리가 교육의 실용적이고 공리적인 면만을 좁게 볼 것이 아니라 좀 더 본질적이고 실질적인 교육의 목적에 대해 고민해야 한다. 또한 Billy의 사례는 우리에게 사라져 가던 꿈이 되살아나게 했다. 그 꿈은 학교가 경제적, 사회적 배경에 관계없이 모든 미국 학생들에게 일단은 교육을 제공할 수 있도록 하는 더 넓은 영역에서의 권한을 주는 것에 대한 꿈이다. 이에는 아이들의 과거와 미래를 더 깊이 통찰할 수 있게 훈련시킬 수 있게 하는 능력, 다른 많은 시공간 속의 세상을 상상할 수 있게 하는 능력, 문학, 영상, 음악과 운동을 비롯한 다양한 형태로 우리가 이해한 것을 표현하게 하는 능력도 포함되어 있다.

이제 Billy의 특이함에 대한 얘기는 끝이고, 지금부터는 그의 평범함을 말하려 한다. 생각과 표현의 힘은 우리들 중의 Billy뿐만 아니라 사회 신분과 재정 안정을 보장받기 위해 수업을 그저 견디는 존경할 만한 많은 학생들에게서도 자주 부정되어 왔다. 나는 한 번도 제대로 교육받지 못한 상태로, Billy처럼 학교에 그냥 남겨진 채 심각한 어려움을 겪고 있는 학생들을 훨씬 전부터 알아왔다. 그들은 교과 과정을 이수할 수 있는 잠재력을 지니고 있을지도 모르지만 결국 학교에서는 그들을 낙제시킨다.

학교 당국은 또한 학교에서 생활하는 사람들 사이의 상호 교제 관계를 친밀하게 하는 데에서도 실패했다. 내가 특별 허가를 받고 Billy를 만나러 갔을 때 교사들과 행정관들의 비협조적인 모습에 대해서 상세히 밝히지는 않겠다. 하지만 Billy와 같은 학생의 모습에 주의를 기울여 학교가 혁신할 수 있도록 따로 기록을 남길 것이다. 학생 수가 적었던 읽기 시간과 활기 있는 사회 시간에 Billy가 보여준 모습, 비교적 성공적인 결과는 학교가 변화의 방향을 찾는 데 작은 조언이 될 수 있을 것이다.

하지만 Billy의 읽기 선생님과 사회 선생님과 같은 이들조차도 내가 처음 맥도날드 간판 아래서 꾀죄죄해 보이는 Billy를 만났을 때 알았어야 했던 것들을 알아야 할 필요가 있다. 중산층의 세계에서 살아온 우리 교육가들은 다른 문화를 가진 삶의 모습에 대해서 너무나 모른다. 우리는 학생들이 사는 스페인어 통용지역, 빈민가, 인디언 거주지나 탄광촌에 더 이상 가지 않는다.

물론 교사에게 시간, 자원 그리고 학생 개개인에 대한 이해를 높여 주는 학교 혁신 전략은 시작에 불과하다. 또한 공감만으로도 부족하다. 그건 학생에게 다가갈 수 있는 교육 활동을 개발하는 것과 같이 훌륭한 가르침에 필요한 두 번째 요소에 불과하다. Billy와 같은 학생을 가르치는 교사는 바다거북 요리를 하는 것뿐만 아니라 학생들이 다른 문화의 요리법을 익히게 하는 것도 중요하다는 것을 알아야 한다. 수학 교사의 경우에는 학생들이 들판이나 시내와 같이 다양한 환경에서 사고 능력을 키울 수 있는 교과과정을 이끌어 갈 수 있어야 할 것이다. 하지만 John Dewey가 말했듯이 지금 있는 곳에서 학생들을 효과적으로 이끌지 못한다면 바깥에서도 마찬가지지라는 것을 명심해야 한다.

교사와 학생들이 위와 같은 방식을 실현하려면 우리 사회가 지원할 수 있는 것보다 더 많은 재정이 필요할지도 모른다. 교사가 재교육받아야 하고, 교사의 잡무를 덜어줄 보조교사도 필요할 것이고, 지역 사회와 큰 도시가 연계하기 위해 필요한 물품도 구비해야 할 것이다. 여전히 먼 이야기들이다. 왜냐하면, 우리는 그에 대한 확실한 비전을 가지지 못한 상태이고, 이러한 노력에 필요한 재정을 충당할 수 없었던 것이다. 대신 우리 아이들이 다시 학교로 돌아가게 하기 위해 가끔 책략을 쓰기도 한다. 플로리다 주에 있는 어떤 학교에서는 출석률이 좋은 학급에 피자를 상으로 주었고, 켄터키 주의 한 학교에서도 높은 출석 기록을 보유한 학생은 추첨을 통해 멋진 자동차를 받을 수 있었다. 하지만 물량공세를 퍼부어 교실에 마음도 없이 앉아있는 학생 수만 채우는 것이 과연 성공적이라 할 수 있겠는가? 나는 그렇게 생각하지 않는다.

나는 중퇴자의 비율이 하루아침에 극적으로 감소할 필요는 없다는 다소 논쟁의 여지가 있는 제안을 하고자 한다. 우리는 전통적인 미국 학교의 역할이 무엇이며 교육을 구성하는 것이 어떤 것인지 너무도 쉽게 잊고 있다. 중퇴자의 비율이 감소하는 것이 좋은 소식이라고 말하기 전에 학생들이 학교를 떠나지 않는 이유를 아는 것이 더 타당할 것이다. 학생들은 우리가 학교에서 나와 진짜 삶으로 뛰어드는 게 어떤 건지 진지하게 말해 주어서 남아 있는 것인가? 아니면 교사가 그들의 과거와 미래의 모습까지 알아봐 주고 존중해 주어서인가? 그리고 왜 우리는 이러한 일들이 일어나고 있는지를 알아야 하는가? 그건 아무것도 하지 않는 것은 상당히 위험한 일이라는 사실을 Billy가 일깨워 주었기 때문이다.

(5) Kiesinger의 '아버지의 신발: 이야기 재구성의 치료상의 가치'

'아버지의 신발: 이야기 재구성의 치료상의 가치(My father' s shoes: The therapeutic value of narrative reframing)' 는 Christine E. Kiesinger가 자신과 자신의 가족이 처했던 상황을 주관적이면서도 객관적으로 이야기하고 있는 자서전적 문화기술지이다. 이 작품은 단순히 자신의 삶과 전기를 기술하고 의미를 부여하는 차원을 넘어 이러한 과정들을 통해 진정한 자아, 혹은 자신의 과거와 정면으로 직면하게 한다. 그리고 이러한 자신과의 직면과 조우는 고통과 증오를 씻는 치료의 효과를 보인다. 이러한 점에서 이 작품은 단순히 전기적 차원의 자서전이 아니라 이러한 자서전이 자신의 경험을 객관적으로 볼 수 있게 해주며, 이를 통해 치료의 효과까지 보일 수 있음을 보여준 대표적인 작품이라고 할 수 있다.

Kiesinger는 자신의 힘과 가치를 재고하게 만드는 사건들을 중심으로 이야기를 주제별 혹은 연대기 순으로 재구성하여 그녀가 가졌던 과거의 경험을 기술하고 있다. 그녀는 자신의 과거에 대한 사건들을 분석적으로 바라봄으로써 자신의 삶 속에 숨겨져 있던 고통, 불쾌감, 고민, 갈등을 객관화시켰으며, 그 고통을 보다 큰 틀에서 문맥화시키고 있다. 이를 통해 자신이 경험했던 부정적인 어린 시절을 부정하기보다는 그것에 맞서고 그러한 경험을 보다 큰 상황의 맥락 속에서 바라볼 수 있는 힘을 얻고 있다. 또한 그 속에서 가족과 자신의 정체성이나 존재 가치를 인식하고 자신이 그동안 지니고 있었던 아버지에 대한 증오와 자신의 상처를 치유 · 극복하고 있다.

> 1996년, 나는 한 사람의 삶과 이야기에서 유년시절의 고통과 그 충격을 이해하는 데 전환점을 맞이하였다. 이 전환은 나의 자서전의 본질을 과감히 바꾸는 사건들에 의해 영속되었다. 그때부터 나는 나를 괴롭히기보다는 힘과 용기를 주는 방식으로 나의 이야기를 다시 구성해왔다. 이 장에서는 의식적으로 나의 이야기를 기술하였다. 그리고 한 인간의 삶의 이야기를 재구성하는 것은 용기와 창조성, 그리고 더 이상 그 사람에게 도움이 되지 않는 이야기를 기꺼이 버리는 것을 필요로 하는 의식적인 활동이다.
>
> **Part One, Healing(치료)**
>
> 나는 20대 초반에 아빠에게 화내고 앙심을 품는 것들이 곧 나를 파괴시키고 있다는 것을 깨달았다. 이 깨달음은 나로 하여금 '아빠와 딸의 관계 화해시키기' 라는 주제의 연구를 하도록 이끌었다. 그 당시에 나는 '아빠의 부재: 딸의 손실' 이라는 제목의 이야기를 한 편 썼었고 이 이야기에서 아빠와 나의 관계에 대하여 자세히 묘사하였다. 나중에, 나는 단지 나 자신이 말하는 것을 듣는 감정의 더 깊은 단계에 접근하기 위해 이 이야기를 적었다. '아빠의 부재…' 를 쓰고 완성한 후에 마침내 내가 내 삶의 대부분에서 겪었던 의기소침과 절망의 감정을 느끼는 데 도움을 주는 이야기를 가졌다고 생각했다.
>
> '아빠의 부재: 딸의 손실' 은 다음 페이지에 제시되어 있다. 이 이야기에서 나는 힘이 약한, 그래서 도움을 받을 수 없는 희생자인 주인공으로 나를 캐스팅했다. 나의 아빠는 무정하게 그 어린 희생양을 괴롭혀, 그녀에게 커다란 혼란과 감정적 해로움을 느끼게 하는 괴물 역할이다. 희생양으로서의 나 자신을 표현한 부정적인 내용을 포함하고 있지만, 그 당시에 내 경험에 대한 특별한 이 이야기는 내가 의지할 수 있고 나에게 기운을 돋우는 이야기가 되었다.

아빠의 부재: 딸의 손실

『증오』

수년 동안, 나는 아빠에 대한 모든 것을 싫어했다. 나는 그가 세게 소리를 내며 걷는 것이 싫었다. 나는 그의 처지고 갈색을 띤 눈이 싫었다. 나는 그의 고약한 입내와 내 얼굴을 어루만지는 손의 열기, 내 작은 몸과 반대되는 커다란 체구가 싫었다. 나는 험악한 톤의 그의 목소리가 싫었다.

나는 그와 대결할 때 내가 움츠리는 것이 싫었다. 나는 감히 나 자신을 표현하고자 할 때 느끼는 위축감이 싫었다. 나는 "딸아, 너는 아무런 존재도 아니다. 너는 아무것도 아니다. 앞으로도 그럴 것이다"라고 말하는 것 같은 그의 눈빛과 말투, 자세가 너무 싫었다.

무엇보다도, 나는 내가 그를 미워하는 것 자체가 싫었다.

『심하게 차가움』

나는 북동 펜실베이니아에 있는 작은 광산 마을에서 늦은 2월에 태어났다. 나는 내가 태어난 날에 바람은 고요했고 심하게 차가웠다고 들어왔다. 하늘은 빳빳한 강철처럼 회색을 띠고 있었고 푸른 곳은 어디에도 없었다.

내가 태어나고 며칠 후에 찍은 사진에서, 아빠는 무표정하게 카메라를 바라보며 나를 안고 있다. 그는 행복해 보이지도 슬퍼 보이지도 않는다. 그는 자신감 넘쳐 보이지도 두려워하는 것 같지도 않다. 그는 무표정하고 멍하며 얼어 있는 듯, 매우 차가운 표정이다. 그는 혈색이 좋은 붉은 얼굴의 스물두 살이다. 나는 그 날 그에게 나타나서 영원히 그의 삶을 변화시켰다.

『눈에 띄지 않음』

나는 갓난아기였을 때를 거의 기억하지 못한다. 가족들과 친척들은 내가 부끄럼을 많이 타고 조심성 있는 아기였다고 말한다. 특히 내가 첫 걸음마를 할 때 망설이고 자신감이 없었다고 한다. 엄마는 내가 천천히 조용하게 돌아다녔다고 수차례 말씀하셨다.

"유령처럼, 너는 이 방 저 방을 떠다녔단다."라고 회상하며 말씀하시곤 했다.

"그 때 너는 어디에도 없는 것 같았어. 하지만 넌 착한 아기였단다." 무릎에 손을 포개고 자랑스럽게 말씀하셨다. "대부분, 우리는 네가 우리 가까이에 있는 것조차 몰랐단다."

일찍이 나는 '착하다'는 것이 온순하고 눈에 띄지 않으며, 가능한 한 조용히 있는 것이라고 깨달았다.

『벨트 버클을 풀다』

아장아장 걸을 때, 나는 아빠가 유난히도 화를 잘 내고 무서운 사람이라는 것을 알기 시작했다.

나의 네 번째 생일날. 나는 빨간 벨벳 드레스와 희고 레이스가 달린 옷차림을 하고 세련되고 반짝거리는 검정 가죽 신발을 신고 있다. 그 신발은 내가 걸을 때마다 찍찍 소리가 났다. 머리에는 파티 모자를 쓰고 있다.

나는 피곤하다. 나를 축하해주는 긴 파티이다. 많은 선물을 받았지만, 내가 원했던 것은 없다. 인형… 어떤 인형도.

모두가 떠난 후에, 아빠와 엄마는 잠자리에 들기 전에 열어볼 마지막 선물을 하나 준다. 그것은 인형이다! 너무 감동적이어서 속에서 눈물이 솟구쳐 오른다. 나는 엉엉 운다.

아빠는 얼굴이 발개지고 화를 내며 소리친다.

"뚝 그치지 못해! 안 그러면 내가 더 울게 만들 테다!"

가슴 가까이 인형을 안고, 아빠의 말에 반응하여 내 몸은 마구 떨고 있다. 나의 작은 마음은 이해하려고 애를 쓴다. 내가 무엇을 했지? 내가 어떻게 그를 화나게 했지? 나는 눈물을 틀어막는다. 울지 않기로 맹세한다. 나는 어떤 것도 표현하지 않기로 맹세한다. 아마도 내가 조용하다면, 매우 조용히 한다면, 그는 결코 이런 식으로 나에게 말할 필요가 없을 것이다. 아마도 내가 조용히 하면, 그는 나를 좋아하게 될 것이다.

*

아빠는 매우 엄격한 사람이다. 그는 벨트의 버클을 풀면서 나를 때리기 시작한다.

나는 그가 벨트 버클을 푸는 소리를 매우 싫어한다. 그는 바지의 고리로부터 그것을 잡아당겨, 나의 벌거벗은 어린 피부를 괴롭힐 수 있도록 팽팽하고 빳빳하게 만들려고 그것을 반으로 접는다.

때리는 것은 항상 같다. 그는 나를 팔로 안고 내 팬티를 잡아 내린다. 그리고 내 살갗을 차갑고 검은 가죽으로 거칠게 고통을 주면서 채찍으로 때린다. 아빠는 내 살빛이 장미처럼 분홍빛을 띨 때까지, 또는 엄마가 "됐어요! 그걸로 됐어요! 그만해요!" 라고 소리지를 때까지 계속해서 때린다.

그러고 나서 그는 나를 침대로 보낸다. 흐느끼면서 얼굴을 붉히고 흥분한 상태로, 나는 거기에 누워 기다린다. 나는 그의 무겁게 끌면서 걷는 발자국 소리와 부드럽게 내 방문을 여는 것을 기다린다. 나는 아빠가 방바닥을 쳐다보면서 내 침대의 모서리에 앉을 것이기 때문에 기다린다. 그리고 그가 "미안하다." 라고 말할 것이므로 기다린다. 또 그가 "나는 너를 사랑하기 때문에 너를 때린 것이란다." 라고 말할 것이기 때문에 기다린다.

내가 이것을 쓰고 있기 때문에, 여전히 이해하려고 애쓰고 있다. 비록 지금까지 몇 년 동안 아빠와 떨어져 있지만, 나는 종종 내가 무언가—어떤 말이나 행동, 그리고 결심, 완성, 또는 나를 향한 그의 분노에 관한 나의 질문에 대한 모든 대답을 인정할 어떤 것—를 기다리고 있다고 느낀다.

몇 년 후에도, 나는 고통과 사랑을 계속해서 연결 지었다. 보다시피, 아빠는 내 침대의 옆에 와서 매번 나에게 이것을 가르쳐 주었다. 그는 나를 사랑하기 때문에, 나를 아프게 했다.

『아빠』

'아빠(Daddy)' 는 사람들이 그들의 아버지를 부를 때 하는 말이다. 아빠는 따뜻하고 친절하다. 아빠는 그의 팔로 딸을 들어올리고, 딸은 아빠의 가슴에 얼굴을 비빈다. 딸은 아빠와 있으면 안전함을 느낀다. 딸은 아빠를 자랑스럽게 여긴다. 딸은 다른 소녀들이 아빠를, 그리고 그가 최고라는 것을 알기를 원한다.

나는 그를 '아빠' 라 부르기를 정말로 원했다. 그러나 그는 내가 바라는 '아빠' 가 아니었다. 그는 나에게 '아버지(Father)' 였다. 그리고 만약 내가 아빠를 가질 수 있다면, 나는 그에게 복수했을 것이다. 나는 그의 화냄을 이해하려고 열심히 노력했다. 나는 그가 화내는 것이 나를 처리하기 위한 어떤 것이 아닌가 하는 생각을 하기 시작했다. 만약 그가 화를 낸다면, 그것은 내가 잘못했기 때문이라고 결론을 내렸다.

나는 가능한 한 나 자신과 주변 환경들을 초월하여 보기 시작했다. 나는 그의 기분과 그를 화나게 만드는 것 같은 것들에 대해 민감해졌다. 내가 일곱 살쯤 되었을 때, 나는 혼자 있는 것에 대한 편안함을 발견했다. 어떤 때에는 놀라고 부끄러울 때에 몇 시간동안 내 방에 숨어 있었다. 나는 아빠를 대할 때 부끄러워했다.

내 가족들 앞에서도 부끄러워했다. 내 자신 앞에서도 부끄러웠다. 나는 내 '비밀' 이 드러날까 두려워 친구들을 집에 오지 못하게 했다.

저녁이 되면, 내가 수학 숙제를 하고 있을 때 아빠는 내 주위를 배회한다. 나는 수학을 잘하지 못한다. 그는 나의 이 약점을 알고 있다. 그는 문제를 더 어렵게 만든다. 그는 나를 감시하면서 내 목에 뜨거운 입김을 내쉬며, 탁자 위에 주먹을 세게 친다.

나는 모든 문제를 꼼꼼하고 효율적으로, 정확하게 풀어서 정답을 맞추려고 노력한다. 그러나 내가 문제를 풀 때 망설이면, 그는 주먹으로 세게 치고, 고함을 지르고, 화를 낸다.

(여전히, 심지어 오늘날까지도, 내가 가계부를 쓰면서 간단한 뺄셈을 할 때 나의 손은 떨린다.)

내 성적표가 도착한다. "A를 보세요!" 라고 소리치고 싶다. 그러나 그는 몇몇의 B만을 볼 뿐이다. "B들은 집어치워!" 그는 내 성적표를 탁자에 던지고 걸어 나가면서 소리친다.

A들은 알아채지 못한다. 나도 그렇다.

『보기』

고등학교 시절, 아빠는 나를 다르게 보기 시작한다. 그렇지 않으면 그가 보지 않으려고 애를 쓰는 것이다.

나에 관한 어떤 것이 변화했다. 그는 불편해한다. 나도 불편하다. 그러나 불편함은 정의되지도, 언급되지도 않는다. 그것은 내가 느끼는 것이다. 나는 그가 나를 보는 데 있어 문제를 가지고 있다는 것을 알고 있다. 그리고 그가 정말로 볼 때, 문제를 가지고 있지 않은 척한다는 것도 알고 있다.

직감적으로, 나는 이것이 무엇에 관한 것인지 알았다.

나는 갑자기 그리고 매우 일찍 신체적으로 성숙했다. 그리고 아빠가 다르게 행동할 뿐 아니라 다른 남자들도 다르게 행동했다.

이야기들이 만들어졌다. 남자들이 나에 대해 이야기를 했다—대개 그들은 나의 몸에 대해 이야기했다.

토요일 오전, 그는 댄스 학원에 나를 데리러 온다. 나는 희미하게 빛나는 안개빛 파란 아이쉐도우와 부드러운 연한 분홍색 립스틱을 바르고 있다. 차의 뒷거울로 그는 화장을 발견한다. 그는 몸을 돌리고 내 얼굴을 움켜쥔다. 그는 "행실 나쁜 년!" 하고 소리친다. 그 후로도 그런 일이 더 있었다.

오후 9시 35분이다. 그는 구두끈을 묶고 있다. 그는 얼굴이 벌개져서, 오분 늦은 행실 나쁜 딸을 찾아 도서의 거리로 나온다! 그는 나를 골목길에서 찾아본다. 그는 스케이트장 뒤에 있는 쓰레기통 근처를 찾아본다. 그는 철도 길을 따라 숲 속을 찾아본다. 오분 후에 그의 눈에 믿을 수 없고 더럽고, 매춘부 같은 나의 모습이 들어온다.

"존경하는 아버지, 당신이 더 열심히 봤다면, 내가 Acme마켓 뒤에 있는 철도길 근처 숲 속에서 바지를 느슨하게 내 무릎에 걸치고 셔츠를 벗고 하얗고 레이스가 달린 브래지어가 땅에 던져져 있는 것을 봤을 거예요. 그리고 내가 어떤 소년과 함께 있는 것을 발견했을 거예요. 나는 나에게 무슨 일이 일어나고 있는지 신경 쓰지 않았어요."

*

섹스. 술. 마약. 나는 내 행동들이 아빠에게 발견되면 아빠를 화나게 만들 것이고 그가 아마 나를 죽일 거라는 걸 알았기 때문에 내 파괴적인 행동에 빠졌다. 13살이라는 연약한 나이에, 나는 내가 살 것인가 죽을 것인가 하는 것에 대해 걱정하지 않았다.

『더 세지다』

사춘기를 거치면서, 그의 폭력은 훨씬 더 세졌다. 나는 단지 그의 분노를 더 강하게 하고 그가 강타하는 힘을 더 증가시키기만 하면서, 내 힘으로 맞서 싸우려고 매번 도전했다. 나는 이 기간 동안 내 몸을 버려두는 데 익숙해졌다. 나는 그가 이 방 저 방을 다니며 나를 억압하는 대로, 매우 오랫동안 싸우고 항복하곤 했다.

나는 마지막 구타를 생생하게 기억한다.

나는 17살이다. 그는 나를 집의 한 구석에서 다른 구석까지 다니며 때린다. 우리는 모든 방을 다니며 이런 일을 한다. 치고 물고 꼬집고 주먹질하고. 그는 나를 부엌 탁자 아래의 구석으로 밀어 넣는다. 그리고 나는 함정에 빠진다. 나는 내 몸을 버려둔다.

나중에… 나는 흐느끼고 어떻게 거기에 갔는지 의아해하며 내 침대방의 구석에서 웅크리고 있는다. 내 무거운 오크재 장롱이 그가 못 들어오도록 문을 막고 있다. 내가 어떻게 저 가구 하나를 움직일 힘을 낼 수 있었을까? 내가 얼마나 오랫동안 놀라고 상처 입은 동물처럼 구석에 웅크리고 있었을까?

나는 내 치아들이 잘 있는지 보려고 이들을 어루만져 본다. 나는 항상 그가 내 치아를 주먹으로 칠까봐 두려워한다. 그가 화를 내는 동안 나는 기도한다. "이는 안돼요. 하느님 제 이를 지켜주세요." 이가 손상되지 않은 채로, 구석에 웅크리고 앉아, 나는 언제 이 미친 짓이 끝날 것인가 생각한다!

그리고 나는 엄마의 말을 회상한다.

"네가 마지막으로 맞았을 때, 너는 거의 스무 살이었단다."

엄마는 옷을 개면서 자연스럽게 이 말을 한 번 했다. 엄마는 마치 아버지의 행동을 변명하는 것처럼, 아버지로서 그는 내가 스무 살이 될 때까지 나를 상처줄 권리가 있다는 것처럼, '계속 이러길 바란다' 는 것처럼, 이 말을 했다.

『출혈』

나는 대학교 1학년 초기에 임신했다는 것을 알게 된다. 내 고등학교 남자친구인 스테펀이 아빠이다. 임신이 된 날 밤은 특별한 밤이었고, 다음날 아침 일찍 스테펀이 대학교로 떠나는 사실로 부드럽고 격렬하게 사랑을 나눈 밤이었다. 우리는 그날 밤을 84번 길에서 떨어진 거무죽죽하고 그늘진 곳인 스카이라이트 모텔에서 보냈다. 피임을 했음에도 불구하고 나는 임신을 했다.

*

숲이 우거진 곳의 구석에 그의 아버지 차를 세워 두고, 나는 그 소식을 말하기로 결심한다. 나는 지갑을 열어 그에게 그 전날 받은 임신 테스트의 결과를 보여준다. 심한 입덧과 함께 짙은 분홍색 선이 정말로 결과가 명확하다는 것을 우리에게 확신시켜 준다.

나는 스테펀의 떨리는 손에서 테스트 도구를 가져온다. 그리고 그것을 창문 밖으로 던지고 그것은 덤불 속에 떨어진다. 그것이 땅에 떨어지는 소리를 듣고 나는 울음을 터뜨렸다.

"나는 선택의 여지가 없어."

나는 그에게 말했다.

"나는 낙태를 해야만 해. 어디서 어떻게 해야 할지 모르겠어. 하지만 이 아기를 지워야만 해. 내 사랑 스테펀, 만약 아기를 지우지 않으면 아버지께서 나를 죽일 거야! 그는 이것에 대해 결코 알아선 안 돼."

*

낙태. 나에게 다른 길은 없었다. 어떤 다른 선택도 없었다.

*

약 한 달 후, 어느 따뜻한 10월 저녁 대략 저녁 아홉 시쯤에 나는 차갑고 딱딱한 탁자 위에 가죽끈에 등과 발을 묶인 채, 누워 있다. 나는 어떤 잔인하고 늙은 남자가 내 다리 사이에 튜브를 끼우고 "그만 울어요! 아직 시작도 안 했어요! 이게 아프다고 생각하면 나가서 출산 예정일까지 이 애를 배고 있어요! 그러고 나서 우리 고통에 대해 대화해 봐요!"

나는 눈물을 삼킨다.

스테펀은 로비에서 Field and Stream의 최근 이슈를 읽으면서 기다리고 있다.

칠분이라는 긴 시간이 흐른다. 나는 압박과 짜냄, 깊게 잡아당김에 이를 악문 것을 회상한다. 나는 진공 장치로 빨아당기는 큰 소리를 회상한다. 나는 깊숙이 안에서 죄고 비틀어 떼어내는 것을 회상한다. 땀방울이 부드럽게 내 이마에서 뺨을 지나 입술로 흐른다.

의사는 손에 유리로 된 단지를 들고 방으로 걸어 들어온다. 나는 완전히 드러나는 그것의 피의 내용물을 본다. 흩어진 흰색 얼룩과 함께, 참으로 빨갛다.

"이것이 당신의 몸안에서 나왔습니다."

그는 마치 건배를 하려고 와인잔을 들어올리는 것처럼 단지를 들어올리며 말한다. 나는 눈물을 꾹 참는다.

"그 모든 게, 그 모든 게 내 몸안에서 나온 거라고."

나는 속으로 중얼거린다.

*

나는 그 10월 밤에 의미심장한 무언가를 잃었다는 것을 깨달았다. 나는 그 깨끗한 유리 단지 안에 떠 있는 내용물보다 훨씬 더 큰 것을 잃었다.

*

이 에피소드의 충격은 내 마음 속에 지워지지 않게 새겨져 있다. 나의 몸과 마음 그리고 영혼의 외침. … 또 그 동안에 나에게서 들은 공포의 소리.

낙태.

이 결심은 아버지를 위해 내린 것이다. … 이 결심은 내가 그의 격노를 무척 두려워했기 때문에 그를 막기 위해, 나를 보호하기 위해, 내가 배고 있었던 아이를 보호하기 위해 내려진 것이다. 나는 나의 아이가 그의 분노를 알고, 그가 화내는 것을 접하고, 그녀의 본질을 영원히 묻어야 했으므로 그녀 자신과 그녀의 목소리를 숨기는 것이 두려웠다.

낙태. 그것은 살아남기 위한 행동이었다. 내 아이를 살리고 나 자신을 살리는 것이었다.

『아빠를 찾아서』

낙태를 하고 일주일이 안 돼서, 나는 Park Avenue가 보이는 뉴욕의 한 큰 호텔에서 점심식사를 하고 있었다. 나는 열세 살이 더 많은 한 남자와 함께 있었다. 이 점심식사가 내 인생에 있어 가장 격렬한 사랑 중의 하나의 시작이었다. 무릎 쪽 아래를 쳐다보면서, 나는 여전히 안에 출혈이 있는 것을 떠올렸다.

이 남자를 향해 가졌던 강한 사랑에도 불구하고, 관계는 파괴적이었고 내가

18살이란 나이에 준비하지 못한 것이었다.

우리의 결합은 커다란 무신앙의 에피소드와 내가 전에 겪었던 어떤 것에 의해 어울리지 않는 강렬한 애정에 의해 팽팽해졌다. 나는 내가 생명줄에 달라붙어 있는 것처럼 그를 붙잡고 있었다.

로버트는 나의 은신처이자 나의 기초이자 나의 산소와도 같았다. 나는 살기 위해, 숨쉬기 위해, 그리고 살아있음을 느끼기 위해 그가 필요했다. 밤에 나는 코를 그의 가슴에 대고 팔베개에 누워 잤다. 나는 그의 체취를 들이마시고 그의 열기를 품었다. 나는 그의 심장 맥박 소리를 기억했다. 로버트는 내가 살아오면서 원해오던 사람이었다. 그는 내가 가지지 못한 '아빠' 와 같은 존재였다.

나는 아버지로부터 가지지 못했던 것들을 로버트에게서 발견했다. 나는 내 아버지가 될 완벽한 지원자를 선택한 것이다. 로버트는 나보다 나이도 많고 더 현명하며 따뜻하고 책임감 있으며, 성숙했다. 그는 내 옷을 입혀주고 대학 등록금을 대 주었고 내 미래가 달린 중요한 결정을 하는 데 있어 나를 도와주었다. 그러나 로버트와의 친밀한 관계라는 환경에서 '아빠' 를 추구하는 것은 파괴적이었다. 사실은, 나는 그로부터 버려졌다는 느낌을 받았다. 그가 결코 정말 내 아빠가 될 수 없었기 때문에, 오용되고 무효가 된 것이다. 그가 그렇게 하도록 내가 기대한 것은 부부로서 실패의 중심에 있었다.

나와 로버트의 관계는 내가 아버지와의 관계에서 상처받은 방식과 같은 식으로 나에게 상처를 주었다. 나는 로버트와 함께 있는 것이 나에게 내가 사랑한 남자들에게서 아빠를 결코 찾지 못했다는 것을 깨닫게 해주었다고 말할 수 있길 바란다. 그러나 나는 그 교훈을 깨닫지 못했다. 로버트가 떠난 후, 다음 남자, 그리고 또 다음 남자가 그 자리에 있었다. 위험한 반복은 계속되었다. 그리고 질문은 결코 멈추지 않는다.

아버지, 당신의 영향이 왜 남아 있는 거죠? 왜 나는 내가 사랑하는 남자들로부터 당신을 찾으려 하는 거죠? 내가 얼마나 당신을 기다리고 당신에게 아빠라고 부르길 원했는지 아시나요?

그리고 당신은 나의 팔이 두려움 없이 당신에게 다가가고 내 부드러운 목소리가 당신을 부르는 것을 기다려왔지 않나요?

아버지, 당신은 내가 당신을 '아빠' 라고 부르길 기다려왔죠?

『반성』

수년이 흐른 후, '아빠의 부재: 딸의 손실' 을 생각해 볼 때, 나 자신을 희생양으로, 나의 아버지를 괴물로 설정한 것이 어린 시절 육체적 학대로부터 회복된 첫 번째 단계의 관건이었다는 것을 알았다. 그러나 이 이야기가 나의 인격적 성장을 방해하고 내 친밀한 관계의 질에 영향을 주었다는 것도 알게 되었다. 예를 들어, 내 존재에게 얼마나 실망감을 느꼈는지 말해준, 나와 로맨틱한 관계에 있었던 남자인 제이슨을 뚜렷하게 기억한다.

"네 주위에서 행복하기가 참 어려워. 너는 네 안에 어둠을 가지고 있어. 나는 네 눈을 볼 때마다 그것을 알 수 있지. 그것은 크고 압도적이야. 그것이 무엇에 관한 것인지는 모르지만, 그것을 떨쳐버려야만 해."

게다가 학교 동료들과 선생님들도 종종 나의 인생에 관한 작문에 지배하고 있는 은유가 투쟁과 격투에 관한 은유라고 언급했다. 나는 내 인생을 여러 종류의 힘든 여행이지만, 선물과 보상의 방식이 없는 것을 당연히 여기는 여행이라고 설명했다. 한 친구는 내가 가까스로 내 삶에서 '살아남아' 삶이 단순한 서바이벌의 행위보다 더 심한 것 같다고 말했다.

사실, 나는 나의 학대에 관한 이야기가 더 건강한 존재를 경험하는 데 장애물이 되었는가에 대해 의구심을 가지기 시작했다. 비록 내가 내 경험을 토로하는 이야기를 가지고 있다고 생각했지만, 더 이상 나에게 도움이 되지 않는 이야기라고 느끼기 시작했다. 그 안에는 재미와 행복, 무엇보다도 평화에 대한 공간이 존재하지 않았다.

Part Two, Healing(치료)

우리가 용서하는 것은 행위가 아니다. … 우리는 행위자들을 용서하고 있다. … 우리는 그들의 고통 … 혼란, 서투름, 그들의 절망, 그리고 그들의 인간성을 용서하고 있다. … 우리가 사람들이 우리에게 어떻게 상처주는지를 기억에 담아두는 한 … 우리는 그 사람과 영원히 고통의 몸부림이라는 덫에 걸려 있게 된다. … 우리가 우리의 부모를 용서하고 그들이 그 이상도 그 이하도 아닌 그들 자신이 되도록 허락할 때, 이 고통의 굴레에서 벗어나 자유로울 수 있다.

—W. MULLER, Legacy of the Heart

나는 아버지를 미워하는 것을 멈춘 그 순간을 명확히 기억한다. 내가 전에 정말 결코 알아차리지 못했던 아버지의 신발을 보았을 때, 증오는 멈추었다.

그의 운동화는 커다란 갈색 의자로 막힌 방의 구석에 있다. 그것은 찢어지고, 더럽고, 해져 있다. 나는 바닥에 앉아 그것들을 손에 쥔다.

신발굽과 밑창이 닳아서 얇다. 신발 안쪽 바닥은 약간 습기가 있고 어질어질하고 시큼한 냄새가 난다. 내가 신발을 손으로 들어올려서 앞뒤로 뒤집자 작은 얼룩의 마른 흙이 내 손바닥에 떨어졌다.

나는 이 시큼한 냄새가 나는 신발들을 누르는 그의 몸무게에 대해 생각한다. 그리고 나는 무거운 그의 걸음에 대해 생각한다. 또 그가 그것을 신고 접촉하는 땅과 그의 여행에서 신발이 지탱해 줄 길에 대해 생각한다.

기다린다. … 그의 여행?

나는 아버지의 길과 그가 다녀온 장소들, 그가 갈 장소들, 그의 의미와 목적에 대한 감정들에 대해 생각해 본 적이 없다. 내가 손에 그의 신발을 들었을 때, 이 질문들이 생각났다.

아버지는 누구인가? 그의 꿈은 무엇인가? 그는 행복한가? 그는 그가 이루고 싶어했던 모든 것들을 달성했는가? 그는 마음속에 무엇을 가지고 있는가? 그는 마음을 가지고 있나? 왜 나는 이 질문들에 대해 답을 하지 못하는가? 나는 왜 묻지 않았나?

나는 내 손에 쥐었던 그의 신발에 대한 느낌과 이 순간 얼마나 그를 사랑하는지를 결코 잊지 않을 것이다. 나는 딸이 그녀의 아버지를 사랑하는 것이 아니라, 한 인간이 다른 사람이 깊은 내면적인 상처가 있음에도 고생하고 견디며, 합리적으로 선한 삶을 살기 위해 노력하는 것을 알고, 그 사람을 사랑하는 방식으로 그를 사랑한다.

이 순간, 나는 아버지를 용서하기 시작한다. 나는 내가 잊을 수 있을 거라 확신하진 못한다. 하지만, 이 순간 용서하는 것이 정말로 가능해졌다.

*

내가 아버지의 신발을 손에 쥐었을 때 내가 생각한 그의 인생에 관한 질문들은, 대답할 수 있다면, 그에 대한 나의 이해를 더 깊게 할 수 있도록 만들어 준 질문들이었다. 아마도 대답들은 내 이야기의 주된 인물인 그와 어떤 복잡한 것과 구조들이 더해져 있었을 것이다. 한 인간으로서의 그에 대해 더 많은 것을 배움으로써 아마도 나 자신의 이야기에서 나의 역할은 변화했을 것이다. 내가 단지 도움을 받을 수 없는 희생양보다 더 뛰어난 사람이었을까? 나의 아버지는 괴물 같은 사람보다 더 나은 인물이었을까? 만약 그렇다면, 나는 '우리'를 더 인정할 수 있었을까? 나는 신발을 바닥에 도로 내려놓고, 더 깊은 단계의 치유를 시작했다.

내가 아버지의 신발을 들고 있으면서 겪은 통찰의 순간은 내가 그 순간까지 잊고 있었던 하나의 에피소드에 의해 틀이 잡혀졌다. 이 에피소드는 아버지가 엄마와 나에게 어린이 학대 이야기를 말해주기 일 년 전에 발생한 것이다. 나는 내가 그의 신발을 손에 쥐기 전까지—내가 아버지를 한 인간으로서 생각할 수 있기 전까지—이 으슬으슬한 이야기를 다시 생각한 적이 없었다.

(6) 이점우의 '한 60대 초등학교 여교사의 삶과 가르침'

자서전적 글쓰기의 한국 예로는 이점우의 '한 60대 초등학교 여교사의 삶과 가르침' (2006)을 선정하였다. 그녀의 박사학위 논문인 이 작품은 그 제목에서도 알 수 있듯이 초등학교 여교사로서의 자신의 생애를 기술한 작품이다. 그녀는 35년간의 교사생활을 기술하면서 다음 세 가지 연구 결과를 밝혀내었다. 그녀가 밝혀낸 것은 첫째, 한국 초등학교 여교사의 성장과 발달의 과정, 둘째, 교직을 수행하면서 축적한 가르침에 대한 노하우, 셋째, 그녀의 개인적·실천적 지식의 원천과 내용이다. 외국에서는 이러한 교사의 생애사에 대한 연구가 활발하게 이루어지고 있지만, 한국에서는 이러한 연구가 드물다는 점에서 그녀의 이러한 한국 여교사의 생애를 통한 성장과 발달, 그리고 실천적 지식에 대한 규명은 중요한 가치를 지닌다고 할 수 있다.

마지못한 입문과 무모한 용기

개인이 속한 시대적 상황은 그 사람이 자신의 삶의 방향을 결정하는 데 영향을 미친다. 내가 대학에 입학할 당시인 1960년대 우리나라의 경제사정은 '잘 살아보세! 잘 살아보세, 우리도 한 번 잘 살아보세…' 라는 노래가 아침마다 동네에 울려 퍼지던, 저개발국에서 벗어나려는 움직임이 한창일 때였다. 산업이 발달하지 않았던 당시에는 일자리도 많지 않았고, 오늘날과 같이 학생이 아르바이트 자리를 구할 수도 없었으며, 다양한 대학교육기관도 없었다. 나는 5남 4녀 중 일곱째였다. 그 당시 많은 가정에서 그랬던 것처럼 우리 집은 가정형편이 빠듯하였기 때문에 나는 내 뜻대로 전공과 대학을 선택할 수 없었다. 나의 간절한 바람은 농업계열 학과를 전공하여 전문 낙농직에 종사하거나 교수가 되는 것이었다. 직업난이 심각한 시대였기에 많은 형제 속에서 고등학교를 졸업하기도 쉽지 않았던 나는 학비도 적게 들고 안정된 직업을 보장받을 수 있는 교육대학에 진학하는 것이 최선이라고 생각했다. 더욱이 몇 년간의 교직생활 후에는 내가 원했던 공부를 다시 시작할 수 있는 기반을 만들 수 있을 것이라는 기대도 갖고 있었다.

이렇다보니 나에게 교육대학에서의 공부는 교사가 되기 위한 준비라기보다는 교사자격을 얻기 위한 과정이었다. 교생 실습기간에도 주어진 역할을 성실히 수행하기는 하였지만 교사가 소지해야 할 자질을 배우고 익힌다는 의무감을 갖고 있지는 않았다. 당시 2년제로 운영되었던 교육대학에서 나는 입학 첫 해를 적응하는 데 보냈고, 둘째 해는 실습과 졸업준비로 정신없이 보냈다. 그래서인지 나는 대학교육을 통해서 교사가 되기 위한 기본기를 충실히 교육받았다고는 생각하지 않았다.

1968년 3월, 나는 졸업과 동시에 부산에 인접한 지역인 동래군 개나리초등학교(당시에는 국민학교)에 발령을 받았다. 개나리초등학교는 동래군 소속 학교 중 가장 오지에 위치한 곳으로 12학급 규모였다. 교직원의 연령대는 대체로 중년 이상이었고, 교통이 불편한 곳인 만큼 교육청으로부터도 특별한 일거리가 주어지지 않았다. 선생님들은 그런 현실에 안주하는 분위기였다. 그 곳에 부임한 나는 교육대학을 졸업한 20대 초반의 교사라는 사실만으로 내 능력 이상의 복잡한 업무들을 맡게 되었다.

신학기 장학지도차 교육청의 장학계장이 방문하였다. 마냥 높아 보이기만 하는 장학계장이 잔뜩 긴장하고 있는 나에게 먼저 말을 걸어왔다. "내가 누군지 모르겠어요?" 라며 묻는 그 분은 알고 보니 내가 초등학교 3학년 때의 담임 선생님이셨다. 장학계장은 교육청에서 이미 내 인사기록카드를 보고 내가 옛 제자이며, 개나리초등학교에 부임한 것을 알았다고 했다. 교육계의 대 선배이자 옛 담임선생님이셨던 그 분은 교사로서 새 출발을 하는 나를 크게 격려해 주었다. 나는 선생님께 누가 되지 않기 위해서라도 학교생활을 열심히 해야겠다고 생각했다. 비록 교사가 되겠다는 동기도 낮았고 교직을 평생 직업으로 생각하지도 않고 입문하였지만, 주어진 업무를 열심히 했고 임무를 완수하느라 밤을 새기도 했다.

교사로서 첫 해, 내 기억에 아직도 생생한 것은 가정방문이었다. 산 중턱에 위치한 곳에서 화전민으로 살아가는 우리 반의 한 학생은 전깃불도 없는 외딴 그 곳의 흙집에서 방바닥에 가마니를 깔고 살고 있었다. 나는 이 아이가 자라서 꼭 도시로 나가 자기가 하고 싶은 공부를 할 수 있도록 열심히 가르쳐야겠다고 다짐했다.

때 묻지 않은 심성을 지닌 산촌의 아이들과 학부모들 그리고 내가 좋아하는 시골풍경은 나로 하여금 내 역할에 최선을 다하도록 만들었다. 나는 여러 가지 대외적인 행사에 학교 대표로 참여하였고 좋은 성과도 거두었다. 학습지도 대회에서는 군에서 1등으로 선정되어 도 대회에 진출하였고, 내가 제출한 연구물이 우수 연구물(교육연구보고집, 동래군교육청, 1968: 57-64)로 인쇄되어 각 학교에 배부되기도 했다. 그렇게 일 년간을 열심히 근무한 덕에 나는 바로 이듬해에 교통이 편리한 군 중심지 학교로 이동되었다. 그러나 나에게는 교사로서 성장하기 위해 특별히 무엇을 준비하고 어떤 것을 하겠다는 계획이 없었다. 나는 2년간의 의무 근무 기간이 끝나면 다시 대학에 편입을 하겠다는 꿈을 여전히 갖고 있었고, 따라서 교직을 그만둘 기회를 엿보았다.

교직 3년차 가을 운동회 때 나는 대단히 무모한 용기를 냈다. 선배교사인 체육주임이 나에게 운동회의 꽃이라 할 수 있는 4·5·6학년 마스게임을 지도하라고 했다. 나는 한 번도 무용에 흥미를 느낀 적이 없었고, 무용이 내 적성에 맞는다고 생각한 적도 없었다. 단상에 올라가 지도할 용기도 없었던 나는 절대로 못하겠다고 간곡히 말했지만 체육주임과 다른 선생님들은 내가 하기 싫어서 억지를 부린다고 생각했다. 나는 며칠 고민한 끝에 결단을 내리고 사직서를 썼다. 어차피 조만간 하고 싶었던 공부를 시작하겠다는 결심이었기에 마스게임은 그 결심을 조기에 실행할 수 있는 기회라고 생각했다. 나는 교장 선생님이 계시지도 않은 교장실의 책상 위에 사직서를 놓고 학교를 나왔다. 나는 곧 후임이 올 것이라 믿고 바로 여행을 떠났다.

일주일 후, 남겨 둔 짐을 정리하기 위해 학교에 나갔을 때 무척이나 반가워하며 "선생님!"을 외치며 달려오는 내 반 학생들을 본 순간 나는 내가 한 행동이 얼마나 큰 잘못이었는지 깨달았다. 어느 날 갑자기 사라진 담임이 다시 나타났으니 아이들은 얼마나 반가웠을까? 나는 내게로 달려와 안기는 학생들을 보듬고 울먹이며 몇 번이고 "미안하다"고 하면서 내 잘못을 뉘우쳤다. 교장 선생님은 학기는 마쳐야 하지 않겠느냐고 하셨다. 나는 무책임한 내 행동에 대해 할 말이 없었다.

이 일이 있은 후 나는 나 자신의 바람이나 욕구보다는 학생을 가르치는 일을 최우선에 두기로 했고, 어떤 상황에서도 이 기준에서 어긋나지 않겠다고 다짐했다. 다시는 자신의 개인 감정과 계획을 내세워 많은 학생들의 입장을 생각하지 않는 교사가 되지 않겠다고 생각했다. 교직을 단순히 직업으로만 여겼던 나 자신의 생각이 얼마나 옳지 못한가도 직시했다. 또한 교사의 무모한 행동이 다수의 학생에게 피해를 준다는 사실도 크게 깨달았다. 결국 마스게임은 교직을 떠나겠다는 나의 생각을 심각하게 재고하고 반전시키는 계기가 되었다.

교직에의 정착과 삶을 위한 분투

첫 사직서 사건은 내 속에 꿈틀대고 있던 대학 편입에 대한 미련을 접게 했다. 교직 4년차였던 1971년의 결혼 또한 나의 꿈을 완전히 포기하게 만들었다. 나는 결혼을 하면서 시부모님이 계시는 마산 인근의 군으로 부임지를 옮겼다. 네 번째로 부임한 벚꽃초등학교는 군 중심지에서 2km 정도 떨어진 6학급의 산촌 학교였다. 그 곳은 버스가 다니지 않아 교통이 매우 불편한 곳으로 읍으로 나가려면 걷거나 자전거를 이용하고, 급하면 택시를 불러야 했다.

학교는 동네와 조금 떨어진 곳의 낮은 산자락 아래 위치해 있었다. 학교 앞으로는 작은 개울이 흐르고, 탱자나무가 울타리가 되어 학교를 둘러싸고 있었다. 교문 앞으로는 논이 펼쳐져 있었다. 나는 부임 초기에는 읍에서부터 걸어서 통근을 하다가 얼마 가지 않아 학교 안의 사택에 살게 되었다. 그 곳에서 나는 5년 동안 근무하면서 첫 딸과 둘째인 아들을 낳았다.

내가 결혼과 육아로 한창 바쁘기 시작했던 1970년대 초, 우리나라는 고속도로가 뚫리고 곳곳에 공업단지가 세워지면서 산업화로 크게 변모하고 있었다. 나라가 발전해 가는 기운을 느낄 수 있었다. 내가 사는 그 곳에도 자유무역수출단지가 세워지면서 많은 인력이 공장으로 향하게 되었다. 결과는 나를 도와줄 사람을 찾기가 어렵다는 것이었다. 나는 초등학교를 갓 졸업한 어린 아이에게 자식을 맡기기도 했다. 그러나 그 아이마저 공장에 가게 되었을 때 나는 백일도 채 안 된 아기를 혼자 방에 뉘어 두고 문을 잠그고 출근을 할 수밖에 없었다. 어느 날 수업을 하고 있는데 이웃에 사시던 교장 선생님의 사모님이 교실 창문 밖에서 황급하게 말했다. "이 선생님, 애기가 심하게 울어서 큰 일이 날 것 같아요. 문이 잠겨 있어서 봐 줄 수가 없네. 열쇠를 좀 주세요." 순간 내 처지가 한없이 서러웠다. 그러나 나는 아무렇지도 않은 듯 "사모님, 우리 아기를 앞으로도 계속 봐 주시려면 이 열쇠를 가지고 가시고, 그렇지 않으면 그냥 두고 가세요." 라고 했다. 단호한 내 말과 표정에 놀란 사모님은 그대로 돌아서서 가셨다. 나는 오기와 비슷한 이상한 감정에 휘말리면서 수업을 계속했다.

둘째 시간이 끝난 후 잠시 집에 들렀다. 아기의 모습은 기가 막혔다. 아기는 발버둥치고 울며 뻗대서 그랬는지 아랫목에서 차고 올라가 윗목의 벽에 부딪친 채 더 이상 올라가지도 못하고 지쳐 잠들어 있었다. 이불에서 빠져 나와 아랫도리는 다 벗겨진 채였고, 발꿈치는 빨갛게 멍들어 있었다. 그날 온종일 나는 가슴이 아팠다. 그러나 어쩔 도리가 없었다. 이후 며칠간 나는 밤 10시쯤 아기에게 젖을 먹여 재운 다음 울며 보채도 안아주지 않고 참고 바라보았다. 신기하게도 며칠 후 아기는 울지 않고 다음날 새벽까지 잘 잤다.

학교에 매일 나가야 하는 것이 나의 현실이었고, 아기를 돌봐줄 사람이 없는 것도 현실이었다. 나는 이렇게 해서라도 아이 문제를 해결해야 했다. 이런 내 양육방법이 후일 내 가슴을 심히 아프게 만드는 원인이 될 것이라는 것을 당시로서는 알지 못했다. 그저 아기가 적응하고 순하게 자라는 것만 다행이라고 생각했었다. 나는 주어진 현실에서 최선을 다하는 수밖에 없었다. 갓난아기를 혼자 두고 문을 잠그고 출근해야 하는 처지를 마냥 슬퍼해서도 안 되고, 밤잠을 설쳐 낮에 학생을 가르치는 일에 지장이 되어서도 안 되며, 내 슬픔과 아픔으로 지쳐서도 안 된다고 생각하면서 마음을 다잡았다. 그리고 보다 나은 앞날을 그리며 현실을 계획적으로 살기로 했다. 집을 마련하기 위해 저축을 해야 했고, 자식도 잘 키워야 했으며, 남편이 원하는 학업을 시작하도록 도와야 했다. 이 모든 것은 내가 교사이기 때문에 이룰 수 있다고 희망적으로 생각했다.

나는 서서히 교사로서의 정체성을 찾아갔다. 결혼 전 교직에 뿌리를 내리지 못한 것은 꿈을 쫓는 감상적인 생각이었다고 결론지었다. 생각과 생활은 마치 두 개의 톱니바퀴 같아서 바뀐 나의 생각과 현실생활은 잘 맞물려 돌아갔다. 나는 남들이 보는 만큼 힘들고 어렵지 않았다. 나는 누구의 도움을 기대하기보다 내 능력으로 나의 모든 문제를 해결해야 한다는 마음을 가졌고, 어떤 상황도 헤쳐 나갈 수 있다는 자신도 있었다. 그러나 때때로 내 속에서 꿈틀대는 '본연의 나' 의 외침이 없었던 것은 아니었다. 그런 외침이 솟구칠 때면 나는 늦은 밤 학교 운동장으로 나섰다. 사방으로 둘러싸인 산은 내 마음을 가라앉히고, 산들거리는 바람은 내 머리를 맑게 했으며, 밤하늘의 무수한 별들은 앞날의 내 삶에 희망을 비춰 주었다. 세상만물이 모두 잠든 산골의 고요함은 내가 살아있다는 사실을 일깨웠다. 칠흑 같은 어둠, 차갑게 느껴지는 초승달, 대낮같이 밝은 보름달. 나는 변해가는 산골의 밤 풍경을 즐기며 현실과 내 마음의 조화를 찾아갔다. 산촌의 자연은 내 마음을 열어 학생을 가르치는 교사로, 그리고 자식을 키우며 한 가정을 일궈가는 주부로 삶을 열심히 살게 만들었다.

나는 텃밭을 일구어 갖가지 채소와 꽃들을 심어 사택을 꾸몄다. 그런 내가 마음에 들었는지 교감 선생님께서 정감 있게 물으셨다. "이 선생님, 그곳이 밭이 될까요?" "교감 선생님 두고 보세요. 제가 해 볼게요." 나는 자신감으로 대답했다.

벚꽃초등학교는 80년의 역사를 지닌 학교라서 사택 주위의 오래 묵은 땅에 거름기가 많았다. 내가 심어놓은 농작물은 잘 자라서 나를 부지런한 사람으로 칭찬을 받게 했다. 내 텃밭의 농작물이 잘 자라는 것을 보고 옆에 살고 있던 사모님들도 사택 주위 빈 터에 밭을 일구어 농작물을 심고 가꾸기 시작했다. 교장, 교감 선생님은 열심히 살고자 하는 나를 어여쁘게 봐주었고, 인정해 주었다. 내가 하는 학교 근무와 학급경영도 믿어주었다. 작은 학교의 가족적인 분위기는 내게 삶의 고단함을 이겨낼 수 있는 힘을 주었다. 나는 관리자와 동료교사들의 믿음에 보답하기 위해 학교에 손님이 오거나 대외적인 행사가 있을 때 내가 할 일들을 자발적으로 찾아서 했다.

나는 이렇게 산촌 생활에 안정을 찾아갔지만 한 번씩 오는 친정식구들은 외진 곳에서의 내 생활을 걱정했다. 친정식구들의 그런 걱정은 내 가슴을 더 아프게 만들었다. 다니러 왔다가 돌아가는 동생을 교문 밖에 서서 배웅할 때 한 번씩 뒤돌아보고 손을 흔들며 논길을 따라 걸어가는 동생의 뒷모습에서 '하고 싶은 말을 가슴에 담고 간다'는 것을 알 수 있었다. 친정어머니의 걱정과 안타까움은 더했다. "항상 젊지 않다." "자고 나면 새 힘이 솟는 것 같을 테지만 젊은 시절의 이런 삶이 나중에 후회될라"고 하셨다. 인생을 먼저 살아본 엄마가 내 삶을 걱정하며 하는 말 속에는 걱정과 격려, 칭찬과 질책이 혼재되어 있었다. 그리고 딸이 고생하는 모습 때문에 엄마의 마음이 몹시 애달프다는 것이 나에게 강하게 다가왔다. 나는 허덕이는 내 삶을 엄마에게 보이기 싫었다. 그래서 의도적으로 엄마가 오시는 것을 반기지 않기로 했다. 그 후 엄마는 자신이 드나드는 것을 내가 싫어하는 것으로 아시고, 내가 없을 때 오셨다 가시곤 했다. 빨랫줄에 널어놓았던 기저귀가 곱게 개어져 있거나, 작은 마루 위에 반찬이 담긴 그릇이 여러 개 놓여있으면 엄마가 몰래 다녀가셨다는 것을 알 수 있었다. 그러나 엄마가 그립지 않은 자식이 어디 있을까? 나는 급히 뛰어나가 읍으로 향하는 길에서 엄마를 찾곤 했다. 하지만 이미 멀리 가신 엄마를 못 보고 집으로 올 때면 내 말을 그대로 믿고 돌아간 엄마에게 미안했고, 그렇다고 나를 보지도 않고 가버린 엄마가 야속해서 눈물이 나기도 했다. 나를 걱정하는 친정식구들을 생각하면 주어진 현실을 열심히 이겨내며 살아야 한다는 다짐이 저절로 섰다.

어느 날 오후, 수업을 하고 있을 때였다. 교장 선생님이 화단 쪽 창 밖에서 "이 선생님 교문에…."라고 말씀을 시작하시더니 나와 눈이 마주치자 바로 시선을 돌리고 하던 말을 멈추셨다. "예? 교장 선생님?" 나는 교장 선생님이 '왜 말씀을 하다 마실까?'라고 의아하게 생각하다가 내가 아기를 엎고 있다는 사실을 뒤늦게 깨달았다. 며칠 전부터 고열로 앓던 딸이 칭얼거려 어쩔 수 없이 데리고 출근하여 교사용 책상 옆에 뉘어 두고 오전 수업을 잘 했는데, 오후가 되어서는 칭얼거려 하는 수 없이 업고 수업을 하고 있었던 것이다. 나는 수업에 집중하다 보니 그만 아이를 업고 있다는 사실도 잊고 있었다. 교장 선생님은 교문 근처 청소담당이 우리 반이라 청소를 부탁하기 위해서 교실을 찾았다가 아이를 업고 있는 나를 보고 내가 무안할까봐 고개를 돌리신 것이다. 나는 무안하고 당황스러웠다. 꼭 나쁜 짓을 하다가 들킨 기분이었다. 하지만 수업은 계속해야 하는 입장이라 어쩔 수 없었다. 나는 더 열심히 수업을 했다.

둘째인 큰 아들을 낳았을 때에는 다행히 시어머니가 와 계셨다. 손자라고 아들만 유모차에 태워 할머니가 마을로 나들이를 나가시면, 연년생 동생을 두고 이제 아장아장 걷는 딸은 운동장에서 혼자서 놀았다. 2교시 후 중간체조 시간에 노래가 나오면 딸은 어디서 놀다가도 뛰어나와 먼저 체조를 하여 선생님들이 귀엽게 봐주었고, 전교생 모두는 내 딸의 언니 오빠가 되어 주었다. 나는 이 시기 동안 살아남기 위해 터득한 양육방법으로 셋째까지 모두 키웠다. 그래서 아기로 인해 잠을 설쳤다거나 자식들이 울고 보채어 힘들게 키웠다는 생각은 지금도 없다.

교사의 역할에 안착하도록 도와준 산골의 자연

학교 사택에서 생활하다보니 들에 오가며 농사짓는 학부모를 쉽게 만날 수 있었다. 특별히 상담시간을 마련하지 않아도 자연스레 내가 맡은 학생의 가정환경을 파악할 수 있어서 학급운영에 많은 도움이 되었다. 나는 자식을 키우는 엄마의 마음으로 내 반 학생을 가르쳤다. 산골에 TV가 흔하지 않았던 시절이어서 큰 뉴스나 축구시합이 있는 날이면 나는 TV가 있는 방문을 열어놓았고 동네 아이들은 마당에 모여 야외극장처럼 텔레비전을 보았다. 나는 여교사로서의 삶에서 의미를 찾으려 했다. 내 노력이 헛되지 않게 하려고 학생들을 열심히 가르쳤고, 학부모와도 친분을 쌓았다. "이 씨앗 좀 심어보세요" 학부모는 오가는 길에 학교에 들러 씨앗을 주기도 하고, 농사를 지은 농작물을 놓고 돌아서면서도 "선생님, 고맙습니다."를 반복하여 내가 하는 일의 가치를 일깨웠다. 아직 교직이 천직이라는 생각이 가슴 깊이 와 닿지는 않았지만 가르치는 일은 내가 하는 일 중 가장 잘 할 수 있는 일이라고 생각했다.

내가 산골학교에서 근무 만기를 채우고 인근의 큰 학교로 이동하게 되었을 때는 그 학교를 떠나는 것이 무척 아쉬웠다. 산골학교에서 나는 삶의 기반을 마련할 수 있었고, 교사로서의 나를 정립할 수 있었으며, 자식을 둘이나 낳아 키웠다. 그래서 정이 들었고, 내 자식이 다 자란 다음 데리고 찾아오고 싶은 꿈이 깃든 곳이 되었다. 교직 30년이 되어 교직경험을 모아 책으로 엮었을 때 산골학교에 대하여 쓴 글을 여기에 옮겨 보았다.

내 마음의 고향

자식이 중·고등학교를 다닐 때 방학을 이용하여 아이들이 태어나서 자란 곳을 둘러보는 여행을 했다. 내가 근무했던 학교가 있는 곳이라 나에게는 추억을 찾는 의미 있는 여행이었다. 여러 곳 중에서도 유독 내 마음을 따뜻하게 해 주는 곳이 있다. 첫 딸과 둘째인 큰 아들을 낳아 기르고 내 삶의 기반을 마련한 산골학교다. 아이들은 어릴 때 그 곳을 떠났기에 기억이 없지만 내 설명을 듣고 자신들이 태어난 곳이라 정을 느낀다. (중략)

해질녘 교문을 나서면 계절마다 아름다운 풍경이 펼쳐졌다. 봄이면 밀밭의 싱그러움이 있었고, 초여름 누런 보리밭에서 타작하는 농부의 모습은 자연풍경과 어울려 평화로움이 가득했다. 한여름 포플러 숲에서 우는 매미 소리, 논의 개구리 소리는 시끄럽지 않은 자연의 소리였다. 일을 끝낸 후 호미를 들고 타박타박 돌아가는 아낙네의 뒷모습은 한 폭의 수묵화였다. 늦가을 운동장에 떨어진 포플러 잎들을 주워 아궁이 앞에 앉으면 낙엽 타는 냄새를 맡을 수 있었고, 쌀쌀한 가을 날씨에 낙엽으로 데워진 아랫목은 내가 가진 것보다 훨씬 큰 풍요로움을 주었다. 겨울날 이른 아침이면 두레박으로 물 긷는 소리가 시골의 아침을 상쾌하게 열어주었고, 함박눈이 내리는 겨울밤은 크리스마스카드에서 보는 그림 같았다. 넓은 운동장 눈밭에 발자국으로 내 이름을 크게 쓰고 벌렁 누워 하늘을 쳐다보면 가슴이 시원하게 탁 트였다.

아침에 학생들이 하나 둘 운동장으로 들어오면 조용하던 학교는 살아 움직였다. 불신과 경쟁을 모르는 아이들이 산골 마을처럼 해맑았다. 하루 일이 끝나면 교사와 운동장은 다시 조용해지고 나는 넓은 정원이 있는 대저택의 주인이 되었다. 달빛 가득한 산촌 마을은 동화 속 나라였다. (중략)

병원이 떨어진 곳이라 내 딸이 아파 걱정하면 동네 할머니들이 아이의 손톱 밑을 따고 배를 쓰다듬어 체증을 고쳐 주었다. "이 선생은 걱정 말고 학교 아이들 가르쳐. 우리가 아이를 봐 줄 테니…." 산골 집 장롱 위에 올려놓은 산초기름, 부뚜막에서 일군 식초는 민간요법 상비약으로 앓던 내 아이를 감쪽같이 고쳐 주었다. 겨울밤 '똑똑' 문 두드리는 소리에 내다보면 바구니 가득 감을 이고 산길을 걸어온 학부모가 "선생님, 이것 잡수세요!" 내려놓고 고맙다는 내 인사말이 채 끝나기도 전에 저만큼 멀어졌다. 남들은 불편해서 "어떻게 지내느냐?" 걱정했지만 나에게는 내 삶의 기반을 다지고, 내가 하는 일에 대한 생각을 바꾸고, 자연의 아름다움을 알게 해준 곳이다.

「쉽고 자연스러운 자녀교육 이야기」(이점우, 1998, 241-245)

자녀 양육의 어려움

산골학교의 근무기간이 만기되어 나는 읍 중심지에 위치한 24학급의 농촌학교로 이동하였다. 다섯 번째 부임지였다. 그 곳은 산골학교 환경과는 사뭇 다른 연구 지정 시범학교였다. 교사의 업무와 학급경영 방법이 모두 시범 발표 주제와 관련되었고, 발표를 위한 준비로 교내 각 계의 부탁과 관리자의 지시와 확인이 반복되어 항상 분주했다. 내 생활은 마치 바삐 돌아가는 수레바퀴 같다는 생각이 들었다. 게다가 동 학년끼리 학년 교육활동과 학교업무로 주어진 일에 보조를 맞추어야 했다. 교사 자신의 학급경영 철학을 내세우기보다 여러 가지를 자제하고 싫어도 따라야 하는 분위기였다. 나는 산골학교에서 자율적인 학급운영에 익숙해진 탓에 이곳 학교에 적응하는 데 시간이 필요했다. 내 의지와 생각에 따라 행동했던 조용한 산골생활로부터 많은 사람과의 관계 속에서 일을 처리해야 하는 학교생활로 바뀌었다.

내 가정생활도 복잡해졌다. 딸과 아들, 그리고 셋째를 임신한 상태였다. 남편은 학업을 재개하기 위해 부산으로 옮겼고 나는 혼자서 아이를 키우며 남편이 있는 곳을 오가야 했다. 이렇게 내 생활이 바쁘다보니 근무시간 외 동료교사들과의 친목을 다지는 모임이나 학교 회식에 빠지기 일쑤였다. 교직원 모임에 함께하는 것은 직업인으로서 의무나 마찬가지인데 나는 그럴 여유가 없다보니 나 스스로 나를 고립시키고 있다고 생각되었다.

지금처럼 다양한 보육기관이 없던 시절이었지만 위로 두 아이는 다행히 읍내에 있었던 고아원에서 운영하는 어린이 탁아소에 보낼 수 있었고, 막내는 아침 출근길에 학교 근처에 사는 노부부에게 맡겼다가 퇴근길에 데리고 왔다. 그러나 시범발표가 임박하면 제 시간에 퇴근을 할 수 없었다. 모든 것이 수작업으로 처리되던 시절이라 인쇄물은 등사로 준비했고, 차트 만들기와 교실환경 꾸미기는 그리고, 색칠하고, 오리고, 붙이는 수작업으로 전 직원이 분담했다.

늦은 퇴근 시간 집을 향해 뛰어가는 내 뒤에서 "엄마" 소리가 들려왔다. 느티나무 밑 어둠속에서 5살 된 딸과 4살인 아들이 나왔다. 며칠 전 교무실 앞에서 아들이 울고 서 있기에 야단을 쳤더니 교무실과 교실 불빛을 나무 밑에 숨어 쳐다보면서 나를 기다리고 있었다.

"너희들 왜 여기 있니? 집에서 놀지?"

"우리끼리 집에 있으니까 겁이 나서 학교에 왔어요."

"학교는 춥고, 어둡고 무섭잖아."

"그래도 교무실에 엄마가 있다고 생각하니까 무섭지 않았어요."

나는 두 아이를 가슴에 안았다. 내 가슴의 떨림과 눈물을 들키지 않으려고 얼른 두 아이의 손을 잡고 일어서서 어둠 속을 걸었다. 집으로 가는 길에 막내를 데리러 갔다. 엄마가 올 시간이 지난 것을 아는 막내는 포대기와 우유병 바구니를 챙겨들고 대문을 향해 서 있었다. 막내를 업고 두 아이의 손을 잡고 밤길을 걸으면서 나는 아이들이 불쌍하고 또 미안했다. 그러나 막내는 엄마와 형제를 다시 본 것만 즐거운 듯 등에서 두 팔을 벌리고 좋다고 춤을 추었고, 딸과 아들은 "엄마, 오늘 새 노래 배웠어요."라고 하며 낮에 배운 노래를 불렀다. 나는 이런 아이들 앞에서 절대 약해져서는 안 된다고 생각했다. 내 어릴 적 엄마는 하늘같이 미덥고 크지 않았는가?

내가 6살 때, 먼 외가로 가던 늦은 밤 벌판 한가운데서 버스가 고장이 났다. 비는 내리는데 승객들은 모두 내려 마을까지 걸어가야 했다. 엄마는 어린 나와 동생들 때문에 일행에서 뒤처졌다. 막내 동생을 업고 나와 내 아래 남동생을 양손에 잡고 엄마는 장대비가 내리는 밤길을 걸으면서 "저거 도깨비 불빛이다!" 라고 겁을 주며 나와 동생의 걸음을 재촉했다. 그러나 나는 태산 같은 엄마의 손을 잡고 있었기에 하나도 무섭지 않았다. 오히려 캄캄한 밤에 퍼붓는 비속에서 울어대는 개구리 소리가 재미있었다. 지금 내 아이들에게도 '나는 태산 같은 엄마다!' 라고 생각하니 슬프고 약한 마음에서 헤어날 수 있었다.

다음날 옆 교실 선생님이 나에게 말했다. 어젯밤 교문 앞 느티나무 곁을 지나치다 어둠 속에서 나의 두 아이들이 하는 이야기를 들었다는 것이다.

"울지 마. 엄마가 너 우는 소리 들으면 우리는 또 혼난다."

"그래도 울고 싶단 말이야."

"그러면 누나를 때려봐. 그러면 울고 싶지 않을 거야, 나를 때릴래?"

어둠 속에서 소곤거리는 소리를 듣고 그 동료는 가슴이 뭉클해서 아는 체를 할 수 없었다고 했다. 옆에서 듣고 있던 여선생님이 "우리 같은 여선생님들은 좀 일찍 보내주면 좋을 텐데…."라고 했다. 그러나 나는 속으로 일찍 가라고 해도 가지 않을 것이라고 생각했다. 딸이 나이에 비해 두 동생을 잘 돌보고 바쁜 엄마를 도와주어서 나는 딸을 큰 일꾼처럼 생각하고 있었다. 딸이 어린 나이에 두 동생과 엄마 사이에서 고생을 하고 있다는 것은 미처 생각하지 못했다. 시키지 않아도 동생의 기저귀를 반듯하게 접고, 장난감을 정리하고, 어떻게 내려서 깔았는지 이불을 펴 놓고 두 동생과 재미있게 놀고 있는 것을 볼 때면 나는 딸이 그저 착한 아이라고만 생각했다. 무엇을 요구하거나 떼를 쓰지 않아 키우기가 쉽다고 생각했는데 그런 말을 동료교사로부터 듣고 보니 내가 어린 딸을 너무나 어른처럼 믿고 의지하고 있었다고 생각되었다. 딸이 애처로웠고 내가 큰 죄를 짓고 있는 기분이었다.

학교분위기에 따른 교사의 사기

어린 자식 셋을 키워야 하는 여교사로서의 나의 생활은 당연히 어려움이 많았다. 그러나 이제는 마스게임 사건 때처럼 사직서를 쓴다거나 하는 생각은 하지 않았다. 지난 몇 년간의 바쁘고 힘든 생활 속에서 나는 때때로 나 자신을 돌아보았다. 나의 삶은 어느 누구도, 어떤 사건도 아닌 바로 나 자신이 만든 것이고 만들어가는 것이라는 결론에 이르렀다. 내가 나의 꿈에 대한 굳은 의지와 확신이 있었다면 처음부터 교육대학에 진학을 하지도 않았을 것이고 "선생님!" 부르며 달려오는 학생들로 인하여 다시 주저앉지도 않았을 것이었다. 교직이 안정적이고 무리가 없겠다고 생각하여 선택한 사람은 나였다. 그러나 그렇게 하여 하루하루를 살고 있는 교사로서의 나의 모습은 그저 현실을 좇아 열심히 사는 모습일 뿐 특별한 계획이나 포부가 없는 삶이었다. 나는 무엇인가 변화가 필요하다고 생각했다. 현실에 안주하지 않고 보다 나은 삶을 위해 구체적인 계획을 세워볼 필요가 있었다. 일단 나는 과거의 꿈에 연연하지 않고, '최선을 다한다'는 생활의 좌우명을 정했다.

나는 다시 부산이 가까운 김해군 학교로 이동했다. 그곳은 27학급 규모의 연꽃초등학교였다. 교사들 대부분은 주변의 도시에서 출퇴근을 했다. 연꽃초등학교로 부임하면서부터는 남편과 함께 우리 가족이 모여서 살 수 있게 된 것이 무엇보다 다행이었지만 여전히 막내를 돌볼 사람을 찾기는 어려웠고, 위의 두 아이는 같이 데리고 버스로 장시간 출퇴근을 해야 했다. 나는 하는 수 없이 막내를 서울의 친척집에 맡기고, 5살과 6살인 두 아이는 데리고 출퇴근을 하면서 학교 근처에 있는 어린이집에 보냈다.

두 아이를 데리고 30분 이상 버스로 출퇴근을 해야 하는 상황은 내게 무척이나 힘들고 부끄럽게 느껴졌다. 정해진 시외 버스시간에 맞춰 차를 타야 되기 때문에 나는 새벽에 아이들을 깨워 서둘러야 했다. 두 아이들은 차만 타면 졸기 시작했다. 아침 출근 시간이라 좌석이 없을 때는 운전수 옆 엔진 통 위에 두 아이를 앉혀두었다. 버스가 산길의 커버를 돌 때면 아이들은 졸다 넘어졌다. 나는 두 아이를 잡고 이리저리 비틀거렸다. 그 당시 같은 학교에 근무하는 선생님들 대부분이 출퇴근 시 같은 버스를 탔고, 인근 학교 선생님들도 함께 타고 다녔다. 나는 아이들을 데리고 다니며 허둥대는 모습을 보여준다는 것이 싫었다. 어떤 때는 교장, 교감 선생님이 좌석에서 일어나 두 아이를 앉혀 주기도 했다. 그래서 나는 될 수 있는 한 선생님들이 많이 타는 시간대를 피하려 했다. 나는 그런 내 생활모습 때문에 위축되어 학교에서도 꼭 해야 하는 말 외에는 하지 않았고, 나와 무관한 일에는 관심을 두지 않았다.

어느 날 여교사 모임 자리에서 어떤 의제가 나왔을 때 내 의견을 제시했다. 그러자 한 여교사가 "어! 이 선생님, 벙어리가 아니네? 이 야기를 그렇게 잘 하면서 왜 여태껏 말을 잘 하지 않았지?" 라며 놀림 반 칭찬 반의 말을 하였다. 나는 내 처지와 상황을 의식하며 말과 행동에 있어 지나치게 도사렸던 것을 반성하고 마음 문을 열기 시작했다. 그렇게 얼어 붙어 있던 내 마음과는 달리 동료교사들은 내가 두 아이를 데리고 차에 오르면 선뜻 아이들을 받아주었고, 자리가 나면 얼른 앉으라고 비켜주기도 했다. 동료교사들 특히 교장, 교감 선생님은 내 어려움을 공감하고 이해하며 나에게 다가오는 것 같았다. 그런 배려의 분위기 속에서 나는 내 능력을 최선을 다해 발휘하게 되었고, 학교생활에 즐거움을 느낄 수 있었다.

이 학교에 부임한 후 몇 개월이 지난 5월 어느 오후, 나는 운동장 구석에 핀 싱싱한 창포 잎과 꽃을 꺾어 서툰 솜씨로 꽃꽂이를 해 교무실에 놓아두었다. 여러 선생님에게 조금이라도 즐거움을 줄 수 있게 교무실을 꾸미고 싶었다. 나는 내 마음과 내 행동의 변화를 느낄 수 있었다. 이 변화는 이해와 인정을 받고 있다는 기분에서 자연스럽게 나온 것이었다. 교장, 교감 선생님은 관리자로서 학교 행정에 대한 관리만을 하시지 않았다. 직원들의 마음과 가정적인 어려움을 살펴주며 교직원을 관리했다. 그런 보살핌을 나에게만 베푸는 것이 아니라 전 직원 모두를 가슴에 안고 학교를 관리하는 것 같았다. 나는 그 곳에서 관리자의 인품이 학교 운영에 있어서 얼마나 중요한가를 알았다. 행정적인 수완보다 사람의 마음을 움직일 수 있는 인사관리가 우선될 때 조직사회는 제대로 굴러간다는 것을 절감했다.

하루는 수업이 끝난 오후 두 아이가 있는 유아원에 잠시 다녀오는 길에 급히 교문을 들어서는데 교장 선생님과 마주쳤다. 외출 허락도 없이 교문을 나섰다가 들켰다는 생각에 멋쩍고 민망해서 고개를 숙이고 잰 걸음으로 들어가는데 교장 선생님이 나를 불렀다. "이 선생님, 요즘 선생님 아이들 많이 컸어. 이제 버스에서 졸지도 않고. 제법 신나서 즐기는 것 같아. 선생님, 힘들지만 조금만 참아. 자식은 다 그렇게 키우는 거야! 내년에 좀 편한 곳으로 가야지." 나는 울컥 울음이 복받쳤다. 자식 때문에 학교를 몰래 빠져나갔다 들어오다 미안해한 내 마음을 교장 선생님이 알고 다독거려 주신다고 생각되었다. 그 당시는 교사 이동에 중요한 기준인 근무성적이 교장 선생님의 권한이었을 때였다. 그런데 교장 선생님의 말씀에는 '다음에 편한 곳으로 보내주겠다' 는 암시가 녹아 있었다. 교장 선생님은 나에게 삶에 대한 용기를 주기 위해 관리자로서 최선책을 쓰신 것이다. 나는 하늘을 나는 가벼운 마음이 되었다. 나는 마음속으로 '교장 선생님, 저는 이 학교가 좋아요. 버스 타고 다니는 것 힘들지 않아요.' 라고 외치고 있었다. 그리고 순간 그 어려운 버스 출퇴근이 하나도 힘들지 않다는 생각이 들었다. 나는 그 때부터 내가 버스 출퇴근에 찌든 여교사가 아니라 내 일을 하면서 자식을 키우는 당당한 직업인이라는 생각을 갖게 되었다. 그리고 버스가 산허리를 감돌아 달리는 산길에서 계절의 변화로 펼쳐지는 풍경을 볼 수 있게 되었다.

나는 교장 선생님과 다른 동료 선생님들의 배려에 보답하는 것은 학교생활을 열심히 하는 것이라고 생각했다. 그래서 학교 여기저기에 산재되어 있는 민속자료를 모아 전시실을 꾸며 학교의 자랑거리로 만들었다. 예절실도 정리하여 4 · 5 · 6학년 대상으로 실과시간에 운영이 되도록 꾸몄다. 가을 운동회 때는 교사 초년 시절 사표를 쓸 만큼 부담스러웠던 마스게임 지도를 내가 하겠다고 자청했다. 교직원 구성이나 교직 경력으로 보아 내가 해야 한다고 생각했기 때문이었다. 나는 우리 학교 운동장 스탠드의 규모와 구조를 감안하여 참고 마스게임 테이프를 분석했다. 쉽고 간단하면서도 큰 동작으로 대형 변화로 정확함과 통일미에 역점을 두고 마스게임을 지도했다. 운동회 당일, 나는 여러 선생님으로부터 큰 격려와 칭찬을 받았다. 이후 나는 무용지도에도 자신감이 생겨 운동회 때 무용 지도에 걱정이 없었다. 이런 경험들로부터 나는 '초등학교 교사는 만능이어야 한다.' 라는 말을 즐겨 사용하게 되었고, '못한다' '할 수 없다' 는 말은 초등교사에게 통하지 않는다는 사실도 알았다.

내가 어려운 처지를 극복하고 활력적으로 학교생활을 할 수 있었던 것은 학교 분위기 때문이었다. 관리자는 학교 분위기를 좋게 이끌 수 있는 핵심 인물이었고, 교사들은 그런 관리자를 따라서 높은 사기로 긍정적인 분위기를 확산시켰다. 나는 좋은 분위기에서 내 일을 찾아 최선을 다했고 그렇게 함으로써 교사로서 보람도 느낄 수 있었다.

자녀 양육을 위한 교직과의 이별

나는 3살 된 막내를 멀리 서울에 떼어 놓고 걱정이 많았다. 시간을 쪼개어 한 번 보러 갔다가도 잠시 후 아이의 손에 돈을 쥐어주며 친척의 등에 업혀서 과자를 사오라고 보내고 그 틈을 타서 돌아서곤 했다. 그러던 어느 날 막내가 엄마만 찾고 아무것도 먹지 않는다는 소식이 왔다. 그래도 당장 데리고 올 사정은 아니었다. 서울에 떼어 놓은 지 석 달 만에 막내를 만났을 때 막내는 나를 피했다. 떨어진 첫 날, 형도 누나도 보이지 않는 낯선 곳에서 혼자 외톨이가 되었을 때 막내는 상실감과 배신감을 느꼈을 것이다. 그러나 나는 그 때 아이가 받을 상처를 생각할 겨를이 없었고 당장 내가 출근을 해야 하는 현실적인 문제를 해결하는 것이 더 급하고 중요했다.

나는 엄마를 피하는 막내를 보고 집에 돌아와서 심각하게 생각해보았다. 나는 내 자식 셋에게 상처만 주고 있었다. '이 다음에 너희들을 잘 키우기 위해서 지금 이렇게 하는 거야' 라고 생각한 것은 나 중심적인 생각이었을 뿐 아이들에게 정말 필요한 것은 현재 성장 과정에 필요한 엄마의 보살핌이었다. 생각이 여기에 이르자 나는 그동안 숨 가쁘게 살아온 내 삶에서 벗어나고 싶었다. 큰 상처를 준 막내를 더 이상 떼어 놓을 수는 없다고 생각했다. 순간, 세 아이를 낳고 키웠던 과정에서의 어려움이 주마등처럼 떠올랐다. 아이를 낳을 때마다 출산

후에 하루라도 더 쉬기 위해 진통이 있는 순간까지 출근을 했다. 둘째는 소풍을 다녀온 다음날 수업 중에 급히 병원으로 달려가 아이를 낳았고, 막내는 출산 예정 당일에 운동회를 하고 그 다음날 아이를 낳았다.

집에 입주하여 나를 도와줄 사람을 구하기도 어려웠지만 정작 구한 사람도 아이가 낯을 익힐 즈음이면 공장에 간다고 어느 날 갑자기 떠나기 일쑤였다. 나는 당장 출근을 해야 했기 때문에 동네 노인에게 아이를 맡기기도 하고, 유모차에 태워 마당에 혼자 두기도 했다. 큰딸은 학교 운동장에서 혼자 놀다 비가 오는 날이면 처마 끝 빗물받이에서 물장난을 하다가 감기를 심하게 앓았던 적도 있었다. 때로는 큰 욕조 통에 장난감과 아이를 넣어 두고 어린 딸에게 동생을 돌보라고 맡기고 출근을 하기도 했다. 그 때마다 나는 내 아이들에게 죄를 짓는 기분이었다.

세 아이를 키우며 각각의 기질적 차이를 느꼈지만 막내는 유독 달랐다. 모유를 떼는 잘 알려진 방법대로 나는 가슴에 머큐롬을 바르고 아픈 시늉을 했다. 그러다가 뒤척이며 잠들지 못하는 막내를 보고는 '이러지 말고 좀 더 먹여야지' 생각하고 젖을 물리자 갑자기 아이는 내 얼굴을 빤히 쳐다보다가 갑자기 내 뺨을 치고는 뒤돌아 눕더니 그 순간부터 내 가슴에 손을 대지 않았고, 젖을 달라고 보채지도 않았다. 막내는 서울에 떨어져 있는 동안에도 가끔 한 번씩 만나는 아빠를 용케 기억하고 환희에 가까운 표정으로 다가갔고, 형과 누나만 있으면 잘 놀아서 나를 어렵게 하지 않았다.

그러나 위의 두 아이와 달리 심한 낯가림으로 나를 힘들게 한 아이도 막내였다. 돌을 막 지났을 때 돌봐주던 사람이 공장에 간다고 떠난 다음 다급하게 구한 사람이 학교 앞 마을의 노부부였다. 나는 아침마다 그 날 사용할 기저귀와 먹을 우유를 준비하고 장난감을 챙겨서 출근길에 데려다 주고 퇴근길에 데려오기로 했다. 노부부가 아이를 보기 시작한 며칠 후 수업을 하고 있는데 막내의 울음소리가 학교의 복도에서 들렸다. 급히 나가보니 아이를 봐주는 할머니가 아이를 업고 복도에 나타나서 업은 아이를 등에서 내리고 있었다. "이 아이를 볼 수가 없어요. 아무것도 먹지 않고 울기만 해요. 이러다가 아이를 죽일 것 같으니 선생님이 아이를 키우세요." 수업시간이라 조용한 복도에 아이 울음소리와 할머니의 이야기 소리가 낭랑하게 울렸고, 옆 교실의 선생님들이 나왔다. 나는 기가 막혔다. 그리고 속상했다. 막내는 나를 빤히 쳐다보며 울고 있었다. '내가 왜 이리 어렵게 아이를 키우고 있지?' 나는 서러운 마음이 들면서 지난날 교장 선생님의 사모님이 수업을 하고 있는 내 교실에 찾아와서 방에 뉘여 놓은 딸아이가 심하게 운다며 열쇠를 달라고 했을 때와 같은 오기가 발동했다.

"할머니 여기가 어디라고 아기를 업고 왔나요? 지금은 공부시간이라 어쩔 수 없어요. 우리 아기가 죽어도 좋으니 빨리 데리고 가세요." 내 마음과는 달리 모진 말로 할머니에게 호통을 쳤다. 아이는 울다가 그렇게 말하는 엄마의 얼굴을 쳐다보며 울음을 그쳤고, 할머니는 놀라서 다시 아이를 추스려 업고는 얼른 자리를 떴다.

나는 학교 근무시간에 내 자식 일로 어쩔 수 없는 다급한 상황이 벌어지면 순간 이상한 오기가 발동하는 버릇이 있다는 것을 그 때 알았다. 내가 그런 상황을 이성적으로 풀지 못하고 감정적으로 대하는 것이었다. 객관적으로 보면 모질고 냉정한 어미로 비춰질 것 같았다. 아니나 다를까. 쉬는 시간에 옆 교실의 선생님이 와서 "선생님, 얼른 조퇴하고 가보세요."라며 걱정을 했다. 그러나 나는 말없이 수업을 끝마쳤다. 학생들을 하교시킨 다음 나는 빈 교실에 앉아서 골똘히 생각했다. '어떻게 한다?' 별 뾰족한 해결 방법이 없었다. 퇴근을 하고 내일 당장 어떻게 해야 할지 몰라 걱정을 가득 안고 막내를 데리러 갔다. 그런데 의외였다. "선생님, 이제 아이를 볼 수 있을 것 같아요. 이상하게도 오늘 학교에서 돌아오자마자 아이가 마음을 다시 먹은 것처럼 우유를 먹고 잘 놀았어요. 참 신기해서." 그 날 이후 노부부는 아이가 순하다며 정을 주었고, 내가 퇴근할 시간쯤이면 아이는 언제나 우유바구니에 자기 용품을 챙겨 넣고는 내가 들어서는 대문을 향해 서 있었다.

그런 막내가 석달간 멀리 떨어졌다 만난 엄마를 피하는 것이 아닌가? 아무리 생각해도 세 아이를 키우며 교직을 계속하기는 너무 벅찼다. 나는 내 자식을 키우는 일은 교직과 맞먹는 중요한 일이라고 결론을 내리고 과감히 사직을 생각했다. 이렇게 정하니 마음이 편했다. 나는 경상남도에서의 교직 경력 10년을 조금 넘겨 마침내 사표를 내고, 1년 전부터 서울로 옮겨 학업을 계속하고 있던 남편과 합류하게 되었다.

(7) 이희용의 '한 고등학교 교사의 성장 체험'

자서전적 글쓰기의 또 다른 한국 작품으로는 이희용의 '한 고등학교 교사의 성장 체험'(2007)이 있다. 이 작품은 일선 현장에서 국어 교사로 일하던 연구자가 2년 동안 평가원에 파견을 가서 겪은 성장 체험을 그리고 있다. 평가원에 파견되는 것은 일선 현장 교사들이 쉽게 겪을 수 없는 경험이다. 그는 이런 2년간의 평가원의 생활에서 오는 여러 가지 딜레마들을 통해 교사로서 성장한 자신의 경험을 자서전적으로 그려주었다. 그가 겪은 딜레마는 크게 '달라진 환경에서 오는 딜레마', '전문성 부족에 대한 딜레마' 그리고 '교사와 연구자 사이에서 오는 정체성에 대한 딜레마' 이다. 이 작품은 이러한 딜레마들을 통해 교사로서의 정체성을 찾아가는 과정을 보여주고 있다.

교사인가 연구원인가

연구 참여자의 허덕임은 약 1년 동안 계속되었다. 연구 참여자에게 1년간의 파견 생활은 '흉내 내기' 의 연속이었다. 자신의 삶이 아니라 다른 사람의 삶을 대신 사는 생활이었다. 대학수학능력시험을 출제하는 과정에서 연구 참여자는 선배 출제위원들의 문제를 흉내 내는 데 바빴고, 문항 분석 역시 평가원의 선행 연구원들의 의견을 조합하는 수준이었다. 또한 파견 교사의 신분을 망각한 채 연구원의 행동을 흉내 내고 있었다. 연구 참여자는 교사인가 아니면 평가원의 연구원인가?

그러나 연구 참여자는 타인의 자리라고 느꼈던 파견 생활을 자신의 삶으로 바꾸기 위해 끊임없이 노력했다. 긴 출퇴근 거리를 학습의 시간으로 활용했으며, 시간이 날 때마다 전공 공부도 병행했다. 지하철에서의 시간은 비록 전문 서적을 읽을 만한 분위기는 아니었지만 가벼운 서적이나 신문을 읽기에 충분한 시공(時空)이었다. 연구 참여자 자신의 목소리를 내기 위해 끊임없이 고민하고 배움을 게을리하지 않았다.

노력은 헛되지 않았다. 변화되는 자신의 모습을 발견할 수 있었다. 1년간의 파견 생활과 학습을 통하여 자신의 교직 경험이 값싼 경험이 아니라는 것을 알게 되었다. 특히 출제를 위한 긴 합숙 기간을 거치며, 학생을 가르친 경험이 소중하며 학생들의 입장을 이해하는 것이 교육의 기본이라는 점을 알게 되었다. 이를 통해 '이론과 경험은 상호보완 관계에 있으며, 경험은 모든 지식의 출발점' 이라는 말을 절감하게 되었다. 또한 평가원에 함께 파견 나온 동료 교사의 대화에서 자신의 정체성에 대한 실마리를 얻을 수 있었다.

> 연구자: 선생님 전, 제가 이곳에 왜 왔고, 지금 뭐하는지도 잘 모르겠어요. 연구원 흉내 내려고 온 것도 아니고. 너무 힘들고, 이론도 그렇고, 그렇다고 교사로서 수업하고 상담하는 것도 아니고, 하여튼 힘들어요.
>
> 최교사: 글쎄. 이 선생, 너무 걱정하지 마. 잘 모르겠지만 내 생각에는, 음, 우리에겐 60만 학생들이 있잖아. 이 선생이나 나나 비록 전문적인 연구원은 아니지만 학교 현장의 목소리를 이곳에 전하기 위해서 온 것이고, 또한 연구원을 흉내 내기보다는 현장의 목소리를 내는 게 가장 중요하지 않을까?
>
> (2005년 8월 25일 일기 중, 파견 교사와의 대화)

연구 참여자는 며칠 밤을 고민했다.

> 나에게 60만 학생들이 있다. 내가 이곳에 온 이유는 현장의 목소리를 전하기 위해서다. 단, 현장의 목소리를 나타내려면, 공부를 해야 한다. 그래야 논리가 서고 현장의 목소리가 그들에게 반영될 수 있을 것이다. 그래 공부를 하자. 그리고 연구원이 아닌 내 삶에, 내가 교사라는 점에서부터 보다 진지해지자. 내가 가르치는 60만 아이들을 위해 화이팅!
>
> (2005년 가을 회고담 중, 자신과의 대화)

연구 참여자는 자신이 깨달은 점을 실천으로 옮기기 시작했다. 파견 생활이 1년 정도 지난 후, 무궁화대학교 국어 교육과 박사 과정에 입학했다. 특히 대학원 선택에서부터 지도 교수 선정에 이르기까지 이와 관련한 내용은 평가원에 근무하는 연구원이나 동료 교사들에게 조언을 구해 신중히 선택했다. 그리고 평소 고민했던 국어 교사의 정체성과 전문성에 대해 스스로 탐구하고 몰두했고 관련 서적을 찾아 읽기 시작했다.

연구 참여자가 대학원 박사 과정을 결심하게 된 이유는 다른 곳에서도 찾아볼 수 있다. 바로 연구 참여자가 가지고 있어야 할 전문성에 대한 의심 때문이었다.

연구 참여자는 일선 학교에서 나름대로의 연구 영역과 전문성을 지니고 있다고 생각하고 있었다. 그러나 평가원으로의 장소 변화는 연구 참여자를 계속되는 딜레마 상황에 처하게 만들었으며, 그 속에서 스스로의 전문성을 끊임없이 의심하게 만들었다.

평가원에 근무하는 연구원들은 모두가 박사 학위를 소지하고 나름의 연구 영역을 탐구하고 있는 전문가들이었다. 끊임없이 자신의 연구 영역에 대해 고민하고 궁구하는 모습이 연구 참여자를 자극했다. 특히 연구 참여자와 같이 파견을 나온 교사들의 대다수도 박사 과정에 있거나 박사 과정을 경험했던 교사들이었다. 비록 연구 참여자의 전공이 국어 과목이지만 이들과의 논의는 연구 참여자를 부끄럽게 만들었고, 고민의 수준도 연구자를 자극하기에 충분했다.

> 조교사: 이 선생님, 좀 어려운 부탁인데, 논문 좀 교정해 줘요. 이번에 학회에 투고할 논문인데 내가 아무리 고민 고민해도, 서론을 고치기가 쉽지 않네. 국어 선생님이니 잘 부탁해.
>
> 연구자: 그래요? 네. 한번 볼게요. 오후에 오세요.
>
> 조교사: 고마워. 글이 좀 엉망이라서.
>
> (2005년 8월 10일 메모 중, 조 교사와의 대화 재구성)

다른 파견 교사가 두고 간 글은 학회에 투고할 자신의 연구 업적이었다. 연구 참여자는 학생들의 글을 교정하거나 윤문을 하는 데 익숙해 있었기 때문에 학회 논문의 경우는 무척 당황스러웠다. 글의 교정 혹은 윤문이 연구 참여자의 전공과 매우 밀접한 관련이 있으면서도 어디서부터 어떻게 손을 대야 하는지 고민스러웠기 때문이다. 글의 내용이 낯설었다기보다는 연구 참여자의 형편없는 윤문 실력에 스스로 분노하고 있었기 때문이다.

나의 정체성 인식

연구 참여자는 자신이 고민했던 교사 전문성의 실마리를 찾았지만 새로운 문제로 인해 또 다른 딜레마 상황에 빠져 있었다.

연구 참여자에게 주어진 파견 기간은 2년이었다. 파견 규정을 깨는 것은 현실적으로 불가능했다. 연구 참여자는 아직 배울 것이 너무 많았다. 이제 교육과정, 출제, 문항 분석 그리고 교사의 전문성에 대해 조금씩 알아가고 있는 상황에서 현장으로 돌아가는 것은 또 다른 부담거리였다. 고민거리를 짊어지고 또 다른 고민들이 무성한 장소로 이동하는 경우였다. 특히 교직의 현실은 연구와 수업 활동이 서로 조화를 이루지 못하기 때문이다. 또한 연구 참여자가 교육 현장에 돌아가서 제대로 연구 참여자의 소신을 펼칠 수 있을지도 의문이었다. 지금 생각하면, 이것은 국어 교육의 문제를 탐구한다는 연구자가 국어 교육이 이루어지는 일선 현장에서 발 뺄 궁리만 하고 있는 어리석은 상황이었다.

마음을 정리하기란 쉽지 않았다. 고민의 수준도, 그에 임하는 자세도 달라져야 했기 때문이다. '나의 역할은 무엇인가?', '나는 이 연구 기관에 왜 왔으며, 무엇을 배우고 가는가?', '이제 어떤 길을 걸어야 하는가?', '내가 있어야 할 곳은 어디인가?' 모든 게 쉽게 해결하기 힘든 질문이었다. 그러나 파견 규정은 가혹했고 새로운 각오만이 연구 참여자에게 필요한 시점이었다. 연구 참여자는 자신의 모습을 끊임없이 반성했다.

> 또다시 이곳에 안주하려고 하는 것은 아닌지? 연구를 한답시고 교사 본연의 모습을 회피하는 것은 아닌지? 나는 국어 교사다.
>
> (2007년 1월 7일 일기 중, 자기와의 대화)

주어진 현실에서 분명해지는 것은, 연구 참여자는 교육 현장에서 학생들을 가르치는 교사라는 점이다. 연구 참여자가 서 있어야 할 곳은 교육 현장, 바로 학교 현장이었던 것이다. 연구 참여자는 무엇인가 명백해지는 것을 느낄 수 있었다. 파견 생활 동안 연구 참여자 자신을 지켜 주었던 열정을 가지고 이제는 연구 참여자가 배웠던 그리고 배우고 있는, 앞으로 배워야 할 수많은 지식을 교육 현장에 발산시켜야 하는 것이다. 이 열정은 바로 '교육실천가' 이자 '연구자로서의 교사' 라는 연구 참여자 자신의 정체성을 인식시키기에 충분하였다. 비록 연구 참여자가 있는 곳이 전문적인 연구 기관이나 대학의 강단은 아닐지언정 이들에게 현장 교사로서 교육의 현장을 생생하게 보여 줄 의무가 있는 것이다.

연구 참여자는 자신이 얻고 가는 지식이 고정된 명사형이 아니라 끊임없이 변화하는 동사형이라는 점에서 또 다른 시작임을 깨닫고 있었다.

변화와 발달

앞에서는 연구 참여자의 변화된 점을 기술하였다. 이를 위해 연구 참여자가 파견 생활을 하기 전 그리고 파견 생활 후, 그의 태도와 지식 및 기술적인 면이 어떻게 변화되었는지를 기술하였다. 즉, 연구 참여자는 학생과 주위 동료들을 대하는 태도가 어떻게 바뀌었는지, 그리고 전문가로서 교과 지식은 어떤 부분이, 어떻게 변화 · 심화되었는지를 교육과정, 교과 교육관, 평가의 측면으로 나눠서 살펴보았다.

개방적인 태도

연구 참여자는 대학원 박사 과정에 입문하면서 상황에 대처하는 자세가 달라졌다. 연구 참여자의 마음가짐이 수동적인 모습에서 문제 해결의 개방적인 인간으로 바뀐 것이다. 모든 업무를 진행하기에 앞서 항상 학생이나 동료들을 먼저 생각했다. 특히 학생들을 위하는 것이 연구 참여자 스스로의 전문성 신장을 위한 일임을 깨달았다.

연구 참여자는 더 이상 수동적인 교사가 아니었다. 출제 과정부터 달라졌다. 연구 참여자는 자신이 이 문항을 어떤 목적을 가지고 어떤 방식으로 그리고 교육 현장의 학생들에게 무엇을 알려줄 것인지를 먼저 생각했다. 이것은 학생을 먼저 생각하는 태도의 변화였다.

> 송교사: 이 문항 좀 봐줘. 어때? 괜찮아?
>
> 연구자: 잠깐만요. … 제 생각에는 선생님이 어떠한 목적으로 이 문항을 설계하셨는지가 궁금합니다. 특히 학생들의 어떤 능력을 측정하려는 것인지 그리고 이 문항이 교육과정에 위배되지는 않는지 생각해 봐야 합니다. 가령, 이 문항은 언어 영역 문항이라기보다는 수리 영역이나 공간지각 능력을 측정하는 과목의 문항 같아요. 또 한 가지, 왜 이 문항을 내셨는지 그 이유가 불명확한 것 같아요. 이 문항을 통해 학생들에게 어떤 점을 알려줄 것인지, 그리고 제 생각에는 선생님이 교육과정을 보다 잘

읽어보시고 충분히 이해한 후, 학생을 생각하는 입장에서 문항을 재설계하셔야 할 것 같습니다.

송교사: 음. 그래?

(2006년 5월 회고담 중, 출제위원과의 대화)

파견 1년차 생활, 즉 2005년 5월의 출제 과정이었다면, 연구 참여자는 선배 출제위원들의 문항을 흉내 내기에 급급하여 자신이 이 문항을 왜 내는지, 어떤 평가 유형으로 출제해야 하는지, 그리고 학생의 어떠한 능력을 측정하고 그들에게 평가 문항을 통해 무엇을 알려주고자 하는지에 대해 고민할 여력조차 없었을 것이다. 오로지 출제 상황에서 벗어나려고 전전긍긍했을 것이다. 그러나 연구 참여자는 다른 출제위원에게 문항에 대한 조언을 하고 있었다. 즉, 문항의 정체성을 교사가 아닌 학생에게서 그리고 보다 전문적인 지식의 습득을 권하고 있었다. 예전에는 출제 과정에서 찾아볼 수 없는 모습이었다.

이러한 모습은 동료 출제위원을 대하는 연구 참여자의 태도 변화로까지 발전하였다. 출제 과정에서 연구 참여자는 타인을 이해하려는 개방적인 마음가짐으로 고민하고 소외당한 사람들을 이해하고 그들의 고충을 함께했다. 출제 과정은 문항을 내는 사람이나 그 문항을 평가하는 사람 모두에게 피 말리는 싸움이었다. 정해져 있는 시간에 60문항을 내는 일은 서로에게 너무나 힘든 일이었다. 비록 학생들의 능력을 정확하게 측정하고 학생들에게 새로운 학문적 내용을 알려주는 목적이 최우선이지만 밀폐된 공간에서 정해진 기간 동안 문항 수를 채우는 일은 학생들을 위한다는 명목만으로는 견디기 힘든 작업이었다. 이 과정에 불미스러운 일도 발생하고 서로가 서로를 소외시키는 일도 비일비재하였다. 출제 과정에서 있었던 일이다. 최 교수는 7주일째 한 문항도 출제하지 못하고 불안해하고 있었다.

최교수: 아니 문항을 어떻게 내라는 거야. 이래도 안 되고, 저래도 안 되고. 그냥 알아서 내라고 해. 지들이 뭘 알아? 전문가는 난데. 왜 나보고 이래라 저래라 그래. 나 이제 못하겠어. 이 선생도 생각해 봐. 내가 출제하는 문항마다 안티를 놓잖아. 안 그래?

연구자: 네. 선생님 말씀 충분히 이해가 갑니다. 음. 그리고 선생님의 고충 다 이해해요. 힘들죠? 저도 그랬어요. 전 예전에 자학까지 경험했어요. 하지만 분명한 건 선생님이나 저나 학생들을 위해 이 문항을 설계하는 것 같아요. 다른 출제위원들이 요구하는 게 다소 부당하고 힘든 일인지는 알지만 그래도 그들 역시 나름의 사명감을 가지고 하기 때문에 그런 일이 있었던 것 같아요. 선생님이 좀 이해하세요. 그리고 이 문항은 저랑

함께 내요.

(2006년 11월 회고담 중, 출제위원과의 대화)

평가원의 연구원은 아니지만 파견 교사로서 교사, 교수, 그리고 연구원들과의 중간 역할은 연구 참여자의 몫이었다. 그리고 그 속에서 연구 참여자가 예전에 겪었던 고통과 외로움 등을 생각하며 소외된 자와 고민을 함께했다. 이를 통해 연구 참여자는 그들과 인간적인 관계를 형성할 수 있었다. 나아가 이 관계는 직업이나 사회적 지위를 떠나 형, 동생의 관계로 발전하였고 연구 참여자는 이러한 인간관계를 바탕으로 향후 궁구했던 교과 교육관이나 교과지식에 대한 궁금증을 해소할 수 있었다.

교과 전문가

탐구의 대상, 교육과정

교과 전문가가 되기 위해서는 개방적인 태도도 중요하지만 교과에 대한 전문지식이 요구되었다. 특히 교육과정은 교과에 대한 목표나 교수내용, 교수법 등 모든 면을 다루고 있기 때문에 교과목을 이해하는 데 가장 기초적인 자료가 되었다.

연구 참여자는 대학원 박사과정에서 교육과정 지식을 심화시킬 수 있었다. 연구 참여자는 대학원 과정에서 예전에 교육대학원에서 경험하지 못했던 학문에 대한 끝없는 이론적 탐구와 자기 성찰의 과정을 경험했다. 이것은 단순한 지식의 재교육 차원이 아니었다. 교육과정은 더 이상 단순한 지식의 집합체가 아니라 연구 참여자가 파견 기간 동안 살아남기 위한 그리고 지금은 끊임없이 학습하고 탐구해야 할 대상이었다. 특히 연구 참여자는 교육과정의 교과 학습 목표를 끊임없이 고민하고 탐구했다. 이러한 활동을 통해 출제 문항의 타당성을 확보할 수 있었다.

파견 장소 역시 교육과정 이해를 위한 장소로 매우 적합하였다. 특히 제7차 교육과정에 대한 수시 개정 작업은 연구 참여자의 교육과정에 대한 이해의 폭을 한층 심화시켰다. 다음은 문법 교육과정 개선(안) 협의과정에서 있었던 일이다.

> 그보다 중요한 것은 학생들이 문법 과목을 선택하지 않는 이유에 대해 고민해야 한다는 점입니다. 대학의 연구자나 교과서를 쓰는 사람들의 문제도 있지만 그보다 학생들의 흥미를 끌고 학생들의 수준을 진정으로 생각하는 문법 교육과정이 만들어져야 합니다. 이를 위해서는 기존 체제에 대한 깊은 반성이 선행되어야 하며, 지금 이 자리의 소중함을 느껴야 합니다. 또한 여러 교수님들이 잘 아시겠지만, 문법 과목에 대한 선택도를 높이기 위해 자신의 전공을 강조하는 것을 버려야 합니다. 이외에도 (중략) 이번에 개정된 교육과정은 소항목의

층위가 다소 다른 것 같습니다. 가령, 앎, 삶, 얼이라는 표현 자체가 문법 교과서에서 적정한 용어인지 의문이 듭니다. 특히 매체 언어의 중요성은 인정되지만 문법 과목과의 관계는 어떻게 되는지, 내용 중복이나 교과 종속의 문제가 발생할 것 같은데, 이에 대한 대책은 있는 것인지 등을 고민했으면 좋겠습니다.
(2006년 8월 29일, 문법 교육과정 개선안 협의록 전사 자료)

그 자리는 제7차 국어과 교육과정 개선을 위해 평가원 담당자, 현장 교사와 대학 교수 등 총 10명이 문법 교육과정에 대해 논의하는 자리였다. 현재보다 개선된 교과 교육과정을 설계하기 위해 서로의 안을 협의하는 자리이기도 하였다. 연구 참여자는 협의과정에서 학생을 생각하는 태도뿐만 아니라 국어 교육과정에 대한 식견이 달라져 있었다. 즉, 파견 전의 모습과는 너무 달랐다. 예전 같으면 교육과정은 단순히 시험을 위한 자료일 뿐 교과지식의 기초가 아니었다. 또한 교육과정의 개정 역시 연구 참여자에게는 중요한 일도, 고민해야 할 사항도 아니었다. 그러나 대학원에서의 학문적 배움과 출제를 위한 교육과정 분석 그리고 수시 개정을 위한 교육과정 협의를 통하여 연구 참여자는 교육과정의 중요성을 인식하고 교육과정을 탐구의 대상으로 여기고 있었다.

교과 교육관의 정립

교육과정의 분석이 전문성 향상을 위해 중요한 요소이기는 하나 이것이 전문성 향상의 전부는 아니었다. 국어 교과 교육관의 정립이 무엇보다 최우선이었다. 파견 기간 동안 교수-학습 기술이 직접적으로 발전하지는 않았지만 국어 교육관의 정립은 그 이상의 가치를 의미했다. 파견을 나오기 전 일반 인문계 고등학교에서 입시 위주의 교직 현실에 파묻히고 그 속에서 안주했던 이유, 그리고 문제풀이 수업에서 연구 참여자 자신의 전문성을 의심하기 시작한 것도 모두 교과 교육관이 부재했기 때문에 나타난 결과였다. 교과 교육관이 뚜렷하면 문제풀이 수업을 하더라도 그 속에서 교과 교육의 궁극적 목표를 위해 다양한 노력을 경주했을 것이다.

연구 참여자는 출제와 대학원 진학을 통해 교과 교육관을 정립할 수 있었다. 대학원에서의 세미나, 교사들과의 토론수업, 전문학습 자료는 교과 교육관을 정립하는 데 도움을 주었다. 또한 출제과정을 통해 교과에 대한 교육 목표는 명확해졌다. 출제과정은 교육과정 분석에서 교육과정의 적용, 학교 현장 교육의 반영, 교과 목표관 등이 총체적으로 반영된 과정이었고, 연구 참여자는 문항 검토과정을 통해 교과 교육관을 더욱 정교화시켰다.

연구자: 박 선생님은 이 문항을 통해 학생의 어떠한 능력을 평가하는지를 명확

히 하셔야 할 것 같아요. 음. 이 문항은 단순 어휘나 단편적인 지식을 평가하는 문항이지 사고력을 측정하는 본 시험과는 거리가 좀 있는 것 같아요. 실제로 대학수학능력시험의 목표이원분류를 보면, 사실적 사고에서 추론, 비판, 창의적 사고력을 요구한다고 나와 있거든요. 좀 더 많은 고민을 하셔야 할 것 같아요. 비록 사고력의 범위가 명확히 구분되는 것은 아니지만 여하튼 우리가 학생들에게 측정해야 하는 능력은 기능, 전략, 음, 이런 것이 아니라 사고력이라고 생각해요. 어떻게 하면 다양한 사고력을 함양시키고 이것을 정확히 평가하는가가 근본적인 목표가 아닌가 해요. 그래서 아마 문항을 재설계하셔야 할 것 같아요.

박교사: 그래? 학교 시험이랑 달라도 너무 다르네. 이 선생님 고맙습니다.

(2006년 7월 회고담 중, 다른 출제위원과의 대화)

평가

평가는 일의 마무리에 해당한다. 교육 현장에서 평가 전문가란 학습 목표에 맞게 다양한 평가 문항을 제작하고, 평가 결과를 분석 · 종합하여 교육 현장에 적절히 피드백할 수 있는 교사를 가리킨다.

연구 참여자는 정도의 차이는 있을지언정 일선 학교에서 이미 갖추고 있어야 할 평가 능력을 간과했다. 그래서 다양한 딜레마 상황에 놓이게 되었다. 그러나 연구 참여자는 대학원에서 배운 학습이론과 자신의 교직 경험을 결합하고 다양한 딜레마와 견디기 힘든 출제과정을 극복하였다. 이 과정을 통해 연구 참여자는 평가 전문가의 모습을 갖출 수 있었다. 연구 참여자는 대학수학능력시험의 문항 출제 및 분석, 서울특별시나 인천광역시, 경기도에서 주관하는 각종 전국연합학력평가 문항의 분석, 사교육 경감을 목적으로 실시된 한국교육방송(EBS)의 평가 문항 감수를 통해 평가 전문가로 거듭난 것이다.

그러나 평가 문항의 개발 능력은 연구 참여자가 학교 현장에서 중간고사나 기말고사 그리고 학교 자체 평가 문항을 개발하는 데 절대적으로 필요한 기술이었다. 또한 문항 분석 능력 역시 교육 현장의 전문가로서 이미 요구되었던 능력으로 인문계 고등학교의 담임교사나 학년 평가계로서 갖춰야 할 능력이었다. 연구 참여자는 교육 현장의 교과 전문가가 지녀야 할 참모습을 이제야 구비한 것이다. 실제로 연구 참여자는 2005년, 2006년의 출제과정을 거치며, 2006년 11월에 교과 전문가의 능력을 마음껏 발휘하였다.

강교수: 이 선생은 이제 그림 문항과 관련해서는 하나의 일가를 이뤘어. 참으로 대단해. 이 선생이 2년 동안 낸 문항을 쭉 모아서 보는 것

도 참 재미난 일일 거야. 음. 스스로 낸 문항이 얼마나 진보했고 본인도 얼마나 달라졌는지 알아보는 것도 무척 흥미로운 일일 걸.

연구 참여자: 네. 저 스스로도 많이 달라졌다고 생각해요. 나중에 기회가 닿으면 제 발달사를 한번 정리하려고요. 그리고 그림 문항이 더 이상 어떻게 진보할지 저 스스로도 너무 궁금해요.

(2006년 11월 회고담 중, 다른 출제위원과의 대화)

4. 참고문헌

김영룡(2008). 뉴 미디어시대의 자서전적 글쓰기: 개인 정체성의 문제화와 그 문화적 대응으로서의 자서전에 대한 시론. 독어교육, 41, 173-181.

손승남(2002). 자서전의 교육학적 가치. 교육철학, 28, 109-125.

이점우(2006). 한 60대 초등학교 여교사의 삶과 가르침: 생애사적 사례 연구. 숙명여대 박사학위 논문. 미간행 자료. 숙명여자대학교.

이희용(2007). 한 고등학교 국어 교사의 성장 체험: 자기 이야기(self-narrative). 교육인류학연구, 10(2), 131-171.

최경도(2008). 자서전 연구의 성격과 전망. 영미문학교육, 12(1), 129-145.

한혜정(2005). 자아성찰과 교수방법으로서의 '자서전적 방법' (Autobiographical Method). 교육과정연구, 23(20), 117-132.

한혜정(2006). 교육과정연구의 질적연구에서 '자서전적 방법' 이 가지는 의의. 교육과정연구, 24(2), 71-86.

Ellis, C. (Eds.) (1999). Heartful Autoethnography, *Qualitative Health Research, 9*(5), pp. 653-67.

Ellis, C. (2000). Autoethnography, personal narrative, reflexivity: Research as subject. In N. Denzin, & Y. Lincoln. *Handbook of qualitative research.* Thousand Oaks, Cal.: Sage.

Ellis, C. (2004). *The Ethnographic I : A Methodological Novel about Autoethnography.* Walnut Creek, CA: AltaMira Press.

Ellis, C. & Bochner, A. (Eds.) (1996). *Composing ethnography: Alternative forms of qualitative writing.* Walnut Creek, CA: AltaMira Press.

Gaitán, A. (2000). Exploring alternative forms of writing ethnography. Review Essay: Ellis, C. & Bochner, A.(Eds.) (1996). Composing Ethnography: Alternative Forms of Qualitative Writing [9 paragraphs]. *Forum Qualitative Sozialforschung / Forum: Qualitative Social Research [On-line Journal],* 1(3). Available at: http://qualitativeresearch.net/fqs/fqs-eng.htm

Kiesinger, E. C. (2002). My father' s shoes: The therapeutic value of narrative reframing. In Art P. Bochner & Caroline Ellis (Eds.). *Ethnographically speaking: Autoethnography, literature and aesthetics*(pp.95-114). Walnut Creek: Altamira.

Leggo, C. (2007). Astonishing Silence: Knowing in Poetry, In J. Knowles & A. L. Cole (Eds.), *Handbook of the Arts in Qualitative Research: Perspectives, Methodologies, Examples, and Issues*(pp.165-174). Thousand Oaks, Cal.: Sage.

Loevinger, J. (2002). Confessions of an iconoclast: At home on the fringe. *The Journal of Personality Assessment, 78*(2), 195-208.

Millon, T. (2002). A blessed and charmed personal odyssey[Special series: Personality autobiographies]. *The Journal of Personality Assessment, 79*(2), 171-194.

Montgomery, R. (2007), Out of the Ashes: An Autoethnography, In P. C. Taylor & J. Wallace(eds.), *Contemporary Qualitative Research: Examplars for science and Mathematics Educators* (pp.117-125).

Pelias, J. R. (2003), The Academic Tourist An Autoethnograpy, *Qualitative Inquiry, 9*(3), 369-373.

Richardson, L. (2000). Writing: A method of inquiry. In N. Denzin, & Y. Lincoln. *Handbook of qualitative research.* (pp.923-948). Thousand Oaks, Cal.: Sage.

Scott-Hoy, K. & Ellis, C. (2007). Wording Pictures: Discovering Heartful Autoethnography, In J . Gary Knowles & Ardra L. Cole (Eds.). *Handbook of the Arts in Qualitative Research: Perspectives, Methodologies, Examples, and Issues*(pp.127-140). Thousand Oaks, Cal.: Sage.

Settelmaier, E. (2007), Excavating a Researcher' s Moral Sensitivities: An Autobiographical Research Approach, In P. C. Taylor and J. Wallace(eds.). *Contemporary Qualitative Research: Examplars for science and Mathematics Educators*, 175-188.

Sparkes, C. A. (1996). The fatal flaw: A narrative of the fragile body-self. *Qualitative Inquiry, 2*, 463-494.

Sparkes, C. A. (2000). Autoethnography and Narrative of Self: Reflections on Criteria in Action. *Sociology of Sport Journal, 17*, 21-43.

Sparkes, C. A. (2007). Sport and Physical Education: Embracing New Forms of Representation, In J. Gary Knowles & Ardra L. Cole (Eds.), *Handbook of the Arts in Qualitative Research: Perspectives, Methodologies, Examples, and Issues*(pp.654-664). Thousand Oaks, Cal.: Sage.

제13장

시적 글쓰기

이 장에서는 다양한 질적 글쓰기의 실험적 방법 중 하나인 시적 글쓰기에 대해서 살펴보고자 한다. 시적 글쓰기는 그 용어가 뜻하고 있듯이 문학의 한 장르인 시의 기법을 사용하여 자료를 기술하는 방법이다. 우리가 시를 읽을 때 산문에서 얻을 수 없는 감동과 느낌 그리고 이미지를 갖는 것처럼 질적 글쓰기 방법으로서 시적 글쓰기는 그러한 효과를 가져오는 데 매우 중요한 역할을 한다. 아울러 우리가 글을 쓰면서 가끔씩 우리의 생각을 시로 표현하여 글의 한 부분에 첨가하는 것처럼 시적 글쓰기는 질적연구에서 가장 일찍 시작된 글쓰기 중의 하나이며 다른 실험적 글쓰기에 비하여 보편화되어 있다. 많은 서구의 질적연구 관련 학술지를 읽게 되면 저자들이 질적 자료들을 시로 표현한 작업이 많이 있다는 점을 알게 될 것이다. 이에 이 장의 읽기를 통하여 시적 글쓰기에 대한 전체 개요를 이해하고 우리나라에서도 그러한 작품들이 만들어지기를 기대해 본다.

1. 시적 글쓰기의 개념과 목적

시적 글쓰기란 질적연구와 예술 작품 간의 연결 관계를 탐구하고 이를 개척하는 글쓰기 방법으로(Alfredo Gait, 2000), 연구자가 탐구한 내용이나 인터뷰 자료를 시로 변환하는 글쓰기 방법을 말한다. 따라서 시적 글쓰기는 시가 가지는 본질적인 특징을 가진다. 사실 시의 본질에 대해 정의를 내리는 것은 불가능할지도 모른다. 다만, Octavio Paz(1995)의 말을 인용하면, 시는 '인지의 증언(the testimony of the senses)' 이라 하였다. 즉, 우리는 시를 통해 육체의 눈이 아닌 영혼의 눈으로 사물을 바라볼 수 있으며, 우리가 만질 수 없는 것들을 만질 수 있게 된다. 또한 시는 감각적인 것을 이용하여 우리를 잠시 멈춰서 사색하고 느끼게 한다. 이를 통해 우리에게 기쁨을 주고, 진실을 알려준다. 그래서 시의 언어는 충만해지고 강렬해지고 농축되는 것이다(Drury, 1991, pp.1-5를 Glesne, 1997, p.213에서 재인용). 질적연구에서 시적 글쓰기 역시 이러한 섬세한 감각과 생명력을 가지고 있다.

시적 글쓰기의 또 하나의 특징은 시가 지니는 형식적 특징을 지닌다는 점이다(Glesne, 1997, p.213). 일반적으로 사람들은 시적 글쓰기의 결과가 탐구 내용이나 인터뷰 결과로 이루어져야 한다고 생각한다. 하지만 시적 글쓰기의 결과가 반드시 탐구 내용이나 인터뷰로 이루어져야 하는 것은 아니다. 그보다 오히려 시적 글쓰기가 가지는 중요한 특징은 시가 지니고 있는 형식적 특징을 가진다는 점이다. 시적 특징이란 반복적인 음성의 구조, 의미의 패턴, 그 조직화 등이다. 이때 조직화란 시행의 구성, 리듬의 형성, 단어들 간의 새로운 결합이나 관계 형성을 가능케 하는 구문 형식, 반복, 병치 등의 형태를 가리킨다(김정우, 2005, p.224).

또한 시적 글쓰기는 필자나 독자에게 발견과 창조의 정신을 열어 준다는 점에서 과학과 문학의 융합으로 묘사될 수 있다(Nisbet, 1976, p.4를 Glesne, 1997, p.216에서 재인용). 즉, 시적 글쓰기는 엄격한 과학적 결과나 훌륭한 예술을 창조하는 것은 아니지만 독자나 연구자에게 자신을 돌아보게 하고 이를 통해 새로운 창조 정신을 만들어 낸다는 점에서 중요한 의미를 지닌다. Coffey와 Atkinson(1996, p.109)의 말에 따르면, 자료를 어떻게 표현할 것인가에 대한 고민은 우리로 하여금 자료가 나타내고자 하는 의미가 무엇인지 곰곰이 생각하게 만들고, 참여관찰 속에서 느낀 경험을 돌아보게 한다는 점에서 중요하다. 즉, 시적 글쓰기를 통해 연구자는 자신의 삶을 반성하게 되고 세상에서 일어나는 현상에 대해 성찰할 수 있는 기회를 가지게 되는 것이다. 가령, 연구 내용을 춤으로 표현한 Blumentfeld-Jones(1995, p.400)의 연구처럼, 자료를 다른 양식으로 표현하는 것은 우리가 예전에 알지 못했던 대상의 또 다른 측면들을 볼 수 있게 해주고, 이것은 또 다른 분석적 사고를 유발시킨다. 그리고 이것은 연구에 대한 시각과 관점을 확장시켜 주어 연구 결과에 활기와 생명력을 불어넣어 준다(Glesne, 1997, p.217). 특히 시적 글쓰기는 '양자택일(either/or)' 이 아닌 '양자선택(both/and)' 의 관점으로 자료를 재구성하고, 이분법적 사고에서 벗어나 좀 더 다양한 사고로의 이동을 의미한다(Glesne, 1997, p.205). 이를 통해 우리들은 우리의 문화를 재구성(다시 경험하고, 다시 살고, 다시 창조하고, 다시 말하고)하는 것이다(Bruner, 1986, p.11을 Glesne, 1997, p.215에서 재인용).

하지만 아직도 시적 글쓰기가 연구 논문의 한 양식으로 적절한지에 대한 논의는 지속되고 있다. National Research Council의 최근 보고서(Shavelson & Towne, 2002, pp.75-77)에 따르면, 시를 과학적 연구 분야로부터 명백하게 구분 짓고 있다. 가령, 예술에 기반을 두고 있는 연구 방법들(Eisner, 1991; Lawrence-Lightfoot & Hoffmann, 1997)은 엄격히 '과학적' 인 방식이라고 보기에는 신뢰성과 의문에 대한 답변 능력이 떨어지고, 일반화되지 않은 방식에 지나지 않는 것으로 치부하고 있다. 하지만 최근에는 이러한 시적 글쓰기에 대한 인식이 개선되고 있다. 이에 조지아 대학의 JoBeth Allen, 캘리포니아 대학의 Mike Rose, 스탠포드 대학의 Rento Rosaldo 등이 문화기술적이고 새로운 기법들을 혼합한 글쓰기 과정을 가르치고 있다(Rose & McClfferty, 2001; Piirto, 2002). 또한 *Qualitative Inquiry*, *Harvard Educational Review*, *Anthropology and Education Quarterly*, *Humanist Anthropology*와 같은 학술지가 예술에 기반을 둔 연구 논문들을 출판하고 있다(Cahnmann, 2003, p.34).

질적연구 자료를 시로 변화시킨 최근 논문을 보면, Anne McCrary Sullivan (2000), Carl Leggo(2007), Corrine Glesner(1997), Deborah A. Austin(1992), Ivan Brady(2003), Jackson(1999), Katie Furney(1996), Laurel Richardson(1992, 1997), Melisa Cahnmann(2003), Rapport, Frances(2008), Sparkes(2003), Sparkes와 Douglas(2007), Swan(1999) 등이 있다. 이들 대부분은 자신들의 질적연구 자료를 시로 변화시켜 자신이 전달하고자 하는 의미를 독자들에게 효과적으로 제시하고 있다. 또한 자신이 왜 질적연구 자료를 시로 표현했는지 그리고 자료를 변환함으로써 독자와 저자, 그리고 독자와 자신이 어떻게 바뀌고 이들 간의 관계가 어떻게 형성되는지를 논문에 제시함으로써 시적 글쓰기의 타당성을 확보하고 있다. 가령, Richardson(1992, 1997)은 시적 글쓰기의 선구자로 '루이사 메이의 삶에 대한 이야기(Louisa May' s Story of Her Life)' 를 통해 실험적 글쓰기의 타당성을 한층 높였다. 그녀는 루메(루이사 메이의 준말)의 이야기를 통해 그것 자체가 하나의 문학적인 주제임을, 또한 면담자와 피면담자가 이러한 글쓰기를 통해 어떻게 상호작용하는지를 보여주고 있다. 더불어 이러한 글쓰기 방식이 사회학자들의 작문구조와 어떻게 연결될 수 있는지를 생산과 분배, 소비의 해석적 관점에서 제시하였다.

Corrine Glesner(1997)도 Richardson에 영감을 받아, 도나 후아나(Dona Juana)에 대한 면담 자료를 시로 표현하였다. Glesner는 '그 진기한 느낌: 시적 전사를 통한 재현 탐구(That Rare Feeling: Re-presenting Research Through Poetic Transcription)' 에서 인터뷰 내용을 어떻게 시로 표현할 수 있는지 그 방법에 대해 자세히 기술하였다. 가령, 피면담자가 사용한 어휘 목록을 그대로 사용하여 주제별로 내용을 재분류하고, 피면담자가 말하는 방식을 재현하기 위해 병치(juxtapose)를 사용하여 피면담자의 어휘들을 통합시켰다. 이를 통해 질적연구에서 제기되는 문제 즉, 시적 글쓰기의 타당성을 확보하였다. Deborah A. Austin(1992)도 Richardson(1992)이 주관하는 프로젝트에서 아프리카계 인디언의 삶을 시로 표현하며, 자신과 그들의 동질성을 확인하고 있다. 특히 Austin은 같은 박사과정생인 Mari와의 인터뷰를 통해 질적 자료를 이야기 시(narrative poem)로 표현함으로써 내용을 명확하고 연속성 있게 표현하고, 시적 글쓰기의 효과를 증명하였다.

시적 글쓰기의 가능성을 교육 현장에 접목시킨 연구로는 Anne McCrary Sullivan(2000)과 Melisa Cahnmann(2003)을 들 수 있다. Anne McCrary Sullivan(2000)은 '학교 안의 목소리(Voices Inside Schools)' 에서, 자신의 자서전을 시로 표현함으로써 시적 글쓰기의 가능성 즉, 연구자들이 자신이 표현하고자 하는 세계를 독자에게 환기시키고 질적연구자들이 지니고 있는 정확성과 풍부한 잠재력을 표현하는 하나의 방법으로 시의 가능성을 탐구하였다. 또한 심미적 관점에서 주의집중

(attention)의 중요성을 강조하였다. 특히 학교에서 학생들에게 이러한 글쓰기 방법을 시도하는 과정, 그리고 그 결과를 제시함으로써 질적연구에서 시의 가능성을 한층 높였다. 이 외에도 Eisner의 말을 인용하며, 연구자에게 제일 중요한 것은, 우리 스스로 무언가에 주의집중을 할 수 있게 하고, 우리 자신의 경험을 확대 · 심화시킬 수 있으며, 우리가 바라보는 것에 대한 이해를 돕는 것임을 강조하였다. 시를 새로운 글쓰기 방법으로 제시하고 있다.

또한 Melisa Cahnmann(2003)은 '교육 연구에서의 시의 기능, 실제 그리고 가능성(The Craft, Practice and Possibility of Poetry in Educational Research)' 에서 교육 연구를 위한 방법론적 측면에서 시적 글쓰기의 가능성에 대해 논하고 있다. 이를 위해 질 높은 데이터를 수집, 분석하기 위한 방법으로 몇 가지 시적 기법을 소개하고 있다. 즉, 운율, 이미지, 은유 등이 교육 연구에서 왜 중요하며 이것들이 어떤 면에서 유용한지에 대하여 대학원생들을 대상으로 실험 과정과 그 결과를 설명하였다.

이 외에도 Ivan, Brady(2003)는 '다윈의 암초에 걸린 시간(The Time at Darwin' s Reef)' 에서 연구 자료를 시와 그림으로 제시하였다. 즉, "언어가 독자적인 형태나 장르로 모든 것을 이야기하는 것은 불가능하다."라는 전제하에 혼합 장르(시, 이야기, 그림 등)를 사용하여 언어와 역사, 문화, 시간, 공간에 대해 천착하였다. 이를 위하여 날짜 기입선(dateline)을 사용하여 시간과 공간을 암호화하거나 실제와는 다르게 필자의 경험을 재분류하였다. 개개의 날짜 기입선(individual dateline)은 시간과 공간 속에서 개인의 경험을 문맥화하는 데 도움을 주며, 텍스트의 지적이고 심미적인 실현가능성(possibilities)을 높이는 데 중요한 역할을 한다(Ivan Brady, 2003, p.xvi). 이를 통해 역사와 문화, 인류학에서 끊임없이 탐구해 온 '진실' 과 '진실처럼 들리는 것' , '진실인 것을 결정하는 것' 사이에서 해석의 중요성을 강조하였다.

질적연구에 이렇게 시적 글쓰기를 차용하는 것은 우리가 세상을 살면서 경험하는 것과 우리의 말(speech)이 산문보다는 시에 더 가깝기 때문이다. 구술 역사가(oral historian) Dennis Tedlock(1983: 109)에 따르면, 사람들이 서로 대화할 때, 대화에 참여하는 어떤 사람이든 그들의 말은 사회학적 산문보다는 시에 더 가까우며, 대화(conversational narrative) 자체가 시적인 자질을 가지고 있다(Richardson 1997, p.142). 가령, 시에서 사용하는 연과 행, 휴지, 공간, 단락 등은 우리가 실제로 대화할 때의 상황과 유사하다는 것이다. 또한 시에는 운율, 리듬, 반복, 멈춤, 함축성이 포함되어 있어 시 형태 자체로 무언가를 전달할 수 있다(Richarson, 1997을 Ellis, 2004, p.201에서 재인용). 이를 통해 원 자료가 지닌 '의미' 를 더 강조하거나 필자의 경험을 재창조하여 새로운 의미를 창출할 수 있다. 그러므로 질적연구자들은 자신이 표현하고자 하는 세계를 환기시키기 위해 시를 활용한다(Anne McCrary Sullivan, 2000, p.220).

Rose와 McClafferty(200, p.29)에 따르면, 언어와 다양한 글쓰기 스타일을 강조하는 것은 아이디어 자체의 표현을 강화할 뿐 아니라 아이디어 자체의 개념에 활기를 띠게 하고 그것을 조직화한다(Cahnmann, 2003, p.31). 이것은 자료의 단순한 장식적 변화라기보다는 기존 자료가 지니는 의미에 새로운 기의를 전달하는 기능을 지닌다는 것이다. J. Kristeva(김인환 · 이수미 공역, 1997, p.358)는 "시가 메시지 자체를 위해 메시지를 강조하는 것, 기호와 대상을 양분하는 것은 거기에서 '기표'의 '구성' 또는 언어활동의 시적 양상의 '구성'이 지닌 역할이 중요하기 때문이다. 소리들의 유사성, 운, 억양, 다른 유형의 시들에 대한 운율학 등은 단순히 장식적인 것이 아니라 명시된 기의에 덧붙여지는 새로운 기의를 전달하는 기능을 지닌다"(김정우, 2005, p.225에서 재인용)고 했다. 이를 통해 필자가 이야기하고자 하는 내용을 독자들에게 효과적으로 전달할 수 있으며, 필자나 독자 모두 자신과 세계를 명확하게 인식하게 된다. 이것은 시적 글쓰기가 과학적 범주화나 기술적 비인간화(technical dehumanization)의 상처를 치료하는 데 도움을 준다는 것을 의미하기도 한다. 즉, 심미적 감수성(aesthetic sensibilities)으로 우리에게 영혼과 상상력, 희망을 가져다줄 수 있다. 이것은 Greene이 지적한 것처럼, 이러한 글쓰기 작업이 필자와 독자가 자신들의 삶을 반성하거나 세상에서 일어나는 일들이 무엇을 의미하는지 그것에 대해 숙고할 기회를 제공해 준다면, 이것은 바로 자신과 세상을 변화시킬 수 있는 힘이 되는 것이다(Glesne, 1997, pp.214-215). 즉, 시적 글쓰기는 자료의 단순한 변용이 아니라 자신을 스스로 성찰하는 과정인 것이다(Glesne, 1997, p.216; Richardson, 1992, p.135).

2. 시적 글쓰기의 효과

시적 글쓰기를 통해 연구자는 질적 표현의 새로운 가능성을 제시할 뿐 아니라 연구자 자신 또는 독자들에게 놀라움을 줄 수 있다. 즉, 연구자들은 시적 글쓰기를 통해 자료를 수집, 분석하고 자료를 새롭게 인지하는 능력을 키울 수 있다. 또한 시적 글쓰기의 표현 기법인 운율, 리듬, 행 길이, 반복 구조, 이미지의 형상화 등을 통해 독자들과 효과적인 의사소통을 할 수 있다(Margot Ely, Ruth Vinz, Maryann Downing, Margaret Anzul, 1997, p.135; Ricardson, 1997, p.143; Cahnmann, 2003, p.32). 이것은 우리가 관찰하고 있는 세상의 풍부함과 복잡함을 새롭게 이해시키는 하나의 가능성이자(Cahnmann, 2003, p.34), 세계(subtext) 속에서 자아성찰의 과정을 경험하게 되는 것이다(Ricardson, 1997, p.143). 이를 통해 면담자는 피면담자에 대해 새로운 사실을 알게 되고 그 사람을 통해 스스로를 돌아볼 수 있게 된다(Ricardson, 1997, p.143).

(1) 의사소통

시적 글쓰기를 통해 기존 자료는 의미가 더 강화되거나 새로운 의미가 형성된다. 즉, 선조적인 질서 속에서 그 의미를 전달하는 일상 언어와 달리, 시적 글쓰기에서는 행이 구별됨으로써 언어 일반의 선조적인 질서 대신 개별 작품의 독자적인 질서가 형성된다. 이 질서 속에서 행이나 연의 종결에 따라 생기는 빈 부분, 공간적으로 본다면 여백이고, 시간적으로 본다면 휴지(休止)에 해당하는 이 빈 부분은 나름대로의 자율성을 갖는 일종의 의미론적 단위가 된다(김정우, 2006, p.216). 또한 이러한 방법 등을 통해 운율과 리듬이 형성되며, 필자는 자신의 의도에 맞게 시행을 재배열함으로써 새로운 의미를 창출할 수도 있다. 이때 필자가 전달하고자 하는 내용은 독자들에게 이미지로 다가가며, 강렬한 감동을 자아낸다. 가령, Michele Bellavita (Margot Ely, Ruth Vinz, Maryann Downing, Margaret Anzul, 1997, p.133-135)는 '갑자기 아들의 출생을 경험한 한 남자가 있었다(Suddenly there was this person on experiencing the birth of his son)' 에서 자신의 연구 내용을 한 편의 시로 표현했다. 이때 Michele은 피면담자(아버지)의 면담 내용을 자신의 의도에 따라 변형하기보다는 일차적인 면담 자료를 있는 그대로 사용하였으며, 이를 바탕으로 압축과 생략이라는 시적 기법을 활용하여 생생한 이미지로 형상화하였다.

예 Bellavita의 '갑자기 아들의 출생을 경험한 한 남자가 있었다'

3일간의 산고를 우리는 결코 예상치 못했다./이때 구원으로 제왕절개를 시도했다.//그리고 거기에 네가 있었다—수술 대 위에/깨어 의식이 있는 채로/커튼 같은 시트 뒤에서//그리고 의사가 말했다. "아기가 나올 때 말해 줄게요./일어나서 보셔도 돼요."//그리고 산파가 들어와서 우리와 함께 있는다./산파가 말한다./그래서 산파가 커튼을 쳤다.//그리고 내가 말했다. "저는 할 수 없어요. 이 과정을 지켜볼 수 없어요."//나는 보지 않았다. 볼 수 없었다./그것이 어땠을지 상상해 보라.//나는 전혀 충격을 받지 않았다./이 자연 분만에 대해서//그렇지만 나는 약간/무슨 일이 일어나고 있는지 알지 못했다.//그래서 산파가—

> 아주 잘/그녀가 나를 제자리로 해주었다.//그리고 그녀가 말했다./"아기가 나올 때, 말해 줄게요./당신은 그 과정을 볼 수 있어요."//그리고 의사가 말했다. "아기가 나온다."//그래서 나는 일어섰다./그리고 아래를 살짝 들여다보았다./그리고 아기를 보았다. 정말 아기가/나오고 있는 것을 보았다./이건 단지 꿈만 같았다./나는 이 모든 것을 믿을 수 없었다.//이 사람이 있었다./갑자기 이 사람이 거기 있었다./갑자기－/그가 거기에 딱 있었다.//그리고 모든 스탭들이 계속해서 작업을 하기 시작했다./"남자 아이에요. 남자 아이에요!"/모두가 정말로 흥분했다.//그리고 그 순간은 정말 그 순간은 정말/신비한 순간이었다.//내 말은 그가 거기 있었다./그가 거기 있었다./나는 어찌할지를 몰랐다.//그래서 산파가－그녀가 말했다./"자 아기를 만져 보세요. 당신의 아기에요."//그리고 아기는 상체를 구부리고/그리고 나의 손가락으로/아기의 손을 만져보았다.//그리고 아기의 머리를 뒤로 돌렸다./그리고 나를 똑바로 쳐다보았다.//그건 정말 단지/경이로웠다!//나는 결코 잊지 못할 거다. 결코 잊지 못할 거다./그 순간을 결코 잊지 못할 거다.
>
> ※ /은 행의 구분, //은 연의 구분을 의미함.

여백과 압축, 심미적 방식을 통하여 아버지가 느끼는 감정과 감동을 강렬하고도 생생한 이미지로 전달하고 있는 것이다. 이것은 면담자가 말하고자 하는 내용을 있는 현실의 모습 그대로 재연하는 것임과 동시에 그 이상을 의미한다. 즉, 우리들은 이 한 편의 시를 통해 남자(아버지)가 겪었던 두려움, 기쁨 등을 확실히 투시할 수 있으며, 그 이상을 상상할 수도 있다. 이것은 Richardson(1994, p.522)의 말처럼, 면담자의 휴지, 반복, 내러티브 전략, 리듬 등을 시로 표현함으로써 산문형태의 어떤 인용보다 면담자의 의도나 경험을 효과적으로 표현할 수 있는 것이다(Margot Ely, Ruth Vinz, Maryann Downing, Margaret Anzul, 1997, pp.135-136). 이를 바탕으로 많은 독자들과 효과적인 의사소통을 할 수 있는 것이다(Cahnmann, 2003, p.32).

이러한 표현 효과는 여백이나 생략, 압축 외에도 언어가 지니는 고유 특성, 두운이나 반복을 통한 리듬 형성, 시행의 반복적인 배열, 은유적 표현 등을 통해서도 가능하다. 가령, Ivan, Brady(2003, p.7)는 'FALE TAPU' 에서 언어의 특성 즉, '주어+동사+목적어' 의 어순을 활용하여 독특한 표현 효과를 살리고 있다. 특히 시행에서 필요에 따라 맨 처음이나 맨 끝에 자신이 의도하는 단어를 골라 사용함으로써 두운이나 각운의 효과를 거두고 있다.

예 Brady의 'FALE TAPU' (Fa' apoto Island, March 21, 1799)

No man was allowed to eat form a woman' s plate

Or to touch her person or her belongings when she bled
Or to eat the food she prepared when she bled
Or to see her private parts at such times of the cycle
Or to talk rudely of her condition when the tide pulls
No man was allowed to set his head higher than a chief
Or to touch the hair or person or belongings of a chief
Or to see a chief's private parts when he sat or urinated
Or to eat the food prepared for a chief or discarded by him
Or to talk rudely of his condition when the tide pulls

(하략)

또한 '다윈의 암초에 걸린 시간(The Time at Darwin' s Reef)' 에서는 연과 행을 의도적으로 조작(diction)하여 시각적으로 재배열된 언어 질서와 새롭게 형상화된 이미지를 통해 독자의 흥미를 유발시키는 것은 물론, 시 내적으로 형성된 새로운 의미를 독자들에게 전달하고자 하였다.

예 다윈의 암초에 걸린 시간(The Time at Darwin' s Reef)
(Playa de la Muerte, South Pacific, July 4, 1969)

From the flatlined stained glass of its church and its crown,
Darwin is jewels all the way down,
A marriage of sea things
and land rings,
Manufactured in time, planted here

(중략)

Right on target.
Three hours, 43 minutes air time. Right on time.
+
+
Island Time
Runs at rock speed.
Born in primal fire on

the ocean floor, Darwin' s
core is layers of coral wrapped
around a submerged volcanic peak,
eased upwards in eon increments until
pushed out of wet into air and aquamarine
splendor, crowning its head at the surface with
a necklace of precious corals, stretching to the clouds,
donning a green mantle, mollycoddling birds with insects
and shelter, luxuriating in the clockable eye of the sun,
bathing in the rain, kissing the mist, and winking at centuries
of big moons slipping their horizons. Then, for one deep
reason or another, it began to subside, hanging more paint and
gems on the water line, stringing others out slowly on the way
back down, bridal flowers tossed en route to deepening bliss-
eventually disappearing in the center of the crown, leaving
behind a flat barrier reef, a true coral atoll, weathered and
webbed enough to hold its sand against the easier waves, an
inevitable host to the immigrant holding power of wily scrub
and a gang of sand grabbing coconut trees. Slow time in
a warm clime. Just right for long term coral attachments,
bonds that are bound to stick in time.
(하략)

(2) 자아성찰

연구자가 인터뷰의 내용을 시로 써 표현하는 것은 면담자나 피면담자의 개념을 붕괴시킨다(Glesne, p.215). 즉, 이것은 피면담자가 말한 내용을 시로 표현하는 것이자 솔직한 자기 진술의 과정이기 때문이다. 또한 제3자의 음성을 통해 이 둘의 내용을 모두 포괄할 수도 있다.

연구자는 면담 자료를 시로 표현하는 과정에서 자기 자신에 대한 반성적 이미지를 부여하면서 피면담자의 삶을 그려낸다. 이것은 인간이 '반성적 주체' 라는 사실로 증명된다. 물론 Kant의 반성적 주체가 인간과 신을 비교해 보았을 때, 유한한 존재라는 정황과 관련을 맺지만, 어떤 행위를 하든지 간에 창작주체는 스스로의 행위에 반성적 이미지를 부여할 수밖에 없다. 이는 메타 차원에서 창작주체가 자신의 행위에 대해 조망하는 것을 의미한다(유영희, 1999, p.80). 가령, Glesne는 Dona Juana의 면담 자료를 시로 표현하는 과정에서 자신에 대한 반성적 이미지를 자신의 연구 결과 즉, 피면담자의 삶에 부여한다. 결국 이것은 Dona의 초상이자 Glesne의 모습이 시에 표현된 것이다. 이것은 Clifford(1986, p.23)가 말한 것처럼, "다른 것에 대한 모든 버전은, 그것이 어디서 발견되든지 간에 역시 '자아(self)' 에 대한 구성(construction)" 인 것이다(Glesne, p.215에서 재인용). Richardson(1992, p.135)도 이와 관련하여 시적 글쓰기는 자신을 '다시 쓰는 것(rewriting)' 이며, "나 자신의 정체성(subjectivity)을 다른 사람을 통해 느낌으로써 살면서 경험한 것에 대해 더 동조하게 된다."라고 하였다. 또한 시적 글쓰기의 결과, 자아의 다섯 가지 변화에 대해 설명하였다.

Richardson(1997, pp.151-153)은 루메에 대한 연구 결과, 자아가 어떻게 변화되었는지를 자세히 설명하였다. 첫째, 자신은 매일 대화에서 루메의 언어를 사용하고 있다는 점. 둘째, 루메의 언어로 말하는 것은 자아뿐 아니라 영적인 부분까지 영향을 받았다는 점. 이것은 바로 그녀의 관점에서 말하기 시작했다는 점이다. 셋째, 스스로 완전해진 점. 이것은 두 개의 분리된 자아가 루메의 시에서 합쳐진 것이다. 넷째, 다른 사람의 입장에서 생각할 수 있게 된 점. 다섯째, 비슷한 장소를 새로운 시각으로 볼 수 있게 된 점. 즉, 스스로 각성한 점을 들고 있다. 이를 통해 Richardson은 자아를 다시 쓸 수 있다고 하였다.

Austin 역시 아프리카계 미국 여성의 삶을 시로 표현하면서 박사과정생인 Mari와 자신의 정체성을 확인하고 있다. 즉, Mari를 통해 자신이 아프리카계 미국인으로서 아프리카 문화의 영향을 받으며 살고 있다는 것을 깨닫는다. "늙으신 부모님은 아프리카 조상에 대해 많은 것을 알고 있었으며, 심지어 그들이 이해하는 것보다 더 많은 것을 나에게 알려주셨다. 내가 Mari와 함께 한 시간은 나를 그들에게로 되돌려 놓았다" (p.228).

예 주마등(Kaleidoscope)

아프리카인들은 모두 같다.
우리가 어디에 있든지, 그녀는 나에게 말한다.
사실대로
나는 그녀를 바라보며 미소를 지었다.
그리고 묻는다.
마치 훌륭한 조사자가 그러하듯이

왜 그렇죠?
설명할 수는 없지만,
그녀 특유의 목소리로 말한다.
많은 강들의 흐름처럼
우리 모두
그런 방식으로 움직이고
그런 방식으로 생각한다.
나는 그녀를 다시 본다.
그리고 그녀의 미소를 본다.
진줏빛의 하얀 치아 위로 꽉 다문 입술
우리는 닮은 데가 있다.
탱탱한 갈색 피부 아래의 선명한 광대뼈
우리 가족임을 알려주는 광대뼈
주장했다.
우리는 인디언의 피를 가진 증거라고
아무도
아프리카인이 되길 원치 않던 시절
(하략)

3. 시적 글쓰기의 대표 작품

시적 글쓰기에서 중요한 위치를 차지하고 있는 세 작품을 소개하고자 한다. 이 텍스트들은 질적연구에서 시적 글쓰기를 처음 시도했거나 면담 자료를 어떻게 시로 표현하는지 그리고 시적 글쓰기의 가능성과 교육적 효과에 대해 논의하고 있는 작품들이다.

(1) Richardson의 '루이사 메이의 삶에 관한 이야기'

'루이사 메이의 삶에 관한 이야기(Louisa May' s Story of her Life)' 는 Richardson이 미혼모 여성 루이사 메이와의 심층 면담을 가지고 만든 이야기시(Narrative poem)이다. 저자인 Richardson은 오하이오 주립대학교 사회학과 명예교수로서 필자가 공부할 당시에 그 학과의 교수로 재직 중이면서 '질적연구에서의 글쓰기' 영역을 개척하고 있었다. 다행스럽게도 그녀의 전 남편이었던 Ernest Lockridge와의 공동작업을 통하여 실험적 질적 글쓰기 영역을 개척하게 되었는데 그 중 최초의 작품이자 시적 글쓰기의 대표적 작품이 바로 이 루이사 메이의 이야기이다. 그녀는 이 작품을 통하여 면담 자료를 시로 표현하는 과정에서 자신의 관점과 작업이 어떻게 변하였는지를 심층적으로 기술하여 대안적 글쓰기가 사회연구의 한 글쓰기 양식이 될 수 있다는 것을 증명하였다. 즉, 기존의 사회학적 글쓰기 방법이 보여주었던 언어적 한계, 즉, 추상적 세계를 벗어나 한 개인의 실제적 삶의 모습을 표현하는데 성공하였다. 그녀의 이러한 노력은 자신의 연구를 문학적인 형태나 대안적인 형태로 표현하고자 하는 후학들에게 하나의 지침과 이정표와 귀감이 되고 있다. 이러한 실험적인 시도가 이루어진 이 작품의 가장 두드러진 특징은 루이사 메이의 목소리와 화법 그리고 톤을 그대로 사용했다는 점이다. Richardson은 사람의 대화는 그 자체가 억양과 리듬을 가지고 있다는 점에 주목하고 루이사 메이가 가지고 있는 말투와 리듬을 그대로 시로 구현하였다. 이를 통해 연구자의 입장이 아닌 루이사 메이의 입장에서 그녀의 실제적인 삶을 재연해 낼 수 있었다. 그리고 루이사 메이의 화법을 그대로 드러내기 위해 다른 문학작품들이 흔히 쓰는 어떤 이미지나 감각적인 단어를 쓰지 않았다. 그 이유는 루이사 메이가 그러한 이미지나 감각적인 단어를 쓰지 않았기 때문이다. Richardson은 이를 통해 이 작품이 사회학자의 이야기가 아닌 루이사 메이 그녀의 이야기가 될 수 있도록 하였다. 즉, 루이사 메이의 목소리와 화법, 톤을 그대로 사용하여 반복, 멈춤, 운율, 리듬과 같은 시적 장치들을 사용한 것이다.

또한 이 작품에는 루이사 메이의 이야기가 시간의 순서에 따라 구성되어 있으며, 루이사 메이의 이야기와 연구자의 이야기가 혼재되어 나타난다. 이것은 연구자와 연구 참여자, 즉, 연구에 깊은 관련을 맺고 있는 서로 다른 두 구성원의 이야기를 통해 글의 타당성을 높이는 작업이다. 이것은 최근에 떠오르고 있는 포스트모더니즘 글쓰기 방식인 해체적 글쓰기에서 많이 사용되는 방식으로, Ricardson은 두 가지 목소리를 통해 연구의 진실과 객관성을 높이고 있다. 또한 이 속에는 루메의 삶, 미혼모에게서 태어난 아이, 이 글이 나에게 미친 영향, 연구를 통해 발견된 시적 상징, 사회과학자의 목소리, 필자의 감정 상태 그리고 작품의 뉘앙스 등이 포함되어 있다. Richardson은 루메의 이야기가 포스트모더니스트들의 글쓰기 방법을 상징하며, 전통적인 방법을 파괴하고 글과 삶에 있어서 변화 이론과 관점을 만들어 내는 방법임을 강조하였다.

Louisa May's Story of her life*

i

말할 가장 중요한 것은
내가 남쪽에서 자랐다는 것이다.
남쪽 사람이 되는 것은 그리고 영감은
네가 누구인지 생각하는 것을
그리고 네가 누가 될 건지를 생각하는 것을
말해준다.

(내가 들었을 때, 테이프의 목소리는 일종의 내 중매쟁이 목소리였다. 오, 내가 생각하기에는 너는 테네시 지방에서 온 것이구나.)

아무도 나에게
내 인생이 일어날 일을 말해주지 않았다.
나는 세든 집에서 아주 평범한 방식으로
그리고 평범한 거리에서
그리고 꽤 잘사는 중상층의 친구들과 함께
자랐다.
나는 옥상에서 살았다.
불행한 집. 안정된 가족, 그것이 부서질 때까지는
Milfrount 주에서 첫 번째 이혼
그래서 삶이 이렇게 진행되었다.

ii

일어난 한 가지 일은, 음, 남쪽에서 성장하면서
당신이 떠난 것이다.
나는 항상 내가 떠날 거라고만 생각했다.

(무슨 말을 해야 할지……
나는 적절한 말을 모르겠다.)

나의 고등학교 시절 연인인 Tom과 나는 결혼했고
남쪽 대학에 진학을 하였다.

---

*출처: Walking and writing with Laurel Richardson, A study in poems, Studies in Symbolic Interaction, 2004.

나는 임신했었고 유산했고
아이를 잃었다.

(내가 보기에는 그것은 점점 끔찍해지는 결혼생활이었고
엄청난 스트레스를 받으며
나 자신을 구해낼 방법을 전혀 모르는
긴장상태에 있었다.)

그것은 내가 이곳에서
직업을 얻게 된 이유였다.
Tom은 얻지 않았다.
나는 행복했다.
14년간의 결혼 생활 후에
우리는 이혼했다.
그냥 평범한 삶이었다.

iii

의사가 말했다. "임신입니다."
나는 41살이었다. John과 나는
행복한 관계를 가지고 있었지만, 심각한 것은 아니었다.
그러나 그는 두려움과 화로 인해
제정신이 아니었고
그는 말했다.
"유산해."
나는 그에게 얘기했다.
"나는 당신과 결혼하지 않을 거야.
나는 당신과 결혼하지 않을 거야."
나는 하지 않았다.
"나는 이 아이를 낳을 거야.
난 그럴 거야.
그럴 거야
그럴 거야.
당신은 떠나!"
그러나 그는 떠나지 않았다. 그는 아이 방을 페인트칠했고,
마루에서 잤으며 그는 병원에도 함께 갔다.

그는 함께 임산부 호흡요법을 했다.

(우리는 내가 임신한 후에 성관계를 갖는 것을 끝냈다. 그리고 다시는 갖지 않았다.)

그는 지금 100마일 떨어진 곳에 살고 있다.
그는 매주 찾아오고 거실에서 잔다.
우리는 함께 휴가를 보낸다.
그리고 캠핑을 간다.
나는 떨어져 사는 가족에게 관심이 없다.
그녀의 아버지는 일요일에 그녀를 데리고 간다.
나는 그렇게 하는 것에 관심이 없다.
그래서 Jody May(딸아이)는 항상 평범한 일상을 가졌다.
엄마는—그녀를 축복하게도—결혼한이란 말을 말하지 않았다.

(나는 어머니의 달램에 화가 났다.
다른 어머니들은 그들의 어머니를 가지고 있다.)

그래서 우리가 어떤 식으로도 다르게 산다는 것은 나한테 일어나지 않았다.
아니 우리의 삶은 정말 매우 평범했다. 나는 내 집을 가지고 있었고
나는 완전히 평범한 중상층의 거리에서 살고 있었다.
그래서 그것이 모든 일이 일어나게 된 방식이다.

iv

그녀는 그의 이름을 가지고 있다. 만약에 그가 아버지가 없었다면
나는 생각했다. 말하자면 그녀는 아버지를 가져야만 한다고
우리는 둘 다 그녀를 사랑한다.
John(아빠)은 말한다. Jody May가 그의 인생을 구했다고
오, 나는 무언가 바뀔 것 같아 두렵다.

v

(이것이 도움이 되나?)

나는 지금 가장 행복하다.
나는 완전히 다른 사람이 되었다.
집에 남편이 없어 긴장이 덜하다.
나는 지금 비정상적인 가족에 대해 얘기하고 있는 것이 아니다.

단지 평범한 환경이다. 모든 사람은 집에 피곤한 상태로 돌아온다.
나는 남부를 오래전에 떠났고
나는 어떻게 그랬는지 모르겠다.
이렇게 세상일이 일어나는 거다.

(너무 많은 이야기를 해서 목이 아프다.)

나는 세든 집에서 아주 평범한 방식으로
그리고 평범한 거리에서
그리고 꽤 잘사는 중상층의 친구들과 함께
자랐다.
나는 옥상에서 살았다.
불행한 집. 안정된 가족, 그것이 부서질 때까지는
Milfrount 주에서 첫 번째 이혼
그래서 삶이 이렇게 진행되었다.

후기: 루이사 메이와 나
이 글은 내가 미혼모 '루이사 메이' 와의 심층 인터뷰를 가지고 만든 '서사시(narrative poem)' 이다. 나는 오직 '루이사 메이' 의 언어와 그의 문장 구조, 문법만을 사용하였다. 나의 바람은 내 안에 있는 시인과 과학자의 내면을 통합하고 사회적 지식의 인식론적 기반을 탐험하는 것이다. 그러나 면담 자료를 시로 바꾸면서 내 삶은 바뀌었다.

(중략)

나는 '루메, 그녀의 삶에 대한 이야기' 를 그녀의 목소리와 억양으로 다양한 자리—세미나, 회의장, 공개 수업, 사회학, 여성연구회, 사회연구 등—에서 발표했다. 반응은 강했고 나 자신에게도 많은 결과를 가져왔다. '루이사 메이' 는 나를 정화하는 경험이었고, 다른 사람에게도 마찬가지였다. 그 (정화된) 결정체는 반영, 굴절, 변화, 성장하였다.

'루이사 메이' 는 후기 구성주의자들의 방법론적 상징이다. 그녀는 내 작업에서 나와 자신의 관계성을 변화시켰다.

(후략)

(2) Glesne의 '희귀한 감정: 시적 전사를 통한 연구 재현'

'희귀한 감정(That Rare Feeling: Re-presenting Research Through Poetic Transcription)'은 Corrine Glesne(1997)가 Richardson(1992, 1994a, 1994b)에게서 영감을 받아 자신의 연구를 시로 표현한 작품이다. Glesne는 Richardson(1992, 1994a, 1994b)의 시적 글쓰기 양식에 영향을 받아 도나 후아나(Dona Juana)에 대한 면담 자료를 시로 표현하였다. Glesne는 피면담자가 사용한 어휘 목록을 그대로 사용하여 주제별로 내용을 재분류하고, 피면담자가 말하는 방식을 재현하기 위해 병치(juxtapose)를 사용하여 피면담자의 어휘들을 통합시켰다. 이를 통해 질적연구에서 제기되는 문제 즉, 시적 글쓰기의 타당성을 확보하였다.

그리고 이 작품의 제목에서 알 수 있듯이 Glesne는 연구(Research)에서 수집한 면담 자료를 시로 전사(transcription)하는 방법을 자세하게 보여주었다. 그리고 이 과정에서 자신의 시적 글쓰기 과정을 자세하게 설명하고 실험적 글쓰기로서의 시적 글쓰기의 가능성에 대해서 논의하였다. 그는 6개의 시를 통해 도나 후아나를 묘사하였다. 다음은 6가지 시들 중 첫 번째 시이다. 그리고 Glesne가 면담자료를 어떻게 시적 표현으로 전사하였는지를 자세하게 보여주는 자료를 제시하였다.

그 귀한 감정(That Rare Feeling)*

나는 하늘을 나는 새와 같다
빠르게 움직이고
민첩하게 살피고
신의 눈으로 본다
나무꼭대기에서

담배농장에서
농촌 사람들이 얼마나 힘들게
녹색벌레(green worms)를 잡는지,
아이들은 학교에 간다

아이들이 고통받기를 원하지 않기에
자신들이 고통을 받기 때문에
도시 지역에서
학생들은 밤에 일을 하였고
그래서 수업 중에 잠을 잤다.

내가 어떻게 도와줄 수 있는지

* 출처: Qualitative Inquiry, 1997.

찾을지 배우러 왔다.
나는 여기 대학에서 분주하다.
해야 할 것이 너무 많다.
그러나 대학은 섬(피난처)이 아니다.

나는 날아가는 새와 같다.
빠르게 움직이고, 민첩하게 살피고
그래서 내가 힘을 줄 수 있고
내가 유용한 사람이라는 귀한 감정을
가질 수 있다.

나는 1995년 5월, 도나 후아나를 인터뷰했다. 그녀는 그때 86세로 푸에르토리코대학교 교육대학 교수로 재직 중이었다. 그녀가 자신을 '한 마리 새' 에 비유한 것은 놀라울 게 없었다. 키는 5피트이고, 깡마르고 검은 눈을 지닌 꼭 새와 같은 외모를 지니고 있었다.

나는 그녀와 일주일간 10시간이 넘게 면담을 하였다. 나는 그녀의 경력을 캐묻지도 않았고 그녀에게 교사로서 그리고 연구자로서의 그녀를 관찰하고 있다는 것을 보여주지 않았다. 다만, 내가 하고자 했던 것은 '유용하면서도 귀한 감정' 을 갖게 한 도나 후아나의 삶의 방식 등을 부분적으로 묘사하는 것이었다.

(중략)

나는 도나 후아나에 대한 면담 내용을 시로 옮기는 과정에서 스스로 규칙을 만들었다. 하나는 도나 후아나가 말한 내용을 어디에서든 그대로 사용할 수 있고 그 말을 사용 맥락에 맞게 새롭게 병치(juxtapose)할 수 있다. 그리고 그녀가 말하는 어조 즉, 그녀가 어떤 것들에 대해 말하는 방식을 그대로 재현하기 위해 그녀의 단어들을 통합시키는 것이다.

이후 다른 질적연구와 유사한 방법으로 부호화 작업과 분류 작업을 시작하였다. 그리고 주요 주제들을 만들고, 그것에 따라 다음 텍스트를 부호화하고 재분류하였다. 그러나 상세한 분류보다는 한 가지 주제 아래서 도나 후아나의 면담 내용을 끊임없이 재독하면서 그녀가 말하려고 하는 본질을 이해하려 애썼다. 또한 나 스스로에게 그녀의 표현을 반복할 수 있는 자유를 주었고 단어의 의미를 생략하거나 더했다(-ing, -s, -ly). 또한 경우에 따라서는 동사의 형태를 바꾸기도 했다('would be' 가 'am' 으로 됨).

시적 모사의 작성

녹취록	시적 이야기
C: 내가 당신에게 비유를 사용하여 당신을 교수로 묘사하도록 요청한다면, 당신의 대답은 무엇일까요? 내가 요청한 누군가가 자신을 한 쪽 다리라고 말하고 나서 이유를 말해 주었어요. 당신에게는 어떤 비유가 떠오르나요? J: 나는 날아다니는 새였을 겁니다. C: 날아다니는 새. 말해 봐요. 어떻게 당신이 새라는 것인가요? J: 왜냐하면 나는 아주 빠르게 움직이기를 원하니까요. C: 으흠, 폭넓게 조사해 보세요. J: 네, 네. C: 당신은 새와 같은 어떤 것입니까, 아니면 그냥 어떤 새입니까? J: 글쎄요, 어떤 새에요. 왜냐하면 저는 몇몇 새를 말하고 싶지 않으니까요. 몇몇 새들은 여기에서 파괴적입니다. C: 아뇨, 당신은 그(파괴적인) 새들 중의 하나가 되고 싶지 않은 거예요. 맞아요. 당신은 당신은 그냥 빠르게 움직이는 새예요. J: 빠르게 움직이고 나무 꼭대기에서 바라보는 새. 그래서 저는 민첩하게 볼 수 있습니다. C: 민첩하게 보세요. 모든 것을 보세요. J: 모든 것을. J: 그러면 당신은 저를 볼 수 있을까요? C: 네, 당신을 볼 수 있어요. 날아다니는 새. J: 저는 제가 신의 눈으로 세상을 볼 수 있었으면 해요. C: 무엇의 눈으로요? J: 신의 눈으로, 힘을 주시는 영적 능력의 힘으로 C: 힘을 줄 수 있는 것? 힘? J: 필요로 하는 사람들에게	버전 1: 연대적으로 그리고 언어학적으로 녹취록에 충실하게 나는 날아가는 새였을 것이다. 나는 아주 빠르게 움직여서 신속하게, 모든 것을 볼 수 있기를 원한다. 나는 신의 눈으로 세상을 볼 수 있기를 원한다. 필요한 사람들에게 힘을 주는, 버전2: 인터뷰의 다른 섹션을 본다. 그리고 언어 사용을 보다 파격적이게 나는 한 마리 새이다. 빠르게 움직이고, 민첩하게 보고 신의 눈으로 바라보는, 나무 꼭대기에서 얼마나 힘들게 농촌 사람들이 green worm을 잡느라 담배농장에서 아이들은 학교에 보내고 농촌 사람들이 얼마나 힘들게 green worms을 잡으며 담배농장에서 아이들은 학교에 보내고 아이들이 고통받기를 원하지 않기에 자신들이 고통을 받기 때문에 도시 구에서 학생들은 밤에 일을 하였고 그래서 수업 중에 잠을 잤다. 내가 어떻게 도와줄 수 있을지 찾을지 배우러 왔다. 나는 여기 대학에서 분주하다. 해야 할 것이 너무 많다.

이 표는 위의 시의 기본 자료가 된 도나 후아나와의 녹취자료와 그 녹취자료를 어떻게 시로 전사하였는지 보여주는 예를 작성한 것이다. 이 예는 면담자료를 어떻게 시로 표현할 수 있는지를 구체적으로 보여주는 좋은 예이다. 이것은 녹취자료를 시로 표현하고자 하는 후학들에게 좋은 지침이 될 것이다.

(3) Sullivan의 '학교 안의 목소리'

'학교 안의 목소리(Voice Inside Schools)'는 Anne McCrary Sullivan(2000)이 시가 집중력을 기르는 데 어떤 역할을 할 수 있으며, 어떤 효과가 있는지를 연구한 작품이다. 그는 학생들에게 집중력을 높이기 위해 시를 쓰게 하고, 시를 통해 학생들의 집중력이 어떻게 향상되는지를 밝혀내었다. 이를 위해 Sullivan은 학생들의 시를 모아 편집하고, 그 시들이 가진 교육적 의미를 분석하였다. 이에 이 작품은 앞서 소개한 연구작품들과는 달리 학생들이 쓴 시를 모아 놓은 것이다. 즉, 다른 작품들이 면담자료를 시로 전사한 것이라면, 이 작품은 학생들의 시가 집중력에 어떤 역할을 하였는지 분석한 작품인 것이다.

따라서 여기에 나오는 시는 Sullivan이 쓴 시가 아닌 아동들이 쓴 시들이다. 그는 아동들이 시를 통해 어떻게 변하였는지, 사물을 관찰하는 집중력이 어떻게 높아졌는지, 그리고 그러한 집중력의 향상을 넘어 어떻게 예술적 감수성을 기를 수 있었는지를 보여준다. 다시 말해 삶의 경험을 시로 표현하면서 학생들의 감수성이 어떻게 길러졌는지, 시가 학생들에게 어떤 교육적 효과를 지닐 수 있는지, 독자들에게 어떤 것을 깨우쳐 줄 수 있는지를 설명하고 있다. 이 글의 필자는 학생이나 독자들에게 주의집중의 필요성과 함께 집중력을 향상시킬 수 있는 방법으로 시를 제시하고 있는 것이다. 이때 시는 일반적으로 알고 있는 예술 형태로서 존재하기도 하지만 다른 대상을 주의 깊게 관찰하고 표현하는 하나의 연구 방법 혹은 전략으로서의 의미를 지닌다. 즉, 학생을 대상으로 3개월간 연구한 후, 그의 외부와 내부를 표현하는 수단으로 시를 쓰게 한 것이다. 이때 요구되는 능력이 상상적인 통찰력과 감정이입이다. 이를 통해 필자는 글쓰기 방법으로서 시의 가능성을 탐구하고 학생이나 독자에게 필요한 주의집중, 대상의 통찰력, 감정이입 능력을 강조하고 있다.

Sullivan의 이 작품은 시적 글쓰기 양식이 아니지만, 이 작품을 시적 글쓰기에 소개하는 이유는 전혀 관련이 없을 것 같은 주의력과 교육과 예술의 관계를 보여주었기 때문이다. Sullivan은 '학교 안의 목소리'에서, 자신의 자서전을 시로 표현함으로써 시적 글쓰기의 가능성 즉, 연구자들이 자신이 표현하고자 하는 세계를 독자에게 환기시키고 질적연구자들이 지니고 있는 정확성과 풍부한 잠재력을 표현하는 하나의 방법으로 시의 가능성을 탐구한 것이다. 또한 심미적 관점에서 주의집중의 중요성을 강조하였다. 특히 학교에서 학생들에게 이러한 글쓰기 방법을 시도하는 과정, 그리고 그 결과를 제시함으로써 질적연구에서 시의 가능성을 한층 높였다. 이외에도 Eisner의 말을 인용하며, 연구자에게 제일 중요한 것은, 우리 스스로 무언가에 주의집중을 할 수 있게 하고, 우리 자신의 경험을 확대 · 심화시킬 수 있으며, 우리가 바라보는 것에 대한 이해를 돕는 것임을 강조하였다.

어떤 해양생물학자의 딸의 기록: 주의력을 가진 예술과 과학에 관해*

이 글은 나의 자서전적 렌즈를 통해 교수-학습 면에서 강조되는 주의집중의 중요성을 감각적이고 감정적인 측면에서 탐구하고 있다. 나는 내가 쓴 시와 각 연의 산문적 문장들이 주의집중을 키우는 데 어떤 영향을 미치고 이것이 예술적으로 어떻게 맞물려 있는지를 독자에게 깨우쳐 주려고 시도하는 것이다. 이러한 시적 글쓰기는 전통적인 접근에 대한 일종의 도전이다.

나는 어떻게 피카소를 사랑하는 것을 배웠을까

열아홉 살 때, 나는 아무것도 몰랐지만 모든 것을 알고 싶었다.
왜, 저 그림들이 Petit Palais에 걸려 있는지,
왜, 사람들이 추위 속에서 나무토막을 준비하는지,
왜, 내가 입김을 불면서 그들과 함께 서 있었는지를 포함해서.

아비뇽의 처녀들
깨진 모습과 얼굴들을 응시했다.
모든 것을 깊이 생각했다. 연분홍색의 피부
그러고 나서 한쪽 다리,
거기에는 두꺼운 푸른 선이
넓적다리부터 장딴지까지 경사져 있다.
나는 그 선이 사라진 것을 상상했다.

과학자인 어머니는 나에게 보는 법을 가르치셨다. 어머니는 나에게 표면적인 요소에 대한 주의력과 표면 아래 내재되어 있는 것에 대한 주의력을 가르치셨다. 어머니는 바닷물의 변화와 재생의 리듬, 서로에 대하여 마찰하는 자연세계의 음절을 알려주셨다. 어머니는 나를 시인으로 만드셨다. 연구가인 어머니는 일 년 동안의 날씨 변화를 알기 위해 하루에 두 번씩 현장에 나가셨다. 그때 어

---

* 출처: Harvard Education Review.

머니는 부엌 식탁에서 현미경으로 인내심 있게 관찰하고 플랑크톤의 행동을 발견하고 의미를 만드셨다. 부엌에서 나는 연구의 인내심을 배웠다.

여기에 다른 일화가 있다. 몇 년 지난 후에 나는 나를 시인으로 강요하는 무언가를 기억한다. 나는 직접적인 지시 없이 무언가를 배우고 점점 지능화되었다. 어머니는 때때로 직접 지시를 하셨다. 과학적 용어의 장소와 라틴어를 나에게 말하셨다. 나는 어머니가 나에게 직접적으로 가르친 것 중 기억나는 것이 거의 없다. 내가 기억하는 것은 언어의 매개 없이 내 방식대로 생각하고 인지하려고 했던 가슴 깊숙한 곳의 경험뿐이었다.

나의 미술에 대한 확장성은 「피카소를 사랑하는 법을 알았다」를 통해 깨달았다. 나는 거대한 그림, Les Demoiselles D' Avignon 앞에 서있다. 그리고 응시하였다. 내 눈은 그것의 요소요소를 바라보며 움직였다. 나는 호기심 어린 눈으로 응시하였다. 그 눈은 아직 이해하는 방법을 알지 못한 상태였다. 나는 예술이 나에게 가르치려는 것을 아직 알지 못했다. 오랜 시간 후 나는 다시 여기서 있다. 내가 '추측' 했던 것을 생각하며 바라보았다. 그때 상상력이 내 시각을 인도하였다. 파란색 선이 지나가는 것을 상상할 때 갑자기 그 그림의 에너지와 균형의 흐름을 느꼈다. 명확히 말할 수 없지만 느꼈음을 부인할 수는 없다. 그림을 구성하는 각 부분들이 전체적으로 보였다. 일부분의 어떤 변경으로 인해 전체에 효과가 미친다. 어떤 것도 우연의 것은 없다. 그것은 예술작품의 생태학이다. 나에게 있어 그것은 혁명이고 기다림 속에 찾아온 통찰력이다. 새롭게 안 것은 그것에 집중하여 주의함으로써 예술에 대해 알 수 있었던 것이다.

우리는 교실의 아동들에게 이런 종류의 주의력을 얼마나 자주 가르치는가? 학습에서는 얼마나 자주 응시하는 것을 북돋워 주는가?

(중략)

우리는 어떻게 주의력을 가르칠까? 나는 이 문제로 20년동안 고민해 왔다. 내가 고등학교에서 영어와 창의적인 글쓰기를 가르칠 때, 주의력으로 학생들을 이끄는 방법을 항상 찾아왔다. 그런 깊은 주의력의 종류는 내가 그런 종류를 포함하고 있다고 믿는 시에서, 시적 능력에서 끌어냈다. 나는 학교 앞 넓은 잔디로 학생들을 데리고 나왔다. 학생들을 흩어져 앉게 하고 각자 작은 풀을 보게 하여, '거기에서 무슨 일이 일어나는지' 관찰하고 기록하도록 하였다.

'거기에서 무슨 일이 일어나는지' 라는 말은 중요하다. 내 학생 중 수준 높은 학생은 이러한 활동에 회의를 느낀다. "그냥 바라보아라" 라고 나는 말한다. "풀에게 어떤 일이 일어날 때까지 바라보아라" 어느 누구도 일어나는 것을 바라보는 것에 실패한 사람은 없다. 조그마한 사건은 흥분의 원천이 된다—잔디

위로 올라가는 개미, 바람에 의한 풀잎의 움직임, 빛의 이동, 구름에 의한 그늘의 이동.

또 다른 활동으로 나는 그들에게 "어떤 것도 진행되지 않는 장소를 찾아라."라고 요구한다. 10분동안 거기에 앉아서 일어나는 모든 것을 기록한다. 이 과제에 대해서 10학년 Rhonda Rogers는 자기집 뒤 현관에 앉아서 이와 같은 일지를 만들었다.

외로이 격리되어
나는 바라보며 앉아있다.

어두운 밤 매미는 혼자서
이야기하듯 노래 부릅니다.

한 귀뚜라미의 단조로운 울음소리가
아주 활발하게 울려 퍼집니다.

산들바람은 잎 가장자리를 공포에 떨게 만들고,
외로이 고립된 잎들은 도로로 허겁지겁 도망칩니다.

개 한 마리가 아스팔트위를 지나가면
발톱으로 짤까닥 짤까닥거립니다.
저 멀리서 개 한 마리가 외로이 울부짖습니다.

외로운 차 하나가 어둠 속으로
느릿느릿 사라집니다.

외로운 비행기 하나가 텅 빈
어둠속으로 희미해져 갑니다.

집 근처에서 종종 구분할 수 없는
소리가 중얼거립니다.

어디선가 누군가가 나가거나 들어가기 위해
쾅 하고 닫히는 문소리가 들리고
빛을 조롱하며 날아다니는 나방은
침묵을 방해하며 조용히 털썩 하고
떨어질 때까지 날아다닙니다.

나의 정신 연구…
시끄러운 휴식을 통해
이 외로운 곳을 저주하며 (Rogers, 1984, p.31)

명백하게, Rogers는 이 과제가 그녀에게 가르치지 못한 언어라는 선물을 가졌다. 그러나 이 과제와 주의력을 요구하는 다른 과제는 그녀의 세밀한 요소파악 능력과 명확한 구분능력, 그녀의 예술적 능력을 특별하게 하고 집중됨과 동시에 풍부하게 성장하게 하였다. 그리고 경험 세계의 연구자로서 내가 제안했던 예술자로 그녀는 성장하게 되었다. 우리는 지금 그녀를 시인으로 간주한다. 우리는 연구자의 위치에 대한 흥미로운 질문을 발견하게 되었다: 주관적인 전망의 역할, 조사된 본질을 선택하고 요소를 배열하고 주관적인 해석을 하는 것.

주의, 감정 이입, 그리고 연구

내가 고등학교에서 가르치는 것을 떠나 대학으로 들어갈 때, 나는 시를 계속 연구했고 시를 가르치고 연구하는 것에 관심을 두었다. 예를 들어 선생님과 일하면서, 학생들에게 하나의 과제를 주었다. "3개월 동안 관찰할 한 학생을 선택하십시오. 당신과 다른 학생을 선택하십시오. 그 학생은 당신이 이해하기 힘들고, 당신을 궁지로 몰고갈 것입니다. 그 학생의 행동, 반응, 들을 수 있는 언어, 몸짓, 언어를 기록하십시오." 이 과제가 요구하는 결과를 제외하고는 이 방법은 전통적인 학술 연구방법이다. "시를 구성하세요. 당신이 관찰한 학생의 관점에서, 적어도 그 학생의 언어 중 일부분은 포함하세요." 학생들은 이 과제가 상당히 어려운 과제라고 기술한다. 일반적인 시의 형태가 아니기 때문에—나는 시를 자료 수집과 관련된 전술로 배웠으며 그리고 우리는 이렇게 시를 적어왔다. 그러나 '나와는 다른' 누군가의 내부의 것을 얻기는 어렵다. 간단히 관찰할 수 있는 외부의 것이 아닌 다른 사람 내부의 것을 얻는 것은 깊은 주의력을 요구한다. 그 주의력은 장애물에 대한 상상적인 통찰력과 감정이입의 결합을 요구한다.

내 제자 중의 한 명의 학교인 Shelley 학교는 그녀의 과제를 약간 수정해야 한다고 요구한다. 그녀는 그녀가 관심 있는 12학년 영어 수업의 각 학생 모두가 그냥 실제로 말하는 부분이 아닌 한 사람의 내부에 대해 알고 있는 상상하는 것에 대해 나타내는 것을 짧은 시로 표현하는 글을 적기 원하고 있다. 이것은 그녀가 좋아하는 짧은 글이다.

i

한 모퉁이의 침묵에서 Luke Pennington은 신발 끝 아래를 응시하고 있다.

창문 밖, 독수리를 그리며, 그는 다른 사람이기를 희망한다.

ii
Karen은 매일 밤 그녀의 생명을 부여잡는다.
흔들리는 고독한 풍경에서 Clay를 부여잡는다.
그녀의 손가락에 약혼 반지를 끼고 18년간 기도했다.

iii
Stephen의 왼쪽 다리
납으로 만든 절반의 당초무늬로
책상사이의 공간에서
읽혀지지 않는 책을 건방지게 누르고 있다.
그는 그의 미래를 꿈꾼다.

내가 Shelly의 작은 시모음집을 읽었을 때, 그녀는 학생들을 예리한 주의력으로 집중하고 외부의 주의력은 그녀가 복잡한 내부의 것을 인식하는 데 도움을 주었다는 것이 명백하다. 그녀가 가르치는 수업은 많은 증거에서 '달랐다'. 그 수업은 그녀의 내부뿐만 아니라 그녀가 교사로서 감독하는 것의 인내의 시도에 대해 할 수 있고 해왔던 것을 보여준 수업이었다. 그러나 Shelly는 그녀의 인내심은 감수성 있는 내용으로 개인적이고 심도 있는 주의력에 집중함으로써 성장하였다고 서술한다. Maxine Greene은 좋은 예술의 많은 양의 약속이 감정이입으로 통하는 상상력을 연다고 제안한다(Greene, 1995). 예술 창조는 '좋든' 혹은 그렇지 않든, 잠재성을 가지고 있다.

Elliot Eisner의 관찰 연구에 따르면 "학자가 늘리기 원하는 하나의 것은 감정이입 감정의 발생이다. … 왜냐하면 우리는 인간의 감정이 이해를 오염시키지 않는 것을 깨닫기 시작했기 때문이다. 사실 다른 것과 다른 상황을 이해하는 것은 그들이 그것이 요구하는 것에 직면하게 할 것이다." (1997, p.8).

(4) Austin의 '칼레이도스코프'

'칼레이도스코프(Kaleidoscope)'는 아프리카계 인디언들의 삶을 시로 표현한 작품이다. Austin은 앞서 소개한 Richardson이 주관한 아프리카계 인디언을 연구하는 프로젝트에 참가하면서 그들의 삶을 시로 표현하였는데, 그 작품이 칼레이도스코프이다. 그는 이 작품에서 같은 박사과정생인 Mari와의 대화를 통해 질적 자료를 이야기 시(narrative poem)로 표현하는 것이 효과적임을 증명하였다. 그는 이 작품을 통해 시적 표현이 내용을 보다 명확하고 연속성 있게 만들 수 있음을 보여주었다. 그리고 이 작품의 또 하나의 특징은 Mari의 역할이다. Austin은 그의 동료인 Mari와의 대화를 통해 자신과 아프리카계 인디언들과의 동질성을 확인하게 된다. 이것은 이 연구가 보다 객관적이며 진실될 수 있음을 보여주는 것이다. Austin은 이러한 동질성에 대한 깨달음을 그의 동료인 Mari와의 대화 속에서 발견하게 되는 것이다. 이러한 깨달음은 "늙으신 부모님은 아프리카 조상에 대해 많은 것을 알고 있었으며, 심지어 그들이 이해하는 것보다 더 많은 것을 나에게 알려주셨다. 내가 마리와 함께 한 시간은 나를 그들에게로 되돌려 놓았다."(p.228)에 잘 드러나 있다.

아프리카인들은 모두 같다
우리가 어디에 있든지
사실대로 그녀는 나에게 말했다
나는 그녀를 바라보며 미소 지었다.
그리고 묻는다
훌륭한 조사원이 해야만 하는 것처럼
왜 그렇죠?
나는 설명할 수가 없어,
그녀 특유의 목소리로 그녀가 말한다
많은 강들의 흐름처럼
우리 모두 그런 방식으로
움직이고
그런 방식으로 생각한다
나는 그녀를 다시 본다
그리고 그녀의 미소를 본다
진줏빛의 하얀 치아 위로 꽉 다문 입술
우리는 닮은 데가 있다
선명한 광대뼈 아래로 탱탱한 갈색 피부
광대뼈는 우리 가족의 특징이다
아무도
아프리카인이 되길 원치 않던 시절
우리는 인디언의 피를 가진 증거라고
주장했다
그러나 나는 노예의 딸이야

아프리카인으로서
그것이 곧바로 우리를 상기시킨다
그녀는 나의 사진을 보면서
나직하게 말한다
내가 치킨 바베큐와 양배추, 마카로니, 치즈 버터너트 으깸,
집에서 만든 비스킷, 그리고 아이스티 등의
저녁 요리를 만들고 있을 때
부엌의 냉장고가 전부 지저분해졌다
할머니가 음식을 만들려고 한다
나는 할머니가 내가 헛일을 했다고 생각지 않기를 바란다
그들이 사랑하는 사람이면
좋은 사진을 얻을 수
있다고 말한
로리타에게 미소를 지으면서
자주빛 비단 드레스를 입고
보스턴 아놀드 수목원의 잔디 위에 앉아서
나는 사진은
내 삶의 일부라고
그녀에게 말한다
너는 아프리카 원주민 여성과 닮았어
나도 그렇게 보였으면 좋겠어요. 그녀가 절규했다.
나는 놀랐고 존경스러웠다
어떻게 아프리카인이 될 수 있을까
내가 그녀보다
아프리카인과 더 닮았다고 말할까?
그러나 적어도 의도적으로 구성된
어떤 부분에 있어서는
나의 정체성을 안다
그리고 나는 그 때문에
일부러 짧은 곱슬머리를 한다
나의 이전에 칠레계 인디언인 비서는
나에게 말했다
당신은 그런 머릿결을 제외하고는

남미계 인디언이라고 볼 수 있어요
나도 그런 머릿결을 가지고 있어
아프리카인의 특징이지
그러나 나는 아프리카인이 아니야
같은 방식으로 그녀도 그렇지
나는 아프리카 국가의 도시에서 길러진
그녀를 본다
그녀는 유럽에서 대학 교육을 받았다
그녀는 가난에 시달리지 않는다
그녀는 우리가 내셔널 지오그래픽에서나 본
원주민이다
좋아요. 그녀가 말한다
당신이 나아가는 길에는 무언가가 있다
사람들에게 다다를 수 있는 방법이 있고
이런 것은 매우 아프리카인답다

마리는
우리 집에서 저녁을 먹는 것이
진정으로 신나는 것처럼 보인다
그녀는 내가 그녀에 대해
많이 알기를 원하는 것처럼
그녀도 나에 대해서 알기를 원한다
나는 나를 보고 있는 그녀를 본다
그녀는 마치 어떤 가르침에 대한
지식이 있는 것처럼
시험 받기를 원한다
그리고 그녀가 수다를 떨
여자 친구가 필요하다는 것을
나는 눈치 챘다고 우리는 얘기한다
그리고 나는 그녀가 그런 데 연연하지 않기를 바란다
(절친한 친구인 니아가 말한다,
마리는 어머니가 필요해)

나는 그녀가 영어를 더 아름답게

구사할 수 있도록
도움이 필요하다고
나에게 말하는 것을 듣고 있다
유럽에서 교육을 받은
서아프리카의 변호사인
그녀의 남편처럼
영어를 아름답게 말하고 싶은 것 같다
그들이 만난 곳
그녀가 대학 교육을 받은 곳
그가 배웠던 곳
그녀는 영어를 아름답게 말하기 위해서
영어에 애정을 가지는 것이 한 방법이라고
그녀는 말한다
아~~~ 그것이 그녀가 영어를 소중히
아름답게
말하는 방법이구나
나는 그녀가 영어를 아름답게 말하기 위해서
노력하는 것이
남편의 영어 구사 능력보다 더
멋있다고 생각한다
그녀는 그녀가 구사하는 단어 하나하나에 애정을 가진다
그녀가 인생을 살아온 것처럼
나와는 다른
사람들과 인생이 행복해야만 하는 것처럼
정열적인 사랑
그녀는
그에 대해서
계속 얘기를 한다
그녀는 그를 그리워한다는 것을
미소 지으면서
나에게 말한다
나는 그녀의 목소리에서
열망을 듣는다

나는 그런 열망을 안다
나는 그런 열망을 안다
모두 너무나 잘 안다
우리는 자매가 된다
멀리 떨어진 남자를 그리워하는
그러나 나는 이기적이다
5000마일과 비교해서
500마일이 뭐냐고
그녀가 그와 복잡하다고 말하는 것을 나는 원치 않아
멀리 떨어져 있다는 것을
나는 원치 않아
그러나 그는 나를 설득했어
그에게는 변호사가 있다고,
나는 개의치 않고 웃는다
그는 나를 설득했다
나는
그 없이는 가십의 대상에
지나지 않을 거라고…
집에서 그녀가 말한다
내 나이 또래에
남자와 관련 없이 결혼하지 않는다면
사람들은 묻는다
그녀에게 무슨 문제가 있는 거야?
그녀가 다른 여자와 같은 거 맞아?
그녀에게 무슨 사정이 있는 거 아냐?
왜!!! 도대체… 나는 묻는다
그들이 왜 너의 사정에 대해 물어야 해?
그들은 그녀가 아마
아이를 가질 수 없는
여자일 거라고 생각한다
그리고 왜 결혼을 할 수 없는지
"우리나라에서는 아이가 중요해요" 라고
그녀는 말한다

그는 나를 설득한다
그녀는 날 보며 미소를 짓는다
나는 아이를 원치 않는다고
그녀에게 말할
자신이 없다
나는 준비가 되어 있지 않아
그녀의 동의를 받지 못하는…
만약 그녀가 어떻게
반응하더라도
아이는 중요하다고, 그녀는 다시 말한다
그러나 그들은
제 시간에 반드시 온다
내가 임신했다는 것을
엄마에게 말할 시간이
점점 다가온다
그녀는
내가 학교 기숙사에 있다고 말한다
시도 때도 없이 구역질을 하면서
나는 병원에 갔다
그리고 그들은 오랫동안
나를 본다
나는 떠나고
학교로 간다
몇몇 이웃들은
어머니에게 말했다
마리는 임신했다고
그리고 그녀는 더 이상 병원에
머무를 수 없다고
어머니는 언니에게 돈을 준다
나에게 주라고
그리고 나를 집으로 데려온다
아버지는 우신다
오~~~ 내 아가

학교에 안 가도 된단다
형이 말했다
사건은 터졌고
우리가 할 수 있는 것은 없다
그러나 어머니는
어머니의 눈으로
바라보기만 하셨다
마리는 나를
강렬하게
어머니처럼
쳐다보았다
마리는 괜찮지만, 그녀의 어머니는 말했다
그녀는 아프다
그녀는 내 아버지에게 말했다
너는 그 여자들에게 말하러 가야 한다
그들은 내 딸에 대해 말하는 것을
그만두는 게 낫다
그리고 어머니는 나를 침대에 눕히고
울면서 애태웠다
내가 회복될 때까지
그녀가 돌봐 줘야 된다는 것을
어머니는 아신다
어머니는 알 것이다
어떻게 어머니는 아실까?
나는 직관으로 안다
그녀는 단지 알 것이다
마리는 대답한다
내가 학교에 다닐 때는
친구들이 와서 나와 뛰어 놀곤 했다
어느 날 어머니가 임신했다고 말했다
어떻게 알아요?
내가 그녀에게 물었다
그녀는 2, 3달 지났다는 것을 안다고 말했다

그 소녀는 자살하고 싶었다
그녀는 임신 중이다
어머니는 알고 있다
그녀는 확신을 가지고 말한다
그리고 나는
　아프리카
　유럽
　북미를
공부한 여자로부터 들은
학구적인 이야기를 생각한다
전적으로 받아들일 수 있는 대답을
좋아해야만 한다는 것을
"나는 방금 알았어"

우리가 가져야만 하는
어떻게, 왜, 그리고 어디에 등 모든 것들을
우리가 잊고 지내는 것이
나는 이상하다

내가 이 경험을 낭만적으로
생각하는 동안
그녀는 내가 그런 여자들과 같이
살 수 없다고 말한다
나는 또 다른 부인이 있는
남자를 소유할 수 없다
그가 다른 부인을 데려온다면
너는 몹시 괴롭다
그러나 너는 남자를 소유해야만 한다
남자 없이는 힘들 것이다
아버지가 돌아가셨을 때
어머니는 혼자 살 거냐고 물었다
(여전히) 혼자세요? 나는 물었다
네, 그녀가 말했다
나의 아버지의 형제 주위에

우리가 있기 위해
때때로 과부는
형제들 중 한 명과 결혼한다
그러나 엄마는 혼자였다
만약 엄마가 다른 사람과
결혼을 했었다면?
나는 물었다
오~ 그것은 Deborah에게는 일어나지 않을 거라고 그녀는 외쳤다
아이들은 말할 거예요
그는 나의 아버지가 아니예요
그는 말하겠죠
그들은 나의 아이들이 아니예요
아마도 그들은 그들의 작은 삼촌인
Poppy와 Toto에게
아이들을 보낼 거예요
그러나 그들은 남자가 필요해요, 그녀가 말했다
마치 그녀의 주장을 논박할 수 없다는 듯이
남자가 없을 때는 잃는 것이 있다고 그녀는 말했다
무엇을 잃는데요? 내가 묻는다.
마리는 마치 그녀는
그런 질문을 받아 본 적이 없었다는 듯이
당황해했다
그녀가 말하길 우리 마을에서
당신도 알다시피, 아버지가 집에 있을 때는
아이들 아내들 심지어 개들도
조용하다
그가 나가면
뛰기, 소리 지르기, 웃기, 외치기…
모든 것들이 뛰어 돌아다닌다
나의 집처럼
Poppy가 차에서 내려
다가오는 것을 들었을 때
우리는 명령받은 것처럼 모든 것을 조용히 시켰다

어머니는 그렇게 할 수 없다
오직 아버지만이 명령으로써 모든 것을 얻어낼 수 있는
권위를 가지고 있다
아이들은 자제심을 길러주고
그들에게 권위에 응하는 것을 가르쳐주는
아버지가 필요하다
이것은 남자가 없다면 힘든 일이라고 그녀는 다시금 말했다
우리와 다른 한 가지 방법,
아프리카계 미국인 어머니들은 명령으로서
모든 것을 유지한다는 것을 난 생각했다
"사랑하세요?" 내가 묻자
그를 사랑해요 그녀가 말했다
그러나 이것은 이곳과 다르다
한 남자와 그의 아내는 집을 비롯한
공식적인 곳에서 애정을 표하지 않는다
남편과 아내들은 사적인 자리를 비롯하여
아이들 앞에서는 서로에게 신경 쓰지 않는다
내가 나의 학생들에게 이것을 말했을 때
그들은 나에게 묻길
어떻게 그들은 그들이 서로 사랑한다는 것을 알까요?
너희가 직접 그곳에 가서 보아야
그들을 알 수 있다고 난 말했다

그녀가 다른 여성들처럼
살 수 없다는
평가로 돌아가,
내 생각에/ 내가 묻길
만약 당신이 집에 있을 때
당신은 이런 느낌을 받았나요?
오, 네. 그녀가 말하길

(5) Brady의 '다윈의 암초에 걸린 시간'

Ivan Brady(2003)는 '다윈의 암초에 걸린 시간(The Time at Darwin' s Reef)' 에서

수집한 자료를 어떻게 다양한 방식으로 표현할 수 있는지를 천착한 작품이다. Brady는 언어는 독자적인 형태나 장르여서 언어만으로 모든 것을 이야기하는 것은 불가능하다고 생각하였다. 그래서 그는 이 작품을 통해 자신이 수집한 자료를 시, 이야기, 그림 그리고 다양한 언어 코드로 제시하였다. 즉, 단순히 언어로 기술된 세계가 아니라 텍스트 이면에 드러나지 않은 시간과 공간, 문화를 표현할 수 있는 다양한 방법들을 탐구한 것이다. 이것은 또한 텍스트 이면에 드러나 있지 않은 시간, 공간, 문화에 대한 의미 해석이 연구에 중요하다는 것을 보여준 것이다. 그리고 이러한 텍스트 이면의 의미를 독자들이 찾을 수 있도록 글쓰기를 다양한 전략을 통해 제시하고, 은유와 비유, 암호화된 기호나 코드를 독자들이 재구성하고 해석하는 과정 속에서 이러한 시간, 공간, 문화가 지닌 영향력을 스스로 찾을 수 있도록 하였다. 특히 이를 위해 각 시와 이야기마다 날짜와 장소를 기입하여 시간과 공간 속에서 개인의 경험을 문맥화시키는 데 도움을 주었고, 텍스트의 지적이고 심미적인 실현 가능성을 높여주었다. 그리고 이를 통해 역사와 문화, 인류학에서 끊임없이 탐구해 온 '진실'과 '진실처럼 들리는 것', '진실인 것을 결정하는 것' 사이에서 해석의 중요성을 강조하였다.

그는 언어가 가지는 한계와 연구자의 기술이 단순한 사실의 기술 또는 연구자의 주관이 개입된 해석으로서의 공간이 될 수 있기 때문에, 그리고 이 글을 읽는 독자가 그 텍스트를 어떻게 해석하는가에 대한 문제이기 때문에 정확하게 진실을 제공한다는 것이 불가능하다고 보았다. 그래서 그는 연구와 텍스트가 주는 해석의 가능성이라는 공간을 열어주기 위해 언어 이외의 다양한 표현 방법을 통해 연구를 표현하였고 언어의 표현에 있어서도 다양한 형태의 글쓰기 방식을 사용하였다. 그가 사용한 구체적인 방법은 이미 앞에 시적 글쓰기의 효과 의사소통에서 자세하게 다루었으므로 그 부분을 참고하기 바란다. 이 작품을 다른 작품들처럼 번역한 자료만 제시하는 것은 이 작품이 가지는 고유한 언어적 특성, 배열, 여백, 생략 등을 보여줄 수 없다고 생각하여 각 원문을 먼저 제시하고 그 해석을 제시하였다.

II. MYTHICS

Dorothyville, Kansas, September 9, 1999

THEY KNEW PLACES WHERE

A man could crawl up in a wormhole
            No bigger than his head
Vampires served as lifeguards

And pools were full of blood

Sea life lived forever
But evening skies could die
Birds took over cites
And all the cars could fly

Falling was only backwards
And nothing hit the ground
Music came from eggshells
And was laid upon the land

Days were always longest
When night ran out of time
Poets wrote the books
But could not read a line

Prizes went to losers
And armies always won
Sins of a wayward father
Could not ignite the son

Lovers courted seedlings
And sex came from a gourd
A man could crawl inside a woman
And always be reborn

II. 신화

캔사스, 도리시빌, 1999년 9월 9일

그들은 그 곳을 알고 있다.

한 남자는 웜홀 안으로 밀려 올라갈 수 있었다.
그의 머리만큼 큰 뱀파이어들은 근위병처럼 섬겼다.
그리고 연못은 피로 가득 차 있었다.

해중 생물들은 영원히 살아있다.

그러나 저녁 하늘은 죽을 수 있었다.
새들은 도시를 마주 보고 있었다.
그리고 차들은 날 수 있었다.

추락은 단지 뒤에 있었다.
그리고 아무것도 땅에 떨어지지 않았다.
음악은 깨지기 쉬운 것으로부터 온다
그리고 땅에 가로 놓여 있었다.

낮은 항상 가장 길었다.
밤이 시간을 다했을 때, 시인은 책을 썼다.
그러나 윤곽을 읽을 수는 없었다.

귀중한 것은 쓸모없는 것이 되어버린다.
그리고 군대는 승리한다.
고집 센 아버지의 죄
아들을 타오르게 할 수는 없다.

연인들은 사랑을 갈구한다.
그리고 sex는 조롱박으로부터 나온다.
한 남자는 여자의 안으로 밀려 올라갈 수 있다.
그리고 항상 다시 태어난다.

Fa' apoto Island, March 21, 1799

FALE TAPU

No man was allowed to eat from a woman' s plate
Or to touch her person or her belongings when she bled
Or to eat the food she prepared when she bled
Or to see her private parts at such times of the cycle
Or to talk rudely of her condition when the tide pulls

No man was allowed to set his head higher than a chief
Or to touch the hair or person or belongings of a chief
Or to see a chief' s private parts when he sat or urinated
Or to eat the food prepared for a chief or discarded by him

Or to talk rudely of his condition when the tide pulls

No man was allowed to say the name of the god in public
Or to say the name of the name of the god while hungry
Or to say the name of the name of the god while fishing
Or to say the name of the name of the god while angry
Or to talk rudely of the god' s condition when the tide pulls

No man was allowed to sacrifice animals when his wife bled
Or to set them in holy places if a chief had cut his hair there
Or to step in chiefly footprints leading to sacrificial ground
Or to whisper the name of the name of the god in sacrifice
Or to talk rudely of sacrificial conditions when the tide pulls

No man was allowed to resist banishment by an island chief
Or to punish himself in public if a chief had urinated there
Or to give his family to sacrifice in caves or cliffs of the sea
Or to say the name of the god when banished to the open sea
Or to talk rudely of the island' s condition when the tide pulls

Fa' apoto Island, 1799년 3월 21일

Fale Tapu

여자의 접시로부터 음식을 먹는 것을 허락받은 남자는 없다
그녀가 슬퍼할 때 그녀의 사람이나, 그녀의 친척들을 만지는 것을 허락받은 남자는 없다
그녀가 슬퍼할 때 그녀가 준비한 음식을 먹는 것을 허락받은 남자는 없다
오랜 세월 그 같은 시간을 그녀의 사적인 부분들을 보는 것을 허락받은 남자는 없다

조류가 끌어당길 때 그녀의 상황을 무례하게 말하는 것을 허락받은 남자는 없다
지배자보다 더 큰 머리에 앉는 것을 허락받은 남자는 없다
지배자의 동물이나 사람이나 머리카락을 만질 수 있는 남자는 없다
그가 앉아있거나, 오줌을 눌 때 지배자의 개인적인 부분들을 볼 수 있는 사람은 없다

지배자를 위해 준비한 음식이나 그에 의해 버려진 음식을 먹는 것을 허락받은 남자는 없다
조류가 끌어당길 때 그의 상황들을 무례하게 말할 수 있는 사람은 없다

군중 속에서 신의 이름을 말하는 것을 허락받은 사람은 없다
배고픈 동안 신의 이름을 말하는 것을 허락받은 사람은 없다
낚시하는 동안에 신의 이름을 말하는 것을 허락받은 사람은 없다
화나 있는 동안에 신의 이름을 말하는 것을 허락받은 사람은 없다
조류가 끌어당길 때 신의 이름을 무례하게 말하는 것을 허락받은 사람은 없다

그의 부인이 슬퍼할 때 동물을 희생시키는 것을 허락받은 사람은 없다
만약 지배자가 그의 머리카락을 잘랐었다면 신성한 장소에 그것을 놓아두는 것을 허락받은 사람은 없다
희생적인 땅을 따르고 있는 발자국들을 따라 걷는 것을 허락받은 사람은 없다
희생 속에 있는 신의 이름을 속삭이는 것을 허락받은 사람은 없다
조류가 끌어당길 때 희생적인 상황들을 무례하게 말하는 것을 허락받은 사람은 없다

지배자의 섬으로부터 추방을 저항하는 것을 허락받은 사람은 없다
만약 지배자가 그 곳에 소변을 보았다면, 군중들 스스로 벌하는 것을 허락받은 사람은 없다
그의 가족에게 동굴이나 바다의 절벽에서 희생을 주는 것을 허락받은 사람은 없다
공해로 추방당할 때 신의 이름을 부르는 것을 허락받은 사람은 없다
조류가 올 때, 섬의 상황에 대해서 무례하게 말하는 것을 허락받은 사람은 없다

IV. SHADES OF SCIENCE

Playa de la Muerte, South Pacific, July 4, 1969

THE TIME AT DARWIN' S REEF

From the flatlined stained glass of its church and its crown,
    Darwin is jewels all the way down,
            A marriage of sea things
            and land rings,

Manufactured in time, planted here
on the edges
Of Wondrous bright brine,
The sea world of islands, in an ocean of time.

High Time. 1:05 p.m., Fiji time. Ears plugging, cleared
with a quick swallow.

Below,
Stained glass windows jewerly of Darwin' s Reef
Glittering treasure
Studded in
Bits of
Sand trees reef rocks foam sand reef foam
scattered across an indigo sea
Dazzling, inspirational,
breathtaking, truly a priceless gem of timeless beauty.
Well, beautiful, to be sure. But time is everywhere here.
Time to Get Down. Cessna skimming coconut treetops
for what seems a long time.
Dip, bump, skid, brakes, backwash, done. Touchdown.
Limestone runway.

Right on target.

Three hours, 43 minutes air time. Right on time.

+
+

Island Time
Runs at rock speed.
Born in primal fire on
the ocean floor, Darwin' s
core is layers of coral wrapped
around a submerged volcanic peak,

eased upwards in eon increments until
pushed out of wet into air and aquamarine
splendor, crowning its head at the surface with
a necklace of precious corals, stretching to the clouds,
donning a green mantle, mollycoddling birds with insects
and shelter, luxuriating in the clockable eye of the sun,
bathing in the rain, kissing the mist, and winking at centuries
of big moons slipping their horizons. Then, for one deep
reason or another, it began to subside, hanging more paint and
gems on the water line, stringing others out slowly on the way
back down, bridal flowers tossed en route to deepening bliss-
eventually disappearing in the center of the crown, leaving
behind a flat barrier reef, a true coral atoll, weathered and
webbed enough to hold its sand against the easier waves, an
inevitable host to the immigrant holding power of wily scrub
and a gang of sand grabbing coconut trees. Slow time in
a warm clime. Just right for long term coral attachments,
bonds that are bound to stick in time.

(이하 생략)

ə????, ə????, ə????, ə????,ə

ə????, ə????, ə????, ə????,ə

Time Limits and Dreamtime. A barrier reef,
Darwin' s beauty palette paints a mixed message:
Begging for transgression, it seduces in waves,
invites feasting in the windfall of its landfall,
wandering in the wet of its
underpinnings,
touching cheeks, bodice, powder, and coiff.
Heated by the universal desire to penetrate and be
penetrated, this I am and am not a barrier relationship rises
finally to an animal dance with what appears to be
rock,

spun out on a reef of dreams,
in a time for being,
a time for returning
to the times and tides running silent

in our veins
---to salt, not of the earth,
but of water carried in our
fetus sacks and brains, holy water of sorts,
timeless in composition,
timed in the cycles of use by each vessel. Our vessels.
Our time. The time of our lives.

(하략)

IV. 과학의 그늘

남태평양, Playa de la Muerte, 1969년 7월 4일

다윈의 암초에 걸린 시간

그것의 교회와 그것의 왕관의 얼룩진 스테인드 글라스로부터
다윈은 바다 언제나와 같이 바다 아래의 보석들이다.
바다의 어떤 것과 땅의 반지의 결혼
제때에 생성되고 가장자리 여기에 자라나는
불가사의한 밝은 소금물의 가장자리에
섬의 바다 세계, 시간의 바다.

높은 시간. P.M. 1:05., Fiji 타임. 귀마개, 빠른 삼킴을 통한 정화.

아래,
스테인드 글라스 창문 다윈 암초의 보석
빛나는 보물
점점이 박혀 있는 모래, 나무, 암초바위 거품 모래 암초 거품
남색 바다를 가로지르며 흩뿌려진

눈부신, 영감을 주는,
숨이 막히는, 진실로 시공을 초월한 아름다움의 귀중한 보석.
오. 아름다운, 확신할 수 있는. 그러나 시간은 여기에도 어느 곳에도 있네.

하강의 시간. 시간을 늦추기 위한 것. 코코넛 나무 줄기 끝을 스쳐지나가는 듯한 세스너 비행기
오랜 시간을 보낸 것처럼 보이는
가라앉고, 부딪치고, 미끄러지고, 억류되고, 역류하며, 완성되고 터치다운.
석회암 활주로.
목표에 정확히
3시간, 43분 비행시간. 정시에 정확히.

+

+

섬 시간.
암석 속도로 달리기.
해양 층에 최초의 불에서 태어난, 다윈의 핵심은 바다 아래 잠긴 화산분화구를 둘러싼 산호층이다.
그러고 나서, 다른 깊은 곳을 위해 그것은 더 많은 치장과 보석을 건지면서, 다른 방향으로 당기면서, 납작한 장벽 뒤를 남기면서 가라앉기 시작했다. 따뜻한 기온에서 시간은 천천히 흘렀다. 긴 산호 부착과 제 시간에 묻기 위한 뼈를 위해 지금 당장.

시간 제안과 꿈. 보초
다윈의 섞인 메모의 아름다운 팔레트 페인트: 범죄를 위한 구걸, 범죄는 감정을 부추기고, 축축한 받침대에서 방황하면서 육지에서 뜻밖의 운의 대접을 접한다.

스며들기 위해 그리고 받아들이기 위한 국제적인 바람을 열망하면서, 나와 모든 사람들은 마침내 바위에 보이는 무엇과 함께 동물 댄스로 장벽의 관계를 허물었다.
우리의 시간. 우리의 모든 삶의 시간.

4. 참고문헌

김정우(2005). 시 형식의 의미에 대한 시교육적 고찰, 문학교육학 제16호, 한국문학교육학회.

김정우(2006). 시 이해를 위한 시 창작교육의 방향과 내용, 문학교육학 제19호, 한국문학교육학회.

유영희(1999). 이미지 형상화를 통한 시 창작교육 연구, 서울대학교 박사학위 논문.

유영희(2000). 시 형식 습득의 양상 및 논리, 국어교육연구 제7집.

Alfredo, G. (2000). Exploring alternative forms of writing ethnography. Review Essay: Carolyn Ellis and Arthur Bochner(Eds.) (1996). *Composing Ethnography: Alternative Forms of Qualitative Writing [9 paragraphs]. Forum Qualitative Sozialforschung / Forum: Qualitative Social Research [On-line Journal],* 1(3). Available at: http://qualitativeresearch.net/fqs/fqs-eng.htm.

Austin, Deborah. (1996). Kaleidoscope: The same and different. In C. Ellis & A. Bochner (Eds.). *Composing ethnography: Alternative forms of qualitative writing*. (pp.206-230). Walnut Creek, CA: AltaMira Press.

Brady, I. (2003). *The Time at Darwin's Reef: Poetic Explorations in Anthropology and History*. New York: AltaMira Press.

Cahnmann, M. (2003). The Craft, Practice and Possibility of Poetry. *Educational Research, 32*(3), 29-36.

Ellis, C. (2004). *The Ethnographic I: A Methodological Novel about Autoethnography*, New York: AltaMira Press.

Ellis, C. & Bochner, A. (Eds.)(1996). *Composing Ethnography: Alternative Forms of Qualitative Writing*. London: New Delhi.

Ely, M., Vinz, R., Downing, M., & Anzul, M. (1997). *On Writing Qualitative Research: Living by Words*. The Falmer Press.

Frances, R. (2008). The Poetry of Holocaust Survivor Testimony: Towards a New Performative Social Science [21 paragraphs]. *Forum Qualitative Sozialforschung / Forum: Qualitative Social Research, 9*(2), Art. 28, http://nbn-resolving.de/urn:nbn:de:0114-fqs0802285.

Furney, K. (1996). Caring as the of change: A cross-case analysis of three schools' experience in implementing general and special education reform. Unpublished dissertation, University of Vermont, Burlington.

Glesne, C. (1997). That rare feeling: Representing research through poetic transcription. *Qualitative Inquiry, 3*(2), 2002-221.

Leggo, C. (2007). Astonishing Silence: Knowing in Poetry, In J. Gary Knowles & Ardra L. Cole (Eds.), *Handbook of the Arts in Qualitative Research: Perspec-*

tives, Methodologies, Examples, and Issues(pp.165-174). Thousand Oaks, Cal.: Sage.

Piirto, J. (2002). The question of quality and qualifications: Writing inferior poems as qualitative research. *International Journal of Qualitative Studies in Education,* 15(4), 431-445.

Richardson, L. (1992). The Consequences of Poetic Representation: Writing the Other, Rewriting the Self. In C. Ellis., M. G. Flaherty & P. Newbury(Ed.) *Investigating Subjectivity: Research on Lived Experience.* CA: Sage, 125-137.

Richardson, L. (1997). *Fields of Play: constructing an academic life*, Rutgers University Press.

Richardson, L. (2000). Writing: A method of inquiry. In N. K. Denzin & Y. S. Lincoln(Eds.), *Handbook of qualitative research(*2nd ed., pp. 923-948*)*. London: Sage Publications.

Sullivan, M. A. (2000). Voices Inside Schools, *Harvard Educational Review, 70*(2), Harvard College.

제14장

소설적 글쓰기

1. 소설적 글쓰기의 개념과 목적
2. 소설적 글쓰기의 효과: 그 반응과 해석의 다양성
3. 질적연구 분야에서 소설로 표현한 대표 작품
   (1) Graham의 '미 흉터'
   (2) Dunlop의 'Boundary Bay'
   (3) Hamburger의 '멸종의 기원에 대하여'
   (4) Wilson의 '마킬라도라 사촌들'
4. 참고문헌

이 장에서는 다양한 질적 글쓰기의 실험적 방법 중 하나인 소설적 글쓰기에 대해서 소개한다. 소설적 글쓰기는 소설이라는 용어가 나타내는 것처럼 가장 허구적이라는 점에서 사실적 상황과 경험을 묘사하고 해석하는 질적연구의 목적에 비추었을 때 가장 대립적이고 모순적인 글쓰기 방법이라고 생각할 수 있다. 그럼에도 불구하고 경계의 혼합과 크로스오버의 영향으로 인하여 소설양식이 갖는 여러 가지 장점들이 질적 글쓰기의 새로운 장르로서 널리 그 영향력을 행사하고 있다. 이에 소설적 글쓰기는 허구(fiction)적 특징을 지니고 있지만 그 허구의 내용은 실제적 질적 자료에 바탕을 두고 있다는 점에서 질적 글쓰기의 최전선에 있다고 하겠다. 그럼에도 불구하고 소설적 글쓰기가 질적연구에서 새로운 글쓰기 방법으로 인정되고 있고 활용되고 있는 이유는 소설이 갖는 여러 가지 상징과 비유 그리고 상황에 대한 묘사가 질적연구의 목적인 이해와 감동, 설득을 더욱 극대화시킬 수 있다는 점 때문이다. 우리나라의 경우, 질적연구 분야에서 소설적 글쓰기를 시도한 작품들이 거의 없다는 점에서 이 분야에 대한 새로운 관심을 강조하면서 소설적 글쓰기의 전체적 내용을 소개한다.

1. 소설적 글쓰기의 개념과 목적

소설적 글쓰기란 단순히 가구를 재현하는 것이 아니라 문학적 인류학(literary anthropology)의 개념 확장으로, 연구와 예술의 한 유형이자(Dunlop, R, 1999, p.20), 연구자가 탐구한 내용이나 인터뷰 자료를 소설로 변환하는 글쓰기 방법을 말한다. 이때 이러한 글쓰기는 현실에 나타나는 삶의 구조를 드러내고 현실에서 가능한 전망을 모색하는 것이 제일의 과업이라는 전제에서 출발해야 한다(우한용, 2007a, p.21). 또한 이러한 글쓰기는 주어진 역사의 삶과 작가의 세계관, 재현의 전통 등이 복합적으로 작용하여 사상이나 관념으로 환원될 수 없는 작가의 산 경험을 변형시켜 작품으로 만들어가는 과정(Wilhelm Dilthey, edited by Rudolf A. Makkreel and Frithjof Rodi, 1985: 59를 류철균, 2001, p.35에서 재인용)인 것이다.

그러므로 소설에서 나타나는 세계는, 실제 세계의 단순한 반영이 아니라 실제 세계의 혼란스럽고 무질서한 경험에 질서와 해석을 부여한 하나의 '가능한 세계'(Frederi Jamson, 1981, p.179-181을 류철균, 2001, p.104에서 재인용)이자 허구성이 강한 현실이 된다. 또한 이 세계는 현실이 반영된 진실의 세계이며, 직접 발견할 수는 없지만 현실 속에 감추어져 있는 진정성을 지닌 가시적인 세계이기도 하다(김혜영, 2004, p.56). 소설에서 나타나는 이러한 허구는 비현실적인 면이나 실제의 반대 개념이 아니라 세상에서 일어날 수 있는 일을 나타내는 조건들로 인식론적 입장의 전제가 될 수 있으며(Dunlop, R, 1999, p.3), 이야기의 가치를 상승시켜 주는 예술적 장치이다(우한용, 1998, p.463). 또한 허구성이란 우리의 자연스러운 삶의 시간 속에서 특정 국면을 그 절대적인 흐름 속에서 분리하여 새로운 사실의 위계를 구축하고 인위적으로 처음, 과정, 결말을 만들어 낼 때 나타난다(김택호, 2007, p.542; 김혜영, 2004, p.53). 그러므로 소설에서 의미를 찾아내는 과정이 형식의 변형이라는 점을 감안할 때, 허구성은 현실로부터는 직접 발견될 수 없지만 현실 속에 감추어져 있는 진정성을 가시적인 형태로 만드는 방법으로, 현실에는 없는 어떤 것을 만들어낸다는 의미보다는 현실 속에 감추어져 있는 것을 드러낸다는 측면에서 그 의미를 찾아야 한다(김혜영, 2004, p.56).

특히 소설적 글쓰기를 통해 생성된 결과물은 "그 형태가 어떻든 항상 하나의 이야기, 서술"(M. Raimond, 1985, p.138)이며, 인물의 감정적 궤적이나 사건들의 얽힘을 통하여 독자의 호기심을 유발하고 오락거리를 제공하거나 교육하는 것이 된다(김정숙, 1996, p.631). 또한 인간에 대한 자료를 제공하고, 지식을 공유하며, 나아가 독자와 보다 효과적인 의사소통을 할 수 있게 된다(김정숙, 1996, p.632). 특히 당대의 현실이나 진실을 통해 인간에 대한 이해와 삶의 방향이 제시되어 있다.

이러한 소설적 글쓰기가 가지는 가치에 대한 인식이 확산되면서 이제는 소설적 글쓰기 양식이 하나의 질적연구 글쓰기 양식으로 자리매김하고 있다. 소설적 글쓰기에 대한 가치의 논의는 1993년과 1996년 AERA에서 있었던 Eisner와 Gardner의 논의, 1995년 있었던 Phillip과 Eisner의 논의, 그리고 1996년 몬트리올에서 있었던 심포지엄 'Shaking the Ivory Tower' 에서 있었던 Eisner와 Gardner의 논의, Dunlop(1999), Kilbourn(1999)이 대표적이다. 이 논의에서 Eisner는 의미를, Phillip은 진실을 상대적으로 강조하고 있으며, Eisner는 소설적 글쓰기에 대한 가능성에 대해, Gardner는 이러한 가능성에 끊임없는 의문을 제기하며 소설적 글쓰기에 대한 부정적 입장을 강조하였다. 이에 대해 Dunlop(1999)은 자신의 박사논문을 소설적 글쓰기로 표현함으로써 이들에 대한 논의의 해답을 제공하였다. 이와 관련하여 Kilbourn(1999)은 소설이 박사논문의 주제로서 가치가 있을 수 있다는 입장을 취하면서 'Fictional Theses' 에서 소설의 여러 특징들과 그 특징을 가능하게 할 수 있는 쓰기 기술(self-conscious method)에 초점을 맞춰 논의를 진행하였다. 특히 자신의 글 'For the love of Teaching' (1998)에서는 소설과 수필 형식을 통해 대안적 글쓰기 형태를 강조하였다.

이러한 논의의 결과 소설적 글쓰기는 질적연구의 대안적인 글쓰기의 한 유형으로 자리잡았다. 가령, 캐나다 소재 대학에서는 소설이 교육 논문의 새로운 형태로 등장하고 있으며(Dunlop, R, 1999, p.11), 콜롬비아 대학에서는 실제 사본과 인터뷰 또는 표준적인 형태의 쓰기 방식이 인간 경험의 풍부함과 복잡성을 드러내는 데 다소 부적절하다고 판단하여 소설이나 시에 관심을 갖게 되었다(Dunlop, R, 1999, p.5). 또한 단편 소설과 시, 사실적이며 교육적인 이야기 등의 내러티브 형식을 띤 실험적 글쓰기 방법이 확산되고 있다(Normu, 1997; Ellis and Bochner, 1996을 Dunlop, R, 1999, p.7에서 재인용). 특히 SPE(Sport and Physical Education)의 몇몇 학자들은 자신이 연구한 결과를 소설로 창작하였다. 즉, 이들은 Sparkes(2002a, 2002b)가 설명한 문화기술 소설(ethnographic fiction)과 창작 소설(creative fiction)을 사용하여 단편소설의 형태로 자신들의 연구 결과를 표현했다(Andrew C. Sparkes, 2000, p.656).

최근에 질적 자료를 소설로 변화시킨 논문을 보면, Anna와 Stephen Banks(1998), Bruce(2003), David Geelan(1998), Denison(1996), Dunlop, R(1999), Graham(1996), Halas(2001), Lyons(1992), Nilges(2001), Peter Sellito(1991), Philip Rinehart(1995, 1998a, 1998b, 2003), Rowe(2003), Tamar Diana Wilson(2002), Tiffany Hamburger(2005) 등이 있다. 이들 대부분은 자신들의 질적연구 자료를 소설로 변환시켜 현실 세계의 복잡성과 애매성을 전달하는 한편, 독자의 호기심과 상상력을 자극하여 그들에게서 다양한 반응을 이끌어내고 있다. 이는 자신의 연구 결과가 더 이상 지시나 언급의 닫힌 체계가 아니라 반응과 해석, 이해의 가능성이 상존하고 있음(Dunlop, R, 1999, p.17)을 강조하는 것이다.

가령, Peter Sellito(1991)는 Hofstra 대학에 '막의 균형 맞추기: 소설(Balancing Acts: A Novel)' 을 교육행정 논문으로 제출하였다. 이 논문에는 설명적인 도입이나 전통적인 결론, 분석 등이 없으며, 순수 소설로만 이루어져 독자의 상상력을 자극하고 있다. 학위논문으로서 Dunlop(1999)은 '경계만: 교육적 연구로서 소설(Boundary bay: A novel as educational research)' 에서, 교육예술 학부에 새롭게 임명된 대학 교수 Evelyn의 삶을 소설 형식으로 제시하고 있다. 이 논문에는 한 여인의 삶 즉, 결혼, 사랑, 별거, 이혼, 가르침, 교육, 모성, 자신의 삶에 대한 재구성, 회복 등이 의식의 흐름 기법을 통해 극적으로 전개되고 있다. 또한 'Boundary bay' 에서 알 수 있듯이 제목이 주는 함축성은 Evelyn의 삶을 이해하는 중요한 단서이자 새로운 글쓰기 형식에 대한 저자의 생각을 함축적으로 제시하고 있는 것이다. David Geelan(1998)도 비록 일부분이지만 논문의 한 부분(section two)을 소설로 제시하여 열린 체계로서 소설이 지니는 반응의 다양성을 유도하고 있다.

Philip Graham(1996)은 이들보다 더 다양하면서도 전문적인 소설을 창작했다. '내부 설계 이야기(Interior Design: Stories)' 에서 8개의 짧은 이야기 즉, 다른 행성

(another planet), 천사(angel), 인테리어 디자인(interior design), 미 흉터(beauty marks), 포즈(the pose), 예비(the reverse), 지질학(geology), 럭키(lucky)를 통해 사람들의 여러 망상과 인간 내부에 숨겨진 욕망이나 계획 등에 의해 우리의 삶이 어떻게 파괴되어 가는지를 다양한 시점과 문학적 기법으로 형상화하였다. 특히 '지질학(Geology)' 에서는 반어적 상황을 제시하여 두 남녀의 사랑, 결혼, 행복한 가정생활이 오히려 그들에게는 낯섦으로 다가오게 되고 결국 서로의 지향점이 달라 파경에 치닫게 되는 상황을 극적으로 표현하고 있다.

문학적 기법과 관련하여 Tamar Diana Wilson(2002)과 Tiffany Hamburger (2005)도 1인칭 소설을 통해 자신이 고민하고 갈등하는 연구의 한 영역을 소설로 제시하고 있다. Tamar Diana Wilson(2002)은 '마킬라도라 사촌들(Maquiladora Cousins)' 에서, 주인공 '나' 를 등장시켜, 멕시코 북쪽 경계에 위치한 Colonia 지구에 사는 여성들의 삶을 1인칭 말하기(telling) 수법을 이용하여 표현하고 있다. 이 소설에는 4명의 여성들의 삶이 1996년 12월부터 1998년 5월까지 주인공 '나' 의 회상과 요약적 진술로 서술되어 있다. 특히 주인공 '나' 의 자기고백적인 어투와 냉소적인 표현을 통해 사건의 진솔함과 상황의 심각성 등을 느낄 수 있다. 연구자는 이러한 소설 기법을 통해 Colonia 지구에 사는 4명의 여성, 나아가 이 지역에 사는 여성들의 비참한 인간 이하의 삶을 부각시키고 있는 것이다.

또한 Tiffany Hamburger(2005)는 '멸종의 기원에 대하여(on the origin of extinction)' 에서, 화석 인류학자가 되고 싶은 한 여성을 중심으로 그의 삶을 표현하고 있다. 특히 화석 인류학자가 되는 것이 꿈인 한 여성의 학자적인 모습과 인간적인 모습을 중층적으로 표현하여 읽는 이로 하여금 학자를 지향하는 삶과 한 여성으로서의 삶에 대한 고민을 하게 만든다. 또한 대화 위주의 빠른 사건 진행과 서사, 묘사, 추리 기법 등의 다양한 소설 기법을 활용하여 독자의 호기심과 상상력을 자극하고 있다. 특히 이 소설은, 통속 소설에서 볼 수 있는 흥미와 재미를 느낄 수 있으면서도, 통속 소설이 지니는 한계 즉, 사랑 혹은 단순한 인과관계를 극복하고 독자들의 적극적인 추리와 해석을 이끌어낸다는 점에서 의의를 지닌다.

이렇게 질적연구에 소설적 글쓰기를 시도하는 것은, 소설이 체계화되어 있고, 사회과학에서 발견할 수 있는 정확함이 내재해 있는 대표적인 형식이기 때문이다. 소설에서는 이미지가 창조되고, 그 창조된 세계는 실제 삶보다 광활하다. 또한 실제 사본이나 인터뷰 자료보다 오히려 독자의 경험 형성에 강력한 수단이 될 수 있다(Dunlop, R, 1995, p.5), 그러므로 소설은 우리가 예전에 인식하지도 못했던 새로운 세계를 이해하는 데 도움을 준다. 가령, 학생들이 학교생활에서 어떤 가치와 성취를 맛보는지를 알기 원한다면, 또한 초임 교사가 교수-학습법을 어떻게 배웠는지 알기를 원한다면, 소설은 이러한 것을 알고 싶어하는 독자들에게 새로운 정보를 제공할 수 있다. 이것은 독자들로 하여금 자신의 감각이나 기억을 활용하여 스스로 생각하고 느끼고 상상할 수 있게 만드는 문화적인 지표로서, 거시적 차원에서 지식과 의미의 개념화와 재개념화에 필수적인 역할을 하는 것이다(Dunlop, R, 1995, p.18).

또한 소설은 언제나 당대를 반영하면서 한편으로 당대를 초월하는 에너지를 그 양식 안에 지니고 있기 때문에(우한용, 2007b, p.3), 현재 사회의 다양한 현실성을 부각시키는 가장 강력한 방법이 된다(Stoller, 2002, p.305; China Achebe, 1989를 Carolyn Ellis, 2004, p.330에서 재인용). 바흐찐이 소설 장르가 발전할 수 있는 동력을 현실의 획득에서 찾고 있으며, 현실을 획득함에 있어 어떤 기존의 이념이나 주관성도 배제한 현실의 반영을 추구하고 있음은 분명하다(이강은, 2006, p.84). 특히 소설의 현실성은 소설이 형상화하려고 하는 대상의 깊은 정서와 높은 이상을 표현함으로써 일상적인 현실보다 더욱 현실적일 수 있게 된다(김영철, 2002, p.31). 여기서 말하는 '깊은 정서'는 일상적 삶에서 자주 등장하는 상투적 정서의 재해석을 통하여 우리가 느끼고는 있었으나 그것이 무엇인지는 확실히 몰랐던 정서를 확연하게 알도록 해주는 것을 의미한다(김영철, 2002, p.31). 그리고 '높은 이상'이란 인간의 가능성을 상상적 실행의 형태로 드러냄으로써 우리가 어렴풋이 지향하고는 있었으나 확연히 알지 못하였던 삶의 의미를 드러내준다는 뜻을 지닌다(김영철, 2002, p.31).

이를 통해 소설은 그 자체가 해석의 대상이며, 그 자체의 존재에 의해 세상의 해석을 이끌어내고, 미묘한 교육이 된다(Annie Dillard, 1982, p.155). 특히 사고 형식으로서의 이야기는 논증과 달리 감정과 지식, 이론과 가치가 통합되어 있어 경험의 복잡하고도 미묘한 의미를 발견할 수 있다. 또 연역의 틀로 환원하지 않고 새로운 의미를 만들어 나가는 레고식 유연성을 지니고 있기 때문에, 급변하는 세상을 발빠르게 설명할 수 있는 생산력도 갖추고 있다(최인자, 2007, p.439). 그러므로 소설을 통해 우리들은 경험의 심층 의미를 탐구할 수 있으며, 이를 통해 대상을 다양하게 볼 수 있는 관점과 세상을 폭넓게 접근할 수 있게 되는 시각을 얻을 수 있다. 나아가 독자들로부터 다양한 관점과 반응을 이끌어낼 수 있게 된다(Dunlop, R, 1999, pp.16-17). 이러한 과정은 독자들에게 인식적, 심미적인 즐거움을 주는 것이며, 타인에 대한 폭넓은 이해를 이끌어내는 것이다(Eisner, 1996을 Saks, 1996, pp.407-408에서 재인용).

2. 소설적 글쓰기의 효과: 그 반응과 해석의 다양성

연구자는 소설적 글쓰기를 통해 독자의 다양한 해석과 적극적인 반응을 이끌어낼 수 있다. 이를 통해 독자와 효과적인 의사소통을 할 수 있다. 즉, 연구자는 허구를 매개로 하여 자신의 고민이나 연구 결과를 단순히 제시하기보다는 다양한 소설적 장치(묘사, 서사, 시점 등)를 통해 그 속에 숨겨진 진실의 세계를 독자들에게 보여줄 수 있다. 독자 역시 이 과정에서 다양한 정서적 즐거움과 지적 체험을 경험할 수 있으며, 자신의 고민이나 현실 속, 삶의 세계를 깊이 있게 성찰하는 계기를 얻을 수 있다.

가령, Tiffany Hamburger(2005)는 '멸종의 기원에 대하여(On the origin of extinction)' 에서, 에리카의 행위를 통해 인간이면 누구나 가질 수 있는 근본적인 고민을 우리에게 제시하고 있다.

예 Hamburger의 '멸종의 기원에 대하여'

에리카는 화석에 좀 더 가까이 얼굴을 대고, 한 손으로는 화석을 받치고, 나머지 한 손으로는 치과에서나 쓸 법한 후크를 가지고 단단하게 붙은 칼슘덩어리를 떼어내고 있었다. 이곳에서 일주일 정도 지냈다. 이 정도면 분위기상 로맨틱한 사랑 정도는 나올 법하다. 에리카가 주위를 둘러보자, 거기엔 카일이 캐린을 부르고 있었다. "너에게 보여주고 싶은 게 있어."

캐린은 일어서서 그녀의 머리를 포니테일로 묶었다. 그녀의 배가 살짝 보였다. 무의식적으로 에리카는 자신의 머리를 당겨, 제대로 자신의 피부를 감싸고 있는지 확인했다. 그러고 나서 다시 화석을 닦는 데에 집중했다. 하지만 그녀의 시선은 여전히 오른쪽 커플에 가 있었다. 카일은 돌을 하나 들어 그녀에게 건네주었다. "여기 잘 들고 있어." 캐린은 돌을 손바닥에 올려놓았다. 에리카는 그것이 마치 카일이 자신의 페니스를 캐린에게 건네주었다는 듯이 행동하는 것처럼 보였다. 에리카는 그들이 고대 공예품을 가지고 그런 짓을 한다는 것에 역겨움을 느꼈다. 어떻게 돌 도구를 그런 식으로 사용한단 말인가? 카일이 말했다. "생각해봐. 이백만 여 년 전에 호모에렉투스들이 지금 네가 들고 있는 손도끼를 만들었단 말이야." 캐린은 카일의 진지함에 놀라 눈이 커졌다.

"신이시여" 에리카는 후크를 꽉 쥔 채 중얼거렸다. 갑자기 그것은 그녀의 손에서 미끄러져 화석으로 떨어졌고, 화석을 동강냈다. "빌어먹을" 그녀는 한숨을 내쉬며 중얼거렸다.

"뭐라고?" 스튜어트가 물었다. "아무것도 아냐. 그냥 욕을 했을 뿐이야." 그

> 녀는 화석을 향해 구부리고 있던 등을 펴고 부서진 화석조각을 노려보았다. 그녀는 거의 영구적으로 존재했을지도 모르는 것을 그녀의 손으로 부숴버린 것이다.
>
> "너무 신경 쓰지 마. 그런 일은 자주 일어나는 법이야." 스튜어트가 말했다. 그녀는 마치 스튜어트가 그녀에게 좀 대범해지라고 말했다는 듯이 그를 쳐다보았다. 그가 옳은지 그른지는 상관없다. 중요한 건 그녀는 다시 이런 실수를 할 수 없다는 것이다. 앞으로는 일을 하고 있는 중에 한눈을 팔지 말아야 한다. 또 그랬다간 믿음직하지 못하고 실력 없는 화석인류학자가 될 것이다.
>
> "계속 신경이 쓰이니?" 캐린이 물었다. 에리카는 그것에 아무 반응도 하지 않는 대신, 다시 자리에 앉아서 팔짱을 끼고, 입을 다물어서 눈물을 참으려고 했다. 캐린은 화석을 향해 구부리고 그녀의 머리를 귀 뒤로 쓸어넘긴 다음, 화석을 관찰했다. 카일은 금속 캐비닛으로 다가갔다. "내가 수리도구를 가지고 올게" 캐린을 향해 말하고 끈기 있는 레커와 브러시를 그녀에게 건네주었다.
>
> "너가 직접 고칠 거니?" 캐린이 물었다.
>
> 에리카는 머리를 흔들면서 부정의 표시를 했다. 그녀는 지금 그것을 쳐다볼 수도 없었으니, 거의 고칠 수가 없을 것이다. 그녀는 화석이 부숴진 것이 캐린이 카일을 유혹하는 것에 대해 쓸데없이 관심을 표명했기 때문에 일어난 것이라 자책하고 있었다.
>
> "에리카" 스튜어트가 말을 걸었다. "내일 소에트도어링에 가고 싶은 마음이 없니?"
>
> "물론 관심 있어." 그녀는 대답했다. 비록 그녀의 시선은 현재 그녀의 손에 가 있고 전혀 듣고 있지 않았지만 말이다. 그녀는 어떻게 자신이 그런 실수를 저질렀는지 궁금했다.

등장인물은 화석인류학자가 되기 위해 끊임없이 연구에 몰두하고 있으며, 동시에 여성으로서 자신의 성 정체성에 대해서도 끊임없이 의문을 제기하고 있다. 이런 고민은 결국 실수로 이어지고 스스로 자신의 행위에 대해 후회하고 있다. 이것은 등장인물, 에리카가 느끼는 고민이지만 그녀만의 문제로 끝나는 것이 아니다. 즉, 이것은 연구자 스스로가 느끼는 고민이자 연구자가 자신을 돌아보는 행위인 것이다. 또한 연구자가 느끼는 인간 본질에 대한 인식이자 서사의 주체인 인간에 대한 해명을 포함하고 있는 것이다(우한용, 1998, p.470).

이러한 고민은 Philip Graham(1996)의 '미 흉터(Beauty Marks)' 에서도 나타난다.

예 Graham의 '미 흉터'

마틴은 커피를 미지근해질 때까지 휘저었다. 그의 뒤에서 바바라가 컴퓨터를 소리를 내며 치고 있었다. 하루 종일 그는 의자에 앉아 있었다. 그는 이번에 자신이 스스로 찾게 될 장소에 대해 두려웠기 때문에 외출하고 싶지는 않았다. 하지만 그는 한숨을 쉬고 자신의 무거운 코트를 입었다. 그는 바바라가 자신을 보고 있을 것을 확신하면서 문으로 걸어갔다.

"어디 가는 거야?" 그의 손은 문의 손잡이를 움켜쥐었다. 그러나 그는 그것을 돌리지는 않았다. "딱히 어딜 가려는 건 아니고. 그냥 걸으려고." 그는 그녀가 키보드의 저장 버튼을 누르는 소리를 들었다. 컴퓨터가 만족하는 듯한 소리가 들리기 시작했다. "가지 마." "곧 돌아올 거야." "가지 말라니까." 마틴은 대답하지는 않았지만, 움직이지도 않았다. "같이 갈래?" "여기서 있으면서 일하는 게 어때?" 그는 돌아서서 그녀에게 성큼성큼 걸어갔다. 어디인지 아는 사람에 대한 화가 치밀어 올랐다. "뭐야, 내가 걸어 다닐 때에는 일하지 않는다고 생각하는 거야?" 바바라는 잠깐 주저했다. "네 책상. 당신이 없을 때 책상을 보면 아무것도 써 놓은 게 없어." "그건 여기에 있어." 그는 그의 머리를 가리키며 말했다. "아, 그래?" 바바라는 그의 동작을 따라하며 그녀의 이마를 두드렸다. "이게 당신이 논문을 보호하기 위해 하는 방식이야? 당신이 통과할 거라고 생각해?" "시끄러워. 너나 신경 써. 계속 그렇게 키보드나 두들기란 말이야!" 그는 그의 책상에서 종이 더미를 쓸어내 버렸다. 종이들은 바닥에 흩어졌고, 마틴은 매우 당황해서 아파트를 빠져나가고 싶었다. 그는 문을 '쾅' 닫고 밖으로 나갔다.

밖은 매우 추웠다. 그는 오랫동안 그렇게 걸을 수가 없었다. 그는 바바라에 대한 불공정함에서 벗어나려는 듯이 숨을 몰아쉬며 좁은 골목을 내려갔다.

이러한 등장인물들의 서사적 행위와 이를 통해 나타나는 등장인물의 내적 혹은 등장인물 간의 갈등은 연구자가 지니고 있는 인간관을 소설 속에서 보다 효과적으로 제시하는 것이며, 독자의 적극적인 반응을 유도하는 소설적 장치이다. 독자들은 이러한 장치를 통해 자신이 처해 있는 상황과 자신의 삶 속에서 스스로에 대한 고민에서부터 인간의 본질에 대한 고민에 이르게 되고 그 과정에서 연구자와 독자는 효과적인 의사소통을 하게 되는 것이다.

이러한 효과는 묘사를 통해 더욱 극대화된다. 즉, 묘사는 소설에 실재감을 부여하는 방식으로 소설을 현실과 강하게 밀착시키는 기법이며(김택호, 2007, p.540), 대상을 객관적이고 구체적으로 기술하고자 하는 측면이 있는가 하면, 대상에 대한 기술에 글 쓰는 주체의 관점을 포함하려는 경우가 있다. 이때 대상에 대한 인식 틀을 변경하기 위해 대상의 이미지를 대체, 변형하여 대상의 의미를 만들어낼 수 있게 되는데, 이때 묘사는 시간의 연속적인 흐름 속에서는 발견될 수 없는 의미를 만들어내기 위해 시간의 흐름을 정지시키고, 대상에 대한 기존의 인식을 낯설게 하는 방식을 취한다(김혜영, 2004, p.60). 가령, Dunlop(2000)은 'Boundary bay' 에서 Evelyn의 중층적인 삶을 낯선 대상들로 묘사하고 있다.

예 Dunlop의 'Boundary bay'

San Juan의 바람이 마치 엎지른 잉크를 입으로 불 때처럼 잔물결을 일렁이며, 해안가를 휩쓴다. 그 바람은 연인들을 들뜨게 만들고, 어머니에게는 놀러 나간 자식을 걱정하게 하는 그런 바람이다. 뜨거운 바람은 쌓여 있는 기억을 헤치며, 한 여름의 하늘을 소용돌이치며 가른다. 해안선을 따라 숲이 트인 모래사장 사이 경계선에서 그가 나타날 때 가문비나무의 잎이 바스락거린다. 그는 교정을 자세히 보기 위해 흙으로 된 절벽을 오른다. 운동장은 여름 동안 아무것도 없이 텅 비어있다. 교실과 복도는 고요하다. 꿈의 파편에 항상 따라다녔던 음악, 웃음, 이야기, 종소리는 없다.

바람이 그들의 얼굴을 간질이는 공동묘지, 그 속에 친숙한 것들이 있다. 그는 공동묘지 한쪽 끝에 있는 조문객을 보기 위해 조용히 움직였다. 그의 큰 걸음이 무성한 잡초를 갈랐다. 그의 날카로운 눈이 초록 눈을 가진 어린 소녀에게 머물렀다. 그의 코는 신선한 그녀의 향기로 가득 찼다. 군중들은 코요테를 쳐다봤고, 그들을 감동시키는 고대의 자각, 무엇인가가 그들의 가슴에 스며들었다. 코요테가 엉덩이를 붙이고 앉아 주둥이를 치켜올리며 날카롭고 찢어질 듯한, 사람의 음악과는 다른 노래를 불렀다. 그 울음은 대답할 수 없는 질문과 건널 수 없는 국경으로 그들의 목을 죄어 왔다.

Evelyn은 언제 그들이 자신의 은밀하고 사적인 말을 잃어버렸는지 기억하지 못했다. 그녀는 이것을 남편에게 말할 수 없다는 것을 알고 있었다. 결혼은 그녀가 어찌할 수 없을 만큼의 관용적이고 상투적인 말을 쏟아내는 이미 다른 말이 되어 버린 것이다.

즉, 연구자는 Evelyn이 느끼는 갈등 즉, 여성으로서의 삶, 결혼 생활, 남편과의 관계 등을 표현하기 위해 등장인물이 느끼는 주변 환경을 낯설게 묘사하고 있다. 이를 통해 연구자 자신이 지니고 있었던 여성의 삶을 일반적이거나 익숙한 모습과 달리 표현함으로써 독자들의 호기심과 상상력을 자극하고 있다. 연구자는 이러한 소설 장치를 통해 독자들의 흥미를 유발하고 지성적인 사고 작용을 가능하게 할 뿐만 아니라 독자의 적극적인 반응과 해석의 다양성을 이끌어낼 수 있는 것이다.

여기서 이야기하는 상상력이란 단순한 심리 활동인 '느낌' 과도 다르고 이성적인 심리 작용인 '사고' 와도 다르다. 상상력은 '느낌' 과 '사고' 사이에 위치한다. 느낌은 이성적인 사고가 형성되기 이전에 조직화된 인간 정신의 토대이다. 느낌은 사고라는 상부구조가 세워지기 전에 견고하게 자리 잡음으로써 상부구조가 잘 가동할 수 있도록 하는 기초가 된다. 그런데 상상력은 우리의 느낌을 지배하면서 어떤 생각을 형질화하는 과정 그 어디쯤에 위치한다. 어떤 것을 주목하고 그것을 의식하는 이러한 행위는 단순히 느끼는 것과는 다른 것이다. 그러나 그것은 계획적이고 합목적적인 사고행위는 아니며, 다소 자유분방한 연상 작용을 바탕으로 한다. 상상이 향유하는 이러한 자유가 없다면 지성적인 사고의 작용은 불가능하다. 따라서 상상력은 오성에 이르기 위한 필수불가결한 능력이라고 할 수 있다(Kolingwood, 1996, pp.187-268을 신종한, 2008, p.33에서 재인용).

이러한 효과는 소설의 시점, 즉, 서술자의 위치나 목소리를 통해서도 나타난다. 연구자는 소설적 시점을 통해 독자의 심미적 혹은 지적 작용에 영향을 준다. 그 결과 독자는 서술자에게 이끌리어 소설 속 이야기를 구조화하고 소설의 세계와 더 나아가 진실의 세계를 이해한다. 이때 서술자는 자기 이야기를 직접 하거나 서술자를 통해 독자들이 자신의 말에 동조해 주기를 바라며, 어떤 때는 등장인물들의 행동이나 내면세계를 전해주기도 한다. 이것은 단순히 소설 기법의 문제를 넘어 지적 주체의 세계 인식과 세계를 제시하는 방식으로 인식적 측면과 표현적 측면을 나타내는 것이다(신종한, 2008, pp.29-30). 가령, Tamar Diana Wilson(2002)은 '마킬라도라 사촌들(Maquiladora Cousins)' 에서 자기 고백적인 기술과 객관적인 사건 기술을 통해 멕시코 북경 지역에 거주하고 있는 한 가족의 비참한 삶과 그들을 대하는 사회(남성들)의 냉소적인 태도, 그 속에서 그들이 세상을 살아가는 방법 등을 서술자 '나' 의 시선을 통해 다각적으로 보여주고 있다.

예 Wilson의 '마킬라도라 사촌들'

maquiladora의 공장 관리자들은 가끔 우리의 자리를 바꾼다. 그래서 우리는 함께 일하는 여자들과 친해질 수가 없다. "떠들지 말고 일해라."가 이곳의 생산 라인 담당자가 우리에게 하는 말이다. 이 이야기를 일 년간 매일 들어왔다. 생산 라인 담당자는 키가 크고 멀대 같고 셔츠가 바지 뒤에 빠져 나와 있다. 그리고 그의 옅은 붉은색 콧수염은 커피색 머리카락과 대조를 이룬다. 그는 나의 다리를 응시한다. 그는 때때로 나의 어깨를 만지며 가끔은, 내 긴 검정머리를 잡

> 아당긴다. 그리고 나의 가슴을 느끼기 위해 그의 손을 일부로 스친다. 내가 놀라 뿌리치며 화가 나서 그를 올려다보면 그는 웃는다. 아, 그는 다른 여자들에게도 이런 식이다.
>
> (중략)
>
> 나의 사촌 Ana, Estela, Laura도 이곳에서 일한다. 우리는 모두 Colonia Popular 지역에서 산다. Estela와 Laura는 홀아버지와 산다. 이 사람이 우리 엄마의 남동생 Matias이다. Ana는 엄마가 자궁암으로 죽었기 때문에 우리와 함께 산다. Estela와 Laura의 엄마 또한 암으로 죽었다. 아, 이런 루머가 있다. 우리가 목욕을 하고, 설거지를 하고 빨래를 하는 물을 받아 쓰기 위해서 사용하고 있는 배럴이 화학회사로부터 온 것이란다. 그리고 그 화학찌꺼기가 암을 유발한다고 한다. 우리는 이 배럴을 몇 년 전부터 사용하고 있지 않다. 시에서 각 집마다 수로(水路)를 놓아주었기 때문이다. 그래서 우리는 더 이상 마을을 돌아다니며 물을 파는 트럭으로부터 물을 사먹을 필요가 없다. 하지만 내가 생각하기에 몇몇 사람에겐 이 조치가 너무 늦은 것 같다.

이것은 서술자 '나'의 입장에서 자신의 삶이나 가족의 삶이 어떻게 진행되고 있는지를 주관적이면서도 다소 냉소적인 입장에서 기술하고 있는 것으로, 연구자가 인식하고 있는 세계 모습을 보여주고 있는 것이다. 독자들은 이러한 소설적 장치를 통해 서술자 '나'의 사건 진행에 이끌려 그들의 삶을 바라보고 그들의 삶이 어떻게 진행되고 있는지를 인식하게 된다. 그리고 이를 통해 현실의 감춰진 모습을 인식하고 그 속에 숨겨져 있던 진실의 세계를 이해할 수 있게 된다.

연구자는 이러한 소설적 장치를 통해 자신의 연구 결과에 새로운 의미를 부여하거나 기존 의미를 더 강화할 수 있으며, 기존 사회과학적 글쓰기에서 발견할 수 없었던 독자의 다양한 반응과 해석을 적극적으로 이끌어낼 수 있다. 이를 통해 독자 중심의 글쓰기라는 새로운 가능성을 열어 놓을 수 있는 것이다.

3. 질적연구 분야에서 소설로 표현한 대표 작품

이 절에서는 질적연구 분야에서 자신의 연구를 소설로 표현한 대표적인 작품 네 개를 소개하고자 한다. 이 네 작품들은 소설적 글쓰기라는 방법을 통해 질적연구 분야와 문학의 경계를 자유롭게 넘나들며 독자들과 새로운 만남을 시도하고 있다. 연구자들은 자신의 연구 결과를 소설로 창작함으로써 소설적 글쓰기의 가능성을 시도함과 동시에 독자의 다양한 해석과 반응을 이끌어내고 있다. 이 네 작품은 질적 연구 분야에서 소설적 글쓰기가 어떻게 이루어지고 있으며, 이러한 작품들이 읽는 이로 하여금 어떻게 다양한 반응과 해석을 이끌어낼 수 있는지 알게 해줄 것이다.

(1) Graham의 '미 흉터*'

'미 흉터(Beauty Marks)'는 Phillip Graham의 『내부 설계: 이야기들(Interior Design stories, 1996)』에 실린 여덟 개의 단편 중 하나이다. Graham의 경우 본래 직업이 소설가였다. 그래서 그의 작품들을 보면 전문적인 소설적 기법과 장치들을 다양하게 시도하고 있는데, 그러한 그의 실험적인 시도가 이루어진 작품이 바로 『내부 설계: 이야기들』이다. 그는 이 책의 여덟 개 작품을 통해 수집한 자료들을 소설로 표현하는 데 있어 다양한 시점과 문학적 기법을 사용하였다. 그리고 그는 이 책을 통해 인간의 망상과 내부의 숨겨진 욕망, 계획 등이 우리의 삶을 어떻게 파괴하는지를 다양한 시점과 문학적 기법으로 형상화했다.

'미 흉터'는 그러한 노력의 결과물 중 하나로 주인공들의 의식 세계가 Phillip Graham만의 독특한 소설 기법으로 묘사되어 있다. 이것은 다른 소설들이 가지는 등장인물의 구체적인 행위나 사건 중심의 서사적 구조와는 다른 묘사 기법이다. 즉, 과거와 현재, 꿈과 현실, 현실과 환상이 등장인물의 의식 속에서 몽롱하게 기술되어 있다. 따라서 무엇이 현실이고, 어디까지가 꿈인지 혹은 어떤 부분이 환상인지 읽는 이에게 많은 혼란을 준다. 이것은 마치 사회과학적 글쓰기와 예술적 글쓰기의 경계가 모호한 것을 상징하는 듯 독자들의 의식을 몽롱한 상태로 몰고 가며, 현실과 꿈, 환상의 경계를 무너뜨리고 있는 것이다. 이를 통해 연구자는 기존 소설이 지니는 서사성을 넘어 새로운 기법인 의식의 흐름을 통한 인간 내면의 세계와 탐구를 묘사해 내었다.

그리고 이 작품은 소설적 글쓰기가 가지는 극적 카타르시스를 느끼게 해준다. 이것은 작품의 마지막 장면에서 잘 드러나는데, 독자들은 소설 속 주인공들이 '미 흉터'의 의미를 찾는 순간 희열과 카타르시스를 느끼게 된다. 독자들은 소설 속 주

---

* 이 작품의 제목인 'Beauty Marks'는 성인식 때 여성들의 배에 남기는 흉터자국을 말한다. Isono 부족은 자신의 영혼이 이 흉터 모양을 보고 자기 몸을 찾아 돌아온다고 믿는다. 이러한 영혼에 대한 믿음은 그들의 생활과 문화를 이루고 있는 Isono인들의 정신이자 혼이며 정체성이다. 이 흉터는 이러한 Isono 부족의 삶과 문화 정신을 상징적으로 보여주는 표시이다. 그렇기 때문에 이 흉터는 Isono 부족의 혼과 정신을 담고 있는 Beauty mark인 것이다. 이에 이 책에서는 'Beauty mark'를 '미(美) 흉터'로 번역하였다.

인공들이 겪는 사건과 대화에 동참하면서, 그리고 작품의 내외를 드나들면서 그 의미에 대하여 고민하고 생각하면서 그 의미를 찾는다. 그것은 독자들이 소설 속 주인공들의 의미를 찾아가는 여정에 동참하고 함께 고민하였다는 것을 의미한다. 즉, 독자들은 이 글을 읽는 동안 때로는 연구자가 되기도 하고 때로는 소설 속 주인공이 되기도 하고 때로는 독자가 되기도 하면서 의미를 찾기 위해 끊임없이 고민하게 된다. 그리고 그 의미가 드러나는 순간, 이러한 의문과 고민이 해결되는 순간 독자들은 극적 카타르시스를 느끼게 된다.

이것은 연구의 결과가 연구자에 의해 일방적으로 제시되는 일반적인 질적 글쓰기와는 전혀 다른 소설적 글쓰기의 특징을 잘 보여준다. 일반적인 작품들은 연구자에 의해 그 결과가 일방적으로 제시되기 때문에 독자들의 생각의 공간은 원천적으로 봉쇄되어 있다. 하지만 소설적 글쓰기 방식은 결과가 연구자에 의해 일방적으로 제시되는 것이 아니라 독자의 생각의 공간을 열어둔다. 그리고 독자들은 주인공들의 여정을 쫓는 간접 경험 속에서 고민하고 생각하며 연구의 결과를 찾게 된다. 이러한 과정이 있기 때문에 소설적 글쓰기는 허구(fiction)이지만 현실보다 더 현실적인 현장의 이야기를 그릴 수 있는 것이다. 그리고 이러한 고민과 생각의 과정들이 있기에 그 의미를 발견하였을때 극적 카타르시스를 느낄 수 있는 것이다. Graham의 '미 흉터'는 이러한 소설적 글쓰기의 특징이 아주 잘 드러난 작품이다.

> 마틴은 긴 의자에 앉아서 작은 탁자 위에 흩어져 있는 종이들을 유심히 바라본다. 그 종이에 적힌 글들은 지붕이 없는 아프리카의 안뜰처럼 낯설게 느껴진다. 그의 아내인 바바라는 잠자리에 들었고, 그는 지금 바바라 몰래 제작하고 있는 Isono 마을 농장에 대한 비밀지도를 꺼내서 살펴보아야만 했다. 무거운 밤공기 속에 형체도 없는 나무 바닥의 삐걱거리는 소리와 딱딱거리는 소리가 들려온다. 그리고 갑자기 냉장고의 윙윙거리는 소리와 다른 아파트의 배관에서 뚝뚝 떨어지는 물방울 소리만이 이 정적을 울리고 있다. 하지만 지도를 살펴보고 있는 마틴에게 이러한 소리는 들리지 않는다. 그의 귓가에는 이런 소리들 대신 자신이 알지 못하는 미지의 세계만이 울리고 있다.
>
> 마틴은 탁자 위에 널부러져 있는 종이 중 한 장을 집어서 읽었다. 거기에는 "Isono 마을 사람들은 결혼하기 전엔 농사지을 땅을 가질 수도 없고, 종교적으로 부족하고 입문하기 전에는 결혼도 할 수 없다."라고 적혀 있었다. 하지만 마틴은 Isono 마을 사람들의 이러한 문화를 확신하고 이해하기에는 아직 이르다고 생각했다. 혹여나 그의 지도교수가 이러한 문화에 대해 확신한다 해도, 그는 그가 그리고 있는 이 지도의 필적과 동그라미가 의미 없는 추상적인 계획이 될

지도 모른다고 생각했다.

(중략)

바바라는 창문 밖으로 길을 걸어가는 마틴을 바라보며 그녀를 홀로 두고 밭으로 향하는 그의 모습을 상상했다. 그리고 그녀는 마틴과 Isono 마을 연구에 대한 각자의 역할을 나눈 것은 잘한 것이라고 생각했다. 하지만 농경에 대한 조사를 맡은 마틴은 이방인이었기 때문에 밭에 발을 들일 수 없었고, 마을의 생활을 조사하기로 한 바바라 역시 농번기였기 때문에 말을 건넬 사람조차 찾을 수 없었다. 그녀는 사람들을 찾기 위해 마을의 주택 사이를 이러저리 돌아다녔다. 하지만 아직도 낯선 형태로 느껴지는 아프리카의 진흙집들과 안뜰에는 무서우리만큼 고요한 적막만이 흐르고 있었다. 구구마를 빻는 여자들도, 그늘 아래에서 야자주를 마시는 남자들도, 놀기 좋아하는 아이들의 움직임도 없었다. 그러다 우연히 그녀는 한 집에서 야니를 만났다. 연구를 너무나도 쉽게 생각하고 있어서였는지, 아니면 이런 예상치 못한 상황에 대한 긴장감 때문인지 그녀는 야니를 만났을 때 행복감을 느꼈다. 야니는 아기를 낳은 지 얼마 되지 않았기 때문에 쉬면서 갓난아기를 돌보기 위해 마을에 남아 있었던 것이다. 잠깐 생각에 잠겼던 바바라는 컴퓨터 모니터를 향해 몸을 돌려 야니의 집에서 나누었던 대화의 내용을 찾을 때까지 공책을 뒤졌다. 그리고 야니와 처음 만났던 순간을 떠올려보았다. 야니를 처음 만났을 때, 그녀의 검게 땋은 머리는 태양에 반짝이고 있었고, 그녀는 울고 있는 아기를 따스한 눈빛으로 바라보고 있었다. 그리고 부드러운 미소를 띠고 딸 아메의 얼굴 가까이 그녀의 얼굴을 가져가고 있었다. 그리고 그녀는 아기에게 높은 톤으로 부드럽게 노래를 불러주었다. 바바라는 야니에게 서투른 Isono어로 그 노래가 무엇에 관한 것인지 물었다.

야니는 눈을 치켜뜨며 말했다. "맑은 하늘이 보이나요?/빈 강바닥의 부드러운 돌들은/우리의 굶주린 아이들의 평평한 배이다./비가 내리길, 비가 오고 절대 그치질 않길! … 가뭄을 물리치기 위한 노래에요" 그녀는 바바라가 해석하고 필기할 수 있게 천천히 말했다.

야니는 바바라의 빠른 손놀림을 놀란 듯이 바라보면서, 울고 있는 아기를 달랬다. 바바라는 야니에게 Isono어로 처음 농담을 던졌다. "아기가 그 노래를 맘에 들어하지 않았나봐요."

"아니요." 야니가 천 보자기를 느슨하게 풀고 아기의 넓은 입을 그녀의 가슴으로 갖다대면서 중얼거렸다. "그녀는 전생에 저지른 큰 실수 때문에 울고 있는 거예요."

"전생이요?" 바바라는 자신이 잘못 이해한 것 같아 다시 물었다.

"네, 모든 아기들은 전생을 기억할 수 있어요." 야니는 바바라가 이해할 수 있도록 천천히 대답했다. "아기들이 우는 것은 전생에 있었던 슬픔이 떠오르는 거예요. 웃을 때는 전생의 행복이 떠오르는 거고." 그녀는 젖을 먹고 있는 딸을 내려다보며 말했다.

"그들이 조용히 하고 있을 땐, 그들이 무얼 생각하고 있는지는 아무도 몰라요."

"그 아기가 자라면서 자신의 전생을 당신에게 말해줄 수 있나요?" 바바라는 그녀가 적극적으로 대화해 주는 것에 기뻐하며 더 많은 대화를 위해 그녀에게 물었다.

야니는 아기 얼굴에서 파리들을 쫓아내며 말을 이어갔다. "아기들이 처음으로 말을 할 때, 그들은 과거를 잊고, 현재의 삶을 선택하는 거예요."

나는 되물었다. "하지만 그들이 과거를 잊는지 어떻게 알 수 있죠?"

야니는 거기에 대해선 한 번도 생각해 본 적이 없었는지 잠시 머뭇거렸다. 그리고 이내 말했다. "만약 제가 제 전생을 기억했다면, 현재 삶에서 실수들을 저지르지 않았겠죠. 제 눈이 열려있다면, 왜 비틀거리겠어요?"

(중략)

마틴은 펜을 씹으면서 그가 가장 최근에 쓴 문장을 응시하고 있었다. "Isono인들은 그들의 흔한 사회적 제약과 어울리지 않는 농업적 표현주의 관습을 가지고 있다." 이 문장을 보면서 그의 머리는 답을 찾기 위해 어디로 가야 하는가에 대한 고민으로 가득 찼다. 옆에서 바바라가 치는 키보드 소리가 마치 밭에서 괭이로 땅을 긁는 소리처럼 들린다. 그리고 눈을 감자 그가 발조차 디딜 수 없는 삼림 개척지의 변두리에서 고구마밭에 줄 거름을 긁어모으고 있는 남자와 여자들의 끝없는 행렬이 떠올랐다.

때때로 마틴은 아무도 모르게 감정에 대한 분풀이로 남몰래 작은 옥수수 줄기를 샌들 신은 발가락으로 툭툭 쳤었다. 하지만 그것만으로는 그의 분이 풀리지 않은 것일까? 그 밭에 몰래 들어가는 것이 과연 그의 의문과 이러한 감정을 해결해 줄 수 있는 것일까?

만약 누군가 이러한 질문에 답을 해 주었다면 왜 옥수수를 여기에 심고, 고구마는 저기에 심는지 알 수 있었을 텐데. 예전에 이러한 나의 의문에 대해 다른 그 누구보다도 열심히 일하던 병약한 노인 부수는 단지 "너가 Isono 사람이라면 알 수 있었겠지."라고 말했다. 그리고 작고 비딱한 미소를 지으며 "그리고 그랬다면 더 이상 말할 필요도 없었겠지."라고 말했다.

마틴은 이 의문을 풀기 위해 야니의 남편 크와라에게 물었다. "왜 당신은 밭을 Golia와 Aia와 다르게 정돈하나요?" 마틴은 그도 그의 아내처럼 대화에 적극적이기를 기대하며 물었다. 하지만 크와라는 땅을 내려다보며 짧게 대답했다. "우리의 전통이예요."

마틴의 성나고 찌그러진 얼굴을 바라보며, 크와라는 미소를 띠고 괭이를 내려놓았다. 그의 배에 있는 정교한 흉터에는 땀투성이의 짙은(dark) 구슬들이 있었고, 그때 당시 그는 매우 건강해 보였다. 그는 공책을 들고 있는 시늉을 하며 눈에 보이지 않는 종이 위에 손가락을 흔들었다. "왜 당신은 항상 종이에 마크(mark)를 하나요?"

마틴은 그 당시 웃었던 것처럼 지금 조용히 웃었다. 그는 펜을 들고 낮은 목소리로 중얼거렸다. "우리의 전통이예요." 그리고 다른 문장을 시도해 본다: "논밭의 농작물의 체계(질서, 정렬)는 참으로 빡빡한 제약이 있는 사회에서의 진귀한 개인의 표현이다." 하지만 잠깐, 그가 생각한다. 방금 내가 이런 걸 쓰지 않았나?

그는 바바라를 바라본다. 그녀는 컴퓨터 쪽으로 고개를 숙이고 있고, 그녀의 검정 모니터에서는 녹색글씨들이 반짝여 나온다—글 쓰는 게 얼마나 쉬울까(마틴은 공책에 쓰고 바바라는 컴퓨터로 쓰고 있다).

(중략)

야니는 소리에 움찔했다. 그녀의 보호반응이었다. 야니와 바바라가 대화하고 있다. "그들은 이 마을에서 태어났고, 그들의 가족들은 그들을 대학에 보내기 위해 열심히 일을 했어요." 야니가 말을 뱉었다. "지금, 그들은 자신이 도시에 있는 정부에서 일한다고 자기들이 Isono인이 아니라고 생각해요." 바바라가 이 말을 기록하며 물었다. "왜 그렇다고 말하죠?" 야니는 아기를 가슴 쪽으로 꽉 껴안으며, 다른 곳으로 머리를 돌렸다. "그들이 웃어른들에게 이번 해는 흉터를 내는 의식을 안 하겠다고 말했거든요." "오, 하지만 그게 왜, 문제죠?" 야니가 머뭇거렸다. "그건 Isono 여자와 결혼을 못하게 되는 것을 의미하거든요." "왜죠?" 바바라가 또 물었다. 그녀는 삐 소리가 날 때까지 스페이스 바를 누르고 있었다. 야니가 드디어 말을 했다. "모든 Isono인들은 살아 숨쉬는 영혼이 있어요." 바바라의 놀란 시선을 피하며, 야니는 다른 곳을 봤다. 그리고 말했다. 아주 느리게, 아주 조용하게. "제가 간지럼을 느낄 때는 영혼이 제 몸안을 비비는 거예요. 우리의 흉터 모양은 우리 영혼의 길을 밝히는 거예요." 기분이 들떠, 야니의 답변을 기록하며 느낌표를 연속으로 눌러댔다. 주변 주택 길목을 뛰어다니며 낄낄거리는 아이들의 소리를 들으며, 자신도 기쁨에 넘쳐나 그들과 합류하고 싶었다. 대신 그녀는 물었다. "하지만 왜 모양이 배에만 있는 거죠?" "영혼은 온몸을 돌아다니지만 그들의 진짜 집이 거기에요." 야니가 말했다. 가슴에서 허리로 손을 움직이며, "아기가 뱃속에서 나오는 것처럼 태어나고 싶어해요." 다시 바바라는 질문을 하면서 딸깍딸깍 기록했다. "의식에서는 어떤 일이 벌어지나요?" "예언자가 숨겨진 무늬인 간지러운 부분부터 살펴봐요. 근데 왜 더 물어보죠? 내일이면 여자들의 이런 모습을 볼 수 있어요." 이제 바바라는 자신이 한 인터뷰 페이지들을 살펴본다. 마구 반복된 구두점, 이상한 띄어쓰기, 다양한 질문과 답변들.

(중략)

예식(배에 흉터를 내는 의식)이 끝나고 지금 그녀는 컴퓨터에서 멀어져 몸을 뒤로한 채 창문을 응시한다. 마틴은 그녀를 또다시 홀로 남겨두었다. 왜 나는 밖으로 나가지 않는 걸까? 그녀는 스스로 궁금해한다. 내가 Isono 주택에 감금된 것도 아닌데. 그녀는 손가락을 타자 위에 편히 내려놓고, 컴퓨터에 자신이 관찰하고 느낀 점을 기록한다. '흉터들(marks)은 실내 지도다. 몸속 영혼의 주소, 그리고 영혼은 각각의 Isono인들이 편히 모셔야 할 손님이야.' 그녀는 자신이 그린 무늬들(marks) 중 하나를 내려다본다. 그곳에서 피가 흘러나오는 것을 볼 수 있다.

(중략)

바바라는 슬픔에 잠겨 그녀의 발 아래 흩어진 마틴의 종이들을 바라보았다. 그리고 마틴에게 심하게 잔인했던 것은 아닌지 걱정했다. 하지만 그는 그렇게 떠나야만 했는가? 그녀는 그가 나가 버렸을 때 전과 같이 자신에게 스스로 흔적(점)을 그릴 것 같아 두려웠다. 바바라가 흩어진 종이 다발을 집어들려고 몸을 구부렸을 때, 그녀는 미완성의 몇 종류의 도형을 발견했다.

그것들은 Isono 농장의 지도들이었다. 어쩐지 마틴은 살금살금 들어와 이것들을 작성하곤 했다. 그리고 그는 그것을 숨겼다. 그녀는 깨달았다. 그가 숨긴 것이었다! 하지만 바바라는 가까스로 화를 참으려 했다. 그녀 옆에 있는 이 지도들 중 하나는 비록 그것이 거꾸로 되어 있었지만 이상하게도 익숙하게 느껴졌다. 그녀는 그것을 홱 뒤집어 마틴이 구석에 휘갈겨 쓴, 야니와 크와라의 농장을 표시해 둔 것을 힐끗 보았다. 이상하게도 이제 그 지도는 전혀 낯설어 보이지 않았다. 다시 종이를 뒤집어서, 바바라는 지도 위로 상체를 구부려 자세히 들여다보았다. 그리고 그녀는 전율했다. 마치 그녀 앞에 야니가 서 있는 것 같았다.

바바라는 책상으로 가, 그녀가 한 스케치들의 파일을 뒤져서 야니가 흙을 일구어 놓은 모양을 찾아 농장의 모양과 비교해 보았다. 거의 똑같은 설계(디자인)였다! 그녀는 앉아서 가쁘게 숨을 쉬었다. 그리고 그때 이 패턴이 어떤 다른 곳에서도 같은 모양일지 의아해져서 그녀는 재빨리 그녀의 공책 중 하나를 펼쳐 넘겨보았다. 그녀는 언젠가 한 번 야니의 집을 지도로 표시한 적이 있었다. 이것도 일치할까?

그녀의 조잡한 지도는 아무리 돌려 봐도 다른 두 지도와 전혀 같아 보이지 않았다. 하지만 그녀는 무언가가 더 있을 것이란 것을 알았다. 그녀는 크와라의 흙을 일구어 둔 모양의 사진을 가져와 집의 지도(사진) 옆에 두었다. 다시 한 번, 그러나 여전히 맞지 않았다. 하지만 예감으로 그녀는 집의 스케치를 거꾸로 뒤집어 보았다. 비대칭의 안마당과 진흙 오두막의 배열, 구슬 모양 흙터의 밀집은 사실상 똑같았다.

마치 그녀 안의 비밀의 통로가 열린 것처럼 느끼면서, 바바라는 새로운 집을 위한 모든 마을사람들이 가족의 가장과 그 아내를 따라가며 그 안으로 걸어 들어오는 종교적 의식을 회상했다. 그리고 Isono가 멀리서 바바라와 그녀의 어설픈 이해를 삼키기 위해 일어섰다. 그녀가 생각하기에 얽키고 복잡한 좁은 골목들을 따라 내려가는 건 몸속의 같은 통로를 따라가는 영혼과 같은 것이었다. Isono는 그들의 영혼을 위해 비슷한 풍경(조망)을 만들고 있었던 것이다!

하지만 뒤집어서 그녀는 커피 테이블에 그 설계들을 배열해 놓고 계속 쳐다보았다. 아무것도 떠오르지 않았다. 그러나 통로들의 이상한 고딕식 창의 장식 격자는 바바라가 어떤 일이든 시도하게 하였고, 그녀는 야니의 흙터 스케치를 모아서 그녀의 배에 대조하여 두었다. 농작물의 배열을 계획하는 야니를 상상하며 그녀는 아래를 바라보았다. 아래에는 농장의 디자인이 있었다. 당연히—야니가 영혼은 태어나기를 원한다고 하지 않았는가? 그러면 그 통로들은 당연히 아래로 향하고 있어야 했다. 마치 자궁에 있는 아기처럼 말이다. Isono의 관점으로 봤을 때, 이것이 흙터를 보는 올바른 방법일 것이다. 바바라는 걱정되고 부끄러워 방에서 계속 이곳저곳 돌아다녔다. 세상에, 모든 디자인을 거꾸로 그렸어. 왜 아무도 말해주지 않았지?

아마도 우리가 이방인이고, 모르는 사람이기 때문일 것이다. 그녀는 슬픔의 파도와 함께 그것을 깨달았다. 하지만 이제 난 알아, 안다고! 바바라는 컴퓨터로 손가락이 따끔따끔 아플 때까지, 그녀가 왜 이방인은 들판에 들어올 수 없는지를 확실히 이해할 때까지 그녀가 생각할 수 있는 모든 해석을 타이핑했다. 농장은 농작물이 자랄 때마다 영혼이 해마다 다시 태어나는 신성한 공간의 종류 중 하나일 것임이 분명했다.

멀리서 갑자기 울려 퍼진 경찰차의 사이렌 소리가 바바라의 집중을 깼고,

그녀는 멈춰서 한줄 한줄을 꼼꼼히 검토했다. 그녀는 심사숙고했지만 더 이상 얻어지는 건 없었다. 검은 스크린에 비친 그녀를 마주한 밝은 녹색 글씨의 벽은 마을을 그 마을의 기이한 에너지로 둘러싸고 가둬버리는 숲 같았다. 하지만 지금은 갑자기 밤에 밝아지고 인광을 발하고 있다. 심지어 바깥의 사이렌 소리는 숲의 야행성 동물들의 소리 같았다.

만일 내가 맞는 질문을 할 정도로 충분히 알고 있다면, 야니는 Isono가 아닌 다른 사람과 이 비밀을 공유했을까? 아니면 우리의 친한 사이는 정말로 거짓된 장난이었는가? 야니가 방안에 그녀와 같이 있다고 상상하면서 바바라는 물었다. "우린 친구였나요?" 대답은 없었다.

그리고 마틴의 배신은 어떤가? 그들은 모든 정보를 나누기로 했었다. 어떻게 이 지도들을 그녀로부터 감추고, 그녀를 밤마다 이 아파트에 혼자 내버려두고 나갈 수 있는가? 그는 바바라가 생각하기에는 야니보다 더 낯선 사람이었다. 하지만 그 또한 역시 여기 없어 대답을 할 수가 없다. 아무도 그가 지금 어디 있고 언제 돌아올지 모른다. 그녀는 마치 이 글들이 그녀의 남편의 미스터리를 알 수 있게 도와줄 수 있는 것처럼 화면을 바라본다. 그녀는 한숨을 내쉬며 컴퓨터를 껐다.

(2) Dunlop의 'Boundary Bay*'

'Boundary Bay'는 그 제목에서 알 수 있듯이 교육 현상과 관련한 연구를 소설로 표현한 작품이다. Dunlop은 1999년 자신의 박사학위논문으로 이 작품을 출판하였다. 그는 이 작품을 통해 소설이 학문적 글쓰기의 새로운 양식으로서 어떻게 접근될 수 있는가를 보여주었다. 실제 1993년과 1996년 AERA에서는 소설적 글쓰기가 학술적 글쓰기의 한 양식이 될 수 있는가에 대한 Eisner와 Gardner의 뜨거운 논의가 있었는데, Dunlop(1999)은 자신의 연구를 소설적 글쓰기 양식으로 적음으로써 이들 논쟁에 대한 가능성과 해답을 제시하였다.

이 작품은 교육, 문학, 미학, 예술적 산출물들과 연결된 주요 논쟁점을 탐구한 소설이다. 학교에서 교사의 삶과 그 본질, 전통적인 결혼과 현대 여성의 사회적 구조와 관습, 교육제도의 본질탐구, 여성의 지적 창조적 삶에 영향을 주는 사회 교육문제, 여성문학가와 교사의 역할, 어머니상에 대한 갈등과 모순, 십대 자살과 동성

---

* 캐나다와 미국 국경을 가로지르는 바다가 보이는 지점. 지명의 이름이므로 의역하지 않고 그대로 표기함.

애, 문학적 예술적 시각으로 세상을 바라보는 힘 등이 그려져 있다. Boundary Bay는 그녀의 이러한 여정의 종착지이며, 그녀가 자신의 삶을 끌어안는 장소이다. Dunlop은 은유적 표현으로 캐나다와 미국 국경을 가로지르는 바다가 보이는 장소를 제목으로 정한 것이다. 이것은 말하는 이야기들이 쏟아내는 은유적 가능성과 지리학적 관점들의 다양성을 제공한다. 그 등장인물들의 이야기들은 허구적 구조들과 나레이터/연구자의 이야기들을 합하며, 공통 장소를 교차로로 형성하면서 그들 자신의 경계를 가로질러 움직인다.

학위논문으로서 Dunlop, R(1999)은 '경계만: 교육적 연구로서 소설(Boundary bay: A novel as educational research)' 에서, 교육예술 학부에 새롭게 임명된 대학교수 Evelyn의 삶을 소설 형식으로 제시하고 있다. 이 논문에는 한 여인의 삶 즉, 결혼, 사랑, 별거, 이혼, 가르침, 교육, 모성, 자신의 삶에 대한 재구성, 회복 등이 의식의 흐름 기법을 통해 극적으로 전개되고 있다. 또한 'Boundary bay' 에서 알 수 있듯이 제목이 주는 함축성은 Evelyn의 삶을 이해하는 중요한 단서이자 새로운 글쓰기 형식에 대한 저자의 생각을 함축적으로 제시하고 있다.

> Evelyn은 젊었을 때 결혼을 어떤 상징적인 몸짓, 순결하고 공적인 의식이라고 마음속에 그려 왔다. 그녀는 결코 남들이 다하는 그런 의식이 은밀한 간통, 영혼과 몸의 배반에 무너져 부서져 버리고 굴복할 거라고는 생각해 본 적이 없었다. 그녀는 40번째 생일이 다가올 무렵 두 사람이 서로에게 구속과 소유이자 계약이 되는 결혼을 약속할 의도가 과연 있었을까 하고 궁금해했다. 이 반지를 가지고 나는 그대와 결혼한다. 전선위의 새처럼, 그리고 그대에게 주려고 나는 내 리본을 몽땅 모은 것이다. 요즘 과거를 기억해 낸다는 것이 신기했다. 과거를 기억해 낸다는 것은 점점 그녀의 인생에 있어 강박관념이 되기보다는 기억해 낸다는 그 사실 자체에 대한 황홀함이 더 컸다. 기억해 내는 과정은 재구성과 진술에 있어서 자서전적이기보다 즉, 내 얘기 속에 내가 빠져들어 주관적이기보다 불확실하고 실험적이며 객관적이기 시작했다. 그것은 배고픔이었다—그녀가 한 번도 느껴보지 못한 배고픔. 그녀가 아는 것은 오직 그녀의 미(美), 역사, 시, 은유를 가져야만 한다는 것이다. 그것들은 모두 그녀를 바꾸어 놓았다. 그녀의 꿈을 기억하는 것에 대한 배고픔은 더 거세졌다. 고요한 시간에 대한 대혼란. 기억하건대, 그녀는 그녀의 개인적 세상이 그것 스스로, 그녀 스스로 팽창과 반향을 일으키며 확장되기 전까지 기억의 기록에서부터 각각의 풍경을 끝없이 재구성되고 교차된 과거의 서술로 창조하는 예술가가 되었다.
>
> 그녀는 여성 시인의 역사에 대한 연구를 완성시키기 위해 노력해오고 있었

다. Evelyn은 공문서 대학의 한정된 작은 열람실의 책상에 앉아 종이 냄새를 맡았다. 희미하게 누렇게 바랜 종이의 가장자리에는 오래된 신문과 서신, 여기저기 여성들의 섬세한 작품, 조그마한 수첩, 크리스마스 카드, 은밀한 일기장, 잡지로 구성된 파일로 그녀를 유혹하는 특이한 냄새가 났다. 여기 온도가 제어되는 환경에서, 종이의 파편 위에서, 생활은 얼어 유지되어 있었고, 기록된 상세한 세부사항들의 기록과 서신이 다른 이들이 보도록 공개되어 있었다. 하루 하루의 일상을 잠깐 볼 때, 샤워가운과 슬리퍼, 속옷만 입고 있는 여인, 함께하는 식사, 작가의 필사본에 관한 고뇌, 출판사에게 보낸 서신, 간단한 메모, 시가 탄생하기까지의 과정, 사랑하는 이의 변절, 아이들의 탄생, 결혼, 장례들이 기록되어 있었다. 연구자로서 그녀는 다른 이들의 삶과 얘기 속에 빠져드는 여행자가 되었다.

통찰. 그녀가 사는 곳에 통찰이란 없었다. 그녀의 인생은 더 이상 그녀에게 통찰을 제공해 주지 못한다. 심지어 그녀는 피부로 직접, 그녀의 정수(精髓)가 감동받은 적이 한 번도 없었던 것처럼 느꼈다. 불안한 잠을 청하며 잠자리에서 그녀는 몸을 뒤척였다.

그즈음 하여 오직 단어와 종이 다발만이 그녀를 반하게 하였다. 그녀는 열정을 표명하기 위해서 정신적 공감, 부드러움, 언어를 갈망하기 시작했다.

1년 전 일이다. 한 생애 전에. 그녀는 교육과에서 교사 과정 직책을 맡고 있었다. 그녀는 프로젝트에 관해 최초로 느낀 혐오감과 그녀가 기사와 책을 펴내면서 동시에 c.v.과정에 매우 중요한 연구를 하느라(그녀는 진급에 굶주려 있었다) 고군분투하는 동안 불어난 과제에 대한 두려움을 기억했다. 예술과 교육의 학장은 새로운 학문분야에 관계가 있는 교수진에게 책임감을 확인시키기 위해 고문회를 소집했다. 이는 대학의 학부 교수들로 하여금 공리학교 시스템에서 새로운 영어교수자—전문학교를 최근에 졸업함—로서 일할 것을 요구할 것이다. 그녀의 동료가 그랬듯, Evelyn은 학장의 발의의 목적을 이해할 수 없었다. 그녀는 영어 학부에 남기를 희망하기 시작했다. 그곳에서, 그녀는 시를 가르치고 약간의 존경을 받으며 글을 쓸 수 있었다. 그 연계 프로그램에서 그녀는 여전히 영문학과 '여성과 허구'라는 과정을 가르쳤다. 그녀가 교육학부에서 가르친 수업과정은 영어교사를 위한 교수방법을 포함하고 있었다.

직원휴게실에서 경력 있는 교수진이 그녀에게 교육의 기능만은 가르치지 말라고 경고한다. "무엇을 하든지 간에, 연구회는 하지 말아요. 다시 한 번 강의연구를 위한 모임을 소집하면 큰 문제에 빠지게 될 거예요." 영어학부에서는 교육의 기능을 덜 중요한 것들을 야기시키는 원인으로 인식하였다. Evelyn은 학교 교사로서의 그녀의 과거에 대해 거의 말하지 않았다.

가을이 지나, 연계 연구 프로그램 위원회의 회의 이후, Evelyn은 그동안의 그녀의 연구, 업적을 다시 검토하기 위해 교사 교육부의 학장을 만났다. Robert Reed라는 사람은 겨울에는 트렌치 코트와 중절모를 걸치고 여름에는 파나마 모자와 청백의 얼룩무늬가 있는 정장을 입으며 엄청나게 격식을 차리는 자그마하고 머리가 벗겨진 남자이다. 교수진은 가차없이 예산을 삭감하던 동안에 정치적 지식의 부정확함에 대한 소문을 쑥덕였다. Reed 박사가 질문을 받았을 때, 그는 부적합하게 명령한 어떤 사람에 대해서 그리고 그것을 이용해야만 했다고 중얼거렸다.

반짝이는 로즈우드의 반대편에 앉은 Evelyn은 그녀의 임무를 받았다. 그녀는 Grace Owen이라는 최근에 졸업한 선생님과 함께 일하도록 임명되었다.

학부의 새 멤버로서, Evelyn은 교수 역할에 있어서 Grace와 함께 교수에서부터 업무까지 여유 있는 시간을 배정받았다. 그녀는 Langley 회관에서 열리는 가을 집회 의식에 참여할 예정이었다. 그런 다음 그녀는 배정받은 선생님들께 소개될 것이다. Grace 선생님의 교실을 지켜보고 규칙적인 회의를 가지며 그녀에게 교사 첫 해를 통해 조언을 해 주는 데 시간을 보내게 될 것이다. 시간이 지나 끝날 때 즈음이면 교사 교육에 근거한 휴머니티와 관련해 미술교육의 통합에 대한 추진이 거론될 것이다. 그녀의 마음과 몸은 모험을 거부했다. 그녀는 분개했다. 그녀의 결혼의 결말 역시 그녀를 초토화하고 마치 얇고 깨지기 쉬운 달걀 껍질처럼 피부가 갈라지고 벗겨지는 듯한 느낌을 그녀에게 남겼다.

그녀는 다른 누군가를 의지할 수 있을지 없을지 몰랐다. 시간은 기분 나쁘게 압박하며 그녀 앞에 성큼 다가왔다.

졸업 행렬은 3월에 시작된다. 소문과 험담은 다양한 인종 사이에서 문서로 퍼져나간다. 황인종은 중국어, 일본어, 펀자브어, 치누크어 그리고 다른 다양한 언어들을 말하고, 두 개의 청동으로 된 문이 열리면서 미술대학과 교육대학의 학생들이 표지판을 따라 입장한다. 오르간 음악이나 성가의 파동에 의해 드레스가 드리워졌다. 학위수여식에서 그녀는 행진의 시작을 들었고, 행렬과 그 상황을 지켜보았다. 총장은 무릎을 꿇은 학생들의 학사모와 머리를 가볍게 두드리며 학위를 수여했다. 학위 수여식은 Evelyn에게 지루했다. 그녀는 그녀가 참가한 특별한 무언가에 대해 아무것도 기억할 수 없었다. 하지만, 그곳에서 그녀에게 말하고, 그의 귀를 뚫는 목소리가 있었다. 소설가이자 시인이자 대학 교수인 Carol Shields가 소개되었다. 몸집이 작은 금발머리 여성은 그녀의 기도를 U.S 대학의 여성들에게 말하였다. 그녀의 졸업식에서 Shields는 진주 목걸이를 하고, 학위수여식 의상을 입은 그녀의 친구들에게 인사했다. 그녀는 학위수여 연설에서 "tempis fugit(시간은 빠르게 흐른다)"를 제외하고는 아무것도 기억하지 못했다. 그녀는 그녀의 결혼을 상상했다. 그녀는 시간의 흐름에 따라 결혼을 하고, 아기를 낳고, 기저귀를 갈고, 시계가 째각거리는 것을 느낄 것이라고 말했다. 하지만 Shields는 시간은 빨리 가지 않는다고 결론지었다. 우리는 시간의 사회적 관념에 묶여있지 않다—우리의 새로운 자아를 살펴보는 시간, 헛되이 보내는 시간, 순간의 시간들이 있다. 우리가 시간의 희생자가 아닌 동반자가 된다면 이런 시간들은 보상받을 수 있다.

Evelyn은 헛되이 보낸 시간을 황토색 밭고랑과 푸른 하늘이 대치하는 땅의 경계에 있는 농부의 땅으로 생각했다. Evelyn은 몸이 쉬고 있고, 영혼도 누워 쉬고 있는 마치 잠자는 숲속의 공주, 들장미, 그녀의 혈관에 휴식이 주입되고 있는 듯했다.

Evelyn은 Shields의 목소리를 아주 먼 꿈속인 듯 들었다. "우리는 우리의 삶을 아주 재미있는 사건의 연속으로 볼 수 있습니다. 우리의 전문적인 삶의 진행에서 우리는 우리 사회의 이야기와 경험에 대한 질문과 해체가 필요합니다. 사회적 메시지는 우리가 그것을 진리로 끄집어내거나, 의미가 무엇인지 묻기를 잊어버리도록 아주 깊이 묻혀 있습니다."

Evelyn은 진리를 명예에 관한 문제로 상상했다. 진리는 그녀를 새로운 시작으로 이끌었다. 새로운 스크립트를 읽게 하고, 꿀을 넣은 것처럼 달콤하게 했다.

먼 곳에서의 소리는 계속 이어졌다. "때때로 우리는 조지 엘리엇이 언급했던 상투적인 생각인 사회적 메시지를 반복하여 말합니다. 그리고 우리는 '그것은 말없이 도달한다' 고 말합니다. 이것은 무엇이 말해져야 하고 질문되어야 하는지에 대한 것입니다."

Evelyn은 Jay의 침묵을 생각했다. 힘은 침묵의 유형이다. 그녀는 침착하고, 매력적인 그를 찾는 데 익숙하다. 그들이 결혼하고 몇 년 뒤 그의 무표정한 얼굴의 침묵은 그녀가 그의 입에서 욕설이라도 내뱉기를 원하게 했다. 그들은 사소한 것에서조차 상의하는 대화를 찾을 수가 없었다. 나에게 말을 하세요.

나는 당신의 삶에 생기가 있기를 바랍니다. 새로운 생각과 삶이 단순하지 않다는 것을 반영하고 관대하게 받아들인다. 시인 릴케는 우리에게 단순한 것에 회의적이고, 어려운 것을 믿으라고 말하였다. 어려움은 아름다운 얼굴을 갖고 있다.

어려움은 아름다운 얼굴을 갖고 있다. Evelyn은 이것에 놀랐다. 헛되이 보낸 시간들은 헛되이 보내기 위한 시간이다.

시간이 지나 당신이 시간의 친구가 된다면 당신은 시간에게 추월당하지 않을 것입니다. 듣고, 변화하며 숨쉬는 달콤한 시간을 즐기십시오. 시간은 시간으로 가득 찬 당신의 것입니다.

학생들의 학위수여식 행진이 끝났을 때, 홀의 공기는 답답했다. 청동으로 된 문에는 〈미술은 진실을 말하는 한 가지 방법을 남긴다〉와 〈우리는 젊다. 시간의 친구이다〉가 새겨져 있었다. 말이나 행동에 의한 생각의 발언을 자각하는 것 . 어떤 끝이든 미술이다.

Evelyn은 Dean이 Grace의 이름을 외치는 것을 들었다. Grace Owen은 교육학자이다. 키가 크고 금발머리의 여인은 넓은 어깨를 갖고 있었다. 단상 위로 올라와 무릎을 꿇고 총장으로부터 학위를 수여받았다. 군중속에서 누군가는 격려했다. Evelyn은 Grace가 복도를 따라 자리에 돌아와 두 여성 사이에 앉는 것을 보았다. 그중 한 명은 Grace의 어머니일 것이고 다른 젊은 여성은 아마도 언니이거나 친구일 것이라고 생각했다.

행렬이 홀을 떠나듯 Dean은 혼란의 대학로를 떠났다. 학교 뒤편에 분필과 물감으로 그려진 낙서들은 날씨와 관리인에 의해 반 정도가 지워졌다. Mary는 여기 있었다. 나는 Joe를 사랑했다. 약탈하는 것을 멈추어라. Evelyn은 근처의 놀이터에서 들려오는 아이들의 웃음소리와 노랫소리를 들었다. 소녀들은 고무줄 놀이 노래를 불렀다. 꽃처럼 예쁜 어린 소녀가 사는 푸른 잔디가 펼쳐진 산골짜기에…….

얼마 후, Grace는 훌륭한 영어 교육을 시상하는 Dean의 만찬에 참가했다. 그들이 소개되자 Grace는 손을 흔들었고, 그때 Evelyn은 두 손을 감싸쥔 그녀의 작은 손이 얼마나 강인한지를 깨달았다. Evelyn은 육 피트도 안 되는 작은 체격의 Grace 앞에서 작아지는 것을 느꼈다. Grace는 양 볼에 깊이 패인 주름과 얼굴에 잔잔한 여유로운 웃음을 짓고 있었다. 그녀는 고등학교 영어 선생님으로서의 자신의 새로운 직업에 대해서 열광적인 기대를 갖고 이야기했다. “나는 지난 학기에 당신의 강의를 들었어요.” Evelyn에게 말했다. “그 강의는 문학적인 대답과 글쓰기의 실제에 대한 것이었어요.” Evelyn은 그녀가 모범적인 학생이었고 그래서 그녀는 Dean의 광고의 새로운 초임 교사가 될 수 있었다고 생각했다.

Grace는 군중 속에 섞였고, 웃음과 함께, 관객석에 있는 한 젊은 여성에게로 갔다. Evelyn이 Grace를 보았을 때 Grace는 그녀의 밝은 머리색과 대조되게 짙은 색의 눈을 갖고 있었다. 그녀의 눈은 Evelyn을 보며 어찌할 바를 몰랐다.

깊은 밤에 Evelyn에게 가볍게 인사하고 떠났다. Evelyn은 불투명하고 가려진 그녀의 눈을 제대로 볼 수 없었다. Grace는 아무것도 기대하지 않았다. 그녀가 기대해야 하는 것이 무엇인지도 몰랐다. 어려움은 아름다운 얼굴을 갖고 있다. 그날 밤 그녀의 꿈에서 D.H. Lawrence가 그녀에게 시를 읊어주었다.

우리가 우리의 자아의 유리병에서 나왔을 때,
쳇바퀴를 도는 다람쥐 같은 우리의 인격에서 탈출했을 때
그리고 다시 숲속으로 들어갔을 때
우리는 추위와 공포로 인해 떨 것이다.
그러나 무언가가 우리에게 일어날 것이고
그렇게 되면 우리는 우리 자신을 알 수 없게 된다.
멋지고 거짓 없는 삶이 밀려올 것이고,
열정은 힘으로 우리의 몸을 잡아당길 것이다.
우리는 새로운 힘과 함께 우리의 발자국을 남길 것이다.
낡은 것들은 사라져 버리고,
우리는 웃게 될 것이고,
관례, 제도들은 마치 불탄 종이처럼 일그러질 것이다.

시인이 시적으로 글을 쓰는 것은 간단한 일이 아니다. 시적으로 읽는 것은 또한 간단한 일이 아니다. '습관적인 경험의 언어' 한가운데서 시어를 찾는 것이다. 다른 언어가 나타났을 때, 응답하는 것이 소명이다. 시를 읽는 것은 시의 순수함을 파괴시키는 것이라는 주장이 있다. 시가 어디에 가든지 그곳엔 없던 편안한 이야기로 일부러든 아니든, 시를 방해하거나 타락시킨다.
그녀가 앉아서 공부하는 동안, 왜 그렇게도 많은 사건들이 일어났을까?

(3) Hamburger의 '멸종의 기원에 대하여'

Tiffany Hamburger(2005)의 '멸종의 기원에 대하여(On the Origin of Extinction)'는 2004년 'Anthropology and Humanism' 저널이 주관하는 문화기술지의 소설 분야에서 빅토르 터너(The Victor Turner) 상을 받은 소설이다. 이 소설에는 한 여성의 삶이 다각적이고 중층적으로 기술되어 있는데, 주인공 에리카의 화석 인류학자로서의 역할 그리고 여성으로서의 성 정체성 사이에서 일어나는 갈등과 혼란을 그리고 있다. 즉, 화석 인류학자가 되고픈 그녀의 열망과 한 남자와의 사랑의 감정 사이에서 고민하는 여성의 모습이 중층적으로 나타나 있는 것이다. 이것은 인간이

면 누구나 가질 수 있는 근본적인 고민을 우리에게 제시하고 있는 것이다. 즉, 이것은 등장인물인 에리카가 느끼는 고민이지만 그녀만의 문제로 끝나는 것이 아니다. 이것은 연구자 스스로가 느끼는 고민이자 연구자가 자신을 돌아보는 행위인 것이다. 또한 연구자가 느끼는 인간 본질에 대한 인식이자 서사의 주체인 인간에 대한 해명을 포함하고 있는 것이다(우한용, 1998, p.470).

"에리카" 스튜어트가 말을 걸었다. "내일 소에트도어링에 가고 싶은 마음이 없니?"

"물론 관심 있어." 그녀는 대답했다. 비록 현재 그녀의 시선은 손에 가 있고 전혀 듣고 있지 않았지만 말이다. 그녀는 어떻게 자신이 그런 실수를 저질렀는지 궁금했다.

"아마 이 이야기는 너희들한테도 흥미로울 거야." 스튜어트는 카일과 캐린을 향해 고개를 끄덕였다. "내가 저기 술집의 종업원 남자에게서 들었는데, 소에트도어링의 사자가 사람을 죽였대."

"흠, 그 술집의 남자는 충분히 믿을 수 있는 정보 제공원이지." 카일이 말했다.

"아무튼 됐고, 그것이 잔인한 거면 빨리 듣고 싶어." 캐린이 말했다.

"좋아! 명 청강자가 있군! 난 항상 호기심이 많은 여자들을 좋아하지." 스튜어트는 마치 가면을 막 벗은 듯 얼굴표정이 밝아지면서 어린아이처럼 기뻐하면서 이야기를 시작했다. 그는 테이블에 좀 더 가까이 다가앉아서 비밀 이야기를 하듯이 어깨를 구부렸다.

"좋아. 그러니까 몇몇의 사내들이 어느 날 밤에 너무 취한 나머지 사자들이랑 사진을 찍기로 결정을 한 거야." "그들은 먹혀도 싸네." 에리카가 의자에 앉아서 튕기듯이 말했다.

"기다려봐. 내 이야기를 먼저 들어. 어쨌든, 그들은 사진을 찍기로 하고 고원에 갔어. 그 다음에 철조망을 넘어갔더니 아주 깜깜하고 매우 조용했어. 그들은 아무것도 볼 수 없었지. 하지만 그때 그들은 무언가를 들었어. 무언가 아주 으르렁거리는 소리를. 그 중 한 명이 친구들을 향해 돌아서서 '빨리 사진을 찍자, 찍자!' 이런 식으로 말했대. 그래서 그들은 사진 찍을 준비를 했지. 하지만 사진을 찍자고 말했던 그가 포즈를 취하려고 하는 순간, 쾅! 하면서 암사자가 그를 덮쳤어!"

"잘됐네." 에리카가 말했다.

"너가 말하고 싶은 것을 알겠어." 캐린이 한쪽 눈썹을 치켜뜨고 말했다. "하지만 일단 듣자."

"어쨌든" 스튜어트는 계속했다. "친구들은 그의 목이 뜯겨 나가고 먹히는 것을 보며 그 자리에 있었지. 하지만 그들은 너무 겁에 질린 나머지, 그 불쌍한 청년을 냅두고 도망친 거야. 이 이야기에 대해 어떻게 생각해?"

"난 에리카의 의견에 동의해." 카일이 말했다. "단순히 불쌍한 청년이 아니라 멍청한 놈이네."

"난 모르겠어." 캐린이 말했다. "위험한 짓을 하는 것은 항상 남자들에게 남자다움을 증명하는 방법으로 이용되어 왔지 않아? 그렇다고 내가 이해한다는 건 아니지만, 이것도 아마 그런 종류의 것이었을 거야."

"아마도 그렇겠지." 카일이 말했다. "하지만 너희들은 제일 중요한 부분을 놓치고 있어."

"그게 뭔데?" 캐린이 물었다.

"술집의 언급. 그래서, 스튜어트, 맥주는 어디 있지?" 카일은 미소 지었고 스튜어트와 캐린은 웃었다.

(중략)

그녀는 고개를 끄덕이고 그가 곧진 금속 문이 열린 곳으로 나가기를 기다렸다. 그가 나가자마자, 그녀는 문을 돌려 닫고 다시 실험테이블로 왔다. 그녀가 부쉈던 화석, 영양의 경골부분이 모래판 위에 놓여있었고, 레커가 부서진 부분에 발라져 있었다. 그녀는 금이 간 부분을 다시 만져봤고, 마치 화석이 부숴지지 않았던 것처럼 느껴져서 놀랐다.

갑자기 그녀는 날카로운 금속의 끼익거리는 소리를 들었고, 문이 열렸다. 그러나 거기에는 아무도 없었다. "여보세요?" 그녀가 말했다. "카일?" 그녀는 문지방을 건너 밖으로 가서 처음 왼쪽을 보고 오른쪽을 보았다. 무언가가 갑자기 나오더니 소리를 질렀다. "왁!!" 에리카는 놀라서 뛰었다가 곧 스튜어트의 어리석은 장난에 당했다는 것에 짜증이 났다.

"스튜, 짜증 나. 전혀 재미있지 않았어." 그녀는 실험테이블로 걸음을 옮기며 그를 무시하려고 애썼다. 하지만 그는 그녀를 따라 캔 맥주를 두 개 가지고 안으로 들어왔다. 하나는 따져 있었고, 하나는 새 거였다.

"장담할 수 있어? 난 정말로 웃겼다고 생각했는데." 그는 웃었다. 하지만 그녀는 그를 차갑게 바라보았다. "알겠어, 알겠어. 정말 미안해. 난 항상 이런 개 같은 짓만 해. 나를 항상 괴롭히는 누나가 있다는 걸 밝힐 게. 살아남기 위해서는 항상 귀여운 척해야만 했다고."

"내가 그런 걸 어떻게 알아? 난 외동딸이야." 에리카는 다시 화석 앞에 앉았다. 비록 실수는 했지만, 그녀는 계속 화석연구를 해야 했다. 왜냐하면 화석 인류학자가 되는 것만이 그녀가 원하는 전부였기 때문이다. "어쨌든 난 너가 교수와 다른 애들이랑 술 마시고 있을 거라 생각했는데."

"뭐, 우리의 존경스러운 교수님은 주무시러 가셨고, 나머지 둘도 마찬가지야." 그는 잠시 멈추었다가 다시 말을 이었다. "오오오, 사랑이 대기에 충만해 있어."

"카일과 캐린은 단지 학문적인 관계만을 가지고 있다고 난 확실해." 그녀가 말했다. 하지만 그런 그녀가 떠올릴 수 있는 것은 그들의 몸이 서로 뒤엉켜 있는 것뿐이었다.

"음, 과학적 접근법의 가장 중요한 요소 중의 하나는 '관찰' 아냐?" 그는 그만의 웅변적인 질문에 대한 답을 기다리다가 다시 이었다. "맞아. 나는 그렇게 생각해. 무슨 의미냐면, 내 친구인 너는 관찰적인 능력을 더 키워야 한다는 소리야. 그들은 절대적으로 관계를 가지고 있어."

"그래. 그래 알겠어." 그녀는 흘려듣는 듯이 말했다. "스튜어트" 그녀는 잠시 멈추었다가 "근데 넌 왜 여기 있는 거니?"

"너를 위해 맥주를 가져왔지." 그는 안 딴 맥주를 그녀에게 들이밀었다.

"고맙지만 난 잘 마시지 않아."

"어, 그래, 그럼 음. 내가 더 마시지, 괜찮지?" 그는 이를 드러내며 웃었다. "잠깐 이리 와봐." 그는 말하면서 다른 실험테이블로 걸어갔다. "너에게 보여주고 싶은 게 있어." 그의 톤은 열정적이었고, 흥미를 돋구었다. 그녀는 그를 따라갔다. 그는 판지 쟁반 안에 모래와 함께 있는 아래턱 뼈조각을 가리켰다. 그 표본은 그것이 발견되었던 흙의 망간에 의해 얼룩져서 까맣고, 얼룩덜룩했다. "이것은 자이언트 하마의 아래턱이야. 이 어금니들을 봐, 여기" 그는 뒷부분의 어금니를 가리켰다. "그리고 이들을 이것들과 비교해봐." 그는 더 작고 하얀 아래턱 뼈의 똑같은 위치의 어금니들을 가리켰다. 에리카는 그가 멸종된 자이언트 하마와 현재 하마의 크기면에서의 차이를 설명하고 있다는 걸 알았다. "나는 무엇이 그들을 변하게 했는가, 왜 이러한 크기면에서의 변화가 나타난 건지를 알아내고 싶어." 에리카는 그가 그만의 이론을 토론하는 것을 놀라워하면서 듣고 있었다. 그녀는 한 번도 그가 이렇게까지 똑똑할 거라고는 생각지 못했다. 그가 설명을 마쳤다. "나는 아직은 답이 무엇인지 몰라. 하지만 그것이 내가 왜 여기에 있는지야. 알겠지?"

"나도 답을 모르기는 마찬가지야." 그녀는 중얼거렸다.

"뭐라고?"

"아무것도 아냐. 음.. 나도 맥주 하나 마셔도 될까?"

"진짜로? 꼭 그럴 필요는 없어."

"단지 한 캔일 뿐이야. 난 취하고 싶지 않았을 뿐. 그뿐이야. 하지만 한 캔으로 취하지는 않아." 그녀는 따지 않은 맥주를 테이블에 올려 놓았다. "캐슬 라거, 이거 맛있는 거야?"

"사실, 이것은 부드러워서 잘 넘어가. 하지만 생각보다 도수가 높아서 여자를 꼬시기도 편해." 스튜어트는 웃었다. 에리카도 살짝 놀라면서 같이 웃었다. 그녀는 맥주를 몇 모금 들이켜 마셨다. 바로 알코올의 뜨거움이 그녀의 식도를 따라 볼까지 올라왔고, 약간 취하기 시작했다. 그 뒤론 매우 조금씩 천천히 마셨다. "스튜어트? 너는 왜 이런 일을 택한 거야?"

"술을 마시는 거?"

"아니." 그녀는 웃었다. "왜 화석 인류학자가 되고 싶은 거냐구. 왜 치아부분을 연구하고 싶은 거야?"

(중략)

그들은 서로 마주 보고 앉아서 조용히 일만 했다. 스튜어트는 그녀가 후크로 화석뼈의 척추부분을 깨끗이 하는 동안, 몇몇 어금니들을 스케치하고 있었다. 그녀가 화석표면의 먼지를 제거하는 데에 집중하고 있을 때에, 그녀의 모든 걱정은 사라졌고 그녀는 마치 혼돈 속에서 질서를 찾은 것처럼 평안을 느꼈다.

"나는 어렸을 적에 백혈병에 걸렸었어." 그녀는 갑자기 말을 했다. 어렸을 때에도 이 단어를 알았지만, 왠지 이 단어를 말했다가는, 전혀 과학적 근거도 없지만, 어렸을 적 그녀를 괴롭혔던 불면증에 다시 시달릴 것 같았다. 그래서 아무에게도 말하지 않았다. 하지만 십 년 이상이 지나고, 집에서 멀리 떨어진 이곳에서 지금 써 본 이 단어는 더 이상 아무런 위협도 느껴지지 않았다.

스튜어트는 혼란스러운 표정으로 올려다보았다. "오, 진짜? 하지만 지금은 괜찮은 거 맞지?" "사실 이제 완전히 치유되었어." 치유. 그녀가 입밖에 내지 않는 다른 단어였다. 이 단어는 뭔가, 마치 아픔이 남았지만, 겉으로 보이지 않는다고 말하는 것같이 부정확해 보였다. "하지만 난 불임일지도 몰라. 너도 알다시피, 방사능말이야. 의사도 장담하지는 못했어."

스튜어트는 의자에 다시 앉아서 갈색머리를 쓸어넘겼다. "그래서, 그것에 관해 기분은 어때?"

"난 별로 신경 쓰지 않아. 난 남편이나 아이를 원하지 않거든. 그래서 불임이어도 괜찮아." 에리카는 말하면서 마치 벌레가 그녀의 귀 주위를 날아다닌다는 듯이 그녀의 손을 가로저었다.

"그럼 혹시 왜 아이나 남편을 가질 생각이 없는지 물어봐도 될까?"

"만약 다윈이 결혼을 했었다면, 자연선택설 같은 이론을 생각해낼 수 있었을까?"

"모르겠어. 아마 그랬을지도 모르지. 그럼 너는 너 자신이 다윈 같은 거라고 생각하고 있는 거야?"

"내가 말하고 싶은 것은, 정말로 무언가를 이루려면 내 에너지 모든 것을 다 그것에 바쳐야 한다는 거야." 에리카는 너무 많은 그녀의 비밀을 말해버렸다는 것을 깨달았다. 그녀는 캐슬라거를 집어들었고, 그것이 너무 가볍다는 것을 느꼈다. 그리고는 다시 놓아두었다. 그녀는 이미 너무 많은 것을 말해버렸다. 그녀는 스튜어트에 대해 잘 모른다. 심지어 그녀의 룸메이트보다도 그는 그녀 자신에 대해 더 많은 것을 알아버렸다. "난 이만 가야겠어." 그녀가 일어섰다.

"잠깐만" 그는 의자를 뒤로 밀었다. "너한테 보여주고 싶은 게 있어." 그는 그의 화석모집 쟁반에서 하나의 치아를 집어들고 테이블을 따라 돌아서 그녀의 옆에 섰다. "오스트랄로피테쿠스는 육식동물들과 같은 어금니가 있어. 난 그들에 대해서 많이 연구하질 않아서 잘 몰라. 하지만 난 그들이 씹는 힘은 엄청났다는 것은 알아. 지금 너가 이곳을 보면" 그는 커다란 같은 위치의 다른 어금니를 보여주었다. 그것은 매우 평평했다. "그리고 너가 이 어금니의 곡선도가 부드러운 걸 알 수 있다면, 말이었던 생물체의 어금니는 단지 씹기 위해서뿐이라는 걸 알 수 있지."

그녀는 마치 갈라진 틈 사이로 와이어에 묶여서 매달려 있는 것처럼 어지러웠다. 그녀는 지금 기분이 새로운 이론의 연결고리를 곧 찾을 수만 있을 것 같았다. 그녀는 말 그대로 이어질 스튜어트의 말 한마디 한마디에 온 신경이 집중되었다. "하지만" 그가 말을 이었다. "이 말들은 자손들이 있어. 이들 종은 멸종하지 않았어. 이것이 너에게는 무엇을 말해주니?"

"그들의 식단이 그들이 멸종했다는 모든 이유가 되진 않아."

"나도 그렇게 생각했어." 그는 매우 기쁜 듯이 웃었다.

에리카는 그 치아화석을 보다가 스튜어트의 얼굴을 보았다. 그녀는 벼락을 맞은 듯 온몸이 짜릿했다. 그의 얼굴에 가까이 다가가서, 눈을 감고, 그의 숨소리의 따스함과 촉촉함을 기다렸다. 곧 그녀는 그녀의 입술과 그의 입술을 서로 포개었다. 그들의 입에선 서로의 타액이 물 속에 담겨진 와이어처럼 엄청난 흐름을 만들며 돌고 돌았다. 그녀는 재빨리 입을 뗐다. 눈을 뜨고, 스튜어트의 얼굴을 바라보았다. 그는 다시 한 번 키스를 원하는 듯 보였고, 그녀는 왠지 화가 났다. 마치 그가 그녀의 관심사를 이용해, 그에게 호감이 가도록 어떻게 꼬신 것만 같았다. 그녀는 뒤로 물러서서, 금방 떠날 수 있도록 그에게로부터 등을 돌렸다.

"에리카? 무슨 일이야? 갑자기 왜그래?"

"나 이만 가야겠어."

"가지 마. 내가 지내는 오두막으로 와. 좀 더 너의 연구에 관해서 얘기도 하고, 맥주도 좀 더 하고, 단지 가지 말아줘."

그녀는 1분 1초도 거기에 더 있기 싫었다. 뒷걸음치며 그에게서 멀어졌다. 계속 그와 했던 키스, 그와 나누었던 그의 혀의 뜨거운 감각이 너무 생생하게, 그녀의 입에 남아있었다. 하지만 그녀가 당장 생각할 수 있었던 것은 다윈은 결혼하지 않았다였다. "별로 좋은 생각은 아닌 것 같아." 그것이 그녀가 한 마지막 말이었다. 그 뒤로 그녀는 시선을 마주치는 것을 피하며, 빨리 문 밖으로 나왔다. 스튜어트가 있는 창고에서 떠나면서 그녀는 근처 흙을 발로 찼다. 그녀의 24년 인생에서 키스는 단 두 번 해 보았다. 한 번은 그녀가 6학년 때 전혀 모르던 사람이랑 했었고, 두 번째는 대학 파티에서 했었다. 그녀는 이런 상황을 의도한 것은 아니었다. 그렇다고 우연적인 사고도 아니었다. 그녀는 학교에서 배웠던 자력에 관한 것을 떠올렸다. 왜냐하면 마치 그녀가 그에게 끌리는 것을 자력을 바꾸듯이 다가오는 사람들을 모두 거부할 수 있지 않을까 하는 생각이 들어서였다.

(중략)

스튜어트는 한 번도 아침식사 때에 얼굴을 내민 적이 없었다. 간단히 정리를 한 후, 에리카, 카일과 카렌은 고물자동차인 1972년산 랜드로바를 타러 향했다. 이것은 현장학습 학회에서 지원을 해준 것으로, 오른쪽 서스펜션이 부러졌고, 차에 창문이 모두 없었다. 에리카가 차를 향해 걸어가는 동안, 그녀는 사바나의 고요하고, 풀색의 평야가 흰 서리에 뒤덮여 있는 것을 바라보았다. 넓고, 거의 나무가 없는 사바나는 정말 여백의 미를 뿜어냈다. 에리카는 오스트랄로피테쿠스 원인들도 이러한 평야를 걸으며, 잎이나 열매 등을 따 먹는 것을 상상했다. 많은 인류학자들은 오스트랄로피테쿠스 원인들은 오직 채식만을 하는 쪽으로 한쪽으로 치우친 특정진화를 함으로써 그로 인해 멸종하였다고 가정했다. 하지만 에리카는 전날 밤의 스튜어트와의 토론으로 인해, 그 이론에서 맹점을 발견하였다. 하지만 불행히도, 그녀는 그러한 이론을 뒤집을 만한 이론을 짜내지 못하고 있었다. 차를 타기 전에 사바나를 한 번 더 훑어보며, 좀 더 시간이 있어, 여기에서 집중을 할 수 있다면, 답이 나오지 않을까 희망을 가져보았다. 카일이 운전을 할 것이란 걸 알았기 때문에, 에리카는 조수석에 앉기를 강력히 희망했다. 그녀는 어제의 그 일 이후로는 스튜어트 옆에 몇 시간동안 앉아 있는 건 생각하지도 못했다. 캐린과 카일이 차에 타면서 사자들이 밥을 먹는 모습은 얼마나 진귀하고 흥미진진한 경험일지 얘기하고 있었지만, 에리카는 그러한 기분에 동참하지 못했다. 카일은 시동을 걸었고, 엔진이 소리를 내기 시작했다. 그 순간 스튜어트가 뛰어들듯이 카일 뒤의 뒷좌석에 탔고, 문을 닫았다. 그는 아무 말도 하지 않았다. 에리카가 백미러로 그를 보았을 때, 그의 얼굴은 마치 감정을 숨기려는 듯이 굳어 있었다.

소에트도어링까지의 길은 포장되어 있지 않은 흙길이었고, 길에 난 구멍에 한 번씩 빠질 때마다, 그들의 몸은 요동을 쳤다. 흔들릴 때마다 에리카는 가슴이 그만큼 무겁게 느껴지고 신경이 쓰이지 않을 수 없었다. 뒤를 돌아 캐린은 어떻게 하고 있는지 보았고, 캐린은 웃고 있었다. 에리카는 가슴을 눌러 더 이상 흔들리지 않게 고정시키려고 했고, 캐린의 미소에 적잖이 당황하고 있었다. 그녀는 이러한 불편을 전혀 신경 쓰지 않는 것일까? 아니면, 다른 것이나 다른 사람에 대해서 생각하고 있는 것일까? 캐린이 임신해 배가 불러지거나, 아이에게 젖을 먹이는 모습은 쉽게 상상이 되었다. 그녀는 매우 똑똑했다. 에리카는 그녀가 결국은 생체학적으로 그녀가 하고 싶어하던, Animalia 왕국에 대한 연구에 몸을 바칠 거라고 예상했다.

비록, 진화를 공부하는 학생으로서, 시간에 따른 형태학적 변형을 찾고는 있었으나, 에리카는 그녀 자신의 몸이 그러한 변화(임신)를 겪는다는 것을, 그리고 그러한 선택을 한다는 것을 상상하지 못했다. 그녀는 창밖을 바라보면서 스튜어트가 그녀의 불임에 대해 어떻게 생각하는지를 잠시 궁금해하다가, 곧 사바나에 관해 생각을 하기 시작했다.

소에트도어링의 입구에 잠시 주차를 해놓고서, 나머지 셋은 카일이 보안요원과 대화를 끝내기를 기다리고 있었다. 그가 돌아와서 말하기를, "고기를 실은 트럭이 오면 우리는 그 트럭을 따라갈 거야. 그러니까 트럭이 올 때까지 기다리자." 얼마 지나지 않아서, 흰색의 작은 트럭이 게이트를 향해 왔고, 게이트는 열렸다. 그 트럭의 뒤에는 영양의 시체가 실려 있었다.

공원 안으로 들어간 지 얼마 안 되어서 차는 멈춰섰다. "뭐야? 아직 아무것도 보이지 않는데?" 스튜어트가 그렇게 말하는 순간, 막혀 있던 물이 지상으로 솟아오르듯, 두 마리의 암사자가 언덕아래로 나타났다. 그들은 고기를 실은 트럭으로 걸어가더니 트럭의 짐칸으로 가서는 이빨을 고기에 박아넣었다.

"나는 그들이 저렇게 크다는 걸 믿을 수가 없어." 카일이 말했다.

"나는 저들의 냄새가 이렇게 지독하다는 걸 믿을 수가 없어." 캐린이 말했다. 하지만 스튜어트가 그것을 곧 정정해 주었다. "이 냄새는 저들의 것이 아니야, 캐린. 저쪽의 수많은 뼈들을 봐." 그는 20피트정도 사자들로부터 오른쪽으로 떨어진 곳을 가리켰다. 그곳에는 영양들의 뼈가 수북히 쌓여있었고, 남은 피와 살이 썩어들어가고 있었다.

"저들은 정말 잘 먹고 지내나봐." 카일이 말했다.

그들이 먹을 때마다 나는 소리는 목을 졸랐을 때 나는 기침소리같았다. 다른 암사자 한 마리가 어느새 다가와서 앞다리를 선택해 그곳에 자신의 머리를 박아넣으면서 끼어들었다. 암사자들은 잠시동안 폭식을 멈추고, 랜드로바 앞 지역을 바라보았다. 에리카는 그들의 시선을 따라가 그들이 무엇을 보고 있는지 보았다. 숫사자가 다가오고 있었다. 그것의 거대하고 투박한 어깨는 랜드로바 차문의 손잡이까지 왔고, 목 주위에는 거대하고 두꺼운 갈기가 자리잡고 있었다. 그는 영양 시체에 다가와서 주위를 둘러보고는 먹이를 먹기 시작하였다. 스튜어트는 창문이 있기를 바랬다. "그런데, 정말 궁금한 게, 저들이 우리 냄새를 맡으면 어쩌지?" 그가 물었다.

"너무 걱정마. 저들은 바로 앞에 쉬운 먹잇감이 있어. 내 생각에 너가 너무 긴장한 것 같아." 카일이 말했다.

"뭘 말하는 거야? 내가 맛있어 보이지 않는다는 거야?" 스튜어트는 웃으면서 말했다.

"잘 몰라. 하지만 아마도 맛있겠지." 에리카가 말했다. 그녀는 전혀 도발적으로 말할 의도는 없었다. 하지만 말하고 보니, 그렇게 받아들일 수도 있다는 생각에, 얼굴이 붉어졌다. "Smither' s field 입구의 주의사항을 보면, '가끔씩 사람을 먹습니다' 라고 적혀 있잖아. 그러니까 아마 우리들 모두 맛있겠지."

"으~ 고마워 에리카." 스튜어트가 말했다. 그는 최대한 침착하게 있으려고 했으나, 에리카는 그의 목소리에 숨겨진 반항 같은 것을 느꼈다. 그녀가 추측하기엔, 전날 밤 그녀가 그의 초대에 응하지 않았다는 것보다는, 그가 그녀를 초대하는 것을 원치 않았던 것으로 하는 게 훨씬 감정적으로 상처를 덜 입기 때문에, 그 자신을 그렇게 설득하지 않았을까 했다. 사실, 남자들이 그렇게 하는 것을 보는 게 이번이 처음은 아니었다. 그녀는 수첩을 꺼내서 적기 시작했다. 과거는 쉽게 바꿀 수 있다.

"저들이 먹는 모습을 보아 하니 많이 배고팠나 보네." 카일이 말했다.

"그거 알아? 저들은 정말 무서운 존재야. 난 저들과 같이 살아간다는 것을 도저히 상상할 수 없어. 내가 이런 말을 할 줄은 몰랐지만, 내가 동굴에 사는 고대 인류였다면 난 저들이 멸종하길 바랬을 거야."

에리카는 사자들이 영양 사체를 게걸스럽게 먹는 모습을 보며, 오스트랄로피테쿠스들도 단지 사냥감에 불과했을까 하는 의문을 가졌다. 그들은 직립보행을 할 수 있었으며, 무기나 도구를 만들 줄은 몰랐다. 그리고 아마 포식자적인 고양이 과의 카리스마에 굴복했을 것이다. 여전히, 그녀는 고대 원인들에게 더 점수를 부여하고 싶었다. 그들은 100만 년 이상을 그 무서운 포식자들과 같이 존재해왔다. 그녀는 수첩을 펼쳐 적었다. 하지만 만약 그들이 막다른 곳에 갇혔다면? 주위의 다른 것들이 진화를 하는 동안 그들만 더 이상 진화를 안 한다면?

고기를 실어왔던 차는 더 이상 줄 수 있는 고기가 없자, 이제 차를 돌려서 게이트를 향해 가기 시작했다. "우리도 트럭이랑 함께 이제 그만 가는 게 어때?" 스튜어트가 물었다.

"내 생각에도 이제 가는 게 좋을 것 같아. 고기도 어느 정도 없어진 것 같아." 카일이 말했다. 두 마리의 암사자는 사체로부터 멀어져서 언덕을 오르기 시작했다. 영양의 남은 부분이라고는 부분적으로 뜯겨진 뼈와, 아직 붙어있는 일부분의 살코기였다. 나머지 두 마리의 사자, 한 마리의 암사자와 한 마리의 숫사자는 여전히 남은 부분에 머리를 박고 먹고 있었다.

카일은 키를 넣고 시동을 걸려고 했다. 하지만 모두의 기대와는 다르게, 아무 일도 일어나지 않았다. 다시 시도를 했지만, 마찬가지였다. 세 번째 시도를 하였을 때 키를 계속 돌렸더니, 엔진이 쿠릉거리는 소리를 내자 네 사람이 일제히 쳐다보았다.

"카일…." 스튜어트가 말했다.

"이 차가 또 이러네." 카일이 말했다.

"농담하는 거지?" 캐린이 말했다.

"이 차 완전 고물이야." 스튜어트가 말했다.

"내 생각엔, 우리들 여기에 갇힌 것 같아." 에리카가 말했다. 그녀는 가슴이 답답하고, 아드레날린이 그녀의 온몸에서 뿜어져 나와 돌면서 신경 하나하나가 요동치는 것 같았다.

"당황하지 마. 좀 있다가 사자들이 다 먹고 물러나면 그때 도움을 요청하면 돼. 아무 문제 없어." 카일이 말했다.

(중략)

그녀는 그에게 웃어 보였다. 그는 그녀를 향해 웃어주는 대신, 사자가 있던 곳을 쳐다보았다. 그들은 느리게, 언덕을 오르기 시작했다. "이제 도움을 요청하러 가야겠다." 스튜어트는 말하면서 문을 열고 내린 다음 닫았다. 에리카는 그가 무슨 행동을 하는지 이해할 수 없었다. 그녀에게 강한 인상을 남겨주기 위해서 하는 행동인가? 그녀가 어젯밤 거절하지 않았더라면 저런 행동을 취하지 않았을 것인가?

스튜어트는 문을 쾅 닫았다. 그 소리에 에리카는 반쯤 올라가던 사자들이 돌아보는 것을 알 수 있었다. 스튜어트는 도움을 요청하기 위해 게이트를 향해 걷기 시작했다. 그는 분명 그 자신이 안전하다고 생각하거나, 위험에 대해 아무 생각이 없음에 틀림없었다.

"카일, 우린 어떻게 해야 해?" 떨리는 목소리로 캐린이 카일에게 물었다.

"쉿~~" 그가 속삭였다. "그냥 조용히 기다리자. 최악의 순간은 저들의 시선을 이쪽으로 모으는 거야."

에리카가 보기에는 게이트는 저 멀리에 있었고, 스튜어트는 방금 막 차에서 내린 상태였다. 그는 아직 게이트까지 3분의 1도 채 못 가 있는 상태였다. 에리카는 마치 테니스 경기에서 공이 왔다 갔다 하는 장면을 보듯이 스튜어트와 사자들을 번갈아 보았다. 갑자기 암사자 한 마리가 몸을 숙이더니, 금색 구름이 땅위를 지나가듯이 빠른 속도로 언덕을 내려오기 시작했다. 카일과 캐린은 공포에 몸이 얼었고, 그들은 마치 스튜어트가 벌써 잡아먹힌 것처럼 생각하고 있는 것 같았다. 에리카는 차에서 뛰어내려, 언덕을 반쯤 내려온 암사자에게 시선을 고정시켜 기습에 대비한 채, 조용히 스튜어트를 불렀다. "스튜어트" 그가 들었을까? 다시 한 번 암사자의 시선이 그녀에게 오지 않게 나지막한 목소리로 불렀다. "스튜어트?"

"이런, 신이여" 그녀는 스튜어트가 뒤를 돌아 지금 어떤 상황이 펼쳐져 있는지 보았다고 확신했다. "에리카" 그가 그녀의 이름을 마치 기도할 때처럼 요구나 질문 같은 것 없이 불렀다. 암사자는 내려오던 스피드를 줄여서, 몸을 숙이고 상황이 어떻게 돌아가나 보려는 듯이 기다리고 있었다. 암사자는 랜드로바로부터 오직 몇 초 정도 떨어진 거리에 있었다. 에리카와 스튜어트는 여전히 가만히 서 있었다.

"우리는 다시 차로 돌아가는 거야." 에리카가 말했다.

"너는 돌아가. 난 게이트까지 갈 수 있어." 스튜어트가 말했다.

에리카는 위험을 무릅쓰고 고개를 돌려 그를 바라보았다. "스튜어트, 그냥 내가 하는 말을 들어. 네가 아무리 게이트까지 가려고 해도, 암사자는 금방 널 잡아갈 것이고, 넌 따라잡힐 거야." 바로 고개를 휙 돌려 다시 주위 상황을 파악하려고 했다. 에리카는 어떻게 해야 할지 몰랐다. 그녀가 다시 차로 돌아가려면, 사자가 있는 쪽으로 가야만 했다. 하지만 스튜어트가 계속 가도록 내버려둔다면, 사자가 그를 잡아먹을 것이었다. 그녀는 큰소리로 그를 불렀다. "스튜어트! 멈춰! 당장!"

그는 멈추었고, 에리카는 뒷걸음질쳐 그의 옆까지 다가갔다. 암사자는 여전히 멈춰 서서 상황을 지켜보는 듯했다. "스튜어트, 내 말을 들어야 해. 우리가 몇 발자국 오른쪽으로 움직이면, 우리는 랜드로바에 가려져서 사자가 우리를 보지 못하게 돼. 그럼 우리는 차에 돌아갈 수 있는 충분한 시간을 버는 거야."

스튜어트는 이 계획을 따르겠다는 듯이 고개를 끄덕였다. 에리카는 고양이들이 그 자체 형상보다는 동작을 본다는 것을 알고 있었다. 하지만 만약 암사자가 랜드로바 밑으로 보이는 그들의 발을 알아챈다면, 어떻게 해야 할지 몰랐다. 하지만 이 계획만이 그들에게 남겨진 유일한 방법이었다. 할 수밖에 없었다. 천천히 그들은 암사자의 움직임을 살피면서, 오른쪽으로 이동했다. 암사자는 침착하고, 차가운 눈동자로 그들의 움직임을 주시했다. "우리가 차 뒤로 가서, 가려지는 동시에, 차까지 뛰는 거야. 빠르고 조용히, 그럼 우리는 괜찮을 거야."

"알겠어." 그가 말했다. 그리고 한 발자국 더 오른쪽으로 이동했다. "이런 일이 생긴 것에 대해서 정말 미안하게 생각해." 에리카는 아무 말도 하지 않았다. 그녀는 지금 당장 살고 싶을 뿐이었고, 그가 살기를 바랐다. 그들 모두 커다란 랜드로바의 캐노피 뒤로 갔고, 일순간 사자는 그들의 움직임을 놓쳤다. 그들은 빠른 속도로 걸어서, 차에 도착하자마자 뛰어들 준비를 했다.

그들이 몇 발자국 안 남겨놓았을 때 캐린이 소리를 질렀다. "서둘러. 암사자가 오고 있어!" 스튜어트는 차로 뛰어가, 암사자가 랜드로바의 앞 로프를 지날 때에 차 안으로 뛰어들었다. 사자는 누군가를 쫓는다기보다는, 현재 관찰하듯이, 다가오고 있었다. 사자는 돌아서 에리카가 문 앞에 서 있는 것을 보았고, 그쪽으로 다가가기 시작했다. 에리카는 절망적으로 빨리 차안으로 뛰어들었고, 캐린 위에 누워있는 형상이 되어버린 스튜어트 위로 뛰어들었다. 간발의 차로 암사자가 다가왔을 때, 문을 닫을 수 있었다.

"너희들 괜찮니?" 캐린이 물었다.

에리카는 스튜어트를 바라보았다. 그는 고개를 끄덕이고 있었다. "잘 모르겠어." 그녀가 말했다.

"스튜어트, 우린 괜찮은 거지?" 그는 고개를 들어 그녀를 쳐다보았고, 에리카는 그녀 자신도 놀라면서 그에게 웃어주었다. 그는 다시 아까 같은 얼굴을 그녀에게 보여주었다. 하지만 이번에는 아까처럼 참는다기보다는 다시 그 열망을 불태우는 것 같았다.

"카일, 거기 내 수첩 좀 줄래? 의자 위에 있을 거야." 카일이 건네주는 수첩을 받은 에리카는 새로운 페이지를 펴서 숨을 들이마셔 사람 냄새와 스튜어트의 온기를 느낀 다음 적기 시작했다. 오스트랄로피테쿠스 원인들도 사랑을 했을까?

(4) Wilson의 '마킬라도라 사촌들'

'마킬라도라 사촌들(Maquiladora Cousins)' 은 멕시코 북쪽 경계에 위치한 외국 계열 조립회사 마킬라도라에서 일하고 있는 네 명의 젊은 여성에 관한 이야기이다. Tamar Diana Wilson은 이 네 여성들의 이야기를 통해 Colonia 지역에서 비참하게 살아가고 있는 노동자 계층의 삶과 애환을 표현하였다. Wilson은 이를 위해 소설적 글쓰기 방법인 1인칭 시점을 사용하였다. 이 소설에서는 1996년 12월부터 1998년 5월까지 네 여성들의 삶이 주인공의 회상으로 서술되어 있다. 이러한 주인공의 자기고백적 어투와 냉소적 표현은 사건의 진솔함과 상황의 심각성을 효과적으로 드러내고 있다. Wilson은 이러한 소설 기법을 통해 Colonia 지역에 사는 네 명의 여성, 나아가 이 지역에 살고 있는 여성들의 비참하면서도 열악한 삶을 부각시키고 있는 것이다.

이 작품에 나오는 네 명의 여성들(나, Ana, Estela, Laura)은 단순한 소설 속 가공의 인물들이 아니다. 그녀들은 이 지역 인구의 대부분을 차지하고 있는 노동자 계층을 대표한다. 이들은 소설에서 만들어진 가공의 인물들이지만 다른 소설들처럼 독특하거나 특별한 성격을 지닌 여성들이 아니다. 이들은 이 지역에서 쉽게 찾을 수 있는 일반적인 여성들이다. 그래서 이들은 소설 속 허구의 인물들이지만 동시에 현실을 강하게 반영한 실제적인 인물들로 살아 움직이게 된다. 작가는 이 네 명의 여성들을 통해 불행한 결혼과 남편의 학대와 같은 암담한 현실 속에서도 더 좋은 미래와 자신을 지키고 아껴줄 진정한 사랑을 기다리며 살아가는 여성들의 삶을 드러내었다. 그리고 그러한 희망과 기대가 비참한 현실에 의해 어떻게 무너져 가는지를 드러내고 있다.

1997년 7월

아, 나는 지금 군데군데 패인 진흙투성이 길을 걸으면서 얼마 전 갑작스러운 비로 생긴 웅덩이를 피해 가고 있다. 나는 공장 버스가 우리를 태우러 오는 곳까지 걷고 있다. 나는 이번주에 사촌 Estela와 함께 버스를 탔다. 우리는 우리가 Colonia로 옮겨온 이후에 생겨난 새로운 Colonia지역을 버스로 지나고 있다. Pemex 역 바로 전을 지나고 있고 그리고 바로 San Luis Rio Colorado를 지나서 많은 공장과 포장 공장을 지나서 그리고 우리의 Maquiladora에 도착했다. 멕시코의 여름이 항상 그랬듯이 너무 더운 날씨다. 마치 chinche 오븐처럼 버스는 찜통이다. 버스의 열이 에스자형으로 굽어지는 고속도로 위에 아지랑이가 피어오르게 했다.

오늘은 Estela와 나뿐이다. 이전에 Laura와 Ana가 우리와 함께 있었고 그때는 버스 여행이 훨씬 즐거웠다. 아, 우리 (공장에서 일하는) 가족들 수가 줄어들었다. Ana는 일을 몇 달 전에 그만두었다. 그녀는 임신했다는 사실을 알자 바로 그만두었다. 아빠는 밤에 교대운전을 하는 버스 운전기사로 결혼했고 애가 셋이다. 그 사람이 항상 그녀에게 연애를 걸었고 그녀에게 나가서 데이트를 하자고 했고 항상 우리 집 주위를 어슬렁거렸다. 그리고 그는 그녀가 임신했다는 사실을 알자 다시는 우리 집 근처에 오지 않았다. 나쁜 놈. 그는 여전히 같은 일을 하고 있다. 공장 사람들을 버스로 태워주는 일. 내가 Ana에게 그 남자를 만나지 말라고 충고했지만, 나의 엄마는 그렇게 하지 않았다. 아마도 엄마는 Ana를 엄마의 두 번 실패한 결혼, 나의 마지막 새 아빠와 그녀의 첫 남편과의 결혼 실패에 대한 복수라고 생각했나 보다. 비록 엄마는 5명의 다른 남자와 같이 살면서 그리고 그 남자들 사이에서 아기를 가졌지만 그녀는 오직 한 남자와만 법적으로 결혼했었다. 그가 나의 8명의 남자형제와 여자형제의 아빠이다. 비록 나의 큰 오빠들과 우리 그리고 내 막내 동생의 아빠는 아니지만. 나의 엄마는 그를 떠났다. 그가 엄마를 괴롭히는 것을 멈추지 않자 아빠를 떠났다. 그는 다양한 여인들과 만났고 그리고 아마도 우리 엄마와 같이 보낸 12년의 세월보다 더 많은 하룻밤 러브를 즐기는 사람이다. 나쁜 놈. 엄마는 아빠를 떠났다. 그러고는 멕시코 시로 돌아왔다. 엄마는 멕시코로 왔다. Jalisco 지역, 즉 엄마가 태어나서 하녀로 일했던 작은 도시인 Jalisco를 떠나서 멕시코로 왔다. 엄마는 그러고 나서 큰오빠를 10대에 임신했다. 엄마의 남편은 엄마가 청소부로 일하던 집으로부터 한 블록 떨어진 곳에서 살고 있는 빵 굽는 사람이었다. 엄마가 청소부로 일하던 집 마님은 엄마를 매일 그 빵가게로 달콤한 케이크를 사 오라고 보냈다. 그래서 엄마와 그 남자는 만나서 바람이 났고, 결혼하자고 해서 결혼했다. 그러나 아, 결혼하고 나서야 그 남자가 여러 여자와 바람을 피워서 구혼한 것을 알았다. 엄마는 남편의 손찌검을 몇 해 참은 후에야 그를 떠나서 지금 살고 있는 이곳으로 옮겨왔다. 지금도 엄마는 그때 생각을 하며 분노에 찬 눈물을 흘린다. 여기에서 나의 사촌 중의 한 사람이 Gilberto, 즉 Ana 아빠와 살게 되었다. 엄마는 그 당시 엄마가 데리고 온 어린 자식을 키우기 위해서 바에 일을 하러 나갔다고 말했다. 거기에서 엄마는 나의 아빠를 만났다. 나는 그를 잘 기억하지 못한다. 그렇지만 내가 2살, 3살 때까지 아빠랑 같이 살았다. 그때 아빠는 때때로 손님이 오거나 엄마가 술을 한 잔 마시면 엄마는 엄마의 인생 이야기를 회고했고 그중에 몇몇은 내가 너무 잘 기억한다.

나는 나의 마지막 새 아빠를 가장 잘 기억한다. 새 아빠는 1983년에 Colonia Popular 지역이 시작된 이후 2년간 우리와 함께 살았다. 아마 3년 전쯤까지는 같이 산 것 같다. 그와 엄마는 Colonia 지역에 각각의 땅을 가지고 있었다. 그러나 새 아빠는 엄마의 집에 살았다. 아, 우리 엄마는 새 아빠와 종종 싸웠는데 이유는 항상 새 아빠가 우리 오빠를 비난했기 때문이다. 우리 오빠들은 그때 같이 집에 살고 있었는데 새 아빠는 항상 오빠들이 그의 차 고치는 가게에서 공짜로 새 아빠를 도와주기를 바랐다. 항상 오빠들이 얼마나 많이 먹는지 그리고 그에 비해 얼마나 일을 하지 않는지에 대해 잔소리했다. 그리고 가끔 술을 많이 마셨고 아주 고약한 행동을 했다. 아, 불쌍한 우리 엄마에겐 행복한 삶이 없었다. 그러고 나서 새 아빠와 엄마는 헤어져 살았다. 새 아빠는 막내 여동생을 위해서 돈을 보내왔고 엄마는 새 아빠의 빨래와 식사를 해서 보내주었다. 그리고는 몇 일 밤을 같이 보내기도 했다. 그러고 나서 새 아빠가 다른 여자를 집에 들였다. 아, 엄마는 그 새 여자에게 찾아가서 그 여자의 머리채를 잡아 아빠의 집에서 끌어내겠다고 했다. 몇 번이나 이런 말을 했다. 그러나 엄마는 그렇게 하지 않았다. 엄마는 단지 이것으로 끝이고 더 이상 손해 볼 일은 없다고 생각했다. 돈을 빼고는.

이것은 일종의 주고받기다(맞받아 쏘아주기). 우리 엄마의 남편들은 그렇게 엄마에게 믿음을 주는 사람들이 아니었다. 그래서 엄마의 조카딸이 결혼한 다른 남자의 여자가 되는 것은 그렇게 문제가 되는 일이 아니었다. "그는 돈을 잘 벌지?" 엄마가 한 번은 이렇게 물었다. 이것은 그 남자가 새 여자를 만나도 된다고 믿는 엄마의 생각에 대한 설명이었다. 그가 아내와 아이들을 굶겨 죽이지 않으니 조카딸과 만나도 된다는 것이다. 나는 심지어 우리 엄마가 그가 지금 아내와 헤어지고 Ana와 결혼하길 원하는 것 같았다. 그는 우리에게 식료품을 한 상자씩 가지고 왔다. 그러고는 밤새 머물러 있었다. 그 큰 상자는 우리가 이제껏 보지 못했던 물건으로 가득 차 있었다. 햄, 신선한 치즈, 기름진 쇠고기, 아이스크림.

Ana가 임신을 하고 난 후 몇 달이 지난 후, Ana가 입덧이 너무 심해져서 일을 그만두기로 결정했다. Ana는 먼저 직장을 그만두기 전에 그 남자에게 의논을 했어야만 했다. 그 남자는 Ana가 뚱뚱해지는 것에 대해서 놀려대고 있었다. 그리고 몇몇 이유로 Ana는 그에게 자신이 그의 아기를 가졌다고 말하는 것이 싫었다. 아마 그녀는 그가 임신사실을 알면 사라질 것이라는 것을 알고 있었던 것 같다. 그녀가 마침내 그에게 임신했다고 말을 하자 그 다음엔 다신 우리 집에 오지 않았다. 나쁜 놈. 일주일 내내 한 번도 오지 않고 우리가 가게에 엄마를 주려고 옥수수 빵과 우유를 사러 갔을 때도 Ana 손을 잡아주지도 않았다. 나는 과연 남자를 믿어도 될지가 의문이다. 내가 항상 희망하는 것은 결혼할 좋은 남자 한 명만 만나는 것인데. 그러나 때때로 이것은 나의 운명이 아닐 수도 있다.

엄마와 여동생 사촌을 보면 말이다. 가족 중에서 유일한 사촌 Estela는 여전히 조립회사에서 일한다. 그녀는 아기가 태어난 후 1년쯤 지나서, 즉 그녀의 엄마, 그러니깐 나의 이모가 죽은 직후 이 일을 시작했다. 그녀는 너무 사랑하는 사람이 있었다. 그러나 그의 가족들 전체가 Jalisco 지역에 있는 그들의 목장으로 다시 돌아가기로 결정을 내렸다. 그 결정 후 그 남자는 그녀에게 같이 가겠냐고 묻지도 않은 채 떠나 버렸다. 그래서 그녀는 다시 혼자인 상태가 되었고 그녀에게 결혼을 약속한 홀아비를 만났다. 그러나 그 홀아비는 술을 엄청 마셨고 고정된 일자리가 없었다.

Estela의 여동생인 Laura는 남편이 코카콜라 공장으로 가는 트럭에 화물을 채우는, 비교적 안정적인 직업을 구한 뒤 Maquiladora를 곧 떠났다. 그는 나의 남동생인 Luis 밑에서 몇 년간 일했고, 그들이 결혼한 후에도 이 년간 일했다. 그러나 그는 강인한 성격의 소유자였고, 어쨌든 당연히 지급되어야 할 직원들 의료보험을 Luis가 제대로 지불하지 않는 것에 대해 대립하기도 했다. 그는 잠시 동안 무직(無職)이었고, 또는 비정규직으로 하루나 일주일 동안 일했고, 또한 Laura와 연인이 된 후로 하지 않겠다고 약속했던 본드 흡입과 마리화나 피는 것을 다시 시작했다. 하루는 Estela가 집에 와서－그들은 모두 내 삼촌의 한 부지(敷地)에서 살고 있었다－Laura에게 그들이 공장에서 근무할 사람을 찾는다고 말했다. 그래서 Laura는 다음날 그녀를 따라가서, 자기가 독신이며 아이가 없다고(사실 이미 두 명이나 있었지만) 거짓말했고, 또한 기꺼이 인사(人事) 인터뷰에 자기가 피임약을 먹고 있다고 말했는데, 이 절차는 가끔씩 그들이 여성 직원에게 요구하는 것이었다. 아, 그녀는 거짓말을 해서 아이들의 의료 보험을 받을 수 없었으나, 적어도 아이들을 먹여 살릴 만큼의 돈을 벌 수는 있었다. 그녀의 남편은 정규직이 없었기 때문에 아무 말도 할 수 없었으나, 항상 식사에 고기가 없다고 불평했다. "이제 당신은 고기를 먹을 수 있어요."라고 Laura가 그에게 말했다.

그런데, 그는 화물 싣는 일을 얻은 후에, 그녀를 직장에 그만 다니게 했다. 나의 삼촌 Matias가 그에게 왜 그녀를 좀 더 오랫동안 일할 수 있게 내버려두지 않았냐는 질문을 했을 때 그는 "휴, 나는 질투심 많은 사람이에요. 나는 그녀가 다른 이상한 남자들이랑 일하는 곳에 가도록 내버려둘 수가 없어요."라고 말했다. 아마도 그는 그녀가 공장에서 좀 더 안정된 직업이 있는 다른 남자랑 눈이 맞을까봐 걱정했을 수도 있다. 그는 아직도 구석에서 친구들과 본드 흡입을 하고 마리화나를 피운다. 그의 친구 중 몇몇은 그보다 더한 짓도 한다. 나는 삼촌이 왜 Laura의 남편에게 그녀가 계속 일하게 내버려두지 않았냐는 것을 물었을 때 약간 놀랐다. 그는 부인—내 이모—을 집 밖에서 일하도록 하지 않았다. 이모는 심지어 집에서 탄산음료와 샌드위치를 학생들에게 팔아도 된다는 허락을 받기 위해 그와 다툰 적도 있었다. 그들은 초등학교 건너편에 산다. 그는 오직 남자만이 돈을 벌어야 한다고 생각했다. 그래도, Elena는 일하게 해 주었다. 그러나 그는 Elena에 대해 실망했다. Ay chihuahua, 그녀는 아이를 가졌지 남편이 있는 것이 아니었다. 그리고 아마도 너무 많은 손자/손녀들이 생기고 있는 것일 수도 있다. 아니면 이모의 죽음을 겪은 후, Laura의 남편에게 의지할 수 없다고 생각했을 수도 있고 혼자서는 지낼 수 없다고 생각했을 수도 있다. 그는 아직도 그들이 같이 앉곤 했던 부지(敷地)의 한 의자에 앉아서, 깊게 그녀의 죽음을 슬퍼하기도 한다. 이제 그는 술을 더 마시고 허공만 응시할 뿐이다.

어쨌든, 이제는 우리의 Colonia로우터 온 Estela와 나뿐이다. 나도 역시 떠나고 싶다. Hijole, 가끔씩 내 등이 아파서 밤에 편안한 자세로 잘 수가 없다. 나는 허리의 통증을 완화시키기 위해, 여동생과 내가 같이 쓰고 있는 낡은 매트리스 위를 이리저리 뒤척이며 돌아다녀서 계속 동생을 깨우기 일쑤이다. 그리고 내 시력은 현미경을 보면서 점점 더 악화되어 갔다. 가끔은 공장을 떠난 후에도 몇 시간 동안 선명히 볼 수가 없다.

1998년 5월

글쎄, 생산 공장 담당자는 더 이상 내 다리를 훑어보지 않고, 나를 건드리지 않는다. 죽일 놈. 일반 담당자가 그를 다른 공장 시설 회사로 보냈다고 한다. 새로운 생산 공장 담당자는 더 젊고, 독신이며, 더 세심하고, 좀 수줍어한다. 그리고 Ana는 거리를 건너 집 두 채 아래에 살고 있고 우리가 Colonia에 있었을 때 그녀를 항상 주시하고 있던 남자 친구가 있다. 대부분, 그는 미국의 Salinas나 Gonzales에서 양배추를 따거나, 가끔 Imperial 계곡의 경계 건너에 있다. 그러나 그가 언제든지 일할 때면, 그는 항상 Colonia로 와서 Ana와 아기에게 선물을 주어서 그녀가 일할 필요가 없도록 했다. 그녀는 아직도 그와 같이 살지는 않지만 그의 아내이다. 그녀는 그녀가 그의 아이를 가진다면 그가 그녀를 경계 밖으로 데려가 같이 살 수 있을지 궁금해한다.

Laura는 남편이 원하지 않지만 다시 직장으로 돌아갈 생각을 하고 있다. 그는 구석에서 다시 그의 친구들과 코카인을 흡입하고, 격주마다 적어도 한 번씩 일을 빠지기 시작했다. 그녀는 그들이 그를 해고하기까지 얼마나 걸릴지 모르고 있다. 그러나 그녀는 그가 제대로 생활하지 않으면 결국은 해고당할 것을 알고 있다.

Estela는 계속 일을 하지만 조립 공장으로 옮겼다. 그녀는 두 달간 쉬고 싶었고 어린 아들과 시간을 보내고 싶어서, 결국 휴가를 냈다. 그녀의 눈은 또한 흐려지고 있었다. 그녀는 전자기구 조립을 너무 싫어해서 차체 장신구 회사로 일하러 갔다. 그곳에는 더 많은 남자 관리자가 있었다. Luara와 나는 그녀가 좋은 사람을 만나기를 기대한다.

이미 옛날 것이지만 나에게 새로운 무엇인가가 있다. 나는 곧 결혼할 것이다. 나는 Francisco를 몇 해 동안 알아왔다. 그는 남동생 Luis 밑에서 일하고 있는 건축 기사 중 한 명이다. 나는 Luis의 집에서 열린 파티에서 그를 처음 만났다. Luis는 항상 그들이 건축 일을 끝내고 난 뒤에 직원들을 위해 파티를 열고, 여자 친구와 가족을 데려와도 된다고 말했다. Francisco는 엄마와 우리에게 매우 상냥했다. 그리고 그는 여자 친구를 초대하지 않았다. 그는 오히려 수줍어했지만, 공손했다. 그는 파티장에서 아무와도 춤을 추지 않았지만, 내가 남동생을 방문할 때나 아니면 tamale나 enchilada나 우리 엄마가 만든 뭔가 특별한 것을 가져갈 때면 우리 집 주위에 있었다. 그리고, 아, Luis는 그를 우리 집에 데려오기 시작했다. 그리고 어느 날 Colonia에서의 한 댄스파티에서 Francisco는 나에게 춤추자고 청했다. 우리는 그날 밤 여러 번 춤을 추었으나 그는 다른 이와는 춤을 추지 않았다. 그 이후로 그는 Luis 없이 집에 오기 시작했다. 엄마는 그를 매우 좋아하고 가끔 저녁 식사에 초대한다. 가끔 우리는 novela를 같이 본다. 그리고 우리는 엄마의 부지(敷地)에 있는 공간으로 가서 이야기를 하고, 그는 나에게 헤어지기 전에 작별 키스를 한다. 가끔, 나는 많은 키스를 받는다. 그러나 나는 이 이상은 하지 않는다. 나는 Ana나 Estela와 같이 끝내고 싶지 않기 때문이다. 그리고 그도 나를 밀어 붙이지 않는다. 그는 나의 결정을 존중해 준다.

Francisco는 벽(壁)작업을 해서 좋은 보수를 받는다. Luis는 우리가 결혼을 하면 그의 의료 보험을 내주겠다고 약속했다. 그는 마약을 하지도 않고, 한 번에 두 잔 이상의 술을 마시지 않는다. 나의 첫 번째 계부는 주말이면 너무 술에 취해 있었고, 오빠들 중 한 명도 너무 많이 술을 마신다. 그것은 돈 낭비뿐만 아니라 싸움까지 일으킨다. Francisco가 약물 복용을 하지 않기에 나는 Laura가 가졌던 문제—남편이 계속 마약을 복용했다—를 겪지 않을 것이다. 그리고 그는 바람둥이도 아닌 것 같다. 그래서 나는 엄마가 그녀의 진짜 남편과 겪었던 문제를 겪지 않을 것이다. 비록 Francisco가 내 앞에서 novia를 복용한 적은 있지만, 심각한 것이 아니라고 그가 말했다. 그는 내가 그가 결혼하고 아이를 갖고 싶은 첫 여자라고 말했지만, 나는 내가 첫째이자 마지막이면 좋겠다. 아마도 그는 Luis처럼 될 것이다—책임감 있고, 신앙심 깊으며 아내와 아이들을 사랑하는. 아마도 그는 나쁜 사람이 아닐 것이다. 나는 내 인생을 이것에 거는 듯하다. Luis는 그를 매우 좋아하고 우리가 결혼한다는 것에 대해 기뻐한다. 가끔, Francisco는 엄마와 나에게 초콜릿과 그릴용 비프 소고기를 가져다준다.

우리는 내가 임신할 때까지 일을 계속하기로 했지만, 우리는 일이년 동안은 이런 일이 없으면 좋겠다. Francisco는 다른 작업자들이, 남자들이 결혼 후 아내가 임신을 하지 않는 것을 놀리듯이 자신을 놀리리라는 것을 확신했지만 별로 개의치 않았다—사실 그들은 거기가 제 기능을 못하냐고 묻는다. 우리는 가정을 꾸리기 전에 새 Colonia에 우리의 부지(敷地)를 사고 싶다. 우리가 돈을 잘 절약한다면, 일년쯤 안에 고속도로 근방에 있는 새 Colonia에 있는 곳에 땅을 구할 수 있을 것이다. 만약 가격이 너무 높이 올라가지 않는다면 말이다. Coloniar Popular나 Francisco의 부모가 살고 있는 La Union에서 두 지역은 전기 시설, 수로(隧路) 시설, 하수처리 시설이 있는데, 이 두 곳은 땅을 사기에는 너무 비싸다. 그럼, 우리는 우리의 집을 지을 것이다. 조금씩 조금씩, 오빠와 엄마가 이곳 Colonial Popular에서 그랬던 것처럼. Estela는 나에게 언제 자동차 장신구 회사가 문을 열 것인지를 알려 주었다. 그럼 나의 눈이 나빠지지도 않을 것이다. 내가 계속 Maquiladora에서 일을 하면, 나는 엄마처럼 안경이 필요할 수도 있다.

아마 언젠가, Francisco는 내가 비서 학교로 돌아갈 수 있게 해줄 것이다. 그래도 등록금은 꽤 비싸다. 우리는 우리 집의 방의 수가 그의 집의 방 수보다 많기 때문에 처음에는 엄마와 같이 살 것이다. 그의 집에는 아직도 남동생과 여동생이 몇 명 있다. 그의 남동생 중 몇몇은 일을 해서 엄마가 그를 필요로 하는 것만큼 그를 필요로 하지 않는다.

큰 언니는 아직도 내 웨딩드레스 준비 중이다. 내가 교회에 서서 "나 Maria Arenas는, Francisco Murillo Contreras를 나의 합법적인 남편으로 인정하며…" 라고 선언하기까지는 몇 주 남지 않았다. 그리고 아마, 우리는 그가 나에게 손을 내밀어 춤추자고 했을 때만큼 아주 행복할 것이라고 생각한다. 그가 그의 Colonia로 가기 전 밤에 작별 키스를 해 주었던 것만큼 행복할 것이다. 아마도 나의 운명은 좋은 것이 아닐까 생각해 본다.

1996년 12월

우리는 모두 쓰레기장에서 가지고 온 매트리스 위에서 잤다. 엄마가 결국에는 콘크리트 바닥을 깔았지만 그것은 우리가 상용(常用)하던 더러운 바닥에 비해 너무 딱딱했다. 그러나 적어도 개미들이 집 전체를 덮는 일은 없었다. 나는 다섯 명의 남자 형제와 일곱 명의 여자 형제들이 있지만 대부분이 결혼해서 이사를 갔다. 또한 나보다 나이가 많은 두 명의 오빠와 언니는 내가 태어나기 전에 결혼했다. 그러나 결혼 후에도 계속 우리를 방문했다. 언니는 항상 멕시코 시에 살고 있다.

휴, 남자 형제들과 동생이 결혼해서 집을 옮겨 나간 것을 계기로 나와 Ana는 전기 공장에서 일하게 되었다. 그들이 엄마를 도와주기로 약속했지만 그들은 곧 부양할 아기가 생겼다. 그들 둘 다 새로운 Colonia 지역에 땅을 얻었다. 그리고 건축자재를 사야만 했고 더불어 우리는 집에 필요한 모든 용품들 즉, 접시나 프라이팬 같은 것들도 역시 사야 했다. 그들의 집은 여전히 폐품으로 된 나무로 만들어졌고, 알루미늄 캔이나 플라스틱 조각으로 구멍을 메우고 살고 있다. 예전에 우리가 그랬듯이. 그러나 지금 시멘트 블록을 가지고 있고 언젠가는 그들의 집을 지금보다는 좋게 만들 것이다. 그렇지만, 둘 다 아무도 완전한 직업을 가지고 있지 못하다. 그저 한 직업에서 다른 직업으로 일이 생길 때마다 옮겨 다닌다. 예를 들면 한 해에 몇 달은 당근을 포장하는 공장에서 일하고, 몇 주는 트럭에 짐을 실어 올리는 일을 하고, 그리고 몇 달은 자동차 정비공장에서 일하고, 얻을 수 있는 일이라면 무슨 일이든 한다.

나의 유일한 오빠 Luis, 그는 건축 계약자이며, 그만이 안정된 직업을 가졌다. Luis는 계속해서 도와주려고 노력했지만, 그는 엄마가 55살이 되셨을 때 처음으로 안경을 사다드렸다. 아, 엄마는 대부분의 일생을 반(半)소경 상태로 지내셨다. 그러고는 다른 사람들도 자신처럼 그렇게 흐린 이미지를 보고 산다고 믿었다. 우리는 엄마의 눈이 나쁘다는 사실을 Luis가 Virreyes로부터 사온 중고 TV를 통해 알았다. Virreyes는 이 도시의 변두리에 위치한 큰 마켓이다. 그곳에서 Colonia의 모든 사람들은 집에 필요한 물품을 구입한다. 우리 엄마는 novelas를 제대로 따라 다니지 못했다. 왜냐하면 엄마는 누가 누군지 볼 수 없었기 때문이다. 그래서 Luis가 엄마를 안과에 데려가서 안경을 맞추어 주었다. 그러나 Luis는 그렇게 많은 일을 할 수는 없었다. 그는 지금 딸 네 명과 요구사항이 많은 아내와 함께 살고 있다.

엄마는 Colonia에서 집집이 다니며 도제상이 만든 작은 조각상을 되팔면서 엄마가 쓸 푼돈을 벌었다. 우리가 사는 Colonia는 2년 전 시가 만든 쓰레기장

바로 옆이었다. 그러나 이 쓰레기장이 가득 차자 그 쓰레기장은 우리가 사는 지역에서 20킬로미터 멀리 떨어진 Ejido로 옮겨졌다. 많은 주부와 심지어 남자들까지도 버려진 옷, 가정용품, 가구, 심지어는 음식물이 조금 담긴 찌그러진 캔, 신선한 과일, 조금 썩은 부분이 있는 채소—이것은 슈퍼마켓 체인점이 이곳에 버리고 간 것이다—이런 것들까지 주워 왔다.

(중략)

엄마는 월급이 좋은 직업이 있는데 우리가 왜 다른 직업을 위해서 공부를 해야 하냐고 말씀하셨다. 그러고 나서 엄마는 자신이 읽거나 쓰는 것을 배우지 않았는데도 지금 돈을 벌고 있다고 말씀하셨다. 중요한 건 다음 학기를 다닐 등록금이 없다는 것이다. Ana의 아빠, 즉 나의 삼촌 Gilberto는 직업을 잃었다. 그는 Calexico의 가구 시장에서 일하고 있었는데 출입국 사무소에서 그가 관광비자로 일을 하는 것을 적발한 다음 바로 직장을 잃었다. 그래서 Ana조차도 그 비서 강좌를 계속 들을 방법이 없었다. 엄마는 막내 여동생의 공책, 펜, 연필, 크레용 그리고 매달 들어가는 초등학교 학비를 걱정하고 있었다. 새 아빠가 돈을 보내오던 것을 멈추었기 때문이다. 이런 상황에 도움을 줄 수 있는 사람은 Ana와 나 이외에 아무도 없다. Luis의 사정이 나빠져서. 그래서 나와 Ana는 비서 과정을 중도에 그만두었다. 나는 이것이 우리의 운명이라고 생각한다.

4. 참고문헌

김영철(2002). 소설 〈레 미제라블〉을 읽고 나서: 한 교육학적 독후감, 교육인류학연구 5(2), 한국교육인류학회.

김정숙(1996). 소설의 언술체계로서 서사와 묘사의 상호작용, 불어불문학연구 33(1), 한국불어불문학회.

김택호(2007). 소설의 허구성에 대한 국어국문학과 학생들의 인식과 소설의 시간 재구성.

김혜영(2004). 소설 장르의 허구성 연구, 현대소설연구 21, 한국현대소설학회.

류철균(2001). 한국현대소설 창작론 연구, 서울대학교 박사학위논문.

신종한(2008). 한국소설의 시점 연구: 근대 이행기 소설을 중심으로, 동양학 43, 단국대학교 동양학연구소.

이강은(2006). 소설언어의 가치적 일원성과 다원성(Ⅰ), 러시아어문학연구논집 22, 한국러시아문학회.

우한용(1998). 소설의 서사기능 상실과 회복의 논리, 현대소설연구 8, 한국현대소설학회.

우한용(2007a). 소설 문체론의 방법 탐구를 위한 물음들, 현대소설연구 33, 한국현대소설학회.

우한용(2007b). 소설의 경계와 연구의 한계, 현대소설연구 34, 한국현대소설학회.

최인자(2007). 허구적 서사물의 플롯 이해에 기반한 서사 추론 교육, 국어교육 122, 한국어교육학회.

한용환(1992). 소설학 사전, 서울: 고려원.

Achebe, C. (1989). *Hopes and impediments: Selected essays*. New York: Doubleday.

Banks, A. & Banks, S. (1998). *Fiction and social research: By fire or ice.* Walnut Creek, Cal: AltaMira Press.

Dunlop, R. (1999). Boundary bay: A novel as educational research: Doctoral dissertation. University of British Columbia.

Dunlop, R. (2000). *Boundary bay*. Staccato Chapbooks.

Ellis, C. (2004). *The Ethnographic I: A Methodological Novel about Autoethnography*. AltaMira Press.

Ellis, C. & Bochner, A. P. (1996). *Composing Ethnography: Alternative Forms of Qualitative Writing.* AltaMira Press.

Graham, P. (1996). Interior Design: Stories. *Scribner*, 67-89.

Hamburger, T. (2005). On the Origin of Extinction. *Anthropology and Humanism, 30*.

Kilbourn, B. (1999). Fictional Theses. *Educational researcher, 28*(9), 27-33.

Philips, D. C. (1995). Art as research, research as art. *Educational Theory, 45*(1), 1-7.

Saks, A. L. (1996). Viewpoint: Should novels count as dissertations in education?. *Research in the Teaching of English, 30*(4), 403-427.

Sparks, A. (1996). Autoethnography: Self-indulgence or something more? In Ellis, C. & Bochner, A(eds.), *Ethnographically speaking: Autoethnography, literature, and aesthetics*(pp. 209-232). Walnut Creek, Cal: AltaMira Press.

Stoller, R. E. (2002). The griot' s many burdens. In Ellis, C. & Bochner, A(eds.), *Ethnographically speaking: Autoethnography, literature, and aesthetics.*(pp. 297-307). Walnut Creek, Cal: AltaMira Press.

Wilson, T. D. (2002). Maquiladora Cousins. *Anthropology and Humanism, 27*(2), 185-191.

제15장

연극적 글쓰기

연극적 글쓰기는 질적 글쓰기의 다양한 실험적 방법 중에서 가장 앞서 가고 있는 방법이다. 아울러 연극이 갖고 있는 특징으로 인하여 직접 독자들을 청중으로 간주하고 글을 써 내려간다는 점에서 우리의 오감에 가장 호소력이 강한 방법이다. 먼저 시나리오로 만들어진 다음에 관객들을 대상으로 하여 공연으로 실행되는 연극적 글쓰기는 그러한 점에서 연구자의 의도와 연구의 결과를 가장 인상적이고 직접적으로 전달할 수 있는 방법이다. 때문에 질적연구의 새로운 이론화 분야로서 그리고 질적 글쓰기의 새로운 장르로서 공연적 글쓰기(performing text)는 구미의 많은 질적연구자들에게 상당한 관심을 불러일으키고 있다. 나아가 우리가 연구를 대중들에게 전달하는 것을 연구의 최종 목적으로 한다면 바로 이 연극적 글쓰기야말로 건조한 강연장이나 발표장에서 글을 읽어 나가는 전통적인 표현의 방식에서 벗어나 살아 있는 표정과 목소리, 제스처를 통하여 연구결과를 독자에게 알릴 수 있으며, 실증주의 글쓰기와 표현의 문제를 극복하고 새로운 방법을 모색하려고 하는 탈실증주의적/질적연구 패러다임의 진정한 목적을 달성하려고 하는 시도라고 평가할 수 있다.

1. 연극적 글쓰기의 개념과 목적

연극적 글쓰기란 기존의 사회과학적 글쓰기 양식에서 벗어나 실재를 사실적으로 보여주고자 하는 노력에서 시작된 글쓰기 양식이다. 이것은 실험적이며, 대안적인 글쓰기 양식으로 글의 형식적인 측면이 강조된다. 여기서 '형식' 이란 희곡이나 연극 공연을 위한 조직적이고 수사적인 장치를 말한다. 연극적 글쓰기에서는 이러한 글쓰기 형식이 강조된다. 그러므로 연극적 글쓰기 방법은 희곡이 지니는 문학적 특징을 포함하면서 연극 양식으로 이동하는 특성을 지닌다. 또한 시적 글쓰기나 소설적 글쓰기와는 다른 행동과 대화 중심의 동적인 특성을 지닌다. 즉, 연극적 글쓰기를 통해 형상화된 드라마는 줄거리, 행동, 등장인물, 배경, 동기의 복잡성을 드러내기 위해 대화, 독백, 방백으로 행해지는 구두상의 언어와 목소리 톤, 신체 언어, 침묵, 얼굴 표정, 무대 장치 등의 비언어적인 표현 수단이 강조되며, 과학적이고 객관적인 진술보다는 문자화되어 있는 자료를 행동화, 시각화, 시청각화시켜 이것을 들려주거나 보여준다. 이때 연극적 글쓰기를 통해 형상화된 드라마는 연극적 요소를 지니고 있는 학술 결과물이기도 하지만 완성된 하나의 문학 작품일 수도 있으며, 보다 광범위한 문서(자료)로서 의미를 지닌다고 할 수 있다(Margot Ely, Ruth Vinz, Maryann Downing, Margaret Anzul, 1997, p.123).

최근 이러한 글쓰기는 다양한 학문 분야와 여러 학술 단체에서 통용되고 있다. 즉, 국제 의사소통 학회(NCA)나 미국 교육 연구 학회(AERA), 상징적 상호작용 사회학(SSSI), 조지아 대학 및 앨버타 대학에서 이러한 자료의 변환은 두드러진다(Ellis, 2004, p.211). 또한 스포츠와 체육(SPE), 체육학(American Alliance for Health, Physical Education, Recreation, Dance conferences in 2001 and 2002), 교육(American Educational Research Association conferences in 2001and 2002), 스포츠 사회학(North American Society for the Sociology of Sport conferences in 2001 and 2002)의 몇몇 학자들은 자신이 연구한 결과를 연극으로 창작하였다(Andrew, C. Sparkes, 2007, pp.658-659).

질적연구에서 이와 관련한 주요 논문을 보면, Brown(1998), Catherine J. Allen과 Nathan Garner(1997), Gilbourne, Richardson, Littlewood(2004), Kristan Ryan(1997). Lynn Haber(1995), Myra Bluebond-Langer(1980), Laurel Richardson(1997), Sykes(2000) 등이 있다. 이들 대부분은 자신들의 질적연구 자료를 연극으로 변화시켜 자신이 전달하고자 하는 의미를 독자들에게 정확하고 역동적으로 제시하고 있다. 또한 자신이 왜 질적연구 자료를 연극으로 바꾸었는지 그리고 자료를 변환함으로써 독자와 저자, 등장인물 간의 대화, 행동, 관점이 어떻게 바뀌고 이들 간의 관계가 어떻게 형성되는지를 논문이나 공연으로 제시함으로써 연극적 글쓰기로의 자료 변환효과를 강조하고 있다.

Brown(1998)은 '학생의 훈련(Boy' s Training)' 에서 체육교사교육(PETE) 학생들의 협상관계 및 그들의 정체성 확립 과정을 제공하고 있다. 또한 체육교사교육과정에서의 성별의 문제점을 강조하며, 남성 체육교사가 왜 정당화되고 있으며 이러한 과정이 왜 반복적으로 일어나는지 고민하게 만든다. Lynn Haber(1995)는 '두 목소리의 단막극(Playlet in two Voices)' 에서 대화가 등장인물 간의 단순한 의사소통 차원이 아닌 다른 기능을 하고 있다는 점을 보여주었다. 즉, 기존에 중시되었던 주동인물의 관점에서 벗어나 다른 인물의 입장에서 대화 내용을 구성함으로써 독자에게 다양한 관점을 제시해 주고 있다. 이를 통해 사람들 사이의 복잡한 관계를 완벽하고 공정하게 표현하려고 노력하였다. 또한 일인칭 '나' 를 사용함으로써 연구자가 지니고 있는 기존의 한계를 넘어서고 있다. 관점과 관련하여 Myra Bluebond-Langer(1980)는 '제프리 앤드류의 세계(The World of Jeffrey Andrew)' 에서 등장인물들이 지니고 있는 다양한 관점을 있는 그대로 묘사함으로써 등장인물들 간의 상호작용을 가장 효과적으로 드러내고 있다. 또한 대화 속에서 겉으로 드러나지 않는 의미들에 대해서는 등장인물의 행동을 통해 그 행동이 지니는 의미를 독자들이 스스로 생각해 보도록 보여주는 글쓰기를 시도하고 있다. 이외에도 Kristan

Ryan(1997)은 '대화에서의 시(Poetry in Conversation)' 에서 연극적 글쓰기의 또 다른 형태를 보여주고 있다. 즉, 등장인물로 4명의 시(poetry)가 등장하여 시인과 시, 그리고 우리 스스로의 미래에 대해 곰곰히 생각할 기회를 제공한다.

이렇게 질적연구에 연극적 글쓰기를 차용하는 것은, 연극적 글쓰기가 문화기술적인 기술이나 해석, 심지어 분석을 위한 하나의 방법으로 우리에게 어떤 전달방식으로 활용될 수 있기 때문이다. 또한 드라마틱한 공연이 관중과 배우들에게 문화기술적인 통찰력을 전달하는 방식으로, 이러한 방식(연극, 영화 등)의 선택이 다른 이들에게 질적 자료를 의미 있고 이해하기 쉽게 만들기 때문이다(Colin Trunbull, 1979, p.3을 Catherine J. Allen & Nathan Garner, 1997, p.2에서 재인용). 즉, Trunbull은 "질적 자료의 세부사항들은 매우 중요한 부분이지만, 이것들의 목록은 사진이나 정적인 거울 이미지처럼 태생적으로 무료하고 감흥을 주지 못한다. 그곳에는 보는 사람과 보여지는 모습 사이에 움직임과 상호작용이 있어야 한다."라고 질적 자료의 세부 목록이 지니는 문제점을 지적하였다(Colin Trunbull, 1979, p.2를 Catherine J. Allen & Nathan Garner, 1997, p.12에서 재인용). 그러므로 이것을 극복하는 방법의 하나로, 글로 쓰여진 단어를 바꾸는 과정 즉, 현실 세계의 삶의 경험을 극장에서의 삶의 경험으로, 또 행위에서 공연으로의 전환이 필요하다(Allen & Nathan Garner, 1997, p.12)는 것이다. 이를 통해 독자들은 상세히 기술되는 무대연출을 보는 것뿐 아니라 연구 내용의 내부로도 들어갈 수 있다(Margot Ely, Ruth Vinz, Maryann Downing, Margaret Anzul, 1997, p.123).

이를 통해 독자나 관객들은 논리적인 말보다도 등장인물의 동작이나 행동을 관찰함으로써 대상의 의미를 정확하게 파악할 수 있다(Catherine J. Allen & Nathan Garner, 1997, p.9). 가령, '콘도르 콰타이: 연극에서의 인류학(Condor Qatay: Anthropology in Performance)' 에서 불도저 운전수인 Jose Luis는 무력으로 빼앗아 다른 사람의 판초를 입는다. 그 행위를 통해 이 연극을 보는 사람들은 Jose Luis가 혼혈아(misti)에서 인디언(runa)으로 변해가는 모습을 상징적으로 느끼게 된다. 즉, 언어나 문자가 아닌 행동을 통해 그 심층적인 의미를 파악하게 되는 것이다. 이것은 등장인물의 내적 사고나 감정을 논리적인 말로 설명하는 것이 아니라 행위를 통해 표현하는 것이며, 이것을 통해 청중들로 하여금 그 행동의 의미를 생각하고 파악하게 하는 것이다. 이것은 연극적 글쓰기가 가지는 독특한 특징이며 동시에 연극적 글쓰기에서 반드시 갖추어야 하는 특징이다. 이것이 연극적 글쓰기가 다른 질적 글쓰기와 다른 점이다. 등장인물의 내적 사고나 감정을 논리적인 말로 설명하기보다는 행동을 통해 의미를 표현함으로써 관객들은 그 행동 의미를 생각하게 되고 의미를 확인할 수 있는 것이다(Catherine J. Allen & Nathan Garner, 1997, p.11).

2. 연극적 글쓰기의 효과

연극적 글쓰기가 가지는 효과는 경험을 구체화할 수 있다는 점이다. 연극적 글쓰기는 자신이 경험한 사건과 상황을 무대에서 재현하고자 하는 글쓰기 방법이다. 따라서 연극적 글쓰기는 언어가 가지는 한계를 넘어 생생하게 당시의 상황과 장면을 보여줄 수 있다는 특징을 가지고 있다. 이러한 특징이 가지는 효과는 텍스트를 넘어 자신의 경험을 구체적으로 표현할 수 있다는 것이다.

Richardson(1994)에 따르면 연극적 글쓰기는 소재의 특징에 따라 일반적인 글쓰기보다 경험을 효과적으로 형상화할 수 있다(p.124). 또한 Marianne A. Paget(1995)는 공연이 사회적 지식을 보고하는 방식으로서 미묘하고, 도발적이며, 대화체의 특성을 지닌다고 하였다. 그는 이러한 방식을 '경험의 구체화(concretion of experience)' 라 명하였다. 실제 '경험의 구체화' 라는 용어는 Jean ARP(1987)가 처음 사용하였는데, 그는 그가 만든 30개의 구체적 예술품들을 바이오모픽 조각(biomorphic sculpture)이라고 부르면서 처음 이 용어를 사용하였다(Marianne A. Paget, 1995, p.240). 그에 따르면 이것은 자연을 아우르고 있는 움직임, 과정, 변화, 변이 등을 표현한 것이며, 이러한 시도는 과학적이고 논리적인 텍스트처럼 다양하고 복잡한 현실 세계를 단선적이고 직선적으로 제시하는 것이 아니라 오히려 그러한 다양하고 복잡한 현실 세계를 있는 그대로 드러낼 수 있게 해준다. 그는 이것이 복잡하고 미묘한 현실의 경험을 제시할 수 있다는 점에서 연구의 의미를 강화시키고 깊이 있는 이해가 가능하도록 돕는다고 하였다(pp.240-241). Sam Shepard도 연극을 보이지 않는 것을 보이는 것으로 변형하며, 이를 통해 연극은 다른 어떤 형태의 창작보다 더 마술적일 수 있게 만드는 것(Louis E. Catron, 1992를 홍창수 역, 1999, p.45에서 재인용)이라 하였다. 즉, 연극적 글쓰기는 독자로 하여금 보이지 않는 것을 보이게 만들며, 필자가 말하고자 하는 바를 구체적으로 보여줄 수 있는 것이다.

이러한 효과들은 대사와 지문을 통해 나타나게 되는데 이러한 대사와 지문은 극적 상황과 다음성에 기초하고 있다. 극적 상황과 다음성에 대해 자세히 살펴보자.

(1) 극적 상황의 설정

연극적 텍스트에는 다양한 극적 상황이 존재한다. 시나 소설과 달리 연극적 텍스트를 연극적 텍스트답게 만드는 것은 극적 상황을 절묘하게 드러내는 것이다. 이때

'극적 상황' 이란 일상생활에서 겪는 돌연성과 의외성 그리고 이를 통해 발생하는 긴장감을 모두 지칭한다(이원희, 2006, p.83). Gustav의 말은 이러한 극적 상황이 무엇인지를 잘 보여준다.

> 내면의 강한 움직임이 의미와 행동으로 변모되기 전까지 계속해서 견고해질 때, 그리고 어떤 행동을 통해 내면의 움직임이 자극받을 때, 어떤 한 행위가 생성, 변화하는 과정과 그것이 감성에 끼치는 결과는 모두 극적 행위라든가 격정적인 움직임이다. 격정 그 자체는 극적이 아니다. 극예술의 과제는 어떤 격정 자체를 묘사하는 것이 아니라 어떤 행동을 유발하는 격정을 묘사하는 것이다(이원희, 2006, p.83에서 재인용).

Gustav가 강조하는 것은 극적이라는 의미는 격정 그 자체가 아니라 격정을 일으키는 행동에 있다는 것이다. '극' 이라는 용어 'drama' 는 희랍어 'dramenon' 에서 나온 말로 '행동하다' 는 뜻을 가지고 있다. 일상생활에서 발생할 수 있는 점증되는 긴장에서 돌연한 반전, 충격과 의외성 등의 행동이 수반될 때 극적인 의미를 갖는다. 다만, 일상생활이 모두 놀라운 충격의 연속이나 매 순간 자극적이지는 않기 때문에 극적 상황이란 일상적인 삶의 리듬을 깨뜨리는 놀랍고 자극적인 상황을 제공하는 돌발적이고 의외적인 행동을 의미한다. 이러한 상황들은 압축적이고 상징적인 형태를 띠면서 인생의 의미를 발견하는 방향으로 향한다(이원희, 2006, pp.83-86). 이를 표현하기 위해서는 제한된 시간과 공간이라는 연극적 특성을 전제로 하여 극적인 상황만 남기고 나머지는 압축하거나 생략해야 한다. 대신 필요한 부분에서 인물에 의해 필요한 시기에 압축된 전사의 파일을 풀어내는 것이다. 특히 하나의 특별한 이야깃거리를 전부 다 풀어내는 것이 아니라 압축과 생략을 통해 구조화하는 것이다. 이것이 극 텍스트의 구조적 특징이다.

가령, Myra Bluebond-Langer(1980)는 '죽어가는 아이들의 내면 세계(The private worlds of dying children)' 에서 백혈병에 걸린 아이들을 등장시킨다. 이들은 죽음을 목전에 두고 있지만 의외의 모습을 보여준다. 즉, 백혈병에 걸린 아이들은 자신의 아픔 혹은 죽음에 대한 두려움보다는 의사를 흉내 내거나 그 수준을 넘어 서로를 진단하며, 자신의 병에 태연한 모습을 보인다. 또한 자신의 현재 상황에 대해 이야기한다.

> 제프리: (앉아서 손에 있는 찰흙 덩어리를 보면서) 노란 약은 2년 정도 지속돼요. 하지만 단지 7주 동안만 효과가 있어요. 이제 난 빨간 약을 먹어요. 하지만 그건 노란 약만큼 길게 약효가 없어요.

피터: (찰흙 덩어리로 알약과 비슷한 작은 공모양을 만들면서) 난 매일 10알 씩 먹어. 하지만 오늘 의사들이 내 약을 바꿀 거라고 해.

제니퍼: (만들고 있는 동물을 보며) 의사들은 골수채취를 가장 먼저 해야 해.

피터: 너는 어떻게 아니?

제니퍼: 그들은 4주 동안 기다려. 그리고 한 가지 작동을 멈출 때까지 너에게 다른 골수와 다른 약을 주지. 그런 다음 다시 시작해. (침묵)

미라: 안녕, 제프리. 무슨 일을 하고 있니?

제프리: 저, 놀이를 하고 싶어요. 당신은 제프리 (침묵) 전 미라가 될 거에요.

미라: 좋아. 그럼 내가 제프리가 되려면 어떻게 해야 하지?

제프리: 당신은 항상 병원에 있어야만 하고 항상 주사를 맞아야 하구요. 또 정맥주사를 항상 맞고 항상 아파야 해요.

미라: 그것이 네가 하는 일의 전부니?

제프리: 그래요.

이러한 모습들은 설명식 대화로 길게 나열되기보다는 압축과 상징적인 표현을 통해 독자들에게 보여진다. 이를 통해 그들의 일상에서 일어나는 생활의 극적인 모습이 보다 효과적으로 드러나게 된다. 이러한 장치를 통해 독자나 관객들은 자신의 삶을 되돌아보고, 또 자신의 삶을 재구성할 수 있는 것이다(우한용 외, 2002, pp.278-279).

(2) 다음성

다음성이란 '한 발화가 지니는 다층적인 상호 관계(수평적 · 수직적 관계)' 를 의미한다. 이것은 원래 Bakhtin이 문학 영역에서 이론의 기본 원리로 삼았던 개념으로 그 후에 Dirck에 의해 언어학에 도입, 확장되었다. 그 이후 Kristeva에 의해 그 의미가 '상호 텍스트성' 으로 변모되었으며 다른 영역에까지 그 의미가 확장되었다(백경선, 1993, pp.16-19). 쉽게 이야기하면, 다음성은 극에 등장하는 다양한 인물 개개인의 목소리를 의미한다. 그리고 이러한 목소리들이 가지는 상호관계와 그 관계가 가지는 의미를 상징한다. 따라서 다양한 등장인물들이 각자의 시각과 관점에서 극적 상황을 구체화하고 형상화하는 연극적 글쓰기에서 다음성은 중요한 개념이다.

연극적 텍스트에서 이러한 다음성의 개념이 도입, 확장된 것은 다음과 같은 이유에서다. 연극적 텍스트에는 서술적 자아가 없거나 있다고 해도 서사적 형태의 희곡이나 소설에서보다는 그 비중이 상대적으로 작다. 이것은 일반적인 글에서 나타나는 서술자가 연극적 텍스트에는 나타나지 않는다는 것을 의미한다. 대개는 연구자의 시각에서 연구자의 목소리로 텍스트가 기술되지만 연극적 텍스트는 그렇지 않다는 것이다. 따라서 연극적 텍스트에서는 등장인물 하나하나의 목소리가 독자적으로 존재하면서 다른 등장인물과 변증법적 대화를 하거나 공존하거나 충돌하기도 한다. 때로는 의사소통이 전혀 되지 않는 상태에서 각자의 이야기를 하기도 한다. 따라서 모노드라마를 제외하고는 다른 시각과 입장을 가진 다양한 등장인물들이 각자의 소리와 음성을 지니고 공존하게 된다. 이것이 연극적 텍스트에서 다음성의 개념이 도입되고 확장된 이유이다.

또한 극작가는 지문에서 직접적으로 드러나기도 하고, 등장인물과 작품 전체의 구조 뒤에서 숨어 작품 전체를 조정하는 힘으로 존재하기도 한다. 특히 극 텍스트에서는 다양한 음성이 독자적인 소리를 지니고 있고 그 음성처럼 다양한 시각이 존재한다. 하나의 서술적 자아에 의해 정리되지 않고 각각의 음성을 지닌 인물과 여러 요소들이 서로 공존하거나 충돌하기도 하는 것이다. 이러한 희곡의 수평적 차원은 문자화된 기호에 의해 평면적으로 짜여 있지만, 그것은 사람들의 움직임과 음성, 다채로운 공간, 그리고 그것을 메울 다양한 효과로 살아날 잠재적인 심층적 구조인 것이다(이상란, 2000a, pp.234-235).

Lynn Haber(1995)는 '두 목소리의 단막극(Playlet in two Voices)' 에서 연구의 중심인물로 교사가 아닌 유치원생인 왈터(Walter)의 입장에서 유치원 생활을 표현하고 있다. Lynn의 이 작품은 대사의 구성에 있어 다음과 같은 특징을 가지고 있다. Lynn은 기본적으로 교사의 대사는 교사의 말과 행동을 바탕으로 구성하였지만 왈터의 대사는 말보다는 행동과 표정 같은 비언어적인 요소들을 통해 구성하였다. 즉, 교사의 대사는 그 교사의 행동이나 말에 기초하고 있지만 왈터의 대사는 비언어적 행동들을 통해 추측한 내용들에 바탕을 두고 있다. Lynn은 자신의 현장 노트와 메모를 통해 수집한 정보들을 배열과 재배열을 통해 대사를 선정하고 내용을 구성한 것이다. 이것은 단순히 왈터의 교실 생활을 묘사하는 수준에서 그치지 않고 권위에 대항하는 왈터의 모습과 바둥거리는 상황을 실감나게 드러내려는 의도가 숨어있다. 그리고 이렇게 다른 입장에 서있는 등장인물의 시각을 통해 연극적 텍스트의 심층적 구조를 표현하고자 하였다.

이런 다음성은 연극적 텍스트를 읽는 것으로 그치지 않고 공연으로 이어질 때 보다 선명해진다. 독자들은 공연을 보면서 텍스트의 내용을 구체적이고 선명하게 머릿속에 그릴 수 있기 때문이다. 이것은 연극적 텍스트의 대화가 지니는 현재성(present moment)에 기인한다. 즉, 연극의 즉흥성은 다른 형태로 묘사하기 어렵다. 왜냐하면 드라마에서 대화는 현재성이 매우 중시되기 때문이다. 그러나 이런 성질은 드라마가 지니는 독특한 표현의 힘인 현재성으로 다음 혹은 미래의 순간으로 우리를 이끈다(p.123). 가령, Catherine J. Allen과 Nathan Garner(1997)의 'Condor Qatay'의 극 내용 중, 주인공 조세 루이스(Jose Luis)와 아드리아나(Adriana)는 극중에서 결혼한다. 그러나 그들의 새로운 삶은 제시되지 않는다. 이런 상황에서 관객들은 그들의 삶이 미래에 어떻게 펼쳐질지를 상상해 볼 수 있다. 즉, 대화나 행위가 현재성을 지니지만 현재가 아닌 '다음 혹은 미래'로의 다양한 상상이 가능해지는 것이다. 이것은 Lange(1953, p.307)의 말처럼, (상황 속에서) 과거 행동을 내포하긴 하지만, 드라마는 내러티브처럼 현재를 향해서 진행되는 것이 아니라 무언가 현재를 넘어 다른 것을 향해 진행되는 것이다.

3. 연극적 글쓰기의 대표 작품

이 절에서는 질적연구 분야에서 자신의 연구를 연극적 글쓰기로 표현한 대표적인 작품들을 소개하고자 한다. 이 작품들은 앞 절에서 설명한 연극적 글쓰기가 가진 특징들을 잘 보여주는 작품들이며, 동시에 새로운 대안적 글쓰기로서 연극적 글쓰기가 가진 가능성과 방향을 탐구한 작품들이다.

(1) Richardson의 '바다 괴물'

Richardson의 '바다 괴물(Sea Monster)'은 대안적 글쓰기 양식에 대해 고민하던 자신의 모습을 연극으로 형상화한 작품이다. 그녀는 1996년 세인트 피터스버그에서 열리는 심포지엄 '상징적인 상호작용 연구회(Society for the study of Symboloc Interaction)'에 가는 도중 남편이자 소설가인 Lockridge와 '질적연구로서 소설적 글쓰기'에 관해 토론하였는데, 이때의 토론을 연극적 글쓰기로 형상화한 것이다. 저자는 이 작품에서 자신이 작품의 주인공이 되어 질적 글쓰기 양식에 대해 고민하는 모습을 보여준다. 가령, 서재나 다른 장소에서 '소설이 과연 질적 글쓰기 방법으로 적절한지' 그리고 '그것을 판단할 수 있는 근거가 있는지' 등을 등장인물의 입을 통해 보여준다. 또한 자신의 고민에 대한 조언책으로 소설가인 남편의 도움을 받는 장면을 설정하고 그 장면 속에 자신과 남편의 목소리를 동시에 담는 글쓰기 형식을 시도했다(전체 세 막 중 제3막에서 이러한 시도를 함). 이것은 연극적 글쓰기에 대한 새로운 시도이며 다층적 목소리가 들어갔다는 점에서 '포스트모더니즘의 작품해체'와 '모더니스트 내러티브' 사이의 연계라는 새로운 시도를 했다는 평가를 받고 있다.

이 작품은 전체 3막 9장으로 되어 있다. 앞의 두 막은 Richardson이 등장하여 자신의 현재 모습, 즉 '어떻게 질적 소설에 대해 토론할 것인가?', '그것을 무슨 근거로 비판할 것인가?', '문학과 과학의 이슈는 무엇인가?', '질적연구의 새로운 글쓰기 방식으로 소설적 글쓰기는 어떠해야 하는가?' 등을 내적 독백이나 남편과의 대화로 보여준다. 그러나 마지막 3막에서 Richardson은 남편에게 자신의 글을 수정하도록 요구하여 앞의 두 막과는 완전히 다른 화자의 톤, 즉 남성적 에너지를 작품에 불어넣었다. 3막에서의 이러한 시도는 두 개의 다른 접근법이 하나의 작품에 녹아들 수 있도록 해주었고, 한 작품 속에 다양한 위치의 다양한 목소리가 어떻게 녹아들 수 있는지를 보여주었다.

> 1막
> 1장: 희고 파란 침실
> 로렐(내적 독백): '뒤섞인 장르, 뒤섞인 장르…….'
> (중략)
> 난 왜 이런 식으로 글을 쓰나? 왜 대체 글을 쓰나?
> 뒤범벅이 된 장르
> 뒤범벅이 된 장르—밖으로 나와 놀자
> 밖으로 나와 놀자
> —뒤범벅이 된 장르
> —뒤범벅이 된 장르
> —당신을 자유롭게 해줄
> —오! 소중한, 질적인 글쓰기?

위에 제시된 1막을 통해 독자나 질적연구자들은 등장인물 로렐의 고백을 통해 Richardson이 가지고 있는 질적연구 글쓰기에 대한 고민을 무심히 읽고 듣게 된다. 이를 통해 그가 왜 이토록 고민하고 있으며, 이러한 상황 속에서 자신 즉 독자나 청중들이 어떠한 해답을 주어야 하며, 어떤 반응을 보여야 할지에 대해 그들 스스로 고민하게 만든다. 이러한 결과로 인해 이 작품은 기존의 글쓰기보다 연구자의 고민을 독자들에게 효과적으로 제시하게 된다. 이것은 연극적 글쓰기를 통해 경험의 구체화를 끌어내는 것이다. 특히 이것은 평소 Richardson이 고민하던 문제로, 이것이 연극적 글쓰기를 통해 어떻게 형상화될 수 있는지를 나타냈다는 점에서 글쓰기 방법에 대해 고민하는 질적연구자들에게 새로운 고민과 강한 내적 동기를 유발하고 있다.

3막

1장: SSSI - 세인트 피터스버그 심포지엄. 로렐과 어니스트는 손을 잡고 해변을 걷고 있다. 로렐은 지금까지 본 적이 없는 예쁜 조개껍질을 주워 주머니에 넣는다.

2장: 어니스트와 로렐은 호텔 객실에 앉아 있다. 어니스트는 모래를 씻기 위해 따뜻한 물속에 조개를 들고 있다. 분홍색 틈 사이로 귀두와 가시가 있는 긴 근육질의 갈색 혀가 나와 도자기 세면대를 사납게 핥았다.

어니스트: 로렐, 이리 와봐.
로렐: (비명을 지르며) 어머! 살아있어!
어니스트: 응, 근데 넌 이걸 주머니에 넣고 있었어.
로렐: 우~ 참을 수 없어. 어떻게 좀 해봐!
어니스트: 글쎄. 난 스위스제 군용 칼을 가지고 있어.

3장: 어니스트는 멕시코 만에 조개를 가지고 돌아온다. 로렐은 공책으로 돌아간다.

3막에는 앞의 두 막과는 다른 화자의 어조와 톤이 나타나는 것을 알 수 있다. 작품 후기에서도 밝히고 있지만 Richardson이 남편이자 소설가인 Lockridge에게 자신의 글을 고쳐 달라고 부탁하였기 때문이다. 그녀는 이 시도를 통해 그동안 자신이 가지고 있었던 대안적 글쓰기에 대한 고민을 해결할 수 있었다. 그리고 이러한 시도를 통해 대안적 글쓰기가 가지는 가치와 의미를 발견할 수 있었다.

먼저 이러한 시도는 한 작품 속에 두 화자의 목소리가 공존할 수 있도록 해주었다. 특히 이 부분(3막)은 소설가 특유의 문체가 배어 있어 앞의 두 막과는 다른 느낌과 어조를 느낄 수 있으며 독자로 하여금 목소리와 관점을 혼동하게 한다. 이것은 연구에 참여하고 있는 다양한 사람들의 입장이 작품 속에 형상화될 수 있도록 해준다는 점에서 가치가 있다. 그리고 글쓰기는 그 현장에 있는 다양한 참여자들의 목소리와 관점이 드러날 때 더 사실적이고 생생해진다는 점에서 이러한 새로운 글쓰기 방식은 가치를 가진다. 따라서 Richardson의 이러한 글쓰기 방식은 이전에는 없었던 글쓰기 방식이며 혼합적인 글쓰기 방식이라는 점에서 대안적이며 포스트모던적인 글쓰기 방식이라고 할 수 있다.

이러한 특징을 위의 제시문을 통해 살펴보면, 3막에서는 Lockridge의 글쓰기 방식과 목소리로 내용을 전개하고 있다. 가령, Richardson은 토론을 하기 위해 머물렀던 해변가에서 '조개'라는 소재를 발견한다. Richardson은 이것을 작품 속에 활용하고 싶어하며, 이 내용을 토론문에 포함시키고 싶어한다(작품 후기 참고). 이 장면에서 Richardson은 글쓰기에 대한 조언을 남편에게 부탁하고 남편은 이 소재를 활용하여 연구 작품으로서의 글쓰기가 아닌 소설로서의 글쓰기로 작품을 묘사한다. 이를 통해 연구자 Richardson은 3막을 두 가지의 다른 방식, 즉 질적연구자인 자신과 소설가인 남편의 목소리가 공존하는 공간으로 변형시킨다(Richardson, 1997: 71). 이것은 기존에 시도되지 않았던 새로운 글쓰기라는 점에서 큰 의미를 지닌다.

또한 이것은 기존의 연극적 글쓰기가 지니는 특성과도 연결된다. 즉, 연극적 글쓰기는 다양한 음성이 독자적인 소리를 지니고 있고 그 음성처럼 연극 속에는 다양한 시각이 존재한다. 따라서 연구자의 관점과 목소리로 작품을 표현하는 것은 자료를 드러내고 형상화하는 데 있어 한계를 가진다. 따라서 한 작품 속에 다양한 목소리와 관점을 나타낼 수 있다면 이것은 희곡이 가지는 수평적 세계를 심층적인 구조로 바꾸어 줄 수 있다. 이와 관련하여 이상란(2000)은 연구가 가지고 있는 이러한 특성들은 동일하지 않은 각각의 음성을 지닌 인물과 여러 요소들(사람들의 움직임과 음성, 다채로운 공간 등)이 서로 공존하거나 충돌하기도 하면서 희곡의 수평적 차원의 문자화된 기호구조를 살아있는 잠재적인 심층구조로 바꾼다(p.234-235)고 하였다. Richardson은 이것을 통해 기존의 질적 자료가 지니는 딱딱함을 생생하게 표현해 내었고, 독자들에게 새로운 감홍을 주고 있는 것이다.

물론 이것은 연구자가 아닌 타자에 의해서 쓰였다는 점에서 연구의 본질적인 의미나 사실을 훼손한다는 비판을 받을 수 있다. Richardson은 그 비판에 대한 답으로서 그 글의 통제권은 자신이 가지고 있었음을 강조하였다. 그리고 남편은 자신의 통제권 아래에서 글을 소설적으로 표현한 것에 지나지 않음을 강조하였다. 즉, 글의 구성과 내용은 전적으로 자신이 결정하고 선택한 것이며 남편은 그러한 글의 구성에 대한 권한 없이 소설적으로 표현한 것임을 강조하였다. 그리고 이를 통해 이러한 대안적 글쓰기 방식의 당위성을 확보하였다.

이 작품은 이러한 의의 외에도 모더니스트의 연극적 기준에 부합하는 특성을 지니고 있다. 즉, 연극적 글쓰기가 지니는 장면, 등장인물, 장소, 서사적 장치, 위기, 해결 등의 구성요소와 작품 구성을 통해 기존 연극적 글쓰기의 효과를 보여준다. 가령, 연구자는 작품 등장인물인 Richardson을 통해 질적연구의 글쓰기로 고뇌하는 자신의 모습을 대신한다. 특히 연극적 글쓰기의 문학적 장치인 대화와 보여주기의 특성을 통해 자신의 의도를 효과적으로 드러내고 있는 것이다. 다음은 이 작품의 이해를 돕기 위해 전문에 대한 개관을 실었다.

바다 괴물(The sea monster)

1막 1장, 희고 파란 침실에서 로렐은 글쓰기 방식에 대해 고민하고 있다. "뒤범벅된 장르, 밖으로 나와 놀자—뒤범벅된 장르, 나의 소중한 글쓰기", 자신의 글쓰기 방식에 대해 끊임없는 고뇌가 보인다.

2장, 로렐은 서재에서 혼잣말을 하고 있다. "보편성은 다 있어. 같은 단어, 같은 기술이지만 문맥에 따라 다르잖아. 아, 질적 글쓰기로서의 소설"

3장, 로렐은 어니스트와 글쓰기 방식에 대해 이야기하고 있다. "소설은 소설이 다루고 있는 사회와 그것이 쓰여진 당시 사회에 대한 구현이며 논평이었다. 그리고……."

4장, 로렐은 스스로 이야기한다. "난 절대로 글쓰기 문제와 전략을 구분하지 않을 거야. 절대로 그렇게 하지 않을 거야."

5장, 외로운 학자 로렐은 스턴총을 가지고 산책을 하며 혼잣말을 한다. "살아온 경험이란"

막이 바뀌며 새로운 막이 시작된다.

2막 1장, 로렐의 또 다른 자아인 토론자의 에세이가 컴퓨터 모니터에 비친다. 문제는 진정 질적인 방법으로 소설을 쓰는 것이 아니라 살아온 경험에 대해 쓰는 것이다. 그러나 '살아온 경험'을 어떻게 이론화하고 이것을 어떻게 그때그때 경험하느냐 하는 것은 중요한 문제다. 느낌과 감정이 우리의 개인적 집합적 삶의 추론적 공간을 차지하기 때문이다. 우리는 자신의 삶을 경험한다. 그것은 개인적이며 감정적으로 유의미하고 이것을 서술할 수 있다. 우리는 사물에 주의를 기울인다. 우리는 정체성을 가지는 것을 좋아하고, 정체성을 밝힐 수 있는 다른 사람들과 공유하고자 한다.

에세이가 중지되며 로렐의 내적 독백이 시작된다. '나는 이번 글은 쓰기가 매우 어려운 것을 알고 있다. 나는 나의 삶에 대해 글을 쓴다. 그리고 지금 나의 삶은 모순된 담화의 틈 속에 놓여 있다. 내가 글을 쓰면 쓸수록 글쓰기의 가치에 대한 확신은 점점 줄어든다.'

어니스트가 걱정하는 눈빛으로 들어온다. 로렐은 이야기한다. "살아온 경험을 어떻게 써야 하는지 그 방법을 고민하고 있어." 어니스트는 살아온 경험을 표현하는 방법으로 소설 쓰기를 권한다. "위대한 소설가에 대해 읽어봐."

토론자의 에세이가 다시 보인다. '우리는 정말 소설 쓰기를 원하는가? 우리는 독자들이 우리가 말하는 세계가 상상이라고 믿기를 원하는가? 만약 그렇다면 우리의 글이 소설이라 판단될 때, 우리는 질적 연구자로서 가지는 지위나 도덕적 힘을 잃게 될 것이다. 그러나 우리는 이것을 포기할 필요가 없다. 우리는 우리가 아닌 다른 사람의 마음속에 들어가 질적연구자로서의 신뢰를 잃지 않고 글을 쓸 수가 없기 때문이다. 우리는 그저 이야기들을 쓸 뿐이다. 그래서 이렇게 많은 글쓰기 실험을 했는지도 모르겠다. 우리는 살아온 경험을 통해 그리고 주관적으로 경험된 삶을 통해 문화적, 사회적인 것을 이해한다. 우리는 그것을 쓰고 싶다.

막이 바뀐다.

3막 1장, 세인트 피터스버그 심포지엄. 로렐과 어니스트가 해변을 걷고 있다. 로렐은 예쁜 조개껍질을 주워 주머니에 넣는다.

3막 2장, 어니스토와 로렐은 호텔 객실에 앉아 조개에 대한 이야기를 하고 있다.

3막 3장: 대화 후 로렐은 공책으로 다시 돌아간다. 커튼이 처진다. 그리고 작가의 후기가 제시된다.

후기: 바다 괴물을 같이 쓴 후

나는 어떻게 '질적 소설' 에 대해 토론할 것인가? 나는 무슨 기준을 이용할 것인가? 문학? 과학? 이슈가 무엇인가? 나의 사상은 무엇인가? '질적 글쓰기로서의 소설' 에 관한 논문을 읽은 후 나는 그것들을 비평하지 않기로 결심했다. 다른 사람이 누군가의 작품을 평한다는 것은 얼마나 무례한 것인가? 창의적인 작품인 질적 글쓰기 방법은 과학적인 소산이 아니라 쓰는 작가의 개인적 연약함으로부터 나온다. 만약 내가 그들 모두에게 동등하게 좋은 말을 해줄 수 없다면 난 차라리 모두에게 아무 말도 하지 않을 것이다.

나는 다른 사람의 작품을 평하는 데 많은 시간을 보냈다. 소설과 다른 장르를 혼합하고 싶어서도 그랬지만 나는 글을 쓸 때, 그 너머에 무엇이 있는지 알고 싶다. 그래서 난 문학적 경계를 넘는 일을 즐긴다. 남편 어니스트, 그는 영어 교수이며 창의적 글쓰기를 가르치고 있는 소설가이기도 하다. 그와 난 시간이 날 때마다 몇 시간씩 '질적인 연구방법으로서의 소설' 에 대해 토론을 벌였다. 어니스트는 익숙한 작업이지만 난 새로운 길을 탐험하고 있는 것이었다.

얼마 후, 토론자의 자격으로 쓰고 있는 이 보고서는 9가지의 표제를 가진 지적인 모습을 띠기 시작했다. '한 개의 몸 아홉 개의 머리: 히드라 쓰기' 라고 불렀다. 나는 어니스트와 나, 그리고 토론자라는 연극 속의 진짜 등장인물과 장면, 장소, 동기, 갈등 등의 연극적 구성요소를 만들었다. 나는 연극적 글쓰기를 통해 나의 사고와 글쓰기 과정을 형상화할 수 있었고 적법하게 어니스트를 인용할 수 있었으며, 단순히 문학적인 것을 피하고 진지함과 재미를 추구하는 멋진 포스트모더니즘을 만들 수 있었다.

2막은 다양한 글쓰기 전략에 대한 논쟁으로 이루어져 있다. 3막에서 나는 해변가의 조개를 인용하고 싶었다. 어니스트에게 도와달라고 했다. 어니스트는 3막을 대화와 묘사를 통해 써주었다. 이것은 질적 글쓰기로서의 소설 쓰기와 문학 장르로서의 소설 쓰기의 차이점을 극명하게 보여주었다. 그는 원고를 두 개의 별개의 접근법(스타일, 목소리, 인물)이 공존하는 곳으로 변형시켰다.

어떤 이들은 이 글이 포스트모더니스트의 분열과 모더니스트의 내러티브 사이의 연계를 대표한다고 할지도 모른다. 그렇지만 나는 이 글이 이렇게 읽히기를 선호한다. 이 '연극' 은 표준적인 토론 글쓰기를 파괴하고 처음 두 막과 3막 사이에는 통합된 자아의 파괴를 나타낸다. 반면에 이 연극은 모더니스트의 연극 기준에 부합하기도 한다. 즉, 장면, 등장인물, 장소, 내러티브 장치, 위기, 해결 등이 있기 때문이다.

스톤 회의에서 돌아왔을 때, 난 '바다 괴물: 질적 드라마' 를 상징의 상호작용(SI)이라는 학술지에 보냈다. 나의 관심은 이 논문이 사회학 저널에 게재되는 것이었다. 나는 이 작품을 작품 소개란에 '호평을 받을 만한 진묘한 작품' 으로 묘사했고, 학술지에서도 그것을 인정해 주길 원했다. 그래서 회유적으로나마 서언과 발문, 참고문헌을 덧붙였다. 이것은 편집장 David Maines에게 순순히 받아들여졌다. 다만, '질적 드라마' 의 풍자적인 인용부호가 삭제되었다.

나는 이 글을 통해 질적 드라마에서 어떻게 하면 다양한 위치에서 목소리를 낼 수 있는지를 발견했으며, 개방과 반성을 통해 나 자신에 대해 단순히 말하는 것이 아니라 이것을 어떻게 느껴야 하고 어떻게 보여줄 수 있는지를 찾아냈다. 또한 어니스트와 관점을 공유하는 것은 같은 목소리, 같은 스타일, 보여주는 방식과 아는 것을 공유하는 것과는 다르다는 것을 알았다. 우리가 말하는 것은 그것을 누구와 어떻게 이야기하느냐에 따라 다르다. 우리가 말하고자 하는 것에는 '보여주기' 를 통해 내용이나 주제가 더 효과적으로 전달될 수 있는 것이 존재한다. 나는 보여주기가 각기 다른 목소리로 글 속에 깊숙이 들어올 때 더 효과적이라는 것을 안다.

그러나 내가 이 글을 쓰는 동안 생각지도 못한 일이 일어났다. 즉, 나 혼자의 힘으로 방법론적으로나 이론적으로 보고된 적도 없는 장르의 적절함을 발견한 것이다. 즉, 텍스트가 어떻게 구조화되는지에 대해 이야기함으로써, 이 책의 구조에 있어 내가 전개한 장르를 말함으로써 이 장르의 적절함을 발견한 것이다.

(2) Bluebond-Langer의 '제프리 앤드류의 세계'

이 작품은 『죽어가는 아이들의 내면세계(The private worlds of dying children)』에 실린 제2장 '제프리 앤드류의 세계(The world of Jeffrey Andrew)' 이다. 이 작품은 중서부 의과대학부속병원의 소아과에 입원해 있는 3살에서 9살 사이의 소아암 아이들을 대상으로 9개월에 걸쳐 수집한 관찰 자료를 기초로 만들어졌다. 특히 암 환자 외에도 환자 클리닉을 방문한 32명의 사람들을 면담하고 대화하여 나타난 결과물과 그들을 관찰한 자료를 반영한 작품이기도 하다. 그리고 면담과 관찰을 통해 수집한 자료를 가지고 백혈병에 걸린 아이들의 고통과 죽음에 관한 생각을 저자의 직접적인 기술보다는 연극적 글쓰기를 통해 있는 그대로 보여주고 있다. 이를 통해 어른들이 가지고 있는 평소 생각 즉, 아이들이 어른과는 달리 언어적, 지적, 감성적 능력이 다소 제한된다는 전제에 의문을 제기하며, 동양의 연구자들이 관심을 가지고 있는 '교육, 양육, 성의 정체성, 목표, 내면화' 에 집중하여 기존의 사회학 분야나 이 분야의 연구 접근을 비판하고 있다. 특히 구조적이고 정신적인 기능주의자들의 평범한 접근과 과정의 기술은 '죽어가는 아이들' 에 대한 모습과 행동 그리고 그들의 부모와 환경적 요소를 기술하는 데 무리가 있음을 지적하고 있다(Myra Bluebond-Langer, 1980, pp.5-6).

또한 이 작품에서는 주인공 제프리 앤드류와 그 밖의 암에 걸린 몇몇 등장인물들을 통해 그들이 보고 느끼는 것이 무엇인지를 보여준다. 그리고 그들이 자신들의 얼마 남지 않은 삶을 어떻게 바라보고 있으며, 낯선 세계에서 그들이 어떻게 적응해 나가는지를 보여준다. 특히 연극적 글쓰기의 주요 특징인 등장인물들 간의 대화와 대화를 통한 그들의 심리 상태가 '보여주기' 라는 연극적 표현기법을 통해 생생하게 형상화되어 있다. 또한 등장인물들의 대화가 막과 장의 구분, 다양한 장소 변화, 시간의 흐름과 역전 등을 통해 직·간접적으로 표현되어 있어, 일반적인 글에서 볼 수 없는 심리 상태나 갈등 양상이 생생하게 그려져 있다고 할 수 있다.

Myra Bluebond-Langer는 이 글을 통해 '죽어가는 아이들' 과 '그들의 부모' 그리고 '병원 직원들' 이 행하는 '상호주장' 을 밝히고, 그 대안으로 서로의 예측을 인정하는 열린 인식(open awareness)을 강조하고 있다. 여기서 상호주장(mutual pretense)이란 자신의 위치나 역할에서 지켜야 할 규칙을 말한다. 가령, 의사는 치료자의 위치에서 돌보는 역할을 하며, 환자는 그와는 달리 자신의 병을 인식하고 그 속에서 정해진 규칙을 나름대로 인지하고 지켜 나간다. 또한 환자의 부모는 희망의 끈을 간직한 채 아이를 돌보거나 아이에게 긍정적인 거짓말을 한다.

구체적인 작품의 특징을 볼 수 있도록 4막의 내용 일부를 다음에 제시하였다.

4막 소강상태와 재발

제프리가 퇴원한 지 7주가 지났다. 그 이후 병원에 매주 오고 있다. 2주 정도는 괜찮았는데 지난주 재발이 발견되었다. 지난 이틀 동안은 간헐적으로 코피를 흘렸다.

장면 1. 종양클리닉의 대기실, 월요일 오전 11시

(앤드류 부인이 한 손으로 에리카를 잡고 다른 손으로 제프리를 잡은 채 빨리 이중문을 지나 병원으로 들어온다. 앤드류 부인은 아이들의 손을 놓고 접수원의 책상으로 간다. 그곳에서 그녀는 곧바로 회의실로 간다. 그동안 제프리와 에리카는 대기실의 테이블로 간다. 그곳에는 4명의 어린이들이 점토를 가지고 놀고 있다. 제프리와 에리카는 다음 자리에 서로 마주 보고 앉는다.)

O.S.T. 2: 안녕 제프리 안녕 에리카.

제프리와 에리카: (함께, 마지못한 듯이) 안녕!

O.S.T. 2: 너 피터 아니?

제프리: (머리를 좌우로 흔들고 점토 한 덩어리를 집어든다.)

에리카: (점토 한 덩어리를 집어들고 뱀모양으로 말기 시작한다.)

O.S.T. 2: 그는 지난주 여기에 왔어.

제프리: 나는 골수에 이상이 있어요.

O.S.T. 2: 그래. 그는 너랑 같은 나이야. 그는 여기 막 왔고 곧 이 병원에 올 거야.

(침묵. 이이들은 점토를 가지고 논다.)

제프리: (앉아서 손에 있는 점토 덩어리를 보면서) 노란 약은 2년 정도 지속돼요. 하지만 단지 7주 동안만 효과가 있었어요. 이제 난 빨간 약을 먹어요. 하지만 그건 노란 약만큼 길게 약효가 없어요.

피터: (점토로 알약과 비슷한 작은 공모양을 만들면서) 난 매일 10알씩 먹어.(벌써 완성한 공모양을 가리키며) 하지만 오늘 의사들이 내 약을 바꿀 거래.

제니퍼: (만들고 있는 동물을 보며) 의사들은 골수채취를 가장 먼저

해야 해.

피터: 너는 어떻게 아니?

제니퍼: 그들은 4주동안 기다려. 그리고 한 가지 작동을 멈출 때까지 너에게 다른 골수와 다른 약을 주지. 그런 다음 다시 시작해.

(아이들은 다시 아무 말 없이 점토를 가지고 논다.)

(로베르타가 대기실로 들어와서 아이들을 본다.)

제니퍼: (돌아본다.)

(엘리스 의사가 치료실에서 나와 테이블로 온다.)

엘리스: 안녕, 제프리. 안녕, 에리카. 피터, 다시 보고 싶었어.

피터: (울음을 터뜨린다.)

엘리스: 너희 엄마를 봐야겠어. 모임에 다시 돌아왔다고 생각하는데, 무슨 문제가 있니?

에리카: 피터는 골수주사를 맞으러 온 것을 두려워해요.

피터: (다시 운다.)

엘리스: (몸을 굽혀 피터의 팔을 잡고 도와준다.)

(엘리스와 피터는 회의실로 돌아간다.)

(아이들은 다시 아무 말 없이 점토를 가지고 논다.)

(에리카는 테이블과 떨어져 서성거리다가 바닥 위에서 아론과 함께 블록놀이를 한다.)

(30분 뒤 엘리스가 치료실에서 테이블로 온다.)

엘리스: 좋아, 제프리. 돌아가서 너희 엄마를 만나자.

제프리: (점토를 내려놓고 일어선다.)

(엘리스와 제프리가 에리카를 지나 걸어간다.)

에리카: (일어선다.)

제프리: 너는 올 수 없어. 엄마가 말했어.

에리카: (앉는다. 그리고 엘리스를 올려다본다.) 오빠가 병원에 가지 않았으면 좋겠어요.(블록을 내려다본다.)

(엘리스와 제프리는 회의실 복도를 계속 내려온다. 그들은 입구에 선다. 앤드류 부인이 일어서서 회의실 밖으로 나간다.)

엘리스: 안녕하세요.

앤드류 부인: 안녕하세요! 오늘 아침에 늦어서 미안해요. 하지만 제프리가 또 코피를 흘렸어요. 당신도 아시다시피 그게 일을 더디게 만들죠.

엘리스: 너는 오늘 마지막 환자야, 제프리.

(엘리스와 앤드류 부인, 제프리는 치료실로 들어간다.)

장면 2. 치료실, 늦은 아침, 오전 11시 50분

(제프리가 검사대 위에서 일어난다. 앤드류 부인은 검사대 옆에 서 있고 엘리스는 앤드류와 반대편에 서 있다.)

엘리스: 혈소판이 낮아요.

앤드류: (고개를 끄덕이며) 피터는 코피를 흘렸어요. 그리고 헤모글로빈과 백혈구 수치는요?

엘리스: 지난주와 크게 다르지 않아요.

앤드류: (심호흡을 하고, 입술을 오므리며 고개를 끄덕인다.)

엘리스: 음, 지난주에 준 약으로 계속 치료해야겠어요.

제프리: (움츠린다.) 알겠어요.(뒤로 눕는다.)

엘리스: 음, 전에 우리 어디서 행운이었었죠?

제프리: (그의 왼팔을 꺼내고 그 지점을 가리킨다.)

엘리스: (제프리가 가리킨 곳 주위를 만져보고) 좋았어. (주사기를 들고 약을 주사한다.)

제프리: (흐느껴 울지도 않는다.)

엘리스: 바로 그거야. (주사기를 뽑아낸다.) 밴드 줄까?

제프리: (주사 맞는 광경을 내려다본다.) 네. 엄마!(일어선다.)

앤드류: 왜? 제프리?

제프리: 알잖아요. (앤드류 부인의 핸드백을 가리킨다.)

앤드류: (크레파스로 그려진 아이리스 그림을 꺼내 제프리에게 건네준다.)

제프리: (검사대에서 엘리스의 책상 옆에 선다.)

엘리스: (올려다보며) 제프리?

제프리: (엘리스에게 그림을 건네준다.)

엘리스: 고마워, 제프리. 정말 아주 예쁘구나. 무슨 꽃이니?

제프리: (앤드류를 본다.)

앤드류: (제프리에게 속삭이는 목소리로) 아이리스.

제프리: 아, 예. 아이리스예요.

엘리스: (미소 짓는다.) 조금 쉬어라. 학교에 다니고 있니?

앤드류: (고개를 끄덕인다.) 하지만 조금 일찍 집에 오고 있어요. 피

곤할 때는.

엘리스: 그게 좋아요. 다른 질문 있어요?

앤드류: 아뇨. (몸을 움츠리고 고개를 흔든다.)

엘리스: 좋아요. 그럼 2주 뒤에 봐요. 어떤 문제가 있으면 전화하세요.

(앤드류 부인과 제프리는 치료실에서 나와 접수원 책상 옆에 선다.)

장면 3. 종양클리닉의 대기실, 오후 12시 30분

(에리카는 바닥 위에서 트럭놀이를 하며 앉아있다.)

에리카: (제프리를 보고 일어선다.) 아이들이 인형을 치웠어요. 그런데 이 트럭은 가질 수 있다고 했어요.

제프리: 이리 와. 이제 갈 거야.

(앤드류 부인이 복도로 온다.)

앤드류: (아이들에게 막대사탕을 하나씩 건넨다.)

에리카: 제프리는 여기 있지 않아도 되지요, 그렇죠?

앤드류: 그럼, 지금은 그래.

(앤드류 부인, 제프리, 에리카는 조용히 이중문을 통과한다.)

장면 4. 13층 간호사실, 화요일, 새벽 12시 30분

(제프리가 머리를 뒤로 하고 코를 솜으로 가득 채우고 한 손으로 다른 손 손가락을 꽉 쥐고는 엘리베이터를 타고 어두운 복도로 들어온다. 앤드류 부인은 명확하고 익숙한 감각으로 휠체어를 밀고 와 종이 한 장을 들고 쇼핑 가방에 넣고 간호사실로 걸어간다.)

간호사 싱글톤: (접수대 뒤에 서서 전화를 내려놓는다.) 안녕, 제프리. 기다렸어.

앤드류: 응급실에서 잠시 시간이 걸렸어요. 엘리스가 미리 전화했는데 다소 혼란이 있었어요.

싱글톤: (알겠다는 듯이 고개를 끄덕인다.)

앤드류: (간호사에게 admission slip－입원 전표를 건넨다.)

싱글톤: 지난 3일 동안 제프리가 질병에 노출된 적이 있습니까? (앤드류 부인이 견본 보관함을 건네준다.)

앤드류: 아니요.

싱글톤: 제프리 너의 방이 준비되었어.

제프리: 무균실에 있어야 하나요?

싱글톤: 아니 그렇지 않을 거야. (책상 뒤에서 온다.)

(네 사람은 복도를 내려온다. 주저 없이 방으로 들어간다.)

장면 5. 제프리의 방, 화요일, 새벽 12시 45분

(간호사 싱글톤은 불을 켜고 앤드류 부인에게 손수레에서 잠옷을 꺼내준다. 앤드류 부인은 잠옷을 제프리의 무릎에 두고 침대를 살펴보고 그녀의 코트를 벗어 침대 위에 있는 쇼핑가방에 둔다. 앤드류 부인은 제프리를 침대 위에 일으켜 세우고 창문 옆에 있는 의자에 앉는다.)

(싱글톤은 휠체어를 가지고 나간다.)

앤드류: (제프리의 옷을 벗기면서) 너는 손가락을 이제 떼도 될 것 같구나. 아마 코피가 멈췄을 거야.

제프리: 세게 쥐고 있어야 해요. 내 혈소판이 낮아서요. (손가락을 계속 쥐고 있다.)

앤드류: (제프리의 준비를 끝내고 커버를 끌어당겨 침대 옆 곧은 의자에 앉는다.) 네가 잠들 때까지 여기 있을게.

앤드류: (일어서서 불을 끈다.)

장면 6. 13층 간호사실 그날 아침, 오전 10시

(미라는 저녁 늦게나 아침에 온 사람을 알아보려고 벽에 있는 차트를 보고 있다. 다른 직원들은 분주하다.)

간호사 스티븐스: 제프리가 입원할 때 있었어요?

미라: (어깨를 움츠린다.)

스티븐스: 우리 모두가 기다리는 사람은 코스틴 가족이에요.

미라: 오!

스티븐스: 당신을 데려가서 소개해 줄게요.

미라: 고마워요.

(미라와 스티븐스는 통로를 내려간다.)

스티븐스: 그녀는 정말 상태가 안 좋아요. 그녀는 아주 야위고 머리카락이 하나도 없어요. 그녀의 엄마는 그녀가 병원에 있지 않을 때에도 심지어 가발을 쓰기 싫어한다고 말했어요. 그녀는 백혈병으로 6년 동안 앓고 있고 딱 2번 입원했어요. 그녀는 병원에서 가장 오랫동안 입원해 있어요.(방에 도착한다.)

(문은 닫혀있고 불이 꺼져있으며 그림자가 드리워져 있었다. 그들은 방문을 닫고 있다. 마치 없는 것처럼 가장하기를 바라는 것처럼. 하지만 당신들은 쉽게

막을 수 없다. 스티븐스가 문을 두드린다.)

코스틴 부인: (바로 문을 연다.) 당신이군요. (문을 더 열지만 완전히 열지 않고 옆에 선다.)

(스티븐스와 미라가 방에 들어간다.)

장면 7. 매리의 방, 곧바로 오전 10시 20분

(매리는 침대에서 TV를 본다. 방은 TV화면에서 나오는 불빛 외에는 어둡다.)

스티븐스: 매리, 친구 미라를 데려왔어. 그녀는 인류학자이고 사람들과 얘기를 나눈단다.

코스틴 부인: (매리의 반대편 침대로 걸어와서 그 위로 올라온다.) 당신은 심리학자? 아니면…?

미라: 아니요!

코스틴: (곧바로 서며) 뭘 알고 싶나요?

미라: 저는 아이들이 말하고 생각하는 것에 관심이 있죠.

코스틴: 당신은 몇 가지를 하는 게 좋겠어요. 결혼했나요?

미라: 아니요.

코스틴: (웃는다.) 그럼, 누군가와 함께 살아야 할 것 같군요.

스티븐스: 할 일이 있어요. 매리 나중에 봐!

(스티븐스가 나간다.)

매리: 목걸이는 어디서 샀죠?

미라: 인디언 보류지에서 탐도 똑같은 걸 갖고 있지. 너 그를 알고 있니?

코스틴: (딸에게) 너는 그를 몰라. (미라에게 화난 눈길을 보낸다.)

매리: 네, 알아요. 그는 머리가 정말 빨리 자라요. 나도 그렇게 되었으면 좋겠어요.

(침묵)

매리: 내가 찌르기 좋아하는 손가락이에요. 그건 이 손가락보다 많이 다치지 않아요. 하지만 내 정맥이 아주 안 좋아요. 그래서 나는 많은 곳을 찔렸어요. 의사들은 여러 차례 반복해서 똑같은 곳을 찌를 수 없어요.

코스틴: 매리 그렇게 말하지 말아라.

(침묵)

매리: 난 요리를 좋아해요. 나는 시저샐러드를 아주 잘 만들 수 있

어요. 아빠가 나에게 가르쳐 줬어요. (중지) 난 피아노 치는 것도 좋아해요.

코스틴: 4월 이후로 매리는 연습하지 않아요. 몸에 좋지 않아서 연습하지 못하게 하죠.

미라: 매리, 또 뭘 하고 싶니?

매리: (고개를 조금 끄덕인다.)

코스틴: 나는 웨이트리스였죠. 당신도 알다시피 (앞쪽으로 손짓한다) 나는 매리로부터 떨어져 있기를 원하지 않았어요. 우리는 올 여름에 많은 일을 할 계획이었어요. 금요일이 내 생일인데 나는 여기 있을 거예요. 나는 매리를 떠나 있고 싶지 않아요. 나는 다른 엄마들과 달라요. 당신도 알다시피 나는 매일 여기서 잠을 자요.

미라: (고개를 끄덕인다.) 매리, 네가 하고 싶은 일이 있니?

코스틴: 다른 아이들과 함께를 의미한다면 없어요. 매리는 다른 아이들과 놀지 않아요.

매리: 여자애들은 열등해요. 남자애들이 더 낫죠. 나는 남자였음 좋겠어요. 남자는 누구나와 놀잖아요.

코스틴: 매리는 작은 여자 친구가 있었어요. 학교 가고 올 때 그 소녀와 함께 매일 데려다주곤 했어요. 나는 매리가 학교에 가 피곤해지는 것을 원하지 않았어요. 학교에서 돌아올 때 매리는 정말 녹초가 되었어요. 어느 날 매리가 그 친구에게 놀자고 했는데 그 애가 거절했죠.

매리: 그리고 그때 그 애는 베티가 놀자고 했는지 물었어요.

코스틴: 죄가 아니야. 아이들은 그래. 그들은 평범해. 나는 매리에게 점심을 갖다 주었죠. 매리는 카페테리아에서 먹는 것을 좋아하지 않아요. 매리는 나와 함께 내가 만들어 준 음식을 집에서 먹는 걸 좋아해요. 매리는 하기 싫은 것은 하지 않아도 되요. 매리는 집에서 아무것도 하지 않아요.

매리: 조도 그래요. 하지만 그는 그것을 거의 한 적이 없어요.

코스틴: 당신은 조가 어떤지 아는군요. 그가 조금 느끼고 있다고 생각해요.

음-(목소리가 사라진다). 매리는 우리 아기예요. 나에게는 다른 두 아이, 잭과 신디가 있죠. 잭은 꼭 인형 같아요. 그리고 아주 착해요. 잭은 이제 결혼해요. 신디도 그렇구요. 신디는 내 첫째 아이예요. 어머니는 우리와 함께 살아요. 묻지 마세요. 당신도 알다시피, 나는 노파라고 불러야 해요. 어머니가 어떤지 봐요. 어머니는 정말 요즘 안 좋아요.

매리: (화나서) 할머니만 아픈 게 아냐. 나도 아파.

코스틴: 매리는 상을 많이 받았어요.

미라: 상이요?

코스틴: 선행에 대한 선물이죠. 애 아빠는 매일 매리에게 무언가를 사 주어요. 그리고 매리를 위해 특별한 음식을 요리해 주죠. 매리가 무엇을 먹고 싶어하든지. 매리가 원하는 것은 무엇이든지 해줘요. 그렇지 매리?

매리: (고개를 끄덕인다.)

코스틴: 매리는 우리의 공주입니다. (침대를 살펴보고 매리의 이마를 가볍게 친다.)

매리: 매리 (겁먹고 물러선다.)

코스틴: (나는 좋은 주부이자 좋은 엄마였어요. 그렇지 매리?

(간호사 스티븐스가 들어온다.)

스티븐스: 미라, 당신을 만나려는 사람이 있어요.

미라: 고마워, 매리. 이따 다시 올게.

매리: (고개를 끄덕인다.)

미라: 안녕히 계세요. 코스틴 부인.

코스틴: 잘 가세요.

(미라와 간호사 스티븐스가 나간다.)

(3) Allen의 '콘도르 콰타이'

이 작품은 Catherine J. Allen과 Nathan Garner가 공동 연구하고 영국감독 Peter Brook과 IK 프로덕션이 실제로 제작한 'Condor Qatay' 라는 연극이다. 이 텍스트는 앞의 두 작품과 달리 실제로 연극으로 수차례나 공연되었으며, 현재 워싱턴 대학에서 '공연을 통한 인류학' 이라는 이름으로 강좌가 개설되어 있는 희곡 작품이기도 하다. 이 작품은 Allen이 현장작업을 했던 안데스 산맥의 부족 사람들에게 이야기의 초점이 맞춰져 있으며, Turnbull의 '산 속의 사람들(The Mountain People)' 과 Joseph의 추가 현장자료를 근거로 만들어졌다. 특히 Allen의 문화기술지인

'이것을 가지고 있다: 안데스 지역 사회에서의 코카나무와 문화적 정체(The Hold Life Has: Coca and Cultural Identity in an Andean Community)' (1988)는 이 작품의 중심 텍스트를 이루며, 또한 Jose Maria Arguedas의)' Deep River' (1978)와 문화기술적인 소설 등은 이 연극을 창조하는 데 중요한 보충 자료로 사용되었다.

'Condor Qatay' 는 2막 3장으로 구성된 연극으로 안데스 산맥의 공동체 문화를 사실적으로 구체화한 작품이다. 이는 당대 유럽에 거주하는 미국인들이 이 연극을 이해하기 쉽게 구성한 드라마틱한 연극으로 질적인 자료인 동시에 역사적으로 변화된 연극 혹은 시대극의 성격을 지닌다. 그러므로 이 작품을 공부하는 학생들에게 안데스 문화에 대한 지식과 명상의 기회를 제공해 주고 있다. 가령, 책과 사진, 공연을 통해 학생들은 자신만의 안데스 이미지를 발전시킬 수 있다.

이 작품에는 한 농부 가족의 삶을 중심으로 안데스 산맥에 거주하는 사람들의 공동체가 지니는 복잡성과 구조적인 짜임새 그리고 그들의 삶과 딜레마가 나타나 있다. 가령, Allen의 현지 조사와 유사하게 연극에서도 10살짜리 아이가 등장한다. 그리고 아이의 삶의 모습을 통해 그들이 감내해야 할 막대한 양의 궁핍과 슬픔을 보여주고 있다. 그들은 어렸을 때부터 사람들이 살아남기 위해 잔인해질 수밖에 없으며, 새로운 기회를 얻기 위해 막대한 대가를 치러야 하고, 그 대가에 이은 성공 가능성 역시 매우 낮다는 것을 배운다. 또한 젊은 남자 조세 루이스(Jose Luis)라는 인물을 통해 그들이 느끼는 실망감과 상실감을 느낄 수 있다. 이 외에도 안데스 원주민임에도 그들과 친족관계로 흡수되지 못하는 '공동체 관계' 를 다루고 있다. 즉, 아내의 가족과 함께 사는 이민족 남자들의 사회공동체 과정이 나타나 있다. 가령, 조세 루이스는 극의 마지막 부분에 무력으로 아드리아나(Adriana)의 남편이 남기고 간 판초를 빼어 입는다. 이 과정을 통해 젊은 이국 사위가 혼혈아(misti)에서 runa(인디언) qatay로 변해가는 과정을 그리고 있다. 결국 이 과정을 통해 조세 루이스는 그 사회의 정체성을 획득하게 되는 것이다.

이 작품은 앞에서 제시한 두 작품과 다른 특징을 보인다. 즉, 앞에서 제시한 작품이 연극적 글쓰기에 대한 고민과 그 과정 그리고 질적 자료를 어떻게 연극 형식으로 변환할 수 있는지를 보여주었다면, 이 작품은 실제 공연되는 작품의 모습과 이 작품을 어떻게 교육적으로 활용할 것인가를 강조하고 있다. 즉, 이 연극을 보는 관객들이 연기의 세부적인 면, 연극 소품, 의상을 보면서 안데스 산맥 사람들의 문화를 이해하는 것도 중요하지만 '이 연극을 통해 내가 다음에 배울 것은 무엇인가?', '20세기 연극의 전통적인 이야기 형식 속에서 다음에 이어질 새로운 것은 무엇인가?' 라는 질문에 초점을 맞추고 있다. 그러다 보니 이 작품을 활용한 교수-학습적인 면에 강조점을 두고 있다. 즉, 학생들은 이 작품이 지니는 종교 의식, 의상,

음악 등 구체적인 문제들을 이해하는 것도 중요하지만 학생들 스스로 이야기를 포착하고 교사가 적절한 발문을 유도하여 이를 교육에 활용할 것을 주문하고 있다. 가령, 'Chiripata에서 결혼한 아드리아나와 루이스는 어떤 삶을 살아갈 것인가', 'Chiripata에서 그들은 정말로 작은 상점을 열 수 있을까' 등의 질문을 던짐으로써 학생들 스스로가 답을 찾을 수 있도록 유도해야 한다는 것이다. 또한 이런 종류의 연극 작품을 만드는 데 무엇이 필요한지 그에 대한 주의사항을 덧붙이고 있다.

> 다음의 기록들은 Condor Qatay를 시골의 안데스 산맥 문화의 일반적인 환경(상황) 속에 두고, 이 본문에서 두드러지게 나타나는 몇몇의 구체적인 핵심들을 다루기 위한 의도에서 쓰여진 것이다. 물론 이 기록들과 논의들이 안데스 산맥지역 문화기술지의 광범위한 지식을 대신할 순 없겠지만 Condor Qatay에 대한 이해와 공연을 잘 즐길 수 있도록 도울 것이다.
>
> **배경**
>
> 이 작품의 공간적 배경인 Chiripata는 허구의 사회이다. 이곳의 위치는 페루 남쪽 Cuzco 지역에 위치한 해발고도 3500미터의 높은 산 툰드라 위라는 것을 연극의 대사를 통해 알 수 있다. Cuzco 도시와 Sicuani 마을은 실제 존재하는 장소이나 다른 언급된 작은 지역사회 Mayumarca나 Misk' Unu는 허구이다. Mallku Tusuna는 허구의 산이다. 따라서 Condor Qatay를 만드는 데 있어서 배경을 바꾸고, Chiripata를 페루의, 볼리비아의, 에콰도르의 안데스에 있는 다른 정말 멀고 높은 장소로 대체하는 것도 가능하다. 그러한 조처는 어떠한 조정을 필요로 하고 이 지역의 지리, 문화, 언어를 잘 알고 있는 누군가의 협조를 수반하게 될 것이다.(사실 이것은 안데스 산맥지역의 민족지학을 공부하는 학생들에게 재미있는 연습이 될 것이다.) 다른 지방의 생활양식과 섞이지 않고 그 지역 고유의 생활양식을 나타내기 위해 최선을 다해야 할 것이다.
>
> Condor의 사위이야기와 그 희곡에서 탐구된 사회적 과정들은 안데스 산맥에서 일반적으로 발견할 수 있는 생활양식이지만, 옷, 춤, 코카잎을 씹는 예절과 언어의 지역적 생활양식은 상당히 변형시켰다. Riki나 Urpichay 같은 많은 케추아 어구들은 Cuzco에게 독특하다. 적절한 지역방언들이 배경을 바꾸는 것을 조절하기 위해 대체되어야 할 것이다. Sicuani와 Cuzco에 대한 다른 마을의 대체가 명백히 필요하다.
>
> 우리의 희곡은 그 지역의 생태계가 고도에 따라 달라지는 절벽의 산배경에서 펼쳐진다. 이 수직의 생태계는 전원 삶의 거의 모든 측면에 관한 세분화를 가지고 있다. 수천년 동안 그 높은 Puna 지역은 생계수단이 감자경작과 그 지

방태생의 카멜리드를 방목하는 것으로 제한되었는데, 그 지역은 무역과 친척 관계 등을 통해 골짜기 마을들과 연고관계를 가지게 되었다. 감자와 양털을 저지대의 산물 옥수수, 고추, 코카잎 등과 교환하기 위해서 Chiripata 같은 지역사회에서는 대부분의 가정이 골짜기 마을에 동족인 사람이나 대부(후견인) 등을 가지고 있었고, 그들 중 많은 사람들이 때때로 코카잎 재배를 하기 위해서 그 우림의 높은 지역으로 가곤 했다. 남자들은 또한 농경기에서 비수기일 때는 Cuzco와 같은 도시에서 짐꾼이나 건설노동자로 일하러 가곤 했다. 이 이동의 근거에 관해서는 『Andean live』라는 책을 추천한다.

우리는 Chiripatpe를 Haciendas라고 불리는 근대 봉건주의의 소유지로가 아니라 자치적인 사회로 인식한다. 이러한 유형의 지역사회는 종종 Vicente에 의해 연극에서 예시된 문화적 보수주의를 띰으로써 그들의 자주를 보호했다. 비록 대농장 체계가 Velasco 대통령의 농지개혁에 의해 폐지되었더라도 그것의 전통은 여전히 페루의 시골에서 강하게 느껴진다.

세계관

Condor Qatay 전반에 걸쳐 등장하는 인물들은 정서적, 공간적으로 모두 가장 신성한 산 Mallku Tusun을 향해 있다. 다른 많은 안데스지방 사람들처럼 Chripata의 거주자들은 그 경치를 생생하고 강력한 상태로 경험한다. 하나의 전체로서의 지구가 살아있는 것처럼 느껴지고, 모든 경계표들이−눈 덮인 산봉우리에서부터 암석의 돌출과 호수들까지−이름을 가지고 있고, 개인적인 특성(개성)을 가지고 있다. 퀘차말 Pacha는 세계를 의미하는데 아마 물리적인 지구와 시간에서 매우 특정한 순간을 둘 다 가리키는지도 모른다. 각각의 Pacha는 특유의 강력한 빛을 가진 태양을 가지고 있다. 살아있는 우주에 대한 안데스산지 사람들의 믿음과 풍습이 공존하고 있다. 그리고 어느 정도는 천주교적인 믿음과 의식형태가 섞여왔다. 그 경치는 Runakuna(퀘차말을 쓰는 사람들)가 그곳에서 그들 스스로 느끼는 생기와 힘 때문에 정서적인 지적인 관심을 자극한다. 신성한 땅들이 모든 인간의 활동을 지켜보고 있는 것처럼 느껴진다. 병, 가난, 불운은 그 땅들의 분노 때문이라고 여긴다. 마치 번영과 건강이 그들의 은혜의 신호로 보여지는 것과 마찬가지로. 페루와 볼리비아에 걸쳐서 코카잎은 이 우주론적 체계에서 중요한 역할을 한다고 여긴다. 윙윙 소리나는 팽이와 번개처럼 그것은 존재의 다양한 상태와 규모가 서로 교통하게 한다. Phykuy라고 불리는 코카잎을 부는 의식은 가장 기본적인 종교적 의무이며, 다른 모든 의식의 핵심이다. 바로 코카잎을 통해서 시골의 안데스산지 사람들은 자기들이 살고 있는 그 거룩한 땅들과 연결된다. Phykuy에서 그 생기를 주는 에센스 Sami라고 불리는 그것이 땅과 거룩한 땅들에 보내진다. 코카잎의 Sami는 정력을 주는 약효가 있는 특징으로 증명되었다. 코카잎을 씹는 사람은 그 Sami를 그것의 수혜자에게 보내기 위해서 주문을 한다. 예를 들어 날씨를 조정하는 것으로 알려진 특정한 산신 Apu, 아니면 작물의 다산을 조정하는 조상 전래의 할아버지들 Machula Aulanchis. Phukuy는 일상생활에서 형식적으로 수행된다. 그러나 중요한 사안이 있을 때는—Vicente가 Jose Luis를 act 2의 끝무렵에 기다릴 때처럼—그것은 엄청난 집중과 마음의 힘으로 보내져야 한다.

의식 전문가들은 코카잎을 미래를 점치기 위해, 먼 거리의 사건들을 알기 위해, 잃어버린 물건들을 찾기 위해 사용한다. Condor Qatay에서 Inocencia는 집을 비운 Adriana의 안부를 묻기 위해 잎들을 해독한다. Scene 8은 예언의식을 묘사하는데 그것은 Cuzco부문에서 거행될 것이다. Tawa Iskina라는 어구와 함께 Inocencia는 술을 천에 붓는다. 그것을 소형의 4분화된 우주라고 명시하면서. 그녀는 코카잎을 그 천에 떨어뜨리면서 신성한 땅들에게 외친다. Suitia Sillaway— '명확하게 말씀해주세요' 라고. 그러면 그 땅들은 그 잎들을 실제 세계의 사건들을 반영하는 적합하게 해석된 모양으로 떨어지게 한다. Innocencia는 Vicente와 Marcelina에게 Apu Mallku Tusuna에게 Dispachu를 먹이라고 말한다. 그 산의 은혜를 입기 위해서. Dispachu는 코카잎과 다른 씨앗과 지방으로 만들어진 덩어리다. 이 모든 재료들은 속명 hampi(약)라는 것의 아래에 오는데 그것은 가장 기본적인 의미에서 우주의 몇몇 부분에서의 불균형을 치료하는 것을 돕는 어떠한 정력제를 의미하는 것이다.

민족성, 혈족관계, Condor의 두 가지 표현

새들은 인간과 신성한 땅 사이의 중간자 역할을 한다. 벌새들은 우리 눈이 볼 수 있는 것보다 더 빠르게 날개를 움직이는데, 그것은 Apus의 메신저이자 죽은 자로부터 오는 사자로 여겨진다. Condor는 산신의 가장 강력한 대리인이고, 절친한 친구이다. 영화는 안데스산지 사람들의 생각과 의식에 있어서의 Condor의 역할에 대한 최고의 정보원이다. 문화기술적인 영화인 'Our God the Condor' 와 'the Condor and the Bull' 은 Yawar Fiesta 즉 Feast of Blood의 부활을 탐구한다. 이러한 영화들은 Condor가 덫에 걸렸을때, 황소에게 잡혔을 때, 싸우게 되었을때 그리고 결국 풀려날 때를 추적하였다. 생생하게 어떻게 이 새가 사랑받고, 존경받고, 희생되는지를 보여주면서. 'Nova tv Special Shadow of Condor' 는 또한 Condor의 문화적 중요성에 관한 몇 가지 자료를 포함하고 있다. 날 때는 아름답고, 육지에 있을 때는 못생긴, 죽은 고기를 먹는 condor는 존경받고, 경외되며, 사랑받고, 미움을 받는다. 전통적인 문화기술지에서 Condor의 역할은 분명하진 않다. 많은 신화와 전설처럼, Condor Qatay의 이야기는 인간의 삶에 타고난 모순을 탐구한다. 그것은 시골의 안데스산지 사람들의 삶에 있는 민족성과 혈족관계의 상호연관된 문제들을 탐구한다.

민족성

신성한 땅들과의 관계는 안데스산지 사람들의 정체성에 있어서 필수적인 양상이다. 어떻게 해서든지 그것은 한 집단의 사람들과 ayllu(공동체)를 만들어 내는 신성한 땅들과의 유대이다. 신성한 땅들은 기분에 따라서 보호적이 되거나 또는 무자비하게 파괴적이 되거나 한다. 안데스산지 사람들은 신성한 땅들에 주의와 불신이 섞인 친밀감과 감사를 가지고 접근한다. 신성한 땅들은 변덕스러운 부와 힘의 원천이기 때문에 메스티조들 특히 최근까지 많은 토착사회들을 지배했던 지주들 Hacendados와 닮은 것으로 느껴진다. 여기에 역설이 있다. 신성한 땅들은 Runa의 정체성에 기본적 토대를 제공하지만 Misti(메스티조) 지주들 즉, Runa의 정반대 사람들처럼 체험된다.

메스티조는 무엇인가? 그 질문은 대답하기 쉽지 않다. 인디언과 메스티조의 구분은 표면상 순혈종의 원주민 미국인과 스페인계통과 미국 원주민 혼혈인들 간의 인종적인 구분을 가리키는 것이다. 하지만 이 구분은 착각을 유발한다. 그 인종적 관용구는 문화적 차이점과 관련하여 쓰인다. 유전적으로 말하면, 그 전체적인 고산지대의 인구는 사실상 똑같은 혼혈계통이다. 메스티조와 인디언의 차이는 즉 Quech에서의 Misti와 Runa의 차이는 문화적 생활양식과 민족적 관계에 관한 차이이다. 메스티조라는 것은 유럽전통에 순응하는 것으로, 스페인어와 퀘차어를 둘 다 사용하며, 상인이나 트럭운전수로서 국가경제에 참여하며, 서양의 기성복을 입는 것을 말한다. 메스티조의 종교는 복음주의 개신교로의 개종과 함께 로마 가톨릭이다. Runa 즉 인디언이라는 것은 퀘차어를 사용하고 Ayllus에서 살며 코카잎을 씹고, Runapacha 즉 전통적으로 짠 옷인 Runapacha를 입는 것을 의미한다.

생계수단인 농업과 물물교환은 Runa의 가정경제에 큰 역할을 한다. 그들이 중간매매자로서 거래를 한다면 아주 작은 규모이다. 그러나 가톨릭, 그들의 종교적 삶은 강한 미국 원주민과 자연과 신성한 경치와의 관계를 포함한다.

그러나 이 설명은 Misti와 Runa의 구분의 복잡함을 말해주지 못한다. 메스티조와 인디언들이 정말로 두 집단의 사람들이 아니라는 것을 이해하는 것이 중요하다. 그 구분은 개념적인 것이고 두 개의 반대된 그러나 서로 의존적인 생활양식 간의 대조이다. Misti와 Runa 간의 구분은 개념상으로는 엄격하지만 실제로는 유동적인 경향이 있다. 한 개인은 언어나 옷, 행동을 바꿈으로써 즉 그가 채택하기로 선택하는 생활양식에 따라 그 자신을 Runa나 Misti로 번갈아가며 정의함으로써 그 2개의 사회적 규범 간에 왔다갔다 자신의 태도를 나타낼 수 있다. 이런 종류의 code-switching은 상황적으로는 편리하지만 내부적 긴장과 모순의 상태를 설정할지도 모른다. 특히 Jose Luis나 Adriana 같은 청소년들에게 있어서는. 여러 면에서 우리의 희곡은 이 분쟁에 관한 것이다. 그것은 Condor에서 적절한 수단을 찾는다. 그 Condor는 산신들의 신성한 대리인으로서의 정체성과 탐욕스러운 메스티조 아웃사이더로서의 정체성 간에 비슷한 내적 긴장을 가지고 있다. Condor Quatay는 젊은 여성과 그녀의 가족에게 우아하게 차려 입은 메스티조 상인처럼 보인다. Condor는 다른 이야기에서는 변호사나 성직자로 비유된다. 그 Condor처럼 상인들, 변호사들, 성직자들은 매혹적이고, 강력하고, 신뢰할 수 없는 사람들로 여겨진다. 그 유쾌하지 않은 타자들은 Condor의 썩은 고기를 먹는 특성에서 체험되고 반면에 그것의 장엄한 비행과 거대한 크기는 그것들의 매력과 위협을 나타낸다. 전설에서 인디언 가족들이 Condor에 의해서 희생당했다. 그들 간의 대립은 격렬하게 해결되었는데 그들이 이번에는 Condor를 닭처럼 요리해 먹어서 그 Condor를 희생시켰을 때 해결되었다. Condor의 마지막 노출은 그 이야기의 어떤 이야기에서든 강조되듯이 안데스 고산지대에서 메스티조를 묘사하기 위해 사용되는 어구 Qalakuna, 벌거벗은 자들을 불러일으킨다.

Kinship and Marriage (친족관계와 결혼)

안데스 산맥의 Ayllus는 대부모와 자식 관계(compardrazgo), 혈육 관계, 혼례의 유대를 통해 연계돼 있는 가족 네트워크를 구축하고 있다. 혼례로 맺어진 친족들은 서로에 대한 신뢰와 의무의 긴장된 유대를 가지고 굳게 신뢰한다. 종종 일어나는 일이지만 부부가 전통적인 혼례 의식을 치르기 전에는 몇 년 동안 기다려야 함에도 불구하고 Alluy에서 남자와 여자와의 영속적인 관계는 혼례로 인식되고 있다. Vincente는 장면 13에서 Jose Luis를 Adriana의 '남편' 으로 언급할 때 간접적으로 그 관계의 수용에 대해 표현하였다. (영어로 쓰인 안데스 친족관계에 대한 좋은 논문들은 Bolton과 Mayer(1977), Skar(1982), Isbell(1978)에서 찾을 수 있고 Allen(1988)의 3장에서도 볼 수 있다.)

Ayllu 연결망과 관련된 가장 기본적인 관계 중 일부는 남자와 Qatay들의 관계를 통해 형성된다. 이 연극에서 Qatay란 처남과 매부의 관계라기보다는 딸의 남편 혹은 아내의 남동생을 말한다. 고대 설화의 Condor Qatay는 기본적인 경제적, 사회적, 감정적 유대의 충돌과 심각성을 공략하기 시작했다. Condor의 사위는 약탈자, 침입자, 피해자이므로 그는 부인의 가족을 위해 끝까지 몸을 바쳐야 한다.

우리의 연극으로 돌아와서, 우리는 미망인이 된 그들의 딸(Adriana)과 아이와 함께 사는 노부부(Vicente와 Marcelina)를 보았다. Adriana의 죽은 남편인 Jose는 부인의 부모와 함께 살고 있었으며 그들은 나이 들 때까지 그가 책임지길 기대하고 있었다. 이것은 Uxorilocal 존재의 예로서 즉 신랑이 부인의 가족과 함께 살기 위해 오는 것을 말한다. Uxorilocality는 안데스 사회에서는 이상적인 상황으로 여겨지지는 않는다. 왜냐하면 부부들은 그들 자신만의 가정(neolocality)을 꾸리거나 남편의 부모와 함께 사는 것을 선호하기 때문이다. 그럼에도 불구하고 Uxorilocality는 안데스 Ayllus에서 Ayllu와 부족한 수의 남자는 새로운 남성 일원들을 보충하는 중요한 도구로서 여전히 수세기 동안 존재해 왔다. 이것이 내가 본 Condor Qatay의 모습이다. 거의 대부분의 안데스 산맥의 Ayllu가 있는 Chiripata에선 상속은 동족적인 것인데, 그것은 남자와 여자의 성을 모두 가진 아이들이 부모님으로부터 상속을 받는 것이다.(그러나 어떤 지역들은 콜럼버스 시대 이전의 양상을 유지하는데 그것은 여성들이 어머니로부터 상속을 받고 남성들은 아버지로부터 상속을 받는 것이다.) 이러한 사회의 아이들이 나이가 들고 결혼을 하게 되면 각각 부모로부터 동물 떼(herds)와 땅을 소유할 수 있는 권리를 받게 된다. 신혼부부들은 자신만의 가정을 꾸리기 전까지는 주로 신랑의 부모와 함께 사는 경향이 있다. 일반적으로 가장 어린 사람이 부모가 늙을 때까지 돌보기 위해 남는다. 그 대가로 집과 남아있는 땅과 동물들을 받게 된다. 모든 자식들 중 가장 어린 아이가 가장 많은 상속을 얻게 된다. 그러므로 가장 적게 상속받게 되는 사람은 비록 부인의 인척들과 같이 살아야 하지만 부유한 집안에서 태어난 막내 딸과 결혼하고 싶어한다. 이러한 면에서 상속이 없는 자는 Ayllu에서 어떠한 일이라도 해서 발판을 마련하려고 한다. 장인 집에서 하찮은 지위라는 걸 알지만 결국 마지막엔 그 혹은 그의 자식들이 그 늙은이의 지위와 재산을 양도받을 것을 알고 Qatay로서 살기 위해 돌아올 것이다. 그가 참은 명성과 자립정신의 대가는 아주 컸다. Condor Qatay 설화가 남기는 메시지는 바로 곧 결혼하는 사위는 심지어 그가 아주 부자에다가 초자연적인 힘을 가진 혼혈아라도 결국엔 부인의 가족을 위해 그 자신을 포기해야 한다는 것이다.

전형적으로 부부는 몇몇의 아이가 있고 이 아이들의 결혼으로 그들이 늙을 때까지 그들을 돕는 다수의 사위와 며느리를 갖게 된다. 이 연극에서 Vincente와 Marcelinan에겐 그들이 늙어서 도와줄 수 있는 살아 있는 자식이란 오직 Adriana밖에 없다. 그들은 그녀가 집으로 신랑을 데려와 사회적 안전을 제공하고 그들의 또 다른 세대를 되풀이할 것이라고 믿고 있다. 이러한 면에서 그들의 문제는 Adriana가 결혼할 만큼 충분히 좋아하는 상대를 찾는 것이 아니라 그들의 충족을 기꺼이 만족시킬 수 있는 남자를 찾는 것이다.

대화와 몸짓의 의사소통

Chiripata의 주민들은 잉카 문명 때 지배층 관리상들이 사용하던 퀘차어(Quechua language)를 사용한다. 퀘차어는 사실 남콜롬비아에서 북아르헨티나까지의 Andean South America 전체에 걸쳐 사용되는 언어들을 포함한다. 대략 1200만 명의 사람들이 퀘차어족의 언어를 사용한다. 그리고 이중 약 800만 명은 퀘차어와 스페인어 2개 언어를 사용한다. 2개 언어를 사용하는 사람들 사이에서 퀘차어는 고향과 친교(친밀)의 언어이고 스페인어는 상업과 법의 언어이다. 퀘차어를 사용하는 사람 사이에서도 2개 언어를 쓰는 사람들은 때때로 스페인어를 썼다 안 썼다 한다—장면 3의 Jose Luis처럼.

퀘차어는 거의 말할 때 사용하는 언어이다(oral language). 잉카인들은 정보와 생각을 알파벳 글씨가 아닌, quipus라 불리는 복잡한 점들로 암호화하였다. 'Tupac Amaru Rebellion of 1780' 이후에 퀘차어의 문어 발달은 초기단계에서 억압을 받고 멈췄다가 스페인 정복 이후 500년 동안 많은 양의 스페인 어휘들을 구체화시켰다(예를 들어 singuru는 스페인어의 seguro에서 유래되었고, yusulpayki는 스페인어의 diosse le paque에서 유래되었다). 그럼에도 불구하고, 문법에는 조금밖에 영향을 미치지 않았다.

다른 많은 미국 인디언의 언어들처럼, 퀘차어는 교착어법의 특성을 나타낸다; 문구들은 접미사들을 어근에 이어 붙임으로써 형성됐다. 예를 들어 wasi(집)와 riy(가다)에서 'wasichayta ripushani(나는 내 작은 집으로 간다)'라는 문구를 만들 수 있다. 구조는 이렇다: wasi(집)-cha(작은)-y(내)-ta(~으로) ri(가다)-pu(밖으로)-sha(현재진행형)-ni(일인칭 단수형).

Mannheim의 『the Language of the Inka since the Spanish Invasion』(1991)의 1장에서 퀘차어의 개요를 잘 보여준다. 다른 좋은 출처들은 Klein과 Stark(1985)가 편집한 『South American Indian Languages: Retrospect and Prospect』와 Cole, Hermon, Martin(1995)이 편집한 『Language in the Andes』가

있다. Wright(1989)는 영어를 쓰는 여행자들을 위한 여행자 기본회화집을 출판했다. 퀘차어 문법을 보려면, Morato-Pena(1995)와 Soto-Ruiz(1993)의 교과서들을 보면 된다. 퀘차어의 시와 문화의 관계는 Harrison(1989)을 보면 된다.

퀘차어 사용자들은 미묘한 언어의 수식, 특히 지조사와 두운법(우스운 별명 Wayna Wanka 같은)의 사용을 즐긴다. 우리는 이러한 느낌을 영어로 옮기려 했다(예를 들면 장면 2에서 "난 직원들에게 매일 같은 것을 시킬 수 없어요. (Would you just look in that sack for me?)" 와 같이). Condor Qatay의 탄원과 비탄은 특히 비교, 대비(parallelism)의 사용으로 퀘차어의 시적 형태들을 전달하려 한다.

퀘차어 사용자들은 관계에서 격식을 갖추려는 경향이 있다. 인사, 작별인사, 감사표시들은 특히 나이가 많은 사람들 사이에서 오래되고 양식화되어 있을 것이고, 모든 종류의 경계선을 관습적으로 표시하려는 근본적인 경향과 일치한다. 개인들이 서로 만나거나 헤어지는 순간들은 (감사와 다시 만날 거라는 보증)의 정교한 연도(litany)를 통해 중요하게 표현된다. 비슷하게, 밤이 되면—촛불이 켜지고 문이 닫힐 때—집안의 모든 사람들은 서로에게 새롭게 인사를 한다(장면 2와 8처럼). 작별인사와 감사표시의 연도(litany)는 수사적인 기교와 상대보다 한발 앞설 수 있는 좋은 기회를 제공한다. 장면 5에서, Vicente는 퀘차어의 반어법과 우회적인 방법을 전형적으로 활용하면서 어린 Jose Luis를 자기 자리에 놓기 위해 이 전략을 쓴다.

의사소통은 보통 간접적이다: 사람들은 동료들을 곤경에 빠뜨려 적개심을 사고 싶어하지 않는다. 예를 들어 장면 4에서 Cipriano는 Vincente Jose Luis가 그의 딸을 방문할 것이란 것을 알려 주지만, 그렇지 않을 것이라고 말하는 Vincente의 부인(부정)도 받아들인다. 우회적인 방법 외 다른 예에는 시선을 피하는 것이 있다. 몇몇의 어린 여자들은 남자의 시선을 피한다. 그래서 Adriana는 장면 5와 13에서 Vincente와 Lose Luis와의 대화 대부분에서 고개를 돌린다.

Marcelina와 Vicente(장면 8)의 비탄은 극중 가장 어려운 절들 중 하나이다. 두 비탄들은 동시에 일어나지만 서로 일치하지 않고, 연기자들이 서로 시선을 마주치지 않는다(Marcelia가 Vicente 다음에 비탄을 시작한다). 그들은 그들만의 세상에 있는 듯하다. 끝으로 가서야, 그들의 비탄이 감정의 절정에 도달했을 때, 그들은 좀 더 소리를 맞추어 말하기 시작한다. Marcelina는 거의 가성의 높은 목소리로 울부짖는다.

문화기술지 영화는 Andean의 '신체언어' 에 대한 정보를 얻을 수 있는 좋은 원천이다. 하지만 그것은 천박한 묘방과 풍자를 하지 않도록 조심히 사용되어야 한다. 우리는 학생들이 스스로 많이 읽고 즉석에서 만드는 것을 한 다음에 영화가 가장 좋게 사용된다는 것을 알아냈다. 전형적인 매너리즘에 대한 기초적인 정보는 영화로부터 배울 수 있다. 하지만 Andean 사람들의 특징인 걷기와 운송법은 가파른 경사를 올라가면서 몸에 가해지는 요구에 주의를 기울이고 짐을 등에 지고 운반하는 경험으로부터 온다. 육체적으로 말하면, 북미인들에게 가장 어려운 자세는 '앉기'이다. 여기서 앉기는 발을 땅바닥에 평평하게 모아 쪼그려 앉는 안정적인 자세를 말한다. 여자들은 대부분의 시간동안 이 자세로 앉고, 남자들은 다른 선택권이 없을 때에 이 자세로 앉는다.

춤과 음악

장면 11에서 Vicente(할아버지)는 딸이 돌아온 것에 무척 기뻐하고 환호한다. "함께 춤추자! 축제를 열자! 가족들을 깨워서 Adriana(엄마)의 집이라고 말하자!" 늙고 기력이 없는 할아버지가 자연스럽게 음악으로 시선을 돌려 자신을 표현하는 춤을 췄다. Chiripata와 같은 부족사회에서는 플루트와 드럼, 금관악기 그리고 점점 녹음된 음악에 맞춰서도 춤을 추는데 이것은 가장 단순한 종교의식이기도 하고 가장 정교한 축제의 한 부분이기도 하다.

우리는 이번 수업에서 학생들을 실습과 즉흥연주에 참여시키기 위해 음악과 춤을 모두 이용한다. 우리의 명상 활동의 연장선에서 학생들은 마음속으로 그들이 사는 곳의 노래를 떠올리고 노래 부르기를 시작했다. 이 활동은 종종 이 공동체의 노래를 위해 전체가 모이는 것으로 끝나거나 가끔은 자연스럽게 춤을 추게 되기도 한다. 다른 활동에서는 학생들이 공책과 연필을 드럼과 드럼스틱 삼아 Andean 음악의 복잡한 리듬을 따라 치기도 한다. 음악이 꺼진 후에 그들은 그들 자신만의 리듬을 발견하고 서로서로 얘기를 나눠 단체의 리듬을 만들어낸다. 이 활동은 앞서 논의되었던 애도하는 장면에 대한 좋은 훈련이 될 수 있다. John Cohen의 영화 'Carnival in Q' eros' 의 전반부는 안데스 사회에서 공동의 음악을 만드는 것에 대한 부분을 매우 효과적으로 탐구한다. 애도의 부분에서처럼, 각각의 개인은 독립적으로 그러나 점차적으로 그 단체의 음악적 일치에 이른다.

연극의 앞부분에서 음악과 춤은 Metizo Youth가 그의 플루트 연주로 young woman을 감동시켰다는 Marcelina(할머니)의 이야기로 합쳐진다. 그들의 귀찮은 농담은 드럼소리와 대부분의 전통적인 토착 사회를 대표하는 플루트의 waynu(노래/춤) 소리에 맞춰 서로서로 돌면서 춤이 된다. 점차적으로 이것은 기타와 만돌린이나 금관악기로 연주되는 waynu의 metizo 버전으로 바뀌어 간다. 그 Metizo Youth는 자신을 다시 콘도르(독수리의 일종)로 모습을 바꾸고, young woman을 낚아채서 그녀와 함께 날아가 버린다. 이 waynu의 변형은 음악적으로나 무용측면으로나, metizo youth의 방식에 young woman이 매료되었음을 표현한다. 그녀는 그녀의 runa orientation을 떠나 그의 삶의 길로 향해 갔다. 이 이야기의 장면이 연극의 나머지 부분을 보여주듯이, 마찬가지로 이 춤은 두 원의 사람들이 서로 돌을 차고 서로의 다리를 회초리(switch)로 때리면서 장면 3의 Jose Luis와 Adriana 사이의 장난스러운 구애를 보여준다 (on courtship see Millones and Pratt 1990).

장면 6의 콘도르 춤에서 young woman을 그들의 세계로 데려옴과 동시에, 콘도르는 짐승의 시체를 먹어치운다. 그 춤은 리듬에 맞춰 날개를 퍼덕이고 곧 그들이 피 흐르는 덩어리로 찢어 놓고, 게걸스럽게 먹어치울 커다란 짐승 시체를 둘러싸는 콘도르들의 모습으로 시작된다. 마침내 그 콘도르 남자는 한 조각을 낚아채 그의 신부에게 선물한다. 그 춤은 그녀가 그것을 완전히 거절하고, 콘도르 집단에 속하기를 거절하자 갑작스럽게 중단된다. 마지막 이야기의 장면에서 콘도르 남자는 속아서 끓는 가마솥에 들어가고, young woman의 가족이 가마솥을 에워싸고 춤을 추면서 끓는 물로부터 도망치려는 그를 다시 집어넣는다. 그 공격적인 자축의 춤은 짐승의 시체를 에워싸며 지배적인 움직임을 보였던 콘도르 춤을 다시 떠올리게 한다.

이상적으로, 창의적인 안무가라면 안무를 만들기 전에 Cuzco지역의 춤을 면밀히 조사해야 한다. 앞서 언급된 영화처럼 콘도르에 관련된 영화들은 콘도르 춤에 필요한 동작의 종류에 관한 식견을 갖게 해준다. John Cohen의 영화 'Dancing with the Incas' 는 콘도르 춤을 약간 포함하고 있는데 이것은 우리 마음속의 기본적인 생각을 설명한다. 그의 영화 'Mountain Music of Peru' 와 'Carnical in Q' eros' 는 안데스의 음악과 춤의 완전한 스펙트럼(범위)을 잘 보여준다.

음악은 연극의 분위기를 만들고 관객들을 안데스의 세상으로 이끌어주는데 매우 효과적으로 이용될 수 있다. 연극이 시작하기 전과 장면 전환이 이루어지는 동안, 음악은 어두운 침묵을 채워주는 일뿐만 아니라 관객들에게 한 장면에서 다음 장면으로 분위기를 전달해 주는 역할도 한다. Condor Qutay의 모든 음악은 시간과 자산이 허락한다면 음악가들이 라이브로 연주할 수도 있다. 많은 상점에서 구할 수 있는 음반을 이용할 수 있다. Mountain of Peru(Smithsonian Folkways Recordings) 같은 제목은 적당한 음악을 고르는 데 도움이 될 것이다. 우리는 실제로 안데스 집단에 의해 녹음된 음악을 사용하고 구미의 감성에 맞춰 작곡되어 전문적으로 녹음된 음악을 피하기를 제안한다. Discos IEMPSA와 Arhoolie Productions를 위한 John Cohen의 모음집 'Huayno Music of Peru' 는 mestizo waynu의 좋은 자료이다.

zumbayllu의 돌아가는 소리는 전자음악으로 녹음될 수 있고 적당한 플루트 음악이 대신할 수도 있다. 중요한 것은 당신이 그렇게 한다면 그 소리가 그 순간과 감정과 정신을 전달할 것이라는 점이다. 진짜 zumbayllu는 안무가의 도움 없이 적절하게 춤을 출 것이다. 또한 작품 후기에 팽이 돌리는 행위와 작품에 대한 학습 후기를 제공하기도 한다.

연극 'Condor Qatay' 작품 후기: The Zumbayllu와 실험적 학습

우리는 이 연극과 관련하여 그동안 학생들과 해왔던 일에 관해서도 이야기하려고 한다.

우리가 가르쳤던 첫 학기 동안에 팽이(zumbayllu)는 중요한 역할을 하였다. 학생들은 명상 수업과 관련하여 팽이를 명상의 가장 중요한 수단으로 꼽았다. zumbayllu는 명상 연습에서 특별히 효과가 있다는 것이 증명되었다. 즉, 돌아가는 이미지(그것이 자아내는 콧노래 부르는, 윙윙거리는 소리)는 생각을 집중시키는 힌두교의 기도와 같은 효과를 가지고 있는 것처럼 보인다.

수업에서 우리는 학생들의 예전 경험 즉 이전에 팽이를 돌렸던 기억을 끌어냈지만, 우리는 학생들에게 그 경험을 새로운 방식으로 맥락화할 것을 요구했다. 즉, 이 작품의 기초 자료인 'Deep Rivers' 에서, 팽이 돌리기는 소년 Ernesto에게 모든 물질은 살아있고 급속한 움직임으로 빛, 소리는 산의 주인과, 강, 그리고 먼 친척들과 대화를 할 수 있는 힘을 가지고 있는 존재로 표현되고 있었다. 여기서 팽이는 메시지를 전달해주는 매개체의 역할을 하고 있다. 우리도 소년 Ernesto가 행한 것과 학생들이 자신의 경험을 새로운 경험으로 맥락화시킬 것을 요구했다.

우리는 학생들에게 자신이 상상할 수 있는 zumbayllu를 묘사하라고 했다. 우리는 그들의 zumbayllu의 노래들에 대하여 물었다. 명상의 부분으로서, 눈을 감은 채, 우리는 그들에게 노래를 흥얼거리라고 요구한다. 학생들은 명상을 통해 정신적인 풍경을 창조했다. 그리고 우리는 이 장소와 의사소통을 하도록 하기 위하여 학생들에게 zumbayllu를 이용하게 하였다.

이와 같은 명상 수업은 학기의 처음 몇 주 동안 계속 이루어졌다. 그 후 우리는 바로 문화기술적인 읽기와 시나리오 작성에 들어갔다. 이중 첫 번째 단계는 없어서는 안 되는 중요한 삶의 의식들 즉, 인사, 작별, 봉사, 음식 먹는 것, 코카인을 나누는 것을 연습하고 배우는 것이다.

우리의 zumbayllu 연습의 목적은 비어있는 행위가 아니라, 마음으로 행위의 전체성을 가지고서 하는 것으로 안데스 산맥 사람들이 코카인잎을 씹는 행위를 하도록 준비하는 것과 유사한 성격을 지닌다. 코카인잎 씹기에 포함된 생각들에는 추상성이 있고, 학생들의 경험과 거리가 있다. 이것을 학생들에게 직접적으로 소개하는 것은 어렵지만, 대조적으로 팽이 돌리기는 학생들을 다른 사고의 세상으로 이끌게 할 수 있다. 우리는 팽이와 팽이를 돌리며 부르는 노래를 코카인잎으로 대체하면서 학생들이 zumbayllu 연습을 되풀이하도록 했다.

코카인잎 씹기는 어른들의 행위이다. 아이들은 그들이 방적이나 천짜기, 들판 경작하기, 가축떼 돌보기와 같은 어른들의 행위들을 보면서 코카인잎 씹기를 할 수 있다. 이러한 기술들이 숙달되면, 아이들은 시골 안데스 산맥 사회를 구성하는 상호간의 교환 네트워크에 참여할 수 있다. 놀이에서부터 이러한 기술들은 성인 생활에 있어서 필수적인 것이다.

Condor Qatay에서 zumbayllu는 관중들을 안데스로 끌어들이게 한다. 연극이 시작될 때, Suzicha의 할머니는 실을 짜는 반면 Suzicha는 팽이를 가지고 논다. 팽이의 홍얼거림은 연극의 첫 소리이며, 멀리 떨어져 있는 산꼭대기 위의 콘도르는 그 소리를 듣고, 응답으로 그의 날개를 편다.

우리의 수업에서 팽이 돌리기에서 실을 짜는 행위의 변환은 아이에서 초기 성인으로 발달해 가는 Suzicha의 모습을 반영한 것이다. 실을 짜내는 것은 아이들이 팽이를 돌리는 것과 유사한 성인의 목적지향적인 행위인 것이다.

(4) Ronald의 ‘아버지와 아들을 위하여: 카타르시스가 없는 가족드라마’

이 작품은 Ronald Pelinas가 Ellis와 Bochner의 책 『자문화기술지』(2001)에 게재한 질적 연극 작품이다. ‘카타르시스가 없는 가족 드라마’ 는 제목에서 느껴지듯이 비인간적이며 형식적인 가족에 대한 이야기를 그린 연극적 글쓰기 작품이다. 이 작품에서 아버지는 그의 아들이 나쁜 친구들과 어울려 마약을 하면서 방황하지만 어떠한 역할도 하지 못한다. 아들 역시 아버지의 말에는 반항적이며 친구들의 말과 가치에만 귀를 기울인다. 두 사람 모두 가족으로서의 정을 가지고 있지만 자신의 마음과는 달리 서로 대화가 이루어지지 않는다. 아버지는 아들의 행동에 대해 아무런 말도 하지 못하며, 아들 역시 아버지와 어떠한 인간적 관계도 맺지 않는다. 이 가족에게는 어떠한 가족적인 정이나 유대감이 나타나지 않는다. 그들은 그저 형식적이고 피상적인 가족관계를 유지하고 있을 뿐이다. 비록 그들이 마음 깊은 곳에는 혈연으로서의 정을 느끼지만 그들의 현실과 생활에는 피상적 관계와 소외만이 나타날 뿐이다. 이 작품은 이러한 부자의 모습을 통해 현대사회의 가족 소외 현상을 그려내고 있다. 출처는 저자의 실수로 기명할 수 없음을 밝힌다.

줄거리

그것은 한 아버지가 그의 아들이 나쁜 무리들과 어울리고 마약을 하고, 다른 사람처럼 되어 버리도록 내버려둘 수 있었는지를 말하고 있다.
어째서 아들이 듣지 말아야 할 사람들을 제외한 다른 누군가의 말을 듣지 않는가를 말하고 있다.
한 아버지의 죄가 어떻게 그가 바라는 것과 반대로 이뤄지는지를 말하고 있다.
그것은 독자와 작가 사이의 공간이 페이지이고 아버지와 아들의 공간은 마음인가를 말하고 있다.
그것은 어떻게 가족이 형성되었다가 잊혀지는지를 말하고 있다.
그것은 어떻게 아무것도 하지 않음이 하나의 행동이 될 수 있는지를 말하고 있다.
아들이 어떻게 그의 아버지가 계시지 않았던 것을 원망하고 아버지가 마땅히 해야 할 의무를 하지 않았음과 그를 버렸던 것을 원망하는지를 말하고, 그리고 그가 어째서 여전히 아버지의 허락을 요구하는지를 말하고 있다.
그것은 어째서 아버지가 아들에게 자신이 바라는 허락을 해줄 수 없는지를 말하고 있다.
그것은 어째서 유전이라는 것이 표시나 요구나 사랑도 없이 되는지를 말하고 있다.
그것은 어떻게 의붓아버지가 친아버지를 능가할 수 있고 어떻게 충성이 혈통을 능가하고 어떻게 인연의 꼬리가 끊어질 수 있는지를 말하고 있다.
그것은 어떻게 시간이 운명을 계산하고 고정시킬 수 있는지를 말하고 있다.
그것은 어떻게 슬픔이 생기고 기억 속에 저장되고 흔적으로 남는지를 말하고 있다.
그것은 어떻게 침묵이 하나의 전략이며 듣는 사람과의 사이에 진행되는 대화인지를 말하고 있다.

등장인물

아버지: "아들아, 이리 오렴" 이라고 말하고 싶은 중년의 남자.
아들: "아빠, 왜요" 라고 말하고 싶은 20대 남자.
부인들, 계부들, 딸들, 조부모들, 친구들: 그들은 다양한 연령대이며 끊임없이

"뭐라고 말해야 될지 모르겠어"라고 말한다.

추리

당신은 아버지로서 당신의 아버지 같은 아버지가 되기를 원한다. 당신은 가능하고 타당한 말을 하기를 원한다. 당신은 무엇을 할 수 있는지 보여주고 싶다. 당신은 아버지의 말을 믿고 싶다. 당신은 그것들을 꾸준히 간직하고 싶다. 당신은 아들로서 당신의 아버지가 당신이 결코 가질 수 없는 그런 아버지가 되길 원한다. 당신은 부재를 이해한다. 당신은 당신이 무엇을 표현하는지를 알지 못한다. 당신은 아버지의 말에 귀 기울이지만 아무 소리도 들리지 않는다. 어떤 것도 확신할 것은 없다. 당신은 아무것도 되풀이할 수 없다.

장면 1

이혼한 부모들이 자녀에 대하여 상의한다.

어머니: 난 싫어요. 난 내 집에 그 애가 더 이상 살도록 하지 않겠어요.

아버지: 나도 이해해. 당신은 그렇게 느낄 충분한 권리가 있어.
나도 그 애와 친구들이 내 집에서 마약하는 걸 원치 않아.

어머니: 당신은 어떻게 할 계획이에요?

아버지: 내가 어떻게 할 수 있을지 모르겠다. 당신이 괜찮다면 그 애에게 말하려고 해.

어머니: 당신은 내가 그렇게 해보지 않은 줄 아세요?

아버지: 물론 당신이 그랬을 거란 거 알지.

어머니: 난 더 이상 이렇게 살 순 없어요.

아버지: 그 애에게 떠나라고 말해.

어머니: 그 애에게 나가 달라고 말했지만 나갈 수 없다고 했어요.
적당한 곳을 얻을 돈이 없다고 말하더군요.

아버지: 만약 우리가 그 아이한테 얼마정도 돈을 주면 그걸 다 마약에 써버릴 거야.

어머니: 우리가 그 애한테 아파트를 얻어주면 어떨까 생각했는데. 그리고 세를 우리가 지불해준다면 마약에 그 돈을 쓸 수 없을 것이고, 그럼 그 애도 여기서 나가게 될 거예요. 나는 내 집에서 그 애를 내보내야만 해요.

아버지: 우리가 집세를 내줘야 하나? 이제 그 애는 자신을 책임질 때야.

어머니: 내가 바라는 건 단지 이 집에서 그 애가 나가주는 것뿐이예요.

장면 2. 아버지와 아들의 대화

아버지: 나는 네가 또 다른 차를 사는 데 만 달러를 주지는 않을 거다. 미안하다. 그것은 너무 많은 액수야.

아들: 그렇다면 내가 할머니께 다시 부탁해야만 하겠군요. 다만 할머니한테 나를 꺼내기 위한 보석금을 요구해서는 안 되겠지만요.

아버지: 맞아. 그래서는 안 되지.

아들: 나는 꼭 차를 갖고 싶어요.

아버지: 오 그렇지만 네게는 만 달러나 하는 '티버드' 가 필요치 않아.

아들: 아빠는 제가 싸구려 똥차나 사기를 바라시는군요.

아버지: 아니. 나는 네가 적당한 가격에, 믿을 만하고, 매일 너를 직장에 태워줄 수 있는 그런 차를 사기를 바랄 뿐이다.

아들: 그 '티버드' 는 믿을 만한 차예요 모양도 끝내 준다구요.

아버지: 남의 주목을 끄는 또 다른 차는 네게 전혀 필요가 없는 거야.

아들: 그 차는 가족 같은 차란 말이예요.

아버지: 좋아.

아들: 얼마나 주실 건데요?

아버지: 네가 말하는 차가 무엇이냐에 달렸지.

아들: 그러면 아빠는 겨우 몇 천 달러밖에 안 도와주실 거죠? 내 말은 만약 아빠가 몇 천 달러를 주시면 그 나머지는 할머니께서 도와주실 거란 뜻이예요.

아버지: 너는 내 말의 핵심을 이해하지 못하는구나.

아들: 아니오. 이해 못하는 건 아빠죠. 난 꼭 차를 갖고 싶어요.

장면 3. 아들의 도착에 대한 남편과 아내의 계획

아내: 난 그가 안 왔으면 좋겠어요.

남편: 나는 아들에게 그가 크리스마스에 올 수 없다고 말할 수 없어요.

아내: 나도 알아요. 그렇지만 그는 그 날을 망칠 거예요. 나는 그가 항상 당신에게 접근하는 방식이 싫어요.

남편: 아마 그는 오래 머물지 않을 거예요.

아내: 그는 우리와 함께 저녁 식사하는 것을 기대하고 있어요?

남편: 몰라. 나는 그 일에 대해서 아무것도 그에게 말할 수 없었어요.

아내: 그는 언제 와요?

남편: 그에게 2시쯤 오라고 말했어요.

아내: 그는 밤을 새울 생각을 하고 있는 거예요?

남편: 잘 모르겠어요. 그것에 대해 의논하지 않았어요.

아내: 무엇을 준비해야 할지 알아야 되는데.

장면 4. 아버지와 아들의 또 다른 대화

아버지: 너는 얼마나 오랫동안 지붕 수리공으로 일을 했니?

아들: 8년이요.

아버지: 그래? 나는 네가 그렇게 오랫동안 일했는지 몰랐구나. 너는 다른 수입은 없었니?

아들: 없었어요.

아버지: 없어? 만약 네가 떨어진다면 어떤 일이 일어날까?

아들: 나는 거기에서 위로 움직이는 법을 알아요. 아버지는 다만 가라, 가라, 가라 하실 뿐 그것에 대해 생각하지는 않는군요.

아버지: 아무도 떨어지지는 않았겠지.

아들: 나는 몇 번 떨어졌었어요. 하지만 다친 적은 없었죠.

아버지: 운이 좋았구나.

아들: 하지만 내가 35세 때에 이런 일을 하는 것은 상상할 수 없어요. 내 다리는 이미 지쳤어요. 자갈길에 사다리를 옮길 때 내 다리는 흔들렸어요.

아버지: 그것이 너에게 무언가 말해주는 게 있어야 한다.

아들: 나는 아무것도 할 수 없었고, 그렇다고 돈이 충분하지도 않았어요. 나는 외과 의사가 아니니까요.

아버지: 너는 총명한 아이였어.

아들: 그건 오래전 얘기예요.

아버지: 네가 마약에 빠지기 전까진 말이다.

아들: 그만하세요.

아버지: 나는 단지 네가 똑똑했던 적이 있었다고 말한 것뿐이야.

아들: 나는 더 이상 마약을 하지 않아요.

아버지: 그래. 좋아.

아들: 만약 내가 다시 약을 가까이 한다면 나는 망할 놈이에요.

아버지: 그래. 잠시 있어봐라. (잠시 멈추며) 그래, 너는 제니에게 반지를 줬니?

아들: 네.

아버지: 그것은 너에게 어떤 의미가 있니?

아들: 몰라요.

아버지: 결혼할 생각이 있니?

아들: 지금은 아니에요. 우리는 아직 결혼할 만한 여유가 없어요.

아버지: 평화로움으로 가기 위해서는 단 몇 개의 도약만 있으면 된단다.

아들: 네, 저도 알고 있어요. 그러나 그 무엇인가가 따라오게 하죠. 우리는 실수를 저지르고 싶지 않아요.

아버지: 제니는 여전히 스트립쇼를 하니?

아들: 네.

아버지: 너는 그것에 대해서 괜찮니?

아들: 아버지가 의미하는 바가 질투심이라면 나는 질투를 하지는 않아요. 때때로 나는 제니를 보러 가요. 나는 바에서 내 옆에 앉아 있는 누군가에게 말할 거예요. "저 여자를 봐. 나는 오늘 밤에 그녀와 함께 우리 집으로 갈 거야." 그는 "절대 안 되지."라고 말하겠죠. 그리고 아버지가 알기 전에 20번 정도 그렇게 해 왔어요.

아버지: 제니는 또 다른 수입이 있니?

아들: 없어요.

아버지: 너는 네가 병을 얻기라도 하면 어떡할 거니? 혹은 제니가 병을 얻는다면?

아들: 우리는 살아남아요. 우리는 사이좋게 해 나갈 거예요. 저번 주에 우리는 '9인치의 손톱' 연주를 듣기 위해 시카고에 갔어요. 우리는 일을 제쳐놓고 2시쯤에 차를 끌고 갔어요. 그들은 두려워했어요. 우리는 다음날 아침 5시 30분경에야 비로소 집으로 돌아오게 됐죠.

아버지: 재미있구나. 너는 다시 너의 면허증을 취득할 거니?

아들: 그것은 나에게 많은 돈을 치르게 했어요. 나는 그 법관에게 1톤의 돈을 줘야 했어요.

아버지: 무엇 때문에?

아들: 나는 일시정지 당한 동안에도 계속 차를 끌어왔어요. 일을 하러 가야만 했거든요.

아버지: 너는 얼마나 많은 딱지를 받았니?

아들: 엄청 많이요.

아버지: 지금 내고 있는 보험은 뭐니?

아들: 없어요. 아무것도.

아버지: 그건 또 무슨 의미니?

아들: 나는 보험 따윈 없어요. 나는 그럴 여유가 없어요. 나는 그 남자가 그

기록을 수정해 줄 것으로 알고 있었어요. 그래서 보험을 보여주고 다시 내 면허증을 얻을 수 있도록 가지고 있던 보험을 보여주었어요. 나는 내 면허증을 다시 돌려받아야만 했으니까요.

아버지: 너는 대중교통을 이용할 수도 있었고, 제니에게 운전을 부탁할 수도 있었어.

아들: 제니는 운전 면허증이 없어요. 그녀는 일리노이에서 한 번 자격 정지를 당한 후에 미주리에서는 면허를 따려고 신경 쓰지 않았어요.

아버지: 그러면 둘 다 정당한 운전 면허증을 갖고 있지 않구나.

아들: 나는 정당한 면허증을 갖고 있지만 단지 보험이 없어요. 제니는 보험은 있지만 정당한 운전 면허증이 없어요.

아버지: 알았다. 그것은 나에게 문제가 있다는 것처럼 들리는구나.

아들: 글쎄요. 우리는 꼭 해야 할 것은 우리가 알아서 해요.

아버지: 거기엔 다른 선택권도 있어.

아들: 그것은 오직 아버지 당신을 좋아하는 사람들에게만 해당돼요. 나는 선택권을 갖고 있지 않아요. 나는 내가 해야 하는 것만 해요.

아버지: 글쎄. 네가 '해야만 하는 것' 은 제시카를 위한 것이지 않니? 제시카는 제니의 아이지만 너는 그 아이에게 약간의 책임이 있어.

아들: 나는 책임감을 느끼고 있어요. 그 아이는 말을 잘 들어요. 그 아이는 우리에게 어떠한 허튼 소리도 하지 않는 것이 좋을 것이라고 알고 있어요.

아버지: 그 애는 좋은 아이야.

아들: 네. 그렇죠. 하지만 그 아이는 학교에서 말썽을 부려요.

아버지: 무슨 문제가 있는 거니?

아들: 그 아이는 어떠한 것을 배우든지 영원한 시간이 걸려요. 그녀는 함께 놀 친구들을 얻었어요—그건 아버지가 그 애에게 무엇인가를 말하면 그 애가 아버지의 손가락을 덥석 무는 행동 같은 것을 하는 거에요. 제시카는 아버지가 거듭해서 말을 해도 여전히 이해하지 못해요.

아버지: 아마도 그 아이가 학습능력이 조금 떨어지는가 보구나. 학교에서 검사는 해 보았니?

아들: 약간의 검사를 해 보았지만, 그들은 아무것도 발견하지 못했어요.

아버지: 너는 그 아이를 위해 최선을 다해서 돌보아야 해. 너는 아이를 위해 네가 할 수 있는 모든 것을 해야만 해.

아들: 아버지는 나를 위해 무엇을 했나요?

아버지: 내가 할 수 있는 최선을 다했다.

아들: 글쎄요. 아버지는 나를 혼내기만 했어요. 그렇지 않나요?

장면 5. 독백: 아버지가 그의 다른 아이에 대한 이야기를 하다

아버지: "더그가 전화했었어요. 오빠는 아빠가 다시 전화하길 바라고 있어요." 13살 된 딸이 의붓오빠에 관해 말한다. 딸의 이 말은 아들과 어떠한 접촉도 연락도 없이 지낸 9개월 동안의 침묵을 깼다. "아빠는 오빠에게 다시 연락을 하고 있어요" 딸이 물었다. 나는 잠시 동안 말을 하지 않다가 "그래"라고 대답했다. 이 집에서 그와 함께 지내기를 원하지 않는 아내와, 오빠와의 관계를 원하는 딸, 그리고 아들을 원치 않는 아내를 사랑하면서도, 한편 아들에 대한 아버지로서의 의무, 혈통으로서의 의무, 가족으로서의 의무를 신봉하고 있는 나의 마음은 충돌하고 있다.

"오빠를 다시 오게 하세요" 딸은 요구했다. 그리고 나는 인내심을 지닌 채 계속 대답을 질질 끌며 말한다. "그럴 거야." 하루가 지나고 또 하루가 지났다. "아빠, 더그 오빠한테 벌써 전화했어요" 딸아이는 어떻게 부모가 자식의 말에 좌우될 수 있는지를 의아해해하면서 알고 싶어했다.

표현

내가 마치 그런 요구를 가질 권리가 있는 것처럼 '아버지'라는 말을 요구해도 될까? 내가 나를 누구라고 말해야 되는가? 내가 그를 누구라고 말해야 되는가? 나는 자주 '아들'이라는 말을 사용하는가?

그는 나에게 의존하지 않는 법을 배운 나의 '부양가족'이다. 우리는 버려진 단어들의 유산 속에서 살고, 우리의 텅 빈 목적들을 상속하며, 말하여지지 않은 것을 만들어 낸다. 아버지의 이름을 취할 수 없는 나는 아들의 이름을 가질 수 없는 아이를 낳는다.

그 말은 어디에 있는가? 어떻게 내가 그것들을 올바른 순서대로 배열할 수 있을까? 어떻게 그것들을 올바른 리듬 속에 둘 수가 있는가? 어떻게 내가 그것들을 조화롭게 할 수 있을까? 왜 그것들은 쉽게 정착할 수 없는가? 이 모든 것의 이유와 까닭은 어디에 있는가? 나의 말은 퇴색된 진부한 말보다, 독보다, 우리의 가슴에서 나오는 피보다 더 별 볼 일 없는 것이다. 오직 여기에는 말하여지지 않은 것만 남아있을 뿐이다.

광경

나는 것들을 떨어뜨려라. 세트를 말아라. 음악을 틀어라. 불빛을 가득 메우게 비추어라. 이렇게 전개되는 무대에 우리를 두어라. 무대를 더 빨리 더 빨리 회전시켜라. 그래서 우리를 거의 서 있을 수 없게 만들어라. 그것은 볼 만한 광경이다. 우리가 구경거리가 될 때 막을 당겨라.

카타르시스를 기다리면서…

공동 저작된 이 연극을 나는 잊을 수가 없다. 나는 2살 때의 그를 기억하고 있다. 결혼식이 끝난 밤에 나는 문가에 서서 그의 부드러운 미소를 보았다. 그가 이해하지 못했고 결코 이해할 수도 없을 거란 걸 알면서 말이다.

나는 5살 때의 그를 기억한다. 그는 그 자신을 자칭 '더기 카우보이' 라고 불렀고 그의 막대기 말 위에서 온 집안을 평정했다. 내가 전화를 받을 때면 그는 울곤 했다.

"큰 카우보이 소년, 울지 마. 아빠가 너 보러 곧 갈게."
"곧 언제" 그가 물었다.
"아마 몇 주 걸리지 않을 거야. 얘야."
"그것은 곧이 아니에요. 오늘 밤에 오세요."
"그럴 수는 없어. 그렇지만 널 보기까지 그리 오래 걸리지는 않을 거야. 엄마 좀 바꿔주겠니." 빵빵. 그가 죽었다.
"그는 매주 당신의 전화를 기다렸어요." 아내가 말한다.
"언제 내가 그를 볼 수 있지?"
"곧요" 그녀가 대답했다.

나는 13살의 그를 기억한다. 학교를 마친 후에 그가 방문했다. 우리는 오랜 시간동안 매우 오랜 공연으로 지쳐버린 배우처럼 늘 해오던 말들을 되풀이했다. 그는 그가 나의 선반 위의 책 너머 세상에 살고 있다는 것을 알고 있다. 내가 말한다. "글세, 10대가 되는 것은 어떤 느낌이니?" 어깨를 한번 으쓱한 뒤 나는 큰 소리로 말하고 싶었다. "세월이 가면서 너만큼 많이 나를 정의하는 것과 먼 거리가 부자지간의 관계를 멀게 하는 것과, 시간이 다 소멸해 버리는 것과, 내가 네 아버지가 아니라는 것을 깨닫지 말거라. 대신에 우린 주말계획을 얘기하자. 나는 캠프 도우미처럼 호루라기를 목에 두르고 우리의 예정된 시간이 다할 때까지 영화 보기나 케이크 먹기 같은 우리들의 계획된 시간들에 대하여 수다를 떨고 싶구나. 우리에게 할당된 시간이 끝나갈 때 우리는 서로를 안심시키며, 우리가 유지하기로 한 거짓 가득한 세계로 돌아갈 준비를 하며 떠나간다.

나는 그의 18살 때를 기억한다. 졸업하는 날 밤, 어머니 옆에 앉아서 그가 무대를 건너가는 것을 보았다. "쉽지가 않네요." 그녀는 한숨을 내쉬며 말을 했다. 나는 그녀가 옳다는 것을 안다. 그리고, 그가 축하의 밤을 위해 운전할 때 그는 우리에게 작별을 고하며 손을 흔든다. 그리고 나는 생각한다. "그것은 이렇게 쉽게 다시 찾아오진 않을 거야."

나는 지금의 그를 기억한다. 그의 거칠고 강한 몸은 지붕수리의 일을 하면서부터 그의 각오가 연기되던 때부터 약해지기 시작한다. 그는 마치 기묘하게 주름 잡힌 것 같은 옷들을 입는다. 그는 곱슬머리를 부정하면서 마치 멋을 아는 것처럼 머리를 매끈하게 뒤로 빗질해 넘겼다. 걸을 때면 마치 남들이 그를 주목하는 것처럼 좌우로 머리를 흔들면서 걷는다. 그가 돈을 셀 때는 엄청 번성한 듯이 사생활이 엄청난 듯이 돈을 센다. 그는 털썩 중간 계층에서 떨어졌다. 그는 내가 나의 교외의 집을 바라보는 것처럼 떨어졌다. 지금 그는 큰 침상아래 무거운 짐을 지고 지친 채로 쓰러져 있다. 나는 그에게 콜라를 준다.

이것이 내가 기억하는 연극이다. 그러나 여기에는 카타르시스가 없다. 재갈물린 바위처럼 우리를 내부로 가라앉히는 감정의 순화도 없다. 여기에는 해방도, 정화의 작용도 없다. 이 연극은 고요 속에 끝이 난다. 여기에는 박수갈채나 마지막 인사도 없다. 막은 닫히지 않는다.

4. 참고문헌

백경선(1997). 다음성 원리와 희곡 담화에의 적용. 이화여자대학교 석사학위논문.

신상성 · 전영숙(1999). 문예창작입문. 서울: 태학사.

이강백 · 윤조병(2006). 희곡 창작의 길잡이. 서울: 평민사.

이상란(2000a). 희곡의 연극성1. 한국연극연구, 3, 233-257.

이상란(2000b). 희곡의 연극성2: 언술텍스트와 부가텍스트의 기능을 중심으로. 연극교육연구, 6, 1-25.

이상란(2000c). 희곡의 연극성3: 서술적 자아의 기능. 한국연극학, 17, 31-55.

이원희(2006). 희곡 창작의 길. 한국학술정보.

우한용 외(2002). 고등학교 문학(상) 교사용 지도서. 서울: 두산.

Allen, J. C. & Garner, N. (1997). *Condor Qatay: Anthropology in Performance*, Waveland Press.

Bluebond-Langer, M. (1980). *The private worlds of dying children*, Princeton University Press. pp. 15-134.

Ellis, C. (2004). *The Ethnographic I : A Methodological Novel about Autoethnography*. AltaMira Press.

Ely, M., Vinz, R., Downing, M., & Anzul, M. (1997). *On Writing Qualitative Research: Living by Words*, Falmer Press.

Paget, A. M. (1995). Performing the Text, In J. Van Maanen (Eds.). *Representation in ethnography*(pp.222-244.). Thousand Oaks, Cal.: Sage.

Richardson, L. (1997). *Fields of play: constructing an academic life*, Ruters University Press. pp. 63-74.

Saldana, J. (2007). Ethnodrama and Ethnotheatre, In J. Gary Knowles & Ardra L. Cole (Eds.), *Handbook of the Arts in Qualitative Research: Perspectives, Methodologies, Examples, and Issues*(pp.195-207). Thousand Oaks, Cal.: Sage.

Sparkes, C. A. (2007). Sport and Physical Education: Embracing New Forms of Representation, In J. Gary Knowles & Ardra L. Cole (Eds.), *Handbook of the Arts in Qualitative Research: Perspectives, Methodologies, Examples, and Issues*(pp.654-664). Thousand Oaks, Cal.: Sage.

제16장

포스트모던적 글쓰기

1. 포스트모던적 글쓰기의 개념
2. 포스트모던적 글쓰기의 대표 작품
   (1) Lather와 Smithies의 '날개들의 아픔: 에이즈에 걸린 여성'
   (2) 김영천의 '별이 빛나는 밤'
   (3) Wolf의 '트라이스 톨드 스토리'
   (4) Karen의 '고요한 목소리'
3. 참고문헌

이 장에서는 다양한 질적 글쓰기의 실험적 방법 중 하나인 포스트모던적 글쓰기에 대해서 살펴볼 것이다. 포스트모던적 글쓰기는 다양한 질적 글쓰기 방법 중 포스트모더니즘의 영향을 받은 가장 실험적인 글쓰기 방법이다. 질적 글쓰기 중에서 가장 최전선에 놓여 있으며 필자 역시 이 주제에 대하여 관심이 많다. 우리나라의 경우, 이 분야에 대한 소개가 거의 없다는 점에서 새로운 글쓰기 주제라고 생각한다. 그러나 구미의 경우 많은 현장연구자들이 자신의 분석과 연구참여자의 묘사에 있어서 연구자의 주관성이 어떻게 영향을 끼쳤는지를 방법론 장에서 구체화시키고 있다는 점에서 앞으로 널리 질적 글쓰기에서 대중적으로 사용될 것으로 생각한다. 이 장에서는 이러한 포스트모던적 글쓰기의 개념과 특징에 대하여 알아본다. 나아가 포스트모던적 글쓰기가 시도된 대표적인 작품들을 소개하고, 각 작품을 통해 연구자가 자신의 주관성과 의식을 어떻게 반성하고 해체하였는지 자세히 공부하도록 한다.

1. 포스트모던적 글쓰기의 개념

> 우리는 복잡한 텍스트의 시대에 살고 있다. 포스트 문화기술지라고 불리는 이러한 텍스트는 텍스트와 분석을 어떻게 구성해야 할 것인가에 대한 질문에 대하여 개방성, 불완전성, 불확실성을 전제로 하고 있다(Marcus, 1994, p.157).

포스트모던적 글쓰기는 사회과학연구의 네 번째 연구 패러다임으로 등장한 포스트모더니즘의 영향에 의해 나타난 글쓰기 방식이다. 포스트모더니즘의 영향은 과거와는 다른 형식의 질적 글쓰기 이론과 작품 생산 문화를 만들어 내었고, 이러한 영향으로 인하여 최근의 질적연구에서 포스트모던 글쓰기 작품과 연구 작업은 새로운 연구 문화로서 그 자리를 점차 확대시키고 있다(Lather, 1986a, 1986b). 포스트모더니즘이 질적연구 글쓰기 방법에 어떻게 영향을 끼쳤는가는 또 다른 연구주제로 다루어져야 하겠지만, 포스트모더니즘이 전제로 하고 있는 몇 가지의 입장들(단일 실재의 거부, 객관성에 대한 의심, 인간의 합리적 사유에 대한 부인, 실재의 전달매체로서 언어에 대한 불확실성 등)은 질적연구자로 하여금 자신의 연구 경험과 결과를 과연 진실이라고 객관적인 것이라고 강조하면서 독자에게 이야기할 수 있을 것인가에 대하여 질문하게 만들었다. 나아가 모더니즘의 주장과 달리 우리의 사유와 합리성이 완전한 것이 아니라 주관적이고 문화적으로 영향을 받는다고 한다면 우리가 경험한 연구 세계에 대하여 과연 우리가 하게 되는 글쓰기는 정말로 객관적으로 수행될 수 있는 것인가에 대하여 의문시하게 만들었다.

그리고 나아가 그러한 객관성과 합리성이 보장되지 않는 것이라고 한다면 우리의 연구를 기술하고 글쓰기를 할 때 어떠한 세계관과 태도를 가지고 글을 써야 하느냐에 대하여 연구자에게 심각하게 생각하도록 만들었다(Atkinson, 1990; Bazerman, 1987; Backer, 1986; Gusfield, 1976; Hammersely & Atkinson, 1983; Mulkay, 1985). 이에 이들은 이러한 문제의식으로부터 질적연구에서 글쓰기를 할 때 고민해야 하는 질문들로서 다음과 같은 이슈들을 제기하게 되었다(Holge-Hazelton & Krojer, J. 2008; St. Pierre, 1997; St. Pierre & Pillow, 2000).

(1) 객관적인 존재가 아닌 연구자가 과연 객관적인 글을 쓸 수 있는가?
(2) 다양한 실재가 존재하고 단일한 실재가 존재하지 않는 이 세상에서 어떤 특정한 주장이나 결론을 하나의 진실로서 독자에게 제시하는 것이 타당한 것인가? 그렇다면 선정된 주장을 제외한 나머지의 주장들은 진실이 아닌 것인가?
(3) 연구자가 사용하는 언어는 연구자가 경험한 세계와 참여자의 세계를 그대로 드러낼 만큼 선명한 것인가? 언어는 실재(reality)를 재현할 수 있는 완전한 거울인가? 언어가 불분명하고 불명료한 존재라고 한다면 우리는 연구세계를 어떻게 정확하게 표현하였다고 주장할 수 있을 것인가?

이러한 의문을 해결하기 위해 포스트모던적 글쓰기 방식은 포스트모더니즘의 명제들에 기초하여 글쓰기를 불완전한 연구자의 불완전한 언어의 표현작업으로 간주하고 그러한 불완전한 작업을 조금이나마 타당하고 신뢰롭게 만들 수 있는 방법을 강구하고 찾으려고 한다. 그러한 점에서 포스트모던적 글쓰기를 이해하기 위해서는 포스트모더니즘이 전제하고 있는 다양한 기초적 주장(문화적으로 영향을 받는 인간으로서 연구자, 객관적 의미 전달체로서 간주되어 온 언어에 대한 새로운 인식, 진실 표현에 있어서 단일한 방법의 부정 등)을 적극적으로 수용할 필요가 있다. 그리고 이러한 명제들을 수용하게 되면 연구자가 자신의 글쓰기에서 고민하고 써야 하는 내용은 다른 글쓰기에서 연구자가 가장 고민하였던 연구내용에 대한 전달에서 벗어나 글쓰기 과정과 작업 그리고 과정 속에 내포된 연구자의 주관성과 표현에서의 한계 등을 쓰는 것이 핵심적인 글쓰기 주제라는 사실을 알게 될 것이다.

나아가 연구자가 제시한 연구결과나 주장에 나타난 연구로의 해석의 한계나 편견, 연구자와 연구참여자 사이에서 나타났던 불평등한 권력으로 인한 표현의 불평등, 이러한 문제들에 대한 새로운 비판적 조명을 통하여 연구의 결과를 더욱 반성적으로 그리고 더욱 타당하게 만들려는 작업이 포스트모던적 글쓰기의 주요한 방향이라는 사실을 깨닫게 될 것이다. 이에 포스트모던/포스트모던적 글쓰기의 저자들은 글을 쓰는 작업에서 이와 같은 질문을 제기하고 그러한 질문들을 조금이나마 해결할 수 있는 방법으로서 연구작업에 기존과는 다른 형태의 글쓰기를 통하여 그 목적을 달성하려고 한다.

이러한 목적을 달성하기 위해 포스트모던적 글쓰기에서는 반성적 글쓰기를 시도한다. 자기 반성적 글쓰기는 연구자가 연구세계를 기술하는 데 있어서 연구자가 가진 문화적 위치성과 권력이 공식적, 암묵적으로 어떻게 영향을 끼쳤는지를 해체하는 글쓰기 방식이다. 그리고 연구자가 가진 주관성에 대한 적극적인 해체와 노출 그리고 그러한 해체를 통한 연구자료와 연구결과의 제시에서의 문제점 발견과 딜레마의 규명을 목적으로 한다. 자기 반성적 글쓰기는 질적연구의 저자인 연구자가 가지고 있는 특정한 위치성이 연구에 어떤 주관적인 영향을 끼쳤는지를 드러내는 포스트모던적 글쓰기를 뜻한다(Gergen and Gergen, 1991, pp.76-95). 즉 연구자(인간)는 자율적이고, 자기 지시적이며, 합리적이고, 객관적인 의식을 가지고 있는 존재가 아니라 문화적으로 영향을 받으며, 모순적이고, 관계적이며, 나아가 한정적인 능력밖에 가지고 있지 않기 때문에 연구자는 그러한 문제점을 인식하고서 자신이 글을 쓸 때 자신의 그러한 주관적 특징들이 글쓰기와 재현에 어떻게 의식적, 무의식적으로 관여하였는지를 드러내는 글을 쓸 필요가 있다는 것이다(Lather, 1989). 이러한 글쓰기 방법은 신의 관점을 가지고 객관적으로 중립적 입장에서 연구를 수행할 수 있는 연구자라는 관점에서 벗어나 연구자가 자신의 위치에 따라서 시각이 달라지고 판단이 달라지고 해석에 달라진다면 연구자가 해야 할 첫 번째 과제는 자신의 연구(글쓰기)에서 그러한 주관적 세계관이 어떻게 연구에 영향을 미쳤는지를 규명하고 독자에게 알려주는 것이어야 한다는 것이다. 이에 연구자는 연구 과정에서 그리고 글을 쓸 때 방법적인 관점에서 자기 반성적 태도를 견지해야 한다고 강조한다. 그리고 그러한 방법적 반성은 연구자가 자신의 사회적 배경이 자신의 신념에 어떻게 영향을 끼치며 그러한 자기인식이 연구세계를 관찰하고, 의미를 부여하고, 행위를 해석하고, 참여자와 대화하는 방식에 구체적으로 어떤 방향으로 영향을 끼치는가를 의식적으로 이해하는 과정을 뜻한다(Myerhoff and Ruby, 1982, p.25).

따라서 자기 반성적 글쓰기는 연구작업의 모든 과정에 영향을 끼친 연구자의 위치성을 명료하게 독자에게 노출시키고 드러냄으로써 연구의 작업과정에 개입된 다양한 인간적 감정, 태도, 선입견, 편견, 그리고 세계관을 독자에게 이해시켜 주는 작업이다. 이를 통하여 독자들은 연구자가 만든 텍스트가 완벽하게 만들어진 객관적인 텍스트가 아니라 한 인간의 개인적/문화적/역사적 관점이 개입된 완벽하지 않은 텍스트라는 생각을 갖게 되는 것이다. 예를 들면 연구자의 사회계층(social class), 연구자의 피부색깔(race), 성(gender), 성취향(sexual orientation), 종교, 나이, 과거의 경험은 연구참여자와 연구세계를 바라보는 관점에, 나아가 연구결과의 해석과 보고에까지 잠재적으로 영향을 끼칠 수 있다. 이미 연구자의 성, 나이, 지위, 전문성, 그리고 국적의 여부가 현장연구에서 질적연구자가 성취할 수 있는 가능성에 상당한 제한을 가하거나 특정한 방식으로 영향을 끼침이 오래전에 지적되어 왔다(Wax, 1982, p.513).

따라서 연구자의 주관적 자아의 배경이 연구작업과 연구참여자의 삶을 표현하는 방식에 어떠한 영향을 끼치는가를 논의하는 것은 독자가 연구텍스트를 객관적으로 읽고 판단을 내릴 수 있는 여지를 마련해 준다는 점에서 더 과학적인 활동이라고 여겨진다. 이러한 자기 반성적 글쓰기 작업에는 연구과정에 관여된 연구자의 신념, 배경, 감정에 대하여 자기 인식을 하는 '약한' 반성과 연구작업에서 저자의 권위성과 참여자와의 권력관계가 어떻게 위계적으로 그리고 왜곡되어 드러났는지를 비판적으로 해체하는 '강한' 반성(연구에서 주체와 객체의 관계가 얼마나 평등하게 기술되었는가)이 있다(Wasserfall, 1993, p.23). 이러한 자기 주관성의 노출은 양적연구에서 사용하는 개념인 '연구의 제한점'이 아니라 어떤 특정한 이데올로기와 인식을 가지고 있는 연구자가 그 텍스트를 어떻게 만들었는지를 독자에게 인지하게 해준다는 점에서 텍스트의 숨겨진 제작 과정을 이해하게 하는 데 도움을 준다. 아울러 질적연구의 가장 큰 딜레마인 타당도의 위기의 문제를 해결할 수 있는 한 가지 방법적 전략이 된다고 하겠다. 이에 포스트모더니즘에 기초하고 있는 많은 연구들은 글쓰기에서 연구자의 방법적 반성을 시도하고 나아가 포스트모더니즘이 강조하고 있는 메타내러티브의 거부, 다양한 실재들의 인정, 그리고 다층적인 관점들의 제시를 구현하는 글쓰기 작품들을 만들어냈다(Behar; Mcwilliam; Rabinow; Wolf, Krieger). 그리고 그러한 작품들은 질적연구의 다양한 지적 전통 중에서 포스트모던 질적연구 또는 포스트모던적 질적연구라고 불리고 있다(Cresswell).

구체적인 작품을 살펴보면 McWilliam은 '연구자'라는 단어 대신에 상황에 따라서 자신의 호칭을 '나', '우리', '연구자' 세 가지로 드러내었다. 그리고 이 세 가지 시점을 통하여 연구자가 가지고 있는 위치성과 권력 관계를 해체하고 반성적으로 나타내었다. 이것은 연구 상황에 따라 연구자의 이미지와 역할이 어떻게 달라질 수 있는지를 보여준다. 그리고 이것은 '나'라는 일인칭 시점을 통해 연구의 주체가 지신임을 드러내고 '우리'라는 일인칭 복수의 시점을 통해 이 연구에 참여하고 있는 공동체의 시각을 드러내 주고, '연구자'라는 호칭을 통해 자신의 연구가 과학적이며 객관적이라는 것을 보여주고 있다. 그리고 이러한 세 가지 시점을 사용하여 주관적이고 개인적일 수 있는 의식을 해체하고 자신의 위치성과 권력 관계를 반성적으로 드러내고 연구 참여자들의 다양한 의식을 노출시키고 있다. 즉, 연구자는 자신의 학위 논문의 텍스트에서 세 가지의 다른 호칭을 사용하여 각기 다른 인물로서 활동하고 있음을 독자에게 알려주고 있다.

그리고 포스트모던적 글쓰기에서는 연구 참여자들이 공동저자로 참여하는 참여적 글쓰기를 통해 연구자의 주관과 인식의 한계를 극복하려고 하기도 한다. 반성적 글쓰기가 연구자 자신의 문화적 위치와 권력관계를 노출하는 것이었다면, 참여적 글쓰기는 단일한 현상에 대한 유일한 해석과 인식의 한계를 극복할 수 있는 방법이라 할 수 있다. 즉, 참여적 글쓰기는 연구자 홀로 하게 되는 질적연구의 표현과 글쓰기에서 나타나는 주관적인 영향을 최소화시키기 위하여 연구 참여자가 글쓰기에 공동저자로서 참여하는 글쓰기 방법이다. 이를 통해 한 주제에 대하여 연구자는 어떻게 생각하고 연구 참여자는 어떻게 생각하는지를 모두 한 텍스트에 제시하는 글쓰기 방법이다.

이 방식은 포스트모더니즘이 전제하고 있는 메타내러티브의 거부 그리고 주관적 위치성을 가지고 있는 연구자의 이미지를 반영한 글쓰기 방법으로서 단일한 연구자로서 질적연구자가 글을 쓰는 과정에서 저지를 수 있는 표현의 한계를 해결하기 위하여 개발된 글쓰기 방법이다. 이에 이 글쓰기는 연구의 시작에서부터 연구의 결론까지 연구자가 이야기의 유일한 주인공이 되어 자료를 제시하고 해석을 제시하고 결론을 독자에게 알려주는 연구자 중심의 작업이 아니라 연구에 참여한 연구 참여자들이 연구의 또 다른 주인공으로서 이야기를 하고 만들어 나간다. 따라서 연구작품과 글쓰기에서 무시되었던/타자화되었던/주변화되었던 연구참여자들의 입장과 관점들이 연구자의 그것과 동등하게 아니면 다른 방식으로 글쓰기에 기명되는 것이다. 그 결과로서 과거의 질적연구에서 일반적으로 이루어졌던 글쓰기 방식(자료로서 연구참여자의 이야기, 연구자의 주장에 적합한 자료만의 엄선, 연구참여자들의 이야기를 먼저 제시하고 나중에 그 자료에 기초하여 연구자가 결론을 도출하는 글쓰기 방식)에서 벗어나 연구참여자의 이야기와 자료는 과거와는 다른 방식으로 글쓰기에서 중요한 역할을 한다.

그리하여 때로는 연구자의 특정한 해석이 없이 연구참여자들의 이야기들만을 그대로 제시한다거나 또는 연구참여자들의 이야기 전체를 제시하고 연구자의 해석을 제시함으로써 연구참여자의 이야기와 연구자의 해석이 어떤 유사점과 차이점이 있는지를 노출시키게 한다. 이제 텍스트는 단일 목소리가 존재하는 것이 아니라 다중적 목소리가 존재하여 다층적인 텍스트(multilayered text)로 만들어진다(Lather, 1986b). 나아가 연구자는 단 하나의 해석이나 결론을 제시하기보다는 갈등적인 여러 가지 생각이나 해석을 우선순위 없이 독자들에게 제시하는 방식으로 글을 쓴다.

그럼 포스트모던적 글쓰기 방식으로 쓰여진 작품들을 감상하기에 앞서 포스트모던적 글쓰기를 이해하는 전제 조건으로 잘 설명되어 있는 몇 가지 명제를 소개하고자 한다(Ely, 2007, p.571).

(1) 어떤 사실을 아는 데에는 다양한 방법들이 존재한다. 그리고 그러한 안다는 것은 부분적일 뿐이다.
(2) 우리가 우리의 연구결과를 알리고 보고하고 글을 쓰는 방법에는 여러 가지 방법이 있다.
(3) 우리가 전하려고 하는 글의 내용은 개인적/정치적/인종적/젠더적/민족적 메시지를 내포하고 있다.
(4) 우리의 언어가 실재를 창조한다.
(5) 연구자로서 우리가 바라보는 세계는 우리가 훈련받았던 방법과 문화에 깊은 영향을 받는다. 글쓰기 역시 그렇다.
(6) 인지와 감정은 설명할 수 없을 정도로 결합되어 있다.
(7) 우리가 사회적 실재로 이해하고 알리려고 하는 내용은 다층적 성격을 가지고 있고 때로는 모순적이며 상황에 따라서 유동적이다.
(8) 우리가 쓴 글이 실재를 잘 전달하였다고 말할 수 없다. 대신에 독자가 우리의 글을 읽고 났을 때 실재는 창조되는 것이다.

Ely가 제시한 포스트모더니즘의 주요 명제들은 모든 사회과학 연구자들에게 심각한 문제제기를 하였지만 특히 질적연구자들에게 과학적 연구행위의 근간이 되고 있는 과학적임, 객관성, 타당성 등의 개념 등에 새로운 방향정립과 의심, 그 해결책을 강구하도록 요구하였다. 연구자가 아무리 객관적이 되려고 하더라도 연구자는 문화적으로 영향을 받는다는 점, 연구자의 특별한 주관성이 연구의 시작에서 결과 추론에까지 영향을 미칠 것이라는 점, 실재를 표현하는 방법에는 다양한 매체와 기법이 존재한다는 점, 언어는 완전한 실재 재현의 방법이 아니라는 점 등은 그동안 질적연구자들이 고민하였던 문제들, 연구자가 연구세계를 객관적이고 투명하게 재현해낼 수 있을 것인가라는 타당도의 문제, 표현의 문제가 심각한 위기를 불러일으킨 것이라 할 수 있다. 이에 Lather는 이러한 위기를 우리 연구자가 해결하기 어려운 딜레마 상황, 즉 아포리아(aporia)라고 비유하였다.

그러나 포스트모더니즘이 주는 이러한 위기적/해결 불가능한/탈과학적인 개념들은 질적연구자들이 글을 쓰는 작업에 새로운 표현 방법과 글쓰기 형식을 개발하는 데 엄청난 기여를 하였다. 그리고 그러한 기여는 연구자로 하여금 그동안 독자에게 진실로서 이야기하였던 방식에서 벗어나 새로운 텍스트의 이야기 방식으로 과학적 행위를 하도록 요구하였다. 즉, 반성과 참여의 공간, 기존 실증주의적 텍스트에서 표현할 수 없었던 다양한 이야기 방식과 자료를 제시함으로써 독자들에게 텍스트의 구성에서 연구자가 기존과 달리 얼마나 진실한 이야기를 전달하기 위해 노력하였는지를 인식하게 만드는 글쓰기를 시도하게 하였다.

2. 포스트모던적 글쓰기의 대표 작품

이 절에서는 포스트모던적 글쓰기의 대표적인 작품들을 소개하고, 이 작품들이 이성의 불완전성과 불확실성을 극복하기 위해 어떤 글쓰기 방법과 전략을 사용하였는지 살펴볼 것이다. 이 작품들은 연구자가 연구 결과에 대한 불확실성과 불완전성을 넘어 보다 객관적 진리로서 연구 결과를 독자들에게 어떻게 제시하고, 자신들이 가지고 있는 의식과 관념을 어떻게 포스트모던적으로 만들 수 있는지를 보여준다.

(1) Lather와 Smithies의 '날개들의 아픔: 에이즈에 걸린 여성'

Lather와 Smithies의 '날개들의 아픔(Troubling angels)'은 연구 참여자들이 공동저자로 글쓰기에 참여한 포스트모던적 글쓰기 작품이다. 이 작품에는 참여적 글쓰기 방법으로, 연구자인 Lather와 Smithies의 이야기뿐만 아니라 연구 참여자인 에이즈에 걸린 여성들과 레즈비언 여성들의 이야기가 그녀들의 목소리로 그대로 실려 있다. Lather와 Smithies는 자신들의 이야기를 중심으로 책의 일정부분을 할애하여 연구참여자들(에이즈에 걸린 여성들과 레즈비언 여성들)이 직접 자신들의 이야기를 하고 자신들의 생각과 해석을 독자들에게 전달하게끔 하고 있는 것이다. 이를 통해 독자들은 연구참여자들의 실제 이야기를 가감 없이 읽을 수 있으며 연구자의 개입 없이 읽을 수 있다. 그리고 이를 통해 독자들은 연구자가 그러한 결론을 내리게 된 이유를 생생하게 느끼게 되고 연구자가 가진 관점 이외의 다른 관점으로 연구결과를 볼 수 있게 된다.

이야기 시리즈 4: 에이즈로 인한 삶/죽음

"우리는 교육자다."

Lila: 그들이 Janice에게 그녀가 PCP(뉴머시스티스성 폐렴 또는 에이즈 환자에게서 보이는 폐렴)에 걸렸다고 말했을 때, 그녀는 "나를 포기해 달라" 고 말했어. 그녀는 너무 지쳤어. 장내의 설사가 그녀의 힘을 완전히 빼앗아가 버렸지. 그들이 그녀에게 PCP에 걸렸다고 말했을 때, 그녀는 치료를 거부했어. 그녀는 의사들에게 그들이 무엇을 할 수 있을지 정확하게 말하라고 했어. 내 말뜻은 즉, 그녀는 자신이 직면한 상황을 정확하게 알기 원했어. 어느 날 새벽 3시 나는 그녀에게 전화로 이야기를 하고 있는 중이었어. 그들은 피를 뽑기 위해 왔고, 그녀는 의사를 보고 "구역질나. 나는 당신들이 여기서 새벽 3시에 나를 바늘로 찌르고 있다는 것을 믿을 수 없어. 당장 당신의 '우라질' 것들을 치우란 말이야. 난 전화하는 중이야" 라고 말했어. 지금은 그것이 과거의 Janice다움이 분명해. 하지만 그녀는 그것이 소용없었다고 지적했어. 그녀는 지쳤고, 나에게 떠날 거라고 말했지. 그리고 그녀는 바로 떠났지.

Chris: Janice가 떠난 것이 너의 삶에 어떤 영향을 미친 거니?

Lila: 오~ 그것은 정말로 말하기 힘들지만, 나는 그녀가 그리워. 정말로 정말로 잘못된 일이지만 난 그녀가 그리워. 왜냐하면 그것(병)이 얼마나 중했건 간에, 우리는 웃을 수 있었어. 그녀는 나에게 마술과도 같은 작은 출구였고 나 또한 그녀에게 그랬어. 그러나 잠시 후에 마술은 사라졌지. 그녀는 너무나 지쳐버렸어. Janice가 그렇게 가버렸을 때, 이건 하나의 여행이자 경험의 연속이라는 나의 믿음이 강해졌어. 나는 되돌아갈 거야. 인생은 경험의 축적이며 그것에 대하여 이유를 가져야 해.

Patti: 그 이유가 뭔데?

Lila: 징벌은 아니야. 그것은 개인적인 가르침이 아니라 집합적인 가르침이야. 우리는 교육자야.

(1994년 5월 16일 Patti의 연구 저널)

Chris가 Darla의 집에 같이 가자고 초대했다. 그곳은 1993년에 Darla의 은둔처였다는 소개밖에는 듣지 못한 곳이었다. 나는 이런 행운에 감사한다. 나를 편한 관계, 친밀한 관계로 대해 준 것에 대해서 말이다.

Sharon: 나는 몇몇 이유로 인해 감염되기 전까지 죽어가고 있다는 것을 깨닫지 못했고, 지금에서야 그것에 관해서 생각해. "나는 에이즈 바이러스를 갖기 전부터 죽어가고 있었어." 너도 알다시피, 나는 나를 되찾게 한 어떤 이유로 너는 죽어가고 있고 죽을 것이라고 알고 있다는 의미야. 때때로 너희들은 너희들이 오직 한 사람이라는 것과 모두와 달리 이 아름다운 삶을 영원히 가질 거라고 느끼지. 그러나 인생은 실제로 그처럼 아름답지 않으며, 비록 확신하지 못했다 하더라도 너희들은 내가 말하는 것을 알아. 나는 너희들이 아는, 나의 아름다운 인생을 전부터 기억하고 있지 않아. 그러나 너희들이 처음 에이즈를 확신한 것을 알았을 때, 모든 것이 전부터 아름다웠던 것 같아. 그것은 어쨌든 나에게 일어났어. 나는 죽은 것처럼 생각했어. 내가 너희들이 죽음까지 향했던 것들을 읽었을 때, 나는 비탄, 분노, 고립, 외로움, 그러한 모든 것들과 협상을 했어. 나는 몇 달 동안 신과 협상해야만 했으며, 그때 나는 그에 대하여 화가 났지. 나는 마침내 완전한 단계에 이르렀다고 생각해.

Chris: 그 단계를 너는 무엇이라고 이름 지을 수 있겠니?

Sharon: 아마 만족, 만족하는 거야. 나는 그것으로 인해 편안해. 나는 그것으로 인해 행복하지 않지만, 그것을 순수하게 받아들여 왔어. 심지어 내가 진단받기 전에도, 결코 죽음은 나에게 두려운 것이 아니였어. 나는 죽음이라는 것을 두려워하며 자라지 않았어. 만약 내가 내일 죽어도, 내가 갈 곳은 여전히 어떤 면들은 나을 거라고 항상 믿어 왔어. 나는 그곳이 여기보다 더 좋을 거라 생각해.

Chris는 문제에 직접 맞부딪치며 매일 3번 밖으로 나간다. 나는 사무실에 앉아 집필하면서 그 자료와 이야기에 몰두하고 있다. 잃어버린 이야기들에 맞서며 인간적인 희생이나 특수활자(느낌이나 의문) 같은 것들은 잊혀지기 쉽다. Darla의 이야기는 이 책에 여러 군데 소개되었다. 그 지원 그룹에서 그녀의 간헐적인 연루 때문이다. Donna가 가족들에게 HIV 보균 사실을 폭로할 순간을 결정하려는 노력 또한 Darla 집에서의 죽음으로 인해 사라져버리게 되었다. 뇌

속에서 급속히 진행되는 바이러스인 PML에 걸려 비교적 건강한 32살의 여인을 몇 주 내에 죽음의 문턱에 빠뜨리게 된 것이다. [Darla는 1994년 6월 13일에 사망]

집에서 환자용 침대에 누워 있는 Darla를 방문하러 가는 차안에서, Donna는 그녀의 HIV+에 관한 이야기를 엄마와 숙모에게 말했다. 신중하게 고려한 상황에서 숙모가 엄마와의 관계개선을 위해 거기에 있었는데, 그들은 왜 그녀가 그들에게 더 빨리 말하지 않았는지 궁금해한다. 그녀에게 닥친 죽음을 두려워하면서, 그들은 지난 2년 반 동안 Donna와 함께한 시간을 간직하면서 살아가는 법을 배워야 한다.

그녀의 유언장에 빠져 있는 부분을 채우기 위해 Donna의 친구 중 중병을 앓고 있는 사람들을 호텔에 모았다. 각자의 가족들에게 에이즈라는 것을 알리고 죽음을 말하기로 결정하고, 일을 분담했다.

Patti: 이것은 종교적인 믿음이니?

Charon: 맞아. 그래서 죽음은 나에게 두려운 것이 아니고 나는 여전히 현실적으로 나보다 먼저 그 밖의 모든 사람들이 죽을 거라고 믿어.

Sarah: 나는 죽는 것에 대해 두렵지 않아. 하지만 에이즈로 죽는 것은 원하지 않아. 만약 내가 암으로 죽을 수 있다면, 에이즈로 죽고 싶지는 않아.

Chris: 너는 설명할 수 있니?

Sarah: 나는 붉은 반점을 가지고 있어. 나는 할 수 없는데－직장에서는 사람들이 병과 그들이 받는 약물치료에 대해 의논을 하고 있어. 나는 그것들을 찾고 있는 건 아냐. 나는 내가 에이즈로 죽어가고 있다는 식으로 말할 수 없어.

Chris: 다른 여자들은 두 번의 인생과 같은 거라고 설명하던데, 너도 그렇게 생각하니?

Sarah: 나도 그렇다고 생각해. 나는 공무에 종사하기 위해 일을 하러 가야 해. 나는 '당신이 에이즈에 걸리지 않은 걸 나는 안다. 당신은 물러나기를 원한다' 라고 말하는 사람들로부터 퇴임을 자청토록 권유받았어. 나에게는 공공연하게 그것에 대해서 농담을 하는 사람들이 있어. 나는 그 말을 삼켜버렸고 나는 그것이 나를 괴롭히도록 놔두지 않을 거라고 생각해. 그리고 그것은 2~3일 동안 나를 괴롭히지 않을 것이고, 그 다음 나는 틀림없이 따로 떨어질 것이며, 일을 하러 갈 수 없을

> 거야. 나의 사장, 그는 너에게 잘못이 있으면 너에게 욕설을 하고, 너는 참을 수 없을 거야. 내가 할 수만 있다면 그에게 말할 거야. 이것이 이유야. 나는 어떻게 해서든지 일을 할 테고, 잘 모르지만 나는 공공연히 그것을 다루어야만 할 거야. 나는 실제로 사람들에게 말을 하고, 도움을 요청받는 판매 점원으로 일해.

명백한 것은 그녀가 마지막에 어떻게 응대받기를 원하는가였다. "만약 그것이 오게 된다면" Donna는 집에 있기를 원하지 않았다. 그녀는 양로원이나 숙박소를 원했다. Chris가 "그것을 기록하라"고 말한다. 우리는 Reba McEntire가 여성과 에이즈에 관한 노래를 하는 것을 듣고, 그녀는 그의 이름이 존이었다고 생각하고 비난과 치욕에 대해 말한다.

다음날 5월 17일

우리가 걸어 들어갔을 때 Darla는 지금은 병실로 바뀐 아들의 병실 침대에 누워 자고 있었다. 3명의 아이들과 남편과 시어머니가 그녀를 돌보고 있다. 방안으로 걸어 들어가면, 처음에는 그녀와 시체, 조용한 사람들, 찡그린 얼굴의 사람들, 창백한 사람들과 구별하기 어렵다. 그녀가 깨어난다. 그녀는 몇몇 사람들을 돌보지만 대부분 방안에는 환자들을 위한 그녀의 눈이 격렬하게 반응하게 하는 Rorschach 테스트가 있다. 그녀는 화났을까? 겁먹었을까? 의식을 잃었나? 말은 하지만 한 번만 할 뿐, 가장 어린 딸아이의 머리카락에 대해 농담을 할 뿐이다. Chris는 말할 때 눈을 깜빡거리는데, 만약 당신이 우리가 돌아오길 원한다면, 눈을 한 번 깜박이면 돼. 그녀는 의료용 관을 빼내려고 자신의 침대보를 두 번 내동댕이친다.

Chris: Danelle, 너는 네가 올해 죽을지도 모른다고 생각한다고 했지?

Danelle: "네가 만약 T4 세포가 없다면, 넌 아마도 죽게 될 거야."라고 방송에서 말하는 것을 본 적이 있어. 그래서인지 나는 그렇게 느껴. 그래서, 질병에 대해서 내가 생각하는 방식은 여전히 충격이야. 나는 분명 여전히 잘 하고 있다고 생각하는데, 모든 사람들은 당신이 T4세포를 더 이상 갖지 않는다면, 당신은 자그마한 바이러스에도 면역력을 가지지 못하기 때문에 죽게 될 거라고 생각해.

Chris: 너는 그것에 대해 어떻게 준비하니?

Danelle: 모르겠어.

Tracy: 이 병은 삶에 달라붙어서 우리를 괴롭힌다고 생각해. 그리고 우리의 성공은 자신이 할 수 있는 최선을 다하는 거기까지라고 생각해. 내 친구 중 한 명이 약 4주 전에 죽었어. 그리고 나의 친구는 싸웠어. 나는 암에 걸린 여자들과 그러한 몇몇이 죽었던 한 TV쇼를 보았지만, 그 죽음은 너희들이 알다시피 이미 정해진 운명의 죽음이었어. 그리고 나는 우리들 중 몇 명이 바로 지금 어떤 힘과, 죽음을 발견하는 것 또는 아마 어떤 사람들이 더 신앙적이며, 어떤 사람들은 그 틈에 적합한 정신을 찾고 있는 것에 대하여 무엇인가를 찾아내기 위해 노력하고 있다고 생각해. 우리들은 우리가 그렇게 오래 살지 않을 이 가능성과 싸우기를 원하지만, 죽음이 실패로 간주되어서는 안돼. 사람들은 14년 사는 것에 대해서 이야기하고 있지만, 3년을 사는 몇몇의 사람들도 있어. Doreen을 봐. 그녀는 5월에 죽었어. 그리고 그 여자는 작은 용처럼 싸웠어. 그녀는 결코 포기하지 않았어. 그녀는 은퇴해 있는 동안 항상 다른 사람들에게 권한을 주려고 노력했지. 나는 Doreen이 실패했다고 생각하지 않아. 내가 짐작해서 말하건대, 아마도 여성들을 위해 또는 우리 모두를 위해 우리는 그런 궁극적인 측면에서 우리들을 도울 수 있는 사람들이 필요해.

나는 너무나 사적인 어떤 일을 지켜보면서 그녀를 모른다는 공포에 질린 채 이 광경을 목격했다. 내가 가족이었지만 병원 침대에 혼수상태로 누워있는 오빠의 벌거벗은 모습을 보았을 때, 난 돌연 방문 시간 중에 집에서 나와버렸다. 여기서 나는 이방인이다. Chris를 등에 업고 그녀가 그 가족을 알고자 할 때, 그들 가족이 그녀를 필요로 할 때, 따라가는 잡초 같은 존재이다. 나는 시어머니가 지난 몇 주 동안 있었던 일에 대해 이야기하는 것을 듣는다. Chris는 일상에서는 흔히 볼 수 없는 HIV 환자들을 돌볼 경험과 그들이 가족과 지인들에게 버림받은 이야기들을 말한다. 한 가족은 처음부터 모여들어 통틀어서 후원 단체에 가고, 아이들은 HIV에 걸린 어머니의 아이들처럼 공공연히 소리치고, 이제는 죽을 때를 대비해 간호하려 그녀의 가정을 가져다주며 그녀가 의식의 안팎으로 방황할 때 간호해준다. 그녀의 친구 Donna의 몇 마디에 '수다스런 잡담'은 이제 잠잠하다. 단지 눈만, 눈들만, 안절부절못하는 사람들과 관(의료용)을 잡아 빼는 모습만 있다.

나는 James Agee의 말을 생각해 본다. "여러분 각자의 창 밖 뒤편에 심오하게 자리하고 있고 여러분의 짐작을 살짝 건드리는 바로 그 밑에 있는 것은 무엇일까. 눈은 그들 자신의 화난 영광의 눈빛, 단지 물리 치료 대신에 우리들은 우리 자신을 낮게 하는 방법을 들을 필요가 있어. 나는 충분한 방법이 아니라고 생각해. Danelle과 나는 그것에 대해 요전날 이야기를 하고 있었고, 그녀는 나에게 그녀의 부모님들이 교회에 간 적이 결코 없다고 말했어. 그녀는 신이 있든 없든 간에, 그러한 종교적인 믿음을 가지고 있지 않아. 나는 기독교인은 아니지만 신을 믿는데, 그러나 그 근원은 어디에 있을까?"

Patti: 너는 그 조사에서 도움이 되는 어떤 것을 발견했니?

Tracy: 응. 나는 이 흥미 있는 교회에 참여했어. 다른 사람들에게 그것은 숭배와 같이 보일지도 모르지만, 우리가 믿는 유일한 것은 신이고 교회에 있는 사람들은 죽음에 대해 편안해. 그들은 그들이 돌아올 것이라는 윤회를 믿어. 그것은 그들을 지속되게 해. 내일 나는 그에게 근거들을 준 것을 발견할 때까지 많은 종교들을 연구했던 내 친구처럼 얼마의 독서를 하기 위해 그 도서관에 갈 거야. 그래서 그가 죽었을 때, 그는 고통스러웠을지라도 비참하지 않았어.

Patti: 네가 죽음을 받아들이는 것에 관해 말할 때 의미하는 것이 이 부분에 있니?

Tracy: 응. 지금의 나를 위한 것처럼 죽음에 대해 더 많은 것을 생각하기 시작하고 있고, 편안하게 하는 어떤 것을 발견하기 위한 노력을 하고 있어. 나는 죽음에 가까운 것을 경험하고 돌아온 많은 사람들이 그것은 정말로 아름다웠고 어떤 두려움도 없다고 말해왔기 때문에, 그것이 긍정적인 경험이기를 원해. 그래서 네가 나 자신을 일으키는 생각을 하려고 노력하길 원해. 아마도 그것이 나쁘게 되지 않을 거고, 단지 그 땅으로 갈 거고, 그 때는 아무것도 아닐 거야.

덫에 걸린 동물의 눈은 … 노여움에 가득 찬 천사의 눈은 날개로 땅위를 응시했다. 또는 어떤 사람은 희미해진 인간의 '영혼'이라고 칭할지도 모르지만….

따라서 이들은 당신의 눈을 들여다보고 여러분 각자를 보는 것은 전에는 전혀 존재하지 않았던 창조물이며 다시는 모든 시간 속에 존재하지 않을 창조물이며 다른 어떤 것과도 비슷하지 않은 창조물이다. 그들은 우리의 생각을 초월한 높이, 절대적인 존재, 자연과 같은 존재에 속해있는 창조물이며, 그들은 그 속에서 조용히 미쳐가며 치료할 수 없는 시간에 측정되는 모든 것이다. 내가 어떻게 당신에게 범죄 경제 속에 있는 사회적으로 완전한 것으로서 또는 개인, 아내, 딸과 같은 존재로서, 나의 친구와 내가 당신을 아는 것처럼 당신의 '계층'의 '대표' 들을 말할 수 있겠는가?

Bonnie: 나는 Deanne에게 이야기했고 그녀는 자기가 쇠약해졌으며 그녀가 오지 않는 이유에 대해서 말하기를 원하지 않는다고 말했어.

Kathryn: 우리들은 두 가지 것들에 대해서 이야기하고 있어. 하나는 지난주에 일어난 것에 대한 사람들의 반응이야. 사람들은 그것에 의해 매우 어리둥절해한 것 같았고 우리는 그것을 처리할 기회를 얻지 않았어. 나는 거기에서 결정적인 어떤 것이 있을 거라고 느낄 필요가 있고, 그래서 연구를 하여, 발견하고 나 자신에게 권한을 부여해. 나는 좋은 삶을 살았다고 말하면서 죽기를 원해. 너는 아니? 비참하지 않은 그런 종류의 느낌.

Patti: 죽음 그 자체는 실패가 아니니?

Tracy: 달리 내가 무엇을 할 수 있어?

생각의 방법을 규정

이 연구의 구성에 앞서 이 텍스트는 내가 분석하고 구성하여 만들었다. 우선 지원해주는 사람들/흑인 여자/백인 여자 이렇게 분류하였다. 우선적으로 밝혀 둘 것은 답을 내리기 어려운 토론을 벌였고 그 모임에서 논쟁 끝에 감탄할 만한 긍정적 결론을 끌어낸 부분이 빠져 있다는 것이다. 이 텍스트의 요란한 짧은 이야기들은 에이즈가 가져온 뜻밖의 상황(가진 자와 못 가진 자의 불평등, 인종문제)을 인식하게 하였다. 논쟁은 우리의 편향된 시각이 우리 마음속의 부정적인 인식에서 온 것이라는 것을 알게 해 주었다. 그리고 논쟁은 이러한 편향되고 부정적인 시각을 바꾸는 데 효과를 보였다.

이 텍스트는 본래 두 배의 분량으로 만들어졌었다. 성공적인 이야기는 전면에 배치하고 흘려 들을 만한 사소한 이야기는 밑부분에 작은 글자체로 배치해 두었다. 그리고 실제 75%의 여성 에이즈 환자들이 유색인종이지만 우리 연구에 지원한 에이즈 환자 중 유색인종은 오직 한 명이었다. 그리고 이 연구에서 나의 안내 방침은 다음과 같았다.

(1) 실제적인 예를 들어서 생활속의 갈등(topology)을 많이 표출시켰다(전면에 나타난 진실의 부재나 상황묘사에 따른 분위기의 전달 실패). 그것은 저항이나 보여지는 것에 관한 기본적인 인식을 바꾸어 버렸다.
(2) 성공적인 연구를 실행하기 위해 의미해석의 주관적 차이를 인식하고 무의식적인 병렬, 역설, 합성, 덧어쓰기 등을 통해 실제 상황과 경험이 파괴되는 것을 막으려고 하였다.

(2) 김영천의 '별이 빛나는 밤'

외국에서는 포스트모던적 글쓰기가 많이 시도되고 있으나 한국에서는 이러한 도전적인 글쓰기는 거의 이루어지지 않고 있는 실정이다. 다행히도 우리나라에서는 김영천(2005)의 『별이 빛나는 밤 2: 현장 교사와 그들의 삶』에서 이러한 시도를 작으나마 찾을 수 있다. 이 책에 실려 있는 '명문 초등학교의 군기' 와 '벚꽃초등학교의 친화회' 두 이야기는 '교사 간의 위계 질서 문화' 에 대하여 같은 학교에서 근무한 두 교사의 경험을 그리고 있다. 두 교사는 같은 경험에 대한 전혀 다른 관점과 이해를 보여준다. 한 교사는 위계 문화에 대한 경험을 전통적이고 전근대적인 불합리한 것으로 생각하고 있으며, 한 교사는 자신의 경험을 참교사로 성장하기 위한 원동력과 에너지를 축적한 시간으로 그리고 있다.

김영천은 이 두 이야기를 연구자의 해석 없이 교사의 목소리 그대로 제시하였다. 이것은 포스트모던 글쓰기의 반어적 타당도를 시도한 것으로 하나의 현상에 대해 연구자가 표상을 제시하기보다는 그에 대한 다양한 해석을 열어둔 것이다. 이것은 연구자가 두 교사의 경험에 대한 어떤 결론이나 해석을 제시할 수 없기 때문에 두 교사의 이야기를 있는 그대로 제시한 것이다. 결국 그 이야기가 가진 특수한 상황의 해석을 하나의 대표성으로 표현하는 것을 넘어서 읽는 이로 하여금 다양한 의미를 부여할 수 있는 문을 열어 두었다고 할 수 있다(조재식 · 허창수 · 김영천, 2006). 그리고 이를 통해 연구자가 임의로 해석을 내리는 것보다 더 객관적이며 진실한 현장의 모습과 경험을 독자들에게 제공하고 있다.

명문 초등학교의 군기

미숙은 올해 마흔 다섯 살 된 베테랑 교사이다. 그러나 요즘 미숙은 거의 초임 교사 대우를 받고 있다. 미숙은 꽤나 자존심이 상한다. 그렇다고 뭐 별 수가 있는 것이 아니다. 미숙의 아들은 대구에 있는 K대에 재학 중이고 남편은 대구 교육청에서 근무하고 있다. 남편과 아들 때문이라도 대구에 있는 이 명문 초등학교에 남아 있어야 한다. 대구 명문 초등학교는 여느 학교와는 다르다. 시험을 치르고 합격을 해야만 이 학교에 들어올 수 있는 것이다. 올해 시험을 쳐서 들어와 아직 1년이 되지 않은 미숙은 이 학교에서 그야말로 '막둥이' 다. 여느 학교 같았으면 미숙은 굉장한 대우를 받을 터인데, 명문 초등학교는 이 학교에서의 경력만을 인정해 주기 때문에

벚꽃초등학교 친화회

1. 시작하면서

벚꽃초등학교는 교사로서의 자신의 삶을 진실되고 가치롭게 꾸려 가고자 노력하는 초등학교 선생님들이 해마다 줄을 이어 전입 희망서를 제출하는 선망의 학교이다. 교사로서 갖추어야 하는 기본 품성뿐만 아니라 교육 전문가로서의 기본적인 조건과 능력을 고르게 구비하였다고 자타가 인정하는 선생님들이 해마다 줄을 잇는데, 그 중 대개 5~6명만이 인사위원회의 엄정한 선발 과정을 거쳐 들어올 수 있다. 전입 교사로 선정되었다는 통보를 받는 순간, 그들은 당장 하늘에라도 날아오를 듯 기쁜 마음을 감추지 못하지만, 일단 한 번 본교에 전입이 되고 나면 그 누구도 벚꽃초등학교 친화회 회원이 아니될 수 없는 안타까운 현실이 기다리고 있는 줄은 꿈에도 모른다.

지혜로운 사람이나 유능한 사람이 종종 빠지기 쉬운 자만과 방종을 경계하며 '벼는 익을수록 머리를 숙인다' 는 평범한 진리를 몸소 가르치고 실천하기 위해 언제부터인지 모르게 자생단체처럼 결성되어 연중 행사로 이어지고 있는 벚꽃초등학교 친화회는 본교 선생님들에게 나날의 힘겨운 일과를 더욱 힘겹게 하면서, 또한 나날의 힘든 일을 더더욱 큰 보람과 기쁨으로 영글게 하는 묘약이기도 하다.

필자는 1998년 3월 1일부터 2003년 2월 28일까지 본교에 5년 동안 근무하면서 그 이전의 교육 경력 20년 동안 이루어 놓은 교육적 성과와는 비교도 안 될 만큼 많은 연구와 어려운 과제를 수행해가며 여러 선후배들과 동고동락하였는데, 이 글은 그렇게 스스로 지난한 임무를 선택해 가면서까지 벚꽃초등학교의 전통을 지켜 왔

미숙은 초임 교사와 같이 취급된다.

에피소드 1: 눈 가리고 운동장 돌기

미숙은 이 학교에 대해 썩 좋은 감정을 가지고 있지 않다. 이 학교에 오자마자, 군기를 잡는답시고 미숙의 눈을 천으로 가리고 운동장을 두 바퀴를 돌라는 것이다. 그것도 2년차 교사들이…. 미숙은 어이가 뺨을 쳤지만, 그 학교 전통이라는 말에 두 말도 하지 못했다. 미숙은 자존심이 상할 대로 상했지만 혹시나 학교생활이 어려워질까 봐서 두려운 마음에 참고 또 참았다.

에피소드 3: 손님 접대

이 학교의 아주 유명한 전통이 또 하나 있다. 손님 접대를 1년차 교사가 해야 한다는 것이다. 어느 날, 미숙은 수업 중에 교실에 비치되어 있는 전화를 받게 되었다. 교무 주임 선생님이었다. 교무 주임

던 여러 선임 선생님들에게 함께했던 시간들이 결코 잊을 수 없는 소중하고 아름다운 추억으로 간직되기를 바라고, 아울러 '한국의 教師像'을 곧 나의 '自我像'으로 실현시키고자 오늘도 불철주야 애쓰시는 본교 선생님들에게는 끊임없는 자신과의 투쟁 속에서도 긍지와 희망을 잃지 않고 우리나라 초등 교육을 지키는 군건한 반석이 되어 주기를 소망하는 마음으로, 이를 조그마한 기록으로 남겨 두고자 쓰게 되었다.

아울러, 본교에 전입한 선생님들 대부분이 처음 얼마동안은 도대체 왜 이런 전근대적인 근무 분위기가 전통으로 이어져 오고 있는지 이해할 수 없다며 들끓는 불만을 안으로 삭이느라 애간장을 태우다가도, 가장 괴롭고 지루한 1년차의 생활이 끝나갈 무렵이면 오히려 한층 강화된 정신 무장으로 벚꽃초등학교 친화회 행사에 적극 참여하는 자세를 갖게 되는데, 이러한 현상은 요즘의 많은 젊은 세대들이 매양 부정적으로만 받아들이는 위계 질서 문화에 대해 다시 한 번 생각해 보는 기회가 되리라 본다.

2. 전입 교사 신고식

그런데 식사를 다 마쳐갈 즈음 학년부장 선생님 휴대전화로 뭔가 전갈이 온다. 갑자기 학년부장 선생님의 안색이 바뀌며 자리에서 일어나 얼른 카운터로 가서 계산을 마친다.

"지금 곧 학교 자체 민방위 훈련이 있다는 군. 10분 이내로 모두 학교로 들어가야 해."

대체로 벚꽃초등학교 학년부장은 3, 4년차 선생님들이 맡는다. 새로 전입한 1년차 선생님에게는 학년부장의 위용이 실로 웬만한 시 · 군 교육청의 장학사처럼 느껴진다. 신발을 제대로 신었는지 말았는지, 학년부장 이하 동 학년 선

선생님이 전화 오는 일은 비일비재한 일이었지만, 교장실로 차를 두 잔 들고 오라는 일을 처음 있는 일이었다. 수업 중에 차라니…. 미숙은 교무 주임 선생님께 수업 중이라고 말했지만 자습을 시켜 두고 오란다. 학교에서 아이들을 가르치는 일말고 더 중요한 일이 도대체 뭐라고…. 어찌됐건 미숙은 시키는 대로 할 수밖에 없다. 다들 쟁쟁한 선생님들이고 미숙이 뭐라고 해봤자 미숙만 손해본다는 것을 알고 있기에….

교장실에 들어서니, 손님이 와 있었다. 그 손님이 누구인지 미숙은 그다지 궁금하지 않았다. 그 사람이 누구건 간에 미숙에겐 결국 불청객에 불과하니까.

이런 일이 있은 후부터 계속해서 미숙은 손님 접대를 해야 했다. 수업시간이건 쉬는 시간이건 간에…. 미숙

생님들을 따라 황급히 학교로 들어온 1년차 선생님은 요즘도 직장 민방위 훈련이 있는지 되짚어 볼 겨를도 없이 바짝 긴장된 상태로 캄캄한 운동장을 바라보며 주위를 살피고 있다. 다른 동 학년 선생님들도 웅성거리며 황황히 학교로 들어와 조회대 주변을 에워싼다.

야밤임에도 불구하고 전 직원이 다 학교에 모여 현관 입구에 둘러 서 있는 가운데 2년차를 대표한다는 훈련대장이 1년차들을 불러 모아 조회대 앞에 나란히 일렬 횡대로 세운다. 훈련대장이 열중 쉬엇, 차렷을 반복하며 전열을 가다듬고 있는 동안 5, 4, 3, 2년차 선생님들은 조회대 양쪽으로 나뉘어 우뚝우뚝 장승처럼 서서 곧 치르게 될 1년차 선생님들의 전입 신고식을 지켜보기로 한다.

이윽고 벚꽃초등학교 친화회를 총지휘하는 친화회장이 근엄한 걸음으로 현관을 나와 조회대에 오르면 훈련대장의 우렁찬 목소리가 고요한 밤하늘에 우뢰처럼 울려 퍼진다.

"충성! 지금부터 2002학년도 본교 전입 교사 신고식을 시작하겠습니다!"

친화회장이 훈련대장의 거수 경례에 답하면서 역시 카랑카랑한 목소리로 명령한다.

"2002학년도 본교 전입 교사 신고식 실시!"

곧 훈련대장의 구령에 따라 1년차 선생님들의 매트 구르기, 뜀틀 넘기, 장애물 빠져 나가기, 운동장 트랙 달리기 등의 학교 자체 민방위 훈련이 실시되는 동안 2년차 두 여선생님이 친화회장의 뒤에 좌우로 약간 비켜서서 한 손으로는 야간 당직용 후레쉬를 켜 들어 친화회장의 얼굴을 비추고, 또 한 손으로는 낡은 우산을 펴서 친화회장의 머리 위에 받쳐 든다. 이 모습은 맞은편으로 100m 가량 떨어진 곳에서 신고식을 하게 될 1

의 반에 체육 수업이 있던 어느 날, 그 날도 학교에 큰 손님이 찾아왔다. 미숙의 학교는 아주 유명한 학교이기 때문에 손님들이 득실거린다. 체육 수업이 있었기 때문에 미숙은 다른 교사들이 하겠지 하며 꼬리를 슬그머니 감췄다. 그러나, 이게 웬일인가. 수업이 끝나고 들어온 미숙을 보고 교무 주임 선생님이 손님 접대를 하지 않았다고 나무랬다. 체육 수업이어서 그랬다고 말하려고 했지만 교무 주임 선생님은 미리 준비했다는 듯 손님이 오는 날에는 수업 조정을 알아서 하는 것이 정상이란다. 미숙은 뭐 이런 학교가 있나 싶었다. 다른 교사들은 놀고 먹고만 있나 싶기도 하고 분노가 치밀어 올랐지만, 교무 주임 선생님의 마지막 말에 말문이 탁 막혀 버렸다.

"다른 교사들도 1년차일 때 다 해온 일임

년차들에게 친화회장을 마치 용상에 앉은 임금님처럼 환상적으로 보이게 하기 위한 연출이다.

약 30분 가량의 고난이도 훈련이 끝나면 이어서 전입 교사들의 개인별 신고식이 있게 되는데 이쯤 되어 1년차 중 심약한 여선생님은 가끔 엉엉 울음을 터뜨리기도 한다. 그러나 평소 친분이 깊었다고 여겼던 선생님은 말할 것도 없고 누구 하나 따뜻한 위로의 말을 해주는 이가 없다. 위로는커녕 오히려 고참 선생님들로부터 쏟아지는 야유와 비난을 고스란히 감수해야 한다.

−교사 김영수는 2002년 3월 1일자로 본 벚꽃초등학교에 근무하도록 전보 발령을 받았습니다! 이에 신고합니다! −

어두운 운동장 저쪽 100m 이상 떨어진 곳에서 친화회장과 고참 선생님들의 귀에까지 낭랑하게 들리도록 큰 소리로 고함을 지르기가 그리 쉬운 일이 아니다.

"뭐야, 웬 모기 소리냐? 그런 목소리로 감히 이 학교에 근무할 생각을 했단 말이야?"

"김영수는 아까 훈련받는 태도부터 틀렸어. 훈련대장은 1년차 훈련을 그렇게 흐리멍텅하게 시켜도 되나?"

"저래 가지고 무슨 신고식이야? 어이, 훈련대장! 저기 울고 있는 사람은 또 뭐야? 이렇게 산만해 가지고서야 어디, 신고식을 내일 다시 해야겠는데?"

조회대 양쪽에 주루룩 서 있는 고참들의 끊임없는 질책의 강도에 따라 친화회장이 합격과 불합격을 판정해 주는 것인데, 어느 심약한 여선생님인들 난생 처음 캄캄한 밤하늘을 향해 여섯 번, 일곱 번, 여덟 번이고 땡고함을 내지르지 않을 수 있으랴.

−교사 정미자는 2002학년도 3월 1일자, 본

니더~"

미숙은 이 학교에 와서 단 한 번도 제대로 수업준비를 한 적이 없는 것 같다. 아이들에게 너무 미안한 마음이 든다. 미숙은 솔직히 교사로서의 사명감을 잃어 가고 있고 양심적으로 찔려 온다. 아이들을 가르치는 일에 힘써야 하는 교사가 상사교사들의 눈치를 보며 상사교사들의 비위를 맞춰야 한다는 사실이 미숙의 마음을 억누른다. 교과서 분석, 수업 준비, 반 아이들의 특성을 알아보는 등 아이들을 위해 한 일이라곤 찾아보기 힘들었다. 하지만…. 미숙도 이 학교에 온 지 일 년이 다 되어 가는 무렵에는 이 학교에 맞춰져 가고 있었다. 처음에는 신임 교사가 오면 절대 안 그래야지 하는 마음을 굳게 먹었지만 얼마 안 되어 미숙도 교사로서 가지지 말아야 하는 비도덕적인 마음을 가

벚꽃초등학교에 근무하도록 전보 발령을 받았으므로, 이에 신고합니다! –

깊은 밤, 수정과 반복을 거듭해가며 드디어 마지막 차례까지의 전입 교사 신고식이 끝나고 나면 그제서야 비로소 고참 선생님들이 한 사람씩 다가가 수고했다는 말과 함께 악수를 나눈다. 뿐만 아니라 그럴 줄 몰랐다며 은근히 야속하다는 듯 훌쩍훌쩍 울고 있는 여선생님들의 등을 정답게 두드려 주면서 '다 그런거' 라고 위로하기도 한다. 그러자 너무 쉽게 바뀌어버린 화기애애한 무드가 마음에 들지 않는지 5년차 한 고참 선생님은 쯧쯧 혀를 차며 교무실로 들어가 버린다.

"겨우 그걸로 울어? 옛날에 우리는 밤 열두시에 불려 나와 학교 앞 국제로터리에서 민방위 훈련받고 신고식했어. 요즘은 말야, 싱거워서 못봐주겠어."

8. 맺으면서

길고도 험난한 나의 1년차의 여정이 끝나갈 즈음, 항상 따뜻한 눈빛으로만 나를 격려해 주시던 한 5년차 고참 선생님이 어느 날 나를 조용히 교실로 부르셨다.

"선생님도 이제 벚꽃초등학교에 들어온 지 1년이 다 되었군요. 그동안의 시간이 얼마나 힘들고 어려웠는지 잘 알고 있어요. 그러나 1년차를 끝냈다고 해서 마냥 좋은 것만은 아니예요. 2년차, 3년차, 4년차가 될수록 더 큰 임무와 책임이 부여된다는 것을 잊지 말아요. 본교에서의 1년차에서 5년차까지, 즉, 삶의 가장 낮은 자리에서 가장 높은 자리까지, 우리 학교에서 근무하는 선생님은 누구나 다 겪어야 하는 과정이라는 것도 이제는 아시겠죠. 그러한 수련과정을 어떤 사람은 그저 귀찮고 괴로운 일로만 여길 것이

지게 되었다. 아마 미숙도 새로운 교사가 오면 미숙이 당한 만큼 갚아주리라는 마음으로 다른 교사들이 그랬던 것처럼 아무런 죄의식 없이 똑같이 복수할 것이다. 미숙도 그들과 똑같은 사람이기에….

고, 또 어떤 사람은 우리 인생에서 쉬 얻을 수 없는 귀하고 소중한 경험으로서 자신의 엄청난 에너지로 전환시키기도 해요. 그것은 각 개인의 소양과 능력에 달린 문제이지요. 이제 나는 이 정든 학교를 떠나게 되지만, 앞으로 교직에 있는 동안 우리가 모두 우리나라의 참스승상을 정립하는 데 꼭 필요한 기둥이 되기를 소망하며, 언제나 벚꽃초등학교를 사랑하고 그리워하며 살아갈 거예요. 나, 선생님을 믿어요."

차분하면서도 한 마디 한 마디마다 따뜻한 정감이 아침 이슬처럼 묻어나는 그 고참 선생님의 말씀을 나는 마음속에 고스란히 담아 두었다가, 다음날 사랑하는 후배들에게 그대로 전하고, 또 전하곤 하였다.

그렇게 멀고도 긴 5년 동안의 여정을 무사히 마치고 이제 벚꽃초등학교를 떠난 필자는, 주변 선생님들과의 대화에서 간혹 이런 말을 들을 때면 자신도 모르게 가슴이 뭉클해진다.

"벚꽃 출신 선생님들은 역시 사람이 달라."

그것은 단순히 교육 전문가로서의 우수한 능력과 자질로서뿐만이 아니라 무시로 펼쳐지는 벚꽃초등학교 친화회 행사를 통해 길러진 확고한 사명감과 교직관, 위기를 기회로 바꿀 줄 아는 직관력과 순발력, 공동체 구성원과의 협응력, 주도 면밀한 업무 추진력, 심지어 장내를 일순간에 쇄신시키는 분위기 장악력까지 모름지기 교사로서, 또는 공직자로서 갖추어야 할 요건들을 훌륭히 구비하였기 때문이리라.

교직을 수행하는 마지막 날까지 한때 벚꽃초등학교에서 근무했었다는 사실은 언제까지나 내게 기쁨이며 보람이며 그 무엇과도 바꿀 수 없는 상쾌한 추억의 파노라마이다.

(3) Wolf의 '트라이스 톨드 스토리'

Margery Wolf(1992)의 '트라이스 톨드 스토리(A Trice-Told Tale: Feminism, Postmordenism, and Ethnographical Responsebility)'는 다층적 목소리를 통해 자료를 기술한 대표적인 포스트모던적 글쓰기 작품이다. 다층적 글쓰기는 연구자가 연구 자료를 통하여 어떻게 의미 있는 해석과 결론을 도출하였는지를 독자가 이해할 수 있도록 연구과정에서 수집하였던 다양한 자료를 주제별로 정리하여 제시하는 글쓰기 방식을 말한다. 즉, 연구자는 각 주제에 대한 근거로 자신이 관찰하고 면담한 자료만을 제시하는 것이 아니라 현장 연구 참여자들의 현장일지나 이야기와 같은 다양한 자료를 함께 제시하는 것을 뜻한다. 이것은 다양한 방법과 형태로 자료를 수집한다는 점에서 그리고 이렇게 수집한 자료를 해석에 대한 근거로 제시한다는 점에서 연구가 가질 수 있는 주관성을 극복하고 연구를 객관적이고 신뢰롭게 만들어준다.

다층적 글쓰기 방법으로 쓰여진 트라이스 톨드 스토리는 문화기술지에서 페미니스트의 위치를 드러내기 위해 하나의 주제에 대하여 다른 방식으로 수집한 자료를 가지고 세 개의 글을 구성하였다. 하나는 일인칭의 시점에서 연구자가 스스로의 이야기를 적은 부분이고, 두 번째는 현장노트 기록 인터뷰의 해설과 여러 명의 현장 스태프들의 관찰을 모은 것이며, 세 번째는 American Ethnologist에 의해서 채택된 받아들일 수 있는 중재인의 형태로 쓰인 글로 완전한 연구자의 목소리로 기술된 것이다. 이 세 가지 방법은 전혀 다른 기술 방식과 관점을 취하고 있지만 같은 사건들에 대한 기록이다. 이 글에 발췌해서 실은 부분은 Tan 부인과 관련한 사건으로, '연구자의 이야기', '현장 일지', '문화기술지' 이 세 가지 방법으로 자료를 제시하였다.

연구자의 이야기

점심 식사 후, 남편은 몇몇 지역의 기록들을 찾기 위해 며칠간 타이베이로 떠났고, Wu Chieh는 스톱워치를 가지고 아이들을 관찰하러 갔고, 나는 연구실에 남아 자료를 대조하고 현장노트에 적어 넣고 있었다. 열기가 점점 강렬해져 아래로 내려왔고, 마을에 사는 오백 명의 사람들은 침묵을 지키고 있었다. 들리는 소리라고는 내가 다른 차트를 넘길 때 나는 펄럭거리는 종이소리뿐 아이의 보채는 울음소리조차 들리지 않았다. 뒷머리가 욱신거렸다. 나는 의자에 기대어 앉아 축축한 셔츠를 잡아당기며, 아스피린이 남았을까 생각하고 있었다.

나는 체온을 10도쯤 떨어뜨리는 소리를 듣고 머리를 묶었을 때 몇 분 혹은 한 시간 동안 그곳에 앉아있었는지도 모르겠다. 그 소리는 소가 내는 것 같은 낮은 신음소리와 강렬하게 찢어지는 듯한 비명이 요동치듯 들렸다. 그 소리는 절정에서는 거의 목이 울리는 소리로 잦아졌고, 잠시 멈췄다가 일련의 짧은 목쉰 비명으로 종지부를 찍었다. 몇 초간은 정적이 감돌았다. 그리고 사방에서 나무가 길가로 쏟아지고, 문이 쾅 하는, 두려움 끝에 물어보는 소리가 들렸다. 심지어 나의 Hokkien(푸젠언어)에 대한 제한된 지식을 가지고서도, 질문들이 소리쳐진다는 것을 알 수 있었다: "뭐야? 누구야? 무슨 일이 일어난 거야?" 나는 급히 뒷문으로 빠져나가다 같은 방향으로 가려고 하는 다른 식구들과 부딪칠 뻔했다.

그 길은, 평상시 이 시간대에는 한산했지만, 사람들로 가득한 것 같았다. 몇몇 사람들이 멀리서 무언가에 눈을 고정시킨 채 걷고 있었고, 다른 이들은 목표를 찾으려는 사람처럼 눈을 고정시킨 채 터벅터벅 걷고 모두들 "뭐야?"라고 묻고 있었고 나는 마을이 끝나고 논이 시작하는 길을 내려다보았고 작은 무리가 논으로 뛰어 들어가 홍분하는 모습을 보았다. 나는 그들과 합류하였으나, 누구도 나의 꼴사나운 언어의 물음에 답해줄 시간은 없었다. 사람들은 논의 가장자리를 차지하기 위해 밀고 있었고 그들이 본 것에 대해 홍분하여 말하고 있었다.

내 키와 대나무 걸상을 이용하여, 밭으로부터 문제가 되는 냉혹한 격한 신음의 근원을 그들의 머리 위로 내려다볼 수 있었다. Tan씨는 직업이 없는 노동자로 두 명의 중년여성인 이웃과 논의 거름에 빠져 끈끈한 것으로 둘러싸인 여성을 힘을 다해 끌어내려 하고 있었다. 내가 나의 관찰 초소에 다다른 직후, 그녀는 낮은 절망적인 신음과 함께 그녀의 전쟁을 마쳤다. 그들이 그녀를 논 위의 길로 끌어내자, 나는 그녀가 30대의 수줍고 세 아이의 엄마인 Tan씨의 부인임을 알아차렸다. 군중은 나누어졌는데, 그들의 일부는 Tan씨를 따라갔고 한 여인은 Tan씨 부인을 부축했고, 나머지 반은 두 번째 문제의 여인을 에워쌌다. Wu Chieh는 Tan씨의 집 문가에 서 있었다. 그녀의 치맛자락을 꼭 붙들고 있는 Tan 아이들은 창백하고 겁에 질린 듯이 보였다. 그녀는 그 아이들을 집으로 들어가게 했다. 논에 있었던 여자들 중 하나인 Kho 부인은 그녀 주위를 둘러싼 홍분된 질문들에 대답하려고 애썼다. 나는 몇 문장은 알아들었지만, 그것들 모두가 내가 이해할 수 있는 설명으로 연결되지는 않았다. 냉혹한 태양과 나의 무능에 대한 압박이 나를 다시 Lim씨의 집으로 갈 수밖에 없게 만들었다.

오후에 한두 번 자전거가 시장이 있는 마을 쪽으로 지나가는 소리를 들었다. 그후 빈 삼륜 오토바이 택시가 마을로 덜컹거리며 들어왔다. 잠시 후에, 그것은 이전보다 천천히 그리고 분명히 사람이 탄 채로 마을을 떠났다. 타이베이 분지의 가장자리 산이 희미해지면서 마침내 점점 져가는 늦은 오후의 열과 습도로 흐려졌다. 마을은 더 이상 텅 빈 것 같지는 않지만, 사람들이 조심스럽게 움직이듯이, 모든 소리들은 억제되어 있었다. 가련한 아기의 이따금씩 들리던 울음은 빠르게 묻혀갔다. 이 시간쯤이면 마을 뒤에 있는 출입이 통제된 강에서 물장난을 치거나 물속을 걸었던 아이들의 무리를 창문에서 볼 수 있었다. 그들은 Tu Ti Kung의 사당의 큰 나무 아래 그늘에 앉아 대리석 돌을 굴리면서 조용히 이야기하고 있었다. 나는 Wu Chieh가 사무실을 향하여 시멘트 바닥을 가로질러 오는 슬리퍼를 질질 끌고 오는 소리를 들었다. 그녀의 앳된 얼굴은 긴장되어 있었다. 그녀는 긴장되고 피곤한 상태로 앉았다.

"아, 그는 Tan Tien-lai에요. 그는 매우 우둔해요. 그의 별명이 벙어리 Tien-lai니까요. 이틀 동안 Tan 부인이 불 위에 있는 것 같다고 말하면서 그녀의 가슴을 두드리고 이상한 행동을 했어요. 그는 단지 그녀를 보고, '또 미쳐가고 있어' 라고 말하며 쪼그리고 앉아있을 뿐이었어요. 어제, 그녀는 아기를 San Chung Pu에 있는 자매에게 잠시 동안 돌봐달라고 맡겼어요. 그녀는 이런 일이 일어날 줄 알고 있었는데, 벙어리 Tien-lai는 앉아서 그녀를 지켜볼 뿐이었어요."

"그녀는 지금 어떠니?"

"Li 부인이 그를 의사에게 보내고, Kho 부인과 그녀를 아이처럼 씻겼어요. 그녀는 아기처럼 누워 있고…. 그러나 그녀는 그들에게 계속 향 막대기를 달라고 했어요. 단 하나의 향 막대기요. 그들은 마침내 그녀에게 하나를 주었고 그녀는 이상한 말을 중얼거리면서 손에 쥔 채 누워 있었어요. 남편과 의사가 들어오자, 그녀는 벌떡 일어나 또 도망가려고 했으나 그들이 그녀를 잡았고 의사는 수면제 주사를 놓았어요. 그리고 그들은 그녀를 작은 병원에 보냈어요."

"작은 병원?"

"글쎄, 그들은 그걸 병원이라고 부르는데, Tapu의 의사의 집 근처에 있는 낡은 가게일 뿐이에요. 안에는 침대가 두어 개쯤 있고 나이 든 부인이 그것을 관리하죠."

"다른 것은?"

Wu Chieh는 나와 눈이 마주치는 것을 곤란해하고 있었다. 그녀의 행동에는 우리 연구의 주제가 그녀가 피하고 싶어하는 관습이나 믿음과 부딪쳤을 때에 본 적이 있었던 민감함 또는 개인적 불확실성에서 나오는 어색함이 있었다. 그녀에게 시간을 줄 요량으로, 정신병의 성격과 그것의 다른 질병과의 관계에 대해 짧은 설명을 시작했다. 그녀는 정중하게 나를 묵살하며 오렌지 껍질을 벗겼다.

"누군가는 그녀가 미치지 않았다고 해요. 아마도 그것은 다른…"

"다른 거라니?"

"음"

"다른 거라니? 무슨 뜻이니?"

"잘 모르겠어요." Wu Chieh가 "모르겠어요"라는 말을 쓸 때는, 그녀는 그것을 만다린(중국어) Pu hsiao te를 직접적 해석처럼 사용하였다. 때때로 심지어 그녀는 그것을 영어로 번역하려 하지도 않았다. 그것은 "나는 이 주제에 대해 아는 게 없고 그것으로부터 배우는 것에 관심이 없어요"이거나 "나는 이 주제에 대해 말하고 싶은 게 없어요"를 의미했다. 그녀가 그것을 영어나 중국어로 이야기할 때, 나는 특별한 경로의 끝에 다다랐음을 알았다.

"그녀가 어떻게 논에 들어갔니?"

"그녀가 뛰어들었어요."

"윽."

"음, 그녀는 실수를 한 거예요. 그녀는 강물에 들어가려고 했어요."

"오."

강은 특히 타이완 여성들에게 자살과 자살시도를 위한 전통적인 장소이다. Wu Chieh는 내 '오'의 중요성을 이해했다.

"그녀는 그러려고 했던 게 아니에요. 그녀는…" 그녀는 다시 눈을 떨구었다. 그녀가 pu hsiao te라며 대답하지 않으려고 다른 문제를 찾아내려 노력했다.

"그녀가 의도하지 않았다는 것을 어떻게 알았니?"

"그녀가 그렇게 말했어요. 그녀는 누군가를 만나기 위해 거기로 갔다고 했어요. 무언가…."

놀랍게도, Wu Chieh는 울음을 터뜨리며 방을 뛰쳐나갔다. 나는 땀줄기 두 개가 나의 어깨뼈를 지나 등뼈를 타고 흘러내리는 것을 느꼈다. 나는 소녀를 더 이상 괴롭히고 싶지 않았다; 진정한 인류학자가 나에게 찾아와 나의 구속을 해방시켜 주길 바랐다. 나는 궁금해하기엔 너무 덥고 슬펐지만, 현장노트를 집어 들어 우리가 Tan 가족에 대한 다른 정보를 가지고 있었는지 찾아보았다.

현장 일지

다음에 나온 글들은 1960년에 기록된 것과 거의 흡사한 양식의 필드노트들이다. 날짜는 그들이 타이핑한 날짜를 나타낸다. 이것은 대개 관찰날짜나 인터뷰 날짜와 일치하지만, 항상 그렇지는 않다. 이 특별한 노트들은 그들이 모인 방식에서 기인된 날짜의 적은 혼란을 가지고 있다.

우리는 농장의 한 대가족과 함께 생활하였고, 외국인으로서 지역경찰의 상당한 감시를 당했다. 우리는 우리의 모든 정보제공자들에게 인원을 할당하기로 결정하였고, 그 인원은 독점적으로 필드노트를 작성하였다.

독자들에게 누가 말하고 있고 누가 듣고 있는지에 관해 기본 정보를 제공하기 위하여 사람의 성별을 첨가하였고, 괄호에 나이도 첨가하였다. 구두점이 또한 여기 저기 덧붙여졌다.

1960년 3월 5일

어제 48은 그녀의 남편에 의해 Tapu에 있는 정신병원에 데려다졌다. 481은 Wu Chieh에게 여자가 논으로 도망쳤으며, 남편이 그녀를 찾아 병원에 데려갔다고 말하였다. 여자들은 오늘 그 일에 관해 듣고 있었고, 그녀가 큰 정신병원에 보내졌다고 말했다. 그리고 남편이 그녀를 보기 위해 그 곳에 갔지만 그녀가 묶여 있었기 때문에 보는 것이 허락되지 않았다.

의사는 그가 그녀와 함께 할 수 있는 어떤 것도 없다고 말하였다. 어떤 이는 Wu Chieh에게 이와 같은 일이 전에도 한번 48에게 있었지만, 그녀는 그때 입원하지 않았다. 여자들은 이번에 그녀의 병이 NT$90를 잃은 것에 대한 그녀의 걱정에서 온 것이라고 말한다. 그녀는 돈을 찾을 수 없었고, 49(그녀의 일곱 살 아들)에게 물어보았고, 아들은 아버지가 도박을 하기 위해 그 돈을 가져갔다고 말했다. 남편은 이것이 사실이 아니라고 말하였다. 그들은 그녀가 병을 앓게 될 것임을 알고 있었을 것이라 말했다. 왜냐하면 그녀는 그저께 석 달 된 아기를 언니 집에 데리고 가서 아기를 돌보아 달라고 부탁했기 때문이다. 그들은 47(32살 남편)이 매우 어리석다고 말했다.

그가 아내가 이런 종류의 병을 가지고 있는 것을 알았다면, 그녀가 걱정하게끔 하지 말았어야 했다. 그는 심지어 그가 그러지 않았더라도, 돈을 가져갔다고 말했어야 했다. 대신에 그는 그녀가 아프기 시작하였을 때 그곳에 서서 모두에게 "그녀는 미쳐가고 있다. 그녀는 미쳐가고 있어."라고 말했다. 그 여자들은 47이 '어리석은 Tien-lai' 라고 불리는 이유라고 말했다.

492의 아이들과 48의 아이들이 비행기를 타고, 48이 그것에 관해 492와 얘기하러 갔을 때, 492는 48을 꾸짖었다. 그녀는 말했다. "만약 아이들이 싸워서 네 아이들이 죽음을 당한다면, 그때 네가 와서 네 아이들을 집으로 데려가 묻어줘라. 너는 와서 그것에 관해 나에게 이야기할 필요가 없다."

그러나 한번 48의 아이가 492의 아이를 때렸을 때, 492는 나가서 48에게 뭔가를 말했었다. 그리고 그녀는 이것을 다시 그녀에게 말했고, 그때 그녀는 아무 말도 하지 않았다.

Wu Chieh는 47이 신에게 그의 아내가 회복하기를 도와달라고 구원하러 갈 것임을 물었다. 여자들은 또한 48이 논에 떨어졌을 때 그녀가 그 곳에 누워 이렇게 말했다고 하였다.

"단지 아이들의 일 때문에 다른 사람들이 나를 괴롭힌다. 나는 이 사실을 잊지 않을 것이다. 나는 잊지 않을 것이다."

여자들은 사람이 이와 같은 경우에 처했다면, 그를 걱정하게 해서는 안 되고 잠을 많이 자도록 격려해야 한다고 말했다.

1960년 3월 11일

Wu Chieh는 Keelung에 사는 48의 어머니와 이야기를 했다.

엄마: 이 일은 과거에 그녀가 결혼하기 전에 한 번 있었어. 나는 그녀를 다른 가족에게 양자로 보냈지만, 그 가족은 그녀를 잘 돌봐주지 않았고, 요리사로 밖에 내보내던가 다른 집 종으로 보냈었지. 그녀는 이것이 싫었고, 결국 내게 도망왔었지. 하지만 나는 그녀를 양자로 삼은 집으로 다시 보내야만 했고, 그때 이 일이 벌어졌었지. 그녀는 이 일의 모든 면에 대해 정말 많이 생각하고 있었어. 그녀가 괜찮아지고 난 후, 그녀의 양어머니는 그녀를 돌려보냈고 더 이상 그녀를 원하지 않았어. 그녀가 47과 결혼한 후, 지금까지 이런 일이 다시는 일어나지 않았어. 그게 10년 이상 전의 일이고, 다시는 일어나지 않았어야 했지. 그건 누군가가 그녀를 해칠 만한 무언가를 했기 때문이 틀림없어.

Wu Chieh: 당신은 왜 이 일이 이번에 일어났다고 생각하세요?

엄마: 그들이 말하길, 그녀가 hwei(개인대출협회모임)를 위해 저축해 두었던 90달러를 잃어버렸기 때문이래. 그녀는 100달러를 가지고 있다가 그중 10달러를 썼고 그때 빨래를 하려고 강까지 내려갔었지. 그녀가 거기에서 돈을 잃어버렸거나 누군가 그 돈을 훔친 것 중 하나일 테지. 그녀는 마음밖의 작은 것을 얻지 못하는 종류의 사람이었기에 이 일은 그녀를 걱정하고, 또 걱정하게 만들었지. 그녀를 맘 아프게 한 누군가(돈을 훔친 사람) 한 사람은 그녀보다 더 심한 병에 걸려야만 해. 예전에 아이들이 싸움을 해서 154가 그녀를 꾸짖으며 말했어. '너는 미쳐가고 있고, 네 옷을 벗어가고

> 있어.' 애들은 싸우고 나서 바로 극복하는 거니까, 애들이 싸웠다고 이렇게 꾸짖으면 안 되었어. 이런 식으로 호된 꾸짖음을 당한 사람은 계속해서 그것에 대해 생각하고 생각할 것이고, 매우 성질이 나게 돼. 이제 그녀(48)는 9달 만에 죽은 한 아이에 관해 이야기하고 있어. 그녀는 말했지. "그건 아이 잘못이야. 그건 아이 잘못이야."

그래서 내가 그녀에게 갈 것이고, 아이들에게 bai-bai할 것이라고 얘기했더니, 그녀는 "아니야"라고 말했지. 그녀는 내게 우리는 이미지를 사고 그 아이에게 bai-bai해야만 한다고 말했어. 내가 할 수 있었던 모든 것은 괜찮다고 말하는 것이었지.

그녀는 Wu Chieh에게 물었다. "이런 일이 정말 일어났니? 그 아이는 단지 태어난 지 9달 되었어." 그녀는 잠시 생각하더니 혼잣말을 했다. "네가 정말 운이 없다면 그럴 수도 있어. 그리고 내 딸은 정말 운이 없었던 거지."

이때 47이 들어왔고 Wu Chieh에게 그들이 Tapu에 있는 병원에 48을 데려갔을 때, 병원에 있는 모든 사람들이 그녀를 묶고 잠들게 하기 위해 약을 먹였다고 말했다. 그녀는 심하게 저항하였고, 손목 피부를 찢고 병원의 침대를 부쉈다고도 말했다. 48의 엄마가 47에게 첫 날처럼 48이 그랬었냐고 물었다.

47: 그녀는 나가서 당신을 보고 싶다고 말하며 계속해서 도망치려 했었어. 그게 전부야.

문화기술지

샤머니즘이 되지 못한 여자

나는 샤머니즘보다는 오히려 탄(Tan) 부인이 그녀의 몸을 빌어 신자들과 소통하기를 원하는 신에게 실제로 접근하고 있는지, 혹은 감정적인 이상으로 신이 들렸다는 상상에 빠져 있는지, 혹은 몇몇 사람들이 지적하듯 그녀의 무책임한 남편이 그녀를 이용해 돈을 벌려는 속셈이 있는 것은 아닌지 의논하여 결정하는 여러 사람들의 대화를 통하여 제기되는 사회적, 문화적 요소에 더욱 관심이 있다.

논 진흙구덩이에서 헤매던 탄 부인의 괴상한 행동이 있은 후, 그녀의 최근 행동이나 과거 생활, 그리고 그녀 가족과 이웃의 태도에 관한 어마어마한 소문이 이 마을 전역에 퍼져 나갔다. 예전에 그녀는 6개월 된 아기를 여동생의 집에 데리고 가서 그곳에 내버려 두었다. 그녀는 남편에게 자신의 가슴에서 열이 피어난다고 호소하였다. 그리고 그녀는 자기 가슴을 마구 두들기며 평화를 달라고 간청하면서 결국 침대가 부서질 정도로 침대에서 정신없이 마구 뛰었다.

마을에서 '말없는 티엔-레이(Tien-lai)'로 불렸던 그녀의 남편은 이웃 한 명에게 아마도 그녀의 정신이 '다시' 이상해지고 있는 것 같다고 말했었다. 그럼에도 불구하고, 그는 그녀의 증세가 세상 사람들에게 모두 알려질 때까지 아무런 조치도 취하지 않았다. 그녀를 논에서 빼내 집으로 되돌려 보내고 이러한 사실을 알렸던 이웃 사람들은 그녀가 강으로 가서 그녀를 부르고 있던 "어떤 사람을 만나게 해달라"고 애원했다고 말했다. 가까이에 있는 그 강은 그곳에서 익사한 사람들이나 사고로 또는 자살로 인해 죽은 사람들의 영혼으로 가득 차 있는 곳으로 여겨지는 아주 위험한 곳이었다.

긴 오후가 지나고 우리는 다른 소식을 들을 수 있었다.

사람들은 그녀가 남편에게 물을 건너간 신에게 사죄할 수 있도록 그녀에게 향을 피울 수 있게 해주기를 간청했다고 말했다. 남편이 그녀를 위해 향을 피웠을 때 그녀는 온몸을 떨기 시작하면서 흐리멍텅해진 눈으로 큰 남자 목소리로 말하기 시작했다.

마을에서 나이가 가장 많은 노파 한 사람이 종교적인 지식으로 꽤 유명했는데, 마침내 노파가 병세를 살피기 위해 그녀를 방문했다. 그리고는 티엔-레이에게 그녀가 귀신을 만났는지 여부를 확인하기 위해서는 탕-기(Tang-ki)를 불러야 한다고 말했다. 하지만 그때까지 그만의 방식으로 여러 가지 조치를 취하고 있던 탄 부인의 남편은 노파의 말을 무시하고 고함을 지르는 그녀를 강제로 삼륜 택시에 태워 마켓 타운 근처에 있는 '정신병원'으로 보내 버렸다.

나는 탄의 가족에 관한 정보를 더 수집했다. 그리고 탄의 가족이 극도로 가난했음에도 불구하고 탄 부인이 정기적으로 타푸(Tapu)에 있는 절에 다녔고, 걸어서 다닐 수 있는 내에서 다른 절들도 열심히 방문했다는 사실을 알게 되었다. 또한 그녀는 아이들이 아플 때마다 타푸와 그 이웃 지방의 탕-기에게 의견을 묻곤 했으며, 집에 있을 때는 향을 피웠고, 매일 남편의 조상들과 여러 영혼과 신들을 위해 제물을 바쳤다. 그녀가 굉장히 숫기가 없는 여인임에도 불구하고 어린 아들이 림(Lim)가의 소년에게 얻어맞은 후 최근 몇 달 동안 림가의 여인과 힘겹게 싸워온 용감하고 보호본능적인 엄마였음을 우리는 알게 되었다. 탄이 이 마을에서 살기 시작한 지 거의 10년이 다 되어 가지만 그 마을의 전통에 의해서 여전히 그들은 아웃사이더로 여겨지고 있었다. 이 마을의 공동체로 받아들여지기 위해서는 적어도 할아버지나 증조 할아버지 때부터 이곳에서 태어나야 마을의 공동체로 받아들여지게 되어 있었다. 이곳 Peihotien에서는 그

전까진 새로운 사람들은 마을의 공동체라기보다는 손님들처럼 행동하기를 기대되었고 손님들은 집주인들의 얼굴을 조심스럽게 쳐다보기를 기대되었다. 이것이 림 마을인 것이다. 탄 부인이 마을에 돌아왔을때 그녀는 매우 창백하고 약에 취해 있었다.

(중략)

대만에서 무당에 대한 내 기억을 더듬어보면 조르단의 그것보다 훨씬 제한되어 있었다. 왜냐하면 종교는 내 조사나 동료 연구원 아서 울프(Arthur Wolf)의 주요 관심 분야가 아니었기도 하고, 또한 우리가 조사했던 마을들에는 현존하는 탕-기가 없었기 때문이다. 우리의 현장 노트에 따르면 대부분의 마을 사람들이 '절실한 신봉자' 였지만, 마을 사람들이 시니시즘, 즉 무당을 맹신하는 것에 대해 비꼬는 소리도 많이 들을 수 있었다. 이러한 시니시즘은 마을 사람들이 자신들의 이기적인 동기를 지역 무당이 신기에 들린 상태에서 했던 발언 탓이라고 그 책임을 돌리는 상황을 잭 포러(Jack Porrer)가 표현한 말이다.

만약 내게 선견지명이 있어 더욱 포괄적으로 인터뷰를 했다면 신 매개자가 내가 그 당시 가정했던 것보다 더 많이 공동 사회 문제들에 영향을 끼친다는 사실을 발견하게 되었을지도 모른다. 대만 북부에서는 신을 축복하는 축제가 열리는 동안, 무당이 신체를 학대하는 행동을 선보이게 된다. 가령, 바늘 침대에 눕는다거나 칼이나 이상한 공으로 몸을 찢는 행위가 그것이다. 비록 이런 행위가 문헌에서는 초기 기독교 의식에서처럼 '고행' 으로 불리긴 하지만 이는 신이 그들의 탕-기를 보호하여 신체에 영구 손상이 되지 않도록 함을 증명하기 위해서 행해진다.

탄 부인의 집에서 그리 멀지 않은 마을에 있는 탕-기의 신기에 대한 K.G.마틴(K.G.Martin)의 설명은 대만 샤머니즘의 친밀감을 담고 있다. 탕-기는 이 가족의 집과 불과 두 집 건너 살고 있는 40대의 노동자로, 저녁 식사 후 매일 밤마다 신에 들린다. 한번은 탕-기가 옹-이아-콩(Ong-ia-kong)을 위해 밤에 들어온 요청을 완수하기도 했다. 그는 영혼을 담은 돈을 불태움으로써 신기가 들린 상태로 빠져들고는 그의 손과 얼굴을 씻고, 군중 속에 있는 누군가와 말을 주고받았다. 인간과 동물의 질병에서부터 경제적인 좌절, 결혼으로 인한 싸움, 불임에 대한 두려움까지 탕-기에게 전해진 문제들은 해결되었다. 문제를 다루기에 앞서 탕-기는 인간 동기에 관한 냉철한 이해력만큼이나 마음을 안정시켜야 한다. 대부분의 탕-기는 아주 명백한 병일 경우 의학적인 도움을 권한다. 그리고 적당한 경우 풍수사와 약초학자와 같은 종교적인 전문가의 도움을 권하기도 한다. 유능한 탕-기는 고객의 필요 충족을 위해 눈치가 빠르고 두뇌회전이 좋아야 한다.

인류학자는 종종 신내림이 감정적으로 무능력해진 사람들, 정신병자들, 혹은 간질 환자들을 위한 역할을 수행한다는 이론을 받아들인다. 그럼에도 불구하고, 이제 탕-기가 된 사람이나 경험이 풍부한 탕-기가 이제 신들린 상태로 들어갈 때의 행동은 실제로 정신이 나간 사람으로 혼동할 정도다. 클레이맨(Kleinman)에 따르면, "환자 스스로 신들린 행동을 컨트롤할 수 없어서 신이 들린 상태에서 적절하게 행동하지 못한다."며 이런 이유로 탕-기 또한 그렇게 행동했다고 말했다.

만약 페이호티엔에서 탄 부인이 탕-기가 되었다면, 우리는 그 후 탕-기로서의 그녀의 이야기를 현장 기록에 넣을 수 있었을 것이다. 사실 한 마을에 탕-기가 존재한다는 것은 상당한 세력을 의미하고, 또한 어떠한 주변의 종교 의식적 행동들이 그녀에게 투영된다 할지라도 이는 인류학자들이 기록하게 될 특별한 그 무엇이다. 합법성 특성의 계급에 따르면 탄 부인은 간단하게 말해 '미치광이' 와 같은 상태에서 그녀 자신을 보호할 만큼 충분히 높은 위치가 아니었다. 같은 이유로, 그녀를 가능성 있는 탕-기로 여겨왔던 사람들조차 그러한 위험을 감수할 가치가 없다고 판단했다.

탕-기는 여성에게는 부적절하다. 신의 요구에 따른 이상하고도 기묘한 상황은 올바르게 정리되어야 함에도 불구하고, 신의 행동에 대한 기대와 여성의 행동에 대한 기대 사이에서 나타나는 완전한 모순이 불안감을 품도록 만들기에 충분하기 때문이다. 탄 부인의 일상 행동은 이런 자신감을 불러일으키지 않았을뿐더러 그녀와 유일하게 연관되어 있는 남성인 말없는 남편 티엔-레이 또한 그렇지 못했다.

조르단은 신을 위한 봉사로 정기적으로 몸에 상처를 내고, 자르고, 심지어 절단까지 하는 탕-기에 관하여 이런 생각을 나타냈다. 비록 신이 내린 신성한 중재가 조상이 물려주신 몸에 어떠한 영구 손상도 막아준다고 할지라도, 그래도 탕-기는 효도사상에 어긋나는 것이라고 말이다.

더욱 중요한 것은, 탕-기는 다른 주인을 섬기고 있는 것이다. 그들은 그런 역할을 수행하는 동안 전적으로 사심 없이 신이 사람들의 문제를 해결해 줄 수 있도록 신의 의지를 기꺼이 섬겨야 한다고 여겨진다. 하지만, 탕-기는 그들이 의도할 때면 신에게 그들의 인격을 넘겨준다. 그러므로 탕-기는 조상이라는 테두리 안에서 신에 복종한다. 이는 탕-기의 효 사상을 의심하게 만들지도 모르지만, 이는 또한 신들이 그들을 따르는 사람들에게 요구하는 희생을 더욱 돋보이게 해준다.

탄 부인의 불안정함은 신의 의지에 복종하는 그녀의 너그럽고 사심 없는 마음의 가치를 떨어뜨렸을지도 모른다.

페이호티안에서 탄 부인은 공동사회 정회원으로서 합법성에 도달하기에는 모든 계급이 낮아 역부족이었다. 결과적으로, 그녀는 이례적인 케이스가 될 수 없었던 것이다. 탄 부인은 그녀가 살고 있는 구조적인 환경에 의해 무당이 되지 않았다. 그녀는 사회적으로 계보적으로 아웃사이더였지만 어쩌면 그녀의 실패에는 다른 이유가 있었을 수도 있다. 가령 그녀의 성별에 관련한 이유일 수도 있다.

북아메리카 백인 중산층에서 성별 구조를 연구하던 페미스트 이론가들은 남성의 자아가 일련의 반발적인 카테고리를 기초로 하고 있고, 남성들이 더욱 엄격하게 제한되어 있으며, 자신들과 여성들의 자아 사이의 특성과 차이에 있어 더욱 이성적이라고 주장한다. 다시 말해 여자들은 덜 제한적인 자아를 가지고 있다는 것이다. 이것을 자아와 다른 자아 사이의 대립이라고 규정할 수는 없지만, 대신에 소속의식과 연속체로부터 만들어진 것이다.

훌륭한 탕-기는 그들의 행동을 일상 행동과 구별할 수 있어야 한다. 이중성을 벗어나 형성된 자아로서 남성은 이성적인 정신생활과는 별개로 신과 함께 하는 생활의 조화를 유지하는 것이 쉬울 수 있다. 탄 부인은 명백하게 그렇지 못했다. 탄 부인도 이런 분리된 생활에 도달할 수 있었지만 그녀에게는 특별한 문제가 있었다. 다른 장소에서 중국 여성의 자아 형성에 대해 연구했던 나는 그것이 다른 사람에 의해 개인에게 주어지는 의미에 상당한 영향을 받는다고 주장했다. 마을 사회 조직 안에서 생활할 수 있도록 허가받은 장소를 가진 가족들과의 연계성 없이 탄 부인이 더 이상 신기할 것이 없게 되었을 때, 그녀는 어떠한 정체성도 가질 수 없었다. 그녀는 위험하지도 유용하지도 않은 그저 아웃사이더에 불과했고, 무시당하는 존재였다. 사실 그녀는 결혼 당시 이름도 없어져버려 이름조차 없다. 다른 신부들과는 달리, 그녀의 자아는 다시 만들어지지 않았으니 그녀 자신의 거울은 흐린 채로 남아있는 셈이다. 단지 그녀의 아이들과 그녀가 만나는 다양한 신과의 대화 속에 비추어지는 그녀의 자아를 빼면 말이다. 나는 계속하여 그녀가 논 안으로 뛰어들고선 강으로 가려고 몸부림쳤다는 그 결정적인 날의 그녀가 진짜 탄 부인인지 아닌지 의문을 품었다. 어쩌면 이상한 장소에서 새로운 자아를 창조하는 데 갈등을 겪은 중국의 젊은 여인에게 자살이 최고의 해결책이었을지도 모른다.

(4) Karen의 '고요한 목소리'

Karen의 '고요한 목소리(Silent Voices)' 역시 아동의 성폭력과 관련하여 아동 성추행범과 피해자 그리고 연구자, 이 세 가지 목소리를 통해 연구를 기술하고 있다. 이것은 연구자의 입장에서 기술되었을 때 묻혀 버릴 수 있는 연구 참여자들의 이야기를 드러내고 연구자의 일방적인 해석과 결론을 극복하게 해준다. 그리고 사건에 대한 연구 참여자(가해자, 피해자)의 이야기를 그들의 목소리로 재현함으로써 그들이 당시에 느꼈던 감정과 심리상태를 진실되게 보여준다. 즉, 연구자의 관점이 아닌 성폭행을 당한 당사자가 당시에 느꼈던 감정과 현재의 심리상태, 그리고 성폭행을 가한 자가 가졌던 사고 당시의 심정과 현재의 감정을 그들의 목소리로 재현한 것이다. 독자들은 이 세 가지 목소리를 통해 연구자의 일방적인 해석이 아닌 보다 객관적이고 진실된 새로운 의미와 결론을 만들어낸다.

Sherry —피해자

그는 우리에게 우리가 갖지 못한 인생을 주었다.
나는 7살이 될 때까지 고기를 먹어본 적이 없다.
우리는 팬케이크와 달걀로만 살아왔었다.
그는 우리에게 집을 주었다.
그는 우리에게 훈련을 주었다.
우리들은 통제 불능이었기 때문이다.
이것으로는 그의 잘못을 덮을 수 없다.
이것은 변명이 되지 못한다.
나는 그에 대해서 사랑의 감정을
갖고 있다. 아버지와 같은 감정이다.

Karen — 연구자

그의 아내인 Betty Anne는 Ben과 Sherry가
매우 가까웠다고 말한다.
그들은 모든 것에 대해서 이야기했다.
그녀는 아내가 말하듯이
그에게 그녀의 생리기간에
대해 이야기했다. 그녀는 나하고 이야기했어야 했다.
그녀의 어머니 말이다.

Ben — 가해자

내가 체포된 후에, 나의 아내가
나를 떠나갔다. 나는 다른 여자를 보기 시작했다.
그녀는 나와 같은 곳에서 일했고,
그녀는 내게 어떻게 내가 그랬는지를 물었다.
우리는 애정이 있다. 나의 아내는 다시 돌아왔고
나는 선택을 해야 한다.
여기에 두 명의 여성들이 있다. 그리고 나는 어떻게
해야 할지 모르겠다.
나는 여성들을 유혹하는 무언가가 있는 것 같다.
물론 이것은 나 자신을 정말로 좋게 만드는 것이다.
우리는 더 이상 미네소타에 머무를 수 없다.
사람들은 우리를 째려본다.
이 곳은 작은 마을이다.

Sherry — 피해자

빨리 가방을 싸서 떠나는 것이
좋을 것이다.
가게의 골목에는 성 폭행과
체포에 대해서 이야기하는 사람들이 있다.
그들은 세부사항을 명백히 안다.
나는 석 달을 집에서만 보냈다.
사람들은 그를 유혹한 죄로 나를 비난한다.
그리고 나는 말한다.
"여기에 나의 신발이 있습니다.
스스로 가져가세요.
더 거친 쪽으로 걸으세요."
나는 화가 났고, 내 이마에서 희생자라는 말을
닦아내 버렸다.

Ben — 공격자

나는 왜 이사를 하고도 더 많은
상담을 받아야 하는지
모르겠다. 그리고 나는 처음에

그곳에 가는 것을 원하지 않는다.
하지만, 내가 한 것이 기쁘다. 이 집단에는
30명의 사람들이 있다.
그들은 거짓말하도록 하지 않는다.
그들은 당신이 거짓말하는지를 안다.
그리고 배우자도 올 수 있다. 아내가
매일 온다. 이것은 우리의 관계를
유지시켜 준다.

Sherry — 피해자
나는 이것이 구멍났다고 생각한다.
그는 그가 필요한 도움을 다 받고 있다.
당신은 책임감을 가져야 한다.

Ben — 가해자
우리 성 폭행범들이 자제하지 않는 한,
우리는 도움 받을 수 없다.
우리는 우리가 한 것을 인정해야 한다.
내가 한 것은 잘못된 일이다.
지금은 그것을 안다.

Sherry — 피해자
누구도 2년 안에는 그것을 알 수 있다.

Ben — 가해자
나는 항상 성 폭행범일 것이다.

Sherry — 피해자
그것은 그렇게 빨리 일어나지 않았다.
그가 또 일을 저지를지 누가 알겠는가.

Ben — 가해자
나는 다시 공격하기를 원하지 않는다.
그래서 나는 이것을 항상 기억하고
확인한다.

Karen — 연구자

내가 이혼했을 때, 몇 년동안
나는 내 자신을 확인했다. 하지만 지금
10년 후에, 나는 확인하지 못했다.
나는 이혼이라는 형식을 확인하지 않았다.
나는 독신이다.
그리고 나는 이것을 아동시절의
성 폭행에서 살아남은 것과 같다고 본다.
나는 그것이 나의 일부분이라는 것을 안다.
하지만 나는 이것을 굳이 확인해야 할 필요는
없다고 생각한다. 치료된 부분을 확인하는 것은
생존자로서의 정체성을 보는 것이다.
나는 인생에서 다른 것도 하였다.
때때로 나는 정신적 치료에 대한
생각을 유지한다. 이것을 다른 주제로
볼 수는 없을까?

Ben — 가해자

나는 성적으로 학대당한 적은 없다.
하지만 부모님은 항상 내 주변에서 성적인
모습을 보이셨다.
어머니는 항상 드레스를 입으셨는데,
속옷을 입지 않으셨다. 아버지는 항상
그 드레스 밑으로 손이 들어가 있었다.
나는 다섯 살 때, 그 행동을 따라하기 시작했다.

Sherry — 피해자

그는 이것을 어머니, 아버지, 또는 술처럼
보지 않을 필요가 있다.

Ben — 가해자

나의 아버지의 부분에는
많은 육체적인 학대가 있다.
나는 다른 사람보다는 많이 맞았다.

어느 날 아버지는 마룻바닥에 나를 내동댕이쳤다.
그 뒤로도 여러 번 나를 때렸다.
나는 십대에 축구를 하고 놀았다.
나는 대학교에 합격했지만, 아버지는
원하지 않으셨다. 나는 아버지가 대학교 비용을
두려워한다고 생각했다. 그래서 상업학교를 갔다.
십대로서의 나는 많은 문제를 일으켰다.
나는 바보 같은 삶을 살지는 않았다.
대부분의 시간에서 나는 절대로 다른 사람에게
피해를 입히지는 않았다.
나는 양녀를 두었는데, 그녀는 아름다운 사람이다.
나는 정말 그녀를 좋아한다.
그녀가 나이가 들었을 때, 우리는 어, 나는
그녀에게 그 일을 했다.
이 이야기를 아내에게 하지 말라,
그녀는 화낼 것이다.

Sherry — 피해자

한 번은 내가 수영장에서 수영을 하고 있었다.
그는 나에게 오두막에 와서 나에게 구강 성 행위를 해 주기를
원했다. 나는 밖으로 수영했다. 그는 내 머리를
물 밑으로 집어넣었다.
그 다음 꺼낸 뒤 나를 플라스틱으로 코팅된 철사로
때렸다. 그런 다음 나를 오두막으로 끌고 갔다.

Karen — 연구자

(그는 그가 그녀를 사랑한다고 말했고, 그녀도 그를 사랑한다고 말했다.
그녀는 그를 아버지로서 사랑한다고 말했다.)

Sherry — 피해자

그는 어머니께 내가 토마토에 물을 주지 않아서
때렸다고 말했다.

Ben — 가해자

나는 어느 날 그녀를 때렸고,

그녀는 울었다. 그녀의 바지가 벗겨져 있었다.
그녀를 때리는 대신에, 나는
그녀의 엉덩이를 문질렀고,
나는 느끼기 시작했다. 그것이 시작이다.

Karen — 연구자
연구자는 세부사항을 알기를 원한다.
생존자는 그의 말에 공격받았다.
나의 몸은 그의 말에 자극받았다.
나는 죄책감을 느꼈다.

Sherry — 피해자
내가 12살이었을 때, 그는 나를 강간했다.
그는 이것이 생일 선물이라고 말했다.
생리가 다음날 시작되었다.

Ben — 가해자
나는 그녀의 생리가 시작된 날을
확신하지 못한다.

Karen — 연구자
좋아요, 나도 알아요.

Sherry — 피해자
그는 다른 날에도 하려고 했으나
나는 병적으로 거부했다.

Ben — 가해자
대부분의 나의 행동은
그녀가 좋아서 한 것이다.

Sherry — 피해자
그는 항문 성교를 시도했다.
나는 피를 흘렸고, 아프게 했다.
그는 다시 한 번 하려고 했고, 나는 그에게 저항했다.
그는 또한 장난감과 성인용품을 사용했다.

그는 진동기도 사용했다.
나는 그것들이 무엇인지 모른다.

Ben — 가해자
아내와 나는 성인 책방에 가서
책을 샀다.
나는 이 기계들과 함께
성인 영화를 보았다.
나는 어린 소녀와 함께 하는 책을 보았다.
몇몇 외국 책에는 어린 소녀와
남자가 그려져 있었다.
아내는 어떠한 말도
하지 않았다.

Sherry — 피해자
그는 나에게 그 더러운 책을 읽게 하였다.

Ben — 가해자
아내는 자주 나갔다.
그녀가 나갈 때마다, Sherry와
관계를 가질 수 있는 기회였다.
한동안 이것은 자주 이루어졌다.

Sherry — 피해자
만일 내가 동성 친구의 집에 오래 있었다면
나는 그에게 구강성교로서 보답을 해야 했다.

Ben — 가해자
아내가 집에 왔을 때,
그녀는 자고 있었다. 나는 TV를 보고 있었고,
Sherry는 나의 무릎위에서 자고 있었고
나의 손은 그녀의 가슴에 있었다.
우리는 그녀의 코고는 소리도 들었다. 이것은
자연스러운 것이었다.

Sherry — 피해자
그는 남동생과 나를
성 관계하도록 했다.
그리고 그것을 지켜보았다.
Sick Sick Sick Sick

Ben — 가해자
16살 때, 나는 또 폭력을 당했다.
나는 아이들을 원하는 감정은 느끼지 않았는데,
그들이 집에 살지 않았기 때문이다.

3. 참고문헌

김영천(2005). 별이 빛나는 밤 2: 한국 교사의 삶과 그들의 세계. 서울: 문음사.

조재식 · 허창수 · 김영천(2006). 교육학/교육과정 연구에서 질적연구자가 고려해야 하는 타당도 이슈들: 그 다양한 접근들의 이해. 교육과정연구, 24(1), 61-95.

Atkinson, P. (1990). *Ethnographic imagination: Textual construction of reality*. New york: Routledge.

Bazerman, C. (1987). Codifying the social scientific style: The APA publication manual as a behavioral rhetoric. In J. Nelson, A, Megill, & D. McCloskey (Eds.). *The rhetoric of the human science: Language and argument in scholarship and public affairs*(pp.125-144). Madison: Universit of Wisconsin Press.

Clifford, J. & Marcus, G. (1986). *Writing Culture: The Poetics and Politics of Ethnography.* California: University of California Press.

Clough, P. (1997). Autotelecommuniation and autoethnography: A reading of Carolyn Ellis' Final Negotiations. *The Sociological Quarterly*, 38, 95-110.

Creswell, W. J. (1998). *Qualitative inquiry and research design.* London: Sage.

Diversi, M. (1998). Glimpses of street life: Representing lived experience through short stories. *Qualitative Inquiry*, 4, 131-147.

Denzin, N. K., & Lincoln, Y. S. (Eds.). (1994). *Handbook of Qualitative research.* Thousand Oaks, CA: Sage.

Donmoyer, R., & Yennie-Donmoyer (1995). Data as drama: Reflections on the use of readers theater as a mode of qualitative data display, *Qualitative Inquiry*, 1, 402-428.

Ellis, C & Bochner, A. (1996). *Composing Ethnography: Alternative Forms of Quali-*

tative Writing. CA: Altamira.

Ellis, C. (2004). *The ethnogragphic I.* CA: AltaMira Press.

Ely, M. (2007). In-forming re-presentations. In J. Clandinin(Ed.) *Handbook of Narrative Inquiry.* CA: Sage.

Fox, K. (1996). Silent voice: A subversive reading of child sexual abuse. In C. Ellis and A. Bochner, (Eds.) *Composing ethnography: Alternative forms of qualitative writing.* (pp.330-356). Ca: Alta Mira Press.

Geertz, C. (1988). *Works and lives: the anthrpologist as author.* Stanford: Stanford University Press.

Gergen, K., & Gerngen, M. (1991). From theory to reflexivity in research practice. In F. Steiner(Ed.) *Method and reflexivity: Knowing as systematic social construction.* (pp.76-95). London: Sage.

Gilgun, J. (2005). "Grab" and good science: Writing up the results of qualitative research. *Qualitative Health Research,* 15(2), 256-262.

Glesne, C. (1997). That rare feeling: Re-presenting research through poetic transcription. *Qualitative Inquiry,* 3(2), 202-221.

Hammersley, M & Atkinson, P. (1983). *Ethnography: Principles in practice*. London: Tavistock.

Haraway, D. (1988). Situated knowledge. *Feminist Studies,* 14, 575-599.

Jewett, L. (2008). *A delicate dance: Autoethnography, curriculum, and the semblance of intimacy.* New York: Peter Lang.

Jackson, P. (1968). *Life in Classroom*. New York: Holt, Rinehart & Winston.

Krieger, S. (1983). *The mirror dance: Identity in a women's community*. Philadelphia: Temple University Press.

Lather, P. (1986a). Issues of Validity in Openly Ideological Research. *Interchange,* 17(4), pp. 63-84.

Lather, P. (1986b). Research as praxis, *Harvard Educational Review,* 56(3), 257-277.

Lather, P. & Smithies, C. (1997). *Troubling the Angels: Women Living With HIV/ADIS*. CO: Westview Press.

Lopez, G., Guajardon, M., & Scheurich, J. (1998). Windows/vebtabbas: A postmodern re-Presentation of children in migrancy. *Educational Administraction Quarterly,* 34(3), 397-426.

Marcus, G. E. (1994). What comes(just) after "Post"? The case of ethnography. In N. K. Denzin & Y. S. Lincoln (Eds.), *The handbook of qualitative research*(pp.563-74). CA: Sage.

Markham, A. (1998). *Life online, researching real expereince in virtual space.* CA: Sage.

McWilliam, E. (1992). *In Broken Images: A Postpositivist analysis of student needs talk in pre-service teacher education*, Doctoral dissertation, University of Queensland, Australia.

Myerhoff, B., & Ruby, J. (1982). Introduction, J. Ruby (Ed.) *A Crahk in the mirror,* Philadelphia University Press, pp. 1-39.

Namenwirth, M. (1986). Science through a feminist prism, in R. Bleir (Ed.) *Feminist approach to science,* pp. 18-41, New York: Pergamon.

Pillow, W. P. (1997). Exposed Methodology: The Body as a Deconstructive Practice. *International Journal of Qualitative Studies in Education*, 10(3), 349-363.

Richardson, L. (1990). *Writing Strategies: Reaching Diverse Audiences.* CA: Sage.

Said, E. (1979). *Orientalism.* New York: Vintage Books.

Saks, A. L. (1996). Viewpoint: Should novel count as dissertation in education. *Researchin the Teaching of English,* 30(4), 403-427.

St. Pierre, E. A. (1997). Nomadic inquiry in the smooth spaces of the field: A preface. *International Journal of Qualitative Studies in Education*, 10(3), 363-383.

Tyler, S. (1986). Post-modern ethnography: From document to the occult document In J. Clifford & George Marcus(Eds.)., *Writing culture: the poetics and politics of ethnography*(pp.122-140). Berkeley: University of California Press.

Van Maanen J. (Ed.). (1995). *Representation in Ethnography*. Thousand Oak, CA: Sage.

Visweswaran, K. (1994). *Fictions of Feminist ethnography.* MI: University of Minnesota Press.

Wasserfall, R. (1993). Reflexivity, Feminism, and Difference, *Qualitative sociology, 16*(1), pp. 23-41.

Wax, M. (1982). Research Reciprocity rather than informed consent in fieldwork, In J. Sieber(Ed.). *The ethics of social research fieldwork, regulation and publication,* NY: Springer-verlag.

Wax, R. (1971). *Doing Fieldwork*. Chicago: The University of Chicago Press.

Witherell, C. & Noddings, N. (1991).(Eds.). *Stories lives tell: Narrative and dialogue in education.* NY: Teachers College Press.

Wolcott, H. F. (1990). *Writing up Qualitative Research.* Newbery Park: Sage.

Wolf, M. (1997). *A Trice-Told Tale: Feminism, Postmordenism, and Ethnographical Responsebility. CA:* Stanford University Press.

제3부

질적 글쓰기의 한국적 경험

제17장

지옥에서 보낸 한철: 질적연구자의 내러티브

1. 황인실의 이야기
2. 이동성의 이야기
3. 차헌주의 이야기
4. 김명애의 이야기
5. 김지혜의 이야기
6. 주수언의 이야기

글쓰기를 어떻게 해야 하는가를 배우는 방법에는 여러 가지가 있을 것이다. 유명작가들의 작법에 대하여 이론적으로 공부하는 법이 있을 것이고 아니면 시행착오를 통하여 자신이 직접 글을 쓰는 작업을 통하여 글쓰기란 어떤 것인가를 경험적으로 이해하게 되는 방법이 있다. 또는 글쓰기를 지도해주고 훈련시켜 줄 수 있는 지도교수와의 계속적인 개별적 지도를 받으며 어떻게 쓰는 것이 좋은 글을 만드는 것인가를 도제제도를 통하여 배우게 되는 방법이 있다. 이에 이 장에는 필자의 논문지도를 받았던 대학원 학생들이 석사논문과 박사논문을 쓰면서 어떤 글쓰기 어려움과 고민을 가지고 있었고 그러한 문제들을 직접 어떻게 효과적으로 해결하였는지를 후학들에게 고백하는 내용을 담았다. 때문에 다른 장에서 다루어진 내용보다도 우리나라의 미래 질적연구자들이 글쓰기와 논문 쓰기 작업과 관련하여 더욱 가깝게 느끼고 공감할 수 있으며 앞으로 경험할 내용을 다루었기 때문에 교육적이라고 할 수 있겠다.

이 주제를 한 장으로 구성한 이유는 다음과 같다. 그 누구이든지 간에 한 개별 질적연구자들의 글쓰기 경험이 다음 연구자들에게 교육적이고 안내적 역할을 할 수 있음에도 불구하고 우리나라의 경우, 질적연구자들이 어떻게 글쓰기를 성공적으로 잘 마쳤는지에 대한 학술적 소개나 이론화가 시도되고 있지 않기 때문이라는 판단을 가지고 있었다. 특히 이러한 개인적 경험이 질적연구의 이론화 주제로서 간주되고 있지 않고 다루어지고 있지 않다는 인식 아래 이 주제의 필요성을 강조하면서 글쓰기 경험을 한 선배 연구자들의 이야기를 공식적으로 기록하고 알리는 것은 이 분야에 대한 학술적 연구를 확산시킬 수 있는 좋은 기회라고 생각하였다.

이에 이들의 실제 글쓰기 경험을 읽음으로써 자신의 개별적 상황에서 학위 논문 글쓰기의 어려움과 스트레스, 그리고 어디에도 탈출구가 없을 것 같은 상황에서 미궁을 빠져나간 선배 연구자들의 개인적 지식을 공부하고 음미해 주기 바란다. 그리고 질적연구를 할 연구자들의 상황이 이들과는 또 다르기 때문에(전업학생, 직장인, 남성, 여성, 젊은이, 중년 등), 자신들의 글쓰기를 성공적으로 만들기 위해서는 어떤 실제적 전략과 방법이 있을 수 있는지를 생각해 보기 바란다. 다소 과장된 표현이기는 하지만 이 제자들의 글쓰기의 심리적 상태를 랑보의 유명한 시집 제목인 '지옥에서 보낸 한철' 로 선정하였다. 다소 극단적이기는 하지만 상당히 공감하는 사람들이 있을 것이며 힘들어서 중간에 질적연구를 포기하고 다른 연구로 옮겨간 연구자들이 많이 있다는 점에서 이 표현은 어느 정도 적절하다고 생각한다. 각 연구자가 '지옥에서 어떻게 한철' 을 보냈는지를 공감하면서 읽어보자.

1. 황인실의 이야기

대학원 학위논문을 쓰기 위해 준비하며 글을 쓰는 과정에서 느낀 감정과 딜레마를 다음 일기를 통하여 소개하고자 한다. 이 글쓰기는 지면에 글자를 조합하여 말을 늘어놓는 것이 아니라 글쓰기의 목적에 맞도록 의미 있게 써 나가는 일련의 복잡한 활동이었다. 그 복잡한 과정에서 글쓴이가 겪은 마음 상태와 하나의 글을 완성하기 위해 어떤 노력을 기울여야 했는지 돌아본다.

2007년 7월 20일

모든 것이 고요한 시간. 시계 바늘 소리와 내 손가락이 움직이는 대로 들려오는 노트북 자판을 두드리는 소리만이 들려오는 어둠이 짙어 오는 시간은 머릿속의 잠자는 생각들이 자유로워지는 때이다. 하지만 이 시간이 오기까지 밝은 햇살에 잠을 깨는 것이 아니라 요란한 자명종에 힘겹게 일어나 무거운 발걸음으로 학교에 가서 아이들과 정신없는 하루를 보내고 와 가족들과 잠시 휴식을 취한 후 맞는 이 어둠의 고요가 얼마나 값진 시간인지 느낀 지 얼마 되지 않아 또 다른 잠이라는 힘겨운 괴물을 만나게 된다. 아침마다 '오늘은 꼭 여기까지 글을 써야지.' 라고 마음먹지만 천하장사도 이기기 힘들다는 이 잠이라는 녀석은 내 의지를 순식간에 무너뜨리고 아침마다 후회를 맛보게 한다.

그럼에도 불구하고 또다시 어둠을 맞이한 이 순간 밀려오는 잠을 이기지 못하고 내려오는 눈꺼풀을 느끼며 '또 이러다가 자겠구나. 내일 분명 후회할 텐데.' 생각하면서 이 시간밖에 글을 쓸 시간이 없는 바쁜 일과가 솔직히 글쓰기가 싫어지도록 만든다. 그럴 때면 문득 왜 지금 이와 같은 일을 하고 있는지 나침반을 들고 방향을 잡게 된다. 잠이 오는 이 시간에 힘들게 왜 이렇게 글을 써야 하는지 글을 쓰게 된 동기와 목적을 떠올리고 진정 무엇이 내 삶에서 중요한지 순서를 매기게 되는 것이다.

대학원에 입학할 당시에는 논문을 쓴다는 것이 얼마나 큰 의미를 갖고 있는지 알지 못하였다. 막연히 아이들을 가르치는 일에 나태해지지 않고 좀 더 열정적인 교사의 삶을 살 수 있도록 힘을 얻기 위한 방법으로 택했던 길인 대학원에서의 공부는 논문이라는 하나의 글을 쓰기 위한 과정으로 큰 의미를 지니고 있었다. 막연함은 밤에 잠을 자지 않고 견뎌야 하는 글쓰기 작업을 해야 하는 이유를 스스로 찾도록 질문을 끊임없이 던지게 한다. '나는 왜 잠을 참아가면서까지 글쓰기를 해야 하는 것일까?' 막상 이 질문에 답을 하고 나서는 다시 마음을 가다듬고 글쓰기에 마음을 모을 수 있게 되는 것 같다. 막연함은 내 평생의 길로 삼은 아이들에게 부끄럽지 않은 교사가 되고 싶은 간절함에서 시작되었다. 대학원에 들어오면서 여러 가지 공부하는 과정이 힘들 때도 있었지만 말이다. 지금 이 글쓰기 과정도 잘 견뎌내면 분명 아이들에게 힘이 되는 교사로 서 있는 내 모습을 발견하게 되는 뿌듯함을 맛보게 되길 기대하면서.

2007년 7월 29일

아침부터 산에 다녀왔다. 산에 오르고 내려오는 동안 생각이 정리되고 머리구조가 단순해지는 느낌이다. 요즘따라 막막한 느낌이 들 때가 많은 것 같다. 논문 글쓰기를 하기 전 대학원에서 교수님의 일을 도우며 글쓰기를 한 적은 있지만 실제로 나의 논문 글쓰기를 시작해야 함에 무엇부터 해야 할지 컴퓨터 앞에 멍하게 앉았다가 일어나기를 여러 번 했다. 나는 글쓰기에 필요한 자료만 모으고 있었다. 내용을 어떻게 조직하고 어떤 주제들을 잡아나갈지 생각하지 않고 있었던 모양이다. 1정 자격연수가 겨울에 있었던 터라 한 학기 늦게 논문 글쓰기를 시작하고 있지만 만약 제때 시작했다면 지금쯤 글쓰기를 끝내고 류 선생님과 함께 그간의 과정에 대해 이야기 나누고 있을지도 모르겠다. 며칠 전 만난 류 선생님은 평소보다 더 마른 얼굴에 글쓰기에 지쳐 보이면서도 하나의 완성된 글을 만들어 나감에 뿌듯해하며 열심인 모습을 보여주셨다. 지도 교수님께서도 칭찬을 아끼지 않으셨고 자신의 일에 성심을 다하고자 애쓰는 선생님의 모습을 나도 본받아야겠다는 생각을 했었는데 오늘은 류 선생님이 더욱 생각났다. 그런데 밤늦게 류 선생님께 전화가 왔다. 자료는 어느 정도 모았으니 나도 이제 글쓰기를 시작해야겠다고 생각했던 차에 걸려온 류 선생님의 전화를 받고 보니 이미 논문 글쓰기 마무리 단계에 있던 선생님에 대한 부러움과 힘들어했던 모습을 보아온 내가 앞으로 글을 쓰며 겪어야 할 힘듦이 순간 밀려오는 듯했다. 선생님께서는 마무리 단계에 있는 논문을 나에게 메일로 보내 주셨고 우리는 제목과 내용의 어색한 부분에 대해 논문 한 장씩 넘겨가며 서로 의견을 주고받았다. 선생님께서는 논문 제목과 글의 소제목의 적절성을 놓고 글의 내용을 더 잘 표현할 수 있는 아이디어를 원하셨다. 그러던 사이 귀에 대고 있던 전화기가 뜨겁다는 생각이 들어 시계를 올려다보니 벌써 통화시간이 두 시간이 다 되어 가고 있었다. 이야기가 끝날 무렵 글쓰기가 참 힘들고 어려운 작업인 것 같다며 자료를 모으면서 조금씩 글쓰기를 해나가는 것이 부담이 덜하다고 말씀하셨다. 그리고 다른 사람이 쓴 비슷한 논문을 읽어보는 것이 도움이 될 것이라고 조언해 주시며 글 쓸 때 도움이 필요하면 언제든지 이야기하라는 말씀에 힘이 생긴다. 다른 때에도 느끼지만 류 선생님과 만나고 나면 왠지 모르게 연구 작업이 무척 가치 있고 그 연구의 과정과 결과를 잘 드러내기 위해 해 나가는 일들이 생기 넘쳐 보여 학문적 실천 의지가 샘솟는 느낌이다. 그래서 오늘 아침 산에 다녀오면서 나를 짓누르던 막막함을 덜고 무엇부터 해 나가면 좋을지 머릿속에 정리가 된다.

첫째, 스케줄 표를 사서 한달, 일주일, 하루 단위로 계획을 세우자.
둘째, 논문을 쓰신 선배님께 조언을 구하자.
셋째, 부지런해지자.
넷째, 단순하고 긍정적으로 생각하자.
다섯째, 현재 하고 있는 일에 가치를 부여하자.

내일 아침 일찍 출근길에는 스케줄 표를 사고 첫 번째 할 일을 '다른 사람이 쓴 논문 읽기'로 정해야겠다. 아직 구체화되지 않은 글쓰기지만 이렇게 마음먹고 내일의 모습을 그려보니 무언가 잘 될 것 같고 새로운 일에 도전해 나간다는 기쁨을 알아가는 나 자신을 발견함에 혼자 웃음 지어 본다.

2007년 7월 31일

아침마다 스케줄 표를 확인하고 오늘 할 일을 적곤 하지만 실천할 수 있는 일에 비하여 계획이 더 많았는지 절반을 다하지 못하고 다시 내일로 미뤄질 때가 많다. 어제도 그랬고 오늘도 그럴 것 같다. 방학이 다가오면서, 아니다. 대학원 마지막 5학기가 끝나고 논문 쓰기만을 남겨 놓고서 부모님께서는 하루에 한 번씩 논문을 쓰고 졸업해야 한다는 말씀을 달고 사신다. 내가 불안해 보이는 걸까? 8월의 문턱 앞에서 부쩍 더워지는 날씨 탓인지 아니면 논문을 쓰라고 하루도 거르지 않고 말씀하시는 부모님의 이야기 때문인지 오늘따라 괜시리 아무것도 하기 싫어진다. 글쓰기 때문에 밤을 지새워야 할 것 같다는 말에 피곤하니 일찍 자고 내일 하라는 남자친구의 이야기가 고맙기도 하지만 일찍 잘 수 없음에도 그렇게 하겠다고 말한 부지런하지 못한 내가 한심하기도 하다. 글쓰기 작업을 하려 컴퓨터 앞에 앉기까지 고민을 하며 오늘도 결국은 강변 산책을 결심하고야 만다. 아무 생각도 하지 않고 내가 좋아하는 노래를 들으며 걷는 순간 주변 풍경이 참으로 평화롭게 보인다.

집으로 돌아와서 컴퓨터 앞에 다시 앉았다. 아무래도 오늘은 컴퓨터를 사용할 날이 아닌가보다. 논문 글쓰기 진도를 나가기 위해 오늘은 컴퓨터보다 도서관에 가서 자료를 정리해야겠다는 생각이 들었다. 교사, 학생, 학부모 순서로 면담을 나누고 전사한 자료들을 파일로 구분하고 출력하여 차례대로 정리하여 놓았다. 글쓰기에 앞서 세그멘팅이 필요했다. 여기서 지도 교수님께서 쓰신 질적연구 개론서 교재는 무척 도움이 되었다. 옆 반의 선생님도 양적연구와 병행하여 질적연구를 하면서 내가 읽던 그 교재를 빌려보시더니 자기도 주문하여 봐야겠다고 이야기했었다. 논문을 쓸 때에 그 교재는 어떤 순서로 논문을 써 나가야 할지 가닥을 잡을 수 있게 해주었는데 지금 내가 해야 하는 단계는 실제 논문에 들어갈 내용을 무작정 써 나가는 것이 아니라 전사한 자료들을 세그멘팅하여 의미를 찾아 개념과 주제를 잡아 나가는 것이다. 책을 좀 더 꼼꼼하게 읽어보지 못해서 더 헤매었던 것 같다. 지금이라도 책을 좀 더 자세히 읽어야겠다.

분홍색과 노랑색의 형광 색연필 두 자루, 검정색과 빨강색 볼펜 두 자루, 전사한 자료 몇 묶음을 가지고 도서관을 향했다. 도서관 매점에서 시원한 바나나우유를 하나 사서 기분 좋게 자리에 앉아 자료를 펼쳤다. 차례로 읽어 나가며 의미 있다고 생각되는 부분을 형광 색연필로 그어 나갔다. 다른 학교 선생님과 면담한 자료였기 때문에 연구문제에서 학교에서는 평가가 어떻게 이루어지고 있고 어떤 특징을 가지고 있는지 의미를 찾아내는 것에 중점을 두고 자료를 여러 번 읽었다. 학생과 학원 교사와의 면담 전사 자료도 이렇게 정리를 해 나가면 며칠이 더 걸릴 것 같다. 학부모와의 면담이 아직 다 끝나지 않았는데 전사 자료를 잘 정리해 두면 글의 구조를 잡아 나가는 것이 편리할 것 같아 도서관에서 집으로 돌아오는 길에 정리할 파일을 하나 더 샀다. 지금까지 여러 가지 과제를 해결하였지만 이렇게 약 1년에 걸쳐 꾸준히 연구해 나간다는 것이 갑자기 신기하게 느껴졌다. 그리고 집으로 돌아와 파일로 정리하다 보니 체계가 잡히는 느낌이 들었다.

집으로 돌아와 작업하는 컴퓨터 앞 책장 모서리에 포스트잇으로 글쓰기에 들어갈 특징들을 적어 붙여 놓았다. 자료를 읽을 때마다 생각나는 것들을 포스트잇으로 적어 붙여 나열해 놓다 보면 문득 다른 아이디어들이 떠오를 때가 있기 때문이다. 내일은 찾아 놓은 의미들을 한 번 더 살펴보고 면담 자료 외에 다른 문서 자료를 더 살펴본 후 주제별로 특징을 묶어 나가야겠다. 방학이 되기 전 목차가 만들어지면 글쓰기에 속도가 붙을 것으로 기대해 본다.

2007년 8월 17일

어느새 방학이 성큼 다가왔다. 오늘은 면담 약속을 잡고 이번주 안으로 면담을 마무리해야겠다. 면담 가이드가 새롭게 만들어져 대학원에서 교수님께서 주신 과제를 해결할 때마다 교수님을 찾아뵙고 논문 진척 상황을 말씀드리는데 이번에 찾아뵈면 글쓰기에서 궁금한 것들을 여쭈어야겠다.

논문계획서를 발표하면서 논문의 앞부분은 어느 정도 준비가 되었지만 본론으로 들어가 연구주제에 해당하는 본격적인 글쓰기를 하려니 막막하였다. 순간 교수님의 연구에 참여하여 아이들의 학원생활에 관해 글쓰기를 했던 일이 떠올랐다. 며칠 전 세그멘팅했던 자료들을 보면서 주제를 잡아가면서 글쓰기 주제를 정해야 했다. 목록을 만들면서 수정을 하다 보니 이런 주제에서는 이런 내용이 들어가면 되겠다는 생각에 그동안 모아온 자료들을 분류한 포트폴리오에 포스트잇으로 메모하여 해당 주제에 들어갈 자료부분을 표시하여 나갔다. 며칠 후에는 교수님을 뵈어야 하는데 아직 진도를 많이 나가지 못한 그동안의 내 모습을 되돌아보며 게을렀던 것은 아닌지 후회가 되기도 한다. 여타의 변명처럼 학교에서 아이들을 가르치며 또 다른 일을 한다는 것이 쉽지 않다는 말로 스스로 위안을 삼기도 했지만 내가 선택한 일인데 또 다른 변명거리를 만들고 싶지는 않다. 끝까지 최선을 다해서 잘 마무리하고 싶다. 기왕 시작한 일이라면 말이다. 교수님께서 나에게 글쓰기가 어느 정도 진척되었냐라고 묻는 질문에 자신 있게 "이만큼 하였습니다", "열심히 하고 있습니다"라고 말하고 싶다. 아마도 논문이 다 끝나 마무리하는 12월이 되면 교수님께 무척 고마워할 것 같다. 사실 내가 해야 할 일임에도 매번 확인하고 챙겨 주시는 교수님을 뵈러 가는 날이 다가올 때마다 마음이 점점 무거워지고 있다. 그 시점을 기일로 하여 좀 더 스스로 '열심히 하자'라는 마음가짐을 갖고 채찍질하여 주기 때문이다. 지금도 마음이 무겁지만 어찌되었건 내가 해야 할 일이니 누구를 탓하겠는가! 부족한 나를 믿고 지도해 주시는 교수님께 누가 되지 않고 매번 논문은 잘 쓰고 있는지 걱정해 주시는 부모님과 친구들, 무엇보다 나 자신을 위해서라도 긍정적으로 생각하고 얼른 진도를 나가야겠다. 그럼, 오늘은 확실한 글쓰기 목차를 만들고 그 주제에 들어갈 부분의 자료를 분류해 놓아야겠다. 갑자기 기분이 좋아지는 이유는 무엇인지 알 수 없지만 왠지 이런 생각의 힘이 글쓰기에서 지쳐가는 몸과 마음에 도움이 되는 것 같다.

2007년 8월 21일

글쓰기를 하다 보니 면담에서 무언가 빠뜨린 것 같다. 면담 가이드에 필요한 질문을 빠짐없이 정리했다고 생각했는데 글을 쓰다 보니 새로운 아이디어들이 떠오른다. 이런 질문을 했었어야 했는데 하는 생각에 학교에서 만난 연구 참여자인 선생님에게 또다시 이야기를 건넸다. 집으로 돌아와 그 선생님과의 이야기를 정리하며 방학이 되면 해야 할 일들을 메모하는데 논문 글쓰기가 아닌 다른 일들이 몇 가지 되었다. 잘 생각해 보면 교수님께서 해야 할 일로 주신 그 일들은 논문을 써 나가는 데 도움이 되는 자료인 것 같은데 그것이 일로 느껴지니 아직은 무언가를 연구해 나가고 글을 써 나가는 자질이 부족한 것이 아닐까? 그 일을 해 나가면서 내용들을 정리하다 보면 조금씩 내가 자라 있을까? 알 수 없는 일이지만 여하튼 내게는 방학 중 몇 가지 해야 할 일이 생겼고 때문에 이번 방학 때에는 아무런 연수도 신청하지 않았다. 오로지 논문에만 집중해야겠다.

그래서 며칠 전 교수님께 그동안 썼던 글을 보여드리고 지도받은 내용을 다시 훑어보았다. 말씀하신 내용을 받아 적느라 알아보기 힘든 글씨를 워드 작업을 하여 노트북 화면 옆 책상 모서리에 붙였다.

논문의 수정 방향(교수님의 조언)

- 두괄식 글쓰기를 할 것
- 단정적인 어투를 피할 것
- 은유적 묘사를 줄이고 사실적인 글쓰기를 할 것
- 도입부 글쓰기와 교육학적 소제목

글쓰기를 하다 보면 방향을 잃고 헤맬 때가 더러 있다. 학교에서 아이들과 수업을 할 때 공부할 문제를 칠판에 제시하여 수업의 방향에서 길잡이 역할을 하듯이 앞으로도 교수님의 조언뿐만 아니라 평소 생각들을 적어 놓아 눈에 잘 띄게 해 놓아야겠다. 그런 의미에서 지난번 교수님의 지도로 수정한 논문 목차를 색연필과 볼펜으로 꾸며 보았다. 왠지 더 애착이 가고 자꾸만 눈길이 간다.

논문 목차

* The second meeting 9/2 09:30

칭찬받기 ◈ 보람 느끼기 ◈ 내적 성취감 ◈ 자신감

- 서론 --
- 이론적 배경 --
- 연구방법 --
- --

논문을 재수정하여 교수님께 초고를 확인받는 날짜가 앞으로 열흘정도 남았다. 또다시 마음이 무거워져 오지만 이렇게 글쓰기 할 목록과 교수님의 조언을 정리하여 책상 옆에 붙여 놓으니 무엇부터 시작해야 할지 정리가 되어 한편으로는 뿌듯하다. 특히, 논문 목차를 적어 붙여 놓고 글쓰기를 하면서 마무리할 날짜를 적어 놓고 체크해가며 작업하는 것은 참으로 유용한 것 같다. 사실 방학 동안 논문 글쓰기를 위해서 거의 바깥출입을 하지 않고 집에서 노트북 화면만 바라보는 것은 다음날 무엇을 해야 할지 내 머리를 멍하게 만든다. 방학하기 전 스케줄 정리를 하기 위해 샀던 수첩이 있지만 성격상 수첩을 꾸미고 꼼꼼하게 정리하는 것이 잘 되지 않는 나에게 작업할 목차를 이렇게 정리하여 마무리할 날짜를 적어가며 그 부분을 끝내었을 때 분홍색 색연필로 그어가는 기분도 꽤 괜찮다. 잠자기 전 오늘 할 분량도 마무리하고 분홍색 색연필로 마무리해야겠다. 그럴려면 시간이 조금 걸리겠지만 복숭아 하나를 먹고 분홍색 줄을 하나 더 그어야 잘 수 있을 것 같다. 더구나 생활이 자유로운 방학 동안 나 스스로를 제어해줄 누군가가 없는 지금 오늘 정리한 메모들은 나 스스로와의 약속이다. 꼭 지켜야겠다. 나중에 후회하지 않도록.

2007년 9월 2일

어둠은 마음을 가라앉히고 지성보다 감정에 더 호소하는 것 같다. 처음에는 아이들과 학교에서 지내다가 퇴근을 하고 집으로 돌아온 후에야 느긋하게 집중할 수 있기 때문에 밤에 글을 쓰게 되었다. 그러던 것이 이제는 습관이 되어 어둠이 내려앉고 고요한 밤이 되어야만 글쓰기에 몰입할 수 있게 되었다. 예전에는 아침에 일이 잘될 때가 있었는데 그런 습관들도 바뀌나 보다. 거실에서 TV를 즐겨 보시던 부모님께서도 딸이 방으로 들어가 컴퓨터를 켜면 방으로 들어가신다. 내가 일을 할 때 TV의 작은 소리로도 방해하고 싶지 않은 나에 대한 부모님의 배려임을 알기에 무엇을 하든 열심히 해야겠다는 생각이 든다.

여름이 지났지만 아직까지 더운 기운이 남아 있는 듯하다. 방문을 열어 놓고 노트북 전원을 켰다. 노트북 바탕화면의 왼쪽 맨 아래에는 항상 작업하고 있는 논문 파일이 있다. 제목은 '작업 중 논문'. 도대체 이 글쓰기는 언제 마무리 되어서 제 시간에 잠들 수 있을까? 나의 논문 글쓰기도 그렇지만 잠을 제대로 자지 못해 다음날 학교에서 아이들에게 영향을 미칠 수 있음에 마음이 편치 않다. 며칠 전에도 잠을 제대로 자지 못하여 멍한 상태에서 수업을 하고 한마디 더 건네고 이야기 나눌 시간에도 엎드려 휴식을 취했다. 그런 나에게 한 명의 아이가 다가와 "선생님, 어디 편찮으세요?" 하고 묻는 것이 아닌가. 대학원에 들어와서부터 그러했지만 올해는 내 교사생활 중 가장 아이들에게 사랑을 베풀지 못한 한 해인 것 같아 씁쓸하고 아이들에게 미안하다. 그러면서도 글쓰기 작업은 계속된다. 이 기분은 논문 글쓰기 작업이 끝나야만 지워질 수 있을까. 학생들에게 더 좋은 선생님이 되어 주고 싶어 들어온 대학원이었는데 요즘따라 자꾸만 처음 의도와 다르게 피곤에 지쳐가는 내 모습에 화가 난다. 지금 나는 잘하고 있는 것일까?

2007년 9월 14일

방학이 되기 전까지 논문을 쓰기 위하여 자료를 모았다. 얼마 전까지 그나마 여유로운 방학이었는데 어느새 방학이 끝나고 학교생활과 병행하며 논문 글쓰기를 해야 한다. 그래서 학교 일과 후 집에 돌아와서 저녁시간부터 글쓰기가 가능하다. 다른 사람들은 학교에서도 논문 글쓰기 작업을 한다고들 하지만 그건 정말 아닌 것 같다. 학교생활에 지장을 주면서까지 학교에서 아이들과 함께 있는 시간에조차 논문에 매달리는 것은 선생님으로서 아이들에 대한 예의가 아니라고 본다. 그나마 여름방학 중 계획했던 논문 목차에서 일정 부분의 글쓰기 작업을 해놓았던 터라 마음의 부담이 덜하다. 차근차근 조금씩이나마 방학 중에 꾸준히 글쓰기를 했던 것이 이렇게 도움이 될 줄이야. 가끔 잔소리로 들리기도 했지만 부모님의 말씀이 고맙게 느껴진다.

논문 글쓰기를 하면서 갖게 된 습관 중 하나가 우리 반 전담 교과 시간이 되면 학년 연구실에서 글쓰기 작업을 하는 것이다. 아이들에게 피해를 끼치지 않으면서 글쓰기를 할 수 있는 시간이기 때문이다. 그래서 글쓰기 파일이 저장된 USB를 호주머니에 항상 넣고 다니는데 오늘은 작업을 하다가 USB의 일부를 잃어버려 정말 속상하다. 작업했던 연구실 컴퓨터 주변을 찾아보았는데 보이지 않았다. 더군다나 교과 전담 시간이 겹쳐 연구실에서 함께 쉬게 된 다른 반 선생님과 이야기를 나눌 것인지 논문 글쓰기 작업을 할 것인지 결정하는 것과 다른 선생님이 급하게 처리해야 할 일이 있는데 내가 컴퓨터를 사용하는 것 때문에 할 일을 하지 못하게 된 것은 아닌지 확인하게 된다. 사실 이런 시간에 글쓰기 작업을 하면 진도가 잘 나가지지 않는다. 주변에 피해를 끼치지 않도록 주의를 기울이고 중간 중간 다른 선생님과의 대화에 함께 참여해야 할 경우가 생기게 되기 때문에 몇 자 적지 못하고 교실로 돌아가는 일이 다반사다.

옆 반의 선생님은 한 학번 아래 후배인데 대학원에 함께 들어가서 같은 시기에 논문을 쓰게 되어 글쓰기에 관하여 이야기를 주고받을 때가 더러 있다. 이럴 때에는 일터인 학교이지만 개인적인 작업인 논문에 대하여 대화를 나눌 수 있는 사람이 있다는 것이 도움이 된다. 그 선생님은 점심시간, 식사 후 연구실에 모였을 때 양적연구를 하고 있지만 연구 자료로 면담을 사용하여 질적연구와 관련된 글쓰기를 해야 하는 부분이 있다고 했다. 그래서 지도 교수님께서 쓰신 교재를 추천해 주었는데 그 선생님도 다음날 한 권 주문했다고 한다. 논문 지도를 받기 위해 연구실에 들를 때 교수님께서 추천해 주시는 책들은 논문 글쓰기에 큰 도움이 되었다. 오늘은 다른 사람의 논문에서 연구방법 부분을 참고로 하여 표로 도식화하여야겠다.

2007년 10월 5일

이제 논문 글쓰기가 거의 마무리되고 수정에 들어가야 하는 시점에 와 있다. 그런데 아직 마무리되지 못한 부분이 마음에 걸린다. 교수님께서 지적해 주신 부분을 빨리 마무리해서 확인을 받고 정리해야 하는데 요즘따라 내 몸이 둘이었으면 하고 바랄 때가 잦아진다. 학교가 논술 연구학교로 지정되어 1년간 실행해 왔던 것을 10월의 마지막 즈음 현장의 여러 교사와 학부모님을 초청하여 그간의 연구내용을 담은 수업을 보여주게 되었다. 그로 인해 업무가 더 늘어나고 학년마다 대표 학반을 선정하는데 우리 5학년은 두 반이 대표수업을 하라고 한다. 1반은 부장선생님, 2반과 4반은 임산부, 3반과 8반은 몸이 좋지 않으시고 7반 선생님은 연세가 나보다 많으시다. 학년 연구실에 모여 대표 수업할 학반을 정할 때 왠지 모르게 내가 해야 할 것 같은 분위기였다. 지난 5월에도 시에서 장학지도를 나왔을 때 우리 학교 대표 수업을 한 경험이 있었기 때문에 그때 만들었던 자료를 이용하면 이번 논술 연구학교 대표수업도 그리 힘들지 않을 것이라는 계산을 하고 기왕 하게 될 수업 기분 좋게 할 수 있도록 자청하였다. 긍정적인 자세로 시작하였지만 역시 학교에서의 중요한 행사(?)를 앞두고 집에 돌아와서 시작하게 되는 논문 마무리 글쓰기는 그야말로 기가 빠진 상태이다. 머릿속은 온통 준비해야 할 수업 때문에 어지럽다. 그런데 분위기가 심상찮다. 수업준비로 지도안을 작성하고 자료를 만들어야 하는 촉박한 시간인데 교실의 환경을 바꾸고 게시판 정리를 다시 해야 된다며 교감선생님께서 저학년 선생님 한 명씩을 대표 수업 학반의 환경구성 도우미로 붙여 주신다는 소문이 돈다. 아이들이 모두 집으로 돌아간 후 텅 빈 교실에 앉아 일을 시작하기 전에 교실을 잠시 둘러보면 그저 한숨만 나온다. 곧 있을 시범학교 공개 수업 준비로 학교에서는 도저히 논문 글쓰기를 할 틈이 없다.

집으로 돌아와 잠시 휴식을 하고 밤 11시가 넘어서야 컴퓨터 앞에 자리를 잡는다. 30분쯤 지나 눈은 저절로 감기고 내일 피곤한 몸으로 제대로 된 수업

준비를 하지도 못하고 아이들 앞에 서게 될 내 모습과 수업 후 공개수업 준비로 바쁜 와중에 실제 수업과 거리가 먼 교실 환경 정리에 대해 조언(?)을 하는 다른 선생님과 마주칠 생각을 하니 머리가 지끈거려 온다. 몸이 피곤하면 긍정적으로 생각하려던 마음 자세도 자꾸만 흐트러진다. 며칠 전 논문 글쓰기로 밤을 지새우고 다음날 머리가 멍한 상태로 수업을 한 날 얼마나 마음이 안 좋았는지 모른다. 그럴 때면 대학원에 왜 가게 되었는지 떠올리게 된다. 결론은 두말할 필요도 없이 우리 아이들에게 좀 더 나은 수업을 해주고 도움이 되는 교사가 되고 싶은 마음 때문이었는데 지금은 상황이 뒤바뀐 것 같다. 그래서 논문을 쓰는 것이 나에게 얼마나 큰 의미가 있는 작업인지 새삼 의문이 들곤 한다. 내 본연의 일인 아이들에게 좋은 선생님이 되는 것과 그에 뒤따르는 학교의 다른 많은 업무들과 대학원의 과제들은 논문 글쓰기라는 작업으로 밤을 지새울 때 자꾸만 왜 내가 논문을 써야 하는지 답을 찾으라고 재촉한다.

2007년 10월 19일

살아온 날보다 살아갈 날이 더 많기 때문에 지금까지 겪은 어려움은 아무것도 아니라는 말로 동기들과 서로 위로하며 지냈는데 오늘은 울컥 눈물이 날 것만 같았다. 뜻하지 않은 일들로 내일은 어떤 일들이 기다리고 있을지 마음이 답답하게 죄어 온다. 적어도 내가 아끼고 사랑하는 사람에게 서운하고 상처 주고 싶지 않은 나의 이기적인 마음 때문에 모든 일들에 의미를 새롭게 부여해 나가는 것은 아닐지 스스로에게 되묻는다.

남자친구와 만날 수 있는 시간은 서로의 일 때문에 주말밖에 되지 않는다. 그런 이유로 평상시 해야 할 대부분의 일은 무슨 일이 있어도 주말이 되기 전 끝내려 노력한다. 남자친구도 분명 다른 일이 있을 것임에도 불구하고 주말을 비우기 위해 열심히 일하고 나를 배려하는 것을 알기 때문에 나의 바쁜 일을 핑계로 서운하게 하고 싶지 않다. 그러기 위해서는 아마도 지금(새벽 2시 35분이 막 지나고 있다)부터 창문이 밝아 올 아침까지 컴퓨터 앞에서 글쓰기를 해야 할 것이다. 모두가 잠자는 시각, 시계의 초침이 움직이는 소리가 요란한 지금 왈칵 눈물이 쏟아진 건 아마도 내 마음이 아직까지 튼튼하지 못해서인가 보다.

지금 내 삶에서 우선순위는 가족과 남자친구, 학교의 아이들과 대학원 일이다. 많은 일들이 엉켜 있는 시점에서 나의 삶에서 우선순위 밖에 있는 교실환경 때문에 다른 일들을 하지 못하고 있는 형편이다. 교감선생님께서 붙여 주신 저학년 선생님께서 교실을 둘러보신 후 한마디씩 하시는 말씀은 곧 당장 해야 할 일이 되었고 또다시 몸과 마음의 부담으로 와 닿았다. 그래서인지 거의 표정이 굳어진 내 모습을 스스로 발견하고 모든 일에 의욕이 사라짐을 자주 느낀다. 생각을 정리하고 뭔가 의욕을 불어넣어 줄 새로운 자극이 필요한 때인 것 같다.

같이 대학원에 입학하여 여름에 논문을 마친 선생님께 전화를 드렸다. 이 선생님과 지난겨울 함께 논문 글쓰기를 시작했다면 함께 마쳤을 것인데 초등교사 1정 자격 연수 때문에 한 학기를 늦추게 되었다. 대학원에 들어와서 잘 한 일이 있다면 좋은 교수님과 동료 교사를 만난 것이다. 그 동료 교사 중 이 선생님은 논문 글쓰기에 가장 큰 힘이 되고 동기를 심어주신 분이다. 다른 일이 있다가도 이 선생님과 대화를 나누다 보면 새롭게 무언가를 시작하고 연구를 하여 좋은 글쓰기를 하고 싶다는 욕심을 갖게 된다. 최근의 근황이 궁금하고 논문을 쓰며 궁금한 것을 여쭈어 보기 위하여 연락드렸을 때 뜻밖의 소식을 접하게 되었다. 지난해 겨울부터 올해 여름까지 논문을 마치기 위하여 컴퓨터 앞에 앉아 있는 시간이 늘면서부터 허리의 통증이 심해져 일상생활이 힘드셨다는 말씀을 들어왔는데 선생님의 목숨과도 같은 딸아이의 건강에 심각한 문제가 생겨 몹시 고통스러워하셨다. 이유인즉, 바쁜 학교 일과와 논문 글쓰기 때문에 엄마로서 아이에게 더 많은 관심을 쏟지 못하였다는 죄책감이었다. 물론 꼭 그때문은 아니었을지 몰라도 논문 글쓰기에 그렇게 공들이고 많은 시간을 투자해서 최선을 다한 글쓰기를 하는 선생님에게 가족은 논문 글쓰기보다 더욱 중요한 부분을 차지하고 있었다. "선생님께서 건강을 찾아 기운을 내셔야 아이들도 챙기고 좋아지죠. 빨리 나으시길 바랍니다."라는 말을 하였지만 가장 소중한 존재에게 닥친 일을 담담하게 받아들일 만큼 준비를 해나가기에 선생님과 나의 삶은 그리 여유롭지 않았던 것 같다. 그럴 때면 매번 떠올리는 '나에게 논문 글쓰기는 몇 번째일까? 하는 질문에 또다시 답을 하기 위해 애써본다. 얼마나 중요한 일인지 아직도 갈팡질팡하며 답을 생각해 보지만 분명한 것은 얼마나 시급한 것인지는 확실하다는 것이다. 빨리 글쓰기를 마무리지어야 한다. 선생님과 같은 상황이 아닌 내가 겪고 있는 상황은 아무것도 아니라는 생각에 또다시 컴퓨터 앞에 앉는다. 다음날 아침 해가 뜨기 전까지 지금 정한 일을 꼭 마무리해야 된다는 내 의지가 힘없이 내려오는 눈꺼풀을 막지 못할지도 모른다는 불길한 생각을 하면서.

2007년 11월 21일

장시간의 글쓰기 작업을 하고 있던 터에 교수님께서 말씀하신 글쓰기 작업은 수월하였다. 12월말까지라고 알고 있었던 고등학교의 교육과정 운영실태 글쓰기는 사실 조금은 부담스러웠지만 의미 있는 작업이라는 생각이 들었다. 무엇보다 졸업한 모교의 선생님을 만나 면담을 나누고 글을 써서 다른 사람에게 도움이 될 수 있다는 것이 기뻤다. 그런데 갑자기 12월 초까지 글이 마무리되어야 한다는 이야기는 며칠간 나의 논문 글쓰기 작업을 할 수 없게 하였다. 12월 중 논문을 마무리하여 논문심사를 받아야 하기 때문에 논문 글쓰기도 급한 상태였지만 고등학교 선생님과의 면담을 나눈 내용으로 하는 글쓰기가 더 급했던지라 우선 그것부터 작업을 시작해야 했다. 매번 두 시간 정도에 걸친 두 차례의 면담은 생각보다 글쓰기에 어려움이 없을 정도로 A4 15장 정도의 전사결과를 보였고 논문을 쓸 때 했던 것과 같이 전사 작업한 것을 수차례 읽었다. 그리고 의미 있는 부분에 줄을 긋고 특징이 나타나는 부분에 소제목을 붙여 글을 쓰기 전 목차를 만들었다. 역시 논문을 쓸 때처럼 목차의 소주제에 들어갈 내용을 간단히 그 옆에 메모하여 그 부분의 글쓰기를 마칠 때마다 분홍색 색연필로 줄을 그어 나갔다. 15개 정도의 소주제에 분홍색 줄이 하나씩 늘어갈 때마다 그 뿌듯함과 기쁨이란……. 역시 논문 글쓰기의 경험은 이번 면담을 통한 글쓰기 작업에 커다란 도움이 되었다. 바쁘고 정신이 없다 보니 글쓰기 하나가 끝난 지금은 다른 것보다 잠을 조금 더 잘 수 있겠다는 것과 책상 앞에 붙은 메모를 하나 떼어낼 수 있겠다는 생각이 우선이다. 항상 잠이 부족하였다. 그리고 책상 앞 메모들은 머릿속을 무겁게 하는 생각들을 끄집어내어 눈에 잘 띄게 하여서 염두에 두고 해야 했던 일거리였기 때문에 메모를 하나 떼어낸다는 것은 일이 줄었다는 의미와 같다. 무엇보다 이번 글쓰기 마무리 후 좋은 것은 다른 이와의 약속을 잘 지켜 끝냈다는 생각에 기분 좋게 메모를 떼었다는 사실이다. 어찌되었건 이번 글쓰기를 계기로 장기간에 걸친 이 논문 글쓰기가 나의 다른 글쓰기에 어떤 도움이 되고 있는지 깨닫게 되었다. 논문 초심까지 며칠 남지 않았으니 이제는 논문 글쓰기에 주력해야겠다.

2007년 11월 30일

이제 글쓰기도 거의 막바지에 이른 듯하다. 매번 졸린 눈과 같은 글을 되풀이하여 보면서 다시 재수정하는 일이 익숙해진 듯도 한데 다시 고쳐 쓸 때마다 정말 힘이 빠진다. 졸업 후에도 이런 글쓰기 작업을 꾸준히 하시는 선배님들과 교수님이 정말 존경스럽다.

며칠 전 초심에서 심사위원이신 교수님들께서 지적해주신 부분을 재수정하고 대차대조표를 작성하였다. 초심을 준비할 때 얼마나 긴장하였던지 걱정으로 마음이 무척 무거웠지만 이제는 초심 때만큼의 수정을 종심 때에도 지적을 받게 된다면 다시 수정작업을 해야 한다는 사실에 걱정이 된다. 졸업하신 선배님들의 말씀을 듣자면 초심을 받을 때 지적받은 부분을 잘 수정하면 종심은 별 무리 없이 통과할 수 있다고 한다. 그렇지만 12월 4일 종심은 논문의 마지막 관문인 만큼 긴장을 늦출 수 없다.

나의 글쓰기는 질적연구이기 때문에 글쓰기가 무척 중요한 관계로 초심에서도 질적연구에 알맞도록 좀 더 글을 다듬을 필요가 있다는 생각이 들었다. 노트북 화면으로 스크롤바를 오르락내리락 하며 글을 몇 번이나 다시 훑어보지만 사실 눈에 워낙 익숙해진 글이라 지금은 무엇이 잘못되었는지 잘 감이 오지 않는다. 이럴 때가 다른 사람에게 글을 보여주고 도움을 받을 시점인 것 같다. 내일은 다른 분에게 논문의 글 중 어색한 부분을 한번 읽어 봐 달라고 부탁드려야겠다. 아마 초심을 거치는 이유도 사람마다 글을 보는 관점의 차이가 있기 때문에 넓은 시야를 갖고 글쓰기하기 위한 것이 아닐까 싶다. 끊임없는 시도와 노력이 필요한 작업이 글쓰기인데 그 글쓰기가 바탕이 되어야 하는 질적연구에서 연구자들이 다시 한 번 더 존경스럽다. 나도 그렇게 글쓰기에 모든 것을 집중하여 나 자신을 제어하고 노력할 수 있을지 의문이 들지만 늦어진 논문 글쓰기가 우선인 것 같다.

다시 수정하는 글에서는 글의 내용을 정리하여 독자들로 하여금 잘 이해할 수 있도록 표를 만들고 되도록 쉬운 글이 되도록 글을 다듬어 나갔다. 이제는 종심인 만큼 논문 형식을 한 번 더 점검하며 빠뜨린 것은 없는지 읽고, 읽고 또 읽기를 반복했다.

2007년 12월 3일

종심이 코앞으로 다가왔을 때 종심을 위하여 또다시 제본을 해야 했다. 그 사이 학교 연구실에서 200페이지가 넘는 논문을 몇 번씩 출력하였다. 공용인 프린트를 개인적인 일로 쓰려니 죄송한 마음에 아침 일찍 모두가 출근하지 않은 시간을 이용할 수밖에 없었다. 그렇게 썼던 글을 다시 지면으로 보면서 잘못된 부분을 빨간 펜으로 수정하고 컴퓨터상에서 수정하면서 드디어 종심을 맞게 된 것이다. '하나의 연구를 책 한 권으로 만들기 위하여 다른 사람들도 이런 노력을 하였겠구나.' 하는 생각에 그동안 보아왔던 도서관에 꽂힌 수많은 논문이 그냥 한 권의 책으로 보이지 않았다. 그 논문을 써 내기 위해 수일동안 글쓰기에 머리를 싸매고 노력했을 그들의 모습이 그려진다.

처음 논문 글쓰기를 시작할 무렵 논문 글쓰기라는 것이 나에게 어떤 의미를 갖는지 잘 알지 못하였다. 대학원 졸업을 위해 통과하기 위한 일종의 관문이라는 생각이 컸던 터에 글쓰기 작업은 꼭 해야 하는 과제정도로 여겨졌다. 그렇지만 글쓰기를 해나가는 과정에서 대학원에 들어온 자체가 논문 글쓰기에 큰 의미가 있으며 그것을 위해 이렇게 책을 보아온 것은 아닐까 하는 생각도 들었다. 처음 시작할 때에는 아무것도 몰랐던 내가 지금은 한 권의 책을 마무리하는 단계에서 이제는 심사 마지막인 종심을 앞두고 있자니 스스로 대견스럽기도 했다. 더군다나 짧은 시일이 아닌 일 여년에 걸친 일들을 마무리한다는 것이 간단하길 바랐던 내 자신에게 이제는 노력한 만큼 보람이 있음을 이해시킬 수 있다. 어렵지 않은 일은 그만큼의 보람도 없을 것이다. 그렇기 때문에 이번 논문에서 연구한 내용을 글로 표현하는 작업의 보람도 컸다. 내일 종심이 무사히 끝나서 검은색 두꺼운 표지에 금박 글이 새겨진 책을 받아보고 싶다.

2007년 12월 17일

12월 4일, 세 분 심사위원이신 교수님들 앞에서 논문에 대한 심사를 마친 후 글에 대한 마지막 수정을 시작하였다. 논문 지도교수님으로부터 논문의 연구방법 부분에서 세그멘팅 과정과 트라이앵귤레이션에 관한 내용을 표로 제시하는 것 등으로 마지막 조언을 들은 후 집에서 컴퓨터 앞에 앉았다. 학교의 대학원 홈페이지에 올라온 논문 서식을 내려받아 비교대조해 가며 형식에 어긋나는 것이 없는지 다시 한 번 확인하며 마무리하기 시작했다. 그동안 글을 써 오면서 선배들이 보내주신 논문 파일도 큰 도움이 되었다. 어떻게 써 나가야 할지 막막할 때 그 논문 파일은 방향을 제시해 주었고 특히 표나 일정한 서식을 작성해야 할 경우 예시가 되었다. 특히 여름에 먼저 논문을 마치신 류 선생님의 논문 파일은 가장 큰 참고자료가 되었으며 역시 선행연구 작업으로 참고하였던 많은 논문들이 있었다. 내가 쓴 논문도 나중에 누군가 연구를 할 때 참고할지도 모른다는 생각에 마무리 작업을 꼼꼼하게 해야겠다고 몇 번이나 다짐했지만 보았던 논문을 수차례 확인하여 온 지금은 내가 많이 지친 것 같다.

종심도 끝났고 마지막 제본한 최종 논문을 제출하는 것은 1월이므로 이제 약 한 달가량 남았다. 학교도 방학을 앞두었고 논문도 마무리되어 가고 있어서 그동안 무척 바쁘게 지내다가 갑자기 여유가 생기니 그 여유를 어떻게 사용해야 될지 모르겠다. 이런 내 모습도 조금은 안타까워 보인다. 나의 본연의 일은 학생들과 함께하며 가르치는 일이다. 내년에 새로운 아이들을 맞게 되면 올해보다 더욱 성심성의껏 지도하도록 지금의 여유를 사용해야 할 것이다. 그리고 사랑하는 사람들에게 관심을 갖는 내가 되도록 즐겨야겠다. 그러기 위해서는 지금 이 논문부터 잘 마무리해야겠지? 가장 먼저 나온 논문은 지도교수님과 사랑하는 가족들, 친구들에게 나누어 주고 싶다. 그들은 글쓰기를 해온 그동안의 과정을 지켜온 나를 아는 사람들이기 때문이다. 다음에 연구를 하여 글쓰기를 한 번 더 할 기회가 주어진다면 실수를 조금 더 줄이고 열심히 해야겠다고 생각하지만 결혼과 아이들을 가르치는 학교생활이라는 나의 일생에서 중요한 부분 때문에 지금보다 더 힘든 과정을 겪게 될 것 같다. 그런 점을 생각한다면 지금 시점에서 연구를 해보고 글쓰기 과정을 거친 것이 적절한 시기인가 보다. 항상 선택은 내가 하였고 그것에 대한 책임도 내가 져야 한다. 대학원에 들어와서 글쓰기를 시작한 것은 내 선택이었고 이제는 그 마무리 단계에 와 있다. 그 선택이 탁월하였음에 후회가 없다는 것이 글쓰기가 끝난 지금 후련한 마음보다 뿌듯한 마음을 크게 한다.

2. 이동성의 이야기

(1) 들어가며

얼마 전에 박사학위 논문을 세상에 내놓았다. 그런데 기쁨보다는 허전한 마음이 앞선다. 그 허전한 마음은 아마도 시원찮은 내 글에 대한 자기반성 때문일 게다. 나로 인해 세상에서 빛을 보게 된 졸고가 독자들에게 어떤 모습으로 다가갈까? 한 가지 확실한 점은 극소수의 독자를 제외하고는 아무도 나의 글을 재미있게 읽지 않았다는 점이다. 거의 대부분, 좀 더 과장해서 말하면, 아무도 재미있게 읽지 않을 것이라는 확신이 있음에도 굳이 글을 쓴 이유는 뭘까? 무엇보다 학위를 받아야 한다는 목적의식이 가장 큰 동인이 아니었을까? 그러나 일반 독자들이 이러한 연구목적에 공감하기는 힘들다. 대부분의 일반 독자들이 교육관련 연구들을 재미있게 읽지 못하는 것은 아마도 이러한 이유 때문일 것이다.

우리나라에서는 교육관련 연구가 일반 대중들에게 베스트셀러가 되는 일은 흔치 않다. 각 교육연구들은 제 학문들의 언어논리에 따라 엄밀히 기술되어야 하기 때문이다. 여기에서 표현하고 있는 '언어논리'는 단순히 언어적 표현의 차이를 일컫는 말은 아니다. 가령, 사과나무에서 사과가 떨어지는 현상을 기술할 때, 물리학과 문학이 표현하는 언어사용 방식은 다르다. 여기에서 말한 언어논리란 바로 이러한 학문들 간의 기술 혹은 표상의 차이를 의미한다.

교육학이라는 학문은 그 역사가 그리 길지는 않지만, 나름의 언어논리를 구축해 왔다. 그러나 교육현상이 일상적이고 범속적임에도 불구하고 교육학의 언어논리는 지나치게 엄밀한 사회과학의 언어논리에 사로잡혀 있는 느낌이다. 그래서 일부 사람들은 교육연구를 수행한다는 의미를 '누구나 알고 있는 내용을 어렵게 표현하는 것' 이라고 비꼬기도 한다. 물론, 교육연구로 이름 붙여진 모든 글들이 일상적인 글쓰기의 양식을 취하는 것은 바람직하지 않을 수도 있다. 각 분과학문이 생겨난 이유가 각자의 언어논리가 다름으로써 생겨났으니 말이다. 그러나 교육현상의 일상적이고 범속적인 특성을 감안하면, 어려운 통계나 정치적 교육이론을 통해 기술된 교육연구들이 일반인들에게 설득력 있게 다가가기는 힘들다.

위 같은 맥락에서 볼 때, 질적연구를 통해 교육현상을 연구하는 일은 대중적인 글쓰기의 측면에서 나름의 가치가 있다고 볼 수 있다. 그렇다면 나의 박사학위 논문은 깊이 있으면서도 읽기 쉬운 대중적인 글이었는가? 불행히도 나의 대답은 그렇지 못하다. 따라서 다음 글에서는 내가 왜 그러한 글을 쓰는 데 실패하였는가의 원인에 대해 자세히 밝히고자 한다.

(2) 머리와 손의 엇박자

교육학을 공부한 지 어느덧 10년이 흘러갔다. 10년 동안 학문을 하면서 깨달은 바가 있다면, 우둔한 나의 머리와 굼뜨기 그지없는 내 손의 한계를 실감했다는 점이다. 나는 유년시절부터 글쓰기에 대해 막연한 자신감을 가진 사람이었다. 남해안의 낙도에서 자라난 나는 초등학교(전교생이 고작 300명) 글짓기 대회에서 매번 1등을 했으며, 고등학교 시절에도 크고 작은 글짓기 대회에서 많은 상을 받았다. 그러나 불행히도 나의 글쓰기 작업은 그것이 끝이었다. 대학과 군복무를 마치고 초등교사로 발령을 받은 이후 글을 쓰는 일은 나와는 전혀 상관없는 일이 되어버렸다.

나이 서른에 접어들어 교육학을 공부하기 시작하면서 많은 글들을 접하였다. 훌륭한 작품들도 더러 있긴 했지만 상당수의 글들은 나에게 큰 감동을 주지 못하였다. 독서를 하면 할수록 나의 머리와 눈은 독수리처럼 예리해져 갔다. 이러한 지적 오만함이 마음속에 차오르자 드디어 붓을 들고 싶어졌다. 그러나 이게 웬일인가? 그토록 오만함에 차 있던 나의 마음과는 달리, 나는 단 한 줄의 글도 써내려 갈 수 없었다.

내가 그토록 글을 쓰기 어려웠던 이유 중의 하나는 컴퓨터의 자판과 모니터 때문이었다. 내가 대학에 입학하였을 때는 컴퓨터가 상용화되기 시작한 시절이었다. 그러나 나는 끝까지 컴퓨터를 배우지 않았다. 당시의 기억을 더듬어 보면 도스와 베이직을 배웠던 것 같다. 그러나 섬마을에서 자라난 나는 도저히 컴퓨터와 친해질 수 없었다. 그래서 나는 끝까지 소신 있게 컴퓨터를 배우지 않았고, 후배 녀석에게 부탁을 하여 컴퓨터로 논문을 쓰고 대학을 졸업하였다. 군대시절에도 나는 운이 좋은 편이었다. 장교로 군복무를 했기 때문에 특별히 컴퓨터를 만질 일이 없었다. 대부분의 문서작업은 중대의 행정병이 도와주었다. 그러나 나의 이런 운 좋은 경험은 세월이 흘러감에 따라 도리어 저주가 되었다. 내가 석사논문을 쓸 당시에는 컴퓨터가 하나의 기계가 아니라 우리들의 공기가 되어 있었기 때문이다. 나는 부랴부랴 자판을 익히기 시작하였고, 피나는 노력 끝에 워드1급 자격증도 따게 되었다. 그러나 문제는 글쓰기였다. 하얀 종이에 글을 쓰는 것이 익숙한 나는 컴퓨터로 글을 쓸 수 없었다. 깜빡거리는 커서를 보면 답답한 마음이 밀려 들어왔다. 그러나 얼마동안의 어색한 시간이 흘러가자 모니터 화면은 나에게 새하얀 종이가 되었다. 그런데 컴퓨터 화면에 적응하자마자 나는 새로운 어려움을 맞이하게 되었다.

나의 손이 나의 머리를 따라가지 못하였다. 예리한 시야를 통해 교육적 통찰을 가졌더라도 저자가 그것을 언어적으로 표현할 수 없다면, 그것은 무용지물과 다름없다. 저자의 교육적 통찰을 글쓰기를 통해 타자들과 소통할 수 없다면 학문은 더 이상 존재가치가 없지 않은가? 나는 박사학위 논문을 쓰면서 얼마나 내 손을 원망했는지 모른다. 나의 머릿속을 맴돌던 교육적 통찰이 어리석은 내 손 때문에 세상의 빛을 보지 못한 경우가 허다했다. 나는 그때서야 깨달았다. 개선된 시야가 곧바로 좋은 글쓰기와 연결되지 않는다는 것을 말이다. 나는 이러한 고통스러운 체험을 통해 타자들의 글에 대하여 새롭게 바라보게 되었다.

예리한 교육적 통찰과 세련된 글쓰기 작업은 조금은 다른 성격의 활동인지도 모른다. 교육적 통찰 없이 훌륭한 글이 나올 가능성은 희박하지만 교육적 통찰을 얻었다고 해서 반드시 좋은 글을 쓸 수 있는 것은 아니다. 따라서 교육연구자가 언어의 굴레를 벗어나기 위해서는 치열한 교육적 고민뿐만 아니라 그것을 재현해 낼 수 있는 글쓰기 연습이 절대적으로 필요하다고 생각한다.

위에서 표현하고 있는 글쓰기 연습이란 글쓰기의 단순한 기예나 기교를 의미하지는 않는다. 내가 말하려는 글쓰기 연습은, 독자들이 저자가 말하고자 하는 바를 쉽고 명확하게 이해할 수 있도록 하는 글쓰기를 의미한다. 나의 시행착오를 통해 볼 때, 저자가 언어의 속박으로부터 벗어나기 위해서는 욕심을 버린 간결한 문체가 필요해 보인다. 말하고자 하는 내용보다 문장의 유려함을 뽐내게 될 때, 그 글은 독자들의 마음을 사로잡기가 힘들다. 독자들은 이러한 글에서 교육에 대한 저자의 진정성을 발견하기 어렵다.

(3) 유연한 방식으로 학문적 글쓰기

질적연구 방법을 통해 박사학위 논문을 쓰는 일은 내 생각보다 훨씬 어려운 작업이었다. 질적연구 방법을 통한 글쓰기는 양적연구 방법이나 문헌연구 방법처럼 정형화된 글쓰기 유형이나 용어를 기술하지 않는다. 따라서 질적연구를 통해 유연한 방식으로 글을 쓰는 일은 나에게 큰 고통이었다. 논문계획서의 발표단계나 몇 차례의 논문심사 과정에서 나의 글쓰기 전략과 방식은 언제나 도마 위로 올라왔다. 지도교수를 비롯한 논문심사위원들은 내 글쓰기 방식의 한계와 문제점을 지적했으며 많은 내용들을 수정하도록 요구했다.

논문심사위원들의 신랄한 비판은 글쓰기에 막연한 자신감이 있었던 나에게 큰 충격으로 다가왔다. 당시 나는 옹졸한 마음으로 다음과 같이 자신을 타일렀다. "이 논문주제로 당신들이 한 번 글을 써 보세요. 그러면 나도 당신들 이상으로 예리하게 비판을 해 줄게요. 만약 그런 순간이 온다면, 아마도 당신들은 조금이라도 나를 이해하게 될 거예요." 질적 글쓰기에 대한 당시의 내 생각은 이랬다—저자의 생각을 간결하게 표현하는 것도 중요하다. 그러나 그 간결함을 추구하기 위해, 해야만 하는 복잡한 이야기를 자세하게 할 수 없다면 그것은 더 심각한 문제이다. 따라서 표현이 다소 어눌하더라도 글의 내용을 세밀히 표현하는 편이 더 낫다. 그러나 이러한 나의 글쓰기 전략은 완전한 실패 그 자체였다.

논문심사 당시, 나는 글쓰기에 대한 그들의 혹독한 비판에 참을 수 없는 화가 치밀어 올랐다. 그러나 갑갑한 사람은 내가 아닌가? 박사학위 논문을 받기 위해서는 타협의 여지가 없었다. 그러나 나는 그들의 신랄한 비판을 수용함으로써 새로운 경험을 하게 되었다. 논문심사위원들의 요구대로 글을 수정하자, 내가 그토록 말하고자 했던 내용들을 명확히 표현할 수 있었다. 그렇다면, 당시 나는 왜 글쓰기에 대한 그들의 질정을 반기지 않았을까? 지적이나 비판을 받기 싫어하는 소심하고 고집스러운 나의 성격 때문인가?

지금 그 당시를 회상해 보면, 나는 질적 글쓰기에 대하여 잘못된 생각에 사로잡혀 있었던 것 같다. 첫째, 나는 기존 교육연구들의 학문적인 글쓰기 방식을 철저히 비판하려고만 하였지, 그것을 극복할 수 있는 대안적 글쓰기에 대하여 깊이 있게 성찰하지 못했다. 그 예로, '본 연구'로 시작되는 언어적 표현이 권위적으로 보였으며, 틀에 박힌 논문의 체제는 다소 따분하게 보였다. 그러나 질적 글쓰기는 유연함을 그 특징으로 하지만, 근본적인 연구논리를 벗어나서는 곤란하였다.

나는 박사학위 논문의 초고에서 '나의 입장에서 볼 때'라는 표현을 수십 번이나 사용하였다. 그리고 서론의 연구목적 및 필요성의 기술 부분에서 고리타분한 문헌연구의 결과들을 과감히 삭제해 버렸다. 또한 거의 대부분의 문장에서 과감하게 '나' 라는 주어를 사용하였다. 그러나 지도교수를 비롯한 논문심사위원들은 나에게 다음과 같이 말했다.

> 이 선생의 박사학위 논문은 자기주장(argument)이 있어서 좋긴 합니다. 그러나 글의 많은 부분에서 문단 나누기가 필요해 보입니다. 글을 논리적으로 따라 읽기가 너무나 힘이 듭니다. 그리고 서론에서 결론에 이르기까지 증거가 수반되지 않은 개인적 주장이 너무나 많습니다. 주장 자체가 나쁜 것은 아니지만, 증거자료에 근거하여 엄밀한 주장이 펼쳐지기보다는 이 선생의 개인적 의견이 대다수를 이루고 있습니다. 또한 '나의 관점에서 볼 때' 라는 표현은 글의 문맥과 상관없이 과도하게 기술되어 있습니다. 따라서 선생님의 글은 전면적으로 재검토되어야 합니다.

나는 이러한 학위논문 심사 과정에서 '학문적인 질적 글쓰기' 에 대하여 새로운 통찰을 얻게 되었다. 질적 박사학위 논문 쓰기는 1인칭 화자인 '나' 를 중심으로 글을 전개한다. 그러나 이 '나' 의 목소리는 보다 엄밀할 필요가 있다. 질적 글쓰기를 꾸며주는 말인 '학문적(scholarly)' 이란 말에 보다 주의를 기울여 보자. 이 학문적이란 말은 논리실증주의에 기초한 보편화되고 정형화된 글쓰기 방식을 의미하는 것은 아니다. 오히려 학문적이란 말은 제 연구 패러다임과 관계없이 교육연구 자체의 엄밀성과 정교함을 의미한다. 질적연구의 초심자인 나는 이 두 가지 상반된 글쓰기의 개념과 논리를 제대로 이해하지 못했던 것이다. 질적연구에서 글쓰기는 얼핏 보면 누구나 쉽게 쓸 수 있으며 이론적 정치성이 그다지 필요치 않은 글쓰기 방법으로 오인될 수 있다. 그러나 글쓰기 방식이 유연하고 1인칭 작가 시점에서 글을 전개하더라도 연구의 엄밀성은 반드시 담보되어야 한다. 나는 수차례 학위논문심사의 고된 과정에서 이 두 가지의 상반된 요구를 조화시킬 수 있는 방법들을 터득하게 되었다.

첫째, 질적연구에서 저자는 타당한 증거에 기초하여 주장이나 논쟁을 기술해야 한다. 질적연구에서 드러나는 주체적 목소리는 결코 교육현상이나 교육대상에 대한 저자의 자의적 주장, 이념, 신념, 선입견을 증명하기 위한 수단이 되어서는 안 된다. 질적인 학문적 글쓰기를 위해서는 그 주장에 대한 타당성과 신뢰성을 확보할 수 있는 적절한 증거가 충분해야 한다. 둘째, 적절하고 충분한 증거자료에 기초하여 저자의 주장과 해석을 펼치더라도, 그것에 대한 이론적 접근 혹은 관점들이 이를 지지해야 한다. 증거자료에 기초한 저자의 주장은 좋은 교육연구를 위한 하나의 요소이기는 하다. 그러나 이것만을 통해 독자들을 지적으로 매혹시키기는 힘들다.

왜냐하면 증거자료에 기초한 저자의 주장과 해석은 개인적인 선입견과 편견으로부터 자유로울 수 없기 때문이다. 따라서 질적연구에 있어서 개인적인 편견과 선입견을 최소화하기 위해 주제와 관련된 이론적 배경을 철저히 검토하는 일은 무엇보다 중요하다.

(4) 맥이 살아 숨쉬는 글쓰기: 논리적 일관성의 유지

학위논문의 연구논리가 양적이든 질적이든 간에 글의 논리적 일관성을 유지하는 일은 글쓰기 작업에서 무엇보다 중요하다. 글의 지속적인 논리적 일관성은 독자들이 저자의 글을 쉽고 편안하게 읽을 수 있도록 도와준다. 따라서 이러한 지적 편안함은 저자가 독자들을 매혹시킬 수 있는 가장 확실한 방법이다. 또한 글의 논리적 일관성은 저자 스스로가 논리적 오류와 혼란에 빠지지 않도록 하는 방향타 역할을 한다. 논리적 일관성이라는 방향타는 저자가 어디에서 무엇을 더 이야기하고 멈추어야 할지를 알려준다.

그러나 불행히도, 250페이지에 달하는 방대한 논문의 분량 때문에 시종일관 논리적 일관성을 유지하는 일은 결코 쉬운 일이 아니었다. 학위논문의 작성은 학위논문계획서를 쓰고 그것을 심사위원들에게 공표함으로써 비로소 시작된다. 논문계획서의 연구 설계가 논리적으로 정교할수록 논문의 논리적 일관성은 높게 유지될 수 있다. 논문계획서를 구성하는 내용들은 대략 연구의 필요성 및 목적, 연구문제, 이론적 배경, 연구방법, 타당도 작업, 연구의 가치 등이 대표적이다. 학위논문의 내용을 구성하는 위 요소들을 유기적으로 연결하는 일은 글의 논리적 일관성과 직결된다.

첫째, 연구의 필요성과 목적을 얼마나 명확하게 기술하는가는 논문의 논리적 일관성을 유지하기 위해 무엇보다 중요하다. 지도교수를 비롯한 심사위원들은 연구의 필요성과 목적을 통해 특정 논문계획서의 합격여부를 결정한다고 해도 과언이 아니다. 내 박사학위 논문의 한 심사위원은 연구의 필요성 및 목적의 중요성에 대하여 다음과 같이 말하였다.

> 선생님, 모든 논문에서 가장 중요한 부분은 서론의 연구의 필요성 및 목적입니다. 대부분의 독자들은 연구주제와 관련된 필요성과 목적에 대한 기술을 읽고 저자의 글을 계속 읽을지를 결정합니다. 그래서 논문에서의 서론은 사람으로 치면 얼굴과도 같은 것입니다. 하지만 선생님의 서론은 일반인들이 읽기에 너무나 어렵습니다. 솔직히 말하면, 서론을 읽으면서 내가 이 글을 끝까지 읽을 수 있을지 두려웠습니다. 좀 더 구체적으로 지적을 해 보겠습니다. 선생님의 문

> 제의식은 좋으나 이것이 효과적으로 기술되어 있지 않습니다. 그 예로, 연구의 필요성과 목적이 연구문제와 직결되지 않습니다. 또한 문장이 너무 길고, 어려운 말들이 많아 글의 내용을 구체적으로 파악하기 힘들었습니다. 교수인 내가 읽기 어려운 글을 과연 일반인들이 이해할 수 있을까요? 학위논문의 학문적 깊이도 중요하지만 일반 독자들이 글의 내용을 이해할 수 없다면 아무런 소용이 없습니다. 서론을 좀 더 매력적으로 써 보세요. 모든 사람들이 읽고 싶은 욕망을 가지도록 말입니다(심사위원들이 웃음).

나는 논문계획서의 작성 단계에서 정말로 깊이 있는 연구를 한다는 점을 독자들에게 강조하고 싶었다. 소위 진짜 박사학위 같은 논문을 쓰고 싶었다. 그래서 나의 학문적 역량과 글 솜씨를 뽐내기 위해 일반인들이 이해하기 힘든 전문용어(주로 영어)를 사용하면서 연구의 필요성과 목적을 기술하였다. 또한 연구주제를 둘러싼 이론적 배경에 대한 기술에서, 정말로 급진적으로 나의 주장을 나타내었다. 대부분의 심사위원들은 나의 이러한 연구목적 및 필요성의 기술방식을 선호하지 않았다. 그래서 나는 다시 새로운 글쓰기 작업을 해야 했다. 어려운 용어들을 이해하기 쉬운 말로 바꾸고 문헌연구의 결과도 간략히 다시 기술하였다. 이러한 작업은 나를 무척이나 지치게 했지만, 결과적으로 일반인들이 나의 글을 계속적으로 읽게 하는 원동력이 되었다.

둘째, 이론적 배경에 대한 충분한 검토는 특정 연구의 필요성 및 목적을 학문적으로 뒷받침해 주며, 이후 이어질 연구문제(question)를 명확히 해 준다. 또한 앞서 밝힌 바와 같이 질적연구의 해석 단계에서 연구 자료에 기초한 저자의 해석에 타당성을 더해 준다. 그러나 불행히도 나는 이론적 배경에 대한 검토를 성공적으로 수행하지 못했다. 왜냐하면 내가 최초 기획한 연구의 필요성과 목적, 연구방법, 연구문제가 논문심사위원들에 의해 새롭게 변화되었기 때문이다. 논문심사 과정에서 무엇보다 힘든 점은 새롭게 이론적 배경을 재검토하는 것이었다. 어느 논문심사위원의 다음과 같은 지적은 결국 나를 파김치로 만들고 말았다.

> 선생님의 이론적 배경에 대한 내용들은 선생님 논문의 목적과 필요성 그리고 연구문제와 어울리지 않습니다. 변화된 선생님의 논문은 초등학교 교실수업의 문화적 특징과 전개양태를 파악하려고 합니다. 그러나 선생님 논문의 이론적 배경은 주로 담화분석을 통한 교육관련 선행연구들을 검토하고 있습니다. 이는 논리적으로 맞지 않습니다. 또한 선생님은 교실수업을 연구한다면서도 교실수업에 대한 국내외 선행연구들을 풍부하게 검토하지 못했습니다. 학위논문의 심사단계에서 미안한 말이지만 이론적 배경을 다시 검토하고 재작성해야

할 것 같습니다.

논문심사위원들의 이러한 지적을 직면하면서, 이번에 졸업을 하기가 쉽지 않겠다는 생각이 스쳐지나갔다. 나는 사실 1년 이상 논문주제와 관련된 이론적 배경을 검토하였다. 이론적 배경을 풍부히 하는 일은 상당히 지난한 일이었다. 무엇보다 어려운 점은 어느 시점에서 문헌연구를 끝내야 할지 즉, 문헌연구에 대한 포화상태를 가늠하기가 힘들었다. 그러나 논문심사의 과정에서 연구의 목적과 필요성 그리고 연구문제가 새롭게 변화됨으로써 기존의 이론적 배경에 대한 검토가 무용지물이 되고 말았다. 1년간 원서를 보며 탐구한 것들을 하루아침에 버려야 하는 나는 망치로 머리를 한 대 얻어맞은 기분이었다. 그러나 논문을 심사받는 나로서는 그들과 타협의 여지가 없었다. 따라서 나는 어쩔 수 없이 이론적 배경을 재검토하였다. 논문심사의 과정에서 이론적 배경을 검토하는 일은 결코 만만치 않았다. 현장교사인 나로서는 곧바로 다가오는 다음 심사기간 동안 풍부히 이론적 검토를 하는 것이 현실적으로 불가능에 가까웠다. 그러나 냉정한 논문심사위원들은 나의 이러한 상황을 고려하지 않았다. 그들의 입장에서 볼 때 박사학위 논문은 박사학위 논문다워야 했기 때문이다. 따라서 나는 박사학위 논문을 준비하는 사람들에게 이론적 배경에 보다 주의를 기울일 것을 제안한다.

셋째, 모든 교육연구는 명확한 연구문제의 기술을 통해 비로소 구체화된다. 명확한 연구문제의 진술은 성공적인 논문을 의미한다. 그러나 나의 경우를 볼 때, 연구문제를 명확히 기술하는 것은 내 능력 밖이었다. 논문계획서 발표나 논문심사의 과정에서 연구문제는 언제나 논쟁적인 이슈가 되었다. 나는 논문계획서의 준비단계에서 무려 다섯 번이나 연구문제를 변경하였다. 여섯 번의 시도 끝에 연구문제가 통과되었을 때의 기분을 나는 아직도 잊지 못하고 있다. 나의 지도교수는 결코 만족스러운 연구문제를 손수 가르쳐 주시지 않았다. 새롭게 진술된 연구문제가 거절당할 때마다 나의 연구능력에 의구심이 들었다. 그리고 정답을 가르쳐주지 않는 지도교수가 야속하기도 했다. 그러나 나는 이러한 고통스러운 과정을 통해 내가 무엇을 어떻게 연구할지를 서서히 깨닫게 되었다. 만약 그가 그때 정답을 곧바로 제시했다면, 나는 훌륭한 연구자가 되는 길을 배우지 못했을지도 모른다. 연구문제 진술이 논문심사위원들로부터 통과된다는 의미는 연구의 필요성과 목적 그리고 연구의 이론적 배경과 연구방법이 유기적으로 연결됨을 의미한다. 나중에 깨달은 바이지만, 내가 여러 차례 연구문제를 재진술하게 된 결정적 원인은 그 진술이 명확하지 않았기 때문이다. 연구문제를 명확하게 진술한다는 의미는 바로 교육문제와 교육연구 문제를 구분하는 것이었다. 교육문제가 교육연구 문제로 변화되고 나서야 이후 무엇을 해야 할지를 구체적으로 알게 되었다.

넷째, 연구의 필요성 및 목적과 연구문제는 구체적인 연구방법과 그에 따른 타당도 작업을 통해 해결될 수 있다. 아무리 좋은 연구목적과 연구문제를 설정하더라도 그것을 구체적인 연구방법으로 실행할 수 없다면 아무런 소용이 없다. 앞서 말한 것처럼 질적연구는 여타의 방법론과 달리 명시적인 연구방법과 절차를 가지고 있지 않다. 나의 경우도 마찬가지였다. 질적연구방법에 생경한 일부 논문심사위원들은 나의 연구방법에 대하여 의심의 눈초리를 보냈다. 내 박사학위 논문의 주된 연구방법론은 국내에서 거의 알려지지 않은 담화분석(discourse analysis)이었다. 따라서 나는 1차 논문심사 단계에서 내 연구방법론을 심사위원들에게 정당화시키기 위해 무던히 노력을 하였다. 그 방법 가운데 하나는 박사학위 논문에서 사용하게 될 연구방법(담화분석)을 공인된 학술지에서 검증받는 것이었다. 또 다른 방법은 논문심사의 과정에서 국내의 질적연구 권위자를 논문심사위원으로 위촉함으로써 연구방법론에 대한 비판을 잠재우는 방법이었다. 나의 이러한 전략은 대성공이었다. 따라서 질적연구방법을 통해 학위논문을 쓰는 사람은 나의 이러한 경험을 참고했으면 좋겠다. 한 가지 확실한 점은, 자신이 사용하게 될 질적연구방법을 심사위원들보다 정교히 파악해야 한다는 점이다. 그리고 질적연구방법은 단순한 방법론적 도구가 아니라 인식론적 도구임을 명심해야 한다.

(5) 실제적 글쓰기: 숲 속에서 길을 잃다

학위논문 계획서 단계나 서론의 단계에서 연구의 필요성 및 목적, 이론적 배경, 연구문제, 연구방법, 타당도 작업의 상호작용적 관계추구는 글의 논리적 일관성을 유지하는 데 필수적이다. 그러나 연구 계획서나 서론이 유기적이고 체계적이더라도 실제적인 논문체계를 논리적으로 유지시키는 일은 쉬운 일이 아니었다. 250페이지에 달하는 논문의 내용들을 일목요연하게 정리하는 작업은 참으로 힘겨웠다. 그 때 당시의 경험을 회상해 보면 마치 '숲 속에서 길을 잃은' 기분이었다.

질적연구는 그 연구논리에 따라 귀납적으로 연구결과를 도출한다. 내 생각에 귀납적 연구논리에 따른 질적 글쓰기는 연역적 논리의 그것보다 힘든 작업인 듯하다. 왜냐하면 결론을 미리 밝히고 그것을 증명하는 방식은 우리들의 일상적인 사고방식이기 때문이다. 그러나 나는 숲 속에서 길을 잃다가 시행착오 끝에 방향을 가늠할 수 있었다. 질적연구가 귀납적 논리에 따라 수행되더라도 글쓰기 작업은 연역적인 방식으로 진행되어야 한다는 점이다. 그리고 연역적인 방식으로 질적 글쓰기를 하려면 무엇보다 주제에 대한 엄격한 범주화(코딩)가 선행되어야 한다. 서툴고 정교하지 못한 범주화 단계에서의 글쓰기는 저자가 숲 속에서 길을 잃게 될 위험성이 높다. 한 논문심사위원은 3차 논문심사에서 다음과 같이 말하였다.

> 선생님 논문은 문화적 주제들이 너무나 많습니다. 코딩을 통한 주제들이 지나치게 세분화되어 있어서 이것이 저것과 어떻게 연결되는지 도무지 알 수가 없습니다. 즉, 선생님의 논문에 나타난 범주화는 수십 개가 넘습니다. 제가 보기에, 선생님은 코딩을 다시 해야 할 것 같습니다. 일부 하위 자료들은 범주화된 상위 주제와 논리적으로 맞지 않습니다. 또한 상위 주제들을 돋보이게 하는 메타포들이 주제와 어울리지도 않습니다. 마치 싸구려 르포를 보는 것 같아요. 기존의 범주체계를 모두 버리고 코딩을 다시 하세요. 좀 더 고민을 해서 무엇을 빼고 무엇을 더해야 할지를 결정하세요.

나는 논문심사위원으로부터 이러한 지적을 받고 큰 충격에 휩싸였다. 논문의 마지막 심사단계에서 범주화를 다시 하라는 요구는 학위논문의 본론을 다시 새롭게 작성하라는 말과 같았기 때문이다. 나는 그때서야 깨달았다—느린 것이 빠른 것이며, 모자란 것이 남는 것이라는 사실. 논문의 본론이 흐트러진 가장 큰 이유는 자료의 분석과 해석의 과정을 철저히 하지 않았기 때문이다. 좀 더 솔직히 말하면, 이 과정이 너무나 힘들었기 때문에 빨리 끝내고 싶었다. 지금 생각해 보면 글쓰기의 속도를 높여야 한다는 조급증은 오히려 최종적인 글쓰기에 독이 되었다. 그리고 과도하게 세분화된 범주화는 글의 내용을 풍부하게 하기보다는 글의 흐름을 혼잡하게 하였다. 논문심사의 과정에서 깨달은 사실이지만, 범주화 작업이 충실하고 정교할수록 범주화의 수는 오히려 감소하였다. 절제된 범주화가 폭넓은 의미를 전달하게 될 때, 글의 흐름이 매끄러워졌다.

나의 두 번째 깨달음은 순환적인 질적연구논리였다. 실증주의에 기초한 양적연구는 연역적인 연구논리에 따라 선형적이고 위계적인 논리구조를 가지고 있다. 그러나 질적연구논리는 선형적이기보다는 철저히 순환적이었다. 다소 모순되게 들릴지라도, 뒤늦게 등장한 본론의 실제적 연구결과에 따라 기존의 연구문제가 다소 변화될 수 있으며, 이는 연구의 필요성과 목적 부분에서도 그러하다. 실제적인 연구가 거듭될수록 나의 시야는 논문의 계획이나 서론 단계에 머물러 있지 않았다. 연구가 서서히 종결됨으로써 나는 연구주제에 대하여 개선된 시야를 확보하였으며, 이러한 시야는 종전의 연구 계획서나 서론을 새롭게 변화시켰다. 이러한 순환적 성격의 글쓰기는 논리적 일관성을 부자연스럽게 유지하기 위한 꼼수로 보일 수 있다. 그러나 나의 관점에서 볼 때, 질적연구에서 이러한 작업은 불가피하며 오히려 수준 높은 작품을 만들기 위해서는 저자가 반드시 거쳐야 하는 통과의례로 볼 수 있다.

따라서 질적연구는 고정된 형태로 진행되기보다는 연구 상황에 따라서 가변적으로 변화된다고 볼 수 있다. 연구의 계획단계에서 가정한 연구결과가 도출되지 않았더라도 질적 저자는 당황할 필요가 없다. 이러한 현상은 연구계획 자체의 결함보다는 연구자의 그릇된 선입견에서 비롯되었기 때문이다. 어찌 보면, 질적연구에서의 글쓰기는 귀납적인 연구논리에 따라 진행되며 순환적인 글쓰기를 통해 완성된다고 볼 수 있다.

(6) 나가며: 화룡점정(畵龍點睛)

질적인 학위논문의 글쓰기에서 서론만큼이나 결론의 기술도 또한 중요하다. 글의 서론이 무엇을, 어떻게, 왜 연구하는가를 표현한다면, 결론은 '따라서 ~이다, ~해야 한다' 라고 이론적이고 실천적인 결론을 짓는다. 그리고 결론 부분의 깔끔한 마무리는 전체적인 글을 환기시키고 돋보이게 하며, 서론에서 밝힌 연구의 가치를 입증해 보이게 된다. 나는 박사학위 논문에서 어렵게 그럴싸한 서론과 본론을 작성하긴 했지만, 그에 비해 명쾌한 결론을 내리지는 못했다. 이러한 상황은 마치 '다 그린 용(龍)의 그림에 눈동자를 그려 넣는 작업' 과 유사한 활동이었다.

그러나 양적연구의 결론과는 달리, 질적 글쓰기에서 명확하고 명쾌한 결론을 제시하는 것은 사실 무서운 일이었다. 그도 그럴 것이, 질적연구의 논리로 볼 때 질적연구는 정책적, 실천적, 이론적 대안들을 명확하게 제시하는 것을 그 목적으로 삼지 않기 때문이다. 하지만 그러함에도 불구하고, 나는 어떠한 형태로든지 글을 연착륙시켜야만 했다. 나는 1차 심사본(초고)의 결론에서 논의 부분을 생략해 버렸고 본론의 내용을 요약한 채 글을 마무리 지었다. 좀 더 솔직히 말하면, 논의가 생략되었다기보다는 쓸 말이 생각나지 않았기 때문이다. 또한 본론의 내용을 요약하는 수준에서 결론을 내린 것은 나의 섣부른 주장이나 견해가 오히려 공들인 서론과 본론을 망가트릴 수 있었기 때문이다. 역시나 매정하고 무서운 논문심사위원들은 나의 이러한 꼼수를 좌시하지 않았다. 다음과 같은 한 논문심사위원의 날카로운 지적은 나의 가슴을 후벼팠다.

> 선생님, 대단히 미안한 말이지만, 선생님을 무시해서 하는 소리는 아닙니다. 이 이야기가 지금 나와서 적절한지도 모르겠습니다만, 선생님은 이런 뻔한 결론을 내리려고 이렇게 어려운 연구를 했나요? 이런 식의 결론은 굳이 어려운 연구를 하지 않아도 누구나 할 수 있는 얘기 아닙니까? 아무튼 나는 결론이 뭔가 부족하다고 생각해요.

정말로 가슴 아픈 코멘트였다. 논문심사위원들은 마지막 심사과정에서 결론을 이끌기 위한 여러 가지 궁리를 하였다. 그들은 마치 자신들의 학위논문을 쓰는 사람들처럼 보였다. 학위논문의 결론을 써야 하는 사람은 정작 나 자신임에도 불구하고 그들은 수많은 대화를 통해 나의 글을 끊임없이 재구성하였다. 그들은 본론의 한 장을 결론의 논의 부분으로 이동시킬 것인지, 아니면 새롭게 논의를 작성할 것인지에 대하여 논쟁하였다. 그러나 본론의 한 장이 결론의 논의 부분으로 이동되는 일은 없었다. 왜냐하면 본론의 한 장이 결론의 논의로 이동되는 순간, 글은 대대적인 수술을 다시 받아야 했기 때문이다. 결국 나는 최종적인 종심의 단계에서조차도 지속적인 글쓰기를 해야만 했다. 따라서 나는 죽을 힘을 다해 논의와 결론 부분을 추가적으로 기술하였다. 그러나 내 생각에, 이 작업은 끝내 성공적으로 수행되지 못한 것 같다. 지금도 못내 아쉽기만 하다. 이것이 질적연구의 자연스러운 속성이라면 받아들여야 하겠다. 그러나 계속적으로 미련이 남는 걸 보면, 일천한 나의 연구역량이 더욱 큰 원인일 게다. 질적 글쓰기에서의 화룡점정은 내가 앞으로 해결해야 할 하나의 큰 숙제인 듯하다. 질적 글쓰기에 있어서 위와 같은 나의 어리석음과 실수들이 앞으로 질적연구를 하게 될 이들에게 조금이나마 도움이 되길 기대하면서 글을 마무리하고자 한다.

3. 차헌주의 이야기

몇 해 전 대학원 초년생 시절 Wolcott의 'Writing up qualitative research'의 한 부분을 읽었던 적이 있었다. 하필 그 때 내가 읽었던 부분은 질적연구를 위해 글쓰기를 시작하는 연구자들을 위해 어디서, 어떻게 시작해야 하는지를 비교적 자세히 다루고 있었다. 그 때 처음으로 글쓰기에 있어서도 전략에 관한 세분화된 영역이 존재함을 알 수 있었다. 그 후 석사학위 논문을 쓰는 중에 나에게도 글쓰기에 대한 전략이 형성되어 가는 것을 알 수 있었다. 이 글은 내가 처음 글쓰기에 관한 '전략'이 존재한다는 것을 깨달았던 것과 같이 글쓰기에도 필자 나름의 전략이 존재할 수 있다는 사실을 알려주기 위함이다.

나는 이 글에서 나의 글쓰기 전략에는 어떤 영역이 존재하며 그것들은 어떤 내용인지를 설명하고자 한다. 글쓰기에도 전략이 필요하다는 것을 알려주고 질적연구자의 초보단계에서 어떤 조건에서 글쓰기를 시작하고 어떻게 시작하는지, 나의 개인적인 경험을 공유하고 도움이 되었으면 한다. 또한 모든 연구자들이 자신만의 글쓰기 전략을 갖고 있음에도 불구하고 나와 같은 초보 연구자들은 그런 것들이 존재한다는 사실조차 지각하지 못해 잘 활용하지 못하는 경우도 있기에 나의 전략을 꺼내 놓음으로써 자신만의 그러한 전략들을 보다 잘 구조화하여 사용하도록 하기 위함이다.

또한 나의 글쓰기 경험을 반추하고 어떤 전략들을 몇 가지의 주제로 간략화, 혹은 객관화시키는 작업은 본인에게도 상당히 흥미롭고 도움이 되는 작업이라 말할 수 있을 것이다. 나의 경험을 정리함으로 인해 나 또한 나의 전략을 다시 한 번 되짚어 봄으로써 다음에 내가 다시 글을 쓰게 될 때 이러한 전략들을 구조적으로 활용할 수 있을 것이기 때문이다.

이를 위해 나는 나의 글쓰기 전략을 (1) 물리적 · 심리적 환경의 정돈 (2) 글쓰기 과정의 두 가지 측면에서 정리해 보도록 하겠다.

(1) 물리적 · 심리적 환경의 정돈

글을 쓰기 위한 물리적 환경에는 글을 쓰는 장소, 시간 등 글을 쓰는 주변 환경과 글을 쓰기 전에 해야 하는 독특한 나만의 습관 같은 것이 포함된다. 글을 쓰기 전, 나의 물리적 환경에 대한 기호를 파악하고 있으면 글을 쓸 때 훨씬 수월하다. 또한 심리적 환경에는 글을 쓰기 위한 심리적 욕구와 정서적 안정과 같은 측면이 포함된다. 나의 경우에는 심리적 환경도 중요하게 작용했으나 물리적 환경도 심리적 환경 못지않게 크게 작용했으며 때로는 심리적 측면보다 더 강한 영향을 줄 때도 있었다.

생활의 단순화

학위논문과 같은 시간이 많이 걸리는 글쓰기 작업을 해야 할 때는 나에게는 생활을 단순화하는 것이 무엇보다 가장 중요했다. 생활의 단순화란 생활의 패턴을 아주 단조롭고 규칙적으로 만듦으로써 글쓰기를 하나의 규칙적인 생활습관의 하나로 자리 잡도록 하는 것이다. 학교에서 아이들을 가르치는 중에는 도저히 글쓰기에 집중할 수 없었으므로 오히려 학교에서는 아이들을 가르치고 학교 업무를 처리하는 등에 집중하고 퇴근 시간 후에는 일체의 개인적인 약속을 잡지 않았다. 물론 공적인 모임 역시 최소화하여 내가 정한 생활의 흐름에서 최대한 벗어나지 않도록 했다. 그것은 정말 쉬운 일이 아니었다. 왜냐하면 논문을 써야 하는, 글쓰기를 해야만 하는 나의 개인적인 처절한 몸부림을 다른 사람들은 그렇게 심각하게 받아들이지 않았기 때문이다. 그래서 나 자신이 스스로에게 이것은 정말 중요한 일이며 이것을 해내야만 한다는 것을 인식시키는 것이 선행되어야 했다. 하기 싫고 좋음은 그 후의 문제였다. 생활 속에서 글쓰기를 제외한 모든 일들은 단순화하고 간단하게 만들어

처리했다. 학교에서 퇴근하고 난 후 바로 헬스 클럽에 들러 운동과 사우나를 마친 후 가끔 마트에 들러 장을 보는 일 말고는 바로 집으로 가서 컴퓨터를 켜고 자리에 앉았다. 그 무렵 집에 인터넷이 한동안 안 된 것이 오히려 도움이 되었다. 일단 컴퓨터를 켜고 바로 자리에 앉는 것, 그 외의 모든 일과를 축소했다.

이와 같이 내 생활의 동선을 단순하게 정리하는 것도 필요했고 글쓰기에 집중하기 위해 글쓰기를 시작하기 전에 닥친 커다란 개인적인 일들도 모두 처리했다. 오로지 글쓰는 작업에만 집중하기 위해 심리적인 부분도 고려한 것이었다. 즉 내가 일상생활에서 하는 모든 행동들과 일과는 글쓰기와 연관이 되어 있었다. 운동을 하는 중에도, 사우나를 하는 중에도 한시도 머리를 쉬지 않았다고 한다면 거짓말이겠지만 그만큼 계속해서 나의 일과를 글쓰는 작업에 맞춤으로써 내가 거기에 푹 젖어 있도록 환경을 만들었다.

이러한 생활의 단순화는 빠른 시간 내에 초고가 나올 수 있도록 도움을 주었고 지도교수님과 피드백을 주고받는 과정이 상당히 빨리 진행될 수 있도록 해주었다. 늘 주제에 대해 생각하고 고민하고 있었으므로 머릿속에는 항상 글쓰기에 관한 의문과 고민이 가득 차 있었기에 가능했으리라 생각한다. 쉽지 않은 일이지만 최대한 생활을 단순화하려고 노력한다면 글쓰기에 집중하기가 훨씬 쉬울 것이며 그 결과 또한 좋을 것이라 생각한다.

적당한 긴장감의 조성

나의 경우 육체적으로 심리적으로 적당한 긴장감은 글쓰기에 효과적이었다. 육체적 긴장감이란 내 몸이 너무 편안하고 피로가 완벽하게 다 풀린 상태가 아니라 적당한 피로감과 쉬고자 하는 욕구가 약간 드는 무렵, 다르게 표현하자면 내가 움직이던 연장선상에 있기 때문에 다른 행동으로 행동전환이 빠르게 되는 상태를 의미한다. 피로와는 조금 다른 의미이다. 심리적 긴장감은 해야 하는 일이 있음을 항상 자각하고 있는 상태에서 다른 일을 하더라도 빨리 글쓰는 작업으로 들어갈 수 있는 심리적 마음 상태를 의미한다.

학교에서 하루 종일 아이들과 씨름을 하다가 오후가 되면 언제나 나른한 피곤함이 겹치곤 했다. 아무것도 하기 싫은, 마치 우주의 진공상태에 있는 듯한 멍한 육체적인 탈진은 퇴근 후 바로 잠으로 곯아 떨어지게 만드는 최대의 적이었다. 그 육체적 탈진을 다른 것으로 풀 통로가 필요했다. 그것을 위해 내가 선택한 것은 운동과 목욕이었다. 원래 운동을 좋아했기 때문에 운동으로 흘리는 땀에 의한 상쾌함을 알고 있었고 그것은 학교에서 일과 중 겪어야 했던 일들과 글쓰기 작업 사이의 전환점이 되었다. 4시 40분, 어김없이 퇴근 시간이 되면 언제나 누울 자리밖에 안 보이고 그대로 집으로 들어가서 쉬고 싶은 생각이 먼저 들었지만 그런 마음을 달래 퇴근과 동시에 학교 근처의 헬스 클럽으로 직행했다. 일단 들어가서 러닝머신 위에 올라서는 일이 힘들어서 그렇지 일단 러닝머신을 작동시킨 후 40분 동안은 신나게 달렸다. 도저히 뛸 수 없는 몸 상태라고 생각을 했어도 일단 올라가면 40분은 학교에서 쌓였던 육체적 탈진을 오히려 날려버릴 수 있는 시간이 되었다. 육체적인 탈진을 운동을 통해 극복한 것이라 할 수 있겠다. 운동을 해본 사람은 알겠지만 운동을 한 후에는 피로가 쌓이는 것이 아니라 새로운 에너지가 생기게 된다. 그것이 바로 묘한 육체적 긴장감이다. 운동 후에는 육체가 일종의 흥분 상태에 들어가게 되고 그것은 탈진에서 벗어나서 다른 새로운 작업을 할 수 있는 힘이 되었다.

운동 후에 내가 선택한 또 다른 방법은 목욕이었다. 평소에 그렇게 반신욕을 즐기는 편은 아니었으나 반신욕은 피로를 풀어주는 데 상당히 효과적이었으므로 즐겨 사용하게 되었다. 또한 욕조 안에 몸을 담그고 있는 시간 동안 자유롭게 글쓰기에 관해서 생각할 수도 있었기에 더욱 좋았다. 지금 진행되고 있는 글쓰기의 과정과 앞으로의 진행에 대해 차근차근히 혼자서, 아무에게도 방해받지 않고 정해진 시간 동안 생각할 수 있었기에 상당히 도움이 되었다. 그 생각은 글쓰기에 관한 새로운 아이디어를 끊임없이 만들어 낼 수 있도록 도움을 주었다. 때로는 번뜩 생각난 아이디어를 놓치기가 싫어서 목욕 중간에 밖으로 나와서 급하게 메모를 하기도 하였다.

이 두 가지의 방법은 논문을 쓰는 기간 동안 적당한 육체적 긴장감을 조성하는데 도움을 주었을 뿐만 아니라 알게 모르게 나의 건강을 유지시켜 주는 데에도 긍정적인 역할을 했다. 또한 운동과 목욕은 앞서 언급한 생활의 단순화와 함께 생활의 흐름에서 정신적인 긴장을 유지하도록 해주는 좋은 역할을 하였다. 일상 속에서 너무 피곤해, 좀 쉬고 싶어, 나는 너무 지쳤어라는 나약한 생각을 운동을 하면서 떨칠 수 있었고 체육관에서 운동을 하고 있는 많은 사람들을 보며 생활의 활력을 되찾을 수 있었던 것이다. 그것은 내가 나의 삶에서 지금 꼭 해야 하는 일이 무엇인지를 지각하는 데 도움을 주었다. 그것은 곧 정신적인 긴장으로 이어져 내가 해야 할 글쓰기를 놓지 않을 수 있는 계기가 되었던 것이다. 그러나 너무 극심한 정신적, 심리적 긴장은 글쓰기의 회피로 이어지기 쉬웠기 때문에 너무 많은 스트레스를 받지 않으려고 애썼으며 끊임없이 나 스스로를 적당한 긴장 속에서 다독이며 글쓰기를 진행했었다.

글을 쓰는 장소

나에게 글을 쓰는 장소는 가장 예민한 부분 중의 하나였다. 때로는 이런 물리적 환경이 나의 심리적, 정신적 상태를 장악하여 글쓰기를 진행할 수 없었을 때도 있었다. 나는 마르크스의 사회주의 이론을 지지하지 않지만 때로 이러한 물리적, 물질적인 부분이 나의 정신과 심리 상태를 조정하며 장소와 같은 문제가 글을 쓰는 데 커다란 영향을 미치는 것을 인정하지 않을 수 없었다. 그래서 나는 공부(연구)하는 데 장소가 따로 있을 수 없다는 명제에는 적극적으로 반대한다. 어쩔 수 없는 경우라면 모르겠지만 안락하고 편안하고 쾌적한 글쓰기 환경은 힘든 환경을 무릅쓰고 글을 쓰는 것보다 훨씬 효과적일 것이다.

나는 글을 쓰는 장소가 항상 일정치 않았기 때문에 장소의 문제가 더 크게 다가왔을지도 모른다. 근무지는 부산에 있었고 대학원과 지도교수님은 진주에 있었으며 정말 내가 나고 자란 곳 역시 진주였기 때문에 늘 진주와 부산을 왔다갔다 하는 불안정한 상태에서 논문을 쓰기 시작했다. 부산에 내가 살고 있는 집은 너무 오래되어 겨울에는 외풍이 심해 집 안에서도 외투를 입고 있어야 하는 곳이었다. 나는 특히 추위를 많이 타서 추우면 아무것도 못하고 오직 웅크리고 있어야 했으나 정작 컴퓨터는 보일러가 들어오지 않는 냉방에 있었다. 그렇다고 좁은 방에 커다란 책상과 컴퓨터 등을 옮겨 놓는 것도 불가능했다. 컴퓨터 앞에 앉는 것 자체가 고통이었고 한 번 컴퓨터 앞에 앉기까지 엄청난 용기가 필요했다. 그래서 과감하게 랩톱 컴퓨터를 구입했다. 방안에서 랩톱 컴퓨터를 상 위에 올려놓고 어깨 위엔 외투를 걸치고 손가락을 호호 불어가며 글을 써야 했다. 주중에는 그렇게 추위를 이겨나가며 글을 쓰다가 주말이 되면 진주로 내려와서 내가 공부하던 방에서 글을 썼다. 그 때의 행복감과 안도감은 말로는 설명할 수가 없다. 부산으로 옮겨간 지 4년이나 흐른 후였음에도 불구하고 부산에서의 물리적 환경의 불안정함을 극복할 수 없었던 것이다. 진주에서 늘 내가 쓰던 책상과 의자, 그리고 내가 좋아하는 창문 옆에 앉아 글을 쓸 때에는 시간 가는 줄을 몰랐다. 사실 주중에 부산에서 작업한 양과 주말에 진주에서 작업한 양은 거의 비슷했다.

지금 생각하면 어떤 방법을 써서라도 부산에서의 그 불안정했던 작업 환경을 개선했어야 한다는 생각이 든다. 그 때까지만 해도 나는 정신이 그런 환경을 극복할 수 있을 것이라 생각했고 나는 그 환경을 극복했다고 생각했다. 물론 극복했다. 그러나 결과론적으로 볼 때 좀 더 나은 글쓰기를 위해서 그러한 물리적 환경을 보다 나은 것으로 변화시키는 적극적이고 도전적인 조치가 취해졌다면 그렇게 고생하지 않았어도 됐을 것이라는 생각이 든다. 내가 글을 쓰는 환경에 대한 자각이 부족했던 탓이었다. 육체적으로 물리적으로 열악한 상황에 있을 때는 억지로 그것을 이겨내려고 애쓰지 말고 거기에 쓸 에너지로 그 환경을 글쓰기에 적합한 환경으로 바꿔야 한다는 것을 논문을 쓰면서 깨달았다. 정 그것이 불가능하다면 자신에게 맞는 환경을 찾아 과감하게 이동하는 것 역시 스트레스를 줄이면서 짧은 시간에 효과적으로 글쓰기에 집중할 수 있는 방법이다.

지금 나는 추위를 극복하기 위해 제일 강력한 전기 난로를 사다가 옆에 켜 놓았다. 한결 추위를 이기기가 쉬워졌다. 이와 같이 글을 효과적으로 잘 쓰기 위한 작은 노력이나마 계속한다면 환경도 나아질뿐더러 글을 쓰는 과정 역시 수월해질 것이다.

글을 쓰는 시간

내가 안정적으로 글을 쓸 수 있는 시간은 언제나 늦은 밤과 새벽이었다. 그것도 그럴 것이 학교에서의 일을 마친 후 운동과 목욕을 끝내고 집에 돌아오면 초저녁은 항상 지난 상태였다. 그리고 심리적으로 글을 써야겠다는 다짐을 한 후 자리에 앉아 집중을 하기까지 또 어느 정도의 시간이 지나고 완전히 집중하여 글을 쓸 수 있는 시간은 적어도 밤 10시 이후였다. 그 때부터 4시간 정도는 글쓰기에 몰두할 수 있으나 그 이후가 되면 사실 뇌가 생각의 기능을 멈춰버린 듯 능률이 오르지 않았다. 그러면 잠자리에 들었고 새벽 5시나 6시에 잠을 깬 후 다시 작업을 했다. 매우 타이트한 생활이었으나 새벽에는 반드시 일어나서 전날 밤에 쓴 글을 다시 한 번 읽어 보고 간단하게 퇴고하고 아이디어를 첨가하는 등의 작업을 하였다.

일단 한 번 그렇게 습관이 형성되고 난 후에는 밤과 새벽 대신 낮에는 글을 쓸 수가 없었다. 낮 동안의 밝은 빛과 생활 속의 여러 가지 잡일, 그리고 소음은 조용한 환경에서 글을 쓰는 것이 익숙해진 내게는 장애물일 뿐이었다. 깊은 밤, 조용한 가운데 들리는 키보드 소리만이 내가 허용할 수 있는 소음이었다. 그러나 이 역시 바꾸어 보려고 노력 중에 있다. 늦은 밤과 새벽에 글을 쓰는 습관은 내가 철저하게 건강관리와 생활을 통제한 노력 끝에 형성된 것이기 때문에 그만큼 육체적 피로를 아껴 글쓰는 데 집중할 수 있었으나 가끔 그렇지 못한 경우도 발생하기 때문에 어떤 시간대에서도 글을 쓸 수 있는 집중력을 가질 수 있도록 노력해야 한다는 생각이 들었다.

스트레스의 해소

모든 일에는 스트레스가 존재할 수밖에 없고 효과적으로 일을 하기 위해서는 적극적으로 스트레스를 해소하려고 하는 노력이 반드시 필요하다. 글을 쓰는 과정에서도 마찬가지였다. 육체적인 피로도 하나의 스트레스가 될 수 있으나 글을 쓰면서 과연 이것이 논문이 될 수 있을까, 내 생각과 아이디어가 너무 하찮거나 별 볼일 없는 것은 아닐까 등의 심리적인 스트레스는 더 심각한 영향을 준다. 그런 스트레스가 너무 심해지면 나는 글쓰기를 아예 회피하는 습관이 있어서 적당한 시점에서 그

스트레스를 풀어주고 조정하는 과정이 반드시 필요했다. 나는 그런 스트레스를 해소하기 위해 짧은 휴식과 나 스스로에게 보상을 해주어 동기를 유발시키기도 했다. 또한 동료나 친구와의 수다와 잡담을 통해 스트레스를 해소하기도 했다.

짧은 휴식은 그야말로 짧은, 길어야 2시간에 걸쳐 끝나는 휴식을 말한다. 나의 경우에는 휴식이 너무 길어지면 다시 글을 쓰는 상태로 복귀하기까지 오래 걸리기 때문에 휴식 시간을 길게 잡지 않았다. 짧은 시간 동안 스트레스를 해소하기 위해 내가 선택한 방법은 드라이브였다. 차가 있었고 운전하는 것을 매우 좋아하는 나에게 드라이브는 터질 것 같은 머리를 식혀주는 좋은 수단이었다. 학교에 나가지 않는 휴일에는 집에 틀어박혀 글을 쓰다가 낮에는 집중이 잘 안 되기 때문에 밝은 햇살에 이끌려 종종 차를 몰고 밖으로 나갔다. 특히 고성의 문수암이라는 절은 논문을 쓰는 동안 매우 자주 찾았던 장소였는데 산과 바다를 함께 접할 수 있어서 머리를 식히기에는 아주 적당한 장소였던 곳으로 기억한다. 아주 복잡하고 도저히 풀리지 않는 실타래와 같은 머리로 문수암에 갔다가, 집으로 돌아오는 길에는 항상 어둑한 산그림자와 아름다운 들녘과 마주쳤으며 그러면 다시 가뿐하고 상쾌한 마음으로 글쓰기에 돌입할 수 있었다.

두 번째로 내가 즐겨 썼던 스트레스의 해소 방법은 자신감을 불어넣어 주는 친구와 연구에 관련된 이야기를 가볍게 주고받는 것이었다. 가장 친한 친구와 동시에 논문을 쓰고 있었던 나는 그 친구와 종종 만나서 커피를 마시면서 논문과 연구에 관련된 이야기를 하곤 했다. 전공이 다른 친구였기 때문에 내 연구에 대해 피드백은 해줄 수 없었으나 우리는 서로 서로의 자신감을 북돋아주기 위해 노력했고 대화 끝에는 결국 너는 잘 할 수 있다, 우리는 같이 졸업할 수 있을 것이다, 너이기 때문에 그런 연구를 할 수 있는 것이고 네가 아니면 그런 글을 쓸 수는 없을 것이다, 우리 다시 잘 해보자와 같은 말들을 주고받으며 논문을 쓰면서 수없이 머리를 스치고 지나가는 '과연 내가 잘 하고 있는 것인가' 에 대한 심리적 불안함과 스트레스를 제거해 나갔다. 후에도 그 친구는 내가 가끔 글쓰기로 인해 고민을 하고 있을 때 언제나 자신감을 불어넣어 주었다. 비록 나의 실제 능력은 많이 부족할지라도 그것이라도 인정해주는 친한 친구와의 대화는 생각보다 많은 도움이 되었다.

세 번째로 내가 선택한 방법은 스스로에게 작은 보상을 해줌으로써 나 자신의 기분을 스스로 나아지게 만드는 것이었다. 일주일 단위로 목표치를 설정하고 그것에 도달하건 도달하지 않건 스스로에게 작은 선물을 했다. 때로 그 선물은 물질적인 것이기도 했고 육체적인 휴식이기도 했다. 주로 서점에 들러 책을 훑어보거나 가볍게 읽을 수 있는 책을 스스로에게 선물했다. '선물했다' 라는 표현보다는 '책을 샀다' 라는 표현이 더 맞을지도 모르지만 나는 굳이 '나에게 선물했다' 라는 표현을 썼다. 그것은 확실히 동기유발에 효과적이었다. 스스로를 잘했다고 다독이는 일은 자신감을 잃지 않도록 하는 데 매우 중요한 역할을 했다. 결국 자신감을 유지하거나 회복하기 위해 많은 노력을 기울였으며 자신감의 회복과 충전은 글을 쓰는 심리적 상태 중에서 가장 중요한 부분을 차지했다.

적당한 양의 양질의 Input

글을 쓰는 작업은 결국 나의 경험과 배경지식에 기초한 output이다. 이 output은 input에 의해 결정된다. 언어학에서도 적당한 input이 있어야 그에 따른 output이 나온다는 이론이 있는 것과 같이 글쓰기에서도 마찬가지라고 생각한다. 물론 input은 여러 가지 다양한 관련 자료가 될 수도 있고 내가 글을 쓰는 도중 가끔 읽었던 소설책과 같은 문학작품이 될 수도 있다.

우선 글쓰기 주제와 관련된 용어가 자연스럽게 글쓰는 과정에서 녹아 나오도록 하기 위해 관련 자료를 많이 읽으려고 노력했다. 주제와 딱 맞아떨어져서 인용을 할 수 있는 글이 아니라 하더라도 주제와 관련된 글은 나의 생각을 그 주제와 관련된 어휘를 이용하여 표현할 수 있도록 도와주었다. 예를 들면 이 글쓰기 전략에 관한 글을 쓰기 위해서 나는 내가 대학원생 시절에 번역했던 글쓰기에 관련된 자료와 동료들이 번역했던 자료들을 다시 꼼꼼하게 읽었으며 글쓰기에 관련된 단행본도 구입하여 읽었다. 이것은 단기간에 이루어지는 것이기 때문에 내 스키마를 확보하는 데 그다지 큰 도움은 되지 않는다. 하지만 최소한 나의 두뇌 회전 모드가 그 주제에 맞춰져서 글을 쓰는 데 용이한 상태가 되는 것이다. 소설책은 자연스럽고 부드럽게 글이 써질 수 있도록 하는 데 많은 도움을 준다. 특히 서양의 고전 소설 중에서 인간의 심리상태를 매우 잘 묘사한 몇 권의 책들은 잠자고 있는 나의 감수성과 함께 인간과 사물에 대해 고찰할 수 있는 감각도 일깨워주기 때문에 유용하다.

그러나 이러한 input이 너무 많으면 그것 또한 곤란하다. 머릿속에서 너무 많은 정보가 돌아다닌다든지, 주제와 관련 없는 소설 속의 인물들이 계속 등장한다면 이도 저도 안 되기 때문에 적당한 양의 좋은 자료와 책을 접하는 것이 중요하다.

(2) 글 쓰는 과정에서의 전략

본론부터 일단 '시작' 하기

모든 물리적, 심리적 상태가 완벽하게 갖춰진 다음에도 글쓰기를 '시작' 하는 것 자체가 어렵다. 그것은 우리나라 글쓰기 형식이 강조하는 서론-본론-결론의 형태가 머릿속에 깊이 박혀 있기 때문이라고 생각한다. 무엇인가 의미심장하고 깊은 인상을 주는 말머리부터 시작해야 한다고 배운 고등학교 때의 어설픈 논술 쓰기 교육 때문이 아닐까 하는 생각도 한다. 완벽한 서론을 처음부터 쓸 수가 없기에 정말 처음을 시작하기가 힘들 때에는 생각나는 것부터 써 내려가기 시작한다. 그러나 원칙은 항상 처음에 내가 원하는 결론과 핵심을 '먼저' 서술해주는 것이다. 수사적 기교와 독자에게 감동을 주는 문구는 나중에 생각하도록 한다. 우선은 내가 전달하고자 하는 바를 되도록이면 명확하고 간결하게 전하기 위해 글의 시작은 언제나 주제로부터 출발한다.

그렇기 때문에 나는 글쓰기의 순서를 본론-서론-결론, 본론-결론-서론의 순서로 쓰기를 제안한다. 서론은 내가 앞으로 이 글에서 무엇을 말하고자 하는가를 개괄적으로 보여주는 중요한 부분이다. 사실 글을 쓰기 시작할 때는 진행될 글의 과정이 무엇을 포함하고 있는지, 어떤 방향으로 바뀌어 갈지 잘 모른다. 자료수집과 글쓰기, 퇴고의 과정을 거친 본론이 완성되고 난 후에는 서론을 쓰기가 비교적 용이하다. 또한 본론은 내가 쓰고자 하는 내용의 근거자료와 예시가 뒷받침되는 부분으로서 모든 것을 포괄하고 있어야 하는 결론보다는 쓰기가 쉽다. 물론 그것을 뒷받침하기 위해서는 제대로 된 개요 쓰기가 선행되어야 함은 물론이다. 논문을 위한 글쓰기를 할 때에 가장 애를 많이 먹었던 부분이 바로 서론이었다. 결국 처음에 시도한 서론은 나중에는 전혀 다른 글이 되어 있었다. 물론 그것은 수많은 퇴고의 결과이기도 하지만 만약 무작정 서론 쓰기로 본인 스스로를 괴롭히지 않았더라면 통째로 서론을 새로 써야 했던 시행착오는 줄일 수 있었을지도 모른다.

쉽고 간결하게 쓰기

배경 지식과 어휘가 부족해서 그런지 모르지만 나는 일단 글을 쓸 때 내가 아는 쉬운 용어로 될 수 있으면 간단하게 쓰려고 노력한다. 일단은 아직 배우는 입장이기 때문에 아는 것이 많지 않고 쓸 수 있는 어휘가 한정되어 있기 때문에 언제나 학구적이고 어려운 말을 쓰려고 하면 곧 글 쓰는 것 자체가 어려워진다. 일단 내가 아는 용어로 내가 생각한 바를 쉽게 풀어나가다 보면 곧 아이디어가 잘 떠오르기도 하고 내가 이전에 갖고 있던 배경 지식이 생각나면서 보다 글이 만족스러워질 때가 있다. 또 예전에는 길게 늘어진 화려한 수식어구가 붙은 문장들이 독자들에게 감동을 줄 것이라 생각했으나 오히려 간결하고 예리한 문장으로 이루어진 글이 더욱 설득력 있게 다가오는 것을 보고 유치한 은유나 수식은 되도록 사용하지 않으려고 한다.

그러나 이러한 부분은 지금은 아직 미완성이다. 때로 글을 쓸 때 부딪치는 한계는 '학구적' 인 글쓰기이다. 나의 경험을 서술하는 것은 간결하고 깨끗한 문체로 설명하면 되지만 때로 여러 가지 근거가 제시되어야 하는 글에서는 용어 선택에 있어서 어려움을 겪는다. 그렇기 때문에 쉽게 쓰는 것이 반드시 전략이라고 할 수는 없으나 떠오르지 않는 학구적인 용어들로 인해 글을 시작조차 못 하고 진행을 못 시키는 것보다는 일단 떠오른 생각을 쉬운 말로 조직화하고 글을 써 나가다 보면 그러한 용어상의 문제는 시간이 지나면서 여러 가지 자료들을 섭렵하려는 나의 노력이 더해진다면 해결될 것이라 생각한다.

피드백

피드백(feedback)은 피드백을 해주는 사람에 의한 긍정적 피드백과 부정적 피드백, 그리고 그에 따르는 글의 퇴고작업을 포함한다. 피드백은 크게 세 가지 의미에서 중요한 역할을 한다: 1. 아이디어를 생성하는 데 도움을 주고 2. 자신감을 회복하는 데 도움을 주며 3. 정신적인 긴장을 유지하는 가장 좋은 방법이 된다.

피드백이 이러한 세 가지 역할을 하도록 하는 데 가장 중요한 요소는 피드백을 해주는 사람이다. 나는 교직생활을 시작한 것도 얼마 되지 않았고 공부를 시작한 지도 얼마 되지 않았기에 언제나 배우는 입장이라는 생각을 하고 있다. 그러나 사회생활을 하면서 느낀 것은 내가 만든 어떤 결과물을 허심탄회하게 주변의 동료들이나 선배들에게 보여주고 그것에 대해 피드백을 받는 일이 극히 어렵다는 것이었다. 사람들은 자신의 체면과 나의 체면을 생각하여 긍정적 피드백도 부정적 피드백도 아닌 결국 어떤 것도 피드백해 줄 수 없는 조언만을 남긴다는 것을 알게 되었다. 나 또한 피드백을 해주어야 하는 위치에 섰을 때 그럴 수밖에 없었다. 특히 내가 쓴 글은 반드시 질적연구에 대해 이해를 하는 사람이어야 하기 때문에 내 글을 보일 수 있는 사람의 수가 극히 적었다. 그런 면에서 언제나 최고의 피드백을 해주는 사람은 지도 교수님이었다. 지도 교수님의 열정은 피드백을 해주는 속도에서 곧 느낄 수 있을 정도였다. 교수님을 통해서 피드백의 중요함 역시 알 수 있었다.

긍정적 피드백은 자신감을 회복하는 데 커다란 도움이 되었다. 내가 쓴 글에 대해 때로 긍정적인 평가가 내려질 때면 할 수 있다는 자신감에 휩싸이곤 했는데 그것은 어린 시절 우등상을 받을 때와 그 느낌이 비슷했다. 자신감은 스트레스로 인해 글쓰기를 회피하지 않고 지속할 수 있는 힘이 되었다. 부정적 피드백은 적당한 정신적 긴장을 유지하는 데 도움이 되었다. 또한 다른 방향으로 생각을 할 수 있도록 해주는 사고의 전환점을 마련함으로써 아이디어를 생성해내는 데에도 도움을 주었다. 때문에 글을 쓰는 과정에서 피드백을 받을 수 있다면 한결 글을 쓰는 데 도움이 많이 될 수 있다. 그러기 위해서는 아무런 부담과 허물 없이 내 글을 보여줄 수 있는 동료나 선배, 혹은 선생님이 필수적인 것이다.

피드백 뒤에 반드시 뒤따르는 것은 글의 퇴고작업이다. 나는 글을 쓰면서 그때 그때 고쳐나가는 방법을 썼다. 조금씩 글의 부분을 쓰고 그 부분을 고쳤는데 그 양이 너무 많아지면 스스로 그 글을 읽는 것 자체가 힘들어졌기 때문이다. 처음에는 글을 고치는 것이 참 힘들었다. 아직 글을 쓰는 초보 단계이기 때문에 이것 저것 잘하는 것보다는 부족한 점이 많아 지적을 당하는 것이 당연하지만 처음에는 지적을 받는 것 자체가 힘들어서 내가 고쳐야 할 부분을 들여다보는 것이 고통이었다. 그러나 그런 피드백을 통해 글을 고쳐나가는 과정이 글을 마무리하고 완성하는 단계의 하나라는 것을 자각하고, 그것을 통해서 더 나은 결과물이 나올 수 있다는 사실을 알고 나서야 글을 고치는 것이 고통스럽지 않았다.

결국 글을 쓰는 과정에서 최고의 전략은 계속 쓰고 고쳐나가는 과정을 반복하는 것이다. 그러기 위해서는 그 과정을 진심으로 즐길 수밖에 없다는 생각을 많이 했다. 진심으로 즐기려면 그 과정에 적당한 고통과 그 고통을 해결했을 때의 성취감을 즐길 수 있어야 한다. 적당한 고통과 고뇌를 하나의 과정으로 받아들이고 그 결과물인 즐거움, 성취감을 계속해서 상상하고 또 즐기게 된다면 앞으로도 글을 쓰는 과정이 반드시 힘들지만은 않을 것이라는 주문을 스스로에게 걸어본다.

4. 김명애의 이야기

(1) 목적이 있는 글쓰기

2006년 7월 26일 수요일

논문의 주제가 정해졌다. 교수님과 상의 끝에 여러 주제 중 '탈식민' 으로 하고 이제 본격적으로 연구하기 위한 연구일정을 대략적으로 짜 본 뒤 집으로 돌아왔다. 돌아오는 내내 마음이 편치 않았다. 오늘 교수님께 가기까지 많은 용기가 필요했는데, 이제 드디어 진지하게 글을 써야 할 시간이 왔기 때문이다. 나에게 있어 글쓰기란 얼마나 큰 용기를 필요로 하는 일인지…. 고등학교 때까지 대부분의 학생들이 그렇듯 나름의 문학적 재능이 있다고 생각하며 살아왔지만 대학, 대학원을 진학하면서 생각하게 된 글쓰기는 논리적이면서도 문학적인 글쓰기로 감동과 설득력을 동시에 충족시켜야 한다고 생각했기 때문에 하나의 글을 쓰기 위해서는 오랜 망설임이 동반된다. 특히, 다른 이들에게 설득력을 얻는다는 것은 얼마나 어려운 일인가? 자신이 정한 주제에 대해 정통해야 할 것이며 그에 따른 상당량의 독서와 공부가 뒷받침되어야 할 것인데 난 그런 것을 걱정만 하다 보니 막상 시작도 못 하고 늘 시간에 쫓기고만 있었다. 논문을 시작해야 하지 않겠냐는 교수님의 전화벨이 울릴 때는 이제 더 이상 물러설 데가 없었기에 고양이 앞의 쥐처럼 덜덜 떨면서 교수님의 연구실을 찾았던 것이다.

'초등학생의 탈식민주의적 의식변화'

주제가 거창하다. 물론 교수님과 상의한 결과지만 내가 왜 지금 이런 글쓰기를 해야만 하는지 나 자신을 완벽히 설득하지 못했기에 온전히 기쁜 마음으로 글쓰기를 시작할 수는 없을 것 같다. 단지 대학원 졸업, 석사학위 취득을 위한 것이라면 좀 더 쉬운 주제도 있을 것이다. 그러나 글쓰기라 하는 것이 자신이 말하고자 하는 것을 글로 풀어 놓은 것이라 한다면 뭔가 나의 삶의 부분과 관계가 있어야 더욱 쉽게 글을 쓸 수 있지 않을까? 왜 여지껏 논문 쓰기를 시작도 못했냐고 핀잔 줄 수도 있겠지만 나는 내가 지금 쓰고 있는 것이 내 삶을 어떻게 변화시키고 어떤 관계가 있는지 충분히 나 자신이 이해하고 납득이 갈 때에야 비로소 글을 쓸 수 있을 것 같다. 글의 목적이 분명하다면 그 결과나 영향력 또한 분명할 것이라 생각한다. 단지 지금 이 시점에서 나 자신에게 다짐하는 것은 더 이상 일의 진척이 없는 망설임의 시간은 없어야겠다는 것이다.

(2) 생각과 표현의 간극

2007년 2월 12일 월요일

요즘은 매일매일 책상 앞에 앉아 있기는 한데 하루에 한 줄을 못 쓸 때도 있다. 영어 번역을 할 때에도 이렇게까지는 아니었는데 내 머릿속의 생각을 글로 나타낼 때 표현의 한계를 느낀다. 국어사전을 이토록 열심히 찾아본 적이 있었던지…. 영어보다는 모국어니까 자신감이 있었지만 글을 써 내려갈 때 나 자신이 말하고자 하는 뜻을 전해 줄 적당한 단어를 찾지 못해 헤매고 있다. 생각과 표현의 간극이 너무 크다. 이제까지 쓴 글을 읽고 또 읽으면서 끊임없이 글과의 대화를 시도해 본다. 지금 이 문장이 정말 나의 생각을 제대로 대변해 주고 있는지 계속적으로 나만의 렌즈로 확인하고 수정해 보기도 하지만 나의 언어능력의 한계로 단어 하나 수정하는 데도 새벽 동이 터 왔다. 그렇다고 적당히 타협하기는 싫은 것이 대충 얼버무린 문장을 읽다보면 자신이 부끄러울 것 같기 때문이다. 해서 '가장 알맞은 단어가 무엇일까?', '문장을 어떻게 연결하면 좋을까? 하는 이러한 고민은 수시로 계속된다. 양치질을 하면서, 밥을 먹으면서, 출근길에도 심지어 꿈속에서도 단어가 아른거린다. 이러다 글쓰기를 언제까지 할 것인지…. 글쓰기에도 융통성이 필요할 것인데 나의 작업에서는 열외인 것 같다. 며칠째 계속된 단어선택, 문장 연결에 대한 고민이 논문을 다 쓸 때까지도 이어진다면 정말 끔찍할 것 같다. 오늘 남편이 열심히 사전 찾고 있는 나를 보고 한마디 한다. '사서 고생' 이라고…' 그러나 어쩌랴? 이미 이렇게 하기로 마음먹은 것을!

(3) 잠, 그 달콤한 유혹

2007년 4월 12일 목요일

깨어 보니 새벽 3시이다. 요즘은 집에 돌아온 후 한 시간 한 시간이 너무나 소중한데 벌써 몇 시간을 자버렸다고 생각하니 덜컥 걱정부터 된다. 오늘 목표한 부분을 다 쓸 수 있을까 싶어서. 논문 초안 제출이 얼마 남지 않아 후반부 작업을 진행해야 하는데 아직도 이론적 배경 부분이 부족하다는 교수님 말씀에 답답한 가슴으로 지낸 지 5일째. 고민하고 쓰고 또 쓰고 다듬고 해야 할 시간도 부족한데 맘 편하게 자버렸으니…. 맘 편하게 자기는 한 걸까? 오히려 편한 잠으로 그동안 쌓인 피로를 조금이라도 풀어주면 좋으련만 그 몇 시간 동안 맘 졸이며 꿈속에서도 이론적 배경과 싸웠던 것인지 그리 개운하지는 않다.

이 새벽에 커피를 마신다. 오늘, 아니, 어제 오후에 저녁을 대비해 한 잔을 한 후 두 잔째. 전혀 커피를 마시지 않는 내가 시간 계산까지 해가며 커피를 마신다는 것이 참 우울해진다. 원래 잠이 많은 편이라 눈 떠 있는 동안 최선을 다하고 잠을 잘 때쯤엔 피곤해져서 스르르 잠이 들어 아침까지 푹 자는 생활리듬을 가졌기에 글을 쓸 수 있는 시간을 내기가 참 힘들다. 책상에 앉은 후 고민으로 시간을 보내다 본격적으로 글을 쓰기 때문에 진득하게 글에 대해 생각할 수 있는 시간이 절대적으로 부족한 편이다. 오늘 아침 출근길에도 하루 일과를 그려보며 학교에서 전담시간과 오후 시간을 이용해서 논문을 써야지 하고 생각했지만 수업과 업무로 마땅히 글을 쓸 수 있는 여유는 주어지지 않았다. 특히 교육부 시범학교라 그런지 날마다 회의의 연속이라 회의의 '회' 자만 들어도 지긋지긋하다. 조용한 혼자만의 시간은 거의 가질 수 없다는 것이 안타깝다. 매일이 오늘 같으니 시간 부족을 해결할 방법은 오직 수면시간 조절밖에 없고 잠을 줄이기 위해서는 커피를 마시는 수밖에 없다. 다른 이들에게 커피란 식후의 담소를 즐길 때 친구 같은 존재인지 모르지만 평소 커피를 전혀 마시지 않는 나에게 있어 가끔씩 마시는 커피의 효과는 각성제 그 이상이다. 그리고 심리적으로도 '커피까지 마셨는데 오늘 글을 안 쓰면 되겠어' 하는 의지를 불어넣어 주는 에너지요, 유인제다.

사실 이렇게까지 커피에 의지한다고 해도 잠을 아예 안 잘 수는 없기 때문에 일과를 마치고 집에 돌아와 방을 어둡게 한 다음 서너 시간을 일단 자 둔다. 이 때 잠을 잠으로써 집에 돌아와 TV를 보거나 신문을 읽거나 하면서 별 생각 없이 흘려보냈던 시간을 절약할 수 있고 밤 9시나 10시쯤 일어나 이제 하루에 남은 시간이 얼마 없다는 긴장감으로 글쓰기에 집중하는 것이다. 그리고 동이 터 날이 환히 밝아 올 때까지 내가 무엇인가에 집중하고 있다는 것에 뿌듯해하며 아침을 맞이하는 것이다. 이렇게 요즘 글쓰기를 위해 생활 패턴을 정착해가고 있는데 오늘은 아예 10시를 전후하여 기억이 없는 것을 보니 집에 돌아와 잠을 자 둔다는 것이 깊게 자버렸나 보다.

오늘은 실패했지만 날마다 잠의 유혹을 이기기 위한 이런 생활 패턴을 유지해서 집중할 수 있으면 얼마나 좋을까? 그러나 퇴근 후 곧바로 잠자리에 들어도 아직 밝은 시간이라 잠이 깊게 들지 않는 날이 많고, 피로에 지친 몸에 커피가 언제나 각성제의 역할을 할 수 있는 것은 아니다. 엊그제는 아예 컴퓨터 자판 위에 얼굴을 묻고 쓰러졌고, 목이 꺾이게 졸다가 스스로 놀라 깨기도 했다. 잠깐 편하게 자겠다고 침대에 들어갔다가 다음날 아침 햇살을 맞이했을 때, 그때는 정말이지 알람을 듣지 못한 나 자신에 대한 후회와 깨워주지 않고 같이 자버린 남편에 대한 짜증이 밀려온다. 지금도 역시 그 짜증을 삼키며 책상에 앉았다. 무엇보다 잠의 유혹을 이기지 못한 나 자신이 싫어진다. 언제쯤 편한 잠을 청할 수 있을런지….

2007년 4월 20일 금요일

결국 일주일밖에 남지 않았다. 잠과의 전쟁은 이제 그 절정인 것 같다. 글을 어떻게 이어가고 매듭지어야 할지 시간은 촉박한데 쓸 것은 너무 많고 그런 초긴장 상태였음에도 불구하고 새벽녘에 쏟아지는 잠은 어쩔 수 없다. 나는 이렇게 걱정인데 같이 밤을 새어 줄 것처럼 하다가 아무 일 없다는 듯 잘 자고만 있는 남편이 참 야속하다. 베란다로 나가 멀리 산 너머 동네를 보며 나도 언젠가 저기를 새벽녘에 달려 보리라 맘먹어 본다. 맞은편 공단에서 반짝이는 수많은 불빛들을 바라보며 각자의 자리에서 열심히 사는 사람들을 생각해 보기도 한다. 나는 왜 이 시간까지 잠과 싸우며 글을 쓰고 있어야 하는지 다시 한 번 그 목적을 생각하며 스스로를 달랬다. 쏟아지는 잠을 이겨내기란 쉽지 않다. 그러나 나는 할 수 있을 것이다. 할 것이다. 어제, 오늘 그리고 내일까지 단 10분만 휴식을 취하더라도 나는 해내고야 말 것이다. 더 이상 물러설 데가 없다. 나는 반드시 제시간에 논문을 제출할 것이다.

(4) 가족은 나의 힘

2007년 4월 16일 화요일

퇴근 후 조금 눈을 붙였다가 다시 일어나서 글을 써야지 하고 현관문을 여는 순간 그러고 싶은 생각이 싹 사라졌다. 우리 집이 아닌 것 같아 어리둥절하다. 우리 집이라면 여기 저기 흩어져 있는 참고문헌, 제대로 씻지 않아 그릇들이 쌓여 있는 씽크대, 먼지 쌓여 있는 화장대… 이게 정상인데 너무 깨끗해진 집을 들어서며 불안하다. 어머니께서 다녀가신 것이다. 몇 달째 내놓지 못한 재활용품은 없어져 있고 물을 주지 않아 말라가던 화분들은 베란다 바깥에서 물을 흠뻑 마신 채로 가지런히 놓여 있다. 씽크대는 물론 온 집안이 먼지 하나 없이 깨끗하다. 어디론가 숨고만 싶어진다. 왜 시어머니들은 내가 깨끗하게 해 놨을 때는 안 오시고, 집이 더러울 때만 찾아오시는 건지…. 그리고 나만의 공간을 다른 누군가에게 보인다는 것이 그렇게 부끄러울 수 없다. 씻지 않은 그릇이 가득한 싱크대를 보니 밥도 제대로 못 해 먹고 다니는가 보다 생각하셨을 것이고 흐트러진 방안, 거실을 보고 며느리를 어떻게 생각할까? 아들 밥도 제대로 챙겨주지 않고 혼자서 공부한다고 하는 며느리를 좋게 볼 시어머니는 별로 없을 것이다. 오신다고 연락하시고 오시면 허겁지겁 청소라도 해 놓겠지만 이렇게 불시에 오시면 어떻게 할 도리가 없이 우리의 본 모습을 보이고 마는 것이다. 이런 상황이 정말 부끄럽다. 냉장고를 열어 보았다. 못 보던 그릇들에 여러 가지 반찬들이 담겨 있고 냉동실에는 우리 부부가 한 끼 먹을 만치의 곰국들이 여러 봉지에 얼려져 있었다. 눈물이 난다. 우리가 아무리 정상적인 생활을 하는 듯 보이려 해도 부모님 눈에는 다 보였나 보다. 시아버지께서 요즘 많이 힘들지 않냐고 자주 건강을 물었을 때 도둑이 제발 저리듯 난 괜찮다고 우린 요즘 밥 잘 먹고 잘 살고 있다고 씩씩하게 온몸으로 대답할 때 이미 알아차리셨나 보다. 하긴, 결혼 전에도 말랐던 사람이지만 내가 글을 쓰는 동안 점점 더 말라가는 남편을 보면서 나도 죄책감을 느끼는데 부모님이라고 알지 못하셨을까?

글을 쓰고자 하면 혼자만의 시간을 가져야 했기에 논문을 위해 남편과 아이들을 제쳐둔 채 1년여를 살았다는 어느 분의 이야기는 글 쓰는 작업의 처절함을 느끼게 했었다. 그렇게까지 할 필요가 있나 했지만 얼마 지나지 않아 그건 그 분만의 이야기가 아니라 곧 나의 이야기가 되었다. 퇴근 후 잠시 쉬어야 했기 때문에 여러 사교 모임에도 뜸하게 되고 시간이 지남에 따라 인간관계가 소원해짐을 피부로 느낄 수 있었다. 그러나 내가 무슨 일을 하더라도 끝까지 믿어주고 후원해 주는 가족들이 있기에 여기까지 오지 않았나 싶다. 특별히 남편이 얼마나 고마운지…. 고마운 만큼 미안함도 커진다. 나보다 대학원을 먼저 졸업한 남편이기에 나의 고충을 충분히 이해하고 여러 가지로 도와주었다. 학교에서 찍어온 영상을 전사해 준다든지, 논문의 여러 형식 등을 조언해 주었던 남편에 대하여 나는 아내의 역할을 제대로 하고 있는지 돌아보면 더 이상 할 말이 없다. 나는 언제 아내, 며느리의 역할을 할 수 있을런지, 때론 시집 온 게 아니라 원래 내가 딸이고 남편이 장가 온 것 같은 기분이 들 때가 있다. 무엇을 하든지 믿어 주시고 후원해 주시는 분들이 있다는 것은 참 행복한 일이다. 내일은 시댁에 가서 내가 왜 이 글을 써야 하며 어느 정도의 진행상황인지 진지하게 말씀드리고 우리의 생활을 알려드려야겠다.

(5) 넘어야 할 산－허리

2007년 4월 27일 금요일

한의원에서 침을 맞고 왔다. 수십여 개의 침을 맞고 뜸을 뜨고 시간이 아깝다는 생각을 하며 한의원을 나왔다. 언제부터일까? 글을 쓰고자 책상 앞에 앉으면 목부터 등, 허리가 찌릿하니 아파왔다. 처음에는 참을만 했으나 그 고통은 계속되어 이제 반사작용처럼 책상에 앉기만 하면 아파오기 시작한다. 썼던 글 지우고 다시 쓴다고 키보드를 얼마나 두드렸던지 손목과 손등, 팔도 아렸다. 그러고 보니 안 아픈 데가 없는 것 같기도 하다. 한의원에서 한의사 선생님이 하시는 말씀은 그저 스트레스를 받아서 그런 거니 편하게 지내라고 한다. 편하게 지낼 수가 있나? 머릿속은 온통 논문에 대한 생각뿐인데. 이제 글을 마무리 지어야 할 시점인데 아직도 끝맺음을 못하고 있다. 여러 문장들이 눈앞에 왔다갔다 한다. 컴퓨터 모니터를 너무 오래 보고 있나 보다. 눈까지 피로해진다. 이 시간이 빨리 지나갔으면 좋겠는데, 시간이 지날수록 마음은 더욱 급해지고 등허리의 고통은 더 심해져만 간다. 그러나 고통 없는 값진 승리를 바랄 수는 없다. 언젠가 완성된 논문을 들고 기뻐할 그 순간을 떠올리며 앞으로 앞으로 전진할 것이다. 이런 고통을 참으며 끝까지 글을 써야 할 이유가 있는지 생각한다면 이야기는 다시 원점으로 돌아갈 뿐이다. 처음 왜 이 작업을 해야 하는지 오랜 기간 동안 생각했기에 후회는 없다. 다만 이 정도의 고통은 꼭 넘어야 할 산으로 생각할 뿐.

(6) 도전하는 교사의 삶

2007년 5월 3일 목요일

아이들을 다 보내고 난 후 텅 빈 교실을 둘러본다. 이런 오후엔 아이들과 공기 놀이를 하거나 몇몇 아이들과 남아 공부를 했던 기억이 엊그제인데 요즘은 아이들 없이 나 혼자 교실에 남아 나만의 시간을 가지기를 소원한다. 서글프다. 어쩌다…. 교사라는 직업에 대해 항상 자부심을 가지고 있었기에 저녁시간에는 다음날의 수업 연구를 하거나 학급 경영에 대해 고민하곤 했었는데 글쓰기에 집중하다 보니 때로 교재 연구가 부족할 때도 있고 학급 경영도 늘 해오던 대로 틀에 박힌 경우도 많다. 이 모두가 글쓰기에 집중하기 위해 준비된 것이긴 하지만 씁쓸한 맘이다. 지난 학기 말 교재 연구의 이득을 보기 위해 전년도에 맡았던 학년을 계속 맡기로 했었고 다른 선생님들께 양해를 구하여 교실도 그대로 쓰기로 했다. 교실 저 뒤편의 해바라기는 작년이나 올해나 활짝 피어 있구나. 그러나 수업이나 학급 경영, 환경 정리 등의 시간적 이득은 확실히 있었지만 그것이 과연 지금 내가 맡고 있는 아이들에게 어떤 도움이 됐을런지 확신할 수 없다. 그도 그런 것이 나 스스로 교재 연구도 제대로 하지 않고 그냥 그 자리에 머무는 발전 없는 교사가 되는 듯해서 마음에 갈등도 많다.

그러나 이런 여러 걱정에도 불구하고 글쓰기를 하는 동안의 경험을 통해 나의 교사인생을 생각해볼 때 충분히 아이들에게 다시 돌아가게 될 것임을 자부한다. 논문의 주제가 쿠레레의 방법을 사용하는 것이기에 아이들의 글쓰기 작업이 뒷받침되어야 가능하다. 작년 가을을 돌아보면 아이들은 수업마다 자신의 생각을 써 내려 갔는데 시간이 지날수록 글이 다듬어져 갔고 생각도 깊어지고 있었으며 무엇보다 그 전에는 알 수 없었던 아이들 각자의 재능을 발견하게 되었다. 아이들의 글을 읽으며 이 아이들과 계속 재미있는 수업을 하고 싶다는 의욕이 생겼었고 또 아이들이 나의 스승 역할을 할 때도 있어 아이들의 성취에 대한 보람을 한껏 느낄 수 있다는 것이 나의 알 수 없는 자부심의 증거일 것이다. 지금의 이 아이들에게도 축적된 경험을 바탕으로 반드시 함께 토론하며 글을 쓰며 활발한 학급 경영을 해 보리라, 내가 가진 것을 나눠 보리라 생각해 본다. 무엇보다 아이들에게 도움이 되기 위해, 함께하기 위해 지금의 고민과 연구가 있지 않은가?

2007년 5월 7일 월요일

교육부 시범학교이기 때문에 기본 업무 외에 할 일이 너무 많다. 거기다 개교기념일이라 운동회, 어버이 행사를 같이 하기 때문에 그야말로 눈코 뜰 새가 없다. 글쓰기를 할 수 있는 시간을 확보해야 하는데 전담시간이나 오후의 비는 시간이 있어 나름대로 계획을 해 놔도 소용없다. 언제든지 부르면 촬영기사가 되어야 하는 현실. 학교 앨범 담당이 있어도 모두 산휴 중이라 대신 해야 하는데 난 할 일이 너무 많아서 안 되겠다고 말할 처지가 못 된다. 모두 다 같이 중요한 일들을 맡고 있고 나름대로 각자의 자리에서 열심히 하고 있기에 난 글쓰기를 해야 하니까 좀 봐달라고 말하기가 참 어려운 상황이다. 입을 삐쭉 내밀고 불만스러운 얼굴로 행사장에 내려가서 촬영을 하고 있으려니 행사 담당선생님께서 얘기를 들어주신단다.

아무리 이해한다고 해 주어도 글을 쓰는 고통을 직접 느껴보지 못하면 이해하기 어려울 것이다. 그런데 이 분은 나의 고통을 충분히 이해해 주었다. 시간을 확보하는 것, 글을 쓸 때의 구조, 떠오르는 생각을 정리하는 것, 그리고 여러 환경으로부터 자유로워지는 법 등을 모두 이야기해 주셨다. 그리고 무엇보다 이 시간을 즐기라는 말씀을 해 주신다. 그렇다. 고통만이 글쓰기의 전부는 아니었다. 오늘 내 얘기를 들어주신 선생님 같은 분을 만나 나의 글쓰기에 대해 충분히 대화할 수 있었던 것은 큰 행운이요, 즐거움이었다. 나의 고민이 모두 해결된 것은 아니지만 끝없는 대화를 나누다 보니 내 속에 어떤 열매의 알이 꽉꽉 들어차게 되는 느낌을 갖게 되었다. 글쓰기는 그 알이 꽉 차서 터트려지는 시간이라 할 수 있을 것이다. 말하자면 글쓰기라는 것이 고통을 동반한 성장의 과정이라고 하면 무리가 있을까? 난 지금 그 어떤 알이 꽉 찬 열매를 터트리고 있는 중이다.

5. 김지혜의 이야기

오랜만이다. 무언가 글을 써 보겠노라고 앉아서 한글 프로그램을 실행시켜 놓고는 이렇게 하얀 종지 위에 혼자 깜빡거리고 있는 커서를 가만 보고 있자면 슬그머니 고개를 들던 이런 막막함. 오래 미루어 왔던 학위논문을 위해 연구와 글쓰기를 시작하고 마침내 형식을 갖추어 묶어 낼 동안의 길고 긴 과정이야 개인적으로는 두고두고 수다를 떨 만한 이야기지만, 대단한 글쓰기 전략이 있는양 거창한 제목을 달고서 실상은 넋두리에 가까운 자조로 거칠고 부족한 글을 냉큼 세상에 내놓자니 이 글이 딱히 누군가에게 도움이 될까 싶어 또 걱정이 되는 것이다.

이런저런 생각만으로는 늘 시작이 어려운 법, '행여 한둘에게는, 혹은 한두 가지쯤은' 하며 경험을 나누어 보는 것으로도 의미가 있을 것이라 난데없는 호기를 부려본다.

(1) 많이 읽고 많이 쓰고 많이 생각하는 것, 글쓰기의 시작

기억을 되짚어보니 학창시절, 글을 잘 쓰기 위해 필요한 세 가지 덕목을 묻는 시험문제가 가끔 출제되곤 했었던 것 같다. 송나라 구양수의 3다(三多:多讀, 多作, 多商量)를 묻던 시험문제의 답은 그다지 어렵지 않게 써 내곤 했지만 이 세 가지 덕목의 진정한 가치를 절실히 느낀 것은 역시 연구를 시작하면서였다.

대학원을 수료하고 한동안 학업과 연구에서 멀어져 있던 내게 다시 연구를 시작하겠다는 결심만큼이나 어려웠던 것은 과연 내가 무엇에 대해 깊이 있게 연구하고 이야기할 수 있을까를 결정하는 일이었다. 교사로서 무언가 연구를 시작하게 된다면 이는 나의 실존적 고민에 터한 연구여야 할 것이란 소박한 결심은 논문의 주제를 정하는 일을 더디게 했고 오랜 고민 끝에 초임발령을 받았던 시골학교에서 장애학생을 가르치며 힘들었던 경험과 딜레마를 의미 있게 다루어 보아야겠다는 데 생각이 미쳤다. 그러나 이러한 경험과 딜레마를 개인적인 경험의 차원에서만 머무르지 않고 현장의 어려움을 보여주고 이에 관해 문제를 제기할 수 있도록 구체화하기 위해서는 정작 무엇을 어떻게 시작해야 좋을지 여전히 막막하기만 했었다.

연구 주제에 대한 이해도 부족하였거니와 연구 참여자를 선정하는 일부터 자료를 규정하고 수집하는 방법, 수집된 자료를 분석 · 처리하는 방법, 그리고 타당도 검증을 위한 방법 등 질적연구의 과정에 포함되는 일련의 단계들에 대해서도 마찬가지로 낯설었기 때문이었다. 결국 한두 번 넘겨보며 대충 이해했다고 착각했던 질적연구방법론을 다시 꺼내들고 밑줄 그어가며 차근차근 읽기 시작했고 연구를 진행하는 내내 시간을 쪼개 도서관과 인터넷 서점에서 관련된 서적을 잔뜩 구입하여 읽거나 인터넷 사이트를 찾아 최근의 발간 자료와 학위논문, 학술지 논문 등을 부지런히 수집하였다.

조금이라도 참고가 될까 해서 질적연구로 행해진 논문이라면 교육학 분야의 논문뿐만 아니라 사회학, 심리학과 의학 관련 논문들까지 죄다 찾아 읽어 보는 통에 연구가 진행되는 동안 책상 주위와 방안 곳곳에는 주제별로 쌓아 놓은 A4 더미들이 자리를 차지하고 있어 폴짝폴짝 뛰어넘어 다녀야 할 지경이었다. 당장 제출기한이 정해진 논문을 쓰면서 많은 시간을 들여 관련 자료를 찾고 읽어보는 일이 다소 부담스럽기도 했지만 결국 이러한 과정을 통해 통합교육에 대한 이론적 지식과 한국 통합교육의 보편적 실제를 깊이 이해할 수 있었고 나의 연구에 활용할 질적연구 방법의 가치에 대한 심리적인 지지를 얻을 수 있었다. 또한 선행연구물들의 결과와 한계를 분석하며 자연히 기존의 연구에서 적절하게 답해지지 않은 가치로운 연구 문제를 발견할 수 있었다.

쓰고자 하는 논문의 영역과 주제에 따라 다소 차이가 있을 수 있겠으나 학위논문을 쓰기 위해 알아두면 유용한 대표적인 정보 자료원을 아래에 간단히 정리해 보았다. 학술지, 학위논문, 관련서적 등의 데이터베이스를 검색하고 열람할 수 있는 아래의 정보원 이외에도 실제로 신문 기사, 교육관련 잡지의 기획, 뉴스와 방송 프로그램 등의 미디어도 논문의 아이디어를 얻는 데 큰 도움이 되었으며 적절한 자료로 논문에 인용되기도 하였다.

알아두면 유용한 정보 자료원

국립중앙도서관 http://www.nl.go.kr

국립중앙도서관에 소장된 한국 및 외국의 단행본, 연속 간행물, 학위논문, 고서, 비도서, 기사색인, 해외수집기록물 등의 목록 정보를 검색하거나 열람할 수 있다. 검색된 자료의 목차, 초록, 원문 자료가 구축되어 있다면 원문보기 뷰어 프로그램을 통해 구축된 원문 내용을 볼 수 있다.

국회도서관 http://www.nanet.go.kr

국회도서관의 전자도서관 서비스를 통해 입법정보와 학술정보를 검색할 수 있다. 국회전자도서관의 원문 이미지 및 PDF 문서를 보기 위한 국회도서관 통합뷰어를 다운받아 설치한 후 논문명, 저자명, 키워드, 발행자 등으로 관련된 자료를 검색하여 TIFF 혹은 PDF파일로 구축된 원문 내용을 볼 수 있다.

KERIS 한국교육학술정보서비스 http://www.riss4u.net

교육인적자원부 출연기관인 한국교육학술정보원(KERIS)이 제공하는 학술연구정보 서비스로 인문과학, 사회과학, 자연과학, 공학, 의약학, 예술 및 체육, 교육학 등 주제별로 정보를 검색할 수 있는 특징이 있다. 최근 '해외석박사학위 논문(PQDT) 검색 서비스'와 KERIS 교육학 분야의 온톨로지에서 구축된 의미 정보를 사용자에게 통합하여 보여주는 '교육학 분야 의미기반 검색'을 시범 서비스하고 있으며 해외논문 구매대행도 가능하다.

국가전자도서관 http://www.dlibrary.go.kr

국립중앙도서관, 국회도서관, 법원도서관, 한국과학기술원 과학 도서관, 한국교육학술정보원, 국가지식포털 등 국내 주요 도서관을 연계하여 현재 8개 참여기관 70여 종의 다양한 데이터베이스를 통합 검색할 수 있다.

(2) 메모와 정리의 기술

논문 계획서를 발표하고 연구를 진행해 나가는 동안 부지런히 읽을거리들을 찾아내고 연구과정과 결과를 기록해 나가면서 내게는 수많은 자료들이 쌓여갔다. 사다놓은 책들과 인쇄한 학위논문, 학술지, 신문 스크랩, 수집한 내용분석 자료 등은 이미 적지 않은 책장을 채워 내고도 남아 바닥으로 내려와 뒹군 지 오래였고, 심층면담과 참여관찰이 진행되면서 하루하루 늘어만 가는 면담 전사파일과 참여관찰 일지, 촬영한 사진과 동영상, 연구일지 등도 컴퓨터의 한 폴더 속에 어지럽게 쌓여만 갔다.

연구 계획서를 제출하며 작성한 초기의 면담 가이드를 좀 더 구체화하여 실질적인 면담질문들을 추가해 보려고 문득 스쳐가는 괜찮은 아이디어들을 적어 놓은 메모와 관련논문에 그어놓은 밑줄을 찾아 그 많은 A4 더미를 한참을 뒤적이느라 소중한 저녁 시간을 쏟아부은 어느 날, 자료를 정리하는 데에도 체계가 있어야겠다는 데 생각이 닿았다. 바닥에 별스럽지 않게 쌓여있던 A4 더미들을 연구방법에 참고할 만한 자료인지 통합학급의 교수 · 학습영역, 생활지도 영역, 혹은 협력적 관계를 맺고 있는 지원체계와 관련된 자료인지를 분류하여 정리하여 쌓아두기 시작했고 컴퓨터 속에 의미 없이 묶여있던 한글파일들도 영역별로 만든 폴더 속에서 제자리를 찾았다.

연구자료를 분류하여 내용을 기술하기 전까지 최종적으로 결정한 세부 템플릿의 목록을 살펴보면 수집한 자료나 컴퓨터 속의 자료를 정리해 두기 위해 만든 폴더의 성격과 참으로 비슷한 구석이 많아서 자료를 정리하는 것은 생각을 정리하는 것과 다름없음을 발견한다. 많은 시간을 들인 것은 아니었으나 겨우 몇 초, 머릿속을 스쳐 지나가는 생각을 메모해 두거나 수집된 자료를 체계적으로 정리하는 과정은 좋은 글을 쓰기 위해 꼭 필요한 과정이었음에 틀림없다.

또한 연구를 시작한 초기에 읽었던 자료에서 논문에 참고할 만한 좋은 아이디어라 수첩에 잘 적어 두었던 글의 출처를 다시 찾지 못해 적절하게 인용하지 못한 것은 두고두고 후회가 되기도 했다. 자신이 읽은 모든 글들이 중요한 자료로 활용될 수도 있음을 생각하고 그 출처를 꼼꼼하게 적어두는 것을 또한 게을리하지 않아야겠다.

(3) 쉬우면서 깊은 내용을 담은 문장 쓰기

다른 사람이 써 놓은 논문이나 기사를 읽다보면 어떤 글은 막히지 않고 단숨에 술술 잘 읽히는가 하면 또 어떤 글은 주제의 중요성과 참신함에 비해 자꾸만 문장의 호흡이 끊겨서 답답해지는 경우가 있다. 자신의 생각을 제대로 표현하지 못한 이런 글들이 상대방을 설득할 수 없음은 의심할 바 없다. 우여곡절 끝에 제자리를 찾은 수많은 자료를 두고 본격적인 글쓰기를 시작한 그 해 봄, 나의 글쓰기의 가장 큰 화두는 단연 어떻게 하면 쉬우면서 깊은 내용을 담은 문장으로 표현할 것인가였다. 그러나 한동안은 한참을 앉아 끙끙대고도 몇 줄을 써 내려가지 못한 적이 더 많았으니 논문 초심을 약속한 날짜는 점점 다가오는데 참으로 애가 탔다. 글쓰기가 계속될수록 매번 쓰던 똑같은 표현을 구태의연하게 반복해서 쓰게 되거나 문단과 문단을 논리적으로 잇는 적절한 이음말을 찾지 못해 속상하기도 했다. 게다가 별로 어렵게 느껴지지 않던 한글 맞춤법과 띄어쓰기도 갑작스레 마구 헷갈리기 시작했으니 말이다.

결국 맞춤법에 맞는 정확한 표현을 위해 인터넷 포털 사이트의 국어사전을 활용하게 되었다. 글쓰기를 하면서 애매한 단어에 대한 바른 표기를 바로바로 확인해 볼 수 있을 뿐만 아니라 적절한 예문에서 가끔 마음에 드는 표현을 찾을라치면 냉큼 몇 문장이 술술 풀려 가기도 했다. 한 권의 글로 묶여지는 논문을 출판하자면 적절하지 않은 표현이나 맞춤법에 맞지 않는 표현 등을 고쳐내는 성의가 필요한 것 같다. 더불어 성실한 교정 작업 또한 좋은 글을 쓰기 위해 거쳐야 할 과정일 것이다. 글쓰기를 마무리 짓고 여러 번 쓴 글을 읽고 어법에 어긋나거나 의미가 통하지 않는 부분은 없는지, 행여 실수로 잘못 타이핑된 부분이 없는지 살펴보았으나 출판된 논문을 다시 읽다 미처 확인하지 못한 오타를 발견하고 보니 영 마음이 개운치가 못했던 것이 사실이다.

(4) 공부를 빛내는 것은 근면

갖가지 전략과 방법이 있다고 하더라도 글쓰기를 한다는 것은 어렵고 고통스러운 일이다. 연구를 시작해 보려고 처음 인터넷에서 찾아보았던 한 질적연구 논문은 무려 300여 쪽에 달했었다. 어마어마한 물리적인 페이지를 마주하며 느꼈던 글쓰기의 '양'에 대한 부담감이 지금도 생생하다. 바쁜 직업을 가진 교사가 오랜 시간과 노력이 요구되는 면담과 참여관찰 등을 주된 연구방법으로 하는 질적연구를 수행하는 데는 대단한 용기와 포기가 필요한 것도 사실인 것 같다. 그러나 솔직히 고백하자면 그 어떤 글쓰기의 전략보다 논문을 써가는 시간 동안 큰 힘이 되어 준 것은 별 진척이 없던 글쓰기에 실망하여 우울한 기분을 달래려 지난 여행 사진을 뒤적이다 여름 남도 여행길 다산유물전시관에서 찍었던 한 장의 사진 속에서 다시 발견한 글귀였다.

"기억력 · 이해력 좋지 않고 글재주 없다 하여 실망마라.
공부를 빛나게 하는 건 근면이다."

다산이 강진에서 양성한 제자인 황상(黃裳, 1788-1870)에게 준 편지인 '면학문(勉學文)' 에 적힌 글이다. 제목이 근사해서 냉큼 집어 들었는데 재미있게 단숨에 읽혔던 정민 선생의 〈미쳐야 미친다〉라는 책에서 감동하여 밑줄까지 그어두었던 이야기라 반가워서 찍어둔 사진이었는데 컴퓨터 바탕화면에서 한동안 자리를 차지하며 나를 위로했던 소중한 사진이 되었다. 혹여 힘든 글쓰기로 우울함을 주체할 수 없다면 짧게 옮겨 실은 다음 이야기를 천천히 읽어보는 건 어떨까. 끝낼 수 없을 것 같은 논문의 글쓰기를 무사히 마칠 수 있도록 하는 것도 역시 '근면' 임을.

제가 세 가지 병통이 있습니다.

황상은 열다섯 살 나던 1802년 10월 정약용을 처음 만났다. 당시 그는 천주학쟁이로 몰려 강진으로 귀양 와 있었다. 처음 강진에 도착했을 때 사람들이 모두 겁이 나 문을 꽁꽁 닫아 걸고 받아 주려 하지 않아, 그는 하는 수 없이 동네 주막집 방 한 칸을 빌려 기식하고 있었다.

황상은 서울에서 온 훌륭한 선생님이 아전의 아이들 몇을 가르친다는 말을 듣고 용기를 내어 주막집을 찾았다. 그렇게 며칠을 내처 찾아가 쭈뼛쭈뼛 엉거주춤 글을 배웠다. 7일째 되던 날 다산은 황상에게 글 한 편을 써주었다.

내가 황상에게 문사(文史)를 공부할 것을 권했다. 그는 쭈뼛쭈뼛하더니 부끄러운 빛으로 사양하며 이렇게 말했다.

"선생님! 제가 세 가지 병통이 있습니다. 첫째는 너무 둔하고, 둘째는 앞뒤가 꽉 막혔으며, 셋째는 답답한 것입니다."

내가 말했다.

"배우는 사람에게 큰 병통이 세 가지가 있다. 네게는 그것이 없구나. 첫째 외우는 데 민첩한 사람은 소홀한 것이 문제다. 둘째로 글 짓는 것이 날래면 글이 들떠 날리는 게 병통이지. 셋째 깨달음이 재빠르면 거친 것이 폐단이다. 대저 둔한데도 계속 천착하는 사람은 구멍이 넓게 되고, 막혔다가 뚫리면 그 흐름이 성대해진단다. 답답한데도 꾸준히 연마하는 사람은 그 빛이 반짝반짝하게 된다. 천착은 어떻게 해야 할까? 부지런히 해야 한다. 뚫는 것은 어찌하나? 부지런히 해야 한다. 연마하는 것은 어떻게 할까? 부지런히 해야 한다. 네가 어떤 자세로 부지런히 해야 할까? 마음을 확고하게 다잡아야 한다."

"공부를 열심히 해서 훌륭한 사람이 되어야지."

"하지만 선생님! 저는 머리도 나쁘고, 앞뒤가 꼭 막혔고, 분별력도 모자랍니다. 저도 공부를 할 수 있을까요?"

잔뜩 주눅 든 소년에게 선생은 기를 북돋워준다.

"그럼 할 수 있고말고. 항상 문제는 제가 민첩하다고 생각하고, 총명하다고 생각하는 데서 생긴단다. 한 번만 보면 척척 외우는 아이들은 그 뜻을 깊이 음미할 줄 모르니 금세 잊고 말지. 제목만 주면 글을 지어내는 사람들은 똑똑하다고는 할 수 있지만, 저도 모르게 경박하고 들뜨게 되는 것이 문제다.

한 마디만 던져주면 금세 말귀를 알아듣는 사람들은 곱씹지 않으므로 깊이가 없지. 너처럼 둔한 아이가 꾸준히 노력한다면 얼마나 대단하겠니? 둔한 끝으로 구멍을 뚫기는 힘들어도 일단 뚫고 나면 웬만해서는 막히지 않는 큰 구멍이 뚫릴 게다. 꼭 막혔다가 뻥 뚫리면 거칠 것이 없겠지. 미욱한 것을 닦고 또 닦으면 마침내 그 광채가 눈부시게 될 것이야.

그러자면 어떻게 해야 되겠니? 첫째도 부지런함이요, 둘째도 부지런함이며, 셋째도 부지런함이 있을 뿐이다. 너는 평생 '부지런함' 이란 글자를 결코 잊지 말도록 해라. 어떻게 하면 부지런할 수 있을까? 네 마음을 다잡아서 딴 데로 달아나지 않도록 꼭 붙들어 매야지. 그렇게 할 수 있겠니?"

(정민, 조선 지식인의 내면 읽기 〈미쳐야 미친다〉 중에서)

6. 주수언의 이야기

꼬마곰 젤리와 포카리 스웨이트: 나의 글쓰기 동무들을 떠나 보내며

나의 석사 논문 주제는 '약국'에 관한 것이었다. 단순히 자료 수집이 용이하다는 이유만으로 선정된 테마였다. 설문지를 만들고 이틀 만에 300장의 데이터가 수집되었다. 역시 지도교수님 뜻대로 하기를 잘했다. 속으로 쾌재를 불렀다. 집안에도 기여하고 논문도 쓸 수 있고 석사도 될 수 있다. 일거양득이 아니라 일거삼득이 아닌가? 그러나 그 기쁨도 잠시, 나의 꿈이 산산이 부서졌다. 나의 부서졌던 꿈을 회상해 본다.

오늘 밤에는 또 얼마나 많은 꼬마곰 젤리를 못살게 굴고 포카리 스웨이트를 들이켜야 할까? 조교 일을 마치고 무거운 노트북을 들고 비탈길을 비틀비틀 내려오며 이렇게 생각한다. 2호선 지하철이 들어온다. 지하철 안에는 나보다 훨씬 피곤해 보이는 사람들로 꽉 차 있다. 그 사람들을 보면서 위안 아닌 위안을 얻는다. 강변역의 수많은 인파를 헤치고 집에 돌아오면 내가 좋아하는 전구색 현관등 센서가 나를 감지하고 따뜻하게 켜진다. 오늘 처음 나를 향해 따뜻하게 웃어주는 아이이다. 무거운 책가방을 책상위에 올려놓고 책상의자를 빙글빙글 돌리며 오늘은 무슨 이야기들로 이 많은 데이터들을 미화시킬지 고민에 빠진다. 샤워를 해야겠다. 나는 생각의 미로에서 길을 잃으면 아주 뜨거운 물로 샤워를 하는 버릇이 있다. 상상할 수 없는 뜨거운 온도로 샤워를 하다 보면 어른들 말씀처럼 시원함을 느낀다. 샤워를 하고 향기로운 냄새들을 풍기며 다시 컴퓨터에 앉으면 기분이 좋다.

꽤 근사한 생각이 떠올랐다. 오지선다 문항에 대한 답변 중 '보통'이라는 의견을 '매우 만족'과 '만족'의 의견을 합쳐서 붙이거나, '매우 불만족'과 '불만족'의 의견을 합쳐서 만족한 경향과 불만족한 경향을 만드는 것이다. 이렇게까지 해야 하나? 잠시 후 꼬마곰 젤리의 다리부분을 살짝 문 다음 잘근잘근 씹는다. 또 다시 데이터를 보니 '보통'이라고 답한 사람들이 2/3가 넘는다. 어쩌란 말인지 모르겠다. 아까보다 더 강하게 꼬마곰의 팔을 물고 머리를 삼켜 잘근잘근 씹어 버린다. 이렇게 먹어치운 곰돌이 벌써 전 세계 멸종 위기의 곰돌이 수만큼 될 것 같다. 컴퓨터 모니터가 내 몸의 모든 수분과 기를 빨아들이는 것 같다. 입 안이 바싹 마르고 피부가 허옇게 일어나기 시작했다. 포카리 스웨이트 그 맹맹한 물을 들이킨다.

괴롭다. 연구를 시작하고부터 꼬마곰 젤리와 포카리 스웨이트로 하루하루를 생활하고 있다. 온몸이 바스락 거리는 것 같아서 때마침 선전 중이던 포카리 스웨이트 한 박스를 주문했다. 집으로 돌아오는 편의점에서 매일 사오는 꼬마곰 젤리 2봉지. 그 색색의 꼬마곰 젤리를 보는 기쁨도 있지만 어느 순간부터 그 꼬마곰을 어떤 누군가로 생각하며 팔 다리 몸통 머리 순으로 씹어 먹고 있다. 나의 소심한 복수이다. 그 이후로 생긴 버릇이 있다. 누군가 마음에 안 드는 사람이 생기면 꼭 꼬마곰 젤리를 산다.

약국 근무자들이 약국 공간에 대해 어떻게 생각하고 있는지 알고 싶었는데 알 수가 없다. 설문지를 만들 때까지만 해도 나는 완성된 질문지 문항들로 약국 근무자의 마음을 읽을 수 있을 것이라고 생각했다. 전문가의 검증을 거치면서 객관성과 타당성까지 겸비하였으니 얼마나 멋지고 근사한 결과를 선사해줄지 설레었다. 설문지를 완성한 새벽, 지금까지 한 번도 이루어지지 않은 약국에 대한 연구의 새 장을 열 것이라며 기쁨에 가득 차 있었다. 그러나 300장에 가까운 답변지들을 코딩해 보니 보통이라는 답이 많았다. 그럼 모든 약국 근무자들은 자기들이 일하고 있는 공간이 보통이라고 생각하는 것인가? 그 사람들의 의견을 종합해 보자면 좋지도 나쁘지도 않다는 것 아닌가. 오 마이 갓! 차라리 오픈 문항으로 만들었던 약국 공간의 색채에 대한 답변은 꽤 쓸 만했다. 약국의 색상에 대해 다양한 의견을 접할 수 있었다. 같은 회색을 표현할 때도 '오래되고 칙칙한 회색' 이라는 답변과 '산뜻한 회색' 이라는 답변에서 나는 설문자의 마음을 느낄 수가 있었다. 자신이 공간이 아름답다고 생각하는지 혹은 답답하다고 생각하는지 알 수 있었던 것이다. 그 사람들의 진심이 느껴졌다.

그 순간 오지선다의 설문지가 커다란 벽으로 변신하여 답변자와 나 사이를 가로막고 있는 것처럼 느껴졌다. 설문지 너머 답변자들 역시 나를 만나지 못해 답답해하고 있는 것은 아닐까? 벌써 오늘 분량의 꼬마곰 젤리와 포카리 스웨이트를 다 먹어 치웠다. 새벽은 다가오고 또다시 연구실로 출근을 해야 한다. 무거운 노트북 가방을 어깨에 메고 수많은 인파를 헤치고 지하철을 타고 다시 비탈길을 오른다. 비탈길을 아침부터 비틀비틀 오르며 다시 생각한다. 교수님께 꼭 여쭈어 보아야겠다. "교수님이 가르쳐 주시고 인도해 주신 연구방법으로 만든 질문지에서 약국 근무자의 의견을 알 수가 없었습니다."

사실 지금도 그럴 용기는 없다. 논문을 쓰고 학위를 받고 대학에 자리 잡기까지 지도교수님의 영향력이라는 것은 어마어마하다 못해 무시무시하기 때문이다. 그렇게 힘든 시간을 거치며 나의 석사 논문은 급하게 마무리되어 갔다. 결국 지금까지 인테리어분야에서 한 번도 이루어지지 않았던 신선한 주제인 점을 강조하며 교수님과 친분이 있으신 교수님들로 구성된 심사위원님들의 격려를 받았다. 통과되었고 나는 석사가 되었다. 빛나는 졸업장과 학위기도 받았다.

8년이 지난 지금 새삼 궁금해졌다. 그 설문지를 작성한 사람들 마음에는 어떤 것이 있었을까? 같은 회색을 칙칙하다고 생각한 사람들과 산뜻하다고 생각했던 사람들이 추구하는 약국 디자인은 무엇이었을까? 박사 논문을 쓰면서도 결국 설문지의 벽을 넘지 못했다. 설문지 벽 뒤에 있는 사람들의 의견을 묻고 싶었는데 그들의 오지선다 질문지를 바탕으로 내 멋대로 해석해서 200장 가까운 글짓기를 하고 말았다. 박사 논문을 쓰면서도 꼬마곰 젤리와 뜨거운 샤워는 그대로 고수했지만 포카리 스웨이트 대신 비타민워터를 마셨다. 색색의 비타민워터를 마시면 기분이 좋아졌다. 하지만 꼬마곰에 대한 학대는 멈추지 않았다. 오히려 더 강도 있게 이루어졌다.

2010년 가을 학기 진주교육대학교의 김영천 교수님 강의를 듣게 되었다. 오가는 시간만 총 10시간. 토요일 수업이라 듣기 힘들 것이라고 생각했지만 첫 수업을 들은 이후 마술사의 주문에 걸린 사람처럼 한 학기 내내 오가고 있다. 교수님이 이상한 주문을 걸어 놓으신 게 분명하다. 교수님의 강의는 콜라 같기도 하고 고로쇠물 같기도 하다. 콜라처럼 시원하게 나의 궁금증을 해소시켜 주기도 하고 중독성도 강하다. 하지만 고로쇠물처럼 귀하고 신비하기도 하다. 그리고 쉽게 얻어지는 강의가 아니다. 매주 질적연구방법을 접하면서 내가 다가가지 못했던 그 사람들에게 다가갈 수 있는 방법을 알게 되었다. 앞에서 언급한 타당성과 객관성을 대표하는 양적연구보다 더 인정받으면서 말이다. 교수님의 저서 『네 학교 이야기』를 읽고 충격이었다. 『학원을 보내라』를 읽고는 더 충격이었다. 얼마나 힘든 가시밭길을 헤치고 오셨을까? 문득 연구자로서 학문의 선배로서 애달픔이 느껴진다. 웬걸? 나의 그런 걱정을 조심스레 재빨리 집어넣는다. 너무나도 당당하고 확고한 교수님의 학문체계가 부럽다. 학문에 대한 자신감이 바로 마법의 주문이었던 것 같다. 매 시간 답하지 못해 쩔쩔매는 내가 어떻게 비춰질지 두렵기도 하다. 하지만 그런 걱정도 단념과 함께 날려 보낸다. 나는 그저 지적 하류층일 뿐인 걸요. 그러나 이렇게라도 이런 학문을 접할 수 있다는 게 즐겁다. 유쾌하다. 까스활명수보다 더 시원하다.

어쩌면 꼬마곰 젤리에 대한 학대를 멈출지도 모르겠다. 지금까지의 모든 글쓰기는 나의 것이었다. 하지만 늘 누구의 탓으로 넘기려 했던 것 같다. 이제 나는 주체성을 가지고 나만의 글쓰기에 도전해 보려고 한다. 더 많이 공부해야 하고 더 많이 이해해야 한다는 것을 알고 있다. 하지만 보물섬 지도를 찾은 듯 두렵지 않다. 그곳에 무엇이 있는지 알고 싶어도 알 수 없었던 두려움을 꼬마곰 젤리와 함께 날려 버리려고 한다. 꼬마곰 젤리를 씹으며 생각했던 답답함과 원망도 함께 말이다. 차근차근 그들의 이야기와 나의 이야기를 풀어 내려고 한다.

내가 나의 연구에 대한 주제들을 설명하려고 할 때마다 지도교수님께서 물으셨다. "누가 궁금한 거야? 아무도 안 궁금해할 것 같은데." 자신있게 답해 드리고 싶다. "제가 궁금합니다." 내가 내 연구의 주체자이다. 내가 그 사람들의 생각이 궁금하고 그 사람들이 추구하는 것이 궁금하다. 나의 마음이 그곳으로 가고 있다. 그 사람들의 이야기가 세상에 알려졌으면 좋겠다. 나는 이렇게 마음을 여는 것으로 질적연구에 대한 한 발자국을 떼었다고 생각한다. 하지만 앞으로 연구를 하면서 다시 꼬마곰 젤리를 씹으며 양적연구에 대한 짜증과 원망을 쏟아내는 순간이 닥칠지도 모른다. 그 때마다 김영천 교수님의 질적연구방법론이 생각나고 그리울 것 같다. 나의 양적연구의 글쓰기 동무들, 꼬마곰 젤리와 포카리 스웨이트를 떠나 보내고 싶다. 이제는 나를 포함한 수많은 양적연구자들이 각자의 글쓰기 동무들을 떠나 보내야 할 때인 것 같다. 도전을 두려워하지 말자. 작별도 두려워하지 말자. 꼬마곰 젤리 안녕.

제18장

나의 글쓰기 세계 1: 김영천의 지난 20년 이야기

1. 초대받지 못한 손님
2. 전임교수로서의 새로운 권리
3. 학과 논문 심사에서의 양적 논문 비평 작업
4. 양적연구 학위 논문 재심사 작업
5. 타 대학교 질적연구자 격려하기
6. 초청강연과 워크숍
7. 맺음말

이 장은 필자가 지난 20년간에 걸쳐서 질적연구자로서 어떻게 살아왔는지에 대한 자서전적 이야기이다. 그러나 이 이야기는 단순히 필자가 누구인가를 소개하는 것이 아니라 필자가 한국 상황에서 질적연구를 어떻게 연구하기 시작하였고 어떤 어려움에 처하였으며 질적연구의 확산을 위하여 어떻게 노력하였는지를 필자의 삶과 관련하여 묘사한 글이다. 그러한 점에서 한편으로는 교육적인 전기인 셈이다.

이 글을 통하여 독자들은 사회과학 분야에서 질적연구를 하는 것, 그리고 교육학의 주변에 머물러 있는 질적연구를 하는 것이 어떤 정치적/윤리적/사회적 관계 속에서 이루어지고 있는지를 간접적으로 경험하는 데 도움이 될 것이다. 나아가 한 학자의 개인적인 이야기의 읽기를 통하여 다음 세대의 질적연구자는 무엇을 연구하고 어떻게 써야 하고 어떤 저항정신과 개척정신으로 살아야 하는가를 진지하게 생각할 수 있기를 바란다. 그렇지 않다면 질적연구자들은 도처에 깔려 있는 보이지 않는 위험들로부터 자신을 보호하기가 힘들 것이며 굳건한 질적연구자로 성장하기가 어려울 것이다.

1. 초대받지 못한 손님

> 조선이 청나라와의 전쟁에서 지자 청나라는 인조의 아들인 소현세자를 볼모로 청나라로 데리고 갔다. 인조의 아들인 소현세자는 오랜 세월 청나라에서 살다가 조선으로 돌아오게 되었다. 청나라에 있는 동안 소현세자와 세자비는 청나라의 실용주의를 배우고 감명을 받았다. 그리고 미래에 조선의 왕이 되면 그러한 경험을 조선에 널리 실천하려고 생각하였다. 그러나 인조와 그를 추종하는 세력들은 소현세자의 그러한 사상을 위험한 것으로 간주하고 인조는 아들 소현세자를 독살하여 죽였다. 아울러 세자비 역시 살해당하였다. 그리고 소현세자의 자식들은 유배지로 끌려가 죽을 때까지 뭍으로 돌아오지 못하였다.

공부를 끝내고 한국으로 돌아온 나는 모교 그리고 여러 대학교에서 질적연구 그리고 질적평가 등에 대한 수업을 강의하기 시작하였다. 한국으로 올 때 가졌던 자신감과 미래에 대한 여러 가지 포부와는 달리 강의를 시작하면서 나에게 서서히 쌓이기 시작한 이상한 감정은 바로 자신감이나 새로움이 아니라 '어색함'이었다. 어색함 그것은 그 자리에 앉아 있어야 하지만 다소 불편하다는 생각을 하게 하는 감정, 또는 잘못된 자리에 앉아 있는 것 아닌가 하는 후회, 그리고 어서 이 자리를 벗어났으면 하는 바람이었다. 어색함에는 내가 오년 동안 해왔던 것이 별로 중요하게 받아들여지지 않는다는 생각 또는 그 공부가 별로 필요가 없다고 평가절하시키는 우리나라 학자들의 은근한 반응에 대한 나의 실망감이 들어 있었다. 그러한 어색함은 나중에 '다름' 으로 변질되었고 그 다름은 바로 차별로 이어졌다.

내가 강의하였던 대학과 대학원의 연구 방법론 수업에서 하였던 이야기들이 와전되어 다른 교수들의 귀로 들어가게 되었고 나를 복도에서 바라보는 그들의 눈빛이 달라졌다. 그리고 대부분 양적연구방법에 몰입하였던 선배들의 나에 대한 태도 역시 차가운 것이었다. 논쟁을 하였지만 소문은 항상 나에 대한 인신공격적 평가로 모아졌다. 그러한 감정은 누가 가르쳐 주어서 아는 것이 아니고 바로 몸이 본능적으로 느끼는 것이다. 사람을 만났을 때, 대화할 때, 그리고 아무런 느낌이 들어가 있지 않은 헤어짐의 인사에서. 논쟁의 핵심은 사라지고 선배들과 논쟁하였기 때문에 무례하다든지 또는 예절의식이 없다든지 그런 것이었다. 사실 나에 대해 가장 서구적이면서 가장 동양적이라고 평가한 미국 지도교수의 오랫동안의 평가를 나 역시 수용할 만큼 나는 동양적으로 잘 행동하고 예의를 지키는 사람이다.

그런 이유 때문에 모교를 나가는 횟수가 줄어들었고 다른 사람들을 만나는 기회 역시 줄어들었다. 방법론 논쟁에 대한 답이 없기 때문에 그러한 논쟁 뒤에 남는 것은 소수자가 겪는 차별적 인식이었다. 컴퓨터를 하나 샀고 사람들을 만나는 대신에 학술지에 글을 게재하는 것이 더 효과적이라고 판단하였다. 다행스럽게도 글을 쓰는 동안에는 모든 것이 내 세상인 것 같았고 여러 가지 복잡한 감정을 잊을 수 있어서 좋았다. 아마도 그래서 그런지 그 당시에는 글을 쓰기 위해서가 아니라 잊기 위해서 글을 쓴 것 같았다. 쓸데없는 그리고 자존감을 해하는 기억을 잊는 것이 생존하기 위해서 그리고 식사를 하기 위해서 필요하였다.

나는 양적연구자들에 대한 대항의 방식으로서 내가 강의 나갔던 학교의 학생들을 계몽시키려는 목적에서 탈피하여 전국 학자들이 읽을 수 있는 글을 쓰는 것이 낫다고 생각하였다. 어차피 내 수업을 듣는 모든 학생들 역시 이 강좌가 끝나면 질적연구에 대하여 잊어버리거나 그러한 연구를 하고 싶어도 그들의 지도교수가 질적연구를 하도록 허락하지 않을 것이기 때문이다. 이에 이러한 목적을 위하여 나는 어떤 학기는 일주일의 강의를 6시간으로 줄이고 대신에 좁은 방에서 더 많은 글을 쓰기로 마음먹었다. 아마도 이 시기가 1996~1998년이었을 것이며 이때 필자의 질적연구에 대한 초기 연구물들이 많이 출간되었다.

논문 작업과 함께 우리나라에서 최초로 하였던 작업 중의 하나는 필자의 박사학위 논문을 편집하여 책 형식으로 글을 출판하는 것이었다. 책 제목은 『네 학교 이야기: 한국 초등학교의 교실생활과 수업』이었다. 박사학위 논문의 핵심부만 남겨둔 채 서론, 연구방법, 그리고 결론 부분 등을 새로이 썼다. 어쨌든 그렇게 하여 탄생한 『네 학교 이야기』는 그 당시 우리나라의 교육학계에서 전공서적이 아닌 책으로서 베스트셀러가 되었다. 필자뿐만 아니라 출판사에서도 예상하지 못한 일이었다. 일 년에 거의 3쇄를 찍을 정도였고 질적연구가 무엇인지를 전국적으로 알릴 수 있는 중요한 계기가 되었다. 필자의 이름을 알지는 못하지만 『네 학교 이야기』 책 이름을 아는 학생과 연구자들이 많았다. 질적연구 서적이 충분하지 못하였던 그 당시에 『네 학교 이야기』는 대학 강의와 대학원 수업에서 교재로 사용되었다.

그러나 한 대학의 전임교수가 되는 일은 쉽지 않았다. 대학지원에서도 여전히 필자는 초대받지 못한 손님이었다. A 대학에서는 왜 교육과정 개발이 아니냐는 질문을 받았고 B 대학에서는 아예 예비 심사에서 탈락되었다. D 대학에서는 연구와 관련이 없는 개인적인 질문들을 하고 심사를 끝냈다. 우리나라의 대학들, 교육학과의 교수들, 외부에서 초대된 심사위원들이 가지고 있었던 교육과정에 대한 개념은 참으로 전통적인 것이었다. 그들은 참으로 공부를 많이 해야 한다는 생각을 하였다. 내가 그들에게 이상하게 보인 것처럼 그들 역시 나에게는 1960~1970년대의 공부하지 않는 학자들에 불과하였다. 그들이 AERA Division에서 교육과정 연구 영역의 대표적인 한 분야가 교육과정 연구 방법론이라는 사실을 알았으면 그러한 비하적 태도는 취하지 않았을 것이다.

1998년 나는 평생 이름도 모르는 대학교에 지원하게 되었다. 경남 진주에 있는 진주교육대학교란다. 그런 학교가 있는지도 몰랐던 나는 여러 교수님들의 조언과 지원으로 이 학교에 지원하였고 합격하였다. 나중에 안 사실이지만 교육철학을 담당하고 있는 김인용 교수는 필자와 어떤 관계에 있지도 않았지만 우리나라 최초로 교육대학교 교육학과 전공 심화과정에서 『네 학교 이야기』를 교재로 채택하여 수업을 한 적이 있었다.

이 지원과 관련하여 재미있는 에피소드가 있다. 아마도 2008년 더운 6월이었을 것이다. 심사자료를 제출하러 교무과에 들어간 나는 그 당시 교무과장이었던 담당자로부터 또 이 논문이 교육과정 영역에 해당하는 논문이냐는 질문을 받았다. 교육학 전공이 아니었기 때문에 아무런 나쁜 감정이 없이 질문한 것 같았다. 이러한 질문에 익숙하였던 나는 요사이는 이런 연구를 많이 한다고 간단히 답하였다. 나를 뽑거나 말거나. 1998년 6월 진주의 더운 여름 날씨. 첫 질문에 실망한 나는 좋지도 않은 학교가 박사학위 논문 5부, 각 학술지 논문 5부씩을 요구한다며 불만이 가득하였고 좋은 이미지를 위하여 입고 간 양복은 땀으로 범벅이 되었다. 400쪽 가까이 되는 박사학위 논문 5부를 제본해서 가자니 해외 여행용 가방 2개가 필요하였다. 비행기를 타고, 다시 버스를 타고. 어찌하였든 나는 운 좋게 그해 9월에 이 학교의 교수로 채용되었다. 내 나이 만 36세. 그 때는 몰랐지만 1962년 7월생의 사주로는

6, 7, 8이 가장 좋단다. 사주가 맞은 셈이다.

초대받지 않은 손님으로서 나의 이미지는 교수가 된 다음에도 계속되었다. 가장 기억에 남는 것으로 교사 워크숍이 생각난다. 1999년에 있었던 K도의 교사직무 워크숍이었다. 질적연구 주제로 세 시간을 강의해 달라고 요청한 경남에 기반을 둔 교원단체에서는 이 분야가 필요하다는 사실을 알았는지 필자를 초청하였다. 좋은 기회라고 생각하고서 세 시간 동안 왜 질적연구를 해야 하는지, 그리고 양적연구의 문제점과 한계에 대하여 신랄하게 비판하였다. 참석교사들은 수업이 좋았다고 하면서 여러 가지 질문들을 해주었다. 그들은 기분이 시원해졌다고 하였다. 그리고 그러한 연구가 정말로 학교에서 필요하다고 하였다. 어떤 이는 『네 학교 이야기』 책을 읽었다고 사인을 요청하였다. 사인을 영화배우처럼 멋있게 준비해 두어야겠다는 생각이 처음으로 들었다.

그러나 성공적인 연수와는 달리 나의 질적연구 강연은 그 해 이후로는 초청받지 못하였다. 들리는 이야기로는 그 연수를 총괄하는 단체의 연수장이 양적연구자였는데 필자의 강연을 듣고서 심기가 불편하였다고 한다. 안타깝기는 하지만 그 담당자의 심기를 불편하게 한 것은 또 다른 측면에서 소기의 목적을 달성한 것이다. 그러나 후회 역시 들었다. 이러다 경남의 많은 기득권을 가진 학자들한테 은연중에 나쁜 학자로 낙인찍히는 것은 아닌가 하는 두려움이 들었다. 경남과 진주는 전국에서 가장 보수적인 지방이었다. 평생을 양적연구자로 살아온 그 학자들에게 그 무슨 이야기를 한들 그 어떤 변화도 없을 텐데 나는 무슨 목적으로 깨지지 않을 바위에 돌을 던지려고 하는 걸까. 그냥 얌전히 강연만 하고 올 걸. 그러나 그러한 우려는 잠깐. 다음 연수가 들어오면 또 연구생들과 담당자들을 혼란에 빠트려야지 하는 청개구리 생각이 든다. 인생은 짧기 때문에.

이러한 초대받지 않은 손님으로서의 경험은 필자만 겪은 것이 아니라 대부분의 질적연구자들이 일반적으로 경험을 한 것이었기 때문에 과장되거나 특별히 주목을 받을 필요는 없다고 생각한다. 우리나라의 선도적인 질적연구자들 대부분이 그러한 배제의 경험을 겪었을 것이기 때문이다. 그러나 이러한 이방인으로서의 교육연구자의 이미지와 대접이 계속될 때마다 머릿속에 떠오르는 미국 공동지도교수인 Dr. Douglas MacBeth 그리고 Dr. Patti Lather가 필자에게 해주었던 말이 생각난다. 그때는 미국을 떠난다는 생각에 아무런 의미를 부여하지 않았지만 다시 생각하니 참으로 의미심장한 말이었다. 특히 지도교수 중의 한 분인 Dr. Doug Macbeth (Harold Garfinkel의 제자)는 필자가 미국을 떠나기 컬럼버스, 오하이오에서 가장 비싼 이탈리안 피자집으로 초대하여 저녁을 사주셨다. 그 동안 고생하였다고 말하면서 마지막으로 다음과 같은 말을 하였다. "Young Chun, 너가 이 학교에서 질적

연구를 공부한 것은 모든 교수들이 질적연구를 선호하고 있었기 때문에 문제가 없었다. 그러나 너의 고향은 그렇지 않을 것이다. 너에게 많은 일들이 일어날 것이다. 그러나 내가 너에게 해줄 수 있는 일은 없다. 너가 받게 될 새로운 도전과 공격에 대하여 너가 스스로 헤쳐 나가야 할 것이다."

그리고 다른 지도교수인 Patti Lather(Egon Guba의 제자)는 "Young Chun, 이제 갈 준비가 되었다. 내가 더 이상 너를 도와줄 일은 없는 것 같다. 한국에서 잘 헤쳐 나가기 바란다. 그리고 잘 해나가는지 계속 알려주기 바란다." 그들은 나의 한국적 삶이 어떻게 될 것인지를 미리 예측하고 있었던 것일까.

그러나 구미의 질적연구 패러다임을 선도하는 중서부 연구대학에서 질적연구를 공부한 경험은 필자에게 '초대받은 손님' 이었다는 생각을 갖게 만들었다. 오직 질적연구를 위하여 연구하는 교수들 아래서 5년 동안 수업을 통하여, 읽기 자료를 통하여, 복도에서 만나면 자신들이 쓴 새로운 질적연구 논문들을 읽게 함으로써, 그리고 영어로 논문 쓰는 것에 대한 좌절감으로 고민할 때 그 넓은 오하이오 주립대학교의 캠퍼스를 같이 걷자고 하면서 당신의 학창 시절을 이야기해 주었던 격려와 지도방법 등. 그 때를 비교할 때마다 한국의 상황이 너무 잔인하고 다른 나라처럼 느껴졌다. 나는 한국에 오면 모든 사람들로부터 환영을 받을 것으로 착각하고 있었다. 그러나 나는 일요일의 해프닝으로 끝나는 영화에 나오는 주인공처럼 초대받지 않은 손님이었다.

2. 전임교수로서의 새로운 권리

1998년 필자는 진주교육대학교 교육학과의 교수로 채용되었다. 전임교수가 되었다는 사실이 기뻤지만 나를 더 기쁘게 한 것은 누구의 눈치를 보지 않고 질적연구에 대하여 강의하고 광고할 수 있다는 사실이었다. 구미의 경우와 마찬가지로 자신이 새롭게 부임한 학교에서 전임교수가 자신의 새로운 연구방법론에 대하여 강좌를 개설하고 그 분야의 수업을 할 수 있게 된 것이다. 필자는 이러한 위치를 이용하여 다음과 같은 방법들을 시도하였다. 첫째, 학과 교수들과 상의하여 교육대학원 필수과목인 교육연구법 강좌 네 개 중에서 한 개 과목을 필자가 맡았다. 그 강좌에 대한 강의방식은 필자가 결정하는 것이었기 때문에 필자는 그 수업을 질적연구 중심으로 설계하였다. 약 200명의 대학원생 중에서 1/4의 학생들은 난생 처음으로 질적연구에 대하여 공부하게 된 것이다. 수업에서는 통계 부분에 대해서는 기초적인 부분만 다루고 대부분이 현장교사들을 위하여 질적연구와 실행연구에 대하여 소개하였다. 아울러 왜 양적연구가 아닌 질적방법을 통한 현장연구가 더 필요한지에 대하여 한 학기 동안 설득하였다. 이 과정에서 질적연구가 어렵다는 사람들이 있었고 무관심한 사람 역시 있었다. 그리고 교사들이어서 모두가 바빴다. 그러나 그러한 수업은 여러 가지 결과를 가져왔다. 물론 형식적일 수 있겠지만 교육연구법에서의 현장에 대한 토론이 매우 심도 있게 이루어졌고 연구에 대한 생각에 변화가 생겼다. 어떤 학생은 자신의 논문을 질적방법으로 쓴다고 하였다. 그러나 많은 학생들이 질적방법으로 쓴다면 어려울 것 같고 지도교수가 허락을 하지 않을 것 같다고 하였다.

둘째, 교육방법 전공의 대학원 과정에서 4학기에 제공되는 수업의 하나를 없애고 '교육과정 현장연구' 를 신설하였다. 기존에 제공되었던 교육심리학 과목을 없애고 대신에 학교현장연구를 잘할 수 있는 질적연구에 대하여 가르치는 것이었다. 대학원 1학년 1학기 수업에서 질적연구에 대하여 충분히 배우지 못한 교육과정과 수업을 전공하는 학생들이 이 수업을 들으면서 교육방법으로 질적연구에 대하여 심도 있게 배울 수 있는 기회가 되었다. 이 수업을 통하여 몇몇 학생이라도 질적연구를 사용한 논문작업을 할 수 있도록 도움을 주고 싶었다.

세 번째 방법은 질적연구 논문 출간을 늘리는 것이었다. 필자에게 논문 지도를 받겠다고 찾아오는 모든 대학원생들에게는 질적연구방법으로 논문을 써야 한다는 약속을 받았다. 그리고 그 학생들에게는 현장의 교사로 재직하고 있는 장점을 살려서 학교현장의 문제를 탐구하는 것이 매우 적절하다고 조언을 해주었다. 그래서인지 나를 지도교수로 선정한 학생들은 이미 나를 찾아오기 이전에 질적연구방법을 더 심층적으로 배워서 논문을 쓰려고 하는 학생들이었다. 아마도 필자가 그 학과에 없었다고 한다면 그러한 학생들의 욕심이 없었을 것이고 질적 학위 논문은 생성되지 못하였을 것이다. 질적연구 전공의 교수가 그 학과에 있다는 사실 하나만으로 이 학생들에게는 심리적 안정감을 주면서 좋은 개척적인 논문을 쓰겠다는 계획을 갖게 만들었을 것이다. 지난 11년에 걸쳐서 나의 지도 학생들은 대부분 질적연구 관련 논문을 쓰고 졸업하였다.

네 번째 방법은 학부의 수업에서 이루어졌다. 학부 수업의 경우, 봄 학기에는 '교육과정과 수업' 을 가을 학기에는 '교육평가' 를 강의하였다. 이 두 개의 강좌에서 교육과정이 무엇인가라는 개념적 설명을 다루기는 하지만 기존의 방식에서 벗어나 교육과정의 개념을 학교 문화, 교사의 삶, 수업, 그리고 대안적 평가, 교사 전문성 발달 등 다양한 영역으로 이해시키는 수업을 하고자 하였다. 그리고 무엇보다 현장감을 느낄 수 있도록 학교현장의 교육자의 수업과 삶을 다룬 서적들을 읽게 만들었다. 이에 '교육과정과 수업' 강좌에서는 필자의 책 그리고 다른 질적연구자들이 저술한 논문이나 책들을 읽게 만들었고 '교육평가' 수업에서 질적연구가 교육과정평가, 질적평가, 수행평가, 그리고 학습자에 대한 대안적 평가 등과 어떻게 관련되어 있는지를 공부하게 하였다. 특히 2000년 초에 있었던 학교차원의 강좌개편에서 교육학과 전공과목으로서 '교실에 대한 인류학적 이해'를 신설하였다. 이 강좌에서는 더욱 집중적으로 질적연구를 통한 교실의 이해에 대해 다양한 지식을 쌓고 공부하게 만들었다.

3. 학과 논문 심사에서의 양적 논문 비평 작업

학과 내에 질적연구자가 있다는 사실은 학과의 논문발표회 그리고 학생들의 논문 글쓰기에 변화를 불러일으킨다. 질적연구 전공의 교수는 논문발표회에서 또는 학위 논문 졸업 심사에서 다른 교수들이 한 번도 제기하지 않았던 방법론적 이슈들에 대하여 학생들에게 문제를 제기하거나 질문한다. 수십년 동안 당연하게 간주되었던 과학적 사유와 표현의 문제가 한 교수의 참석으로 인하여 불편하고 불완전한 대상으로 간주된다. 그리고 학생들은 그러한 질문에 답해야 하는 상황이 나타난다. 그러한 질문상황들은 학생들에게 연구란 무엇인가, 교육연구에서는 질문지 방식만 있는가, 질문지 방식을 통하여 수집한 자료는 연구문제에 대하여 얼마나 많은 정보와 답을 제공해주고 있는가 등에 대하여 새롭게 생각하게 만든다. 물론 어떤 학생들은 그 상황을 부담스럽게 여기고 어서 졸업하기만을 바라는 눈치이기는 하지만.

이러한 논문 발표 상황에 대해서 필자가 느낀 것은, 첫째, 대부분의 논문 제출 학생들이 교육연구법에서 무엇을 배웠든지 간에 학위 논문의 글쓰기는 무조건 설문지나 실험을 해서 얻은 숫자를 가지고 해야 하는 것으로 알고 있다는 점이다. 더더욱 심각한 것은 무엇을 연구할 것인가와 관련하여 그들이 내세우는 연구문제들은 이미 다른 논문들에서 다루어졌거나 답을 찾았던 주제들이었다. 학생들은 연구문제에 대하여 특별한 고민을 하지 않는 듯하며 그러한 이유 중의 하나는 연구를 양적연구로 하기 때문인 것 같았다. 그들은 왜 그 연구가 정말로 필요한 것인지, 왜 교육적 주제가 되어야 하는지, 자신의 연구가 현장에 어떻게 기여할 것인지에 대하여 생각하지 않는 것 같다. 때문에 대부분의 석사학위 논문은 대학교수가 하는 추상적인 교육학이론(교육심리학, 교수법, 특별 프로그램의 효과, 상당이론들, 교육행정학의 이론들 등)의 검증을 목적으로 하는 양적연구이고 발표자는 그 주제의 의미와 가능성이 무엇인지를 진심으로 공감하지 않은 채로 연구 계획서를 준비하는 듯하다. 이에 더욱 재미있고 창의적인 연구문제로 학교현장의 이해와 개선에 기여할 수 있는 연구들을 하기를 바라며 필자는 논문 계획서 발표에서 또는 학위 논문 졸업 심사에서 다음과 같은 질문들을 한다.

(1) 이 연구주제가 현장의 개선에 얼마나 기여한다고 생각하는가? 이 연구의 가치가 어디 있는가? 연구자가 설정한 연구문제(가설)를 해결하는 것이 자신의 실제 교사활동에 어떤 의미가 있는가? 교육대학원의 논문은 대학연구자가 하는 교육학 연구와 다소 달라야 한다고 생각지 않는가?

(2) 이 연구는 어떤 점에서 새로운가? 연구의 목적과 문제들이 기존의 연구들과 차별화되어 있지 않다. 다르다고 하면 연구대상이 중등학교 학생에서 초등학교 학생으로 달라졌고 교과목이 과학에서 수학으로 달라졌다. 이 연구는 기존 연구들의 모방품인가? 왜 그 많은 비용과 노력을 낭비하면서 기존에 해 놓은 연구의 결과를 또다시 양산하려고 하는가? 자신은 그러한 연구에 진심으로 자랑스러움을 느낄 수 있다고 생각하는가?

(3) 연구 계획서에서 모든 변인을 통제한다고 주장하고 있다. 그러나 실제 현장에서 모든 변인을 통제할 수는 없다. 아무리 고급통계를 활용할지라도 모든 변인의 통제는 불가능해 보인다. 예를 들어 학업성취에 영향을 주는 요인이 어디 부모의 학력, 가정의 경제적 수준, 사교육, 학교환경 이뿐이겠는가? 학생을 둘러싸고 있는 내재적 맥락과 방대한 환경을 어떻게 완벽하게 통제하였다고 할 수 있는가? 완벽한 양적연구 설계는 없으며 과신해서는 안 된다.

(4) 변수 설정의 가중치 부여가 있었는가? 양적인 연구에서 설정하는 리커트 다섯 단계의 각 단계의 차이를 어떻게 해석하고 있는가? 그 예로서 리커트 척도에서 답안으로서 '1번 초등학교, 2번 중학교, 3번 고등학교, 4번 대학교'로 학력을 구분하고 있다. 그러나 1번과 2번 사이의 차이는 단순히 1이지만 실제로 그 1 사이에는 엄청나게 많은 개인의 사건과 경험, 문화의 내용이 포함되어 있다. 당신은 이 문제를 어떻게 해결하고 있는가?

(5) 이 연구에서 연구자는 무엇을 말하려고 하는가? 연구결과나 제언 어느 부분에도 연구자가 이 연구를 통하여 어떤 아이디어나 통찰력을 얻었는지를 알 수 없다. 단순한 통계치와 유의성은 그 무엇을 위한 기초 자료이지 최종 도착지는 아니다. 실험연구에서 나온 그러한 유의미한 숫자들로부터 연구자는 학교와 수업에 대하여 그 어떤 새로운 변화가 있어야 하는지를 강조하고 있는가? 통계적 유의도를 교육적 유의도로 승화시켜서 논문의 목적을 달성하려고 하는 노력이 필요하다. APA 글쓰기 전통에 나와 있듯이 양적연구에서의 제언과 시사점은 연구의 중요한 역할은 아니다. 그러나 응용연구적 측면

에서 이 연구의 결과는 학교교육의 개선에 어떻게 관련되는지에 대한 구체적인 설명이 있어야 할 것이다.

(6) 교육학 관련 대학원과 일반대학원에서 연구자가 사용한 표집의 양이 너무 적다. 당신의 연구에서는 사례수가 15명이다. 그리고 다른 연구에서는 한 반이다. 차라리 그러한 표집을 두고서는 양적연구보다는 질적연구가 더 낫다는 생각을 하지 않았는가? 사례 5명에 대한 통계연구를 해 놓고 나서 이를 방어하기 위하여 제1장 연구의 목적 부분에 연구의 제한점으로서 일반화의 한계를 제시한 것은 자신의 모든 실수를 용서해 달라는 교묘한 글쓰기 전략인 것 같다.

(7) 연구자는 수집한 자료들을 직접 분석하였는가? 코딩을 해가면서 SPSS나 SAS를 사용하였는가? 아니면 수집한 자료를 통계전문가 또는 연구소에 부탁하였는가? 제시된 표를 이해할 수 있는 통계적 지식을 갖추고 있는가?

(8) 연구자의 글쓰기에 문제가 많이 있다. 연구의 결과를 통계표나 그림으로 제시하고 그 수치들에 대한 무미건조한 나열만 있다. 그 수치들에 대한 연구자의 해석은 무엇인가? 그리고 그러한 수치나 통계치를 읽더라도 표면적인 정보만 줄 뿐 심층적인 이해를 할 수 있는 자료들은 없다. 좀 더 치밀한 설계가 필요하지 않았는가? 새롭게 규명된 요인들이나 관계들에 대하여 제2차적으로 연구하고자 하는 생각은 없었는가? 아무리 수치가 당신을 보호해 준다고 할지라도 최소한도로 독자를 초대하는 해석은 있어야 하겠다.

(9) 연구자는 자료 수집을 위하여 질문지 방법을 선정하였다. 연구대상들은 그 질문지에 대하여 얼마나 친절하게 답하였다고 생각하는가? 특히 연구자가 다루고 있는 연구주제가 매우 민감하고 정치적이며 윤리적인 가치를 담고 있다면 교사들이 과연 제대로 답하였을 것으로 생각하는가? 연구대상자들이 거짓말이나 다르게 답하였다고 생각한 적은 없는가?

(10) 이러한 연구는 과거에도 많이 읽었다. 이 연구를 굳이 한 이유는 무엇인가? 그리고 연구결과 역시 큰 차이점이 없다. 왜 그런 희생을 해가면서 자료 수집하고 통계 분석하고 글을 썼는가? 당신의 노력의 결과는 현장교사들에게 새로운 연구로서 읽혀질 것으로 자신하는가? 아니면 영원히 어느 누구도 읽지 않고 대학의 도서관에 그냥 쓸쓸이 버려져 있을 것인가?

(11) 연구의 제한점과 방법적 문제들을 왜 솔직하게 쓰지 않는가? 발표자는 연구의 제한점이라는 이름으로 자신의 연구가 갖는 모든 문제점들을 독자가 공격하지 못하도록 철저히 봉쇄하고 있다. 연구가 그러한 한계들을 모두 인정하고 끝낸다면 성공적이지 않을 연구들이 어디 있겠는가? 양적연구의 가장

대표적인 특징이 일반화이다. 그러나 이 연구에서 연구자는 자신의 연구가 일반화될 수 없다는 점을 연구의 한계로 모두 방어하고 있다. 무엇이 모순인가? 연구자가 차라리 자신의 연구에서 잘된 점 그리고 잘하지 못한 점을 솔직하게 고백하는 것이 낫지 않을까? 연구는 신적인 연구자가 하는 고매한 활동이 아니다. 모순적이고 질서적이지 않으며 혼란으로 가득 찬 일인 일역의 연극무대이다. 자신의 과오와 한계를 숨기지 말자. 숨긴다고 하더라도 독자들은 관중석에서 그 모든 실수와 허구를 안타까움으로 느끼고 있다.

(12) 연구자는 변인 간의 관계를 연구하였다. 그러나 우리가 더 알고 싶어하는 것은 관계가 아니라 그러한 관계를 가져오는 메커니즘과 상호작용의 과정이다. 효과를 가져왔다면 그러한 효과가 어떻게 일어났는지를 알고 싶어하지 않을까?

(13) 연구가 잘 만들어졌다고 생각한다. 그런데 그러한 연구결과가 어떻게 나타났는지를 알고 싶다. 효과 측면에서는 숫자로 독자를 설득시키고 상호작용 측면에서는 질적자료를 활용하면 좋을 것 같다는 생각을 한다. 방법론의 트라이앵귤레이션을 생각해 보는 게 낫겠다. 또는 통합연구방법 설계가 실행되었으면 좋았을 것이라는 생각을 한다.

4. 양적연구 학위 논문 재심사 작업

학위 발표에서의 나의 이러한 지적들은 이것으로 그치지 않는다. 석사학위 논문 심사과정에서 필자는 다시 한 번 패러다임 전쟁을 치른다. 대개 3인 1조가 되어 심사하는 석사학위 졸업 논문 심사에서 필자는 졸업을 시킬 것인가와 관련하여 1/3의 권한을 가지고 있다. 결정권은 1/3이지만 통과가 교수 3인의 전체 합의를 통하여 이루어지는 것이 대부분이기 때문에 나의 판단은 논문 심사의 과정과 내용의 교정에 상당한 영향을 끼친다. 그리고 질적연구자인 필자의 논문심사 참여작업은 그 동안과는 다른 양상으로 논문 제출자의 논문 최종작업에 영향을 끼친다. 그것이 다행인지 아니면 불행인지는 그 누구도 모를 일이다. 그러나 확실한 것은 양적연구를 지지하는 학자들로만 심사위원이 구성되었던 과거와는 달리 양적연구에 최소한 찬성하거나 반대하는 입장을 가지고 있는 질적연구자가 심사위원으로 들어가는 경우 어떤 형태로든 논문의 형식과 내용에 대하여 논쟁과 지적, 비판이 있을 수 있다는 사실은 확실하다. 그래서 그런지 최근에는 특정 교수가 필자의 심사를 바라지 않아서 들어가지 않는다.

필자가 들어가는 심사의 상황에서 해당 논문 제출자의 지도교수가 하게 되는 선택은 명백하다. 필자에게 모든 결정권을 주거나 아니면 자신의 지도학생에게 필자의 지도를 받으라고 지시하는 것이다. 문제의 근본적인 소지를 없애려고 하는 원로교수들의 세련된 문제해결 방식이다. 때로는 너무 늦은 감이 있는 논문들의 경우, 원로교수들이 필자에게 양해를 구하는 경우도 있다. 물론 그런 경우를 제외하고는 대부분 필자는 누구의 학생이든지 그냥 양적연구 중심으로 연구를 마감하는 것을 허락지 않는 정책을 가지고 있다. 특히 논문을 쓰는 학생들이 현장교사들이기 때문에.

이에 필자가 요청하는 가장 중요한 지침은 논문을 새로 쓰게 하는 일이다. 그리고 그러한 지침은 다음 세 가지 방법으로 이루어진다. 그러한 방법의 목적은 양적 글쓰기 중심으로 이루어진 논문작업을 보다 더 연구자 중심, 독자 중심, 그리고 현장 중심으로 바꾸는 것이다. 첫째, 연구의 필요성과 목적을 추상적으로 쓰지 말고 자신의 위치와 경험과 관련하여 쓰게 한다. 초등학교에서 왜 여학생 진로교육이 필요한지에 대한 연구자의 개인적 경험 이야기는 그 주제를 연구자가 왜 선정하였는지를 독자들로 하여금 이해하게 하는 데 매우 큰 도움이 된다. 그러한 점에서 기존 학자들 그리고 거대서사 중심의 서론은 학교 현장교사의 학위 논문 서론 부분의 글쓰기로는 적절하지 않다. 표본 역시 자신의 교실뿐인데 이론의 검증을 이야기하는 것은 부적절하다고 생각한다. 연구문제를 서구이론으로부터 빌리지 말고 차라리 우리나라 교육상황 그리고 자신의 교실상황에서 빌려오는 것이 낫지 않느냐고 요청한다. 이를 위하여 논문 제출자에게 서론에서 보다 개인적이고 1인칭적 서술관점으로 연구문제를 써가는 것이 낫겠다고 조언한다. 연구는 자신의 것이지 신적인 이미지를 가진 제3인칭인 '연구자'의 것이 아니다. 자신의 존재와 목소리를 드러내는 글이 가장 멋진 글이라고 알려준다.

둘째, 연구방법 부분에서 질적방법 부분을 첨가하도록 한다. 대부분 실험연구인 교육대학원 논문은 적게는 3주 길게는 한 학기 정도의 프로그램 실행을 한다. 물론 이 기간에 연구자가 질문지만을 배부하여 그 결과만을 해석하였다면 돌아가지 못할 다리를 걸어간 것이지만 나름대로의 수업관찰과 해당교사나 자신이 수업의 관찰자였던 경우에 학생들과의 여러 가지 대화나 면담이 있었을 것이다. 이에 필자는 연구자에게 그러한 자료들이 있는지를 확인하고 있다고 한다면 논문에 첨가하도록 한다. 자료가 충분한 경우에는 통계자료 부분 다음으로 배치하게 하지만 그렇지 못한 경우에는 연구결과를 해석하거나 제언을 하는 부분에 첨가하도록 한다. 연구자가 능력이 있고 열의가 있다고 판단되는 경우 양적자료와 질적자료를 병행하여 사용하여 분석하게 하고, 그렇지 않을 경우 질적자료를 활용하는 것 역시 의미가 있다는 경험을 하게 한 후에 졸업시킨다. 이 과정에서 필자가 알게 된 놀라운 한 가지 사실은 대부분의 교사들이 연구와 관련하여 질문지는 중요한 연구자료가 될 수 있지만 자신의 관찰과 학생들과의 면담은 연구자료가 될 수 없는 것으로 생각하고 있다는 점이다. 우리나라의 과학적 연구, 그리고 교육연구법의 강의의 심각한 부작용이 무엇인지를 바로 알 수 있는 부분이다. 그러나 이러한 조촐한 시작에서 연구작업이 달라지고 논문의 내용이 더욱 의미 있게 만들어진다. 그리고 그러한 사실을 모든 글쓰기가 끝날 때 쯤이면 연구자들이 알게 된다.

셋째, 논문의 중요성을 자신의 연구와 관련이 깊을 다른 상황의 교실과 교사에게 교육적이 될 수 있도록 쓰게 한다. 그 어떤 가설의 검증이나 확증에 대한 글쓰기보다는 자신의 연구경험을 통하여 느낀 점, 부족하였던 점, 새롭게 더 해야 하는 점, 그리고 이 분야의 추후 연구자들이 명심해야 할 점들을 자세하게 쓰게 한다. 그러한 경험적 글쓰기를 통하여 단순한 가설의 검증을 강조하는 글이 아니라 우리나라의 학교 현장에서 이 연구가 어떤 실제적인 기여나 시사점을 줄 수 있는지에 대하여 자세하게 쓰게 한다. 교육현장 경험이 풍부하기 때문에 발표자들은 이와 관련하여 상당히 도움이 되는 내용을 쓸 수 있다. 다만 이들이 그렇게 하지 못하는 이유 중의 하나는 학부와 대학원을 통하여 배운 학위 논문의 글쓰기 공부에서 자신의 생각과 목소리를 드러내는 것이 불필요하며 그래서는 안 된다는 것으로 은연중에 배웠기 때문이다. 이에 필자는 연구자들에게 자신의 글을 마무리하는 과정에서 미래의 연구자들에게 도움이 될 수 있는 연구경험에 대하여 솔직하게 이야기하도록 자극시킨다. 그리고 그렇게 쓰여진 논문은 미래의 다른 연구자들에 의하여 더욱 유의미하며 교육적이고 실제적인 자료로서 읽혀질 것이 확실하다.

5. 타 대학교 질적연구자 격려하기

전임교수로서의 패러다임의 확산작업이 필자의 학교에서만 이루어진 것은 아니다. 전임교수로서 갖는 장점은 질적연구 심사가 필요한 다른 대학교의 학위논문(박사학위 수준) 심사에 외부 심사자로 참여할 수 있다는 데 있다. 그리하여 지난 10년에 걸쳐서 국내의 여러 대학의 박사학위 논문 심사자로 초청되어 여러 편의 학위 논문의 심사자로서 활동하였다. 초청하는 대학기관의 학과에서 질적연구 전공 학자가 없기 때문에 방법론 담당으로 필자를 초청하는 경우가 대부분인데 이 경우를 필자는 그 학과의 연구 패러다임의 변화를 위한 교육적 기회로 삼고서 최선을 다한다.

그러나 이러한 초청은 해당 학생의 지도교수에 의하여 이루어지기도 하지만 대부분 박사학위 논문을 홀로 그리고 외롭게 써 온 박사과정 학생의 요청으로 이루어진다. 그러한 경우라고 할지라도 그 학생을 위하여 심사에 가능하면 참가하도록 노력한다. 대등한 경력의 대학교수로서 이러한 심사작업에 참여하는 경우는 논문의 방법론이 질적연구이기 때문에 양적연구자만큼이나 질적연구자의 의견이 존중되어야 하는 자리이다. 필자의 역할이 참으로 크다. 필자가 하는 한 마디 한 마디를 다른 심사위원들이 경청하는 눈치이다. 학생의 졸업을 위하여 좋은 평가나 내용만을 이야기해 주어야 한다는 생각을 한다. 그리고 학생의 성공적인 졸업을 위하여 양적연구 심사자들과의 우호적인 관계를 가지려고 나름대로 노력한다. 양적연구 전공의 교수가 학생의 논문에 대하여 지적하는 경우에 무조건 반대하지 않고 추가 지적을 하면서 양적연구자와 공감대를 형성하기도 하고 아울러 질적연구 논문으로서 갖추어야 할 내용을 심사위원들뿐만 아니라 학생에게 주지시키는 역할을 한다. 이 과정에서 양적연구자들은 자신들이 다른 연구세계에 살고 있으며 참으로 연구 패러다임이 다르다는 점을 경험하는 수가 많다.

다행히 심사위원단들이 필자에게 논문 제3장 연구방법론을 책임지고 심사하도록 요청하거나 모든 권력을 위임하는 경우에는 학생을 질적연구자로 만들기 위하여 더 엄격하게 훈련시키고 논문의 체제나 글쓰기를 다시 하도록 요구한다. 필자의 비판적인 판단용어들(불명료, 부적합, 이해하기 어려움, 동의하기 어려움, 논리의 비약, 자료의 부족, 설득이 약함, 읽다가 포기하여 그만두었음 등)이 학생의 논문 원문에 난무하다. 대부분의 논문제출자들이 질적연구에 대한 공식적인 수업을 듣지 않았기 때문에 책을 통하여 배운 내용이 무엇인지를 알고 있는 경우가 드물다. 이럴 경우에 도제식 수업이 필요하다. 개별적으로 만나서 그 동안 불명료하게 알고 있었던 점 그리고 잘 모르고 있었으나 논문에 들어가야 할 내용을 쓰도록 지도해준다. 이 과정에서 또 다른 형태의 스승과 학생의 관계가 정립된다. 여러 심사위원단의 객관적인 지적과 질적연구 전공의 심사위원 교수의 세부적인 지도를 통하여 새로운 질적연구자 한 명이 탄생한다.

이러한 심사과정에서 가끔씩 놀라는 일은 우리나라의 여러 대학의 교육학 전공 교수님들의 질적연구에 대한 태도가 매우 개방적이라는 점이다. 어떤 경우에는 필자가 새로운 글쓰기 방법을 심사과정에서 제시하였는데 여러 심사자들이 학생에게 그러한 능력이 있다면 한번 시도하게 하는 것이 어떠냐고 제안하여 필자를 놀라게 하였다. 그러한 분위기가 조성되면 학생의 논문 작업은 가속도가 붙고 하지 말아야 하는 것에 대한 두려움이 없어지면서 자신의 경험과 자료 그리고 감정을 조합하면서 데이터를 질적으로 표현할 수 있는 태도를 갖게 된다. 그리고 그 결과는 놀랍게도 좋은 한 개의 박사학위 논문으로 만들어진다. 오늘 또 한 명의 질적연구자를 배출하는 데 기여하였다는 즐거움을 느끼면서 시외버스에 몸을 싣는다. 다음은 여러 대학의 박사학위 논문 초심에서 박사과정 학생들이 쓴 초안에 대하여 필자가 느낀 점들을 정리한 것이다.

(1) 질적연구를 한다고 하였으면서 왜 서론에는 이론만 소개되고 있는가? 연구자가 무엇을 구체적으로 하고 싶다는 목소리가 들리지 않는다. 이런 글쓰기를 할 거면 차라리 양적연구를 해야 하지 않을까? 엄청난 양의 기존 연구들, 문제들, 그리고 이론들을 소개하고서 정작 당신이 무엇을 연구하겠다는 구체적인 이야기들이 전혀 또는 거의 없다.

(2) 논문의 전체 글쓰기가 매우 건조하다. 아울러 양적 논문 구조를 택하고 있다. 양적 이데올로기에서 벗어나려는 노력을 하여야 한다. 전통적 구조가 허락하는 한에서/또는 벗어나서 자신의 이야기를 자유롭고 편하며 에세이를 읽는 듯하게 유려하게 써 나가야 한다.

(3) 양적연구자들은 체계적이기 때문에 연구의 과정을 세심하게 살핀다. 그런데 당신은 질적연구를 오랫동안 현장에서 해 왔지만 그 내용의 제시는 너무 추상적이다. 관찰을 하였으면 언제 어디에서 누구와 얼마동안 무슨 대화를 하였는지를 모두 적어라. 그러한 모든 연구과정과 작업의 기록이 있을 때만이 다른 심사자들이 감동받는다. 현장에 있었다는 것을 확인시키기 위하여 필요하면 사진을 제시하거나 비디오테이프를 심사과정에 가져와라.

(4) 질적연구의 가장 중요한 신뢰성 확보 방법에 대하여 가능한 한 자세히 써라. 대부분 간단하게 쓰는데 이 부분은 길게 써도 손해 보지 않는다. 개념은 대부분 아니까 당신의 연구에서 어떻게 적용하였는지를 중심으로 자세히 써야 한다.

(5) 연구결과를 다루는 공간을 한 개의 장(chapter)으로 하겠다는 생각을 버려라. 질적연구에서는 다양한 연구주제들이 상호관련이 없더라도 현상의 심층적 묘사와 이해를 목적으로 하기 때문에 여러 개의 이야기들이 주제로 등장할 수 있다. 총 12개의 chapter로 된 질적연구 논문이 있다는 점을 명심하라. 연구결과를 2개의 장, 또는 3개의 장으로 하는 것에 대하여 익숙해져라.

(6) 심사자들이 허락한다면 '연구자' 라는 용어 대신에 '나' 라는 용어를 써라. 독자들이 훨씬 더 당신의 이야기에 빠져들 것이다. 아니면 제1장 서론에서는 '연구자' 를, 제3장 방법론에서는 '연구자' 를 그리고 연구결과 부분에서는 '나' 라는 단어를 적절하게 바꾸어 가면서 쓰는 게 필요하다.

(7) 연구의 결과와 주장에 대하여 이야기를 하는 사람이 자신감이 결여되어 있다. 용어 하나 문장 하나 그리고 주제 하나를 쓰는 데 있어서 당신이 강인한 사회과학연구자로서 훌륭한 연구를 하였다는 점을 다양한 자료를 가지고서 활동하라. 당신의 글쓰기에서 약한 이미지가 노출되면 바로 심사자들과 독자들은 당신의 연구결과와 방법에 대하여 벌 떼처럼 달려들어 당신의 영혼을 짓밟을 것이다.

(8) 당신의 연구가 어디까지 잘되었는지 그리고 성취하지 못한 부분은 무엇인지를 솔직히 밝혀라. 그리고 독자들의 이해를 구하라. 연구의 제한점이라는 실증주의적 표현으로 연구의 어두운 그림자들을 숨기지 말고 당신의 연구에서 잘하였던 부분, 하려고 하였으나 할 수 없었던 부분들을 드러내 당신의 연구결과가 어떤 상황에서 가능한 것이었는지를 이해하게 하라. 오히려 그러한 약점의 노출은 독자에게 더 많은 감동을 줄 것이다. 그리고 그러한 약점은 다음 연구자가 해결하거나 관심을 가져야 할 추후 과제가 될 것이다. 다음 연구자의 실제 이야기는 그러한 점에서 도움이 될 것이다.

예 이기용 박사의 심사과정에 대한 추억

나의 박사학위 논문은 교육복지정책의 일환으로 시행된 교육복지투자우선지역 지원사업을 정책의 수립, 정책의 과정 및 정책의 산출로 구분하여 사업학교 교원 및 전문가집단이 평가하는 연구였다. 이 연구에서는 전국의 320개 사업학교 교원들을 대상으로 설문조사를 하였으며, 사업학교 교원들을 교장집단, 교사집단, 교육복지사집단으로 나누어 집단 간에 어떠한 차이가 있는지를 밝히려는 취지에서 연구가 시작되었으며, 또한 왜 교원집단 간에 유의한 차이가 나타나는지를 설명하고 규명하려고 하였다.

나의 논문에서는 연구 초기인 논문계획서 발표 시 양적연구를 주로 하여 소규모의 면담법을 활용하려는 연구 설계를 하였다. 그 양적연구의 일환으로 설문지를 제작하여 전국의 교육복지투자우선지역 지원사업 320개 학교의 교원들을 대상으로 설문지를 배포하여 회수하였으며, 그 회수된 설문지를 바탕으로 통계 처리하여 분석하였다. 분석된 결과를 해석함에 있어서, 양적연구의 단점으로 드러난 교원집단 간의 차이를 어떻게 설명하고 규명할 것인가라는 어려움에 봉착하게 되었다.

이러한 어려움이 있는 상황에서, 2009년 5월 1일 나의 박사학위 연구에서 질적연구 외부 심사자인 김영천 교수님이 심사위원으로 초빙되면서 연구주제와 연구방법에 큰 변화가 나타나기 시작하였다. 나의 연구에서는 양적연구를 중심으로 한 연구 설계였으나 오랫동안 이 연구에 질적연구방법이 사용되어야 한다는 신념을 가지고 있었는데, 심사과정에서의 질적연구 심사위원인 김영천 교수님의 참여는 나에게 참으로 많은 도움이 되었다.

사실, 연구자인 나는 질적연구에 대해서 많은 지식을 가지고 있지 않았기 때문에 짧은 시간에 질적연구 방법을 습득하기 위해서 질적연구에 관한 책을 여러 권 읽고 질적연구 전문가인 김영천 교수님에게 조언을 구하는 과정에서 많은 어려움을 감수해야만 했다. 이러한 어려움에 처해 있던 연구자는 심사과정에서의 조언을 얻어서, 연구 초기의 연구설계를 양적방법과 질적방법을 동시에 수행하는 등위 통합연구방법으로 하였으나 동등하게 활용하는 연구방법은 심사과정에서 나의 연구에 적합하지 않다는 결론에 이르렀다. 이러한 과정을 겪고 난 후 심사과정에서의 지도 및 조언을 통해서 채택된 연구방법은 양적연구(2009년 2월 25일~3월 16일)를 먼저 수행한 후 그 결과분석에서 나온 결과 및 집단 간에 차이가 있는 문항에 대해 전문가집단의 심층면담 과정을 거쳐 질적연구(1차: 2009년 3월 17일~4월 7일, 2차: 2009년 5월 7일~5월 11일)를 수행하는 순차적 통합연구방법이었다. 즉, 심층면담의 과정으로서, 교육복지정책의 일환으로 수행된 교육복지투자우선지역 지원사업의 사업학교 교원집단 간에 왜 다른 평가를 하는지에 대하여 질문 면담지를 만들어서 교육과학기술부 및 한국교육개발원의 사업담당자, 시·도교육청 사업담당자 및 연구지원팀 연구위원, 지역교육청 프로젝트조정자, 사업학교 사업담당자인 교장·담당부장교사, 일반교사 및 지역사회교육전문가 등에게 심층면담을 수행하였다.

이러한 연구방법의 도출은 연구 초기에 등위 통합연구방법을 수행하였지만 2009년 5월 1일 1차 논문심사에서 등위 통합연구방법보다는 순차적 통합연구방법이 연구목적을 수행하는 데에 적합하다는 질적연구 심사위원의 결론에 근거하여 나오게 되었다. 이러한 결론에 의해서, 2009년 5월 7일~5월 11일(2차)에 걸쳐 전문가집단인 교육청 사업담당자, 연구지원팀 연구위원 및 사업학교 교원들에게 다시 새로이 작성된 질문지를 통해서 심층면담을 하였으며, 이러한 심층면담의 결과를 연구목적 및 연구내용을 설명하는 데 적합하도록 분석하였다. 또한 외부 전문가의 조언으로, 2009년 5월 8일~5월 13일에 걸쳐서 실제 사업학교의 현장 문헌자료인 학생들의 성적이라든지 학생들의 소감문, 교육청에서의 모니터링 계획 및 시행 등등의 자료를 수집하여 양적연구 분석결과를 설명하는 데 활용하였다.

하지만 이러한 과정에서 학교조직이 어떤 측면에서는 관료적 성격이 강하기 때문에 사업학교 교원들에게 면담을 실제로 하기까지 많은 어려움이 있었으며 관료적 성향이 강하다 보니 학교경영자인 교장선생님의 결재를 받아서 사업학교 담당자들을 만나기까지 그 과정은 그리 쉽지 않았다. 또한 어떤 교장선생님들은 실제로 학교 교원들이 어떤 말을 하는지 감시 아닌 감시를 하기까지도 한다. 따라서 사업학교 교원들의 면담에 있어서는 질적연구에서 흔히 말하는 면담 시의 규칙을 철저히 따를 필요가 있으며, 상위기관이나 지인의 도움이 절실히 필요함을 느꼈다.

한편, 상위기관인 교육과학기술부 사업담당자의 면담은 더욱더 어려움이 따르는데, 업무가 너무나 많기 때문에 실제로 만나기란 하늘에 별 따기이다. 그래서 연구자는 지인의 소개과정을 통해서 사전 약속을 하여 2009년 4월 6일~4월 7일에 걸쳐 미리 제작된 면담질문지를 준비하여 직접 방문 및 전화로 심층면담을 하였다. 따라서 우리나라의 경우, 상위기관인 교육과학기술부 사업담당자 등의 면담과정에서는 필히 지인들의 소개과정이 필요하며, 면담시간을 정하기 위한 사전에 충분한 시간의 배려가 필요하다.

연구자는 지난 2007년 3월부터 2009년 현재까지 대구시 교육청 및 경상북도 교육청의 교육복지투자우선지역 지원사업 연구지원팀 연구위원의 역할을 수행하면서 이 사업의 내부자(시 · 도교육청 연구지원팀 연구위원)로서, 사업학교의 사업운영 및 프로그램 진행에 대한 컨설팅, 교사 연수, 정기적인 사업 평가의 활동을 하면서 신뢰성 높은 자료를 획득하기 위하여 장기간의 관찰을 하였다. 또한 반성적 주관성의 측면에서, 연구자는 내부자로 있으면서 사업학교 현장의 자료를 잘 활용할 수 있었으며, 사업학교 컨설팅이나 평가를 통해서 사업학교 현장의 일들을 실제적으로 현장감을 가지고 관찰할 수 있었다. 이러한 관찰이나 자료 수집을 통하여 교육복지정책을 평가하는 데 있어서 실제적인 정보를 활용하였다는 점에서 생동감 넘치는 평가였으며, 보다 객관적으로 기술하고 분석하려는 노력을 하였다.

이상과 같이 볼 때, 논문 최종 심사과정에서 외부 심사자인 질적연구 전문가의 지도는 논문을 재구성하고 완성된 논문으로 나아가는 데 중요한 의미를 가졌으며, 이러한 지도의 과정들은 많은 구조를 변화시키지 않는 범위 내에서 논문의 내용과 형식을 질적논문으로 만들게 해준다는 점에서 많은 의의가 있었다. 나의 연구에서 비록 늦게 외부에서 초빙된 질적연구 전문가의 지도 및 조언을 통한 질적연구가 가미되었지만, 다행스럽게도 질적연구 전문가이신 김영천 교수님과의 만남은 양적연구와 질적연구를 함께 활용한 통합연구방법이 성공적으로 끝나는 데 많은 도움이 되었다. 또한 연구자와 질적연구 전문가와의 지속적인 유대로 인하여 양적연구 중심에서 놓쳐버린 여러 가지 문제점 및 해결 전략들을 새롭게 사업학교에 들어가 탐색함으로써 양적연구를 통하여 밝히기 어려웠던 내용들을 규명할 수 있었다. 아울러 논문 최종 심사과정에서 질적연구 외부 전문가의 심사는 나에게 많은 심리적 안정감을 주었으며, 더 훌륭한 연구가 되도록 자극하는 밑거름이 되었음에 외부 전문가에게 감사드린다.

6. 초청강연과 워크숍

질적연구를 대중에게 알릴 수 있는 또 다른 좋은 방법 중의 하나는 초청강연과 워크숍이다. 초청강연은 대부분 특정 대학교에서 질적연구에 관심을 두고 있는 연구자들을 중심으로 이루어지는 전문학술 강연인 경우가 많고 아니면 교사들을 대상으로 하는 직무연수인 경우가 있다. 워크숍은 전자에 해당하는 경우가 많다. 대부분 질적연구에 대하여 대강 알고 있거나 배웠지만 더 전문적으로 배울 내용이 있다고 생각하여 필자를 초청한다. 오늘 역시 '한 명의 질적연구자를 만들 수 있다면' 이라는 희망을 가지고 서울, 부산, 대구를 향하여 떠난다. 강릉은 참으로 먼 길이었다.

기억해 보면 지난 15년 동안 전국의 여러 대학교와 교원단체 그리고 학과교수들의 수많은 연구모임에 강연을 간 것 같다. 강의주제는 일반적인 수준에서부터 연구방법 프랙티쿰, 질적자료 분석, 그리고 글쓰기 등이었다. 대부분 한 주제에 대하여 약 3시간 동안 다루기 때문에 강의는 충분히 잘 이루어졌다. 아울러 학회 차원의 워크숍들은 대학에서 방법론을 강의하는 교수들이 참가한다는 점에서 더 좋은 계몽의 기회가 된다. 교수님들에게 학생들이 질적연구를 택하도록 요청하는 경우가 많다.

그러나 모든 강연에서 그렇듯이 일부의 학생들은 자발적이라기보다는 끌려서 오는 경우가 많다. 이러한 경우는 대단위의 직무연수에서 나타나는데 그러한 경우에도 한 명의 질적연구자를 만들기 위하여 최선을 다한다. 필자를 포함한 질적연구의 선도적인 학자들이 대부분 이러한 목적을 가지고 워크숍과 초청강연을 할 것이다. 특히 최근 교총의 연구논문이나 열린교육 전국 연구대회에서 교실수업을 질적방법을 통하여 개선하고 평가하는 논문들이 점차 인정을 받는 추세이기 때문에 이 분야에 대한 수요는 점점 증가하고 있다. 그리하여 배우겠다는 특별한 목적을 가지고 있는 수강자들이 있다고 생각하고 질적연구에 대하여 좋은 강연을 하려고 노력한다. 그리고 왜 질적연구를 해야 하는가와 관련하여 다음과 같은 질문을 하면서 그들을 자극시킨다. 때로는 그러한 자극은 대답 없는 메아리로 돌아올 뿐이다.

(1) 여러분은 대학원 수업에서, 교사연수에서, 그리고 일상적 대화에서 항상 학교생활이 바쁘다고 이야기한다. 그러나 필자는 그 말에 대해서 아무리 이해하려고 해도 이해가 가지 않는다. 교사 여러분들이 정말로 바쁜 것인가에 대하여 의구심이 든다. 학교 안에는 바쁘지 않은 사람들 역시 많을 것으로 짐작한다. 많은 교사들 중에서 소수의 사람들만이 바쁜 것이 아닐까? 물론 내

가 나의 제자들에게 전화하면 여러 가지 일로 바쁘게 살고 있는 것 같다. 그래서 다수의 선생님들이 바쁠 것으로 생각하고 있지만 다른 정보에 따르면 그렇지 않은 경우가 많다.

그런데 문제는 그러한 바쁜 생활로 인하여 잡무로 인하여 가르침이 엉망이 되는 상황에 대하여 왜 강연자인 나에게 화를 내는지 모르겠다. 정말 바빠서 학생들을 가르치지 못하고 목적을 상실한 상황이 나타나고 있다면 바로 교사 여러분들이 개선하려고 해야 하지 않겠는가? 왜 그 이야기를 강사에게 하는지 모르겠다. 바빠서 질적연구를 할 수 없다면 할 수 없지만 바빠서 학생들을 가르칠 수 없다면 그것은 문제라고 생각한다. 왜 교사들 사이에서만 그리고 이런 대중 강연에서 여러분들은 매번 바쁘다고, 연구할 여유가 없다고, 당신은 교사가 아니니까 모른다고 답변을 하는지 모르겠다. 바쁘다고 대답하는 사람은 능력이 없는 사람이라는 이야기까지 있다.

그리고 왜 그 이야기를 나에게 하는지 모르겠다. 나약한 강사 대신에 교육부나 학교교육청에 그러한 문제들을 공식적으로 제기해야 하지 않는가? 그리고 왜 교사 여러분들끼리 불평하는 식으로 바쁘다고 하는가? 정말로 바빠서 수업을 못할 지경이고 학생들 지도를 못한 지경이면 그 상황을 글로 적어서 교육부나 관련 교육청에 보내야 하지 않는가? 교사가 그렇게 바쁜데 어떻게 수업을 열심히 잘 할 수가 있겠는가? 강사인 나는 여러분의 바쁜 삶을 해결해 줄 힘과 권력이 없는 사람이다. 불평하지 말고 여러분의 바쁜 일상생활을 한국의 대중들에게 알리는 글, 논문, 그리고 책을 저술하라. 멋있게 쓰여진 한 편의 현장교사의 바쁜 삶의 이야기가 교육부 관료들과 교육청 담당자들의 생각을 바꿀 수 있다. 매스컴은 대중들에게 교사를 적으로 간주하도록 만드는 뉴스를 날마다 내보내는데 그 높은 수능 점수를 받은 여러분들은 날마다 불평만 하지 글 하나 쓰지 않고 기사 하나 쓰지 않고 있지 않는가. 그러한 점에서 나는 여러분들이 문제해결을 하지 못하고 있다고 생각한다.

사람들은 글을 통하여 그리고 과학적으로 평가되는 글을 통하여 감동을 받고 영향을 받으며 정책에 반영을 한다. 때문에 여러분의 생활 이야기를 대중이 이해할 수 있도록 쓰는 방법은 매우 현실적이고 효과적이다. 물론 그러한 상황이 통계치를 통하여 OECD 국가와 비교하여 높다고 주장하든지, 아니면 다른 직업과 비교하여 강조하든지 방법은 다양할 것이다. 그러나 그러한 바쁜 상황은 숫자가 아닌 여러분의 학교에서의 일상생활의 진실한 묘사를 통하여 더 잘 전달될 것으로 생각한다. 더욱 중요한 점은 여러분이 왜 그렇게 바쁘고 문서작성에 목을 매야 하고, 학생들을 자습시키면서 다른 업무를 해야 하는지 그 이야기를 쓸 수 있는 사람은 바로 교사들 여러분들뿐이라는 점이다. 혼자 쓰기 두려우면/힘들면 여럿이 써야 한다. 매년 그리고 달마다 하는 학교 차원의 수업실기대회의 수업경시대회보다는 여러분의 학교문화에 대하여 쓰는 것이 더 좋은 수업을 할 수 있는 여건을 만드는 데 기여하지 않을까 생각한다.

(2) 여러분이 가장 잘할 수 있는 연구주제를 연구하고 그러한 주제의 전문가가 되어라. 왜 여러분은 석사학위 논문의 주제를 우리나라의 학교 수업과 생활과 관련이 없는 서구의 이론과 연구문제로 선정하고 현장에 들어가지 않은 채 모르는 옆 동료들에게 질문지를 부탁하고 수집하여 분석하는가? 여러분의 최종 목적은 대학교수들처럼 학자가 되는 것인가? 여러분이 아는 것처럼 이미 답은 나와 있고 자료를 답에 맞추는 연구를 하고 있지 않는가? 나는 개인적으로 그러한 연구를 읽을 때마다 참 안쓰럽다. 여러분이 아는 것처럼 모두 다 아는 내용에 모두 다 예측 가능한 답을 갖고 있는 연구들이다. 무슨 프로그램이 어떤 효과를 가져온다와 같은 형식의 논문들. 매년 쏟아지는 그러한 여러분의 논문들을 누가 읽을 것으로 생각하는가? 현장교사의 연구는 반드시 그래야 한다고 생각하는가? 왜 다르게 쓰면 안 되는가?

대학전문가, 학교행정가, 교육부의 정책가들이 알아야 할 내용, 학교 내부의 문제점들, 국가 교육과정과 교실현장 사이의 괴리 등과 같은 교사의 가르침과 삶에 민감한 내용들을 연구하라. 그러한 연구들에 대한 탐구가 여러분이 한국 교육의 개선에 기여할 수 있는 길이 된다. 교사 아니면 할 수 없는 주제들 그리고 자료들을 의미한다. 현장의 이야기는 대학연구자의 이론만큼 인정받지 못할지는 모르지만 그 이론의 모순과 한계를 극복시키고 가장 중요하게 오늘 우리가 어떤 삶을 살아가고 있는지, 그리고 앞으로 무엇을 어떻게 고쳐야 하는지에 대한 역사적 인식을 인상적으로 심어 주는 데는 최적의 도구이다. 필자가 제7차 교육과정 현장에서의 문제점에 대한 연구를 시작하려고 하였을 때 이 주제에 대하여 심각하게 연구를 한 논문 한 편을 찾기가 어려웠다. 특히 현장교사가 연구한 학위 논문은 찾을 수가 없었다. 지난 몇 년을 그 누군가가 하겠지 생각해 놓고 하지 않았다. 그러나 아무런 답장이 없어서 필자와 필자의 제자들이 하기로 마음먹었다. 지난 10년 동안 그렇게 신문지상에서 학교를 비방하고 교사를 비방하고 교육부를 비방한 그 주제에 대하여 교사들은 왜 그렇게 침묵하고 있는가? 국책기관에서 실행된 몇 개의 연구보고서를 읽어보라. 여러분은 그러한 보고서의 내용에 공감할 수 있는

가. 왜 당신의 삶과 경험이 왜곡되고 생략되고 타자화되는 그러한 정책 보고서에 침묵으로 일관하는가? 교육부의 정책에 대하여 시내로 나가서 신체적으로 항의하는 것 역시 의미가 있을지 몰라도 하나의 깨끗한 이야기와 논문을 통하여 여러분의 고민과 희망과 방법을 전달해야 하지 않을까? 그리고 그 결정권자는 교육부가 절대 아니며 한국의 교육에 좌절과 희망이라는 두 개의 배타적 가치를 가지고 살고 있는 한국의 시민이고 학부모이다. 쓰지 않으면 버림받을 것이다.

(3) 여러분은 대학원에서 그리고 강연에서 우리나라 대학교의 사범대학과 교육대학교의 교사직전교육이 너무나 잘못되었다고 이야기한다. 오히려 학교현장에 들어가고 난 다음에 실제적인 경험을 통하여 잘 가르치는 방법, 훌륭한 교사가 되는 방법에 대하여 알게 되었다고 한다. 그러면서 사범대학과 교육대학교의 교육과정이 현장과 연계되어 있지 않다고 지적한다. 우리나라의 교직준비 프로그램은 외국과 비교하여 여러 가지 점에서 문제점을 가지고 있다. 필자의 외국 경험에 비추어서 그렇다. 그런데 그러한 의식을 가진 여러분들은 왜 그 주제를 심층적으로 연구하지 않는가? 전국의 교육대학교와 총장들은 교육대학교가 다른 어떤 전문직 훈련 기관들에 비하여 체계적이고 유례를 찾아보기 힘들 정도의 수월성을 가지고 있다고 연일 강조하고 있다. 여러분은 그들의 주장에 동의하는가?

여러분은 그러한 문제들은 지적하지 않으면서 그리고 불평하면서 여러분이 그 시기를 벗어났기 때문에 다행스럽게 생각하고 당신들의 후배들의 삶에는 무관심하지 않는가? 아무런 행동으로 옮기지 않은 채로 후배 교사들 역시 그러한 여러분의 점철을 밟도록 왜 방관자적 태도를 취하고 있는가? 그런 삶의 방식을 취할 것이라면 이 연수에서 또는 다른 장소에서 강사에게 그런 불평을 하지 말아야 한다. 교육대학교 강사는 자신의 수업을 개선할 수 있을망정 전체 구조나 문화는 바꿀 수가 없다. 필자는 교육부 총리가 아니며 진주교육대학교의 총장도 아니다. 아울러 다른 각 교과 교수들과도 친하지 않다. 또한 각 과의 이기주의가 팽배하여 그 어떤 과목 하나 없애거나 내용을 바꾸는 것은 필자가 맞아죽는 데 가장 적절한 방법일 것이다. 2000년 초였던가. 한 번 진주교육대학교 교수회의에서 음악, 미술, 체육 등의 학과목을 줄이고 전공학생을 뽑고 그러한 학생들을 중심으로 미래 초등학교 예체능 교과를 담당해야 한다고 주장하였다. 그 말 이후로 필자는 학교에서 거의 죽을 뻔하였다. 모두 다 좋은 인간관계를 고려하면서 살려고 한다. 필자 역시 마찬가지다. 그리고 아마도 40세가 넘으면 더욱 그럴 것이다. 필자는 교육대학교의 제자들이 모두 잘할 수도 없는 음악, 미술, 체육 등 모든 수업을 헤쳐나가야 하는 그러한 안타까운 상황을 생각하여 교수회의에서 이야기하였지만 변화된 것은 없었다. 단지 변화된 것은 필자와 밥을 먹으려는 교수들의 수가 줄었다는 것뿐이다.

훌륭한 결정과 판단은 '과학' 이라는 이름으로 치장되는 연구보고서를 통하여 이루어지고 합의된다. 현장교사들이 계속적으로 이러한 문제들을 지적하고 비평하는 글을 쓰고 연구논문을 쓰고 교육 당사자들에게 그러한 이야기들을 널리 알릴 때, 여러분의 불편한 진실은 현실을 개선하는 데 기여할 것이다. '과학' 이라고 우리가 믿는 구체적인 실체는 따로 없다. 잘 만들어진 한 개의 논문 그리고 보고서. 여러분은 그러한 글쓰기를 통하여 변화와 개선을 추구하도록 노력해야 한다고 생각한다.

(4) 여러분은 자꾸 필자에게 자신들의 경험과 요구사항들을 써달라고 요구한다. 물론 교사연구(research on teachers)가 21세기 교육학의 대표적인 주제로 떠올랐지만 필자는 여러분의 삶을 대필해 줄 만큼 현장교사들과 가깝지도 않고 경험도 없다. 그리고 교생실습을 제외한 그 어떤 교수경험이 없다. 과외나 학원 강의 경력을 제외한다면. 왜 필자가 여러분의 삶을 써야 하는지 모르겠다. 그래서 한 일 년의 학교생활을 하고는 싶지만 박사학위 연구를 위하여 교실에서 연구하면서 3일이 지나니 지겹다는 생각을 하였다. 어떤 이는 학교의 숨겨진 이미지와 정치학을 잘 드러냈다고 칭찬하지만 마음속에서 내부자가 아닌 외부자로서 책을 쓴 내가 부끄럽다. 필자가 교사였다면 더 잘 썼을 것이다. 2009년 5월경에 부산대학교 박사학위 논문 심사에서 만난 이동성 박사는 나와 진주로 차를 타고 오면서 그런 이야기를 하였다. 이 박사는 초등학교 선생님이었다. "선생님 외람되지만 교실생활과 학교문화에 대해서는 교수님보다 글을 더 잘 쓸 수 있을 것 같아요. 기분 나쁘신가요?" 나는 그 이야기를 들었을 때 새로운 훌륭한 연구자를 만났다는 생각을 하였고 너무나 기뻤다. 그날 밤에 나는 그 분이 언젠가는 학교문화와 교사의 삶에 대한 더 좋은 이야기를 쓸 수 있기를 바랐다.

(5) 책 쓰기 작업은 질적연구와 글쓰기를 전국적으로 소개하는 가장 효과적인 방법이다. 논문은 소수의 전공자만 읽으며 강연은 특정한 목적을 갖고 있는 교사/연구자들이 자의적/타의적으로 참여하여 공부한다. 그에 비하여 출판사에서 만들어진 책은 전국의 대학교와 대학원에서 교직과목과 교육학 전공

과목에서 읽히기 때문에 그 읽기의 범주가 참으로 넓다. 아울러 독자 한 사람이 질적연구에 대하여 궁금한 경우 인터넷을 통하여 자료 검색을 한 후에 책을 구입할 수가 있어서 필요한 자료를 스스로 찾을 수 있다. 모르는 독자들이 필자에게 편지를 보내거나 전자 메일을 보내거나 만나고 싶어하거나 논문지도를 받고 싶다고 연락하는 경우는 대부분 필자의 질적연구 책을 읽고 난 다음이다. 그러한 점에서 필자가 가장 주력하고 있는 연구의 작업 방향은 논문보다는 질적연구에 대한 이론서와 현장 비평서를 출판하여 전국의 고객들에게 질적연구란 무엇인가, 어떻게 하는 것인가, 어떻게 쓰는 것인가를 오프라인으로 가르쳐 주고 배우게 해주는 방법이다.

특히 이렇게 책을 쓰기로 한 것은 필자의 책들이 질적연구에 대하여 공부하고 싶어하는 대학연구자와 현장교사들에게 널리 읽히고 있다는 사실을 알았기 때문이다. 그 예로서 한 출판사의 필자의 저서 판매에 대한 1년 통계결과는 각 대학교 서점에서의 주문보다는 인터넷을 통한 책 판매가 더 높다고 한다. 즉, 특정한 이해관계가 없는 독자들이 필자의 책들을 읽고 질적연구에 대하여 공부한다는 것이다. 그 예로서 『네 학교 이야기: 한국 초등학교의 교실생활과 수업』은 교육과정 전문서적임에도 불구하고 2만 권 이상의 책이 팔렸고 질적연구란 무엇인가를 이해시켜 주는 데 매우 긍정적인 역할을 하였다고 한다. 『네 학교 이야기』 이후의 저서들 역시 대학교의 수업에서 그리고 전국의 교사들에 의하여 많이 읽히고 있다.

때로 어떤 독자는 필자의 다음 책이 어떤 것인지 묻곤 하는데 그러한 관심이 필자로 하여금 더욱 새로운 책을 써야겠다는 다짐을 갖게 만든다. 그리고 그러한 학술서적의 출간이 전국의 많은 질적연구자와 잠재적 연구자들을 질적연구로 초대하는 효과적인 방법이 될 것이라는 희망 아래 책들을 저술하고 있다. 가장 잘 팔리는 책을 쓰려면 질적연구에 대한 개론서 또는 역서를 출판하면 되지만 대신에 필자는 우리의 현장을 알리는 글을 씀으로써 질적연구를 해야 하는 이유에 대한 확신이 들도록 하는 것이라고 믿고 있다. 이에 읽기 쉽고, 편안하고, 자극하며, 설레이게 하고, 나아가 다양한 감정들을 불러일으키는 현장지향적인 질적연구 서적을 만들려고 노력하였다.

특히 우리나라의 상황이 질적연구를 개략적으로 소개한 외국 서적의 번역서들 그리고 우리나라 학자들의 개론서들은 넘쳐나는 데 비하여 그러한 이론들과 지식들을 구체적으로 현장의 이야기로 구현한 실제 작품들이 없다는 점에서 필자의 출판 작업의 방향은 다르다고 하겠다. 다음은 필자가 그 동안 질적연구의 계몽과 확산을 위하여 출판한 책의 목록이다.

도서명	설명
네 학교 이야기	필자의 미국 박사학위 논문을 근거로 하여 새롭게 편집한 질적연구 현장작품이다. 우리나라 초등학교 네 학교에서 일상적으로 일어나는 학생들의 생활과 문화, 그리고 수업의 특징들을 학생들의 목소리를 통하여 전달하려고 하였다. 내용의 강렬함과 우리 교육에 대한 신랄한 비판 등으로 인하여 일부 독자들의 부정적인 반응이 있기는 하지만 대체적으로 질적연구란 무엇인가를 우리나라에 널리 이해시키는 데 핵심적인 역할을 하였다고 평가받고 있다. (문화관광부 우서도서상 수상)
교육에서의 질적연구: 방법과 적용	질적연구에 대한 이론적 그리고 실제적 작품들을 2개의 영역으로 나누어 질적연구에 대한 이해를 증진시킨 책이다. 앞부분에서는 질적연구의 이론적 주제들을 다루었고 뒷부분에서는 질적연구를 우리나라에 적용시킨 실제 현장작품들을 선정하여 소개하였다.
교과교육과 수업에서의 질적연구	질적연구가 학교교육과정과 수업연구 나아가 각 교과교육연구에 어떻게 적용될 수 있는지를 소개한 책이다. 특히 각 교과영역에서 활동하고 있는 대표적인 질적연구자를 초대하여 자신의 교과영역에서 나타나고 있는 질적연구 패러다임의 확산현상과 탐구동향을 체계적으로 정리하였다. (대한민국 학술원 우수학술서 수상)
별이 빛나는 밤 1	질적연구의 한 가지 전통으로 자리 잡은 생애사 방법을 소개하고 서구의 교육과정과 학교교사연구에서 생애사 방법을 사용한 연구들을 정리하였다. 이 분야의 대표적인 작품들로 간주되는 연구들을 선정하여 연구주제들과 연구결과들을 요약하였다. 이를 통하여 생애사 방법을 통한 학교교사연구가 어떻게 가능할 수 있는지에 대해 다양한 생각들을 하도록 교육학자와 교사들, 교육연구자들에게 문제제기하였다.
별이 빛나는 밤 2	생애사 방법을 통하여 우리나라 교사들의 일상생활과 교수의 문화, 그리고 전문성 발달의 과정을 묘사하였다. 일곱 개의 주요 범주(교사의 목소리)를 구분해 내고 각 범주에 속하는 교사의 이야기들을 소개하였다.
미운 오리 새끼	교직을 떠난 초임교사들이 첫 3년 동안 학교에서 어떻게 생활하는지에 대한 국내 최초의 질적연구이다. 필자의 대학원생들과 함께 이루어진 이 연구는 우리나라 초임교사들이 학교에서 갖는 여러 가지 생활경험과 딜레마들, 그리고 그 문제들을 헤쳐 나가는 과정들을 집중적으로 연구하였다. 초임교사들이 바라보는 우리나라의 학교이미지가 잘 묘사되어 있다. (문화관광부 우수학술도서상 수상)

(계속)

도서명	설명
차라리 학원에 보내라	왜 학부모들은 학생들을 학원에 보내는 것일까? 단순히 불안하기 때문일까? 아니면 학원은 학교보다 더 잘 가르치는 것일까? 너무나 한국적 주제임에도 불구하고 이 주제에 대한 심층적인 질적연구는 거의 없는 실정이었다. 이에 약 1년 동안의 현장작업을 통하여 왜 학생들은 학원공부에 대하여 긍정적인 의미를 부여하고 학원은 생존하기 위하여 학교와는 다른 교육과정과 평가방법을 개발하고 실행하는지가 심층적 묘사를 통하여 드러나 있다.
질적연구: 우리나라의 걸작선	좋은 작품을 읽는 것은 좋은 작품을 만드는 데 필요한 조건이다. 좋은 작품에 대한 읽기와 감상, 나아가 비평을 통하여 작품을 만드는 데 필요한 기초지식과 통찰력, 그리고 더 나은 작품을 만들기 위한 의지를 갖게 된다. 그러한 점에서 국내 질적연구 중에서 잘 되었다고 생각하는 연구물들을 선정하여 그 연구들이 어떠한 맥락에서 시작되었고 주제는 무엇이며 연구과정은 어떻게 이루어졌고 연구결과는 무엇이었는지를 설명하였다. 각 chapter는 초청된 질적연구자들이 자신의 연구작업을 상세하게 소개하는 글쓰기 형식을 취하였으며 이에 연구작업과정, 분석과정, 연구의 결과 등이 저자의 글로 잘 표현되어 있다. 질적연구의 다양한 지적 전통과 방법들이 총망라되어 있다.
한 여름 밤의 꿈: 제7차 교육과정 환상과 추락의 내러티브	질적연구의 새로운 연구전통으로 나타난 내러티브 연구방법을 적용한 교육과정 비평서이다. 제7차 교육과정이 이상과는 다르게 학교현장에서 어떻게 실행되고 있으며 참여자들은 그러한 상황에 대한 이유를 어떻게 해석하고 있는지를 초등학교 2개, 중학교 2개, 고등학교 2개 총 6개의 학교에 대한 참여관찰과 심층면담을 통하여 규명하였다. 나아가 전통적인 글쓰기에서 벗어나 문학적 글쓰기 방법들(시, 소설, 드라마, 자서전)을 적용하여 질적자료를 새롭게 표현하려는 시도를 실험적으로 하였다.

7. 맺음말

이 장에서는 필자의 글쓰기 작업에 대한 두 개의 이야기 중 하나를 소개하였다. 박사학위 졸업 후 한국으로 와서 강의하면서 겪었던 질적연구자로서의 여러 가지 경험 그리고 전임교수로서 진주교육대학교에서 활동하면서 대학원 학생들의 논문 쓰기와 심사에서 질적연구자로 어떻게 생활하였는지를 이야기하였다. 다소 개인적이고 혹 어떤 독자들은 거부감을 느끼겠지만 과학적 연구 그리고 글쓰기는 한 개인의 생애에 대한 이해 없이는 불가능하다는 점에서 필자의 지난 20년간의 글쓰기에 관련된 경험을 소개하였다.

그리고 그러한 생애 이야기 묘사의 목적은 한 질적연구자의 개인적인 성취를 알리려는 것이 아니라 앞으로 우리 질적연구자들과 미래에 질적연구자가 되려고 하는 연구자들, 현장교사들이 우리의 현장을 바꾸기 위하여 어떻게 글을 써야 하며 무엇을 써야 하고 그러한 글쓰기에서 질적연구가 주는 선물이 무엇인가에 대하여 진지하게 생각해 보기를 바랐기 때문이다.

나아가 양적연구가 주도적인 연구방법론으로 자리 잡고 있는 우리나라의 상황에서 새로운 지형의 변화를 위하여 우리 질적연구자들은 어떤 노력을 하고 있으며 해야 하고 또 건설적인 작업을 해야 하는지에 대하여 집단적으로 숙의하기를 기대했기 때문이다. 그러한 점에서 나의 지난 20년간의 글쓰기 작업에 대한 전기적 이야기가 우리나라의 다음 세대의 질적연구자들에게 어떻게 살아야 하며 무엇을 써야 하는지를 고민하게 하고 그 고민으로부터 더욱 좋은 글쓰기 작품이 탄생되기를 진심으로 기다릴 뿐이다.

제19장

나의 글쓰기 세계 2: 김영천의 글쓰기 전략

1. 일상생활의 관리
2. 심리적 관리
3. 실제적 글쓰기 기법
4. 글쓰기가 끝난 후의 마지막 작업
5. 참고문헌

> 나만의 것이 곧 나의 문체이다(Zinsser, 2006).
> 작가의 스타일은 바로 작가 자신이다(Green).

이 책의 마지막 장이다. 앞 장에서는 질적연구의 확산을 위하여 필자가 어떠한 학술적 대회활동과 질적연구자의 양성을 위해 노력하였는지를 자서전적 이야기식으로 전개하였다. 이 장에서는 질적연구자로서 필자가 그 동안 글을 직접 쓰면서 알게 된 글쓰기 기법들에 대하여 소개하고자 한다. 상황인지 또는 경험학습의 관점에서 필자가 지난 20년간 글을 쓰면서 글이란 어떻게 쓰는 것이며 어떤 글쓰기가 좋은 글쓰기인지, 그리고 필자는 글을 쓰기 위하여 어떤 기법들을 활용하는지를 자기반성적으로 해체해 보고자 하였다. 이 장의 인용문에서 밝힌 것처럼 필자는 그 어떤 훌륭한 작가들의 글쓰기 기법들을 공부한 적 없이 박사과정부터 연구전공의 특성에 따라 글 쓰는 일을 해오고 있다. 그리고 그 과정에서 글이란 어떤 것이며 어떻게 써야 좋은 글이 되는지를 조금씩 이해해 갈 수 있었다. 이에 이 장에서는 질적연구자의 한 사람으로서 필자는 어떻게 글을 쓰며 어떤 전략들을 활용하는지를 독자들에게 노출시키고 싶다. 그러한 이유는 질적연구에서 글쓰기는 매우 중요한 탐구주제이기 때문에 앞으로 계속적으로 탐구되어야 할 것이며 이 주제에 대한 전문가가 나타나야 한다는 생각 때문이다. 이에 이 글을 읽을 독자들은 필자의 경험과 기법들을 하나의 참고자료로 읽기를 바라며 교과서적 지식으로 수용하지 않기를 바란다. 필자의 글쓰기의 세계와 기법을 체계적으로 제시하기 위하여 그 영역을 다음 세 가지로 구분하여 제시하였다: (1) 일상생활의 관리, (2) 심리적 관리, (3) 실제적 글쓰기 기법.

1. 일상생활의 관리

좋은 글쓰기를 하기 위해서는 자신이 가장 글을 잘 쓸 수 있는 심리적/물리적/문화적 환경을 자신의 일상생활에서 최적화시키도록 해야 한다. 즉 주위 환경이 글 쓰는 사람이 글쓰기에 몰입할 수 있도록 잘 정비되고 통제되어 있어야 한다는 뜻이다. 예를 들면 어떤 이는 아침에 글이 잘 쓰이고 어떤 이는 남들이 자는 조용한 새벽이 가장 좋다고 한다. 아니면 어떤 이는 약간 시끄러운 소음이 들릴 때 글이 잘 쓰이기도 하고 어떤 이는 마감 하루를 남기고 글을 끝맺을 수 있다고 한다. 드라마에 자주 등장하는 스토리이다. 때문에 우리는 글을 쓰기 위하여 하루 중에서 특정한 어떤 시간, 상황, 아니면 조건을 기다리기도 하고 그렇게 되지 않을 때 그러한 환경을 만들기 위하여 인위적으로 환경을 조성하기도 한다. 물론 인생의 성공이 걸려있고 가족의 사활이 걸려 있는 박사과정의 학위 논문을 쓰는 경우에는 그러한 조건들에 대한 충족들이 사치스러운 것으로 들릴지 모르지만 그러한 극단적인 경우를 제외한다면 대부분 우리들은 글을 쓸 때, 나름대로 좋은 물리적 환경을 최적화시키기 위하여 적극적으로 노력한다. 물론 어떤 이는 그러한 노력을 의식하지 못한 채 글을 쓰기도 하지만 잘 생각해 보면 사실은 자신이 언제 식사를 하고 언제 누구를 만나고/만나지 않고 하는 결정이 모두 자신의 글쓰기 작업을 잘하기 위한 숨겨진 선택이었음을 알게 될 것이다.

그러한 측면에서 필자 역시 좋은 글쓰기를 하기 위하여 일상생활을 어떻게 관리하고 구조화시키는지를 반성적으로 살펴보았다. 그리하여 좋은 글을 쓰기 위하여 필자가 하루 생활을 어떻게 계획하고 생활하며 어떤 지원적인 활동들을 하는지를 찾아내었다. 이 과제를 써 내려가면서 필자의 그러한 의식되지 못한 또는 의식된 활동들을 객관적인 글쓰기 대상으로 적는 것은 또 다른 경험이었다. 다소 개인적인 이야기가 될 수 있겠지만 질적연구 분야에서 이 주제에 대한 자료들과 참고문헌이 없다는 점에서 과감하게 독자에게 소개하기로 결정하였다.

(1) 피로의 제거

나에게 있어서 글을 쓰기 위한 첫 번째 필요 조건은 가벼운 몸이다. 일체의 피로감을 느끼지 않을 때 나는 글을 쓰고 싶은 욕망이 생기며 글을 쓸 수 있다. 모든 사람이 그렇겠지만 나에게 피로가 없는 신체 상태는 참으로 중요하다. 다른 사람에 비하여 일찍 피로하고 피로하면 만사가 싫은 나는 몸이 피로하면 절대로 글을 쓰지 못한다. 사상의학상 소음인인 관계로 다른 사람에 비하여 엔진이 오래 가지 못한다는 한의원 원장님의 말이 씨가 되었는지는 모르겠지만 나는 피로 관리를 잘해야지 몸의 엔진이 잘 움직인다. 오후에 간단한 낮잠을 항상 자도록 충고를 받기도 하였다. 그러나 기억해 보면 글을 쓰는 데 피로가 꼭 그렇게 심각하게 영향을 준 것은 아니었다. 원기 왕성하였던 30대에는 피로를 생각하면서 글을 쓸 여유가 없었다. 매번 주어지는 대학원의 과제 그리고 논문 제출, 살아야 했기 때문에 무거운 몸을 이끌고 부족한 잠을 참고서 일어나야 했고 아침을 잘 먹지 못해서 그런지 도서관에서 어지러움증을 느끼고 힘든 적이 여러 번 있었다. 그렇지만 무거운 몸을 설득하면서 기나긴 밤에 주어진 책들을 모두 읽고 컴퓨터 앞에서 과제를 써 내려갔다.

2008년 이 글을 쓰고 있는 필자는 어느덧 40대 후반이 되었다. 그 때와는 다르게 기력이 많이 떨어졌다. 쉽게 피로해지고 마음이 몸을 거스르지 못하는 것 같다.

과거에 비하여 허약해지고 신체적 지구력이 떨어지고 아울러 하루가 지나도 피로가 쉽게 사라지지 않는다. 그리고 자주 몸이 아프다. 40대에 와서 글쓰기는 몸이 아프지 않은 것을 의미할 정도로 피로가 없는 가뿐한 몸 상태를 전제로 한다. 어렸을 때부터 항상 몸이 약하였던 나는 위인전이나 유명인의 전기를 읽을 때 나오는 이야기(역사적으로 유명한 화가가 며칠씩 잠을 자지 않고 그림을 그렸다든지, 돈이 없어서 며칠씩 아무것도 먹지 못하고 글을 썼다는지 하는 이야기)를 진짜라고 믿지 않았다. 어린 학생들에게 그렇게 살아야 한다고 교훈을 주기 위하여 꾸며낸 이야기라고 믿을 수밖에 없었다.

때문에 글을 쓰려고 하는 계획이 결정되면 처음으로 계획하는 중요한 일은 피로감이 없는 육체를 만드는 일이다. '가뿐하고 경쾌한 기분이 드는 하루'를 아침에 느낄 수 있도록 몸을 준비시키는 일이다. 그러한 경쾌한 느낌은 피로감이 없는 눈, 어깨와 목의 근육통이 사라질 때 확실해진다. 모든 사람이 아는 것처럼 글쓰기는 바로 눈과 관련된 작업이어서 눈의 피로가 있어서는 글을 계속 쓸 수 없으며 어깨와 목의 건강 역시 중요하다. 과거 학위를 위하여 글을 쓸 때는 몸을 혹사하면서 글을 썼지만 이제 와서 그러한 부담은 없기 때문에 글쓰기는 의무보다는 사명감과 새로운 길에 대한 개척정신에 더 많은 영향을 받는다. 이런 이유 때문에 어떤 글을 써야 한다고 생각하게 되면 가장 먼저 신경 쓰는 부분은 피로감을 느끼는지 그리고 그러한 피로감이 있다면 어떻게 없앨 것인지이고, 이에 대해 생각하면서 일상생활을 시작한다. 특히 글을 쓰는 작업이 많은 육체적 고통과 피로를 동반하는 노동이라는 점에서 계속되는 글쓰기 작업에서 유발되는 피로물질과 몸 상태를 체크하고 개선하지 않고서는 목표를 달성하는 글을 쓸 수가 없다. 이에 필자는 글을 쓰기가 싫어지면 '아 내가 피로해졌구나' 하는 생각을 가장 먼저 한다. 그리고 피로를 풀어야겠다는 생각을 한다.

그 해결책으로서 다음날 글쓰기를 할 수 있도록 하기 위하여 여러 가지 노력을 한다. 사람마다 다르겠지만 필자의 경우 다음과 같은 네 가지 방법을 선호한다.

첫째는 충분한 수면이다. 수면만큼 좋은 보약이 없다고도 하였지만 필자에게 잠자는 일은 효과적인 피로 해결책이다. 어렸을 때부터 다른 아이들보다 잠이 많았고 잠을 잘 잤다. 어머니 말씀으로는 참으로 아기가 순하여 방 한쪽에 두면 그냥 새근새근 잠을 잤다고 하신다. 그래서 어머니는 아들이 참으로 조용하고 착한 성격의 사람이 될 것으로 믿었다고 하신다. 나중에는 그와는 반대로 고집쟁이에 자유분방하고 통제받는 것을 극도로 싫어하는 성격이어서 이 세상에서 어떻게 살아갈까 무척 걱정하였다고 하신다. 그래서 필자가 잠자고 있었을 때는 항상 깨우지 않았다고 하신다. 대학교 입시 공부 때도 8시간은 꼭 잤다. 그 결과로 좋은 대학을 가지 못하였는지는 모르지만. 대학교에서도 잠을 줄이는 게 아까워서 시험기간을 대비하여 미리 공부를 하곤 하였다.

필자는 기회가 되면 참 잘 잔다. 버스나 기차 안에서도 앉으면 바로 잠을 잘 잔다. 영화관에서도 영화가 재미없으면 대신 잠을 잔다. 잠을 많이 자면 성공하지 못한다는 베스트셀러를 읽을 때에는 화가 나기도 하였지만 사람이 40대가 되면 최소한 8시간은 자야 한다는 뉴스보도가 나왔을 때는 죄책감이 많이 사라졌고 그 연구가 참 잘된 것이라고 생각하였다. 깊게 자기 위하여 집의 모든 창문을 모두 닫고 방문을 모두 닫는다. 거실의 전화 벨 소리가 들리지 않도록 한다.

두 번째 피로 회복 방법은 따뜻한 목욕이다. 모든 사람에게 목욕이 다 좋기는 하지만 소음인인 필자에게 차가운 외부 환경은 몸을 차갑게 만들어 좋은 컨디션을 유지하지 못하게 만든다. 항상 몸이 차고 쉽게 차가워진다. 겨울에 나의 손은 너무 차가워서 사람들과 악수할 때 미안한 생각이 들 정도다. 아무리 옷을 많이 껴입어도 춥다. 그런 이유 때문에 항상 따뜻한 곳, 따뜻한 음료수, 따뜻한 방 등이 마음에 든다. 그리하여 차가운 환경으로 인하여 몸이 쑤시고 결릴 때 가장 먼저 하는 일은 몸을 따뜻하게 하는 일이다. 혈액순환을 활발히 하여 몸의 피로물질을 외부로 내보내고 체온을 유지하는 일이다. 일단 몸이 차가워져서 혈액순환이 되지 않으면 온 몸의 근육이 경직되고 아프다. 그런 이유로 인하여 여름이라도 따뜻한 물로 목욕을 하며 따뜻한 온돌 침대에서 잠을 잔다. 목욕탕은 필자가 가장 잘 이용하는 곳이고 피곤하다 생각이 들면 뜨거운 탕 안에서 있다가 집으로 온다. 주로 저녁에 이용하지만 때로는 오후에라도 몸이 피곤한 경우에는 글쓰기를 그만두고 목욕탕으로 향한다. 탕 안에서의 목욕으로 인하여 몸이 가벼워졌다는 느낌을 받으면 기분이 좋아지고 다시 글을 쓰고 싶은 생각이 든다. 그래서 글이 잘 쓰이지 않을 때는 일부러 목욕탕에서 몸을 따뜻하게 한 후에 연구실로 와서 다시 글을 쓴다. 글이 훨씬 더 잘 쓰인다. 그래서 외국에는 기회가 있어도 잘 가지 않는다. 우리나라의 목욕탕이 너무 좋다.

세 번째 방법은 지압이다. 30대 중반에 찾아온 어깨 결림과 목 근육 통증은 필자에게 있어서 글쓰기의 가장 큰 적이다. 오랫동안 앉아서 글을 쓰는 직업병으로 인하여 골반이 약해졌고 허리와 목 근육 역시 자주 탈이 난다. 아울러 군에 있으면서 당한 구타로 인하여 신경을 쓰면 머리로 올라가는 목 근육이 경직되어 어지럽고 눈이 피로해진다. 때문에 목과 어깨 통증을 미연에 방지하기 위하여 최선을 다하지만 1년에 한두 번은 꼭 탈이 생긴다. 39세부터 시작된 목과 어깨의 통증은 연례행사가 되었고 조금 심하게 글을 쓰거나 무리하면 반드시 탈이 난다. 그리고 한 번 아프면 약 1주에서 2주는 그냥 쉬어야 한다. 지난 10여 년 동안 참으로 한의원을 많이 찾아갔고 도움을 받았다. 대부분 환자가 할아버지와 할머니밖에 없고 필자가 가장 어린 나이여서 어이가 없기도 하다. 그러나 아픔을 고쳐줄 수 있는 한의사 원장님이 있어서 너무나 다행이었다. 목, 어깨, 때로는 허리와 골반에 나타나는 근육통과 결림은 대부분 부정확한 자세 특히 잘못된 앉는 자세에서 비롯된다고 한다. 아울러 앉아서 생활하는 직업을 가진 사람들의 직업병이라고도 한다.

눈이 충혈되고 어지럽고 토하는 기분이 들어서 처음에는 소화의 문제가 있는 줄 알고 양방을 다녔으나 효과가 없었고 나중에 우연히 이 증상이 목과 어깨에 관한 문제라는 것을 알았다. 따라서 요즈음은 어지럽고 눈이 피로하고 집중이 되지 않으면 대부분 목 근육이나 어깨 근육에 탈이 난 것이다. 과거에는 문제가 나타나면 해결하는 방법을 택하였으나 요사이는 미리 예방차원에서 목과 어깨 근육을 부드럽게 풀어주는 방법을 택한다. 하루 5시간 이상 글을 쓰고 난 후에는 몸의 모든 부분이 아프고 쑤신다. 그럴 때는 다음날을 위하여 지압을 받는다. 너무 아파서 양방을 찾았을 때 한 의사 선생님은 당신이 무슨 세계적인 학자가 될 거냐고 그러면서 글쓰기를 그만두라고 말씀하셨다. 맞는 말이다. 그냥 행복하게 산을 오르고 골프를 치고 여행을 다니고 그냥 그렇게 살면 낫는단다. 참으로 멋있는 해결책이다. 그 분의 말이 맞지만 병원을 나오고 난 다음에 그리고 증세가 호전되면 가야 할 곳은 연구실밖에 없다.

네 번째 방법은 좋은 음식을 먹는 일이다. 누구나 아는 것처럼 글을 쓰면서 느끼게 된 단 한 가지 진실은 인간 역시 기계가 아닌가 하는 생각이다. 음식을 먹으면 에너지가 생겨서 글을 쓰고 허기가 느껴지면 글을 그만 써야겠다는 생각이 든다. 기계에 기름칠을 해야겠다는 생각이 언제부터인가 생겼다. 이에 어렸을 때 들었던 소문, "지적 활동이 단순 육체노동에 비하여 더 많은 칼로리와 영양을 소비한다"가 생각나고 몸에 글쓰기에 필요한 좋은 영양소가 부족해졌을 것으로 판단한다. 그리고 이를 해결하기 위하여 좋은 음식을 먹는다. 40대가 넘어서면서부터 콜레스테롤을 생각하면 육식을 자제해야 하지만 몸의 피로를 제거하고 원기를 회복시켜 주는 가장 빠른 방법은 육고기이다. 매우 비싸기는 하지만 좋은 글을 써야지 하는 생각으로 피로한 경우에 일부러라도 육고기를 먹는다. 간단히 먹은 라면이나 떡볶이, 된장찌개보다 육고기 중심의 식단은 글을 오래 쓰게 하고 몸을 덜 피로하게 만든다. 이러한 버릇은 강연의 경우에도 적용된다. 과거에는 강연 후에 피로가 자연적으로 풀릴 것으로 생각하고 잠을 자는 경우가 많았다. 그러나 최근에 와서는 약 3시간의 강연 후에 저녁에는 고기 식사를 하려고 한다. 든든하게 먹은 육고기는 다음날의 상쾌한 아침을 만들어 준다.

(2) 글쓰기 좋은 시간대

> 나(톨스토이)는 언제나 아침에 글을 쓴다. 최근 루소도 아침에 일어나 가벼운 산책을 다녀온 후 자리에 앉아 작업한다는 말을 듣고 기뻤다. … 최고의 생각은 아침에 산책을 다녀온 후, 침대에 누워 있는 동안, 또는 산책 도중에 제일 잘 떠오른다(윤재원 역. 2009, 19).

영어속담에 'Early bird' 그리고 'Late bird' 라는 표현이 있다. 일찍 일어나는 사람이 있고 늦게 일어나는 사람이 있다는 표현이다. 일찍 일어나는 사람은 아침에 많은 일을 처리하고 일찍 잘 것이며 늦게 일어나는 사람은 일처리를 오후에 늦게 한 후에 밤늦게 잠자리에 들 것이다. 아마도 이 속담이 담고 있는 의미는 사람들의 시간대에 따라서 활동의 효과가 다를 것이며 그러한 계획에 따라서 자신들의 일상생활을 효과적으로 계획해 나간다는 뜻일 것이다. 글을 쓰는 사람 역시 예외가 아니어서 언제 글을 써야 잘 써지는지 잘 알 것이며 아침, 점심, 오후, 그 외에도 날씨나 온도, 밝기나 소음 정도 역시 글쓰기에 영향을 끼칠 수 있다.

그러한 점에서 필자 역시 하루 일과 중에서 특정한 시간대에 글을 쓰는 것이 효과적이라는 사실을 알게 되었고 그에 맞추어 모든 생활을 관리하면서 살고 있다. 이러한 이유 때문에 필자 역시 가장 효과적으로 글이 잘 쓰이는 시간대에 컴퓨터 앞에 앉아서 글쓰기 작업을 한다. 그러한 글쓰기가 버릇이 되어서 그 시간대가 아니면 글이 잘 쓰이지 않을 것 같고 그 시간대를 기다리면서 다른 일을 하는 나를 발견하기도 한다. 좋은 글쓰기 시간대를 기다리면서 다른 덜 중요한 일들을 한다. 예를 들면 피로감을 느끼지 않을 일들, 연락, 간단한 외부 논문심사표 작성, 외국의 새로운 책 목록 신청 등. 이에 글쓰기 시간대를 정해 놓고 난 다음에 하루의 모든 일들이 어떻게 진행될 것인지를 결정한다.

그런데 흥미로운 사실은 좋은 글쓰기 시간대가 상황에 따라서, 나이에 따라서 달라진다는 점에 있다. 1980년대 대학원 재학 시절에는 조교 생활이 끝난 오후 저녁에서 밤 12시까지가 글을 쓰는 데 좋은 시간대였고 미국의 유학 기간에는 밤늦은 시간대가 좋았다. 박사과정 논문을 준비하던 1994년부터 1995년까지 약 일 년 동안은 밤 8시에서 아침 6시까지가 글을 잘 쓸 수 있는 시간대였다. 먼저 저녁을 먹고 1시간에서 2시간 정도 낮잠을 잔 다음에 밤 8시 30분에서 9시 사이에 일어나 글을 쓰기 시작하였다. 피로한 몸에 글쓰기 부팅을 하는 것이 힘들기는 하지만 피곤한 육체를 달래 가면서 글을 쓴다. 참으로 자신의 육체를 달래는 일은 쉽지 않았다. 그러나 글쓰기가 시작되고 난 후에 좋든 싫든 한 시간 정도의 글쓰기를 억지로 끌고 나가면 이상하게도 글쓰기에 대한 새로운 마음이 생긴다. 잘 써야지 그리고 잘 쓸 수 있다는 생각이 들면서 글을 쓴다. 단순히 써야 된다는 의무감에서 더 좋은 글을 써야겠다는 희망적 태도가 몰려온다. 기숙사의 모두가 잠든 밤. 몇 개 안 되는 불빛이 있는 다른 방들, 창가를 때리는 강한 빗줄기, 그리고 이 세상 나밖에 없는 것 같은 한적함과 외로움. 이러한 적막에서는 히터에서 나오는 바람소리까지 잘 들린다. 저녁 6시에서 시작하여 아침 5시까지 계속되는 밤 동안의 글쓰기를 일 년 이상 하였다. 드리워진 커튼에 아침 햇살이 비치기 시작하면 하루가 끝났구나 하는 생각을 하면서 바로 옆에 있는 싱글 침대로 몸을 던져 바로 잠으로 빠졌다. 그 다음날이라고 해야 할까. 오후 1시나 2시가 되어서야 아침 잠을 깬다.

그러나 박사과정에서의 그러한 글쓰기 습관은 전임교수가 되면서부터 바뀌기 시작하였다. 대학 전임교수로서 해야 할 일들이 아침에 많이 있었고 수업 역시 오전부터 오후까지 계속 있었다. 따라서 밤늦게까지 또는 새벽까지 글을 쓸 수는 없었다. 평일에는 수업을 그리고 주말에는 대학원 수업을 해야 했고 따라서 일주일이 강의로 빠르게 지나갔고 수업으로 인하여 오후 3시 이후에는 몸이 피로하였다. 이에 학과 교수들 또는 학과 행사로 인하여 저녁을 먹고 집에 돌아오면 8시나 9시가 되었다. 글을 쓰기에는 몸이 너무 피곤하였고 학위 논문을 써야 하는 의무적 상황이 아니었기 때문에 바로 잠을 잤다. 글을 쓸 수 있는 시간이 절대적으로 줄었고 교수로서 사회생활이 늘어나면서 별 의미 없는 활동에 참여해야 하는 경우가 너무 많았다. 대인관계를 강조하는 이 대학교에서 계속 대인관계를 위해서 살아서는 글을 많이 쓸 수 없다는 생각에 어느 해부터는 저녁만 먹고 몰래 빠져나오기 시작하였고 집으로 연락이 오더라도 전화를 받지 않고 잠을 잤다. 그리고 부족한 일주일 동안 약 3일을 글쓰기 날로 정하고 글을 썼다.

이에 2000년 이후부터는 좋은 글쓰기 시간대가 아침으로 바뀌었다. 잠을 일찍 자고 아침 8시경에 학교에 와서 약 3시간 정도 집중적으로 글을 썼다. 컨디션이 좋으면 점심을 먹고 한두 시간 글을 더 쓴 다음에 학교를 빠져나갔다. 그러나 하루 5시간 이상 글을 쓴다는 것은 40대 후반의 육체로는 무리였기 때문에 더 쓰고 싶은 욕구가 있더라도 참고 그냥 집으로 향한다. 굳이 하고 싶은 일이 있으면 피로감을 덜 느끼는 일들(참고문헌 정리, 교정작업 등)을 연구실에서 한다. 일찍 자고 아침에 연구실에서 글을 쓰는 습관이 고정되면서부터 아침 출근 시간이 점차적으로 빨라지는 상황이 나타났다. 특히 필자가 좋아하는 미니시리즈들이 최근 재미가 없어지면서부터 9시 때로는 8시에 잠을 잤다. 그러니 아침 새벽 3시에 잠을 깨는 경우가 많았다. 그리고 3시나 4시 아니면 5시에 학교로 출발하였다. 그런데 아파트 관리 할아버지가 그 새벽에 자꾸 어디 가는지 궁금해하고 또 학교 경비원 아저씨 역시 왜 그렇게 아침 일찍 나오는지 의아하게 생각하였다. 그래서 나중에는 아침 6시 이후로 출근을 미뤘다. 아파트에서 이상한 교수가 산다는 소문이 들리는 것을 방지해야 했다.

(3) 목표치

> 주중 여덟 시간을 근무하는 동안 나는 세 개의 문장을 쓴다. 그리고 책상을 떠나기 전 절망으로 가득한 채 써놓은 문장을 지워버린다. … 벽에 머리를 찧고 싶은 마음을 다스리려면 모든 결의와 의지를 동원해 나를 통제해야 한다.
>
> (조셉 콘라드의 글쓰기의 어려움, Leach and Graham, 윤재원 역, 2007, 74)

하루에 얼마만큼의 글쓰기를 할 것인지를 미리 결정하는 것은 쉽지 않으며 예측하기도 힘들다. 그러나 필자의 경험에 비추어 보았을 때 무작정 쓰는 것보다는 오늘은 어느 정도 그리고 어디까지 쓰겠다고 목표를 정해 글을 쓰면 효과적이라는 생각을 한다. 물론 아이디어의 생성 부분이나 논문의 첫 문단은 하루를 고생한다고 하더라도 쓰지 못하는 경우가 있지만 글쓰기 작업이 본 궤도에 오르면 오늘 어디까지 써야 하는지 그리고 얼마만큼 쓸 수 있는지를 예측할 수 있다. 때문에 오랫동안 하게 될 글쓰기 작업을 성공적으로 마치기 위하여 하루 글쓰기의 목표를 정해 놓고 쓴다면 최종 목표를 달성하는 데 도움이 될 것이다. 이렇게 목표치를 정해 놓고 글을 쓰면 예기치 않은 사건이나 일들로 인하여 글쓰기 작업이 방해받을 때 그리고 글을 쓰기 싫어서 책상에서 도망치고 싶을 때, 자신을 통제하는 데 도움이 된다.

목표 없이 하는 행동과 목표를 가지고 하는 행동에는 큰 차이가 있듯이 목표를 가지고 하는 글쓰기는 그렇지 않을 때에 비하여 명료하고 그 끝이 확실하다. 유혹에 저항하면서 저자가 정한 목표와 데드라인을 성공적으로 마칠 수 있다. 이러한 이유 때문에 필자는 글을 쓸 때 하루 목표치를 정해 놓고 글을 쓴다. 물론 이러한 목표에 도달하는 작업이 쉽지는 않지만 글 쓰는 작업에 긍정적인 영향을 끼친다. 이렇게 목표치를 정하면 외부의 유혹으로부터 나를 지킬 수 있고 인간으로서 갖게 되는 게으름과 나태, 나아가 육체의 피로를 거부할 수 있는 책임감이 든다. 그리고 정해 놓은 목표치의 양이 성취되면 아무런 주저함 없이 연구실을 떠난다. 아울러 목표에 도달하였다는 성취감은 특별한 보상으로 다가온다.

(4) 기호식품

아마도 글 쓰는 사람들은 좋은 글을 쓰기 위하여 기호식품을 마련하여 옆에 두고 있는 것으로 알고 있다. 그 기호식품은 사람마다 다양하며 개인적이다. 가장 일반적인 기호식품을 커피라고 생각하지만 쿠키, 홍차, 녹차, 초콜릿, 케이크 등 다양하게 있을 것이다. 아울러 담배를 피워야 하는 사람도 있을 것이고 아니면 약간의 알코올이 필요한 사람이 있는지도 모르겠다. 그러나 명백한 사실은 필자뿐만 아니라 대부분의 글 쓰는 사람들이 책상에 또는 컴퓨터 옆에 그 어떤 먹을거리를 놓고서 작업한다는 사실이다. 그리고 그러한 기호식품은 단순히 마시기 위한 것, 또는 refresh를 위한 물리적 자극으로서 역할을 하는 것이 아니라 글쓰기를 위한 상징적 역할을 하는 것으로 사용되고 있다. 육체적으로는 자극을 주고 심리적으로는 글을 쓸 수 있는 준비를 갖추게 하고 약간의 여유와 휴식을 취한 후에 다가올 엄청난 정신적 스트레스에 대항하기 위한 마음의 준비인 것이다. 아울러 글을 쓰는 동안에 나타나는 피로감과 긴장감을 완화시키면서 마음을 편안하게 하는 데 도움을 준다. 일종의 애완동물이나 부속품 역할을 한다는 생각을 한다.

필자의 경우, 대표적인 기호식품은 커피이다. 과거 위가 안 좋았을 때는 몇 년 동안 커피를 마시지 않았지만 최근에 나타난 명품 커피들은 우유 함유량이 많아져서 카페인의 강도가 약해졌고 약한 위를 자극하지 않는다. 아울러 쉽게 식지 않고 크기가 커서 손에 잡고 있으면 기존의 일회용 종이컵과는 다른 느낌을 준다. 연구실에 있지만 한 잔의 커피를 마시면서 음악이 흐르는 커피숍에 와 있는 착각을 불러일으킨다. 이에 이러한 새로운 커피문화에 중독이 되었는지 필자의 하루 글쓰기는 따뜻한 명품 커피 한 잔으로 시작한다. 워밍업으로서 그리고 글쓰기 이전에 마음을 가다듬는 예행연습으로서 몸을 따듯하게 한다. 이러한 습관이 오래되어서 그런지 이제는 이 한 잔의 커피 없이는 글이 잘 쓰이지 않을 것 같다. 글을 쓰기 싫어서 웹서핑을 하든지, 이메일을 확인하든지 오랜 시간을 낭비하다가도 커피 한 잔의 여유가 지나가면 글을 써야겠다는 강한 모티브가 생긴다. 물론 그렇지 않게 그냥 컴퓨터를 끄고 진주 시내로 나가서 영화관으로 향하는 경우도 있지만 말이다. 이제는 커피 없이는 글을 쓰기가 어려울 것 같다.

미국 유학시절에는 글쓰기 작업을 위하여 기호식품으로 커피와 콜라를 마셨다. 하루 세 잔의 커피와 다섯 개 정도의 펩시 캔이었다. 특히 저녁에 시작되었던 한밤중의 글쓰기를 위해서는 자동판매기에서 방금 떨어진 차가운 콜라의 시원함이 무척 큰 도움이 되었다. 한국에 와서는 카페인을 금하라는 의사의 지시로 몇 년을 커피를 마시지 않았고 최근에 와서 부드러운 커피들이 많이 개발되어 커피를 다시 마시기 시작하였다. 그래서 커피 전문점이 문을 여는 아침 7시 40분에 시내에 나가서 커피를 사가지고 학교로 출근하여 글을 쓴다. 그리고 커피가 생각나면 점심을 먹고 다시 한 번 아이스 커피를 사러 간다. 글을 쓰기 위하여 참 많은 돈을 쓰고 있다는 자책감에 빠져있다.

(5) 취미활동

취미활동은 글쓰기 작업에서 연구자가 갖게 되는 다양한 스트레스와 정신적 소진을 회생시키기 위한 에너지 충전활동이다. 지친 뇌 활동을 재충전시키고 지적 활동으로부터 몸과 마음을 멀리함으로써 지친 몸과 마음을 회복시키는 데 중요한 역할을 한다. 필자 역시 글쓰기 작업이 주는 스트레스를 해소하기 위하여 나름대로의 취미활동을 한다. 운동으로는 수영과 걷기를 하고 영화 감상 또는 스포츠 경기 관람을 한다. 저녁에는 어두운 거실에서 음악 듣기를 좋아하고 잠을 많이 자는 것 역시 필자에게는 좋은 취미활동이다. 그러나 가장 중요한 방법으로는 글쓰기가 진절머리 나서 모든 게 싫어질 때는 그리고 다시는 글을 쓰기가 싫을 때는 가방 하나를 챙겨서 여행을 떠난다. 일박 이일로 떠나는 여행은 주로 서울 아니면 부산이다. 서울 강남 역의 번화한 거리와 불빛, 해운대의 어두운 바닷가, 조용한 호텔 객실에서의 또 다른 사색이 나의 피로를 풀어준다. 아울러 평상시와는 다른 새로운 생활과의 만남이 나를 더욱 창의적으로 만들고 새로운 상상을 하게 만든다. 새로운 집, 상품, 잡지, 그리고 새로운 경험이 나에게 다음에 쓸 글에 대하여 생각하지 못하였던 연상과 기억, 아이디어들을 불러일으켜 준다. 하루가 지나면 마음이 평화로워지고 아이디어가 머릿속에서 넘치는 것 같다. 어제 못한 그리고 내일 해야 할 일들을 해야 한다는 생각이 들면서 진주로 향한다.

(6) 아침에 쓴 원고를 오후에 다시 읽기

연구실을 나서서 집에 있는 오후에는 특별히 할 일이 없다. 그리고 진주에 특별히 갈 데가 없다. 무료하다. 재미있는 영화를 하지도 않고 드라마 역시 한심스럽다. 이때 필자가 하는 일이 아침에 썼던 글을 다시 한 번 읽어 보는 일이다. 아침에는 잘 썼다고 생각하고 자신 있게 연구실을 나섰지만 다시 읽어 보는 원고의 수준은 참으로 한심스럽다. 내용이 핵심이 없고 반복적이며 설득적이지 못하다. 한 주제를 두 문장으로 계속 쓴 경우가 많고 어법 역시 틀린 경우가 많다. 아울러 가장 중요하게 하고 싶은 말을 효과적으로 하지 못하고 장황하게 글을 썼다는 점이 마음에 걸린다. 이때 필자가 하게 되는 일이 소파에 앉아서 하는 원고교정 작업이다.

초고인 경우의 원고는 상대적으로 여러 가지 허점과 논리적 비약이 많아서 추가 교정과 추가 문장이 필요하다. 이에 다른 색깔의 볼펜을 준비하여 원고를 읽으면서 필요가 없는 부분, 불명료한 부분, 새롭게 첨가해야 할 부분에 대하여 지적하고 원고에 새로운 생각을 적어 놓는다. 특히 아이디어 중심으로 쓰인 아침 글은 창의적일 수는 있지만 좋은 글로 평가받기가 어렵다. 질서정연하지 않은 문장들을 조리 있게 순서대로 맞추고 문장들의 순서들을 새롭게 정한다. 때로는 불필요한 내용이 너무 많아서 글을 모두 지워버려야 할 때가 있다. 안타깝지만 모두 지워버리고 내일 다시 써야겠다는 판단을 한다. 이런 이유로 그리고 저런 이유로 지우다 보면 아침에 썼던 내용 중에 남는 글이 없다. 아, 오늘은 쓸데없는 일을 하고 왔구나. 나는 왜 이렇게 글을 못쓰는 것일까 하는 생각이 들면서 매우 화가 난다. 그럼에도 더 좋은 글을 써야 한다는 생각은 이러한 교정작업에 의미를 부여하게 만든다. 어차피 이 일을 하지 않으면 쓸데없는 일들을 상상하거나 과거의 기억에 빠질 텐데. 어머니가 아프시기 전에 항상 하셨던 말 "늙어 죽으면 평생 쉴 텐데 항상 부지런해야지" 그 말이 생각난다.

(7) 허기

허기(배고픔)가 과연 글쓰기에 긍정적으로 기여하는지 아니면 부정적으로 기여하는지에 대하여 판단하기는 어렵다. 그리고 그러한 연구가 있는지 알 수가 없다. 다만 필자의 개인적 글쓰기 경험에 비추어 배고픔은 글쓰기 작업에 어느 정도 영향을 끼친다는 생각을 해왔다. 대부분의 사람들이 배가 고프면 아무런 생각이 들지 않고 정신집중이 되지 않는다고 하지만 글쓰기 작업과 관련해서는 필자의 경우 어느 정도의 배고픔이 상당히 도움이 된다는 생각을 한다. 그 이유는 포만감에 사로잡혀 있을 때보다는 약간의 허기를 느낄 때, 글이 더 잘 쓰이고 더 좋은 아이디어가 떠오르기 때문이다.

그러한 점에서 필자는 포만감이 사라지고 약간의 허기를 느낄 때를 일부러 기다리는 습관이 있다. 그 상태에서 글의 집중도가 높아지고 좋은 아이디어가 떠오르기 때문에 아침을 먹고 글을 쓰기 시작한 후 약 2시간 정도가 흐르면 글의 진도와 수준은 상당히 높아진다. 생각하지 않았던 주제나 아이디어가 생성되면서 입력하는 손의 속도 역시 빨라진다. 아울러 앞에 써 놓았던 문장들의 문제점들이 포착되면서부터 더욱 매력적인 문장들이 만들어진다.

때문에 글을 쓰면서 몇 시간이 지나고 약간의 허기가 느껴지는 상태가 필자에게는 가장 좋은 글쓰기 상태이다. 우선 정신이 맑아지고 아무런 잡생각이 나지 않는다. 글을 잘 써야겠다는 생각이 몸과 정신을 지배하면서 몸의 모든 신경은 글을 쓰는 쪽으로 향한다. 이 황 선생님 말씀처럼, 집은 바람을 막을 만큼, 옷은 추위를 막을 만큼, 그리고 음식은 배고픔을 느끼지 않을 만큼만 먹으라는 말이 이치에 맞는 듯 싶다. 그렇지만 이러한 허기를 지키거나 허기진 상태에서 글을 쓰는 것은 오래 가지 않는다. 30분에서 한 시간 정도의 글쓰기 작업이 허기 상태에서 좋은 성과를 달성한다. 이 때가 끝나면 먹고 싶은 음식들이 머릿속을 지나가고 점차적으로 몸이 피곤해짐을 느낀다. 글을 쓰는 일을 중단하고 그 무엇을 먹어야겠다는 생각이 계속 든다. 글을 마쳐야 할 시점이다.

2. 심리적 관리

글쓰기는 앞에서 소개한 것처럼 일상생활의 구조화에 영향을 받지만 한편으로는 저자인 연구자의 심리 상태에도 영향을 받는다. 글을 쓰고자 하는 사람의 마음 상태가 준비되어 있는지, 글쓰기의 가치가 그 연구자의 삶에서 어떤 의미를 가지는지 등 심리적 상태와 조건은 글을 쓰는 사람의 글쓰기에 또 다른 방식으로 영향을 끼친다. 그러한 점에서 필자는 글쓰기를 하는 동안에 또는 좋은 글을 쓰는 데 심리적인 여러 요소들이 어떻게 글쓰기에 긍정적으로 또는 부정적으로 작동하는지를 생각하면서 글을 써 온 것 같다.

물론 타고난 작가나 천재 소설가는 그러한 감정 상태가 없이도 글을 잘 쓰겠지만 그렇지 못한 필자에게 있어서 글쓰기는 최적의 마음 상태를 유지할 때 성공적으로 이루어질 수 있는 어려운 과제이다. 때문에 그만큼 마음의 평정, 글쓰기를 위한 심리적 준비태세의 완비 등의 다양한 노력이 필요하다. 이 절에서는 필자가 항상 실행하고 강화하려고 하는 좋은 글쓰기를 자극하는 심리적 상황에 대하여 소개하고자 한다.

(1) 글을 쓰고 싶은 욕망

> 우리는 유명한 작가들은 자리에 앉기만 하면 글이 술술 나오는 줄 안다. 아무도 매일 그들이 글쓰기 시동을 걸기 위하여 쏟는 노력에 대하여 생각하지 않는다 (Zinsser, 2007; 이한중, 216).

> 어떻게 시작해야 할까? 무엇으로 시작할 수 있을까? 맥박도 열기도 느끼지 않고 어령무의 커다란 압력만 가득하다. 그렇다면 왜 쓰는 것일까? 애초에 글은 왜 쓰는 것인가?(버지니아 울프의 글쓰기의 어려움, Leach and Graham, 2007; 윤재원, 2009, p.74)

말을 물가로 끌고 갈 수는 있지만 물을 먹게 할 수는 없다고 한다. 이 말이 가장 적합하게 들어맞는 곳은 글쓰기가 아닌가 생각한다. 글은 글을 쓰고자 하는 저자가 글을 쓰고자 하는 의지가 있을 때 쓰이는 욕망의 결과이다. 그래서 그런지 필자는 가끔 우리가 그 어떤 감명을 받거나 감동을 받을 때 작가들처럼 글을 쓰고 싶다는 생각이 드는 것은 아닌지 생각을 한다. 특히 글을 쓰는 작업이 엄청난 육체적 피로와 정신적 소진을 가져오는 노동이라는 점에서 한 번 글을 쓰고 난 다음에 깊게 나락에 빠진 몸과 마음을 다시 글을 쓸 수 있도록 추스리는 작업은 보통 어려운 것이 아니다. 책상 앞에 와 있지만 다른 일을 하고 있고 다른 사람과 전화하며 떠들거나, 아니면 이유 없이 책상을 정리하는 이 모든 일들이 글쓰기 작업을 시작하는 것에 대한 두려움 때문에 생기는 회피 현상이 아닌가 생각한다.

그러한 점에서 내가 좋은 글(마음에 드는 글)을 쓸 수 있는 대표적인 심리적 특징 상황은 글을 쓰고 싶다는 욕구가 일어날 때이다. 의자 앞에 앉고 싶다, 글을 써도 지루하지 않겠다, 다른 일을 하는 대신에 글을 쓰는 것이 더 행복하겠다는 생각이 들면 이것은 내가 글을 쓰고 싶은 욕구가 충만해 있다는 증거이다. 특히 할 수 없이 글을 써야 했던 과거 상황에서 벗어나 아무런 제약이 없는 상태에서 유일하게 글을 쓸 수 있는 상태는 바로 자유로운 욕망이다. 교수로 승진하여 더 이상 승진이 필요 없어졌고 써야 할 만큼의 논문을 쓴 것 같다. 이제 글쓰기는 하고 싶으면 그만이고 하고 싶지 않으면 안 써도 되는 상황이다. 그러한 점 때문에 굳이 글을 쓰고 싶은 욕망이 없는 상태에서 쓰는 글은 효과가 없고 몸만 피곤하게 할 뿐이다. 차라리 나가 노는 게 낫다.

이러한 심리적 특징을 이해하고 난 다음부터 나는 글을 쓰고 싶다는 생각이 들 때에 글을 쓰기 시작한다. 그렇게 시작된 글쓰기는 매우 효과적이고 생산적이다. 몸이 피곤하지만 가치롭고 의미가 있는 활동으로 느껴진다. 그렇게 자발적으로 쓰게 되는 글은 아무런 보상을 요구하지 않으며 필자의 삶 속에서 의미 있는 자신감과 무엇을 위하여 살아야 하는가에 대한 답을 제공해 준다. 그러한 글쓰기 욕망은 글쓰기 작업 중에 일어나는 여러 가지 부작용들(신체적 피로, 예기치 않은 외부 요청 등)에 잘 반응하면서 방해받지 않고 목적한 만큼 글을 끝낼 수 있도록 자극제 역할을 한다. 그림 그리기에 빠져서 모든 것을 잊고서 그림을 그리는 화가처럼 글쓰기 재미를 느끼면서 글을 쓴다. 그렇게 하여 쓰는 글은 용기와 목적이 넘치고 컴퓨터 키보드의 문자들을 더 강하게 누르게 만든다.

쓰고 싶은 욕망이 뒷받침해 주는 글은 그 자체로 생기가 넘치고 끝이 없다. 연구실은 오직 타이핑 소리만 들리는 울림의 공간으로서 변화하고 필자는 그러한 울림의 공간 속에서 미천하지만 있는 성의를 다하여 글을 만들어 내는 작가가 된다. 비록 지난 1970년대의 한국 교육을 통하여 좋은 글을 써 내려가는 방법들을 배우지 못하였지만 머릿속에 산재해 있는, 쏟아져 나오는, 그러나 때로는 창의적인 무의식적 생각들과 아이디어들을 찾을 수가 있다. 글을 쓰려는 욕망이 나를 부팅시키면 나는 프로그램화된 공연자처럼 하얀 스크린에 검은색 글자들을 적어 내려가는 글쓰는 기계로 변하고 만다. 그 때에는 글을 쓰고 있다는 사실 자체를 잊어버리면서 글을 쓰는 단계로 접어든다. 그러한 글쓰기를 할 때는 마치 수영장에서 계속 자유형을 하다 보면 그것이 수영을 하는 것인지조차 의식하지 못한 채로 나의 근육을 다스리는 뇌의 신호와는 관계없이 자동적으로 팔과 다리가 움직이면서 나의 몸은 물 속에서 자연스럽게 흘러가는 것과 같은 느낌이 든다. 물 속에서 그냥 기계적으로 온 몸이 나아가기 위하여 제각각 움직이는 것처럼 필자의 몸과 마음은 하나의 글을 만들기 위하여 자동적으로 작동하는 상태로 접어든다.

이러한 글쓰기 욕망이 항상 생기는 것은 아니다. 며칠 동안의 힘든 글쓰기 작업 후에 글쓰기는 진저리나는 일이라는 생각이 든다. 앞으로 몇 년은 글을 쓰지 않을 것 같은 생각이 든다. 개략적으로 느끼는 것이지만 며칠을 쉰 다음에 또는 다른 도시를 갔다 온 경우에, 너무 긴 휴식을 취하고 난 후에 글을 쓰고 싶다는 생각이 죄책감 대신에 찾아오는 것 같다. 글쓰기 욕망이 나에게 주는 글쓰기 작업의 효과를 잘 알고 있기 때문에 쓰고 싶다는 생각이 들지 않으면 연구실에 앉아 있다가 그냥 잡지책을 읽거나 웹 서핑을 한다. 그냥 영화관에 가서 자다가 온다. 아니면 서울이나 부산을 다녀온다. 오늘은 틀렸구나 하는 생각이 들면 가차 없이 연구실을 나와 다른 장소로 가버린다. 오랫동안 가지 못하였던 부모님들이 계신 남원의 요양원으로 향한다.

(2) 글쓰기 아이디어의 부화 작업

글은 컴퓨터 앞에서 쓰기도 하지만 이미 머릿속에서 쓰이기도 한다. 다만 글로 옮기지 않았을 뿐이다. 그러한 점에서 학자들은 다른 직업의 전문가들에 비하여 가장 불쌍하다는 생각이 든다. 연구실을 벗어나도 계속 그 주제에 대하여 생각하고 고민하고 자면서도 무의식 속에서 문제해결을 위하여 뇌의 세포들이 활동하고 있기 때문이다. 그러한 점에서 한때는 육체노동을 하는 사람들이 부럽기까지 하였다. 직업병 때문인지는 몰라도 언제부터인지 연구하는 주제들이 단순히 연구실에서 끝나는 것이 아니라는 사실을 알게 되었다. 집에 와서도 계속 그 주제가 생각났고 그 주제에 대한 여러 가지 생각, 관련 자료, 옛날에 배웠던 기억이 예기치 않게 머릿속을 스쳐간다는 사실을 알게 되었다. 글쓰기는 단순히 컴퓨터 앞에서 생각나는 아이디어를 쓰는 작업이 아니라 한 인간의 하루 생활 내내 진행되는 부화작업의 과정이라는 사실을 알게 되었다.

이로부터 나는 글을 쓰는 작업에서 아이디어의 부화작업의 중요성을 인식하게 되었고 이를 잘 활용하려고 애쓴다. 주제와 관련된 내용이나 아이디어가 연구실을 벗어나서 생겨도 당황하지 않으며 그 생각을 기록하려고 애쓴다. 그리고 어제 쓴 글이 마음에 들었지만 오늘 읽어보면서 부족하다는 생각이 들면 과감히 지우고 새로 쓴다. 지우고 새로 쓰는 과정 속에서 생각하지 못하였던 내용이 첨가되고 내용은 점차적으로 나아진다. 고치고 또 고치고 다시 고치는 작업을 통하여 연구 주제는 더욱 견고해지고 아이디어는 단단해진다. 그러한 점에서 어제 쓴 작업, 오늘 쓴 작업, 내일 쓸 작업을 일직선상에 놓고서 계속적으로 고치고 비평하고 교정해 나간다. 좋은 글은 한 번에 만들어지는 것이 아니라는 사실을 깨닫게 되었다. 그리고 많이 고칠수록, 과감하게 지울수록, 새로 쓸수록 좋은 글이 탄생한다는 교훈을 얻었다. 며칠씩 쓴 글을 모두 삭제할 때 갖는 아쉬움을 어쩔 수는 없지만.

이러한 글쓰기 부화작업에 대하여 필자 역시 처음에는 매우 불편한 것으로 생각하였다. 인생에서 학위가 중요하기는 하였지만 다른 생활을 하지 못할 정도로 글쓰기 작업이 삶의 모든 부분을 지배하고 다른 생활에 영향을 끼치는 것은 잘못된 것이라고 생각하였다. 그러나 그러한 초창기의 생각은 점차 바뀌어 갔고 최근에는 글쓰기 작업과 관련하여 글을 쓰는 장소에서 벗어났을 때에도 어떤 생각이 들면 기록하려고 노력한다. 아울러 전혀 관련이 없는 일상적인 대상이 갑자기 연상되거나 연구 주제와 연합되는 경우에는 참으로 행복하다는 생각을 한다. 글쓰기 생활과 글쓰지 않는 생활을 분리하고자 하였던 과거와는 달리, 최근에는 이 두 경계를 없애는 데 부담감이 없다. 커피숍에서, 길을 걸을 때, 누워 있을 때 갑자기 생각나는 아이디어들을 메모하고 다음날 글쓰기 작업에 반영하려고 노력한다. 재미없는 대화를 들어야 하는 술자리에서 내가 하는 다른 해결책은 글쓰기에 가 있는 것이다. 나는 미쳤을까? 아니면 나는 미쳐 가는 것일까?

어쨌든 일상생활에서의 부화과정은 글의 수준을 높여 준다는 점에서 상당히 효과적이다. 아이디어의 부화작업이 주는 장점 때문에 필자의 경우 글을 여러 번 나누어서 쓰는 경우가 있다. 즉, 글을 여러 번 나누어 쓰는 과정에서 아이디어의 부화단계를 많이 거칠 수 있고 글은 여러 번 개선된다. 글이 잘 쓰이지 않을 경우, 좋은 글이 만들어지지 않을 경우에는 그러한 글이 충분히 부화과정을 거치지 않았다는 평가를 한다. 잠시 연구실을 떠난다. 그리고 필자가 좋아하는 취미활동이나 학구적 활동과 관련이 없는 일상생활의 재미와 즐거움에 빠진다. 그러한 무위도식을 하는 어느 상황에서 필자가 고민하였던 내용이나 주제에 대한 좋은 생각이 나타난다. 때로는 게으름과 나태가 필요하다.

(3) 자기 지식의 이해

> 스타일은 작가가 무엇을 아느냐보다 작가가 어떤 사람이냐에 따라 결정된다.
>
> (E. B. White)

자기 지식은 자신의 삶에서 무엇이 중요하고 무엇이 중요하지 않은지를 자각하는 능력이다. '나는 누구인가', '나는 왜 이 세상에 존재하는가'와 같은 자기 자신에 대하여 깊이 성찰할 수 있는 지식을 뜻한다. 소크라테스의 "너 자신을 알라"라는 말의 의미와 비슷하지만 더 심오한 개념이다. 이 개념은 신교육목표 분류학으로 유명한 Marzano가 개념화시킨 용어로서 21세기 학교 교육목표의 가장 높은 단계의 목표로서 가르쳐져야 한다고 강조되고 있다. 초인지 목표로서 자신의 삶의 목표를 평가할 수 있는 고차원적인 인지 활동이다. 이 목표가 학생들 그리고 우리 모두에게 필요한 이유는 우리가 무엇을 할 때 그리고 어떤 선택을 할 때, 우리 모두는 그 행위에 나름대로의 의미와 가치를 부여하며 그에 따라서 최선과 희생을 다하기 때문이다. 우리는 삶에 대한 목적과 존재의 이유를 알게 될 때, 무엇을 더 해야 하고 무엇을 하지 말아야 하며 무엇을 위하여 무엇을 희생해야 한다는 선택을 하게 되는 것이다.

대학교 교육과정 수업에서 Marzano의 이 개념을 가르치면서 자꾸만 나의 글쓰기 작업에서 이 개념이 나를 방해한다는 사실을 알게 되었다. 그리고 그러한 생각은 글쓰기가 힘들 때, 하기 싫을 때, 또는 조그마한 성취를 하였을 때, 스스로 이 개념이 나의 머릿속에 스쳐간다는 생각을 하였다. 그리고 그 대답으로서 나는 다음과 같은 질문을 하기 시작하였다. '왜 나는 글을 쓰고 있을까?', '왜 힘들면서 글을 쓰려고 하는 것일까' 등. 그리고 그러한 질문에 대한 답을 찾았을 때, 글이 더 잘 쓰인다는 사실을 알게 되었다. 즉, 이 글을 쓰는 이유는 이 글이 우리의 학교현장에 대한 개선을 위한 한 가지 방법이며 우리의 상황에 대한 진정한 이해를 널리 알릴 수 있는 효과적인 방법이기 때문이라는 사실이다. 그리고 필자가 다른 사람과 차이 나게 잘할 수 있고 사회에 공헌하면서 이 사회의 일원으로서 의미를 찾을 수 있는 부분이라는 것을 알게 되었다.

때문에 나는 글쓰기가 힘들 때, 하기 싫을 때, 놀고 싶을 때, 나의 능력이 미천하다고 느낄 때, 슬픔이 찾아올 때, 그리고 주위 환경이 나를 좌절하게 만들 때, 다음과 같은 생각을 하면서 글 쓰는 작업에 몰두한다. 내가 거리에 나가서 저항할 것이 아니라면 그리고 전교조로서 활동할 것이 아니라면 내가 이 사회의 변화와 개선에 어떻게 기여할 수 있을지를 생각하고 그 해답을 글쓰기 작업으로 연관시킨다. 다음과 같은 생각으로 나를 달랜다.

1. 나의 글에 대하여 많은 사람들이 많은 감동을 받았다고 한다. 그리고 전국에서 많은 이메일이 온다. 이번에 쓰는 글 역시 현장의 많은 교사들과 연구자들에게 감동을 줄 것으로 생각한다.
2. 새로운 길을 가고 싶다. 아무도 쓰지 않은 글을 쓰고 싶다. 그리고 그러한 노력은 공정하게 평가받을 것이다.
3. 나는 잘하는 일이 없다. 이 사회의 일원으로서 사회에 기여할 수 있는 유일한 일은 바로 글을 쓰는 일이다.
4. 내가 하지 않으면 다른 학자가 대신 그 일을 할 것으로 생각하였다. 그러나 그렇지 않다는 것을 알았다. 내가 아니면 그 누구도 그 일을 하지 않을 것이다.
5. 나는 글을 쓸 때 가장 행복하다. 다른 어떤 직업에 비하여 글을 쓰는 것이 편안하고 보상적이다. 외교관이 되는 것이 목적이었지만 연구하는 직업 역시 마음에 든다. 육체노동으로 내가 먹고 살기는 더더욱 힘들다.

이러한 생각과 자기 평가는 필자가 글을 쓰는 데 있어서 그리고 글을 쓰기 싫을 때 좋은 안내자 역할을 한다. 나태해진 육체와 정신을 새롭게 준비시키는 데 효과적이다. 글쓰기와 인생의 많은 유혹 사이에서, 필자 자신이 무엇을 선택해야 하는 상황에서 이러한 자기 지식은 필자를 글을 쓰는 학자로 남아 있도록 영향을 끼친다.

(4) 현실 세계로부터의 유리

현실 세계로부터의 유리는 글쓰기가 주는 기대하지 않은 즐거움이다. 과거에는 의무적으로 글을 썼지만 요사이는 그 무엇을 잊고자 할 때 글을 쓴다. 글쓰기는 일상생활에서 겪게 되는 아픔, 오해, 실망을 잊고자 할 때 효과적인 망각약이다. 글을 쓰는 동안에는 어제와 오늘 있었던 여러 가지 복잡한 인생사를 잊을 수 있고 마음의 평정을 가질 수 있다. 아름답다고 생각해왔던 이 세상이 권모술수와 배신, 편견으로 가득 찬 세상이라는 사실을 알게 되면서부터 이를 해결하는 가장 좋은 방법은 잊는 방법밖에 없었다. 글쓰기 작업은 그러한 기억을 지워주는 좋은 전략이 된다.

대학은 패거리 문화로 가득 차 있고 연구하지 않는 교수들이 너무 많다. 훌륭한 학생들을 훌륭하게 키우지 못하는 대학교수들이 실망스럽고 명문대학교에서 출간되는 박사논문이 실망스럽다. 교육학 분야 논문들은 매년 효과를 검증하는 형태들로 넘쳐나고 기존에 다루었던 주제들이 계속 출간된다. 필자를 포함한 교육학자들의 글은 창의적이라기보다는 서구 학자들의 모사품에 불과하다. 우리의 사유는 언제 자유로울 수 있을까. 많은 학자들이 정계에 입문하고 학회장 자리에 상당한 관심을 쏟는다. 학회의 주제는 너무나 정치화되어 전혀 학술적이지 않다. 그리고 그러한 주제를 이용하여 정계에 진출하려는 것 같다. 새로운 주제를 연구한 학자보다는 전통에 머무른 학자들의 안전과 출세가 더 확실하다. 부모님은 병원에 계시지만 아들로서 그 역할을 하지 못하고 있다. 안타까움이 어떤 날은 잠을 못 자게 만든다. 머리카락은 계속 빠지고 주위에서는 자꾸 머리를 심으라고 한다. 50이 가까운 나이에 자꾸 살은 찐다. 정원이 있는 개인 주택으로 이사 가고 싶지만 그럴 만 한 돈이 없다.

이러한 일들이 날마다 나를 괴롭힌다. 감정에 매우 충실한 B형의 소음인인 나는 이런 일들이 있을 때 쉽게 동요되고 영향을 받는다. 과거에는 마치 영화주인공처럼 어두운 아파트의 거실에서 슬픈 음악을 들으면서 혼자 울곤 하였다. 몇 년이 흘렀을까. 그러한 습관은 사라졌다. 대신에 마음의 안식을 글쓰기에서 찾는다. 글쓰기가 위안이며 눈물을 닦아주는 손수건이다. 글을 쓸 때는 모든 것을 잊을 수 있고 마음이 깨끗해진다. 누구를 원망할 필요가 없고 분노의 감정을 가질 필요가 없다. 마음이 순수해지는 기분이다. 눈에서 흐르는 눈물은 휴지가 닦아주지만 마음에서 흐르는 슬픔과 외로움의 눈물은 글쓰기가 닦아준다. 미래가 불분명할 때, 나 자신을 보호하고 싶을 때, 나의 삶을 이해해주지 못하는 사람들로 가득할 때, 글쓰기가 수면제, 술, 담배 역할을 대신한다. 고통스러울 때 술을 마셔보았지만 남는 것은 위 쓰림과 두통뿐이었다. 한밤중에 연구실에 불을 켜고 글을 쓰고 있을 필자를 보게 된다면 때로는 필자가 상념을 잊기 위한 것이라고 생각하면 된다.

3. 실제적 글쓰기 기법

필자의 글쓰기 세계와 관련하여 두 개의 영역(일상생활의 구조화와 심리적 관리)에서 그 특징은 무엇인지에 대하여 살펴보았다. 이 절에서는 그 세 번째 특징으로서 필자가 실제적으로 글을 쓰고 읽고 평가하는 과정에서 적용하는 기법과 아이디어는 어떤 것들인지에 대하여 소개하고자 한다. 아무래도 앞의 두 개의 영역이 배경적이라고 한다면 이 실제적 글쓰기 기법은 그 배경적 환경에 근거하여 글을 써가는 과정에서 좋은 글을 만들기 위하여 필자가 사용하는 기준이나 아이디어인 셈이다. '자신만의 문체' 라는 표현은 아마도 한 개인 연구자 또는 작가가 자신의 글을 다른 사람과 구별시키게 만들고 자신만의 독특한 작품세계를 구성하도록 도와준다는 점에서 이 세 번째 영역을 잘 나타내는 용어 중의 하나가 아닌가 하는 생각을 한다. 나아가 어떤 사람은 이런 방식으로 글을 쓰고 또 어떤 사람은 저런 방식으로 글을 쓰는 현상은 바로 각 작가가 가지고 있는 독특한 형태의 글쓰기 기법 또는 생각 때문일 것으로 추측한다.

필자는 글쓰기와 관련된 여러 가지 책들을 읽어보고 아울러 학교교육의 수업을 통하여 글을 어떻게 써야 하는지를 공부하였다. 아울러 대학교 때에는 영문학을 부전공하며 많은 문학작품들과 비평서적들을 읽었다. 또한 미국의 박사과정을 통하여 좋은 질적연구 작품들을 접할 기회가 있었다. 이런 책들에는 책마다 좋은 글을 쓰기 위하여 해야 하는 규칙이나 글쓰기 지침이 있었다. 그러나 그 다양한 규칙들이 너무 많았고 막상 나의 글을 쓸 때는 그러한 규칙들이 생각나지 않았고 어떻게 적용해야 할지 알 수 없었다. 가장 편리한 방법은 나의 생각을 그냥 적는 것이었고 적은 글을 다시 한 번 읽고서 고치는 작업이었다. 그러한 점에서 이 절의 시작에서 인용한 '나만의 것이 나의 문체다' 라는 표현이 독자 여러분에게 해 주고 싶은 최적의 글쓰기 조언이다. 물론 모방을 통하여 글의 수준을 높일 수는 있지만, 자신의 경험과 감정, 생각을 적절하게 나타낼 수 있는 저자 그리고 그 기법에 대하여 가장 잘 알 수 있는 사람은 바로 독자이기 때문이다.

이에 이 절에서는 작가 또는 글 쓰는 사람으로서 필자가 글을 쓸 때, 어떻게 글을 만들며, 어떤 글쓰기가 좋은 것이라고 생각하며, 글을 완성하는 데 영향을 끼치는 기준 또는 아이디어에 대하여 소개하고자 한다.

(1) 두괄식의 글쓰기

필자의 경우 글쓰기의 대부분이 두괄식이다. 아마도 박사과정 학위 논문 글쓰기 작업에서 시작된 것으로 추측하고 있지만 정확하게는 기억나지 않는다. 두괄식의 글쓰기는 모두가 알고 있는 것처럼 저자가 하고자 하는 이야기의 핵심이나 결론 또는 주제를 먼저 제시한 다음에 그 주장을 뒷받침하는 자료나 관련 증거들을 제시하는 방식이다. 필자가 선호해서 그런지 필자의 글쓰기 작업뿐만 아니라 필자가 지도하고 있는 석사과정의 학생들, 그리고 타 대학의 박사과정의 논문심사과정의 학생들에게까지 영향을 끼친다. 필자가 왜 이렇게 두괄식의 글쓰기를 좋아하게 되었는지에 대해서는 그 정확한 이유를 찾기는 어렵겠지만 그 이유를 몇 가지로 생각해 보았다.

첫째, 기다림의 미학을 갖고 있지 못하는 필자의 성격 때문이 아닐까 한다. 참을성이 부족하고 답을 먼저 알고 싶어하는 필자의 사고 특징 때문에 어떤 주제나 질문에 대하여 인내심을 가지고 기다려 보거나 생각해 보기보다는 답이 무엇인지를 먼저 알고 싶은 욕구가 더 강하다. 그래서 논문이나 간단한 시사 내용들을 잘 읽지만 전개가 느린 소설이나 정답이 없는 에세이 등은 큰 매력을 못 느낀다. 그런 글들에서는 저자가 무엇을 말하려고 하는지를 직접적으로 설명하지 않으며 개인의 쓸데없는 생활사들을 나열하고 공감을 요구하는 것 같아서 참아내기가 힘들다. 아울러 마지막에야 드러나는 결말을 기다리기는 더욱 힘들다. 그래서인지 고등학교 때, 그리고 대학교 때 세계 유명 소설이나 문학작품들을 읽는 것이 참으로 어려웠다. 이러한 버릇은 일상생활에도 적용되어 대화를 하는 중에 상대방이 명료하게 주제를 말하지 않거나 주제를 말하기 이전에 사전적 대화를 하면 "핵심이 무엇인지 바로 말하라"고 요구한다. 필자보다 나이가 많은 사람이 이야기하는 경우는 참아야 하지만 제자나 다른 사람들의 경우에는 말하는 내용의 요지가 무엇인지 간단하게 이야기해 달라고 한다. 이러한 특징으로 글쓰기 작업에서도 저자로서 내가 무엇을 이야기하려고 하는지를 먼저 독자에게 알려주는 것이 낫다는 생각을 한다.

둘째, 두괄식 글쓰기가 질적연구 글쓰기에서는 더 효과적이라는 생각이 언제부터인지 들었다. 숫자나 통계치를 가지고서 연구결과를 증명하고 설득시키는 양적연구와는 달리, 질적연구의 경우, 많은 사례들과 증거들, 이야기를 가지고 독자를 설득시켜야 한다. 때문에 자칫 설득을 위하여 사례가 많아지거나 이야기가 길어지거나, 내용이 많아지면 양적연구에 익숙한 독자들은 읽기 어려울 것으로 추측한다. 아울러 많은 내용이 독자들에게 제시되었을 때, 독자들은 알아서 그 내용을 요약하고 이해하려고 하지 않는다고 생각한다. 즉, 제시된 자료에 대하여 독자들이 보다 적극적으로 자료의 의미를 이해하고 종합해 가면서 마지막으로 저자가 이야기하는 바가 무엇인지를 알려고 하는 경우는 드물다고 생각한다. 그저 독자들은 이 연구가 다른 연구에 비하여 무엇이 다른지, 이 연구는 무엇을 연구한 것인지, 그것만을 알고 싶을 것이다. 이러한 이유 때문에 질적연구의 가치를 알고 인정하는 독자라도 그 자료의 제시가 길고 장황하고 비구조적일 때, 그들은 논문을 끝까지 읽지 않고 덮어버릴 것이다. 그 결과로서, 연구자는 보다 많은 사례와 경험을 제시하고 글을 써서 더 나은 반응을 얻기를 기대하였지만 자신에게 돌아오는 일반적 반응은 "무엇을 이야기하려고 하는지 알 수가 없다", "혼란스럽다" 등의 평가일 것이다.

이러한 점을 고려하여 필자는 글을 쓸 때 주제나 결론을 먼저 제시하고 그 다음으로 다양한 자료, 이야기, 경험을 가지고서 주제와 결론에 어떻게 도달되었는지를 이해시키도록 자료를 배열한다. 결론을 이야기하고 결론의 도출과정에 대하여 상세하게 써 내려간다. 저자의 주장이 무엇인지를 먼저 독자에게 알리고 그 다음에 그러한 주장에 동조할 수 있는 자료를 읽게 함으로써 필자의 주장에 논리적 오류가 없음을 판단하게 만든다. 때문에 글쓰기의 첫 번째 목적은 분명한 연구결과의 제시라고 생각하며 이 목적이 달성되었다고 생각하면 그 다음 할 일은 글의 내용을 구조적으로 세련화시키는 일이다. 인용문, 에피소드, 화자의 이동, 다양한 자료의 활용, 과거와 현재, 미래를 오가는 시제의 활용, 다양한 성격을 가진 나레이터로서 저자의 존재 등을 적용한다.

(2) 적절한 은유 찾기

은유는 스타일의 생명이다(Lucas, 1974).
은유는 사회과학 글쓰기의 척추에 해당한다(Richardson, 2000).

은유는 질적연구의 연구결과 또는 새롭게 발견된 주제들을 가장 적절하게 나타낼 수 있는 수사하적 장치이다. 은유는 대상을 직접적으로 지칭하지 않으면서도 대상에 대한 정확한 이해나 지식을 독자에게 이해시켜 주는 효과적인 문학적 전략인 것이다. 발견이나 이해라는 질적연구의 목적을 생각하였을 때, 은유야말로 연구자가 수집한 많은 자료들의 읽기를 통하여 그 자료들이 무엇을 의미하는지, 어떤 메시지를 내포하고 있는지를 가장 적절하게 그리고 경제적으로 변화시키는 언어적 장치이다. 그러한 역할을 하는 은유는 가장 좁게는 특정한 문단을 가장 잘 나타내는 주제어일 수 있겠고 넓게는 연구자가 새롭게 발전시킨 이론(theory)일 수도 있다. 이에 독자들은 연구결과로서 연구자가 제시한 은유를 읽으면 연구자가 무엇을 말하려고 하는지/연구에서 무엇을 연구결과로 찾아냈는지를 쉽고 효과적으로 알게 된다. 그러한 점 때문에 대부분의 질적연구자들은 글쓰기 작업에서 연구결과를 가장 잘 나타낼 수 있는 단 하나의 은유, 단어, 또는 이미지를 찾아내려고 최선을 다한다. 그러한 표현을 찾았을 때는 그 연구의 목적이 잘 전달될 수 있다고 간주할 수 있다. 그러한 이유 때문에 양적연구이든 질적연구이든 간에 대부분의 교육연구자들이 연구결과를 제시하는 대표적인 방법은 특정한 은유를 개발하거나 설명하는 일이다(Richardson, 2000). 문화자본, 교환이론, 상호작용, 억압, 결핍이론 등 이 모든 과학적 용어들은 은유이며 이를 통하여 독자들은 연구현상을 더 잘 이해하고 해석할 수 있는 지식을 갖게 된다.

평가자에 대한 다양한 은유들(Shaker, 1990)
슈퍼맨
통제자

탐정, 과학자, 정보부원
판사, 예술비평가, 역사가
교육자

그러나 연구의 결과를 잘 전달해 주는 바로 그 개념으로서 은유를 찾는 일 또는 창조하는 일은 그렇게 쉽지 않다. 오히려 현장작업에 비하여 더욱 어려울 수 있으며 전사작업보다도 더 고통스러울 수 있다. 왜냐하면 특별하면서, 이해하기 쉽고, 공감대를 형성할 수 있고, 길고 어지럽게 널려 있는 관계없어 보이는 자료들을 하나로 엮어주는 바로 그 은유를 찾기 위해서는 엄청난 수준의 언어적 창의성이 요구되기 때문이다. 이러한 이유 때문에 초보 질적연구자가 연구작업에서 개발한 은유와 전문 질적연구자가 개념화시킨 은유에는 큰 수준 차가 난다. 그리하여 질적연구자들은 연구를 하는 과정에서, 연구를 끝내면서 그리고 전사된 데이터들을 읽으면서, 이 연구작업의 결과나 내용을 가장 잘 나타내는 적절한 은유나 용어 또는 주제어가 무엇일까를 고민하면서 생활한다. 그러나 그러한 고민과 사유에도 불구하고 적절한 은유의 발견과 창조는 생각보다 쉽지 않다. 적절하다고 생각하는 용어들이 계속적으로 떠오르고 평가받고 사라지며 어제 적절하다고 생각한 은유가 오늘 생각하니 그렇게 마음에 들지 않는 표현이라는 생각이 든다. 연구자는 최종 은유가 결정될 때까지 머릿속에서 적절한 용어, 표현, 개념을 찾으려고 최선을 다한다.

물론 최적의 개념을 찾으려는 노력 중에서 가장 초보적이고 간단한 방법은 주어진 전사된 자료를 계속 읽으면서 그 자료의 내용을 대표하는 표현이나 용어를 찾는 방법일 것이다. 그러나 이보다 더 멋있고 유려하고 수준 높은, 나아가 독자에게 무한한 상상력을 불러일으킬 수 있는 표현을 찾기 위해서는 그 이상의 고차원적인 사고와 기술이 필요하다. 필자의 경험에 비추어 그러한 노력이 있을 때 좋은 은유들이 머릿속에서 나타난다. 특히 기존의 익숙한 것에 대하여 익숙하지 않게 하는 작업, 그리고 익숙하지 않은 것에 대하여 익숙하게 만드는 작업이 질적연구라는 고유의 특징을 생각한다면 새롭게 바라보게 하는 용어, 다르게 바라보게 하는 용어를 찾는 작업은 언어의 조련사인 작가가 하는 작업과 큰 차이가 없다고 하겠다. 이렇게 생각하면 고리키의 '외투'는 가난한 러시아 시민이 처한 어려운 경제 상황을 너무나 잘 나타낸 용어이며 오 윤의 '징소리'는 한국인의 문화적 전형을 극렬하게 드러낸 것이라 할 수 있다. 또한 카프카의 '변신'이라는 용어는 인간이 동물로 변화하였을 때 나타나는 현상을 인상적으로 드러낸 제목이다.

이에 질적연구에서 그러한 은유의 창조작업을 가장 잘 나타낸 작품은 Gilligan의 '보살핌'의 개념과 Richardson의 '암퇘지'라고 생각한다. 먼저 '보살핌'은

Kohlberg의 남성 중심적 도덕발달 단계의 대표적 상징인 합리성과 공평성에 대비되는 여성의 대표적 사유와 판단의 특징을 나타내는 개념이다. 참으로 여성의 인식 방법과 도덕성 행위의 특징을 잘 드러낸 용어라고 생각한다. 두 번째로 미국의 대표적인 페미니스트 사회학자인 Richardson의 '결혼하지 않고 숨어 사는 미혼여자(Single Other Woman)' 는 명문대를 졸업하고 기업체에 취직하여 기업체 권력자의 mistress로 살아가는 여성들을 연구한 질적연구이다. 그런데 이 영어 단어의 각 첫 자들을 모아서 새로운 단어를 조합하면 'SOW' 가 되는데, 이는 '암퇘지' 라는 뜻으로 매우 부정적이고 비하적인 의미를 함축하고 있다. 이에 연구자는 자본주의 남성 권력 중심의 비즈니스 세계에서 여성의 몸을 매개로 하여 생존하고자 하는 엘리트 여성의 존재를 '암퇘지' 라는 특별한 은유로 비유하였다.

(3) 재미있는 글쓰기

> 섹슈얼리티에 관해서는 애니 프룰스가 쓴 게이 카우보이의 러브 스토리 〈Brokeback Mountain〉을 빼 놓을 수 없다. 등장인물을 설정할 때, 섹슈얼리티를 주요소로 부각시켜 보라. 작품에 필요한 결정적 흥미를 돋울 수 있을 것이다(Leach and Graham, 윤재원 역, 2009, p.259).

재미있는 글쓰기는 글을 지루하지 않게 쓰는 것을 뜻한다. 양적연구에 익숙한 대부분의 독자들은 질적연구는 명확한 답이 없고 장황하다고 생각하기 때문에 질적연구를 읽는다는 것에 대하여 부정적인 생각부터 들 것이다. 그리하여 편견과 오해를 가지고 시작하는 글 읽기는 독자를 처음부터 사로잡지 못할 경우 가차 없이 폐기처분될 가능성이 높다. 그러한 이치는 질적연구에 옹호적인 독자들에게도 마찬가지다. 명확한 답이 없고 오랜 시간을 할애하여 읽어야 할 질적연구 작품이 독자를 매료시키지 못한다면 독자들은 이 작품을 과연 읽을 필요가 있는지 그리고 가치가 있는지에 대하여 의심할 것이다. 필자는 그러한 작품들에 대하여 독자들이 하는 말들("무슨 말을 하는지 알 수가 없다", "너무 길어서 다 읽지 않았다", "재미라도 있어야지" 등)을 너무 많이 들어왔다. 그러한 반응의 일차적인 책임은 독자의 부족한 인내심과 배려에 있겠지만 그 근본적인 책임은 연구결과를 매력적으로 만들지 못한 저자에게 있다.

이에 질적연구가 모든 독자들에게 매력적으로 읽히도록 만드는 첫 번째 조건은 독자들을 초대할 수 있는 매력적인 스타일의 글쓰기이다. 읽고 싶은 생각이 들도록 텍스트가 재미있게 만들어져야 한다. 질적연구에서 재미있는 글쓰기가 필요하다고 생각하는 배경에는 글에 대한 필자의 개인적인 취향이 깔려 있다. 누구든지 그렇겠지만 필자의 경우, 글을 읽다가 재미없으면 그만 읽거나 다른 부분으로 넘어가는 행동을 한다. 어떻게 글을 이렇게 쓸 수 있는지 불만감을 느낀다. 그리고 필자가 나중에 글을 쓰면 저렇게는 안 써야지 맹세를 한다. 이러한 습관 때문인지 글을 쓰면서 항상 자신에게 물어본다. "이 글이 독자에게 재미있게 읽힐까?", "그들이 읽을 필요가 있다고 느끼는 내용이 있는가?" 물론 소설이나 에세이와는 달리 학술적인 질적연구 글쓰기에서 특별한 문학 장치를 적용할 수는 없지만 주어진 자료를 잘 배열하여 지루하지 않고 호기심을 유발할 수 있도록 매력적으로 만들려고 노력한다. 그러나 아이러니한 것은 국어교육이나 문학을 전공한 연구자들의 글 대부분이 우리가 추측하는 것처럼 재미있고 설득적으로 잘 만들어지지 않았다는 것이다. 그리고 그러한 냉정한 사실은 우리 비전문가로 하여금 재미있는 글, 독자를 유혹하는 글, 끝까지 읽게 하는 글은 전공과 관계없는 연구자의 개인적인 역량과 창의성의 문제라고 생각하게 한다.

다음은 기존의 질적연구 작품에서 저자들이 독자들을 초대하기 위하여 효과적으로 만든 글쓰기 도입부이다.

예 Liebow(1967)의 'Tally's Corner: A study of Negro Streetcorner Men'

픽업 트럭이 천천히 아래 거리로 들어선다. 그 트럭은 쇠로 된 포치에 앉아 있는 남자의 앞에서 멈춘다. 차 안의 백인 운전자는 그 남자에게 들릴 수 있을 만큼 큰 목소리로 낮에 일하는 일자리를 원하는지 물었다. 그 남자는 고개를 좌우로 흔든다. 트럭은 이내 다음 블록으로 이동한다. 그리고 운전자의 목소리가 들릴 만한 거리에 빈둥거리는 사람이 있을 때마다 다가가서 멈추기를 반복한다. 맥도날드의 테이크아웃 코너에는 다섯 명의 남자들이 단순한 질문을 가지고 논쟁하고 있다. 그들은 트럭을 향해 고개를 좌우로 흔든다. 트럭은 코너를 돌아 다음 거리에서도 똑같은 행동을 반복한다. 저기 멀리에서 한 남자와 또 다른 남자가 트럭 뒤에 올라탄다. 그 트럭은 출발과 멈춤을 반복하면서 마침내 사라져 간다.(p.29)

예 Kidder(1989)의 'Among Schoolchildren'

Zajac 여사는 하루아침에 성공한 것이 아니다. 그녀는 Clarence 당신이 이 종이 위에 당신이 할 수 있는 최상의 결과물을 쏟아내지 않았다는 것을 안다. 만약 최선을 다하지 않으면 당장 해고시켜 버리겠다고 말하는 Zajac 여사가 기억나지 않는가? Claude, 당신이 뇌수술을 해야 한다면 하늘에 있는 신도 너에게 자비를 베푸시겠지만 Zajac 여사는 다르다. 그런 상황이 온다면 그녀는 의사에게 당신이 항상 머리가 아프다고 하는데 그 아픈 머리 좀 어떻게 해보라고 할 것이

다. 그리고 당신은 오직 Zajak 여사가 당신에게 당신의 필적을 물었을 때만 말할 수 있다.(p.3)

예 Oliver Sack(1985)의 'The Man Who Mistook His Wife for a Hat'

닥터 P는 싱어(Singer)로서 오랫동안 잘 알려진 탁월한 음악가이다. 그리고 지방에 있는 School of Music에 근무하는 교사이기도 하다. 이 학교에서 그는 학생들과의 관계에서 처음으로 어떤 이상한 문제를 인지하게 된다. 그것은 학생들이 가끔 자신들을 표현할 때, 닥터 P는 그것을 알아차리지 못한다는 것이다. 그리고 특히 학생들의 얼굴을 보고 그들이 누구인지 알아차리지 못한다는 것이다. 하지만 그는 그 학생이 말하는 순간, 그 목소리를 듣고 그 학생이 누구인지 알아차린다.(p.7)

다음은 필자가 재미있는 글쓰기를 하기 위하여 사용하는 몇 개의 기법들이다.

(1) 독자가 읽게 될 내용과 관련이 있는 인상적인 이야기를 하나 소개한다. 인상적인 이야기는 독자에게 다음에 읽게 될 내용에 대한 워밍업을 시키면서 호기심을 유발시키는 역할을 한다. 재미있는 이야기는 논문이나 보고서에 대하여 일반인이 가지고 있는 인식을 바꾸어 놓으면서 마음을 편안하게 하고 지적인 흥미를 불러일으키는 역할을 한다. '그래 한번 읽어 볼 필요가 있겠다', '재미있겠구나' 하는 생각을 갖게 할 것이다. 본 메뉴를 먹기 전에 식욕을 돋구는 에피타이저 역할을 한다.

(2) 자료 표현에 다양한 방법을 적용한다. 논문의 내용이나 결과가 간단하게 끝나는 양적연구와는 달리 질적연구의 경우, 설득을 위하여 작가의 설명과 묘사가 길어지고 장황해지는 경우가 있다. 자료의 양을 아무리 줄이려고 하더라도 기승전결이나 배경과 주제를 설명하기 위해서는 최소한의 스토리 전개가 불가피하다. 이러한 특징을 고려한다면 시각적/청각적 자극이 없는 텍스트로서 질적연구의 읽기는 다른 매체의 읽기에 비하여 상당한 지루함과 인내심을 필요로 한다. 독자가 동기를 가지고 집중해서 읽어야 한다. 이에 질적연구는 독자의 그러한 흥미와 집중력을 불러일으키기 위하여 독자가 지루해하지 않는 글을 제공해 주어야 한다. 그리고 그러한 한 가지 방법은 다양한 형태의 글쓰기를 시도하는 것이다.

질적연구 텍스트에서 가장 많이 쓰이는 글쓰기 방법은 연구자의 주장과 연구참여자의 이야기로 이어지는 대립적인 2원 구조의 글쓰기이다. 이는 먼저 연구자가 어떤 주장을 강조하고 그 다음에 그 주장에 대하여 연구참여자의 경험이나 감정 또는 상태를 나타내는 사례들을 제시하는 방식이다. 이 방법은 가장 전통적인 글쓰기 방법으로서 우리나라의 경우 널리 이용되고 있으며, 필자의 처녀작인 『네 학교 이야기』에서 가장 많이 쓰인 방법이다. 그러나 이 방법의 문제점은 많으면 넘친다는 표현처럼 이항구조의 대화적 글쓰기가 계속되면 독자들은 그러한 이야기의 진술방식에 지루함을 느끼게 된다는 점이다.

이러한 지루함을 줄이기 위한 가장 효과적인 방법은 이야기를 써 내려가는 방식을 달리하는 것이다. 앞에서 설명한 방식이 어느 정도 사용되고 나면 독자가 지루해졌을 것으로 추측하고 다른 표현 방법이나 글쓰기를 시도하는 것이 필요하다. 독자를 연구자의 개인적인 기억으로 초청하는 글쓰기를 하든지, 글 대신에 사진이나 그림 또는 원 자료를 그대로 제시하든지, 연구참여자의 삶을 자서전적으로 쓰든지 아니면 생애사적으로 쓰든지, 주제는 동일하되 다양한 글쓰기 방법으로 독자의 관심을 붙잡아 놓는 것이 필요하다. 그리고 그러한 방법으로 가장 효과적인 것은 A4 용지의 넓은 공간을 연구자의 다양한 창의적 사고와 공간의 활용법을 통하여 데이터를 더 재미있게, 흥미롭게, 유혹적으로 써 내려가는 표현법이 될 것이다. A4 용지의 공간을 정형화된 글쓰기 규칙의 장소로 생각하는 관습에서 벗어나 그 어떤 새로운 이미지나 형상을 만들어 내기 위한 창조의 공간으로 생각해 보라. 그러면 글쓰기가 전혀 다른 예술적 작업으로 느껴질 것이다.

(3) 글의 내용을 독자의 경험세계와 연계시킨다. 우리 인간은 글의 내용을 평가할 때 나름대로의 기준을 가지고 참여한다. 그리고 그러한 기준 중에서 가장 중대한 역할을 하는 것 중의 하나는 이야기되는 주제가 읽고 있는 사람의 삶과 관련이 있는 것인지의 연관성이다. 즉, 이야기에 나오는 인물들과 내부자적 관계에 있는지 아니면 전혀 관련이 없는 외부자인지, 그 준거에 따라서 텍스트에 부여하는 읽기의 몰입여부는 상당히 달라진다. 거리에서 우연히 만난 사람이 대학교 동창인지, 고향이 전라도인지, 아니면 미혼남성인지에 따라서 만남과 대화의 깊이는 너무나 달라진다. 그러한 준거가 읽기에도 영향을 끼친다.

이러한 내부자 대 외부자의 준거가 독자의 텍스트 참여에 적극적으로 영향을 끼친다고 가정한다면 우리 글쓰기 연구자들은 그러한 준거를 건설적으로 이용하는 것이 요구된다. 이에 연구세계를 묘사해 나가거나 연구 이야기를 무미건조하게 아무런 대상이 없는 상태에서 써 내려가는 것보다는 이 글을 읽을 독자들이 누구인가를 생각하고 텍스트에 그들의 경험과 관련이 있을 또는 그들의 삶이 연관이 있다는 증거들을 제시해 주면서 이야기를 써 내려간다면 텍스트는 독자들에게 훨씬 가깝게 느껴질 것이다. 즉, 누구의 이야기가 아니라 바로 나의 이야기일 수 있다는 생각을 갖게 해준다. 자신과는 다른 세계에 있지만 자신의 삶과 관련이 있는 생활을 하고 있거나 고민을 가지고 있는 사람들의 이야기는 그 자체로 읽고 싶고 알고 싶은 미스터리이다.

이러한 특징 때문에 필자는 글을 써 나갈 때 이 내용이 독자들의 삶과 어떤 관계가 있을 것인가를 고려하고 연관성을 불러일으킬 수 있는 이야기를 찾거나 만들려고 노력한다. 그리하여 앞으로 여러분이 읽게 될 이야기가 그 누구의 이야기가 아닌 바로 당신의 삶과 관련된 이야기 또는 당신의 삶 일부분이 노출된 이야기라는 점을 강조하려고 노력한다. 타인이 아닌 바로 독자의 삶 일부분을 잘 아는 가까운 사람처럼 텍스트를 써 내려갈 때 또는 자신이 하고 싶은 이야기들이 연구자의 글로 드러나고 있을 때, 독자는 읽기에 더 이상 저항하지 않으면서 책장을 넘기면서 다음 내용을 궁금해할 것이다. 등장인물의 삶이 독자인 자신의 삶의 한 부분을 비슷하게 그려내고 있거나 아니면 관련성이 높게 그렸을 때 독자는 그 텍스트가 바로 '자신의 이야기'라는 사실을 알게 되며 저자가 그 텍스트를 어떻게 써 나갔는지 그 작품의 등장인물들은 어떤 생각을 하고 있고 어떻게 살고 있으며 어떻게 자신과 같고 다른지를 글을 읽으면서 해답을 찾으려고 할 것이다. 특히 텍스트의 내용이 독자의 감정 상태를 잘 드러내거나 표현하는 경우 독자는 등장인물의 삶에 공감할 것이며 동일시의 심리상태를 나타낼 것이다. 표현되지 못한 자신의 삶의 고민과 역경, 하고 싶은 이야기들이 텍스트의 인물을 통하여 표현될 때, 독자는 카타르시스와 해방적 감정을 느끼게 될 것이다. 그러한 카타르시스는 텍스트를 끝까지 읽게 하고 읽기가 끝나고 난 다음에도 상당히 오랫동안 많은 여운을 남길 것이다.

(4) 균형 잡힌 글쓰기

균형 잡힌 글쓰기는 연구자의 주장을 강조하지만 그 주장이 거부감이 없도록 극단적으로 흘러가지 않도록 하는 글쓰기이다. 연구자의 해석과 독자의 읽기 사이에 나타날 수 있는 공감의 간극의 차이를 가능한 한 줄이는 작업이다. 다르게 이야기한다면 자신의 발견과 결과를 인정하면서도 그 주장의 강도를 객관화시켜 제시함으로써 연구자의 주장이 지나치게 주관적이라거나 일방적인 것이라는 느낌을 갖지 않게 하는 방법이다. 이를 위하여 연구자는 연구의 결과가 아무리 고매하고 확실한 것이라 할지라도 자신의 주장을 일반화될 수 있는/확실한 진실로서 지나치게 확신하거나 과장하는 표현법이나 글쓰기를 해서는 안 된다.

이 방법이 중요한 이유는 그렇지 않아도 질적연구가 주관적이고 연구자가 연구도구라는 점에서 연구결과에 대하여 의심을 하거나 확신감을 갖지 못하고 있는데 연구자가 자신의 주장을 지나치게 강하게 강조하거나 요구한다면 독자의 판단은 매우 부정적이며 거부적일 수 있기 때문이다. 주장은 부드럽게 그리고 다양한 일련의 자료들의 체계적인 구조화를 통하여 이루어져야 한다. 따라서 강력한 저자의 감정을 내포하는 표현이나 문장을 삼가는 대신에 설득할 수 있는 자료를 주고서 독자로 하여금 연구결과에 공감할 수 있도록 초대의 공간을 마련해 주는 것이 차라리 낫다. 과감함과 용감함 대신에 내려놓음과 자기 낮춤을 통한 이야기 전개가 목표를 달성하는 데 더 효과적이다.

균형 잡히지 못한 글쓰기의 특징은 초임 질적연구자들의 글쓰기에 잘 나타난다. 이들은 자신의 연구가 세상을 다 바꾸어 놓을 새로운 연구결과나 사실을 찾아낸 것처럼 글을 써 내려가고 반대해석이나 다른 이야기를 제시하는 공간을 글쓰기에서 할애하고 있지 않다. 용감하게 연구결과를 심사자에게 제시한다. 반증이나 재해석의 공간 없이 연구자가 내린 결론이나 연구결과는 참으로 참신하고 새로우며 객관적인 것으로 묘사되고 있다. 그러나 이러한 글쓰기 태도는 연구자가 기대한 것과는 달리 심사과정에서 포화와 같은 지적을 받는 경향이 있다. 그 대표적인 비평의 내용은 다음과 같다.

> "데이터의 내용과 연구자의 주장 간에는 밀접한 관계가 없는 것 같다."
> "과대해석이 시도된 것 같다."
> "연구결과가 너무 새로운 것인양 지나치게 강조하고 있다."
> "거의, 완전히, 철저하게, 새롭게 등의 거부감을 느끼는 부사들이 계속 사용되고 있다."
> "주장을 지지할 수 있는 적합한 자료들이 충분하지 않은 것 같다."

연구도구로서 연구자가 사용되는 질적연구에서 심사자의 비평과 비판은 양적연구결과에 대한 그들의 태도와는 다르다는 점에서 지나치게 공격적이지만 비판은 결과적으로 좋은 논문을 만드는 데 실제적인 기여를 한다. 그러한 점에서 수치와 표 그리고 통계치로 설득할 수 없는 상황에서 질적연구자는 그러한 비판에 익숙해져야 하며 그러한 비판을 잠재울 수 있는 표현 기법과 글쓰기 방법을 적용할 수 있어야 한다. 그리고 그러한 해답 중의 하나가 바로 균형 잡힌 글쓰기이다. 이러한 글쓰기를 통하여 연구자는 자신의 연구가 한 개인의 현장경험을 통하여 만들어진 주관적 연구이지만(모든 연구는 주관적이다) 그래도 연구의 결과와 해석이 충분한 현장경험과 많은 자료의 수집과 해석을 통하여 논리적으로 도출되었다는 점을 강조할 수 있다. 필자의 경우, 이러한 목적을 달성하기 위한 방법으로서 다음과 같은 세 가지의 글쓰기 전략을 이용한다.

(1) 충분한 증거의 제시: 균형 잡힌 글쓰기의 한 가지 방법은 주장을 뒷받침할 수 있는 증거(현장자료)들을 충분히 제시하는 것이다. 현장에서 수집한 다양한 자료(관찰 자료, 면담자료, 문서 자료 등)를 독자에게 체계적으로 제공하는 것은 저자의 주장이 추상적이거나 임의적인 판단에서 나타난 것이 아니라는 점을 설득시키는 효과적인 방법이다. 너무 많은 자료를 제시하여 독자들의 읽기를 지루하게 할 정도가 아니라면 주장과 관련된 다양하고 많은 자료를 포함시키는 것은 균형의 목적을 달성하기에 적합하다. 다양하면서도 수긍할 수 있는 정도의 사례 제시는 연구자의 해석과 주장이 무리가 없다는 생각을 독자에게 갖게 할 것이다.

(2) 심층적 기술: 심층적 기술은 현장의 상황과 행위자의 의도를 충분히 알 수 있도록 글을 쓰는 방법이다. 독자로 하여금 독자가 읽고 있는 상황이 실제적으로 일어났으며 그 상황에 있지 않았다고 할지라도 그 상황에 있었던 것처럼 그 이미지를 지각할 수 있을 만큼 상황을 심도 있게 기술한 표현법을 말한다. 연구자의 주장이나 결론이 왜 그렇게 나왔는지를 독자에게 효과적으로 이해시키는 방법은 이러한 심층적 기술을 제시해 줌으로써 누가 연구한다고 할지라도 그러한 연구결과가 나타날 수밖에 없다는 생각을 하게끔 한다. 심층적 기술과 자료의 제공 다음에 나타나는 연구자의 해석과 판단은 누가 그 연구를 하더라도 그러한 연구결과를 도출할 수밖에 없을 것이라는 인상을 심어주기에 충분하다.

(3) 자료출처에 대한 명료한 기록: 질적연구자들이 글을 쓰면서 범하는 가장 일반적인 실수 중의 하나는 참고한/인용한 자료가 어디에서 어떻게 누구에 의하여 만들어졌는지를 소개하지 않는 것이다. 대부분의 질적연구자들이 자료의 내용이나 의미 전달에 신경 쓰다 보니 자신이 인용한 자료가 어떤 자료인지, 누구의 것인지를 공식적인 기록으로 표현해야 한다는 사실을 잊고 글을 쓴다. 이에 원 자료에 대한 추가적 정보(누가, 어디에서, 언제 이야기하였는지 등)가 자료의 표현과 이야기에 누락되어 있어서 심사자들과 독자들은 연

구자가 이 자료를 직접 조작하였는지, 어디에서 수집하였는지를 궁금해하는 경우가 많다. 그리고 그러한 의구심은 전체 자료의 신뢰성에 대한 의심으로 확산될 가능성이 있다. 이러한 가능성을 방지하는 방법으로서 연구자는 자신의 글 속에서 인용되는 자료에 대한 구체적인 정보를 독자들에게 알려주는 것이 필요하다.

자료의 신빙성을 높여주는 방법에는 여러 가지가 있는데 대표적인 방법으로는 인용된 자료의 수집 날짜와 연구참여자에 대한 정보를 제시하는 것이다. 예를 들면 인용자료 다음에 ( )를 만들어, (2009년 6월 17일, 진주교육대학교 교수 연구동 6305호)라고 표현하는 방법이다. 이러한 방법은 면담뿐 아니라 관찰과 문서수집 방법 모두에 적용된다고 하겠다. 예로서 자료가 관찰지나 전사자료에서 도출되었다면 현장작업 과정 중에 연구자가 만든 관찰자료집의 구체적 쪽수를 기명하면 될 것이다. 자료 출처의 신뢰성 문제 때문에 최근에 와서 필자는 필자가 지도하고 있는 논문에서는 연구자의 이름이나 학교장소를 쓸 때 a, b 등의 영어나 가나다를 쓰는 방식에서 벗어나 대신 가명을 쓰도록 강조한다. 예를 들면 '경남 개나리 초등학교', 또는 '경북 진달래 초등학교 김교훈 선생님' 등으로 구체적으로 표현하도록 한다. 읽기에 무명보다는 실명(가짜 이름)을 사용하는 것이 읽기에 더 편하다고 생각한다.

(5) 극단적인 묘사의 자제

극단적인 묘사의 자제는 묘사의 정도가 극단적으로 이루어지지 않도록 글을 쓰는 기법을 말한다. 많은 질적연구자들이 범하는 실수 중의 하나로서 자신의 연구결과를 최초의 것으로 그리고 그 연구결과가 매우 의미 있으며 따라서 표현의 강도 역시 매우 극단적으로 전개하는 경우가 많다. 예를 들면 '매우', '상당히', '진정하게' 등의 부사를 사용하거나, 독자가 해석할 수 있는 공간을 제시하는 대신에 자료에 대한 분석과 해석을 연구자가 완벽하게 제시함으로써 연구가 진정으로 완벽하였으며 진실하고 그 결과의 기여도가 상당한 것으로 표현하는 경우가 많다. 그리고 이러한 연구자들은 자신의 연구결과를 평가받는 심사과정에서도 다른 심사자들의 비평을 겸허히 수용하는 대신에 '나는 현장에 있었고 당신들은 없지 않았느냐'라는 생각을 하면서 심사자의 평가를 수용하지 않으려고 한다. 물론 현장에 없었던 심사자들이 가끔은 무리한 지적을 하거나 비평을 위한 비평을 하는 경우가 많이 있는 것은 알지만 질적연구가 추구하는 기본적인 전제(실재는 존재하지 않으며 만들어진다)를 준수한다면 자신의 연구결과에 대한 표현에 있어서 지나친 확신과 강요는 오히려 평가에 있어서 역효과를 불러올 수 있다. 질적연구자는 자신의 연구가 유한한 기간을 통하여 유한한 자료를 수집하였으며 유한한 참여자들의 접촉을 통하여 이루어진 한 개인 작업의 결과라는 사실을 잊지 말아야 한다.

이러한 전제는 특히 현장 이야기나 은밀한 사건을 다루게 되는 질적연구에서는 더욱 민감한 문제가 된다. 현상유지와 기존 가설의 검증이 목적인 양적연구에서 연구자가 질문지를 통하여 기존 가설과 다른 데이터를 찾기는 어려우며 연구문제 역시 실증주의적 성격을 갖는 것으로서 사회의 유지나 이 세계의 실재를 인정하는 방식으로 이루어져 있다. 따라서 연구문제의 성격상 연구의 결과가 부정적인 연구결과나 기대하지 않은 새로운 사실을 다루게 될 개연성은 적다. 이와는 달리 질적연구의 경우, 연구작업을 거치면서 연구결과는 이상과 다르며 외부자로서 바라보았던 세계와는 달리 매우 거칠고, 혼란스러우며, 딜레마로 가득 차 있다는 사실을 깨닫게 된다. 이러한 특징 때문에 대부분의 질적연구자들은 글쓰기에서 자신의 의도와는 상관없이 현장에 대한 부정적인 묘사와 결론 그리고 딜레마로 가득 찬 이야기를 써 나가는 개혁적인 작가로 변하게 된다.

그리고 그러한 현장작업에 몰입한 나머지 내부자로서 너무 깊게 빠져 들어 현장에 대한 묘사를 매우 부정적인 것으로 색칠하게 된다. 물론 이러한 그림 그리기는 연구자가 열심히 하려고 하였다는 점을 고려하면 문제는 없겠지만 보수주의와 변화에 저항하는 대학의 연구자들과 심사자들은 그러한 부정적인 글쓰기에 기꺼이 동참해 주지 않는다는 점이 문제이다. 이 연구자는 매우 과격하거나 아니면 사회에 불만이 있는 학생으로 간주될지 모른다. 이러한 여러 가지 정치적/윤리적/문화적 논문지도 관계를 고려하였을 때 질적 글쓰기를 하는 연구자들은 자신의 연구결과가 매우 의미 있고 학술적으로 기여한다고 믿는 것과는 달리 글쓰기 작업에서의 묘사는 자신의 욕심과 감정을 통제하면서 이상과 현실을 적절하게 조화시키는 형태의 방법으로 글쓰기를 해 나가야 할 필요가 있다. 즉, 재치 있으며 거부감을 야기시키지 않고 연구결과에 기꺼이 공감할 수 있는 방향으로의 글쓰기 작업을 할 줄 아는 태도와 기술을 갖는 것이 필요하다. 이와 관련하여 필자가 사용하는/추천하는 몇 가지 글쓰기 전략을 소개하면 다음과 같다.

(1) 저자의 연구결과와 주장을 지나치게 절대적인 것으로 강조하거나 강요하지 않는다. 연구자는 자신의 연구결과가 모든 학교현장에서 나타나고 있고 모든 독자들이 동의할 것이라고 믿지만 독자나 심사자들은 그러한 주장의 절대성에 거부감을 느낀다. 이에 자신의 연구결과는 특정한 한 사례에 대한 연구의 결과이며 따라서 연구의 결과는 그 사례에만 한정된다는 주장으로 독

자가 가질 수 있는 연구자의 해석의 거부감을 줄일 필요가 있다. 아울러 다른 현장들과 특수한 상황들이 많이 있다는 점을 들어 이 연구의 결과를 다른 현장을 이해하는 하나의 참조체계로 사용하고 추후 심층연구를 위한 초기 연구개념으로 사용하면 좋을 것이라는 점을 강조한다. 그러한 점에서 필자의 박사논문의 제목은 연구자가 연구의 결과에 대하여 강한 확신이 들었지만(4개월의 현장작업, 1년의 자료분석과 글쓰기, 총 300개의 비디오테이프 분석 등), 연구의 결과를 『네 학교 이야기』로만 한정하였다. 즉 이 연구는 네 학교에서만 일어난 현상이고 경험임을 강조함으로써 심사자의 비평과 있을 수 있는 독자들의 저항을 최소화시키려고 노력하였다.

(2) 이 세상을 바라보는 시각은 사람마다 다르다. 낙천주의자가 있으면 염세주의자가 있고 동일한 현상을 긍정적으로 바라보기도 하고 부정적으로 바라보기도 한다. 또는 부정적인 현상을 굳이 보지 않으려고 하는 연구자가 있고 그러한 현상이 중요함에도 불구하고 별로라고 생각하거나 개선하면 될 것으로 심각하게 생각하지 않는다. 아울러 비판적인 주제를 다루는 연구자를 좌파적 연구자로 평가하는 경우도 있다. 그러나 근본적인 문제는 우리가 글을 읽을 때 독자들은 자신의 위치성(positionality)에 근거하여 세상을 바라보기 때문에 연구자가 자신의 연구결과를 완벽하고 진실한 것으로 제시하였을 때 상당한 공격을 받을 수 있는 것이다. 독자들과 심사자들은 자신의 위치(젠더, 계급, 성 취향, 피부 색깔 등)에 근거하여 세상을 바라보고 텍스트를 해석하려고 하기 때문이다. 이러한 특징을 고려한다면 연구자가 취할 수 있는 표현의 범주와 범위, 강도는 다양한 독자의 입장을 고려하면서 자신의 주장을 드러낼 수 있는 세련된 표현방식일 것이다. 이것/저것의 경계를 부수지 않고 경계를 모호하게 하면서 나아가 실재의 묘사를 절대적인 것으로 느끼게 하는 언어들과 표현들을 사용하지 않는 방법이다.

(3) 우리는 질적연구자로서 현장에 다가갔고 연구참여자의 삶을 연구하였지만 연구기간은 짧았으며 자료 수집 역시 완벽하다고 평가할 수 없다. 아울러 연구참여자가 연구자에게 모든 진실을 다 말해 주었는지 알 수 없으며 거짓말을 하였을 가능성이 있다. 우리는 그들처럼 살지 않았으며 그들의 삶을 100% 완벽하게 관찰하지 않았다. 연구는 우리 연구자들의 복지를 위한 것이었으며 연구참여자들은 연구에 참여하였지만 진실로 우리와 대화하고 진실한 내용들과 증거들을 알려 주었는지 우리는 모른다. 어쩌면 우리는 우리가 들으려고 하였던 내용들, 찾으려고 하였던 자료들만을 찾았는지 모른다. 우

리가 찾지 못하였고 듣지 못하였던 현장의 이야기들이 아직까지 숨겨져 있다는 사실을 명심해야만 한다. 이에 우리가 쓰는 글들, 이야기들, 그리고 텍스트들에 대한 주장은 최종적인 것이라기보다는 미완의 것이다. 질적연구(양적연구)자들은 연구가 갖는 이러한 한계와 제한점을 인정한다면 자신의 글쓰기에서 무엇을 어떻게 어떤 방법으로 표현하여야 하는지에 대하여 보다 섬세하고 사려 깊은 글쓰기를 시도할 것이다.

(6) 독자로서 글쓰기

> 누구를 위하여 글을 쓰는가? 이 장을 시작하면서 던지는 이 질문을 달갑지 않게 받아들인 독자도 있었으리라. 그들은 나는 과연 누구를 위하여 쓰는지 말해보라고 하고 싶었을 것이다. 대답하기가 곤란하다. 나만을 위하여는 아닌 것 같다(Zinsser, 2006, p.45. 이한중 옮김).

독자로서 글쓰기는 글을 쓸 때 필자가 쓰고 있는 내용을 독자가 이해하고 있을까를 생각하면서 글을 쓰는 것이다. 쓰고자 하는 내용이 독자에게 잘 전달될 수 있을 만큼 잘 쓰고 있는지를 저자가 계속 생각해 가면서 글을 쓰는 작업이다. 필자는 좋은 글이란 독자가 글의 내용을 잘 이해하고 그 무엇인가를 감동받고 그 사람의 삶에 새로운 자극을 갖게 되는 글이라고 생각한다. 그럼에도 불구하고 대학교 때부터 읽었던 교육학의 전공 서적과 사회과학의 책 중에는 독자를 고려하지 않은 책들이 참 많았다는 생각을 하였고 그러한 생각이 필자로 하여금 나중에 책을 쓰면 그렇게는 쓰지 않아야겠다는 다짐을 하게 만들었다. 책 내용이 어렵다면 그 어려운 내용을 쉽게 잘 풀어서 설명해야 함에도 불구하고 많은 교육학 서적들이 독자의 관점에서 쓰이기보다는 저자 한 사람의 개인적 만족을 위하여 쓰인 경우가 참 많다는 생각을 하였다. 우리나라 출판사의 편집 역할이 외국과 차이가 난다는 점은 이해하지만 그리고 국내 출판사의 편집 전문가가 대학 교수의 글을 지적하거나 고친다는 것이 얼마나 어려운 일인가를 잘 알고 있는 상태에서 책이나 논문의 어려운 글을 재구성하거나 다시 쓰게 하는 평가의 과정이나 심사의 과정은 우리에게 없는 듯하다.

이러한 이유 때문에 수많은 책들을 끝까지 읽지 못하고 포기한 경험이 참으로 많으며 저자들을 원망하거나 아니면 필자 자신의 이해력이 낮을 수 있다는 자괴감에 빠지기도 하였다. 그러나 중요한 것은 상당히 많은 책들에서 저자 역시 무슨 말을 하고 있는지 알지 못하는 듯 글을 쓰고 있다는 것이며 그렇게 명료하게 쓰지 못한다면 저자 역시 그 개념이나 이해에 대하여 정확한 지식이 없다는 것으로 판단하고 있다. 최근에 필자는 포스트모더니즘과 해체 분야에 대한 책을 거의 일 년 정도 읽고 있는데 이 분야의 내용이 어려워서 그런지 참으로 좋은 책을 찾기가 어려웠다. 국내의 대표적인 포스트모더니즘의 해설가인 문학 전공 교수의 책과 글에서도 그러한 문제점이 나타나 안타까움을 금하지 못하였다. 그리고 그러한 경험이 필자가 나중에 글을 쓰면 독자들이 쉽게 이해할 수 있도록 글을 써야지 하는 다짐을 하게 하였다.

때문에 저자는 자신의 목적(새로운 사실을 전달하기, 독자를 계몽시키기)과 현실(독자들에 대한 배려) 사이에서 그 간격을 이해하고 '독자의 입장에서 이 글이 쉽게 이해될 것인가' 하는 질문에 답하면서 글을 쓰는 노력을 한다. 그리고 그러한 목적을 달성하는 방법은 글을 쓰면서 그리고 글을 마친 다음에 '방금 내가 쓴 글을 독자가 읽었을 때 충분히 잘 이해하였을까' 하는 질문에 답하면서 글쓰기 작업을 반성하고 계속해 나가고 있다. 그리고 이러한 질문에 부정적인 답을 하게 될 때, 필자는 과감히 조금 전에 썼던 글을 모두 지워버린다. 어떤 날은 하루 동안 쓴 글을 모두 지워버리기도 하였다.

독자가 쉽게 이해하는 글을 써야 한다는 이러한 기준은 글을 쓰는 과정에서도 적용이 되지만 글을 마치고 난 다음에(최종적 글쓰기가 아닌 중간 수준에서의 작업)도 역시 적용된다. 하루에 쓴 글을 출력하여 집으로 가지고 간 다음에 오후 늦게 또는 저녁을 먹고 난 다음에 그날 쓴 글에서 너무 저자 중심으로 쓴 부분은 없는지, 이 부분은 이렇게 바꾸면 독자가 더 잘 읽을 수 있겠다는 생각이 들면 그 부분을 펜으로 줄 긋고 새로운 내용을 써 넣는다. 그리고 다음날 연구실에서 바로 지적해 놓은 부분을 새로운 내용으로 바꾸는 작업을 한다. 때문에 글쓰기에서는 창의적인 생각이 가장 중요하겠지만 그와 비슷하게 중요한 준거로서 독자가 필자의 생각을 잘 따라오면서 읽을 수 있는지, 설득을 당할 수 있는지를 판단하면서 그들의 입장에서 글을 쓰고 고치는 작업을 한다.

(7) 다시 그리고 여러 번 읽기

글은 연구에 대한 노력과 결과를 공식적으로 소개하는 학구적 무대이다. 그러한 무대에서의 공연은 실수가 없어야 하며 완벽해야 할 것이다. 물론 학구적 공연은 직접 청중을 대상으로 하는 무대 공연과는 질적으로 차이가 있기는 하지만 글쓰기 공연 역시 연구자가 속해 있는 학회, 연구 분야, 그리고 이름 모를 후학들에게 간접적으로 평가받는다. 그러한 평가는 무대 공연처럼 다음날 신문의 비평란에 소개되지는 않지만 글을 읽었던 연구자들에게 그 연구자의 연구능력과 학구적 작업의 수준을 평가할 수 있는 기회를 제공해 준다. 때문에 우리 연구자들은 글쓰기를 통하여 우리의 준비된 공연을 알리고 평가받는 또 다른 의미에서의 배우인 셈이다.

그러한 점에서 무대에서의 공연에서 한 점 실수나 오차가 없어야 하는 것처럼 글쓰기 역시 완벽한 작품 생산을 위하여 끊임없는 노력을 경주해야 한다. 무대 공연에서의 성공을 위하여 배우와 연기자가 리허설을 통하여 공연을 최상으로 만들려고 하는 것처럼 연구자는 한 편의 글을 쓰기 위하여 계속적인 글쓰기 작업에 정진해야 한다. 즉, 대본과 같은 전체 내용을 써가고 그런 다음에 전체 내용의 구체적 소재들을 담아야 하며 그러한 소재들이 적재적소에 잘 짜맞추어질 수 있도록 계속적인 고심을 해야만 한다. 이 과정에서 요구되는 작업이 바로 글쓰기 교정작업이다.

때문에 좋은 글이 만들어질 수 있는 조건 중의 하나는 연구자가 교정작업을 효과적인 글쓰기 작품 생산의 한 과정으로서 간주하고 이를 실행하려고 하는 의지와 태도라고 할 수 있다. 연구자는 자신의 글이 완벽하다고 느낄 때까지 충분한 여유를 가지면서 교정작업에 임해야만 한다. 그러나 그러한 교정작업이 저자에게 그렇게 쉽지 않다는 데 문제가 있다. 왜냐하면 교정작업은 또 다른 차원에서의 글쓰기이며 상당한 양의 정신적 부담과 탁월한 판단력을 요구하는 정신적 활동이기 때문이다. 그러한 이유 때문에 전문 출판사에서 편집자의 역할이 큰 것이다. 그러나 교육연구 분야에서 글을 쓰는 연구자들은 그러한 편집자의 도움을 받지 못하기 때문에 저자 자신이 편집자 역할을 하면서 글을 다듬고 고치고 내용을 수정하는 역할까지 담당해야만 한다.

필자 역시 글쓰기의 효과적인 전략으로서 교정작업에 상당한 시간과 노력을 투자하고 있다. 그리고 항상 교정작업을 통하여 좋은 원고가 만들어지기 때문에 교정작업에 대한 기대는 상당하다. 그러나 그러한 교정작업이 단순한 철자교정에 그치는 문제가 아니라 원고의 근본적인 내용이나 구조 등을 첨삭하는 문제라고 한다면 교정작업은 저자에게 상당한 양의 심리적 부담과 의사결정 능력을 요구하는 고차원적인 사고활동에 속한다. 필자 역시 교정작업에서 하게 되는 작업의 종류는 다양하며 많은 심리적 허탈감과 상처를 받는다.

교정작업의 첫 번째 단계는 어제 쓴 글에 대한 고치기 작업이다. 어제까지 쓴 내용이 필자의 생각을 잘 표현한 것인지 아니면 내용이 적절하지 못한 것인지에 대한 평가이다. 오랫동안 쓴 글을 삭제해야 할 것인지 아니면 말 것인지를 결정하는 문제이기 때문에 안타까움과 새로운 목표 사이에서 엄청난 방황을 하게 된다. 그리고 그 고민의 끝에서는 항상 교정작업을 통하여 좋은 글이 탄생한다는 생각 속에서 새로운 글을 쓰는 쪽으로 필자의 마음이 정해진다. 며칠 또는 몇 달을 고생하여 쓴 글이 마음에 들지 않을 경우, 또는 다시 읽으니까 논리적으로 비약이 많거나 설득력이 약한 경우, 연구제목과는 다르게 또는 연구목적과는 다르게 서론이 잘못 쓰였을 때, 또는 다른 글의 제재나 자료들을 가지고 글을 썼으면 좋았겠다는 생각을 하게 될 때, 필자는 과감하게 글을 고치거나 새롭게 쓴다. 글을 잘 쓸 수 있는 재능이 없는 필자에게 있어서 경험으로 획득한 단순한 진리는 '글은 쓰면 쓸수록 그리고 고치면 고칠수록 좋아진다' 는 신념이다. 이에 어제 쓴 글, 어제는 매우 만족하였던 글, 며칠 동안 써서 잘 쓰여졌다고 생각하였던 글이 오늘 읽었을 때 무언가 부족하고 다시 써야 한다는 생각이 들면 필자는 과감하게 그 내용들을 삭제한다. 그리고 그 어떤 대안과 표현, 다른 내용이 주제에 더욱 적합한지를 생각하고 새롭게 글을 쓰려고 노력한다. 특히 며칠 동안 노력하여 쓴 글이 다시 읽었을 때 마음에 들지 않을 때 과감하게 버릴 수 있는 용기는 좋은 글을 만들기 위한 가장 필요한 전제 조건이다.

(8) 새로운 형식의 글쓰기

과학은 항상 새로운 것, 다루어지지 않은 것, 그리고 개념화되지 못한 것을 합법적인 것으로 만드는 학술적 활동이다. 그러한 점에서 과학은 기존의 어떤 특정한 주장이나 이론을 계속적으로 증명해 나가는 활동이기도 하지만 과거에 다루어지지 못하였던 그 어떤 새로운 것을 찾아가거나 창조해 나가는 활동이라는 생각을 한다. 그러한 점에서 미술사, 과학사, 그리고 모든 학술적 역사를 참고해 보면 과학적 활동은 기존과는 다른 그 무엇인가를 창조해 나가는 도전적인 사유행위였음을 알 수 있다. 이러한 주장은 질적연구와 질적 글쓰기 영역에서도 적용되는 진실이 아닌가 하는 생각을 한다.

이에 필자는 새로운 형식의 글쓰기를 시도한 작품을 만들고 싶다. 최근까지 해왔던 글쓰기들이 한국적 상황에서는 새로울지 모르지만 그 근본을 따지면 이미 서구에서 만들어진 질적 글쓰기의 방법을 우리나라의 학교현장의 이해를 위하여 차용한 것이었다. 따라서 필자가 새롭게 개발한 글쓰기 방법은 없다고 평가하는 것이 맞다. 이러한 자기 평가는 미래에 가서 서구의 학자들과는 다른, 그리고 기존의 학자들이 시도하지 않은 글쓰기를 하고 싶은 욕망으로 가득하다. 그리고 지난 몇 년 동안 나름대로 질적 자료를 어떻게 새롭게 표현하고 어떻게 쓸 수 있는가에 대해 책상 앞에서 그리고 길을 걷다가 많은 생각을 한 것 같다. 그리고 미래 어느 날에는 그러한 새로운 글쓰기가 시도된 작품을 만들었으면 하는 기대가 있다. 그럼에도 불구하고 필자가 그 동안 해왔던 공부나 학술적 배경이 그 분야와 먼 분야이기 때문에 이 과제는 필자보다는 이 분야에 관심을 가지게 될 신진학자가 더 잘할 것으로 생각한다.

이에 필자는 질적연구와 관련된 논문과 서적을 처음 만나게 되면 가장 먼저 확인하는 것이 저자가 어떤 글쓰기 형식을 선택하거나 사용하였는가이다. 그리고 과거에 읽지 못한 글쓰기 형식, 새롭게 느껴지는 문체들이나 이야기 전개 등을 알게 되면 높은 점수를 주는 경향이 있다. 이는 반대로 기존의 전통적인 질적 글쓰기를 하였을 경우에는 관심도가 떨어진다는 것을 뜻한다. 그러한 점에서 진부한 주제나 내용을 가지고서 매번 다르게 포장하여 시청자들을 사로잡는 방송작가들의 드라마 쓰기는 어떤 점에서는 매우 창의적이고 새로운 글쓰기 방법이 적용된 대표적인 경우라고 생각한다.

물론 글의 형식만 새롭고 내용 전개가 미천할 경우에는 문제가 있겠지만 주제를 잘 다루면서 기존의 글쓰기 방식으로 드러내지 못하였던 새로운 글쓰기 방식으로 독자를 유도한다면 그러한 작품은 인상적으로 평가될 것이다. 왜냐하면 새로운 표현의 언어와 방식은 기존에 다루지 못한 현상, 개념, 그리고 다양한 상황에 대하여 독자들에게 또 다른 관점과 느낌, 아이디어를 제공해 줄 것이기 때문이다. 아직 우리나라의 질적연구에서 이 분야에 해당하는 작품을 제시하기는 어렵지만 외국의 경우 그러한 작품을 읽는 것은 참으로 교육적이고 고무적이다. 나아가 그러한 글쓰기를 시도한 연구자에게는 엄청난 존경심을 느끼지 않을 수 없다.

(9) 기억에 기초한 자동적 글쓰기

쓰고 싶은 내용, 하고 싶은 이야기를 모두 담은 것 같다. 원고는 충분한 것 같다. 아니 너무 많은 것 같다. 그러나 전체 내용이 시원하지 않고 깔끔하지 않다. 글의 주요 구조가 내용 전달과 아이디어의 제시에 가 있는 느낌이다. 글 전체 내용은 만족스러운데 거친 느낌이며 부드럽지 못하다. 짚신의 형태는 잡혔지만 짚의 털들이 여전히 여기저기 다듬어지지 않은 상태이다. 털을 다듬어야 하겠다. 이를 위하여 필자가 하는 방법이 바로 자동적 글쓰기이다. 이 방법은 지난 몇 주 동안 썼던 글이 완성되었다는 전제 아래서 각 세부의 부분 글들을 기억에 기초하여 다시 써 내려가는 것이다. 기억에 기초하여 써 내려가는 것은 한 부분(한 문단, 한 주제 또는 한 쪽수 등)을 한 번 읽고서 스크린에서 지워버린 후에 기억을 더듬으면서 새롭게 글을 쓰는 것이다. 이미 오랫동안 그 내용에 대하여 쓰고 고치고 다시 썼기 때문에 내용에 대해서는 잘 알고 있다. 암기가 되었을 정도이다. 이제 해야 할 일은 그 많은 내용을 의미 전달의 목적에서 벗어나 마음이 시키는 대로 써 나가는 것이다. 한 문단

한 문단 신경 쓰면서 쓰는 글쓰기와는 달리 많은 문단들이 담겨진 기억 속에서 써야 할 글이 리듬감 있게 생각나고 그 생각을 손이 따라 쓴다. 의도적으로 글을 바꾸거나 지우거나 아니면 연결하는 대신에 감성과 기억에 따라 글을 쓰다 보면 글은 물 흐르듯이 또는 템포와 운율을 가지고 쓰여진다. 어디에서 문장을 시작하고 끝을 맺어야 하는지 이성적으로 판단하지 않아도 좋은 멈춤의 공간이 나타나고 생각하지 않았지만 두 문장을 연결시키는 새로운 문장이 쓰여진다. 글은 말하듯이 자연스럽게 쓰여진다.

이 과정에서 글쓰기는 독자를 대상으로 하여 이야기하는 듯한 자연스러운 표현으로 많이 바뀐다. 아울러 원래 있었던 많은 문장들에서 불필요한 내용이 상당히 걸러진다. 양이 상당히 준다. 반복적이거나 내용이 겹치는 부분들이 자동적으로 삭제되거나 재편된다. 전체적으로 전달할 메시지는 거의 비슷하지만 내용이 간결해지고 글은 더욱 명료해진다. 군더더기가 없어진 느낌이다. 버리고 싶지 않았던 좋다고 생각한 문장들이 과감하게 삭제되고 글에서 사라진다.

4. 글쓰기가 끝난 후의 마지막 작업

원고나 책의 글쓰기를 마쳤다고 글쓰기가 끝난 것은 아니다. 더 중요한 작업이 기다리고 있다. 바로 출판과 공식적 소개를 위한 작업이다. 학술지를 위한 글쓰기를 위해서는 학술지에 맞는 양식으로 바꾸어야 하며 저서를 위한 글쓰기는 책의 형식과 편집양식을 위하여 출판사와 상의해야 한다. 이 일은 연구자의 그 동안의 노고와 인내심을 구체적인 결과물로 변화시킨다는 점에서 매우 중요하다. 아울러 연구자에게는 자신의 글쓰기 작업이 드디어 독자들, 연구세계의 학자들, 후학들에게 알려진다는 점에서 매우 흥분되고 보상적인 활동이다. 나아가 저서 출간은 더 많은 독자들에게 자신의 연구작업이 전달된다는 점에서 마지막 점검을 필요로 한다.

필자의 경우, 일단 하고 싶은 이야기와 쓰고 싶은 이야기를 모두 끝낸 논문이나 저서에 대한 애착은 그렇게 많은 편이 아니다. 이미 탈고된 논문이나 저서에 대한 심리적 애착은 없어진 상태이기 때문에 최소한의 글쓰기 작업과 노력을 할애하는 편이다. 그럼에도 불구하고 최종적인 출판을 위하여 연구자가 거쳐야 하는 몇 가지 글쓰기 작업과정이 남아 있다. 그리고 우리는 그 작업에 최선을 다해야 한다.

(1) 동료 연구자들에 의한 비평적 읽기

동료 학자의 조언과 비평은 글을 출간하기 이전에 연구주제와 관련된 학자나 교육연구자에게 필자의 글을 읽게 하고 보충하거나 다시 써야 할 필요가 있는지를 확인하는 부분이다. 이러한 비평작업은 필자가 한 주제에 대하여 몰입하면서 쓰는 과정에서 자칫 놓쳐버린 내용, 잘못 알고 있는 내용, 그리고 부족한 내용(참고문헌과 문헌 리뷰 등)을 보완할 수 있다는 점에서 도움을 준다. 한 주제에 대하여 다양한 연구지식을 가지고 있는 연구자들의 비평을 반영한다는 점에서 글의 수준은 더욱 높아지는 것이 사실이다. 또한 연구자가 가지고 있었던 편견이나 일방적인 주장이 객관적인 입장에서 지적되고 고쳐진다.

이러한 비판적 읽기 작업은 크게 두 가지 점에서 이루어진다. 국내의 경우, 많은 연구들이 질적연구/현장연구이기 때문에 필자의 연구주제에 대하여 잘 알고 있는 현장교사나 교육연구자들을 초청하여 글을 읽도록 요청한다. 현장 경험이 없어서 외부자로서 연구를 하였기 때문에 해석에서 나타날 수 있는 문제점들을 극복하기 위하여 연구에 참여하지는 않았지만 주제에 대하여 참신하고 심층적인 이야기를 해 줄 수 있는 현장교사를 읽기 심사자로 청한다. 이들의 지적은 글쓰기에서 누락된 부분, 더 첨가해야 할 부분에 대한 교정에 도움을 준다. 국외의 경우, 해당 주제와 관련된 학자에게 필자의 글을 읽어 달라고 요청한다. 그 분야의 주도적인 역할을 하고 있는 학자는 필자의 글이 서구의 담론에 비하여 어떤 장점을 가지고 있고 다른 독자들을 대상으로 하는 국제 학술지로서 최근의 참고문헌과 이슈들을 담고 있는지를 비평해 준다. 우리나라의 심사과정에서 나타나는 무조건적인 신랄한 비판보다는 글의 창의성과 가치를 먼저 생각하고서 격려를 해 준다. 그리고 그들의 섬세한 지적은 최종 원고를 마감하는 데 실제적인 기여를 한다.

(2) 글의 가치 높이기

우리나라의 논문 심사표의 경우, 세부영역들에 대한 점수가 있어서 특정한 영역에서 좋은 점수를 받아도 다른 부분에서 낮은 점수를 받으면 게재하기가 어려운 상황이다. 그러한 점에서 우리나라의 논문 심사표의 형식과 채점방식을 바꾸어야 한다는 게 필자의 입장이다. 글의 논리성이나 논문의 내용이 논문의 기여도나 창의성과 비슷한 점수를 갖는다는 것은 참으로 문제이다. 그러한 평가영역과 점수부여 형식 때문에 우리나라의 학술지에서는 새로운 주제를 다룬 참신한 논문보다는 글의 논리적 진술, 양적연구 형태의 글쓰기, 실증주의적 글쓰기 형식에 기초한 논문들이 호평을 받으며 더 잘 게재되는 경향이 있다. 2008년에 출간된 특정 주제의 논문이 그 방법상에 문제가 없다면 다시 2009년에 학술지에 실리는 상황이다.

그러한 점에서 필자가 해 온 작업은 기존의 이론이나 담론을 답습하는 논문이나 연구가 아니기 때문에 기존의 일반적인 방식과는 다른 형태로 글쓰기를 해야 한다. 그러한 글쓰기는 첫째 이 연구가 왜 필요한지, 왜 가치가 있는지를 심사자에게 설득시켜야 할 필요가 있다. 다음으로 심사자들이 중요하게 생각하는 논문의 외형적 구조나 논리적 전개 과정에 신경을 쓴다. 대부분 우리나라에서는 연구되지 않은 부분 또는 연구되어야 할 부분에 대한 소개의 글이 많기 때문에 다소 교조적인 경우가 있지만 기존 심사자들의 패러다임(실증주의, 전통주의 교육과정 연구)에 거슬리지 않으면서 필자의 주장을 드러낼 수 있는 방식으로 글을 쓴다. 상당한 긴장감과 노력이 필요하다. 그러한 노력 덕분에 좋은 결과가 나타나면 다행이지만 그렇지 않은 경우, 심사의 내용이 패러다임 전쟁 차원에서 심사된 것이어서 잊으려고 노력한다. 그러나 이와는 반대로 필자가 생각하지 못하였던 문제점들과 이슈들을 지적해 주는 연구자들이 있을 경우, 매우 고맙고 좋은 작품을 쓰는 데 기여한다.

논문과는 다르게 연구서적을 출간하는 경우는 훨씬 자유롭고 개방적인 태도를 취한다. 외국의 경우에는 책을 출판하는 경우, 출판 계획서와 함께 그 분야의 전문가들로 이루어진 심사자들로부터 왜 그 책이 출판되어야 하는지에 대하여 객관적이고 공정한 심사를 거쳐야 한다. 그리고 가장 중요한 두 가지 준거는 상업성(잘 팔릴 것인가)과 전문성(새로운 지식 창출)이다. 교육과정 개론서만 계속 출간되고 교육심리학 개론만 출간되는 우리나라의 교과서 중심 출판문화와는 달리, 새로운 주제와 이슈를 다룬 책들이 신간도서로 선정된다. 때문에 출판을 계획하는 연구자들은 다음과 같은 질문들에 답해야 한다.

(1) 이 저서가 왜 중요한가?
(2) 이 저서는 기존의 연구들과 어떻게 다른가?
(3) 이 저서는 이 분야의 연구자들에게 어떤 새로운 지식을 제공해 줄 것인가?

이러한 연구서적의 가치를 알면서도 우리나라의 경우 대부분의 출판사들이 대학 필수과목의 교과서 제작을 원하고 있기 때문에 새로운 참신한 주제를 다룬 서적을 출판하는 일은 어렵다. 다행히도 필자의 연구서적들은 학술성과 상업성을 갖추어서 특별한 문제는 없지만 이 연구서적이 우리나라의 교육학 연구발전에 기여할 것인가에 대한 설명은 출판사 담당자들에게 꼭 필요한 것으로 들리지는 않는 것 같다.

(3) 학술지 편집 양식 따르기

연구자의 글쓰기 최종 종착지는 학술지에 글을 게재하는 것이다. 따라서 앞에서 설명한 글쓰기 작업이 끝나면 연구자는 어떠한 학술지에 자신의 글을 보낼지를 결정해야만 한다. 대부분 자신이 연구하는 분야의 전문 학술지에 보내는 것이 일반적이지만 외국의 경우, 독자가 가장 많은 보편적인 학술지에 게재하는 것이 더욱 높은 점수를 받기 때문에 성취의욕이 높은 연구자는 그러한 학술지에 보낸다. 우리나라의 경우, <교육학연구>가 가장 일반적인 학술지이기는 하지만 학술지 수준 차원에서는 그렇다고 평가하기 어려우며 학술지의 가치와 중요성은 큰 차이가 없는 듯하다.

이에 논문을 학술지에 투고하기 이전에 연구자는 각 학술지가 요구하는 편집 규칙을 잘 주지하고 그 기준에 맞추어 논문 편집 작업을 새롭게 해야 한다. 거의 비슷한 형태를 가지고는 있지만 학술지마다 약간씩 다른 편집 형태를 갖는다. 예를 들면 <열린교육연구>의 참고문헌 표현 방식은 다른 학술지에 비하여 큰 차이가 있다. 그러나 최근에 와서 학진 등재지 규정에 영향을 받았는지, 전체 양식이 큰 차이가 없는 쪽으로 가는 느낌이다. 글을 쓰고 난 다음에 이러한 편집 작업은 아주 기계적인 작업을 해야 한다는 점에서 다소 지루하고 짜증 나는 일이지만 글쓰기 과정에서 누락된 여러 개의 참고문헌이나 인용들을 정확하게 찾아서 제공할 수 있다는 점에서 도움이 된다. 컴퓨터 세대가 아닌 연구자의 경우 워드를 잘 하는 학생들의 도움을 받아야 한다.

5. 참고문헌

윤재원 역(2009). 창의적인 글쓰기의 모든 것. 서울: 베이직 북스. Leach, H., & Graham, R. (2007). *Everything you need to know about creative writing*. Continuum.

이한중 역(2007). 글쓰기 생각쓰기. 돌베개. Zinsser, W. (2006). *On writing well: The classic guide to writing nonfiction*. NY: Harper Collins.

Kidder, T. (1989). *Among schoolchildren*. NY: Avon Books.

Liebow, E. (1967). *Tally's corner: A study of Negro street cornder me*. London: Routledge.

Lucas, F. L. (1974). *Style*. London: Cassell.

Sacks, O. (1985). *The man who mistook his wife for a hat*. NY: Summit Books.

Shaker, P. (1990). The metaphorical journey of evaluation theory. *International*

Journal of Qualitative Studies in Education, 3(4), pp.355-363.

Richardson, L. (2000). Writing: a method of inquiry. In N. K. Denzin, & Y. S. Lincoln (eds) *Handbook of Qualitative Research*(2nd ed), London: Sage.

Woods, P. (2006). *Successful writing for qualitative researchers.* London: Routledge.

에필로그

Epilogue

강남사거리, 밤의 적막 그리고 연필 한 자루

2009년 11월 하순이다. 드디어 탈고다. 이 글을 쓰는 데 몇 년이 걸렸고 지난 1년의 안식년을 모두 쓴 것 같다. 그러나 마음에 들지 않는다. 고치고 싶은 생각에 잠을 설친다. 한구석, 여기서 멈추어야 한다는 생각이 든다. 간단히 짐을 싸서 서울로 가는 버스를 탔다. 지난 12년간 글이 끝날 때마다 어디론가로 떠났던 것만 같다. 서울, 부산, 대구, 때로는 부모님의 요양원이 있는 남원. 오늘은 서울로 가고 싶다. 서울에서 진주. 걸어서 천리 길이라고 하였던가. 그러나 잠시, 눈을 뜨면 또다시 서울이다.

진주, 서울 간 도로는 지루하기 짝이 없다. 날씨도 흐릿해서 고속도로의 나무들은 모두 헐벗어 있다. 일상을 벗어나 새로운 도시에 있는 기분은 신선하다. 유리로 만든 빌딩들, 북적거리는 사람들, 백화점의 화려한 옷들, 서구화된 커피숍들, 외국인들로 가득 찬 이태원 거리, 넘쳐나는 책과 잡지들로 가득 찬 서점. 모두가 휴식을 취하기에는 안성맞춤이다. 책상에서 싸워왔던 모든 일들이 잊혀진다. 겨울바람조차 두렵지 않은 울 코트, 참으로 잘 샀다는 생각이 든다.

저녁을 먹고 강남의 교보 사거리를 걷는다. 서울에 오면 나도 모르게 강남의 교보 사거리에 있는 나를 발견한다. Schizophrenia에 걸린 것도 아닌데 지난 오랜 세월 서울에 오면 왜 이 곳에 와 있는 것일까?

교보문고 건너편에 있는 커피전문점 2층. 때로는 약간 멀리 있는 다른 건물 3층의 아이스크림 가게. 그곳에서 거리를 바라보면 즐겁다. 뉴올리언즈의 French Quarter 길가의 2층짜리 건물에서 아래로 사람들이 지나가는 것을 내려다보는 것처럼. 1980년대에 비하여 더 멋있어진 우리나라 사람들. 모두 자신만만하게 걸어가고 있구나. 누가 혼자 있어서 외롭다고 했던가. 그 수많은 사람들 속에서 혼자 있는 나는 몇 개의 슬픈 추억으로도 이 늦가을을 혼자 버티기에 충분하다.

금요일 밤, 11시가 넘었다. 사람들이 더욱 넘쳐난다. 새벽에는 더 많은 사람들이 모인다. 내가 좋아하는 노래가 들린다. MC the max의 '잠시만 안녕', 애절한 노랫말처럼 그도 틀림없이 슬픈 사랑을 했을 것이다. 김범수의 '보고 싶다'가 흘러나온다. 옛생각이 난다. 추억이 노래를 더 애절하게 만드는 것일까? 아니면 애절한 노래가 추억을 더 슬픈 것으로 만드는 것일까? 가끔씩 듣는 mp3의 노래들이 유난히 밤 공기를 차갑게 만든다.

11시가 훨씬 넘었다. 갑자기 피곤이 몰려오고 사람도, 음악도, 추억도 모두 싫다. 2층 카페를 나오니 밤바람이 너무 차다. 서울의 바람은 진주의 바람보다 더 에인다. 교보 사거리 건너편 길에서 약간 걸어서 오른쪽으로 돌아 걸어가면 오늘 밤 묵을 둥지가 있다. 거리에는 빛바랜 은행잎들이 나뒹군다. 그 위로 비까지 내린다.

드디어 호텔에 도착하였다. 다행히도 겨울 코트는 그다지 젖지 않았다. 늦은 밤 고즈넉하다. 밤과 달리 낮에는 세 사람이 로비를 지킨다. 멀리 프론트 데스크에 한 사람이 서 있다. 저 사람은 무슨 생각을 하며, 이 한 밤을 보낼까? 한 밤이 가까운 로비는 참으로 조용하다. 로비를 지나 왼쪽 건물로 걸어간다. 엘리베이터를 타야지. 가는 도중에 어디서 댄스 음악이 조금씩 들린다. 서울에서 가장 'Hot' 하다는 그 클럽 EDEN에서 들리는 음악이다. 나이 오십 줄에 들어선 나에게는 다소 어려운 곳이다. 다시 태어나면 찢어진 청바지, 무스를 바른 헤어스타일, 그리고 선글라스를 끼고 한 번 들어가고 싶다. 그러나 요사이는 댄스 음악 못지않게 가요무대 역시 좋다. 어느 덧 엘리베이터 앞에 도착했다.

3개의 엘리베이터
가운데 불이 켜진다.
내가 가야 할 곳은 7층.
드디어 7층이 문이 열린다.
7층 왼쪽 끝 방은 752호
오른쪽 끝 방은 774호.
한 층에 총 21개의 방이 있다.
약 50m를
걸어서 끝까지 가면
774호가 있다.
약간 어두운 복도를 따라 카펫 위를 걷는 느낌은 항상 좋다.
발코니가 있는 방.

봄과 여름에는 이 발코니에서 커피 한 잔과 함께 서울을 즐긴다.

이 방들은 모두 같지만 어떻게 하여 그 곳에 머무는 사람들의 삶과 이야기는 모두 다른가? 754호에는 가족들 간의 웃음소리가 가득 차 있고 758호에서는 처녀들의 파티가 한창이다. 762호에서는 어떤 외국인의 목소리가 들리고 764호에서는 샤워소리가 요란하게 들린다. 그리고 나의 옆방 772호에서는 어찌하여 웬 동남아시아 여성이 홀로 소리 내어 슬프게 울고 있구나.

방을 열었다. 싸늘하다. 키를 꽂고 히터를 틀어야겠다. 다행스럽게 창가의 스탠드에 불이 켜져서 방은 희미하지만 보일 듯하다.

히터를 28도로 높였다.
넓은 침대 1개,
베개 4개,
텔레비전 1개,
책상 1개,
팩스 머신 1개,
냉장고 1개,
생수 2병,
큰 타월 2개,
중간 타월 3개,
작은 타월 2개,
하얀 가운 2개,
우산 1개,
그리고 스탠드 5개.

다른 방과 달리 유리창이 두 개다. 한 개는 방 유리창 그리고 하나는 발코니창. 유리창의 커튼은 아직 닫히지 않고 모두 열려져 있다. 커튼이 드리워지지 않은 유리창에는 바깥 건물들의 네온사인 빛이 비친다. 비가 더욱 세차게 내리기 시작하는지 빗소리가 방안에까지 들린다. 닫혀진 공간에서 빗소리를 듣는 것은 참으로 안정감을 준다. 어린 시절부터 지금까지 비가 오면 창가에 앉아 바깥 풍경을 바라보는 것이 참으로 좋았다. 바깥의 비는 창가에 부딪히며 세찬 소리를 내고 아래로 흘러내린다. 한 개의 선을 만들고 없어져 버린다. 흘러내리지 못한 방울들은 한 개 한 개 유리창에 맺혀 있다. 그리고 제각각 서울 밤거리의 여러 모습을 담고 있다. 그리고 잠시나마 내 인생에서 가장 행복하였던 시절이 담겨 있는 일리노이 샴

버그와 시카고의 밤 거리가 생각난다. 그리고 너가 떠난 지 벌써 13년이 지났다. 유리창 너머의 서울 밤 거리는 아직까지 바쁘다. 밤 12시가 다 되었는데 차들이 도로에 가득하다. 이 깊은 밤에 다들 어디로 가는 것일까.

두 유리창가의 얇은 커튼, 그리고 그 안쪽의 두꺼운 커튼 모두를 가렸다. 그리고 따뜻한 샤워를 하였다. 잠을 자야겠다. 그러나 잠을 자기에는 너무 춥다. 이불은 하루 동안 차가움에 떨었는지 소스라치게 차갑다. 히터가 들어오지 않으면 내일 아침까지 추울 것이다. 이불을 얼굴까지 다 덮고 가만히 누워 있어 본다. 어서 따뜻해져야 할 텐데. 아참 스탠드를 꺼야지. 불빛 하나 없는 방은 밤의 적막. 참으로 어둡다. 이 세상에는 나밖에 없는 듯하다. 얼마나 흘렀을까. 잠이 오지 않는다. 차라리 음악을 듣는 게 낫겠다. 헤드폰을 썼다. 집에서는 조용한 음악을 듣다 보면 잘 잔다. 전재덕의 광화문 연가 하모니카 연주, 아쿠스틱 카페의 'Last carnival', 박효신의 '눈의 꽃', 크렌베리스, 라흐마니노프의 'Vocalize' 특히 그 슬픈 음이 내 가슴을 더 찢어놓는 것 같다. 얼마나 흘렀을까. 잠에서 깬 것 같다.

아침이 온 것일까. 어리둥절하다. 난 지금 서울에 와 있다. 잠깐 잠이 들었나 보다. 아직 새벽 2시. 야경도 잠에 빠져 있다. 아침에 주재홍 박사와 식사 약속이 있어서 늦지 않아야 하는데 걱정이다. 차라리 자지 말고 그냥 일어나 버릴까. 그러나 그냥 일어나기에는 내일 하루가 너무 걱정이 된다. 눈이 쓰라리고 아프다.

베개를 바꾸고 자리를 바꾸고 생각을 바꾸고 별짓을 다해 본다. 그러나 잠이 오지 않는다. 왜 잠이 오지 않는 것일까? 건강해진 것일까? 아니다. 생각해 보면 항상 이유가 있다. 바로 오후 늦게 마신 카페 라테 때문이었다. 아! 잠을 자기는 틀렸구나. 침대 머리부분을 등받이로 삼아 기대앉았다. 눈을 감고 그냥 오랫동안 앉아 있는다. 가끔씩 이러고 있다가 나도 모르게 잠이 든 적이 있다. 다시 음악을 들어야지. 먼저 지난 13년간 밤마다 우울해지면 들었던 시나이드 오코너의 노래가 들린다. 'Nothting Compares to you'

여러 가지 생각이 떠오른다. 초등학교 시절에 학교 가지 않으려고 감기 걸리겠다고 새벽에 찬바람을 쐬었던 일, 고향이 아닌 타지의 고등학교에 들어가 친구가 없어서 불행했던 고등학교 생활, 대학교 때의 첫 사랑, 나에게 잘해 주었던 그 많은 사람들, 그리고 떠난 사람들. 내년 봄에 사고 싶은 옷들, 부자가 되면 사고 싶은 그림들, 방황하는 젊은이들을 위하여 그 무엇인가를 해주고 싶다. 다시 태어나면 꼭 해 보고 싶은 일, 특히 철인 3종경기를 해 보고 싶다. 아울러 심장이 강하여 번지점프를 할 수 있는 청년이고 싶다. 하지 못해서 안타까웠던 일, 그리고 해버려서 후회하였던 일, 그리고 어제 썼던 글이 다시 생각난다.

무엇을 해야 생각나는 것을 생각하지 않을 수 있을까. 아, 밤에 잠은 오지 않고 차라리 다른 무엇을 해야겠다는 생각이 든다. 불을 켰다. 스탠드의 가녀린 불빛에 숨겨져 있던 방안의 풍경이 밝게 드러나기 시작한다. 그리고 그 중에서 내 시선을 끄는 것이 있다. 밝은 스탠드 아래 놓여 있는 편지지와 메모지, 그리고 연필 한 자루.

스케치: 유재현 작가

| 김 영 천 |

한양대학교 교육학과와 대학원 교육학과를 졸업하였다. 1990년 미국 The Ohio State University의 사범대학에서 박사과정을 시작하여 1995년에 교육과정 이론과 질적연구방법론 전공으로 철학박사학위를 수여받았다.

1998년 이래로 진주교육대학교 교육학과 교수로 재직하고 있으며 교육과정과 수업, 교육평가, 질적연구를 가르치고 있다. 약 30권의 저서와 많은 논문을 저술하였고 그의 5권의 책이 대한민국 학술원과 문화관광부로부터 우수학술도서로 선정되었다. 또한 그의 글은 *Curriculum Inquiry, Journal of Curriculum Theorizing, International Journal of Qualitative Studies in Education, Educational Studies,* 그리고 *Second International Handbook of Curriculum Research*에 수록되었다.

세계교육과정학회 한국 대표 이사를 역임하였고 한국교육인류학회와 한국다문화교육학회 부회장을 역임하였다. 질적연구로 유명한 국제 학술지, QSE(International Journal of Qualitative Studies in Education) 아시아 지역 편집장을 맡고 있으며 SAGE OPEN 국제 학술지 편집위원을 역임하고 있다.

질적연구방법론 Ⅲ: **Writing**, 2판

발행일 2013년 6월 28일 초판 발행
2018년 1월 5일 2쇄 발행
저 자 김영천
발행인 홍진기
발행처 아카데미프레스
주 소 413-756 경기도 파주시 문발동 출판정보산업단지 507-9
전 화 031-947-7389
팩 스 031-947-7698
웹사이트 www.academypress.co.kr
이메일 info@academypress.co.kr
등록일 2003. 6. 18. 제406-2011-000131호
ISBN 978-89-9754-32-5 94370

값 35,000원